GUILHERME
CALMON
**NOGUEIRA
DA GAMA**

THIAGO
FERREIRA
**CARDOSO
NEVES**

ORGANIZADORES

20
ANOS DO
CÓDIGO
CIVIL

**RELAÇÕES PRIVADAS
NO INÍCIO DO SÉCULO XXI**

...res
...rlos
...oltro
...rão
...s
...lias
...ra

Carlos Nelson
Konder

Carlos Roberto
Barbosa Moreira

Claudio Luiz
Bueno De Godoy

Cristiano O. S. B.
Schiller

Eduardo
Rodrigues Junior

Fábio De
Oliveira Azevedo

Filipe
Medon

Flávia Brandão
Maia Perez

Frederico Calmon
Nogueira Da Gama

Frederico
Price Grechi

Giselda Maria Fernandes
Novaes Hironaka

Guilherme Calmon
Nogueira Da Gama

Guilherme
Cinti Allevato

Gustavo Kloh
Muller Neves

Gustavo
Tepedino

João Victor
Rozatti Longhi

José Guilherme
Vasi Werner

José Roberto
De Castro Neves

Leonardo
Mattietto

Luiz Paulo Vieira
De Carvalho

Marco Aurélio
Bezerra De Melo

Mário Gamaliel
Guazzeli De Freitas

Mário Luiz
Delgado

Matthäus Marçal
Pavanini Cardoso

Melhim Namem
Chalhub

Nagib Slaibi
Filho

Patricia Ribeiro
Serra Vieira

Paulo
Maximilian

Pedro Marcos
Nunes Barbosa

Renata Vilela
Multedo

Ricardo Pereira
Lira

Roger Silva
Aguiar

Sergio Cavalieri
Filho

Thiago Ferreira
Cardoso Neves

Dados Internacionais de Catalogação na Publicação (CIP) de acordo com ISBD

V789   20 anos do Código Civil: relações privadas no início do século XXI / Ana Luiza Maia Nevares ... [et al.] ; coordenado por Guilherme Calmon Nogueira da Gama, Thiago Ferreira Cardoso Neves. - Indaiatuba, SP : Editora Foco, 2022.
640 p. ; 17cm x 24cm.

Inclui bibliografia e índice.

ISBN: 978-65-5515-459-7

1. Direito. 2. Direito civil. 3. Código Civil. I. Nevares, Ana Luiza Maia. II. Coltro, Antônio Carlos Mathias. III. Santos, Camila Ferrão dos. IV. Oliveira, Carlos E. Elias de. V. Konder, Carlos Nelson. VI. Moreira, Carlos Roberto Barbosa. VII. Godoy, Claudio Luiz Bueno de. VIII. Schiller, Cristiano O. S. B. IX. Rodrigues Junior, Eduardo. X. Azevedo, Fábio de Oliveira. XI. Medon, Filipe. XII. Perez, Flávia Brandão Maia. XIII. Gama, Frederico Calmon Nogueira da. XIV. Grechi, Frederico Price. XV. Hironaka, Giselda Maria Fernandes Novaes. XVI. Gama, Guilherme Calmon Nogueira da. XVII. Allevato, Guilherme Cinti. XVIII. Neves, Gustavo Kloh Muller. XIX. Tepedino, Gustavo. XX. Longhi, João Victor Rozatti. XXI. Werner, José Guilherme Vasi. XXII. Neves, José Roberto de Castro. XXIII. Mattietto, Leonardo. XXIV. Carvalho, Luiz Paulo Vieira de. XXV. Melo, Marco Aurélio Bezerra de. XXVI. Freitas, Mário Gamaliel Guazzeli de. XXVII. Delgado, Mário Luiz. XXVIII. Cardoso, Matthäus Marçal Pavanini. XXIX. Chalhub, Melhim Namem. XXX. Slaibi Filho, Nagib. XXXI. Vieira, Patricia Ribeiro Serra. XXXII. Maximilian, Paulo. XXXIII. Barbosa, Pedro Marcos Nunes. XXXIV. Multedo, Renata Vilela. XXXV. Lira, Ricardo Pereira. XXXVI. Aguiar, Roger Silva. XXXVII. Cavalieri Filho, Sergio. XXXVIII. Neves, Thiago Ferreira Cardoso. XXXIX. Título.

2022-273   CDD 347   CDU 347

Elaborado por Vagner Rodolfo da Silva - CRB-8/9410

Índices para Catálogo Sistemático:

1. Direito civil 347
2. Direito civil 347

GUILHERME
CALMON
**NOGUEIRA
DA GAMA**

THIAGO
FERREIRA
**CARDOSO
NEVES**

ORGANIZADORES

20 ANOS DO CÓDIGO CIVIL

RELAÇÕES PRIVADAS NO INÍCIO DO SÉCULO XXI

Ana Luiza **Maia Nevares**
Antônio Carlos **Mathias Coltro**
Camila Ferrão **Dos Santos**
Carlos E. Elias **De Oliveira**
Carlos Nelson **Konder**
Carlos Roberto **Barbosa Moreira**
Claudio Luiz **Bueno De Godoy**
Cristiano O. S. B. **Schiller**
Eduardo **Rodrigues Junior**
Fábio De **Oliveira Azevedo**
Filipe **Medon**
Flávia Brandão **Maia Perez**
Frederico Calmon **Nogueira Da Gama**
Frederico **Price Grechi**
Giselda Maria Fernandes **Novaes Hironaka**
Guilherme Calmon **Nogueira Da Gama**
Guilherme **Cinti Allevato**
Gustavo Kloh **Muller Neves**
Gustavo **Tepedino**
João Victor **Rozatti Longhi**
José Guilherme **Vasi Werner**
José Roberto **De Castro Neves**
Leonardo **Mattietto**
Luiz Paulo Vieira **De Carvalho**
Marco Aurélio **Bezerra De Melo**
Mário Gamaliel **Guazzeli De Freitas**
Mário Luiz **Delgado**
Matthäus Marçal **Pavanini Cardoso**
Melhim Namem **Chalhub**
Nagib Slaibi **Filho**
Patricia Ribeiro **Serra Vieira**
Paulo **Maximilian**
Pedro Marcos **Nunes Barbosa**
Renata Vilela **Multedo**
Ricardo Pereira **Lira**
Roger Silva **Aguiar**
Sergio Cavalieri **Filho**
Thiago Ferreira **Cardoso Neves**

2022 © Editora Foco

Organizadores: Guilherme Calmon Nogueira da Gama e Thiago Ferreira Cardoso Neves

Autores: Ana Luiza Maia Nevares, Antônio Carlos Mathias Coltro, Camila Ferrão dos Santos, Carlos E. Elias de Oliveira, Carlos Nelson Konder, Carlos Roberto Barbosa Moreira, Claudio Luiz Bueno de Godoy, Cristiano O. S. B. Schiller, Eduardo Rodrigues Junior, Fábio de Oliveira Azevedo, Filipe Medon, Flávia Brandão Maia Perez, Frederico Calmon Nogueira da Gama, Frederico Price Grechi, Giselda Maria Fernandes Novaes Hironaka, Guilherme Calmon Nogueira da Gama, Guilherme Cinti Allevato, Gustavo Kloh Muller Neves, Gustavo Tepedino, João Victor Rozatti Longhi, José Guilherme Vasi Werner, José Roberto de Castro Neves, Leonardo Mattietto, Luiz Paulo Vieira de Carvalho, Marco Aurélio Bezerra de Melo, Mário Gamaliel Guazzeli de Freitas, Mário Luiz Delgado, Matthäus Marçal Pavanini Cardoso, Melhim Namem Chalhub, Nagib Slaibi Filho, Patricia Ribeiro Serra Vieira, Paulo Maximilian, Pedro Marcos Nunes Barbosa, Renata Vilela Multedo, Ricardo Pereira Lira, Roger Silva Aguiar, Sergio Cavalieri Filho e Thiago Ferreira Cardoso Neves

Diretor Acadêmico: Leonardo Pereira
Editor: Roberta Densa
Assistente Editorial: Paula Morishita
Revisora Sênior: Georgia Renata Dias
Capa Criação: Leonardo Hermano
Diagramação: Ladislau Lima e Aparecida Lima
Impressão miolo e capa: FORMA CERTA

DIREITOS AUTORAIS: É proibida a reprodução parcial ou total desta publicação, por qualquer forma ou meio, sem a prévia autorização da Editora FOCO, com exceção do teor das questões de concursos públicos que, por serem atos oficiais, não são protegidas como Direitos Autorais, na forma do Artigo 8º, IV, da Lei 9.610/1998. Referida vedação se estende às características gráficas da obra e sua editoração. A punição para a violação dos Direitos Autorais é crime previsto no Artigo 184 do Código Penal e as sanções civis às violações dos Direitos Autorais estão previstas nos Artigos 101 a 110 da Lei 9.610/1998. Os comentários das questões são de responsabilidade dos autores.

NOTAS DA EDITORA:

Atualizações e erratas: A presente obra é vendida como está, atualizada até a data do seu fechamento, informação que consta na página II do livro. Havendo a publicação de legislação de suma relevância, a editora, de forma discricionária, se empenhará em disponibilizar atualização futura.

Erratas: A Editora se compromete a disponibilizar no site www.editorafoco.com.br, na seção Atualizações, eventuais erratas por razões de erros técnicos ou de conteúdo. Solicitamos, outrossim, que o leitor faça a gentileza de colaborar com a perfeição da obra, comunicando eventual erro encontrado por meio de mensagem para contato@editorafoco.com.br. O acesso será disponibilizado durante a vigência da edição da obra.

Impresso no Brasil (02.2022) – Data de Fechamento (02.2022)

2022
Todos os direitos reservados à
Editora Foco Jurídico Ltda.
Avenida Itororó, 348 – Sala 05 – Cidade Nova
CEP 13334-050 – Indaiatuba – SP
E-mail: contato@editorafoco.com.br
www.editorafoco.com.br

APRESENTAÇÃO

No dia 10 de janeiro de 2022 celebra-se o vigésimo ano desde a edição do Código Civil brasileiro em vigor. Se o Código Civil de 1916 foi representativo da racionalização dos interesses básicos de uma sociedade ainda patriarcal que não deixara de lado o seu teor privatista, nem se libertara do arcabouço econômico[1], o Código Civil de 2002 buscou implementar a estrutura na formulação das suas normas baseada nos princípios da eticidade, da socialidade e da operabilidade.

O movimento recodificador se deparou com uma realidade bem distinta daquela existente no período histórico dos sistemas jurídicos oitocentistas, sendo bem identificada em várias obras de comentários ao Código Civil editadas pouco depois da promulgação da Lei 10.406, de 10 de janeiro de 2002. À descodificação do Direito Privado (aí incluídos vários setores do ramo conhecido como Direito Comercial) e à constitucionalização do Direito Civil se acrescentou o fenômeno da recodificação. O emprego de cláusulas gerais, a utilização de conceitos jurídicos abertos, a ainda manutenção da técnica regulamentar para determinados institutos, bem como as características da Pós-Modernidade no Direito (com a importância dos direitos humanos e dos direitos fundamentais no âmbito das relações privadas, a pluralidade de fontes normativas e de sujeitos tutelados, o método narrativo na construção das normas jurídicas), revelaram o novo perfil do sistema jurídico.

Assim, nada melhor do que proceder à análise crítica e reflexiva sobre os avanços, retrocessos do Código Civil em vigor, e as perspectivas para o futuro, quando o texto alcança seu vigésimo ano de existência, ainda que com vigência iniciada apenas em janeiro de 2003.

Tais considerações se fizeram necessárias para apresentar a obra coletiva que se caracteriza pela pluralidade de pensamentos, doutrinas, abordagens, visões, mas sob o mesmo fio condutor: a análise crítica do período de vinte anos desde a edição do 2º Código Civil brasileiro.

Entre os objetivos da obra coletiva, encontram-se (a) o aprofundamento do estudo teórico e a análise das questões práticas decorrentes da aplicação das normas do Código Civil de 2002, não apenas sob o prisma do referencial normativo codificado, mas também da Constituição Federal de 1988 e dos microssistemas legislativos, procedente à qualificação jurídica de novas figuras que têm se destacado na atualidade, nos vários segmentos do Direito Civil e do Direito de Empresa; (b) a análise crítica da aplicação das normas codificadas e extracodificadas também conexas, sob o enfoque da atuação dos tribunais, em especial do Supremo Tribunal Federal, do Superior Tribunal de Justiça e dos tribunais em geral, sem descurar da importância da contribuição doutrinária durante as duas décadas desde a edição do Código Civil; (c) a realização de diagnóstico sobre os pontos positivos e os pontos negativos do Código Civil de 2002 e, quiçá, apresentar propostas para aperfeiçoamento das normas jurídicas codificadas.

---

1. GOMES, Orlando. *Raízes históricas e sociológicas do Código Civil brasileiro*. São Paulo: Martins Fontes, 2003, p. 22.

A obra coletiva se revela fundamental eis que o período de vinte anos desde a edição do Código Civil se revela um tempo razoável para identificação dos avanços e dos retrocessos na aplicação das suas normas – ou mesmo da consideração de normas não coerentes com o tempo presente. Ademais, em razão de inúmeros fenômenos da economia, da sociologia, da política, da psicologia, da medicina, entre outras áreas do conhecimento humano, vários institutos, noções e categorias de Direito Civil têm sido repensados, a demonstrar a abordagem inter e multidisciplinar dos temas que impactam no sistema jurídico. A tecnologia e a criatividade humana vêm permitindo a expansão de vários institutos e noções clássicas do Direito Privado, como a título exemplificativo os contratos eletrônicos, os negócios inteligentes, as técnicas de reprodução humana assistida, os danos causados em decorrência dos avanços científicos. Há necessidade de uma visão profunda e crítica das novas necessidades quanto ao tratamento normativo no âmbito do Código Civil.

Desse modo, é plenamente justificável a consolidação do estudo do período de vinte anos desde a edição do Código Civil, de forma sistematizada e multidisciplinar por meio de uma obra única, que aborde os aspectos principais das relações jurídicas que envolvam os institutos, categorias e noções do Direito Civil.

Em termos de estruturação da obra coletiva, os Coordenadores elaboraram uma divisão dos temas mais instigantes, atuais e importantes da atualidade em cada um dos segmentos do Direito Civil, conforme se identifica no conteúdo de cada uma das Seções da obra coletiva. Houve também a preocupação em apresentar feição prática a partir dos casos concretos que já puderam ser apreciados pelo Poder Judiciário brasileiro, sem prejuízo de alguma contribuição de julgados estrangeiros a respeito dos temas desenvolvidos.

Os Coordenadores, a par da solidariedade desde o início demonstrada por todos os colaboradores desta obra coletiva, destacam a importância do estímulo ao debate e ao aperfeiçoamento das ideias, sob o enfoque plural, multidisciplinar e crítico que se revela em cada um dos trabalhos oferecidos ao público leitor e à comunidade científica nacional e estrangeira. Desse modo constroem-se e desenvolvem-se um país e uma sociedade com instituições e institutos mais sólidos, confiáveis e baseados nos valores fundamentais da civilização humana.

Será bastante oportuno identificar, daqui a vinte anos, se várias das análises feitas nesta obra coletiva não se revelaram importantes para guiar os destinos do sistema jurídico, peça chave fundamental em qualquer ordem constitucional democrática. Oxalá possamos contribuir para que as próximas gerações tenham melhores condições para viver e manter suas existências com efetivação dos direitos humanos e fundamentais, iluminadas pelo macroprincípio da dignidade da pessoa humana.

Boa leitura aos nossos leitores!

Guilherme Calmon Nogueira da Gama
Thiago Ferreira Cardoso Neves

SUMÁRIO

APRESENTAÇÃO
    Guilherme Calmon Nogueira da Gama Thiago Ferreira Cardoso Neves V

I
PARTE GERAL

1. O CÓDIGO CIVIL DE 2002: REVISITANDO A PRINCIPIOLOGIA E O EMPREGO DAS TÉCNICAS DAS CLÁUSULAS GERAIS E DOS CONCEITOS JURÍDICOS INDETERMINADOS
    Thiago Ferreira Cardoso Neves 3

2. A DESCONSIDERAÇÃO DA PERSONALIDADE JURÍDICA NO CÓDIGO CIVIL E A LEI DA LIBERDADE ECONÔMICA
    Eduardo Rodrigues Junior 23

3. A BOA-FÉ OBJETIVA: NOTAS ESSENCIAIS SOBRE O PRINCÍPIO NO CÓDIGO CIVIL DE 2002
    Leonardo Mattietto 35

4. *SURRECTIO, SUPRESSIO* E A TUTELA DA CONFIANÇA
    Fábio de Oliveira Azevedo 45

5. INVALIDADES E DEFEITOS DOS NEGÓCIOS JURÍDICOS: O PROMETIDO E O OCORRIDO EM VINTE ANOS DE VIGÊNCIA DO CÓDIGO CIVIL
    Gustavo Kloh Muller Neves 59

6. ASPECTOS RELEVANTES DA PRESCRIÇÃO E DA DECADÊNCIA
    Carlos E. Elias de Oliveira 77

II
DIREITO DAS OBRIGAÇÕES

7. AS SITUAÇÕES *PROPTER REM* NO DIREITO CIVIL BRASILEIRO DO SÉCULO XXI
    Roger Silva Aguiar 95

5. CASO FORTUITO, FORÇA MAIOR E A IMPOSSIBILIDADE DE CUMPRIMENTO DA PRESTAÇÃO
   José Guilherme Vasi Werner 117

9. CLÁUSULA PENAL E INDENIZAÇÃO À LUZ DA DICOTOMIA ENTRE INTERESSE POSITIVO E NEGATIVO: O EXEMPLO DO CONTRATO DE PERMUTA NO LOCAL
   Carlos Nelson Konder e Cristiano O. S. B. Schiller............................ 141

III
DIREITO CONTRATUAL

10. FUNCIONALIZAÇÃO DO DIREITO CIVIL E O PRINCÍPIO DA FUNÇÃO SOCIAL DOS CONTRATOS
    Gustavo Tepedino 159

11. INTERPRETAÇÃO DOS CONTRATOS: PARÂMETROS E CRITÉRIOS
    José Roberto de Castro Neves 173

12. A FORMAÇÃO DOS CONTRATOS ELETRÔNICOS NA SOCIEDADE DIGITAL
    Frederico Price Grechi... 197

13. O CONTRATO PRELIMINAR E EFEITOS: PROMESSA DE DOAÇÃO E COMPROMISSO DE COMPRA E VENDA DE BEM IMÓVEL
    Marco Aurélio Bezerra de Melo... 239

IV
DIREITO DE DANOS

14. DANOS EMERGENTES, LUCROS CESSANTES, PERDA DA CHANCE E LUCRO DA INTERVENÇÃO: EVOLUÇÃO DOUTRINÁRIA E JURISPRUDENCIAL DOS DANOS MATERIAIS
    Paulo Maximilian 255

15. EVOLUÇÃO DA RESPONSABILIDADE CIVIL: DA CULPA AO RISCO INTEGRAL
    Sergio Cavalieri Filho 271

16. MERO ABORRECIMENTO, DOR, SOFRIMENTO E A REPARAÇÃO PELOS DANOS MORAIS: A EVOLUÇÃO DA TEORIA DOS DANOS À PESSOA HUMANA (NOTAS)
    Nagib Slaibi Filho... 283

17. MEDIDAS ALTERNATIVAS DE REPARAÇÃO DO DANO MORAL
    Patricia Ribeiro Serra Vieira 295

V
DIREITOS REAIS

18. A POSSE DE BENS IMATERIAIS
    Pedro Marcos Nunes Barbosa 309

19. USUCAPIÃO FAMILIAR
    Claudio Luiz Bueno de Godoy 323

20. PROPRIEDADE FIDUCIÁRIA NO CÓDIGO CIVIL DE 2002: NORMAS CORRELATAS E NECESSIDADE DE SISTEMATIZAÇÃO
    Melhim Namem Chalhub 339

21. O CÓDIGO CIVIL E OS FUNDOS DE INVESTIMENTO: UMA DISCUSSÃO ANTIGA E UMA HISTÓRIA RECENTE
    Frederico Calmon Nogueira da Gama 353

22. NOTAS SOBRE O DIREITO DE SUPERFÍCIE E O DIREITO DE LAJE
    Ricardo Pereira Lira 369

23. "NOVOS CONDOMÍNIOS" E A MULTIPROPRIEDADE IMOBILIÁRIA: DA COMUNHÃO DO SOLO À PARTILHA DA UNIDADE NO TEMPO
    Guilherme Cinti Allevato 387

24. O REGIME JURÍDICO DO CONDO-HOTEL
    Filipe Medon 417

VI
DIREITO DE FAMÍLIA

25. NOVOS MODELOS DE ENTIDADES FAMILIARES
    Guilherme Calmon Nogueira da Gama 435

26. AUTONOMIA PRIVADA E RELAÇÕES FAMILIARES
    Renata Vilela Multedo 473

27. DANO AFETIVO COMO DANO MORAL: ADULTÉRIO COMO OBJETO DA RESPONSABILIDADE CIVIL RESULTANTE DO DIREITO CIVIL-CONSTITUCIONAL
João Victor Rozatti Longhi e Matthäus Marçal Pavanini Cardoso 487

28. CONVIVÊNCIA ENTRE PAIS E FILHOS E FAMÍLIAS RECONSTITUÍDAS
Mário Luiz Delgado e Flávia Brandão Maia Perez 499

29. A IMPOSSIBILIDADE DA COMUNHÃO DE VIDA
Antônio Carlos Mathias Coltro 521

VII
DIREITO DAS SUCESSÕES

30. CONCORRÊNCIA SUCESSÓRIA NA HERANÇA LEGÍTIMA
Giselda Maria Fernandes Novaes Hironaka e Mário Gamaliel Guazzeli de Freitas 539

31. DIREITOS SUCESSÓRIOS DO CÔNJUGE E DO COMPANHEIRO NO REGIME DA SEPARAÇÃO DE BENS: BREVES ANOTAÇÕES
Luiz Paulo Vieira de Carvalho 557

32. A SUCESSÃO DO COMPANHEIRO (NO VIGÉSIMO ANIVERSÁRIO DO CÓDIGO CIVIL DE 2002): NOTAS SOBRE SUA EVOLUÇÃO NO ORDENAMENTO JURÍDICO BRASILEIRO
Carlos Roberto Barbosa Moreira 583

33. A SUCESSÃO TESTAMENTÁRIA E SUAS PRINCIPAIS POLÊMICAS DIANTE DAS PREVISÕES DO CÓDIGO CIVIL
Ana Luiza Maia Nevares 597

34. A EVOLUÇÃO DO PLANEJAMENTO SUCESSÓRIO NA VIGÊNCIA DO CÓDIGO CIVIL DE 2002
Camila Ferrão dos Santos 615

I
PARTE GERAL

PARTE GERAL

1
O CÓDIGO CIVIL DE 2002: REVISITANDO A PRINCIPIOLOGIA E O EMPREGO DAS TÉCNICAS DAS CLÁUSULAS GERAIS E DOS CONCEITOS JURÍDICOS INDETERMINADOS

Thiago Ferreira Cardoso Neves

Mestre e doutorando em Direito Civil pela Universidade do Estado do Rio de Janeiro – UERJ. Professor da Escola da Magistratura do Estado do Rio de Janeiro – EMERJ, da Pontifícia Universidade Católica do Rio de Janeiro – PUC-Rio e do Centro de Ensino Renato Saraiva – CERS. Vice-Presidente Administrativo da Academia Brasileira de Direito Civil – ABDC. Advogado.

Sumário: 1. Introdução: uma breve história da recente evolução filosófica do direito – 2. Das regras aos princípios – 3. A técnica legislativa das cláusulas gerais e dos conceitos jurídicos indeterminados – 4. Conclusão.

1. INTRODUÇÃO: UMA BREVE HISTÓRIA DA RECENTE EVOLUÇÃO FILOSÓFICA DO DIREITO

Há 20 anos atrás, sentado em uma cadeira de auditório, ouvi um saudoso amigo dizer que o Código Civil de 2002 havia promovido uma mudança no eixo filosófico do sistema jurídico privado no Brasil, outrora patrimonialista e individualista, tornando-o humanista e solidário. Prosseguiu ele, em sua hipnotizante fala, cujas lembranças sempre me trazem sorrisos, pelo saudosismo, e lágrimas, pela saudade, destacando que o então Novo Código Civil havia sido norteado por novos valores, que podiam ser resumidos em três palavras incansavelmente repetidas pelo Professor Miguel Reale, coordenador dos trabalhos de elaboração do texto da nova lei: socialidade, eticidade e efetividade (ou operacionalidade, como preferem alguns).

A socialidade significa a substituição do modelo individualista do Código Bevilaqua, que era característico do século XIX, por um modelo profundamente comprometido com a função social do Direito. Pela eticidade substitui-se a visão subjetiva da boa-fé, adotada pelo Código anterior, que consistia em uma mera exortação ética e um sentimento interno das partes, por uma boa-fé objetiva, que impõe a elas um dever de comportamento. Já a efetividade corresponde a uma profunda alteração na técnica legislativa do Novo Código. Abandonava-se um regime de regras e cláusulas fechadas, em que o juiz era, nas palavras de Montesquieu, apenas *La bouche de la loi* (a boca da lei), reproduzindo inanimadamente o texto da lei, para se transformar em um sistema dinâmico e efetivo, adotando-se a técnica das cláusulas gerais e dos conceitos jurídicos indeterminados, e o emprego dos princípios jurídicos, permitindo ao magistrado, com muito maior liberdade, adotar as medidas mais adequadas à resolução dos conflitos. O julgador deixa de ser, então, um simples *longa manus* do Poder Legislativo, para se tornar um grande solucionador dos conflitos de interesses.

O Código Civil de 2002, então, embora fruto de um projeto de 1975, trouxe profundas e admiráveis modificações sobre o regime anterior. Mas esse processo, por certo, não foi automático, e tampouco instantâneo. Ele passou por um longo e tortuoso caminho que se iniciou ainda na primeira metade do século XX. O século passado testemunhou grandes alterações na ordem jurídica mundial. Nesse período, viu-se o sepultamento do jusnaturalismo, a sedimentação do positivismo e o surgimento de uma nova vertente filosófica: o pós-positivismo.[1] Não foram poucas as mudanças.[2]

Em pouco mais de cem anos a ordem jurídica fundada na ideia da existência de valores, direitos e interesses humanos não emanadas de normas jurídicas, mas sim da condição natural do homem, tornou-se o direito das leis. O outrora "Direito natural", que reconhecia a existência de valores metajurídicos e de direitos inerentes à condição humana,[3] passou a se resumir às leis, afastando-se dos valores morais e éticos que porventura permeassem a sociedade.

A lei era válida tão somente se produzida de acordo com o devido processo legislativo[4], independentemente do seu conteúdo, o que relegava a segundo plano o exame da validade ou legitimidade de uma norma jurídica sob a ótica da moral e da ética. Nessa esteira, o Estado de Direito se identificava com o Estado Legislativo.[5] O Direito era, desse modo, sinônimo de lei.

---

1. [1] Sobre o tema, ver BARROSO, Luís Roberto. *Curso de direito constitucional contemporâneo*: os conceitos fundamentais e a construção do novo modelo. 5. ed. São Paulo: Saraiva, 2015. p. 269-276.
2. Sabe-se que o positivismo tem sua origem no século XIX. Sem prejuízo, foi no século XX que essa vertente filosófica do direito se consolidou, pondo um fim ao ideal jusnaturalista.
3. Exemplo clássico é a vida que, independentemente de qualquer positivação, era reconhecida como um verdadeiro direito: "A vida – já por força do instinto de sobrevivência – sempre foi um bem caro para o ser humano, no contexto de sua organização social, política e jurídica, tanto é que a proteção da vida e da integridade física do ser humano foi considerada um dos fins essenciais do Estado e razão de sua existência, o que, por exemplo, se constata na obra de Thomas Hobbes (1588-1679)" (SARLET, Ingo Wolfang. Direitos fundamentais em espécie. In: SARLET, Ingo Wolfang; MARINONI, Luiz Guilherme; MITIDIERO, Daniel. *Curso de direito constitucional*. São Paulo: Ed. RT, 2012. p. 349).
4. "A fase jusnaturalista dominou a dogmática dos princípios por um longo período até o advento da Escola Histórica do Direito. Cedeu lugar, em seguida, a um positivismo tão forte, tão dominante, tão imperial, que ainda no século XX os cultores solitários e esparsos da doutrina do Direito Natural nas universidades e no meio forense pareciam se envergonhar do arcaísmo de professarem uma variante da velha metafísica jurídica" (BONAVIDES, Paulo. *Curso de Direito Constitucional*. 20. ed. São Paulo: Malheiros, 2007. p. 260).
5. Sobre o Estado de direito moderno, fundado no princípio da legalidade – em que a fonte exclusiva do direito válido é a lei –, em contraposição ao Estado pré-moderno – cujas fontes do direito eram múltiplas, como o imperador, a igreja, os príncipes e as corporações –, em que não havia um sistema unitário e formalizado por fontes positivas, ver FERRAJOLI, Luigi. Pasado y futuro del estado de derecho. In: CARBONELL, Miguel. *Neoconstitucionalismo(s)*: colección estructuras y procesos. Madrid: Trotta, 2011. p. 15-16.

Foram tempos em que os magistrados, como dito anteriormente, eram a mera boca da lei, limitando-se a reproduzir a vontade do legislador.[6] Isso se justificativa pelo imaginário de que os julgadores eram indivíduos potencialmente perigosos, pois o seu conhecimento, se utilizado discricionariamente para a interpretação das leis e a aplicação do Direito, poderia levar a um governo dos juízes.[7]

O positivismo de Kelsen é a expressão mais marcante do aprisionamento dos magistrados, limitando a sua atuação de interpretação das normas jurídicas e de valoração do Direito.[8] Assim, no positivismo kelseniano "não caberia à teoria do Direito avaliar o conteúdo particular de cada ordenamento, no sentido de verificar sua compatibilidade com as normas morais"[9].

Esse descolamento entre o Direito e a Moral acarretou severas consequências para a sociedade. Isso porque a ausência de uma análise crítica do Direito poderia até preservar a legalidade das leis – se produzidas em conformidade com o processo legislativo –, mas em muitos casos retirava a sua legitimidade.

E foi assim que o mundo assistiu quase impassível ao nascimento e ao crescimento dos ideais nacional-socialistas e do Estado Nazista. Na Alemanha, o autoritarismo e o totalitarismo conviveram harmonicamente com a Constituição de Weimar, possibilitando-se, sob a pecha da legalidade, o cometimento de barbáries, em razão da ausência de uma análise acerca do conteúdo ético e moral das normas jurídicas.

Mas os horrores da 2ª Guerra Mundial levaram a um despertar da humanidade e a uma tentativa de retorno ao jusnaturalismo, voltando-se a reconhecer, a partir de então, a existência de direitos inatos à condição humana, os quais seriam merecedores de tutela independentemente de previsão legal.

---

6. No Estado Liberal francês, pós-revolução, concebeu-se a figura do juiz escravo da lei, em que o magistrado estava manietado pelas disposições legais, não lhe sendo possível realizar qualquer juízo de valor acerca delas: "a compreensão do lugar de atuação do Juiz continuou atrelada ao modelo do Estado Liberal, especialmente no seu aspecto mais marcante, qual seja, de ser o juiz reduzido à figura de um 'escravo da lei', com sua atividade totalmente limitada pelo dogma maior e que é retratado na expressão 'dura lex, sed lex'" (OLIVEIRA NETO, Francisco José Rodrigues de. A atuação do juiz no estado democrático de direito: em busca de um ponto de equilíbrio. In: COUTINHO, Jacinto Nelson de Miranda; MORAIS, José Luis Bolzan; STRECK, Lenio Luiz. *Estudos constitucionais*. Rio de Janeiro: Renovar, 2007. p. 105-106).
7. Em uma visão crítica acerca da atuação discricionária dos juízes, aquilo que alguns denominam de decisionismo, ver STRECK, Lenio Luiz. *O que é isto – decido conforme minha consciência?* Porto Alegre: Livraria do Advogado, 2015; e NEVES, Antonio Maurício Castanheira. *A recompreensão do sentido da função judicial (jurisdição) numa perspectiva jurisprudencialista*. Coimbra, 2013. Mimeografado.
8. No positivismo clássico, acreditava-se que a lei, por si só, era capaz de solucionar os problemas, independentemente da atuação interpretativa/criativa do magistrado. Em França pós-Revolução, sedimentou-se a ideia da conceituação de institutos pelo legislador, fechando-se os textos normativos, assim evitando a utilização de cláusulas abertas ou conceitos jurídicos indeterminados, que atribuem liberdade ao julgador para a definição do conteúdo da norma. Ocorre que, ainda que a lei seja clara, ela não foge ao trabalho hermenêutico do magistrado; e isso porque toda e qualquer palavra ou expressão, por mais clara que possa parecer, está sujeita à interpretação, de modo que, para se chegar ao sentido da norma, ainda que literal, exige-se uma interpretação. Sobre o tema ver STRECK, Lenio Luiz. *Hermenêutica jurídica e(m) crise*. 11. ed. Porto Alegre, 2014. p. 119-134.
9. SARMENTO, Daniel; SOUZA NETO, Cláudio Pereira de. *Direito constitucional*: teoria, história e métodos de trabalho. Belo Horizonte: Fórum, 2012. p. 200.

Ocorre, contudo, que por seus fundamentos metafísicos, o jusnaturalismo não encontrou base para seu restabelecimento, especialmente por se ver diante de uma nova sociedade, plural, com diversas crenças e ideologias. Não havia, por consequência, um consenso acerca dos direitos naturais à condição humana, tampouco em relação à origem destes.

Ainda assim, uma nova vertente filosófica se desenvolveu, possibilitando a consolidação de certos valores a serem observados pelo ordenamento jurídico. O pós-positivismo[10], vertente filosófica do neoconstitucionalismo,[11] nasceu da necessidade de superação do modelo positivista estrito, e promoveu profundas alterações na interpretação e na aplicação das normas jurídicas.

Dessas mudanças, três se revelaram marcantes: a constitucionalização do Direito; a reaproximação entre o Direito e a moral; e o reconhecimento da normatividade dos princípios jurídicos.[12]

A constitucionalização do Direito é um fato inexorável nos ordenamentos jurídicos ocidentais, fenômeno que também ocorreu no Brasil. A Constituição, enquanto norma de hierarquia superior, e fundamento de validade para todas as demais normas existentes, irradia seus princípios e regras sobre todos os ramos do Direito,[13] cujas

---

10. "O Direito, a partir da segunda metade do século XX, já não cabia mais no positivismo jurídico. A aproximação quase absoluta entre Direito e norma e sua rígida separação da ética não correspondiam ao estágio do processo civilizatório e às ambições dos que patrocinavam a causa da humanidade. Por outro lado, o discurso científico impregnara o Direito. Seus operadores não desejavam o retorno puro e simples ao jusnaturalismo, aos fundamentos vagos, abstratos ou metafísicos de uma razão subjetiva. Nesse contexto, o pós-positivismo não surge com o ímpeto da desconstrução, mas como uma superação do conhecimento convencional. Ele inicia sua trajetória guardando deferência relativa ao ordenamento positivo, mas nele reintroduzindo as ideias de justiça e legitimidade" (BARROSO, Luís Roberto. Fundamentos teóricos e filosóficos do novo direito constitucional brasileiro: pós-modernidade, teoria crítica e pós-positivismo. In: BARROSO, Luís Roberto. O novo direito constitucional brasileiro: contribuições para a construção teórica e prática da jurisdição constitucional no Brasil. Belo Horizonte: Fórum, 2012. p. 120-121).
11. A expressão *neoconstitucionalismo* pode ter inúmeros sentidos, e isso porque não há um único neoconstitucionalismo, o qual varia de acordo com a evolução constitucional de cada Estado. Nesse sentido, CARBONELL, Miguel. *Nuevos tiempos para el constitucionalismo*. In: CARBONELL. Op. cit., p. 9-10. Em verdade, neoconstitucionalismo significa o movimento constitucionalista pós-Segunda Guerra, marcado por novos valores antes abandonados, valores esses que variam conforme as particularidades de cada país, razão pela qual não há um conceito unívoco. Nesse sentido, BARROSO. 2015. p. 300.
12. Daniel Sarmento aponta, além destas, ainda outras duas mudanças decorrentes do neoconstitucionalismo, que são: (i) a rejeição ao formalismo e o emprego mais frequente de métodos mais abertos de raciocínio jurídico como a ponderação, a tópica, as teorias da argumentação, dentre outros; e (ii) a judicialização da política e das relações sociais, deslocando-se o debate e as decisões sobre essas matérias dos Poderes Legislativo e Executivo para o Poder Judiciário (SARMENTO, Daniel. O neoconstitucionalismo no Brasil: riscos e possibilidades. In: SARMENTO, Daniel (Coord.). *Filosofia e teoria constitucional contemporânea*. Rio de Janeiro: Lumen Juris, 2009. p. 113-114).
13. "A ideia de constitucionalização do Direito aqui explorada está associada a um efeito expansivo das normas constitucionais, cujo conteúdo material e axiológico se irradia, com força normativa, por todo o sistema jurídico. Os valores, os fins públicos e os comportamentos contemplados nos princípios e regras da Constituição passam a condicionar a validade e o sentido de todas as normas do direito infraconstitucional" (BARROSO. Neoconstitucionalismo e constitucionalização do direito: o triunfo tardio do direito constitucional no Brasil. In: BARROSO, 2012. p. 201-202).

normas jurídicas devem ser lidas e interpretadas à luz das disposições constitucionais, naquilo que se convencionou chamar de filtragem constitucional.[14]

A reaproximação entre o Direito e a moral é outro ponto marcante do pós-positivismo. Como visto anteriormente, o positivismo estrito se caracterizou pela separação entre o Direito e a moral, em que a avaliação do conteúdo da norma era desnecessária e até mesmo rechaçada, especialmente para fins de verificação da sua validade. Já com o pós-positivismo, diversos valores foram reincorporados aos ordenamentos jurídicos, especialmente sob a forma de princípios, e com o emprego de técnicas legislativas – como as cláusulas abertas e os conceitos jurídicos indeterminados –, que passaram a servir de fundamento de validade e legitimidade das normas jurídicas.[15]

Nesse sentido, princípios e valores como a dignidade da pessoa humana, a moralidade, a boa-fé, a função social, dentre outros, passaram a ter observância obrigatória, não bastando o mero cumprimento do processo constitucional legislativo para que o texto normativo seja válido e, sobretudo, legítimo.

De toda essa narrativa, é possível perceber a impactante revolução na forma de se pensar e aplicar o Direito nesse curto espaço temporal. Mas, dentre todas essas mudanças, as que mais se destacam, especialmente para este estudo, é o fato de os princípios terem sido erigidos ao *status* de norma jurídica, bem como o emprego de técnicas legislativas com o propósito de conferir ao magistrado ferramentas mais eficazes para a solução dos conflitos em concreto. Essa história, contudo, é muito mais longa, e por isso precisa ser contada à parte, como se fará nos tópicos a seguir.

2. DAS REGRAS AOS PRINCÍPIOS

No ordenamento jurídico brasileiro, os princípios, outrora denominados apenas como *princípios gerais do direito*, tradicionalmente eram vistos apenas como vetores integrativos para a solução de conflitos quando a lei fosse omissa, caso em que vácuo legislativo deveria ser preenchido por eles. Nessa sua função, ocupavam apenas a terceira posição no rol de ferramentas jurídicas de integração da lei, após a analogia e os costumes.[16] Nesse sentido, prevê o art. 4º da Lei de Introdução às Normas do

---

14. A expressão *filtragem constitucional* "denota a ideia de um processo em que toda a ordem jurídica, sob a perspectiva formal e material, e assim os seus procedimentos e valores, devem passar sempre e necessariamente pelo filtro axiológico da Constituição Federal, impondo a cada momento de aplicação do Direito, uma releitura e atualização de suas normas" (SCHIER, Paulo Ricardo. *Filtragem constitucional*: construindo uma nova dogmática jurídica. Porto Alegre: Sergio Antonio Fabris, 1999. p. 104).
15. Na lição de Daniel Sarmento e Cláudio Pereira de Souza Neto, "O pós-positivismo se caracteriza por buscar a ligação entre o Direito e a Moral por meio da interpretação de princípios jurídicos muito abertos, aos quais é reconhecido pleno caráter normativo. Ele, porém, não recorre a valores metafísicos ou a doutrinas religiosas para a busca da Justiça, mas sim a uma argumentação jurídica mais aberta, intersubjetiva, permeável à Moral, que não se esgota na lógica formal" (SOUZA NETO; SARMENTO. Op. cit. p. 201).
16. Como observa Zeno Veloso, ao examinar a regra constante do art. 4º da LINDB, e o rol sucessivo de ferramentas de integração, a saber, primeiro a analogia, depois os costumes e, por último, os princípios gerais do direito, "O juiz tem de seguir esta ordem, esta hierarquia entre as formas de revelação do Direito, segundo a opinião dominante na doutrina" (VELOSO, Zeno. *Comentários à lei de introdução ao Código Civil*: artigos. 1º a 6º. 2. ed. Belém: UNAMA, 2006. p. 92).

Direito Brasileiro – LINDB que *quando a lei for omissa, o juiz decidirá o caso de acordo com a analogia, os costumes e os princípios gerais do direito.*

Os princípios, portanto, só eram aplicáveis quando a lei fosse omissa e a analogia e os costumes fossem insuficientes para a solução da questão litigiosa. Mas essa verdade se alterou com o pós-positivismo, em que os princípios foram alçados ao status de normas jurídicas, juntamente com as regras, tornando-se uma verdadeira fonte primária de direitos e deveres, a serem observados por todos, inclusive pelo Poder Público.[17]

Com efeito, os princípios, enquanto espécies normativas, foram "separados" dos princípios gerais do direito, na medida em que estes consistem em ideias e orientações gerais fundadas no senso comum e de justiça, e orientadas pelo Direito, embora não instituídos formalmente,[18] como, por exemplo, o princípio geral de que *ninguém pode se beneficiar da própria torpeza*, enquanto os princípios são normas cogentes explícitas ou implícitas do ordenamento,[19] isto é, são normatizados.

Como consequência dessa normatização, uma instigante questão exsurgiu: a da diferenciação entre as espécies normativas existentes, a saber, as regras e os princípios e, mais particularmente, o problema da colisão entre elas.[20]

---

17. Uma simples leitura do art. 37 da Constituição Federal comprova a submissão do Estado aos princípios enquanto normas jurídicas: "Art. 37. A administração pública direta e indireta de qualquer dos Poderes da União, dos Estados, do Distrito Federal e dos Municípios obedecerá aos princípios de legalidade, impessoalidade, moralidade, publicidade e eficiência e, também, ao seguinte: [...]".
18. Nesse sentido, explicita Miguel Maria de Serpa Lopes, ao citar Bevilaqua, que ele, "repelindo a idéia de princípios gerais do Direito nacional, volve-se para os elementos fundamentais da cultura jurídica humana, para as noções de liberdade, justiça e equidade, em síntese, para o conjunto de todos êsses elementos" (LOPES, Miguel Maria de Serpa. *Comentários à lei de introdução ao Código Civil*. 2. ed. Rio de Janeiro: Freitas Bastos, 1959. v. I, p. 190).
19. Os princípios nem sempre estão explicitamente positivados no ordenamento, podendo-se dele extrair implicitamente. Nesse sentido, explicita Karl Larenz que a formação do Direito não se esgota nas leis positivadas. Isso significa que a formação do Direito pode se dar para além do texto da lei, através do que ele denominou de princípios éticos-jurídicos que "podem ser deduzidos da regulação legal, da sua cadeia de sentido, por via de uma analogia geral ou do retorno a *ratio legis*" (LARENZ, Karl. *Metodologia da ciência do direito*. 7. ed. Lisboa: Fundação Calouste Gulbenkian, 2014. p. 599 e 674). No mesmo sentido, elucidativa é a decisão do Tribunal Constitucional Federal alemão: "O direito não se identifica com a totalidade das leis escritas. Em certas circunstâncias, pode haver um 'mais' de direito em relação aos estatutos positivos do poder do Estado, que tem a sua fonte na ordem jurídica constitucional como uma totalidade de sentido e que pode servir de corretivo para a lei escrita; é tarefa da jurisdição encontrá-lo e realizá-lo em suas decisões". BVerGE 34, 269. HABERMAS, Jürgen. *Direito e democracia*: entre facticidade e validade. v. 1, 1997, p. 303. Apud BARROSO, Luís Roberto. Fundamentos teóricos e filosóficos do novo direito constitucional brasileiro (pós-modernidade, teoria crítica e pós-positivismo). *Revista da EMERJ*. v. 4, n. 15, 2001. p. 33. Observa, ainda, Luís Roberto Barroso que "Os grandes princípios de um sistema jurídico são normalmente enunciados em algum texto de direito positivo. Não obstante, [...] tem-se, aqui, como fora de dúvida que esses bens sociais supremos existem fora e acima da letra expressa das normas legais, e nelas não se esgotam, até porque não têm caráter absoluto e estão em permanente mutação". BARROSO, Luís Roberto. *Interpretação e aplicação da Constituição*. 3. ed. Rio de Janeiro: Saraiva, 1999. p. 149.
20. Como observa Klaus Günther, o problema da colisão entre normas jurídicas decorre da necessidade de se descobrir qual é a norma mais adequada à situação que se apresenta. A fim de chegar ao melhor resultado, deve-se buscar todas as possibilidades existentes no ordenamento para a solução do caso, o que levará, em inúmeras hipóteses, ao problema de conflito entre normas jurídicas: "Uma hipótese de norma só poderá ser designada como adequada se for compatível com todos os outros aspectos normativos da situação. Enquanto

Tradicionalmente, diz-se que as regras se diferem dos princípios por serem normas descritivas e objetivas, estando expressamente previstas em um texto normativo, de modo a estabelecer obrigações, permissões e proibições mediante a descrição de uma conduta a ser cumprida.[21] Já os princípios gozam de abstração e de maior generalidade, possuindo uma abertura semântica e uma carga de subjetividade não encontrada nas regras, as quais se aplicam, com maior concretude, às situações fáticas por meio da técnica da subsunção.

Os autores exaustivamente citados no exame da distinção entre essas espécies de normas jurídicas são Ronald Dworkin e Robert Alexy, que defendem a *tese forte* de diferenciação entre os princípios e as regras.[22]

Ronald Dworkin parte da premissa de que a diferença é de ordem lógica[23] e, assim, utiliza dois critérios para diferenciar os princípios das regras.

O primeiro critério diz respeito à aplicação. As regras são aplicáveis na modalidade *tudo-ou-nada*, isto é, ocorrido o fato previsto no tipo legal, ou elas são válidas e, então, plenamente aplicáveis, produzindo os seus efeitos, ou são inválidas, caso em que não serão aplicadas.[24] Já os princípios não trazem consigo, de forma descritiva e concreta, os fatos sobre os quais incidirão e, muito menos, as consequências que advêm da sua aplicação.[25] No entanto, isso não significa que não sejam aplicáveis aos casos concretos, o que seria incompatível com a sua natureza normativa. Sua aplicação, contudo, exige a ausência de uma regra subsumível à situação fática, de modo que os princípios apenas serão utilizados como razão e limite para a decisão do juiz se não houver uma regra específica para a solução do conflito.

O segundo critério utilizado por Ronald Dworkin diz respeito à existência de peso ou importância dos princípios, denominada por ele de *dimensão de peso*,[26] em que os princípios possuem um determinado peso ou importância que variará de acordo com a situação concreta. Desta forma, quando eles colidem entre si, o aplicador do direito terá que resolver a questão levando em consideração a força relativa de

---

não lhe for atribuído esse predicado, será considerada apenas como um ponto de vista entre outros, cuja inter-relação deverá ser avaliada em vista da situação. Um problema típico, em que a relação de aplicação unilateral e adequada de normas é sempre debatida, é a colisão de normas em determinada situação. [...] Ser obrigado a examinar todos os aspectos de uma situação leva necessariamente à colisão de normas, porque inicialmente todos os aspectos somente poderão ser relevantes em perspectivas distintas". GÜNTHER, Klaus. *Teoria da argumentação no direito e na moral*: justificação e aplicação. 2. ed. Rio de Janeiro: Forense, 2011. p. 191-192.
21. ÁVILA, Humberto Bergmann. *Teoria dos princípios*. 5. ed. São Paulo: Malheiros, 2004. p. 167.
22. Para aprofundamento do debate acerca das teses *forte* e *fraca* de distinção entre princípios e regras, bem como daquela que nega a existência de distinção entre ambos, ver SOUZA, Felipe Oliveira de. Princípios, regras e a justificação das decisões judiciais: uma revisão crítica. *Revista de direito do estado*. a. 07, n. 23, abr.-jun./2012. p. 27-49.
23. DWORKIN, Ronald. *Levando os direitos a sério*. Trad. Nelson Boeira. 3. ed. São Paulo: Martins Fontes, 2010. p. 39.
24. Idem.
25. Ibidem. p. 40.
26. Ibidem. p. 42.

cada um dos princípios, de modo que incidirá aquele que tiver o maior peso naquele determinado caso. Não há, portanto, como ocorre com as regras, invalidação de um dos princípios, mas sim a prevalência de um sobre o outro.

Já Robert Alexy, embora parta da mesma premissa de Ronald Dworkin – princípios e regras são espécies de normas jurídicas –[27], elabora sua tese com algumas particularidades, apresentando diversos critérios para a diferenciação dessas espécies normativas.[28]

De todos esses critérios, o de maior importância está na definição dos princípios como *mandados de otimização*, uma vez "que ordenam que algo seja realizado na maior medida possível dentro das possibilidades jurídicas e fáticas existentes"[29]. Em outras palavras, os princípios impõem a realização da norma de decisão – que é o resultado da interpretação – em sua máxima efetividade, a partir das possibilidades fáticas e jurídicas existentes.

Com efeito, no tocante ao âmbito das possibilidades jurídicas, há entre princípios e regras uma diferença qualitativa. À semelhança da proposta de Ronald Dworkin, ou as regras são sempre satisfeitas, ou não são sempre satisfeitas, isto é, se uma regra jurídica é válida, ela deve ser aplicada em sua inteireza, enquanto os princípios são aplicados em graus, realizando-se nos limites jurídicos que a situação concreta impuser ou admitir.

Mas, segundo Robert Alexy, a principal diferença entre princípios e regras se revela nos casos de colisão. Havendo conflito entre regras, a solução dependerá da introdução de uma cláusula de exceção que elimine o conflito, ou da declaração de invalidade de uma das normas conflitantes.[30] Já na colisão entre princípios, a questão se apresenta mais complexa, pois um deles terá que ceder em relação ao outro, sem que isso signifique a declaração de invalidade de um deles ou a necessidade de introdução de uma cláusula de exceção; um dos princípios apenas prevalecerá, naquele caso concreto, sobre o outro. Isso significa que no caso das regras, o conflito ocorre na dimensão da validade, enquanto no caso dos princípios as colisões ocorrem na dimensão de peso,[31] cuja solução se dará pela *lei da colisão*, fazendo-se um sopesamento entre os interesses conflitantes, a fim de identificar qual deles tem peso maior na hipótese concreta.

Esses são, basicamente, os critérios de diferenciação entre princípios e regras propostos pelos dois autores, os quais, por óbvio, sofrem inúmeras críticas, as quais

---

27. ALEXY, Robert. *Teoria dos direitos fundamentais*. Trad. Virgílio Afonso da Silva. São Paulo: Malheiros, 2008. p. 87.
28. Segundo Alexy, os critérios de diferenciação entre princípios e regras são: o grau de *generalidade*; a determinabilidade dos casos de aplicação; a forma de seu surgimento; o caráter explícito do seu conteúdo axiológico; a referência à ideia de direito ou a uma lei jurídica suprema; e a importância para a ordem jurídica (Ibidem. p. 87-88).
29. Ibidem. p. 90.
30. Ibidem. p. 92.
31. Ibidem. p. 93-94.

não caberiam neste estudo. O que importa, neste instante, é que ambos são espécies de normas jurídicas, criando direitos e deveres e solucionando os conflitos de interesses.

Nesse aspecto, observação importante é que, uma vez ocorrendo o litígio, deve-se buscar primeiramente uma regra para dirimir a controvérsia. Existindo esta, dever-se-á aplicá-la. Entretanto, caso não exista uma regra objetiva e concreta que incida na situação, como nos *hard cases*, por exemplo, o julgador se utilizará dos princípios jurídicos, os quais, em razão de sua maior abertura e abstração, exigirão dele um maior esforço de argumentação jurídica. De todo modo, os princípios não podem conceder ao magistrado uma discricionariedade judicial, tal como ocorre com a discricionariedade administrativa, em que o administrador tem liberdade para decidir dentro de um espaço vago.

Nos conflitos jurídicos, a decisão deverá sempre ser pautada no sistema de valores, princípios e regras existentes no ordenamento, especialmente aqueles emanados da Constituição,[32] motivo pelo qual também não é recomendável decidir mediante a aplicação isolada de uma regra. Apenas com a observância de todos esses aspectos é que se assegurará uma solução não apenas justa, mas também legítima. Por isso, o juiz não pode decidir conforme seus interesses e ideologias pessoais, embora se tenha a consciência de que a neutralidade absoluta é impossível.

Ocorre, contudo, que como todo e qualquer texto deve ser objeto de interpretação, por mais clara que seja a sua redação,[33] a leitura sempre acaba sendo feita

---

32. Nesse sentido, Gustavo Tepedino: "Como se sabe, o magistrado tem o dever de julgar, encontrando a solução para todos os casos que lhe são submetidos. E deve fazê-lo com base no ordenamento: unitário, complexo e sistemático. Vale-se de princípios e valores que uniformizem o sentido das decisões, reconduzindo-as da fragmentação da casuística à unidade axiológica indispensável à compreensão do ordenamento como sistema. Para tanto, não pode levar em conta uma regra isoladamente considerada, ainda que apropriada para a hipótese, mas o conjunto das normas inserido no ordenamento. Ao propósito, afirmou-se que 'não se interpreta o direito em tiras; não se interpreta textos normativos isoladamente, mas sim o direito no seu todo, marcado, na dicção de Ascarelli, pelas suas premissas implícitas'. A ponderação torna-se, portanto, indispensável como técnica capaz de sopesamento dos diversos vetores normativos incidentes no caso concreto. Por isso mesmo, a ponderação não deve ser adotada apenas na aplicação dos princípios, mas também entre regras, e regras e princípios, já que todos os enunciados normativos dialogam entre si, contemporaneamente, sob a mesma tábua axiológica. E a valoração prévia do legislador, na sociedade democrática, não afasta, antes reclama, o exercício do dever inderrogável do magistrado de compatibilizar as escolhas legislativas com as escolhas efetuadas pelo constituinte" (TEPEDINO, Gustavo. Liberdades, tecnologia e teoria da interpretação. *Revista forense*. a. 110, v. 419, Rio de Janeiro: Forense. jan.-jun./2014. p. 79-81).
33. Não é incomum ouvir-se a expressão latina *in claris cessat interpretatio*, significando que quando a lei for clara, não há necessidade de interpretação. O objetivo do brocardo era reforçar o "império da lei", a impedir que magistrados fizessem juízos de valor sobre textos cuja clareza dispensava elucubrações. No entanto, como observa Carlos Maximiliano, se o propósito era ministrar um remédio contra abusos, acabou se tornando, o próprio brocardo, um abuso. Em verdade, sendo a lei formada por palavras, com mais diversos sentidos, é evidente que será sempre objeto de interpretação, por mais clara que seja. Por essa razão, alerta Maximiliano que "A palavra é um mau veículo do pensamento; por isso, embora de aparência translúcida a forma, não revela todo o conteúdo da lei, resta sempre margem para conceitos e dúvidas; a própria letra nem sempre indica se deve ser entendida à risca, ou aplicada extensivamente; enfim, até mesmo a clareza exterior ilude; sob um só invólucro verbal se aconchegam e escondem várias ideias, valores mais amplos e profundos do que os resultantes da simples apreciação literal do texto. Não há fórmula que abranja as inúmeras relações eternamente variáveis da vida; cabe ao hermeneuta precisamente adaptar o texto rígido aos fatos, que dia a dia surgem e se desenvolvem sob aspectos imprevistos. Nítida ou obscura a norma, o

através da lente moral, cultural e intelectual daquele que a faz, possibilitando uma interpretação particular do juiz.[34] Nesse sentido, o uso de técnicas legislativas como as cláusulas gerais e os conceitos jurídicos indeterminados, embora se revelem importantes mecanismos para a manutenção da atualidade da norma, na medida em que poderão ter o seu sentido modificado ao longo do tempo por meio de métodos de interpretação e, assim, dispensando constantes alterações legislativas, acaba por permitir certo grau de subjetivismo na aplicação do direito.[35]

A função social, a moral, os bons costumes, o razoável, o fortuito e a boa-fé, para ficar apenas nesses exemplos, são algumas das ferramentas disponibilizadas pelo legislador ao aplicador da norma jurídica para a solução de conflitos. Em uma sociedade complexa, na qual as pessoas se relacionam de múltiplas maneiras, é impossível ao legislador descrever todas as situações fáticas existentes, revelando, assim, a imprescindibilidade do uso dessas técnicas.

No entanto, o preenchimento desse espaço vazio decorrente da abertura semântica das cláusulas gerais e dos conceitos jurídicos indeterminados deve observar o sistema jurídico, não se admitindo soluções arbitrárias, sem amparo na ordem constitucional e legal vigente. Nada obstante, o que é importante se destacar é que as cláusulas gerais e os conceitos jurídicos indeterminados não são espécies normativas. São, em verdade, técnicas legislativas que visam permitir uma maior abertura na interpretação e aplicação do Direito, de modo que o juiz não ficará adstrito e limitado àquela determinada moldura normativa, a fim de que possa, com maior liberdade, encontrar a melhor solução para o caso.

---

que lhe empresta elastério, alcance, ductilidade, é a interpretação". MAXIMILIANO, Carlos. *Hermenêutica e aplicação do direito*. 19. ed. Rio de Janeiro: Forense, 2007. p. 29.
34. Como explicita Luís Roberto Barroso, "Idealmente, o intérprete, o aplicador do direito, o juiz, deve ser neutro. E é mesmo possível conceber que ela seja racionalmente *educado* para a compreensão, para a tolerância, para a capacidade de entender o *diferente*, seja o homossexual, o criminoso, o miserável ou o mentalmente deficiente. Pode-se mesmo, um tanto utopicamente, cogitar de libertá-lo de seus preconceitos, de suas opções políticas pessoais, e oferecer-lhe como referência um conceito idealizado e asséptico de justiça. Mas não será possível libertá-lo do próprio inconsciente, de seus registros mais primitivos. Não há como idealizar um intérprete sem memória e sem desejos. Em sentido pleno, não há neutralidade possível" (BARROSO, Luís Roberto. *Interpretação e aplicação da Constituição*. 6. ed. São Paulo: Saraiva, 2004. p. 289-290).
35. O uso de cláusulas gerais mostra a possibilidade de mobilidade do sistema, revelando-se uma alternativa à normatividade fechada, especialmente diante da impossibilidade de o Legislativo lograr prever todas as situações possíveis. Nesse sentido, Claus–Wilhelm Canaris: "O Direito positivo é dominado, fundamentalmente, não por um sistema móvel mas antes por um imóvel. No entanto, ele compreende partes móveis. O "sistema móvel" está, legislativamente, entre a formação de previsões normativas rígidas, por um lado, e a cláusula geral, por outro. Ele permite confrontar de modo particularmente feliz, a polaridade entre os "mais altos valores do Direito", em especial a "tendência generalizadora" da justiça e a "individualizadora" e constitui, assim, um enriquecimento valioso do instrumentário legislativo. Ele não deve, contudo, ser exclusivamente utilizado, antes representando uma possibilidade legislativa entre outras, ligadas entre si" (CANARIS, Claus-Wilhelm. *Pensamento sistemático e conceito de sistema na ciência do direito*. 2. ed. Lisboa: Fundação Calouste Gulbenkian, 1996. p. 282).

3. A TÉCNICA LEGISLATIVA DAS CLÁUSULAS GERAIS E DOS CONCEITOS JURÍDICOS INDETERMINADOS[36]

O emprego da técnica das cláusulas gerais e dos conceitos jurídicos indeterminados não é uma novidade ou exclusividade do Código Civil de 2002. Ainda assim, é preciso reconhecer que o uso dessas importantes ferramentas de interpretação e aplicação das normas jurídicas era muito mais escasso, principalmente no Código Civil de 1916.

A lei civil anterior tinha como premissa, fundamentalmente, a solução de conflitos por meio de conceitos e regras estabelecidos na própria lei de modo fechado. Isso se justificava por ser a legislação revogada fruto do projeto de Clóvis Bevilaqua, que se inspirou no Código de Napoleão, na legislação portuguesa anterior e na escola pandectista alemã – a qual deu origem ao BGB de 1900.[37]

Por essa razão, cláusulas abertas e conceitos jurídicos indeterminados não eram vistos como ferramentas legislativas adequadas para a solução de conflitos. O temor de que juízes pudessem decidir livremente, conforme suas íntimas convicções,[38] era enfrentado com o estabelecimento de regras sem aberturas semânticas ou abstrações, impedindo a livre interpretação do julgador.[39]

O primado da lei, cuja elaboração sempre competiu aos representantes do povo, impunha a vontade do legislador sobre a do administrador e, especialmente, sobre

---

36. Há, na doutrina, críticas à expressão *conceitos jurídicos indeterminados*. Segundo Eros Roberto Grau, é insustentável o emprego do referido termo, uma vez que "a *indeterminação* apontada em relação a eles [os conceitos jurídicos] não é dos conceitos (ideias universais), mas de suas expressões (termos). Daí minha insistência em aludir a *termos indeterminados de conceitos*, e não a *conceitos indeterminados*. Este ponto era e continua a ser, para mim, de importância extremada: não existem *conceitos indeterminados*. Se é indeterminado o *conceito*, não é *conceito*. O mínimo que se exige de uma suma de ideias, abstrata, para que seja um conceito, é que seja determinada. Insisto: todo conceito é uma suma de ideias que, para ser conceito, tem de ser, *no mínimo*, determinada; o mínimo que se exige de um conceito é que seja determinado. Se o conceito não o for, em si, uma *suma determinada de ideias*, não chega a ser conceito. GRAU, Eros Roberto. *Por que tenho medo dos juízes (a interpretação/aplicação do direito e os princípios)*. Refundida do *Ensaio e discurso sobre a interpretação/aplicação do direito*. 10. ed. São Paulo: Malheiros, 2021. p. 160.
37. Para um aprofundamento dessa evolução histórica, na qual o princípio da boa-fé ocupa um papel relevante, ver a tese de doutoramento de Judith Martins-Costa na Universidade de São Paulo, *A boa-fé no direito privado*. São Paulo: Ed. RT, 1999. p. 237-270; e o sucinto e preciso texto do Prof. Miguel Reale, A boa-fé no Código Civil. *Revista de direito bancário e do mercado de capitais*. n. 21, jul.-set. 2003. p. 10-12.
38. A abertura semântica dos princípios, das cláusulas abertas e dos conceitos jurídicos indeterminados preocupa a muitos por conta do risco de uma discricionariedade judicial quando do preenchimento do conteúdo da norma. Nesse sentido, ver Eros Roberto Grau, na já citada obra *Por que tenho medo dos juízes*.
39. Como explicitado em outra sede, a origem da ideia de que os conceitos devem ser dados pelo legislador "remonta ao direito francês, mais precisamente com a Revolução Francesa, movimento de luta contra o absolutismo, o despotismo monárquico, clérigo e nobre, em que operaram modificações de ordem social, política, jurídica e legislativa do Estado francês. Tal marco histórico coincide com o Estado de Direito e os ideais liberalistas, ou seja, a ideia de proteção às liberdades dos indivíduos por intermédio da lei, limitando o poder estatal. Era preciso, pois, que a lei trouxesse conceitos impondo limites à sua aplicação, a fim de se evitar abusos e desmandos dos seus aplicadores, tornando mais fácil o controle da atuação dos julgadores e administradores, pois se a lei conceitua, acaba por delimitar sua abrangência, o que torna impossível uma interpretação contrária a seus ditames" (NEVES, Thiago Ferreira Cardoso. *O nascituro e os direitos da personalidade*. Rio de Janeiro: GZ, 2012. p. 15-16).

a dos juízes, que representavam a casta de intelectuais e detentores do poder, cuja atuação não necessariamente atendia à vontade do povo. Como consequência, o sentido e o conceito dos institutos jurídicos só podiam decorrer diretamente da lei.

A mudança de pensamento filosófico, contudo, veio a demonstrar que o legislador nem sempre atua segundo a vontade do povo, além de ser incapaz de solucionar todos os conflitos existentes. A complexidade das relações sociais no mundo moderno e pós-moderno, e a velocidade com que elas são criadas e se desenvolvem, evidenciam a impossibilidade de se aguardar uma solução legislativa por meio da edição de leis. O processo legislativo é, tradicionalmente, moroso, não apenas por força de entraves políticos e burocráticos, mas também por conta do procedimento de elaboração dos atos normativos, que reclamam, por razões de segurança jurídica, inúmeras etapas.

Por isso, a criação e o emprego da técnica das cláusulas gerais e dos conceitos jurídicos indeterminados se revelou extremamente necessário, pois por meio dela cria-se uma norma mais ampla, que abarca inúmeras situações, existentes ou por existir, sendo, pois, mais eficaz para a solução dos conflitos,[40] além de conferir maior longevidade ao texto, na medida em que a norma é capaz de abranger uma grande diversidade de casos, mesmo aqueles fruto das mudanças sociais, econômicas e culturais da sociedade.

É certo, entretanto, que esse ideal nem sempre é alcançado com perfeição, e tampouco na velocidade que se espera. Há casos de emprego da técnica das cláusulas gerais e dos conceitos jurídicos indeterminados que trazem discussões que se estendem por anos a fio, dado o grau de incerteza e indefinição do próprio termo, que varia no tempo e conforme as mais variadas culturas e países. Vê-se o emblemático caso da dignidade da pessoa humana que, embora relevantíssima, ainda não se chegou a um consenso quanto ao seu exato significado e conteúdo, havendo uma profusão de textos, nacionais e estrangeiros, procurando defini-la.[41]

Não menos importante temos, no Código Civil, o exemplo também emblemático da função social dos contratos, em que já passados 20 anos de vigência do atual

---

40. Na lição de Vicente Ráo, "A multiplicidade dos casos ocorrentes e das circunstâncias particulares que os cercam, excede a capacidade de previsão do legislador e suas possibilidades de incluí-los, sem omissões nem defeitos, nas fórmulas gerais em que a lei se concretiza. E, ademais, essas fórmulas não somente se dirigem aos atos e fatos como se praticam e ocorrem no momento em que elas são elaboradas; visam, também, os atos e fatos congêneres e futuros, cuja verificação obedece, sempre, a contingências mutáveis" (RÁO, Vicente. *O direito e a vida dos direitos*. 6. ed. Anotada e atualizada com o novo Código Civil por Ovídio Rocha Barros Sandoval. São Paulo: Ed. RT, 2004. p. 94).
41. Apenas para citar alguns exemplos de trabalhos já desenvolvidos pela doutrina brasileira, tem-se MORAES. Op. cit., nota de rodapé 10; BARROSO, Luís Roberto. "Aqui, lá e em todo lugar": a dignidade humana no direito contemporâneo e no discurso transnacional. *Revista dos Tribunais*, v. 101, p. 127-196, maio, 2012; SARMENTO, Daniel. *Dignidade da pessoa humana*: conteúdo, trajetórias e metodologia. 2. ed. Belo Horizonte: Fórum, 2016; BARCELLOS, Ana Paula de. *A eficácia jurídica dos princípios constitucionais*: o princípio da dignidade da pessoa humana. 3. ed. Rio de Janeiro: Renovar, 2011; MEIRELES, Rose Melo Vencelau. *Autonomia privada e dignidade da pessoa humana*. Rio de Janeiro: Renovar, 2009; e SARLET, Ingo Wolfgang. *Dignidade da pessoa humana e direitos fundamentais na constituição federal de 1988*. 8. ed. rev., atual., e ampl. Porto Alegre: Livraria do Advogado, 2010.

diploma civil ainda se constata um enorme grau de incerteza e dificuldade na sua definição e aplicação, dando, assim, margem a muita insegurança.[42]

Outros, contudo, se concretizam e passam a se solidificar com o avanço da doutrina e da jurisprudência de modo mais seguro. Como exemplo podemos citar o exitoso caso da boa-fé que, ao se objetivar[43], tornou-se um dever imposto às partes das relações jurídicas, não importando o tempo em que elas sejam celebradas, e tampouco a sua natureza[44]. Note-se que isso não significa um abandono ao elemento subjetivo. Em algumas hipóteses legais ainda se verifica a necessidade de uma análise íntima da vontade do sujeito acerca da sua conduta, como ocorre, por exemplo, quando se examina a posse de boa ou de má-fé[45], tal como ocorria no revogado Código Civil de 1916 em seu art. 420. Não obstante, embora ainda existam exemplos de aplicação da boa-fé subjetiva no Código Civil vigente, a regra hoje prevalente é a do seu caráter objetivo, ostentando a natureza de princípio, enquanto espécie normativa, e cláusula geral, enquanto técnica legislativa, impondo ao magistrado o ônus de preencher o seu conteúdo.

---

42. Pablo Renteria, no ano de 2006, e já tendo se passado mais de 04 anos de publicação do Código Civil de 2002, e mais de 3 anos de sua vigência, alertava sobre a dificuldade de se encontrar um conteúdo dogmático concreto do princípio da função social dos contratos. Em suas palavras, "A grande dificuldade que surge nesse cenário, contudo, diz respeito à identificação de uma especificidade normativa para a função social do contrato, ou seja, de um conteúdo normativo que lhe atribua um escopo de aplicação próprio e efetivo" (RENTERÍA, Pablo. Considerações acerca do atual debate sobre o princípio da função social do contrato. In: MORAES, Maria Celina Bodin de (Coord.). *Princípios do direito civil contemporâneo*. Rio de Janeiro: Renovar, 2006. p. 283). Mais recentemente, no ano de 2018, quando da celebração dos 15 anos de vigência do Código Civil, revisitamos o tema e pudemos perceber a ainda existência de grande grau de incerteza acerca dos critérios de definição e aplicação da função social do contrato, o que se comprovava pela sua difusa aplicação na jurisprudência pátria. Nesse sentido, ver o nosso NEVES, Thiago Ferreira Cardoso. O princípio da função social dos contratos nos 15 anos de vigência do Código Civil: análise crítica de sua aplicação pela doutrina e jurisprudência. *Revista científica da academia brasileira de direito civil*, v. 2, a. 2, 2018. Disponível em: https://abdc.emnuvens.com.br/abdc/article/view/26/22.
43. Acerca dessa mudança no eixo filosófico do direito privado, particularmente no que toca à objetivação da boa-fé, tem-se como imprescindível a citação de Sylvio Capanema de Souza: "Acabou-se a boa-fé subjetiva, a boa-fé romântica, a mera intenção de ser honesto, a simples ignorância de que não se está causando lesão a ninguém, aquela boa-fé que era uma mera exortação ética. O que queremos agora é uma boa-fé objetiva, ou seja, o comportamento de um homem honesto. Não basta que os contratantes queiram ser honestos, que tenham a intenção de ser honestos. O que queremos e os obrigação é que se comportem, durante toda a vida do contrato, como se comportaria um homem honesto" (SOUZA, Sylvio Capanema. *Dos contratos no Novo Código Civil*. Revista da EMERJ. v. 5. n. 20. Rio de Janeiro, 2002. p. 94).
44. "A boa-fé surge, com frequência, no espaço civil. Desde as fontes do Direito à sucessão testamentária, com incidência decisiva no negócio jurídico, nas obrigações, na posse e na constituição de direitos reais, a boa-fé informa previsões normativas e nomina vectores importantes da ordem privada" (CORDEIRO, António Manuel da Rocha e Menezes. *Da boa-fé no direito civil*. Teses de doutoramento. Coimbra: Almedina, 2013. p. 17).
45. Nesse sentido é a lição de Gustavo Tepedino ao comentar o art. 1.201 do Código Civil, que trata da posse de boa-fé: "A boa-fé subjetiva constitui-se no desconhecimento, por parte do possuidor, do vício que macula a posse, daí resultando certa condescendência do legislador para com ele, concedendo uma série de efeitos a essa situação jurídica. Sendo assim, possuidor de boa-fé é aquele que 'está na convicção que a coisa possuída de direito lhe pertence. [...]'. Trata-se, portanto, de noção de boa-fé subjetiva, assim designada por se relacionar ao estado psicológico do agente, que desconhece o vício possessório, ou seja, a irregularidade na aquisição da posse" (TEPEDINO, Gustavo. In: AZEVEDO, Antônio Junqueira (Coord.). *Comentários ao código civil*: direito das coisas (arts. 1.196 a 1.276). São Paulo: Saraiva, 2011. v. 14, p. 101-102).

Neste momento retornamos ao ponto que, para muitos, parece complexo, mas que é, sob um olhar atento, de uma simplicidade franciscana, que é o da diferenciação entre os princípios jurídicos e as cláusulas gerais e, entre estas e os conceitos jurídicos indeterminados.

Quanto à relação entre os princípios jurídicos e as cláusulas gerais, muitos acabam por confundir o seu conteúdo e, até mesmo, a acreditar que são sinônimos, dado o caráter abstrato de ambos e a abertura semântica que possuem. Mas ao contrário do que se possa pensar, trata-se de conceitos absolutamente diversos, na medida em que têm distintas naturezas.

Os princípios, como já visto anteriormente, consistem em verdadeiras normas jurídicas, de conteúdo abstrato e de alta generalidade e densidade, com uma abertura semântica que permite a sua aplicação aos mais variados casos. São eles, ainda, vetores interpretativos e aplicativos do ordenamento, sendo um importante instrumento de uniformização do sistema jurídico, na medida em que as normas jurídicas de um modo geral devem se conformar aos princípios vigentes, notadamente aqueles estruturantes, como é o caso da dignidade da pessoa humana, erigida pela Constituição de 1988 a fundamento do Estado Democrático de Direito, conforme o disposto em seu art. 1º, III.

Já as cláusulas gerais, embora também se caracterizem pela vagueza do seu conteúdo e sentido, consistem em uma técnica legislativa que permite ao intérprete o seu preenchimento no momento da solução do problema apresentado, criando a norma jurídica do caso concreto, para dar uma solução mais adequada.[46] Nesse sentido, as cláusulas gerais são um instrumento de justiça material na medida em que permitem ao intérprete extrair daquele texto normativo a solução mais adequada, justa e equânime, possibilitando, com maior liberdade, a criação da norma do caso concreto.[47]

Portanto, é possível termos um princípio jurídico sob a forma de uma cláusula geral (e normalmente o são), sem que se incorra em um *bis in idem* hermenêutico, como ocorre com a boa-fé. A boa-fé assume, induvidosamente, o caráter de princípio

---

46. Na lição de Fredie Didier Jr., "*Cláusula geral* é uma espécie de texto normativo, cujo antecedente (hipótese fática) é composto por termos vagos e o consequente (efeito jurídico) é indeterminado. Há, portanto, uma indeterminação legislativa em ambos os extremos da estrutura lógica normativa" (DIDIER JR. Fredie. Cláusulas gerais processuais. Revista de processo. n. 187. São Paulo: Ed. RT, 2010. p. 72). Importante transcrever, ainda, a lição de Judith Martins-Costa, a qual prevê nas cláusulas gerais a possibilidade de obtenção de múltiplos significados: "São proteiformes as cláusulas gerais porque assumem, seja qual for o ângulo de análise do estudioso, uma diversa significação [...]. É que as cláusulas gerais constituem o meio legislativamente hábil para permitir o ingresso, no ordenamento jurídico, de princípios valorativos, expressos ou ainda inexpressivos legislativamente, de *standards*, máximas de conduta, arquétipos exemplares de comportamento, das normativas constitucionais e de diretivas econômicas, sociais e políticas, viabilizando a sua sistematização no ordenamento positivo" (MARTINS-COSTA. Op. cit. p. 273-274).
47. Nesse sentido, Francisco Amaral: "Cláusulas gerais são proposições normativas cuja hipótese de fato (*fattispecie*), em virtude de sua ampla abstração e generalidade, pode disciplinar um amplo número de casos, conferindo ao intérprete maior autonomia na sua função criadora" (AMARAL, Francisco. Direito civil: introdução. 7. ed. Rio de Janeiro: Renovar, 2008. p. 105).

e de cláusula geral[48], sendo, enquanto espécie normativa, um princípio, e enquanto técnica legislativa, uma cláusula geral.[49]

Ela se caracteriza como princípio por seu conteúdo normativo e, como tal, é fonte de direitos e deveres, não sendo uma mera orientação ou recomendação de comportamento. Ela impõe às partes das relações jurídicas um atuar probo, honesto, leal e ético, de modo a gerar expectativa e confiança de que o negócio, desde as tratativas até depois da sua conclusão, se conduzirá dessa forma.[50] Por ser um dever, tem-se em contrapartida um direito. Como as partes devem conduzir as relações à luz da boa-fé, também têm elas o direito de que elas sejam travadas sob a mais lídima e absoluta eticidade. Desse modo, é inequívoca a caracterização da boa-fé como um princípio jurídico. Mas, além de consistir em um princípio, a boa-fé também se estrutura sob a forma de uma cláusula geral.

A justificativa para essa "confusão" é, por certo, a abertura semântica de ambos, de modo que os princípios jurídicos assumem, na grande maioria dos casos, a estrutura de uma cláusula geral.[51]

No entanto, eles nem sempre se caracterizarão como tal. Os princípios também podem se estruturar como conceitos jurídicos indeterminados, e a diferença entre ambos, como se verá, é sutil, razão pela qual se faz necessário tecer alguns comentários.

Embora parcela da doutrina negue, inclusive, o fato de existir diferenças entre os princípios jurídicos e os conceitos jurídicos indeterminados, ou entre estes e as cláusulas gerais[52], em verdade há diferenças que precisam ser pontuadas para uma correta interpretação e aplicação do instituto.

Ambos se qualificam pelo seu conteúdo vago, demandando do intérprete uma atuação criativa para o seu preenchimento, daí residindo sua semelhança.

---

48. No mesmo sentido, entendendo ser a boa-fé uma cláusula geral, dentre outros, AMARAL. Op. cit. p. 106; MARTINS-COSTA. Op. cit. p. 271-377.
49. Tal afirmação não deve causar estranheza. Do ponto de vista dogmático, princípios e cláusulas gerais são termos absolutamente distintos, embora, no mais das vezes, as cláusulas gerais contenham princípios. No mesmo sentido, MARTINS-COSTA. Op. cit. p. 323.
50. Segundo Carlos Nelson Konder, "A boa-fé, em sua vertente objetiva, tem sido motor de significativa revolução no regime jurídico dos contratos. Compreendida não mais em sua acepção subjetiva, isto é, como estado do agente que ignora a existência de vícios em sua conduta, a boa-fé alçou a condição de princípio com força normativa, mandamento de conduta que impõe comportamento leal e honesto entre os contratantes. Sob a alçada do princípio constitucional da solidariedade, os contratantes devem evitar que o vínculo que os aproxima seja fonte de danos mais do que de benefícios" (KONDER, Carlos Nelson. A boa-fé objetiva, violação positiva do contrato e prescrição: repercussões práticas da contratualização dos deveres anexos no julgamento do REsp 1276311. *Revista trimestral de direito civil*. v. 50, abr.-jun. Rio de Janeiro: Padma, 2012. p. 220.
51. No mesmo sentido do texto, frisa Judith Martins-Costa que "as cláusulas gerais não são princípios, embora na maior parte dos casos os *contenham*, em seu enunciado, ou *permitam a sua formulação*" (MARTINS-COSTA. Op. cit. p. 316).
52. Na visão de Ronnie Duarte, os conceitos jurídicos indeterminados são um gênero das quais são espécies as cláusulas gerais (DUARTE, Ronnie Preuss. A cláusula geral da boa-fé no novo Código Civil brasileiro. In: DELGADO, Mário Luiz; ALVES, Jones Figueiredo (Coord.). *Questões controvertidas no novo Código Civil*. São Paulo: Método, 2004. v. 2, p. 410).

Conceitos jurídicos indeterminados são termos ou expressões que indicam situações fáticas de definição vaga e imprecisa, nas quais cabe ao magistrado definir o seu conteúdo segundo as regras de experiência comum, ou até com a ajuda de um *expert*. São, assim, situações de fato que precisam ter o seu conteúdo definido para a aplicação do direito[53], de modo a representar um problema de hermenêutica, um dos desafios da interpretação jurídica.[54]

Como exemplo, podemos citar o disposto no art. 335, do Código Civil, no qual o legislador elenca as hipóteses em que o devedor pode consignar o pagamento e extinguir a obrigação. Em seu inciso III, admite-se o pagamento em consignação quando o credor residir em lugar incerto ou *de acesso perigoso ou difícil*.

Questiona-se, então, o que seria um lugar de acesso perigoso ou difícil. Trata-se de um conceito jurídico indeterminado, cujo conteúdo precisa ser definido pelo aplicador do direito, a fim de saber se é possível ao devedor consignar, ou não, o pagamento.

Não menos incomum temos o emprego do termo *bons costumes*, previsto em diversos dispositivos do Código Civil, como o art. 13[55], art. 122[56], art. 187[57], art. 1.336, IV[58] e o art. 1.638, III[59], que suscita inúmeros debates e controvérsias acerca de seu conteúdo,[60] e cuja definição é necessária para a aplicação da norma.

---

53. Cf. MARTINS-COSTA. Op. cit. p. 325.
54. GRAU. Op. cit. p. 161.
55. Art. 13. Salvo por exigência médica, é defeso o ato de disposição do próprio corpo, quando importar diminuição permanente da integridade física, ou contrariar os bons costumes.
56. Art. 122. São lícitas, em geral, todas as condições não contrárias à lei, à ordem pública ou aos bons costumes; entre as condições defesas se incluem as que privarem de todo efeito o negócio jurídico, ou o sujeitarem ao puro arbítrio de uma das partes.
57. Art. 187. Também comete ato ilícito o titular de um direito que, ao exercê-lo, excede manifestamente os limites impostos pelo seu fim econômico ou social, pela boa-fé ou pelos bons costumes.
58. Art. 1.336. São deveres dos condôminos: [...] IV – ar às suas partes a mesma destinação que tem a edificação, e não as utilizar de maneira prejudicial ao sossego, salubridade e segurança dos possuidores, ou aos bons costumes.
59. Art. 1.638. Perderá por ato judicial o poder familiar o pai ou a mãe que: [...] III – praticar atos contrários à moral e aos bons costumes.
60. Os bons costumes estão atrelados à moral, embora com ela não se confunda. Na lição de Clovis Bevilaqua, os bons costumes "são os que estabelecem as regras de proceder, nas relações domesticas, e sociaes, em harmonia com os elevados fins da vida humana. São preceitos da moral" (BEVILAQUA, Clovis. *Codigo civil dos estados unidos do Brasil comentado*. 3. ed. Rio de Janeiro: Francisco Alves, 1927. p. 149-150). Obtempera Carvalho Santos, ao examinar as lições de Bevilaqua, que este indiretamente traça uma diferenciação entre bons costumes e moral, embora estejam associados: "O próprio CLÓVIS, pois, indiretamente reconhece que os bons costumes são coisa diversa da moral, com ela não se podendo confundir, porque a moral toca de perto os sentimentos interiores, enquanto que os bons costumes são apenas aquêles hábitos adquiridos para o bem, quando protegidos ou determinados pela lei positiva, na expressão de HUC, ou melhor, enquanto os bons costumes abrangem apenas aquêles preceitos da moral, cuja observância é preciso exigir da parte dos membros componentes da sociedade, a fim de evitar desapareça o senso das conveniências entre êles, que pensem do mesmo modo, com critério e equidade, com os mesmos escrúpulos pelo conceito da honra e da dignidade, amparados pela lei de todos os povos policiados" (SANTOS, J. M. de Carvalho. *Código civil brasileiro interpretado*: introdução e parte geral (art. 1-42). v. I. 7. ed. Rio de Janeiro: Freitas Bastos, 1956. p. 202).

Enquanto isso, as cláusulas gerais, embora também consistam em termos indeterminados e vagos, dependem da interpretação e da valoração do juiz para a construção da própria norma. Portanto, como no caso da boa-fé, a extração da norma jurídica depende da definição do conteúdo do termo ou da expressão.

A norma jurídica, como cediço, decorre da interpretação do texto legal que, por si só, não encerra uma norma, seja um princípio, seja uma regra. É o intérprete, através da hermenêutica, que a constrói.[61]

No caso das cláusulas gerais, a definição do seu conteúdo é necessária para a construção da própria norma jurídica, a exigir do magistrado um maior cuidado, porque ele exercerá uma função análoga à legislativa, criando a norma aplicável ao caso. Assim, deve ele se nortear pelos valores e princípios vigentes, não lhe sendo lícito extrapolar a moldura normativa imposta pelo ordenamento jurídico, na medida em que, como já observado anteriormente, a discricionariedade conferida pelo texto não dá ao julgador uma liberdade criativa absoluta.[62]

Uma das balizas impostas ao magistrado para a definição da norma quando da existência de uma cláusula aberta é a equidade, que tem a função de não apenas suprir lacunas na lei, mas também de auxiliar na obtenção do sentido e o alcance das disposições legais,[63] a fim de evitar conclusões desiguais e injustas.[64]

Já no caso dos conceitos jurídicos indeterminados reclama-se a definição destes para a aplicação da norma já existente. Então, neste caso não há para o magistrado uma liberdade na construção e criação da norma, mas sim na definição da situação fática alcançável pela norma[65], isto é, nos conceitos jurídicos indeterminados, a in-

---

61. Nesse sentido, AMARAL. Op. cit. p. 96-97; BARROSO. 2015. p. 304-305; e GRAU, Eros Roberto. *Ensaio e discurso sobre a interpretação/aplicação do direito*. 4. ed. São Paulo: Malheiros, 2006. p. 27. Em complemento, segundo Norberto Bobbio, "A nossa vida se desenvolve em um mundo de normas. Acreditamos que somos livres, mas na realidade, estamos envoltos em uma rede muito espessa de regras de conduta que, desde o nascimento até a morte, dirigem nesta ou naquela direção as nossas ações" (BOBBIO, Norberto. *Teoria da norma jurídica*. São Paulo: Edipro, 2016. p. 25).
62. O risco do exercício arbitrário dessa liberdade causa temor em alguns, como é o caso de Eros Roberto Grau, para quem "Até então terei medo dos juízes (acaso continuarei a nutri-lo, esse medo, ainda após então?), tenho medo do *direito alternativo*, medo do *direito achado na rua*, do direito *achado na imprensa*... GRAU. Op. cit. p. 141.
63. MAXIMILIANO, Carlos. Op. cit. p. 140.
64. RÁO. Op. cit. p. 94-95.
65. Em outros termos, lecionam Nelson Nery Júnior e Rosa Maria de Andrade Nery que "As cláusulas gerais são formulações contidas em lei, de caráter significativamente genérico e abstrato (Engisch, *Einführung*, Cap. VI, p. 120-121), cujos valores devem ser preenchidos pelo juiz, autorizado para assim agir em decorrência da formulação legal da própria cláusula geral, que tem natureza de diretriz (Larez-Wolf, Allg. Teil, § 3º, IV, n. 94, p. 82-83). Distinguem-se dos conceitos legais indeterminados pela finalidade e eficácia, pois aqueles, uma vez diagnosticados pelo juiz no caso concreto, já têm sua solução preestabelecida na lei, cabendo ao juiz aplicar referida solução. Estas, ao contrário, se diagnosticadas pelo juiz, permitem-lhe preencher os claros com os valores designados para aquele caso, para que se lhe dê uma solução que ao juiz parecer mais correta, ou seja, concretizando os princípios gerais de direito e dando aos conceitos legais indeterminados uma determinalidade pela função que têm de exercer naquele caso concreto" (NERY JÚNIOR, Nelson; NERY, Rosa Maria de Andrade. *Novo código civil e legislação extravagante anotados*. São Paulo: Ed. RT, 2002).

determinabilidade diz respeito à descrição do fato subsumível à norma, na medida em que legislador já previu os efeitos jurídicos do ato.

Veja-se, exemplificativamente, a aplicação prática da cláusula geral da *boa-fé* e do conceito jurídico de *bons costumes*.

Segundo o art. 113 do Código Civil, "Os negócios jurídicos devem ser interpretados conforme a boa-fé e os usos do lugar de sua celebração". No referido dispositivo temos, segundo a doutrina, a função interpretativa-integrativa da boa-fé[66], segundo a qual a boa-fé orienta a interpretação dos negócios jurídicos.

Neste caso a definição do sentido da cláusula geral da boa-fé é condição *sine qua non* para a definição da própria norma. Isso porque, a indefinição acerca do significado da boa-fé torna o dispositivo vazio, pois interpretar um negócio com fundamento em algo que não se sabe o que é consiste em um nada jurídico. Assim, a construção da norma constante do art. 113 do Código Civil depende do preenchimento do conteúdo da cláusula geral da boa-fé.

Isso posto, e definido o sentido da boa-fé, a regra do art. 113 do Código Civil quer significar que os negócios jurídicos devem ser interpretados segundo a ética, a honestidade, a probidade e a transparência que se exige das partes nas negociações e na celebração do vínculo, além da observância do dever de informar e de outros deveres inerentes e que emanam da boa-fé, como, por exemplo, a vedação ao comportamento contraditório.

Por outro turno, pense-se no disposto no art. 1.638, III, do Código Civil. Segundo ele, perderá o poder familiar o pai ou a mãe que praticar atos contrários à moral e aos bons costumes. Tanto a moral, quanto os bons costumes, são conceitos jurídicos indeterminados, cuja definição é imprescindível não para a definição da norma, mas sim para a aplicação desta.

Na hipótese, a norma subsiste independentemente do preenchimento do sentido dos termos *moral* ou *bons costumes*, na medida em que ela prevê a perda do poder familiar aos pais que praticarem atos que sejam contrários à moral e aos bons costumes. Então, a apenas a aplicação da norma e, consequentemente, da sanção nela prevista dependem da definição do conteúdo dos termos que indicam as causas para a perda do pátrio poder, a não a subsistência da norma propriamente. Com efeito, uma vez definidos os sentidos desses termos, poder-se-á saber quais são as hipóteses que, concretamente, podem levar um pai ou uma mãe a perder o poder familiar.

Pelo texto legal, portanto, os pais que criam seus filhos e os submetem a condições que exponham a um ambiente de perversão, indigno e reprovável, sob a influência

---

66. Segundo a doutrina, a boa-fé exerce uma tríplice função: a de parâmetro interpretativo-integrativo, a de limitação ao exercício de direitos e da criação e observância de deveres anexos. Dentre outros ver, exemplificativamente, MARTINS-COSTA. Op. cit. p. 427 e ss. Também explicitando, de modo sistematizado, as três funções da boa-fé, TEPEDINO, Gustavo. Novos princípios contratuais e a teoria da confiança: a exegese da cláusula *to the best knowledge of the sellers*. In: TEPEDINO, Gustavo. *Temas de direito civil*. Rio de Janeiro: Renovar, 2006. t. II, p. 252.

de práticas criminosas e libidinosas, e/ou com uso de álcool e drogas, perderão seu poder familiar.

Vê-se desses exemplos que as cláusulas gerais e os conceitos jurídicos indeterminados exercem funções diversas na interpretação e aplicação das normas jurídicas, embora em alguns casos a diferença possa ser tênue e até mesmo pareça difusa. Sem prejuízo, são técnicas relevantíssimas para uma maior efetividade do Direito, isto é, para o atingimento concreto dos seus efeitos, como instrumento de transformação social.

4. CONCLUSÃO

As relações humanas não são estanques, muito pelo contrário, são dotadas de dinamismo e mobilidade. Essa é uma característica dos seres humanos, a mutabilidade, a capacidade de se transformar e de se modificar. Assim refletiu bem o poeta morto, em uma de suas canções, que é preferível ser uma *metamorfose ambulante, do que ter aquela opinião formada sobre tudo*, pois isso é da essência do homem.

E essa mutabilidade humana e social exige do legislador uma constante adaptabilidade. Como regra, não é a lei que muda a sociedade, mas a sociedade que muda a lei. O Direito tem que estar em constante mutação, buscado alcançar e se conformar às novas realidades sociais, que são constantes e intermináveis, tal qual em um verdadeiro jogo de *gato e rato*.

Ocorre, contudo, que o legislador é moroso, e se dependêssemos dele para a adequada regulação das relações sociais, estaríamos fadados à obsolescência. Pararíamos no tempo e não avançaríamos social, jurídica e economicamente.

Por essa razão, o uso dos princípios, bem como o emprego das técnicas das cláusulas gerais e dos conceitos jurídicos indeterminados têm imensurável relevância, na medida em que evita lacunas legislativas na regulação das relações sociais e permite ao magistrado dar, com maior segurança, solução ao caso concreto.

Em que pese se confira ao magistrado certa liberdade na construção da norma ou na subsunção do fato à norma, o próprio texto, ainda que aberto, já impõe limites ao julgador, que deve atuar dentro das balizas da ordem jurídica, norteada por princípios e regras, que impõe ao magistrado, dentre outras obrigações, a de fundamentar suas decisões, assim permitindo um maior controle à sua atuação. Uma vez que não se permite ao juiz não decidir na ausência de lei – *non liquet* –, a lacuna legal é sempre mais *perigosa*, pois as ferramentas de integração são sempre mais fluídas do que as técnicas legislativas aqui examinadas, mas isso não significa uma liberdade absoluta ou uma ausência de controle.

Por isso, louvamos o emprego dessas técnicas no Código Civil de 2002 que, apesar das suas vicissitudes, é um Código, na expressão do meu saudoso mestre e amigo Sylvio Capanema, a quem me referi, anonimamente, no início deste texto, que ainda tem muito a contribuir para a construção de um novo tempo, mais democrático, igualitário e, sobretudo, justo.

2
A DESCONSIDERAÇÃO DA PERSONALIDADE JURÍDICA NO CÓDIGO CIVIL E A LEI DA LIBERDADE ECONÔMICA

Eduardo Rodrigues Junior

Mestre em Direito Econômico e Desenvolvimento pela Universidade Candido Mendes. Pós-Graduado em Direito Empresarial com Concentração em Societário e Mercado de Capitais pela Fundação Getúlio Vargas; Professor dos cursos de LL.M. em Direito Empresarial, Societário e MBA em Direito Civil e Processual Civil da Fundação Getúlio Vargas – Escola de Direito FGV Direito Rio. Foi Coordenador Geral dos cursos de LL.M. e Pós-Graduação em Direito do IBMEC/RJ. Professor e Orientador dos cursos de LL.M. e Pós-Graduação em Direito do IBMEC/RJ. Membro da Comissão de Direito Empresarial e da Comissão de Direito Societário da OAB/RJ.

Sumário: 1. Introdução – 2. Da desconsideração da personalidade jurídica; 2.1 Da personalidade jurídica; 2.2 Origem histórica da teoria da desconsideração da personalidade jurídica; 2.3 O incidente de desconsideração da personalidade jurídica; 2.3.1 Teoria maior e menor da desconsideração da personalidade jurídica – 3. Da lei da liberdade econômica; 3.1 Breve panorama; 3.2 Alterações legislativas pertinentes à desconsideração da personalidade jurídica – 4. Conclusão.

1. INTRODUÇÃO

Elemento nodal para a atividade econômica organizada, o instituto da personalidade jurídica, decorrente da vontade humana, encontra supedâneo na legislação pátria cível, a qual lhe confere, na esteira do princípio da autonomia patrimonial, a possibilidade de criar uma personalidade independente e autônoma, a qual será destinada, e responsabilizada, pela atividade empresarial, de forma a resguardar as pessoas físicas envolvidas em sua criação e administração, fomentando o desenvolvimento das atividades econômicas.

Contudo, tal privilégio encontra limitações, constituídas com o objetivo de impedir que o instituto seja desvirtuado e utilizado por aqueles sob sua égide, para a prática de atos ilícitos contra terceiros, em flagrante abuso de sua destinação.

Como cediço, o Código Civil vigente fora promulgado nos idos de 2002 e, diante do transcurso do tempo, diversas foram as modificações do cenário social e econômico, advindas, em especial, do desenvolvimento da tecnologia, a qual há muito vem alterando e definindo as relações, se tornando premente a necessidade de que a legislação fosse renovada, de forma a garantir avanços no setor econômico e suprir antigas lacunas preenchidas, até então, pela jurisprudência e doutrina.

Diante deste cenário, houve a conversão da Medida Provisória 881 de 2019 (MP 881) na Lei 13.874 (Lei da Liberdade Econômica), a qual, dentre outras providências, pretendeu instituir a Declaração de Direitos da Liberdade Econômica, buscando incentivar a economia e reafirmar a livre iniciativa, almejando fazer prevalecer o princípio da autonomia privada e minorando a ingerência Estatal nas relações negociais.

Tema central deste artigo, os óbices ao desvirtuamento do instituto da personalidade jurídica, os quais já encontravam previsão na redação original do artigo 50 do CC/02, embora, em sua essência, não tenham sido modificados com o advento da nova Lei, tiveram seu texto legal expandido, de forma a trazer para o direito positivado, parâmetros pormenorizados para a aplicação da desconsideração da personalidade jurídica.

Para este estudo, desenvolvido com o fito de analisar a questão da desconsideração da personalidade jurídica, desde a promulgação do Código até a *novel* legislação, serão revisitados fundamentos históricos, conceitos doutrinários, teorias pertinentes ao instituto da desconsideração da personalidade jurídica, previsões processuais inerentes a sua aplicação, bem como a jurisprudência de nosso ordenamento jurídico.

2. DA DESCONSIDERAÇÃO DA PERSONALIDADE JURÍDICA

2.1 Da personalidade jurídica

Costumeiramente conceituada como sendo a "aptidão genérica para adquirir direitos e contrair obrigações"[1], a personalidade jurídica, na visão de Silvio de Salvo Venosa e outros prestigiados doutrinadores, advém da vontade humana, em decorrência da associação de pessoas com objetivos comuns.

Nas palavras de Francisco Amaral "sua razão de ser está na necessidade ou conveniência de as pessoas singulares combinarem recursos de ordem pessoal ou material para a realização de objetivos comuns, que transcendem as possibilidades de cada um dos interessados por ultrapassarem o limite moral da sua existência ou exigirem a prática de atividades não exercitáveis por eles"[2].

Relembrando os ensinamentos de Francesco Ferrra (1921, p. 598), a pessoa jurídica constituí, a bem da verdade, "uma armadura jurídica para realizar de modo mais adequado os interesses dos homens"[3].

Isto é, para que fosse fomentado o desenvolvimento das atividades humanas, com o passar do tempo, estas associações de pessoas com objetivos comuns receberam previsão legal, tornando-se entidades com identidade diversa daqueles que lhes compunham, que passaram a ser detentoras de suas próprias obrigações e direitos.

---

1. PEREIRA, Caio Mário da Silva. *Instituições de direito civil*. 19. ed. Rio de Janeiro: Forense, 2000. v. 1, p. 141.
2. AMARAL, Francisco. *Direito civil*: introdução. 3. ed. Rio de Janeiro: Renovar, 2000. p. 271-272.
3. FERRARA, Francesco. *Trattato di diritto civile italiano*. Roma: *Athenaeum,* 1921. p. 598. Tradução livre de "La personalità non è che un'armatura giruidica per realizzare in modo più adeguato intreressi di uomini."

Consolidando tal entendimento, Pablo Stolze e Rodolfo Pamplona Filho, lecionam que "assim, nascendo como contingência do fato associativo, o direito confere personalidade jurídica a esse grupo, viabilizando a sua atuação autônoma e funcional, com personalidade própria, com visas à realização de seus objetivos"[4].

Conclui-se que "a pessoa jurídica representa instrumento legítimo de destaque patrimonial, para a exploração de certos fins econômicos, de modo que o patrimônio titulado pela pessoa jurídica responda pelas obrigações desta, só se chamando os sócios à responsabilidade em hipóteses restritas"[5].

Quanto aos elementos para sua constituição no direito pátrio, há uma pluralidade de entendimentos doutrinários, contudo, estes podem facilmente serem reconhecidos por sua conjunção, reconhecendo-os como: "(a) vontade humana criadora; (b) a finalidade específica; (c) o substrato representado por um conjunto de bens ou de pessoas; e (d) a presença do estatuto e respectivo registro"[6].

Destarte, a personalidade jurídica, consoante previsto nos artigos 45 e 985 do CC/02, se adquire não apenas com a expressa manifestação deste grupo de pessoas ou conjunto de bens, mas sim, com a inscrição, no registro próprio e na forma da lei, dos seus atos constitutivos.

2.2 Origem histórica da teoria da desconsideração da personalidade jurídica

Diversas são as discussões acerca da origem do instituto da desconsideração da personalidade jurídica. Contudo, em que pese uma diminuta vertente doutrinária o atribua ao Direito Romano, o qual chegou de forma embrionária a desenvolver a subjetividade das relações comerciais, esta teve, seguindo a corrente majoritária, a qual será abordada no presente artigo, origem no direito inglês.

O instituto ganhou força na década de 1950, com a publicação do trabalho de Rolf Serick, acerca da *disregard of legal entity*, pelo qual pretendeu justificar a possibilidade de ser superada a personalidade jurídica da sociedade, com o reconhecimento da responsabilidade ilimitada dos sócios[7].

O desenvolvimento de tal teoria, por sua vez, fora exortada pelo precedente jurisprudencial do caso *Salomon vs. Salomon & Co*, ocorrido na Inglaterra, nos idos de 1987, o qual é, majoritariamente, reconhecido pela doutrina como o *leading case* do instituto da desconsideração da personalidade jurídica.

---

4. GAGLIANO, Pablo Stolze; FILHO, Rodolfo Pamplona. *Novo Curso de Direito Civil*. 13. ed. São Paulo: Saraiva, 2011. p. 224.
5. AMARO, Luciano. Desconsideração da pessoa jurídica no código de defesa do consumidor. *Revista de direito do consumidor*, São Paulo, n. 5, p. 169, jan./mar. 1993.
6. TOMAZETTE, Marlon. *Curso de direito empresarial*: teoria geral e direito societário. 8. ed. rev. e atual. São Paulo: Atlas, 2017. v. 1, p. 296.
7. GAGLIANO, Pablo Stolze, FILHO, Rodolfo Pamplona. *Manual de direito civil*. São Paulo: Saraiva, 2017. p. 103.

In casu, o Empresário Aaron Salomon, constituiu uma sociedade, junto a seis membros da sua família, da qual possuía vinte mil ações representativas, e cada um dos demais, individualmente, possuíam uma ação representativa do valor da incorporação.

Diante da discrepância entre a participação de Salomon e dos demais membros, este se encontrava em posição privilegiada, passando a ser o seu patrimônio e aquele da aludida companhia comumente confundidos.

Agravando ainda mais este cenário, Salomon emitiu títulos privilegiados de *Salomon & Co*, no valor de dez mil libras esterlinas, os quais veio a, em nome próprio, adquirir.

Sucede que, com a insolvência da sociedade, este, cujos títulos eram preferenciais aos demais credores quirografários, restou por liquidar o patrimônio líquido da empresa, lesando os terceiros de boa-fé.

Em que pese o Juízo de primeiro grau e a Corte de Apelação tenham acolhido a pretensão dos credores e desconsiderado a personalidade da companhia, determinando que Salomon fosse responsabilizado pelos débitos da sociedade, tais decisões foram reformadas pela Casa dos Lordes, que prestigiou a autonomia patrimonial da sociedade regularmente constituída, entendendo que a empresa havia sido validamente constituída

Ainda que o resultado tenha permitido o desvio evidente de função da pessoa jurídica, o caso, dentro de sua teratologia, serviu para disseminar a teoria do *disregard doctrine*, que chegou ao Brasil, principalmente, por meio do artigo 'Abuso de direito e fraude através da personalidade jurídica' de Rubens Requião, publicado em 1969, no qual o ilustre Jurista ressalta a possibilidade da aplicação do instituto dentro de qualquer ordenamento jurídico em que fosse adotado o princípio da separação patrimonial entre a pessoa jurídica e as pessoas físicas que a compõe.

Importante, portanto, lembrar a conceituação de Rubens Requião, senão, vejamos:

> O mais curioso é que a "disregard doctrine" não visa a anular a personalidade jurídica, mas somente objetiva desconsiderar no caso concreto, dentro de seus limites, a pessoa jurídica, em relação às pessoas ou bens que atrás dela se escondem. É caso de declaração de ineficácia especial da personalidade jurídica para determinados efeitos, prosseguindo, todavia, a mesma incólume para seus outros fins legítimos.[8]

2.3 O incidente de desconsideração da personalidade jurídica

Diante das circunstâncias históricas de seu surgimento, depreende-se que a teoria da desconsideração da personalidade exsurgiu da necessidade de serem criados mecanismos contundentes que obstaculizassem o desvirtuamento do benefício

---

8. REQUIÃO, Rubens. Abuso de direito e fraude através da personalidade jurídica (disregard doctrine). *Doutrinas Essenciais de Direito Civil*. [s.l.], v. 3, p. 1239-1261, out. 2010.

concedido às pessoas jurídicas, bem como permitir que, de forma extraordinária, em situações nas quais, através de fraude e má fé, pudessem ser causadas lesões aos credores, este fosse mitigado, sopesando, assim, o incentivo à economia e a manutenção de sua ordem.

Nos ensinamentos de Lamartine Corrêa:

> Os problemas ditos de "desconsideração" envolvem frequentemente um problema de imputação. O que importa basicamente é a verificação da resposta adequada à seguinte pergunta: no caso em exame, foi realmente a pessoa jurídica que agiu ou foi ela mero instrumento nas mãos de outras pessoas, físicas ou jurídicas? É exatamente porque nossa conclusão quanto a essência da pessoa jurídica se dirige a uma postura de realismo moderado, repudiamos os normativismos, os ficcionismos, os nominalismos, que essa pergunta tem sentido. Se é em verdade uma outra pessoa que está a agir, utilizando a pessoa jurídica como escudo, e se é essa utilização da pessoa jurídica, fora de sua função, que está tornando possível o resultado contrário à lei, ao contrato, ou às coordenadas axiológicas fundamentais da ordem jurídica (bons costumes, ordem pública), é necessário fazer com que a imputação se faça com predomínio da realidade sobre a aparência.[9]

Sua essência consiste, portanto, na retirada pontual do manto protetivo da autonomia patrimonial da pessoa jurídica, quando utilizada de forma escusa, havendo sua aplicação prática prescindida de sua inclusão no direito positivo, como comprovado por sua presença na jurisprudência de período anterior à existência de previsão legal, e até mesmo da obra de Rubens Requião, como se pode aferir no julgado proferido em 25/02/1960, pela 11ª Vara Cível do Distrito Federal, de lavra do Juiz Antônio Pereira Pinto[10].

Sob o prisma do direito constitucional contemporâneo, a desconsideração se encontra em consonância com a "função social da pessoa jurídica empresária" (DIDIER, 2004), a qual deriva da interseção dos princípios da função social da propriedade (art. 5º, XXIII e art. 170, III CF/88) e da livre iniciativa (parágrafo único do art. 170, CF/88), eis que, as limitações extraordinariamente impostas, permitem que a nodal figura da personalidade jurídica, bem como sua autonomia, continuem existindo, fomentando a atividade empresarial e, concomitantemente, garantindo a manutenção da segurança jurídica, e resguardando os direitos de terceiros.

Por sua vez, o Código Civil de 1916, elaborado no final do século XIX, quando a teoria apenas começava a ser enfrentada pelos tribunais da Europa, não trouxe previsão legal quanto a sua aplicação, razão pela qual a jurisprudência fora a principal responsável por seu desenvolvimento, vindo a ser acompanhada por eventuais leis setoriais, como, por exemplo, a Lei das Sociedades por Ações (Lei 6.404/76), a qual confere limitação ao *véu* que separa a pessoa jurídica de seus membros, ao prever que, na ocorrência da pratica de atos ilícitos, estes possam vir a ser responsabilizados[11].

---
9. CORRÊA, Lamartine. *A dupla crise da pessoa jurídica*. Saraiva. São Paulo. 1979.
10. TOMAZETTE. Op. cit. p. 318.
11. GAGLIANO; PAMPLONA FILHO. Op. cit., 2017. p. 105.

As discussões doutrinárias e jurisprudenciais acerca da aplicação da teoria culminam no aparecimento desta na Lei 8.078/90, Código de Defesa do Consumidor (CDC), a qual traz no caput de seu artigo 28, menção quanto a sua possibilidade: "O juiz poderá desconsiderar a personalidade jurídica da sociedade quando, em detrimento do consumidor, houver abuso de direito, excesso de poder, infração da lei, fato ou ato ilícito ou violação dos estatutos ou contrato social. A desconsideração também será efetivada quando houver falência, estado de insolvência, encerramento ou inatividade da pessoa jurídica provocados por má administração."

Ampliando sua inserção no direito positivo, o Código Civil de 2002 trouxe para nosso ordenamento jurídico previsão expressa quanto a sua aplicação, por meio de seu artigo 50, cuja redação original preconizava que "Em caso de abuso da personalidade jurídica, caracterizado pelo desvio de finalidade, ou pela confusão patrimonial, pode o juiz decidir, a requerimento da parte ou do Ministério Público quando lhe couber intervir no processo, que os efeitos de certas e determinadas relações de obrigações sejam estendidos aos bens particulares dos administradores ou sócios da pessoa jurídica".

Como cediço, o aludido Diploma Civil serve de regra geral para o direito brasileiro devendo ser aplicado sempre que inexistir legislação específica, deixando a desconsideração da personalidade de ser considerada tão somente uma teoria, uma presença na jurisprudência, com embasamento doutrinário, para fazer parte da codificação privada.

Em que pese o advento da previsão tenha auxiliado a uniformizar parcialmente a jurisprudência acerca do tema, esta não foi suficiente, diante de algumas lacunas em sua redação, bem como das diversas correntes doutrinárias e previsões legais específicas conexas ao tema, como o artigo 4º da Lei 9.605/98, o artigo 18, parágrafo 3º da Lei 9.847/99, o artigo 23 do Decreto 2.953/99, o artigo 34 da Lei 12.529/11, o artigo 14 da Lei 12.846/13, o artigo 2º da CLT (atualmente previsto nos artigos e no artigo 855-A), e os artigos 124 e 125 do CTN.

A exemplo disso, temos que durante a égide Código de Processo Civil de 1973, existiram extensas discussões doutrinárias quanto a necessidade de um procedimento de conhecimento autônomo para a aplicação da desconsideração, ainda que nossa Corte Cidadã já houvesse reconhecido sua desnecessidade, uma vez que "a providência prescinde de ação autônoma. Verificados os pressupostos e afastada a personificação societária, os terceiros alcançados poderão interpor, perante o juízo falimentar, todos os recursos cabíveis na defesa de seus direitos e interesses"

Esta ampla diversificação de entendimentos e excessos na aplicação da desconsideração da personalidade jurídica, levou o Poder Legislativo a discipliná-lo em capítulo autônomo do Código de Processo Civil de 2015 (artigos 133 a 137), estabelecendo que este deve ocorrer por meio de mero incidente processual, o qual é cabível em todas as fases do processo de conhecimento, no cumprimento de sentença e na execução fundada em título executivo extrajudicial, bem como reafirmando que deverá observar o pressupostos previstos em lei.

2.3.1 Teoria maior e menor da desconsideração da personalidade jurídica

Principal discussão doutrinária acerca do tema, a dicotomia de teorias da Desconsideração da Personalidade Jurídica, se encontra dividida entre a Teoria Maior, adotada pelo artigo 50 do Código Civil, a qual exige que haja comprovação de desvio de finalidade da pessoa jurídica ou a confusão patrimonial para sua aplicação; e a Teoria Menor, a qual encontra previsão do Código de Defesa do Consumidor (artigo 28, parágrafo 5º), e estabelece que com a mera insolvência do devedor esta será possível, comumente aplicada também no Direito Ambiental e até no Direito do Trabalho.

Tal discrepância entre os requisitos das Teorias Maior e Menor é justificada pelo viés protecionista dos Diplomas Consumerista e Trabalhista, que reconhecem o Consumidor e Trabalhador como sendo partes vulneráveis da relação, devendo ser protegida.

Partindo dessa premissa, é entendido que o risco empresarial normal às atividades econômicas não pode ser suportado por este que contratou com a pessoa jurídica, mas, sim, pelos sócios e/ou administradores desta, ainda que não exista qualquer prova que elida que estes mantiveram uma conduta proba.

3. DA LEI DA LIBERDADE ECONÔMICA

3.1 Breve panorama

A conversão da Medida Provisória 881 de 2019 na Lei da Liberdade Econômica, Lei 13.874/19, dentre outras providências, pretendeu instituir a Declaração de Direitos da Liberdade Econômica, estabelecendo garantias ao exercício do livre mercado, diminuindo a ingerência do Estado nas atividades comerciais, pretendendo reduzir a burocratização inerente ao exercício da atividade econômica e garantir a prestação de tratamento isonômico por órgãos e de entidades da administração pública.

A mencionada Legislação trouxe em seu artigo segundo verdadeiro rol de princípios norteadores, os quais deverão ser utilizados para sua interpretação, sendo eles: a liberdade como garantia no exercício de atividades econômicas, a presunção da boa-fé do particular perante o poder público, a intervenção subsidiária, mínima e excepcional, do Estado, sobre o exercício de atividades econômicas, e o reconhecimento da vulnerabilidade do particular perante o Estado.

Adiante, em seu artigo terceiro, a legislação apresenta previsão extensa de direitos inerentes a toda pessoa, natural ou jurídica, essenciais para o desenvolvimento e o crescimento econômicos do País.

Cumpre destacar, como bem salientado por Rodrigo Xavier Leonardo e Otavio Luiz Rodrigues Junior, que os princípios enumerados pelo Legislador demonstram sua intenção de, na esteira das orientações contidas na declaração de direitos de liberdade econômica, fazer prevalecer sobre as normas de ordem pública uma interpretação sistemática ampliada.[12]

Lado outro, com o intuito de garantir maior segurança jurídica para o jurisdicionado, o Legislador preencheu com direito positivado lacunas da antiga redação do Código Civil de 2002, as quais eram supridas pela jurisprudência e doutrina, promovendo uma de suas maiores alterações desde a promulgação.

Há de se se destacar, por exemplo, a inserção do parágrafo sétimo no artigo 980-A do Código Civil, o qual esclarece que o patrimônio social da empresa responderá pelas dívidas da empresa individual de responsabilidade limitada, hipótese em que não se confundirá, em qualquer situação, com o patrimônio do titular que a constitui, ressalvados os casos de fraude, bem como a inclusão do parágrafo primeiro do artigo 1.052, o qual instituiu a sociedade limitada unipessoal.

Promoveu ainda, importantes modificações em outras áreas, não somente de Direito Privado, mas também de Direito Administrativo e Direito Econômico, em especial em dispositivos da Lei das Sociedades por Ações e da Lei de Recuperação Judicial e Falências.

3.2 Alterações legislativas pertinentes à desconsideração da personalidade jurídica

Como visto, é conferido ao instituto da personalidade jurídica, na esteira do princípio da autonomia patrimonial, a possibilidade de criar uma personalidade independente e autônoma, a qual será destinada, e responsabilizada, pela atividade empresarial, de forma a resguardar as pessoas físicas envolvidas em sua constituição e administração, fomentando o desenvolvimento das atividades econômicas.

Com o intuito de conceder maior segurança aos negócios, a Lei incluiu o artigo 49-A do Código Civil, reafirmando a separação do patrimônio da pessoa jurídica, e sua finalidade de estimular o empreendedorismo, com a geração de empregos, recolhimento tributos, criação de renda e inovação a serem vertidas em prol da sociedade.

Por sua vez, tem-se que, ainda que a Lei da Liberdade Econômica tenha alterado o artigo 50 do Código Civil, o qual prevê a desconsideração da personalidade jurídica, este não teve seus fundamentos modificados, mas sim, seu texto expandido, passando a explicitar de forma pormenorizada os requisitos para sua aplicação, antes suprido exclusivamente pela construção doutrinária e jurisprudencial, com a inserção de parágrafos explicativos acerca do desvio de finalidade e da confusão patrimonial, veja-se:

---

12. LEONARDO, Rodrigo Xavier. O percurso e os percalços da teoria da pessoa jurídica na Universidade Federal do Paraná: da desconsideração da pessoa jurídica à pessoa jurídica desconsiderada, a partir de J. Lamartine Corrêa de Oliveira. In: KROETZ, Maria Cândida (Org.). *Direito civil*: inventário teórico de um século. Curitiba: Kairós, 2012. p. 75.

Art. 50. Em caso de abuso da personalidade jurídica, caracterizado pelo desvio de finalidade ou pela confusão patrimonial, pode o juiz, a requerimento da parte, ou do Ministério Público quando lhe couber intervir no processo, desconsiderá-la para que os efeitos de certas e determinadas relações de obrigações sejam estendidos aos bens particulares de administradores ou de sócios da pessoa jurídica beneficiados direta ou indiretamente pelo abuso.

§ 1º Para os fins do disposto neste artigo, desvio de finalidade é a utilização da pessoa jurídica com o propósito de lesar credores e para a prática de atos ilícitos de qualquer natureza.

§ 2º Entende-se por confusão patrimonial a ausência de separação de fato entre os patrimônios, caracterizada por:

I – cumprimento repetitivo pela sociedade de obrigações do sócio ou do administrador ou vice-versa;

II – transferência de ativos ou de passivos sem efetivas contraprestações, exceto os de valor proporcionalmente insignificante; e

II – outros atos de descumprimento da autonomia patrimonial.

§ 3º O disposto no caput e nos §§ 1º e 2º deste artigo também se aplica à extensão das obrigações de sócios ou de administradores à pessoa jurídica.

§ 4º A mera existência de grupo econômico sem a presença dos requisitos de que trata o caput deste artigo não autoriza a desconsideração da personalidade da pessoa jurídica.

§ 5º Não constitui desvio de finalidade a mera expansão ou a alteração da finalidade original da atividade econômica específica da pessoa jurídica.

Com a inserção do parágrafo primeiro do artigo, passa a ser imprescindível para a configuração do desvio de finalidade, que o ato tenha sido praticado de forma dolosa, com o propósito de lesar os credores e praticar atos ilícitos, mantendo o entendimento jurisprudencial do Superior Tribunal de Justiça, o qual já estabelecia como requisito o "ato intencional com intuito de fraudar terceiros".

Por sua vez, o parágrafo segundo estabelece que a confusão patrimonial será caracterizada pela ausência de separação de fato entre os patrimônios dos sócios e da própria sociedade, estabelecendo que esta ocorrerá quando:

I – cumprimento repetitivo pela sociedade de obrigações do sócio ou do administrador ou vice-versa;

II – transferência de ativos ou de passivos sem efetivas contraprestações, exceto o de valor proporcionalmente insignificante; e

III – outros atos de descumprimento da autonomia patrimonial.

A norma passa a exigir, portanto, que o pagamento de obrigações do sócio ou do administrador ou vice-versa, seja de forma repetitiva, resguardando as situações pontuais e corriqueiras, presentes especialmente no dia a dia de empresas de pequeno porte, conferindo, assim, segurança jurídica aos envolvidos na atividade comercial.

Nessa esteira, estabelece ainda que a transferência de ativos ou passivos sem efetivas contraprestações, o que, a bem da verdade, configura a utilização indistinta do patrimônio da pessoa jurídica por seus sócios e administradores, não restará configurada nas hipóteses em que este valor seja proporcionalmente insignificante.

Há de se destacar aqui, que a insignificância dos valores deverá ser analisada dentro do espírito da Lei da Liberdade Econômica e, por via de consequência, dentro da prática mercadológica da atividade exercida pela pessoa jurídica.

O dispositivo preconiza, ainda, que a confusão patrimonial poderá ser caracterizada por outros atos de descumprimento da autonomia patrimonial, deixando evidente que o rol é amplo e meramente exemplificativo.

O parágrafo terceiro, por sua vez, traz para o Estatuto Civil a "desconsideração inversa da personalidade jurídica", na qual se desconsidera a personalidade de uma pessoa jurídica para atingir seus próprios bens, nos casos em que seus sócios ou administradores, por comprovada fraude, tenha lhe utilizado de forma escusa, o que já encontrava previsão no parágrafo segundo do artigo 133 da Lei 13.105 de 2015 (Código de Processo Civil).

A inserção do parágrafo quarto do artigo, na esteira da jurisprudência, estabeleceu que a mera existência de um grupo econômico não configura a confusão patrimonial, nem tampouco o desvio de sua finalidade, de forma a reforçar a autonomia jurídica das pessoas integrantes do grupo, razão pela qual, para que haja a desconsideração, deverão estar efetivamente comprovados os requisitos.

Por fim, o parágrafo quinto estabelece que "não constitui desvio de finalidade mera expansão ou a alteração da finalidade original da atividade econômica específica da pessoa jurídica", o que fora criticado por Flavio Tartuce, por entender que tal previsão pode ser utilizado de forma torpe, por exemplo, por fundações que não poderão ter sua desconsideração decretada, caso alterem sua finalidade inicial.[13] (2020, p. 163),

4. CONCLUSÃO

Como verificado, o instituto da personalidade jurídica é de extrema importância para a fomentação da atividade econômica, uma vez que, com a criação de uma personalidade independente e autônoma, é garantido àquele que opta por se imiscuir no desenvolvimento da atividade empresarial que não será responsabilizado diretamente, por meio de seu patrimônio pessoal, quanto as obrigações da pessoa jurídica, na hipótese de seu insucesso.

No entanto, de forma a garantir a ordem econômica, bem com a manutenção do princípio da autonomia da personalidade jurídica, se fez necessária a criação de uma limitação a essa garantia, de forma a impossibilitar que o benefício seja desvirtuado e utilizado com o intuito de lesar terceiros e praticar atos ilícitos.

Em que pese o Código Civil, promulgado nos idos de 2002, tenha trazido previsão expressa quanto a possibilidade de ser desconsiderada a personalidade jurídica, por meio de seu artigo 50, o texto legal deixou de conceituar de forma pormenorizada

---
13. TARTUCE, Flávio. *Manual de Direito Civil*. 10. ed. São Paulo: Método, 2020. p. 163.

seus requisitos, restando a previsão por demais ampla, o que ensejou na pulverização da jurisprudência, bem como em intensa discussão doutrinária.

Com o advento do Código de Processo Civil de 2015 fora positivado o incidente de desconsideração da personalidade jurídica, estabelecendo a forma de seu procedimento autônomo, sem, contudo, ter sido alterado o direito material, remanescendo diversas das discussões.

Neste cenário, houve a conversão da Medida Provisória 881 de 2019 (MP 881) na Lei 13.874/19 (Lei da Liberdade Econômica), a qual, dentre outras providências, pretendeu instituir a Declaração de Direitos da Liberdade Econômica, buscando incentivar a economia e reafirmar a livre iniciativa, almejando fazer prevalecer o princípio da autonomia privada e minorando a ingerência Estatal nas relações negociais.

Dentre suas medidas, a Lei da Liberdade Econômica amplificou a antiga redação do artigo 50, sem alterar a sua essência, trazendo para o texto legal especificações para a sua aplicação.

3
A BOA-FÉ OBJETIVA: NOTAS ESSENCIAIS SOBRE O PRINCÍPIO NO CÓDIGO CIVIL DE 2002

Leonardo Mattietto

Doutor e Mestre em Direito pela UERJ. Professor-Associado de Direito Civil na Universidade Federal do Estado do Rio de Janeiro (UNIRIO), onde coordena o Curso de Mestrado em Direito. Professor na UCAM. Procurador do Estado do Rio de Janeiro. E-mail: leonardo.mattietto@unirio.br.

Sumário: 1. Introdução e panorama histórico da boa-fé no direito privado brasileiro – 2. A boa-fé e a remodelação da autonomia privada – 3. Boa-fé subjetiva e objetiva – 4. As funções da boa-fé objetiva: interpretativa, corretiva e integrativa – 5. Conclusão.

1. INTRODUÇÃO E PANORAMA HISTÓRICO DA BOA-FÉ NO DIREITO PRIVADO BRASILEIRO

O Código Civil de 2002 trouxe a boa-fé objetiva como um de seus mais destacados princípios, como protagonista de uma nova era para o direito privado brasileiro[1].

Não foi a primeira vez, certamente, que um texto legal no Brasil consagrou a boa-fé. De modo pioneiro, o Código Comercial de 1850 havia apontado, no art. 131, n. 1, que "a inteligência simples e adequada, que for mais conforme à boa-fé, e ao verdadeiro espírito e natureza do contrato, deverá sempre prevalecer à rigorosa e restrita significação das palavras"[2].

Por outro lado, o Código Civil de 1916 havia sido bastante tímido[3], dispondo quanto à sua incidência para um dos contratos em espécie, o seguro, no art. 1.443: "O segurado e o segurador são obrigados a guardar no contrato a mais estrita boa fé e veracidade, assim a respeito do objeto, como das circunstâncias e declarações a ele concernentes".

---

1. Nas palavras de inesquecível mestre, a boa-fé objetiva e a função social do contrato "serão os dois inexpugnáveis pilares de sustentação da teoria geral dos contratos, traduzindo necessário temperamento dos valores clássicos da autonomia da vontade e da força obrigatória". SOUZA, Sylvio Capanema de. In: TEIXEIRA, Sálvio de Figueiredo (Coord.). *Comentários ao Código Civil*. Rio de Janeiro: Forense, 2004. v. VIII, p. XII.
2. A norma do art. 131, n. 1, do Código Comercial "(...) permaneceu letra morta por falta de inspiração da doutrina e nenhuma aplicação pelos tribunais". AGUIAR JÚNIOR, Ruy Rosado de. A boa-fé na relação de consumo. *Revista de Direito do Consumidor*, v. 14, p. 378. São Paulo, abr./jun. 1995.
3. O acanhamento refletiu a mentalidade jurídica da época de sua elaboração, no final do século XIX, até mesmo em contraste com o Código Comercial de 1850. AZEVEDO, Antonio Junqueira de. Rapport brésilien. *La Bonne Foi (Journées louisianaises). Travaux de l'Association Henri Capitant des amis de la culture juridique française*. Paris: Litec, 1992. p. 77.

Avanço notável se deu com o Código de Defesa do Consumidor, em 1990, que elegeu a boa-fé objetiva como um dos princípios da Política Nacional das Relações de Consumo (art. 4º, III) e positivou de modo expresso a sua função corretiva, como suporte para a invalidade das cláusulas contratuais abusivas (art. 51, IV).

O breve histórico revela o contexto normativo que antecedeu o atual Código Civil, que foi além dos diplomas anteriores, beneficiando-se da influência do direito comparado[4], notadamente dos ordenamentos alemão, italiano e português, assim como de um horizonte constitucional[5] propício à renovação do direito privado.

Para se aferir o alcance da evolução legislativa, faz-se necessário compreender a tensão com o clássico princípio da autonomia privada, assim como promover o cotejo entre as perspectivas conceituais da boa-fé: subjetiva e objetiva. O trabalho abordará, na sequência, as funções desempenhadas pela boa-fé objetiva (interpretativa, corretiva, integrativa), reguladas pelo vigente Código Civil, respectivamente, nos arts. 113, 187 e 422.

2. A BOA-FÉ E A REMODELAÇÃO DA AUTONOMIA PRIVADA

Nas grandes codificações do século XIX, o contrato se apresentou como a própria expressão da autonomia privada, reconhecendo-se às partes a liberdade de estipularem o que lhes conviesse, servindo, portanto, como instrumento eficaz da expansão capitalista. O direito contratual forneceu "os meios simples e seguros de dar eficácia jurídica a todas as combinações de interesse"[6].

Advogava-se a igualdade das partes, que, porém, tratada de um ponto de vista formal, não foi assegurada pela liberdade, pois logo os mais fortes se tornaram opressores[7].

Durante o século XX, a diminuição da intensidade da autonomia privada[8], diante do dirigismo estatal e da prática cada vez mais frequente dos contratos de adesão, operou o enfraquecimento da ideologia do contrato como fruto da liberdade individual. Embora já se tenha afirmado o declínio e até mesmo a morte do contrato[9], na

---

4. Para um panorama contemporâneo do direito comparado, inclusive quanto à evolução da noção de *Treu und Glauben* do direito alemão, veja-se: ZIMMERMANN, Reinhard; WHITTAKER, Simon. *Good Faith in European Contract Law*. Cambridge: Cambridge University Press, 2000. p. 18 e ss.
5. NEGREIROS, Teresa. *Fundamentos para uma interpretação constitucional do princípio da boa-fé*. Rio de Janeiro: Renovar, 1998. p. 185 e ss.
6. "(...) não há exagero em dizer que o direito contratual foi um dos instrumentos mais eficazes da expansão capitalista em sua primeira etapa..." e "...se é certo que deixou de proteger os socialmente fracos, criou oportunidades amplas para os socialmente fortes, que emergiam de todas as camadas sociais, aceitando riscos e fundando novas riquezas". DANTAS, F. C. de San Tiago. Evolução contemporânea do direito contratual. *Revista Forense*, Rio de Janeiro, v. 139, jan./fev. 1952. p. 5.
7. RIPERT, Georges. *O regime democrático e o direito civil moderno*. São Paulo: Saraiva, 1937. p. 133.
8. Lê-se que, entretanto, "o contrato ganhou por um lado o que perdeu por outro. A autonomia da vontade aumentou em extensão mas diminuiu de intensidade, porque hoje é mais débil, mais frouxa do que outrora". TELLES, Inocêncio Galvão. *Manual dos contratos em geral*. 3. ed. Lisboa: Lex, 1995. p. 62.
9. GILMORE, Grant. *The death of contract*. 2. ed. Columbus: Ohio State University Press, 1995.

realidade há a sua transformação para atender a novas realidades e desafios vividos pela sociedade[10].

Nas palavras emblemáticas de Georges Ripert, "o contrato já não é ordem estável, mas eterno vir a ser"[11]. A noção de liberdade contratual havia sido construída como projeção da liberdade individual, ao mesmo tempo em que se atribuía à *vontade* o papel de criar direitos e obrigações[12]. A força obrigatória do contrato era imposta como corolário da definição de direito subjetivo, do poder conferido ao credor sobre o devedor. Com a evolução da ordem jurídica, já não tem mais o credor o mesmo poder, o direito subjetivo sofre limites ao seu exercício e não compete aos contratantes, com exclusividade, a autodeterminação da *lex inter partes*[13], que sofre a intervenção do legislador[14] e pode submeter-se à revisão pelo juiz[15].

Acentua-se o caráter da ordem pública[16] como expressão da lógica intrínseca dos contratos, sendo esta uma das linhas mestras da ordem econômico-social constitucional (Constituição de 1988, art. 170).

---

10. "A principal lição que se colhe da história dos contratos, o conhecimento das suas transformações por entre as vicissitudes dos séculos, é a sua permanente vitalidade, como dúctil, como dócil instrumento que ora se amplia ora se restringe, ora enfraquece ora adquire novo vigor, e sempre ao homem serve para satisfazer as necessidades fundamentais da vida de relação". TELLES, I. Galvão. Op. cit., p. 65.
11. RIPERT, G. Op. cit., p. 313-314.
12. Para uma crítica dos subsídios históricos e filosóficos da teoria da vontade, veja-se: GORDLEY, James. *The philosophical origins of modern contract doctrine*. Oxford: Clarendon, 2011, p. 214-229.
13. O art. 1134 do *Code Civil* traz a afirmação de que o contrato tem força de lei entre as partes. Essa é a expressão máxima, para muitos autores, da adoção, pelo código francês, da teoria da vontade, atribuindo-lhe o condão de se transformar numa verdadeira lei. Zimmermann sugere que a contribuição das práticas comerciais reforçou a visão, predominante na recepção moderna do direito romano, de que todos os pactos deveriam ser suscetíveis de cumprimento forçado, superando-se a distinção, também romana, mas paulatinamente abandonada, entre *pacta vestita* e *pacta nuda*. Nos estados ultramarinos fundados pelos peregrinos das Cruzadas, era aplicada a máxima "convenant vainc loi". Na prática costumeira francesa e italiana, o consensualismo igualmente parece ter ganhado terreno. A nobreza feudal, em particular, sentia-se honrada, vinculada à *convenientia* informal ou às convenções ("toutes convenances sont à tenir"). A terminologia derivou de *conventio*, no sentido cunhado por Ulpiano (D. 2.14.1.3). ZIMMERMANN, Reinhard. *The Law of Obligations: Roman foundations of the civilian tradition*. Oxford: Oxford University Press, 1996, p. 540-541.
14. A qualificação contratual "(...) não é um procedimento discricionário, ou menos ainda arbitrário, que a lei confie com exclusividade aos contratantes. A autonomia privada permite modelar contratos, mas não subtraí-los da disciplina prevista no ordenamento". Ademais, "qualificar adequadamente o contrato é uma exigência da contemporaneidade, da ordem jurídica que se renova e na qual o individualismo e a autonomia privada são contrastados pelos princípios da função social e da boa-fé objetiva". MATTIETTO, Leonardo. Qualificação jurídica do contrato. In: NEVES, Thiago Ferreira Cardoso. (Coord.) Direito & Justiça Social: estudos em homenagem ao Professor Sylvio Capanema de Souza. São Paulo: Atlas. 2013. p. 373-374.
15. Para o desenvolvimento histórico da via revisional, veja-se: RODRIGUES JUNIOR, Otavio Luiz. *Revisão judicial dos contratos*: autonomia da vontade e teoria da imprevisão. 2. ed. São Paulo: Atlas, 2006. p. 32 e ss.
16. "(...) a ordem pública não só pode ser induzida de um conjunto de normas ou quadros normativos que imperativamente organizam as instituições jurídicas e de certos valores fundamentais com assento constitucional (...), como pode ser a expressão da lógica intrínseca de uma instituição, ou ainda da ideia de 'razoabilidade', no sentido do que os americanos chamam de *negative clearing-test*: no sentido de que o direito se recusa a dar cobertura ao exercício de uma discricionariedade manifestamente irrazoável (proibição do excesso)". MACHADO, J. B. Do princípio da liberdade contratual. In: MACHADO, João Baptista. *Obra dispersa*. v. I. Braga: Scientia Iuridica, 1991. p. 642-643.

A autonomia privada, antes entronizada como garantia da liberdade dos cidadãos em face do Estado, é relativizada em prol da *justiça substancial*, deslocando-se o eixo da relação contratual da *tutela subjetiva da vontade* à *tutela objetiva da confiança*[17].

A proteção da confiança envolve o vínculo contratual, a partir das normas cogentes que visam a promover o equilíbrio das partes da relação jurídica, mediante a adoção de novos paradigmas interpretativos, a proibição da abusividade e a imposição de deveres aos contraentes, na perspectiva de prevenir riscos e reparar prejuízos[18].

3. BOA-FÉ SUBJETIVA E OBJETIVA

Projeta-se a boa-fé no direito contemporâneo, ora significando a convicção individual de quem acredita observar as normas, ora estampando o sentido ético universal de "coerência nos preceitos de retidão na vida social, a justiça metajurídica"[19].

Apesar da notória dificuldade em se definir a boa-fé[20], pelo menos duas perspectivas conceituais se revelam amplamente consagradas: a boa-fé subjetiva e a boa-fé objetiva.

Em sentido subjetivo, a boa-fé corresponde à situação do sujeito que acredita atuar em conformidade com a ordem jurídica; é um estado mental, uma crença, uma situação subjetiva que redunda em conhecimento ou ignorância de dada realidade. Assim, por exemplo, é de boa-fé a posse se o possuidor ignora o vício que impede a aquisição da coisa (Código Civil, art. 1.201, *caput*).

---

17. Estudando-se o tema da *confiança negocial* no painel da recentralização das relações jurídicas em torno da pessoa, descortina-se "um claro cenário se produz em torno da confiança: o repensar das relações jurídicas nucleadas em torno da pessoa e sua revalorização como centro das preocupações do ordenamento civil. O tema de tutela da confiança não pode ser confinado a um incidente de retorno indevido ao voluntarismo do século passado, nem é apenas um legado da Pandectística e dos postulados clássicos do Direito Privado. Pode estar além de sua formulação inicial essa temática se for posta num plano diferenciado de recuperação epistemológica". FACHIN, Luiz Edson. O "aggiornamento" do direito civil brasileiro e a confiança negocial. In: *Repensando fundamentos do direito civil brasileiro contemporâneo*. Rio de Janeiro: Renovar, 1998. p. 145. Acrescente-se que, "contemporaneamente, modificado tal panorama, a autonomia contratual não é mais vista como um fetiche impeditivo da função de adequação dos casos concretos aos princípios substanciais contidos na Constituição e às novas funções que lhe são reconhecidas. Por esta razão desloca-se o eixo da relação contratual da tutela subjetiva da vontade à tutela objetiva da confiança, diretriz indispensável para a concretização, entre outros, dos princípios de superioridade do interesse comum sobre o particular, da igualdade (em sua face positiva) e da boa-fé em sua feição objetiva". MARTINS-COSTA, Judith. Crise e modificação da ideia de contrato no direito brasileiro. *Revista de direito do consumidor*, v. 3, p. 141. set./dez. São Paulo, 1992.
18. MARQUES, Claudia Lima. *Contratos no código de defesa do consumidor*. 3. ed. São Paulo: Ed. RT, 1998. p. 127.
19. SACCO, Rodolfo. Interpretazione di buona fede. In: CENDON, Paolo (Coord.). *Commentario al Codice Civile*. Milano: Giuffrè, 2010, p. 293.
20. A indeterminação é patente, o que reclama a valoração à luz do ordenamento e carece de preenchimento pelo intérprete. MOREIRA, José Carlos Barbosa. Regras de experiência e conceitos juridicamente indeterminados. *Revista Forense*, v. 261, p. 14-15. Rio de Janeiro, jan.-mar. 1978.

Na acepção objetiva, a boa-fé sempre pode ser lembrada a partir da exitosa fórmula do § 242 do BGB[21]: lealdade e confiança (*Treu und Glauben*)[22].

A referência à *lealdade* corresponde a um conjunto de qualidades positivas: não apenas lealdade, mas também, mais amplamente, probidade, veracidade, honestidade, fidelidade, comprometimento, responsabilidade. Resgata-se, assim, a figura do *bonus pater familias* romano, que merece ser relida, nos dias atuais, como o padrão do homem médio[23], que serve para ilustrar as práticas socialmente aceitas[24].

A *confiança*, na persuasiva explanação de João Baptista Machado, denota que toda conduta ou agir comunicativo, "além de carrear uma pretensão de veracidade ou de autenticidade (de fidelidade à própria identidade pessoal), desperta nos outros *expectativas* quanto à futura conduta do agente", implicando, de modo geral, uma autovinculação. A ordem jurídica não pode deixar de tutelar a confiança legítima baseada no comportamento: *poder confiar*, além de ser "uma condição básica de toda a convivência pacífica e da cooperação entre os homens", é "condição básica da própria possibilidade de comunicação dirigida ao entendimento, ao consenso e à cooperação"[25].

A tutela da confiança[26] representa um avanço, ademais, em relação à teoria da declaração, que comunga com a teoria da vontade no seu antinormativismo[27]. A

---

21. Dispõe o § 242 do Código alemão (BGB) que o devedor é obrigado a realizar a prestação tal como o exija a boa-fé, com consideração pelos costumes do tráfego negocial. O § 157 do BGB, por sua vez, define que "os contratos interpretam-se como o exija a boa-fé, com consideração pelos bons costumes do tráfego".
22. Anota-se que "por boa-fé objetiva se quer significar – segundo a conotação que adveio da interpretação conferida ao § 242 do Código Civil alemão, de larga força expansionista em outros ordenamentos, e, bem assim, daquela que lhe é atribuída nos países de *common law* – modelo de conduta social, arquétipo ou *standard* jurídico, segundo o qual 'cada pessoa deve ajustar a própria conduta a esse arquétipo, obrando como obraria um homem reto: com honestidade, lealdade, probidade'. Por este modelo objetivo de conduta levam-se em consideração os fatores concretos do caso, tais como o *status* pessoal e cultural dos envolvidos, não se admitindo uma aplicação mecânica do *standard*, de tipo meramente subsuntivo". MARTINS-COSTA, Judith. Op. cit.
23. "A análise da relação jurídica é feita objetivamente; estará ausente a boa-fé objetiva se o comportamento em exame escapar do *arquétipo* que o homem de bem adotaria no lugar do sujeito, diante das peculiaridades do caso concreto". AZEVEDO, Fábio. *Direito Civil*: introdução e teoria geral. Rio de Janeiro: Lumen Juris, 2009. p. 93.
24. A generalização, contudo, pode ser perigosa, pois, ainda que o "bom pai de família" constitua "um padrão jurídico, correspondente à atuação do homem normal, colocado nas circunstâncias", não se pode desprezar que "a boa-fé, embora comporte, nos seus modelos de decisão, a inclusão de padrões jurídicos, não se esgota num deles". CORDEIRO, A. Menezes. *Da boa-fé no Direito Civil*. Coimbra: Almedina, 1997. p. 1230.
25. MACHADO, J. B. Tutela da confiança e "venire contra factum proprium". In: MACHADO, João Baptista. *Obra dispersa*. v. I. Braga: Scientia Iuridica, 1991. p. 352-353.
26. "(...) o juiz deverá aferir o contrato de forma global para analisar se de alguma forma o proceder de uma das partes – deliberado ou não – frustra as expectativas contratuais, abusando da confiança depositada". MELO, Marco Aurelio Bezerra de. *Novo código civil anotado*. 2. ed. Rio de Janeiro: Lumen Juris, 2004. v. III. t. I, p. 22.
27. Natalino Irti, ao estudar a doutrina de Emilio Betti sobre o negócio jurídico, aduz o comum antinormativismo entre a teoria da vontade e a teoria da declaração. Esta, ao procurar "despsicologizar" a interpretação do negócio jurídico, não se afasta do primado da vontade, mas apenas privilegia a vontade declarada à intenção não declarada. Sustenta que "...a assídua polêmica contra o dogma da vontade não significa nem comporta a dissolução normativa do negócio. 'Despsicologizar' não é 'normatizar': a primeira postura indica o primado da declaração sobre o querer interno; a outra, o primado da norma sobre o negócio". IRTI, N. *Letture bettiane sul negozio giuridico*. Milano: Giuffrè, 1991, p. 48-49.

verdadeira polêmica não se situa, hoje, ao contrário do que o misoneísmo pretenda induzir, entre a vontade e a declaração, mas entre voluntarismo e normativismo, entre individualismo e solidarismo[28].

4. AS FUNÇÕES DA BOA-FÉ OBJETIVA: INTERPRETATIVA, CORRETIVA E INTEGRATIVA

A partir da doutrina e da jurisprudência alemãs, tornou-se amplamente aceito que a boa-fé objetiva abrange três funções: interpretativa, corretiva e integrativa. Influenciado pelo direito germânico, o vigente Código Civil brasileiro as regula nos artigos 113, 187 e 422.

A interpretação deve ser pautada pela boa-fé objetiva não apenas quando houver dificuldade hermenêutica, ou quando aparecer divergência entre vontade e declaração[29].

Assim, por exemplo, encontra-se julgado do Superior Tribunal de Justiça em que, em nome da boa-fé objetiva, operou-se extensão da cláusula penal em favor de promitente-comprador, em compromisso de compra e venda de imóvel no qual a cominação só havia sido disposta em favor do promitente-vendedor. Como consta do acórdão, "a cláusula penal inserta em contratos bilaterais, onerosos e comutativos deve voltar-se aos contratantes indistintamente, ainda que redigida apenas em favor de uma das partes"[30].

Explica-se que, sendo o compromisso de compra e venda um contrato *bilateral*, em que cada um dos contratantes é simultânea e reciprocamente credor e devedor do outro; *oneroso*, uma vez que traz vantagens para ambos os contra-

---

28. "Na época da crise dos fundamentos, o negócio jurídico não deve ser mistificado, enquanto o sistema jurídico se vê pressionado pela complexidade social e pelos desafios tecnológicos, e notadamente entre tutela da pessoa e exigências do mercado. (...) O princípio da autonomia privada, com suas variantes de autodeterminação e autovinculação, cedeu lugar a um novo direito obrigacional, que acolhe em seu próprio âmago os princípios da dignidade da pessoa humana e da boa-fé objetiva. A interpretação dos atos jurídicos em geral deve levar em conta não apenas as declarações que hajam feito as pessoas que deles tenham participado. Tampouco a tarefa do intérprete se resume a perquirir a vontade expressada, veiculada por meio da declaração. É preciso buscar o entendimento de cada ato no ambiente em que ele foi celebrado – no complexo de seus motivos e circunstâncias, bem como no contexto do próprio ordenamento jurídico". MATTIETTO, Leonardo. O papel da vontade nas situações jurídicas patrimoniais: o negócio jurídico e o novo Código Civil. In: RAMOS, Carmen Lúcia Silveira et al. *Diálogos sobre direito civil*: construindo uma racionalidade contemporânea. Rio de Janeiro: Renovar, 2002. p. 31-32.
29. BIGLIAZZI-GERI, Lina. L'interpretazione del contratto. In: BUSNELLI, Francesco D. (Coord.). *Il Codice Civile* – Commentario. Milano: Giuffrè, 2013. p. 213.
30. STJ, 3ª Turma, REsp 1.119.740-RJ, Rel. Min. Massami Uyeda, DJe 13.10.2011. No voto do relator, justifica-se que "caracterizadas, portanto, as recíprocas obrigações entabuladas pelas partes, não seria razoável, nem proporcional que, para uma delas o descumprimento contratual seguisse a cláusula previamente redigida na avença, de execução mais simples, e, para o outro, caminho diverso, de execução mais complexa. Entender-se de forma diversa é o mesmo que tratar os iguais, desigualmente, pois enquanto no descumprimento por parte do promitente-comprador já estaria definido o *quantum* indenizatório, sem a possibilidade de qualquer discussão, o inadimplemento do promitente-vendedor daria azo a discussões acerca do efetivo prejuízo sofrido pelo comprador".

tantes; e *comutativo*, ante a equivalência de prestações, é cabível a condenação do promitente-vendedor que não efetuou a entrega do imóvel no tempo previsto ao pagamento da cláusula penal, mesmo que a pena tenha sido contratualmente fixada apenas para o caso de inexecução do promitente-comprador, pois os contratos devem ser interpretados à luz do princípio da boa-fé, além dos princípios da função social e do equilíbrio, devendo ser considerado, também, o tipo de contrato celebrado e seus efeitos.

Em outro caso, a propósito de contrato de concessão comercial entre distribuidora e posto de combustíveis, o Tribunal assentou, em vista da boa-fé, que "deve haver equilíbrio e igualdade entre as partes contratantes, assegurando-se trocas justas e proporcionais. Desse modo, à obrigação contratual do posto revendedor de adquirir quantidade mínima mensal de combustível deve corresponder simétrica obrigação da distribuidora de fornecer, a cada mês, no mínimo a mesma quantidade de produto"[31].

A seu turno, a função corretiva que a boa-fé desempenha sobre o *ius strictum*[32] contribui para que se tenha uma cláusula geral de vedação do abuso de direito[33].

Pode-se exemplificar com o entendimento, com base na boa-fé, da abusividade e consequente nulidade da cláusula de decaimento[34], que imponha ao devedor a perda de prestações pagas, assim como de cláusula que subverta a sistemática legal de reparação civil[35].

---

31. STJ, 3ª Turma, REsp 1.455.296-PI, Rel. para o acórdão Min. Nancy Andrighi, DJe 15.12.2016. No caso foi ainda debatido o dever de mitigar o dano (*duty to mitigate the loss*).
32. "(...) por envolver um juízo de relação, onde se destina a prevalecer, entre dois interesses, nem sempre é apenas aquele abstratamente privilegiado por uma norma de direito estrito, e porque está atenta à sua qualidade. É a este critério que pareceu necessário atribuir aquela função corretiva dos rigores do strictum ius, já referida, que deveria consentir, mesmo no âmbito da interpretação, uma espécie de valoração das situações de conflito diferente daquela que seguir-se-ia à verificação pura e simples da correspondência formal de um fato (portanto, também do fato-negócio) e/ou de um comportamento com uma disposição abstrata da lei e, portanto, permitir – em um ambiente normativo caracterizado por um princípio de sociedade real – aquele efetivo equilíbrio de exigências opostas que uma utilização míope do instrumento legislativo tornaria ilusória". BIGLIAZZI-GERI, Lina. Op. cit., p. 226.
33. É digna de nota a "vocação específica, da boa-fé, de intervir em conjunturas que relacionem duas ou mais pessoas. Nos cenários do exercício inadmissível de posições jurídicas, quer a proteção da confiança, quer o relevo de situações jurídicas materiais, operam na base de um contato específico entre duas pessoas: trata-se de situações relativas, que a linguagem e a tradição jurídicas têm conectado com a boa-fé. Há outras conexões: a proteção da confiança prende-se, também, aos temas da aparência e da crença, com nível jurídico; o relevo de situações jurídicas materiais liga-se, de perto, com o movimento histórico no sentido da superação do formalismo: ambos os aspectos evocam, como é sabido, a boa-fé". CORDEIRO, A. Menezes. Op. cit. p. 901.
34. STJ, 4ª Turma, AgInt no REsp 1.809.838-SP, Rel. Min. Marco Buzzi, DJe 30.08.2019.
35. "Recurso especial. Contrato de representação comercial. Rescisão unilateral imotivada pela representada. Indenização. Art. 27, "J", da lei 4.886/65. Cláusula contratual que prevê pagamento antecipado acrescido às comissões mensais. Ilegalidade. Forma de pagamento que não se coaduna com o conceito de indenização. 1. Ação ajuizada em 4/12/2013. Recurso especial interposto em 5/9/2018. Conclusão ao Gabinete em 20/8/2019. 2. O propósito recursal é definir se o pagamento antecipado da indenização, devida ao representante comercial por ocasião da rescisão injustificada do contrato pelo representado, viola o art. 27, "j", da Lei 4.886/65. 3. A Lei 4.886/65, em seu art. 27, "J", estabelece que o representante deve ser indenizado caso o contrato de representação comercial seja rescindido sem justo motivo por iniciativa do representado.

Quanto à função integrativa, tem-se na boa-fé objetiva a fonte que irradia os chamados deveres anexos, ou seja, disposições não decorrentes da vontade dos contratantes[36], podendo-se nela vislumbrar norma primária de responsabilidade sem culpa[37].

Da lição de Ruy Rosado de Aguiar Jr., colhe-se que "a boa-fé se constitui numa fonte autônoma de deveres, independente da vontade, e por isso a extensão e o conteúdo da 'relação obrigacional já não se mede somente nela (vontade), e, sim, pelas circunstâncias ou fatos referentes ao contrato", o que permite "construir objetivamente o regramento do negócio jurídico, com a admissão de um dinamismo que escapa ao controle das partes"[38].

Os deveres emanados da boa-fé objetiva incidem em todas as fases do processo obrigacional[39], compreendida a relação jurídica como um ser dinâmico[40], que se desenvolve e transforma ao longo do tempo, refletindo o comportamento das partes. A depender da fase, a violação desses deveres enseja a responsabilidade pré-contratual, contratual ou pós-contratual.

---

4. O pagamento antecipado, em conjunto com a remuneração mensal devida ao representante comercial, desvirtua a finalidade da indenização prevista no art. 27, "J", da Lei 4.886/65, pois o evento, futuro e incerto, que autoriza sua incidência é a rescisão unilateral imotivada do contrato. 5. Essa forma de pagamento subverte o próprio conceito de indenização. Como é sabido, o dever de reparar somente se configura a partir da prática de um ato danoso. No particular, todavia, o evento que desencadeou tal dever não havia ocorrido – nem era possível saber se, de fato, viria a ocorrer – ao tempo em que efetuadas as antecipações mensais. 6. O princípio da boa-fé impede que as partes de uma relação contratual exercitem direitos, ainda que previstos na própria avença de maneira formalmente lícita, quando, em sua essência, esse exercício representar deslealdade ou gerar consequências danosas para a contraparte. 7. A cláusula que extrapola o que o ordenamento jurídico estabelece como padrão mínimo para garantia do equilíbrio entre as partes da relação contratual deve ser declarada inválida". STJ, 3ª Turma, REsp 1.831.947-PR, Rel. Min. Nancy Andrighi, DJe 13.12.2019.

36. Como o legislador não pode prever tudo, a invocação da boa-fé na busca de soluções para os mais variados problemas se mostrou pródiga. Ainda que o BGB, na sua feição original, admitisse apenas a função interpretativa da boa-fé, a jurisprudência alemã não tardou a desenvolver a função integrativa. "A ideia da incapacidade do sistema para prever todas as necessidades, presentes e futuras, e a possibilidade de encontrar as soluções novas adequadas, com recurso à boa-fé, filtrou-se, ainda que de modo subconsciente, no trabalho dos codificadores. Estes acabaram, assim, por adotar um sistema aberto, capaz de, por desenvolvimentos internos ou externos, responder a problemas impensáveis a quando da codificação. A capacidade reprodutora do sistema devia ser assegurada por um instituto suficientemente amplo para não entravar os desenvolvimentos necessários e imprevisíveis e, em simultâneo, dotado de um peso juscultural capaz de dar credibilidade às soluções encontradas. A boa-fé tinha esse perfil". CORDEIRO, A. Menezes. Op. cit. p. 331.
37. ROMAIN, Jean-François. *Théorie critique du principe général de bonne foi en droit privé*. Bruxelles: Bruylant, 2000. p. 804 e ss.
38. AGUIAR Júnior, Ruy Rosado de. Op. cit. p. 24.
39. MARTINS-COSTA, Judith. *A boa-fé no direito privado*: sistema e tópica no processo obrigacional. São Paulo: RT, 1999. p. 381 e ss.
40. "Com a expressão 'obrigação como processo', tenciona-se sublinhar o ser dinâmico da obrigação, as várias fases que surgem no desenvolvimento da relação obrigacional e que entre si se ligam com interdependência". COUTO E SILVA, Clóvis V. do. *A obrigação como processo*. 2. ed. Rio de Janeiro: FGV, 2007. p. 20.

Da boa-fé objetiva fluem, dentre outros, os deveres de diligência[41], informação[42] e transparência[43]. Mencionem-se, ainda como exemplos de deveres anexos, os de colaboração e cooperação entre os sujeitos[44], especialmente nos contratos de longa duração[45].

5. CONCLUSÃO

A boa-fé, com o seu peso cultural e histórico, transforma o direito obrigacional, promovendo uma remodelação da autonomia privada.

Em sua feição objetiva, retratada pela fórmula *lealdade e confiança*, passa a ocupar posição destacada no ordenamento, como princípio cardeal para as relações jurídicas privadas.

A lealdade sintetiza todo um conjunto de qualidades positivas (probidade, veracidade, honestidade, fidelidade, comprometimento, responsabilidade), que reconduzem ao padrão médio tido como correto e saudável na vida em sociedade.

A confiança, por outro lado, mostra-se como uma baliza para a convivência pacífica, pois poder confiar nas outras pessoas é essencial, cabendo ao ordenamento sancionar a frustração das expectativas legítimas dos contratantes.

A determinação do sentido e dos efeitos dos contratos pelas partes é amainada em prol de uma interpretação que privilegia a lealdade e a confiança como sínteses de um contexto ético que transcende à vontade dos contratantes (função interpretativa) e que igualmente justifica a correção do direito estrito, como cláusula geral de controle da abusividade (função corretiva), além de deflagrar os chamados deveres anexos (função integrativa).

---

41. "Os deveres anexos, decorrentes da função integrativa da boa-fé objetiva, resguardam as expectativas legítimas de ambas as partes na relação contratual, por intermédio do cumprimento de um dever genérico de lealdade, que se manifesta especificamente, entre outros, no dever de informação, que impõe que o contratante seja alertado sobre fatos que a sua diligência ordinária não alcançaria isoladamente. (...) O princípio da boa-fé objetiva já incide desde a fase de formação do vínculo obrigacional, antes mesmo de ser celebrado o negócio jurídico pretendido pelas partes. Precedentes. (...) Ainda que caiba aos contratantes verificar detidamente os aspectos essenciais do negócio jurídico (*due diligence*), notadamente nos contratos empresariais, esse exame é pautado pelas informações prestadas pela contraparte contratual, que devem ser oferecidas com a lisura esperada pelos padrões (*standards*) da boa-fé objetiva, em atitude cooperativa". STJ, 3ª Turma, REsp 1.862.508-SP, Rel. para o acórdão Min. Nancy Andrighi, DJe 18.12.2020.
42. STJ, 4ª Turma, AgInt no REsp 1.260.150-PR, Rel. Min. Raul Araújo, DJe 28.06.2019.
43. STJ, Corte Especial, EREsp 1.325.151-SP, Rel. para o acórdão Min. Maria Thereza de Assis Moura, DJe 14.10.2020.
44. "Nos contratos cativos de longa duração, também chamados de relacionais, baseados na confiança, o rigorismo e a perenidade do vínculo existente entre as partes pode sofrer, excepcionalmente, algumas flexibilizações, a fim de evitar a ruína do sistema e da empresa, devendo ser respeitados, em qualquer caso, a boa-fé, que é bilateral, e os deveres de lealdade, de solidariedade (interna e externa) e de cooperação recíprocos". STJ, 3ª Turma, REsp 1.479.420-SP, Rel. Min. Ricardo Villas Boas Cueva, DJe 11.09.2015.
45. "(...) o tempo se revela um desafio quanto à manutenção do equilíbrio contratual, que, assim, pode ser superado pelos princípios clássicos do contrato – *pacta sunt servanda*, autonomia da vontade, cláusula *rebus sic stantibus* – desde que harmonizados com os princípios da função social do contrato, boa-fé objetiva, confiança e lealdade, de modo a não frustrar as legítimas expectativas dos contratantes e dos beneficiários dos contratos". GAMA, Guilherme Calmon Nogueira da. Direito contratual, função social, boa-fé objetiva e exceção da ruína: comentários ao julgado no REsp 1.479.420/SP. *Revista dos Tribunais*, v. 963, p. 501. São Paulo, jan. 2016.

4
SURRECTIO, SUPRESSIO E A TUTELA DA CONFIANÇA

Fábio de Oliveira Azevedo

Mestre em Direito Civil pela UERJ. Professor de Escola da Magistratura do Estado do Rio de Janeiro – EMERJ. Professor da Pós-Graduação da Fundação Getúlio Vargas – FGV. Membro do Fórum Permanente de Direito Civil da Escola da Magistratura do Estado do Rio de Janeiro – EMERJ. Membro do Instituto dos Advogados do Brasil – IAB. Advogado.

Sumário: 1. Introdução: contextualização no Código Civil de 2002 – 2. Boa-fé objetiva *vs.* Subjetiva – 3. Sobre a boa-fé e sua função de limite ao exercício de situações jurídicas – 4. *Venire contra factum proprium* – 5. *Supressio* (*verwirkung* ou *caducidade*) – 6. *Surrectio* – 7. *Tu quoque* e *estoppel* – 8. Proibição de alegação da própria torpeza (*nemo auditur turpitudinem allegans*) – 9. Aplicação da boa-fé no STJ.

1. INTRODUÇÃO: CONTEXTUALIZAÇÃO NO CÓDIGO CIVIL DE 2002

Passaram-se duas décadas desde a criação do Código Civil, despertando imensa expectativa para o mundo jurídico e o direito privado em particular. Parece que foi ontem. O patrimonialismo e o individualismo, marcas inapagáveis da codificação anterior, agora se depariam com sopros vigorosos na direção oposta, marcada por limites condicionantes do merecimento de tutela no exercício da autonomia privada. Tudo era incomum e desafiador.

Passados 20 anos, no entanto, não soaria exagerado dizer que o Código Civil, com todos os seus acertos e avanços, ainda não se consolidou plena e pujantemente na experiência dogmática brasileira. E o tema, objeto destas curtas reflexões, ilustrará muito bem essa discutível afirmação.

E isso porque a *Surrectio*, categoria de grafia sofisticada, nada mais é do que a concreção da teoria do abuso do direito, positivada no art. 187 do Código Civil. Esse dispositivo, com duas décadas de vigência e dezenove de vigor, ainda é tratado com bastante cerimônia pelos operadores de um modo geral, muito embora seja forçoso reconhecer que sua aplicação tem indiscutivelmente avançado, especialmente no âmbito do Superior Tribunal de Justiça.

Porém, antes de enfrentar os desafios desse tema, é preciso contextualizar com o surgimento do próprio Código Civil de 2002. Como é sabido, há uma grande diferença entre este código e o de 1916. Enquanto as tentativas de criação do primeiro são produto de obras desenvolvidas solitariamente, a criação do segundo é fruto de um trabalho coletivo.

Em razão da agremiação de seis juristas tão capazes, justificou-se a indicação de um coordenador para a comissão, de modo que cada qual pudesse cuidar de sua parte, ao mesmo tempo em que contornos de homogeneidade pudessem caracterizar o anteprojeto. Dito de outro modo, era preciso criar uma unidade e evitar o risco da legislação caracterizar-se como "colcha de retalhos". E, para tão relevante e nobre missão, escolheu-se o Professor Miguel Reale.

Então, com esse propósito, foram eleitos paradigmas e princípios a serem observados por todos os membros, de modo a construir essa desejada unidade sobre a atividade da comissão. Miguel Reale estabeleceu diversas diretrizes, dentre as quais se destacam:

a) preservação do CC/1916, sempre que possível, pois esta legislação representava a acumulação de saber jurídico ao longo de anos;

b) não se limitar à simples revisão do Código revogado, mas elaborar um realmente novo;

c) adotar uma linguagem nova, eliminando-se os arcaicos e superados modos de dizer, criando uma lei mais operacional e adequada aos problemas atuais;

d) modificar o Código em relação aos seus valores, para prestigiar a eticidade, a socialidade e a operabilidade como princípios basilares e inspiradores da elaboração;

e) aproveitar os trabalhos de reforma surgidos no período entre o Código de 2002 e o de 1916;

f) inserir no Código apenas matérias consolidadas, deixando para a legislação extravagante temas polêmicos e inovadores;

g) manter a parte geral, mas adotar uma nova estrutura topográfica, de forma que a parte especial seja iniciada pelo Direito das Obrigações, e não pelo Direito de Família, como aconteceu com o CC/1916;

h) não unificar o direito privado, mas tão somente o Direito das Obrigações, o que já havia sido adotado na prática, ante a superação do Código Comercial de 1850.

Chama atenção, dentre as diretrizes acima, a identificada pela letra "d". Consiste na observância de três princípios, que são a *eticidade*, a *socialidade* e a *operabilidade*. De acordo com Miguel Reale, "procurou-se superar o apego do Código atual ao formalismo jurídico, fruto, a um só tempo, da influência recebida a cavaleiro dos séculos XIX e XX". Daí a opção, segundo Reale, "por normas genéricas ou cláusulas gerais, sem a preocupação de excessivo rigorismo conceitual, a fim de possibilitar a criação de modelos jurídicos hermenêuticos, quer pelos advogados, quer pelos juízes, para contínua atualização dos preceitos legais".

Deveria, em um mundo que tenha alcançado patamares desejáveis de civilidade, ser tido como um grande *truísmo* o anúncio de que as pessoas devem agir de modo compatível com a *eticidade* esperada do homem de bem. Uma evidência que poderia ser omitida de regras jurídicas, não fosse o fato de que seu destinatário é o ser humano, com todo egoísmo e complexidade que caracterizam sua existência. Essa realidade foi responsável pela brutal transformação da *eticidade*, que deixa de ser um singelo princípio para alçar o *status* de "celebridade" do CC/2002.

Esse princípio é mais bem enxergado pela positivação do princípio da *boa-fé objetiva, fundamento central para o tema deste ensaio*. Uma positivação sem dúvida alguma bem tardia, já que tal boa-fé encontra *sede constitucional*, em especial na tutela da *dignidade da pessoa humana* e da *solidariedade*, que faz do princípio um de seus naturais corolários. Na boa-fé reside com mais clareza o ideal da *cláusula geral*, que permite ao operador do direito adotar no caso concreto a solução que reputar mais adequada à concretização do valor expresso na regra.

2. BOA-FÉ OBJETIVA VS. SUBJETIVA

A *boa-fé objetiva* é uma *regra de comportamento* a ser observada pelos sujeitos das relações jurídicas. Distingue-se da *boa-fé subjetiva*, já que nesta se investiga a intenção do agente ao atuar. Na subjetiva, ele será "absolvido" se for demonstrada a ausência de intenção de comportar-se deslealmente, por mais que a conduta diga o contrário. É possível agir com boa-fé subjetiva, se a deslealdade ocorreu "sem querer", ou seja, se ausente a culpa do sujeito ao *agir ou omitir-se*.

Na *boa-fé objetiva* essa ausência de culpa não é causa de "absolvição". Não importa se houve ou não intenção de atuar deslealmente. A análise da relação jurídica é feita objetivamente; estará ausente a boa-fé objetiva se o comportamento em exame escapar do *arquétipo* que o homem de bem adotaria no lugar do sujeito, diante das peculiaridades do caso concreto.

A *boa-fé subjetiva* é um estado de consciência. Ensina a grande **Judith Martins-Costa** que "diz-se subjetiva justamente porque, para a sua aplicação, deve o intérprete considerar a intenção do sujeito da relação jurídica, o seu estado psicológico ou íntima convicção. Antitética à boa-fé subjetiva está a má-fé, também vista subjetivamente como a intenção de lesar a outrem".[1]

Ao classificar a posse quanto aos seus vícios subjetivos, o CC/2002 prevê um resquício da boa-fé subjetiva, ao estabelecer no art. 1.201 ser de boa-fé a posse "se o possuidor **ignora** o vício ou o obstáculo que impede a aquisição da coisa". A referência feita ao verbo ignorar denuncia a subjetividade da boa-fé tratada pelo dispositivo. Deve o operador do direito identificar no caso concreto qual era o estado de consciência do possuidor, seu momento psicológico, para saber se conhecia ou não o vício impeditivo da aquisição da posse.

A *boa-fé objetiva* representa um modelo de conduta a ser observado e seguido, ou simplesmente uma regra de conduta. "É um modelo de conduta social, arquétipo

---

1. MARTINS-COSTA, Judith. *A boa-fé no direito privado*. 2. ed. São Paulo: Saraiva, 2018. p. 411.

ou *standard* jurídico, segundo o qual cada pessoa deve ajustar a própria conduta a esse arquétipo, obrando como obraria um homem reto: com honestidade, lealdade, probidade."[2]

Se em determinado contrato discute-se a violação à boa-fé subjetiva de uma das partes, é dever do operador examinar se houve ou não a intenção de agir levianamente por parte de um dos contratantes. Se não houver, ainda que se conclua pela presença de um *involuntário* desequilíbrio, a solução será concluir pela existência de boa-fé.

No mesmo exemplo, mas agora submetido a análise sob a ótica da boa-fé objetiva, a solução será muito diferente. Na boa-fé objetiva, pouco importa se houve intenção de um dos contratantes de agir deslealmente. O que interessa é verificar se o homem honesto (*standard*) atuaria como agiu o contratante, nas mesmas circunstâncias (ex.: um deles é analfabeto enquanto o outro é letrado). Se a resposta for a de que agiria como agiu o contratante, estará *presente a boa-fé objetiva*. Do contrário, conclui-se pela *ausência de boa-fé objetiva*.

Empregamos a locução *ausência de boa-fé objetiva* para mostrar que *o inverso de boa-fé objetiva não é má-fé, mas sim uma ausência de boa-fé objetiva*. Imaginemos a hipótese em que um amigo, solidário com a penúria do outro, aceita alugar o seu apartamento por um valor convidativo, e, para socorrer-lhe ainda mais e facilitar a formação do contrato, obtém por meio de pesquisa pela *internet* um modelo contratual cujo conteúdo desconhece, mas que contém mais de 100 cláusulas, todas favoráveis ao locador.

Não há dúvida quanto à existência de *boa-fé*, sob a ótica *subjetiva*, por parte desse solidário locador. No entanto, analisando as circunstâncias do caso concreto, conclui-se que um homem honesto não elaboraria um contrato desequilibrado por inteiro, com cláusulas desleais, num *agir objetivamente desonesto*, por mais que inexistisse a intenção de assim atuar. A conclusão será de que inexiste boa-fé objetiva, ainda que presente a boa-fé subjetiva. O contrário de boa-fé, portanto, não é necessariamente má-fé.

Ao contrário, pode-se pensar numa hipótese em que está *presente a má-fé (subjetiva)*, embora *exista a boa-fé objetiva*. Imaginemos uma pessoa que deseja prejudicar outra, que é seu desafeto e, para isso, elabora um instrumento contratual unilateralmente, certa de estar criando as mais improváveis e impudicas condições negociais. No entanto, submetido esse contrato a exame jurídico, conclui-se que as cláusulas são mais vantajosas do que a prática costuma indicar. Assim, apesar da má-fé, sob a ótica subjetiva, estará presente a boa-fé objetiva.

---

2. MARTINS-COSTA, Judith. *A boa-fé no direito privado*. 2. ed. São Paulo: Saraiva, 2018. p. 411.

3. SOBRE A BOA-FÉ E SUA FUNÇÃO DE LIMITE AO EXERCÍCIO DE SITUAÇÕES JURÍDICAS

Sabe-se que a boa-fé objetiva é regra de hermenêutica e integração negocial (art. 113 do CC), ao mesmo tempo em que atua como fonte criadora de deves anexos (art. 422 do CC). Importa, neste trabalho, refletir sobre a sua função de *limite ao exercício de situações jurídicas*. Tal está prevista no **art. 187 do CC/2002**, que se inspirou no **art. 334 do Código Civil**[3] **português**, dispondo que "também comete ato ilícito o titular de um direito que, ao exercê-lo, excede manifestamente os limites impostos pelo seu fim econômico ou social, pela boa-fé ou pelos bons costumes".

A doutrina e a jurisprudência, na vigência do CC/1916, entendia que a teoria do abuso de direito poderia ser extraída a partir de uma leitura, *a contrario sensu*, do seu art. 160, I, ao prever que "não constitui ato ilícito o praticado no exercício regular de um direito", ou seja, a atuação baseada em exercício irregular de um direito constituir-se-ia em ato ilícito.

Não são novos os vestígios dessa teoria, sistematizada apenas no século XX.[4] O direito clássico já estabelecia que o exercício de um direito não deve trazer prejuízos a outrem,[5] enquanto o *direito justiniano* mencionava a ilicitude no direito de vizinhança exercido com o propósito de causar prejuízo a outrem.

A teoria do *abuso do direito* inicialmente confundia-se com o *ato emulativo*, que era o praticado com o exclusivo intuito de causar dano a outrem. Com a sua evolução é que se passou a associá-lo ao próprio exercício abusivo de um direito, de modo a violar os limites impostos pelo seu fim econômico e social. Esta teoria sofreu um declínio pelo desenvolvimento da boa-fé, capaz, por si só, de controlar o exercício de direitos privados de um modo amplo.

Há, aliás, uma interessante discussão doutrinária para saber se o abuso do direito é um *ato ilícito* ou uma *categoria jurídica autônoma*. Com esta última estrutura o tema foi tratado no Código Civil português.

Existe um **primeiro entendimento** que afirma a sua natureza de *ato ilícito*, o que se extrai de uma interpretação meramente literal e topográfica do Código Civil, que realmente o insere como espécie de ato ilícito, ao lado da "outra" modalidade e clássica ilicitude, prevista pelo art. 186 do CC/2002. O *ato ilícito, nessa linha*, seria sinônimo de *ato antinormativo*.

---

3. "Art. 334. É ilegítimo o exercício de um direito, quando o titular exceda manifestamente os limites impostos pela boa-fé, pelos bons costumes ou pelo fim social ou econômico desse direito".
4. Heloisa Helena afirma que o instituto teve como marco o caso Clément-Bayard, julgado pela corte de Amiens. Trata-se do caso de um proprietário que, sem justificava alguma, instalou torres que continham lanças de ferro, de maneira a inviabilizar o pouso de dirigíveis (TEPEDINO, Gustavo; BARBOZA, Heloisa Helena; MORAES, Maria Celina Bodin de (Coord.). *Código Civil interpretado conforme a Constituição da República*. 3. ed. Rio de Janeiro: Renovar, 2014. v. I, p. 377).
5. *Male enim nostroi rue uti non debemus* e *summun ius summa in iuria*.

No entanto, há um **segundo entendimento**, que nos parece acertado, defendido por autores como **Gustavo Tepedino**[6] e **Sergio Cavalieri Filho**, para os quais a *antijuridicidade* é um gênero que irá incluir o *ato ilícito* e o *abuso do direito*.

No *primeiro*, ocorre a inobservância de *limite lógico-formal,* pois o comando legal é violado. No *segundo*, viola-se *limite axiológico-material*, pois o sujeito age no exercício do seu direito, embora agredindo os valores que inspiraram o seu próprio nascimento. É a distinção entre a *ilicitude lato sensu* e a *ilicitude em sentido estrito*.

Infelizmente a importância do abuso do direito tem sido parcialmente sacrificada, sendo cada vez mais rarefeito seu emprego científico, o que se justifica principalmente pela sua associação indevida com a responsabilidade civil, fruto da opção legislativa equivocada que incluiu o abuso no capítulo relativo ao ato ilícito. Há autores, inclusive, que chegam ao excesso de afirmar que o abuso do direito deve ser estudado dentro da responsabilidade civil e não pela Parte Geral.

São, na realidade, categorias jurídicas completamente independentes. O abuso no exercício de uma situação jurídica que se mostre nociva ao consumidor ou ao meio ambiente, por exemplo, pode legitimar o Ministério Público para ajuizar uma ação civil pública buscando a paralisação do ato ou mesmo evitar que ele venha a ser praticado. Trata-se da função de controle, de verificação de legitimidade e merecimento de tutela pelo titular de uma situação jurídica, ainda que não haja pedido de reparação de danos.

Para divorciar as duas figuras de uma vez por todas e tentar contribuir para um amadurecimento e ampliação no emprego da teoria do abuso, propomos e foi aprovado o **Enunciado 539 da VI Jornada de Direito Civil**: "o abuso do direito é uma categoria jurídica autônoma em relação à responsabilidade civil. Por isso, o exercício abusivo de posições jurídicas desafia controle independentemente de dano".

Note-se que *boa-fé* e o *abuso do direito* são institutos próprios. É até possível afirmar que, no art. 187 do CC/2002, o abuso do direito é mais amplo, pois o exercício de um direito torna-se abusivo não apenas quando viola a boa-fé, mas também ao ofender outros valores compreendidos na regra, como o fim econômico e social. Por outro lado, a boa-fé também pode ser tomada num sentido mais amplo, pois, além de servir de balizadora no exercício de direitos, possui, como vimos, outras variadas funções.

Pensemos em um caso de aplicação da teoria do abuso do direito. Uma instituição financeira, diante do inadimplemento da última parcela, das 36 estipuladas em um financiamento de veículo, resolve ajuizar demanda de busca e apreensão. Nesse caso, tem o **STJ**[7] entendido que "o adimplemento substancial do contrato pelo

---
6. TEPEDINO, Gustavo; BARBOZA, Heloisa Helena; MORAES, Maria Celina Bodin de (Coord.). *Código Civil interpretado conforme a Constituição da República*. 3. ed. Rio de Janeiro: Renovar, 2014. v. I, p. 381.
7. STJ, 4ª T., REsp 272739, Rel. Min. Ruy Rosado de Aguiar, *DJ* 01.03.2001.

devedor não autoriza o credor lançar mão da ação de busca e apreensão, em lugar da cobrança da parcela faltante".

Notemos, nesse caso, em primeiro lugar, a existência de uma faculdade, qual seja, a de ajuizar uma demanda de busca e apreensão, caracterizada a mora do devedor. Por outro lado, como se encontra superada a era individualista, em que reinavam os direitos absolutos, deve-se verificar o conteúdo desse direito e a eventual violação do sinalagma contratual, para verificar o eventual excesso aos limites impostos pela boa-fé.

É esta a hipótese do exemplo, pois, além de receber quase todas as prestações, a credora pretende ainda a *extinção do contrato* com a devolução do automóvel, quando poderia optar pela simples cobrança da dívida. Deverá ocorrer a *perda da faculdade de resolver o contrato, e não de cobrar,* pela violação do *dever acessório de proteção, lealdade e cooperação que decorrem da boa-fé,* que é um limite ao exercício das situações jurídicas. Aplica-se a teoria do *adimplemento substancial,* que é um corolário desse princípio.

A *teoria dos atos próprios* consiste em não permitir que ninguém faça valer um direito em contradição com a sua conduta anterior, interpretada objetivamente segundo a lei, os bons costumes e a boa-fé, ou quando o exercício posterior deste direito se choque com a lei, os bons costumes e a boa-fé.

Existem várias formas de comportamento que podem caracterizar o exercício inadmissível de situações jurídicas, violadoras da boa-fé objetiva e do princípio da confiança. *Supressio, Surrectio, Tu quoque e Venire contra factum proprium* são exemplos dessas potencialidades de comportamentos desleais, por violarem a boa-fé objetiva e confiança legitimamente criada, que precisam ter a sua estrutura e função bem delineadas para um uso responsável desse verdadeiro voto de confiança que o legislador conferiu ao operador do direito.

Por isso, também propusemos o **Enunciado 412 da V Jornada de Direito Civil**, para nossa felicidade aprovado por unanimidade e com o voto qualificado de Judith Martins-Costa, autora da melhor obra no País sobre a boa-fé objetiva. Esse enunciado, interpretando o art. 187 do CC, afirma que: "As diversas hipóteses de exercício inadmissível de uma situação jurídica subjetiva, tais como *supressio, tu quoque, surrectio* e *venire contra factum proprium,* são concreções da boa-fé objetiva".

Trata-se, em primeiro lugar, de uma tentativa de sistematizar as categorias, de modo a buscar um primeiro passo na definição de suas estruturas e funções, com destaque para a tutela da confiança legítima, cuja frustração imotivada irá tornar o comportamento incompatível com a boa-fé objetiva. O problema não reside na ação ou na omissão isoladamente consideradas, mas nas consequências que essa conduta positiva ou negativa pode produzir em relação a pessoas que confiaram legitimamente em comportamento diferente.

Em segundo lugar, buscou o enunciado fundamentar legalmente, no art. 187 do CC, essas situações de exercício inadmissível, de modo a não utilizá-las como fonte integrativa, que pressupõe apenas casos de lacuna (art. 4º da LIN), o que lhe retiraria boa parte da eficácia. Para ilustrar uma importância prática buscada por esse enunciado, imagine-se o caso de aplicação, por um acórdão de um Tribunal de Justiça Estadual ou Federal, de um desses possíveis exercícios inadmissíveis. A parte de um processo judicial, adotada essa premissa, passa a ter um fundamento legal diretamente violado para remeter a discussão para o Egrégio STJ, com base na regra constitucional do art. 105, III, "a".

E foram aprovados, nas Jornadas de Direito Civil do CJF, mais dois enunciados interpretativos do art. 187 do CC. O primeiro é o **Enunciado 413 da V Jornada de Direito Civil**, dizendo que: "os bons costumes previstos no art. 187 do CC possuem natureza subjetiva, destinada ao controle da moralidade social de determinada época, e objetiva, para permitir a sindicância da violação dos negócios jurídicos em questões não abrangidas pela função social e pela boa-fé objetiva".

O segundo é o **Enunciado 414 da V Jornada de Direito Civil**, que menciona: "a cláusula geral do art. 187 do Código Civil tem fundamento constitucional nos princípios da solidariedade, devido processo legal e proteção da confiança, e aplica-se a todos os ramos do direito".

Pessoalmente, compartilho minha preocupação apenas com o **Enunciado 414**, cujo conteúdo julgo não ser de competência de uma comissão de civilistas. Apesar de pessoalmente não discordar do raciocínio por ele imprimido, temo que o desconhecimento, pelo civilista, de premissas dogmáticas importantes do processo civil, leve a uma aplicação de uma categoria jurídica, já muito bem trabalhada pelos doutrinadores de direito civil, a uma realidade sobre a qual o tema ainda não parece ter sido amadurecido, especialmente considerando o confronto possível com diversos princípios processuais. Deixemos então para os processualistas a definição sobre a aplicação ou não do abuso de direito, ainda que reconhecendo o acerto de fundamentar o abuso de direito no princípio constitucional da solidariedade.

4. *VENIRE CONTRA FACTUM PROPRIUM*

Segundo **Menezes Cordeiro**,[8] consiste o *nemo potest venire contra factum proprium* no "exercício de uma posição jurídica em contradição com o comportamento exercido anteriormente pelo exercente". O seu fundamento jurídico, de acordo com **Judith Martins-Costa**, "reside na proteção da confiança da contraparte", *proibindo a adoção, pela pessoa, de comportamentos contraditórios com os próprios atos*.

De origem romana,[9] o instituto retomou sua relevância recentemente, com a superação dos modelos individualistas inspirados pelo código de Napoleão, ado-

---

8. CORDEIRO, António Menezes. *Da boa-fé no direito civil*. 7. ed. Coimbra: Almedina, 2018. p. 742.
9. Anderson Schreiber (*A proibição de comportamento contraditório*) aponta o primeiro registro do princípio no aforismo *venire contra factum proprium nulli conceditur* (a ninguém é dado vir contra ato próprio), atribuído ao glosador Azo.

tando-se uma visão mais humana e solidária do direito privado, especialmente na Alemanha, em 1912,[10] quando o debate foi lançado.

No CC/2002, a exceção de contrato não cumprido, prevista pelo seu art. 476, pode ser apontada como exemplo de positivação do princípio, assim como os arts. 172, 491 e 619. De todos reunidos, ainda que com diferentes propósitos, seria possível, segundo **Anderson Schreiber**,[11] "falar, assim, em um princípio implícito de proibição ao *venire contra factum proprium*".

Ainda de acordo com esse magnífico autor, "mais que contra a simples incoerência, atenta o *venire contra factum proprium* à confiança despertada na outra parte, ou em terceiros, de que o sentido objetivo daquele comportamento inicial seria mantido, e não contrariado".[12]

Isso significa que o instituto vai muito além da proibição, pura e simples, do comportamento contraditório com uma conduta anteriormente praticada, que apenas lhe serve como instrumento para a proteção a que se destina, qual seja, a *legítima confiança* que é depositada por outrem no sentido de que a conduta inicialmente adotada será preservada, como impõe a boa-fé objetiva.

A boa-fé objetiva, portanto, passa a servir como fundamento para o *venire contra factum proprium*, sendo dispensável afirmar a sua natureza tão somente principiológica. E, sob a ótica constitucional, pode-se apontar a *solidariedade social* como seu fundamento (art. 3º, I, da CR/1988).

Com isso, é ainda possível afirmar que o *venire contra factum proprium* encontra esteio no art. 187 do CC/2002, caracterizador de ato ilícito, já que será abusivo o exercício de um direito que exceda os fins impostos pela boa-fé objetiva, que, na hipótese, é a expectativa legítima despertada em terceiro.

Para que se aplique o instituto, assim, impõe-se a presença de quatro requisitos:[13] a) um *factum proprium*, isto é, uma conduta inicial; b) a legítima *confiança* na preservação dessa conduta inicial; c) um *comportamento contraditório* com este sentido inicial (violação da confiança); d) um *dano, ou, no mínimo, um potencial* de dano a partir da contradição.

Como efeito, é possível impedir a prática da conduta contraditória, buscar a reparação de danos e pretender o desfazimento da conduta contraditória. Abre-se, assim, um concurso de ações para a vítima desse ato ilícito, que poderá cumular o pedido inibitório ou cominatório com a pretensão ressarcitória.

---

10. Erwin Riezler, professor da Universidade de Freiburg, com a obra *Venire contra factum proprium*, apud SCHREIBER, Anderson. *A proibição de comportamento contraditório*. São Paulo: Atlas, 2016.
11. SCHREIBER, Anderson. *A proibição de comportamento contraditório*. São Paulo: Atlas, 2016. p. 77.
12. SCHREIBER, Anderson. *A proibição de comportamento contraditório*. São Paulo: Atlas, 2016. p. 96.
13. Nesse sentido, SCHREIBER, Anderson. *A proibição de comportamento contraditório*. São Paulo: Atlas, 2016. p. 133.

O princípio não tem importância puramente teórica. Para ilustrar sua utilidade, transcreveremos a ementa de um julgado do **STJ** (REsp 857.769/PE) aplicando o princípio: "Duplicata. Nulidade. *Venire contra factum proprium*. Atento à vedação de *venire contra factum proprium*, não há como se acolher a nulidade, por falta de lastro, de duplicata endossada e posta em circulação sem aceite, enquanto a emitente e a sacada, não obstante serem pessoas jurídicas diversas, são administradas por um mesmo sócio cotista, responsável tanto pela emissão quanto pelo aceite".

5. *SUPRESSIO (VERWIRKUNG OU CADUCIDADE)*

Menezes Cordeiro[14] afirma que a *supressio* consiste na "situação do direito que, não tendo sido, em certas circunstâncias, exercido durante um determinado lapso de tempo, não possa mais sê-lo por, de outra forma, contrariar a boa-fé".

Para o mestre **Guilherme Magalhães Martins**,[15] a *supressio* terá como efeito a paralisação do exercício de um direito como meio sancionatório da deslealdade e da torpeza, cuja consagração dogmática definitiva se deve, sobretudo, às perturbações econômicas causadas pela Primeira Grande Guerra e à inflação.

São requisitos para a aplicação, portanto: *a)* omissão no exercício de um direito; *b)* decurso de um período de *tempo*; *c)* existência de indícios que apontem que esse direito não seria exercido, de modo a criar uma *confiança legítima*, que não se pode frustrar licitamente.

Trata-se de uma inatividade abusiva, ou seja, um *desleal não exercício de um direito*. De acordo com **Fernando Noronha**,[16] o exercício abusivo de um direito pode ocorrer de três formas: *desleal exercício de um direito*; *desleal não exercício de um direito*; *desleal constituição de um direito*.

Para alguns autores, ela seria uma modalidade de *venire contra factum proprium*. Nesse sentido é a posição de **Anderson Schreiber**,[17] para quem "trata-se, portanto, de uma subespécie de *venire contra factum proprium*, caracterizada pelo fato de a conduta inicial ser um comportamento omissivo, um não exercício de uma situação jurídica". No entanto, existe entendimento de que o lapso temporal somado à inércia confere contornos próprios ao instituto.

O **STJ**[18] aplicou o instituto em interessante julgado. Tratava-se de demanda ajuizada por um condomínio, na qual se pretendia reaver a posse de uma área comum, muitos anos após o início da posse pelo condômino.

---

14. CORDEIRO, António Menezes. *Da boa-fé no direito civil*. 7. ed. Coimbra: Almedina, 2018. p. 797.
15. MARTINS, Guilherme Magalhães. *Revista trimestral de Direito Civil*, a. 8, v. 32, p. 143, out./dez. 2007.
16. *O direito dos contratos e seus princípios fundamentais* apud ROSENVALD, Nelson. *Dignidade da pessoa humana e boa-fé no Código Civil*. São Paulo: Atlas, 2005. p. 133.
17. SCHREIBER, Anderson. *A proibição de comportamento contraditório*. São Paulo: Atlas, 2016. p. 189.
18. STJ, 4ª T., REsp 214680, Rel. Min. Ruy Rosado de Aguiar, *DJ* 10.08.1999.

A decisão foi a seguinte: "Condomínio. Área comum. Prescrição. Boa-fé. Área destinada a corredor, que perdeu sua finalidade com a alteração do projeto e veio a ser ocupada com exclusividade por alguns condôminos, com a concordância dos demais. Consolidada a situação há mais de vinte anos sobre área não indispensável à existência do condomínio, é de ser mantido o *statu quo*. Aplicação do princípio da boa-fé (*supressio*)".

Em outro caso, julgado no *REsp 325870/RJ*, também se decidiu que: "Processual civil. **Condomínio**. Área comum. Utilização exclusiva. Uso prolongado. Autorização da assembleia condominial. Princípio da **boa-fé** objetiva. Razão ponderável. Inocorrência. Detenção concedida pelo condomínio para que determinado condômino anexe à respectiva unidade um fundo de corredor inútil para uso coletivo. Decorrido longo tempo e constatada a boa-fé, o condomínio, sem demonstrar fato novo, não pode retomar a área objeto da permissão".

6. SURRECTIO

Guilherme Magalhães Martins ensina que a *surrectio* "corresponde à criação de direitos subjetivos ou situações jurídicas, em relação ao beneficiário que adquiriu uma permissão específica de aproveitamento, situação essa que se situa numa relação de espécie e gênero em relação à *surrectio* em sentido amplo, a qual engloba também o caso do titular que, tendo se livrado de uma adstrição antes existente, recuperou uma permissão genérica de atuação, ou seja, liberdade de movimentos".[19]

Nelson Rosenvald, apoiado em **Carlyle Popp**, afirma que "o exercício continuado de uma situação jurídica ao arrepio do convencionado ou do ordenamento jurídico implica nova fonte de direito subjetivo, estabilizando-se tal situação para o futuro".

São, pois, dois lados de uma mesma moeda: na *supressio* ocorre a liberação do beneficiário; na *surrectio*, há a aquisição de um direito subjetivo exatamente em razão daquele comportamento continuado.

É a hipótese em que duas pessoas celebram um contrato e ajustam que o adimplemento será feito sempre em dinheiro e pessoalmente, no dia 10 do mês vencido. Acontece que o contrato, que é de trato sucessivo, há mais de dois anos é executado por meio do depósito em conta-corrente, em cheque e na data acordada, sem questionamento de qualquer natureza. Essa situação jurídica passa a ser fonte criadora de direitos subjetivos.

7. TU QUOQUE E ESTOPPEL

Imputa-se a **Julio César** a afirmação "tu quoque, Brutus, tu quoque, filimili?", cujo significado é "até tu, Brutus", que denota uma reação de surpresa diante de uma conduta de certa pessoa. Trata-se, com o instituto do *venire contra factum proprium*, de um desdobramento da *teoria dos atos próprios*. No *tu quoque*, a pessoa promove uma desleal constituição de um direito.

---

19. MARTINS, Guilherme Magalhães. In: *Revista trimestral de Direito Civil*. v. 32, p. 157, out./dez. 2007.

Judith Martins-Costa,[20] com apoio em **Menezes Cordeiro**, diz que o instituto consiste na regra "pela qual uma pessoa que viole uma norma jurídica, legal ou contratual, não poderia, sem abuso, exercer a situação jurídica que esta mesma norma lhe tivesse atribuído". Nos sistemas que adotam o *common law*, como o inglês, reconhece-se a existência do *estoppel*, embora restrito ao âmbito processual.

Anderson Schreiber lembra que "é possível, portanto, classificar o *tu quoque* como uma subespécie de *venire contra factum proprium*", pois há nos dois institutos a mesma ideia de contradição, de incoerência. A ilicitude aqui está na primeira conduta, não podendo o comportamento posterior beneficiar-se do anterior.

Distingue-se, porém, do *venire contra factum proprium*, por serem as condutas isoladamente ilícitas no *tu quoque*, ao passo que no *venire* elas, ao menos separadamente, são tidas como lícitas, surgindo a ilicitude no momento em que são confrontadas a condutas anterior com a posterior.

8. PROIBIÇÃO DE ALEGAÇÃO DA PRÓPRIA *TORPEZA* (*NEMO AUDITUR TURPITUDINEM ALLEGANS*)

Há muita semelhança entre o *venire contra factum proprium* e o princípio de que ninguém pode alegar a própria torpeza (*nemo auditur propriam turpitudinem allegans*). Em ambos existe uma conduta posterior que vai de encontro da outra, adotada anteriormente. Igualmente existe uma contradição entre elas.

No entanto, como ensina **Anderson Schreiber**, "a diferença entre as duas figuras é clara na medida em que o que essencialmente se reprime com o *nemo auditur turpitudinem allegans* é a torpeza, o dolo, a malícia de quem praticou a conduta inicial. E o *nemo potest venire contra factum proprium*, ao contrário, independe da intenção subjetiva do agente, bastando-lhe a contradição objetiva entre os dois comportamentos".

A *proibição de alegação da própria torpeza* exige um elemento anímico que é desprezível no *venire contra factum proprium*. Este é analisado objetivamente, com a verificação da existência de uma conduta posterior que frustra uma expectativa legitimamente criada por uma conduta anterior. No entanto, a *proibição de alegação da própria torpeza* exige a necessidade de demonstrar a intenção de agir deslealmente, o que torna mais complexa e difícil a sua demonstração.

9. APLICAÇÃO DA BOA-FÉ NO STJ

Apresentaremos, a partir de agora, alguns casos de aplicação prática dessa digressão teórica que examinamos sobre a boa-fé objetiva, certos da premissa de que prática e teoria unem-se de forma a constituir um "casal" harmônio e impecável, de nada servindo um sem o outro.

---

20. MARTINS-COSTA, Judith. *A boa-fé no direito privado*. 2. ed. São Paulo: Saraiva, 2018. p. 461.

Num *primeiro caso*, discutiu-se a possibilidade de haver renúncia válida à impenhorabilidade do bem de família, que a Corte sempre considerou irrenunciável, por se tratar de norma de ordem pública de proteção à moradia. Isso ocorreria até mesmo quando o bem fosse indicado em processo de execução pelo devedor.[21] Entretanto, o **STJ** excepcionou essa regra quando realizada em detrimento da boa-fé objetiva. Para a Corte,[22] "a impenhorabilidade resultante do art. 1º da Lei 8.009, de 1990, pode ser objeto de renúncia válida em situações excepcionais; prevalência do princípio da boa-fé objetiva".

Num *segundo caso*, discutiu-se se um promitente comprador que pagou todas as prestações em uma promessa de compra e venda poderia ser alcançado na hipótese de o promitente vendedor, uma construtora, ter constituído uma hipoteca com uma instituição financeira, como garantia do pagamento de empréstimo sobre o terreno a construir. Pela *Súmula 308 do STJ*, a "a hipoteca firmada entre a construtora e o agente financeiro, anterior ou posterior à celebração da promessa de compra e venda, não tem eficácia perante os adquirentes do imóvel".

Nos precedentes,[23] disse o **STJ** que ocorre uma violação à *boa-fé objetiva*, impondo-se um *bis in idem* ao adquirente, especificamente o pagamento de um empréstimo que não contraiu e desconhecia. "O que não se admite", diz a Corte em relação à instituição financeira que faz o empréstimo, "é assumir a cômoda posição de negligência na defesa dos seus interesses, sabendo que os imóveis estão sendo negociados e pagos por terceiros, sem tomar nenhuma medida capaz de satisfazer os seus interesses, para que tais pagamentos lhe sejam feitos e de impedir que o terceiro sofra a perda das prestações e do imóvel".

O desfecho do raciocínio, de imenso conteúdo social, é o de que "ninguém que tenha adquirido imóvel neste país, financiado pelo SFH, assumiu a responsabilidade de pagar a sua dívida e mais a dívida da construtora perante o seu financiador". Trata-se de construção que bem demonstra a importância da cláusula geral, pois não existe uma regra específica que contenha a solução adotada.

Num *terceiro caso*, examinando a circunstância de aquisição de bens alienados durante o curso de demanda judicial, disse o **STJ**[24] que "a ineficácia, proclamada pelo art. 593, II, do Código de Processo Civil, da alienação de imóvel com fraude à execução não pode ser oposta ao terceiro de boa-fé", pois "não registrada a penhora, a ineficiência da venda, em relação à execução, depende de se demonstrar que o adquirente, que não houve o bem diretamente do executado, tinha ciência da constrição. Prevalência da boa-fé".

---

21. Nesse sentido, veja-se o AgRg no REsp 813546/DF (STJ, 1ª T., AgRg no REsp 813546, Rel. Min. Francisco Falcão, *DJ* 10.04.2007).
22. STJ, 3ª T., REsp 554622, Rel. Min. Ari Pargendler, *DJ* 17.11.2005.
23. Um deles é o EREsp 187.940-SP (STJ, 2ª Seção, EREsp 187940, Rel. Min. Antônio de Pádua Ribeiro, *DJ* 22.09.2004).
24. STJ, 2ª Seção, EREsp 144190, Rel. Min. Ari Pargendler, *DJ* 14.09.2005.

5
INVALIDADES E DEFEITOS DOS NEGÓCIOS JURÍDICOS: O PROMETIDO E O OCORRIDO EM VINTE ANOS DE VIGÊNCIA DO CÓDIGO CIVIL

Gustavo Kloh Muller Neves

Doutor em Direito Civil pela Universidade do Estado do Rio de Janeiro. Professor Adjunto da Escola de Direito da Fundação Getúlio Vargas – Rio de Janeiro. Membro do Instituto dos Advogados Brasileiros.

Sumário: 1. Introdução – 2. O que foi legislado em termos de invalidades em 2002 – 3. O que foi legislado em termos de defeitos dos negócios jurídicos em 2002 – 4. Como o pensamento civilista brasileiro absorveu tais alterações ao longo de vinte anos: algumas manifestações críticas – 5. Julgamentos norteadores do superior tribunal de justiça envolvendo defeitos dos negócios jurídicos; 5.1 Simulação; 5.2 Erro; 5.3 Dolo; 5.4 Coação; 5.5 Fraude contra credores; 5.6 Lesão – 6. Mirada crítica: onde poderíamos avançar.

1. INTRODUÇÃO

A invalidade dos negócios jurídicos é um dos temas clássicos da parte geral do Código Civil, e mesmo da teoria do direito civil. Mesmo que com herança romana, ou seja, tema debatido à exaustão por séculos,[1] os debates, quer sobre a melhor configuração para o tema na doutrina, quer para sua consagração legislativa, quer para a sua aplicação prática, simplesmente não cessam. O presente estudo se pretende não uma abordagem na primeira perspectiva, mas sim uma comparação entre o que se legislou, com propósito de mudança no Código Civil de 2002, e o que daí adveio, quer por meio de algumas contribuições doutrinárias posteriores, quer por meio da aplicação dos institutos pelo Superior Tribunal de Justiça, protagonista da busca pela melhor aplicação da legislação federal.

Todavia, não deixaremos de firmar algumas premissas, que são relevantes para que se compreenda o contexto legislativo prévio, ao qual se seguiu o Código Civil de 2002. Sob a égide do Código Civil de 1916, sempre houve reconhecimento de duas premissas clássicas do presente tema abordado, no Código Civil de 1916: a primeira, de que havia diferença entre nulidade e anulabilidade. A segunda, de que os chamados "vícios do consentimento" estavam sempre associados à figura da anulabilidade.[2]

---

1. MATTIETTO, Leonardo. Invalidade dos atos e negócios jurídicos. In: TEPEDINO, Gustavo (Coord.). *A parte geral do novo Código Civil*: estudos na perspectiva civil-constitucional. Rio de Janeiro: Renovar, 2002. p. 309.
2. BEVILAQUA, Clovis. *Teoria geral do direto civil*. 2. ed. Rio de Janeiro: Francisco Alves. p. 321 e ss.

Também releva informar que durante o século XX, algumas polêmicas se tornaram notórias, especialmente a questão relativa aos efeitos da retroatividade do reconhecimento da anulabilidade (e, ainda, a consolidação de efeitos decorrentes da nulidade): alguns doutrinadores se posicionaram no sentido de que havia diferença sim (a tão propalada distinção entre efeitos *ex nunc* e *ex tunc*),[3] enquanto outros afirmavam que não havia distinção legislativa, de sorte que caso a caso seriam verificados os efeitos desconstitutivos,[4] admitindo mesmo a consolidação de efeitos de atos nulos.

Em verdade, esta polêmica é apenas consequência de uma maior, que pode ser enxergada como uma espécie de pano de fundo de todas as demais: deveríamos enfatizar a perseguição da legalidade no Direito Civil, e associar *prima facie* invalidade e ordem pública?[5] Ou, por outro lado, deveríamos aprofundar, sob o primado do aproveitamento dos atos e negócios jurídicos, buscar uma maior tolerância e autocontenção no reconhecimento das invalidades? Esse recorte é de especial relevo e pode ser reparado quando se coteja, por exemplo, dois dos autores citados, Orlando Gomes e Caio Mário da Silva Pereira. O Código Civil de 2002 é filho críptico dessa divergência, como se verá abaixo, e em alguns temas cedeu a uma forma de encarar o sistema, em outros aspectos, cedeu à outra, mas sem que houvesse clareza quanto a que linha adotar.

---

3. "O decreto judicial de nulidade produz efeitos retroativos (*ex tunc*), indo alcançar a declaração de vontade no momento mesmo da emissão. E nem a vontade das partes nem o decurso do tempo podem sanar a irregularidade. A primeira, para tanto, é ineficaz, por não ser o ato nulo passível de confirmação (art. 169). O segundo não opera o convalescimento, senão *longi temporis*, porque o defeito de origem subsiste, até que a autoridade judiciária pronuncie a ineficácia: *quod ab initio vitio sum est non potest tractu temporis convalescere*", como ainda consta de PEREIRA, Caio Mário da Silva. *Instituições de direito civil*. 33. ed. Rio de Janeiro: Forense, 2020. p. 542.
4. GOMES, Orlando. *Introdução ao direito civil*. 22. ed. Rio de Janeiro: Forense, 2019. p. 348.
5. Caio Mário da Silva Pereira reconhece inaplicável no Direito Civil a ideia de que o reconhecimento da nulidade depende da prova do prejuízo. Ver op. Loc. Cit. Porém, THEODORO JR, Humberto e FIGUEIREDO, Helena propõem uma flexibilização: "Bastaria, simplesmente, o confronto entre a declaração de vontade e o comando legal para que a sanção de nulidade incidisse sobre o negócio jurídico ilícito em sentido lato92. Quando a lei excepcionalmente conserva o efeito do ato nulo, como no caso do pagamento feito à incapaz de quitar (CC, art. 310), não o faria em razão da teoria das nulidades, mas em virtude do princípio de equidade que impede o locupletamento indevido. Lembra, porém, Leonardo de Andrade Mattietto, a conveniência de rever-se a tese, a fim de flexibilizá-la e torná-la compatível com o critério expressamente adotado pelo Código de Processo Civil, onde se estatui que a prestação jurisdicional não será concedida sem a presença do interesse (CPC/2015, art. 17) e que, por isso, nenhuma nulidade será declarada sem o pressuposto do prejuízo processual (CPC/2015, art. 282, § 1º). O sistema do direito material, inspirado no princípio da confiança e da conservação do negócio jurídico, não pode continuar a ser lido com a ótica individualista e positivista da teoria da vontade e da automaticidade. Para a atual visão do Direito Civil, em que a função é mais importante que a conceituação e, por isso, a socialidade leva à tutela da confiança e da boa-fé objetiva, assume relevo maior a questão do prejuízo para justificar a negativa de efeitos ao negócio nulo. Nessa linha de princípios que o atual Código Civil supera a nulidade por meio do instituto da conversão (art. 170) e pela teoria da aparência em situações como a do pagamento ao credor putativo (art. 309) ou ao feito ao incapaz de quitar, com benefício efetivo deste (art. 310), ou feito por meio da tradição da coisa móvel consumida, quando o *solvens* não tinha direito de aliená-la (art. 307, parágrafo único), ou da alienação da herança pelo herdeiro aparente (art. 1.817)" THEODORO JÚNIOR, Humberto; FIGUEIREDO, Helena Lanna. *Negócio jurídico*. Rio de Janeiro: Forense, 2020. p. 193.

O percurso será o seguinte: analisaremos o que mudou em termos de legislação, frisaremos algumas contribuições doutrinárias mais aprofundadas, e, mais importante, veremos como o Superior Tribunal de Justiça tem recebido tais normas e as aplicado. Por fim, virá a tentativa de um breve comentário crítico sobre os temas propostos.

2. O QUE FOI LEGISLADO EM TERMOS DE INVALIDADES EM 2002

Uma obra essencial para que se compreenda esse momento de transição é a coletânea de comentários do Ministro Moreira Alves, *A Parte Geral do Projeto de Código Civil Brasileiro*.[6] Da leitura do trabalho, temos que cada tema abordado foi tratado pelos prismas da conveniência e do debate doutrinário pontual, sem que estas linhas mestras fossem usadas como elementos de análise do teor legislativo.

Há sim, da leitura do texto legal, clara distinção entre nulidade e anulabilidade, como sempre fora reconhecido no Código Civil de 1916. A nulidade é vista como vício mais grave, podendo ser alegada por qualquer interessado, ou mesmo reconhecidas de ofício pelo Poder Judiciário.[7] Convém, todavia, lembrar que não há admissão de nulidades que sejam de pleno direito, ou seja, que independam de reconhecimento pelo Poder Judiciário.[8]

As causas que justificam a nulidade, vale asseverar, foram ampliadas: o motivo ilícito também invalida o negócio, bem como se tiver por objetivo fraudar lei. Também será nulo quando a lei expressamente o proibir,[9] admitindo o Código Civil tanto a nulidade virtual quanto a textual.[10] Além disso, houve positivação de que o negócio nulo não convalesce pelo decurso do tempo,[11] o que consagrou a visão de Moreira Alves, defensor dessa posição, mas por outro lado causou reviravolta no direcionamento da Jurisprudência, pois o Superior Tribunal de Justiça já tinha se orientado no sentido de que o prazo prescricional genérico de vinte anos, constante no art. 177 do Código Civil de 1916, era aplicável à declaração de nulidade.[12] Não se deixa de reconhecer, todavia, que a opção do legislador é uma porta aberta para a insegurança, levando até mesmo a edição de Enunciado nas Jornadas de Direito Civil.[13]

Quanto ao reconhecimento de efeitos distintos da pretensão restituitória, o Código Civil de 2002, além de consagrar a redução (que já era reconhecida), trouxe

---

6. ALVES, José Carlos Moreira. *A parte geral do projeto do Código Civil brasileiro*. 2. ed. São Paulo: Saraiva, 2003.
7. Art. 168. Todas as referências a artigos de lei sem indicação referem-se ao Código Civil de 2002.
8. MATTIETTO. Op. cit. p. 319.
9. Art. 166.
10. Para maiores detalhes da distinção, ABREU, José. *O negócio jurídico e sua teoria geral*. 4. ed. São Paulo: Saraiva, 1997. p. 341.
11. Art. 169.
12. Como por exemplo no julgado: "Venda de ascendente a descendente. Nulidade. Prescrição. Quotas de sociedade comercial. A venda de ascendente a descendente, sem interposta pessoa, é nula a pretensão prescreve em vinte anos, contado o prazo da data do ato. Inclui-se entre os atos proibidos a transferência de quotas sociais. Precedentes. Recurso conhecido e provido" (REsp 208.521/RS, Rel. Ministro Ruy Rosado de Aguiar, Quarta Turma, julgado em 06.12.1999, DJ 21.02.2000, p. 132).
13. Enunciado 536, da VI Jornada de Direito Civil: "resultando do negócio jurídico nulo consequências patrimoniais capazes de ensejar pretensões, é possível, quanto a estas, a incidência da prescrição".

à baila a possibilidade de conversão substancial do negócio jurídico.[14] Esse instituto foi bastante festejado, afirmando-se mesmo que concretizava a possibilidade de cumprimento do princípio da conservação dos atos jurídicos.[15] Também neste mesmo espírito, autorizou-se que a invalidade do instrumento não originasse a do negócio, se este pudesse ser provado por outro meio.[16]

Quanto à anulabilidade, consolidou-se que poderia ser confirmado o ato nulo mediante ratificação, e que no prazo decadencial de quatro ou dois anos poderia se consolidar, se não se pleiteasse sua anulação. Apesar de trazer alterações pontuais em relação ao sistema anterior, não há nada especialmente digno de ser reconhecido como revolucionário.

Neste equilíbrio de forças, a possibilidade de conversão do negócio jurídico fez com que a balança, por um lado, pendesse para a visão conservacionista dos negócios jurídicos; por outro, a imprescritibilidade do negócio nulo e a ligeira ampliação das causas de nulidade (inclusive no que toca aos defeitos, como veremos no próximo item) atendeu à visão publicista das nulidades de Direito Civil. E, como afirmado, não é possível identificar uma clara tendência: cada discussão foi travada, como se depreende do relato de Moreira Alves, de modo individualizado.

3. O QUE FOI LEGISLADO EM TERMOS DE DEFEITOS DOS NEGÓCIOS JURÍDICOS EM 2002

Como afirmado no tópico anterior, o tema deve ser abordado tendo em vista o que relatou o Ministro Moreira Alves na *Parte Geral do Projeto de Código Civil*.[17] Neste caso, quanto aos defeitos, a tendência publicizante acabou por direcionar o resultado

---

14. Art. 170. Vejamos o exemplo dado por SCHREIBER, Anderson. "Exemplo curioso se extrai da jurisprudência do STJ. Uma mulher transferiu para a filha o produto da venda de um imóvel, com o objetivo de custear tratamento médico do qual necessitava a neta. Cinco anos depois, mãe e filha celebraram "contrato de compra e venda de direitos de herança", pelo qual buscavam atribuir ao negócio anterior o caráter de adiantamento de legítima. Após a morte da filha, a autora ajuizou ação em face do espólio pleiteando o retorno ao seu patrimônio do valor doado. O tribunal de origem julgou a demanda improcedente, entendendo que a transferência patrimonial teria sido uma liberalidade da avó em benefício da saúde da neta, não constituindo adiantamento de legítima, e que o "contrato" celebrado posteriormente seria nulo, por dispor da herança de pessoa viva. O STJ, reformando a decisão, realizou a conversão substancial do negócio. Afirmou-se que a doação da quantia para a filha da autora seria um negócio nulo, "porque preterida solenidade que a lei considera essencial para sua validade (art. 166, V, do CC/02): a escritura pública ou instrumento particular". Estariam presentes, no entanto, os requisitos de outro negócio jurídico, o contrato de mútuo gratuito, uma vez que houve a entrega de quantia de dinheiro, e era possível extrair do "contrato" posteriormente celebrado entre as partes (não obstante também se tratar de negócio nulo, pacta corvina) a intenção da beneficiária em restituir o valor. Concluiu-se ser "razoável e perfeitamente aceitável, à vista de todo o exposto, a conclusão no sentido de que, se houvessem previsto a nulidade do suposto contrato de doação, por ausência de formalidade essencial para a caracterização da alegada 'antecipação de legítima', teriam mãe e filha celebrado contrato de mútuo gratuito, por prazo indeterminado, o que autoriza, na hipótese, a respectiva conversão". SCHREIBER, Anderson. *Manual de direito civil*. 4. ed. São Paulo: Saraiva, 2021. p. 115. REsp 1.225.861/RS, rel. Min. Nancy Andrighi, j. 22.04.2014.
15. AZEVEDO, Fábio. *Direito civil: introdução e teoria geral*. 3. ed. Rio de Janeiro: Lumen Juris. p. 390.
16. Art. 183.
17. ALVES. Op. cit.

da atividade legislativa. Em primeiro lugar, ao transformar a simulação em hipótese de nulidade, o legislador claramente acenou à sociedade, em vez de privilegiar o aproveitamento dos negócios. Nem mesmo nos negócios nos quais a simulação não importa em fraude à lei (simulações inocentes) o legislador excepcionou. Valendo a máxima da não aplicação do princípio do prejuízo no Direito Civil, estes negócios jurídicos não valem.[18] O decurso do tempo também não fará convalescer o negócio simulado, podendo, entretanto, haverá aproveitamento do negócio dissimulado, se não for ele também inválido. A reserva mental, instituto associado à simulação, também foi admitida, porém, em tendência especificamente oposta, sem reconhecer a possibilidade de invalidação.[19]

A adição de dois defeitos novos também é digna de nota: a lesão e o estado de perigo. A lesão é caracterizada quando um celebrante de negócio jurídico contrai prestação manifestamente desproporcional, em razão de um agir maculado pela premência ou pela inexperiência. O estado de perigo afigura-se quando alguém contrai prestação manifestamente onerosa (mas não necessariamente desproporcional), com o fito de salvar a si ou a membro de sua família. São causas de anulabilidade que, em 2002, causaram grande comoção doutrinária, tendo sido recebidas com razoável entusiasmo, especialmente por aqueles que ao tempo defendiam uma maior prevalência de perspectivas civis-constitucionais.[20]

O erro também foi severamente modificado, passando-se a ter uma maior prevalência, ou mesmo imperatividade, da figura da reconhecibilidade, abolindo-se referência a escusabilidade.[21] Ou seja, o erro que anula é aquele cometido não por quem compreendeu erradamente a realidade, mas aquele que, dadas as circunstâncias, seria cometido por pessoa de diligência normal. Trata-se de uma visão "normalizante" do erro, que passa a considerar não o indivíduo em suas peculiaridades, mas *standards* de conduta.[22] Ademais, impede a alegação de um erro que advenha de conduta do próprio declarante.[23] Ainda sobre o erro, o legislador reconheceu o erro de direito,

---

18. "Em reforço, anote-se que o atual Código Civil não reproduz o art. 103 do CC/1916, segundo o qual a simulação não se consideraria defeito quando não houvesse intenção de prejudicar a terceiros ou de violar disposição de lei. Esta é outra razão para dizer que não há que se falar mais em simulação inocente. A posição de nulidade é confirmada, entre outros, por Zeno Veloso, para quem "o Código Civil de 2002 não repetiu o preceito, não traz essa ressalva. Seja inocente ou maliciosa, a simulação é sempre causa de nulidade do negócio jurídico". TARTUCE, Flávio. *Introdução ao direito civil*. 16. ed. Rio de Janeiro: Forense, 2020. p. 506.
19. GAMA, Guilherme Calmon Nogueira da. *Direito Civil: parte geral*. São Paulo: Atlas, 2006. p. 179.
20. NEVARES, Ana Luiza Maia. O erro, o dolo, a lesão e o estado de perigo no Código Civil de 2002. In: TEPEDINO, Gustavo (Coord.). *A parte geral do novo Código Civil*: estudos na perspectiva civil-constitucional. Rio de Janeiro: Renovar, 2002. p. 273.
21. Conforme o texto do art. 138.
22. "Foi correta a supressão do requisito escusabilidade porque, na atual lei, o negócio só será anulado se o erro for passível de reconhecimento pela outra parte. A escusabilidade, nesse caso, torna-se secundária. O que se levará em conta é a diligência normal da pessoa para reconhecer o erro, em face das circunstâncias que cercam o negócio.". VENOSA, Silvio de Salvo. *Direto Civil: parte geral*. 21. ed. São Paulo: Atlas, 2021. p. 356.
23. AZEVEDO, Antônio Junqueira de. *Negócio jurídico*: existência, validade e eficácia. 2. ed. São Paulo: Saraiva. p. 113.

bem como o erro de cálculo (sendo que este último autoriza apenas a retificação).[24] Quanto ao dolo, à fraude contra credores e à coação, não houve alterações especialmente impactantes.

Nesta ordem de ideias, este setor do Código Civil foi substancialmente alterado, de sorte que o erro e a simulação ganharam feições completamente novas, e foram adicionados dois novos defeitos aos negócios jurídicos, a lesão e o estado de perigo.

4. COMO O PENSAMENTO CIVILISTA BRASILEIRO ABSORVEU TAIS ALTERAÇÕES AO LONGO DE VINTE ANOS: ALGUMAS MANIFESTAÇÕES CRÍTICAS

Dentre outras que podem sem dúvida existir, duas monografias são dignas de nota, na medida em que trouxeram relevantes contribuições ao pensamento sobre o tema das invalidades. A primeira que mencionaremos é o trabalho de Eduardo Nunes de Souza, *Teoria Geral das Invalidades do Negócio Jurídico*.[25] Nesta monografia, o autor busca superar a visão tradicional das invalidades, tão apegada à influência da ordem pública no Direito Civil, injetando os corolários da confiança e da boa-fé na análise das invalidades.

Em último lugar, é o que efetivamente se pretende: o Direito Civil não pode prescindir das invalidades, já que existe a missão de proteção da vontade livremente emitida. Em segundo plano, há sim uma tutela das legalidades e da ordem pública, porém autocontida em uma ordem privada costurada pelo aproveitamento dos atos jurídicos. Propõe Nunes, então, a modulação dos efeitos da declaração de nulidade[26] como método de construção de justiça no caso concreto. O exemplo que extrai da realidade é instigante: amparado em procuração nula, é praticado ato jurídico que desagua em incorporação imobiliária. O que fazer? Desalojar dezenas de famílias? Nesse caso, advoga pela aludida moderação na declaração dos efeitos, sem que haja a incidência de deveres restituitórios.[27]

A vedação à torpeza, ao comportamento contraditório, ou mesmo a tutela da confiança, segundo o autor, poderiam também ensejar que a nulidade, conquanto reconhecida, não produzisse efeitos de desfazimento total ou parcial. Propõe até mesmo que as pessoas vulneráveis possam a ser protegidas, nesta perspectiva, sempre sob o foco do aproveitamento dos atos jurídicos.

Outro trabalho especialmente digno de nota, porém abordando tema específico, consiste na obra de Giovana Benetti sobre o dolo no Direito Civil.[28] No trabalho, a

---

24. Art. 143.
25. SOUZA, Eduardo Nunes. *Teoria geral das invalidades do negócio jurídico*. São Paulo: Almedina, 2017.
26. Op. cit., p. 292.
27. Também estudando, com bastante percuciência, os efeitos restituitórios da declaração de nulidade, o trabalho de SILVA, Rodrigo da Guia. Invalidade do negócio jurídico e dever de restituição. In: TEPEDINO, Gustavo; OLIVA, Milena Donato. *Teoria geral do direito civil*: questões controvertidas. Belo Horizonte: Fórum, 2019.
28. BENETTI, Giovana. *Dolo no direito civil*: uma análise da omissão de informações. São Paulo: Quartier Latin, 2019.

autora traça uma detalhada classificação do dolo, enfatizando o que decorre da falsa ou omissa prestação de informações, quando da concretização de um determinado negócio jurídico. Como inovação relevante, frisamos a defesa da autonomia da pretensão indenizatória em relação à anulatória, podendo ser manejada, defende, sem que o negócio seja em si anulado. Esta possibilidade é especialmente chamativa em casos estudados pela própria autora, na qual existe omissão/falsidade em declarações e garantias prestados em contratos empresariais; em vários destes contratos, não haverá interesse no desfazimento da avença, mas tão somente no ajuste dos valores avençados, mediante indenização ou desconto.

Quanto aos manuais, a crítica nos temas se concentra em Anderson Schreiber[29] e Flávio Tartuce. Tartuce, dialogando com Anderson, tece severa crítica sobre a necessidade de configuração de elemento subjetivo para a caracterização da lesão.[30]

Conclui-se, portanto, que não é densa a produção crítica sobre estes temas, que mereceriam uma análise mais detida, para além da repetição de tudo o que veio antes em termos doutrinários.

---

29. SCHREIBER. Op. cit.
30. "Com o devido respeito, tenho dúvidas se a boa-fé deve prevalecer sobre flagrantes abusividades, como essa presente no caso concreto, mesmo que seja proposta pela própria parte do negócio jurídico. Em sentido contrário ao enunciado, a propósito, Anderson Schreiber, em posição por mim compartilhada, sustenta que, "embora o Código Civil tenha exigido a premente necessidade ou inexperiência do declarante para a configuração da lesão no direito brasileiro, o instituto começa a se distanciar dos impulsos voluntaristas para estimular o desenvolvimento de uma regra mais ampla de proteção contra a onerosidade excessiva, calcada no princípio do equilíbrio contratual. Na experiência internacional, colhem-se, inclusive, exemplos de maior abertura, como o dos Princípios do Unidroit para os Contratos Comerciais Internacionais, que apresentam rol amplo ao tratar da chamada Gross disparity (art. 3.2.7), instituto assemelhado à nossa lesão. Ali, além da premente necessidade ou inexperiência, alude-se a outros fatores, como o estado de dependência do contratante prejudicado (dependence), sua improvidência (improvidence) ou, mesmo, sua falta de habilidade negocial (lack of bargaining skill), em rol declaradamente exemplificativo (among other factors)". E mais, ainda segundo o jurista: "O fato de o Código Civil brasileiro, em seu art. 157, não haver empregado expressão semelhante a 'among other factors' não deve representar obstáculo a uma interpretação que reserve caráter exemplificativo às referências à premente necessidade ou inexperiência do contratante. No direito brasileiro contemporâneo, não faltam exemplos de enunciações normativas às quais doutrina e jurisprudência têm atribuído caráter ilustrativo mesmo à falta de um explícito posicionamento nesse sentido por parte do legislador, sendo notório o exemplo do rol numerus apertus das entidades familiares, extraído do art. 226 da Constituição, que alude expressamente apenas ao casamento, à união estável e à família monoparental. Nessa mesma direção, a menção do art. 157 à inexperiência ou necessidade não deve ser compreendida como um rol fechado ou taxativo, mas sim como enumeração meramente ilustrativa, a fim de que tais expressões não acabem servindo de obstáculo à apreciação de situações semelhantes que possam não ter tido a fortuna de adentrar o literal enunciado daquela norma" (SCHREIBER, Anderson. Manual..., 2018, p. 260). Nessa linha, nota-se que o conceito de inexperiência é igualmente passível de interpretações divergentes, dificuldade que já foi percebida na subsunção do conceito de hipossuficiente, que consta do art. 6.º, VIII, do CDC, e que deu margem a diversas decisões judiciais conflitantes entre si. A hipossuficiência, como se afirma em Direito do Consumidor, pode ser econômica, financeira, política, social ou técnica, o que defere, pela Lei Consumerista, a decretação da inversão do ônus da prova. Pode ser afirmado o mesmo no tocante à lesão, eis que a inexperiência poderá ser econômica, financeira, política, social ou técnica, servindo, no momento, a interpretação do que constitui a hipossuficiência do consumidor, por regra analógica". TARTUCE. Op. cit.

5. JULGAMENTOS NORTEADORES DO SUPERIOR TRIBUNAL DE JUSTIÇA ENVOLVENDO DEFEITOS DOS NEGÓCIOS JURÍDICOS

Enquanto em alguma medida pouco avançava o juízo crítico sobre a invalidade e os defeitos dos negócios jurídicos, o Superior Tribunal de Justiça não se furtava, com tem feito em vinte anos de Código Civil nos mais variados assuntos, a abrir um leque de concreções quanto à aplicação deste capítulo da lei. Buscamos separar as decisões por assunto, de modo a que se possa obter alguma conclusão sobre o que apontam os julgadores.

5.1 Simulação

"Informativo 0281 Período: 10 a 19 de abril de 2006

Terceira Turma

AR. Nota promissória em branco. Preenchimento. Má-fé. Em sede de contrato de mútuo, foi emitida nota promissória sem que houvesse o preenchimento dos campos do nome do beneficiário, data da emissão e de vencimento, porém foi acordado que haveria a entrega de um automóvel como parte do pagamento, bem como a substituição desse título por outro. Sucede que o primitivo credor, posteriormente, não aceitou esses termos e preencheu os campos em branco da nota ao designar terceiro como beneficiário, que logo a endossou ao filho daquele com o fito de, como se alega, impedir a oposição de exceções pessoais no processo de cobrança da cártula. Isso, ao final, resultou na afirmação do acórdão exarado no julgamento de ação rescisória de que houve a simulação do negócio jurídico, bem como a falsidade ideológica. Nesta especial instância, alegava-se que a simulação não se equipararia à falsidade ideológica a permitir a rescisão do julgado (art. 485, VI, do CPC), bem como que o STJ, em habeas corpus, já se manifestara pela atipicidade da conduta para fins criminais, o que levaria à coisa julgada penal. Nesse panorama, a Terceira Turma, ao prosseguir o julgamento após a convocação do Min. Jorge Scartezzini da Quarta Turma em razão de anterior empate, entendeu, por maioria, não conhecer do especial. O voto-vista da Min. Nancy Andrighi, na linha do voto vencedor, alerta que o Tribunal a quo não só decidiu a ação rescisória com base na existência de simulação, como também na falsidade ideológica e que o julgado referente ao habeas corpus, que declarou apenas a atipicidade, não pode ser oposto ao juízo cível, visto o disposto no art. 67, III, do CPP. Quanto à falsidade, frisou que não se põe em dúvida a legalidade da emissão da nota promissória em branco, pois, nesse caso, há que se considerar conferido mandato pelo emitente ao portador. O que sobressai é o fato de que o mandatário agiu em completa desconformidade com o mandato conferido, a revelar a clara intenção de obter vantagem pessoal em repúdio ao que pactuado (má-fé), o que leva à conclusão irrefutável de que há a falsidade ideológica perpetrada pelo abuso de mandato. REsp 598.891-GO, Rel. originário Min. Antônio de Pádua Ribeiro, Rel. para acórdão Min. Humberto Gomes de Barros, julgado em 18/4/2006"

Informativo 0424 Período: 22 a 26 de fevereiro de 2010.

Terceira Turma

Compra e venda. Pacto comissório. Ilegitimidade. Trata-se de ação de conhecimento ajuizada por empresa comercial e seu sócio-gerente (recorridos) com pedido de anulação de ato jurídico em que aduzem que, por não terem conseguido obter recurso junto aos bancos, contraíram empréstimo de 100 mil reais junto ao recorrente e ele, para garantir o contrato de mútuo, exigiu, mediante coação moral, a transmissão de imóvel, sede da empresa, para seu nome. Depois, como não efetuaram o pagamento do valor emprestado, sofrem ação de reintegração de posse com o objetivo de desocupação do imóvel. Em reconvenção, o recorrente requereu a condenação dos recorridos para indenizá-lo pelos prejuízos causados em razão da impossibilidade de vender o imóvel. Isso posto, discute-se no REsp se o sócio-gerente (correcorrido) é parte ilegítima e se o TJ, ao prover o apelo dos recorridos, baseou-se em mera presunção de ocorrência de fraude na formação do negócio de compra e venda. Ressalta a Min. Relatora que se depreende dos autos ter o TJ, sem se afastar das provas, considerado que o contrato de compra e venda do imóvel celebrava de fato uma simulação de negócio jurídico com intuito de acobertar a formação de um típico contrato de mútuo e aplicou o art. 765 do CC/1916 para declarar nulo o contrato de compra e venda, ponto que não admite reexame. Quanto à alegada preliminar de ilegitimidade de parte, o TJ não a apreciou, embora arguida em preliminar na contestação e afastada pela decisão de primeiro grau, porém não rediscutida expressamente em seu recurso de apelação na reconvenção ou nas contrarrazões do recurso de apelação interposto pelos recorridos na ação anulatória. Anota-se que, na hipótese, a sentença discorreu quanto à pertinência subjetiva de o recorrido integrar o polo ativo da lide de anulação do negócio e, sendo a legitimidade de parte uma das condições da ação, matéria de ordem pública, ela não se sujeita à preclusão nas instâncias ordinárias (jurisprudência do STJ). Nesse contexto, observa que a situação consiste em determinar se, tendo havido omissão do TJ, pode-se prosseguir seu enfrentamento no REsp com fulcro no art. 257 do RISTJ, Súm. n. 456-STF e art. 515 do CPC, porém, não está sob análise à possibilidade deste Superior Tribunal conhecer de ofício nulidades absolutas em REsp. Concluiu, entre outras considerações, não haver como negar que o preceito do art. 515, § 3º, do CPC deve ser aplicado aos recursos especiais desde que não seja necessário proceder ao reexame de provas, pois atende os ditames do art. 5º, LXXVIII, da CF/1988, acelerando a outorga da tutela jurisdicional. Ademais, explica que a ampliação do alcance do art. 515, § 3º, do CPC, não implica ofensa ao duplo grau de jurisdição, porque a regra técnica de processo admite que o ordenamento jurídico apresente soluções condizentes com a efetividade do processo, afastando o reexame específico da matéria impugnada. E na hipótese, como a sentença bem delineou a pertinência de o correcorrido integrar no polo ativo da lide que na qualidade de sócio-gerente poderia eventualmente ser acionado para responder pelo negócio jurídico, não há como lhe negar a legitimidade ativa no polo ativo da ação. Diante do exposto, a Turma conheceu em parte do recurso e, nessa parte, deu-lhe provimento. Precedentes citados: AgRg no REsp 1.065.763-SP, DJe 14.04.2009; REsp 1.080.808-MG, DJe 03.06.2009; REsp 979.093-PE, DJe 23.06.2008, e AgRg no Ag 981.528-SP, DJe 26.05.2008. REsp 998.460-SP, Rel. Min. Nancy Andrighi, julgado em 23.02.2010.

Nestes dois primeiros julgados, fez o STJ prevalecer a lógica da substância nos negócios simulados, prevalecendo o que se dissimulou, *vis* inexistir ilegalidade na avença subjacente.

"Informativo 0414 Período: 2 a 6 de novembro de 2009.

Quarta Turma

Impossibilidade jurídica. Simulação. O acórdão recorrido reconheceu, de ofício, a impossibilidade jurídica do pedido referente à anulação, devido à simulação, do ato de constituição da sociedade, porque justamente formulado esse pedido por quem participou do ato negocial. Quanto a isso, o Min. Relator, ao anotar que aquele ato ocorreu sob o comando do CC/1916, mas seus efeitos estenderam-se após a vigência do CC/2002, entendeu que aferir a motivação do ato tido por simulado é objeto do mérito da ação declaratória, sendo possível, em tese, o pedido, conforme precedentes. Por sua vez, o Min. Luis Felipe Salomão, em voto vista, acompanhou o Min. Relator, asseverando que inexiste vedação legal ao prosseguimento da demanda, visto que a possibilidade jurídica do pedido, no caso, é inquestionável; pois, mesmo nos termos do CC/1916, era possível a parte alegar simulação inocente, o que levaria à produção de provas com o fito de afastar a restrição prevista no art. 104 daquele código (simulação maliciosa). Aduziu, também, que o instituto da simulação sofreu modificações com o advento do novo CC, não mais se situando entre as causas de anulabilidade do negócio jurídico, mas sim de sua nulidade, que, por ser matéria de ordem pública, pode ser conhecida mesmo de ofício. Daí que, tanto pelo CC/1916 quanto pelo CC/2002, o pedido é juridicamente possível, entendimento, ao final, acolhido pela Turma. REsp 776.304-MG, Rel. Min. Honildo de Mello Castro (Desembargador convocado do TJ-AP), julgado em 5/11/2009."

Neste julgado, reconheceu-se que quem deu causa à nulidade não pode invocá-la, sendo a boa-fé mais prevalente, neste particular, que a ordem pública decorrente da violação de norma impositiva.

5.2 Erro

"Negatória. Paternidade. Vínculo socioafetivo. A ausência de vínculo biológico (afastado por exame de DNA) não teve o condão de desconstituir a filiação, pois foi reconhecido juridicamente que se estabeleceu o vínculo socioafetivo entre pai e filho, porquanto, só após 22 anos do nascimento do filho, o pai propôs ação negatória de paternidade combinada com retificação de registro civil. Com esse entendimento, a Turma negou provimento ao REsp do pai. Apontou o Min. Relator que, nas instâncias ordinárias, ao contrário do sustentado no REsp, ficou inconteste não haver adoção à moda brasileira, pois o recorrente, ao proceder ao registro da paternidade, não tinha conhecimento da inexistência de vínculo biológico e, apesar da alegação de dúvidas, portou-se como pai, estabelecendo vínculo de afetividade. Explicou que a paternidade fundada no vínculo socioafetivo não é construção doutrinária nem jurisprudencial, mas encontra proteção no § 6º do art. 227 da CF/1988, que veda diferenciação entre filhos havidos ou não de relação de casamento, e no art. 1.595 do CC/2002, que reconhece o parentesco civil resultante de origem não consanguínea. Observou que o reconhecimento espontâneo da paternidade somente pode ser desfeito se demonstrado o vício de consentimento ou falsidade do registrado, conforme disposto no art. 1.604 do CC/2002. Esclareceu que, por erro de conhecimento, deve-se compreender a falsa representação da realidade ou ideia falsa da realidade, tal como apregoado na doutrina. Ademais, no contexto dos autos, não se denota emprego de diligência apta a configurar o alegado erro substancial escusável. Anotou ainda que o erro essencial apto a anular a filiação assentada no registro civil deve estar evidenciado nos autos de forma clara e robusta, o que não se verificou no caso. Precedentes citados: REsp 932.692-DF, DJe 12.02.2009, e REsp 1.022.793-RS, DJe 03.02.2009. REsp 1.078.285-MS, Rel. Min. Massami Uyeda, julgado em 13.10.2009".

Nesse caso, foi expressamente afastada a escusabilidade no erro.

5.3 Dolo

"Informativo 0454 Período: 1º a 5 de novembro de 2010.

Terceira Turma

Separação. Partilha. Desproporção. Anulação. A Turma conheceu parcialmente do recurso especial e, nessa extensão, deu-lhe provimento a fim de anular a partilha efetivada em decorrência de separação judicial, dada sua desproporcionalidade. *In casu*, a recorrente sustentou que as falsas declarações feitas pelo ex-marido e pelo advogado – que, à época, foi contratado para tutelar os interesses do casal e, posteriormente, passou a patrocinar o ex-marido na ação anulatória – quanto à saúde financeira das empresas do cônjuge varão viciaram sua percepção acerca da realidade subjacente ao negócio jurídico, levando-a a aceitar a divisão patrimonial desequilibrada, o que evidenciaria a ocorrência de dolo. Segundo a Min. Relatora, nos termos dos arts. 1.574, parágrafo único, do CC/2002 e 34, § 2º, da Lei n. 6.515/1977, o controle judicial sobre o ato de partilha é possível sempre que o prejuízo dele advindo representar violação do princípio da dignidade da pessoa humana. Contudo, sustenta que o desrespeito a esse preceito não pode se limitar às hipóteses em que um dos cônjuges é reduzido à condição de miserabilidade; é preciso considerar as circunstâncias do caso concreto, a partir da constatação de que a separação constitui um processo que envolve dor e perda, a ponto de influir na tomada de decisões sobre as relações dela decorrentes. REsp 1.200.708-DF, Rel. Min. Nancy Andrighi, julgado em 04.11.2010".

Vemos que nesse caso a percepção foi critério relevante para a caracterização do dolo.

5.4 Coação

"Informativo 0280 Período: 3 a 7 de abril de 2006.

Quarta Turma

Compra. Venda. Imóvel. Termo. Entrega. Recebimento. Notificação extrajudicial. O autor, ora recorrente, propôs ação indenizatória, uma vez que a vendedora, ora recorrida, entregou-lhe o imóvel, objeto de promessa de compra e venda, com atraso de dois anos e seis meses. Contudo a entrega das chaves foi condicionada à assinatura de um termo no qual ambas as partes davam plena quitação das obrigações assumidas no contrato. Ocorre que, antes de firmá-lo, o autor notificou extrajudicialmente a vendedora ré, ressalvando cláusula referente ao prazo de entrega da obra. Assim, a Turma conheceu em parte do recurso e, nessa parte, deu-lhe provimento, por entender que ocorreu coação da vendedora ao condicionar a entrega das chaves à quitação plena das obrigações e reconheceu o direito do autor à indenização pelo atraso na entrega da obra, cujo valor será apurado em liquidação de sentença por arbitramento, a teor do art. 606 e seguintes do CPC. REsp 197.622-DF, Rel. Min. Aldir Passarinho Junior, julgado em 04.04.2006.

Informativo 0380 Período: 8 a 12 de dezembro de 2008

Terceira Turma

Reconhecimento. Paternidade. Anulação. Registro. Nascimento. A matéria consiste em definir se àquele que reconhece voluntariamente a paternidade de criança em relação à qual afirma que sabe não haver vínculo biológico assiste o direito subjetivo de propor, posteriormente, ação de anulação de registro de nascimento levado a efeito sob alegada pressão psicológica e coação irresistível imposta pela mãe da criança. A Min. Relatora, a exemplo do que foi proferido no REsp 1.003.628-DF (DJ 10.12.2008), entendeu que o julgador deve ter em mente a salvaguarda dos interesses dos pequenos, porque a ambivalência presente nas recusas de paternidade é particularmente mutilante para a identidade das crianças, o que lhe impõe substancial desvelo no exame das peculiaridades de cada processo, no sentido de tornar, o quanto for possível, perenes os vínculos e alicerces na vida em desenvolvimento. Afinal, por meio de uma gota de sangue, não se pode destruir vínculo de filiação simplesmente dizendo a uma criança que ela não é mais nada para aquele que, um dia, declarou, perante a sociedade, em ato solene e de reconhecimento público, ser seu pai. Assim, sob a ótica indeclinável de proteção à criança, para haver efetiva possibilidade de anulação do registro de nascimento do menor, é necessária prova robusta no sentido de que o relutante pai foi de fato induzido a erro, ou ainda, que tenha sido coagido a tanto, como pretende a todo custo fazer crer o recorrido. Não há como desfazer um ato levado a efeito com perfeita demonstração da vontade, como ocorreu na hipótese dos autos. A afirmação de que a genitora da criança ajuizaria uma ação possivelmente investigatória de paternidade não possui a pretensa força para caracterizar a aludida coação. Isso porque a fragilidade e a fluidez dos relacionamentos entre os seres humanos não deve perpassar as relações entre pais e filhos, as quais precisam ser perpetuadas e solidificadas. Em contraponto à instabilidade dos vínculos advindos dos relacionamentos amorosos ou puramente sexuais, os laços de filiação devem estar fortemente assegurados com vista ao interesse maior da criança. O recorrido não manifestou vontade eivada de vício, o que impõe a reforma do acórdão impugnado com o consequente restabelecimento da sentença. Diante disso, a Turma conheceu dos recursos e lhes deu provimento para julgar improcedente o pedido formulado pelo recorrido na inicial de anulação do registro de nascimento do menor, restabelecendo, por conseguinte, a sentença. REsp 932.692-DF, Rel. Min. Nancy Andrighi, julgado em 09.12.2008.

Informativo 0354 Período: 28 de abril a 9 de maio de 2008.

Terceira Turma

Doação. Direitos hereditários. Meação. As partes, quando do falecimento do de cujus (pai e marido) e da abertura do inventário, entenderam firmar um contrato particular sobre a cessão de direitos dos filhos para a mãe, além da promessa de doação quanto a todos os bens da viúva meeira, como forma de viabilizar a partilha. Alega-se desobedecida a necessária forma pública, contratada a proibida herança de pessoa viva com o uso de indevida promessa de doação, além de existir coação em sua celebração. Nesta instância especial, diante dessas peculiaridades, o Min. Relator reconheceu a eficácia do instrumento particular para a comprovação do negócio entabulado. O Min. Ari Pargendler, em seu voto-vista, ao acompanhá-lo, aduziu que a promessa, no caso, caracterizar-se-ia como uma condição do negócio, não seria apenas mera liberalidade. Já o voto-vista da Min. Nancy Andrighi, também conforme com o do Relator, afastou da cessão dos direitos hereditários a possibilidade de se aventar renúncia e ressaltou que, apesar de consumada em instrumento particular, essa manifestação dos herdeiros recebeu a homologação do juízo mediante termo próprio lavrado nos autos: mesmo inquinada de nula a posterior promessa de doação, permaneceria íntegra a cessão; quisessem desconstituir a partilha, deveriam pautar-se pelo disposto no art. 1.030 do CPC. No que toca à promessa de doação, a Min. Nancy Andrighi firmou não haver interesse dos recorrentes, pois, mesmo que anulada, a viúva meeira poderia, independentemente de promessa, doar a seus filhos o patrimônio amealhado nos mesmos termos do acordo que se quer invalidar. Anotou, também, não haver prejuízo à legítima dos herdeiros necessários, o que afasta a violação do art. 1.176 do CC/1916. Quanto à alegação de uma das rés de que estaria no polo errado da ação, para a Ministra, aquele que inicialmente se coloca totalmente contra as pretensões do autor não pode, simplesmente, no curso da ação, advogar em prol do demandante contra os demais; poderia, quando muito, abster-se de litigar e reconhecer a procedência do pedido, sem pretender transferir-se para o polo ativo. REsp 853.133-SC, Rel. originário Min. Humberto Gomes de Barros, Rel. para acórdão Min. Ari Pargendler (art. 52, IV, *b*, do RISTJ), julgado em 06.05.2008.

Nos julgados sobre coação, resulta bastante clara que as circunstâncias do caso concreto justificam, em somente elas, o reconhecimento de coação.

5.5 Fraude contra credores

Informativo 0518 Período: 15 de maio de 2013.

Terceira Turma

Direito civil. Reconhecimento de anterioridade de crédito para caracterização de fraude contra credores. Não é suficiente para afastar a anterioridade do crédito que se busca garantir — requisito exigido para a caracterização de fraude contra credores — a assinatura de contrato particular de promessa de compra e venda de imóvel não registrado e desacompanhado de qualquer outro elemento que possa evidenciar, perante terceiros, a realização prévia desse negócio jurídico. O art. 106, parágrafo único, do CC/1916 disciplinou o instituto da fraude contra credores, visando coibir o devedor de praticar atos fraudulentos que acarretem a diminuição de seu patrimônio com o propósito de prejudicar seus credores. Para isso, instituiu a ação pauliana ou revocatória, possibilitando ao credor prejudicado anular o negócio jurídico fraudulento e conservar no patrimônio do devedor determinados bens para a garantia do cumprimento das obrigações assumidas por este. Para a caracterização dessa fraude, exigem-se os seguintes pressupostos: a existência de dano ao direito do credor (*eventus damni*); o consenso entre o devedor e o adquirente do bem (consilium fraudis); e a anterioridade do crédito que se busca garantir em relação ao negócio jurídico tido por fraudulento, pois somente os credores que já ostentavam essa condição ao tempo do ato fraudulento é que podem demandar a anulação, visto que, apenas em relação a eles, esse ato diminui a garantia oferecida pelo patrimônio do devedor. Nesse contexto, na hipótese em que o devedor tenha firmado contrato particular de promessa de compra e venda de imóvel, para fins de constatar a anterioridade de crédito em relação ao ato fraudulento, deve ser considerada a data do registro do instrumento particular no Cartório de Registro de Imóveis, e não a data da sua elaboração. Isso porque o registro do contrato de promessa de compra e venda de imóvel, conquanto não interfira na relação de direito obrigacional – existente entre promitente comprador e promitente vendedor –, é necessário para que a eficácia da promessa de compra e venda se dê perante terceiros, de forma a gerar um direito real à aquisição do promitente comprador, em caráter erga omnes. Dessa forma, dispõe o art. 1.417 do CC/2002 que, mediante promessa de compra e venda em que não foi pactuado o arrependimento, celebrada por instrumento público ou particular e registrada no Cartório de Registro de Imóveis, adquire o promitente comprador direito real à aquisição do imóvel. Assim, não estando o contrato registrado, o promitente comprador pode exigir do promitente vendedor a outorga da escritura, mas não poderá opor seu direito a terceiros. Ademais, ao permitir o contrário, estar-se-ia enfraquecendo o instituto da fraude contra credores, tendo em vista a facilidade em dar a um documento uma data falsa e, ao mesmo tempo, a dificuldade em demonstrar essa fraude. REsp 1.217.593-RS, Rel. Min. Nancy Andrighi, julgado em 12.03.2013.

O STJ tem relativizado a imperatividade do crédito existir anteriormente à data da fraude.

Informativo 0521

Publicação: 26 de junho de 2013.

Quarta Turma.

Direito civil. Recurso especial. Omissão. Inexistência. Ação pauliana. Sucessivas alienações de imóveis que pertenciam aos devedores. Anulação de compra de imóvel por terceiros de boa-fé. Impossibilidade. Limitação da procedência aos que agiram de má-fé, que deverão indenizar o credor pela quantia equivalente ao fraudulento desfalque do patrimônio do devedor. Pedido que entende-se implícito no pleito exordial. 1. A ação pauliana cabe ser ajuizada pelo credor lesado (eventos *damni*) por alienação fraudulenta, remissão de dívida ou pagamento de dívida não vencida a credor quirografário, em face do devedor insolvente e terceiros adquirentes ou beneficiados, com o objetivo de que seja reconhecida a ineficácia (relativa) do ato jurídico - nos limites do débito do devedor para com o autor –, incumbindo ao requerente demonstrar que seu crédito antecede ao ato fraudulento, que o devedor estava ou, por decorrência do ato, veio a ficar em estado de insolvência e, cuidando-se de ato oneroso – se não se tratar de hipótese em que a própria lei dispõe haver presunção de fraude –, a ciência da fraude (*scientia fraudis*) por parte do adquirente, beneficiado, subadquirentes ou sub-beneficiados. 2. O acórdão reconhece que há terceiros de boa-fé, todavia, consigna que, reconhecida a fraude contra credores, aos terceiros de boa-fé, ainda que se trate de aquisição onerosa, incumbe buscar indenização por perdas e danos em ação própria. Com efeito, a solução adotada pelo Tribunal de origem contraria o artigo 109 do Código Civil de 1916 – correspondente ao artigo 161 do Código Civil de 2002 – e também afronta a inteligência do artigo 158 do mesmo Diploma – que tem redação similar à do artigo 182 do Código Civil de 2002 –, que dispunha que, anulado o ato, restituir-se-ão as partes ao estado, em que antes dele se achavam, e não sendo possível restituí-las, serão indenizadas com o equivalente. 3. "Quanto ao direito material, a lei não tem dispositivo expresso sobre os efeitos do reconhecimento da fraude, quando a ineficácia dela decorrente não pode atingir um resultado útil, por encontrar-se o bem em poder de terceiro de boa-fé. Cumpre, então, dar aplicação analógica ao artigo 158 do Código Civil [similar ao artigo 182 do Código Civil de 2002], que prevê, para os casos de nulidade, não sendo possível a restituição das partes ao estado em que se achavam antes do ato, a indenização com o equivalente. Inalcançável o bem em mãos de terceiro de boa-fé, cabe ao alienante, que adquiriu de má fé, indenizar o credor" (REsp 28.521/RJ, Rel. Ministro Ruy Rosado de Aguiar, Quarta Turma, julgado em 18.10.1994, DJ 21.11.1994, p. 31769). 4. Recurso especial parcialmente provido. REsp 1.100.525-RS, Rel. Min. Luis Felipe Salomão, julgado em 16.04.2013.

Neste caso reconheceu-se a necessidade de proteção de terceiros de boa-fé.

5.6 Lesão

Informativo 0464 Período: 21 a 25 de fevereiro de 2011.

Terceira Turma

Contrato. Honorários advocatícios. *Quotas litis*. Lesão. Trata-se, na origem, de ação declaratória de nulidade de cláusula contratual cumulada com pedido de restituição de valores indevidamente pagos na qual o ora recorrente alega que o percentual fixado no contrato de honorários advocatícios seria abusivo, uma vez que os estipula em 50% do benefício auferido pelo cliente no caso de êxito e que os causídicos não poderiam perceber valores maiores que a constituinte. Assim a Turma, por maioria, entendeu que, quanto à violação do art. 28 do Código de Ética e Disciplina do Advogado, não pode inaugurar a abertura da instância especial; pois, quando alegada ofensa a circulares, resoluções, portarias, súmulas ou dispositivos inseridos em regimentos internos, não há enquadramento no conceito de lei federal, previsto no art. 105, III, a, da CF/1988. Entendeu, ainda, lastreada na jurisprudência assente, que não se aplica o CDC à regulação de contratos de serviços advocatícios. Asseverou que ocorre uma lesão, quando há desproporção entre as prestações de um contrato no momento da realização do negócio e uma das partes obtém um aproveitamento indevido em razão da situação de inferioridade da outra parte. Logo o advogado gera uma lesão ao firmar contrato com cláusula quota litis (o constituinte se compromete a pagar ao seu patrono uma porcentagem calculada sobre o resultado do litígio, se vencer a demanda), a qual fixa em 50% sua remuneração, valendo-se da situação de desespero da parte. Daí a Turma, ao prosseguir o julgamento, por maioria, conheceu do recurso e deu-lhe provimento, para fixar os honorários advocatícios no patamar de 30% da condenação obtida. Precedente citado: REsp 1.117.137-ES, DJe 30.06.2010. REsp 1.155.200-DF, Rel. originário Min. Massami Uyeda, Rel. para acórdão Min. Nancy Andrighi, julgado em 22.02.2011.

Análise objetiva, pelo STJ, do montante da desproporção.

Ao fim do percurso de apreciação destes julgados, o que se verifica é que o Superior Tribunal de Justiça tem apreciado temas relevantes no que toca aos defeitos dos negócios jurídicos. Acertadamente, pensamos, não tem ampliado hipóteses de invalidade, justificando-se, no nosso sentir, uma crítica pontual ao julgado que relativiza a necessidade de existência da dívida para a caracterização da fraude contra credores, por ser este requisito textualmente constante do art. 158, § 2º, do Código Civil de 2002.

6. MIRADA CRÍTICA: ONDE PODERÍAMOS AVANÇAR

Quanto à teoria das nulidades, concordamos com as ponderações de Nunes,[31] não havendo de nossa parte dúvidas no sentido de que o mais adequado seria que as

---

31. SOUZA. Op. cit.

referências à vedação da torpeza, do comportamento contraditório e da proteção da confiança de terceiros deveriam estar consagradas no texto do Código Civil.

Seria coerente e seguro positivar um prazo final para a alegação de nulidade. O fato de jamais convalescerem pelo decurso do tempo torna excessivamente inseguro o sistema de Direito Civil. Boa solução poderia ser a adoção de um prazo máximo (vinte anos seria bastante razoável) para a sua alegação.

No que toca a lesão, entendemos a crítica de Tartuce, mas a ela não aderimos. Em um sistema jurídico pautado pela livre concorrência, não devem existir limites para a flutuação de preços, como regra, e contratos desproporcionais, com grandes ganhos ou perdas, devem ser em geral tolerados. Tartuce, na caracterização da fraude contra credores, afirma que poderíamos ter avançado, visto que seria mais adequado aproximar seu tratamento ao da fraude à execução, incidindo no plano da eficácia e não plano da validade.[32] Quanto a esta crítica estamos em total acordo.

Por fim, o que se verifica é que das promessas de mudança pouco refletiram a experiência de alegação e reconhecimento da nulidade. E vale a colocação de nossa posição: entre publicistas e privatistas, ficamos com os últimos. A invalidade é um remédio duro que deve ser imposto em casos extremos. A moderação do legislador é essencial, e deve ser redobrada no intérprete e no aplicador do Direito. O aproveitamento dos negócios jurídicos deve sempre prevalecer, em respeito a autonomia privada.

---

32. "A primeira refere-se ao fato de que parte da doutrina sempre apontou que a atual codificação material, quanto ao tratamento da matéria, constituiria um retrocesso. Isso porque já havia entendimento anterior de que o ato seria ineficaz e não anulável. Comenta Humberto Theodoro Júnior que "a circunstância de o atual Código repetir ipsis litteris o rótulo de anulabilidade aplicado ao negócio em fraude de credores não impede que sua natureza jurídica e seus efeitos práticos sejam, na verdade, os da ineficácia relativa, como antes já demonstramos perante igual texto do vigente Código Civil" (Fraude..., 2001, p. 183). Na mesma esteira, aduz Carlos Roberto Gonçalves que "o novo Código Civil não adotou, assim, a tese de que se trataria de hipótese de ineficácia relativa do negócio, defendida por ponderável parcela da doutrina, segundo a qual, demonstrada a fraude ao credor, a sentença não anulará a alienação, mas simplesmente, como nos casos de fraude à execução, declarará a ineficácia do ato fraudatório perante o credor, permanecendo o negócio válido entre os contratantes: o executado-alienante e o terceiro adquirente" (Direito civil brasileiro..., 2003, v. I, p. 413)". TARTUCE. Op. cit. p. 496.

6
ASPECTOS RELEVANTES DA PRESCRIÇÃO E DA DECADÊNCIA

Carlos E. Elias de Oliveira

Doutorando, mestre e bacharel em Direito pela UnB (1º lugar em Direito no vestibular 1º/2002 da UnB). Professor de Direito Civil, Notarial e de Registros Públicos na Universidade de Brasília – UnB –, na Fundação Escola Superior do MPDFT – FESMPDFT e em outras instituições em SP, GO e DF. Consultor Legislativo do Senado Federal em Direito Civil (único aprovado no concurso de 2012). Advogado/Parecerista. Ex-Advogado da União. Ex-assessor de ministro STJ. *Instagram*: @profcarloselias e @direitoprivadoestrangeiro. E-mail: carloseliasdeoliveira@yahoo.com.br)

Sumário: 1. Introdução – 2. Definição de prescrição – 3. Questão polêmica: notificação extrajudicial e a interrupção da prescrição; 3.1 Fundamento do instituto da interrupção da prescrição; 3.2 Causas interruptivas da prescrição no Brasil: um passeio histórico e o quadro legislativo atual; 3.3 Violação literal aos Arts. 202, V e VI, e 397, Parágrafo Único, do Código Civil (CC): a inaptidão da notificação extrajudicial como causa interruptiva; 3.4 Olhar ao direito estrangeiro; 3.5 Considerações finais sobre notificação extrajudicial e interrupção da prescrição – 4. Questão polêmica: prazo de prescrição para indenização – 5. Questão polêmica: prazo de prescrição para repetição de indébito – 6. Conclusão e reflexões sobre mudanças legislativas.

1. INTRODUÇÃO

Por ocasião do vintenário do Código Civil, faremos um balanço das principais questões de prescrição e decadência.

Não houve muitas questões polêmicas em decadência ao longo desses 20 anos. A prescrição é que despertou (e ainda desperta) controvérsias. O artigo espelhará esse quadro.

2. DEFINIÇÃO DE PRESCRIÇÃO

Antes de avançar para as questões polêmicas, convém rememorar brevemente a definição de prescrição.

Prescrição[1] é a perda da pretensão[2] de um direito pela inércia do titular no prazo previsto em lei. Ela não é a perda do direito[3].

---

1. Etimologicamente, prescrição origina-se de *praescriptio* ("*prae-*", de antes, e "*scriptio*", de escrito), que significa o que foi escrito antes. No direito romano, o termo foi assumindo a ideia de questão a ser debatida antes de tudo por envolver a própria perda da ação em razão do decurso do tempo, conforme lembra José Fernando Simão (SIMÃO, José Fernando. Prescrição e decadência e início dos prazos: doutrina e jurisprudência em harmonia. In: TARTUCE, Flávio; SALOMÃO, Luis Felipe (Coord.). *Direito civil*: diálogos entre a doutrina e a jurisprudência. São Paulo: Atlas, 2018. p. 110-111).
2. Na realidade, ao se preconizar que a prescrição extingue a pretensão, está-se a significar que a prescrição retira a eficácia da pretensão (plano da eficácia), e não a torna inexistente (plano da existência). Tanto é

Daí se colhe que a prescrição apenas se aplica a direitos subjetivos *stricto sensu*, pois só estes geram pretensões. De fato, direitos subjetivos (*stricto sensu*) são aqueles cuja satisfação depende de uma conduta da outra parte (ex.: pagar a dívida pecuniária), ainda que essa conduta se dê por meio de uma execução forçada (a exemplo dos meios executivos por sub-rogação, como a penhora com a posterior expropriação judicial).

Como a prescrição não fulmina o direito, mas apenas a sua pretensão[4], isso significa que a dívida prescrita, embora não possa ser exigida pelo credor pelas vias coercitivas legalmente disponíveis, é uma dívida devida, de maneira que, se o devedor quiser satisfazê-la espontaneamente, ter-se-á um pagamento devido e, portanto, o devedor não poderá pleitear a devolução do seu dinheiro (art. 882, CC). No direito obrigacional, chama-se de obrigação civil a obrigação exigível e de obrigação natural ou moral a não exigível. Como exemplos de obrigações naturais, ou seja, de direitos subjetivos sem pretensão, pode-se citar não apenas a dívida prescrita, mas também as dívidas de jogo não disciplinados em lei (art. 814, CC).

Com maior profundidade, é possível falar que a prescrição é também a perda da exceção, pois esta nada mais é do que uma defesa utilizada para obstruir uma pretensão. Exceção é, grosso modo, uma pretensão utilizada como contra-ataque, e não como ataque. Por essa razão, o art. 190 do CC explicita que o prazo de prescrição da exceção é o mesmo do da pretensão. Assim, por exemplo, se alguém tem um crédito já prescrito, ele não poderá exigir o seu pagamento pelas vias coercitivas estatais (pretensão) nem poderá, por exemplo, opor compensação para contra-atacar

---

assim que, conforme art. 191 do CC, o devedor pode renunciar a prescrição já consumada, reacendendo os raios de eficácia da pretensão. Nesse sentido, Pontes de Miranda e José Fernando Simão (Simão, 2018, p. 114). Tecnicamente, o mais correto é afirmar que a prescrição torna ineficaz a pretensão.

3. Na realidade, considerando que a pretensão é o direito de exigir uma conduta do devedor para a satisfação do débito, como define Código Civil alemão, seria até possível afirmar que a prescrição implicaria a perda de um direito, ou seja, desse direito especificamente. Todavia, não é usual essa linguagem na doutrina brasileira, pois a referência a direito não costuma sinalizar para as pretensões, e sim para os direitos subjetivos. Desse modo, em suma, é inconveniente afirmar que a prescrição acarreta a perda de um direito.

4. Pretensão á e exigibilidade de um direito subjetivo. A pretensão é filha do direito subjetivo *stricto sensu*. No direito subjetivo *stricto sensu*, caso o dever da outra parte da relação jurídica seja descumprido, nasce a *pretensão* em favor do titular. A pretensão só nasce com o descumprimento do dever; só nasce com a violação de um direito subjetivo; não é, pois, necessariamente contemporâneo ao surgimento do direito subjetivo *stricto sensu*, de quem é filha. No direito de propriedade, por exemplo, nasce a pretensão de exigir que outrem respeite esse direito quando esse outrem esbulha a coisa. O descumprimento do dever causa um dano ao titular. A pretensão é o poder do titular exigir o cumprimento do dever pela outra parte para reparar esse dano. E, para tanto, poderá servir-se de todos os meios executivos legalmente admitidos, seja os públicos (como a ação judicial – que decorre de um outro direito subjetivo: o direito subjetivo processual –, ou outros meios extrajudiciais, como o protesto, a negativação do nome do devedor em cadastros privados de inadimplentes etc.). A pretensão é o "direito de agir" (AMARAL, Francisco. *Direito civil*: introdução. Rio de Janeiro: Renovar, 2014. p. 619). É o poder de exigir a satisfação de um direito. O próprio par. 194 do Código Civil alemão (BGB) reconhece a pretensão como esse direito de exigir; eis o texto do diploma tedesco: "*O direito de exigir de outro uma ação ou uma omissão (pretensão) se extingue por prescrição*". Há quem considere a pretensão como sinônimo de direito subjetivo, mas em uma visão dinâmica: seria o direito subjetivo em atividade. Para efeito de nomenclatura, porém, a doutrina majoritária não aceita essa sinonímia: pretensão não é direito subjetivo, e sim uma categoria própria de direitos. Em uma palavra, pretensão é a exigibilidade de um direito subjetivo *stricto sensu* e com este não se confunde.

alguma cobrança de dívida que vier a sofrer (exceção). Prescrito um direito, o seu titular não o pode excepcioná-lo (usá-lo como exceção) nem o exigir (pretensão).

Enfim, preferimos considerar que a prescrição implica a perda de uma pretensão e, também, de uma exceção relativa a um direito subjetivo[5].

3. QUESTÃO POLÊMICA: NOTIFICAÇÃO EXTRAJUDICIAL E A INTERRUPÇÃO DA PRESCRIÇÃO

A notificação extrajudicial é ou não idônea a interromper a prescrição? Essa é uma questão até hoje polêmica.

Trataremos do tema nos próximos subcapítulos. Antecipamos que entendemos que a resposta é "não". Todavia, temos que o Código Civil merecia ser alterado para passar a permitir a interrupção da prescrição pela notificação extrajudicial.

3.1 Fundamento do instituto da interrupção da prescrição

Considerando que a prescrição é a perda da pretensão pelo não exercício desta, indaga-se: que atos poderiam adotar o titular do direito para romper a inércia e, assim, interromper o prazo prescricional?

Não basta qualquer ato, por cinco principais motivos (que podem ser tidos como fundamentos da interrupção da prescrição): (1) o interesse público envolvido na prescrição; (2) a definição do que é exercício da pretensão; (3) o interesse público-privado na pacificação social; (4) a punição ao negligente; e (5) a indução do devedor a vir a juízo.

Em primeiro lugar, há interesse público na prescrição. O Estado, ao disponibilizar meios coercitivos para a exigibilidade de um direito subjetivo, suporta elevado ônus financeiro[6], a exemplo do elevado custo com a manutenção da estrutura física e de agentes públicos do Poder Judiciário. Não há razão para que esses elevados gastos se prestem a direitos subjetivos de pouca relevância social, como aqueles cujo titular demora longo tempo para exigir a satisfação. Aliás, é por conta desse interesse público que os prazos prescricionais são fixados por lei e que é vedado expressamente que as partes alterem esses prazos por pacto (art. 192 do Código Civil[7]).

Em segundo lugar, para efeito de interromper a prescrição (reiniciar "do zero" a contagem do prazo) e, assim, adiar a disponibilidade dos meios estatais de coerção (que, conforme já dito, são onerosos para o Estado), exercer a pretensão de um direito

---

5. Para aprofundamentos, recomendamos a tese de doutorado defendida pelo professor Atalá Correia na USP (CORREIA, Atalá. *Prescrição e decadência: entre passado e futuro*. Tese de Doutorado do Programa de Pós-Graduação em Direito da Faculdade de Direito da Universidade de São Paulo. São Paulo: Universidade de São Paulo, 2020 (no prelo).
6. E os custos têm de ser altos mesmo, pois não é viável que uma atividade tão importante, como a jurisdicional, seja exercida por pessoal de baixa capacidade técnica e sem estrutura.
7. Art. 192. Os prazos de prescrição não podem ser alterados por acordo das partes.

só pode se dar nas hipóteses taxativamente previstas em lei. Não se pode admitir que qualquer conduta do titular do direito possa ser enquadrada como "exercício da pretensão", pois só lei pode obrigar o Estado a, com pesados ônus financeiros, continuar disponibilizando seu arcabouço coercitivo à satisfação de direitos subjetivos. *Do contrário, haverá quem reivindique o reinício da fluência do prazo prescricional por ter postado, no Instagram ou em outra rede social, uma queixa contra a inadimplência do devedor*, o que é um despropósito.

Em terceiro lugar, a prescrição colima gerar pacificação social, o que é, a um só tempo: (1) um interesse público, porque, além de o Estado não ter de despender mais recursos para a satisfação de direitos prescritos, reduz a litigiosidade na sociedade; e (2) um interesse privado, porque o devedor poderá sofrer prejuízos na sua defesa em razão de lapsos de memória e perda de informações causados, direta ou indiretamente, pelo transcurso do tempo. Sobre esse último aspecto, basta pensar em uma empresa que, após vários anos, já não tem mais no seu quadro de pessoal funcionários que tinham conhecimento das questões fáticas que poderiam servir de defesa diante de eventual pretensão. O senso comum é testemunha disso: qual é o indivíduo ou a empresa que conseguiria, com detalhamento, defender-se de increpações relativas a fatos ocorridos há décadas? A resposta é acaciana: quase ninguém!

Em quarto lugar, a prescrição também se destina a punir quem é negligente no exercício do seu direito, pois, conforme os romanos, o direito não socorre os que dormem (*dormientibus non sucurrit jus*)[8]. San Tiago Dantas[9] ensinava[10]:

> Em primeiro lugar, porque as prescrições e as decadências visam a punir a inércia de um titular. Alguém tem um direito, mas não o usa; pode cobrar a dívida, mas não a cobra; pode anular o casamento, mas não o anula; quer dizer, a faculdade que a lei põe nas mãos do titular é, então, atingida pela prescrição ou pela decadência, o que os antigos exprimiam num brocardo: *juge silentium, diuturnum silentium, jugis taciturnitas*[11].

Em quinto lugar, a interrupção da prescrição tem de se dar por meio que, por sua seriedade, incite o devedor a vir a juízo, o que lhe imporá a necessidade de gastar valores com profissionais (advogados, peritos etc.) com o objetivo de defender-se. Não se pode admitir que atos sem essa aptidão indutiva interrompam a prescrição.

---

8. Há controvérsia quanto ao fundamento da prescrição. De um lado, o fundamento é associado a um castigo pela negligência do titular. De outro lado, a prescrição é vinculada à pacificação social e à proteção de terceiros que, depois de muito tempo, não terá provas para defender-se do exercício da pretensão. Nesta última linha estão Pontes de Miranda e Clovis Bevilaqua, como bem lembrado por Marcos Catalan (CATALAN, Marcos. O Vencimento antecipado da obrigação e a sua influência na aferição do marco do fato jurídico da prescrição: notas a uma decisão judicial. *Revista de direito do consumidor*. v. 105, 2016. p. 441-442). Consideramos que ambos os fundamentos são pertinentes.
9. Trata-se de um dos mais destacados civilistas brasileiros sobre cuja biografia tivemos a oportunidade de escrever neste artigo disponível no site: https://flaviotartuce.jusbrasil.com.br/artigos/607160770/um-pouco-sobre-san-tiago-dantas-artigo-de-carlos-eduardo-elias-de-oliveira.
10. DANTAS, San Tiago. *Programa de direito civil*. Rio de Janeiro: Editora Rio, 1979. p. 396.
11. O brocardo latino pode ser traduzido como "um silêncio contínuo, um silêncio diuturno, uma mudez contínua".

Nesse sentido, o pai do Código Civil de 1916 – Clóvis Bevilaqua –, ao justificar a citação feita por juiz incompetente como causa interruptiva da prescrição nos termos do inciso I do art. 172 do CC/1916, ensinava[12]:

> (...) a citação perante juiz incompetente atinge o devedor, fá-lo vir a juízo para arguir a incompetência, desfaz a quietude em que se achava o devedor em via de prescrever e a inércia do credor, à sombra da qual se iam formando os elementos da prescrição.

Portanto, com espeque nos fundamentos acima, as hipóteses de interrupção do prazo prescricional são apenas aquelas previstas em lei.

3.2 Causas interruptivas da prescrição no Brasil: um passeio histórico e o quadro legislativo atual

No Brasil, as hipóteses de interrupção da prescrição sempre foram mais restritas, embora haja países mais contidos ainda.

No Código Civil de 1916, o art. 172 do Código Civil[13] só admitia uma única hipótese de via extrajudicial para a interrupção da prescrição: o reconhecimento inequívoco da dívida pelo devedor. Afinal de contas, nesse caso, o próprio devedor atesta sua condição de inadimplente, o que afasta a necessidade de conduta judicial pelo credor e repele qualquer prejuízo de defesa ao devedor por conta do transcurso do tempo. Sobre essa hipótese, Clóvis Bevilaqua averbava que ela[14]:

> interrompe a prescrição, porque revela a integridade, em que se acha o direito do titular, e o dispensa de qualquer procedimento perante os tribunais. Uma carta, na qual alguém reconheça a obrigação, em que se acha de pagar certa quantia, a novação, a reforma da dívida, um pedido de espera, o pagamento de juros, a prestação de fiança são atos que importam reconhecimento do direito do credor por parte do devedor. Todos eles interrompem a prescrição.

No mais, a interrupção da prescrição só podia se dar judicialmente (protesto judicial, citação judicial pessoal, ato judicial que constitua devedor em mora ou habilitação de título de crédito em processo judicial de inventário ou de concurso de credores).

Não se tratava de capricho do legislador! Cuidava-se de respeito aos cinco fundamentos da interrupção da prescrição que expusemos no subcapítulo anterior. Não pode o titular de um direito querer, por meio de um ato qualquer, aumentar o tempo de exigibilidade do seu direito, com os consequentes ônus ao Estado (que terá de

---

12. BEVILAQUA, Clovis. *Código Civil dos Estados Unidos do Brasil*. Rio de Janeiro: Editora Rio, 1959, v. 1, p. 451.
13. Art. 172, CC/1916. A prescrição interrompe-se: I. Pela citação pessoal feita ao devedor, ainda que ordenada por juiz incompetente; II. Pelo protesto, nas condições do número anterior; III. Pela apresentação do título de crédito em juízo de inventário, ou em concurso de credores; IV. Por qualquer ato judicial que constitua em mora o devedor; V. Por qualquer ato inequívoco, ainda que extrajudicial, que importe reconhecimento do direito pelo devedor.
14. BEVILAQUA, Clovis. *Código Civil dos Estados Unidos do Brasil*. Rio de Janeiro: Editora Rio, 1959. v. 1, p. 452.

manter sua dispendiosa estrutura judicial à disposição desse direito) e ao devedor (que sofrerá prejuízos para se defender diante dos efeitos deletérios do tempo na memória dos fatos).

O novo *Código Civil*, sob a coordenação do Professor Miguel Reale, manteve, ainda que com pequenos ajustes, a postura do Código Bevilaqua. À luz do art. 202 do CC[15], a única novidade não meramente redacional que merece atenção é a de que passou a ser admitida apenas mais uma hipótese de interrupção do prazo na via extrajudicial: o protesto cambial.

Portanto, à luz do CC/2002, só dois atos extrajudiciais podem ensejar a interrupção da prescrição: (i) o reconhecimento inequívoco da dívida pelo devedor e (ii) o protesto cambial.

Fora desses casos, a interrupção só pode se dar pelas vias judiciais listadas no art. 202 do CC (citação, ato judicial de constituição de mora e habilitação de título de crédito em processo judicial de inventário ou de concurso de credores).

Tudo foi milimetricamente calculado pela constelação de juristas que, sob a coordenação do Professor Miguel Reale, se incumbiu da elaboração do Código Civil.

Não se pretendeu banalizar as hipóteses de interrupção da prescrição!

Não se objetivou onerar o Estado com cobranças de créditos cujos titulares jamais desferiram qualquer ato legalmente admitido como causa interruptiva!

Não se quis prejudicar as viabilidades de defesa do devedor com o distanciamento temporal entre a data dos fatos e a futura data da propositura de ação judicial!

Só os atos elencados no art. 202 do CC são idôneos a interromper prazo prescricional, pois realmente caracterizam um exercício da pretensão e, por sua seriedade, incita o devedor a realmente vir a juízo e a se preparar para a defesa.

3.3 Violação literal aos arts. 202, V e VI, e 397, parágrafo único, do Código Civil (CC): a inaptidão da notificação extrajudicial como causa interruptiva

Conforme realçado no capítulo anterior, tendo em vista os cinco fundamentos da interrupção da prescrição já alinhavados[16], a notificação extrajudicial expedida pelo titular do direito jamais poderá ser admitida como causa interruptiva da prescrição.

---

15. Art. 202. A interrupção da prescrição, que somente poderá ocorrer uma vez, dar-se-á: I – por despacho do juiz, mesmo incompetente, que ordenar a citação, se o interessado a promover no prazo e na forma da lei processual; II – por protesto, nas condições do inciso antecedente; III – por protesto cambial; IV – pela apresentação do título de crédito em juízo de inventário ou em concurso de credores; V – por qualquer ato judicial que constitua em mora o devedor; VI – por qualquer ato inequívoco, ainda que extrajudicial, que importe reconhecimento do direito pelo devedor. Parágrafo único. A prescrição interrompida recomeça a correr da data do ato que a interrompeu, ou do último ato do processo para a interromper.

16. (1) o interesse público envolvido na prescrição; (3) a definição do que é exercício da pretensão; (3) o interesse público-privado na pacificação social; (4) a punição ao negligente; e (5) a indução do devedor a vir a juízo.

Em primeiro lugar, conforme cotejo histórico, verifica-se que, tanto no CC/1916 quanto no CC/2002, jamais se pretendeu elastecer as hipóteses de interrupção do prazo prescricional.

Em segundo lugar, os cinco fundamentos da interrupção da prescrição são incompatíveis com a banalização das causas interruptivas.

Em terceiro lugar, é descabido fazer qualquer comparação das causas interruptivas da prescrição com a hipóteses de constituição do devedor em mora. E dá três motivos para tanto.

De um lado, comparações só podem ser feitas entre elementos com a mesma base de justificação, conforme o velho adágio romano *ubi eadem ratio ibi eadem jus* (onde há o mesmo fundamento, há a mesma regra). As hipóteses de interrupção da prescrição não possuem o mesmo fundamento dos casos de constituição em mora. Esta última se presta apenas a ativar o estado jurídico de mora do devedor, a autorizar a incidência de encargos moratórios e a inflição de outras sanções (como a presunção de culpa pelo perecimento do objeto[17]). Já a interrupção da prescrição irradia efeitos contra o Estado, que se obriga a mobilizar suas estruturas para garantir a exigibilidade de um direito por mais tempo, além de comprometer o legítimo direito de defesa do devedor com as perdas de informações causadas pelo transcurso do tempo. É por essa razão que o art. 397 do Código Civil é muito mais flexível com as hipóteses de constituição em mora, satisfazendo-se com a mera notificação, seja extrajudicial, seja judicial. Não há igual (e nem poderia haver!) frouxidão do legislador com as causas interruptivas da prescrição, por envolver repercussões muito mais drásticas ao interesse público e ao devedor.

De outro lado, tanto o Código Civil de 1916[18] quanto o Código Civil de 2002[19], sob as mãos dos maiores civilistas de cada época, propositalmente optaram por um regime mais flexível para o modo de constituição em mora comparativamente com as causas interruptivas da prescrição. Em ambos os Códigos, foi intencional permitir que qualquer tipo de notificação (extrajudicial ou judicial) fosse idônea à constituição do devedor em mora, assim como foi cartesianamente calculado que as causas interruptivas da prescrição só ocorressem nos casos restritivamente arrolados na lei[20].

Igualmente, soa absolutamente agressivo que a doutrina ou a jurisprudência tentem subverter a vontade do legislador, que, diga-se de passagem, ao esculpir o art. 202 do CC/2002 à "imagem e semelhança" do art. 172 do CC/1916 (com poucos ajustes irrelevantes ao presente estudo), se apoiou, de forma imediata, na autoridade

---

17. Art. 399 do Código Civil.
18. Art. 960 do CC/1916: "O inadimplemento da obrigação, positiva e líquida, no seu termo constitui de pleno direito em mora o devedor.
    Não havendo prazo assinado, começa ela desde a interpelação, notificação ou protesto".
19. Art. 397 do CC/2002: "O inadimplemento da obrigação, positiva e líquida, no seu termo, constitui de pleno direito em mora o devedor.
    Parágrafo único. Não havendo termo, a mora se constitui mediante interpelação judicial ou extrajudicial".
20. Art. 172 do CC/1916 e art. 202 do CC/2002.

de Moreira Alves (relator da Parte Geral do projeto do CC/2002) e de Miguel Reale (coordenador-geral do CC/2002) e, de forma mediata, na autoridade de Clóvis Bevilaqua. Jamais se poderia imputar a esses civilistas um "ato de barbeiragem", como se fosse obrigatório que as causas interruptivas da prescrição tivessem de se equiparar às de constituição do devedor em mora!

Aliás, sob essa ótica, o professor Otávio Luiz Rodrigues Júnior, na tese que lhe coroou como Livre Docência pela USP, adverte que o Judiciário e a doutrina não podem subverter a leitura feita pelo legislador dos direitos fundamentais nem a opção legislativa, ainda mais no âmbito do Direito Privado. Predileções pessoais do operador do Direito têm de ser endereçadas aos canais legislativos, sob pena de incorrermos na instabilidade institucional assim descrita metaforicamente pelo Livre Docente da USP:

> Os objetos apresentam-se como partes integrantes de um "empório celestial dos conhecimentos benévolos". Conceitos fluidos, argumentos cambiantes e a crescente moralização do Direito impedem o repasse crítico do que são e para que servem os elementos teóricos a eles associados. A função do Direito, que é a de resolver conflitos, é esvaziada por força da hipercomplexidade de soluções que não precisariam mobilizar a Constituição e os direitos fundamentais. Misturam-se os casos fáceis e casos difíceis em uma mesma tábua, que demanda cada vez mais o recurso ao texto constitucional, ainda que não se saiba ao certo (ou não haja consenso sobre) o que seja a Constituição. Os "animais embalsamados" ladeiam "os que se agitam feito loucos". O texto normativo não vincula, dado que se pode convocar também o contexto. Se o texto não é vinculante, os acordos podem ser reinterpretados a todo momento, desde que se troque de intérprete e, com isso, de sentido. O que eram "cães vira-latas" repentinamente podem ser aceitos como "leitões", a depender da orientação do conteúdo normativo a certos fins escolhidos por membros de um grupo detentor da chave semântica.[21]

Por fim, convém lembrar a melhor doutrina civilista atual.

O professor Paulo Lôbo é taxativo em dizer que *"a enumeração legal das hipóteses de interrupção é taxativa (numerus clausus), não podendo ser interpretada de modo extensivo nem ampliada por convenção das partes"*[22].

O professor Flávio Tartuce dá igual lição ao asseverar que "deve ficar claro que a notificação extrajudicial, via cartório de títulos e documentos, não gera a interrupção da prescrição, pela ausência de previsão legal". E acrescenta que "o mesmo pode ser dito quanto a qualquer ato extrajudicial promovido pelo credor com esse objetivo, caso de uma carta enviada pelo correio"[23]. De fato, para ser admitida a notificação

---

21. RODRIGUES JR., Otávio Luiz Rodrigues. *Direito civil contemporâneo*: estatuto epistemológico, constituição e direitos fundamentais. Rio de Janeiro: Forense Universitária, 2019. p. 357.
22. LÔBO, Paulo. *Direito civil*: parte geral. São Paulo: Saraiva, 2019. v. 1, p. 375. Alerte-se que Paulo Lôbo faz alusão a um julgado do STJ que, na verdade, prevê uma situação de ajuizamento da ação de inventário como causa interruptiva da prescrição, de maneira que, para efeito deste estudo, fica ratificado que a notificação extrajudicial jamais pode ser considerada uma causa interruptiva. Trata-se deste julgado: "O pedido de abertura de inventário interrompe o curso do prazo prescricional para todas as pendengas entre meeiro, herdeiros e/ou legatários que exijam a definição de titularidade sobre parte do patrimônio inventariado" (STJ, REsp 1639314/MG, 3ª Turma, Rel. Ministra Nancy Andrighi, DJe 10.04.2017).
23. TARTUCE, Flávio. *Direito civil*: lei de introdução e parte geral. Rio de Janeiro: Forense, 2020. p. 597.

extrajudicial como causa interruptiva, há necessidade de mudança legislativa; não podem a doutrina e a jurisprudência dar um "golpe hermenêutico" para subverter a claríssima opção do legislador. Tartuce, nesse diapasão, censurando implicitamente qualquer "golpe hermenêutico" por parte da doutrina ou da jurisprudência, acena para a via institucional adequada, o Poder Legislativo, e, nesse ponto, o civilista paulista lembra que, acolhendo sugestão dele, a Comissão Mista de Desburocratização do Senado Federal propôs o Projeto de Lei 12, de 2018, para passar a prever a notificação extrajudicial como causa de interrupção.

Outrossim, o professor da UERJ Anderson Schreiber, no capítulo intitulado "Taxatividade das causas de interrupção", consigna expressamente que "o rol de causas de interrupção é considerado taxativo"[24].

O assunto é realmente pacífico na doutrina moderna. Nenhum outro dos principais doutrinadores desafiam o texto legal defendendo a notificação extrajudicial como causa interruptiva, a exemplo de Carlos Roberto Gonçalves[25], Sílvio de Salvo Venosa[26], Maria Helena Diniz[27], Pablo Stolze Gagliano com Rodolfo Pamplona Filho[28] e Cristiano Chaves de Farias com Nelson Rosenvald[29].

Por fim, é absolutamente incabível "enxergar" a notificação extrajudicial entre as hipóteses hialinamente redigidas no art. 202 do CC/2002, de modo que qualquer decisão nesse sentido incorre em manifesta violação à lei. O texto desse dispositivo não abre o menor espaço hermenêutico para tanto, nem mesmo em cotejo com o art. 397 do CC.

A propósito, no mesmo sentido, lembramos estes julgados do STJ, que reforçam a inviabilidade de qualquer expediente extrajudicial interromper a prescrição sem credenciamento legal expresso:

> 4. A notificação extrajudicial não tem o condão de interromper o prazo prescricional, seja porque não se enquadra no disposto no artigo 4º, parágrafo único, do Decreto 20.910/32, que se refere a requerimentos administrativos perante as repartições públicas, seja porque não está entre as causas interruptivas da prescrição previstas pelo art. 202 do CC.
> (STJ, AgRg no REsp 1553565/DF, 2ª Turma, Rel. Ministro Herman Benjamin, DJe 05.02.2016)

---

24. SCHREIBER, Anderson. *Manual de direito civil contemporâneo*. São Paulo: Saraiva, 2018. p. 290. Anderson defende que, na hipótese do inciso I do art. 202 do CC, ao se tratar de citação do juiz, deve-se compreender também o juiz arbitral, o que nos parece razoável tendo em vista a condição de equivalente jurisdicional para o processo arbitral. Seja como for, fica claro que notificação extrajudicial, postagem em Instagram, mensagem por WhatsApp, carta nem qualquer meio extrajudicial além do protesto cambial ou do reconhecimento inequívoco da dívida pelo devedor podem interromper a prescrição por falta de previsão legal.
25. GONÇALVES, Carlos Roberto. *Direito Civil Brasileiro*: parte geral. São Paulo: Saraiva, 2019. v. 1, p. 551-556.
26. VENOSA, Sílvio de Salvo. *Direito civil*: parte geral. São Paulo: Atlas, 2011. p. 581-590.
27. DINIZ, Maria Helena. *Curso de direito civil brasileiro*. São Paulo: Saraiva, 2012. v. 1, p. 430-468.
28. GAGLIANO, Pablo Stolze; PAMPLONA FILHO, Rodolfo. *Novo curso de direito civil*: parte geral. São Paulo: Saraiva, 2020. v. 1.
29. FARIAS, Cristiano Chaves de; ROSENVALD, Nelson. *Curso de direito civil*: parte geral e LINDB. Salvador: JusPodivm, 2016. v. 1, p. 226-229.

Processual civil. (...)

Protesto cambial. Procedimento no tribunal de contas. Ausência de interrupção.

(...)

3. Não se deve ter por causa interruptiva, antes da vigência do Código Civil de 2002, o protesto cambial realizado, porquanto este não se equipara ao protesto judicial realizado com o objetivo de interrupção do prazo prescricional. Incidência, na época, da Súmula 153/STF ("Simples protesto cambiário não interrompe a prescrição"). Assim, não se pode falar que houve a interrupção da prescrição em 11.10.2000 por conta do protesto dos títulos.

(...)

(STJ, REsp 1400282/SP, 2ª Turma, Rel. Ministro Mauro Campbell, DJe 11.09.2013).

Quanto à interrupção da *prescrição*, assim se manifestou o Tribunal de origem (e-STJ fl. 373):

Este prazo *prescricional* foi, na espécie e por força do disposto no inciso VI do artigo 202 do Código Civil, *interrompido pela "notificação extrajudicial* realizada pelo locador ao locatário em 03/11/2006" (cf. f. 48/51 dos embargos, correspondentes às f. 32/35 da execução), conforme bem ressaltado na sentença.

Da análise dos autos, verifica-se que o Tribunal de origem decidiu em desconformidade com a jurisprudência deste Tribunal Superior, que é firme no sentido de que a mera *notificação extrajudicial não configura causa de interrupção* da *prescrição,* pois ela não se enquadra expressamente em nenhuma das hipóteses previstas no art. 202 do CC/2002, que assim dispõe:

Art. 202. A interrupção da prescrição, que somente poderá ocorrer uma vez, dar-se-á:

I – por despacho do juiz, mesmo incompetente, que ordenar a citação, se o interessado a promover no prazo e na forma da lei processual;

II – por protesto, nas condições do inciso antecedente;

III – por protesto cambial;

IV – pela apresentação do título de crédito em juízo de inventário ou em concurso de credores;

V – por qualquer ato judicial que constitua em mora o devedor;

VI – por qualquer ato inequívoco, ainda que extrajudicial, que importe reconhecimento do direito pelo devedor.

Logo, é insuficiente, para suspender ou *interromper a prescrição, a simples notificação ou interpelação extrajudicial,* sobretudo se não houver nenhum comportamento do devedor apto a reconhecer a dívida. Confiram-se os seguintes precedentes:

(...)

(AgRg no REsp n. 1.553.565/DF, Relator Ministro Herman Benjamin, Segunda Turma, julgado em 03.12.2015, DJe 05.02.2016).

(...)

(AgRg no AREsp n. 273.751/RS, Relator Ministro Paulo de Tarso Sanseverino, Terceira Turma, julgado em 20/2/2014, DJe 10.03.2014)

Diante do exposto, DOU PROVIMENTO ao recurso especial, para afastar a interrupção do prazo prescricional".

(STJ, REsp 1.721.167/MG, Rel. Min. Antonio Carlos Ferreira, DJe 01.04.2020)

Reportamo-nos ainda a estes outros julgados do STJ no mesmo sentido: STJ, REsp 1.721.167/MG, Rel. Min. Antonio Carlos Ferreira, DJe 01.04.2020; STJ, REsp 1.703.526/MG, Rel. Min. Ricardo Villas Bôas Cueva, DJe 04.02.2019; STJ, REsp 1.552.640/PR, Rel.

Min. Raul Araújo, DJe 04.12.2018; STJ, REsp 1.528.169/MG, Rel. Min. Antonio Carlos Ferreira, DJe 17.09.2019; STJ, AREsp 1.314.454/SP, Rel. Min. Antonio Carlos Ferreira, DJe 28.11.2018; STJ, REsp 1.408.770/PR, Rel. Min. Ricardo Villas Bôas Cueva, DJe 05.05.2017; STJ, REsp 881.237/MG, Rel. Min. Luis Felipe Salomão, DJe 14/12/2016; STJ, AREsp 816.618/SP, Rel. Min. Marco Buzzi, DJe 07.12.2016; TJ, AREsp 925.746/MG, Rel. Min. Marco Aurélio Bellizze, DJe 08.06.2016; STJ, REsp 1.359.299/MG, Rel. Min. Paulo de Tarso Sanseverino, DJe 12.11.2014.

3.4 Olhar ao direito estrangeiro

A interrupção da prescrição é tratada em cada ordenamento ao seu molde. Todos, porém, assentam-se nos cinco fundamentos da interrupção da prescrição, os quais já dissecamos ao longo deste estudo[30].

Pode-se perceber que, em vários países, a notificação extrajudicial não é admitida como causa interruptiva da prescrição, a exemplo de Canadá, Chile e Portugal.

No Canadá, mais especificamente na região de Québec, o seu Código Civil é mais restritivo que o brasileiro e só admite a interrupção da prescrição mediante a propositura de ação judicial[31]. *Notificação extrajudicial pelo credor não é idônea a tanto.*

No Chile, a solução é similar, conforme art. 2.518 do seu Código Civil: notificação extrajudicial não interrompe prescrição. Só atos de reconhecimento da dívida pelo devedor ou ações judiciais são aptos a tanto na regra geral.

Em Portugal, conforme arts. 323º ao 325º do seu Código Civil[32], a interrupção da prescrição é admitida por ação judicial, por arbitragem ou por reconhecimento da dívida pelo devedor. A única hipótese extrajudicial, portanto, de interrupção da prescrição em Portugal é o reconhecimento da dívida pelo devedor. *Não se admite, pois, a notificação extrajudicial. Nem mesmo o envio de sucessivas cartas é suficiente para interromper a prescrição.* A doutrina portuguesa ratifica isso, conforme esta lição do jurista português Abílio Neto, que se reporta a outros juristas lusitanos e que também cita precedente do Supremo Tribunal de Justiça de Portugal (STJ-Portugal):

> 6. A interrupção resultante do exercício do crédito tem que fazer-se através do acto de carácter judicial (Pessoa Jorge, Obrigações, 1966, 678).
>
> (...)
>
> 11. A interrupção do prazo prescricional, por iniciativa do titular do direito, pressupõe um acto de natureza judicial, que revele a intenção inequívoca de exercício do direito e que seja levado

---

30. (1) o interesse público envolvido na prescrição; (3) a definição do que é exercício da pretensão; (3) o interesse público-privado na pacificação social; (4) a punição ao negligente; e (5) a indução do devedor a vir a juízo.
31. É o disposto nos arts. 2.889 ao 2903 do Código Civil de Québec (Disponível em: http://legisquebec.gouv.qc.ca/en/showdoc/cs/ccq-1991). Sequer há referência ao reconhecimento da dívida pelo próprio devedor como causa interruptiva da prescrição.
32. Disponível em: https://dre.pt/web/guest/legislacao-consolidada/-/lc/106487514/201703311858/73407425/diploma/indice.

ao conhecimento do devedor (cf. 323.º, n. 1 do CC), pelo que *o envio de repetidas missivas, pelo titular do direito ao devedor não é susceptível de interromper o prazo prescricional* (Ana Filipa Morais Antunes, Algumas questões sobre prescrição e caducidade, em anot. ao art. 296.º).
(...)
17. I – A interrupção da prescrição concretiza-se através de actos judiciais (....) (STJ, 15-11-200: AD, 475.º-1067).
(...)
51. I – A prescrição só se interrompe pela citação ou notificação judicial de qualquer acto que exprima, directa ou indirectamente, a intenção de exercer o direito, atenta a regra constante do n.º 1 do art. 323.º do CC. (...).[33]

No Chile, consoante art. 2.518 do seu Código Civil[34], a solução é similar: só ação judicial ou reconhecimento da dívida pelo devedor podem interromper a prescrição. Portanto, notificação extrajudicial não é apta para interromper a prescrição.

Uma visita ao direito de outros países só confirma que a tendência mundial é de que os prazos de interrupção da prescrição sejam admitidos nas hipóteses legais e, conforme expusemos, vários países não admitem a notificação extrajudicial como causa interruptiva.

Isso só corrobora a absoluta inadequação de a doutrina ou a jurisprudência afrontarem a hialina opção legislativa brasileira de, à semelhança de outros países, não admitir a notificação extrajudicial como causa interruptiva da prescrição.

3.5 Considerações finais sobre notificação extrajudicial e interrupção da prescrição

Qualquer julgado que admita uma notificação extrajudicial como causa interruptiva da prescrição incorre em manifesta violação do art. 202 do Código Civil.

De fato, nenhum outro ato, além dos catalogados no art. 202 do CC, são aptos à interrupção da prescrição. Ninguém poderá pleitear a interrupção da prescrição por ter mandado uma mensagem de *Whatsapp* cobrando a dívida, postado no Instagram um manifesto de cobrança, enviado uma carta de cobrança, expedido uma notificação extrajudicial via Cartório ao devedor!

Se o credor negligenciou o seu crédito e deixou de praticar os atos interruptivos elencados na lei, ele não pode onerar o Estado nem o devedor com uma tentativa de dilação do prazo prescricional.

Entretanto, tendo em vista a necessidade de desjudicialização, entendemos ser conveniente a mudança da legislação para se admitir a interrupção da prescrição.

---

33. NETO, Abílio. *Código Civil anotado*. Lisboa: Ediforum Edições Jurídicas; Coimbra: Edições Almedina, 2018. p. 261-265.
34. Disponível em: https://www.leychile.cl/Navegar?idNorma=172986&idParte=8717776.

4. QUESTÃO POLÊMICA: PRAZO DE PRESCRIÇÃO PARA INDENIZAÇÃO

O art. 206, § 3º, V, do Código Civil estabelece que é de 3 anos o prazo de prescrição para "a pretensão de reparação civil".

Parece-nos que a intenção do legislador era clara em submeter qualquer pleito de indenização a esse prazo prescricional. O enunciado 419 das Jornadas de Direito Civil era nesse sentido: *"O prazo prescricional de três anos para a pretensão de reparação civil aplica-se tanto à responsabilidade contratual quanto à responsabilidade extracontratual"*.

Todavia, após longas divergências internas no STJ, o tema foi pacificado em um sentido que, ao nosso sentir, soou inusitado.

Entendeu o STJ que pretensões para obter indenização por dano prescrevem em 3 anos apenas quando decorrer de responsabilidade civil extracontratual por força do art. 206, § 3º, V, do CC.

Se, todavia, originarem-se de responsabilidade civil contratual (ou seja, se tiverem nascido de uma relação contratual entre as partes), o prazo prescricional é de 10 anos por força do art. 205 do CC.

É que a expressão "reparação civil" prevista no inciso V do § 3º do art. 206 do CC não abrange casos de responsabilidade civil contratual. Esta decorreria de um "inadimplemento contratual", termo que não está alcançado pela expressão "reparação civil".

O STJ pacificou esse entendimento após controvérsia havida entre os órgãos fracionários dessa Corte (STJ, EREsp 1281594/SP, Corte Especial, Rel. Ministro Benedito Gonçalves, Rel. p/ Acórdão Ministro Felix Fischer, DJe 23.05.2019).

Está, pois, superado o enunciado 419/JDC, que propunha o contrário.

Parece-nos que o adequado seria o texto do CC ser alterado para reduzir o prazo prescricional da pretensão de indenização por responsabilidade contratual para três anos.

5. QUESTÃO POLÊMICA: PRAZO DE PRESCRIÇÃO PARA REPETIÇÃO DE INDÉBITO

O art. 206, § 3º, IV, do Código Civil estabelece que é de 3 anos o prazo de prescrição para *"a pretensão de ressarcimento de enriquecimento sem causa"*.

Historicamente, a repetição de indébito sempre foi considerada uma espécie de enriquecimento sem causa. Daí surgiu a seguinte discussão: o prazo prescricional para repetição de indébito também seria de 3 anos?

O tema gerou debates no STJ.

Em fevereiro de 2019, a Corte Especial do STJ passou a entender que o prazo prescricional para repetição de indébito é de 10 anos por força do art. 205 do CC. Ficaram, assim, superados precedentes do STJ que encaixavam a repetição de indébito como hipótese de "enriquecimento sem causa" e, assim, escolhiam o prazo de 3 anos previsto no art. 206, § 3ª, IV, do CC. A Corte Especial entendeu que, diante do caráter subsidiário da ação de enriquecimento sem causa, também chamada de ação *in rem verso* (art. 886, CC), não é viável encaixar aí a repetição de indébito, que tem disciplina própria no art. 879 e seguintes do CC e que, portanto, não é abrangida pela subsidiariedade da ação *in rem verso* (EREsp 1523744/RS, Corte Especial, Rel. Min. Og Fernandes, DJe 13/03/2019). Nesse julgamento, o Ministro Herman Benjamin reconheceu que o prazo de 10 anos é muito longo, mas só uma alteração legislativa poderia promover essa redução.

No mesmo sentido, a Corte Especial entendeu ser de 10 anos a prescrição para a repetição de indébito por cobrança indevida de valores referentes a serviços que não contratados de telefonia (STJ, EAREsp 738.991/RS, Corte Especial, Rel. Ministro Og Fernandes, DJe 11.06.2019).

Igualmente, é de 10 anos a prescrição para repetição e indébito por cobrança indevida de tarifas de água e esgoto (Súmula 412/STJ e AgRg no AREsp 32.052/RJ, 2ª Turma, Rel. Des. Convocada Diva Malerbi, DJe 21.03.2016).

Também o STJ aplicou esse prazo prescricional de 3 anos para a repetição de indébito de valores pagos a maior em razão de correção monetária feita em patamar superior ao índice que foi pactuado em um contrato de serviço de funerária (STJ, REsp 1708326/SP, 3ª Turma, Rel. Ministra Nancy Andrighi, DJe 08.08.2019).

Diante desses julgados, entendemos que, em consequência, será de 10 anos o prazo prescricional para repetição de indébito fundada em outros casos de pagamento indevido, como se dá na usual situação de o devedor pagar, em duplicidade, uma dúvida (pagamento duplicado de um boleto bancário, por exemplo).

Por conta dessa orientação atual do STJ, é preciso que a Súmula 547/STJ[35] seja parcialmente modificada para que a repetição de indébito de valores pagos pelo consumidor para custeio de rede elétrica seja de 10 anos, quando inexistir cláusula contratual nesse sentido, de modo que seja mantido a prescrição de 5 anos quando houver cláusula.

Igualmente, estão superados os seguintes julgados da 2ª Seção do STJ:

a) STJ, EREsp 1351420/RS, 2ª Seção, Rel. Min. Marco Aurélio Bellizze, DJe 02.09.2016: entendeu que prescreveria em 3 anos a pretensão de reaver valores pagos a maior em razão de reajuste do plano de saúde baseado em cláusula contratual nula, por inexistir, obviamente, previsão expressa de restituição de valor no contrato na hipótese de invalidade;

b) STJ, REsp 1551951/SP, 2ª S., Rel. Min. Paulo de Tarso Sanseverino, DJe 06.09.2016: fixou que prescreveria em 3 anos a pretensão de reaver valores pagos a título de comissão de corretagem quando essa comissão não foi claramente informada ao consumidor mediante destaque do valor,

---

35. Súmula 547/STJ: "Nas ações em que se pleiteia o ressarcimento dos valores pagos a título de participação financeira do consumidor no custeio de construção de rede elétrica, o prazo prescricional é (...) de cinco anos se houver previsão contratual de ressarcimento e de três anos na ausência de cláusula nesse sentido".

pois isso, além de se basear de cláusula nula ou de não se basear em cláusula alguma (não há causa jurídica), representa repetição de indébito por conta de enriquecimento sem causa sem previsão expressa de restituição no contrato.

c) STJ, REsp 1551951/SP, 2ª S., Rel. Min. Paulo de Tarso Sanseverino, DJe 06.09.2016: fixou, como abusiva, a cobrança de Serviço de Assessoria Técnico-imobiliário (SATI) vinculado a promessas de compra e venda de imóvel perante o consumidor, de modo que a pretensão para a restituição desse valor seria de três anos.

Entendemos que o STJ procedeu corretamente. O direito brasileiro separou a repetição de indébito das hipóteses de enriquecimento sem causa. Todavia, é longo um prazo de 10 anos. Convém, pois, mudança legislativa para reduzir para 3 anos o prazo prescricional da pretensão de repetição de indébito.

6. CONCLUSÃO E REFLEXÕES SOBRE MUDANÇAS LEGISLATIVAS

Em matéria de prescrição e decadência, o Código Civil merece aplausos durante esses 20 anos de existência. Há, porém, pontos que merecem alteração.

Apontamos a necessidade de mudança legislativa para admitir a notificação extrajudicial como marco interruptivo da prescrição e para reduzir os prazos prescricionais nos casos de responsabilidade civil contratual e de repetição de indébito.

Além disso, é preciso levantarmos reflexões sobre a conveniência de reduzir mais ainda os prazos prescricionais como um todo. Os tempos atuais cavalgam nas asas velozes da Internet e da velocidade das informações. Prazos eternos de prescrição são incompatíveis com a segurança jurídica.

Foi sob esse espírito moderno que Porto Rico editou um novo Código Civil no ano de 2020. O prazo prescricional foi reduzido brutalmente. Por exemplo, o prazo ordinário de prescrição (aquele que se aplica quando não há prazo diverso) é de 4 anos, e o prazo prescricional na responsabilidade civil extracontratual é de 1 ano. No Brasil, o nosso prazo ordinário é de 10 anos, e o prazo prescricional na responsabilidade civil extracontratual é de 3 anos. Convém refletirmos sobre a extensão dos nossos prazos prescricionais e sua compatibilidade com os novos Tempos.

II
DIREITO DAS OBRIGAÇÕES

7
AS SITUAÇÕES *PROPTER REM* NO DIREITO CIVIL BRASILEIRO DO SÉCULO XXI

Roger Silva Aguiar

Doutor em Direito Civil. Presidente Administrativo da Academia Brasileira de Direito Civil. Membro do Conselho Consultivo da Academia Sino-Lusófona da Universidade de Coimbra. Pesquisador do Instituto da Banca, Bolsa e Seguros, da Faculdade de Direito da Universidade de Coimbra/Portugal. Membro da Ius Civile Salmanticense – Salamanca. Promotor de Justiça do Estado de Minas Gerais.

Sumário: 1. Introdução – 2. Das obrigações *propter rem* e com eficácia real, e do ônus real – 3. As despesas condominiais e o pagamento, pelo adquirente, das dívidas deixadas pelo antigo proprietário – 4. A obrigação de contribuir para a manutenção das atividades da associação administradora de loteamento com acesso controlado – 5. A atribuição do caráter *propter rem* às obrigações ambientais – 6. O fundamento das situações *propter rem* na realidade jurídica brasileira hodierna – 7. Conclusão.

1. INTRODUÇÃO

O estudo do envolvimento das obrigações com os bens proporciona, àqueles que nele se aventuram, o curioso paradoxo de se revestir de uma aparente facilidade, diante da fartura – uma verdadeira cornucópia – de estudos e análises sobre o tema, aliada a uma intrincada complexidade, decorrente da quase absoluta ausência de unanimidade, na doutrina, sobre qualquer ponto da matéria.

In Vero, falar sobre esta temática é prelecionar sobre a divergência: o conceito ou terminologia, a extinção da obrigação *propter rem*, através da renúncia ou abandono do bem, passando por seu conteúdo e características fundamentais, tudo foi discutido e rediscutido pela doutrina, surgindo do debate uma enorme miríade de entendimentos e opiniões.

Isso se dá, aparentemente, porque a temática é mais uma "vítima" da segunda diretiva do pensamento cartesiano que determina a divisão, com a consequente identificação e rotulação, dos elementos a serem examinados, em tantas parcelas quantas seja possível, de forma a facilitar sua análise e compreensão.

O Direito que se mostra, no ramo das ciências humanas, aquela que se constrói da forma mais racional e lógica possível, cede muito fácil a tal orientação e se fraciona continuamente. Por exemplo, de seus ramos principais – público e privado – para o direito civil; do direito civil para os direitos obrigacionais e os direitos reais; os direitos obrigacionais em obrigações de dar, fazer ou não fazer; as obrigações de dar, em dar coisa certa e dar coisa incerta. Sempre no intuito de encontrar a partícula mais simples e, assim, facilitar seu estudo.

Ao lado desse método de estudo, está também o insofismável positivismo extremado que se fez presente no direito privado brasileiro, ao longo de todo o século XX, e que ainda hoje informa muito do estudo doutrinário civilista, mediante o qual se tenta explicar o instituto exclusivamente à luz da Lei ou, ainda pior, imagina-se que um instituto somente existe porque foi criado por aquela. Em outras palavras: a realidade jurídica é fruto da Lei e, se não está na Lei, então não existe.

Não se leia nas palavras acima um desprezo pelo método enquanto instrumento científico ou, em outro turno, pela Lei e seu papel no desenvolvimento e na aplicação dos institutos jurídicos.

Ocorre, entretanto, que nem sempre a realidade se deixa apresar com tal pragmatismo, ou depende do processo legislativo para existir. Esta dissonância se faz sentir justamente em temas como este, em que não se observam padrões definidos, absolutamente distintos, mas um dégradé de um instituto para o outro.

No afã de identificar e catalogar, muitos doutrinadores se socorrem da figura do hibridismo, com a qual mantêm o objeto de estudo dentro das categorias já fixadas – ainda que muitas vezes, na verdade, se crie uma nova figura. Desta estratégia resulta que toda a análise escorrerá por esta "terceira via", tornando a investigação um mero diletantismo.

Todo este trabalho, entretanto, que obviamente possui importância do ponto de vista científico, converte-se em nocivo, quando se torna um fim em si mesmo. Neste momento, a doutrina deixa de estar preocupada, por exemplo, em examinar um instituto e compreender o seu funcionamento, de forma a permitir o seu melhor emprego e seu possível aperfeiçoamento – aqui incluindo novas hipóteses de uso – para simplesmente criar teorias e mais teorias que muito pouco, ou verdadeiramente nada, contribuem para tais propósitos, preocupando-se como Narciso, à beira do lago, com a sua própria beleza. Em tal descaminho, sequer o Positivismo, ao qual se fez menção, resiste: se necessário for, se "tortura" a Lei, para fazer caber nela o que doutrinariamente se anseia.

O estudo dos institutos que compreendem o envolvimento da "obrigação" com a "coisa" – assim referenciados, da forma mais despida possível, para que o leitor possa situá-los na vida real – sem dúvida padeceu de muitos dos vícios acima vislumbrados.

O presente artigo, que tem por mote adicional, mas não menos importante, a proposta de examinar o tema à luz do novo Código Civil brasileiro, pretende tomar um caminho um pouco diverso, adotando a solução kierkegaardiana quando examina a questão do Amor. Søren Kierkegaard, filósofo que está nas origens do existencialismo, chegando a ser considerado o "pai" desta corrente filosófica, recusando-se a examinar o Amor sob o prisma metafísico, escreve o livro "As Obras do Amor", no qual trata das consequências práticas que podem advir da presença do amor na existência humana.

Nesta esteira, ainda que sem prescindir de uma primeira seção, na qual se cotejará a diferença entre institutos que guardam a natureza de situações *propter rem* – com o único intuito de auxiliar o leitor a compreender as ponderações que se seguirão – o presente trabalho pretende examinar as "obras" de tais institutos, sobretudo no ambiente fático-jurídico brasileiro iluminado pelo Código Civil de 2002.

Evitar-se-á a menção de correntes doutrinárias e de painéis de teorias – o que em muitos casos se torna enfadonho – as quais podem ser facilmente encontradas na literatura acadêmica de bom naipe, para se tentar alcançar os interesses em concreto que estão por trás do uso dos institutos no contexto atual, em situações tais como o pagamento de contribuições condominiais ou do ressarcimento de danos ao meio ambiente.

Seguindo esta linha, o cotejo da Lei não se fará de forma a forçar um encaixe quando a realidade assim não o permita. Ao contrário, tentar-se-á auferir da realidade os vínculos com o estatuto legal e, principalmente, os propósitos que levaram a ele.

Por fim, não se recorrerá também, senão quando indispensável, aos ensinamentos da doutrina estrangeira sobre o tema ou ao comparatismo legal, para que não se prejudique a visão dos institutos no ambiente brasileiro nestas duas primeiras décadas do Século XXI, atento ao fato de que a presente obra se faz, justamente, em comemoração ao Código Civil de 2002.

2. DAS OBRIGAÇÕES *PROPTER REM* E COM EFICÁCIA REAL, E DO ÔNUS REAL

As três figuras guardam, de alguma forma, um enleamento dos direitos reais e obrigacionais.

Nenhuma surpresa deveria advir do fato desses direitos se entrelaçarem e possuírem este especial relacionamento, em se considerando que ambos pertencem a um universo maior: os direitos patrimoniais – ambos possuem, em sua natureza, como pedra fundamental, a economicidade[1].

Ainda que pareça óbvia tal consideração, a verdade é que muitas das análises doutrinárias feitas sobre os institutos *sub examen* deixam em segundo plano tal realidade ou, ainda pior, simplesmente a ignoram, prendendo-se a questões mais próximas da dogmática de cada uma das aludidas espécies de direitos. Ao assim fazer, desconectam-se as situações *propter rem* da realidade prática, de sua razão de existir, qual seja, a gestão dos bens econômicos e a dissolução de possíveis conflitos[2].

Faz parte também desta última forma de enxergar os institutos uma curiosa prevalência dos direitos reais sobre os direitos obrigacionais, quando se cuida de estabelecer as características das chamadas "figuras híbridas". Neste sentido, talvez

---

1. "Por direito civil patrimonial, entende a doutrina o conjunto das normas que disciplina, rege ou regulamenta os fins econômicos das pessoas ou, melhor, as actividades sociais pelas quais se realizam os fins econômicos, susceptíveis de avaliação pecuniária, da pessoa e se organiza a estrutura económica da sociedade". SILVA, João Calvão da. *Cumprimento e sanção pecuniária compulsória*. Coimbra: Almedina, 2007. p. 20.
2. Ibidem.

porque o direito obrigacional possua um caráter de maior flexibilidade ou porque o direito real guarde o efeito *erga omnes*, no momento de se decidir sobre questões como o conteúdo ou a autonomia da vontade para a criação de novas obrigações *propter rem*, por exemplo, a doutrina pende sempre para atribuir-lhe traços semelhantes àqueles observados nos direitos reais.

Dos três institutos em foco, o mais afamado é, sem dúvida, a obrigação *propter rem*, apesar de o terceiro – os ônus reais – estarem ligados, entre outras hipóteses, aos direitos reais de garantia, estes também extremamente conhecidos. As obrigações com eficácia real guardam seus exemplos na lei brasileira, mas pouco numerosos e mesmo eles não se mostram pacíficos em outros sistemas jurídicos, como o português por exemplo[3].

A obrigação *propter rem* não exige um esforço de elaboração de um conceito, vez que a doutrina apresenta os mais variados modelos – desde os mais concisos e simples até aqueles que buscam cercá-la em todas as suas possíveis formas. Dentro deste universo, pinçar-se-á o conceito formulado por Serpa Lopes, que oferece um panorama adequado do instituto, sem um exagerado rebuscamento: "Como a própria denominação o indica, são obrigações cuja força vinculante se manifesta, tendo em vista a situação do devedor em face de uma determinada coisa, isto é, quem a ela se vincula o faz em razão de sua situação jurídica de titular do domínio ou de uma relação possessória sobre uma determinada coisa, que é a base desse débito.".[4]

A feliz definição de Serpa Lopes traz em si o principal fundamento das obrigações *propter rem* que, por se estender também aos demais institutos *sub examen*, será tratado após as respectivas conceituações.

As palavras iniciais do texto supra transcrito – "Como a própria denominação o indica ..." – já se mostram importantes para a fácil compreensão do instituto e deixa entrever o quão importante se mostra a mantença da designação *propter rem* – a obrigação "própria da coisa"[5].

Efetivamente, deixando de lado tergiversações que pretendem imaginar tal expressão com o significado de "débito que pertence à coisa" ou uma obrigação "que a coisa possui", mas sim tomando-a pelo sentido mais simples – que os autores me-

---

3. JARDIM, Mônica, Direitos reais versus direitos pessoais: a eficácia real de direitos pessoais – actualidades civilísticas *Revista de direito civil contemporâneo*, v. 19, p. 301-306, Rio de Janeiro: Ed. RT, abr./jun. 2019.
4. LOPES, Miguel Maria de Serpa. *Curso de direito civil*. Rio de Janeiro: Freitas Bastos, 2000. v. II, p. 46.
5. Esta obviamente uma tradução livre do latim e também a mais corriqueiramente encontrada na doutrina. Faz-se esta observação quanto à mantença da designação, porque as obrigações *propter rem* são conhecidas por uma plêiade de outras designações, tais como "in rem", "in rem scriptae", "intra rem", "obrigação rem", "rei coherens", "quod rem", "obrigação puramente real", "semirreal", "ambulatória", "inerente à posse", "em razão da coisa", "dever jurídico de causa real", "ad rem", "obrigações reais", "ambulant cum domino", "ambulante cum dominio" e "ob rem". Ainda que tais referências possuam, cada uma delas, um fundamento lógico e percuciente, é de se indagar se uma tão rica terminologia efetivamente favorece ou mais prejudica o aprimoramento do instituto.

dievais[6] provavelmente pretenderam fixar – a obrigação de algum modo se conecta com a coisa, por assim dizer "veste" a coisa, faz parte dela.

O olhar viciado pela metodologia científica, que tudo pretende classificar e diferençar, talvez não permita compreender o que os romanos já pressentiam e o que os autores medievais identificaram em seus trabalhos: a obrigação, embora uma criação que existe exclusivamente no mundo intelectual humano, é também um bem, uma riqueza, que pode se incorporar à coisa como outros bens o fazem.

Nesta mesma esteira, está o segundo instituto, diferençando-se tão somente o grau pelo qual a obrigação se mostra vinculada à coisa: se na obrigação *propter rem* a obrigação como que faz parte visceral da coisa, nas obrigações com eficácia real ela se vincula à coisa para lhe conferir um adorno, uma coloração diferente.

Para que não se delongue por demasiado este introito conceitual, nas obrigações com eficácia real, ao reverso das obrigações *propter rem*, é o direito real que reveste a obrigação com algum de seus efeitos, dando-lhe um novo colorido – direito obrigacional e direito real permanecem imbricados, mas agora é aquele que se beneficia deste.

Em assim sendo, nas obrigações com eficácia real o vínculo obrigacional assume uma das principais características do direito real – a oponibilidade perante terceiros – tendo obviamente uma coisa envolvida neste contexto.

A hipótese mais comumente utilizada para exemplificar, no direito brasileiro, a obrigação com eficácia real é a constante do artigo 576 do Código Civil, qual seja, o contrato de locação registrado com cláusula de vigência que obriga o comprador do imóvel a respeitar a avença locatícia.

Observe-se que, neste caso, cria-se artificialmente entre a obrigação e o imóvel, objeto da locação, um vínculo que, do ponto de vista de sua existência, nada tem a ver com ele.

Por fim, os ônus reais que, em sua conceituação, trazem a adicional dificuldade de ser uma terminologia que, muitas vezes, é empregada de forma indiscriminada no universo jurídico brasileiro, inclusive para designar também os dois institutos anteriores.

O Código Civil brasileiro, entretanto, não incorre neste vício e emprega o termo de forma predominante para indicar os deveres que emanam dos direitos reais de garantia e os direitos reais sobre coisa alheia[7].

---

6. Apesar da expressão vir em latim e a contrário sensu do que se poderia imaginar inicialmente, o direito romano não cunhou a designação "obrigações *propter rem*", embora possuísse exemplos das mesmas, em número limitado, em sua estrutura jurídica, tendo o nome surgido durante a Idade Média, conforme leciona José Caros Moreira Alves: "As obrigações ambulatórias, ou obrigações com sujeito variável, ou obrigações *ob* ou *propter rem* (denominação esta criada pelos autores medievais, pois não há nos textos romanos nome específico para essa modalidade de obrigações) são ...". ALVES, José Carlos Moreira. *Direito romano*. v. II. Rio de Janeiro: Forense. p. 27.
7. Completam este quadro os tributos que têm por fato gerador a titularidade de um direito real, como o IPTU ou o ITR. Neste sentido, esclarece Milena Donato: "No direito brasileiro, os tributos cujos fatos geradores

Contribui para esta confusão o fato de que, muitas vezes, a doutrina importa a concepção estrangeira sobre os ônus reais, sobretudo alemã, que a vincula à figura da renda constituída sobre bens imóveis, locada anteriormente no artigo 674, inciso VI, do Código Beviláqua, e que hoje foi deslocada para o artigo 804, do novo Código Civil. Em sua nova configuração, tendo deixado de ser nominada como um direito real, a renda constituída sobre bens imóveis requer o registro para lograr efeito erga omnes, aproximando-se assim do instituto anteriormente estudado – as obrigações com eficácia real.

Nesta esteira, alguns autores vislumbram que a figura do ônus reais teria desaparecido do nosso sistema jurídico, o que não coaduna exatamente com a leitura do Código Civil de 2002, que utiliza a expressão, conforme acima mencionado, em diversos outros dispositivos[8].

O ônus real caracteriza-se como o dever que reduz, ao titular de um direito real, o aproveitamento econômico que poderia auferir do bem. Como exemplo, o nu-proprietário, que se vê obrigado a respeitar o direito do usufrutuário, ou o proprietário de bem hipotecado, que está jungido a garantir o pagamento da dívida com seu imóvel.

Em sendo algo que também pertence à natureza do direito real ao qual está vinculado, o ônus real pode soar ao leitor como muito semelhante à obrigação *propter rem*, vez que esta, de certa forma, também reduz o aproveitamento econômico do bem – um *quid pro quo* que a muitos ocorre.

Contudo, sobeja como certo que as situações jurídicas apresentadas como sendo um ônus real, não podem ser confundidas com a obrigação *propter rem*[9], uma vez que, para tanto, seria necessário que houvesse a entrega de uma prestação – elemento essencial da obrigação, em qualquer teoria que se adote – o que efetivamente não ocorre no primeiro.

Para que se aclare tal afirmação, basta que se observe a situação do adquirente do imóvel hipotecado: este não adquire a dívida hipotecada – está apenas jungido a garanti-la. Portanto, não incumbe a ele pagar a dívida, entregando a prestação de dar, mas caso esta não seja paga, o imóvel que está sob seu domínio será levado à execução para o pagamento. Neste sentido, salta aos olhos que o terceiro adquirente do imóvel hipotecado não pratica uma conduta positiva, mas tão somente se vê na

---

consistem na titularidade de um direito real ou cuja determinação do sujeito passivo se dá pela titularidade de um direito real, podem ser considerados ônus reais. Isso porque oneram, gravam a coisa, nela permanecendo independentemente das mutações subjetivas que se operem na situação jurídica subjetiva real. Ou seja, os débitos fiscais, por si só, não se autonomizam, isto é, não dão ensejo a obrigações autônomas, não tendo condão de se incorporarem ao patrimônio de um dado devedor, mas aderem à coisa, daí sua ambulatoriedade". OLIVA, Milena Donato. A responsabilidade do adquirente pelos encargos condominiais na propriedade horizontal. *RTDC*, v. 26, p. 86, Rio de Janeiro: Padma, abr./jun. 2006.

8. Arts. 978, 1.105, 1.474, 1.647, I, 1.687 e 1.691, do Código Civil 2002.
9. O que não afasta, obviamente, a possibilidade de se titular os ônus reais como uma *situação* jurídica *propter rem*, diante da sua vinculação com a coisa e a ambulatoriedade, características que ela comunga com os demais outros dois institutos.

situação de aceitar que seu imóvel seja arrecadado para o pagamento – o ônus real é a face reversa do direito real de garantia.

Este vínculo com a coisa é tão forte que, conforme anota Varela, alguns autores como Pothier e Duncker, bebendo da fonte romana sobre o tema, afirmam que é a coisa quem deve e não o obrigado[10], algo que hoje seria considerado um verdadeiro anátema[11].

Para espancar de forma definitiva qualquer dúvida, mencione-se uma característica bem distinta entre os dois institutos: uma vez descumprida a obrigação *propter rem*, o devedor responderá com todo o seu patrimônio. No tocante ao ônus real, o cumprimento do dever somente poderá contar com o próprio bem para satisfazê-lo – assim ocorre, por exemplo, na hipoteca, em que a garantia se restringe ao pagamento da dívida garantida pelo bem, ou no IPTU, cuja a execução não extrapola o valor do imóvel tributado.

Os três institutos possuem dois traços em comum: (i) tem como pedra fundamental um direito real/posse de algum bem; (ii) seguem a coisa, característica que lhes valeu a designação de ambulatórios.

Quanto à primeira característica, é de se crer que ela se mostra inconteste. O espeque em um direito real/posse é, por assim dizer, o núcleo fundamental das situações *propter rem*.

No que diz respeito à segunda, muito se discutiu quanto à sua efetiva existência, mormente em dois temas ligados às obrigações *propter rem*: a transmissão das dívidas resultantes de encargos condominiais surgidos antes da transmissão do direito de propriedade e do débito originário do dever de reparação de danos ao meio ambiente – situações jurídicas que serão, a seguir, mais amiúde joeiradas.

Agora, entretanto, incumbe esclarecer a ambulatoriedade do segundo instituto, diante do fato de que, nela, é a obrigação que exerce o papel principal e esta se vê transmitida por força da eficácia real.

De forma a facilitar a compreensão, observe-se o exemplo dado para as obrigações com eficácia real: o contrato de locação registrado com cláusula de vigência que obriga o comprador do imóvel a respeitar a avença locatícia. Neste caso, uma vez tendo adquirido o imóvel sobre o qual recai a cláusula de vigência com eficácia real, o comprador se vê obrigado a respeitar a locação. Agora, imagine-se que o imóvel, ainda dentro da vigência deste contrato, novamente seja vendido: neste caso, é inelutável reconhecer que a obrigação de respeitar o contrato se manterá e, mais

---

10. "Ipsi praedia non personas conveniri" (D., 39, 4, 7, pr.); "non personae, sed locorum munera sunt (D., 50, 4, 14, 2). VARELA, João de Matos Antunes. *Das obrigações em geral*. Coimbra: Almedina, 2000. v. I, p. 102.
11. Mostra-se muito pertinente a consulta à obra de Varela sobre este tema, vez que a evolução do uso da terminologia "ônus real" apresentou, em Portugal, uma evolução muito semelhante à do Brasil. VARELA, João de Matos Antunes. *Das obrigações em geral*. Coimbra: Almedina, 2000. v. I, p. 102.

uma vez, aquele que é o novo detentor do domínio sobre a coisa, se verá jungido a respeitar o arrendamento.

Antes que se passe ao exame do uso dos institutos no mundo concreto, ou seja, na prática negocial e nas decisões dos Tribunais, incumbe chamar a atenção para o cuidado que se teve até o presente momento de se utilizar a designações "coisa", "bem" e semelhantes, evitando-se a vinculação dos institutos simplesmente ao direito de propriedade. Isso se fez em prol de um cuidado que alguns doutrinadores não observam e que, de forma louvável, está na definição de Serpa Lopes, qual seja, não restringir a aplicação dos institutos, vez que a obrigação *propter rem* pode vir a se aplicar também às relações possessórias[12].

Sem que se perca de vista os elementos considerados neste sucinto painel conceitual, avançar-se-á agora para as obras concretas dos institutos, no contexto prático jurídico brasileiro, sobretudo após a edição do Código Civil de 2002.

Para tanto, serão examinadas algumas questões que suscitaram controvérsias no uso dos institutos neste período: a questão do pagamento, pelo adquirente, das dívidas condominiais deixadas pelo antigo proprietário, no condomínio tradicional e na multipropriedade; a obrigação de contribuir para a manutenção das atividades das associações de moradores nos chamados loteamentos fechados e a atribuição do caráter de *propter rem* às obrigações ambientais.

Tal estudo denotará que a feição das situações jurídicas *propter rem* vem se alterando, ganhando características diversas, não podendo mais serem tratadas nas estreitas linhas dogmáticas tradicionais. Esta mudança se faz por força de um movimento que não se restringe ao campo dos institutos ora estudados e que refletem uma nova fisionomia da sociedade contemporânea.

3. AS DESPESAS CONDOMINIAIS E O PAGAMENTO, PELO ADQUIRENTE, DAS DÍVIDAS DEIXADAS PELO ANTIGO PROPRIETÁRIO

Para que se compreenda a questão que envolve a aplicação do instituto da obrigação *propter rem* no tema das despesas condominiais, mostra-se necessária uma pequena retrospectiva da evolução legislativa sobre este tema.

Em 1964, com a Lei 4.591, artigo 4º, o Brasil adotou a posição de que "o adquirente de uma unidade responde pelos débitos do alienante, em relação ao condomínio, inclusive multas", atribuindo a esta espécie de obrigação, portanto, o caráter *propter rem*.

O referido dispositivo foi alterado pela Lei 7.182, de 27 de março de 1984, tendo assumido um conteúdo absolutamente diferente do anterior: "A alienação ou

---
12. Cuidado semelhante se encontra, por exemplo, nos trabalhos publicados por Milena Donato sobre o tema: "A obrigação *propter rem*, também denominada obrigação real, mista, *ob rem*, *in rem* ou *rei cohaerens*, origina-se da titularidade de uma situação jurídica real ou possessória". OLIVA, Milena Donato, Apontamentos acerca das obrigações propter rem. *Revista de direito da cidade*, v. 09, n. 2. p. 582. Rio de Janeiro: UERJ, 2017.

transferência de direitos de que trata este artigo dependerá de prova de quitação das obrigações do alienante para com o respectivo condomínio".

Percebe-se nesta modificação, sem muito esforço, que a Lei abandonou o propósito de imputar às dívidas condominiais, existentes ao tempo da alienação, o caráter *propter rem* para, na verdade, impedir a alienação do imóvel, na hipótese de sua existência – infere-se da leitura que o alienante deveria primeiro saldar suas dívidas com o condomínio para somente depois prosseguir com a venda.

Incumbe anotar que, apesar clareza do texto legal, ele não alterou em nada as decisões referentes à matéria, pois o Judiciário manteve o entendimento anterior, outorgando às dívidas condominiais o caráter *propter rem*.

No ano seguinte, mais precisamente em dezembro de 1985, a Lei 7.433, em seu art. 2º, § 2º, dispôs sobre a prova de quitação dos débitos condominiais por parte do alienante, dispositivo que veio desempenhar um importante papel nas discussões sobre a matéria.

Por fim, o Código Civil de 2002, em seu artigo 1.345, retomou a orientação da Lei 4.591/64 e novamente outorgou à dívida condominial, de forma expressa, a natureza *propter rem*: "O adquirente de unidade responde pelos débitos do alienante, em relação ao condomínio, inclusive multa e juros moratórios".

In Vero, a dívida condominial – e aqui obviamente se cuida do débito referente aos encargos condominiais e não das obrigações de fazer ou não fazer, sobre as quais não pesa qualquer dúvida – aparentemente se amoldam ao instituto das obrigações *propter rem*: surgem a partir da titularidade de um bem imóvel e devem seguir nas mãos daqueles que o adquirem.

Contudo, quanto à ambulatoriedade, desenvolveu-se uma divergência na doutrina: três correntes doutrinárias se formaram no tocante à possibilidade de transferência da dívida condominial já constituída. Ao ver de alguns, apenas as obrigações de fazer ou não fazer poderiam ser consideradas ambulatórias, não possuindo as demais tal característica. Uma segunda corrente entendia que, uma vez constituída, a obrigação passava a integrar o patrimônio do devedor (alienante), não sendo mais possível a sua transferência.

No Brasil, a primeira corrente não logrou defensores. A segunda, ora já superada, teve alguma ressonância a partir de uma interpretação do artigo 502, do novel Código, que assim dispõe: "O vendedor, salvo convenção em contrário, responde por todos os débitos que gravem a coisa até o momento da tradição.". Manejando o artigo 502 de forma isolada, esta corrente afirmava que o novo Código havia "se filiado àqueles que sustentam que o titular de uma situação jurídica subjetiva real só é responsável pelos débitos *propter rem* que se constituírem no período de sua titularidade."[13]

---

13. OLIVA, Milena Donato. Apontamentos acerca das obrigações propter rem. *Revista de direito da cidade*, v. 09, n. 2. p. 590. Rio de Janeiro: UERJ, 2017.

Para tentar harmonizar seu entendimento com o disposto no artigo 1345, defendia esta parte da doutrina que o alienante continuava como titular da obrigação e da dívida, no que dizia respeito aos débitos condominiais, tornando-se o adquirente somente responsável pelo débito, podendo regredir contra o alienante, caso viesse a saldá-lo. De acordo com tal raciocínio, o artigo 1345 teria criado não mais que um "expediente processual" pelo qual o adquirente do imóvel também passaria a responder pelo débito, o que permitiria, inclusive, que o condomínio acionasse diretamente o alienante.

Uma leitura mais detida de ambos os dispositivos supra mencionados, entretanto, não leva às conclusões obtidas pela aludida corrente doutrinária.

Ab initio, aqueles que utilizam o artigo 502 do Código Civil para defender a teoria de que, ao ser constituído, o débito se agrega ao patrimônio do alienante, acrescentam nele uma proposta que, aparentemente, não está em sua redação, qual seja, a de que só alienante – a exclusão de qualquer outro – responde pelas dívidas que gravam o imóvel no momento de sua alienação. Entretanto, o que verdadeiramente se aufere da leitura do artigo 502, é que o alienante não pode se escusar do pagamento das dívidas já existentes, em virtude de ter alienado o bem, já que ele é o interessado final da dívida. Isso não obsta, todavia, que outros possam vir a assumir a obrigação juntamente com ele.

Por outro lado, cabe considerar que o artigo 502 está inserido nas disposições gerais da compra e venda, aplicável desta forma a todas as espécies de bens, possuindo um caráter geral. Nesta esteira, o aludido dispositivo não está em dissonância com o disposto no artigo 1345, este último uma norma especial atinente aos bens imóveis em condomínio.

Por fim, a simples imputação da responsabilidade ao adquirente aproximaria este da figura de um mero garantidor, deixando a situação jurídica observada mais próxima dos ônus reais do que, propriamente, das obrigações *propter rem*.

Nesta hipótese, entretanto, o quadro final não se coadunaria com a compreensão firmada na jurisprudência, no sentido de que o adquirente responde com todo seu patrimônio pelo débito, não estando limitado ao valor do bem. Se entendido como responsável ou garantidor, a limitação seria o caminho mais justo e lógico, à semelhança do que ocorre nos direitos reais de garantia – mas não é isso que ocorre no mundo real.

Nesta última ponderação, por sinal, encontra-se a dificuldade que não permitiu à aludida teoria vicejar no universo jurídico brasileiro: a jurisprudência brasileira, atualmente, ao utilizar o instituto da obrigação[14] *propter rem*, tem como propósito justamente fazer com que a obrigação, já constituído o débito ou não, seja transferida ao adquirente – em outras palavras, o efeito ambulatório é, em tais casos, amplificado pelas Cortes brasileiras.

---
14. Vide nota 36.

Imaginar expedientes que se prestam tão somente para justificar teorias que não se coadunam com a realidade legislativa ou com as manifestações judiciais, termina por se constituir na conhecida "introdução de hipóteses ad hoc", condenadas por Popper ao falar do desenvolvimento da ciência[15].

O entendimento no universo jurídico brasileiro, portanto, é no sentido de que o novo titular responde pelas obrigações, não importando a sua natureza, nascidas antes mesmo de sua titularidade, conforme se observará nas conclusões do presente trabalho.

Por fim, cabe observar que a Lei brasileira possui instrumentos suficientes, sem que seja necessário se recorrer a malabarismos, para explicar, de forma lógica e coerente, o fato de o adquirente responder com o alienante pelos débitos que lhe são transmitidos pelo caráter *propter rem* dos débitos condominiais.

Neste sentido, no contrato em que concretizam a compra e venda, alienante e adquirente concordam, à luz do que impõe o artigo 1345, que este último se torna codevedor dos débitos de natureza condominial que porventura existam até aquele momento. Por outro lado, de acordo com a jurisprudência produzida pós Código Civil de 2002, cabe ao credor – o condomínio – decidir de quem deseja cobrar, sendo o regresso pela totalidade em favor do adquirente, caso seja ele o executado, vez que a dívida interessa exclusivamente ao alienante, em razão do artigo 502.

Sem muito esforço se percebe, na situação descrita, todos os contornos do instituto da solidariedade, ainda que a lei não a tenha expressamente fixado[16].

Esta constatação é tão patente que o Legislador, ao disciplinar a mesma situação no âmbito da multipropriedade, cuidou de nomeá-la explicitamente, impondo a solidariedade entre o adquirente e o alienante.

Talvez o mais importante para o entendimento desta questão seja relevar o "porquê" da imputação da natureza *propter rem* às dívidas dos encargos condominiais.

Esta pergunta não se faz obviamente para perquirir sobre as boas intenções do legislador no sentido de criar um ambiente social justo – ainda que estas provavelmente também existam – mas sim no sentido de averiguar qual a função desempenhada pela obrigação *propter rem* que sugeriu ao legislador o uso do instituto ou, em outras palavras, qual o efeito que se buscou atingir e por que ele é necessário?

---
15. POPPER, Karl R. *A lógica da pesquisa científica*. São Paulo: Cultrix, 2008. p. 39-40.
16. Ocorre aqui um fenômeno interessante: alienante e adquirente, ao firmarem o negócio jurídico, dotam-no de características, por força do disposto nos artigos 502 e 1345 do Código Civil, que impõe a solidariedade. A solidariedade convencional não exige, para sua adoção, a utilização de expressões cristalizadas, podendo decorrer dos contornos do negócio jurídico, conforme ensina Guilherme Calmon (GAMA, Guilherme Calmon Nogueira da. *Direito civil*: obrigações. São Paulo: Atlas, 2008. p. 166). Embora se concretize no momento em que é entabulado o negócio jurídico, a solidariedade em tal caso é fruto, na verdade, do somatório dos dispositivos contidos nos artigos 502 e 1345 do Código Civil. Em última análise, portanto, a imposição da solidariedade é feita pela Lei, ainda que não o faça de forma expressa.

Averiguar este ponto se torna ainda mais importante ao se observar que, em um dado período, a opção foi diversa: entre 1984 e 2002, na revogação/alteração do parágrafo único do artigo 4º da Lei 4.591/64, o legislador optou por impedir que a alienação ocorresse, enquanto as dívidas condominiais existissem. Em outras palavras, naquele período, os débitos condominiais acumulados pelo alienante não se transmitiam, simplesmente porque a venda não podia ocorrer.

Não obstante a referida proibição ainda se mantenha, o Código Civil de 2002 restaurou o parágrafo revogado, com a mesma redação, impondo o caráter *propter rem* à dívida condominial. Por quê?

Aparentemente, porque a proibição sobejou absolutamente vazia, diante da disciplina introduzida pela Lei 7.433: despido do poder de fiscalizar as compras e vendas das unidades que o constituem, vez que o alienante podia fornecer a declaração de inexistência de débito condominial, o condomínio sobejava indefeso diante de uma declaração falsa emitida por aquele e, não existindo o caráter *propter rem*, lhe restava, muitas vezes, tão somente arcar com a dívida, diante da partida do ex-condômino/devedor[17] e a possível boa-fé do adquirente.

Assim sendo, mostrou-se imprescindível o retorno do dispositivo que imputava ao adquirente a obrigação de pagar os encargos condominiais deixados pelo alienante, em conjunto com este último, com vista a salvaguardar o equilíbrio da comunidade condominial.

Importante observar que, pela primeira vez em sua história, a obrigação *propter rem* teve por foco não apenas aqueles que circundavam a propriedade (fronteiriços ou não), mas a uma comunidade de pessoas – o condomínio – não simplesmente reunidas em torno e por força do imóvel, mas sobretudo em razão dos seus interesses comuns.

Contudo, restabelecida a obrigação *propter rem*, sobejou como inevitável a pergunta: o adquirente, apesar de se cercar de uma garantia na forma da Lei – a declaração de inexistência de débito condominial, fornecida pelo alienante – e agindo com boa-fé, ainda assim responderá pelo débito condominial deixado pelo alienante?

O legislador brasileiro, como que em uma evolução de pensamento, tentou responder a esta pergunta na Lei 13.777 de 2018, por ocasião da instituição da multipropriedade.

Ab initio, a ratificar o entendimento anteriormente expresso quanto à solidariedade imposta às dívidas condominiais pelo artigo 1345 do Código Civil, o artigo 1358-L, § 2º[18], impôs a solidariedade entre o adquirente e o alienante, em uma clara

---

17. Isso somente não veio, efetivamente, a ocorrer, por obra do entendimento jurisprudencial à época que, praticamente ignorando o texto legal, veio em socorro dos condomínios. STJ, REsp. 1654, 4ª Turma, Relator Min. Sálvio de Figueiredo Teixeira, D.J. 05.03.1990.
18. Não se fará referência aqui à discussão sobre a eficácia do § 2º, do artigo 1358-L, diante do veto canhestro do § 5º do artigo 1358-J, diante da certeza de que esta "ausência" do § 5º será suprida pela jurisprudência.

demonstração de que o referido instituto é a melhor explicação para os efeitos vislumbrados pelos Tribunais para a obrigação *propter rem* naquela situação e assemelhadas.

Por outro lado, o Legislador respondeu à indagação quanto à certidão negativa de débito, afirmando que a solidariedade somente existirá caso não se obtenha a declaração de inexistência de débito. Portanto, em um raciocínio óbvio, caso o adquirente se certifique quanto à inexistência de dívidas, ele não mais responderá pelos débitos.

Caso não se queira incorrer na prática nefasta de se ignorar o que está escrito de forma clara e límpida na lei, parece forçosa a conclusão de que o Legislador criou um dispositivo que contraria os interesses do condomínio. Entretanto, esta é, na verdade, uma leitura superficial do dispositivo.

In Vero, o que o Legislador fez foi corrigir uma brecha no sistema.

A brecha estava, exatamente, na desvinculação objetiva entre a validade da declaração e a transferência da dívida para o adquirente. Neste sentido, vislumbravam-se quatro possíveis situações; três delas sem qualquer controvérsia: (i) a ausência de débito, existindo ou não a declaração de inexistência de dívida – ainda que inexistente a declaração, nenhuma das partes se arvorava em pleitear a nulidade da compra e venda, apesar de ausente um dos seus requisitos formais. Despiciendo dizer que, obviamente, dívida não se cobrava, porque simplesmente não existia; (ii) existente o débito, o adquirente não possuía, materialmente, a declaração de inexistência de dívida – embora tecnicamente o correto fosse anular a compra e venda, era imputado ao adquirente o pagamento do débito, por força do artigo 1345, do Código Civil. No tocante à transmissão da dívida, nenhuma discussão suplementar se fazia necessária, em razão da negligência do adquirente em averiguar – obtendo do alienante ou do condomínio uma declaração – a inexistência de débito. (iii) existente o débito, a declaração de inexistência da dívida tinha sido fornecida pelo alienante – esta hipótese se subdividia em duas possibilidades: a) o adquirente tinha conhecimento de que a declaração do alienante era fraudulenta sendo, portanto, senão coautor, ao menos partícipe da falsidade – ainda aqui, a questão encontrava uma resposta unânime, vez que o mais basilar senso de Justiça indicava a transmissão da dívida para o adquirente, diante do fato de que ele tinha conhecimento quanto à existência do débito e tinha obrado de má-fé; b) o adquirente não tinha conhecimento da fraude e, agindo de boa-fé, tinha se cercado da garantia que a Lei 7.433/85, no artigo 2º, § 2º, lhe faculta – neste exato ponto, o confronto entre a boa-fé do adquirente e a necessidade de manter o equilíbrio financeiro do condomínio, estava o nó górdio que dificultava a aplicação imediata da ambulatoriedade da obrigação *propter rem*.

Justamente esta discussão é que se mostra superada com a nova construção legislativa.

Ao vincular a existência da declaração – leia-se a eficácia e, portanto, a veracidade – e a transferência da dívida para o adquirente, o Legislador tornou a primeira um requisito objetivo da segunda e, como consequência, caso o adquirente não possua a declaração de inexistência – seja porque ela não existe materialmente ou por que seu conteúdo não expressa a verdade – ele responderá pela dívida, não mais havendo espaço para a discussão quanto à boa-fé em sua obtenção.

É possível argumentar que a situação anterior resultava no mesmo raciocínio vez que, sendo falsa a declaração do alienante, ela também não existia e, portanto, teoricamente o adquirente deveria responder pela dívida. Mas, na verdade, se os fatos não estavam objetivamente vinculados, abria-se a oportunidade para a discussão quanto à boa-fé das partes.

Agora, tornado um requisito objetivo da transferência, a falsidade da declaração fornecida pelo alienante determina a inexistência da mesma, e este fato possui como efeito consequente e imediato, determinado pela Lei, a transmissão da dívida para o adquirente.

Em últimas palavras: a discussão quanto à boa fé do adquirente, em relação à falsidade da declaração prestada pelo alienante, não mais afeta o Condomínio, tendo se tornado um problema de exclusiva órbita do vendedor e do adquirente.

Assim sendo, em resposta à indagação de como o adquirente pode se resguardar de futuras "indesejadas surpresas", três possibilidades se apresentam: (i) o adquirente realiza a compra e venda, dispensando ou não exigindo a declaração de inexistência de débito, seja por parte do alienante, seja da lavra do condomínio – neste caso, o adquirente ficará sujeito, de plano, a responder pela dívida, solidariamente, junto com o alienante e, até mesmo, à anulação do negócio; (ii) o adquirente realiza a compra e venda, mas obtém a declaração de inexistência de débito junto ao alienante – neste caso, o comprador se sujeita aos efeitos da falsidade da declaração. Caso o devedor tenha fornecido uma declaração de inexistência da dívida que não expressa a verdade, porque efetivamente existem débitos, o adquirente terá sido vítima de uma fraude e, neste caso, como efeito da inexistência do documento, em razão da falsidade ideológica, responderá pela dívida, solidariamente, junto com o alienante; (iii) o adquirente realiza a compra e venda e obtém a declaração de inexistência de débito junto ao condomínio – sobeja claro que, na qualidade de credor, caso o condomínio informe a inexistência de dívidas não poderá, mais tarde, vir a cobrá-las daquele que, de boa-fé, fez a consulta quanto a elas.

A inevitável conclusão, neste caso, é de que a alteração legislativa, sem ignorar a boa-fé daqueles que tentam cumprir a Lei a fim de evitar futuros aborrecimentos, reforçou a posição do Condomínio, sem contudo privar o alienante e o adquirente da possibilidade de realizar a compra e venda contando apenas com o documento fornecido pelo alienante – este último, doravante, se presta para preencher formalmente a exigência do parágrafo único do artigo 4º da Lei 4.591/64, mas não para resguardar o adquirente do fato de vir a responder pelas dívidas condominiais existentes.

À semelhança do que foi feito alguns parágrafos atrás, quando se chamou a atenção do uso da obrigação *propter rem* para se proteger o condomínio, é interessante observar o uso do mesmo instituto, novamente, mais para a proteção de um grupo de pessoas, que se encontram envolvidas na copropriedade, que em razão do direito real propriamente dito. Em outras palavras, não pelo simples fato de todos serem proprietários, mas sim por ser um grupo de pessoas com interesses comuns, reunidas pelo condomínio, é que se utilizou e, consequentemente, se impôs os efeitos da obrigação *propter rem*.

4. A OBRIGAÇÃO DE CONTRIBUIR PARA A MANUTENÇÃO DAS ATIVIDADES DA ASSOCIAÇÃO ADMINISTRADORA DE LOTEAMENTO COM ACESSO CONTROLADO

Um novo movimento para atender à mesma proposta ocorreu em 2020 e, desta feita, de forma ainda mais explícita: a própria figura do condomínio, trazendo a reboque a obrigação com eficácia real, foi utilizada para proteger um grupamento de pessoas que trazem em comum, tão somente, o fato de serem proprietárias e de estarem geograficamente reunidas em um loteamento.

Uma decisão do Supremo Tribunal Federal[19] fixou o entendimento de que é possível se instituir uma obrigação com eficácia real, mediante a qual os proprietários de imóveis de um loteamento fechado[20] se veem jungidos a contribuir para a manutenção das atividades da associação de moradores que o administra – um simulacro de condomínio.

A referida decisão, dotada inclusive de repercussão geral, representou uma absoluta inversão do entendimento daquele pretório excelso que, até aquele momento, inadmitia a cobrança de contribuição para o pagamento das despesas realizadas pela associação de moradores de loteamento com acesso controlado, conhecido até então como loteamento fechado[21], de moradores não associados. Como esteio de tal compreensão, o direito constitucional de liberdade de associação – não sendo o proprietário associado da pessoa jurídica que administra o loteamento, não podia ser ele obrigado a pagar uma contribuição associativa.

---

19. STF, Tribunal Pleno, RE 695911 SP, DJ 19.04.2021.
20. Que doravante passará a ser designado como "loteamento de acesso controlado", à luz do artigo 2º, § 8º, da Lei 6.766/79, introduzido pela Lei 13.465/2017.
21. Por ser certo que a questão do loteamento fechado não é objeto deste estudo e, diante da ausência de espaço para maiores digressões sobre o mesmo, limitar-se-á aqui a trazer à coloção um pequeno excerto, da lavra do Relator da aludida decisão, na qual este esclarece bem a questão: "A celeuma posta nos presentes autos se insere entre outras muitas que se têm formado na rede de relações jurídicas estabelecidas no âmbito dos loteamentos, especialmente naqueles nominados, à época da interposição do presente feito, "loteamentos fechados". Tal espécie de loteamento – inicialmente formada como um loteamento clássico, regido pela Lei 6.766/1979 (Lei de Parcelamento do Solo) – passou, por força de organização dos loteantes (quase sempre motivada por pretensões ligadas a necessidades coletivas como promoção da segurança, limpeza, lazer, entre outras), a ganhar contornos que a assemelharam, em certa medida, à figura dos condomínios. ... Enorme problemática acompanhou esse instituto do loteamento fechado porque, de um lado, embora se pretendesse classificá-lo como condomínio, a esse não se equiparava – nem nos termos da lei nem em suas características fundamentais (rememore-se que no loteamento fechado não há copropriedade nas áreas comuns, uma vez que essas são áreas públicas) –; de outro lado, embora instituído como loteamento, o "loteamento fechado" se dissociava da tradicional concepção desse instituto, ante a particular utilização do espaço público pelos moradores do loteamento e, frequentemente, sua gerência por meio das associações para tanto constituídas". STF, Tribunal Pleno, RE 695911 SP, Ministro Relator Dias Toffoli, DJ 19.04.2021.

Em 15 de dezembro de 2020, arguindo o entendimento de que a Lei 13.465/17 havia criado o loteamento de acesso controlado, bem como equiparado as associações constituídas para a administração de áreas públicas à atividade de administração de imóveis, permitindo inclusive a cotização de seus membros para a consecução de seus objetivos, o Supremo Tribunal Federal decidiu que os proprietários de imóveis em loteamento devem, desde que atendidos alguns requisitos fixados no próprio acórdão, arcar com os custos de manutenção da atividade da associação-administradora que passa a ser compreendida, desta forma, como uma "formação condominial".

Ainda que o Acórdão afirme textualmente que o texto do parágrafo único, do artigo 36-A, da Lei 6.766/1979, tenha previsto a *obrigatoriedade da cotização, entre os beneficiários*, uma simples leitura do referido dispositivo deixa entrever que esta deve ser feita entre seus titulares – leia-se, associados – e não entre aqueles que possuam imóveis na área administrada[22], não havendo, por sinal, nenhuma menção a "beneficiários" no parágrafo único do artigo.

Não socorre também, para que se chegue a tal conclusão, uma suposta equivalência do loteamento de lotes ao condomínio edilício, introduzida no Código Civil, em seu artigo 1358-A, pela Lei 13.465/2017, artigo 58, uma vez que tal figura não se confunde com o loteamento de acesso controlado[23] – situação jurídica, por sinal, que era objeto do julgamento que deu origem à decisão.

É certo que a questão constitucional foi detidamente analisada no voto do eminente Relator, tendo sido feito um esforço no sentido de se preservar o direito fundamental de liberdade associativa, mediante exigência da inclusão de cláusula que fixe a intenção de se tornar o empreendimento imobiliário em um loteamento

---

22. "Art. 36-A. As atividades desenvolvidas pelas associações de proprietários de imóveis, titulares de direitos ou moradores em loteamentos ou empreendimentos assemelhados, desde que não tenham fins lucrativos, bem como pelas entidades civis organizadas em função da solidariedade de interesses coletivos desse público com o objetivo de administração, conservação, manutenção, disciplina de utilização e convivência, visando à valorização dos imóveis que compõem o empreendimento, tendo em vista a sua natureza jurídica, vinculam-se, por critérios de afinidade, similitude e conexão, à atividade de administração de imóveis. Parágrafo único. A administração de imóveis na forma do *caput* deste artigo sujeita seus titulares à normatização e à disciplina constantes de seus atos constitutivos, cotizando-se na forma desses atos para suportar a consecução dos seus objetivos". Lei 6766/1979.
23. Neste sentido, esclarece Carlos Eduardo Elias de Oliveira: "Embora o "loteamento fechado" possa ser plenamente constituído sob a forma de condomínio de lotes, nada impede que essa figura seja feita sem a constituição de um condomínio de lotes. É que a Lei 13.465/2017 adicionou o § 8º ao art. 2º da Lei 6.766/79 para criar a figura do "loteamento de acesso controlado", que pode ser utilizada para respaldar a dinâmica de loteamentos fechados, assim entendidos aqueles que, por qualquer meio (muros, portarias etc.) restringem o acesso de terceiros à região loteada. O loteamento de acesso controlado nada mais é do que um parcelamento de que resultem lotes sob a forma de imóveis autônomos (e não como unidades condominiais) com a possibilidade de serem instaladas portarias nas ruas com o objetivo de controlar o acesso de veículos e de pessoas. Esse tipo de restrição de controle depende de ato administrativo do Município" OLIVEIRA, C. E. E. de. *Novidades da Lei 13.465, de 2017*: o condomínio de lotes, o condomínio urbano simples e o loteamento de acesso controlado. Brasília: Núcleo de Estudos e Pesquisas/CONLEG/Senado, Julho/ 2017 (Texto para Discussão 239). Disponível em: www.senado.leg.br/estudos. Acesso em: 20 ago. 2021.

de acesso controlado, no ato constitutivo do loteamento levado a registro[24], com a qual deverão aceder aqueles que adquirirem imóveis no local[25].

Contudo, uma leitura acurada dos demais votos proferidos, durante o julgamento, revela que os Ministros que se colocaram consentâneos com o Relator, se nortearam por uma razão que aparece de forma clara no trecho a seguir, transcrito da lavra do Exmo. Sr. Ministro Gilmar Mendes: "No contexto dos loteamentos urbanos, entretanto, há circunstância de fato que impõe *a função de solidariedade na condução dos interesses coletivos relacionados ao bem,* com o escopo de permitir a administração, a conservação, a manutenção, a disciplina de utilização e convivência pacífica entre os proprietários. ... Não se trata, tecnicamente, de uma associação civil padrão, que pressupõe um agrupamento de pessoas ligadas por interesses subjetivos comuns e elemento volitivo. Isso porque a existência fática dos loteamentos urbanos institui interesses coletivos, independentemente de vontade. Não há que se falar, portanto, em violação ao direito fundamental à liberdade de associação" (grifou-se)

O trecho em destaque traduz o real sentido que orienta a aplicação do caráter *propter rem* na atualidade: a solidariedade na condução dos interesses coletivos.

Antes que se examine esta dimensão hodierna das situações *propter rem*, abordar-se-á a aplicação do caráter *propter rem* às obrigações ambientais, vez que estas também se encaixam e revelam tal direcionamento.

5. A ATRIBUIÇÃO DO CARÁTER *PROPTER REM* ÀS OBRIGAÇÕES AMBIENTAIS

Em dezembro de 2018, o Superior Tribunal de Justiça afirmou, de forma peremptória, o caráter *propter rem* das obrigações ambientais com a edição da Súmula 623, plasmada nos seguintes termos: "As obrigações ambientais possuem natureza *propter rem*, sendo admissível cobrá-las do proprietário ou possuidor atual e/ou dos anteriores, à escolha do credor".

Dois aspectos merecem destaque na Súmula.

Ab initio, o emprego da expressão "obrigações ambientais" teve por propósito, certamente, abarcar o largo espectro de questões ambientais consideradas pelo STJ, ao longo dos quase últimos 20 anos, e que resultaram na edição Súmula. Entre outras

---

24. Uma vez que inexiste qualquer referência a registro da obrigação ou à eficácia real no artigo 36-A e seu parágrafo, a imputação do caráter *propter rem*, em tais condições, deve causar arrepios entre aqueles que pugnam pela necessidade de Lei para a criação de tal espécie de obrigação, em razão da consequente restrição ao uso e gozo da propriedade.
25. "É inconstitucional a cobrança por parte de associação de taxa de manutenção e conservação de loteamento imobiliário urbano de proprietário não associado até o advento da Lei 13.465/17 ou de anterior lei municipal que discipline a questão, a partir do qual se torna possível a cotização de proprietários de imóveis, titulares de direitos ou moradores em loteamentos de acesso controlado, desde que, i) já possuidores de lotes, tenham aderido ao ato constitutivo das entidades equiparadas a administradoras de imóveis ou, (ii) no caso de novos adquirentes de lotes, o ato constitutivo da obrigação tenha sido registrado no competente registro de imóveis". Tese com repercussão geral. STF, Tribunal Pleno, RE 695911 SP, DJ 19.04.2021

estão: o dever de manter ou averbar a reserva legal, proteger áreas de preservação permanente, recuperar áreas degradadas pelo depósito ilegal resíduos, mormente lixo, no solo. Como corolário deste rico desenvolvimento jurisprudencial, o STJ consagrou, em síntese, o entendimento de que qualquer obrigação vinculada a bens, móveis ou imóveis, em razão do meio ambiente, inclusive aquelas derivadas da responsabilidade civil[26], possui caráter *propter rem*.

Em segundo lugar, impõe a Súmula a solidariedade entre os antigos e atuais proprietários/possuidores do imóvel, à semelhança do que foi observado nos tópicos anteriores.

A Súmula sepultou as discussões em torno do caráter *propter rem* das obrigações ambientais, fomentadas por alguns doutrinadores, durante o período em que STJ construía o entendimento jurisprudencial *sub examen*. Tais controvérsias incluíam desde posicionamentos no sentido de que era desnecessário atribuir-se o caráter *propter rem* à obrigação ambiental, vez que esta transferência da obrigação poderia se dar por força de outros expedientes legais, até o questionamento do caráter *propter rem* na hipótese da responsabilidade civil ambiental, propondo-se que a dívida não era transferida, mas sim surgia nas mãos do novo proprietário, em razão do dever de proteger o meio ambiente na propriedade imóvel[27].

Tais discussões encontram-se superadas, tendo o STJ garantido, da forma mais ampla possível, a proteção ao meio ambiente: não importando a identidade do proprietário, se houve culpa ou não, qual a espécie da obrigação – se dar, fazer ou não fazer – a sua causa determinante (se uma obrigação legal ou fruto da responsabilidade civil), o antigo ou o atual proprietário[28] podem ser chamados a cumprir a obrigação ambiental e o credor escolherá qual deles irá executar, em que ordem e quando[29].

As mesmas observações feitas nos tópicos anteriores podem ser aqui reproduzidas.

---

26. [...] As obrigações ambientais ostentam caráter *propter rem*, isto é, são de natureza ambulante, ao aderirem ao bem, e não a seu eventual titular. Daí a irrelevância da identidade do dono - ontem, hoje ou amanhã –, exceto para fins de imposição de sanção administrativa e penal. 'Ao adquirir a área, o novo proprietário assume o ônus de manter a preservação, tornando-se responsável pela reposição, mesmo que não tenha contribuído para o desmatamento' (STJ, Primeira Seção, REsp 218781/PR, Rel. Ministro Herman Benjamin, DJ 23.02.2012).
27. Tal argumentação parece ignorar que multas ambientais, bem como as obrigações, por exemplo, de demolição de prédios construídos em áreas de proteção ambiental, são hoje excutidas em face dos adquirentes dos imóveis envolvidos, sem que seja necessário o ajuizamento de processos de conhecimento, bastando para tanto a existência de um Termo de Ajustamento de Conduta entre o Ministério Público e o antigo proprietário.
28. "Para o fim de apuração do nexo de causalidade no dano ambiental, equiparam-se quem faz, quem não faz quando deveria fazer, quem deixa fazer, quem não se importa que façam, quem financia para que façam, e quem se beneficia quando outros fazem" (STJ, 2ª Turma, REsp 650728/SC, Rel. Ministro Herman Benjamin, DJ 02.12.2009).
29. Na questão temporal, recebeu ainda o reforço da decisão proferida no STF, com repercussão geral, garantindo a imprescritibilidade das ações de reparação de danos ao meio ambiente: "É imprescritível a pretensão de reparação civil de dano ambiental" (STF, Pleno, RE 654.833/AC, rel. Ministro Alexandre de Moraes).

Nas situações em tela, mais uma vez, o caráter *propter rem* não encontra assento legal: ainda que as decisões judiciais em foco se encontrem arrimadas em diplomas legais, em nenhum deles se encontra a aludida imputação às obrigações ambientais.

Também a solidariedade, à semelhança do que foi colocado nas obrigações *propter rem* relativas às obrigações condominiais, não se mostra instituída de forma expressa e ineludível na Lei, mas decorre da conformação jurídica decorrente da legislação e jurisprudência atinente à espécie.

Por fim, a natureza *propter rem* não foi atribuída às obrigações ambientais, sobretudo pelo fato de estarem ligadas ao imóvel – tal questão obviamente compõe o quadro, mas serve apenas de pano de fundo para a verdadeira razão que informou todo o desenvolvimento jurisprudencial em análise.

Tal razão não é outra, senão aquela identificada no julgamento da ação envolvendo os loteamentos com acesso controlado – a solidariedade na condução dos interesses coletivos.

Esta motivação vem oculta, nas ações judiciais e doutrinas que trabalham sobre o tema, sob uma expressão cunhada à luz do princípio da função social da propriedade, amoldada para também contemplar a vertente ambiental: a função socioambiental.

A função socioambiental seria um princípio – muito mais do que uma mera limitação ao direito de propriedade – a indicar uma diretiva de atuação concreta e positiva, e não meramente passiva, no sentido de que o proprietário goze do seu direito de propriedade de forma a promover um meio ambiente saudável para toda a coletividade, o que autorizaria a imposição de obrigações e deveres na forma acima vislumbrada[30].

Efetivamente, o dispositivo contido no artigo 1.228, § 1º, do Código Civil, parece ser a tradução legal desta proposta, pois prevê que o exercício do direito de propriedade, ao par de observar sua função social, deve cumprir também a proposta de proporcionar um meio ambiente saudável à sociedade.

Contudo, esta imagem, que se vê através da lente daqueles que se preocupam com o meio ambiente, se aliada a tudo aquilo que foi anteriormente vislumbrado, deixa entrever que ela é apenas parte de um mosaico que traz em si uma ideia mais abrangente, conforme se verá no tópico a seguir.

6. O FUNDAMENTO DAS SITUAÇÕES *PROPTER REM* NA REALIDADE JURÍDICA BRASILEIRA HODIERNA

Proteção à "comunidade" condominial, solidariedade na condução dos interesses coletivos, função socioambiental, são todos passos de um processo no qual

---

30. Neste sentido: MIRRA, Álvaro Luiz Valery. Súmula 623: As obrigações ambientais possuem natureza propter rem, sendo admissível cobrá-las do proprietário ou possuidor atual e/ou dos anteriores, à escolha do credor. In: *Revista de direito ambiental*. v. 94, p. 439-457, Rio de Janeiro: Ed. RT, abr./jun. 2019.

vai ganhando preponderância uma perspectiva para a qual os termos "sociedade" ou "função social" não são mais suficientes para descrevê-la.

Está-se diante de uma demanda existencial humana pressionada, cada vez mais, pela perspectiva de um destino comum: mais do que uma mera vivência em comum, mas efetivamente a percepção de que a ação de um afeta, inclusive de forma fatal, todo o grupo. Esta questão já foi por nós tratada em artigo que versava sobre um assunto absolutamente diverso, mas onde o mesmo fenômeno se faz sentir – O Sistema Financeiro e sua Regulação pelo Judiciário – do qual transpomos abaixo o seguinte excerto:

> Antes que se prossiga, é necessária uma pequena digressão sobre o sentido em que se aplica aqui o termo "sociedade".
>
> Não é possível reproduzir neste espaço, diante de sua estreiteza, o processo[31] que resultou na percepção que a própria sociedade ora possui de si mesma como um só organismo, no qual o destino do todo está umbilicalmente ligado ao destino de cada um dos seus componentes e assim vice-versa: não é suficiente garantir, ao indivíduo, direitos em suas relações com o outro ou com os outros indivíduos, ou mesmo sequer a grupos identificados – idosos, crianças, homossexuais e outros. A sociedade, em muitas questões e cada vez mais, vem introjetando a ideia de que não há como apenas um ou alguns se salvarem, se TODOS não se salvarem.
>
> Exemplo lapidar deste fenômeno foi o direito do consumidor: a frase icônica de Kennedy, em 1962 – "Consumidores, somos todos nós" – resumiu de forma inequívoca o reconhecimento de que toda a sociedade, no tema consumo – uma das faces da economia – é um corpo único e orgânico, pois o que afeta a um, afeta a todos, ainda que de diferentes formas.
>
> Este processo fez adentrar em cena um personagem que não estava presente no século XIX, que apenas se insinuou na ribalta nas últimas décadas do século XX, e que agora, mais e mais, assume o controle do espetáculo: a massa social, ou, como passaremos a tratá-la aqui, o Leviatã Social.

---

31. Em meu livro "Responsabilidade Civil – A culpa, o risco e o medo", anoto esta lenta evolução que tem início nas primeiras civilizações humanas, na qual a nossa raça começa a se reconhecer como homem/pessoa hábil a possuir direitos, etapa que encontra seu apogeu no período romano. Partindo desse ponto, o homem lutará pela afirmação de sua liberdade, não apenas no sentido social, mas fundamentalmente no sentido econômico – o Homem reconhece a si próprio enquanto sujeito, enquanto senhor do seu destino. Fixa-se o primeiro paradigma – o "eu". Do individualismo que se erige então, projeta-se a fase subsequente quando o homem descobre o "outro" homem. A sociedade passa a manejar a proposta da igualdade: resguardada a dignidade, mas preservadas as diferenças nas potencialidades de cada pessoa, a igualdade pretende assegurar que os relacionamentos se deem em um ambiente onde as oportunidades iniciais e as condições de competição sejam semelhantes para os atores envolvidos.
O século XX é pródigo dos frutos desta concepção, quando se percebe o esforço para garantir a dignidade a "outros" tais como a criança, o deficiente físico, o homossexual, o idoso. A etapa seguinte, na qual ainda nos encontramos, está firmada pela diretiva da fraternidade: a sociedade está diante a necessidade de reconhecer que o conjunto somente sobreviverá se todos puderem sobreviver juntos. Em outras palavras: o Homem se vê obrigado a reconhecer o "nós". Impõe-se ao ser humano a compreensão de que formamos todos um único corpo e que aquilo que agrava ou ofende a um, repercute em todos, assim como aquilo que é valioso para um, também é valioso para todos, pela simples razão de que não mais nos veremos como "eu" ou como "ele", senão como "nós". A luta pelo meio ambiente que não pertence isoladamente a este ou aquele, ou mesmo a um grupo, senão a todos, é um dos melhores exemplos desta nova era. Mas outros, mais próximos do nosso tema, também podem ser percebidos: hoje cada vez mais frequentemente se fala – e foi a socialidade um dos princípios abraçados na construção do Código Civil brasileiro – na função social do contrato, na responsabilidade social das empresas. AGUIAR, Roger Silva. *Responsabilidade civil: a culpa, o risco e o medo*. São Paulo: Atlas, 2011. p. 27-32.

Talvez um civilista mais açodado se apresse em dizer: a Sociedade já era observável, na condição em que hoje se apresenta, desde a Revolução Francesa ou, no mais tardar, já no início do século XIX, período em que surgiram, inclusive, os primeiros estudos sociológicos.

Mas não é certamente à ideia tradicional de Sociedade, acolhida no conceito jurídico clássico, a que se faz referência aqui. O Leviatã Social é uma massa informe de pessoas – não orientada, mas orgânica, como que dotada de vida própria; adormecida em alguns momentos e, em outros, em ebulição; que deseja, teme e decide, sem fazer cálculos ou raciocínios; que derruba mercados (em conhecidos "efeito manada"), aterroriza ou até mesmo derruba governos, ergue ou destrói carreiras ou empresas, sem que muitas vezes sequer se compreenda o porquê; que não está estabelecida em espaços geográficos administrativos ou legais e que, portanto, não respeita fronteiras de ruas, bairros, cidades, estados ou países.[32]

No tema em foco – as situações *propter rem* – percebe-se facilmente que o uso dos institutos com essa natureza não se limita mais a pacificar as relações de vizinhança ou com pessoas que tinham algum contato direto com o imóvel, como ocorria no direito romano. As situações *propter rem* passaram a ser utilizadas como forma de concretizar soluções para comunidades e seus interesses comuns, para questões que envolvem homens e o direito de propriedade que se espargem por toda a sociedade – como ocorre, por exemplo, nos loteamentos controlados – o que se faz iluminado pela compreensão da necessária "solidariedade na administração dos interesses coletivos".

Não se trata mais de uma mera pacificação social, como naquilo que se almejava no cumprimento da "função social": agora é a própria sobrevivência da sociedade que está em jogo – a compreensão de que teremos um único e comum destino – como ocorre na "função socioambiental". A ação da Justiça aqui não se faz no mero propósito de solucionar controvérsias, mas sim de garantir a própria continuação da espécie.

Esta também é a raiz da aplicação da solidariedade em conjunto com as obrigações *propter rem* – o que realmente importa não é reforçar o cumprimento da obrigação para atender a "A" ou "B", mas sim tranquilizar a grande massa humana que está por trás de tais questões, transmitindo a ela a convicção de que a Justiça pode e vai se concretizar no mundo real.

Justificativas como "a preservação do bem" ou outras semelhantes não mais se prestam para fundamentar a aplicação da natureza *propter rem*, quando a real razão é o simples fato de que o não cumprimento da obrigação agora representa não mais um prejuízo que afeta apenas aqueles que se encontram diretamente envolvidos no negócio jurídico, mas sim a uma parte significativa da sociedade, senão a toda ela, causando uma indesejada sensação coletiva de injustiça e desamparo.

---

32. AGUIAR, Roger Silva. O sistema financeiro e sua regulação pelo judiciário. In: CALVÃO, João Nuno; AGUIAR, Roger Silva; NEVES, Thiago Ferreira Cardoso; GONÇALVES, Pedro Costa (Coord.). *Direito civil luso-brasileiro*: estudos em homenagem ao professor João Calvão da Silva. Rio de Janeiro: GZ, 2021. p. 338-357.

7. CONCLUSÃO

À luz do desenvolvimento legislativo e jurisprudencial, observado ao longo dos vinte anos do atual Código Civil brasileiro, é possível afirmar que as situações *propter rem* lograram uma nova feição.

De plano, é certo que permanece intacto aquilo que representa o coração do instituto: as situações *propter rem* nascem vinculadas a um bem.

A ambulatoriedade, entretanto, por muitos anteriormente questionada se era ou não efetivamente um atributo da obrigação[33] *propter rem*, se viu reforçada e reformulada: além de se tornar pacífica a translação da dívida para o adquirente, é certo também que ele agora, em regra, a assume na condição codevedor, sobejando o alienante vinculado à mesma, na forma de devedor solidário[34]. Portanto, não mais exatamente uma sucessão, mas sim quase uma assunção, na qual o adquirente e alienante se tornam codevedores de uma obrigação solidária.

Por outro lado, a preocupação de alguns doutrinadores no tocante à existência de meios que permitam, ao adquirente, ter conhecimento prévio da existência da dívida – embora não fosse este um sentimento exatamente predominante na doutrina civilista brasileira tradicional[35] – também se encontra subjugada.

Compõe ainda este quadro o fato de que a natureza *propter rem* foi identificada pelos Tribunais brasileiros em diversas outras situações obrigacionais – o que enriqueceu seu rol de exemplos em nosso ambiente jurídico – em alguns casos, inclusive, sem uma pregressa alteração do correspondente diploma legal.

Por fim, e talvez o mais importante, a natureza *propter rem* vêm sendo imputada a obrigações que envolvem proprietários de bens, sobretudo imóveis, com o fim de promover a solidariedade social, concretizando na vida cotidiana o princípio da socialidade – princípio este que é um dos fundamentos basilares do atual Código Civil brasileiro.

Esta orientação, mais do que uma preocupação no sentido de fazer prevalecer o aludido princípio, se revela uma resposta a uma transformação da sociedade contemporânea e de suas demandas.

---

33. Importante destacar aqui a referência expressa à *obrigação propter rem*. As demais situações *propter rem* mantiveram o caráter ambulatório em seu antigo molde, como pode se vislumbrar, por exemplo, em uma decisão proferida pelo Superior Tribunal de Justiça sobre o tema da obrigação (com eficácia real) do proprietário de imóvel, em loteamento com acesso controlado, de contribuir para a manutenção das atividades da associação administradora. Conforme consta na ementa da referida decisão: "O fato de a cobrança de taxa de manutenção estar prevista no contrato-padrão registrado no Cartório de Imóveis vincula os adquirentes somente à obrigação de pagar as taxas a partir da aquisição, não abrangendo os débitos do anterior proprietário, diante da ausência de previsão expressa na lei de regência". STJ, 3ª Turma, REsp 1941005/SP, Rel. Ricardo Villas Bôas Cueva, DJ 30.06.2021.
34. Não é ocioso recordar que a solidariedade, na verdade, se estabelece do adquirente para com os antigos proprietários, uma vez que o inverso não ocorre – alienado o bem, os antigos proprietários continuam a responder pelas dívidas antigas, mas não pelos débitos que venham a se originar após essa data.
35. "Entretanto, as obrigações *propter rem* constituem exceção, pois o sucessor a título singular assume automaticamente as obrigações do sucedido, *ainda que não saiba de sua existência*" (grifou-se). RODRIGUES, Silvio. *Direito civil: parte geral das obrigações*. v. 2, São Paulo: Saraiva, 2002. p. 81.

8
CASO FORTUITO, FORÇA MAIOR E A IMPOSSIBILIDADE DE CUMPRIMENTO DA PRESTAÇÃO

José Guilherme Vasi Werner

Doutor em História das Instituições – CPDOC/FGV. Mestre em Sociologia – IUPERJ. Professor da FGV Direito-Rio e da Escola da Magistratura do Estado do Rio de Janeiro – EMERJ. Juiz de Direito.

Sumário: 1. Introdução – 2. A irrelevância da decomposição do binômio – 3. Função jurídica do binômio caso fortuito/força maior no direito das obrigações – 4. Caso fortuito/força maior e descumprimento – 5. Caracteres ou fatores de reconhecimento do caso fortuito/força maior; 5.1 Teoria subjetiva; 5.2 Teoria objetiva; 5.3 Necessariedade; 5.4 Inevitabilidade; 5.5 Impedividade; 5.6 Exterioridade; 5.7 Impossibilidade – 6. A função do caso fortuito/força maior; 6.1 Caso fortuito/força maior no direito do consumidor; 6.1.1 Caso fortuito/força maior e responsabilidade pelo fato do produto/serviço; 6.1.2 Caso fortuito/força maior e responsabilidade contratual do fornecedor e do consumidor; 6.1.3 Caso fortuito/força maior e responsabilidade pelo vício do produto/serviço – 7. Conclusão.

1. INTRODUÇÃO

O caso fortuito e a força maior continuam a ensejar, neste Século XXI, sérios questionamentos aos que se aprofundam nos temas do descumprimento das obrigações e da responsabilidade civil.

Se a importância da distinção conceitual entre os dois termos parece ter-se reduzido durante o último século, a sua conceituação e o seu alcance se tornaram essenciais para a compreensão do regime de responsabilização dos ilícitos civis.

Na vigência do Código Civil de 1916, a doutrina nacional nos ofereceu uma vasta exposição dos principais tópicos de estudo do binômio caso fortuito/força maior.

Destacamos os problemas da sua origem histórica e do tratamento pelo direito romano; da relevância da sua decomposição em caso e força; da sua ontologia subjetiva ou objetiva; das suas características; e da sua função.

Procuraremos tratar, dada a natureza deste trabalho, um pouco de cada um desses problemas, na intenção de subsidiar o estudo do binômio à luz das mais recentes discussões sobre o seu lugar no atual regime da impossibilidade e, consequentemente, da responsabilidade civil contratual.

É nesse aspecto de estudo da responsabilidade civil que nos concentraremos, por mais que o caso fortuito/força maior (e o dispositivo do artigo 393 do Código Civil) tenham lugar incontestável e papel semelhante também na responsabilidade aquiliana (há quem destaque uma diferença de função dessa figura em cada uma das responsabilidades, considerando a possibilidade de assunção dos riscos do fato pelo devedor, conforme também prevê o nosso art. 393[1].

A proliferação dos casos de responsabilidade civil objetiva e, ao mesmo tempo, a identificação de novas situações e que o devedor é considerado inimputável pelo descumprimento exigem uma revisão do alcance e da função do caso fortuito e da força maior e, assim, de seu papel na impossibilidade de prestar.

2. A IRRELEVÂNCIA DA DECOMPOSIÇÃO DO BINÔMIO

Já o título deste capítulo indica a perspectiva histórica de nossa análise do caso fortuito e da força maior.

Ao reunir os dois termos em um binômio e falar em sua decomposição, revelamos um posicionamento que só é possível do ponto de vista atual, quando o direito já dispõe de conhecimento e experiência para permitir a utilização dos termos "caso fortuito" e "força maior" em uma relação de equivalência.

Essa equivalência, que é jurídica, não pode ser confundida como uma sinonímia, mas é o que importa no seu tratamento e no seu estudo civilístico. Para o direito das obrigações, caso fortuito e força maior se equivalem no seu conceito, função e efeitos.

Por mais que o significado de cada uma das expressões do binômio caso fortuito/força maior tenha sido esmiuçado e discutido durante os séculos, podemos dizer que, atualmente, a diferenciação entre o caso fortuito e força maior é assunto que interessa aos historiadores do direito, na medida em que poucos autores ainda se aventuram em buscar distinções entre os dois termos para explicar a aplicação do direito na atualidade. Serpa Lopes indica que, em nossa doutrina, o próprio Clovis Beviláqua, acompanhado de ambos os Carvalho de Mendonça e Lacerda de Almeida, estaria, entre esses poucos[2].

Para evitar cair na pretensão de que tratou Agostinho Alvim[3] de, apesar dessa mesma introdução sobre a equivalência entre os termos, apresentarmos as suas dessemelhanças, limitamo-nos a registrar que os critérios de diferenciação variam entre a imprevisibilidade e a inevitabilidade, a externalidade em relação aos desígnios do devedor, a intensidade e a causa eficiente[4].

---

1. Ver CABRILLAC, Rémy. *Droit européen comparé des contrats*. 2. ed. Paris: LGDJ, 2016. p. 145; ZIMMERMANN, Reinhard. *The law of obligations*: Roman foundations of the civilian tradition. Oxford: Oxford University Press, 1996. p. 45-49; VICENTE, Dário Moura. *Direito comparado*: obrigações. São Paulo: Almedina Brasil, 2018. v. 2, p. 309.
2. LOPES, Miguel Maria de Serpa. *Curso de direito civil*: obrigações em geral. 7. ed. Rio de Janeiro: Freitas Bastos, 2000. v. 2, p. 377.
3. ALVIM, Agostinho. *Da inexecução das obrigações em geral*. 5. ed. São Paulo: Saraiva, 1980. p. 329.
4. Nesse sentido, p.ex., Orlando Gomes (SILVA, Orlando Gomes da. *Obrigações*. 15. ed. Rio de Janeiro: Forense, 2000. p. 149), Caio Mário (PEREIRA, Caio Mário da Silva. *Instituições de direito civil*: teoria geral das obrigações. 25. ed. rev. e atual. por Guilherme Calmon Nogueira da Gama. Rio de Janeiro: Forense, 2013. v. 2, p. 337), Carvalho Santos (SANTOS, J.M. Carvalho. *Comentários ao Código Civil*. 8. ed. Rio de Janeiro:

O aprofundamento desse tema foi feito – como também para diversos outros aspectos do caso fortuito e força maior, por Arnoldo Medeiros da Fonseca, na prestigiada obra intitulada "Caso Fortuito e Teoria da Imprevisão"[5].

Talvez a distinção fosse mais útil se os seus partidários concordassem entre si em suas hipóteses, mas a divergência é tanta que encontramos quem qualifique o caso fortuito pela mesma descrição que outros dão à força maior e vice-versa[6].

Importa destacar que o juízo sobre a inutilidade da diferenciação em nosso direito sempre foi acompanhado por nossos principais autores[7].

É lugar comum a citação de Pontes de Miranda, pois é direta e precisa, valendo ser reproduzida aqui também: *A distinção entre força maior e caso fortuito só teria de ser feita, só seria importante, se as regras jurídicas a respeito daquela e desse fossem diferentes*[8].

Assim, verificamos que nossa doutrina se curvou à análise conjunta do caso fortuito e da força maior diante da equivalência de seus efeitos, por sua vez amparada na redação do Código Civil.

No Código Beviláqua, o art. 1.058 dispunha:

> Art. 1.058. O devedor não responde pelos prejuízos resultantes de caso fortuito, ou força maior, se expressamente não se houver por eles responsabilizado, exceto nos casos dos art. 955, 956 e 957.
>
> Parágrafo único. O caso fortuito, ou de força maior, verifica-se no fato necessário, cujos efeitos não era possível evitar, ou impedir.

O Código de 2002 traz quase idêntica redação:

> Art. 393. O devedor não responde pelos prejuízos resultantes de caso fortuito ou força maior, se expressamente não se houver por eles responsabilizado.
>
> Parágrafo único. O caso fortuito ou de força maior verifica-se no fato necessário, cujos efeitos não era possível evitar ou impedir.

As únicas diferenças entre o novo e o revogado dispositivo são a ausência de referência expressa a outros artigos de lei e a retirada das vírgulas que ladeiam a expressão "ou de força maior", típicas de um aposto.

A alteração não parece ter perturbado a posição de nossos autores, pois os manuais continuam a ressaltar a equivalência dos termos.

  Freitas Bastos, 1963. v. 12, p. 231-232) e Serpa Lopes (LOPES, Miguel Maria de Serpa. *Curso de direito civil*: obrigações em geral. 7. ed. Rio de Janeiro: Freitas Bastos, 2000. v. 2, p. 377).
5. FONSECA, Arnaldo Medeiros da. *Caso fortuito e teoria da imprevisão*. 3. ed. Rio de Janeiro: Forense, 1958.
6. SANTOS. Op. cit., p. 231-232.
7. PEREIRA, Caio Mário da Silva. *Instituições de direito civil*: teoria geral das obrigações. 19. ed. Rio de Janeiro: Forense, 2000, v. 2; SILVA. Op. cit.; LOPES. Op. cit.; MIRANDA, Francisco Cavalcante Pontes de. *Tratado de direito privado*. Campinas: Bookseller, 2003a. t. 22; SANTOS. Op. cit.; e muitos outros.
8. MIRANDA. Op. cit., p. 107.

A mesma posição pode ser reconhecida no direito estrangeiro, ressalvadas as peculiaridades de cada um[9].

Aliás, no direito francês, a recente reforma do 'Code Civil', delegada à 'Ordonnance' 131, de 10 de fevereiro de 2016, reduziu as expressões 'cas fortuit' e 'force majeure', encontradas no velho artigo 1.148, a apenas esta última no tratamento da impossibilidade de prestar dado pelo atual artigo 1.351.

> Art. 1351: L'impossibilité d'exécuter la prestation libère le débiteur à due concurrence lorsqu'elle procède d'un cas de force majeure et qu'elle est définitive, à moins qu'il n'ait convenu de s'en charger ou qu'il ait été préalablement mis en demeure.

Os Princípios do Direito Europeu dos Contratos, sob iniciativa de Ole Lando também afastaram as referências específicas a caso fortuito ou força maior e preferiram adotar o termo genérico impedimento, conforme se percebe do seu art. 8.101[10].

Concluindo, desde a vigência do nosso código anterior já não se dava relevância à decomposição do binômio caso fortuito/força maior, cujos termos acabam sendo utilizados e referidos como sinônimos na linguagem jurídica.

3. FUNÇÃO JURÍDICA DO BINÔMIO CASO FORTUITO/FORÇA MAIOR NO DIREITO DAS OBRIGAÇÕES

Superada, na prática jurídica, a distinção entre o caso fortuito e a força maior, é a função jurídica dessas figuras que interessa investigar, pois é a sua compreensão que nos permitirá abordar os demais problemas do nosso estudo.

Desde logo podemos dizer que o caso fortuito/força maior serve à limitação do campo de responsabilidade do devedor ou à distribuição de certos riscos entre ele e o credor. Essa última função decorre da autorização do art. 393 em nosso ordenamento. Segundo ela, o devedor pode assumir total ou parcialmente os riscos decorrentes do caso fortuito/força maior.

De todo modo, o que se destaca é a função de excludente da responsabilidade civil do devedor.

---

9. Ver, por exemplo, TRABUCCHI, Alberto. *Istituzioni di diritto civile*. 39. ed. Padova: CEDAM, 1999. p. 562; VARELA, João de Matos Antunes. *Das obrigações em geral*. 7. ed. Coimbra: Almedina, 1997. v. 2, p. 62; MAZEAUD, Henri, MAZEAUD Léon, MAZEAUD, Jean et CHABAS, François. *Leçons de droit civil*: obligations – théorie générale. 9. ed. Paris: 1998. t. 2, v. 1.
10. Article 8:108: Excuse Due to an Impediment(1) A party's non-performance is excused if it proves that it is due to an impediment beyond its control and that it could not reasonably have been expected to take the impediment into account at the time of the conclusion of the contract, or to have avoided or overcome the impediment or its consequences.(2) Where the impediment is only temporary the excuse provided by this article has effect for the period during which the impediment exists. However, if the delay amounts to a fundamental non-performance, the obligee may treat it as such.(3) The non-performing party must ensure that notice of the impediment and of its effect on its ability to perform is received by the other party within a reasonable time after the non-performing party knew or ought to have known of these circumstances. The other party is entitled to damages for any loss resulting from the non-receipt of such notice. (LANDO, Ole, Principles of European contract law. Disponível em: www.trans-lex.org/400200. Acesso em: 23 nov. 2019.

Nas palavras de Serpa Lopes: *desligar o devedor de qualquer responsabilidade, eis a essência do caso fortuito e da força maior*[11].

No direito das obrigações, o caso fortuito/força maior é excludente da responsabilidade contratual (não confundir responsabilidade contratual com responsabilidade pelo descumprimento de deveres contratuais, pois a responsabilidade nasce do descumprimento de uma prestação, mesmo que não atrelada a uma relação contratual).

A responsabilidade contratual, por sua vez, é fundada em uma regra e seu temperamento.

A regra é que o devedor responde pelo não cumprimento da obrigação, conforme os artigos 389 e 395 do Código Civil:

> Art. 389. Não cumprida a obrigação, responde o devedor por perdas e danos, mais juros e atualização monetária segundo índices oficiais regularmente estabelecidos, e honorários de advogado;

> Art. 395. Responde o devedor pelos prejuízos a que sua mora der causa, mais juros, atualização dos valores monetários segundo índices oficiais regularmente estabelecidos, e honorários de advogado.

O texto do artigo 389 impõe algumas ressalvas conceituais.

Em primeiro lugar, não é propriamente o devedor que responde pelo descumprimento, mas o seu patrimônio. Essa distinção é arcaica e bem marcada, mas não custa destacá-la por mais uma vez (desde a *Lex Poetelia Papiria*, diz-se). Está refletida em nosso artigo 391.

Em segundo lugar, não é a obrigação que se cumpre ou não. A obrigação é a relação jurídica que une credor e devedor e tem por objeto uma prestação de dar, fazer ou não fazer algo ou, na referência comum, uma prestação de coisa ou de fato. É essa prestação que se exige do devedor e é o seu cumprimento ou não cumprimento que induz a responsabilidade.

Assim, não entregue ou não paga a prestação devida (por exemplo, fornecimento de insumos à indústria do credor), há, por 'default', a imputação do devedor.

No regime geral da responsabilidade civil contratual refletido no Código de 2002, a imputação do devedor significa que é a ele (seu patrimônio) que poderá ser dirigida a pretensão da vítima (geralmente o credor) em haver perdas e danos pelos prejuízos causados.

Contudo, esse mesmo regime admite que o devedor imputado possa afastar a responsabilidade de seu patrimônio, ou seja, o reconhecimento jurídico de sua responsabilização não é automático, inevitável ou absoluto.

O caso fortuito/força maior, assim como o fato da vítima ou de terceiro e a ausência de culpa na responsabilidade civil subjetiva, é causa dessa exoneração.

Em relação à regra já referida, é esse o temperamento.

---

11. LOPES. Op. cit., p. 373.

De acordo com o artigo 393 do Código Civil, se os prejuízos são decorrentes do caso fortuito/força maior, o devedor (seu patrimônio) não responde por eles.

E o que são esses prejuízos?

Em uma interpretação extensiva poderiam ser quaisquer danos causados ao credor, guardem eles ou não alguma relação com o não cumprimento. Em outras palavras, os prejuízos que tenham sido gerados em uma cadeia de causalidade diversa daquela que tem origem no comportamento/atividade do devedor e não interferem no cumprimento da prestação (ex.: o caso fortuito/força maior que faz adoecer o passageiro nas vésperas da viagem impedindo do seu embarque, que não guarda relação com a atividade da companhia aérea ou a prestação por ela devida).

No entanto, nos parece claro que os prejuízos que se atribui à operação do caso fortuito/força maior são os prejuízos decorrentes do não cumprimento. É isso que está em jogo na relação obrigacional.

Daí se vê a relação causal entre o caso fortuito/força maior e o não cumprimento, pois os danos decorrentes do caso fortuito/força maior são, pelo menos do ponto de vista do devedor, os danos decorrentes do descumprimento.

Essa natureza de causa eficiente do não cumprimento é que deve sobressair na sua identificação.

4. CASO FORTUITO/FORÇA MAIOR E DESCUMPRIMENTO

Antes de tratar dos caracteres, ou fatores de identificação, do caso fortuito/força maior, cabe registrar que o não cumprimento da prestação a que alude nossa lei civil (e que pode derivar do caso fortuito/força maior) é não apenas o não cumprimento total e definitivo, mas também o não cumprimento parcial ou temporário.

Claro que o descumprimento total e definitivo, isto é, irremediável, que envolve a integralidade da prestação e não deixa margem a qualquer possibilidade de satisfação do credor, está incluído na previsão legal.

No entanto, o descumprimento pode ser parcial, ou seja, aquele que envolve apenas parte da prestação devida, o que é fácil divisar quando se trata de prestação complexa (envolvendo a prática de dois ou mais atos), cumulativa ou simplesmente de prestação de quantidade.

Quem deve a execução de um serviço em etapas pode cumprir uma ou algumas, mas não todas. Quem aluga um barco com tripulação pode entregar o barco e falhar na disponibilização da sua tripulação. Quem deve cinco toneladas de grãos pode não conseguir entregar duas toneladas.

Além do descumprimento parcial, também importa no exame da responsabilidade civil contratual o não cumprimento temporário, que constitui, pelo menos de início, a mora do devedor.

Assim, o caso fortuito/força maior pode resultar não só no descumprimento definitivo, total ou parcial, mas simplesmente no atraso no cumprimento da prestação, de modo que ela ainda possa ser cumprida com interesse do credor.

Com isso não queremos dizer que a mora se reduza à demora, ao atraso, como boa parte da nossa doutrina ainda defendia[12].

Judith Martins-Costa destaca a amplitude do conceito brasileiro de mora, que já no Código Beviláqua era, na redação do antigo artigo 955, o cumprimento sem observância ao tempo, lugar e forma convencionados:

> Este problema [da equiparação entre mora e retardo] não se justifica entre nós, pois a noção de mora no art. 394 (tal qual, anteriormente, nos arts. 955 e 1.056, a contrário, do Código de 1916) é ampla e flexível, abarcando todos esses casos, e correspondendo ao "modo de ser" integral da prestação. Assim sendo (...) parece-nos relevante a opção brasileira, ao menos para enfatizar que não é apenas o retardo que está no núcleo conceitual da mora[13].

A previsão dessas variantes também na conceituação da responsabilidade pelo não cumprimento (art. 1.056) e a tradição da doutrina comparada talvez tenha desincentivado o reconhecimento do papel ampliado da mora no Brasil. Entretanto, o Código de 2002 reservou as variantes exclusivamente para o conceito legal de mora.

Nos parece, assim como Guilherme de Mello Franco Faoro[14], que é o conceito ampliado de mora que abre nosso sistema para a introdução das figuras do cumprimento defeituoso/adimplemento ruim/violação positiva do crédito, quebra antecipada do contrato e inutilidade da prestação[15].

Essas figuras importam ao estudo do caso fortuito/força maior na medida em que podem se ligar a ele por uma relação de causalidade. Em outras palavras, assim como o não cumprimento da prestação pode ser originado do caso fortuito/força maior, e, portanto, não sendo imputável ao devedor, todas essas figuras também podem ter origem nele.

Se essas figuras são variantes do descumprimento da prestação (descumprimento em sentido estrito e mora), o caso fortuito/força maior é o fato necessário para esse descumprimento.

---

12. Ver, por exemplo, SILVA, Orlando Gomes da. *Obrigações*. 15. ed. Rio de Janeiro: Forense, 2000.
13. MARTINS-COSTA, Judith. *Comentários ao novo código civil*: do inadimplemento das obrigações. Rio de Janeiro: Forense, 2003. t. 2, v. 5, p. 225.
14. FAORO, Guilherme de Mello Franco. As novas fronteiras do inadimplemento: critérios para um exame funcional da distinção entre mora e inadimplemento absoluto. In: TERRA, Aline de Miranda Valverde; GUEDES, Gisela Sampaio da Cruz. *Inexecução das obrigações*: pressupostos, evolução e remédios. Rio de Janeiro: Processo, 2020. v. 1.
15. Esta última, aliás, já incorporada aos efeitos da mora desde o parágrafo único do artigo 956 do Código Beviláqua e repetida no parágrafo único do artigo 395 do Código Civil vigente.

5. CARACTERES OU FATORES DE RECONHECIMENTO DO CASO FORTUITO/FORÇA MAIOR

Uma vez reconhecido no caso fortuito/força maior a causa eficiente do não cumprimento, torna-se relevante, para sua identificação, a descrição de suas características.

É nesse ponto que pode ser útil recorrer às diversas conceituações feitas pela doutrina ao longo da história, pois muitas delas adiantam os critérios atualmente adotados no delineamento do binômio.

A mais importante dicotomia de identificação do caso fortuito/força maior seja, talvez, aquela que contrapõe as teorias subjetiva e objetiva.

5.1 Teoria subjetiva

Geralmente atribuída a Levin Goldschmidt, a teoria subjetiva teve grande penetração nos estudos do caso fortuito/força maior, especialmente nos regimes de responsabilidade civil subjetiva.

Apesar de Goldschimdt diferenciar o caso fortuito da força maior, sua teoria buscava definir as fronteiras entre a responsabilização e a exoneração com base no grau de diligência (ou no grau de culpa) do devedor na execução (ou inexecução) de sua prestação.

Para Silvio Giovanoli, escrevendo à luz do direito suíço,

> Il est evident que, dans la théorie subjective, l'observation par le débiteur de cette diligence extreme implique naturellemment l'absence de faute. Dans la conception de Gosldschmidt, la force majeure, commence où finit cette diligence exceptionelle (1933, p. 17).

Depois de Goldschmidt, a teoria subjetiva foi atenuada para reconhecer a responsabilidade na ausência de simples culpa do devedor, a ponto de Orlando Gomes, um de seus principais adeptos enunciar que o conceito de o caso fortuito/força maior é um conceito "antitético de culpa"[16].

No mesmo sentido segue Agostinho Alvim, pelo menos nos casos de responsabilização fundada na culpa[17].

É fácil perceber a oposição entre culpa e fortuito em um regime de responsabilização subjetiva.

Era assim o nosso regime geral de responsabilidade civil durante a vigência do Código Civil de 1916.

Em que pese tivesse o artigo 1.056 ter praticamente a mesma redação do nosso atual artigo 389, e determinasse a responsabilidade do devedor em caso de descumpri-

---

16. SILVA, Orlando Gomes da. *Obrigações*. 15. ed. Rio de Janeiro: Forense, 2000.
17. ALVIM, Agostinho. *Da inexecução das obrigações em geral*. 5. ed. São Paulo: Saraiva, 1980. p. 335-336.

mento, não havia dúvida de que essa responsabilidade dependia do comportamento culposo do devedor.

A culpa é, nesse regime, elemento da responsabilidade. Em outras palavras, o devedor não responde se não agiu culposamente, muito embora, no âmbito da responsabilidade contratual essa culpa seja presumida, o que na prática significa que o devedor é que tem que afastá-la para se exonerar.

Um dos modos de fazê-lo é precisamente demonstrando o caso fortuito/força maior. Logo, uma vez provada a ausência de culpa (elemento essencial para a responsabilização nesse regime), no mínimo fica desimportante a demonstração do caso fortuito/força maior[18].

5.2 Teoria objetiva

Muitas foram as críticas à teoria subjetiva, especialmente aquela que lhe acusava de, sendo negativa, antitética, relativista e casuística, deixar a cada caso a identificação das excludentes de responsabilidade.

Reagindo a essas críticas, o critério objetivo, cuja fundação se atribui a Adolf Exner[19], procura afastar do processo de identificação do caso fortuito/força maior qualquer relação com o comportamento do devedor.

Por isso mesmo os requisitos da excludente seriam, para ele, a exterioridade e a relevância/notoriedade do evento[20].

Se Exner exagerou ao ampliar os casos de exterioridade, a teoria serviu para, com os seus temperamentos futuros, mostrar que uma perspectiva autônoma, desvencilhada da culpa, pode ser útil na conceituação do caso fortuito/força maior.

De todo modo, a teoria objetiva parece não ter conseguido alcançar um dos objetivos a que seus partidários se dedicaram: a enumeração de critérios seguros e gerais para a identificação do caso fortuito/força maior.

Nossa doutrina se divide entre alguns subjetivistas (por exemplo, Orlando Gomes e Agostinho Alvim) e outros poucos objetivistas (Arnoldo Medeiros da Fonseca), mas parece haver tendência a reconhecer que ambos os critérios têm sua aplicação[21].

A nós se afigura no mínimo incompleta uma identificação do caso fortuito/força maior com a ausência de culpa em um regime de responsabilidade objetiva, como o que parece prevalecer em nosso ordenamento, a despeito do regime geral do Código Civil.

---

18. Há até quem defenda que o caso fortuito/força maior só tem lugar na responsabilidade subjetiva, não servindo como excludentes nos casos de responsabilidade subjetiva (NUNES, Luiz Rizzatto. *Curso de direito do consumidor*. 9. ed. São Paulo, Saraiva: 2014. Edição Kobo).
19. GIOVANOLI, Silvio. *Force majeure et cas fortuit: em matière d'inéxecution des obligations, selon le code des obligations suisse*. Genebra: Librairies de l'Université, 1933; LOPES. Op. cit.
20. GIOVANOLI. Op. cit. p. 26.
21. Nesse sentido, PEREIRA. Op. cit., 2000, p. 336; LOPES. Op. cit., p. 375; SANTOS. Op. cit., p. 230-231; MIRANDA. Op. cit., p. 112.

Não havendo qualquer dúvida quanto à aplicabilidade das excludentes do art. 393 para além dos casos de descumprimento de deveres contratuais/obrigacionais, nos parece que uma conceituação mais assertiva do caso fortuito/força maior deva ser perseguida, sob pena de se estender o caso fortuito/força maior a fatos imputáveis legalmente ao devedor.

Outros critérios que superam as perspectivas subjetiva e objetiva podem nos ajudar nessa tarefa.

Há vários deles, mas o Código Civil os delimita na referência ao *fato necessário, cujos efeitos não era possível evitar ou impedir*.

5.3 Necessariedade

Segundo Carvalho Santos, o fato necessário seria *um acontecimento, para o qual não concorra de nenhum modo o devedor, nem pela sua ação nem pela sua vontade*[22].

Para Caio Mario, *não é qualquer acontecimento, por mais grave e ponderável, bastante para liberar o devedor, porém, aquele que impossibilita o cumprimento da obrigação*[23].

Agostinho Alvim dá conta dos equívocos no que se considera fato necessário, remetendo o conceito à análise da impossibilidade do cumprimento, com o que concordamos.

Necessário é o que é indispensável, essencial, para algum propósito ou resultado.

A necessariedade exige em todos os casos uma relação causal entre o que é necessário e algo para o qual é necessário.

Essa relação de causalidade é realçada por Aguiar Dias, à qual empresta a própria conceituação do binômio: "*o que anima as causas de isenção no seu papel de dirimentes é, em última análise, a supressão da relação de causalidade*"[24].

Nesse sentido, em análise sistemática do dispositivo legal, o fato necessário é o evento diretamente ligado ao descumprimento da prestação, isto é, o fato que impede o cumprimento.

5.4 Inevitabilidade

Não basta que o fato seja necessário para o descumprimento. É preciso que seus efeitos (não o fato) sejam inevitáveis, fatais, isto é, que ocorram a despeito de todo esforço ou providência para afastá-los ou preveni-los.

Nesse ponto, é bom destacar que nosso legislador não menciona a imprevisibilidade como critério distintivo do fortuito. De fato, o evento imprevisível nem sempre impede o cumprimento da prestação, mesmo que não tenha sido considerado pelas

---

22. SANTOS. Op. cit., p. 239.
23. PEREIRA. Op. cit., 2013. p. 337.
24. DIAS, José de Aguiar. *Da responsabilidade civil*. 12. ed. Rio de Janeiro: Lumen Juris, 2012. p. 791.

partes, pois é possível que seus efeitos sejam evitados (ex.: o devedor deixa de comparecer ao cartório para o ato notarial devido ao credor porque o voo atrasou e perdeu a conexão, mas teria evitado esses efeitos se tivesse tomado o voo imediatamente anterior sugerido pela companhia aérea ao invés de programar uma conexão muito próxima).

Às vezes, porém, como bem lembra Arnoldo Medeiros da Fonseca,

> a imprevisibilidade do acontecimento, o modo súbito e inesperado pelo qual se verifique, será a razão determinante de sua inevitabilidade. Outras vezes a própria irresistibilidade do evento é que o torna inevitável. Mas haverá sempre impossibilidade de impedi-lo, pois ninguém se acautela contra o imprevisível, sendo assim a inevitabilidade a condição objetiva fundamental exigida para a caracterização do fortuito[25].

5.5 Impedividade[26]

Além de inevitáveis, para exonerar o devedor, os efeitos do fato necessário para o descumprimento devem ser inimpedíveis, inobstáveis, ou seja, não podem ser contidos ou retidos. Diante da invencibilidade desses efeitos, todo esforço ou providência em contrário seria baldado.

Alguns autores, como Serpa Lopes, procuram reunir os critérios da lei às noções de invencibilidade e irresistibilidade[27].

É na descrição dessas características do caso fortuito/força maior que percebemos, por vezes, ainda um apego à contraposição com a culpa.

Assim, por exemplo, Arnaldo Rizzardo:

> Não comporta o caso fortuito ou de força maior com a culpa. Não se admite a presença de alguma possibilidade de culpa, pois aí já se depreende que houve a participação do sujeito da obrigação. Apresenta-se como inevitável o evento se aponta uma causa estranha à vontade do obrigado, irresistível e invencível, o que sói acontecer caso não tenha concorrido culposamente o agente. Não agindo precavidamente desponta a culpa o que leva a deduzir não ter sido inevitável. A inevitabilidade está ligada a ausência de culpa. Um requisito não subsiste sem o outro. Presentes os dois, há impossibilidade de impedir o acontecimento.[28]

Também Pontes de Miranda:

> Imprevisível, com inevitabilidade das consequências danosas: caso fortuito ou força maior. Previsível, com inevitabilidade das consequências danosas: caso fortuito ou força maior. Imprevisível, com evitabilidade das consequências: culpa. Previsível, com evitabilidade das consequências: culpa.[29]

Essa tendência, que ainda é encontrada em diversos manuais, não nos parece adequada por desconsiderar as necessidades de um regime de responsabilidade obje-

---

25. FONSECA, Arnaldo Medeiros da. *Caso fortuito e teoria da imprevisão*. 3. ed. Rio de Janeiro: Forense, 1958. p. 149.
26. O termo foi utilizado por Carvalho Santos após Lacerda de Almeida (SANTOS, 1963, p. 241).
27. LOPES. Op. cit., p. 378.
28. RIZZARDO, Arnaldo. *Direito das obrigações*. 8. ed. Edição Kobo. Rio de Janeiro: Forense, 2015. p. 14.
29. MIRANDA. Op. cit., p. 117.

tiva, mas nos chama a atenção para um último critério que pode servir para auxiliar a delimitação do conceito: a exterioridade.

5.6 Exterioridade

Elemento das excludentes exigido pelas cortes francesas[30] para os casos da chamada responsabilidade pelo fato das coisas, a exterioridade do fato significa que somente escapará à responsabilidade do devedor o fato necessário para o descumprimento que esteja desligado da coisa e de seu uso e proveito normais. Assim, o proprietário de um terreno não se eximirá de responder se um deslizamento ocorreu independentemente de seus cuidados e o proprietário de um carro não se exonerará da responsabilidade pelos danos causados na falha dos seus freios.

Entre nós, Agostinho Alvim aprofundou a noção de exterioridade para desenvolver a distinção entre fortuito interno e externo, aplicando-a à atividade empresarial com base na teoria do risco com a intenção de afastar a dialética entre culpa e fortuito[31]. A divisão ganhou força e hoje faz sucesso na doutrina e nos tribunais.

5.7 Impossibilidade

Sejam seus efeitos inevitáveis, inimpedíveis ou exteriores, o caso fortuito/força maior só pode ser reconhecido e só exclui a responsabilidade do patrimônio do devedor se é o fato necessário para o descumprimento.

Caso fortuito/força maior só há naquele fato sem o qual o cumprimento da prestação não se teria impossibilitado (definitiva ou temporariamente, total ou parcialmente).

Esse efeito é a chave para compreensão de sua natureza e sua importância é o que leva a doutrina a estudá-lo em conjunto com a impossibilidade da prestação.

Não podemos olvidar que a teoria do inadimplemento – e com ela a teoria da impossibilidade – foi construída, na sua tradição, com base em regimes de responsabilidade subjetiva e por isso mesmo naturalizava a dicotomia entre culpa/ausência de culpa (na qual preponderava o caso fortuito/força maior), que então parecia bastar para fixar os limites da responsabilidade contratual.

Assim, chegava-se a falar em inadimplemento culposo e inadimplemento fortuito[32] e até em impossibilidade culposa[33].

---

30. MAZEAUD. Op. cit., p. 667.
31. ALVIM. Op. cit., p. 314.
32. Ver, por exemplo, SILVA. Op. cit. p. 145; GAGLIANO, Pablo Stolze; PAMPLONA FILHO, Rodolfo. *Novo curso de direito civil*: obrigações. 16. ed. São Paulo: Saraiva, 2015. v. 2, p. 307 e ss.; GONÇALVES, Carlos Roberto. *Direito civil brasileiro*: teoria geral das obrigações. 13. ed. São Paulo: Saraiva, 2016. v. 2, p. 375 e ss.
33. AGUIAR JÚNIOR, Rui Rosado de. *Extinção dos contratos por incumprimento do devedor*. Rio de Janeiro: AIDE, 2003. p. 104.

Com a proliferação dos casos de responsabilidade objetiva, a caracterização do caso fortuito/força maior como uma categoria de fatos reconhecíveis antiteticamente à culpa se tornou insuficiente, de modo que a doutrina passou a buscar uma abordagem mais adequada, que veio a ser feita com o conceito de impossibilidade.

É nesse ponto que se pode referir a uma teoria da impossibilidade, que ganhou cada vez mais projeção no Brasil a partir da influência alemã, sofrida mais intensamente na Itália, na Suíça e em Portugal.

Conta Zimmermann que, antes da reforma do direito das obrigações de 2001, o direito alemão inaugurou a equivalência efetiva entre impossibilidade inicial e impossibilidade superveniente:

> This was due, essencially, to a book by a book by Friedrich Mommsem, brother of the famous historian and Nobel prize winner, Theodor. He superimposed a concept of 'impossibility of performance' on the sources, which covered all cases in which the debtor was unable to perform: non impleat quia non potest... impossibility became a very broad conceptual abstraction, a commom systematic denominator for a whole range os situations.
>
> (...)
>
> Mommsem's book is characterized by that abstract and excessive conceptualism which is so typical of pandectist writing. It forces the sources into a scheme which was alien to the Roman lawyers and which, today, fails to appeal to legal historians and modern lawyers alike. It would probably have been largely forgotten, had it not managed to impress the most infuential of the pandectists, Bernard Windscheid and, through him, the fathers of the BGB.[34]

Com isso foi possível sistematizar e classificar a impossibilidade em seus diversos aspectos e aplicações, destacando seu papel na imposição de limites à responsabilidade do devedor.

No Brasil, em que pese nosso Código Civil, desde 1916, já fazer várias referências à impossibilidade como fator definidor do descumprimento das prestações e os esforços da doutrina em construir a partir daí uma teoria da impossibilidade[35], o que nos parece é que não era nela (ou pelo menos não apenas nela) que o legislador se amparou para definir o campo de responsabilidade do devedor.

O que sobressai no exame das modalidades das obrigações nos códigos de 1916 e 2020 são as escolhas do legislador para fixar a diminuição patrimonial decorrente da ausência de culpa do devedor na perda ou deterioração da coisa. Tais escolhas são geralmente reunidas sob o que se conhece por 'teoria dos riscos'[36]. Caio Mário afirma, nesse sentido, que *o que maior atenção merece neste tipo obrigacional é a teoria dos riscos*[37].

---

34. ZIMMERMANN. Op. cit., p. 812.
35. MARTINS-COSTA. Op. cit.; MIRANDA. Op. cit.
36. TEPEDINO, Gustavo, BARBOZA, Heloisa Helena e MORAES, Maria Celina Bodin de. *Código civil interpretado*: conforme a constituição da República. 2. ed. Rio de Janeiro: Renovar, 2011. v. 1; PEREIRA. Op. cit., 2013; RIZZARDO. Op. cit., 2015; RODRIGUES. Op. cit., p. 24-26.
37. PEREIRA. Op. cit., 2013. p. 50.

O cerne da teoria dos riscos é a definição de quem sofre a diminuição patrimonial decorrente da perda ou deterioração não culpáveis da coisa devida, se o credor ou o devedor.

Para essa definição, as legislações recorrem a uma convenção. A nossa[38] seguiu a premissa de que a perda da coisa se dá no patrimônio que ela integrava e por isso se falava na regra geral *"res perit domino"* ou *"casus sentit domino"*, que se aplica às prestações de coisa.

É isso que explica as soluções opostas nas hipóteses de prestação de dar coisa certa e de prestação de restituir, sendo que no primeiro caso a perda ou deterioração são sofridas pelo devedor e no segundo caso pelo credor.

Caio Mário já destacava, entretanto[39], que a perda/deterioração da coisa não poderia significar apenas a perda/deterioração física (sua destruição ou diminuição), mas também econômica (consumo, desvalorização) e jurídica (proibição de circulação, retirada do comércio, venda em limites quantitativos etc.):

> A perda ou deterioração da coisa devida suscita um rol de princípios, que varia de um para outro caso, conforme esteja o devedor de boa ou má fé, ou, mais exatamente, conforme tenha ou não concorrido para o dano ou o oferecimento, com a sua malícia ou negligência. O conceito de perda, para o direito, é lato, e tanto abrange o seu desaparecimento total (*interitus rei*), quanto ainda o deixar de ter as suas qualidades essenciais, ou de se tornar indisponível, ou situar-se em local que e se tornou inatingível, ou ainda de confundir-se com outra.[40]

E em todos esses casos, o que desponta é a impossibilidade do cumprimento da prestação de coisa.

Ora, um dos problemas da aplicação da teoria dos riscos conforme disposta nos artigos já referidos dos Códigos de 2016 e 2002 era a sua correlação necessária com a culpa do devedor, pois a distribuição dos riscos só opera na sua ausência.

Diante disso, o recurso à teoria da impossibilidade serviu não apenas para reunir a perda/deterioração da coisa nas prestações de dar, entregar e restituir com a impossibilidade das prestações de fazer e não fazer e com a necessariedade do caso fortuito/força maior.

A perspectiva da impossibilidade também deu ensejo à importação de uma dicotomia que se mostrou bastante útil para a adaptação da responsabilidade civil contratual ao regime de responsabilidade objetiva: impossibilidade imputável/impossibilidade não imputável do devedor.

---

38. V. artigos 865, 866, 869 e 877, do Código Civil de 1916, e artigos 234, 235, 238 e 246, do Código Civil de 2002.
39. Assim também, RIZZARDO. Op. cit.
40. PEREIRA. Op. cit., p. 51.

Presente expressamente nos dispositivos dos códigos português[41] e italiano[42], por influência do alemão, a dicotomia ganhou espaço em nossa doutrina e passou a ser largamente utilizada.

A impossibilidade imputável ao devedor reúne a impossibilidade culposa e a impossibilidade causada por fatos ou circunstâncias a que a lei (ou a jurisprudência, nos casos em que a ela cabe essa definição) atribui a responsabilidade pelo descumprimento ao devedor (v.g. fortuito interno, responsabilidade estendida).

A impossibilidade não imputável é, necessariamente, aquela que não pode ser atribuída ao devedor.

Aqui nos referimos à impossibilidade superveniente, é claro, pois a impossibilidade anterior à formação do vínculo não diz respeito (pelo menos na nossa tradição) à exclusão da responsabilidade, mas à invalidade da relação e, portanto, à incapacidade de produção de quaisquer efeitos, aí incluída a própria obrigação. Neste caso não há exclusão porque nunca terá havido dever e, portanto, não há que se falar em imputação jurídica.

Havendo a interferência do caso fortuito/força maior, exclui-se a responsabilidade inicialmente imputada ao devedor, liberando-o de todo (no caso de impossibilidade definitiva) ou, enquanto durar a impossibilidade, dos efeitos da mora.

Por essa abordagem, o problema do descumprimento inimputável da prestação, seja ele definitivo ou temporário, total ou parcial, é sempre um problema de impossibilidade (definitiva ou temporária, total ou parcial) da prestação.

Nas palavras de Trabucchi:

> L'elemento dell'impossibilità precede concettualmente tutti gli altri, perché è proprio quando la prestazione sia impossibile che vengono all'esame le ragioni che escludono la responsabilità dell'inadempimento[43].

Mais recentemente, a teoria da impossibilidade tem sido utilizada por parte da doutrina para abarcar situações que tradicionalmente não eram consideradas necessárias ao descumprimento da prestação, como a inexigibilidade (impossibilidade prática), a impossibilidade pessoal (psicológica), a impossibilidade relativa ao devedor[44] e até a frustração dos fins do contrato[45].

---

41. Artigos 520, 529, 537, 545, 546, 547, Seção II, Subseção I, do Livro das Obrigações, art. 801, 803, por exemplo.
42. Artigos 1.207, 1.218, 1.221, Seção V do Capítulo IV do Livro das Obrigações, 1.288, 1.289, 1.307, por exemplo.
43. TRABUCCHI. Op. cit., p. 562.
44. Ver, VICENTE. Op. cit., p. 311-312.
45. DEIAB, Felipe Rocha. O alargamento do conceito de impossibilidade no direito das obrigações: a inexigibilidade e a frustração do fim do contrato. In: MOTA, Maurício; KLOH, Gustavo. *Transformações contemporâneas do direito das obrigações*. Rio de Janeiro: Elsevier, 2011. Edição Kobo.

Mais uma vez, a aplicação pode ser atribuída à importação de soluções do direito alemão que, com a reforma de 2001 do BGB, as reconheceu como casos de exoneração do devedor.

Felipe Rocha Deiab chamou essa tendência de "alargamento do conceito de impossibilidade", destacando que:

> Apesar do relativo prestígio de que goza a tradicional distribuição dos riscos, tão arraigada no sistema Romano germânico, já há algum tempo vem sendo travada na doutrina e na jurisprudência ampla discussão a respeito das insuficiências desse modelo de repartição dos riscos contratuais. Essa discussão centra-se no chamado "alargamento da impossibilidade", uma ampliação do conceito tradicional de impossibilidade, que identifica como hipóteses de exoneração do devedor não apenas a força maior e o caso fortuito, mas também a inexigibilidade do cumprimento da prestação (Unzumutbarkeit) e a frustração do fim do contrato (Zweckstörung).[46]

Judith Martins-Costa e Paula Costa e Silva também chamam atenção para essa ampliação:

> A partir dessa constatação, renovou-se a Teoria do Adimplemento, inserindo-se a ideia do adimplemento satisfativo como aquele que realiza o fim buscado; refinou se a estrutura dos deveres insertos na relação obrigacional; e se reformulou a própria Teoria da Impossibilidade, não mais jungida apenas às hipóteses tradicionais de impossibilidade física e jurídica, mas igualmente acolhedora de uma ideia cultural e normativa de impossibilidade quando a prestação é fisicamente possível, mas seu cumprimento imporia ao devedor gravames intoleráveis a luz dos critérios normativos e culturais. É o caso, por exemplo, de considerar liberada do cumprimento, por impossibilidade superveniente não imputável, a cantora que deve se apresentar em um concerto, mas seu filho vem a falecer na data aprazada para o compromisso profissional; ou do devedor que indo fazer a entrega de verduras para um restaurante situado em cidade vizinha àquela em que localizada a sua horta, depara-se com a ponte interditada, recebendo a informação de que o acesso ao local da entrega só seria viabilizado se fretasse um navio cargueiro.[47]

Se de um lado o campo da impossibilidade agora se expande, de outro o descumprimento imputável ao devedor já contava com a adição de figuras como o cumprimento defeituoso ou adimplemento ruim (violação positiva do crédito), quebra antecipada ou inutilidade da prestação.

6. A FUNÇÃO DO CASO FORTUITO/FORÇA MAIOR

A seguir a tendência descrita até aqui, poderíamos localizar o estudo do caso fortuito/força maior junto às causas de descumprimento inimputável da prestação por impossibilidade superveniente.

O problema é que o recurso à impossibilidade ampliada torna ainda mais complexa a identificação das figuras que se enquadram na impossibilidade superveniente não imputável ao devedor, como é o caso do fortuito/força maior.

---

46. DEIAB. Op. cit. p. 34-35.
47. MARTINS-COSTA, Judith; SILVA, Paula Costa e. *Crise e perturbações no cumprimento da prestação*. São Paulo: Quartier Latin, 2020, p. 60.

E se a impossibilidade se torna uma categoria de fatos cada vez mais distintos em sua origem e características, esse recurso acaba perdendo parte de sua força como categoria epistemológica.

Principalmente porque no que se refere ao descumprimento imputável ao devedor, como bem destacado por Judith Martins-Costa e Paula Costa e Silva[48], este pode decorrer tanto da impossibilidade (quando o devedor, por fato imputável a ele, torna impossível o prestar) quanto do inadimplemento propriamente dito (quando a prestação devida não é entregue no tempo, modo e forma esperados, embora pudesse ter sido assim entregue). A distinção é meramente conceitual, mas mostra bem as limitações da teoria da impossibilidade no estudo da responsabilidade contratual.

De fato, forçar o enquadramento de figuras tradicionalmente não incluídas em nosso sistema como causas de impossibilidade pode dificultar a compreensão dos limites entre a responsabilidade e a exoneração do devedor.

Somos levados a concluir, mais uma vez com Judith Martins-Costa, que o que realmente importa é saber se a quebra é ou não imputável ao devedor:

> A 'summa divisio' em matéria de inadimplemento é a que discerne entre a sua causa, isto é, se a prestação devida não se realizou por fato imputável ao devedor ou fato não imputável ao devedor.[49]

Curioso é que se o direito alemão foi a inspiração para o alargamento da impossibilidade, após a reforma de 2001 do BGB, o esquema da impossibilidade foi substituído por um conceito abrangente de quebra[50] ou, nos termos da Seção 275 do BGB, "exclusão do dever de prestar" (BGB. Bundesministerium der Justiz umn für Verbrauchereschutz.[51]

Nesse sentido, nos parece que a dicotomia impossibilidade imputável/impossibilidade não imputável deve ceder lugar, pelo menos nesse estágio da evolução de nossos conceitos, à dicotomia descumprimento imputável/descumprimento inimputável da prestação.

O recuo a um nível mais abrangente ao menos garante maior coerência no enquadramento das cada vez mais específicas causas de imputação ou exoneração do devedor na responsabilidade contratual.

Nesse ponto, o papel do caso fortuito/força maior passa a ser o de servir como referência no terreno ainda não completamente mapeado do descumprimento inimputável ao devedor.

---

48. MARTINS-COSTA; SILVA. Op. cit.
49. MARTINS-COSTA. Op. cit., p. 147.
50. ZIMMERMANN. Op. cit., p. 813.
51. Disponível em: https://www.gesetze-im-internet.de/bgb/index.html. Acesso em: 08 jun. 2021.

6.1 Caso fortuito/força maior no direito do consumidor

Apesar da ausência de menção expressa por parte do legislador do Código de Defesa do Consumidor e alguns entendimentos em contrário[52], a maior parte da doutrina reconhece a aplicação do caso fortuito/força maior às relações de consumo:

> O caso fortuito e a força maior, por não terem sido inseridos no rol tais excludentes de responsabilidade do fornecedor, são afastados por alguns autores. Entretanto, essa é uma maneira muito simplista de resolver o problema, como o é, também, aquela de dizer que o caso fortuito e a força maior fecho em a responsabilidade do fornecedor porque a regra é tradicional em nosso direito. Cremos que a distinção entre fortuito interno e externo é totalmente pertinente no que respeita aos acidentes de consumo. O fortuito interno, assim entendido o fato imprevisível e, por isso, inevitável ocorrido no momento da fabricação do produto ou da realização do serviço, não exclui a responsabilidade do fornecedor porque faz parte da sua atividade, liga-se aos riscos do empreendimento, submetendo-se à noção geral de defeito de concepção do produto ou de formulação do serviço. Vale dizer, se o defeito ocorreu antes da introdução do produto no mercado de consumo ou durante a prestação do serviço, não importa saber o motivo que determinou o defeito; o fornecedor é sempre responsável pelas suas consequências, ainda que decorrente de fato imprevisível e inevitável.[53]

6.1.1 Caso fortuito/força maior e responsabilidade pelo fato do produto/serviço

Esse reconhecimento está geralmente associado aos casos de responsabilidade pelo fato do produto/serviço, ao lado das excludentes previstas no § 3º do artigo 14 da Lei 8.078/1990[54].

Além da doutrina, a jurisprudência também aceita com tranquilidade o papel do caso fortuito/força maior como excludente da responsabilidade do fornecedor na imputação pelo fato do produto/serviço (v. REsps 1748295/SP; 1358513/RS; 1378284/PB).

Essa responsabilidade depende não apenas do dano e do fornecimento, mas também do defeito.

Para que o fornecedor responda pelo fato do produto/serviço, é essencial que o produto/serviço seja defeituoso, isto é, não forneça a segurança que razoavelmente dele se espera.

Nesse sentido, só haverá imputação da responsabilidade pelos danos causados ao consumidor na presença do defeito. Essa é a conclusão que se extrai da excludente dos artigos 12, § 3º e 14, § 3º, da Lei 8.078/1990).

---

52. NUNES. Op. cit.
53. CAVALIERI FILHO. *Programa de direito do consumidor*. 5. ed. Edição Kobo. São Paulo: Atlas, 2019. p. 36-50.
54. NUNES. Op. cit.; CAVALIERI FILHO. Op. cit.; MIRAGEM. Op. cit.

Nesse regime de responsabilidade, o defeito não é apenas um elemento formativo da responsabilidade do fornecedor, mas o seu verdadeiro fundamento, que revela a atribuição ao fornecedor de um dever de garantir a segurança do fornecimento.

Assim, havendo dano ao consumidor associado ao fornecimento de um produto ou serviço, o legislador atribui, por 'default', a responsabilidade pela sua reparação ao fornecedor. Tal responsabilidade somente pode ser excluída mediante a demonstração de culpa exclusiva do consumidor ou de terceiros ou da inexistência do defeito.

Trata-se do acidente de consumo que, a despeito dessa denominação, não se reduz apenas aos casos em que o consumidor é lesado física ou moralmente pelo fornecimento do produto ou do serviço. Também a lesão patrimonial estará aí incluída. O acidente de consumo estará em todas as situações em que o produto/serviço seja causa necessária e direta da lesão pessoal, corporal, patrimonial ou moral do consumidor.

Se o aparelho celular explode e atinge o rosto de alguém, há fato do produto, mas se ele explode e a explosão atinge só o televisor também há.

A função do caso fortuito/força maior nessa espécie de responsabilidade é, pois, juntamente com a culpa do consumidor ou de terceiro, a de eliminar a possibilidade de defeito. Onde está o fortuito não há fornecimento defeituoso.

Parafraseando Orlando Gomes, há, aqui, uma relação antitética.

Assim, no regime da responsabilidade do fornecedor pelo fato do produto/serviço o caso fortuito/força maior é o fato necessário para a quebra do interesse garantido, qual seja, o de um fornecimento seguro. Sob tal perspectiva, não há defeito. O dano decorre do caso fortuito/força maior e não do fornecimento. Logo, este não é defeituoso.

Claro que os fatos reconhecidos como caso fortuito/força maior nas relações de consumo têm seu universo reduzido para os fatos exteriores à atividade do fornecedor (aproveita-se aqui, mais uma vez, das lições de Agostinho Alvim acerca do fortuito externo)[55].

Bom registrar as lições de Bruno Miragem:

> Atualmente, sobretudo em face da responsabilidade pelo risco, responsabilidade objetiva, nos moldes do regime estabelecido pelo CDC, doutrina e jurisprudência vem estabelecendo outra distinção, no que se refere ao caso fortuito capaz de excluir a responsabilidade idade do agente. Trata-se da diferenciação entre o caso fortuito interno e o caso fortuito externo, admitindo-se que apenas quando se trate da segunda hipótese (externo), existiria excludente de responsabilidade. O caso fortuito interno consistiria no fato "inevitável e, normalmente, e imprevisível que, entretanto, ligasse a própria atividade do agente. Insere-se, portanto, entre os riscos com os quais deve arcar aquele que, no exercício da autonomia privada, gera situações potencialmente lesivas à sociedade". Já o caso fortuito externo é aquele fato estranho à organização ou à atividade da empresa, e que por isso não tem seus riscos suportados por ela. Com relação a este, sustenta-se sua aptidão para excluir a responsabilidade objetiva.[56]

---

55. ALVIM. Op. cit.
56. MIRAGEM. Op. cit. p. 564.

Além dessa função já suficientemente descrita pela doutrina e jurisprudência, há, porém, outros dois papéis do caso fortuito/força maior e que nem sempre são objeto de maior atenção por parte dos estudos no direito do consumidor: na responsabilidade contratual em geral e na chamada responsabilidade pelo vício do produto/serviço.

6.1.2 Caso fortuito/força maior e responsabilidade contratual do fornecedor e do consumidor

Neste caso, a função do caso fortuito/força maior é idêntica à função que exerce na responsabilidade civil em geral. Note-se que o Código de Defesa do Consumidor não regula o descumprimento do contrato submetido ao direito do consumidor, isto é, não há regra especial que cuide dos efeitos do descumprimento lato sensu das prestações contratuais. Vemos ali apenas regras esparsas sobre reciprocidade (art. 51, IX e X), cláusula penal (arts. 51, XVIII, e 53), exigibilidade (art. 54-A) e resolução legal (art. 54, parágrafo segundo).

Quando o fornecedor que tem que entregar a coisa não o faz ou o prestador de serviços não presta a atividade no dia fatal), a apuração da responsabilidade se dá pelo mesmo método da responsabilidade civil contratual objetiva, sendo que o caso fortuito/força maior cumpre a mesma função e opera do mesmo modo já estudados, seja no descumprimento absoluto e definitivo, seja na mora.

Descumprido o dever contratual do fornecedor, haverá ou não responsabilidade conforme o descumprimento em sentido amplo seja imputável a ele ou não, assim como se dá no descumprimento de um contrato paritário. A única diferença é que as situações de inimputabilidade são mais restritas, ainda assim na mesma medida em que os casos de responsabilidade objetiva nas relações paritárias. O caso fortuito/força maior se reduz, no mais das vezes, aos fatos exteriores ao fornecimento.

O papel do caso/fortuito/força maior na responsabilidade contratual também é representado quando é a prestação devida pelo consumidor que é descumprida. Imputa-se, nesse caso, a responsabilidade a ele e sua defesa sempre poderá invocar a excludente. Reportamo-nos, aqui, às considerações já feitas em relação ao caso fortuito/força maior nas obrigações em geral.

6.1.3 Caso fortuito/força maior e responsabilidade pelo vício do produto/serviço

Uma terceira representação do papel do caso fortuito/força maior no direito do consumidor envolve a limitação da responsabilidade pelo vício do produto/serviço de que tratam os artigos 18 a 20 do Código de Defesa do Consumidor.

O fornecimento viciado pode ser entendido como o fornecimento que não atende ao que normalmente era de se esperar, seja porque o produto apresenta déficit de qualidade/funcionalidade (não funciona ou não se presta às funções prometidas e confiadas) ou de qualidade (foi entregue em quantidade abaixo da prometida/confiada) ou porque, se tratando de serviço, este não atende às expectativas legítimas do consumidor, precisando ser complementado, corrigido ou refeito.

Claudia Lima Marques fala em vícios de impropriedade, vícios de diminuição do valor e vícios de disparidade informativa[57].

O fornecimento viciado enseja duas espécies de responsabilidade (assim chamada por nosso legislador na Seção III do Capítulo IV do Código): uma garantia e uma responsabilidade propriamente dita.

A garantia é a solução prevista pelo legislador para sanar o déficit contratual que decorre do fornecimento de produto/serviço viciado (se a consumidora adquiriu um tablete eletrônico que prevê funções de acesso sem fio via 'Wi-fi" e telefonia, mas o acesso via telefonia não funciona, há um equivalente patrimonial desse déficit sofrido pelo consumidor 'ela pagou "x" a mais em relação ao preço do tablete eletrônico sem a função de telefonia' que será resolvido pela substituição por um novo, pelo abatimento proporcional do preço ou simplesmente pelo desfazimento do contrato).

Para além dessa garantia, o legislador reconheceu ao consumidor o direito à indenização pelas perdas e danos sofridos em decorrência do vício (o computador que apresentou vício fez com que o consumidor perdesse arquivos importantes com os quais trabalhava no momento da pane; além das alternativas já referidas, o consumidor pode recorrer à responsabilidade do fornecedor pelos danos sofridos, materiais ou extrapatrimoniais).

Ocorre que essa responsabilidade do fornecedor pelo vício do produto/serviço é subsidiária à garantia de qualidade-adequação do produto/serviço, isto é, ela se origina com a necessidade de sanar o vício e dos prejuízos que o recebimento de um produto/serviço viciado (em lugar de um produto/serviço adequado) causou ao consumidor.

Há quem diga que decorre apenas do descumprimento do dever de reparação no prazo de 30 dias ou da recusa em atender as escolhas do consumidor quanto às alternativas do art. 18, § 1º ou, ainda, da impossibilidade ou inutilidade do saneamento do vício do serviço.[58]

Não é nesse sentido que entendemos a subsidiariedade. Sempre que o consumidor fizer jus à reparação do vício e, portanto, à correção do déficit patrimonial causado pelo fornecimento de produto/serviço viciado (reparo, substituição/reexecução, abatimento do preço ou resolução do contrato), pode nascer o direito à reparação pelos danos causados pela inadequação (ex.: o consumidor contratou o serviço de 'pay-per-view' para assistir com os amigos a uma grande final, em dois eventos, de uma famosa competição esportiva, mas a qualidade do sinal impediu que o primeiro jogo fosse transmitido; o consumidor pode escolher o abatimento do preço do ser-

---
57. MARQUES, Claudia Lima. *Contratos no código de defesa do consumidor*: o novo regime das relações contratuais. 9. ed. São Paulo: Ed. RT, 2019. p. 1.351.
58. Ver, por exemplo, NUNES. Op. cit.

viço e a sua reexecução pela operadora, sem prejuízo das perdas e danos materiais (despesas para a reunião) e morais que possa ter sofrido).

Não importa que o parágrafo primeiro do artigo 18 confira ao fornecedor de produto um prazo de trinta dias para reparar o produto viciado, pois no caso de fornecimento de serviço tal favor não se repete, de modo que a origem da responsabilidade é, de fato, a violação do interesse do consumidor necessidade de reparação do vício.

É neste ponto que nos valemos do conceito brasileiro da mora para explicar essa responsabilidade do fornecedor e diferenciá-la da responsabilidade pelo fato do produto/serviço.

Se a mora pode envolver as situações de violação positiva do contrato (cumprimento defeituoso/adimplemento ruim[59]), nos parece que esse conceito pode operar na explicação e solução dos casos de reponsabilidade pelo vício do produto e do serviço.

É essa responsabilidade em sentido amplo que explica a solução específica da garantia legal de restauração do equilíbrio patrimonial quebrado pelo vício (reparação/reexecução, substituição/reexecução, abatimento ou redibição do aparelho de TV que não emite som; do aparelho celular 'smartphone' que não possibilita acesso a aplicativos e à internet; do veículo que é vendido sem o estepe ou sem os acessórios prometidos na oferta publicitária; do 'software' que trava a toda hora e impede o cumprimento de seus objetivos etc.) e também o dever de indenização que decorre da necessidade dessa restauração.

No primeiro caso, o legislador conferiu remédios específicos e eficientes (determinados e com prazos próprios) para assegurar a satisfação do consumidor no que se refere ao objeto mediato do fornecimento, isto é, o próprio produto ou serviço desejados.

No segundo caso, como não poderia deixar de ser em razão do princípio da efetiva reparação de danos (art. 6º, VI, da Lei 8.078/1990) e diante da miríade de situações lesivas que o vício pode acarretar, o legislador recorreu à previsão genérica da responsabilidade do fornecedor pelas consequências advindas do fornecimento viciado.

É disso que tratam os artigos 18, § 1º, II, parte final e 20, II.

Devemos dizer que, apesar dessa localização, é tranquila a extensão dessa responsabilidade também no caso de o consumidor fazer uso das demais alternativas previstas no § 1º, do artigo 18 e no caput do artigo 20 da Lei 8.078/1990[60].

O que ressalta, nessa hipótese, é a violação positiva do interesse do consumidor que, em caso de danos, impõe a responsabilidade contratual fundada na mora (mora em entregar a prestação devida, em toda a sua completude, na qualidade e quantidade legitimamente esperadas).

---

59. MARTINS-COSTA. Op. cit.; MARTINS-COSTA e SILVA. Op. cit.; FAORO. Op. cit.
60. Ver, por todos, MIRAGEM. Op. cit. p. 614-615.

A principal consequência desse tratamento é o regime de prescrição aplicável ao pedido de indenização pelas perdas e danos decorrentes do vício do produto/serviço, que deve, então, seguir o Código Civil.

7. CONCLUSÃO

No estudo do caso fortuito/força maior, tratamos de diversas de suas características, além de sua função.

Tendo em vista as dificuldades de determinar a tipologia do caso fortuito/força maior, nos parece que a abordagem ampliada do binômio ainda é o melhor método se assegurar a sua correta identificação na miríade de situações da vida cotidiana.

Considerando a especialização das hipóteses de descumprimento imputável ao devedor, de um lado, e de impossibilidade da prestação não imputável ao devedor, de outro, é não só a impossibilidade e a inimputabilidade, mas também a inevitabilidade, a necessariedade, a inimpedibilidade e a imprevisibilidade que servirão, em seu conjunto, à compreensão do lugar e da função do caso fortuito/força maior na teoria do descumprimento e na responsabilidade civil.

9
CLÁUSULA PENAL E INDENIZAÇÃO À LUZ DA DICOTOMIA ENTRE INTERESSE POSITIVO E NEGATIVO: O EXEMPLO DO CONTRATO DE PERMUTA NO LOCAL

Carlos Nelson Konder

Doutor e Mestre em direito civil pela Universidade do Estado do Rio de Janeiro (UERJ). Especialista em direito civil pela Universidade de Camerino (Itália). Professor do Departamento de Direito Civil da UERJ e do Departamento de Direito da Pontifícia Universidade Católica do Rio de Janeiro (PUC-Rio). Advogado.

Cristiano O. S. B. Schiller

Mestre em Construction law & dispute resolution pela King's College London (KCL). Mestrando em direito civil pela Pontifícia Universidade Católica do Rio de Janeiro (PUC-Rio). Especialista em direito civil-constitucional pela Universidade do Estado do Rio de Janeiro (UERJ). Advogado.

Sumário: 1. Introdução – 2. Características e efeitos da resolução por inadimplemento – 3. A controvérsia sobre interesse positivo e negativo no cálculo da indenização – 4. Harmonização da cláusula penal compensatória com as parcelas da restituição e do equivalente – 5. Conclusão.

1. INTRODUÇÃO

A chamada "permuta no local" é um exemplo especialmente útil para ilustrar uma controvérsia de fundo bastante relevante para a quantificação da indenização ou aplicação da cláusula penal em caso de inadimplemento, relativa à contraposição de duas formas de cálculo com base em qual interesse do credor se está pretendendo tutelar. Tal operação, que pode ser efetivada de diversas formas,[1] tem sempre o objetivo

---

1. A saber: (i) celebra-se escritura de permuta, em que o proprietário original do terreno – chamaremos de "proprietário" – troca uma fração por uma ou mais unidades imobiliárias futuras, retendo para si outra fração (em regra, menor), sobre a qual aderirão as benfeitorias correspondentes à(s) futura(s) unidade(s) autônoma(s); (ii) o incorporador (ou construtor) compra uma fração do terreno através de nota promissória, sendo este título de crédito pago através da obrigação de entregar uma ou mais unidades autônomas futuras – geralmente consubstanciada em um instrumento de confissão de dívida –, cujas benfeitorias correspondentes aderirão à fração do terreno retida pelo proprietário; e (iii) a incorporadora compra o terreno através de nota promissória – igualmente consubstanciada em um instrumento de confissão de dívida –, sendo este título de crédito pago através da obrigação de entregar uma ou mais unidades autônomas futuras a serem construídas sobre o terreno. O formato de compra e venda tem o benefício de efetivar e tornar acabada a compra e venda do terreno (ou de fração do terreno) em favor incorporadora, na medida em que ocorre o completo pagamento do preço mediante recebimento de nota promissória (usualmente pro

de permitir ao proprietário original (a quem chamaremos de "proprietário") trocar o terreno por unidades imobiliárias futuras, a serem construídas pela incorporadora (ou construtora) no próprio terreno. Desta feita, todas essas operações são designadas de permuta no local, ainda que realizadas através de instrumento de compra e venda seguido por um instrumento de confissão de dívida.

Ocorrido o inadimplemento absoluto da obrigação da incorporadora de entregar unidades autônomas ao proprietário, este deverá ser compensado pelo prejuízo. Entretanto, essa compensação deve ter em vista a recolocação no estado anterior ao contrato (*status quo ante*), tal qual o contrato não tivesse sido celebrado, ou pela relocação em estado posterior, tal qual o contrato tivesse sido cumprido (*status ad quem*)? Para responder esta pergunta, as figuras do interesse positivo e negativo entram em cena.

Soma-se a essa equação indenizatória a cláusula penal compensatória, sendo necessário avaliar como se ela harmoniza com outros efeitos da resolução. Servindo essa estipulação como substituição das perdas e danos, impõe-se ao intérprete verificar quais cenários tinham as partes em mente quando ela foi estipulada, notadamente a restituição e a execução pelo equivalente.

Desta feita, o presente texto pretende, ao final, dar uma visão dos caminhos que se abrem a partir da resolução de um contrato, utilizando-se do exemplo ilustrativo da permuta no local. Mais especificamente, pretende analisar a influência da contraposição entre as figuras do interesse positivo e negativo, diante da compatibilização das parcelas do equivalente e da restituição com a cláusula penal compensatória ajustada no contrato.

2. CARACTERÍSTICAS E EFEITOS DA RESOLUÇÃO POR INADIMPLEMENTO

Os efeitos do inadimplemento de uma obrigação variam conforme persista ou não a possibilidade de cumprimento tardio, tendo em vista os interesses objetivos do credor. Havendo ainda utilidade no cumprimento da prestação pelo devedor, será relativo, caso em que há mora e possibilidade de cumprimento mediante execução específica.[2] Tomando o exemplo da permuta no local, a ausência de entrega pontual das unidades no imóvel construído pode não esvaziar de todo o interesse do proprietário, que pode preferir exigir o desfecho do prometido, impelindo ju-

---

soluto), diferentemente da permuta, cuja efetivação só ocorre mediante a construção e entrega de todas as unidades imobiliárias acordadas.

2. Sobre definição de execução específica, vide doutrina de Aline Terra: "Pela execução específica, o credor recebe a exata prestação contratada, satisfazendo plena e integralmente seu interesse com a obtenção da mesma utilidade, do mesmo resultado prático que teria obtido caso o devedor tivesse cumprido espontânea e pontualmente a prestação – excluídos, obviamente, os custos e desgaste do processo de execução" (TERRA, Aline de Miranda Valverde. Execução pelo equivalente como alternativa à resolução: repercussões sobre a responsabilidade civil. *Revista brasileira de direito civil – RBDCivil*, Belo Horizonte, v. 18, p. 49-73, out./dez. 2018).

dicialmente a incorporadora a terminar a construção, sem prejuízo da indenização pelo atraso.[3]

Por outro lado, será reputado absoluto quando a prestação não puder mais ser cumprida ou não tiver mais utilidade. Na permuta no local, seria a hipótese de a incorporadora não mais ter condições de levar a cabo a obra ou de o proprietário ter perdido o interesse na construção diante de atraso significativo. Neste caso, abre-se ao credor a possibilidade de (i) resolver o contrato ou (ii) demandar a execução do equivalente pecuniário da prestação.

Optando o credor pela primeira opção, a resolução liberta os contratantes do cumprimento da prestação correspectiva e, caso já a tenham cumprido, ainda que parcialmente, gera a obrigação de restituição, visando recolocá-los no estado anterior ao contrato, tal qual ele não tivesse sido celebrado (*status quo ante*).[4] A regra é que a resolução tenha eficácia *ex tunc*, fazendo com que desapareçam todas as consequências criadas com a relação obrigacional: devolve-se o imóvel ao proprietário e libera-se a incorporadora do dever de construir e entregar as unidades, sem prejuízo de indenização cabível.[5] Daí se falar que a resolução gera três efeitos: liberatório, restitutório e indenizatório.[6]

O efeito primeiro, liberatório, resulta da falta de utilidade da prestação, não mais se justificando a manutenção do vínculo obrigacional principal, de modo que as partes são liberadas de cumprirem com suas prestações principais devidas e não adimplidas, ficando o credor adimplente autorizado a reter sua contraprestação, ainda que diversas obrigações acessórias permaneçam vigentes.[7] Assim, no caso de inadimplemento da incorporadora seguido de resolução do contrato, o proprietário fica liberado da obrigação de transferir o imóvel à incorporadora e, por outro lado, libera a incorporadora de construir o edifício e de entregar-lhe as unidades prometi-

---

3. Conforme explica Renata Steiner, a preferência é pela execução específica, sempre que possível: "Dessa forma, o credor deve preferencialmente exigir o cumprimento específico. Caso esse não seja possível, ou não mais satisfaça adequadamente seus interesses creditórios, então poderá optar ou pelo cumprimento pelo equivalente ou pela resolução nos termos legais, sendo essas as opções que lhe são conferidas pelo art. 475 CC" (STEINER, Renata Carlos. *Reparação de danos*: interesse positivo e interesse negativo. São Paulo: Quartier Latin, 2018. p. 347).
4. Entre tantos, v. AGUIAR JR., Ruy Rosado de. *Extinção por incumprimento do devedor*. Rio de Janeiro: Aide, 2004. p. 257.
5. O efeito *ex tunc* da resolução, associado ao estado *quo ante* e ao interesse negativo, vem sendo questionado por autores contemporâneos, conforme abordaremos adiante. Neste sentido, vide NANNI, Giovanni Ettore. *Inadimplemento absoluto e resolução contratual*: requisitos e efeitos. São Paulo: Thomson Reuters, 2021. p. 675-682.
6. TERRA, Aline de Miranda Valverde. Execução pelo equivalente como alternativa à resolução: repercussões sobre a responsabilidade civil. *Revista Brasileira de Direito Civil – RBDCivil*, Belo Horizonte, v. 18, p. 49-73, out./dez. 2018.
7. Ainda que se fale em retorno ao *status quo*, a resolução não significa um retorno absoluto ao estado prévio do contrato, haja vista que diversas avenças contratuais acessórias se mantêm, como cláusula compromissória, cláusula de foro, cláusula de confidencialidade, cláusula de não concorrência, cláusula penal, entre outras. Neste sentido, vide NANNI, Giovanni Ettore. *Inadimplemento absoluto e resolução contratual*: requisitos e efeitos. São Paulo: Thomson Reuters, 2021. p. 676.

das. Cabe notar, no entanto, que em se tratando de permuta no local, a obrigação de transferência do imóvel à incorporadora é anterior e prévia à obrigação desta última de construir e entregar unidades no local e, portanto, anterior ao inadimplemento da incorporadora, de forma que o efeito liberatório atuará no sentido de encerrar, primordialmente, as obrigações da incorporadora de concluir as obras do empreendimento, sem gerar, desta feita, efeito prático liberatório ao proprietário, que já cumpriu sua prestação.

O segundo efeito, restitutório, obriga as partes a restituírem tudo aquilo que houverem recebido sem que tenha ocorrido a respectiva contraprestação[8], de forma que as partes retornem ao estado pretérito à realização do negócio. Se o bem objeto da restituição for fungível, esta deverá ser feita em valor que permita adquirir o mesmo objeto ou, se infungível, em valor que permita obter algo similar no mercado[9]. Nesse sentido, já tendo o proprietário transferido o terreno para a construção que não foi levada a cabo como prometido, deverá a incorporadora restituí-lo ao proprietário. Se, contudo, houve inadimplemento da obrigação de entregar unidades prontas e acabadas no local, mas a construção teve início e, apesar de incompleta, apresenta utilidade para o credor, que poderá aproveitá-la para outro fim quando receber o terreno de volta, será ele que deverá restituir o valor equivalente às benfeitorias realizadas no terreno à incorporadora (por exemplo, a descontaminação do terreno pela incorporadora ou a realização de obras de infraestrutura urbana de um futuro loteamento), sem prejuízo das perdas e danos cabíveis, devidas pela incorporadora inadimplente, conforme abordado no parágrafo que se segue.

O efeito indenizatório, por fim, assegura à parte lesada a reparação pelos danos comprovadamente sofridos. Este não se confunde com a parcela relativa à restituição, que pode não ser suficiente para colocar a parte que sofreu o inadimplemento no mesmo estado em que se encontrava preteritamente ao início do contrato (e até das negociações). O efeito indenizatório atua de forma complementar à restituição, visando reparar os danos que persistem mesmo após a restituição ao credor do que já havia prestado.[10] Assim, o proprietário terá direito não somente a lhe ser devolvido o imóvel, mas também a ser indenizado por tudo que perdeu ou razoavelmente deixou de ganhar em virtude da inexecução do contrato.

---

8. Ressalvam-se aqui os contratos de duração em que ambas as prestações, do credor e devedor, são de trato sucessivo, de forma que nesses casos o efeito restitutório não afetará as prestações já satisfeitas. Nas palavras de Aline Terra, o "inadimplemento superveniente não altera o sinalagma relativo às prestações pregressas" (TERRA, Aline de Miranda Valverde. Execução pelo equivalente como alternativa à resolução: repercussões sobre a responsabilidade civil. *Revista brasileira de direito civil – RBDCivil*, Belo Horizonte, v. 18, p. 49-73, out./dez. 2018, nota 21).
9. SANTOS, Deborah Pereira Pinto dos. *Indenização na resolução por inadimplemento*: a composição das perdas e danos devidas ao credor. Tese de doutorado. Rio de Janeiro: UERJ, 2021. p. 125.
10. TERRA, Aline de Miranda Valverde; GUEDES, Gisela Sampaio da Cruz. Resolução por inadimplemento: o retorno ao *status quo ante* e a coerente indenização pelo interesse negativo. *Civilistica.com*. Rio de Janeiro, a. 9, n. 1, 2020. p. 8. Disponível em: http://civilistica.com/resolucao-por-inadimplemento-o-retorno-/.

O cenário geral será bastante distinto caso o credor não queira retornar ao estado anterior, por meio da resolução, e prefira manter o vínculo contratual, optando por realizar a chamada execução pelo equivalente. Se, por exemplo, não tiver interesse em reaver o imóvel, que já não lhe traz mais utilidade, tampouco deseja esperar pela construção e entrega das unidades, que pode nunca vir a ocorrer, poderá manter a transferência do terreno à incorporadora e exigir dela, em lugar das unidades, o seu valor econômico em pecúnia. A figura, prevista nos artigos 475[11] e 947[12] do Código Civil, permite que o objeto devido pelo devedor seja substituído pelo seu valor pecuniário, em operação de sub-rogação objetiva ou real, mantendo-se inalterada, por outro lado, a obrigação de contraprestação do credor.[13]

Desta feita, a execução pelo equivalente, de forma oposta à resolução, visa colocar o credor em situação tal qual o contrato tivesse sido adimplido pelo devedor (*status ad quem*). Da mesma forma que o efeito restitutório, o equivalente deve ser somado à parcela indenizatória, pois só assim o credor será efetivamente colocado, economicamente, na posição em que estaria se o contrato tivesse sido adimplido.[14] Assim, no exemplo abordado, além do valor equivalente às unidades prometidas, terá o proprietário direito às perdas e danos decorrentes de as unidades não terem sido entregues de forma efetiva e pontual, tal como originariamente previsto.

Essa distinção entre o equivalente, de caráter restitutório, e as perdas e danos, de caráter indenizatório, nesse cenário de prestação substitutiva, não é unânime. Parte da doutrina entende que a prestação substitutiva são perdas e danos em sentido largo ou *sui generis*, possuindo "notas distintivas em relação ao regramento geral dos danos emergentes e dos lucros cessantes".[15] Isto significa que, do aspecto externo,

---

11. "Art. 475. A parte lesada pelo inadimplemento pode pedir a resolução do contrato, se não preferir exigir-lhe o cumprimento, cabendo, em qualquer dos casos, indenização por perdas e danos". Esse artigo é usualmente mal interpretado pela doutrina no sentido de conceder uma alternativa ao credor entre escolher a resolução e a execução específica, o que demonstra uma confusão dos conceitos de inadimplemento relativo e inadimplemento absoluto. Isto se dá em decorrência da redação do referido artigo, que menciona a prerrogativa de a parte adimplente exigir da parte inadimplente resolver o contrato ou "exigir o cumprimento". A expressão "exigir o cumprimento" não pode ser lida como execução específica da prestação, mas sim execução pelo equivalente (também chamada de "execução genérica"), dado que, conforme já comentamos, a prestação devida não é mais passível de ser cumprida pelo devedor, constituindo hipótese de inadimplemento absoluto (seja por falta de interesse objetivo na prestação pelo credor ou impossibilidade objetiva de cumprimento) e, portanto, hipótese de execução pelo equivalente ou resolução contratual. Neste sentido, vide TERRA, Aline de Miranda Valverde. Execução pelo equivalente como alternativa à resolução: repercussões sobre a responsabilidade civil. *Revista Brasileira de Direito Civil – RBDCivil*, Belo Horizonte, v. 18, p. 49-73, out./dez. 2018.
12. "Art. 947. Se o devedor não puder cumprir a prestação na espécie ajustada, substituir-se-á pelo seu valor, em moeda corrente."
13. TERRA, Aline de Miranda Valverde. Execução pelo equivalente como alternativa à resolução: repercussões sobre a responsabilidade civil. *Revista Brasileira de Direito Civil – RBDCivil*, Belo Horizonte, v. 18, p. 49-73, out./dez. 2018.
14. TERRA, Aline de Miranda Valverde. Execução pelo equivalente como alternativa à resolução: repercussões sobre a responsabilidade civil. *Revista Brasileira de Direito Civil – RBDCivil*, Belo Horizonte, v. 18, p. 49-73, out./dez. 2018.
15. STEINER, Renata Carlos. *Reparação de danos*: interesse positivo e interesse negativo. São Paulo: Quartier Latin, 2018. p. 212.

são unitárias, mas internamente, são compostas de equivalente e demais prejuízos, conforme indicam os artigos 234[16] e 239[17] do Código Civil.[18]

Desta feita, a execução pelo equivalente também é denominada "prestação substitutiva", "perdas e danos substitutivas", "perdas e danos no lugar do cumprimento" ou "perdas e danos no lugar da prestação".[19] Essa divergência reflete controvérsia mais profunda, relativa ao critério de quantificação das perdas e danos também no cenário da resolução por inadimplemento, referente à adoção do interesse negativo ou do positivo.

Tanto no cenário de resolução como de execução pelo equivalente, a parcela indenizatória pode ser previamente antecipada, seja como valor máximo ou mínimo, pela cláusula penal. Na grande maioria dos contratos, a cláusula penal compensatória é fixada em pecúnia, visando dar previsibilidade e segurança quanto ao valor que será pago pela parte inadimplente no lugar da prestação que se tornou impossível ou desinteressante para o credor. Desta feita, a cláusula penal compensatória irá se somar ao valor a ser restituído pela parte inadimplente, ou, alternativamente, em caso de manutenção do contrato e execução do equivalente da obrigação, referido no parágrafo seguinte, se somará ao referido equivalente.

3. A CONTROVÉRSIA SOBRE INTERESSE POSITIVO E NEGATIVO NO CÁLCULO DA INDENIZAÇÃO

Feita uma apresentação acerca dos caminhos decorrentes do inadimplemento absoluto e uma análise destes a partir do contrato de permuta no local, é preciso passar para o passo seguinte, de maior complexidade, que é a quantificação das perdas e danos, seja pelo caminho da resolução, seja pelo caminho da execução pelo equivalente, pois, conforme visto acima, nas duas situações o proprietário-credor poderá fazer jus a perdas e danos, que poderão estar abrangidas ou limitadas por cláusula penal compensatória.

A quantificação das perdas e danos devidas em razão do inadimplemento das incorporadoras imobiliárias é matéria especialmente controversa, tanto é que constitui tema recorrente de disputas judiciais.[20] Se a quantificação dos danos emergentes já

---

16. Art. 234. Se, no caso do artigo antecedente, a coisa se perder, sem culpa do devedor, antes da tradição, ou pendente a condição suspensiva, fica resolvida a obrigação para ambas as partes; se a perda resultar de culpa do devedor, responderá este pelo equivalente e mais perdas e danos.
17. Art. 239. Se a coisa se perder por culpa do devedor, responderá este pelo equivalente, mais perdas e danos.
18. STEINER, Renata Carlos. *Reparação de danos*: interesse positivo e interesse negativo. São Paulo: Quartier Latin, 2018. p. 219.
19. STEINER, Renata Carlos. *Reparação de danos*: interesse positivo e interesse negativo. São Paulo: Quartier Latin, 2018. p. 206.
20. A título exemplificativo de temas repetitivos que tratam da indenização por inadimplemento na entrega de unidades futuras decorrentes de incorporação imobiliária, vide Temas Repetitivos 970 e 971 do STJ, de 2019, que firmaram as teses que (i) "A cláusula penal moratória tem a finalidade de indenizar pelo adimplemento tardio da obrigação, e, em regra, estabelecida em valor equivalente ao locativo, afasta-se sua cumulação com lucros cessantes" e (ii) "No contrato de adesão firmado entre o comprador e a construtora/incorporadora,

envolve dificuldade probatória significativa, no tocante aos lucros cessantes é ainda maior.[21]

De modo geral, as indenizações por danos patrimoniais costumam se guiar pela chamada "teoria da diferença", calculando-se o montante com base na comparação entre a situação atual do lesado e a situação hipotética em que ele estaria se não tivesse sofrido o dano.[22] No entanto, este conceito sofreu inúmeras críticas doutrinárias por não conseguir explicar todas as categorias de dano, nem qual é o dano indenizável,[23] tendo sido substituída pela teoria do interesse, pelo qual o interesse, entendido como situação juridicamente protegida, é o objeto de proteção da norma.[24]

No âmbito do inadimplemento contratual, o desafio reside em definir se a situação à qual se deve conduzir o credor vítima de inadimplemento por meio da indenização é aquela em que ele estaria se não tivesse contratado ou aquela em que ele estaria se o contrato tivesse sido executado adequadamente?

Afloram aqui as figuras do interesse negativo e do interesse positivo que, apesar de não serem mencionadas na legislação brasileira, nem na maioria das legislações estrangeiras, têm enorme importância doutrinária, haja vista que disciplinam os efeitos do inadimplemento absoluto, indicando quais medidas estarão disponíveis ao credor lesado e em que extensão. Enquanto o interesse positivo diz respeito ao interesse no cumprimento da prestação devida e, portanto, em ser colocado na situação tal qual o contrato houvesse sido cumprido, o interesse negativo diz respeito ao interesse em ser colocado na mesma situação em que se encontrava antes da contratação, tal como se não tivesse sido celebrado o contrato nem iniciado negociações[25].

---

havendo previsão de cláusula penal apenas para o inadimplemento do adquirente, deverá ela ser considerada para a fixação da indenização pelo inadimplemento do vendedor. As obrigações heterogêneas (obrigações de fazer e de dar) serão convertidas em dinheiro, por arbitramento judicial".

21. Se sobressai a discussão acerca da expressão "razoavelmente", contida no art. 402 do Código Civil. Sobre o tema, vide GUEDES, Gisela Sampaio da Cruz. *Lucros cessantes*: do bom-senso ao postulado normativo da razoabilidade. São Paulo: Thompson Reuters, 2011.
22. Nas palavras de Giovanni Ettore Nanni, "quanto à teoria da diferença, o dano consiste na diminuição efetivamente ocorrida no patrimônio e na falta de aumento em consequência da obrigação não adimplida. Resulta, portanto, constituído pela diferença que se constata entre o patrimônio ao tempo do ato culposo e aquele que existiria se a prestação tivesse sido executada" (NANNI, Giovanni Ettore. *Inadimplemento absoluto e resolução contratual*: requisitos e efeitos. São Paulo: Thomson Reuters, 2021. p. 233).
23. TEPEDINO, Gustavo; TERRA, Aline de Miranda Valverde; GUEDES, Gisela Sampaio da Cruz. *Fundamentos do direito civil*: responsabilidade civil. 2. ed. Rio de Janeiro: Forense, 2021. v. 4, p. 29.
24. Neste sentido, Renata Steiner afirma que "(...) não basta compreender o que acontece quando da ocorrência do dano – ou seja, a recondução do lesado a uma situação hipotética positiva ou negativa, marca da teoria da diferença –, mas, antes, determinar quando e por qual razão a tutela recairá sobre o interesse positivo ou negativo. Isso diz respeito, essencialmente, à compreensão da situação jurídica tutelada, o qual se confunde com o interesse protegido em cada caso" (STEINER, Renata Carlos. *Reparação de danos*: interesse positivo e interesse negativo. São Paulo: Quartier Latin, 2018. p. 64).
25. GUERRA, Alexandre Dartanhan de Mello. Interesse contratual positivo e negativo: reflexões sobre o inadimplemento do contrato e indenização do interesse contratual positivo. *Revista IBERC*. Minas Gerais, v. 2, n. 2., p. 3-4. mar.-jun./2019. Por vezes se encontra também em doutrina as expressões *dano positivo* e *dano negativo*, como em ASSIS, Araken de. *Resolução do contrato por inadimplemento*. 4. ed. São Paulo: Ed. RT, 2004. p. 149.

Ocorrendo o inadimplemento e não desejando o credor resolver o contrato, o credor deverá seguir o caminho da execução pelo equivalente. Neste caso, a indenização por inadimplemento buscará a situação que seria constituída pela adequada execução do negócio, compensando o credor pela mora, incluindo-se aqui os efeitos do eventual atraso e dos efeitos da substituição da prestação original pelo equivalente.[26] A execução pelo equivalente está, portanto, intimamente ligada ao interesse positivo, inclusive porque, "para receber o equivalente pecuniário, terá que atender à integralidade da prestação contratual correspectiva".[27]

Assim, se o proprietário original do terreno, diante do descumprimento da obrigação de construir e retribuir com unidades autônomas do futuro edifício, não desejar receber o terreno de volta, poderá demandar ser ressarcido pelo equivalente pecuniário daquelas unidades, bem como as perdas e danos decorrente de não as ter recebido. Isso significaria receber, por exemplo, além do valor de mercado das unidades do edifício que não foi construído, os aluguéis que gastou com outra residência por não ter recebido a unidade em que moraria, e/ou, ainda, os aluguéis que deixou de fruir a partir das unidades prontas e acabadas que locaria a terceiros.

Entretanto, o cerne da controvérsia reside na possibilidade de, em caso de inadimplemento absoluto seguido de resolução contratual, com extinção do vínculo, o credor adimplente ser ressarcido pelo interesse positivo, isto é, colocado em situação similar àquela tal qual tivesse sido o contrato devidamente cumprido.[28] Assim, se a opção do credor for pela resolução, reavendo seu terreno em que deixou de ocorrer a construção do edifício prometido, com entrega das unidades autônomas prontas e acabadas prometidas, abre-se profunda controvérsia sobre se a indenização que lhe é devida busca também a posição em que estaria caso tivesse recebido as unidades autônomas (interesse positivo) ou simplesmente a situação em que estaria caso não tivesse negociado e entregado o terreno para a construção (interesse negativo).

Embora seja mais clara a ligação do lucro cessante ao interesse positivo e do dano emergente ao interesse negativo, é importante notar que "não só de lucro cessante é composto o interesse positivo, assim como o interesse negativo não se resume a danos emergentes".[29] No âmbito do interesse negativo, abrangem-se não somente os danos emergentes correspondentes a despesas realizadas na confiança quanto à formação posterior do pacto, e que se tornaram inúteis diante da violação das expectativas, mas também os lucros cessantes, que costumam corresponder à perda

---

26. TERRA, Aline de Miranda Valverde. *Cláusula resolutiva expressa*. Belo Horizonte: Forum, 2017, p. 202.
27. SANTOS, Deborah Pereira Pinto dos. *Indenização na resolução por inadimplemento*: a composição das perdas e danos devidas ao credor. Tese de doutorado. Rio de Janeiro: UERJ, 2021. p. 158.
28. PINTO, Paulo Mota. Resolução e indenização por inadimplemento do contrato. In: AGUIAR JR., Ruy Rosado (Coord.). *VI Jornada de direito civil*. Brasília, Conselho da Justiça Federal, 2013, p. 21. O autor desenvolve o tema sob a perspectiva do direito português em PINTO, Paulo Mota. *Interesse contratual negativo e interesse contratual positivo*. Coimbra: Almedina, 2007.
29. TERRA, Aline de Miranda Valverde; GUEDES, Gisela Sampaio da Cruz. *Resolução por inadimplemento*: o retorno ao status quo ante e a coerente indenização pelo interesse negativo. Civilistica.com. Rio de Janeiro, a. 9, n. 1, 2020. p. 16.

de vantagens que se poderia obter em um negócio jurídico alternativo concreto (e não hipotético).[30] Na permuta no local, por exemplo, indenizando-se o proprietário do imóvel pelo interesse negativo, se lhe compensaria não somente as despesas empregadas na contratação frustrada (honorários de advogados, despesas cartorárias etc.), mas também o que ele demonstrasse que lucraria com negócios alternativos, como a alienação de imóvel a terceiro que lhe tenha feito uma proposta posterior, que não foi aceita por conta do compromisso já firmado, ou mesmo os alugueis que obteria com a locação do terreno no período que ficou indevidamente em mãos da incorporadora inadimplente.[31]

De outro lado, na indenização guiada pelo interesse positivo, estão abarcados não apenas os lucros cessantes, que adviriam da obtenção do resultado útil da execução do negócio, mas também os danos emergentes do inadimplemento, como despesas efetuadas para remediá-lo. No caso da permuta no local, isso envolveria, portanto, pagar ao proprietário original do terreno, a título de lucros cessantes, os alugueis que poderia ter obtido se fosse dar em locação as unidades autônomas, a partir do momento em que estivessem prontas, mas também os danos emergentes, decorrentes do quanto gastou para alugar um imóvel para sua própria residência, se a unidade que ganharia serviria à moradia do próprio credor.

Parece prevalecer na doutrina pátria o entendimento de que a indenização decorrente da resolução será guiada, em regra, pelo interesse negativo, principalmente em razão do efeito retroativo da resolução, pelo qual o contratante deveria retornar ao *status quo ante*.[32]

Apesar do entendimento majoritário acima exposto, os defensores da aplicação do interesse positivo na resolução destacam, justamente, que o efeito retroativo da resolução não é absoluto, não se podendo pretender que o negócio jamais existiu, pois este existiu, apenas não tendo sido levado a termo pelo devedor[33]. Diverge, portanto, dos efeitos da nulidade.[34] Aduzem, ainda, que o efeito retroativo da resolução

---

30. GUEDES, Gisela Sampaio da Cruz. *Lucros cessantes*: do bom-senso ao postulado normativo da razoabilidade. São Paulo: Thompson Reuters, 2011. p. 145.
31. Judith Martins-Costa ilustra como despesas que se costumam arrolar no âmbito do interesse negativo "num caso de campanha publicitária, os gastos com gravações, contratação de atores, honorários de artistas, projetos etc., também o aluguel de armazéns, de navios, a compra de provisões, despesas postais, perdas sofridas por ter descuidado de providenciar a acomodação em outro lugar das mercadorias necessária, ou por ter recusado outros negócios ("*perte d'une chance*"), prejuízo causado aos direitos da personalidade pela indevida violação de informações conhecidas na fase pré-negocial etc." (MARTINS-COSTA, Judith. *Comentários ao novo Código Civil*: do inadimplemento das obrigações. Rio de Janeiro: Forense, 2003. v. V, t. II, p. 331-332).
32. SANTOS, Deborah Pereira Pinto dos. *Indenização na resolução por inadimplemento*: a composição das perdas e danos devidas ao credor. Tese de doutorado. Rio de Janeiro: UERJ, 2021. p. 158.
33. GUIMARÃES, Paulo Jorge Scartezzini. Responsabilidade civil e interesse contratual positivo e negativo (em caso de descumprimento contratual). In: GUERRA, Alexandre Dartanhan de Mello; BENACCHIO, Marcelo (Coord.). *Responsabilidade civil*. São Paulo: Escola Paulista da Magistratura, 2015. p. 147-149.
34. Ibidem. Ainda que aqui o ponto seja outro, vale notar que nos contratos de execução periódica ou trato sucessivo, em que diversas prestações já foram executadas pelas partes, não é possível desfazê-las, ficando também demonstrada a impossibilidade de um retorno absoluto ao estado *quo ante*.

se associa, principalmente, aos efeitos liberatório e restitutório da resolução, e não ao seu efeito indenizatório.[35] Sob essa perspectiva, o retorno a uma situação pretérita é característico do chamado efeito restitutório, enquanto o "dever de indenizar deflagrado pelo ilícito contratual, por sua vez, não promove qualquer ideal de retorno a um estado anterior".[36]

Por essa razão, mesmo entre os defensores da indenização decorrente da resolução ser guiada pelo interesse negativo, abrem-se ressalvas. Admitem – ainda que excepcionalmente – que em contratos de execução continuada,[37] que sejam resolvidos por inadimplemento absoluto de uma das partes, seja conferida a outra parte adimplente indenização pelo interesse positivo "quando, por exemplo, já tiver executado boa parte do contrato e a sua própria prestação, ainda inacabada, tornar-se inaproveitável", de modo que o interesse negativo, neste caso, não seria suficiente para reparar o contratante adimplente e lesado, admitindo-se, então, parcela do direito positivo.[38] Este não parece ser o caso, contudo, da permuta no local, em que a transferência do terreno pelo proprietário à incorporadora resultaria em uma "prestação inaproveitável".

Há, contudo, de se cogitar da hipótese de restituição do terreno com uma construção inacabada, que, a depender das circunstâncias, pode se mostrar ou vantajosa ao proprietário, se for reaproveitável em novo projeto imobiliário, ou prejudicial, se as obras realizadas são específicas de determinado projeto sem interesse do mercado, tornando o desfazimento por nova incorporadora mais custoso e, portanto, menos interessante do que se recebesse o terreno no seu estado pretérito ao negócio. Essa análise só pode ser feita à luz do caso concreto, mas certamente é complexa e dependerá de um difícil ônus probatório. Se prejudicial, a indenização a ser paga pela incorporadora seria pautada em danos emergentes consistentes no desfazimento das acessões sobre o terreno? Se benéfica, caberia ao proprietário indenizar a incorporadora pelas despesas incorridas, mesmo tendo havido inadimplemento desta última?

Em adotando o interesse negativo, a resolução resultaria na restituição do terreno ao proprietário e na obrigação da incorporadora de indenizá-lo por todas as despesas incorridas, bem como, se assim comprovado, de indenizá-lo pelos lucros cessantes decorrentes de outro negócio que comprovadamente poderia ter realizado se não

---

35. STEINER, Renata Carlos. *Reparação de danos*: interesse positivo e interesse negativo. São Paulo: Quartier Latin, 2018. p. 374.
36. SILVA, Rodrigo da Guia. Interesse contratual positivo e interesse contratual negativo: influxos da distinção no âmbito da resolução do contrato por inadimplemento. *Revista IBERC*, Minas Gerais, v. 3, n. 1, p. 1-37, jan./abr. 2020. p. 24.
37. Neste tipo de contrato de duração, "a prestação é cumprida, por certo intervalo de tempo, de forma incessante", diversamente dos contratos de execução periódica, cuja execução é fracionada no tempo e repetida em intervalos de tempo (TEPEDINO, Gustavo; KONDER, Carlos Nelson; BANDEIRA, Paula Greco. *Fundamentos do direito civil*. Rio de Janeiro: Forense, 2021. v. 3: *Contratos*, p. 79).
38. TERRA, Aline de Miranda Valverde; GUEDES, Gisela Sampaio da Cruz. Resolução por inadimplemento: o retorno ao status quo ante e a coerente indenização pelo interesse negativo. *Civilistica.com*. a. 9, n. 1, p. 13 a 14, Rio de Janeiro, 2020.

fosse pelo contrato celebrado com a incorporadora que veio a se tornar inadimplente. Cabe refletir, portanto, se seria legítimo que o proprietário receba os lucros da celebração de um negócio que não celebrou, sem sequer executar a sua prestação, que é transferir o terreno objeto do desenvolvimento imobiliário.

Neste sentido, nota-se que a resolução pelo interesse negativo pode vir a importar em uma indenização maior do que se fosse pelo interesse positivo, na medida em que os lucros cessantes decorrentes de um negócio alternativo que teria sido comprovadamente celebrado pelo proprietário se não fosse pelo contrato celebrado com a incorporadora inadimplente podem ser superiores à indenização formada pelos lucros cessantes decorrentes do próprio negócio inadimplido e pelo equivalente financeiro das unidades autônomas.

Em outras palavras, a indenização pelo interesse positivo colocaria o proprietário que optou pela resolução em situação mais favorável do que aquela de cumprimento do contrato, na medida em que receberia o bem objeto da (contra)prestação sem ter despendido tempo e custo na execução do contrato, gerando seu enriquecimento sem causa.[39] Este raciocínio se dá porque, na linha do antes exposto, a resolução contratual, por visar retornar ao *status quo ante*, não poderia colocar o credor em situação melhor do que estaria se o próprio contrato resolvido houvesse sido cumprido, em *status ad quem*, mas pode indenizá-lo pelos lucros cessantes do negócio que deixou, comprovadamente, de ser realizado para celebrar o contrato inadimplido, que podem ser maiores que os danos emergentes do contrato inadimplido.

Os defensores da indenização calculada pelo interesse positivo em caso de resolução contratual afirmam, todavia, que o enriquecimento sem causa pode ser facilmente evitado mediante abatimento dos valores que já recebeu ou que deixou de despender para executar a sua prestação.[40] Sob esse ponto de vista, basta aplicar o "método da diferença" à indenização pelo interesse positivo, por força do qual opera-se uma compensação entre prestação e contraprestação, afastando assim a configuração de enriquecimento sem causa, de forma que, "uma vez realizada essa operação de liquidação, não se poderia sustentar haver enriquecimento sem causa, pois o valor da contraprestação devida (e mantida com o credor), é levada em consideração para o cálculo do prejuízo sofrido"[41].

Percebe-se, portanto, que aplicando-se o método da diferença na resolução contratual, torna-se possível calcular a indenização pelo interesse positivo, median-

---

39. Relatando o argumento, de forma crítica, GUIMARÃES, Paulo Jorge Scartezzini. Responsabilidade civil e interesse contratual positivo e negativo (em caso de descumprimento contratual). In: GUERRA, Alexandre Dartanhan de Mello; BENACCHIO, Marcelo (Coord.). *Responsabilidade civil*. São Paulo: Escola Paulista da Magistratura, 2015. p. 147.
40. GUIMARÃES, Paulo Jorge Scartezzini. Responsabilidade civil e interesse contratual positivo e negativo (em caso de descumprimento contratual). In: GUERRA, Alexandre Dartanhan de Mello; BENACCHIO, Marcelo (Coord.). *Responsabilidade civil*. São Paulo: Escola Paulista da Magistratura, 2015. p. 147-149.
41. STEINER, Renata Carlos. *Reparação de danos*: interesse positivo e interesse negativo. São Paulo: Quartier Latin, 2018. p. 382.

te compensação (i) do valor da prestação e demais verbas que seriam obtidos pelo credor tal qual o contrato tivesse sido devidamente cumprido (ii) com os valores correspondentes à contraprestação não realizada pelo credor.

Cabe notar que a limitação das perdas e danos pelo interesse negativo aos lucros cessantes referentes a outro contrato que poderia ter sido celebrado pelo credor gera uma prova bastante difícil a este último, o que talvez seria evitado pela indenização pelo interesse positivo, com aplicação do método da diferença.[42]

4. HARMONIZAÇÃO DA CLÁUSULA PENAL COMPENSATÓRIA COM AS PARCELAS DA RESTITUIÇÃO E DO EQUIVALENTE

A análise acerca da indenização pelo interesse positivo e negativo pode ser ainda mais complexa quando existir cláusula penal compensatória acordada pelas partes. A despeito de a cláusula penal visar dar segurança e previsibilidade, as controvérsias interpretativas das normas que a regem, notadamente aquelas que limitam seu valor contra eventuais abusos do credor, somam-se aqui à discussão acerca de qual cenário de inadimplemento visavam as partes se precaver.

Como é cediço, enquanto a cláusula penal moratória prevê prestação que pode ser exigida do devedor cumulativamente com a prestação principal (CC, art. 411), voltada portanto à situação em que ainda há interesse na prestação principal do devedor, a cláusula penal compensatória prevê prestação que pode ser exigida do devedor em lugar da prestação principal (CC, art. 410), aplicável, portanto, ao contexto em que o inadimplemento é absoluto.[43] A cláusula penal compensatória visa, portanto, prefixar a indenização devida ao credor pelos danos sofridos em decorrência do inadimplemento absoluto da obrigação principal, dispensando a comprovação dos danos sofridos (CC, art. 416).[44]

Entretanto, mesmo nesta situação de inadimplemento absoluto, abre-se ao credor, como se viu, uma alternativa: (i) persistir na relação contratual, cumprindo sua contraprestação e, ante o desinteresse na prestação do devedor, executando-o pelo equivalente de sua prestação, cumulativamente com eventuais perdas e danos decorrentes dos efeitos do inadimplemento; ou (ii) se não lhe interessar mais a ma-

---

42. "Nesse contexto, colocar-se-ia ao lesado uma limitação indenizatória que lhe poderia trazer ainda maiores dificuldades na quantificação do seu prejuízo pois, a despeito de não poder calcular a vantagem esperada com o contrato que firmou, teria de comprovar a existência de um contrato substitutivo para exigir a indenização do interesse negativo" (STEINER, Renata Carlos *Reparação de danos*: interesse positivo e interesse negativo. São Paulo: Quartier Latin, 2018. p. 369.
43. Nota-se que o exercício do direito potestativo do credor de reputar o inadimplemento absoluto ou relativo deve, contudo, ser objeto de controle de merecimento de tutela, eis que vinculado ao interesse relativo à prestação e limitado pelo princípio da boa-fé, sob pena de ser reputada abusiva a escolha, como ocorre nos casos de adimplemento substancial. Sobre o tema, vide SCHREIBER, Anderson. A tríplice transformação do adimplemento – Adimplemento substancial, inadimplemento antecipado e outras figuras. *Revista trimestral de direito civil*, n. 32. Rio de Janeiro, out.-dez. 2007. p. 3-27.
44. Sobre a função indenizatória da cláusula penal compensatória, v. TEPEDINO, Gustavo. Notas sobre a cláusula penal compensatória. *Temas de direito civil*. Rio de Janeiro: Renovar, 2006. t. II, p. 48.

nutenção da relação contratual, isto é, não mais quiser cumprir sua própria prestação principal tendo em vista restar inadimplida de forma definitiva a da outra parte, tem a opção de resolver o contrato, com a restituição das partes ao estado anterior, sem prejuízo de pretender perdas e danos.

A questão que se pode colocar, em concreto, é para qual desses cenários se estipulou a cláusula penal compensatória. Ao intérprete caberá analisar funcionalmente se a cláusula penal está voltada à execução pelo equivalente ou à resolução e, por sua vez, se abrange as parcelas do equivalente e da restituição.

A distinção entre as verbas indenizatórias e as restitutórias (como o equivalente pecuniário) não é amplamente conhecida entre os advogados, de forma que os contratos não costumam endereçar e distinguir interesse positivo e negativo na indenização e, menos ainda, o equivalente e a restituição. Em contratos de permuta no local as partes usualmente preveem a cláusula penal como uma compensação ao proprietário, credor das unidades futuras, pela não realização ou não prosseguimento do negócio, de forma que seja compensado pelo desfazimento do negócio, voltando ao estado anterior e podendo celebrar novo contrato com terceiro, ou que receba o valor da contraprestação a que faria jus, isto é, unidade(s) futura(s), tal como se o contrato houvesse sido cumprido. Esse montante pode estar acrescido ou não de valor que sirva como compensação pelos prejuízos.

Enxerga-se no primeiro caminho uma compensação pelo interesse negativo, já que abrange aquilo que seria obtido pelo credor com a execução do contrato, correspondendo, efetivamente, ao equivalente da prestação devida, ao passo que no segundo a reparação se daria pelo interesse positivo, de modo a abranger aquilo que seria obtido pelo credor em caso de cumprimento do negócio, correspondente ao valor da coisa a ser obtida. A definição precisa de qual dos dois caminhos se trilhou no contrato parece relevante, todavia, para a aplicação das regras que controlam o montante da cláusula penal contra eventuais abusos, como a impossibilidade de superar o valor da obrigação principal (CC, art. 412) e a redução equitativa em caso de excesso manifesto diante da natureza e finalidade do negócio (CC, art. 413).

Não há nenhuma vedação legal para que uma cláusula penal compensatória englobe o equivalente da prestação devida – isto é, das futuras unidades autônomas –, inclusive porque o equivalente é considerado, por parte da doutrina, como uma indenização *lato sensu*, sendo por isso também referida, conforme antes mencionado, como "perdas e danos substitutivas" e "perdas e danos no lugar do cumprimento".[45] No entanto, é preciso refletir se tal cláusula penal poderia ser cumulada com a execução pelo equivalente.

No que concerne à restituição, a despeito desta não ter efeito indenizatório direto e não ser considerada perdas e danos *lato sensu* – tal como o equivalente –, é inegável

---

45. STEINER, Renata Carlos. *Reparação de danos*: interesse positivo e interesse negativo. São Paulo: Quartier Latin, 2018. p. 184.

que ela coloca o lesado em situação mais próxima do *status quo ante*,[46] não se enxergando qualquer óbice em ajustar uma cláusula penal compensatória que engloba o valor do objeto que foi transacionado, que na permuta no local seria o imóvel, mas é preciso avaliar se a cláusula penal poderá ser cumulada com a restituição do imóvel.

A diferença de cenários acima apresentada pode ser melhor compreendida através de exemplo prático de permuta no local. Imagine-se que o terreno dado pelo proprietário era avaliado em R$ 1.000.000,00, prevendo-se em troca que receberia unidades autônomas futuras, que quando prontas e acabadas, serão estimadas em R$ 1.500.000,00. No contrato fixou-se cláusula penal compensatória no valor de R$ 1.500.000,00, sem previsão de perdas e danos excedentes, nem referência à restituição ou não do imóvel em caso de inadimplemento da obrigação da incorporadora que culmine em resolução.

A distinção entre os valores – receber a restituição do terreno de R$ 1.000.000,00 em eventual resolução ou o equivalente da prestação devida de R$ 1.500.000,00 em caso de execução pelo equivalente – seria compensada pelas perdas e danos, possivelmente distintas em cada caso. Entretanto, fixada a cláusula penal compensatória para substituir as perdas e danos aferidas judicialmente, é preciso analisar se as partes pretendiam, com essa cláusula penal compensatória no valor de R$ 1.500.000,00, retornar ao *status quo ante*, ou se pretendiam atingir o *status ad quem*, tal qual o contrato houvesse sido cumprido.

Considerando que a cláusula penal se presta a prefixar as perdas e danos para ambos, cada caminho gera resultados diferentes, com vantagens e desvantagens, conforme for o caso concreto e os interesses da parte lesada. Enquanto na execução pelo equivalente o valor total recebido pelo credor-proprietário seria maior, na resolução este mantem a possibilidade de efetuar nova alienação do terreno a terceiro, haja vista que ocorre a restituição do bem. A decisão do caminho dependerá das circunstâncias do caso concreto, como, por exemplo, o interesse em manter ou não o terreno, que é influenciado, entre outros fatores, pela perspectiva de conseguir revendê-lo, pelos custos de manutenção e pelos riscos de manutenção e venda. Da mesma forma, seria relevante ter em vista a possibilidade de conseguir receber o equivalente, levando em consideração a condição patrimonial da incorporadora, podendo ser mais vantajoso ao credor receber de volta o terreno do que assumir o risco de executar e receber o equivalente (na pressuposição de que não tenha sido pactuada nenhuma garantia para este fim).

Via de regra, as partes estipulam a cláusula penal compensatória como sendo o único valor a ser pago pela parte inadimplente a título de compensação pelo inadim-

---

46. Neste sentido explica Renata Steiner: "É inconteste, portanto, que a simples liberação ou restituição não produz efeitos indenizatório diretos: "a simples restituição do que se pagou não basta". Nada obstante, a poderá produzir efeito indenizatório indiretamente, especialmente porque "por virtude da obrigação de restituição, a situação em que o lesado fica é menos distante daquela em que estaria, sem o evento lesivo, do que se não tivesse direito à restituição"." (STEINER, Renata Carlos. *Reparação de danos*: interesse positivo e interesse negativo. São Paulo: Quartier Latin, 2018. p. 378).

plemento, o que costuma ser constatado por meio de previsão contratual afirmando que, para além da cláusula penal, "nada mais é devido a qualquer título". Nesse cenário, a melhor interpretação parece ser de que a cláusula penal está abrangendo o valor do equivalente ou mesmo da restituição, de forma que configuraria *bis in idem* a exigência, pelo credor, do valor devido a título de cláusula penal mais o valor devido a título de equivalente, assim como o seria se o credor exigisse a restituição do terreno mais o valor da cláusula penal.

Entretanto, se for entendido que, no caso concreto, a cláusula penal compensatória fixada pelas partes não abrange a parcela da restituição ou do equivalente e que o credor poderá exigir a cumulação da cláusula penal com estas parcelas, caberá ao Poder Judiciário levar em conta essa finalidade da pena para eventual aplicação da prerrogativa de sua redução equitativa, nos termos do art. 413 do Código Civil, de forma a atender a função da cláusula penal no caso concreto. Com efeito, se a cláusula penal puder ser exigida juntamente com o próprio valor das unidades, ou mesmo do imóvel, é possível que mesmo que a multa seja inferior ao limite do valor da obrigação principal, ainda assim se revele excessiva em vista da função que desempenha.

Naturalmente, essa aferição exigirá grande sensibilidade do intérprete às circunstâncias do caso concreto. Uma situação usual é que o inadimplemento absoluto ocorra quando sobre o terreno já tenha sido construída parte de edificação. Conforme antes exposto, pode ser que essa construção seja benéfica ao credor, aproveitando-a em um futuro empreendimento no local, levando-se em conta mesmo benfeitorias ressarcíveis, ou, ao contrário, gere um prejuízo adicional, consistente na necessidade de sua demolição. Enquanto uma situação poderá exigir a redução da cláusula penal, outra poderá permitir a cumulação do bem restituído com a cláusula penal.

5. CONCLUSÃO

Diante do inadimplemento absoluto – isto é, da impossibilidade ou inutilidade da execução específica da prestação – abrem-se dois caminhos ao credor lesado: (i) a resolução, como o desfazimento do vínculo e a liberação de cumprir a contraprestação (ou a restituição dela se já cumprida), ou (ii) a execução pelo equivalente, com a manutenção do vínculo, recebendo o credor o valor de mercado da prestação que lhe seria devida, mas cabendo-lhe ainda arcar com sua obrigação (ou não a recebendo de volta, se já cumprida). Ambos os caminhos ensejam o direito de indenização ao credor, caso fique comprovado o dano.

Observou-se que há grande debate na doutrina acerca da quantificação da indenização em caso de resolução do contrato e execução pelo equivalente. Majoritariamente, a resolução é associada ao retorno ao estado anterior e, portanto, ao interesse negativo, como se o contrato não houvesse sido celebrado, ao passo que a execução pelo equivalente é associada ao estado tal qual o contrato houvesse sido cumprido e, portanto, à indenização pelo interesse positivo.

Solução para evitar discussões acerca do cálculo da indenização em caso de inadimplemento absoluto costuma ser a utilização de cláusula penal compensatória, por força da qual a parte lesada pelo inadimplemento fará jus a uma prestação alternativa, previamente estabelecida, devida independentemente da comprovação da extensão dano. A cláusula penal se apresenta, portanto, como mecanismo útil às partes de gestão positiva do risco contratual, dando previsibilidade e segurança jurídica, na medida em que regula antecipadamente os riscos e efeitos do inadimplemento.[47]

A despeito dos claros benefícios da cláusula penal, esta pode ser causa de controvérsias e, por sua vez, insegurança jurídica, caso seja concebida sem predeterminar o pressuposto para sua aplicação: a resolução, pretendendo o retorno das partes ao *status quo ante*, ou a transição ao *status ad quem*, via execução pelo equivalente. A dúvida decorre especialmente da distinção, na resolução contratual, entre o efeito restitutório e o indenizatório. Embora a restituição e o equivalente atuem tecnicamente com finalidades diversas da indenização, é necessário avaliar, em concreto, se a cláusula penal compensatória foi estipulada de forma cumulável com essas parcelas ou se as partes já as abrangeram no montante devido. Essa avaliação, naturalmente, será base também do controle de excessividade ou desvio de função da cláusula penal, servindo os artigos 412 e 413 do Código Civil como importantes mecanismos de controle para este fim.

---

47. Afirmam Milena Oliva e Vivianne Abílio: "A grande vantagem da prévia estipulação da cláusula penal, consoante se verificará, não reside na sua aptidão a efetivamente fazer frente aos prejuízos experimentados por ocasião do inadimplemento absoluto, mas sim na sua capacidade de regular antecipadamente os riscos e efeitos dessa ocorrência entre as partes contratantes. Por isso que o valor atribuído à multa compensatória não necessariamente corresponderá aos danos realmente sofridos, sem que tal circunstância afete sua plena exigibilidade e força jurídica" (OLIVA, Milena Donato; ABÍLIO, Vivianne da Silveira. A cláusula penal compensatória estipulada em benefício do consumidor e o direito básico à reparação integral. In: TEPEDINO, Gustavo; TEIXEIRA, Ana Carolina Brochado; ALMEIDA, Vitor (Coord.). *O direito civil entre o sujeito e a pessoa*: estudos em homenagem ao professor Stefano Rodotà. Belo Horizonte: Fórum, 2016. p. 404).

III
DIREITO CONTRATUAL

III
DIREITO CONTRATUAL

10
FUNCIONALIZAÇÃO DO DIREITO CIVIL E O PRINCÍPIO DA FUNÇÃO SOCIAL DOS CONTRATOS

Gustavo Tepedino

Professor Titular de Direito Civil e ex-diretor da Faculdade de Direito da Universidade do Estado do Rio de Janeiro – UERJ. Sócio fundador do Escritório Gustavo Tepedino Advogados. O autor agradece vivamente à Profa. Danielle Tavares Peçanha, Mestranda em Direito Civil no Programa de Pós-Graduação da UERJ, pela discussão na construção do texto, pesquisa bibliográfica e atenta revisão dos originais.

Sumário: 1. Notas introdutivas. A dogmática do Direito Civil: da estrutura à função – 2. Debate atual acerca do conteúdo e alcance da função social do contrato – 3. Função social do contrato e ordem pública – 4. Notas sobre as alterações promovidas pela Lei 13.874/2019 No Art. 421 do Código Civil. Projeções da função social entre liberdade e solidariedade. – 5. Conclusão.

1. NOTAS INTRODUTIVAS. A DOGMÁTICA DO DIREITO CIVIL: DA ESTRUTURA À FUNÇÃO

Todo negócio jurídico tem uma estrutura e uma função. A identificação da função que se pretende alcançar e sua compatibilidade com os valores constitucionais precedem e definem a estrutura a ser utilizada. Não será, pois, a estrutura do negócio, ou seja, o *modus operandi* (os dispositivos do Código Civil previstos para determinada tipologia ou modelo), que definirá a função a ser desempenhada, mas, ao contrário, é a função que se pretende desempenhar que indicará a estrutura a ser utilizada diante de determinado arranjo negocial.[1] Tal perspectiva funcional é informada pela tábua axiológica do ordenamento e se associa à utilidade social das relações jurídicas, de modo a justificar a promoção dos interesses socialmente relevantes dos respectivos titulares de direitos. Daqui decorrem diversas consequências para a teoria do direito, em particular, a reformulação das categorias jurídicas em perspectiva funcional (ou dinâmica), que necessariamente requer a sua contextualização histórica e a compreensão da relatividade dos conceitos jurídicos de acordo com as circunstâncias fáticas – e históricas – em que se inserem.

A análise dos institutos e categorias jurídicas em perspectiva histórica, funcional e relativizada, estabelece, assim, renovadas bases teóricas que, abandonando o dogmatismo estático do passado, impõem a reconstrução de todo o arcabouço teórico do

---

1. Assim, PERLINGIERI, Pietro. *Manuale di diritto civile*. Napoli: Edizioni Scientifiche Italiane, 1997. p. 60 e ss.

direito privado. Adota-se como dogmática, vale advertir, concepção teórica essencialmente dinâmica, que não se confunde com o dogmatismo, do qual se deve afastar.[2]

Norberto Bobbio, de modo pioneiro, entreviu e estabeleceu bases teóricas para o que consagraria como "função promocional do direito",[3] o que, em certa medida, redimensiona o debate em torno da função social do contrato ou da propriedade, já que todos os negócios e atividades, analisados em concreto e incidentes sobre bens jurídicos, devem ser compreendidos como projeção de liberdade e responsabilidade. Dessa maneira, autonomia privada e solidariedade convergem e interagem na promoção dos valores que, apreendidos pelo Constituinte, definem a identidade cultural da sociedade. Liberdade e solidariedade, portanto, caminham de modo integrado, como binômio inseparável.

Por outro lado, a repercussão da perspectiva funcional se mostra particularmente intensa na teoria dos bens e dos negócios jurídicos.[4] Nessa direção, o aproveitamento racional e funcional dos bens exige esforço especial do intérprete diante do surgimento de novas funções desempenhadas pelos negócios, por conta do desenvolvimento das tecnologias,[5] suscitando instigantes controvérsias nos Tribunais brasileiros.[6] Ao analisar a repercussão de tal construção na metodologia do Direito, observou-se, argutamente, que "a atividade interpretativa necessa-

---

2. Sobre o tema, v. TEPEDINO, Gustavo. Texto e contexto na teoria da interpretação. Editorial. *Revista brasileira de direito civil* (RBDCivil), v. 29, n. 3, Belo Horizonte, 2021.
3. BOBBIO, Norberto. *Dalla struttura alla funzione*, Milano: Edizioni di Comunità, 1977.
4. O Supremo Tribunal Federal examinou, por exemplo, no ano de 2017, a temática em torno do livro eletrônico, com o escopo de determinar se a imunidade tributária, tradicionalmente incidente sobre livros impressos, deveria ser aplicada também aos bens jurídicos em análise. O STF excluía até então a imunidade de uma série de acessórios que não eram exatamente previstos na Constituição como sujeitos a imunidade, como os equipamentos acessórios às publicações e a impressora. A interpretação restritiva da imunidade condiz com sua índole de excepcionalidade. No julgamento em referência, contudo, o STF decidiu, por unanimidade, que o que caracteriza o livro é o seu conteúdo, não seu invólucro, e, portanto, o livro eletrônico, independentemente da base física na qual se insere, deveria ser abarcado pela imunidade tributária constitucional (STF, Tribunal Pleno, RE 330.817/RJ, Rel. Min. Dias Toffoli, julg. 8.3.2017, publ. DJ 31.8.2017).
5. Como anotado em outra sede: "Com a evolução científica e tecnológica, novas coisas passam a ser incluídas no mundo jurídico, em número impressionante, tornando-se objetos de situações subjetivas: o *software*, o *know-how*, a informação veiculada pela mídia, os papéis e valores de mercado mobiliário, os elementos utilizados na fertilização assistida, os recursos do meio ambiente, incluindo o ar, mais e mais protegido como interesse difuso, dentre outros. A cada dia surgem novos bens jurídicos, ganhando significativa importância a distinção entre bens materiais, formados por coisas corpóreas, e os bens imateriais, constituídos por coisas incorpóreas que passam a integrar, quotidianamente, o patrimônio das pessoas" (TEPEDINO, Gustavo. Teoria dos bens e situações subjetivas reais: esboço de uma introdução. *Temas de direito civil*. Rio de Janeiro: Renovar, 2006, t. II, p. 138).
6. Conforme observado anteriormente, ainda quanto ao livro eletrônico: "Por desemprenhar a mesma finalidade e função, o livro eletrônico é modalidade contemporânea de livro, a atrair as mesmas normas que disciplinam o livro impresso, do qual somente se distingue pelo modo de consulta e de acesso ao seu conteúdo. Nesta perspectiva, o conceito de livro não pressupõe o papel, podendo apresentar diversas formas de exteriorização, desde que se preservem a sua finalidade e função" (TEPEDINO, Gustavo. Livro (eletrônico) e o perfil funcional dos bens jurídicos na experiência brasileira. In: VICENTE, Dário Moreira; VIEIRA, José Alberto Coelho; CASIMIRO, Sofia de Vasconcelos; SILVA, Ana Maria Pereira da Silva (Org.). *Estudos de direito intelectual em homenagem ao Prof. Doutor José de Oliveira Ascensão*. Coimbra: Almedina, 2015. p. 273-274).

riamente envolve valores – e, portanto, é necessário revelá-los –", tornando-se por isso mesmo indispensável "priorizar, na análise de um instituto, seu perfil funcional, seus efeitos, passando, assim, do *como ele é* para o *para que ele serve*."[7] Tal perspectiva funcional, se por um lado impõe a identificação e qualificação dos negócios jurídicos a partir de sua função prático-social,[8] por outro lado, se subordina à promoção da utilidade social da atividade econômica e da autonomia privada.[9] Trata-se de expressão do princípio da solidariedade social, que se traduz, dentre suas mais relevantes manifestações, na concessão de função social dos contratos e da propriedade.[10] Particularmente no âmbito dos contratos, avulta a necessidade de identificar a função perseguida em cada negócio *in concreto*, "de forma a aferir mais cuidadosamente se há compatibilidade com aqueles interesses em razão dos quais a própria liberdade de contratar é tutelada".[11]

Em tal cenário, e tendo em conta o desmedido apego à dogmática tradicional – estática e essencialmente estrutural – por grande parte da parte da civilística brasileira do século passado, não foi sem polêmica que o tema da função social se desenvolveu no Brasil. Embora o princípio tenha sido introduzido no ordenamento jurídico brasileiro pela Constituição da República de 1967, por meio da função social da propriedade, e há mais de cinquenta anos fosse objeto de estudo por parte da doutrina italiana, no Brasil, o princípio, inicialmente, apresentou tímidos contornos, associado à ciência política ou ao plano metajurídico. Com efeito, a função social, sob a ótica individualista característica das codificações oitocentistas, não era entendida como princípio jurídico, reduzido à genérica admissão do papel que

---

7. KONDER, Carlos Nelson. Causa do contrato x função social do contrato: estudo comparativo sobre o controle da autonomia negocial. In: *Revista trimestral de direito civil – RTDC*. v. 43, p. 33. jul./set., 2010. Rio de Janeiro: Padma.
8. A designação de causa ou função prático-social, ou ainda função prático-individual, é utilizada pela doutrina para designar a causa *in concreto*, ou seja, no específico negócio que se pretende qualificar, e não somente a função do tipo negocial em abstrato, conforme previsto pelo legislador. Ao propósito, como leciona Pietro Perlingieri, "a função é a síntese causal do fato, a sua profunda e complexa razão justificadora: ela refere-se não somente à vontade dos sujeitos que o realizam, mas ao fato em si, enquanto social e juridicamente relevante. A razão justificadora é ao mesmo tempo normativa, econômica, social, política e por vezes também psicológica (assim é, por exemplo, em muitos atos familiares com conteúdo não patrimonial). É necessária uma avaliação circunstanciada e global do fato. Avaliação e qualificação são uma coisa só, porque *o fato se qualifica com base na função prático-social que realiza*" (*Perfis de direito civil*: introdução ao direito civil constitucional. Trad. Maria Cristina De Cicco, Rio de Janeiro: Renovar, 2002. p. 96 – grifou-se).
9. Como destacado pela doutrina italiana, o negócio é tutelado por atender não somente o interesse do titular, mas também por atender o interesse da coletividade" (*Perfis de direito civil*: introdução ao direito civil constitucional. Trad. Maria Cristina De Cicco, Rio de Janeiro: Renovar, 2002. p. 106-107). Para o autor: "ogni fatto è giuridicamente rilevante, ma la sua attitudine ad incidere sulla realtà dipende dalla valutazione che di esso esprime il sistema normativo" (PERLINGIERI, Pietro. *Manuale di Diritto Civile*, cit., p. 429). Em tradução livre: "qualquer fato é juridicamente relevante, mas a sua aptidão para incidir na realidade depende da valoração que lhe imprime o sistema normativo".
10. Sobre a necessária interação interpretativa entre a função prático-individual e a função social dos contratos, v. KONDER, Carlos Nelson. Causa do contrato x função social do contrato: estudo comparativo sobre o controle da autonomia negocial. Op. cit. p. 33-75.
11. KONDER, Carlos Nelson. Causa do contrato x função social do contrato: estudo comparativo sobre o controle da autonomia negocial. Op. cit., p. 34.

o contrato e a propriedade deveriam desempenhar no fomento às trocas e à prática comercial como um todo.[12]

Provavelmente por tal circunstância histórica, arraigada intensamente à cultura jurídica dominante – associada ao excessivo apego à técnica regulamentar –, a função social afigura-se tema até hoje polêmico. Note-se que nem mesmo o advento do Código de Defesa do Consumidor, que deu ensejo a acalorado debate acerca da boa-fé objetiva, suscitou o aprofundamento da discussão sobre a função social. De fato, a categoria somente passou a ser objeto de maior reflexão a partir de sua introdução no art. 421 do Código Civil de 2002, em cuja redação original se lia: "A liberdade de contratar será exercida *em razão e* nos limites da função social do contrato".

Mostram-se eloquentes as severas críticas sofridas pelo dispositivo, que resultaram na supressão da expressão "*em razão de*", pela Lei 13.874 de 2019,[13] conferindo-lhe a redação atual: "A liberdade contratual será exercida nos limites da função social do contrato". A aludida alteração legislativa denota a injusta preocupação, por parte da doutrina liberal, quanto à possível contaminação dos fundamentos da liberdade de contratar, a qual, segundo seus autores, seria conceito pré-jurídico associado à liberdade humana, à qual ao codificador seria dado tão somente reconhecer e limitar.

2. DEBATE ATUAL ACERCA DO CONTEÚDO E ALCANCE DA FUNÇÃO SOCIAL DO CONTRATO

Com o acolhimento pelo codificador civil da função social do contrato, acirraram-se as divergências doutrinárias, sendo possível identificar, grosso modo, três principais correntes que buscaram delimitar o conteúdo e alcance do instituto.

A primeira delas sustenta que a função social do contrato não é dotada de eficácia jurídica autônoma, sendo uma espécie de orientação de política legislativa, que revela sua importância em diversos institutos que, como expressão da função social, autorizam ou justificam soluções normativas específicas, tais como a resolução por excessiva onerosidade (CC, art. 478), a lesão (CC, art. 157), a conversão do negócio jurídico (CC, art. 170), a simulação como causa de nulidade (CC, art. 167), e assim por diante.[14]

---

12. A longa transição da função social do plano filosófico para a ciência jurídica pode ser percebida em Orlando Gomes: "A *função econômico-social* do contrato foi reconhecida, ultimamente, como a razão determinante de sua proteção jurídica. Sustenta-se que o Direito intervém, tutelando determinado contrato, devido à sua função econômico-social. Em consequência, os contratos que regulam interesses sem utilidade social, fúteis ou improdutivos não merecem proteção jurídica. Merecem-na apenas os que têm função econômico-social reconhecidamente útil" (GOMES, Orlando. *Contratos*. 27. ed. Rio de Janeiro: Forense, 2019. p. 20).
13. Para análise da lei e das mudanças por ela implementadas nos dispositivos do Código Civil, permita-se remeter a TEPEDINO, Gustavo; CAVALCANTI, Laís. Notas sobre as alterações promovidas pela Lei 13.874/2019 nos artigos 50, 113 e 421 do Código Civil. In: SALOMÃO, Luis Felipe; CUEVA, Ricardo Villas Bôas; FRAZÃO, Ana (Org.). *Lei de liberdade econômica e seus impactos no direito brasileiro*. São Paulo: Ed. RT, 2020. p. 487-514.
14. Assim, Humberto Theodoro Júnior, "a lei prevê a função social do contrato, mas não a disciplina sistematicamente ou especificamente. Cabe à doutrina e à jurisprudência pesquisar sua presença difusa dentro do ordena-

Como se vê, tal posição acaba por esvaziar a importância da função social, vez que esta se expressaria por meio de institutos já positivados, presentes de forma difusa no ordenamento, prescindindo, por isso mesmo, de eficácia jurídica autônoma. Assim, acabar-se-ia interpretando a Constituição à luz do Código Civil, vale dizer, o princípio da função social, de matriz constitucional, à luz da disciplina (conferida pelo legislador infraconstitucional) dos diversos institutos codificados, reduzindo a sua relevância, já que os demais institutos, por estarem suficientemente regulados, dispensariam a sua existência.

A segunda corrente de pensamento afirma que a função social do contrato expressa o valor social das relações contratuais, enaltecendo a importância destas relações na ordem jurídica. Tal concepção, nesta esteira, concebe a função social do contrato como forma de reforçar a proteção do contratante mesmo em face de terceiros, alçando-a a fundamento de tutela na lesão contratual provocada por terceiro cúmplice. Dito por outras palavras, a função social do contrato imporia aos terceiros o dever de colaborar com os contratantes, de modo a respeitar a situação jurídica obrigacional anteriormente constituída da qual têm conhecimento. Assim, o princípio da relatividade dos contratos seria lido e interpretado à luz do princípio da função social dos contratos.[15]

Todavia, a despeito da relevância do "valor social da livre iniciativa", um dos fundamentos constitucionais da República (art. 1º, IV, CF), esta posição acaba por reduzir a função social a instrumento adicional de garantia da posição contratual, sem se dar conta que a função social se destina, a rigor, a impor deveres aos contratantes – e não o contrário. Tal orientação, portanto, desvirtua o princípio da função social, em favor dos interesses patrimoniais contidos na avença contratual, já suficientemente tutelados.[16]

---

mento jurídico e, sobretudo, dentro dos princípios informativos da ordem econômica e social traçada pela Constituição" (TEODORO JÚNIOR, Humberto Theodoro. *O Contrato e sua função social*. Rio de Janeiro: Forense, 2003. p. 93). E remata: "O grande espaço da função social, de certa maneira, deve ser encontrado no próprio bojo do Código Civil, ou seja, por meio de institutos legalmente institucionalizados para permitir a invalidação ou a revisão do contrato e assim amenizar a sua dureza oriunda dos moldes plasmados pelo liberalismo. Parece, portanto, que a função social vem fundamentalmente consagrada na lei, nesses preceitos e em outros, mas não é, nem pode ser entendida como destrutiva da figura do contrato, dado que, então, aquilo que seria um valor, um objetivo de grande significação (função social), destruiria o próprio instituto do contrato'. O campo propício ao desempenho da função social, assim como à realização da equidade contratual é o da aplicação prática das cláusulas gerais com que o legislador definiu os vícios do negócio jurídico, os casos de nulidade ou de revisão. Seria pela prudente submissão do caso concreto às noções legais com que o Código tipificou as hipóteses de intervenção judicial do contrato que se daria a sua grande adequação às exigências sociais acobertadas pela lei civil" (p. 106).

15. NEGREIROS, Teresa. *Teoria do contrato*: novos paradigmas. 2. ed. Rio de Janeiro: Renovar, 2006. p. 244, que sintetiza: "A partir de agora, o princípio da relatividade será enfocado, sempre à luz da função social do contrato, mas não mais a propósito da extensão da responsabilidade em favor de um terceiro e, sim, a propósito da responsabilidade do terceiro que contribui para o descumprimento de uma obrigação originária de um contrato do qual não seja parte".

16. Como observado em outra sede, o princípio não há de representar a "ampliação da proteção dos próprios contratantes, o que amesquinharia a função social do contrato, tornando-a servil a interesses individuais e patrimoniais que, posto legítimos, já se encontram suficientemente tutelados pelo contrato" (TEPEDINO,

Em outras palavras, tal posição doutrinária acabaria por transformar o instituto em – mais um – instrumento de constituição de direitos para os contratantes, e não já de deveres, o que desvirtuaria a própria perspectiva funcional na qual o contrato deve estar inserido.[17] Deste modo, verifica-se que a responsabilidade do terceiro cúmplice não se encontra fundamento no princípio da função social, vez que os interesses em questão se restringem à esfera privada e patrimonial dos contratantes, não já aos interesses extracontratuais socialmente relevantes.[18]

Já a terceira linha de entendimento mencionada concebe a função social do contrato como princípio que, informado pelos princípios constitucionais da dignidade da pessoa humana (art. 1º, III), do valor social da livre iniciativa (art. 1º, IV) – fundamentos da República – e da igualdade substancial (art. 3º, III) e da solidariedade social (art. 3º, I) – objetivos da República – impõe às partes o dever de perseguir, ao lado de seus interesses individuais, interesses extracontratuais socialmente relevantes, dignos de tutela jurídica, alcançados pelo contrato.[19]

3. FUNÇÃO SOCIAL DO CONTRATO E ORDEM PÚBLICA

Mostra-se, de fato, consentânea com a legalidade constitucional, a percepção de que o princípio da função social do contrato impõe aos contratantes o dever de perseguir, ao lado de seus interesses individuais, interesses extracontratuais socialmente relevantes, dignos de tutela jurídica. Deste modo, a função social amplia para as relações patrimoniais entre particulares a noção de ordem pública. A função destina-se à promoção de valores inderrogáveis para cuja promoção se justifica a imposição de preceitos inafastáveis pela vontade das partes. Por isso mesmo, dispõe o parágrafo único do art. 2.035 do Código Civil que "nenhuma convenção prevalecerá

Gustavo. Novos princípios contratuais e a teoria da confiança: a exegese da cláusula to the best knowledge of the sellers. *Temas de direito civil*. Rio de Janeiro: Renovar, 2006, t. 2, p. 251). E, na mesma direção, destaca-se: "A função social não se presta, portanto, à tutela dos interesses de qualquer dos contratantes, ainda que técnica ou economicamente mais fraco. (...) A função social está para o interesse da sociedade assim como a função econômica está para o interesse das partes, cuja promoção se garante por instrumentos próprios, como a boa-fé objetiva e o equilíbrio das posições contratuais" (TERRA, Aline de Miranda Valverde; GUEDES, Gisela Sampaio da Cruz. Adimplemento substancial e tutela do interesse do credor: análise da decisão proferida no REsp 1.581.505, p. 107. *Revista brasileira de direito civil – RBDCivil*, v. 11, p. 95-113, 2017).

17. TEPEDINO, Gustavo; KONDER, Carlos Nelson; BANDEIRA, Paula Greco. *Fundamentos do direito civil: contratos*. 2. ed. Rio de Janeiro: Forense, 2021. v. 3, p. 52.
18. Com efeito, é o princípio da boa-fé objetiva, não já a função social do contrato, o fundamento para a proteção do crédito em face de terceiros: "(...) o princípio da boa-fé objetiva, informado pela solidariedade constitucional, por não se limitar ao domínio do contrato, alcança todos os titulares de situações jurídicas subjetivas patrimoniais, vinculando-os ao respeito de posições contratuais, suas ou de terceiros. Por isso mesmo, fundamenta-se na boa-fé objetiva a proteção do crédito em face de terceiros, não já no princípio da função social" (TEPEDINO, Gustavo. Novos princípios contratuais e a teoria da confiança: a exegese da cláusula to the best knowledge of the sellers. *Temas de direito civil*. Op. cit. p. 251).
19. "Tais interesses dizem respeito, dentre outros, aos consumidores, à livre concorrência, ao meio ambiente, às relações de trabalho" (TEPEDINO, Gustavo. Crise de fontes normativas e técnica legislativa na parte geral do Código Civil de 2002. *Temas de direito civil*. Rio de Janeiro: Renovar, 2006, t. 2, p. 20).

se contrariar preceitos de ordem pública, tais como os estabelecidos por este Código para assegurar a função social da propriedade e dos contratos".

Na perspectiva funcional assim delineada e acolhida pelo Código Civil, de acordo com a função que a situação jurídica desempenha, serão definidos os poderes atribuídos ao titular do direito subjetivo e das situações jurídicas subjetivas. De outra parte, os interesses patrimoniais dos titulares da atividade econômica só merecerão tutela na medida em que interesses socialmente relevantes, posto que alheios à esfera individual, venham a ser igualmente tutelados. A proteção dos interesses privados justifica-se não apenas como expressão da liberdade individual, mas em virtude da função que desempenha para a promoção de posições jurídicas externas, integrantes da ordem pública contratual. Vincula-se, assim, a proteção dos interesses privados ao atendimento de interesses sociais, a serem promovidos no âmbito da atividade econômica (socialização dos direitos subjetivos).

Nesta esteira, o princípio da função social dos contratos enseja a mitigação da relatividade dos contratos, ou a relativização da relatividade,[20] por meio da imposição de deveres aos contratantes, não devendo ser entendido como mera ferramenta para ampliação das garantias contratuais na hipótese de lesão contratual provocada por terceiro cúmplice – o que seria um contrassenso.

Tal visão costuma gerar reações de duas espécies. A primeira é que esta perspectiva funcional seria contrária à liberdade individual. O sentido técnico de função, contudo, decorre da tábua axiológica constitucional, que associa visceralmente as relações patrimoniais a valores existenciais. Significa dizer que, longe de teorias comunitárias de matrizes autoritárias, que subordinaram, ao longo da história, as liberdades individuais a interesses supraindividuais ou estatais, a função social, no ordenamento jurídico brasileiro, impõe ao exercício das relações patrimoniais deveres indispensáveis à promoção da pessoa humana. Igualdade, solidariedade e justiça distributiva, portanto, são princípios constitucionais que enaltecem a liberdade – de todos – e visam à redução das desigualdades regionais e sociais, à sustentabilidade e à dignidade humana. A invocação da função social, portanto, não comprime a liberdade, reduzindo-a quantitativamente, mas serve-lhe de contorno qualitativo à luz dos valores constitucionais.

A segunda reação à funcionalização das situações jurídicas subjetivas pretende preservar a autonomia privada como uma garantia pré-legislativa, apenas reconhecida pelo constituinte, como tradução das liberdades individuais. Assim, os limites à liberdade de contratar jamais poderiam ser essenciais ou internos ao negócio, mas, ao contrário, seriam sempre externos, contrapondo à liberdade os interesses de ordem pública. Nesta ótica individualista, uma vez respeitados os limites externos pontuais fixados pelo Estado-legislador, a atividade contratual poderia desenvolver-se livre

---

20. Cfr., para ampla análise do tema: KONDER, Carlos Nelson de Paula. A 'relativização da relatividade': aspectos da mitigação da fronteira entre partes e terceiros nos contratos. *Scientia Iuris*, Londrina, v. 23, n. 1, p. 81-100. mar. 2019.

de qualquer restrição ou condicionamento. Ou seja, uma vez considerado válido o ato jurídico – porque não colidente com as normas imperativas de intervenção – os contratantes disporiam de uma espécie de salvo-conduto, que lhes daria a prerrogativa de exercer a liberdade contratual em termos qualitativamente absolutos, embora quantitativamente delimitados.

Tais objeções, contudo, referem-se a conceito de função inteiramente defasado do sistema constitucional brasileiro. O recurso à função social deve revelar o mecanismo dinâmico de vinculação das estruturas do direito, em especial dos fatos jurídicos, dos centros de interesse privado e das relações jurídicas, aos valores da sociedade consagrados pelo ordenamento, a partir de seu vértice hierárquico, o Texto Constitucional. Por isso, a função consiste em elemento interno e razão justificativa da autonomia privada. Não para subjugar a iniciativa privada a entidades ou elementos institucionais supraindividuais, mas para instrumentalizar as estruturas jurídicas aos valores do ordenamento, permitindo o controle dinâmico e concreto da atividade privada. Torna-se fundamental, nessa direção, a releitura dos conceitos e categorias do direito civil a partir dos preceitos constitucionais, pois "as normas constitucionais afiguram-se parte integrante da dogmática do direito civil, remodelando e revitalizando seus institutos, em torno de sua força reunificadora do sistema".[21]

Se assim é, nos termos do art. 421 do Código Civil, toda situação jurídica patrimonial, integrada a uma relação contratual, deve ser considerada originariamente justificada e estruturada em razão de sua função social. Como ocorrido em relação à propriedade, opera-se uma transformação qualitativa do contrato, que passa a consubstanciar instrumento para a concretização das finalidades constitucionais.[22] Desta feita, a função social – elemento interno do contrato – impõe aos contratantes a obrigação de perseguir, ao lado de seus interesses privados, interesses extracontratuais socialmente relevantes, assim considerados pelo legislador constitucional.

Busca-se, nesta direção, tutelar com o contrato não apenas os interesses dos contratantes mas, também, o interesse da coletividade.[23] Como sublinhado em doutrina, "em um sistema inspirado na solidariedade política, econômica e social e ao pleno desenvolvimento da pessoa, o conteúdo da função social assume um papel de tipo promocional, no sentido de que a disciplina das formas de propriedade e as suas interpretações deveriam ser atuadas para garantir e para promover os valores sobre os quais se funda o ordenamento".[24] Ilustrativamente, no caso das relações de consumo, a função intrínseca à destinação dos bens a seu destinatário final, o consumidor, que

---

21. TEPEDINO, Gustavo. Direito Civil e ordem pública na legalidade constitucional. In: ANTONIAZZI, Nelcir (Org.). *República, poder e cidadania:* Anais da XIX conferência nacional dos advogados. Brasília: OAB, Conselho Federal, 2006. v. 2, p. 1139.
22. TEPEDINO, Gustavo et alii. *Código civil interpretado conforme a Constituição da República.* Rio de Janeiro: Renovar, 2006, v. 2, p. 10.
23. "No ordenamento moderno, o interesse é tutelado se, e enquanto for conforme não apenas ao interesse do titular, mas também àquele da coletividade" (PERLINGIERI, Pietro. *Perfis do direito civil:* introdução ao direito civil-constitucional. Op. cit., p. 121).
24. PERLINGIERI, Pietro. *Perfis do direito civil:* introdução ao direito civil-constitucional. Op. cit., p. 226.

se encontra em posição de vulnerabilidade, define a disciplina jurídica a ser aplicada, diferentemente da normativa aplicável às relações paritárias.

A partir da análise funcional do contrato e dos direitos subjetivos, a grande dicotomia do direito privado deixa de ser baseada na estrutura dos direitos subjetivos – como ocorre na distinção entre direitos reais e obrigacionais – dando lugar à distinção funcional entre as relações patrimoniais e existenciais.[25] Tais relações são dicotômicas porque desempenham funções díspares, promovendo valores distintos, de maneira a atrair, por conseguinte, disciplinas diferenciadas.

Além disso, a autonomia privada não pode mais ser concebida como direito subjetivo absoluto, o qual sofreria restrições pontuais por meio de normas de ordem pública. Ao revés, o princípio da autonomia privada deve ser revisitado e lido à luz dos valores constitucionais, não sendo possível admitir espécies de zonas francas de atuação da autonomia privada, imunes ao controle axiológico ditado pela Constituição da República.

4. NOTAS SOBRE AS ALTERAÇÕES PROMOVIDAS PELA LEI 13.874/2019 NO ART. 421 DO CÓDIGO CIVIL. PROJEÇÕES DA FUNÇÃO SOCIAL ENTRE LIBERDADE E SOLIDARIEDADE

A chamada Lei de Liberdade Econômica (Lei 13.874/2019), que instituiu a Declaração de Direitos de Liberdade Econômica, não ofereceu contribuição consistente para a pretendida objetivação da noção de função social dos contratos. Na nova redação do *caput* do art. 421, lê-se: "A liberdade contratual será exercida nos limites da função social do contrato". Inseriu-se, ainda, parágrafo único, segundo o qual: "Nas relações contratuais privadas, prevalecerão o princípio da intervenção mínima e a excepcionalidade da revisão contratual". O intuito do legislador parece ter sido a preservação do contrato imune à valoração subjetiva pela magistratura, relançando a autonomia privada. Todavia, como já se pôde observar, a função social do contrato tem fundamento na Constituição da República e a nova redação evidentemente não possui o condão de afastar o controle de utilidade social das relações patrimoniais, incidente sobre o conteúdo do contrato.[26]

A alteração promovida pela referida Lei, nessa direção, parece ignorar o deslocamento assistido pelo Direito Civil de seus princípios fundantes para a Constitui-

---

25. "De um ponto de vista objetivo, a situação é um interesse que, essencial à sua existência, constitui o seu núcleo vital e característico. Interesse que pode ser ora patrimonial, ora de natureza pessoal e existencial, ora um e outro juntos (...). No ordenamento dito privatístico encontram espaço sejam as situações patrimoniais e entre essas a propriedade, o crédito, a empresa, a iniciativa econômica privada; sejam aquelas não patrimoniais (os chamados direitos da personalidade) às quais cabe, na hierarquia das situações subjetivas e dos valores, um papel primário" (PERLINGIERI, Pietro. *Perfis do direito civil*: introdução ao direito civil-constitucional. Op. cit., p. 106).
26. Nessa mesma direção, KONDER, Carlos Nelson de Paula; COBBET, Lucas Goldfarb. A função social do contrato após a Lei de Liberdade Econômica. p. 18-19. *Revista brasileira de direito contratual*. v. 1, out./dez. p. 5-22. Porto Alegre: LexMagister, 2019.

ção, em contexto de profunda transformação social, em que a autonomia privada, embora altamente prestigiada pelo sistema, passa a ser remodelada por valores não patrimoniais, de cunho existencial, inseridos na própria noção de ordem pública. Como antes realçado, propriedade, empresa, família, relações contratuais tornam-se institutos funcionalizados à realização da dignidade da pessoa humana, fundamento da República, para a construção de uma sociedade livre, justa e solidária, objetivo central da Constituição brasileira de 1988.[27]

A proteção das vulnerabilidades deflagrou intervenção específica destinada à redução das desigualdades, seja nas relações de consumo e nos contratos de massa, seja no exercício do direito de propriedade e do controle das empresas, seja no seio das entidades familiares e de todas as relações contratuais. Informado pelos princípios da solidariedade social e igualdade substancial, o direito civil preocupa-se com a pessoa humana, e não mais com o sujeito de direito abstrato, anônimo e titular de patrimônio. A pessoa humana, portanto, qualificada na concreta relação jurídica em que se insere, de acordo com o valor social da atividade desenvolvida e protegida pelo ordenamento segundo o grau de vulnerabilidade que apresenta, torna-se a categoria central do direito privado.[28]

Da mesma forma, a autonomia privada, informada pelo valor social da livre iniciativa encontra limites não somente negativos (art. 170, parágrafo único, CR), como positivos, vinculando o seu titular à promoção de valores, fundamentos e objetivos fundamentais da República.[29] Em consequência, no exercício da autonomia privada, de acordo com a função que a situação jurídica subjetiva desempenha, serão

---

27. TEPEDINO, Gustavo; OLIVA, Milena Donato. Personalidade e capacidade na legalidade constitucional. In: MENEZES, Joyceane Bezerra de (Org.). *Direito das pessoas com deficiência psíquica e intelectual nas relações privadas*: convenção sobre os direitos da pessoa com deficiência e lei brasileira de inclusão. Rio de Janeiro: Processo, 2016. p. 227-247.
28. Na preciosa lição do Professor Stefano Rodotà, trata-se de promover a compatibilidade entre o sujeito abstrato e o reconhecimento das diferenças, sempre funcionalizados à tutela da dignidade humana, vale dizer, "*il soggetto non si presenta più come compotto, unificante, risolto. È, più che problema, enigma. Si fa nomade. Esprime una realtà frantumata e mobile. Non è approdo, ma processo*" (RODOTÀ, Stefano. Dal soggetto alia persona. *Il citrino di avere diritti*, Roma: Laterza, 2012, p. 147). Tradução livre: "o sujeito não se apresenta mais como um compacto, unificante, explicado. É, mais que problema, enigma. Faz-se nômade. Exprime uma realidade fragmentada e móvel. Não é chegada, mas processo". E, nessa mesma direção, já se afirmou em outra sede acerca da necessidade de compatibilização entre as duas construções (sujeito e pessoa): "o primado da dignidade humana comporta o reconhecimento da pessoa a partir dos dados da realidade, realçando-lhe as diferenças, sempre que tal processo se revelar necessário à sua tutela integral. A abstração do sujeito, de outra parte, assume grande relevância nas hipóteses em que a revelação do dado concreto possa gerar restrição à própria dignidade, ferindo a liberdade e a igualdade da pessoa" (TEPEDINO, Gustavo. O papel atual da doutrina do direito civil entre o sujeito e a pessoa, p. 18. In: TEPEDINO, Gustavo; TEIXEIRA, Ana Carolina Brochado; ALMEIDA, Vitor. (Coord.). *O direito civil entre o sujeito e a pessoa*: estudos em homenagem ao professor Stefano Rodotà. Belo Horizonte: Fórum, 2016. p. 17-35).
29. "Significa dizer que a livre iniciativa, além dos limites fixados por lei, para reprimir atuação ilícita, deve perseguir a justiça social, com a diminuição das desigualdades sociais e regionais e com a promoção da dignidade humana. A autonomia privada adquire assim conteúdo positivo, impondo deveres à autorregulamentação dos interesses individuais, de tal modo a vincular, já em sua definição conceitual, liberdade à responsabilidade" (TEPEDINO, Gustavo. Esboço de uma classificação funcional dos atos jurídicos. *Revista brasileira de direito civil*. v. I, p. 10. 2014).

definidos os poderes atribuídos ao seu titular e tuteladas as pretensões individuais dos titulares da atividade econômica que promovam, concomitantemente, interesses socialmente relevantes (socialização das situações jurídicas subjetivas).[30]

Por isso mesmo, em que pese a alteração realizada pelo legislador ordinário, a função social permanece consistindo em elemento interno da liberdade contratual. A legitimidade de tal perspectiva funcional depende, assim, fundamentalmente da aplicação direta dos princípios constitucionais às relações privadas, como núcleo normativo hierarquicamente superior e prevalente na unificação do sistema.[31] Evita-se, assim, que os princípios constitucionais possam ter a sua força prescritiva desintegrada em favor de regras infraconstitucionais, dotadas de maior densidade normativa (detalhamento regulamentar).[32]

Caracteriza-se, nesse sentido, transformação qualitativa do contrato, o qual, unindo liberdade e solidariedade, passa a consubstanciar instrumento para a concretização da legalidade constitucional.[33] A autonomia privada, embora valiosa e fundamental ao sistema, não poderia ser concebida como princípio absoluto, livre do controle axiológico da Constituição da República, como parece pretender declarar, ingenuamente, a Lei 13.874/2019. Ao revés, há de ser compreendida a partir da associação com outros valores constitucionais, não havendo espaço de subjetividade imune ao raio de incidência do ordenamento jurídico, unitário e complexo. Sob esse prisma, a autonomia privada molda-se a princípios e valores aos quais se subordina.[34]

Por outro lado, o parágrafo único do art. 421 do Código Civil estabelece "o princípio da intervenção mínima" e consigna a excepcionalidade da revisão contratual. A rigor, não se trata de reduzir a intervenção nos contratos, ou declarar a

---

30. PERLINGIERI, Pietro. *Perfis do direito civil*: introdução ao direito civil-constitucional. Op. cit. p. 106-107.
31. "A norma constitucional torna-se a razão primária e justificadora (e, todavia, não a única, se for individuada uma normativa ordinária aplicável ao caso) da relevância jurídica de tais relações, constituindo parte integrante da normativa na qual elas, de um ponto de vista funcional, se concretizam. Portanto, a normativa constitucional não deve ser considerada sempre e somente como mera regra hermenêutica, mas também como norma de comportamento, idônea a incidir sobre o conteúdo das relações entre situações subjetivas, funcionalizando-as aos novos valores" (PERLINGIERI, Pietro. *Perfis do direito civil*: introdução ao direito civil-constitucional. Op. cit. p. 12).
32. Torna-se fundamental, por isso mesmo, a releitura dos conceitos do direito privado (não somente à luz, mas) incorporados aos valores constitucionais, afirmando-se nessa direção que "as normas constitucionais se afiguram parte integrante da dogmática do direito civil, remodelando e revitalizando seus institutos, com notável capacidade de reunificação do sistema" (TEPEDINO, Gustavo. Direito civil e ordem pública na legalidade constitucional. *Anais da XIX conferência nacional dos advogados*. v. 2, p. 1.142. Brasília; OAB, Conselho Federal, 2006).
33. TEPEDINO, Gustavo; KONDER, Carlos Nelson; BANDEIRA, Paula Greco. *Fundamentos do direito civil*: contratos. 2. ed. Rio de Janeiro: Forense, 2021. v. 3, p. 37.
34. Nessa direção, ressalta Pietro Perlingieri: "Os atos de autonomia têm, portanto, fundamentos diversificados; porém encontram um denominador comum na necessidade de serem dirigidos à realização de interesses e funções que merecem tutela e são socialmente úteis (...) a autonomia privada não é um valor em si e, sobretudo, não representa um princípio subtraído ao controle de sua correspondência e funcionalização ao sistema das normas constitucionais" (PERLINGIERI, Pietro. *Perfis do direito civil*: introdução ao direito civil-constitucional. Op. cit., p. 18-19 e 277). Na mesma direção, em outra sede, cfr. TEPEDINO, Gustavo; KONDER, Carlos Nelson; BANDEIRA, Paula Greco. *Fundamentos do direito civil*: contratos. 2. ed. Rio de Janeiro: Forense, 2021. v. 3, p. 53.

sua natureza excepcional, mas de conter a atuação judicial aos princípios e valores da ordem pública constitucional. Do ponto de vista técnico, não existe na ordem jurídica o chamado princípio de intervenção mínima.[35] Ao contrário, há um conjunto de pressupostos e requisitos, autorizados pela Constituição da República e incorporados ao Código Civil, para a intervenção judicial. De outra parte, a revisão e a resolução contratual encontram-se previstas nos arts. 317 e 478 do Código Civil, sendo esses os parâmetros norteadores da intervenção judicial nos contratos e que a tornam, só por si, pelo rigor dos requisitos ali previstos, limitada e excepcional.[36] Ou seja, a previsão de excepcionalidade da revisão contratual nada adicionou ao ordenamento, vez que os requisitos exigidos para tanto permanecem os mesmos. Não se trata de impedir posições de vantagem (ou alocações de risco) estabelecidas consensualmente pelas partes, mas de coibir desproporções contingenciais que não merecem tutela do ordenamento.[37]

5. CONCLUSÃO

O debate acerca do conteúdo e papel da função social do contrato no ordenamento jurídico brasileiro se insere no âmbito do processo de funcionalização dos fatos jurídicos, impondo-se ao intérprete, por um lado, qualificar os modelos contratuais a partir da função prático-social pretendida em determinada atividade negocial. A qualificação em concreto das situações jurídicas subjetivas a partir de sua função permite a adequada incidência normativa e amplia o controle social da atividade econômica, cuja utilidade social, de outra parte, há de ser perseguida, em favor dos interesses de seus titulares e, de forma mais ampla, de toda a coletividade. Nesse

---

35. TEPEDINO, Gustavo; CAVALCANTI, Laís. *Notas sobre as alterações promovidas pela Lei 13.874/2019 nos artigos 50, 113 e 421 do Código Civil*. Op. cit., p. 487-514.
36. Ao propósito, alude-se em doutrina que a mudança legislativa, na tentativa de combater, de forma repetida e redundante, o perigo de intervenção estatal de modo discricionário nas relações contratuais acabou produzindo verdadeiro "efeito placebo sobre as inseguranças das intervenções estatais no campo dos contratos". Vale dizer, "afirmar isso sem indicar critérios para identificar quando se está diante da excepcionalidade poder ser inútil, inclusive, porque, reconheça-se, um dos poucos estudos quantitativos existentes já indica que, na prática, a revisão dos contratos é excepcional. Com efeito, limitar-se a prever a excepcionalidade da intervenção cria para os contratantes uma loteria às avessas: enquanto alguns podem ser sorteados para serem vítimas da exceção arbitrária, outros, que talvez merecessem a intervenção dependendo dos critérios adotados, cairiam na regra geral" (KONDER, Carlos Nelson de Paula; COBBET, Lucas Goldfarb. A função social do contrato após a lei de liberdade econômica. *Revista brasileira de direito contratual*. Op. cit., p. 5-22). Também em crítica às alterações promovidas pelo legislador no art. 421 do Código Civil: SOUZA, Eduardo Nunes de. De volta à causa contratual: aplicações da função negocial nas invalidades e nas vicissitudes supervenientes do contrato, *Revista eletrônica de direito civil*. v. 2, p. 1-53, 2019.
37. A análise dos critérios de revisão contratual à luz dos fundamentos constitucionais tem sido ressaltada em doutrina: "A correspectividade ou comutatividade consiste no liame funcional entre as obrigações reciprocamente assumidas pelos contratantes. Trata-se do sinalagma que, por indicar o escopo funcional, revela o equilíbrio pretendido entre as prestações. Percebe-se, assim, a relevância do princípio do equilíbrio das prestações para a garantia da comutatividade, que se associa à função contratual e cuja preservação, por isso mesmo, torna-se imperativo da boa-fé objetiva. (...)." (TEPEDINO, Gustavo. Hermenêutica contratual no equilíbrio econômico dos contratos. *Soluções práticas de direito*: relações obrigacionais e contratos. São Paulo: Ed. RT, 2012. V. II, p. 451-472). Cfr., também, sobre o tema, SCHREIBER, Anderson. *Equilíbrio contratual e dever de renegociar*. São Paulo: Saraiva, 2018. p. 52-54.

particular, a autonomia privada e a liberdade contratual recebem especial proteção do ordenamento, impondo aos contratantes, ao lado da perseguição de seus legítimos interesses patrimoniais, o dever de tutelar os interesses extracontratuais socialmente relevantes alcançados pelo negócio jurídico.

Nessa esteira, a Lei 13.874/2019, a chamada Lei de Liberdade Econômica, não produziu o pretendido impacto na teoria contratual, sendo certo que o princípio da função social, previsto no Texto Constitucional e no Código Civil, produz alteração qualitativa na dogmática contratual. Por conseguinte, a intervenção legislativa e jurisdicional nos contratos atende a valores e princípios de ordem pública, que permeiam a leitura de todas as normas do ordenamento. Em última análise, a funcionalização da autonomia negocial mostra-se decorrência direta da legalidade constitucional e a função social, por isso mesmo, incide não apenas como limite externo, mas também como limite interno da liberdade contratual, subordinando a liberdade dos contratantes aos princípios da igualdade substancial e da solidariedade social.

11
INTERPRETAÇÃO DOS CONTRATOS: PARÂMETROS E CRITÉRIOS

José Roberto de Castro Neves

Doutor em Direito Civil pela Universidade do Estado do Rio de Janeiro (UERJ). Mestre em Direito pela Universidade de Cambridge, Inglaterra. Professor de Direito Civil da Pontifícia Universidade Católica (PUC-Rio) e da Fundação Getúlio Vargas. Advogado.

Sumário: 1. Introdução – 2. Vontade e manifestação – 3. Intenção das partes – vontade real – 4. Teoria da confiança – 5. Reserva mental – 6. A autonomia hermenêutica – *sensus non est inferendus, sed efferendus* – 7. O "poder" das partes e vulnerabilidade – a análise da força das partes na interpretação do contrato – 8. Interpretação *contra stipulatorem* – interpretação contrária a quem redige o contrato – 9. Interpretação de negócios graciosos – 10. Interpretação como processo: formas de interpretação; 10.1 Interpretação literal; 10.2 Interpretação histórica; 10.2.1 A análise da formação dos contratos; 10.2.2 Os aspectos subjetivos da relação entre as partes; 10.2.3 Análise da matéria do contrato; 10.3 Interpretação sistemática; 10.4 Interpretação teleológica – 11. Interpretação com base na boa-fé; 11.1 O comportamento das partes; 11.2 Razoável negociação das partes – 12. Interpretação econômica – 13. A prática do mercado – 14. Interpretação conforme ordenamento jurídico – 15. Interpretação em favor da conservação dos negócios; 15.1 Interpretação integrativa – 16. Liberdade de as partes estabelecerem regras de interpretação para seus contratos – 17. Conclusão: o propósito final da interpretação.

1. INTRODUÇÃO

"You kiss by the book"[1]. Eis como a jovem Julieta, na peça de Shakespeare, reage logo após ser beijada pela primeira vez por Romeu.

Como traduzir "You kiss by the book"? Uma tradução literal seria: "Você beija pelo livro" (ou pela cartilha). F. Carlos de Almeida Cunha Medeiros, numa conhecida versão para o português, verteu assim: "Beijais segundo as maneiras elegantes".[2] Já Carlos Alberto Nunes traduz: "Beijais tal qual os sábios".[3] Segundo Beatriz Viégas-Faria: "Beijais tão bem!".[4] Já Onestaldo de Pennafort traduz: "Sois perito na arte de beijar!".[5] Numa tradução clássica de Romeu e Julieta para francês, feita por François-Victor Hugo, a fala de Julieta é a seguinte: "Vous avez l'art des baisers."[6] –

---

1. William Shakespeare. *Romeu e Julieta*, Ato I, Cena 5.
2. William Shakespeare. *Obras completas*. Rio de Janeiro: Nova Aguilar, v. I, 1995. p. 304.
3. William Shakespeare. *Romeu e Julieta*. São Paulo: Edições Melhoramentos, s/a. p. 45.
4. William Shakespeare. *Romeu e Julieta*. Porto Alegre: L&PM, 2010. p. 46.
5. William Shakespeare. *Romeu e Julieta*. Rio de Janeiro: Ministério da Educação e Saúde, 1940. p. 60.
6. William Shakespeare. *Les amants tragiques*. Paris: Pagnerre Libraire-Éditeur, 1860. t. VII, p. 259.

isto é, "tens a arte do beijo". Para Barbara Heliodora, com outra conotação, seria "É tudo decorado".[7]

Shakespeare merece sua fama. Julieta não diz: "Que beijo maravilhoso!", tornando óbvia sua opinião acerca do beijo que acabara de receber. Shakespeare coloca na boca de Julieta: "Você beija como no livro". O que isso significa?

Julieta tem 13 anos quando recebe o beijo. Possivelmente, trata-se do seu primeiro beijo. Ela apenas conhece o beijo amoroso pelos livros – nos romances, que ela supostamente leu. Assim, o beijo, que Romeu acaba de lhe dar, pode ser a materialização do que ela já havia lido. Assim, ela diz: "você me beija tal como li nos livros".

Por outro lado, a provocação entre os dois jovens começa com uma brincadeira entre o santo e o profano. Romeu quando se aproxima de Julieta, galanteador, compara seus lábios a dois peregrinos, que desejam ir ao santuário, sendo que pelo beijo receberia a absolvição de seus pecados. Assim, quando Julieta diz: "Você beija como no livro" ("You kiss by the book"), ela, segundo essa possível interpretação, se refere à Bíblia, que era "o" livro. Portanto, seria um beijo também santo, seguindo o contexto da conversa.

"Beijar como no livro" pode significar que se trata de um beijo perfeito, modelar, um gabarito, como muitos tradutores preferiram adotar. Julieta, portanto, elogiava o jovem Romeu. Para outros, como Bárbara Heliodora, "beijar como no livro" significa um beijo protocolar, uma mera repetição de algo estudado, despido de espontaneidade. Se assim for, Julieta desafiava o jovem, reclamando que o beijo recebido poderia ter algo mais. Era como se a adolescente dissesse: "você faz o mesmo com as outras".

Afinal, Julieta, logo após o ato de Romeu, queria dizer que recebeu apenas um beijo protocolar – algo decorado – ou que aquele beijo seguia a perfeição?

Jamais teremos a resposta – acredito que Shakespeare, de caso pensado, desejava exatamente isso: provocar nossa habilidade de interpretar. Para nós, leitores, resta a felicidade de pensar – isso mesmo: refletir, ponderar, elucubrar, raciocinar –, para retirar daquelas palavras seu verdadeiro e melhor sentido.

Ao conviver, somos forçados a interpretar tudo ao nosso redor. No mundo jurídico, essa necessidade de interpretar é ainda mais fundamental. Muito comumente, as discussões travadas nos tribunais não se relacionam propriamente a conceitos jurídicos, ou às provas materiais apresentadas pelas partes, porém ao alcance dos contratos celebrados. Isso porque nem sempre a redação dos contratos apresenta apenas uma possível leitura, mas diversas acepções, todas aceitáveis.

Diante dessa divergência acerca dos efeitos do contrato que celebraram, será necessária a atuação do profissional do Direito.

Segundo o conceito clássico, interpretar o contrato é extrair a vontade comum das partes: o que elas convencionaram quando celebraram o acordo.

---

7. William Shakespeare. *Romeu e Julieta*. Rio de Janeiro: Lacerda Editora, 2004. p. 57.

Correntemente, a linguagem se divorcia do pensamento. Há, como se sabe, termos com acepções dúbias, com diversos e duplos significados. Além disso, as circunstâncias podem alterar e o próprio comportamento reiterado das partes tem força para modificar o que foi inicialmente convencionado. Basta uma apreciação atenta dos fatos para verificar que o conteúdo, sentido e significado do mesmo texto podem diferir consideravelmente. Interpretar, portanto, é um desafio. Um desafio, porém, necessário.

Buscar o sentido – aí entendidos a extensão e os contornos – do contrato é, como se disse, uma necessidade. Em todos os negócios, faz-se indispensável o exercício de interpretação para identificar o objeto do contrato, ainda que ele seja singelo.

Como o Direito tem por finalidade promover a pacificação social, estuda-se a melhor forma de interpretar os contratos, num dos temas mais instigantes do universo jurídico.

Advirta-se que a interpretação não se opera de forma singela. Trata-se de um processo, que demanda do seu aplicador o olhar, sem preconceitos, por diversos ângulos, valendo-se de conceitos técnicos, mas também apreciando o histórico da relação, sempre com muita sensibilidade.

Interessante notar que a interpretação dos contratos se dá de forma diferente da interpretação das leis. A lei expressa uma vontade geral, enquanto o contrato reflete, ao menos idealmente, a vontade das partes. Afinal, os contratantes estabelecem as regras que regerão sua relação.

Classicamente, a ideia da interpretação consistia simplesmente em identificar a vontade das partes, ou seja, o que elas desejavam quando estabeleceram o negócio. Essa busca, entretanto, enfrentava a conhecida dificuldade de ingressar na mente das pessoas, uma seara misteriosa e impenetrável – para muitos: um pântano.

Por vezes, a vontade das partes se manifesta óbvia. Porém, noutros casos, apontar o verdadeiro objetivo das partes quando celebraram o negócio é tarefa hercúlea, mormente quando cada uma aponta para uma direção e ambas fazem sentido.

Além do mais, o dogma da vontade, como vetor fundamental do negócio jurídico, cedeu lugar, no Direito Civil contemporâneo, para outros valores. A atividade de averiguar a vontade das partes segue muito importante, porém essa vontade não pode prevalecer de forma absoluta, por exemplo, se ela redundar num negócio que viole o princípio da função social dos contratos ou atente contra a dignidade da pessoa humana. Em outras palavras, a vontade das partes não é o único vetor na interpretação dos contratos.

Mais ainda, como se percebeu, no mundo atual, a vontade plena é, muitas vezes, mitigada pelas circunstâncias, como se dá no caso de um contrato de adesão, no qual a aquiescência da parte aderente, embora exista, não reflete a verdadeira concordância com todos os elementos do contrato – significa apenas que a ele aderiu, comumente por falta de outra opção.

Reconhece-se que o conteúdo do negócio jurídico resulta da sua interpretação. Logo, é comum o intérprete ter mais importância do que o redator para identificar o alcance do texto. O propósito deste breve estudo é o de percorrer o processo, complexo e rico, de identificar os limites dos efeitos do contrato.

2. VONTADE E MANIFESTAÇÃO

Enquanto a vontade estiver guardada, ainda presa na mente de uma pessoa, sem que tenha sido externada de qualquer forma, ela não possui relevância para o mundo jurídico. Entretanto, no momento em que a vontade é emitida, passa a desfrutar de vida própria. Ela já não pertence completamente a quem a emanou.

Digamos que um sujeito, num leilão, apresente a oferta vencedora. O seu arrependimento posterior, isto é, uma vontade ulterior diferente da primeira – no caso, o sujeito deixou de ter interesse na aquisição do bem leiloado –, não prejudicará a primeira manifestação de vontade e o seu ato – no qual arrematou o bem levado ao leilão – será perfeito.

Um primeiro cuidado do intérprete, portanto, é distinguir a vontade (oculta e psicológica) da manifestação (objetiva e material).

3. INTENÇÃO DAS PARTES – VONTADE REAL

A interpretação da declaração de vontade – a manifestação –, com olhos apenas à literalidade do que se expressou, sem qualquer outra consideração, pode não expressar a real intenção das partes. De outro lado, não é razoável considerar apenas a vontade do sujeito – com base em conjecturas e ilações –, com solene desprezo pelo que efetivamente se declarou. Cabe ao intérprete sopesar vários fatores.

Para começar, a vontade interna, não externada de nenhuma forma – ficando apenas na cabeça da parte –, como se disse, tem pouca valia. Considera-se apenas, para fins de buscar a melhor interpretação, a vontade manifestada de alguma forma perceptível.

Robert Joseph Pothier, grande jurista francês do século XVIII – juiz por mais de cinquenta anos e professor da Universidade de Orleans –, se notabilizou pelo estudo do Direito Romano. Em uma publicação sobre o direito das obrigações, Pothier elencou uma série de regras sobre interpretação contratual[8], que, pela sua pertinência, se tornaram conhecidas e valiosas até os nossos dias. A primeira dessas regras era a seguinte:

"1ª) O que interessa é a intenção das partes e não o sentido literal das palavras".

O artigo 85 do Código Civil de 1916 dizia que "nas declarações de vontade se atenderá mais à sua intenção do que ao sentido literal da linguagem". Com isso, a lei

---

8. POTHIER. Robert Joseph. *Tratado das obrigações pessoais e recíprocas*. Rio de Janeiro: Garnier, 1906. t. I, p. 61 e ss.

civil revogada prestigiava a Teoria da Vontade, para a qual o intérprete deveria buscar a real vontade do declarante.

O artigo 112 do Código Civil em vigor, por sua vez, repete quase literalmente o dispositivo, mas acresce, depois da palavra "intenção", os termos "nela consubstanciada", para dar ênfase ao que foi declarado, ou seja, à manifestação. A interpretação desse artigo deve ser no sentido de retirar daquilo que foi declarado – por escrito ou oralmente – a real vontade das partes. O referido dispositivo se filiou à Teoria da Declaração.

O artigo 112 é o primeiro dispositivo do Código Civil referente à interpretação do negócio jurídico. Ele procura guiar o intérprete em busca da vontade real, mirando para a intenção das partes, sem, contudo, se afastar da manifestação objetiva.

Entre a letra e o espírito, deve-se prestigiar este último. Vale, contudo, registrar que a letra – o sentido meramente literal –, comumente, se apresenta de forma mais ostensiva, ao passo que o "espírito" pode revelar-se fugidio. Resta claro, contudo, que, quando houver uma justificada discussão acerca do alcance da regra contratual, a análise limitada ao sentido literal pode mostrar-se defeituosa.

Nesse sentido também o artigo 1.156 do Código Civil francês, de 1804: "Deve-se, nos contratos, buscar qual foi a comum intenção das partes contratantes, mais do que se deter no sentido literal dos termos". O Código Civil alemão, por sua vez, possui apenas dois dispositivos cuidando da interpretação dos contratos – os parágrafos 133 e 157. No primeiro, registra-se:

> § 133: Interpretação de uma declaração de vontade. Na interpretação de uma declaração de vontade deve atender-se à vontade efectiva e não ater-se ao sentido literal da expressão.

O Código italiano, de 1942, oferece dez normas orientando a interpretação dos contratos. Começa o tema com a seguinte regra:

> Art. 1.362. Intenção dos contraentes. (1) Ao interpretar o contrato deve-se indagar qual foi a intenção comum das partes e não se limitar ao sentido literal das palavras.

Em todas essas legislações, vê-se o propósito de encontrar a vontade real, que pode não estar contida naquilo que foi registrado. Em suma, deve-se sempre buscar a interpretação mais próxima da vontade das partes – ou, ao menos, o que se presume, a partir de elementos concretos, ser a vontade das partes.

4. TEORIA DA CONFIANÇA

Como se viu, o Código Civil revogado prestigiava a chamada Teoria da Vontade, enquanto o Código atual privilegiou a Teoria da Declaração. A doutrina contemporânea, contudo, ao invés de adotar a Teoria da Vontade ou a da Declaração, considera mais pertinente a Teoria da Confiança como a mais indicada para extrair o sentido do negócio. Para essa teoria, privilegia-se a justa expectativa da parte no negócio, o que ela razoavelmente poderia esperar diante das circunstâncias e, principalmente, daquilo que se encontra convencionado.

5. RESERVA MENTAL

Não sem boa razão, o Código Civil salienta, no artigo 110, que a reserva mental não altera os efeitos do negócio declarado. Para entender o que é a reserva mental, devem-se ter claros dois conceitos antes expostos: a vontade e a manifestação.

A vontade, já se sabe, é o sentimento que reflete o interesse da pessoa, a razão psicológica pela qual ela adota certa atitude. A manifestação, por sua vez, é como a pessoa externa sua vontade.

Não raro, a pessoa diz uma coisa querendo dizer outra, ou, em outros casos, ela é forçada a agir de um modo que jamais faria, se pudesse manifestar sua vontade livremente. Na reserva mental, o real interesse da parte – a razão pela qual ela agiu – não foi manifestado, mas quedou escondido no momento da declaração.

Assim, na reserva mental, deliberada e conscientemente, a pessoa omite na manifestação o seu real interesse. Se alguém declara que agirá de tal forma (por exemplo: o sujeito se compromete a comprar uma casa), mas, intimamente, desejava agir de modo distinto (comprar um carro), deverá atuar como se expressou (e não como intimamente pretendeu). De pouco adiantará demonstrar que queria tomar atitude diversa daquela exteriorizada voluntariamente, salvo, claro, se conseguir provar que a sua real vontade era conhecida da pessoa a quem o ato aproveita.

6. A AUTONOMIA HERMENÊUTICA – *SENSUS NON EST INFERENDUS, SED EFFERENDUS*

O intérprete não deve introduzir no texto, objeto de sua análise, um sentido, porém buscar o sentido no texto. Esse importante conceito foi resumido no brocardo *sensus non est inferendus, sed efferendus*. Portanto, há uma autonomia hermenêutica, para a qual o intérprete deve estar preparado, despindo-se de ideias previamente concebidas, para apreciar o tema da interpretação sem preconceitos.

7. O "PODER" DAS PARTES E VULNERABILIDADE – A ANÁLISE DA FORÇA DAS PARTES NA INTERPRETAÇÃO DO CONTRATO

O reconhecimento da igualdade formal entre os contratantes foi um avanço civilizatório.[9] Esse conceito encontra-se previsto no artigo 5º da Constituição Federal, segundo o qual "[t]odos são iguais perante a lei, sem distinção, de qualquer natureza". Entretanto, do ponto de vista material (ou substancial), as partes serão sempre distintas, pelas mais diversas razões. Haverá em todas as hipóteses concretas uma diferença, maior ou menor, entre os contratantes. Assim, pode-se dizer que,

---

9. "Trata-se, pois, de um fenômeno diretamente decorrente da Revolução Francesa – e do específico conceito de igualdade aí gestado – que rompeu com a tradição particularista do direito medieval até então vigente" (MARTINS-COSTA, Judith. Crise e modificação da ideia de contrato no direito brasileiro. *Revista de direito do consumidor*. v. 3, p. 131, set./dez. 1992).

embora as partes mereçam o mesmo tratamento da lei, não haverá, entre elas e do ponto de vista concreto, uma igualdade material.

Por uma série de circunstâncias, essa disparidade material pode ser extraordinária. Existindo uma diferença aguda entre as partes contratantes, uma delas, ainda que não tenha intenção, tem como auferir proveito indevido dessa situação, gerando uma situação iníqua.

Na medida em que a disparidade material entre as partes potencializa injustiças, o legislador procura, como medida profilática, as situações sociais onde mais comumente ocorrem os abusos decorrentes dessa desigualdade, para regular essas situações e, assim, evitar que a injustiça viceje. Por meio do controle dos casos onde há esse desequilíbrio, o Estado evita excessos. Trata-se de um corolário do princípio da equidade.

Na interpretação do contrato, um passo importante consiste em compreender a força das partes na sua confecção.

O Código Civil, como mencionamos antes, possui regra, cristalizada no artigo 423[10], no sentido de que as cláusulas ambíguas dos contratos de adesão são interpretadas em favor do aderente. Nessa mesma linha, o artigo 47 do Código de Defesa do Consumidor[11] estabelece que as cláusulas contratuais nesses negócios são interpretadas de modo mais favorável ao consumidor, presumivelmente a parte mais débil da relação. Essa mesma regra se encontra em outras legislações, como no Código Civil italiano.[12]

A vida prática demonstra que, mesmo em contratos sem natureza adesiva, supostamente paritários, pode haver uma parte muito mais forte do que a outra, munida de opressivo poder de barganha. Com efeito, a situação não é binária, a ponto de se entender que apenas nos contratos de adesão há uma parte com mais poder negocial.

A interpretação inteligente passa pela análise da força das partes no momento da celebração do contrato, a fim de entender se alguma delas tinha o poder de impor as condições do negócio, enquanto a outra se encontrava em situação vulnerável. A interpretação do contrato, a partir daí, pode alterar sensivelmente.

8. INTERPRETAÇÃO *CONTRA STIPULATOREM* – INTERPRETAÇÃO CONTRÁRIA A QUEM REDIGE O CONTRATO

Eis a sétima regra de interpretação dos contratos prevista por Pothier:

> 7ª) Na dúvida, os contratos interpretam-se contra o estipulante, ou seja, contra a parte que fez a proposta inicial.

---

10. "Art. 423. Quando houver no contrato de adesão cláusulas ambíguas ou contraditórias, dever-se-á adotar a interpretação mais favorável ao aderente."
11. "Art. 47. As cláusulas contratuais serão interpretadas de maneira mais favorável ao consumidor."
12. "Art. 1.370. Interpretação contra o autor da cláusula. As cláusulas inseridas nas condições gerais de contrato ou em modelos ou formulários predispostos por um dos contraentes interpretam-se, na dúvida, a favor do outro."

Com razão, entende-se que o contratante com superior poder de barganha tinha condições de impor sua vontade no momento em que o contrato foi celebrado. Se assim não fez, a interpretação dúbia não lhe pode ser benéfica, sob pena de tornar ainda mais aderneda e desigual a relação.

De forma inteligente, o artigo 113, § 1º, IV,[13] do Código Civil estabelece que o negócio jurídico deve atribuir o sentido que for mais benéfico à parte que não redigiu o dispositivo. A regra legal, implicitamente, reconhece que a força de quem redige a cláusula deve ser temperada com uma interpretação mais generosa para quem não teve esse poder.

Essa regra já existia no artigo 1.162 do Código Civil francês: "Na dúvida, o contrato interpreta-se contra aquele que o estipulou e em favor daquele que contraiu a obrigação". Com esse dispositivo, alarga-se a ideia de interpretação à parte mais frágil, que, antes, ao menos de forma expressa na lei, valia apenas para a parte aderente ou para o consumidor. A ideia de interpretação *contra stipulatorem* ganha força.

Advirta-se, contudo: não se trata de regra absoluta a de que a parte mais frágil ou fraca deva receber invariavelmente a interpretação mais favorável. Afinal, como se sabe, nem sempre a parte que não redigiu o dispositivo tem razão – da mesma forma como se reconhece que nem sempre o consumidor tem razão. A lei, entretanto, registra que, havendo uma razoável discussão acerca do alcance da regra contratual, a interpretação deve pender para a parte que não a redigiu.

Atualmente, por conta do largo uso de registros eletrônicos nas trocas e minutas dos contratos, consegue-se, com mais acuidade, identificar quem foi o autor da cláusula cuja interpretação se discute. Aliás, pode ocorrer de, no mesmo negócio jurídico, cada parte ter redigido uma determinada cláusula, o que se prova nas trocas de minutas que, hoje, são, na maior parte das vezes, registradas.

9. INTERPRETAÇÃO DE NEGÓCIOS GRACIOSOS

O Código Civil, no artigo 114, cristaliza antiga e prudente regra de interpretação: os negócios jurídicos benéficos e que importem renúncia são lidos restritivamente. Assim, nos negócios jurídicos benéficos e da renúncia, a interpretação, se houver razoável divergência, deve ser sempre restritiva, o que vai ao amparo do instituidor do ato ou quem admitiu a renúncia.

No mesmo sentido o Código Civil português, num dos seus quatro dispositivos cuidando da interpretação dos contratos, estabelece, no artigo 237, sob a rubrica de "Casos duvidosos", que: "Em caso de dúvida sobre o sentido da declaração, prevalece, nos negócios gratuitos, o menos gravoso para o disponente e, nos onerosos, o que conduzir ao maior equilíbrio das prestações".

---

13. "Art. 113. Os negócios jurídicos devem ser interpretados conforme a boa-fé e os usos do lugar de sua celebração. § 1º A interpretação do negócio jurídico deve lhe atribuir o sentido que: (...) IV – for mais benéfico à parte que não redigiu o dispositivo, se identificável".

O Código Civil italiano, no mesmo diapasão, diz: "Art. 1.371. Regras finais. Se, não obstante a aplicação das normas contidas neste capítulo, o contrato permanecer obscuro, esse deve ser entendido no sentido menos gravoso para o obrigado, se for a título gratuito, e no sentido que tutele do modo mais justo os interesses das partes, se for a título oneroso".

10. INTERPRETAÇÃO COMO PROCESSO: FORMAS DE INTERPRETAÇÃO

Admitem-se diversas formas de interpretação, utilizadas em conjunto para aferir a melhor forma de aplicação do contrato. Na verdade, interpretar faz parte de um processo, no qual o intérprete possui uma série de ferramentas.

Por vezes, esse trabalho revela-se extremamente complexo. Interpretar chega a ser perigoso: a interpretação malfeita pode levar o aplicador a distanciar-se do real propósito da regra. De fato, como diz o ditado, "quem não sabe rezar, xinga o santo...". Por essa razão, há fundado interesse em conhecer as formas mais adequadas de encontrar o verdadeiro conteúdo da norma e mensurar seu alcance.

Para demonstrar a dificuldade e a importância da interpretação, imaginou-se a situação do hospital que proibira a entrada de cães. Um dia, apareceu uma pessoa com deficiência visual, com um pastor alemão treinado como guia. Como a regra proibia o acesso dos cães, a pessoa com deficiência não pôde ser internada. Pouco depois, surgiu um visitante acompanhado de um urso. Admitiram o ingresso do animal (pois não havia regra proibindo expressamente a entrada de ursos). Afinal, qual seria a finalidade da regra que vedava a entrada de cães? Pode-se argumentar que se ela fosse aplicada não de modo literal, como foi no exemplo, mas a fim de garantir a sua razão de ser (sua *ratio*, diriam os romanos), o cachorro treinado seria admitido no hospital e o urso barrado.

Outro caso. Num bar, há o seguinte cartaz: "Compre um pastel de carne e ganhe um de queijo". Um cliente, então, compra um pastel de carne e recebe apenas um de queijo, nada mais (ou seja, não recebe o pastel de carne que comprou). Ao reclamar da falta do pastel de carne, o cliente recebe uma ríspida resposta do dono do estabelecimento. Para este, a placa era clara: ao comprar um pastel de carne, ganhava-se um de queijo... A interpretação deveria ser absolutamente literal.

A interpretação dos negócios jurídicos é um dos temas mais ricos do universo jurídico. Existem diversas formas de interpretação, que auxiliam na extração de sentido das convenções. A primeira interpretação – até mesmo por uma razão lógica – é a literal, na qual se retira o sentido do que foi escrito ou registrado oralmente. Mas também é mais perigosa, pois ela pode se distanciar do real interesse das partes. Pode-se interpretar o acordo com base no momento e nas circunstâncias históricas a ele relacionadas. A interpretação pode ser sistemática, tomando por base não apenas uma cláusula, mas todo o contrato. Deve-se, ainda, ao interpretar, observar a prática do mercado e, como já se registrou, a boa-fé, inclusive com o comportamento pretérito das partes.

10.1 Interpretação literal

Assim, dessa forma violenta, começa o *Evangelho de João*:

> No princípio era o Verbo, e o Verbo estava com Deus, e o Verbo era Deus.
> Ele estava no princípio com Deus.
> Tudo foi feito por ele; e nada do que tem sido feito, foi feito sem ele.
> Nele estava a vida, e a vida era a luz dos homens.

E o que era o Verbo? A palavra de Deus. A palavra divina é criadora. Fez tudo, até a vida. Tudo começa pela palavra. Com a interpretação, não é diferente.

Idealmente, a regra contratual deve primar pela clareza, refletindo, de forma exata e precisa, o acordo celebrado entre as partes. Contudo, a experiência revela que pode haver ambiguidades, obscuridades e lacunas na redação do contrato, a demandar a atividade mais cuidadosa do intérprete.

Haverá ambiguidades nos casos nos quais for possível chegar a mais de uma conclusão a partir do que foi contratado. Aponta-se a obscuridade nos casos nos quais não se consiga indicar, de forma precisa, o sentido daquilo que se estabeleceu. Por fim, existirão lacunas se o contrato deixar de regular, de forma expressa, determinada situação.

Naqueles casos nos quais a regra contratual foi bem redigida e não oferece espaço para disputas hermenêuticas, costuma-se suscitar o brocardo *in claris non fit interpretatio*, ou seja, nas hipóteses nas quais a norma contratual é clara, dispensa-se a interpretação. Entretanto, na verdade, quando se diz que a estipulação contratual é clara, já se interpretou a referida regra – para simplesmente reconhecer a obviedade de seu alcance. Portanto, sempre haverá a necessidade de se interpretar, mesmo que essa tarefa seja singela.

Tronchet, o presidente da comissão que elaborou o Código Napoleão (o Código Civil francês, de 1804), orientou-se, na elaboração do trabalho, pela ideia de que os artigos do Código deveriam ser compreendidos por qualquer cidadão; bastaria ao homem comum ler a norma e tomar ciência de como deveria proceder, sem necessidade de recorrer a nenhuma outra fonte (seu objetivo foi alcançado, a ponto de receber rasgados elogios de Stendhal). Contudo, mesmo a mais precisa redação demandará o trabalho de extrair da letra seu significado.

A primeira das formas de interpretar é a literal, ou seja, extrair daquilo que foi escrito ou falado – no caso do contrato verbal – o sentido do negócio.

Muitas vezes, a redação do contrato permite identificar perfeitamente a vontade das partes. A rigor, a redação deverá – ou deveria – registrar de forma límpida e livre de dúvidas a vontade comum das partes. Afinal, ao menos o conceito clássico é o de que o contrato deve refletir o desejo das partes (o que, idealmente, se deve respeitar, se essa vontade estiver direcionada em conformidade com os valores protegidos pelo ordenamento jurídico).

A redação, contudo, pode ser traiçoeira. Não raro, por deficiência dos redatores ou criatividade dos leitores, os termos registrados no contrato podem levar a mais de uma conclusão. Muitas vezes, a literalidade revela apenas parte do verdadeiro significado.

De toda sorte, a interpretação sempre vai partir daquilo que as partes registraram – o que não significa absolutamente que se deva limitar a esse método de interpretação.

Um bom exemplo de quando a literalidade deve ceder ocorre nos casos conhecidos de claro erro na linguagem adotada. Imagine-se a situação de duas pessoas terem convencionado a venda de um cavalo, quando, na verdade, ambas tinham em mente uma vaca. Nesse caso, a interpretação demonstrará que a literalidade não pode prevalecer, aplicando-se a regra segundo a qual *falsa demonstratio non nocet*. Assim, se as partes se valem de conceitos equivocados, mas ambas conheçam a real vontade, a qualificação errada deve ser desconsiderada, em benefício daquilo que efetivamente se acordou.

Bem vistas as coisas, consegue-se identificar duas formas de ambiguidades nas cláusulas: aquele intrínseca, relacionada à sua linguagem confusa, permitindo que, na sua leitura isolada, o intérprete chegue a mais de uma conclusão acerca de seu conteúdo, ou a ambiguidade extrínseca, na qual consegue-se compreender o sentido da cláusula, porém ela se encontra em desarmonia com o resto do contrato ou com as circunstâncias do negócio na qual está inserida.

10.2 Interpretação histórica

Uma importante forma de interpretação é a histórica, que se relaciona ao contexto do negócio. O intelectual espanhol José Ortega y Gasset registrou, com razão, que "o homem é o homem e suas circunstâncias". Afinal, não é possível compreender a nenhum de nós deixando de fora a situação que nos cerca. Com os contratos não é diferente.

Para precisar o alcance dos negócios, vale buscar entender a sua história. O que motivou as partes? Quais os antecedentes delas em negócios semelhantes? Havia já um relacionamento entre os sujeitos daquele negócio?

10.2.1 A análise da formação dos contratos

Atenção: identificar o nascimento do contrato nem sempre se revela uma tarefa simples. Afinal, o contrato nasce quando as partes chegam a um consenso sobre seus elementos. Forma-se o contrato, dito de outra forma, no momento em que a vontade das partes converge de forma perfeita, disciplina tratada nos artigos 427 a 435 do Código Civil.

Ocorre que, em alguns casos, as próprias partes divergem acerca dessa acabada convergência. Nesses casos, a própria existência do contrato passa a ser o objeto da discussão – tornando-se um importante tema preliminar.

Com o fim de compreender o sentido dos contratos, a apreciação da fase de negociação, breve ou alongada, que precedeu a contratação, oferece inestimável valia. Comumente, a partir desse exame, torna-se mais simples apontar o alcance da contratação.

Para a celebração de muitos contratos, faz-se necessário, por vezes, que as partes dialoguem, expondo seus interesses, havendo um processo para construção das bases do acordo. Tome-se, por exemplo, a situação de uma pessoa que deseja construir uma casa e, para isso, discute, nas minúcias, seu acordo com o empreiteiro antes de fechar o negócio. Uma situação bem distinta é a do sujeito que entra num ônibus municipal para ser transportado em certo e previamente estabelecido trajeto. Ao ingressar na condução, ele se submete à tarifa cobrada e ao itinerário do ônibus, não podendo a eles se opor, porquanto se está diante de um contrato por adesão. Com efeito, não raro, ao pesquisar acerca da formação do contrato, pode-se verificar que uma das partes nada mais fez do que aquiescer com os termos sugeridos ou mesmo impostos pela outra, orientando o intérprete a se valer de regras de hermenêutica particulares para esse tipo de negócio, das quais antes já abordamos.

Munido desses elementos que comprovam o iter da formação do contrato, o intérprete poderá, como numa espécie de transposição, colocar-se, hipoteticamente, na posição das partes contratantes, para identificar qual era a vontade delas no momento da celebração do negócio.

10.2.2 Os aspectos subjetivos da relação entre as partes

Ao apreciar o contexto do contrato, não se pode deixar de lado a relação existente entre as partes. Elas já possuíam uma relação prévia? Havia, entre elas, um grau de intimidade e confiança que dispensava o apego a alguma formalidade? Como elas se relacionavam com terceiros? Respostas a perguntas como estas podem alterar por completo a interpretação do ocorrido, na medida em que indicam o contexto do contrato.

10.2.3 Análise da matéria do contrato

O Código Civil francês registra: "Art. 1.158. Os termos suscetíveis de dois sentidos devem ser tomados no sentido mais conveniente à matéria do contrato". Não possuímos regra semelhante no Direito brasileiro, mas o conceito, pela sua lógica, é de extrema utilidade.

10.3 Interpretação sistemática

Entre as formas de interpretação, uma das mais relevantes – para muitos, a mais valiosa de todas – é a sistemática. Por meio dela, busca-se compreender as estipulações contratuais como um todo.

Com efeito, a interpretação isolada de uma cláusula pode levar o intérprete a não compreender o sentido do negócio. Apenas apreciando o acordo na sua completude, pode-se melhor entender o alcance das disposições. Reconhece-se, com razão, que as cláusulas devem ser lidas, umas sob as outras, apreciando a sua correlação e contexto. Nesse sentido, aliás, já previa a sexta regra de interpretação de Pothier:

> 6ª) As cláusulas contratuais devem ser interpretadas umas em relação às outras, ou seja, em conjunto.

A experiência mostra que pinçar uma disposição contratual, desprezando-se o resto do contrato, costuma criar as maiores distorções. O contrato não pode ser lido aos retalhos, mas compondo um só organismo, que demanda uma leitura das cláusulas para formar um sistema coeso. Não raro, o contrato se divide em itens, para tratar, por exemplo, do preço, do objeto da prestação ou das hipóteses de rescisão antecipada. Melhor que se interprete as cláusulas inseridas dentro desses itens e não buscar leituras cruzadas. Também ocorre de subitens tratarem de hipóteses excepcionais, quando o *caput* examina o caso mais comum, esperado pelas partes signatárias do acordo. Por todas as razões, não se pode ler o subitem ignorando o item.

Uma hipótese bem comum é aquela na qual a cláusula principal de um contrato de compra e venda diz, por exemplo, que a coisa se encontra livre de qualquer ônus. Contudo, numa subcláusula, registrada logo em seguida, o mesmo contrato informa que pende sob a coisa certo gravame. Evidentemente, a subcláusula serve para interpretar a primeira, pois registra uma exceção à regra geral prevista no *caput*. De outra ponta, analisada a cláusula principal sem a subcláusula dá uma leitura equivocada do que as partes convencionaram, pois, ao fim, naquele negócio, admitiu-se um determinado gravame.

No Código Comercial, de 1850, hoje revogado nesse ponto, já se previa:

> Art. 131. Sendo necessário interpretar as cláusulas do contrato, a interpretação, além das regras sobreditas, será regulada sobre as seguintes bases: (...)
> 2 – as cláusulas duvidosas serão entendidas pelas que o não forem, e que as partes tiverem admitido; e as antecedentes e subsequentes, que estiverem em harmonia, explicarão as ambíguas;

Assim, o artigo 1.161 do Código Civil francês: "Todas as cláusulas dos contratos interpretam-se umas pelas outras, dando-se a cada uma o sentido que resulta do ato como um todo". Em idêntico sentido, o Código Civil italiano: "Art. 1.363. Interpretação em conjunto das cláusulas. As cláusulas do contrato interpretam-se umas por meio das outras, atribuindo a cada uma o sentido que resulta do conjunto do ato".

Muitos contratos estabelecem, numa boa prática, seus "Considerandos". Neles, antes de registrar as regras estabelecidas pelas partes, apresentam-se os fatos e propósitos que levaram os contratantes a estabelecer o acordo. Funcionam não apenas como uma introdução ao contrato, explicando seu contexto, mas, principalmente, explicitam os motivos das partes. Em função disso, servem como norte da interpretação das cláusulas da convenção.

Tome-se o exemplo das partes que, ao estabelecer uma parceria comercial, registram, no "Considerando", que não é objetivo de nenhuma delas obter lucro ou vantagem uma das outras, mas o de se beneficiar do trabalho em conjunto. Nesse caso, se houver, no corpo do contrato uma cláusula cuja interpretação seja objeto de divergência entre os contratantes, pois um deles defende que tem direito a uma remuneração da contraparte, enquanto o outro defenda que não existe tal dever, a estipulação contida no "Considerando" pode servir para orientar a interpretação da tal cláusula debatida – na hipótese do exemplo, para reconhecer que as partes estabeleceram um objetivo de que nenhuma das partes cobraria nada da outra.

Também auxilia na interpretação a apreciação de contratos acessórios, conexos e coligados. Afinal, nesses negócios, vale promover uma leitura sistêmica e conjunta, a fim de garantir a harmonia.

Comumente, as partes estabelecem entre si uma série de contratos, a fim de reger sua relação, em negócios que devem ser compreendidos em conjunto. A interpretação de um auxilia na de outro. Muitas vezes, um contrato explica o outro.

10.4 Interpretação teleológica

Também se revela fundamental entender o propósito das partes ao celebrarem o contrato. Trata-se da interpretação teleológica, pois se busca compreender a extensão do acordo pelo fim pretendido pelas partes. Com efeito, as partes celebraram o contrato com um fim: entender essa intenção comumente serve de chave para descobrir a melhor interpretação do negócio.

Tome-se o seguinte exemplo: há uma justa dúvida de interpretação do contrato acerca da extensão de um imóvel rural vendido. Cada parte defende uma leitura do contrato. Entretanto, sabe-se que o objetivo do negócio para o comprador era o de concluir, no terreno, um empreendimento imobiliário de loteamento, sendo que, por força de conhecidas regras legais, há uma metragem mínima necessária para realizar esse loteamento. Diante disso, parece razoável interpretar o negócio de forma que permita ao comprador atingir o seu propósito com o contrato. A outra leitura do contrato retiraria do comprador a razão a qual ele participou da compra e venda. A apreciação da causa concreta – o fim – do negócio jurídico serve, assim, de bússola para a interpretação.

11. INTERPRETAÇÃO COM BASE NA BOA-FÉ

O artigo 131 do Código Comercial, apesar de mais de 50 anos mais velho do que o Código de 1916 – foi instituído pela Lei 556, de 25.6.1850 –, possui um interessante critério de interpretação da declaração de vontade, no qual se avalia a "inteligência simples e adequada, que for mais conforme a boa-fé, e ao verdadeiro espírito e a natureza do contrato".[14]

---

14. Toda a Parte Primeira do Código Comercial, na qual se encontra inserida a regra do artigo 181, foi expressamente revogada pelo artigo 2.045 do Código Civil de 2002.

O parágrafo 157 do Código Civil alemão, de 1896 – passando a vigorar em 1900 –, estabelece: "Interpretação dos contratos: Os contratos interpretam-se como a boa-fé, com consideração pelos usos do tráfego, o exija." O Código Civil italiano segue a mesma linha: "Art. 1.366. Interpretação conforme a boa-fé. O contrato deve ser interpretado segundo a boa-fé".

O nosso Código, no artigo 113, traz norma específica, segundo a qual os negócios devem ser interpretados conforme a boa-fé e os usos do lugar de celebração. Essa regra é fundamental, pois não se admitiria, por exemplo, ler um contrato e procurar extrair dele efeitos contrários à razoabilidade. O §2º do artigo 113 admite, até mesmo, que as partes estabeleçam regras de interpretação, que auxiliem o intérprete a encontrar o verdadeiro sentido do acordo.

Registre-se que a boa-fé mencionada na norma é objetiva, ou seja, atenta-se ao comportamento concreto das partes, que deve tomar por guia a ética, a lealdade e a transparência.

O hermeneuta da declaração de vontade, assim, deve pautar-se pela boa-fé, pelo que normalmente ocorre, pela lógica, mas também pela conduta honesta que se espera das partes. A interpretação buscará retirar da declaração de vontade um sentido racional, sempre norteada essa leitura pelo legítimo interesse das partes, no momento em que a vontade foi externada.

Visto de outro ângulo, não será recomendável admitir uma interpretação que parta do pressuposto que uma parte enganou ou iludiu a outra, na medida que isso contraria os ditames da boa-fé. A regra de interpretar o negócio consoante a boa-fé, isto é, de acordo com a lealdade que se espera das partes, consiste numa fundamental orientação. Atualmente, sequer se admite uma interpretação que parta do pressuposto que uma parte foi "malandra" e tire proveito de alguma "esperteza". A honestidade de propósito é uma premissa inafastável.

O artigo 113 foi substancialmente alterado pela Lei 13.974, de 20.9.2019, que positivou uma série de vetores interpretativos. A regra, tal como foi incialmente estabelecida, previa, como antes se mencionou, o conceito de que os negócios jurídicos deveriam ser interpretados de acordo com a boa-fé e os usos do lugar de sua celebração. O acréscimo, proveniente da referida Lei de 2019, fez muito mais.[15]

A primeira importante alteração registra, como adiante se tratará, que a interpretação deve ser aquela confirmada pelo comportamento posterior da parte. Na verdade, muito mais do que "confirmada", o comportamento das partes serve como indicador da extensão do acordo.

---

15. A inclusão no artigo 113 feita pela Lei da Liberdade Econômica recebeu críticas da doutrina. Gustavo Tepedino, por exemplo, entendeu que "as inserções promovidas pela Lei 13.874/2019 não acrescentaram parâmetros verdadeiramente úteis para a interpretação dos negócios jurídicos" (TEPEDINO, Gustavo. Notas sobre as alterações promovidas pela Lei 13.874/2019 nos artigos 50, 113 e 421 do Código Civil. *Lei da Liberdade Econômica e seus impactos no direito brasileiro*. São Paulo: Ed. RT, 2020. p. 500).

11.1 O comportamento das partes

Alguns negócios são formados por meio de um contrato escrito, cuja vontade foi expressa em palavras coordenadas. Noutros, a relação contratual se estabeleceu pelo comportamento das partes, que nada registraram por escrito acerca daquele negócio, ou registraram apenas parte dele. Há ainda situações nas quais as partes convencionaram por escrito de uma forma, mas se comportam diferentemente.

Em todas as hipóteses, o comportamento das partes deve ser levado em consideração para interpretar o contrato.

Para os casos nos quais não se estabeleceu um contrato escrito, o comportamento das partes, isto é, a forma como desempenharam seus deveres no âmbito daquela relação, consiste no mais útil elemento de interpretação.

O comportamento também tem relevância nos contratos estabelecidos em documentos. Afinal, como bem reconhece o artigo 217, 1, do Código Civil português, "[a] declaração negocial pode ser expressa ou tácita: é expressa, quando feita por palavras, escrito ou qualquer outro meio directo de manifestação da vontade, e tácita, quando se deduz de factos que, com toda a probabilidade, a revelam". No mesmo sentido, o Código Civil italiano: "Art. 1.362. Intenção dos contraentes. (...) (2) Para determinar a intenção comum das partes, deve-se valorar o conjunto do seu comportamento, ainda que posterior à conclusão do contrato".

Com efeito, o comportamento das partes tem ganho enorme valia como forma de interpretar os contratos – e, eventualmente, até mesmo de dar novos contornos ao negócio. Isso se justifica, inclusive, para amparar a legítima expectativa que se cria a partir do comportamento da contraparte. Finalmente, há um outro meio relevante de integração, que se constrói a partir do comportamento das partes, seja antes da celebração do contrato, mas, principalmente, já com o negócio firmado.

O comportamento reiterado da parte, no âmbito de um contrato, num determinado sentido faz nascer naturalmente na contraparte a ideia de que essa atuação consiste numa regra, um modelo, um padrão. O comportamento reiterado num sentido cria na contraparte uma justa expectativa de que esse mesmo comportamento seguirá ocorrendo.

Comumente, o contrato que vincula as partes deixa de prever uma determinada circunstância, cujo aparecimento lhes impõe a adoção de uma conduta. Se as partes discutem qual deve ser a eficácia do contrato, em relação àquela situação não prevista, cabe ao intérprete pesquisar qual o seu pretérito comportamento: se ambas ou uma delas já agiu de determinada maneira diante do fato ou se agiu de certa forma diante de fato semelhante ao discutido. Esse comportamento pode servir de norte para apontar a melhor forma de integrar o contrato, em consonância com a conduta das partes. Naturalmente, se o comportamento é uniforme e repetido, o intérprete deve dar a ele maior força, pois revela um padrão. Caso, entretanto, seja apenas um ato ou um comportamento não uniforme, a sua importância é mitigada, reconhecendo-se a ausência de um padrão.

A noção de se considerar o comportamento das partes como forma de integração do contrato também se justifica no princípio da confiança.

11.2 Razoável negociação das partes

O inciso V do §1º do artigo 113 apresenta a regra mais suscetível de discussão, notadamente porque traz uma série de conceitos abertos. Segundo a norma, a interpretação deve atribuir um sentido que corresponda à "razoável negociação das partes", o que deve ser inferido a partir das demais disposições do contrato e da sua racionalidade econômica. De forma inteligente, a lei ainda limita essa apreciação da racionalidade econômica ao tempo em que o negócio foi celebrado.

O conceito de "razoável negociação das partes" se mostra defeituoso, pois, afinal, não é tarefa simples identificar o que seja "razoável". A experiência mostra que as partes têm as suas próprias "razoabilidades". No mais, o dispositivo remete à interpretação sistemática do negócio, que, de fato, se apresenta como uma das mais valiosas formas de encontrar o sentido para as disposições contratuais, que devem ser lidas como um todo e jamais de forma isolada.

12. INTERPRETAÇÃO ECONÔMICA

Como ponderou o historiador Will Durant, a Revolução Francesa não aconteceu porque Voltaire escreveu sátiras brilhantes e Rousseau produziu romances sentimentais, mas porque a classe média conquistara o poder econômico e precisava de liberdade legislativa para seus negócios, além de cobiçar o poder político e a aceitação social. Segundo o famoso historiador, a "interpretação econômica ilumina muito a história".[16]

O direito dos contratos serve de vestimenta para um fenômeno econômico.

De forma inteligente, a lei se refere, como meio útil a interpretar o negócio, à sua racionalidade econômica. Com efeito, encontrar um senso justo ao negócio a partir desse foco tem enorme valia. Afinal, o contrato dá roupagem a um fenômeno econômico e, portanto, deve guardar esse sentido. Não parece justo ou razoável interpretar um negócio que imponha a uma das partes um prejuízo, se existir outra interpretação, também razoável, que garanta um equilíbrio financeiro na relação.

Nessa interpretação econômica, busca-se compreender as motivações das partes e o universo jurídico a partir de pressupostos econômicos. Como o contrato, em regra, nasce para atender a um propósito econômico, ao interpretá-lo, caso haja dúvida de sua amplitude, deve-se apreciar seu racional econômico, para preservar uma lógica. Ninguém, em sã consciência, celebra um contrato para ter prejuízo. Dessa forma, a interpretação do contrato não deve ser direcionada para reconhecer que uma parte

---

16. DURANT, Will et al. *12 Lições da história para entender o mundo*. Barueri: Faro, 2018. p. 56.

vá necessariamente perder. Na melhor leitura do contrato, ambas as partes colhem proveito do negócio.[17]

13. A PRÁTICA DO MERCADO

Também para interpretar o contrato, cumpre ao intérprete identificar qual a prática do mercado. Isso porque, normalmente, os negócios de um determinado setor costumam seguir um padrão, conhecido pelas partes. Se já há um modelo sedimentado de comportamento para certa operação, natural que a sua interpretação se adeque ao paradigma.

Valendo-se de um antigo brocardo – *Id quod plerumque accidit* –, diz-se que se deve partir da ideia de que as partes agem, ou mesmo imaginaram e previram suas condutas, com base naquilo que geralmente acontece.

Com relação a esse particular, Pothier, ao definir suas regras de interpretação, registrou:

> 4ª) As expressões ambíguas interpretam-se de acordo com os costumes do país.
>
> 5ª) Os costumes locais estão subentendidos em todo contrato.

O contrato, como parece óbvio, deve ser interpretado dentro de seu contexto, aí incluído os costumes do local onde ele foi estabelecido. Segundo o artigo 1.159 do Código Civil francês: "O que é ambíguo interpreta-se por aquilo que é usual no país onde o contrato é celebrado". Eis a regra similar do Código italiano: "Art. 1.368. Usos interpretativos. (1) As cláusulas ambíguas interpretam-se segundo aquilo que se pratica geralmente no lugar em que o contrato foi concluído. (2) Nos contratos em que uma das partes é um empresário, as cláusulas ambíguas interpretam-se segundo aquilo que se pratica geralmente no lugar da sede da empresa".

Os princípios da Unidroit, que procuram indicar, como guia, regras gerais, servindo como orientador da interpretação dos contratos internacionais, registra:

> Art. 4.1. (Intenção das partes). (1) Um contrato deve ser interpretado de acordo com a intenção comum das partes. (2) Se tal intenção não puder ser estabelecida, o contrato deve ser interpretado de acordo com o sentido que pessoas razoáveis, do mesmo tipo que as partes, atribuir-lhe-iam nas mesmas circunstâncias.

Na primeira parte do dispositivo, informa-se, seguindo a regra aplicada na maior parte dos ordenamentos ocidentais, no sentido de que se deva buscar a vontade comum das partes para colher a melhor interpretação. Não sendo possível, registra a regra, busca-se a leitura razoável, tomando as próprias partes como padrão dessa razoabilidade.

---

17. Sobre o tema, ver o clássico Richard A. Posner. *A economia da justiça*, São Paulo; Martins Fontes, 2010, e Guiomar T. Estrella Faria. *Interpretação econômica do direito*. Porto Alegre: Livraria do Advogado, 1994.

Para tanto, o artigo 4.3 dos Princípios da Unidroit recomenda-se que se levem em consideração os seguintes fatores:

(a) negociações preliminares entre as partes;
(b) usos [practices] que as partes estabeleceram entre si;
(c) a conduta das partes posterior à conclusão do contrato;
(d) a natureza e o fim do contrato;
(e) o sentido usualmente atribuído aos termos e expressões no respectivo ramo do comércio;
(f) usos.

14. INTERPRETAÇÃO CONFORME ORDENAMENTO JURÍDICO

Além disso, a interpretação deve ser tal que garanta o respeito do negócio ao ordenamento jurídico e ao cumprimento de sua função social. Não se admite uma leitura do contrato que imponha prestações contrárias ao ordenamento. O ordenamento jurídico tem um propósito de regular uma sociedade saudável, sendo, pois, razoável que se privilegie uma interpretação que prestigie negócios que cumpram seu propósito social.[18]

Imagine-se, por exemplo, a interpretação do contrato que impeça uma pessoa de explorar economicamente seu ativo – como impedir que o titular alugue seu imóvel –, sem que isso traga qualquer proveito para ninguém, nem mesmo para quem reclama essa leitura restritiva do negócio. Será razoável que essa interpretação prevaleça, mormente quando ela retira o direito de alguém tirar proveito econômico de seu bem e ainda possuir natureza emulativa?

15. INTERPRETAÇÃO EM FAVOR DA CONSERVAÇÃO DOS NEGÓCIOS

Cumpre, na interpretação, privilegiar o princípio da conservação dos negócios, a fim de que se retire um efeito prático. Cuida-se da interpretação *favor negocii*. Assim já estabelecia Pothier:

> 2ª) Quando uma cláusula tiver dois sentidos, deve ser interpretada de modo a que produza algum efeito.

Não raro, as partes discutem duas possíveis interpretações, quando, uma delas – ou, por vezes, ambas – leva a uma situação na qual a cláusula deixa de ter qualquer sentido prático ou se torna absolutamente ilegal. Natural, de outro lado, que as partes tenham previsto as disposições para que elas tenham algum efeito, sendo essa a interpretação que se deve adotar, caso confrontada com uma interpretação que torne morta a cláusula.

---

18. Ver François Geny. *Méthode D'Interprétation et Sources en Droit Positif Privé*. Paris: Librairie Générale de Droit & Jurisprudence, 1919. p. 225 e ss.

Se as partes redigiram mal certo acordo e exista uma dificuldade em entender o ajustado, a interpretação deve ser a de garantir algum sentido útil ao ato. Em outras palavras, não é razoável interpretar um negócio para concluir que ele não tem qualquer eficácia ou que seu objeto é ilícito. Na medida do possível, busca-se aproveitar o ato, a fim de que ele gere efeitos lícitos, sempre alinhados com a vontade das partes.

Eis a norma do Código Civil francês: "Art. 1.157. Quando uma cláusula é suscetível de dois sentidos, deve-se antes entendê-la naquele com o qual ela pode ter algum efeito, do que naquele sentido com o qual ela não poderia produzir efeito algum." O Código Civil italiano, por sua vez, estabelece: "Art. 1.367. Conservação do contrato – Na dúvida, o contrato ou as cláusulas individuais devem interpretar-se no sentido em que possam ter qualquer efeito, ao invés de no sentido pelo qual não teriam efeito algum". Veja-se, ainda, o Código Civil espanhol, segundo o qual: "Art. 1.284. Se alguma cláusula dos contratos admitir diversos sentidos, deverá ser entendida naquele mais adequado para que produza efeito".

15.1 Interpretação integrativa

Ainda em atenção ao princípio de conservação dos negócios, vele tratar da interpretação integrativa. O nosso ordenamento admite a atividade integradora do intérprete, normalmente quando ele ocupa a posição de julgador.

Evidentemente, a atuação do julgador, no momento de integrar, não pode ter a força de estabelecer uma nova relação, não imaginada pelas partes. Entretanto, por vezes, a atividade do intérprete pode ser a de integrar o contrato, para que ele sobreviva.

Paula Greco Bandeira, em valioso estudo sobre o tema, ensina que "a atividade de integração do juiz apenas se revelará legal e legítima se exercida dentro dos limites impostos pela lei, em casos excepcionais".[19]

Há lugar para a interpretação integrativa se o contrato não prevê uma determinada hipótese, que, entretanto, ocorre na prática, já com o contrato em curso, reclamando uma solução. Noutras vezes, as partes desconheciam uma possível situação preexistente, que apenas se revela depois de a relação contratual já estar em vigor. As partes podem, ao regular sua relação, sequer cogitar de certa circunstância, que sobrevenha apenas depois, mas que reclame um regramento. O que fazer?

Imagine-se, por exemplo, que as partes concordaram que, numa obra complexa, seria usado, para executar um certo item, material específico e determinado. Todavia, posteriormente, tal material deixa de ser produzido. O contrato de empreitada não previu essa situação. A obra já está avançada. Pode o empreiteiro usar outro material? Deve-se entender pela não execução daquele serviço? Todo o contrato deve ser rescindido? As partes não se entendem.

---

19. BANDEIRA, Paula Greco. *Contrato incompleto*. São Paulo: Atlas, 2015. p. 213.

Na interpretação integrativa, embora o tema específico não tenha sido previsto no contrato, busca-se encontrar, no bojo do próprio instrumento contratual, elementos objetivos que permitam compreender qual seria o interesse das partes.

Muitas vezes, as partes dizem menos do que queriam – *minus dixit quam voluit* –, mas se consegue identificar o que diriam se tivessem tratado do tema. A questão, embora não expressa na literalidade, pode ser encontrada no espírito do acordo, comumente com uma leitura sistemática e analógica.

Por meio dessa exegese integradora, consegue-se depreender a eficácia do negócio, mesmo naquilo que não foi previsto de forma detalhada e pormenorizada, na medida em que se consegue ver uma orientação implícita. Assim, "a interpretação integrativa ou interpretação com função integradora visa a preencher as lacunas da regulamentação das partes no conteúdo negocial".[20] Trata-se, a rigor, de colher no próprio contrato o sentido da interpretação daquilo que não foi previsto expressamente. Opera-se uma autointegração.[21]

A doutrina, corretamente, distingue duas situações: a interpretação integrativa e a integração.

Na integração, diferentemente, o intérprete é convidado a regulamentar uma situação não prevista no contrato e sob a qual o contrato não oferece qualquer indicação. A omissão é total. Enquanto na interpretação integrativa há um *minus dictum*, na integração deu-se *minus cogitatum*, na medida em que os estipulantes do negócio não previram uma determinada situação.

Portanto, o desafio, na integração, é maior: dar uma resposta acerca da eficácia e da extensão do contrato quando não houve qualquer manifestação, mesmo que indireta ou analógica, para tratar de determinada situação que se apresenta.

O nosso Código Civil não tem dispositivo tratando especificamente da integração. O mais relevante dispositivo no Código Civil tratando, indiretamente embora, da integração é o artigo 488, inserido entre as regras que regulam o contrato de compra e venda. Essa norma visa a suprir a hipótese de venda sem fixação do preço, indicando que se aplicará, se não houver tabelamento oficial, o valor normalmente cobrado pelo vendedor.

> Art. 488. Convencionada a venda sem fixação de preço ou de critérios para a sua determinação, se não houver tabelamento oficial, entende-se que as partes se sujeitaram ao preço corrente nas vendas habituais do vendedor.

---

20. MIRANDA, Custódio da Piedade Ubaldino. *Interpretação e integração dos negócios jurídicos*. São Paulo: Ed. RT, 1989. p. 135.
21. Vale, nesse fim, seguir a orientação de Pontes de Miranda: "A interpretação integrativa tem de manter-se simples interpretação, embora os seus resultados sejam além do manifestado. Tem de ater-se ao sentido do que se manifestou e do que completou o conteúdo do negócio jurídico. Não pode chocar-se com o que algum manifestou, ou contra o que alguns dos figurantes manifestaram, posto que consiste na revelação do que não foi manifestado" (PONTES DE MIRANDA, Francisco Cavalcanti. *Tratado de direito privado*. Rio de Janeiro: Editor Borsoi, 1962. t. XXXVIII, p. 71).

O Código Civil italiano, ao contrário do nosso, possui regra expressa acerca da integração do contrato[22], assim como os franceses.[23] O Código Civil português também possui norma específica cuidando da integração:

> Artigo 239.º
> (Integração)
> Na falta de disposição especial, a declaração negocial deve ser integrada de harmonia com a vontade que as partes teriam tido se houvessem previsto o ponto omisso, ou de acordo com os ditames da boa-fé, quando outra seja a solução por eles imposta.

Esse dispositivo indica que, na ausência de estipulação das partes acerca de determinado aspecto do contrato, caberá ao intérprete, em última análise, buscar identificar, por analogia, qual seria a vontade, além de se socorrer da boa-fé.

Evidentemente, o fato de a lei brasileira não ter apreciado expressamente a matéria não torna ilegal a integração.

A nossa doutrina "aponta como meios de integração contratual a lei, os usos e costumes e a equidade."[24], assim como "normas supletivas, boa-fé e usos".[25] Como se vê, na integração, adotam-se meios "extracontratuais", isto é, não disponíveis no instrumento celebrado entre as partes, porém fora dele. O julgador inicia uma pesquisa exógena, para colher, fora do contrato, os elementos necessários à sua integração.

Veja-se, por exemplo, a conhecida regra do artigo 327 do Código Civil, segundo a qual, na ausência de estipulação das partes, o pagamento é feito no domicílio do devedor. Caso as partes não indiquem o local da entrega da prestação, o contrato será integrado com o referido dispositivo.

Evidentemente, os limites da integração e a sua pertinência se justificam pela oportunidade e conveniência de se conservar o negócio jurídico. Caso o intérprete se depare com uma situação na qual o seu papel seria o de, na prática, refazer o negócio, não haverá espaço para a integração, porém o de reconhecer que faltam àquela relação os elementos mínimos para gerar efeitos (e, no limite, impor às partes uma obrigação de fazer, consistente em solucionar o impasse). Afinal, integrar, como o próprio nome indica, é agregar e não estabelecer algo novo. Se, de outro lado, houver a justificativa de se conservar o negócio e, adotando os critérios de integração, verificar-se a possibilidade de se sanarem as lacunas, o negócio, com as devidas e justas inserções, deve sobreviver, a fim de cumprir a sua relevante função social.

---

22. "Articolo 1374 – Integrazione del contratto 1. Il contratto obbliga le parti non solo a quanto è nel medesimo espresso, ma anche a tutte le conseguenze che ne derivano secondo la legge, o, in mancanza, secondo gli usi e l'equità (1340 ss., 1368, 2187)."
23. "Article 1134: Les conventions obligent non seulement à ce qui y est exprimé, mais encore à toutes les suites que l'équité, l'usage ou la loi donnent à l'obligation d'après sa nature".
24. FRANCO, Vera Helena de Mello. *Aspectos da integração dos contratos no direito comercial*. São Paulo: Livraria Pioneiro, 1979. p. 75.
25. MARINO, Francisco Paulo de Crescenzo. *Interpretação do negócio jurídico*. São Paulo: Saraiva, 2011. p. 220.

16. LIBERDADE DE AS PARTES ESTABELECEREM REGRAS DE INTERPRETAÇÃO PARA SEUS CONTRATOS

Numa outra inovação da mencionada Lei de 2019, deu-se a inclusão, no Código Civil, do § 2º do artigo 113,[26] que, visando a garantir a autonomia contratual, admite que as partes estabeleçam critérios próprios de interpretação, ainda que distintos daqueles expressos em lei. Existe, aqui, uma clara influência do modelo da Common Law, no qual é prática comum que os contratos apresentem essas regras de interpretação particulares, com o propósito de reger o próprio contrato. Pois, de fato, em muitos contratos feitos nos países que adotam a Common Law, os contratantes tratam de estabelecer, com minúcias, as regras de interpretação que regerão o negócio, inclusive nos casos de dúvidas acerca da melhor leitura das cláusulas.

Naturalmente, essa liberdade não pode contrariar conceitos de ordem pública, como, por exemplo, estabelecer, de antemão, que uma das partes, em caso de divergência acerca dos limites do contrato, decidirá qual a correta interpretação do negócio. Esse poder absoluto não recebe guarida do ordenamento.

Contudo, bem utilizada, a cláusula estabelecida no § 2º pode ter enorme valia, como a de estabelecer previamente um grupo de pessoas independent com o poder de interpretar o negócio, em caso de disputa. Comumente, aliás, encontram-se nos contratos a referência de que a tolerância das partes acerca de eventuais descumprimentos contratuais não deve ser interpretada como renúncia a direitos. Por meio dessas disposições, orienta-se a interpretação do negócio.

17. CONCLUSÃO: O PROPÓSITO FINAL DA INTERPRETAÇÃO

Em palestra proferida em 1897, o juiz da Suprema Corte Norte Americana, Oliver Wendell Holmes, inicia seu discurso dizendo que, ao estudar Direito, não estamos estudando um mistério, mas uma atividade já há muito conhecida. Uma ciência que justifica pessoas procurarem outras buscando orientações de como devem agir e se defender.

Esse estudo permite, com razoável grau de acerto, que as pessoas possam prever o que vai ocorrer se atuarem de determinada maneira. Nesse ponto, a atuação do profissional de Direito se aproxima a de um oráculo, que antecipa os acontecimentos futuros. O advogado dirá ao seu cliente, "não faça isso", pois, do contrário, sofrerá um revés. Eis porque o jurista inglês Blackstone – autor dos famosos comentários às Leis Inglesas, elaborados no século XVIII – chamou os advogados de "os oráculos vivos do Direito".

A interpretação dos contratos, embora complexa, é um processo, cujos passos se encontram delineados. Ao estudar as formas de compreender a extensão dos contratos, o intérprete garante a segurança, tão preciosa ao ordenamento, e se aproxima de sua função de oráculo vivo.

---

26. "§ 2º As partes poderão livremente pactuar regras de interpretação, de preenchimento de lacunas e de integração dos negócios jurídicos diversas daquelas previstas em lei."

12
A FORMAÇÃO DOS CONTRATOS ELETRÔNICOS NA SOCIEDADE DIGITAL

Frederico Price Grechi

Pós-Doutor, Doutor e Mestre em Direito pela UERJ. Advogado, Árbitro, Parecerista e Professor (Emerj). Diretor da Vice-Presidência Imobiliária do Centro Brasileiro de Mediação e Arbitragem – CBMA. Presidente da Comissão de Direito Agrário do IAB e da OAB/RJ. Vice-Presidente da Comissão de Direito Imobiliário da OAB/RJ.

"The next generation of lawyers will no longer sit in isolation of one another and of technology. They must learn not jus to be team players but also, in my opinion, they must be trained to be capable of developing the systems that will replace lawyers' old ways of working. For this purpose, we will need to teach our lawyers to be legal technologists, process analysts, knowledge engineers, systems designers, risk managers, and data scientists" (Richard Susskind)[1]

Sumário: 1. Introdução – 2. Breve digressão histórica da codificação civil brasileira. Da sociedade rural à sociedade digital – 3. Evolução da formação dos contratos: do suporte físico ao suporte eletrônico (digital); 3.1 A formação dos contratos inteligentes (*smart contracts*); 3.2 Formação da convenção processual eletrônica; 3.3 Formação da escritura notarial eletrônica.

1. INTRODUÇÃO

É uma honra participar da obra coletiva em homenagem ao aniversário de 20 (vinte) anos ao Código Civil de 2002, promulgado pela Lei 10.406, de 10 de janeiro de 2001.

Estas breves reflexões iniciais são dedicadas aos mestres Augusto Teixeira de Freitas, Clóvis Beviláqua, Caio Mário da Silva Pereira[2], Orlando Gomes[3], Miguel Reale, José Carlos Moreira Alves, Agostinho de Arruda Alvim, Sylvio Marcondes, Ebert

---

1. Cf. SUSSKIND, Richard. Prefácio. In: FEIGELSON, Bruno; BECKER, Daniel; RAVAGNANI, Giovani. (Coord.). *O advogado do amanhã*: estudos em homenagem ao Professor Richard Susskind. São Paulo: Ed. RT, 2016. p. 8: "A próxima geração de advogados não ficará mais isolada da outra e da tecnologia. Eles devem aprender não apenas a ser jogadores de uma equipe, mas também, na minha opinião, devem ser treinados para serem capazes de desenvolver os sistemas que substituirão as antigas formas de trabalho dos advogados. Para tanto, precisaremos ensinar nossos advogados a serem tecnólogos jurídicos, analistas de processos, engenheiros do conhecimento, designers de sistemas, gerentes de risco e cientistas de dados" (tradução livre).
2. Foi autor do projeto de Código de Obrigações é composto por 952 artigos, apresentado no dia 25 de dezembro de 1963 contendo invocações na sua estrutura, tais como os contratos de parceria rural, edição, bancários e concursos públicos. Confira-se, por todos, TEIXEIRA, Sálvio de Figueiredo. Aspectos da Contribuição de Caio Mário ao Direito Civil brasileiro. *Informativo jurídico da biblioteca Ministro Oscar Saraiva*, v. 16, n. 1, p. 1-74, Jan./Jul. 2004.
3. Cf. GOMES, Orlando. *Código civil*: projeto Orlando Gomes. Rio de Janeiro: Forense, 1985. O projeto 3.771, de 1966, continha quatro livros: das Pessoas, do Direito de Família, do Direito das Coisas, do Direito das Sucessões.

Vianna Chamoun, Clóvis do Couto e Silva e Torquato Castro, jurisconsultos que contribuíram para o aperfeiçoamento e promulgação das codificações civis brasileiras[4].

Também registro a minha admiração e respeito aos cultos Professores Caitlin Sampaio Mulholland[5] e Guilherme Magalhães Martins[6], estudiosos do tema objeto desta curta reflexão.

A manipulação da tecnologia é umas mudanças sugeridas por Richard Susskind no seu inovador e disruptivo ensaio sobre o "advogado do amanhã". Helder Galvão adverte que "é dever do advogado antecipar-se a essa mudança tecnológica. O desafio, portanto, não deve ser voltado para a automação de práticas jurídicas já estabelecidas, mas de criar novas práticas, jamais consideradas possíveis até então. Importante notar que grande parte das tecnologias são disruptivas e, portanto, a mera adoção já configuraria uma mudança radical no workflow do advogado"[7].

Um curto passeio pela História do Direito a seguir fornecerá ao "direito atual a compreensão dessa retrospectiva, esclarecendo dúvidas, afastando imprecisões, levantando, passo a passo, a verdadeira estrutura do ordenamento, seus institutos

---

4. Embora o presente artigo tenha por finalidade prestigiar o Código Civil brasileiro de 2002, seja permitido registrar a nossa admiração aos colaboradores do projeto do Código Comercial brasileiro que deu origem à Lei 556, de 25 de junho de 1850.
   A propósito da notícia histórica dos trabalhos preparatórios do Código Comercial brasileiro, confira-se REQUIÃO, Rubens. *Curso de direito comercial*. 25. ed. São Paulo: Saraiva, 2003, v. 1, p. 16 e 42: "O espírito nacional do jovem Império passou a exigir, como afirmação política de sua soberania, a criação de um direito próprio, consentâneo com os seus interesses e desenvolvimento. A Real Junta de Comércio, Agricultura, Fábricas e Navegação desde logo resolvera encarregar Silva Lisboa de organizar o Código de Comércio. A iniciativa recrudesceu em 1832, quando composta por Antônio Paulino Limpo de Abreu, José Antonio Lisboa, Inácio Ratton, Guilherme Midosi e Lourenço Westin, este cônsul da Suécia, para elaborar um projeto de Código Comercial. Esta comissão, presidida por Limpo de Abreu e depois por José Clemente Pereira, desincumbiu-se do encargo, tendo sido o projeto enviado à Câmara em 1834. Após a morosa tramitação desse projeto, acuradamente debatido nas duas Casas Legislativas, foi sancionada a Lei 556, de 25 de junho de 19850, que promulgava o Código Comercial brasileiro. (...) O sistema do Código de 1850, como resulta desta exposição, é subjetivo, pois assenta na figura do comerciante, não evitando, porém, o tempero objetivo, enumeração legal dos atos de comércio, para esclarecer o que seja mercancia, elemento radical na conceituação do comerciante".
   Tributa-se a José da Silva Lisboa o pioneirismo do Direito Comercial brasileiro. Cf. FORGIONI, Paula A. *A evolução do direito comercial brasileiro*: da mercancia ao mercado. 2. ed. São Paulo: Ed. RT, 2012. p. 31: "A doutrina comercial brasileira foi codificada ao longo dos últimos 200 anos. [1. Seguindo as lições de Waldemar Ferreira, identificamos a primeira obra de direito comercial brasileiro no Princípios de direito mercantil e leis de marinha, de José da Silva Lisboa, nosso Visconde de Cairu. Trata-se do 'primeiro tratado de direito comercial português e, ao mesmo tempo, o primeiro tratado de direito comercial brasileiro, cujas primeiras linhas nele ficaram traçadas' (Waldemar Ferreira, As directrizes do direito mercantil brasileiro, 45). Segundo registro de Antonio Penalves Rocha, sua primeira edição ocorreu no ano de 1798, em Lisboa (José da Silva Lisboa, Visconde de Cairu, 51). Alfredo de Assis Gonçalves Neto também considera Cairu o 'precursor do nosso Direito Comercial' (Apontamentos de direito comercial, 61)]".
5. Cf. MULHOLLAND, Caitlin Sampaio. *Internet e contratação*: panorama das relações contratuais eletrônicas de consumo. Rio de Janeiro: Renovar, 2006.
6. Cf. MARTINS, Guilherme Magalhães. *Formação dos contratos eletrônicos de consumo via internet*. 2. ed. Rio de Janeiro: Lumen Juris, 2010.
7. Cf. GALVÃO, Helder. Arranjos alternativos e o modelo Freemium. In: FEIGELSON, Bruno; BECKER, Daniel; RAVAGNANI (Coord.). *O advogado do amanhã*: estudos em homenagem ao Professor Richard Susskind. São Paulo: Ed. RT, 2016. p. 8.

mais sólidos e perenes, suas bases de fundo e suas características formais, até alcançar a razão de ser de seu significado e conteúdo"[8].

2. BREVE DIGRESSÃO HISTÓRICA DA CODIFICAÇÃO CIVIL BRASILEIRA. DA SOCIEDADE RURAL À SOCIEDADE DIGITAL

Os juristas têm a incumbência de sensibilizar o legislador para a necessidade da consciência histórica, nos exortar Natalino Irti, para quem: "a virtude do código reside precisamente em sua duração histórica: em nascer sob a forma efêmera de um regime, em passar pelos anos de redescoberta democrática e agora em se aproximar do século XXI. Nós, juristas, estudiosos do direito civil e do direito comercial, temos o dever – creio eu – de salvaguardar e defender esta virtude unificadora: a única, ou entre poucas, que pode hoje salvar a humanidade integral do cidadão"[9].

No início do século XIX, a noção de um Código geral sobre o Direito Civil gravita em torno da pretensão completude e contendo limites precisos, melhoramentos e modificações na legislação vigente, e, ainda segundo F. Von Savigny[10], a compreender dois elementos: primeiro, o direito já existente; segundo, leis novas.

No Brasil, ao tempo da obra dos codificadores, o quadro econômico e social da sociedade brasileira era predominante agrário e colonial. A respeito da sociedade rural brasileira na época dos processos de codificação, Orlando Gomes leciona que "a estrutura agrária mantinha no país o sistema colonial, que reduzia a sua vida econômica ao binômio da exportação de matérias-primas e gêneros alimentares e da importância de artigos fabricados. A indústria nacional não ensaiara os primeiros passos. Predominavam os interesses dos fazendeiros e dos comerciantes, aqueles produzindo para o mercado internacional e estes importando para o comércio interno. Esses interesses eram coincidentes. Não havia, em consequência, descontentamentos que suscitassem grandes agitações sociais"[11].

---
8. Cf. AZEVEDO, Luiz Carlos de. *Introdução à história do direito*. 2. ed. São Paulo: Ed. RT, 2007. p. 23.
9. Cf. IRTI, Natalino. *Codice civile e società politica*. Roma-Bari: Laterza, 1995. p. 70.
10. Cf. SAVIGNY, F. Von. *De la vocación de nuestro siglo para la legislación y la ciencia del derecho*. Traducción del alemán de Adolfo G. Posada. Buenos Aires, Editorial Heliasta S.R.L., 1977. p. 51-59: "(...) toda aquella parte del derecho vigente que no debe ser cambiada, sino conservada, se debe fundamentalmente reconocer y fielmente declarar, cosas estas que corresponderla una a La materia, y la outra a la forma. (...) Destinado el Código a ser fuente única de derecho, es menester, se disse, que contenga efectivamente la solución de cualquier caso que pueda presentarse". (....) La administración de lajusticia estará aparentemente governada por el Código, pero de hecho lo estará por algo extraño al mismo, que será, em definitiva, la verdadera fuente dominante del derecho. (...), porque el Código, por sua novedad, por la afinidade delmismo com lãs ideas del tempo, y por sua exterior importância, atraeráhaciasí toda laatención, distrayéndola de la verdadera fuente del derecho, de modo que ésta, relegada en la sombra, se verá privada necesariamente de aquella fuerza que solo la nación puede darle, y sin La cual es imposibe que alcance un estado vigoroso y flerte, de verdadeiro império".
11. Cf. GOMES, Orlando. *Raízes históricas e sociológicas do Código Civil brasileiro*. 2. ed. São Paulo: Martins Fontes, 2006, p. 25-27: "O quadro econômico e social em que se processa a obra dos codificadores, de 1899 a 1916, deve ser traçado, em suas linhas gerais, para a melhor compreensão do sentido da codificação, melhor aferição do seu valor, e melhor fixação das suas coordenadas. (...). Para a organização social do país, a racionalização dos interesses dos fazendeiros e comerciantes se processou por intermédio dessa classe, que

Para Pontes de Miranda, é imperioso "primeiro conhecer-se para depois expressar-se: codificar após consolidar". Noticia o autor que "pretendiam necessário, como trabalho preliminar para a codificação, a consolidação do direito vigente. Prevaleceu essa e confiou-se a missão, em 1855, a Teixeira de Freitas, jurisconsulto de grande saber, independência e originalidade. Em 1857, concluiu-se a obra 'Consolidação das leis civis', ampla e erudita, fiel, em que se casam o espírito de organização e a técnica codificadora, de modo a constituir admirável construção, com os mais esparsos e infirmes elementos legislativos então vigentes e oriundos de 1603 a 1857. Posteriormente, em 1877, e em respostas às críticas, principalmente às de A. P. Rebouças, publicou Teixeira de Freitas os Aditamentos à Consolidação das Leis Civis"[12].

Embora o Governo Imperial, a partir de 10 de janeiro de 1859, tenha encarregado Teixeira de Freitas da elaboração do projeto de um Código Civil, a bem da verdade o seu Esboço, dividido em duas partes, a geral e a especial, pretendeu codificar todo o direito privado, a justificar, no ano de 1872, a declaração da resolução do seu contrato[13].

Frustrados os projetos de Nabuco de Araújo, Felício Santos e Coelho Rodrigues, "em 1899 foi convidado Clóvis Bevilaqua, professor de Legislação Comparada na Faculdade do Recife. Iniciado em abril, ficou concluído em novembro". O projeto foi revisto pelo Governo e pelo Congresso para, ao final, emendar de redação e de fundo, cuja versão final foi finalmente aprovada no mês de dezembro de 1915, seguida a sanção e da promulgação pelo Decreto 3.071, de 1º de janeiro de 1916[14].

---

os matizou com os pigmentos de seus preconceitos. Ajustada, então, material e espiritualmente, à situação econômica-social do país, pelo apoio que recebia da burguesia rural e mercantil, transfundiu na ordem jurídica a seiva de sua ilustração, organizando uma legislação inspirada no Direito estrangeiro, que, embora tivesse, por vezes, acima da realidade nacional, correspondia, em verdade, aos interesses a cuja guarda e desenvolvimento devotava".

12. Cf. MIRANDA, Pontes de. *Fontes e evolução do direito civil brasileiro*. 2. ed. Rio de Janeiro: Forense, 1981. p. 79-80.
13. Cf. MIRANDA, Pontes de. *Fontes e evolução do direito civil brasileiro*. 2. ed. Rio de Janeiro: Forense, 1981, p. 81: "O Esboço dividia-se em duas partes, a geral e a especial. Naquela cabiam o que ele chamava os 'elementos do direito', pessoas, coisas e fatos. Nesta, I) os direitos pessoais (1, em geral; 2, nas relações de família, e, nas relações civis); ii) os direitos reais (1, em geral; 2, sobre coisas próprias; 3, sobre coisas alheias); III) disposições comuns aos direitos reais e pessoais (1, herança; 2, concurso de credores; 3, prescrição). Não levou a cabo o terceiro livro da parte especial. (...) Teixeira de Freitas desejava o Código Geral de Direito Privado: geral, aliás, segundo o seu plano, pois a primeira Parte (Código Geral, chamava) não seria mais do que a Parte Geral e o *Einfuhringsgesetz* do B.G.B. ou a Introdução e Parte Geral do Código Civil brasileiro, assaz desenvolvida e aplicável em todo o campo do direito privado. Dividir-se-ia em dois livros: 1º) Das causas jurídicas (subdividido em três seções: pessoas, bens, fatos); 2º) Dos efeitos jurídicos. Levava-o a esta concepção bem defensável do Código Geral de Direito Privado, em vez da Parte Geral, a 'grande massa das matérias que, por isso mesmo que entram em todos os ramos da legislação, não pertencem a alguma dos ramos peculiares'. Aí, acrescentava, e somente aí é que aparecerão definições, regras sobre direito no espaço e no tempo'".
14. Cf. MIRANDA, Pontes de. *Fontes e evolução do direito civil brasileiro*. 2. ed. Rio de Janeiro: Forense, 1981. p. 85: "Em todo o caso, além das emendas de redação, o Senado, em 1912, aprovou 186, que modificaram, no fundo, o Projeto. (...). Na Câmara dos Deputados, houve comissão de vinte e um membros para o estudo das emendas. Convocado extraordinariamente o Congresso (9 de fevereiro de 1913), a 2 de abril a Comissão apresentou o parecer. Mas só em 1915 foram votadas as emendas do Senado, das quais 94 rejeitadas. Voltou ao Senado o projeto: este manteve 24 das emendas recusadas, e a Câmara, mais uma vez, rejeitou 9 dessas emendas. Enfim, as comissões reunidas do Senado e da Câmara prepararam a redação definitiva, (...)".

Convém registrar a observação de Pontes de Miranda acerca da dimensão mais "acadêmica" da nova codificação civil do que para a vida prática, consequência esta advinda do fato de que Clóvis Bevilaqua dedicava-se apenas ao magistério enquanto professor[15].

Em que pese a arguta análise de Pontes de Miranda, é inegável que Clovis Bevilaqua foi, nas palavras de San Tiago Dantas, "uma das grandes expressões da cultura jurídica do seu tempo" e, "no seu projeto, do qual passaram definitivamente para o Código, não só a maior parte dos dispositivos, como, sobretudo, o sistema e o espírito, soube unir o novo ao antigo, implantar o moderno da tradição e, voltando, sempre que possível, às mais puras matrizes do gênio jurídico da nossa raça, nesse gênio incrustar as conquistas que lhe eram apontadas pela legislação comparada e pela doutrina moderna"[16].

Orlando Gomes também tece considerações elogiosas acerca do método dogmático preferido por Clovis Bevilaqua na "divisão do Código em livros que sistematizam as instituições fundamentais do Direito Civil, a família, a propriedade, o contrato e a herança" e, sobretudo, com "a inclusão de uma Parte Geral, destinada a condensar preceitos de aplicação às subdivisões do Direito Civil"[17].

---

15. Cf. MIRANDA, Pontes de. *Fontes e evolução do direito civil brasileiro*. 2. ed. Rio de Janeiro: Forense, 1981. p. 86-87: "O de Clóvis Bevilaqua, é uma codificação para as Faculdades de Direito, mas do que para a vida. O que nele morde (digamos) a realidade vem de Teixeira de Freitas, ou de Coelho Rodrigues. Espírito claro, liberal, sereno, não há demasias no Código, porque repugna ao temperamento do professor de Recife, mas não há um excesso de boa-fé, que lhe advém de não haver advogado, bem ter sido juiz, mas somente professor. Não se deu o mesmo com Teixeira de Freitas e Coelho Rodrigues, principalmente aquele, que fez avançar, de muitos anos, o direito civil, e não raro lá está, no Esboço de 1860, o que só mais tarde apareceu no Código Civil Argentino, no Uruguaio, no Alemão, no Suíço. Para ele, as relações jurídicas são fenômenos, que uns descobrem melhor do que os outros. Não era preocupado com o valor da lei como solução, como regra estável, porém com o valor intrínseco, como fator de orientação social".
16. Cf. DANTAS, San Tiago. *Figuras do direito*. 2. ed. Rio de Janeiro: Forense, 2002. p. 161-167: "A cátedra de Legislação Comparada deu ao espírito clarividente do professor de Pernambuco aquilo que lhe faltava para preparar nele o protagonista da codificação. Já tendo adquirido uma visão do Direito coerente e orgânica, através de seus mestres evolucionistas, faltava-lhe, apenas um contato múltiplo com o Direito positivo do seu tempo. E foi esse contato múltiplo que a cátedra de Legislação Comparada lhe permitiu, por meio de lições que mais tarde reuniu em livro, e graças às quais percorreu todos os códigos modernos, confrontando as soluções legislativas dadas ao tratamento dos diferentes institutos e comparando com elas as tradições brasileiras, que conheceu especialmente através de Freitas e de Coelho da Rocha. (...) O Código Civil tornou-se, por isso, um monumento no qual não podemos deixar de ter os olhos sempre postos pelo que revela de maturidade na nossa cultura e pelo exemplo que nos dá para outros empreendimentos legislativos semelhantes. (...) Clóvis Bevilacqua revelou-nos que é apanágio da ciência jurídica unir a inteligência à consciência. Necessitamos saber que o jurista, ao enunciar a sua opinião, está identificado com ela pela autenticidade das suas convicções e do seu ser, de tal modo que em seus pareceres, ao emitir as suas conclusões sobre uma controvérsia, essas conclusões, brotem, sincera e autenticamente, da consciência de um justo".
17. Cf. GOMES, Orlando. *Direito privado*: novos aspectos. Rio de Janeiro: Livraria Freitas Bastos, 1961. p. 137 e 140: "Encarando a revisão do Código Civil pelo seu aspecto formal, a primeira questão entende com a sua estrutura. Os juristas incumbidos de preparar a reforma do Código Civil francês reconheceram-lhe a prioridade, com perfeita lógica. Na elaboração de um Código Civil, e, portanto, na sua reforma total, podem ser seguidos dois métodos: o prático e o dogmático. Costuma-se apontar o Código Civil francês como paradigma do primeiro, e o Código Civil alemão, como padrão do segundo. O Código Civil Brasileiro

Na precisa definição de Natalino Irti, o "Código Civil" representava um monossistema com dogmática própria, "um estatuto orgânico da vida privada e das liberdades civis"[18].

A sucessão de novas leis extravagantes, a partir dos anos 30 no Brasil[19], acompanharam as políticas econômicas desenvolvimentistas e aumento da capacidade de sua infraestrutura. Eram "matérias não previstas pelo codificador", porém, de acordo com Gustavo Tepedino, "pode-se registrar assim uma segunda fase no percurso interpretativo do Código Civil, em que se revela a perda do seu caráter de exclusividade na regulação das relações patrimoniais privadas. A disciplina codificada deixa de representar o direito exclusivo, tornando-se o direito comum, aplicável aos negócios jurídicos em geral. Ao seu lado situava-se a legislação extravagante que, por ser destinada a regular novos institutos, surgidos com a revolução econômica, apresentava característica de especialização, formando, por isso mesmo, um direito especial, paralelo ao direito comum estabelecido pelo Código Civil", de tal sorte

---

inclui-se entre os que aceitaram o modelo alemão, em bora se reconheça, em seu favor, que procurou fugir ao excessivo abstracionismo do B.G.B. (..). O legislador pátrio preferiu o método dogmático. (....). O Código em vigor, influenciado pelo alemão, acolheu a ideia de uma Parte Geral, mais completa e menos pesada, sob certos aspectos, do que a de seu modelo". Confira-se, ainda, a arguta percepção das características do Código Civil de 1916 sintetizada por AMARAL, Francisco. Direito civil: introdução. 5. ed. Rio de Janeiro: Renovar, 2003. p. 131: "O Código Civil de 1916 era um código de sua época, elaborado a partir da realidade típica de uma sociedade colonial, traduzindo uma visão do mundo condicionado pela circunstância histórica, física e étnica em que se revela. Sendo a cristalização axiológica das ideias dominantes no seu tempo, principalmente nas classes superiores, reflete as concepções filosóficas dos grupos dominantes, detentores do poder político e social da época, por sua vez determinadas, ou condicionadas, pelos fatores econômicos, políticos e sociais. Era um código conciso, com apenas 1.807 artigos, número bem inferior ao do francês (2.281), ao do alemão (2.383), ao do italiano (2.969), ao do português (2.334). Tecnicamente, um dos mais perfeitos, quer na sua estrutura dogmática, quer na sua redação, escorreita, segura, precisa".

18. Cf. IRTI, Natalino. L´età dela decodificazione. 4. ed. Milano: Giuffrè, 1999. p. 25.
19. Sobre a legislação extracodificada de emergência episódica e a diferenciação dos estatutos dos grupos, confira-se TEPEDINO, Gustavo. Premissas metodológicas para a constitucionalização do direito civil. Temas de direito civil. Rio de Janeiro: Renovar, 1999. p. 4-5 e 8: "Os movimentos sociais e o processo de industrialização crescentes do século XIX, aliados às vicissitudes do fornecimento de mercadorias e à agitação popular, intensificadas pela eclosão da Primeira Grande Guerra, atingiram profundamente o direito civil europeu, e também, na esteira, o ordenamento brasileiro, quando se tornou inevitável a necessidade de intervenção estatal cada vez mais acentuada na economia. O Estado legislador movimentou-se então mediante leis extracodificadas, atendendo às demandas contingentes e conjunturais, no intuito de reequilibrar o quadro social delineado pela consolidação de novas cartas econômicas, que se formavam na ordem liberal e que reproduziam, em certa medida, as situações de iniquidade que, justamente, o ideário da Revolução Francesa visava debelar. Pode-se dizer, portanto, que logo após a promulgação do Código Civil o legislador teve que fazer uso de leis excepcionais, assim chamadas por dissentirem dos princípios dominantes do corpo codificado. (...) Daí porque ter-se também designado como 'de emergência' esse conjunto de leis, locução que, de modo eloquente, a um só tempo exprimia a circunstância histórica justificadora da intervenção legislativa e preserva a integridade do sistema em torno do Código Civil: a legislação de emergência pretendia-se episódica, casuística, fugaz, não sendo capaz de abalar os alicerces da dogmática do direito civil. (...) O mecanismo é finalidade consagrado, no caso brasileiro, pelo texto constitucional de 5 de outubro de 1988, que inaugura uma nova fase e um novo papel para o Código Civil, a ser valorado e interpretado juntamente com inúmeros diplomas, setoriais, cada um deles com vocação universalizante. Em relação a esta terceira fase de aplicação do Código Civil, fala-se de uma 'era dos estatutos', para designar as novas características da legislação extravagante".

que "tal modificação do Código Civil representa uma profunda alteração na própria dogmática"[20].

A nova realidade econômica da sociedade industrial brasileira, marcada a partir do final da década de 60 e conhecida como "milagre econômico", é caracterizada pelo crescimento acelerado da indústria, criação de novos empregos e o aumento da renda de muitos trabalhadores, a designar essa nova fase da legislação extravagante ao Código Civil como a "era dos estatutos" "a intensificação desse processo intervencionista subtrai do Código Civil inteiros setores da atividade, privada, mediante um conjunto de normas que não se limita a regular aspectos especiais de certas matérias, disciplinando-as integralmente"[21].

Merece registro o aprimoramento legislativo do sistema financeiro nacional com o advento da Lei 4.595, de 31 de dezembro de 1964, que dispõe sobre a Política e as Instituições monetárias, bancárias e creditícias, cria o Conselho Monetário Nacional", a dinamizar as operações bancárias de conteúdo econômico e praticadas em massa e, assim, promover a circulação da riqueza[22] e possibilitar "o financiamento agrário, comercial e industrial, a produção de estoque e o desenvolvimento social"[23].

As profundas transformações apontadas na sociedade brasileira na era industrial foram acompanhadas de tentativas de reforma do Código Civil, notadamente nos anos de 1961 e de 1969, que resultou no anteprojeto de Código Civil, o qual foi transformado, posteriormente, no Projeto de Lei 634, de 1975[24].

---

20. Cf. TEPEDINO, Gustavo. Premissas metodológicas para a constitucionalização do direito civil. *Temas de direito civil*. Rio de Janeiro: Renovar, 1999. p. 5-6: "(...) o robusto contingente de leis extravagantes que, por sua abrangência, já não se compadeceriam com o pretendido caráter excepcional, na imagem anterior que retratava uma espécie de lapso esporádico na completude do Código Civil".
21. Cf. TEPEDINO, Gustavo. Premissas metodológicas para a constitucionalização do direito civil. *Temas de direito civil*. Rio de Janeiro: Renovar, 1999. p. 8: "Confira-se, assim, de um lado, o direito comum, disciplinado pelo Código que regula, sob a velha ótica subjetivista, as situações jurídicas em geral; e, de outro lado, o direito especial, cada vez mais relevante e robusto, que retrata a intervenção do legislador em uma nova realidade econômica e política".
22. Cf. ABRÃO, Nelson. *Direito bancário*. 17. ed. São Paulo: Saraiva, 2018. p. 70-71 e 87: "Transformou a antiga Superintendência da Moeda e do Crédito em autarquia federal, sob a denominação de Banco Central do Brasil. Essa lei, que rege o Sistema Financeiro Nacional, constituiu-o basicamente do Conselho Monetário Nacional, do Banco Central do Brasil, do Banco do Brasil S/A, do Banco Nacional de Desenvolvimento Econômico e Social e das demais instituições financeiras públicas e privadas. (...) Visando ao público em geral, a operação bancária é uma atividade em série, de massa, 'com um número indeterminado de pessoas, segundo tipos negociais estandartizados, nas assim chamadas normas bancárias uniformes e nos regulamentos internacionais formados pelas categorias interessadas".
23. Cf. WAISBERG, Ivo, GORNATI, Gilberto. *Direito bancário*. Contratos e operações bancárias. 2. ed. São Paulo: Saraiva, 2016. p. 34: "A existência do crédito é fundamental na economia capitalista, servindo para financiar tanto a produção quanto o consumo. A função de fomentador de crédito é exercida, precipuamente, pelo sistema bancário".
24. Cf. AMARAL, Francisco. *Direito civil*: introdução. 5. ed. Rio de Janeiro: Renovar, 2003, p. 133: "Em 1941, publica-se um anteprojeto de Código de Obrigações elaborado em conjunto pelos eminentes civilistas Orozimbo Nonato, Filadelfo Azevedo e Hahnamann Guimarães, visando unificar o direito das obrigações, não recebendo tal iniciativa o apoio necessário da classe jurídica. Em 1961, toma o Governo a iniciativa de reformular os principais códigos do país, convidando o Prof. Orlando Gomes para redigir anteprojeto de Código Civil, contendo o direito de família, os direitos reais e o direito das sucessões, e o Prof. Caio Mário da Silva Pereira, para elaborar anteprojeto de Código de Obrigações. O trabalho do Prof. Orlando Gomes

De fato, após o advento da Constituição Federal da República de 1988, sobreveio novos estatutos concernentes às relações privadas "que disciplinam exaustivamente inteiras matérias extraídas da incidência do Código Civil", tais como "o Estatuto da Criança e do Adolescente, o Código de Defesa do Consumidor, a Lei de Locações, já reproduzindo outras leis anteriores à Constituição, como o Estatuto da Terra, todos esses universos legislativos apresentam-se radicalmente diversos das legislações excepcional e especial de outrora"[25].

Na sociedade pós-industrial brasileira verifica-se o "deslocamento do processo de produção da indústria para outros setores" e "ganham destaque aqueles que detêm o conhecimento e a informação" (tecnologia), a gerar, por um lado, relevantes avanços positivos (v.g. novas profissões, sofisticados meios de trabalho etc.), por outro lado, danos colaterais sociais (v.g. substituição do trabalho humano pelo software e aumento do desemprego, acúmulo de riqueza para os mais ricos e óbice a emancipação social dos mais pobres etc.)[26].

---

foi transformado em Projeto de Código Civil pela Comissão constituída do respectivo autor, e dos juristas Orozimbo Nonato e Caio Mário da Silva Pereira. O anteprojeto do Código de Obrigações foi transformado em projeto, revisto pela Comissão Revisora integrada pelo respectivo autor e ainda por Orozimbo Nonato, Theóphilo de Azeredo Santos, Sylvio Marcondes, Orlando Gomes e Nehemias Gueiros. Em 1969, constituiu o Governo nova omissão integrada por Miguel Reale, presidente, José Carlos Moreira Alves, Agostinho de Arruda Alvim, Sylvio Marcondes, Ebert Chamoun, Clóvis do Couto e Silva e Torquato Castro, para elaborar anteprojeto de Código Civil (...)".

25. Cf. TEPEDINO, Gustavo. Premissas metodológicas para a constitucionalização do direito civil.: *Temas de direito civil*. Rio de Janeiro: Renovar, 1999. p. 8: "Tais diplomas não se circunscrevem a tratar do direito substancial mas, no que tange ao setor temático de incidência, introduzem dispositivos processuais, não raro instituem tipos penais, veiculam normas de direito administrativo e estabelecem, inclusive, princípios interpretativos. Fixam, assim, verdadeiro arcabouço normativo para inteiros setores retirados do Código Civil. Não se tem aqui, do ponto de vista técnico, uma relação de gênero e espécie, ou de direito comum e especial, senão a subtração verdadeira e própria de institutos 0 ou porque não alvitrados pelo Código Civil ou porque revogados por leis especiais, o que sucedeu em relação a um número cada vez maior de matérias".

26. Cf. NASCIMENTO, Amauri Mascaro. *Iniciação ao direito do trabalho*. 34. ed. São Paulo: LTr, 2009. p. 46-47: "O nome sociedade pós-industrial aparece no livro de Alain Touraine, Le Societè Post-Industrial (1969), é usado por Domenico de Mais, em a Sociedade Pós-Industrial (1999), e tem por finalidade assinalar o deslocamento do processo de produção da industrial para outros setores. Os sócios e economistas observam que os empregos, na industrial, diminuíram; a hegemonia, na nova sociedade, não será mais exercida pelos proprietários dos meios de produção; acionistas e administrador do capital não se identificam numa mesma e só pessoa; ganham destaque aqueles que detêm o conhecimento e a informação; o conceito de classe e de luta de classes sofre modificações diante dos novos segmentos sociais e os conflitos gerados pelos mesmos, fora da indústria, como os dos consumidores, aposentados, ambulantes, ambientalistas, imigrantes, cooperados e outros; a globalização da economia é um fato irreversível; a ciência ganha importância como fator de desenvolvimento da produção; e o Estado do bem-estar social comportou aumento dos gastos globais com a proteção social superior à possibilidade de pelos menos continuar respondendo. O período contemporâneo dá maior amplitude às normas de respaldo ao sindicalismo, de proteção contra o desemprego e de ampliação das negociações coletivas. Assistimos às transformações do mundo das relações de trabalho numa sociedade que produz mais como pouca mão-de-obra. A tecnologia mostrou o seu lado cruel: a substituição do trabalho humano pelo software; a desnecessidade, cada vez maior, de um quadro numeroso de empregados para obter os mesmos resultados com redução da demanda de trabalhadores entre 25% a 35% da força de trabalho; a informatização e a robótica como principais fatores de crescimento da produtividade; o aumento do desemprego e do subemprego em escala mundial; o avanço da sociedade de serviços maior do que a sociedade industrial; novas profissões; sofisticados meios de trabalho, uma realidade bem diferente daquela na qual o direito do trabalhou nasceu".

O desenvolvimento tecnológico, um dos importantes traços da sociedade pós-industrial, impulsionou a aceleração da criação de novas tecnologias de comunicação a criar "uma Aldeia Global, permitindo que todas as pessoas do mundo pudessem ter acesso a um fato de modo simultâneo"[27].

Na "sociedade digital" avulta a grande rede de computadores[28] *Internet*[29] que oportunizou a interligação das operações mundiais entre os governos, as empresas, os consumidores com evidentes ganhos de eficiência na formação de negócios para aquisição e utilização de produtos e de serviços[30].

---

27. Cf. PINHEIRO, Patricia Peck. *Direito digital*. 3. ed. São Paulo: Saraiva, 2009. p. 20: "(...) é importante compreender todo o mecanismo de funcionamento das novas tecnologias de comunicação, entre elas a internet, bem como sua evolução no futuro cenário de convergência, uma vez que o Direito é resultado do conjunto comportamento e linguagem. Só com essa compreensão é que podemos fazer leis, aplicá-las e dar soluções ao caso concreto. É diante de toda esta velocidade de mudanças que nasce o Direito Digital".
28. Cf. ROLIM, Emannuelle Gouveia. *Informática*. 5. ed. Salvador: JusPodivm, 2020. p. 26-30: "Informática é a ciência que estuda o processamento de dados. É a ciência que estuda como os dados são recebidos, processados e armazenados, buscando sempre meios para obter maior rapidez e segurança para as informações geradas através do mesmo. (...) O computador é uma máquina que realiza o processamento de dados em um menor espaço de tempo e com maior segurança, auxiliando, assim, a informática. Um outro conceito muito utilizado é de que o computador é um equipamento capaz de obedecer instruções, que alterem seus dados da maneira desejada, e de realizar pelo menos algumas dessas operações sem a intervenção humana direta. (...) Surgiram várias outras invenções que foram se aperfeiçoando ao longo do tempo, até que em 1946 foi inventado o primeiro computador eletrônico de grande porte, o Eniac (*Eletronic Numeric Integratorand Calculator*). (...) 2.1. Geração dos Computadores. Evolução dos Computadores Eletrônicos. (...) d) Quarta Geração (1970 em diante): computadores com CHIP LSI (Circuito Integrado em larga escala – 1970) e CHIP VLSI (Circuito Integrado em muito larga escala – 1975)".
29. Cf. CORRÊA, Gustavo Testa. *Aspectos jurídicos da internet*. 5. ed. São Paulo: Saraiva, 2010. p. 26: "A Internet é um sistema global de rede de computadores que possibilita uma comunicação e a transferência de arquivos de uma máquina a qualquer outra máquina conectada na rede, possibilitando, assim, um intercâmbio de informações sem precedentes na história, de maneira rápida, eficiente e sem a limitação de fronteiras, culminando na criação de novos mecanismos de relacionamento".
30. Cf. PINHEIRO, Patricia Peck. *Direito digital*. 3. ed. São Paulo: Saraiva, 2009. p. 21: "Nesse estágio, os executivos experimentam plenamente as facilidades da comunicação rápida, economizando papel, pulsos telefônicos, viagens e tempo. Este contato no trabalho passa a provocar uma necessidade de expandir tais benefícios para os lares. Assim começa o movimento para instalar um computador em cada casa. A convergência sai da esteira econômica-corporativa e passa a levar a tecnologia para dentro dos lares, interligando uma rede de consumidores ávidos por informação, serviços e produtos. Essa convergência total possibilita novas economias para as empresas, principalmente de custos operacionais, logística, vendas e distribuição, além de instituir um canal de venda personalizada, com maior eficiência para a aplicação do princípio de estoque zero". Cf. CORRÊA, Gustavo Testa. *Aspectos jurídicos da internet*. 5. ed. São Paulo: Saraiva, 2010, p. 26-27: "A utilização da Grande Rede cresce assustadoramente, constituindo um verdadeiro fenômeno mundial, representando um mercado superior à marca de 50 bilhões de dólares até 2005. Isso se deve ao grande número de pessoas proprietárias de microcomputadores pessoais, conectando-se aos serviços públicos da Rede por meio da inscrição junto aos 'provedores de acesso', estes, as várias empresas responsáveis pela distribuição do sinal da Internet. Devido ao largo espectro de sua abrangência, além de atrair usuários domésticos, a Internet também atrai grande número de organizações comerciais conhecedoras das estimativas relativas a sua popularização e capacidade de produzir lucros. É estimado que mais de 200 milhões de pessoas espalhadas pelo mundo são usuários da Internet, e a estimativa é que mais de 700 milhões passagem a integra-la até o ano de 2010". Em 03/02/2021 foi divulgada matéria na qual foi noticiada que os usuários da rede são, atualmente, 4,66 bilhões pessoas no mundo com uma população estimada em 7,8 bilhões habitantes: "A Internet cresce a cada dia. Assim, os números mais recentes, segundo um relatório produzido pelo We Are Social e *Hootsuite* de janeiro de 2021, apontam para que existam 4,66 bilhões de usuários na rede. Curiosamente, o mesmo relatório aponta para a existência de 5,22 bilhões de usuários com dispositivos

No ano de 1995 no Brasil, foi criado pela Portaria Interministerial 147, de 31 de maio, por meio da nota conjunta do Ministério das Comunicações e do Ministério da Ciência e Tecnologia, um Comitê Gestor da Internet no Brasil (CGI.br). A sua estrutura multissetorial[31] tinha, inicialmente, a atribuição para coordenar e integrar as iniciativas ao uso e funcionamento da Internet, sendo certo que as suas atividades foram, posteriormente, ampliadas pelo superveniente Decreto Federal 4.829, de 3 de setembro de 2003[32].

O desenvolvimento da "era digital" na sociedade brasileira é refletida na legislação extravagante da Lei 9.610, de 19 de fevereiro de 1998, que alterou, atualizou e consolidou a legislação sobre direitos autorais, com a inserção no texto dos seus artigos de "uma série de vocábulos responsáveis pela admissão da existência de obras

---

móveis. Se no planeta existe, segundo estimativas de julho de 2020, uma população global 7,8 bilhões de pessoas, então mais de metade do mundo está ligado na rede (https://www.istoedinheiro.com.br/numero-de-usuarios-de-internet-no-mundo-chega-aos-466-bilhoes).

31. A ideia multissetorial do Comitê Gestor da Internet no Brasil revela-se na democrática participação do MC e MCT, de entidades operadoras e gestoras de espinhas dorsais, de representantes de provedores de acesso ou de informações, de representantes de usuários, e, por fim, da comunidade acadêmica. Confira-se, mais precisamente, o Decreto Federal 4.829/2003, Art. 3º O CGI.br tem os seguintes membros na sua composição: I. um representante de cada órgão e entidade a seguir indicados: Ministério da Ciência e Tecnologia; Casa Civil da Presidência da República; Ministério das Comunicações; Ministério da Defesa; Ministério do Desenvolvimento, Indústria e Comércio Exterior; Ministério do Planejamento, Orçamento e Gestão; Agência Nacional de Telecomunicações; Conselho Nacional de Desenvolvimento Científico e Tecnológico; II. um representante do Fórum Nacional de Secretários Estaduais para Assuntos de Ciência e Tecnologia; III. um representante de notório saber em assuntos de Internet; IV. quatro representantes e quatro suplentes do setor empresarial dentre os seguintes segmentos: um titular e um suplente dos Provedores de acesso e conteúdo da Internet, um titular e um suplente dos Provedores de infraestrutura de telecomunicações, um titular e um suplente da Indústria de bens de informática, de bens de telecomunicações e de software, e um titular e um suplente do Setor empresarial usuário; V. quatro representantes e quatro suplentes do terceiro setor; e VI. três representantes e três suplentes da comunidade científica e tecnológica. Parágrafo único: Os membros do CGI.br terão suplentes que atuarão exclusivamente no impedimento dos respectivos titulares. Art. 4º A Coordenação do CGI.br será exercida pelo Representante do Ministério da Ciência e Tecnologia ou, no seu impedimento, por outro membro do CGI.br por ele designado.
32. Decreto Federal 4.829/2003, Art. 2º São atribuições do CGIbr: (i) estabelecer diretrizes estratégicas relacionadas ao uso e desenvolvimento da Internet no Brasil; (ii) estabelecer diretrizes para a organização das relações entre o Governo e a sociedade, na execução do registro de Nomes de Domínio, na alocação de Endereço IP (Internet Protocol) e na administração pertinente ao Domínio ".br", (ccTLD – country code Top Level Domain), no interesse do desenvolvimento da Internet no País; (iii) propor programas de pesquisa e desenvolvimento relacionados à Internet, que permitam a manutenção do nível de qualidade técnica e inovação no uso, bem como estimular a sua disseminação em todo o território nacional, buscando oportunidades constantes de agregação de valor aos bens e serviços a ela vinculados; (iv) promover estudos e recomendar procedimentos, normas e padrões técnicos e operacionais, para a segurança das redes e serviços de Internet, bem assim para a sua crescente e adequada utilização pela sociedade; (v) articular as ações relativas à proposição de normas e procedimentos relativos à regulamentação das atividades inerentes à Internet; (vi) participar de fóruns nacionais e internacionais relativos à Internet; (vii) adotar os procedimentos administrativos e operacionais necessários para que a gestão da Internet no Brasil se dê segundo os padrões internacionais aceitos pelos órgãos de cúpula da Internet, podendo, para tanto, celebrar acordo, convênio, ajuste ou instrumento congênere; (viii) deliberar sobre quaisquer questões a ele encaminhadas, relativamente aos serviços de Internet no País; e (ix) aprovar o seu regimento interno.

armazenadas, produzidas e disseminadas por meios imateriais"[33] (*v.g.* arts. 5º, 7º e 102)[34].

Nessa mesma época, a *Amazon*, criada em julho de 1994, tornou-se pública a partir de maio de 1997, alavancando o comércio eletrônico mundial (*v.g.*, músicas, vídeos, vídeo games, software, jogos, brinquedos, eletrônicos de consumo etc.)[35].

Na Itália, a modalidade de contrato concluída por meio da utilização dos sistemas de informática e telemáticos foi disciplinada por ato normativo extravagante representado pelo Decreto do Presidente da República 513, de 10 de novembro de 1997[36].

Na Alemanha, a Lei de modernização dos direitos das obrigações, que entrou em vigor em 1º de janeiro de 2002, incorporou no Código Civil alemão (B.G.B.) a diretiva 2000/35EG de 29 de junho de 2000, da União Europeia sobre o comércio eletrônico[37], nos seus artigos 312a a 312f[38].

---

33. Ao comentar o art. 7º da Lei 9.610/98, confira-se, por todos, a lição de CORRÊA, Gustavo Testa. *Aspectos jurídicos da internet*. 5. ed. São Paulo: Saraiva, 2010. p. 47: "De tal artigo decorre a proteção autoral das obras contendo um mínimo de originalidade e advindas do íntimo do autor, chamadas de criação de espírito. Afirma, também, que, para fins de proteção, não será importante o meio pelo qual a obra se exterioriza, seja este material, imaterial ou qualquer outro que venha a ser inventado. A citação da lei é um exemplo claro da tendência mundial, no campo dos direitos autorais, de que todas as criações originais, produzidas, armazenadas e distribuídas por meios intangíveis, como a Internet, produzem os mesmos efeitos das obras existentes no mundo real, dentre eles os efeitos jurídicos da proteção autoral. Como explicado anteriormente nesta obra, as páginas constantes na WWW podem conter fotos, desenhos, animações, textos etc., dependendo da intenção de seu autor. Portanto, se a página contiver elementos com um mínimo de originalidade, isto é, de contribuição pessoal, nada obsta o direito do autor de proteger sua criação, pois, como se vê pelos incisos do art. 7º, estariam tais elementos elencados e consequentemente protegidos pela lei".
34. Art. 5º Para os efeitos desta Lei, considera-se: I – publicação – o oferecimento de obra literária, artística ou científica ao conhecimento do público, com o consentimento do autor, ou de qualquer outro titular de direito de autor, por qualquer forma ou processo; II – transmissão ou emissão – a difusão de sons ou de sons e imagens, por meio de ondas radioelétricas; sinais de satélite; fio, cabo ou outro condutor; meios óticos ou qualquer outro processo eletromagnético; VI – reprodução - a cópia de um ou vários exemplares de uma obra literária, artística ou científica ou de um fonograma, de qualquer forma tangível, incluindo qualquer armazenamento permanente ou temporário por meios eletrônicos ou qualquer outro meio de fixação que venha a ser desenvolvido; VII – contrafação – a reprodução não autorizada; Art. 7º São obras intelectuais protegidas as criações do espírito, expressas por qualquer meio ou fixadas em qualquer suporte, tangível ou intangível, conhecido ou que se invente no futuro, tais como: I – os textos de obras literárias, artísticas ou científicas; Art. 102. O titular cuja obra seja fraudulentamente reproduzida, divulgada ou de qualquer forma utilizada, poderá requerer a apreensão dos exemplares reproduzidos ou a suspensão da divulgação, sem prejuízo da indenização cabível.
35. Disponível em: https://pt.wikipedia.org/wiki/Amazon. Acesso em: 02 nov. 2021.
36. Cf. DI MAJO, Adolfo. La conclusione del contratto. BESSONE, Mario (a cura di). *Lineamenti di DirittoPrivato*: 12. ed. Torino: G. Giappichelli Editore, 2015. p. 372.
37. Cf. EHMANN, Horst, SUTSCHET, Holger. *La reforma del BGB*: modernización del derecho alemán de obligaciones. Trad. Claudia López Diaz e Ute Salach de Sánchez. Bogotá: Universidad Externado de Colombia, 2006. p. 24.
38. Cf. LAMARCA MARQUÉS, Albert. *Presentación*. Código Civil Alemán y Ley de Introducción al Código Civil. Madrid: Marcial Pons, 2008. p. 15: "Señera de todas ellas es laley de modernización del derecho de obligaciones, con la que no sólo se modificaron las disposiciones centrales del BGB en materia de incumplimiento contractual, prescripción y contrato de compra venta, sino que además supuso la recodificación de lderecho alemán de obligaciones y contratos al incorporar al BGB parte de la normativa especial, tanto sobre condiciones generales de la contratación como sobre protección de consumidores de derivación comunitária".

A França também introduziu no seu *Code Civil*, por meio da Lei 2004-575, de 21 de junho de 2004, a disciplina dos contratos na forma eletrônica (*Chapitre VII – Des Contrats Sous Forme Életronique*; arts. 1369-1 a 1369-3), a sugerir uma tendência "recodificadora" após importantes leis especiais, extravagantes ao texto codificado[39]. Posteriormente, sobreveio a *ordonnance* 2016-131, de 10 de fevereiro de 2016, da reforma do direito contratual, o regime geral e a prova das obrigações, contendo algumas disposições específicas para os contratos celebrados por meio eletrônico[40].

Evidencia-se, com acerto, que relevância da regulação jurídica no Direito comparado do comércio eletrônico, o qual é um fenômeno "plúrimo, multifacetado e complexo, nacional e internacional, onde há realmente certa 'desumanização do contrato' (*disumanizzaione del contratto*)"[41].

No Brasil, o crescente número de usuários públicos e privados da *Internet*[42] acabou por gerar diversas questões controvertidas e conflituosas relacionadas à Internet chegaram ao Superior Tribunal de Justiça, que também já estava na sua "era digital" desde o ano de 1991[43], com destaque para a 2ª Seção de Direito Privado (es-

---

39. Cf. ANDRÉS SANTOS, Francisco J., NÚÑEZ IGLESIAS, Álvaro. *Estudio Preliminar*. Código Civil Francés. Madrid: Marcial Pons, 2005, p. LXXVII-LXXVIII: "Em efecto, muchas instituciones civiles (o inicialmente contenidas em el Code civil) han sido objeto de importantes leyes especiales (em la terminologia francesa, también llamadas, a menudo, 'codes'), extravagantes al texto codificado, pero que suponen importantes innovaciones; (...). Sin embargo, también se aprecia em los últimos años la tendencia contraria ('recodificadora' sería su nombre). Primeiramente, por La vuelta al Code civil, en 1993 (....), y contrato em forma electrónica (arts. 1369-1 a 1369-3), em 2004".
40. Cf. CHÉNEDÉ, François. *le nouveau droitdes obligations et des contrats*: consolidations; innovations; perspectives. Paris: Dalloz, 2016. p. 5 e 119: "Dispositions propres aux contrats conclus par voie électronique: consolidation. La section contient également quel ques dispositions propres aux contrats conclus par voie électronique, qui ne font que reprendre les règles de l'ancien Titre III du Livre III du Code Civil. Les articles 1174 et 1175 rappellenta insila possibilite de recourir à l´écrit électronique lorsqu´um écrit est exige pourla validité d´um acte juridique, à l'exception desactesrelatifs à la famille, aux successions, aux sûtrés personnelles eteré elles. Quanto aux articles 1176 e 1177, ils rappellent que l´exigence d´um formulaire détachable est satisfaite si um procédé életronique permet d'y accéder et de leren voyer par la même voie, et que la conditiondp um envoien plusieurs exemplaires est remplie si l'écrit életronique peutêt reimprimé par le cliente".
41. Cf. MARQUES, Claudia Lima. *Contratos no código de defesa do consumidor*: O novo regime das relações contratuais. 8. ed. São Paulo: Ed. RT, 2016. p. 125.
42. Cf. CORRÊA, Gustavo Testa. *Aspectos jurídicos da internet*. 5. ed. São Paulo: Saraiva, 2010. p. 27: "O crescente número de usuários é fruto, particularmente, da mudança de conteúdo dentro da Grande Rede. De puros arquivos de textos enviados via correio eletrônico a utilização de gráficos, sons e vídeo, responsáveis por despertar a atenção dos usuários. Também o surgimento de uma interface amigável, e a convergência de computadores e telecomunicações, conhecida por telemática, fruto das invocações no campo tecnológico, culminaram na melhoria da tecnologia de vídeo e de transmissão de dados".
43. "Em 1991, muito antes de existir a internet comercial no Brasil, o STJ já permitia a consulta remota por redes de computadores ao andamento processual. Por meio da *Rede Nacional de Pacotes (Renpac)*, "um advogado do Rio de Janeiro poderá se informar, através de um microcomputador, sobre o andamento de um processo na Bahia ou em São Paulo", informava notícia veiculada à época. Desde 1986, já no TFR, essa consulta existia eletronicamente, mas só estava disponível por terminais no próprio tribunal. O primeiro "portal" do STJ viria a ser lançado em 1996. A página tinha, no estilo da época, direito a "GIFs" animados e textos piscantes. Mas já trazia informações processuais, notícias sobre decisões e pesquisa de jurisprudência da corte. O rodapé da página, com uma placa de "homens trabalhando" em rotação, informava que "Esta página está em constante atualização". Em 1998, o STJ lançava o "Sistema Push", um sistema de alertas por e-mail voltado para advogados. A partir de um cadastro, os advogados poderiam receber mensagens com

pecialização: comércio, consumo, contratos, família, sucessões etc.) que reúne a 3ª e 4ª Turmas (v.g., repositório oficial da jurisprudência; nome de domínio vs. marca; serviço de banda larga e contratação de provedor etc.).[44]

No Brasil, o Decreto Federal 3.587, de 5 de setembro de 2000, emanado do Presidente da República, com amparo no art. 84, IV e VI, da CF/88, instituiu a Infraestrutura de Chaves Públicas restrita a esfera pública do Poder Executivo Federal Logo em seguida, tendo em vista a relevância e da urgência da ampla regulação de

---

os andamentos de seu processo. Nesse ano, o STJ também passou a enviar pela via eletrônica suas decisões para publicação na Imprensa Nacional. A medida significou economia de 500 mil folhas de papel diárias. O "bug do milênio" foi enfrentado pelo STJ. O sistema de acompanhamento de processos e documentos administrativos internos, chamado Lince, ganhava atualização – o Lince 2000 – para "combater os possíveis problemas que o bug do milênio poderia causar". Já disponível nos processos judiciais, o "push" era agora incorporado aos procedimentos internos. Segundo a revista Exame, a página do STJ era, em 2000, a 6ª mais visitada no país".

44. "Agravo de instrumento. Ausência de peças. Dissídio jurisprudencial. Repositório oficial de jurisprudência. (...) III – Nem a internet, nem outro meio eletrônico é repositório oficial de jurisprudência. IV – Agravo regimental improvido" (STJ, AgRg no Ag 299.396/GO, Rel. Ministro Antônio De Pádua Ribeiro, Terceira Turma, julgado em 31.08.2000, DJ 09.10.2000, p. 148); "Processual civil. Competência. Domínio da internet. Utilização por quem não tem o registro da marca no INPI. A Justiça Estadual é competente para processar e julgar ação em que o titular, junto ao INPI, do registro da marca tantofaz.com, sob a especificação de portal da internet, pretende impedir o seu uso por outrem. Recurso parcialmente conhecido e, nessa parte, provido" (STJ, REsp 341.583/SP, Rel. Ministro Cesar Asfor Rocha, Quarta Turma, julgado em 06.06.2002, DJ 09.09.2002, p. 231); "Agravo regimental. Medida cautelar. IDEC. Efeito suspensivo. Recurso especial. Tutela antecipada. TELESP. Serviço de banda larga denominado Speedy. Obrigatoriedade de contratação, suplementar, de provedor. 1. Segundo se extrai dos autos, o Tribunal de origem, no Acórdão recorrido, afastou a verossimilhança diante da necessidade de examinar os contratos celebrados pela concessionária do serviço de telefonia, as normas específicas da referida área de serviço e a questão técnica, concernente à possibilidade material da prestação do serviço em causa com prescindência da contratação de serviços de terceiros. Assim, em princípio, a verificação da obrigatoriedade de compras casadas e da viabilidade técnica da TELESP em fornecer aos consumidores acesso direto à internet, através do sistema de banda larga denominado Speedy, sem a intervenção das chamadas provedoras, não dispensa o exame dos contratos celebrados e de provas, já produzidas ou que serão apresentadas ao longo do processo. (...). 2. Quanto ao periculum in mora, está ausente, porque o fato de algum consumidor não acessar a rede mundial de computadores mediante o serviço de conexão banda larga denominado Speedy, mais rápido, não o impossibilita de ingressar na internet pelas vias comuns, através de um provedor único. (...)". (STJ, AgRg na MC 6.200/SP, Rel. Ministro Carlos Alberto Menezes Direito, Terceira Turma, julgado em 11.04.2003, DJ 02.06.2003, p. 294); "Direito Do Consumidor E Responsabilidade Civil – Recurso Especial – Indenização – Art. 159 do CC/16 e arts. 6°, VI, e 14, da Lei 8.078/90 – Deficiência na fundamentação – Súmula 284/STF – Provedor da internet – Divulgação de matéria não autorizada – Responsabilidade da empresa prestadora de serviço – Relação de consumo – Remuneração indireta – Danos morais – Quantum razoável – Valor mantido. 1 – Não tendo a recorrente explicitado de que forma o v. acórdão recorrido teria violado determinados dispositivos legais (art. 159 do Código Civil de 1916 e arts. 6°, VI, e 14, ambos da Lei 8.078/90), não se conhece do Recurso Especial, neste aspecto, porquanto deficiente a sua fundamentação. Incidência da Súmula 284/STF. 2 – Inexiste violação ao art. 3°, § 2°, do Código de Defesa do Consumidor, porquanto, para a caracterização da relação de consumo, o serviço pode ser prestado pelo fornecedor mediante remuneração obtida de forma indireta. 3 – Quanto ao dissídio jurisprudencial, consideradas as peculiaridades do caso em questão, quais sejam, psicóloga, funcionária de empresa comercial de porte, inserida, equivocadamente e sem sua autorização, em site de encontros na internet, pertencente à empresa-recorrente, como "pessoa que se propõe a participar de programas de caráter afetivo e sexual", inclusive com indicação de seu nome completo e número de telefone do trabalho, o valor fixado pelo Tribunal a quo a título de danos morais mostra-se razoável, limitando-se à compensação do sofrimento advindo do evento danoso. Valor indenizatório mantido em 200 (duzentos) salários mínimos, passível de correção monetária a contar desta data. 4 – Recurso não conhecido" (STJ, REsp 566.468/RJ, Rel. Ministro Jorge Scartezzini, Quarta Turma, julgado em 23.11.2004, DJ 17.12.2004, p. 561).

documento eletrônico nas esferas pública e privada, o Presidente da República, no exercício das suas atribuições (art. 62 da CF/88), editou a Medida Provisório 2.200-1, de 27 de julho de 2001, que instituiu a Infraestrutura de Chaves Públicas Brasileira – ICP Brasil, "destinada a dar segurança jurídica ao comércio e à assinatura eletrônica"[45].

A partir do ano de 2001, a doutrina brasileira, entre outros, Fabio Ulhoa Coelho[46], Modesto Carvalhosa[47], Maria Tereza Lynch de Moraes[48], Haroldo Malheiros Duclerc Verçosa[49], mais recentemente, Thiago F. Cardoso Neves[50], que o *website*[51] onde o empresário exerce a sua atividade de oferta de seus produtos e serviços no ambiente da Internet trata-se de um *estabelecimento virtual (loja virtual)*.

O novo Código Civil, instituído pela Lei 10.406 promulgada no dia 10 de janeiro de 2002, contendo 2.046 artigos e com vigência a partir de 11 de janeiro de 2003, refletiu, substancialmente, os avanços sociais e a consolidação, em boa parte, da jurisprudência dos Tribunais Superiores (Supremo Tribunal Federal e Superior Tribunal de Justiça).

Sob o ponto de vista da sua dimensão digital, digno de nota é o preceito do seu artigo 225, do Título V Da Prova, do Livro III Dos Fatos Jurídicos, da Parte Geral[52], que faz expressa referência às reproduções eletrônicas de fatos ou de coisas para a prova destes, se a parte, contra quem forem exibidos, não lhes impugnar a exatidão.

---

45. Cf. WALD, Arnaldo. *Direito civil*: direito das obrigações e teoria geral dos contratos. 22. ed. São Paulo: 2015. v. 2, p. 307-308: "A assinatura eletrônica. Outro grande problema quanto aos contratos realizados na Internet é a chamada assinatura". Sobre os mecanismos de segurança no ambiente virtual, confira-se NEVES, Thiago Ferreira Cardoso. Contratos Eletrônicos. In: SOUZA, Sylvio Capanema de; WERNER, José Guilherme Vasi; NEVES, Thiago Ferreira Cardoso. *Direito do Consumidor*. Rio de Janeiro: Forense, 2018. p. 471: "A fim de garantir a autenticidade e a integridade dos documentos e, consequentemente, dos contratos eletrônicos, diversas tecnologias são utilizadas, tornando as relações virtuais mais seguras. (...) Atualmente podemos afirmar que as principais delas são a certificação digital, a assinatura digital e a criptografia".
46. Cf. COELHO, Fabio. *Curso de Direito Comercial*. 6. ed. São Paulo: Saraiva, 2002. v. 1, p. 98.
47. Cf. CARVALHOS, Modesto. *Comentários ao Código Civil*. São Paulo: Saraiva, 2003. v. 13, p. 625.
48. Cf. MORAES, Maria Tereza Lynch de. O trespasse: a alienação do estabelecimento empresarial e a cláusula de não restabelecimento. *Revista dos tribunais*, v. 90, n. 792, p. 116-128, São Paulo, out., 2001.
49. Cf. VERÇOSA, Haroldo Malheiros Duclerc. *Curso de Direito Comercial*. São Paulo: Malheiros, 2004. v. 1, p. 246.
50. Cf. CORRÊA, Gustavo Testa. *Aspectos jurídicos da internet*. 5. ed. São Paulo: Saraiva, 2010. p. 36: "O endereço eletrônico é a maneira pela qual um site, seja este empresarial ou não, apresenta-se para fins de localização na Internet. Em outras palavras, estaria ele para a Internet como os tradicionais endereços estão para os correios. Tem a função precípua de materializar a conexão entre o usuário da Internet e o servidor responsável pelo alojamento do site".
51. Cf. NEVES, Thiago F. Cardoso. Contratos Eletrônicos. In: SOUZA, Sylvio Capanema de; WERNER, José Guilherme Vasi; NEVES, Thiago Ferreira Cardoso. *Direito do Consumidor*. Rio de Janeiro: Forense, 2018. p. 463: "Uma vez que o comércio eletrônico também pode se caracterizar pelo ambiente em que as relações são travadas, ou seja, se a oferta e a aceitação se derem através da transmissão eletrônica de dados no ambiente de um estabelecimento empresarial virtual, é necessário sabermos o que é um estabelecimento virtual".
52. Art. 225. As reproduções fotográficas, cinematográficas, os registros fonográficos e, em geral, quaisquer outras reproduções mecânicas ou eletrônicas de fatos ou de coisas fazem prova plena destes, se a parte, contra quem forem exibidos, não lhes impugnar a exatidão.

Este preceito foi interpretado com resultado extensivo[53] pela doutrina colegiada por ocasião IV Jornada do Conselho Federal da Justiça (CJF), promovida de 25 a 27 de outubro de 2006[54], no enunciado 298: "Os arquivos eletrônicos incluem-se no conceito de 'reproduções eletrônicas de fatos e de coisas', do CC225, aos quais deve ser aplicado o regime jurídico da prova documental".

Também faz jus ao avanço digital do Código Civil de 2002 o preceito do artigo 889, §3º, do Capítulo I Disposições Gerais, do Título VIII Dos Títulos de Crédito, do Livro I Do Direito das Obrigações, da Parte Especial[55], que "permitiu que o título seja criado a partir do computador ou meio técnico equivalente"[56].

Não obstante, o novo Código Civil não acompanhou os notórios influxos sociais e econômicos da sociedade digital ao não disciplinar a formação eletrônica dos negócios jurídicos[57] na esteira da legislação comparada (v.g. alemã, francesa, italiana,

---

53. Cf. MAXIMILIANO, Carlos. *Hermenêutica e aplicação do direito*. 20. ed. Rio de Janeiro: Forense, 2011. p. 162-163: "O texto oferece ao observador só um diretiva geral; explícita ou implicitamente se reporta a fatos, definições e medidas que o juiz deve adaptar à espécie trazida a exame (1): é o caso de interpretação extensiva, consistente em pôr em realce regras e princípios não expressos, porém contidos implicitamente nas palavras do Código. A pesquisa do sentido não constitui o objetivo único do hermeneuta; é antes o pressuposto de mais ampla atividade. Nas palavras não está a lei e, sim, o arcabouço que envolve o espírito, o princípio nuclear, todo o conteúdo da norma. (...) A exegese extensiva, com extrair do texto mais do que as palavras parecem indicar; (...)". Cf. LOTUFO, Renan. *Código Civil comentado*. 3. ed. São Paulo: Saraiva, 2016. v. 1, p. 666: "Assim, estamos diante de uma forte prova, cuja única hipótese de não valer plenamente é de a parte contra quem for exibida impugnar-lhe a exatidão, ou seja, sua autenticidade. Nota-se que a legitimidade para impugnação está restrita somente à parte prejudicada com o fato provado pelos meios aqui previstos. E o único argumento que poderá alegar é a inexatidão desses documentos, ou seja, alegar que são falsos – montagens, superposições -, portanto não autênticos. (...) É de se lembrar que, no estágio atual do desenvolvimento tecnológico, os meios de reprodução estão cada vez mais sofisticados, podendo haver reprodução de imagens gravadas em computador, CDs etc.".
54. A IV Jornada foi promovida de 25 a 27 de outubro de 2006, sob a Coordenação-Geral do ministro Fernando Gonçalves, contando com 100 participantes e 124 enunciados aprovados. O ministro aposentado do Superior Tribunal de Justiça, Ruy Rosado de Aguiar Júnior, é o coordenador científico das Jornadas. https://www.cjf.jus.br/cjf/corregedoria-da-justica-federal/centro-de-estudos-judiciarios-1/publicacoes-1/jornadas-cej.
55. Art. 889. Deve o título de crédito conter a data da emissão, a indicação precisa dos direitos que confere, e a assinatura do emitente. (...) § 3º O título poderá ser emitido a partir dos caracteres criados em computador ou meio técnico equivalente e que constem da escrituração do emitente, observados os requisitos mínimos previstos neste artigo.
56. Cf. TEPEDINO, Gustavo, BARBOZA, Heloisa Helena, MORAES, Maria Celina Bodin de. *Código civil interpretado conforme a constituição da república*. Rio de Janeiro: Renovar, 2006. v. II, p. 763: "Enfim, o §3º busca compatibilizar o princípio da cartularidade com os avanços tecnológicos e permite que o título seja criado a partir de computador ou meio técnico equivalente. Indispensável, no entanto, que o título assim criado conste da escrituração do emitente e apresente os requisitos legais mínimos constantes deste artigo. A partir deste dispositivo embrionário, pode-se mesmo pensar na sobrevivência do referido princípio em um futuro próximo".
57. Cf. ALMEIDA, Darcy Bessone de. *Do contrato*: teoria geral. São Paulo: Saraiva, 1997. p. 4-5: "Seja declaração de vontade, *seja auto-regulamentação dos próprios interesses*, o certo é que o conceito unitário do negócio jurídico resultou, como síntese, do isolamento, pela análise, de certos elementos que são comuns a atos jurídicos de índole diversa. Todos os atos que apresentem esses elementos conceituem-se, obviamente, como negócios jurídicos. (...) O contrato se inclui na categoria dos negócios jurídicos. É um negócio jurídico patrimonial e bilateral ou plurilateral (na formação), pois, como se verá, conceitua-se como 'acordo de duas ou mais pessoas para, entre si, constituir, regular ou extinguir uma relação jurídica de natureza patrimonial".

argentina[58] etc.) a partir do final da década de 1990, impulsionada pela doutrina especializada[59] e, por fim, reconhecida pela própria construção jurisprudencial.

O sucesso das redes sociais (*Orkut* – 2004; *Facebook* – 2004; *Twitter*– 2006), criadas contemporaneamente à entrada em vigor do novo Código Civil brasileiro tiveram importantes repercussões sob diversos ângulos (*v.g.* direitos da personalidade, direitos autorais, consumo, contratos, sucessões etc.), notadamente *prima facie* na responsabilidade civil de perfis falsos[60], a justificar, desde logo, a importância da regulação da formação destes negócios jurídicos eletrônicos com repercussões patrimoniais e extrapatrimoniais.

Todavia, o jurisconsulto-filósofo Professor Miguel Reale ponderou que estes "recentes" progressos tecnológicos não deveriam estar regulados numa codificação, "a qual não pode abranger as contínuas inovações sociais, mas tão somente as dotadas de certa maturação e da devida 'massa crítica', ou já tenham sido objeto de lei"[61].

---

58. No novo Código Civil y Comercial da Argentina, instituído pela Lei 26.994, sancionada no dia 01.10.2014, promulgada no dia 07.10.2014 e, por fim, publicada no dia 08.10.2014, foram previstas a firma digital e os instrumentos gerados por meios eletrônicos (art. 288) e em título próprio destinado à disciplina dos contratos de consumo também foram disciplinadas como modalidades especiais de contratação eletrônica fora dos estabelecimentos comerciais e celebrados à distância, as ofertas, o lugar de cumprimento, as informações e, por fim, o direito de arrependimento decorrentes dos meios eletrônicos (arts. 1.105 a 1.116).
59. Cf. CORRÊA, Gustavo Testa. *Aspectos jurídicos da internet*. 5. ed. São Paulo: Saraiva, 2010 [1. ed. 2000]. p. 58-59: "A tecnologia da informação tem sido responsável pela crescente expansão de uma nova 'fórmula econômica', que vem excedendo em números a tradicional industrial de manufatura de bens em diversos países. Junto com o setor de serviços, a industrial virtual cresce na medida em que outros setores retraem ou estagnam. (...) Nem a natureza do objeto, muito mesmo a da transação, em computadores, são similares à compra e venda de bens efetuadas atualmente. As leis relacionadas à compra e venda de imóveis, automóveis, torradeiras etc. não são aplicáveis e apropriadas a contratos envolvendo a troca de banco de dados, sistemas de inteligência artificial, software, multimídia e comércio de informações pela Internet. Por exemplo, contratos ultimando a transferência de 'bens' imateriais não são equivalentes aos que ultimam a transação de bens materiais. Contratos relativos a informações digitais dão ênfase a situações que criam relações jurídicas diversas dos contratuais habituais". PINHEIRO, Patricia Peck. *Direito digital*. 3. ed. São Paulo: Saraiva, 2009 [1ª ed. 2002]. p. 63-64: "O comércio por via eletrônica já é muito antigo. Nesse sentido, é até pouco apropriado definir o comércio por operação via Internet como Comércio Eletrônico, que é uma terminologia mais abrangente – incluiu meios eletrônicos como um todo como fax, machine-machine etc. Mas, para fins didáticos, vamos utilizar o termo Comércio Eletrônico para definir as operações comerciais via Internet. (...) As transações de comércio eletrônico não diferem das feitas por outros meios de comunicação remota como o telefone ou o fax. (...) A sociedade digital já assumiu o comércio eletrônico como um novo formato de negócios. Já existem o e-commerce, o m-commerce e o t-commerce, dependendo se o veículo de transação eletrônica é um computador, um celular ou disposição de comunicação móvel, ou a televisão. A tendência é que esse formato se amplie cada vez mais, conforme a tecnologia se torne mais acessível, a rede mais estável e as normas-padrão mais aplicáveis".
60. Cf. SCHREIBER, Anderson. Twitter, orkut e facebook: considerações sobre a responsabilidade civil por danos decorrentes de perfis falsos nas redes sociais. In: TEPEDINO, Gustavo; FACHIN, Luiz Edson (Org.). *Diálogos sobre direito civil*. Rio de Janeiro: Renovar, 2012. v. II, p. 155-167.
61. Cf. REALE, Miguel. *Estudos preliminares do código civil*. São Paulo: Ed. RT, 2003. p. 21-22: "Não faltaram, todavia, críticas, à aprovação do novo Código, oriundas de três ordens de motivos. A primeira não merece senão breve alusão, porque relativa a jovens bacharéis, jejunos de experiência jurídica, que se aventuraram a formular juízos negativos sobre uma lei fundamental que nem sequer leram ou viram, somente pelo fato de seu projeto originário datar de cerca de trinta anos. Compreende-se que as inteligências juvenis, entusiasmadas com as novidades da Internet ou a descoberta do genoma, tenham decretado a velhice precoce do novo Código, por ter sido elaborado antes dessas realizações prodigiosas da ciência e da tecnologia, mas

De igual modo, durante o procedimento legislativo[62], não há notícia de proposta da alteração do projeto do Código Civil nos pareceres finais do Senado Federal e da Câmara dos Deputados para inclusão da disciplina do comércio eletrônico[63].

Não obstante os supervenientes avançados da legislação extravagante – marco Civil da Internet (Lei 12.965/2014) que estabeleceu princípios, garantias e deveres para o uso da Internet no Brasil, seja permitido concluir, com humildade e deferência ao saudoso Professor Miguel Real[64], que é chegada a hora de promover uma revisão e atualização do Direito das Obrigações em sentido amplo no âmbito da Código Civil de 2002, a contemplar a disciplina do direito comum do comércio eletrônico entre os agentes envolvidos na relação comercial no ambiente virtual[65], a dialogar,

---

os juristas mais experientes deviam ter tido mais cautela em suas afirmações, levando em conta a natureza específica de uma codificação, a qual não pode abranger as contínuas inovações sociais, mas tão-somente as datadas de certa maturação e da devida 'massa crítica', ou já tenham sido objeto de lei. A experiência jurídica, como tudo que surge e se desenvolve no mundo histórico, está sujeita a imprevistas alterações que exigem desde logo a atenção do legislador, mas não no sistema de um código, e sim graças as leis especiais, sobretudo quando estão envolvidas tanto questões de direito quanto de ciência médica, de engenharia genética etc. exigindo medidas prudentes de caráter administrativo, tal como se dá, por exemplo, no caso de fecundação in vitro".

62. Cf. SILVA, José Afonso da. *Curso de direito constitucional positivo*. 35. ed. São Paulo: Malheiros, 2012. p. 529-531: "Procedimento legislativo é o modo pelo qual os atos do processo legislativo se realizam. Diz respeito ao andamento das Casas Legislativas. É o que na prática se chama tramitação do projeto".

63. Cf. REALE, Miguel. *História do novo Código Civil*. São Paulo: Ed. RT, 2005, p. 124-178.

64. Cf. REALE, Miguel. *Estudos preliminares do código civil*. São Paulo: Ed. RT, 2003. p. 24: "De mais a mais, não vejo porque a Internet implica em alterar o Código Civil, pois os negócios jurídicos concluídos por intermédio dela não deixam de ser negócios jurídicos regidos pelas normas do Código Civil, inclusive no que se refere aos contratos de adesão. A Internet atua apenas como um novo meio e instrumento de intercâmbio e acordo de vontades, não interferindo na substância das disposições legais quanto aos direitos e deveres dos contratantes".

65. Cf. TEPEDINO, Gustavo; BARBOZA, Heloisa Helena; MORAES, Maria Celina Bodin de. *Código civil interpretado conforme a constituição da república*. Rio de Janeiro: Renovar, 2006. v. II, p. 38: "Nesta Seção, dedicada à formação do contrato, o CC apresenta mínimas alterações em relação ao CC1916. Dúvidas que já se punham diante do Direito anterior – por exemplo, quanto à definição dos efeitos da morte do proponente antes de aceita a proposta –, assim como questões surgidas em função de fatos recentes – notadamente, o enquadramento dos contratos celebrados por meio da internet – não foram enfrentadas pelo codificador". Cf. WALD, Arnaldo. *Direito civil*: direito das obrigações e teoria geral dos contratos. 22. ed. São Paulo: 2015. v. 2, p. 303-304: "Mas observa o Professor Jerôme Huet que os contratos não são apenas entre comerciante e o consumidor, porque também há contratos entre comerciantes, já se tendo formado verdadeiros 'centros comerciais virtuais', aos quais aderem cada vez mais pequenos comerciantes, que buscam colocar os seus produtos ou serviços, com a vantagem de que tais vias funcionam 24 horas por dia". Cf. HACKEROTT, Guilherme Barzaghi. Breve evolução histórica do e-commerce. In: HACKEROTT, Nadia Andreotti Tüchumantel. Aspectos Jurídicos do E-Commerce. São Paulo: Ed. RT, 2021. p. 25-26: "O comércio eletrônico possui uma série de classificações. A mais conhecida e mais utilizada é aquela que usa como critério de diferenciação os agentes envolvidos na relação comercial. Businnes to Business (B2B). (...) Business to Consumer (B2C) (....) Consumer to Consumer (C2C) (...) Consumer to Business (C2B) (...)Business to Administration (B2A) (...)". Agravo interno no recurso especial. *Responsabilidade civil. Danos morais e materiais. Contrato de parceria comercial. Sítio eletrônico de compras coletivas. Omissão não caracterizada. Descumprimento contratual. Não comprovação. Reexame de provas. Inviabilidade. Agravo interno improvido*. 1. A Corte de origem dirimiu a matéria submetida à sua apreciação, manifestando-se expressamente acerca dos temas necessários à integral solução da lide. Dessa forma, não havendo omissão, contradição, obscuridade ou erro material no aresto recorrido, não se verifica a ofensa ao artigo 1.022 do Código de Processo Civil de 2015. 2. *O Tribunal de origem, com fundamento na prova documental trazida aos autos, reconheceu que não houve descumprimento do contrato de parceria comercial pela recorrida*. 3. A modi-

de forma coordenada e racional, com a legislação extravagante especial (v.g. art. 7º da Lei 8.078/90)[66].

3. EVOLUÇÃO DA FORMAÇÃO DOS CONTRATOS: DO SUPORTE FÍSICO AO SUPORTE ELETRÔNICO (DIGITAL)[67]

Na vigência do Código Civil de 1916, após prestigiar previsão da liberdade da forma de contratação (art. 129)[68], o legislador codificador estabeleceu, na Parte Especial, Livro III Do Direito das Obrigações, do Título IV Dos Contratos, Capítulo I Disposições Gerais, que "a proposta do contrato[69] obriga o proponente, se o contrário não resultar dos termos dela, da natureza do negócio, ou das circunstâncias" (art. 1.079).

---

ficação do entendimento lançado no v. acórdão recorrido demandaria análise de cláusulas contratuais e o revolvimento do suporte fático-probatório dos autos, providências inviáveis em sede de recurso especial, a teor do que dispõe as Súmulas 5 e 7 deste Pretório. 4. Agravo interno não provido (STJ, AgInt no REsp 1767915/RJ, Rel. Ministro Raul Araújo, Quarta Turma, julgado em 13.08.2019, DJe 27.08.2019).

66. Art. 7º Os direitos previstos neste código não excluem outros decorrentes de tratados ou convenções internacionais de que o Brasil seja signatário, da legislação interna ordinária, de regulamentos expedidos pelas autoridades administrativas competentes, bem como dos que derivem dos princípios gerais do direito, analogia, costumes e equidade. Parágrafo único. Tendo mais de um autor a ofensa, todos responderão solidariamente pela reparação dos danos previstos nas normas de consumo. Sobre a teoria do diálogo das fontes, consulte-se, por todos, BENJAMIN, Antonio Herman. Prefácio. In: MARQUES, Claudia Lima. *Diálogo das fontes*: do conflito à coordenação de normas do direito brasileiro. São Paulo: Ed. RT, 2012. p. 6-7: "O diálogo das fontes é um método de interpretação, de integração e de aplicação das normas, que contempla os principais desafios de assegurar a coerência e a efetividade do direito a partir do projeto constitucional e o sistema de valores que impõe. (...) O diálogo das fontes é um novo método, um novo paradigma para a solução das dificuldades de aplicação do direito atual. A jurisprudência brasileira bem recebeu o método do diálogo das fontes em questões que envolviam o processo civil, o direito civil, o direito ambiental, o direito do consumidor, o direito administrativo e o direito econômico".

67. Cf. COELHO, Fabio Ulhoa. *Curso de direito comercial*: direito de empresa. 19. ed. São Paulo: Ed. RT, 2020. v. 3, p. 51: "O contrato pode ter, hoje, dois diferentes suportes: o papel, no qual se lançam as assinaturas de punho dos contratantes (contrato-p), e o registro eletrônico, em que as partes manifestam suas vontades convergentes por meio de transmissão e recepção eletrônicas de dados (contrato-e)".

68. CC/1916, Art. 129. A validade das declarações de vontade não dependerá de forma especial, senão quando a lei expressamente a exigir. Civil e processo civil. Contratos. Distribuição. Celebração verbal. Possibilidade. Limites. Rescisão imotivada. Boa-fé objetiva, função social do contrato e responsabilidade pós-contratual. Violação. Indenização. Cabimento. Danos morais e honorários advocatícios. Revisão. Possibilidade, desde que fixados em valor irrisório ou exorbitante. Sucumbência. Distribuição. Critérios. 1. De acordo com os arts. 124 do CCom e 129 do CC/16 (cuja essência foi mantida pelo art. 107 do CC/02), não havendo exigência legal quanto à forma, o contrato pode ser verbal ou escrito. 2. Até o advento do CC/02, o contrato de distribuição era atípico, ou seja, sem regulamentação específica em lei, de sorte que sua formalização seguia a regra geral, caracterizando-se, em princípio, como um negócio não solene, podendo a sua existência ser provada por qualquer meio previsto em lei. 3. A complexidade da relação de distribuição torna, via de regra, impraticável a sua contratação verbal. Todavia, sendo possível, a partir das provas carreadas aos autos, extrair todos os elementos necessários à análise da relação comercial estabelecida entre as partes, nada impede que se reconheça a existência do contrato verbal de distribuição.4. A rescisão imotivada do contrato, em especial quando efetivada por meio de conduta desleal e abusiva - violadora dos princípios da boa-fé objetiva, da função social do contrato e da responsabilidade pós-contratual - confere à parte prejudicada o direito à indenização por danos materiais e morais. (...) (STJ, REsp 1255315/SP, Rel. Ministra Nancy Andrighi, Terceira Turma, julgado em 13.09.2011, DJe 27.09.2011).

69. CC/1916, Art. 1.079. A manifestação da vontade, nos contratos, pode ser tácita, quando a lei não exigir que seja expressa.

De fato, o elemento volitivo no negócio jurídico unilateral manifestado pelo proponente autoriza que a "a inciativa do contrato [proposta] pode ser tomada por qualquer das partes, seja o futuro devedor, seja o futuro credor"[70], desde que (i) seja séria e concreta e (ii) sejam fixados os seus elementos essenciais a fim de que a outra parte destinatária possa manifestar a sua "aceitação", o que levará a formação do contrato.

Ainda na vigência do Código Civil de 1916, a formação do contrato poderia ocorrer entre ausentes por correspondência epistolar, ou telegráfica, tornando-se perfeitos, em regra, desde que a aceitação é expedida, tendo, pois, o legislador adotado a teoria da expedição mitigada em virtude dos temperamentos consubstanciados nas exceções expressamente ressalvadas (arts. 1.085 e 1.086)[71].

As normas jurídicas versam, sob o ponto de vista temporal, o momento da formação do contrato, a admitir entre ausentes (circunstância espacial)[72], o contrato por correspondência epistolar (carta ou missiva)[73] ou telegráfica (sintética, resumida, concisa)[74].

---

70. Cf. ALMEIDA, Darcy Bessone de. *Do contrato*: teoria geral. São Paulo: Saraiva, 1997. p. 135.
71. CC/1916, Art. 1.085. Considera-se inexistente a aceitação, se antes dela ou com ela chegar ao proponente a retratação do aceitante. Art. 1.086. Os contratos por correspondência epistolar, ou telegráfica, tornam-se perfeitos desde que a aceitação é expedida, exceto: I – No caso do artigo antecedente; II – Se o proponente se houver comprometido a esperar resposta; III – Se ela não chegar no prazo convencionado. CComercial/1850, art. 127. Art. 127. Os contratos tratados por correspondência epistolar reputam se concluídos e obrigatórios desde que o que recebe a proposição expede carta de resposta, aceitando o contrato proposto sem condição nem reserva; até este ponto é livre retratar a proposta; salvo se o que a fez se houve comprometido a esperar resposta, e a não dispor do objeto do contrato senão depois de rejeitada a sua proposição, ou até que decorra o prazo determinado. Se a aceitação for condicional, tornar-se-á obrigatória desde que o primeiro proponente avisar que se conforma com a condição. Cf. BULGARELLI, Waldirio. *Contratos mercantis*. 12. ed. São Paulo: Atlas, 2000. p. 129: "No Brasil como vimos, o Código Comercial adotou a teoria da expedição (...), admitindo, porém, o direito do proponente de arrepender-se desde que faça chegar ao oblato a sua retratação antes (ou simultaneamente) da aceitação".
72. Na vigência do Código Civil de 1916, confira-se PEREIRA, Caio Mário da Silva. *Instituições de direito civil*: contratos. 10. ed. Rio de Janeiro: Forense, 2001. v. III, p. 24-25: "Tempo. Ponto relevante na doutrina da formação das avenças é o que se refere a precisar em que momento se deve considerar formado o contrato por correspondência epistolar ou telegráfica. É modalidade contratual muito amiudada, e usada onde não se exige a forma pública. Na vida mercantil tem a assiduidade habitual do seu dinamismo, e mesmo nas atividades civis ocorre com grande frequência. (...) A peculiaridade que o marca é a ausência do oblato, razão por que o consentimento se não dá em um só instante, mas, ao revés a adesão do aceitante justapõe-se à oferta com a intermediação de um lapso de tempo, mais ou menos longo. Neste tipo de contrato, desperta interesse a fixação do momento em que se deve considerar perfeito. (...). A teoria da expedição afirma a sua realização no instante em que a aceitação é expedida. (...), é perfilhada no BGB, como nos Códigos Comercial e Civil brasileiros. De todas, a melhor é esta, embora não seja perfeita. Evita, entretanto, o arbítrio dos contratantes e reduz ao mínimo a álea de ficar uma declaração de vontade, prenhe de efeitos, na incerteza de quando se produziu. De outro lado, afasta dúvidas de natureza probatória, pois que a expedição da resposta se reveste de ato material que a desprende do agente".
73. "Sob o aspecto formal, a única exigência tecida pela lei de regência para o estabelecimento da convenção de arbitragem, por meio de cláusula compromissória – em não se tratando de contrato de adesão -, é que esta se dê por escrito, seja no bojo do próprio instrumento contratual, seja em documento apartado. O art. 4º da Lei 9.307/96 não especifica qual seria este documento idôneo a veicular a convenção de arbitragem, não se afigurando possível ao intérprete restringir o meio eleito pelas partes, inclusive, v.g., o meio epistolar. Evidenciada a natureza contratual da cláusula compromissória (autônoma em relação ao contrato subjacente), afigura-se indispensável que as partes contratantes, com ela, consintam. 1.1 De se destacar que a manifestação de vontade das partes contratantes, destinada especificamente a anuir com a convenção de arbitragem, pode se dar, de igual modo, de inúmeras formas, e não apenas por meio da aposição das assinaturas das partes no documento em que inserta. Absolutamente possível, por conseguinte, a partir do

A novas injunções sociais e econômicas das "necessidades práticas da vida negocial, sobretudo, no comércio, implicam em ter de se adotar um critério para a aferição do momento em que se pode admitir ter o proponente tomado conhecimento da aceitação", a consentir que, segundo Waldirio Bulgarelli, a estipulação pelos futuros contratantes sobre "prazo de recepção e até formas de aceitação, o que implica afastar as dificuldades de prova".[75]

A contratação à distância também passou a ser realizada diretamente pelo transeunte interessado na aquisição de produtos consumíveis (art. 86 do CC)[76] vendidos por meio de máquinas de refrigerantes, biscoitos, selos, fichas de telefone, a ilustrar também hipótese seminal de contratos por processos eletrônicos[77].

---

contexto das negociações entabuladas entre as partes, aferir se elas, efetivamente, assentiram com a convenção de arbitragem. (...) (STJ, REsp 1569422/RJ, Rel. Ministro Marco Aurélio Bellizze, Terceira Turma, julgado em 26/04/2016, DJe 20.05.2016).
"A Lei 8.906/94 – Estatuto da Advocacia e da Ordem dos Advogados do Brasil – EAOAB, em seu art. 24, dispõe que o contrato escrito estipulando honorários advocatícios é título executivo. Por sua vez, o contrato escrito pode assumir diferentes formas de apresentação, pois não há, na lei, forma prescrita ou defesa, nem exigência de requisitos específicos. 2. Reconhecida a existência do contrato de honorários advocatícios, a característica de este apresentar-se por forma epistolar não lhe subtrai a possibilidade de ter força executiva, desde que constitui contrato escrito, única exigência legal. 3. No caso dos autos, as cartas enviadas pelo advogado à possível contratante continham, por escrito, propostas de honorários por serviços a serem prestados e foram respondidas com a devida aceitação. Tais anuências recíprocas e espontâneas, postas por escrito nas cartas, constituem contratos escritos de honorários advocatícios, podendo, ao menos em tese, ser considerados títulos executivos, a embasar execução nos termos do mencionado art. 24 e do art. 585, VIII, do CPC. (...)" (STJ, REsp 1070661/SP, Rel. Ministro Raul Araújo, Quarta Turma, julgado em 05.12.2013, DJe 15.08.2014).
74. "É cediço em jurisprudência recente que "As disposições legais que determinam a concessão de passe livre, no transporte urbano, inclusive intermunicipal, para os distribuidores de correspondência postal e telegráfica, não foram alteradas ante a não revogação dos Decretos-lei 3.326/41 e 5.403/43. Aplicação do enunciado da Súmula 237 do extinto TFR" (REsp 1074493/RJ, Segunda Turma, DJe 04/08/2009) 5. Recurso Especial desprovido" (STJ, REsp 1025409/SC, Rel. Ministro Luiz Fux, Primeira Turma, julgado em 02.09.2010, DJe 23.09.2010).
75. Cf. BULGARELLI, Waldirio. *Contratos mercantis*. 12. ed. São Paulo: Atlas, 2000, p. 128.
76. Art. 86. São consumíveis os bens móveis cujo uso importa destruição imediata da própria substância, sendo também considerados tais os destinados à alienação.
77. Cf. WALD, Arnaldo. *Direito civil*: direito das obrigações e teoria geral dos contratos. 22. ed. São Paulo: 2015. v. 2, p. 302 e 305: "Cuida-se, no caso, de simples contrato de compra e venda de mercadorias ou de prestação de serviços. (...). Contratos 'online' – (...) também os saques feitos em máquinas, pelo chamado 'banco 24 horas' ou máquinas automáticas, (...)". Cf. TEPEDINO, Gustavo; KONDER, Carlos Nelson; BANDEIRA, Paulo Greco. *Fundamentos do direito civil*: contratos. 2. ed. Rio de Janeiro: Forense, 2021. v. 3, p. 92: "Para que isso seja possível, sem impor aos negociadores a contratação coativa, ou a conversão arbitrária das tratativas em vínculo obrigacional, o que seria autoritário e injustificado, pode-se revisitar as teorias que, fundadas nos comportamentos socialmente típicos, permitem a admissão de atividades contratuais extraídas do contato social estabelecido no âmbito das tratativas. Tratar-se-ia de entrever, dito por outras palavras, pequenos contratos formados sem negócio jurídico que lhes dê origem, com fundamento no comportamento (socialmente típico) mediante o qual obrigações unilaterais ou bilaterais são progressivamente assumidas mesmo sem a celebração de negócio jurídico". Cf. COSTA, Mário Júlio de Almeida. *Direito das obrigações*. 8. ed. Coimbra: Almedina, 2000. p. 199-201: "Foi HAUPT quem primeiro fundou o problema, referindo-se a *relações contratuais de facto* ('*faktische Vertragsverhältnisse*'). Esta nova categoria dogmática tem como um dos seus principais alicerces a ideia de que, na contemporânea civilização de massa, segundo as concepções do tráfico jurídico, existem condutas geradoras de vínculos obrigacionais, fora da emissão de declaração de vontade que se dirijam à produção de tal efeito, antes derivadas de simples ofertas e aceitações de facto. (...) É o que se passa com os transportes colectivos, onde muitas vezes, não se exige prévia obtenção de bilhete, o divulgado abastecimento em sistema de autosserviço, o fornecimento de bens expostos à utilização do

Ademais, já era prática recorrente no mercado de capitais a transmissão eletrônica de dados registrada em meio virtual – isto é, que não se exterioriza oralmente ou por escrito –, a consubstanciar válida e eficaz manifestação de vontade dos contraentes ofertante/aceitante, tais como nas operações de subscrição ou alienação de valores mobiliários[78].

De igual modo, "no financiamento ao comércio exterior, também já há algum tempo o contrato de câmbio faz-se obrigatoriamente nos dois meios: no eletrônico, para operacionalizar o controle da regularidade da operação perante o regulamento de trânsito de divisas (Sistema de Informações do Banco Central – Sisbacen), e no papel, para disciplina das relações entre as partes"[79].

O avanço da tecnologia impulsionado pelas operações bancárias[80] resultou nos contratos eletrônicos "atípicos" (art. 425 do CC)[81] celebrados e executados por meio da *Internet*[82]. São exemplos destes, "as negociações bancárias feitas por computador ou por uso de senha em terminais próprios e os chamados contratos *online* feitos para pagamento de despesas com o uso de cartões e senhas eletrônicas"[83].

---

público e os parques de estacionamento remunerados. Opera aqui, em suma, a tipicidade de determinadas condutas: a subida para o veículo, o efectivo uso ou aquisição do produto, o acto de acionar a máquina automática etc.".

78. Cf. COELHO, Fabio Ulhoa. *Curso de direito comercial*: direito de empresa. 19. ed. São Paulo: Ed. RT, 2020. v. 3, p. 50-51: "Compare-se a imagem do pregão de viva voz, característico das Bolsas de Valores de meados do século XX, com a da silenciosa digitação de teclados dos tempos atuais nos centros mais desenvolvidos: nos dois momentos, os operadores fazem a mesma coisa: compra e vendem ações e outros valores mobiliários por ordem e conta de seus clientes, os investidores".

79. Cf. COELHO, Fabio Ulhoa. *Curso de direito comercial*: direito de empresa. 19. ed. São Paulo: Ed. RT, 2020. v. 3, p. 51.

80. Cf. NEVES, Thiago Ferreira Cardoso. *Contratos mercantis*. São Paulo: Atlas, 2013. p. 126 e 132: "Têm os bancos, como atividade principal, o comércio do crédito. Exercem eles, por excelência, a intermediação do crédito, ou seja, a coleta do capital de terceiros para concessão de crédito a outrem. (...). Conforme salientado anteriormente, os contratos bancários também são denominados de operações bancárias. E elas são as mais variadas possíveis, a fim de atender as necessidades de seus clientes". Cf. ABRÃO, Nelson. *Direito bancário*. 17. ed. São Paulo: Saraiva, 2018. p. 636: "A revolução tecnológica apresenta avanço revestido de conquistas por meio da utilização de novas formas, as quais repaginam o modelo das instituições financeiras e envolvem as casas bancárias, haja vista que as agências físicas estão sendo paulatinamente substituídas pelos modelos de aplicativos móveis, meios digitais – *fintechs* – e centros de excelência cujos investimentos demonstram a capacidade do sistema financeiro brasileiro de agregar qualidade e se tornar pioneiro nesse novo mundo. Os documentos, papéis e demais escritos são todos substituídos pelo irreversível avanço da tecnologia da informática, representando nova realidade que coloca o órgão regulador – o Banco Central do Brasil – na condução da regulamentação e no seu papel de disciplinar as contas e as transferências, valendo sinalizar a Resolução n. 4.480, de 25 de abril de 2016, a qual deu conotação apropriada no sentido de contas e depósitos por meio eletrônico". Cf. BULGARELLI, Waldirio. *Contratos mercantis*. 12. ed. São Paulo: Atlas, 2000. p. 126: "Muito comuns no comércio são os contratos por correspondência (epistolar ou telegráfica), a que se acrescem, em nossos dias, os celebrados por meio de telex, sendo que muito deles, sobretudo os bancários, para maior segurança, obedecem a certas cautelas, como senhas, códigos etc.".

81. Art. 425. É lícito às partes estipular contratos atípicos, observadas as normas gerais fixadas neste Código.

82. Cf. WALD, Arnaldo. *Direito civil*: direito das obrigações e teoria geral dos contratos. 22. ed. São Paulo: 2015. v. 2, p. 305: "Negócios bancários – Os bancos admitem hoje acesso eletrônico, por computador, por meio de *modem* (...)".

83. Cf. DIREITO, Carlos Gustavo Vianna. *Do contrato*: teoria geral. Rio de Janeiro: Renovar, 2007. p. 121-122. No mesmo sentido, cf. WALD, Arnaldo. *Direito civil*: direito das obrigações e teoria geral dos contratos. 22. ed. São Paulo: 2015. v. 2, p. 301.

Observa Thiago Ferreira Cardoso Neves que, "na realidade, os meios de comunicação encurtaram as distâncias entre os contratantes e a vontade do indivíduo cada vez mais deixou de depender do seu próprio deslocamento para alcançar a vontade da outra parte"[84].

Sublinhe-se, por relevante, que, contemporaneamente ao advento do Código de Proteção e Defesa do Consumidor (Lei 8.078, de 11 de setembro de 1990), "desde a década de 90, há um espaço de comércio com os consumidores, que é a internet, as redes eletrônicas e de telecomunicação de massa. Trata-se do denominado 'comércio eletrônico', comércio entre fornecedores e consumidores realizado através de contratações a distância, que são conduzidas por meios eletrônicos (e-mail etc.), por internet (online) ou por meio de telecomunicação de massa (telemarketing, TV, TV a cabo etc.), sem a presença física simultânea dos dois contratantes no mesmo lugar (e sim a distância)"[85].

Explica Arnoldo Wald que "quando alguém utiliza o computador e se conecta à Internet ou qualquer outra rede de computadores, quase que instantaneamente recebe diversas informações sobre produtos ou serviços que estão à sua disposição. Basta pesquisar o assunto que lhe interessa e, se concordar com as condições estabelecidas, poderá adquiri-lo. Há ofertas de produtos pela Internet, bastando que se indique um deles com o mouse para que seja selecionado". Conclui, assim, tratar-se da "realização de um contrato eletrônico", que, assim como os contratos tradicionais, os eletrônicos nada mais são do que a realização de um acordo de vontades com a intenção de obter um efeito jurídico, portanto obrigando as partes, o que ficou perfeitamente identificável, ressalvando algumas características peculiares dessa espécie de contrato, tais como meio e lugar de sua efetivação, as quais não o inutilizam"[86].

Guilherme Magalhães Martins afirma, com razão, que "as normas do Código de Defesa do Consumidor (Lei 8.078/90) possuem plena aplicabilidade ao processo de formação dos contratos de consumo por meio da Internet, nas suas disposições relativas à oferta (arts. 30 a 35), à publicidade (arts. 36 a 38), às disposições gerais sobre a proteção contratual (arts. 46 a 50) e aos contratos de adesão (art. 54)" e, por fim, conclui que "no caso de contratação entre ausentes por meio da Internet, a adoção da teoria da recepção mostra-se mais favorável ao consumidor, observado o direito básico à preservação da segurança (art. 6º, I, CDC), em face da periculosidade inerente ao meio"[87].

---

84. Cf. NEVES, Thiago F. Cardoso. Contratos Eletrônicos. In: SOUZA, Sylvio Capanema de; WERNER, José Guilherme Vasi; NEVES, Thiago Ferreira Cardoso. *Direito do Consumidor*. Rio de Janeiro: Forense, 2018. p. 474.
85. Cf. MARQUES, Claudia Lima. *Contratos no código de defesa do consumidor: o novo regime das relações contratuais*. 8. ed. São Paulo: Ed. RT, 2016. p. 125.
86. Cf. WALD, Arnoldo. *Direito civil: direito das obrigações e teoria geral dos contratos*. 22. ed. São Paulo: 2015. v. 2, p. 301-302.
87. Cf. MARTINS, Guilherme Magalhães. *Formação dos contratos eletrônicos de consumo via internet*. 2. ed. Rio de Janeiro: Lumen Juris, 2010, p. 151-152: "A necessidade de identificação das partes e de comprovação da origem e integridade dos dados é suprida por meio das assinaturas ou firmas eletrônicas, gênero em relação

A amplitude das hipóteses de formação do contrato de consumo permite concluir que o seu aperfeiçoamento, segundo José Guilherme Vasi Werner, ocorra por meio "da assimilação de uma publicidade ou informação veiculada através da Internet ou por 'e-mail', sem que com isso recaia necessariamente na categoria dos contratos eletrônicos"[88].

Na verdade, pondera Anderson Schreiber que os contratos eletrônicos seriam "contratos formados por meios eletrônicos de comunicação à distância, especialmente a internet, de tal modo que o mais correto talvez fosse se referir a contratação eletrônica ou contratação via internet, sem sugerir o surgimento de um novo gênero"[89].

De fato, os contratos eletrônicos são uma *espécie* dos contratos de venda à distância (BGB, §312c)[90], cujos contraentes, para efeitos legais (arts. 428, I, e 434 do CPC), podem ser considerados presentes ou ausentes, a depender da intensidade da sua conectividade/interlocução com os meios de comunicação no ambiente virtual (*v.g. online*)[91].

---

ao qual figura como espécie a firma digital, marcada pelo uso dos métodos de criptografia assimétrica, de modo a garantir a confidencialidade da comunicação, mediante a intervenção de um terceiro, que vem a ser a autoridade de certificação".

Cf. TEPEDINO, Gustavo; KONDER, Carlos Nelson; BANDEIRA, Paulo Greco. *Fundamentos do Direito civil*: contratos. 2. ed. Rio de Janeiro: Forense, 2021, v. 3, p. 95: "No âmbito das relações de consumo, a oferta segue regime diferenciado. De maneira geral, toda publicidade ou informação vincula o fornecedor (CDC, art. 30), em acepção ampla de oferta que abrange todas as formas de marketing. Em atendimento ao direito do consumidor à informação, a oferta deve conter "informações corretas, claras, precisas, ostensivas e em língua portuguesa sobre suas características, qualidades, quantidade, composição, preço, garantia, prazos de validade e origem, entre outros dados, bem como sobre os riscos que apresentam à saúde e segurança dos consumidores" (CDC, art. 31), além de informações relativas à identificação do fornecedor (CDC, art. 33). Ao lado do dever de informação, cumpre ao fornecedor também dever de colaboração, no sentido de ofertar também peças de reposição, enquanto persistir a fabricação ou importação do produto, e mesmo após isso, por tempo razoável (CDC, art. 32). Além disso, o descumprimento da oferta pelo fornecedor abre ao consumidor possibilidades distintas daquelas oferecidas ao oblato nas demais relações jurídicas: além de exigir o cumprimento forçado ou satisfazer-se com perdas e danos, poderá aceitar produto ou prestação equivalente (CDC, art. 35)".

88. *Cf.* WERNER, José Guilherme Vasi. *A formação, o controle e a extinção dos contratos de consumo*. Rio de Janeiro: Renovar, 2007. p. 137: "Inicialmente, deve ser afastada a impressão de que o termo 'contratos eletrônicos' se refere, em qualquer caso, aos contratos formados com o auxílio de meios eletrônicos".
89. *Cf.* SCHREIBER, Anderson. *Manual de direito civil contemporâneo*. São Paulo: Saraiva, 2018. p. 435-436: "No campo dos contratos eletrônicos, especialmente aqueles celebrados no âmbito das relações de consumo, enfrentar essas cinco questões básicas tornou-se um verdadeiro calvário, como se passa a demonstrar. São elas: a) quem contrata: (...); b) onde contrata: (...); c) quando contrata: (...); d) como contrata: (...); e) o que contrata: (...)".
90. BGB, § 312c Contratos de Venda à Distância (1) Contratos à distância são contratos em que o empresário ou uma pessoa que age em seu nome ou por conta do consumidor e o consumidor utilizam exclusivamente meios de comunicação à distância para as negociações e a celebração do contrato, a menos que seja a celebração do contrato não faz parte de uma organização de vendas organizada para vendas à distância ou sistema de serviços. (2) Os meios de comunicação à distância, na acepção desta Lei, são todos os meios de comunicação que podem ser utilizados para iniciar ou celebrar um contrato sem que as partes contratantes estejam fisicamente presentes ao mesmo tempo, tais como cartas, catálogos, chamadas telefônicas, faxes, e-mails, enviados através do serviço de telemóveis Mensagens (SMS), bem como rádio e telemídia.
91. *Cf.* WERNER, José Guilherme Vasi. *A formação, o controle e a extinção dos contratos de consumo*. Rio de Janeiro: Renovar, 2007. p. 135: "Fazendo uso da terminologia aqui proposta, a movimentação das partes

Nos contratos à distância, o dever de informação entre as partes deve ser mais rigoroso, ou seja, a informação deve ser clara e precisa do ponto de vista do produto ou do serviço (requisito objetivo) e também do ponto de vista da qualificação das partes (requisito subjetivo) (art. 6º, III, do CDC; §312d do BGB)[92].

Os contratos eletrônicos, espécie do gênero contratos à distância, são classificados pela doutrina[93] como: (i) contratos eletrônicos intersistêmicos; (ii) contratos eletrônicos interpessoais; (iii) contratos eletrônicos interativos[94].

---

em direção ao contrato deve ser feita, de parte a parte, através de formas de manifestação eletrônicas, que consistam em documentos eletrônicos. Essa definição acaba englobando dois tipos diversos de conformação: o contrato eletrônico celebrado através de mensagens eletrônicos ('e-mails', mensagens 'wap' etc., sejam 'online' ou não); e o contrato eletrônico celebrado através de processo automatizado 'online' no que MARTINS chama de 'oferta permanente 'online'' (op. cit. p. 181). No primeiro tipo, as partes estão em contato pessoalmente, seja ou não em interlocução direta, o que remete, em princípio, às regras sobre formação dos contratos epistolares, entre presentes e ausentes. No segundo, não há propriamente interlocução, pois uma das partes interage não com o próprio fornecedor do produto ou serviço, mas com o programa disponível 'online' (a situação mais se assemelha às contratações através de máquinas automatizadas, com a diferença que se dá no âmbito remoto). A contratação através de mensagens trocadas 'online' (em tempo real) é, sem dúvida, equivalente a uma contratação entre presentes. Já a contratação através de mensagem como o 'e-mail', que não envolvam uma interlocução direta, pode ser comparada a uma formação epistolar, em que as manifestações de suscitação e assimilação são enviadas, de parte a parte, através de portador intermediário". Cf. TARTUCE, Flávio. *Direito civil*: teoria geral dos contratos e contratos em espécie. 14. ed. Rio de Janeiro: Forense, 2019. v. 3, p. 178: "Além dessas justificativas jurídicas, há outra, de cunho prático. Isso porque, na maioria das vezes, quem utiliza a contratação via internet o faz por meio de um computador com acesso à rede via cabos, ou *banda larga*. Na atualidade, ninguém mais contrata por meio de um sistema de discador, em que as partes não estão conectadas em tempo real, o que remonta aos anos iniciais de surgimento da internet. Em outros casos, quem acessa a rede até o faz pelo sistema lento, mas a contratação ocorre em sítio de rápida comunicação, que informa a realização de transação comercial mediante uma confirmação imediata. Isso é comum nos *sites* especializados em compra e venda de produtos. Vale reforçar que é mais comum a contratação por meio desses sites do que via e-mail".

92. CDC, Art. 6º São direitos básicos do consumidor: III – a informação adequada e clara sobre os diferentes produtos e serviços, com especificação correta de quantidade, características, composição, qualidade, tributos incidentes e preço, bem como sobre os riscos que apresentem. BGB, § 312d Requisitos de informação (1) No caso de contratos celebrados fora do estabelecimento comercial e contratos à distância, o empresário é obrigado a informar o consumidor nos termos do artigo 246.º-A da Lei Introdutória ao Código Civil. As informações prestadas pelo empresário no cumprimento desta obrigação passam a fazer parte do contrato, a menos que as partes contratantes tenham expressamente acordado o contrário. (2) No caso de contratos celebrados fora do estabelecimento comercial e contratos à distância de serviços financeiros, o empresário é obrigado, em violação do n.º 1, a informar o consumidor de acordo com o artigo 246.º-B da Lei Introdutória ao Código Civil.
93. Cf. LEAL, Sheila do Rocio Cercal Santos. *Contratos eletrônicos: validade jurídica dos contratos via internet*. São Paulo: Atlas, 2009, p. 82 e ss.
94. Cf. NEVES, Thiago F. Cardoso. Contratos Eletrônicos. In *Direito do Consumidor*. Sylvio Capanema de Souza, José Guilherme Vasi Werner e Thiago Ferreira Cardoso Neves. Rio de Janeiro: Forense, 2018, p. 473: "Os contratos intersistêmicos são aqueles celebrados entre empresários nas relações comerciais em atacado. (...) Os contratos interpessoais são aqueles celebrados entre pessoais naturais ou jurídicas, ou entre pessoais naturais e jurídicas, através de um computador ou outro aparelho que exerça a mesma função. (...) Por fim, os contratos interativos são aqueles celebrados entre as partes através de um sistema aplicativo previamente programado, como, por exemplo, nas compras feitas através de um site ou loja virtual. É a mais comum nas relações consumeristas". NEVES. Contratos eletrônicos. Op. cit. p. 473.

O Superior Tribunal de Justiça ("STJ") tem se pronunciado com justificada racionalidade[95] e temperança[96] acerca da proteção do consumidor nos litígios individuais e coletivos decorrentes dos avanços tecnológicos no ambiente virtual. A título de ilustração, trazemos à colação os seguintes precedentes da 3ª e da 4ª Turma da 2ª Seção de Direito Privado do STJ:

> Direito do consumidor. Recurso especial. *Sistema eletrônico de mediação de negócios. Mercado livre.* Omissão inexistente. Fraude. Falha do serviço. Responsabilidade objetiva do prestador do serviço. (...) 2. *O prestador de serviços responde objetivamente pela falha de segurança do serviço de intermediação de negócios e pagamentos oferecido ao consumidor. 3. O descumprimento, pelo consumidor (pessoa física vendedora do produto), de providência não constante do contrato de adesão, mas mencionada no site, no sentido de conferir a autenticidade de mensagem supostamente gerada pelo sistema eletrônico antes do envio do produto ao comprador, não é suficiente para eximir o prestador do serviço de intermediação da responsabilidade pela segurança do serviço por ele implementado, sob pena de transferência ilegal de um ônus próprio da atividade empresarial explorada.* 4. A estipulação pelo fornecedor de cláusula exoneratória ou atenuante de sua responsabilidade é vedada pelo art. 25 do Código de Defesa do Consumidor. 5. Recurso provido. (STJ, REsp 1107024/DF, Rel. Ministra Maria Isabel Gallotti, Quarta Turma, julgado em 01.12.2011, DJe 14.12.2011).

> Recurso especial. *Ação coletiva de consumo. Direito do consumidor. Espetáculos culturais. Disponibilização de ingressos na internet.* Cobrança de "taxa de conveniência". Embargos de declaração. (...) Proteção do consumidor. Cláusulas abertas e princípios. Boa fé objetiva. Lesão enorme. Abusividade

---

95. Código de Ética da Magistratura Nacional (CNPJ), art. 24. O magistrado prudente é o que busca adotar comportamentos e decisões que sejam o resultado de juízo justificado racionalmente, após haver meditado e valorado os argumentos e contra-argumentos disponíveis, à luz do Direito aplicável.
96. Recurso especial. Direito do consumidor. Ação civil pública. (...). Princípio da correlação. Observado. Tutela jurisdicional congruente com a pretensão formulada na demanda coletiva. Imposição de multa moratória em contratos de adesão. Entrega de produtos e restituição de valores pelo exercício do arrependimento. Limites da intervenção estatal. 1. Ação ajuizada em 26.11.2008. Recurso especial interposto em 31.10.2017. Autos conclusos ao gabinete em 24.09.2018. Julgamento: CPC/15. 2. Ação civil pública em que se pretende impor obrigação à recorrente de incluir, em seus contratos de consumo, multa de 2% sobre o valor da venda, caso seja descumprido prazo de entrega, bem como na hipótese de não devolução imediata do preço pelo exercício do direito de arrependimento. 3. *O propósito recursal consiste em definir: i) a negativa de prestação jurisdicional pelo Tribunal de origem; ii) a violação ao princípio da correlação; iii) a imposição judicial de multa moratória contra o fornecedor em contrato de adesão de venda de produtos nas relações do comércio varejista por meios eletrônicos* (www.americanas.com.br; www.submarino.com.br; www.shoptime.com.br). 4. O conteúdo decisório desfavorável aos interesses da parte embargante não constitui vício de omissão, portanto inadmissível ser impugnado por embargos de declaração, cuja fundamentação é vinculada às hipóteses do art. 1.022, do CPC. 5. Constatada a efetiva correlação entre a pretensão veiculada pelo Ministério Público e a tutela jurisdicional fornecida pelo Tribunal de origem, afasta-se o propósito recursal relativo à violação dos arts. 141, 492, do CPC. 6. A imposição de multa moratória para a hipótese de atraso no pagamento da compra é revertida, sobretudo, em favor da instituição financeira que dá suporte à compra dos produtos adquiridos a prazo pelo consumidor. Sob este ângulo, sequer há reciprocidade negocial a justificar a intervenção judicial de maneira genérica nos contratos padronizados da recorrente. 7. O vendedor do produto está obrigado a prestar seu serviço no tempo, lugar e forma contratados, e acaso incorra em mora deverá responder pelos respectivos prejuízos, mais juros, atualização monetária e honorários de advogado (arts. 394, 395, do CC). 8. É indevida a intervenção estatal para fazer constar cláusula penal genérica contra o fornecedor de produto em contrato padrão de consumo, pois além de violar os princípios da livre iniciativa e da autonomia da vontade, a própria legislação já prevê mecanismos de punição daquele que incorre em mora. Recurso especial conhecido e parcialmente provido (STJ, REsp 1787492/SP, Rel. Ministra Nancy Andrighi, Segunda Seção, julgado em 11.09.2019, DJe 14.10.2019).

das cláusulas. Venda casada ("tying arrangement"). Ofensa à liberdade de contratar. Transferência de riscos do empreendimento. Desproporcionalidade das vantagens. Dano moral coletivo. Lesão ao patrimônio imaterial da coletividade. Gravidade e intolerância. Inocorrência. Sentença. Efeitos. Validade. Todo o território nacional. 1. Cuida-se de ação coletiva de consumo na qual se pleiteia, essencialmente: a) *o reconhecimento da ilegalidade da cobrança de "taxa de conveniência" pelo simples fato de a recorrida oferecer a venda de ingressos na internet*; b) a condenação da recorrida em danos morais coletivos; e c) a condenação em danos materiais, correspondentes ao ressarcimento aos consumidores dos valores cobrados a título de taxa de conveniência nos últimos 5 (cinco) anos. (...) 3. O propósito recursal é determinar se: a) ocorreu negativa de prestação jurisdicional; b) a disponibilização da venda de ingressos de espetáculos culturais na internet é facilidade que efetivamente beneficia os consumidores; c) existe abusividade na cobrança de "taxa de conveniência" aos consumidores; d) ocorre venda casada pela disponibilização desse serviço associado à aquisição do ingresso; e e) ocorreram danos morais de natureza coletiva. 4. A ausência de expressa indicação de obscuridade, omissão ou contradição nas razões recursais enseja o não conhecimento do recurso especial. 5. A essência do microssistema de defesa do consumidor se encontra no reconhecimento de sua vulnerabilidade em relação aos fornecedores de produtos e serviços, que detêm todo o controle do mercado, ou seja, sobre o que produzir, como produzir e para quem produzir, sem falar-se na fixação de suas margens de lucro. 6. O CDC adotou formas abertas e conceitos indeterminados para definir as práticas e cláusulas abusivas, encarregando o magistrado da tarefa de examinar, em cada hipótese concreta, a efetiva ocorrência de referidas práticas ilegais. 7. A boa-fé objetiva é uma norma de conduta que impõe a cooperação entre os contratantes em vista da plena satisfação das pretensões que servem de ensejo ao acordo de vontades que dá origem à avença, sendo tratada, de forma expressa, no CDC, no reconhecimento do direito dos consumidores de proteção contra métodos comerciais coercitivos ou desleais bem como práticas e cláusulas abusivas ou impostas no fornecimento de produtos ou serviços (art. 6º, IV, do CDC). 8. Segundo a lesão enorme, são abusivas as cláusulas contratuais que configurem lesão pura, decorrentes da simples quebra da equivalência entre as prestações, verificada, de forma objetiva, mesmo que não exista vício na formação do acordo de vontades (arts. 39, V, 51, IV, § 1º, III, do CDC). 9. Uma das formas de violação da boa-fé objetiva é a venda casada (tyingarrangement), que consiste no prejuízo à liberdade de escolha do consumidor decorrente do condicionamento, subordinação e vinculação da aquisição de um produto ou serviço (principal – "tying") à concomitante aquisição de outro (secundário – "tied"), quando o propósito do consumidor é, unicamente, o de obter o produto ou serviço principal. 10. A venda casada "às avessas", indireta ou dissimulada consiste em se admitir uma conduta de consumo intimamente relacionada a um produto ou serviço, mas cujo exercício é restringido à única opção oferecida pelo próprio fornecedor, limitando, assim, a liberdade de escolha do consumidor. Precedentes. 11. O CDC prevê expressamente uma modalidade de venda casada, no art. 39, IX, que se configura em razão da imposição, pelo fornecedor ao consumidor, da contratação indesejada de um intermediário escolhido pelo fornecedor, cuja participação na relação negocial não é obrigatória segundo as leis especiais regentes da matéria. 12. A venda do ingresso para um determinado espetáculo cultural é parte típica e essencial do negócio, risco da própria atividade empresarial que visa o lucro e integrante do investimento do fornecedor, compondo, portanto, o custo básico embutido no preço. 13. Na intermediação por meio da corretagem, como não há relação contratual direta entre o corretor e o terceiro (consumidor), quem deve arcar, em regra, com a remuneração do corretor é a pessoa com quem ele se vinculou, ou seja, o incumbente. Precedente. 14. A assunção da dívida do fornecedor junto ao intermediário exige clareza e transparência na previsão contratual acerca da transferência para o comprador (consumidor) do dever de pagar a comissão de corretagem. Tese repetitiva. 15. Na hipótese concreta, a remuneração da recorrida é integralmente garantida por meio da "taxa de conveniência", cobrada nos moldes do art. 725 do CC/02, devida pelos consumidores que comprarem ingressos em seu meio virtual, independentemente do direito de arrependimento (art. 49 do CDC). 16. *A venda pela internet, que alcança interessados em número infinitamente superior de do que a venda por meio presencial, privilegia os interesses dos produtores e promotores do espetáculo cultural de terem, no menor prazo possível, vendidos os espaços destinados ao público e realizado o retorno dos investimentos até então empregados e transfere aos consumidores parcela considerável do risco do empreendimento, pois os serviços a ela relacionados, remunerados pela "taxa de conveniência", deixam de ser arcados pelos próprios fornecedores. 17. Se os incumbentes optam por submeter os ingressos à venda terceirizada em meio virtual (da internet), devem oferecer ao consumidor diversas opções de compra em diversos sítios eletrônicos, caso contrário, a liberdade dos consumidores de escolha da intermediadora da compra é cerceada, limitada unicamente aos serviços oferecidos pela recorrida, de modo a ficar configurada a venda casada, nos termos do art. 39, I e IX, do CDC. 18. A potencial vantagem do consumidor em adquirir ingressos sem se deslocar de sua residência fica totalmente aplacada pelo fato de ser obrigado a se submeter, sem liberdade, às condições impostas pela recorrida e pelos incumbentes no momento da contratação, o que evidencia que a principal vantagem desse modelo de negócio – disponibilização de ingressos na internet – foi instituída em seu favor dos incumbentes e da recorrida. 19. In casu,* não há declaração clara e destacada de que o consumidor está assumindo um débito que é de responsabilidade do incumbente – produtor ou promotor do espetáculo cultural – não se podendo, nesses termos, reconhecer a validade da transferência do encargo (assunção de dívida pelo consumidor). (...) 22. Os efeitos e a eficácia da sentença coletiva não estão circunscritos a lindes geográficos, mas aos limites objetivos e subjetivos do que foi decidido, levando-se em conta, para tanto, sempre a extensão do dano e a qualidade dos interesses metaindividuais postos em juízo, razão pela qual a presente sentença tem validade em todo o território nacional. Tese repetitiva. 23. Recurso especial parcialmente conhecido e, no ponto, parcialmente provido (STJ, REsp 1737428/RS, Rel. Ministra Nancy Andrighi, Terceira Turma, julgado em 12.03.2019, DJe 15.03.2019).

O Código Civil de 2002, tratou das declarações receptícias de vontade na Seção II "Da formação dos Contratos"[97], do Capítulo I "Disposições Gerais", do Título V "Dos Contratos em Geral", da Parte Especial do Livro I "Do Direito das Obrigações", notadamente da proposta entre presentes e entre ausentes (arts. 427, 428 e 434)[98],

---

97. Não foram contempladas a execução específica, as relações negociais preliminares ou tratativas preliminares (pré-negociais) que se estabelecem entre os eventuais contratantes previamente à formulação da proposta. Nesse sentido, confira-se TEPEDINO, Gustavo; BARBOZA, Heloisa Helena; MORAES, Maria Celina Bodin de. *Código civil interpretado conforme a constituição da república*. Rio de Janeiro: Renovar, 2006. v. II, p. 38-39. Cf. TEPEDINO, Gustavo; KONDER, Carlos Nelson; BANDEIRA, Paulo Greco. *Fundamentos do direito civil*: contratos. 2. ed. Rio de Janeiro: Forense, 2021. v. 3, p. 90: "Determina-se esse período pré-contratual e nele as partes estreitam contato, com conversas prévias, realização de debates, até a troca de minutas do complexos, esse processo implica custos significativos, abrangendo a troca de informações, a realização de pesquisas, viagens e análises, com contratação de peritos (contadores, advogados etc.) como ocorre, com frequência, na aquisição de controle acionário de companhias, em procedimento designado pela terminologia anglo-saxônica *due diligence* (diligência prévia). A partir dessas verificações preliminares, dá-se a punctação, isto é, a redação de minutas contratuais, que funcionam como versões preliminares do instrumento de contrato a ser celebrado, de maneira a explicitar opções normativas para a composição dos interesses em jogo".
98. Art. 427. A proposta de contrato obriga o proponente, se o contrário não resultar dos termos dela, da natureza do negócio, ou das circunstâncias do caso. Art. 428. Deixa de ser obrigatória a proposta: I – se, feita sem prazo a pessoa presente, não foi imediatamente aceita. Considera-se também presente a pessoa que contrata por telefone ou por meio de comunicação semelhante; II – se, feita sem prazo a pessoa ausente, tiver decorrido tempo suficiente para chegar a resposta ao conhecimento do proponente; III – se, feita a pessoa ausente, não tiver sido expedida a resposta dentro do prazo dado; – se, antes dela, ou simultaneamente, chegar ao conhecimento da outra parte a retratação do proponente. Art. 434. Os contratos entre ausentes tornam-se perfeitos desde que a aceitação é expedida, exceto: I – no caso do artigo antecedente; II – se o proponente se houver comprometido a esperar resposta; III – se ela não chegar no prazo convencionado.

da oferta ao público (art. 429)[99], da aceitação (art. 430 a 433)[100] e, por fim, do lugar de celebração (art. 435)[101].

Seja permitido tecer algumas sucintas considerações acerca de algumas controvérsias interpretativas "digitais" das normas que disciplinaram a proposta para a formação do contrato. A proposta sem prazo a pessoa presente deixa de ser obrigatória, se não foi aceita imediatamente, sendo certo que o texto normativo considera também presente a pessoa que contrata por telefone ou por meio de comunicação semelhante (art. 428, I).

Vera Helena de Mello Franco indaga "se quando a lei fala em 'comunicação semelhante' teria em vista os contratos por meio eletrônico ou por 'telex'. Eis a sua resposta: "O critério deve ter em vista o intervalo que medeia entre a proposta e a aceitação. Se celebrado por meio eletrônico, estando ambas as partes em contato imediato (*online*), vale dizer, quando à proposta segue-se imediatamente ou não a aceitação, pode ser considerada entre presentes. Todavia, se as partes não estão em contato direto e entre elas medeia certo intervalo de tempo, como ocorre nas negociações por *e-mails*, quando uma das partes não está conectada ou diretamente em contato, pode-se considerar a proposta feita entre ausentes. Na visão de Álvaro Villaça de Azevedo, contudo, se confirmado o recebimento do e-mail a resposta deve ser emitida imediatamente, salvo a que se tenha dado prazo ou circunstâncias que impeçam a resposta imediata. Mas quando a proposta é apresentada *online* mediante *home page*, a situação é distinta. Aqui o contrato somente se aperfeiçoa com a expedição da resposta, aplicando-se aqui as mesmas regras que regulamentam a oferta feita ao público tal como enunciada na norma do art. 429 do CC/2002. A mesma ordem de raciocínio aplica-se à correspondência via 'telex'. Se as partes não estão imediatamente ligadas, cuida-se de proposta feita à pessoa ausente"[102].

---

99. Art. 429. A oferta ao público equivale a proposta quando encerra os requisitos essenciais ao contrato, salvo se o contrário resultar das circunstâncias ou dos usos. Parágrafo único. Pode revogar-se a oferta pela mesma via de sua divulgação, desde que ressalvada esta faculdade na oferta realizada. Cf. TEPEDINO, Gustavo; KONDER, Carlos Nelson; BANDEIRA, Paulo Greco. *Fundamentos do direito civil*: contratos. 2. ed. Rio de Janeiro: Forense, 2021. v. 3, p. 94-95: "Hipótese peculiar de proposta é a oferta ao público, dirigida indistintamente à coletiva. Especialmente voltada à formação de contratos de adesão, a indeterminação do oblato que lhe é característica impõe alteração das regras aplicáveis. Neste caso, não se admite a retratação, já que não há como determinar o momento do recebimento da proposta pelo oblato, e se admite, excepcionalmente, a faculdade de revogação, desde que prevista na própria oferta e exercida da mesma forma de sua veiculação (CC, art. 429). Por isso, é comum que a oferta seja veiculada com ressalvas expressas, como prazo de vigência, possibilidade de revogação e limitação da oferta à duração de estoque".
100. Art. 430. Se a aceitação, por circunstância imprevista, chegar tarde ao conhecimento do proponente, este comunicá-lo-á imediatamente ao aceitante, sob pena de responder por perdas e danos. Art. 431. A aceitação fora do prazo, com adições, restrições, ou modificações, importará nova proposta. Art. 432. Se o negócio for daqueles em que não seja costume a aceitação expressa, ou o proponente a tiver dispensado, reputar-se-á concluído o contrato, não chegando a tempo a recusa. Art. 433. Considera-se inexistente a aceitação, se antes dela ou com ela chegar ao proponente a retratação do aceitante.
101. Art. 435. Reputar-se-á celebrado o contrato no lugar em que foi proposto.
102. Cf. FRANCO, Vera Helena de Mello. *Teoria geral do contrato*: confronto com o direito europeu futuro. São Paulo: Ed. RT. 2011. p. 161-162. Cf. NEVES, Thiago F. Cardoso. Contratos eletrônicos. Op. cit. p. 475:

No que concerne à controvérsia sobre o momento da contratação no ambiente eletrônico, o Enunciado 173 da III Jornada de Direito Civil do Conselho da Justiça Federal contém a seguinte proposição: "A formação dos contratos realizados entre pessoas ausentes, por meio eletrônico, completa-se com a recepção da aceitação pelo proponente".

Ao comentar o sobredito enunciado, Thiago Ferreira Cardoso Neves afirma que, "no que toca especificamente aos contratos eletrônicos, independentemente de ter sido celebrado entre presentes ou entre ausente, considera-se formado o contrato, segundo essa interpretação, apenas quando recebida a manifestação de aceitação pelo proponente. Assim, não basta, nas compras através de sites na internet, que o oblato dê um clique na opção comprar ou confirmar a compra para que o contrato tenha se aperfeiçoado. É preciso, ainda, que essa confirmação chegue ao sistema do proponente, de modo a que este tenha ciência da aceitação e dê prosseguimento ao pedido"[103].

A tese do enunciado é criticada por Anderson Schreiber ao pontificar que, "além de contrariar frontalmente a letra do art. 434 do Código Civil, instituindo uma orientação antagônica ao texto legal, não resolve o problema da formação dos contratos eletrônicos, na medida em que o consumidor continua sem saber se o seu pedido de compra foi recebido, questão que permanece inteiramente na esfera de poder do fornecedor".

Para auxiliar na superação do sobredito impasse doutrinário, penso que as experiências jurídicas cristalizadas nas codificações civis francesa (arts. 1.127-2 e 1.127-6 do *Code civil*) e alemã (§312(2) do *BGB*) são valiosos subsídios técnico-jurídicos *de lege ferenda* para orientar o legislador brasileiro a fim de incorporar, em nosso Código Civil, aquela opção legislativa sopesada[104] que, a um só tempo, melhor proteger os interesses merecedores de tutela dos agentes do comércio eletrônico e assegurar com eficiência a segurança jurídica do tráfego negocial sob a perspectiva de uma economia globalizada, a saber:

> *Code civil*, Art. 1127-2. Le contrat n'est valablement conclu que si le destinataire de l'offre a eu la possibilité de vérifier le détail de sacommande et son prix total et de corriger d'éventuelles erreurs avant de confirmer celle-ci pour exprimer son acceptation définitive. L'auteur de l'offre doit accuser réception sans délai injustifié, par voie électronique, de lacommande qui lui a été adressée.

"Com efeito, dadas as tecnologias existentes, que podem ser utilizadas como instrumento para a celebração de um contrato, o contrato eletrônico pode ser considerado tanto entre ausentes, quanto entre presentes".

103. Cf. NEVES, Thiago F. Cardoso. Contratos eletrônicos. Op. cit. p. 476-477: "Desse modo, quando a contratação eletrônica se der entre presentes, aplica-se a teoria da recepção, ou seja, tem-se por formado o contrato no momento em que a aceitação é recebida pelo proponente. Em contrapartida, sendo entre ausentes a sua celebração, o contrato estará formado quando expedida a aceitação pelo oblato, independentemente de sua recepção pelo proponente. Logo, aplica-se a teoria da expedição".

104. A propósito do critério para estabelecer a formação do acordo entre pessoas distantes e das opções legislativas nos países do sistema da *common law* (*mailbox rule*) e nos países do sistema da *civil law*, observadas as particularidades dos sistemas alemão, francês e italiano, confira-se, por todos, GALGANO, Francesco. *Il contratto*. 2. ed. Padova: Cedam, 2011. p. 130-136.

[O contrato só é realmente concluído se o destinatário da oferta teve a possibilidade de verificar o detalhe do seu pedido e seu preço total e de corrigir eventuais erros antes de a confirmar para expressar sua aceitação definitiva. (art. 1369.5)]. La commande, la confirmation de l'acceptation de l'offre et l'accusé de réceptionsontconsidéréscommereçuslorsquelespartiesauxquellesilsson-tadresséspeuvent y avoir accès. [O pedido, a confirmação da aceitação da oferta e o aviso de recebimento são considerados recebidos quando as partes, as quais eles se dirigem, possam ter acesso a eles – tradução livre].

Code civil, Art. 1127-6. Hors les cas prévus aux articles 1125 et 1126, la remise d'um écrit électronique est effective lorsque le destinataire, après avoir pu emprendre connaissance, en a accusé réception. Si une disposition prévoit que l'écrit doit être lu au destinataire, la remise d'um écri télectronique à l'intéressé dans les conditions prévues au premier alinéa vaut lecture. (art. 1369-9). [Salvo nos casos previstos nos artigos 1125.º e 1126.º, a entrega do documento eletrónico produz efeitos quando o destinatário, depois de o ter tido conhecimento, acusa o recebimento. Se uma disposição prevê que a escrita deve ser lida ao destinatário, a entrega de uma escrita eletrônica ao interessado nas condições previstas no primeiro parágrafo equivale à leitura – tradução livre][105].

BGB, §312. Cópias e confirmações. (...) (2) No caso de contratos de venda à distância, o empresário é obrigado a fornecer ao consumidor uma confirmação do contrato, em que o conteúdo do contrato é reproduzido, dentro de um prazo razoável após a celebração do contrato, mas o mais tardar aquando da entrega das mercadorias ou antes do início da prestação do serviço, para disponibilizar suportes de dados permanentes. A confirmação de acordo com a frase 1 [uma cópia de um documento do contrato que foi assinado pelas partes contratantes de forma que sua identidade possa ser reconhecida] deve conter as informações mencionadas no artigo 246a do Ato Introdutório ao Código Civil, a menos que o empresário já tenha fornecido ao consumidor essas informações em um suporte de dados permanente antes da celebração do contrato em cumprimento das suas obrigações de informação de acordo com § 312d parágrafo 1.

No tocante à controvérsia sobre o lugar/foro da contratação/conflito internacional em um ambiente eletrônico (art. 435 do CC; art. 9º do Decreto-lei 4.657/1942; art. 88, III, do CPC/73; art. 53, IV, "a" do CPC/2015)[106], o Superior Tribunal de Justiça já decidiu que o domicílio da vítima e o local onde houve o acesso ao *website* onde a

---

105. O autor deste artigo agradece à advogada Maria Fernanda Leite pela criteriosa revisão da tradução.
106. Cf. TEPEDINO, Gustavo; KONDER, Carlos Nelson; BANDEIRA, Paulo Greco. *Fundamentos do direito civil*: contratos. 2. Rio de Janeiro: Forense, 2021. v. 3, p. 97-98: "Há que se estabelecer, ainda, para fins de determinação de normas aplicáveis, o local em que se considera formado o contrato. Nesse sentido, às obrigações resultantes de contratos internacionais deve ser aplicada a lei do país que se constituíram, conforme o princípio do *locus regit actum* (Lei de introdução às Normas do Direito Brasileiro – LINDB – Decreto-lei 4.657/42, art. 9º). O Código Civil manteve no art. 435 a regra do local da proposta no silêncio das partes, bem como a LINDB, no § 2º do art. 9º, continua a usar como critério o local de residência do proponente. Assim, as obrigações resultantes de contrato firmado entre proponente que resida na França e oblato residente no Brasil devem ser regidas pelo direito francês, não pelo direito brasileiro. O sistema adotado pelo legislador, todavia, não se encontra adequado aos chamados contratos eletrônicos, em especial aqueles que envolvem relações de consumo. A determinação da lei aplicável com base no local da sede do fornecedor ou do local em que está hospedada a página da oferta prejudicaria a tutela do consumidor, já que este muitas vezes desconhece qual seja esse local e a sua legislação. Essa indefinição permitiria ao fornecedor hospedar suas páginas em locais cuja legislação tenha menor grau de proteção ao consumidor: revela-se, assim, a insuficiência da mera subsunção, cumprindo-se adotar uma interpretação funcional que leve em conta a tutela constitucional do consumidor. Nesse sentido, destaca-se a adoção do princípio do *stream of commerce* (fluxo de comércio), que justifica a aplicação da lei vigente onde o produto ou serviço é adquirido ou utilizado pelo consumidor; arcando o empreendedor com o ônus de lhe ser dirigida a oferta".

informação foi exibida é o foro competente para processar e julgar a ação de reparação/remoção da ilicitude danosa cometida no ambiente virtual da *Internet*:

> Direito processual civil. Recurso especial. *Ação de indenização por utilização indevida de imagem em sítio eletrônico. Prestação de serviço para empresa espanhola.* Contrato com cláusula de eleição de foro no exterior. 1. A evolução dos sistemas relacionados à informática proporciona a internacionalização das relações humanas, relativiza as distâncias geográficas e enseja múltiplas e instantâneas interações entre indivíduos. 2. Entretanto, a intangibilidade e mobilidade das informações armazenadas e transmitidas na rede mundial de computadores, a fugacidade e instantaneidade com que as conexões são estabelecidas e encerradas, a possibilidade de não exposição física do usuário, o alcance global da rede, constituem-se em algumas peculiaridades inerentes a esta nova tecnologia, abrindo ensejo à prática de possíveis condutas indevidas. 3. O caso em julgamento traz à baila a controvertida situação do impacto da internet sobre o direito e as relações jurídico-sociais, em um ambiente até o momento desprovido de regulamentação estatal. A origem da internet, além de seu posterior desenvolvimento, ocorre em um ambiente com características de autorregulação, pois os padrões e as regras do sistema não emanam, necessariamente, de órgãos estatais, mas de entidades e usuários que assumem o desafio de expandir a rede globalmente. 4. A questão principal relaciona-se à possibilidade de pessoa física, com domicílio no Brasil, invocar a jurisdição brasileira, em caso envolvendo contrato de prestação de serviço contendo cláusula de foro na Espanha. A autora, percebendo que sua imagem está sendo utilizada indevidamente por intermédio de sítio eletrônico veiculado no exterior, mas acessível pela rede mundial de computadores, ajuíza ação pleiteando ressarcimento por danos material e moral. 5. Os artigos 100, inciso IV, alíneas "b" e "c" c/c art. 12, incisos VII e VIII, ambos do CPC, devem receber interpretação extensiva, pois quando a legislação menciona a perspectiva de citação de pessoa jurídica estabelecida por meio de agência, filial ou sucursal, está se referindo à existência de estabelecimento de pessoa jurídica estrangeira no Brasil, qualquer que seja o nome e a situação jurídica desse estabelecimento. 6. Aplica-se a teoria da aparência para reconhecer a validade de citação via postal com "aviso de recebimento-AR", efetivada no endereço do estabelecimento e recebida por pessoa que, ainda que sem poderes expressos, assina o documento sem fazer qualquer objeção imediata. Precedentes. 7. O exercício da jurisdição, função estatal que busca composição de conflitos de interesse, deve observar certos princípios, decorrentes da própria organização do Estado moderno, que se constituem em elementos essenciais para a concretude do exercício jurisdicional, sendo que dentre eles avultam: inevitabilidade, investidura, indelegabilidade, inércia, unicidade, inafastabilidade e aderência. No tocante ao princípio da aderência, especificamente, este pressupõe que, para que a jurisdição seja exercida, deve haver correlação com um território. Assim, para as lesões a direitos ocorridos no âmbito do território brasileiro, em linha de princípio, a autoridade judiciária nacional detém competência para processar e julgar o litígio. 8. O Art. 88 do CPC, mitigando o princípio da aderência, cuida das hipóteses de jurisdição concorrente (cumulativa), sendo que a jurisdição do Poder Judiciário Brasileiro não exclui a de outro Estado, competente a justiça brasileira apenas por razões de viabilidade e efetividade da prestação jurisdicional, estas corroboradas pelo princípio da inafastabilidade da jurisdição, que imprime ao Estado a obrigação de solucionar as lides que lhe são apresentadas, com vistas à consecução da paz social. 9. *A comunicação global via computadores pulverizou as fronteiras territoriais e criou um novo mecanismo de comunicação humana, porém não subverteu a possibilidade e a credibilidade da aplicação da lei baseada nas fronteiras geográficas, motivo pelo qual a inexistência de legislação internacional que regulamente a jurisdição no ciberespaço abre a possibilidade de admissão da jurisdição do domicílio dos usuários da internet para a análise e processamento de demandas envolvendo eventuais condutas indevidas realizadas no espaço virtual.* 10. Com o desenvolvimento da tecnologia, passa a existir um novo conceito de privacidade, sendo o consentimento do interessado o ponto de referência de todo o sistema de tutela da privacidade, direito

que toda pessoa tem de dispor com exclusividade sobre as próprias informações, nelas incluindo o direito à imagem. 11. É reiterado o entendimento da preponderância da regra específica do art. 100, inciso V, alínea "a", do CPC sobre as normas genéricas dos arts. 94 e 100, inciso IV, alínea "a" do CPC, permitindo que a ação indenizatória por danos morais e materiais seja promovida no foro do local onde ocorreu o ato ou fato, ainda que a ré seja pessoa jurídica, com sede em outro lugar, pois é na localidade em que reside e trabalha a pessoa prejudicada que o evento negativo terá maior repercussão. Precedentes. 12. A cláusula de eleição de foro existente em contrato de prestação de serviços no exterior, portanto, não afasta a jurisdição brasileira. 13. Ademais, a imputação de utilização indevida da imagem da autora é um "posterius" em relação ao contato de prestação de serviço, ou seja, o direito de resguardo à imagem e à intimidade é autônomo em relação ao pacto firmado, não sendo dele decorrente. A ação de indenização movida pela autora não é baseada, portanto, no contrato em si, mas em fotografias e imagens utilizadas pela ré, sem seu consentimento, razão pela qual não há se falar em foro de eleição contratual. 14. *Quando a alegada atividade ilícita tiver sido praticada pela internet, independentemente de foro previsto no contrato de prestação de serviço, ainda que no exterior, é competente a autoridade judiciária brasileira caso acionada para dirimir o conflito, pois aqui tem domicílio a autora e é o local onde houve acesso ao sítio eletrônico onde a informação foi veiculada, interpretando-se como ato praticado no Brasil, aplicando-se à hipótese o disposto no artigo 88, III, do CPC.* 15. Recurso especial a que se nega provimento (STJ, REsp 1168547/RJ, Rel. Ministro Luis Felipe Salomão, Quarta Turma, julgado em 11.05.2010, DJe 07.02.2011).

No tocante à evidência dos contratos eletrônicos, Carlos Gustavo Vianna Direito sustenta que "a verdadeira questão dos contratos eletrônicos será a forma de prova destes perante o Poder Judiciário. Algumas vezes o legislador deixa uma porta aberta para que a evolução do direito se faça sem necessidade de edição diária de normas. Assim, o artigo 225 do Código Civil adota essa mentalidade ao permitir que a prova do fato jurídico seja feita da forma mais ampla, falando expressamente em reproduções mecânicas ou eletrônicas. Podemos, então, com base em tal dispositivo legal utilizar, por exemplo, e-mails trocados para comprovar a existência do contrato feito de forma eletrônica"[107].

Thiago Ferreira Cardoso Neves acrescenta que "cabe às partes e aos operadores do Direito verificar se esses contratos eletrônicos, assim como todos os demais documentos eletrônicos, preenchem os requisitos mínimos necessários para ter eficácia probatória, devendo assegurar a sua autenticidade, que permite identificar a sua autoria, e a sua integridade, afastando as dúvidas quanto a eventual adulteração do seu conteúdo. Constatando-se que o documento é autêntico e que não houve adulteração, ele servirá, inequivocamente, como meio de prova. E isso está corroborado, inclusive, no enunciado 297 das Jornadas de Direito Civil do Conselho da

---

107. Cf. DIREITO, Carlos Gustavo Vianna. *Do contrato*: teoria geral. Rio de Janeiro: Renovar, 2007. p. 120 e 122: "Diante desta virtualização do contrato a prova de sua existência fica cada vez mais difícil de ser feita. Não existe a produção de uma prova materialmente visível, salvo quando possível a impressão dos e-mails trocados. O mundo virtual é mais cômodo para as pessoas que não precisam sair de casa para realizar qualquer tipo de operação econômica. Mas, tal facilidade exige um maior controle. A comodidade do contrato eletrônico ainda esbarra na insegurança do sistema virtual. Apesar disso, os fornecedores de serviço e produto investem cada vez mais para tornar seguro o comércio eletrônico". Confira-se o Enunciado 298 da IV Jornada de Direito Civil do Conselho da Justiça Federal: "Os arquivos eletrônicos incluem-se no conceito de "reproduções eletrônicas de fatos ou de coisas" do art. 225 do Código Civil, aos quais deve ser aplicado o regime jurídico da prova documental".

Justiça Federal, o qual dispõe que *o documento eletrônico tem valor probante, desde que seja apto a conservar a integridade de seu conteúdo e idôneo a apontar sua autoria, independentemente da tecnologia empregada*"[108].

Deveras, a utilização do documento eletrônico consubstanciado em correio eletrônico (e-mail) trocadas na *Internet* exige cautela do magistrado no exame do conteúdo desta prova documental[109] para valorar motivadamente a sua força probante acerca do objeto litigioso, podendo se socorrer das regras de experiência comum[110] e, se for o caso, do exame pericial[111].

A propósito da principal ferramenta na *Internet*, o exercício do direito potestativo de preferência pela franqueadora, por meio de correio eletrônico (*e-mail*),

---

108. Cf. NEVES, Thiago Ferreira Cardoso. Contratos Eletrônicos. In: SOUZA, Sylvio Capanema de; WERNER, José Guilherme Vasi; NEVES, Thiago Ferreira Cardoso. *Direito do Consumidor*. Sylvio Capanema de Souza, José Guilherme Vasi Werner e Thiago Ferreira Cardoso Neves. Rio de Janeiro: Forense, 2018. p. 470.
109. CPC, Art. 413. O telegrama, o radiograma ou qualquer outro meio de transmissão tem a mesma força probatória do documento particular se o original constante da estação expedidora tiver sido assinado pelo remetente. Art. 422. Qualquer reprodução mecânica, como a fotográfica, a cinematográfica, a fonográfica ou de outra espécie, tem aptidão para fazer prova dos fatos ou das coisas representadas, se a sua conformidade com o documento original não for impugnada por aquele contra quem foi produzida. § 1º As fotografias digitais e as extraídas da rede mundial de computadores fazem prova das imagens que reproduzem, devendo, se impugnadas, ser apresentada a respectiva autenticação eletrônica ou, não sendo possível, realizada perícia. (...) § 3º Aplica-se o disposto neste artigo à forma impressa de mensagem eletrônica.
110. Cf. OLVIEIRA, Carlos Santos de. Da prova dos negócios jurídicos. In: TEPEDINO, Gustavo. *O Código Civil na perspectiva civil constitucional*. Rio de Janeiro: Renovar, 2013, p. 507: "Assim, não havendo impugnação o documento eletrônico servirá como meio de prova. Caso haja impugnação, a constituição da prova mediante a exibição de documento eletrônico dependerá da análise de vários outros elementos, tais como: a coerência e unicidade relativa a eventual diálogo travado entre as partes interessadas; a lógica dos fatos reproduzidos; a pertinência destes relativamente ao ponto controvertido, dentre outros aspectos que poderão ser utilizados pelo magistrado na análise do aproveitamento da prova, como por exemplo, a "experiência do homem médio Situação diversa seria se o emitente da mensagem a tivesse assinado eletronicamente. Desta forma não haveria como dar credibilidade a eventual impugnação do documento sob seu aspecto formal". Cf. MARIONINI, Luiz Guilherme, ARENHART, Sérgio Cruz. *Prova e convicção*. 3. ed. São Paulo: Ed. RT, 2015. p. 630-631: "Ora, será razoável exigir a autenticação eletrônica de fotografia obtida na rede mundial de computadores? E de que servirá a prova pericial nesse tipo de caso? E mesmo no caso de fotografia digital, como se logrará a sua autenticação? (...), parece mais correto autorizar a sua produção, sujeitando-a ao livre critério de valoração do juiz. Tocará a ele, diante das demais circunstâncias do processo, da harmonia entre a prova fotográfica (digital) e o conjunto probatório dos autos, a conduta regular da parte (ao desfazer-se do meio físico de registro) e até eventuais elementos indicativos da perícia (possivelmente realizada sobre a fotografia) examinar o caso e, justificadamente, apontar o convencimento que esta prova lhe traz. Esta solução, embora não permita um juízo seguro a respeito da utilidade da prova, é a única que se amolda às particularidades de cada situação, permitindo que se observe a conduta da parte e o conjunto dos autos como elementos importantes na definição do valor instrutório da prova em questão".
111. CPC, Art. 371. O juiz apreciará a prova constante dos autos, independentemente do sujeito que a tiver promovido, e indicará na decisão as razões da formação de seu convencimento. Art. 375. O juiz aplicará as regras de experiência comum subministradas pela observação do que ordinariamente acontece e, ainda, as regras de experiência técnica, ressalvado, quanto a estas, o exame pericial. Na jurisprudência ver AGRAVO interno no agravo em recurso especial. Civil. Ação de obrigação de fazer. Contrato. Aditamento. Não comprovação. *Documento eletrônico. E-mail.* Conteúdo probante. Insuficiência. (...) 2. Ação de obrigação de fazer que objetiva o cumprimento de suposto aditamento contratual firmado entre as partes, julgada improcedente na origem. (...) 4. *Conteúdo probante dos e-mails considerado insuficiente para demonstrar o suposto aditamento contratual que não foi trazido aos autos.* (...) (STJ, AgInt no AREsp 1162825/SP, Rel. Ministro Ricardo Villas Bôas Cueva, Terceira Turma, julgado em 24.04.2018, DJe 30.04.2018).

para aquisição do estabelecimento da franqueada, também foi reconhecido como válido e eficaz pelo Superior Tribunal de Justiça, desde que observados certos requisitos:

> Recurso especial. Ação indenizatória. *Contrato de franquia. Direito de preferência. Cláusula contratual. Notificação extrajudicial.* Correio eletrônico (e-mail). Validade. Honorários advocatícios. Valor. Majoração. Descabimento. Razoabilidade. 1. Ação indenizatória ajuizada por empresa franqueadora fundada na alegação de ofensa ao exercício do direito de preferência garantido no contrato de franquia para aquisição do estabelecimento da franqueada, devido à inadequação do meio de notificação utilizado, qual seja, correio eletrônico (e-mail). 2. *A notificação é a manifestação formal da vontade que provoca a atividade positiva ou negativa de alguém. Seja na modalidade judicial ou extrajudicial, é o meio pelo qual o direito de preferência ou preempção é instrumentalizado. 3. A validade da notificação por e-mail exige o atendimento de certos requisitos para o fim de assegurar a efetividade da notificação em si, bem como o exercício do direito de preferência. 4. No caso, a notificação realizada por correio eletrônico (e-mail) pode ser considerada meio idôneo para o exercício do direito de preferência previsto no contrato de franquia, pois configurados: i) a ciência inequívoca da data do envio e do recebimento da notificação eletrônica; ii) a identificação segura do emissor da notificação; iii) os requisitos previstos em cláusula contratual específica acerca do direito de preferência (valor, condições de pagamento e prazo); iv) a habitualidade no uso do correio eletrônico como instrumento de comunicação e v) o cumprimento da finalidade essencial do ato. 5. Não se desconhece que a introdução de novas tecnologias aplicadas tanto nas relações negociais como nos processos judiciais, a despeito da evidente agilização dos procedimentos, como ganhos de tempo, de trabalho e de recursos materiais, deve ser vista com certa cautela, considerando-se os riscos e as dificuldades próprios do uso de sistemas informatizados. Na hipótese, o juízo de precaução sobre a segurança da informação foi observado.* (...) 7. Recurso especial parcialmente conhecido e não provido (STJ, REsp 1545965/RJ, Rel. Ministro Ricardo Villas Bôas Cueva, Terceira Turma, julgado em 22.09.2015, DJe 30.09.2015).

Além das sobreditas questões de direito material atinentes ao comércio eletrônico, o Superior Tribunal de Justiça já reconheceu, sob o prisma processual, a executividade do contrato eletrônico de mútuo assinado digitalmente em consonância com a infraestrutura de chaves públicas, quando atendidos especiais requisitos em razão da nova realidade comercial com intenso intercâmbio de bens e serviços em sede virtual, senão vejamos:

> Recurso especial. Civil e processual civil. *Execução de título extrajudicial. Executividade de contrato eletrônico de mútuo assinado digitalmente (criptografia assimétrica) em conformidade com a infraestrutura de chaves públicas brasileira. Taxatividade dos títulos executivos. Possibilidade,* em face das peculiaridades da constituição do crédito, de ser excepcionado o disposto no art. 585, inciso ii, do CPC/73 (art. 784, inciso III, do CPC/2015). Quando a existência e a higidez do negócio puderem ser verificadas de outras formas, que não mediante testemunhas, reconhecendo-se executividade ao contrato eletrônico. Precedentes. 1. Controvérsia acerca da condição de título executivo extrajudicial de contrato eletrônico de mútuo celebrado sem a assinatura de duas testemunhas. 2. O rol de títulos executivos extrajudiciais, previsto na legislação federal em "numerus clausus", deve ser interpretado restritivamente, em conformidade com a orientação tranquila da jurisprudência desta Corte Superior. 3. *Possibilidade, no entanto, de excepcional reconhecimento da executividade de determinados títulos (contratos eletrônicos) quando atendidos especiais requisitos, em face*

da nova realidade comercial com o intenso intercâmbio de bens e serviços em sede virtual. 4. Nem o Código Civil, nem o Código de Processo Civil, inclusive o de 2015, mostraram-se permeáveis à realidade negocial vigente e, especialmente, à revolução tecnológica que tem sido vivida no que toca aos modernos meios de celebração de negócios, que deixaram de se servir unicamente do papel, passando a se consubstanciar em meio eletrônico. 5. *A assinatura digital de contrato eletrônico tem a vocação de certificar, através de terceiro desinteressado (autoridade certificadora), que determinado usuário de certa assinatura a utilizara e, assim, está efetivamente a firmar o documento eletrônico e a garantir serem os mesmos os dados do documento assinado que estão a ser sigilosamente enviados.* 6. Em face destes novos instrumentos de verificação de autenticidade e presencialidade do contratante, possível o reconhecimento da executividade dos contratos eletrônicos. 7. Caso concreto em que o executado sequer fora citado para responder a execução, oportunidade em que poderá suscitar a defesa que entenda pertinente, inclusive acerca da regularidade formal do documento eletrônico, seja em exceção de pré-executividade, seja em sede de embargos à execução. 8. Recurso especial provado (STJ, REsp 1495920/DF, Rel. Ministro Paulo De Tarso Sanseverino, Terceira Turma, julgado em 15.05.2018, DJe 07.06.2018).

3.1 A formação dos contratos inteligentes (*smart contracts*)

Os avanços tecnológicos permitiram a concepção dos chamados "contratos inteligentes" (*smart contracts*) para "descrever a funcionalidade superior de um contrato criado em meio digital com protocolos de dados", de tal modo que "seria possível embutir cláusulas contratuais em hardwares e softwares de uma maneira que qualquer inadimplemento resultaria em um custo que incentivaria as partes a cumprirem com o acordo firmado"[112].

A tecnologia *blockchain*[113] concede aos contratos inteligentes a autorregulação (*v.g.* estipulação de cláusulas complexas e personalizáveis) pelas partes transatoras, "dispensando o terceiro regulador" (advogado)[114], de maneira que, "após firmada

---

112. Cf. SILVA, Amanda Gabrielle Lima da; PAZETTI, Bruno; NYBO, Erik Fontenele. Contratos gráficos: utilizando algoritmos para o desenvolvimento de contratos. In: FEIGELSON, Bruno; BECKER, Daniel; RAVAGNANI, Giovani (Coord.). *O advogado do amanhã*: estudos em homenagem ao Professor Richard Susskind. São Paulo: Ed. RT, 2016. p. 157.
113. Cf. SILVA, Amanda Gabrielle Lima da; PAZETTI, Bruno; NYBO, Erik Fontenele. Contratos gráficos: utilizando algoritmos para o desenvolvimento de contratos. In: FEIGELSON, Bruno; BECKER, Daniel; RAVAGNANI, Giovani (Coord.). *O advogado do amanhã*: estudos em homenagem ao Professor Richard Susskind. São Paulo: Ed. RT, 2016. p. 158: "Em resumo, o *blockchain* consiste em um sistema de registro encadeado e armazenado em blocos, no qual diferentes tipos de dados podem ser gravados e o registro só é efetuado após o aceito da comunidade envolvida, novamente uma característica típica dessa nova sociedade baseada na descentralização. Tais registros são criptografados, logo dados sensíveis das pessoas envolvidas e o tipo de registro efetuado são mascarados por meio de algoritmos computacionais".
114. Cf. SILVA, Amanda Gabrielle Lima da; PAZETTI, Bruno; NYBO, Erik Fontenele. Contratos gráficos: utilizando algoritmos para o desenvolvimento de contratos. In: FEIGELSON, Bruno; BECKER, Daniel; RAVAGNANI, Giovani (Coord.). *O advogado do amanhã*: estudos em homenagem ao Professor Richard Susskind. São Paulo: Ed. RT, 2016. p. 156: "Por essa razão, torna-se necessário pensar em um Direito mais apto a atender às atuais necessidades das relações obrigacionais. Não à toa, alguns empresários e startups optam por realizar negócios sem auxílio de advogados, que muitas vezes não conseguem entender a importância da celeridade, clareza e objetividade na elaboração de documentos ou mesmo na assessoria jurídica que se propõem a prestar a seus clientes". Registro aqui o meu entendimento em sentido contrário à nota reproduzida acima. Penso que o investimento na contratação de advogados especializados para assessoria jurídica nos negócios jurídicos em

uma relação obrigacional, a tecnologia *blockchain* é capaz de monitorar o instrumento contratual, de forma a verificar o adimplemento das cláusulas acordadas por meio do registro criptografado encadeado, onde cada registro afirma ou não que determinada etapa do contrato foi completada"[115].

Conclui-se, portanto, que os contratos inteligentes são um tipo contratual eletrônico e autoexecutável, a permitir transações e operações transnacionais para conjugar e interligar interesses econômicos e sociais.

Todavia, penso que a autorregulação propiciada pelos contratos inteligentes não pode violar as normas cogentes (v.g. art. 166 do CC)[116] e de ordem pública (v.g. art. 421 e 2.035 do CC)[117] na sua formação e na sua execução impostas pelos respectivos Estados soberanos dos transatores em conflitos nacionais e transnacionais (v.g. arts. 9º e 17 do Decreto-lei 4.657/1942; art. 2º, § 1º, da Lei 9.307/96)[118].

---

geral mitigará, em regra, os riscos na estipulação de cláusulas ilegais, abusivas e ambíguas, a prevenir, inclusive, litígios judiciais e arbitrais, despesas processuais, honorários periciais etc.

115. Cf. SILVA, Amanda Gabrielle Lima da; PAZETTI, Bruno; NYBO, Erik Fontenele. Contratos gráficos: utilizando algoritmos para o desenvolvimento de contratos. In: FEIGELSON, Bruno; BECKER, Daniel; RAVAGNANI, Giovani (Coord.). *O advogado do amanhã*: estudos em homenagem ao Professor Richard Susskind. São Paulo: Ed. RT, 2016. p. 159.

116. Art. 166. É nulo o negócio jurídico quando: I – celebrado por pessoa absolutamente incapaz; II – for ilícito, impossível ou indeterminável o seu objeto; III – o motivo determinante, comum a ambas as partes, for ilícito; IV – não revestir a forma prescrita em lei; V – for preterida alguma solenidade que a lei considere essencial para a sua validade; VI – tiver por objetivo fraudar lei imperativa; VII – a lei taxativamente o declarar nulo, ou proibir-lhe a prática, sem cominar sanção.
"2. A questão posta em discussão trata de nulidade absoluta, pois o art. 166, inciso II, do Código Civil proclama ser nulo o negócio quando for ilícito o seu objeto, valendo ressaltar que essa ilicitude não é apenas do bem da vida em discussão, mas, também, da própria operação jurídica realizada, a qual, no caso, configura, inclusive, crime previsto no Código Penal. (...) 3. A teor do disposto nos arts. 168, parágrafo único, e 169, ambos do Código Civil, a nulidade absoluta do negócio jurídico gera, como consequência, a insuscetibilidade de convalidação, não sendo permitido nem mesmo ao juiz suprimir o vício, ainda que haja expresso requerimento das partes. (...) (STJ, REsp 1368960/RJ, Rel. Ministro Marco Aurélio Bellizze, Terceira Turma, julgado em 07.06.2016, DJe 10.06.2016).

117. Art. 421. A liberdade contratual será exercida nos limites da função social do contrato. Parágrafo único. Nas relações contratuais privadas, prevalecerão o princípio da intervenção mínima e a excepcionalidade da revisão contratual. Art. 2.035. A validade dos negócios e demais atos jurídicos, constituídos antes da entrada em vigor deste Código, obedece ao disposto nas leis anteriores, referidas no art. 2.045, mas os seus efeitos, produzidos após a vigência deste Código, aos preceitos dele se subordinam, salvo se houver sido prevista pelas partes determinada forma de execução. Parágrafo único. Nenhuma convenção prevalecerá se contrariar preceitos de ordem pública, tais como os estabelecidos por este Código para assegurar a função social da propriedade e dos contratos.

118. Decreto-lei 4.657/1942, art. 9º Para qualificar e reger as obrigações, aplicar-se-á a lei do país em que se constituírem. § 1º Destinando-se a obrigação a ser executada no Brasil e dependendo de forma essencial, será esta observada, admitidas as peculiaridades da lei estrangeira quanto aos requisitos extrínsecos do ato. § 2º A obrigação resultante do contrato reputa-se constituída no lugar em que residir o proponente. Art. 17. As leis, atos e sentenças de outro país, bem como quaisquer declarações de vontade, não terão eficácia no Brasil, quando ofenderem a soberania nacional, a ordem pública e os bons costumes.
Lei 9.307/96, Art. 2º A arbitragem poderá ser de direito ou de equidade, a critério das partes. § 1º Poderão as partes escolher, livremente, as regras de direito que serão aplicadas na arbitragem, desde que não haja violação aos bons costumes e à ordem pública.

3.2 Formação da convenção processual eletrônica

A Lei 11.419, de 19 de dezembro de 2006, dispôs sobre a informatização do processo judicial, que admitiu, nos termos da Lei, o uso do meio eletrônico na tramitação de processos judiciais, comunicação de atos e transmissão de peças processuais (art. 1º)[119].

O novo Código de Processo Civil, instituído pela Lei 13.105, sancionada em 16 de março de 2015, publicada no Diário Oficial da União no dia 17 de março de 2015, com vigência a partir do dia 18 de março de 2016, também prevê a prática dos atos processuais total ou parcialmente digitais, de forma a permitir que sejam produzidos, comunicados, armazenados e validados por meio eletrônico (art. 193)[120].

As partes plenamente capazes podem celebrar convenção processual, consentida em processo eletrônico sobre direitos que admitam auto composição, para estipular mudanças no procedimento para ajustá-lo às especificidades da causa, dispor sobre os seus ônus, poderes, faculdades e deveres processuais, antes ou durante o processo (art. 190 do CPC)[121], e, por fim, fixar calendário para a prática dos atos processuais (art. 191 do CPC)[122].

A formação desse novo negócio jurídico processual "atípico"[123]eletrônico ocorrerá após o pronunciamento de conteúdo decisório do juiz (art. 203, §§1º e 2º, do

---

119. Art. 1º O uso de meio eletrônico na tramitação de processos judiciais, comunicação de atos e transmissão de peças processuais será admitido nos termos desta Lei. § 1º Aplica-se o disposto nesta Lei, indistintamente, aos processos civil, penal e trabalhista, bem como aos juizados especiais, em qualquer grau de jurisdição. § 2º Para o disposto nesta Lei, considera-se: I – meio eletrônico qualquer forma de armazenamento ou tráfego de documentos e arquivos digitais; II – transmissão eletrônica toda forma de comunicação a distância com a utilização de redes de comunicação, preferencialmente a rede mundial de computadores; III – assinatura eletrônica as seguintes formas de identificação inequívoca do signatário: a) assinatura digital baseada em certificado digital emitido por Autoridade Certificadora credenciada, na forma de lei específica; b) mediante cadastro de usuário no Poder Judiciário, conforme disciplinado pelos órgãos respectivos.
120. Art. 193. Os atos processuais podem ser total ou parcialmente digitais, de forma a permitir que sejam produzidos, comunicados, armazenados e validados por meio eletrônico, na forma da lei. Parágrafo único. O disposto nesta Seção aplica-se, no que for cabível, à prática de atos notariais e de registro.
121. Art. 190. Versando o processo sobre direitos que admitam autocomposição, é lícito às partes plenamente capazes estipular mudanças no procedimento para ajustá-lo às especificidades da causa e convencionar sobre os seus ônus, poderes, faculdades e deveres processuais, antes ou durante o processo. Parágrafo único. De ofício ou a requerimento, o juiz controlará a validade das convenções previstas neste artigo, recusando-lhes aplicação somente nos casos de nulidade ou de inserção abusiva em contrato de adesão ou em que alguma parte se encontre em manifesta situação de vulnerabilidade.
122. Art. 191. De comum acordo, o juiz e as partes podem fixar calendário para a prática dos atos processuais, quando for o caso. § 1º O calendário vincula as partes e o juiz, e os prazos nele previstos somente serão modificados em casos excepcionais, devidamente justificados. § 2º Dispensa-se a intimação das partes para a prática de ato processual ou a realização de audiência cujas datas tiverem sido designadas no calendário.
123. A propósito das convenções processuais típicas – consagradas em um texto de lei pelo legislador ou quando os comportamentos socialmente típicos são transformados em tipos normativos – e atípicas que prestigia o autorregramento da vontade, com a previsão de uma cláusula geral de convencionalidade no processo (art. 190 do CPC/2015), consulte-se, por todos, CABRAL, Antonio do Passo. *Convenções processuais*. Salvador: JusPodivum, 2016. p. 85-92.

CPC)[124], a quem cabe controlar a validade das convenções processuais, embora não o magistrado seja sujeito da convenção processual[125].

---

[124]. Art. 203. Os pronunciamentos do juiz consistirão em sentenças, decisões interlocutórias e despachos. § 1º Ressalvadas as disposições expressas dos procedimentos especiais, sentença é o pronunciamento por meio do qual o juiz, com fundamento nos arts. 485 e 487 , põe fim à fase cognitiva do procedimento comum, bem como extingue a execução. § 2º Decisão interlocutória é todo pronunciamento judicial de natureza decisória que não se enquadre no § 1º.

[125]. "Civil. Processual civil. Ação de inventário. Celebração de negócio jurídico processual atípico. Cláusula geral do art. 190 do novo CPC. Aumento do protagonismo das partes, equilibrando-se as vertentes do contratualismo e do publicismo processual, sem despir o juiz de poderes essenciais à obtenção da tutela jurisdicional efetiva, célere e justa. Controle dos negócios jurídicos processuais quanto ao objeto e abrangência. Possibilidade. Dever de extirpar as questões não convencionadas e que não podem ser subtraídas do poder judiciário. Negócio jurídico entre herdeiros que pactuaram sobre retirada mensal para custeio de despesas, a ser antecipada com os frutos e rendimentos dos bens. Ausência de consenso sobre o valor exato a ser recebido por um herdeiro. Arbitramento judicial. Superveniência de pedido de majoração do valor pelo herdeiro. Possibilidade de exame pelo poder judiciário. Questão não abrangida pela convenção que versa também sobre o direito material controvertido. Inexistência de vinculação do juiz ao decidido, especialmente quando houver alegação de superveniente modificação do substrato fático. Negócio jurídico processual atípico que apenas pode ser bilateral, limitados aos sujeitos processuais parciais. Juiz que não pode ser sujeito de negócio jurídico processual. Interpretação estritiva do objeto e da abrangência do negócio. Não substração do exame do poder judiciário de questões que desbordem o objeto convencionado. Violação ao princípio do acesso à justiça. Revisão do valor que pode ser também decidida à luz do microssistema de tutelas provisórias. Art. 647, parágrafo único, do novo CPC. Suposta novidade. Tutela provisória em inventário admitida, na modalidade urgência e evidência, desde a reforma processual de 1994, complementada pela reforma de 2002. Concretude aos princípios constitucionais da inafastabilidade da jurisdição e da razoável duração do processo. Hipótese específica de tutela provisória da evidência que obviamente não exclui da apreciação do poder judiciário pedido de tutela de urgência. Requisitos processuais distintos. Exame, pelo acórdão recorrido, apenas da tutela da evidência. Acordo realizado entre os herdeiros com feições particulares que o assemelham a pensão alimentícia convencional e provisória. Alegada modificação do substrato fático. Questão não examinada pelo acórdão recorrido. Rejulgamento do recurso à luz dos pressupostos da tutela de urgência. 1 – Recurso especial interposto em 19.12.2016 e atribuído à Relatora em 25.01.2018. 2 – Os propósitos recursais consistem em definir: (i) se a fixação de determinado valor a ser recebido mensalmente pelo herdeiro a título de adiantamento de herança configura negócio jurídico processual atípico na forma do art. 190, *caput*, do novo CPC; (ii) se a antecipação de uso e de fruição da herança prevista no art. 647, parágrafo único, do novo CPC, é hipótese de tutela da evidência distinta daquela genericamente prevista no art. 311 do novo CPC. 3 – Embora existissem negócios jurídicos processuais típicos no CPC/73, é correto afirmar que inova o CPC/15 ao prever uma cláusula geral de negociação por meio da qual se concedem às partes mais poderes para convencionar sobre matéria processual, modificando substancialmente a disciplina legal sobre o tema, especialmente porque se passa a admitir a celebração de negócios processuais não especificados na legislação, isto é, atípicos. 4 – O novo CPC, pois, pretende melhor equilibrar a constante e histórica tensão entre os antagônicos fenômenos do contratualismo e do publicismo processual, de modo a permitir uma maior participação e contribuição das partes para a obtenção da tutela jurisdicional efetiva, célere e justa, sem despir o juiz, todavia, de uma gama suficientemente ampla de poderes essenciais para que se atinja esse resultado, o que inclui, evidentemente, a possibilidade do controle de validade dos referidos acordos pelo Poder Judiciário, que poderá negar a sua aplicação, por exemplo, se houver nulidade. 5 – Dentre os poderes atribuídos ao juiz para o controle dos negócios jurídicos processuais celebrados entre as partes está o de delimitar precisamente o seu objeto e abrangência, cabendo-lhe decotar, quando necessário, as questões que não foram expressamente pactuadas pelas partes e que, por isso mesmo, não podem ser subtraídas do exame do Poder Judiciário. 6 – Na hipótese, convencionaram os herdeiros que todos eles fariam jus a uma retirada mensal para custear as suas despesas ordinárias, a ser antecipada com os frutos e os rendimentos dos bens pertencentes ao espólio, até que fosse ultimada a partilha, não tendo havido consenso, contudo, quanto ao exato valor da retirada mensal de um dos herdeiros, de modo que coube ao magistrado arbitrá-lo. 7 – A superveniente pretensão do herdeiro, que busca a majoração do valor que havia sido arbitrado judicialmente em momento anterior, fundada na possibilidade de aumento sem prejuízo ao espólio e na necessidade de fixação de um novo valor em razão de modificação de suas condições, evidentemente não está abrangida pela convenção anteriormente firmada. 8 – Admitir que o referido acordo, que sequer se pode conceituar como um negócio processual puro, pois o seu objeto é o próprio direito material

3.3 Formação da escritura notarial eletrônica

O notário, ou tabelião, e o oficial de registro, ou registrador, são profissionais do direito, dotados de fé pública, a quem é delegado o exercício da atividade notarial e de registro, cujos serviços são os de organização técnica e administrativa destinados a garantir a publicidade, autenticidade, segurança e eficácia dos atos jurídicos (arts. 1º e 3º da Lei 8.935/94)[126].

Os documentos eletrônicos com relevância nos atos de registro público têm a sua inicial regulação por ocasião da MP 2.200-1, de 27 de julho de 2001, que instituiu a Infraestrutura de Chaves Públicas Brasileira – ICP Brasil, a permitir a digitalização da atividade imobiliária.

---

que se discute e que se pretende obter na ação de inventário, impediria novo exame do valor a ser destinado ao herdeiro pelo Poder Judiciário, resultaria na conclusão de que o juiz teria se tornado igualmente sujeito do negócio avençado entre as partes e, como é cediço, o juiz nunca foi, não é e nem tampouco poderá ser sujeito de negócio jurídico material ou processual que lhe seja dado conhecer no exercício da judicatura, especialmente porque os negócios jurídicos processuais atípicos autorizados pelo novo CPC são apenas os bilaterais, isto é, àqueles celebrados entre os sujeitos processuais parciais. 9 – A interpretação acerca do objeto e da abrangência do negócio deve ser restritiva, de modo a não subtrair do Poder Judiciário o exame de questões relacionadas ao direito material ou processual que obviamente desbordem do objeto convencionado entre os litigantes, sob pena de ferir de morte o art. 5º, XXXV, da Constituição Federal e do art. 3º, caput, do novo CPC. 10 – A possibilidade de revisão do valor que se poderá antecipar ao herdeiro também é admissível sob a lente das tutelas provisórias, sendo relevante destacar, nesse particular, que embora se diga que o art. 647, parágrafo único, do novo CPC seja uma completa inovação no ordenamento jurídico processual brasileiro, a tutela provisória já era admitida, inclusive em ações de inventário, desde a reforma processual de 1994, que passou a admitir genericamente a concessão de tutela antecipatória, em qualquer espécie de procedimento, fundada em urgência (art. 273, I, do CPC/73) ou na evidência (art. 273, II, do CPC/73), complementada pela reforma de 2002, que introduziu a concessão da tutela fundada em incontrovérsia (art. 273, § 6º, do CPC/73), microssistema que deu concretude aos princípios constitucionais da inafastabilidade da tutela jurisdicional e da razoável duração do processo. 11 – O fato de o art. 647, parágrafo único, do novo CPC, prever uma hipótese específica de tutela provisória da evidência evidentemente não exclui da apreciação do Poder Judiciário a pretensão antecipatória, inclusive formulada em ação de inventário, que se funde em urgência, ante a sua matriz essencialmente constitucional. 12 – A antecipação da fruição e do uso de bens que compõem a herança é admissível: (i) por tutela provisória da evidência, se não houver controvérsia ou oposição dos demais herdeiros quanto ao uso, fruição e provável destino do referido bem a quem pleiteia a antecipação; (ii) por tutela provisória de urgência, independentemente de eventual controvérsia ou oposição dos demais herdeiros, se presentes os pressupostos legais. 13 – Na hipótese, o acordo celebrado entre as partes é bastante singular, pois não versa sobre bens específicos, mas sobre rendimentos e frutos dos bens que compõem a herança ao espólio, bem como porque fora estipulado com o propósito específico de que cada herdeiro reunisse condições de custear as suas despesas do cotidiano, assemelhando-se, sobremaneira, a uma espécie de pensão alimentícia convencional a ser paga pelo espólio enquanto perdurar a ação de inventário e partilha. 14 – Tendo o acórdão recorrido se afastado dessas premissas, impõe-se o rejulgamento do recurso em 2º grau de jurisdição, a fim de que a questão relacionada à modificação do valor que havia sido arbitrado judicialmente seja decidida à luz da possibilidade de majoração sem prejuízo ao espólio e da necessidade demonstrada pelo herdeiro, o que não se pode fazer desde logo nesta Corte em virtude da necessidade de profunda incursão no acervo fático-probatório. 15 – Recurso especial conhecido e provido, para cassar o acórdão recorrido e determinar que o agravo de instrumento seja rejulgado à luz dos pressupostos da tutela provisória de urgência, observando-se, por fim, que eventual majoração deverá respeitar o limite correspondente ao quinhão hereditário que couber à parte insurgente (STJ, REsp 1738656/RJ, Rel. Ministra Nancy Andrighi, Terceira Turma, julgado em 03.12.2019, DJe 05.12.2019).

126. Art. 1º Serviços notariais e de registro são os de organização técnica e administrativa destinados a garantir a publicidade, autenticidade, segurança e eficácia dos atos jurídicos. Art. 3º Notário, ou tabelião, e oficial de registro, ou registrador, são profissionais do direito, dotados de fé pública, a quem é delegado o exercício da atividade notarial e de registro.

O novo CPC/2015 também estabeleceu que, no que for cabível, à prática dos atos notariais e registrais total ou parcialmente digitais, de forma a permitir que sejam produzidos, comunicados, armazenados e validados por meio eletrônico (art. 193, parágrafo único)[127].

Bernardo Chezzi salienta que "esse processo foi intensificado na atipicidade do ano de 2020. A pandemia do coronavírus exigiu que as serventias extrajudiciais avançassem em sua modernização tecnológica, de forma a permitir a prática de atos remotamente. Esse processo não seria possível sem adequação normativa necessária, o que ocorreu em grande parte com a edição dos Provimentos 94 e 95 do Conselho Nacional de Justiça[128]. Esses diplomas estabeleceram normas específicas para o funcionamento dos cartórios e para a recepção dos títulos eletrônicos"[129].

Posteriormente, foi editado o Provimento 100, de 26.05.2020, do CNJ[130], que representou um verdadeiro marco regulatório, ao dispor sobre possibilidade da prática dos atos notariais eletrônicos e a distância, com a criação do E-notariado, desenvolvido e mantido pelo Colégio Notarial do Brasil.

A recente Lei 13.784, de 20 de setembro de 2019, que instituiu a Declaração de Direitos de Liberdade Econômica e estabeleceu garantias de livre mercado (art. 3º)[131], seguida da Lei 14.063, de 23 de setembro de 2020, dispôs sobre o uso de assinaturas eletrônicas em interações com entes públicos, em atos de pessoas jurídicas e em questões de saúde e sobre as licenças de software desenvolvidos por entes públicos, propiciaram a segurança jurídica sobre os conceitos de assinatura digital e os requisitos da digitalização de documentos.

---

127. Art. 193. Os atos processuais podem ser total ou parcialmente digitais, de forma a permitir que sejam produzidos, comunicados, armazenados e validados por meio eletrônico, na forma da lei. Parágrafo único. O disposto nesta Seção aplica-se, no que for cabível, à prática de atos notariais e de registro.
128. Provimento 94 de 28/03/2020: Dispõe sobre o funcionamento das unidades de registro de imóveis nas localidades onde foram decretados regime de quarentena pelo sistema de plantão presencial e à distância e regula procedimentos especiais. Provimento 95 de 01.04.2020: Dispõe sobre o funcionamento dos serviços notariais e de registro durante o período de Emergência em Saúde Pública de Importância Nacional (ESPIN), em decorrência da infecção humana pelo novo Coronavírus (Sars-Cov-2), enquanto serviço público essencial que possui regramento próprio no art. 236 da Constituição Federal e na Lei 8.935, de 18 de novembro de 1994.
129. Cf. CHEZZI, Bernardo. Prólogo. *Atos eletrônicos em notas e registros*. São Paulo: Ibradim, 2020. p. 9.
130. Dispõe sobre a prática de atos notariais eletrônicos utilizando o sistema e-Notariado, cria a Matrícula Notarial Eletrônica-MNE e dá outras providências.
131. Art. 3º São direitos de toda pessoa, natural ou jurídica, essenciais para o desenvolvimento e o crescimento econômicos do País, observado o disposto no parágrafo único do art. 170 da Constituição Federal: X – arquivar qualquer documento por meio de microfilme ou por meio digital, conforme técnica e requisitos estabelecidos em regulamento, hipótese em que se equiparará a documento físico para todos os efeitos legais e para a comprovação de qualquer ato de direito público; (Regulamento). O Decreto 10.278, de 18 de março de 2020, regulamentou esse dispositivo para estabelecer a técnica e os requisitos para a digitalização de documentos públicos ou privados, afim de que os documentos digitalizados produzam os mesmos efeitos legais dos documentos originais.

Deveras, a formação das escrituras públicas notariais[132] eletrônicas à distância sucederá por ocasião do ato de formalização da vontade das partes pelo Tabelião (art. 215 do CC)[133], no exercício da sua função legitimadora[134], mediante a "lavratura"[135] dos contratos e dos

---

132. Cf. BRANDELLI, Leonardo. *Teoria geral do direito notarial*. 3. ed. São Paulo: Saraiva, 2009. p. 145, 158 e 332: "A função notarial, como ato jurídico complexo que é, é permeado por uma séria de características que lhe configuram, que lhe imprimem determinadas peculiaridades, e que funcionam como verdadeiros princípios orientadores, embora como regra não se encontrem positivados no ordenamento pátrio. (...) A atuação notarial hodierna consiste, primordialmente, em assessorar juridicamente as partes do negócio jurídico, qualificando juridicamente tal negócio e instrumentalizando-o. (...) A escritura busca criar, modificar ou extinguir direitos; a ata se caracteriza por seu aspecto conservatório. (...) As escrituras são sempre protocolares; são, aliás, atos notariais por excelência; (...) Como se vê, são claras as distinções entre a escritura pública e a ata notarial, não sendo lícito confundi-las".
133. Art. 215. A escritura pública, lavrada em notas de tabelião, é documento dotado de fé pública, fazendo prova plena. § 1º Salvo quando exigidos por lei outros requisitos, a escritura pública deve conter: I – data e local de sua realização; II – reconhecimento da identidade e capacidade das partes e de quantos hajam comparecido ao ato, por si, como representantes, intervenientes ou testemunhas; III – nome, nacionalidade, estado civil, profissão, domicílio e residência das partes e demais comparecentes, com a indicação, quando necessário, do regime de bens do casamento, nome do outro cônjuge e filiação; IV – manifestação clara da vontade das partes e dos intervenientes; V – referência ao cumprimento das exigências legais e fiscais inerentes à legitimidade do ato; VI – declaração de ter sido lida na presença das partes e demais comparecentes, ou de que todos a leram; VII – assinatura das partes e dos demais comparecentes, bem como a do tabelião ou seu substituto legal, encerrando o ato. § 2º Se algum comparecente não puder ou não souber escrever, outra pessoa capaz assinará por ele, a seu rogo. § 3º A escritura será redigida na língua nacional. § 4º Se qualquer dos comparecentes não souber a língua nacional e o tabelião não entender o idioma em que se expressa, deverá comparecer tradutor público para servir de intérprete, ou, não o havendo na localidade, outra pessoa capaz que, a juízo do tabelião, tenha idoneidade e conhecimento bastantes. § 5º Se algum dos comparecentes não for conhecido do tabelião, nem puder identificar-se por documento, deverão participar do ato pelo menos duas testemunhas que o conheçam e atestem sua identidade.
134. Cf. RODRIGUES, Felipe Leonardo; FERREIRA, Paulo Roberto Gaiger. *Tabelionato de notas*. São Paulo: Saraiva, 2013. p. 26-29 e 50: "Ao documentar os atos dos particulares submetidos ao seu ofício, o tabelião trabalha com a qualificação notarial em três momentos: inicialmente, admite o ato dando-se por requerido; após, verifica a identidade e capacidade das partes para o ato solicitado, bem como todos os demais elementos substantivos das partes, do objeto e do próprio ato; e, finalmente, dota-o de uma forma reconhecida pelo direito, redigindo o instrumento público adequado. (...) Os documentos redigidos pelo notário podem ter por objeto formalizar atos e negócios de qualquer espécie, ou autenticar fatos. Sua autenticidade compreende a autoria, as assinaturas, a data e o conteúdo. Devem ser conservados pelo notário e classificados por ordem cronológica. Ao redigir os documentos notariais, o notário deve atuar sempre conforme a lei, interpretando a vontade das partes e adequando-a às exigências legais. Dá fé da identidade e qualifica a capacidade e legitimidade dos outorgantes em relação ao ato ou negócio jurídico que in casu pretendem realizar. Controla a legalidade e deve assegurar-se de que a vontade das partes, que é expressa na sua presença, é livremente declarada, sem importar o suporte em que conste o documento notarial. O notário é único responsável pela redação de seus documentos. Tem autonomia para aceitar ou recusar qualquer texto ou minuta que lhe seja apresentado ou sugerido, podendo sugerido e introduzir, em acordo com as partes, as modificações que entenda pertinentes (art. 6º, II, Lei 8.935/94). (...) As declarações das partes, recepcionadas pelo tabelião e lançadas no título, fazem a verdade notarial. As exigências documentais, quando possíveis, devem ser feitas para maior segurança, mas deve haver razoabilidade a esse respeito".
135. Cf. CENEVIVA, Walter. *Lei dos notários e dos registradores comentada*. 8. ed. São Paulo: Saraiva, 2010. p. 65 e 76: "A juridicidade da formalização só é admitida quando praticada como ato notarial, com os requisitos objetivos próprios do exercício profissional de pessoa habilitada, vale dizer o delegado ou seus prepostos, lançado em livros próprios, com pautas para escrita manual ou sem pauta, para impressão química ou mecânica, através de computador ou de outro ou, ainda, em folhas soltas, sempre de modo a preservar a intenção e a verdade da manifestação neles contida, ou seja, seus elementos substanciais. O advérbio de modo juridicamente está a dizer que a técnica e a substância da formalização devem ser adequadas ao direito. (...) Para o cumprimento destes serviços [lavrar], o titular deve providenciar livros específicos para lançamento dos atos indicados, conforme a lei local, mas sempre em número e condições compatíveis com o movimento diário, sobretudo antevendo o término dos livros anteriores, de modo a garantir a continuidade".

instrumentos (arts. 6º, 7º e 10 da Lei 8.935/94)[136] que as partes devem ou queiram dar forma legal pública (art. 108 do CC)[137].

---

136. Art. 6º Aos notários compete: I – formalizar juridicamente a vontade das partes; II – intervir nos atos e negócios jurídicos a que as partes devam ou queiram dar forma legal ou autenticidade, autorizando a redação ou redigindo os instrumentos adequados, conservando os originais e expedindo cópias fidedignas de seu conteúdo; (...) Art. 7º Aos tabeliães de notas compete com exclusividade: I – lavrar escrituras e procurações, públicas; II – lavrar testamentos públicos e aprovar os cerrados; (...). Parágrafo único. É facultado aos tabeliães de notas realizar todas as gestões e diligências necessárias ou convenientes ao preparo dos atos notariais, requerendo o que couber, sem ônus maiores que os emolumentos devidos pelo ato. (...) Art. 10. Aos tabeliães e oficiais de registro de contratos marítimos compete: I – lavrar os atos, contratos e instrumentos relativos a transações de embarcações a que as partes devam ou queiram dar forma legal de escritura pública.
137. Art. 108. Não dispondo a lei em contrário, a escritura pública é essencial à validade dos negócios jurídicos que visem à constituição, transferência, modificação ou renúncia de direitos reais sobre imóveis de valor superior a trinta vezes o maior salário mínimo vigente no País. Cf. RODRIGUES, Felipe Leonardo; FERREIRA, Paulo Roberto Gaiger. *Tabelionato de notas*. São Paulo: Saraiva, 2013. p. 51: "Para a segurança jurídica e social dos direitos, o Estado impõe como regra a forma pública do título (Código Civil, art. 108) e o registro, para plenamente constituir o direito real. (...) Os serviços notariais e registrais constituem um sistema público de garantia de propriedade e segurança jurídica, cujo fim é a estabilidade e o desenvolvimento econômico".

13
O CONTRATO PRELIMINAR E EFEITOS: PROMESSA DE DOAÇÃO E COMPROMISSO DE COMPRA E VENDA DE BEM IMÓVEL

Marco Aurélio Bezerra de Melo

Doutor e Mestre em Direito pela UNESA. Professor Titular de Direito Civil do IBMEC/RJ. Professor do PPGD da UNESA. Professor Emérito da EMERJ. Desembargador do TJRJ. Membro Fundador da Academia Brasileira de Direito Civil e do Instituto Brasileiro de Direito Contratual e sócio honorário do Instituto de Advogados Brasileiros.

Sumário: 1. Introdução: conceito de contrato preliminar – 2. Promessa unilateral de contratar – 3. Contrato preliminar de doação – 4. Compromisso de compra e venda; 4.1 Conceito e natureza jurídica; 4.2 Forma do contrato; 4.3 A irretratabilidade da promessa; 4.4 Tutela judicial e extrajudicial do compromissário comprador para a outorga da escritura definitiva e a desnecessidade do registro no cartório imobiliário.

1. INTRODUÇÃO: CONCEITO DE CONTRATO PRELIMINAR

O contrato preliminar pode ser entendido como um contrato segundo o qual as partes de obrigam a celebrar um contrato definitivo. Trata-se de um contrato preparatório que deve ser cumprido com a realização do contrato prometido, ou em outras palavras, comprometido.

O objeto desse contrato é a obrigação de celebrar o contrato definitivo, não se confundindo com este que pode envolver a doação, venda, empréstimo, dentre outras modalidades contratuais. Por exemplo, na venda de um bem, o objeto do contrato preliminar é a celebração do pacto definitivo, enquanto neste será a própria alienação em si considerada. Acrescentamos que a própria possibilidade de uma promessa unilateral de contratar já demonstra a independência do contrato preliminar em relação ao definitivo, pois obviamente não será possível haver uma contratação definitiva em que apenas uma das partes manifesta a sua vontade de contratar.

Em regra, todas as modalidades contratuais comportam a confecção de contrato preliminar e vários são os motivos que podem levar os interessados a utilizarem a via do contrato preliminar, como a falta de dinheiro para a concretização do negócio, a ausência de documentos, de consentimento de todos os interessados, a integralização da cota de um dos sócios, a ausência de tradição nos contratos reais, dentre outras hipóteses.

Diferentemente da codificação anterior, o Código Civil de 2002, no âmbito da teoria geral dos contratos, positivou o contrato preliminar nos artigos 462 a 466, dispositivos legais que aludiremos no curso do estudo aqui empreendido.

O mais importante contrato preliminar regido especificadamente pelo Decreto-lei 58/37 e pelas Leis 4591/64 (Incorporação Imobiliária), 6.766/79 (Parcelamento do Solo Urbano) e nos artigos 1.417 e 1.418 do Código Civil é o compromisso de compra e venda de bem imóvel que se converte em direito real de aquisição quando registrada no cartório imobiliário competente.

Para que possa produzir os efeitos esperados, fundamental que o contrato preliminar contenha todos os pressupostos de existência e requisitos de validade do contrato definitivo a ser celebrado, à exceção da forma, conforme assevera o artigo 462 do Código Civil: "o contrato preliminar, exceto quanto à forma, deve conter todos os requisitos essenciais ao contrato a ser celebrado". Essa regra formulada de forma expressa pela legislação pátria contribui para a distinção entre o contrato preliminar e as negociações preliminares, tratativas ou pontuações, assim como com a proposta de contrato disciplinada nos artigos 427 a 434 do Código Civil. Parece-nos, nesse exato ponto, adequado afirmar que se as partes chegarem ao consenso em todos os pontos do contrato principal, a situação jurídica apresentada avançará dos estreitos limites das negociações preliminares para ser compreendida como um efetivo contrato preliminar.

O artigo 463 do Código Civil assegura ao contratante que tenha cumprido a sua parte para a conclusão do contrato preliminar o direito subjetivo de exigir a celebração do contrato definitivo, assinando prazo para a outra parte a fim de que esta cumpra o seu dever e o efetive.

2. PROMESSA UNILATERAL DE CONTRATAR

Também chamada de opção, a promessa unilateral de contratar é a manifestação de vontade receptícia pela qual o promitente se dirige ao promissário com o objetivo de realizar um contrato, sendo que a este é reservado o direito potestativo de contratar ou não. É exatamente por ser irretratável para o promitente que a promessa unilateral se distingue da simples proposta de contratar, posto que esta admite retratação, na forma do disposto no artigo 428 do Código Civil.

O credor da promessa tem então a faculdade de realizar o contrato e, se essa for a sua vontade, poderá exigir judicialmente a execução específica da obrigação de fazer ou a sua conversão em perdas e danos, como consta no artigo 1.331 do Código Civil Italiano e no artigo 464 do Código Civil Brasileiro.

Corretamente, nosso ordenamento jurídico regula a matéria na parte relativa ao contrato preliminar e não entre os requisitos de formação do contrato, pois nesse caso já há contrato, bastando para que se torne eficaz que a outra parte aceite a opção que lhe foi dirigida por parte daquele que prometeu contratar com o promissário.

De efeito, prescreve o artigo 466 do Código Civil que "se a promessa de contrato for unilateral, o credor, sob pena de ficar a mesma sem efeito, deverá manifestar-se no prazo nela previsto, ou, inexistindo este, no que lhe for razoavelmente assinado pelo devedor".

Testemunhando a utilidade da promessa unilateral de contrato ou opção como instrumento de fomento às atividades econômicas, o advogado Carlos Augusto da Silveira Lobo[1] nos oferece uma perfeita explicação sobre o mecanismo do instituto ao dizer que a "promessa unilateral de contratar é um negócio bilateral (não um contrato bilateral) em que figuram duas partes: o promitente e o promissário. O promitente obriga-se a celebrar o contrato definitivo nos termos da promessa e se mantém obrigado enquanto o prazo estipulado estiver pendente. O promissário é titular do direito potestativo de exigir do promitente a celebração do contrato, que deverá ser exercido na forma e no prazo estipulados no instrumento de opção. Se não houver prazo estipulado, o promitente intimará o promissário para exercer a opção dentro de prazo razoável. Se a opção não for exercida no prazo, o direito do promissário perece e o contrato se extingue".

Antunes Varela[2] assinala que a promessa unilateral pode ser onerosa e, demonstrando a amplitude das possibilidades que esse contrato enseja, exemplifica com uma situação na qual o promitente se obrigue durante dois anos a vender o seu imóvel para o promissário, bastando para tanto que este dirija a sua vontade no sentido de adquirir o bem. Não se trata de um contrato preliminar de compra e venda do imóvel, pois o promissário não prometeu comprar, ou seja, há apenas uma promessa unilateral de venda. Por outro lado, o promissário remunera o promitente a fim de que durante o prazo referido permaneça o promitente obrigado a vender o bem, desde que o promissário queira. O autor arremata aduzindo que na França, local em que esse acordo teria larga aplicação, os civilistas o denominaram de *indenização de imobilização*, que vem a ser a "*vantagem* que o promitente lhe proporciona de, durante certo prazo, poder adquirir, quando quiser, determinada coisa (geralmente uma coisa imóvel, um apartamento, uma casa, um prédio rústico) pelo preço estipulado".

A opção ou promessa unilateral de contratar tem larga aplicação no contrato de corretagem, em que, muitas vezes, em respeito ao trabalho do corretor e em homenagem à segurança jurídica, o comitente faz a promessa unilateral ao seu comissário de que este terá exclusividade na mediação do negócio. Nesse caso, ainda que a venda seja concluída diretamente entre as partes, fará jus o corretor à remuneração integral, salvo se comprovada sua inércia ou ociosidade, conforme determina o artigo 726 do Código Civil.

3. CONTRATO PRELIMINAR DE DOAÇÃO

Tema dos mais controvertidos é a possibilidade da confecção de contrato preliminar de doação ou *promessa de doação*.

---

1. LOBO, Carlos Augusto da Silveira. Contrato preliminar. In: TEPEDINO, Gustavo; FACHIN, Luiz Edson (Coord). *O Direito e o tempo: embates jurídicos e utopias contemporâneas*. Rio de Janeiro: Renovar, 2008. p. 313.
2. VARELA, Antunes. *Sobre o contrato-promessa*: o sinal e a execução específica – apreciação crítica do regime vigente. 2. ed. Coimbra: Coimbra, 1989. p. 22-24.

A primeira corrente nega a possibilidade, pois a sua admissão acarretaria em uma modalidade absurda de doação forçada, quando cediço que benefícios gratuitos são vantagens que não se pode impor, sendo vedada a possibilidade de o promitente donatário exigir perdas e danos ou a execução específica do contrato.[3] Outro argumento específico para promessas de doações que tenham por objeto bens imóveis é o fato de que no rol dos títulos registráveis no cartório imobiliário no artigo 167 da Lei 6.015/73 não é feita referência ao contrato preliminar de doação. O princípio da taxatividade que norteia o registro imobiliário impossibilita que se faça a devida anotação no Registro de Imóveis. Dessa forma, não se podendo dar publicidade ao ato, haveria uma situação de insegurança jurídica que poderia causar danos a terceiros. Os autores que são adeptos dessa corrente, em sua maioria, se socorrem de clássica lição de Agostinho Alvim[4] lançada em nota de rodapé de seu clássico trabalho que ora transcrevemos: "a necessidade de ser atual o *animus donandi* tem constituído óbice à promessa de doação. E isso porque entre a promessa e sua efetivação pode ter havido arrependimento. É possível coagir a entregar a coisa doada, não a doar".

Entendendo pela inviabilidade de se criar uma doação compulsória, Caio Mário da Silva Pereira[5] também considera que não cabe a promessa de doação pura, mas, na visada do autor, se a hipótese contemplar uma doação modal, será cabível, uma vez que "o encargo imposto ao donatário estabelece um dever exigível do doador, legitimando aquele a reclamar o cumprimento da liberalidade que o causou e, portanto, neste campo restrito, é jurídica e moralmente defensável a promessa de doar".

O professor Pablo Stolze[6] concorda com as críticas encetadas pelos autores que inadmitem a promessa de doação, entendendo que o inadimplemento por parte do promitente se resolve em perdas e danos, dada a impossibilidade de execução específica. Contudo, o autor ressalva a possibilidade desse instrumento no juízo de família, tendo em vista o valor social da promessa. Quando a promessa é feita a um dos cônjuges, o ato teria um caráter compensatório e, dirigida ao(s) filho(s), se fundamentaria no solidarismo social que anima e fundamenta o direito de família.

Com as vênias devidas aos posicionamentos contrários, a nosso sentir, o acerto está na doutrina de Washington de Barros Monteiro[7] que, citando a previsão legal expressa no artigo 2.301 do Código Civil Alemão, defende não haver razão para a sua proibição, uma vez que nenhum dispositivo legal ou princípio de ordem pública a proíbe.

---
3. LOPES, Miguel Maria de Serpa. *Curso de direito civil: fontes das obrigações*; contratos. 6. ed. Rio de Janeiro: Freitas Bastos, 2001. v. 4, p. 388.
4. ALVIM, Agostinho Neves de Arruda. *Da doação*. São Paulo: Ed. RT, 1963. p. 43.
5. PEREIRA, Caio Mário da Silva. *Instituições de direito civil: contratos*. 17. ed. Rio de Janeiro: Forense, 2013. v. 3, p. 223-224.
6. GAGLIANO. Pablo Stolze. *O contrato de doação*. 3. ed. São Paulo: Saraiva, 2010. p. 113-115.
7. MONTEIRO, Washington de Barros. *Curso de direito civil: direito das obrigações* – 2ª parte. 34. ed. São Paulo: Saraiva, 2003. p. 137.

Acrescentaríamos ainda que se não há cláusula de arrependimento, admitida expressamente no artigo 463 do Código Civil, e a manifestação de vontade foi livre e emanada por uma pessoa capaz, não há fundamento moral, ético ou jurídico para a admissão do arrependimento por parte do promitente doador.

Nessa toada, fazemos nossas as palavras da ilustre civilista Maria Celina Bodin de Moraes,[8] quando afirma que "se é repugnante uma doação 'coativa', igualmente deplorável é uma promessa descumprida. Tendo a manifestação da vontade por parte do promitente doador se expressado livre e espontaneamente, condenável será a inexigibilidade da promessa".

No mesmo diapasão é a lição de Pontes de Miranda[9] sob o argumento de que a liberalidade já teria acontecido no momento da promessa e por estar a matéria totalmente entregue ao princípio da autonomia da vontade, que somente fica inviabilizada se houver afronta à norma proibitiva ou se ofender a função social do contrato. Forçoso concluir, outrossim, que a despeito de o Código Civil não se filiar expressamente a nenhuma das teses ao regulamentar os contratos preliminares, não proibiu que as regras a eles pertinentes se aplicassem à doação. Tal fato demonstra que o disposto nos artigos 462 a 466 do Código Civil e 501 do Código de Processo Civil pode ser aplicado em relação ao contrato de doação.

A propósito, a admissibilidade da promessa de doação tem importância vital no juízo de família, pois, não raro, o acordo para o divórcio, na parte que se refere ao destino dos bens do casal, pode ser levado a efeito pela promessa de doação que os cônjuges fazem aos seus filhos. Nesse caso, seguindo orientação antiga da Segunda Seção do Superior Tribunal de Justiça,[10] a jurisprudência[11] tem se posicionado pela validade e exigibilidade da promessa de doação, não podendo ser retratada pelos ex-cônjuges ou apenas por um deles, sob pena, inclusive, de descrédito na Justiça e na seriedade dos pactos homologados pelo Poder Judiciário. Reconhecendo a importância da admissibilidade de promessa de doação no direito de família, foi aprovado na VI Jornada de Direito Civil do Conselho da Justiça Federal/STJ o Enunciado 549, com o seguinte teor: "A promessa de doação no âmbito da transação constitui obrigação positiva e perde o caráter de liberalidade previsto no art. 538 do Código Civil".

---
8. MORAES, Maria Celina Bodin de. Notas sobre a promessa de doação. *RTDC – Revista Trimestral de Direito Civil*, v. 24, p. 3-22. Rio de Janeiro: Padma, out./dez. 2005.
9. MIRANDA, Pontes. *Tratado de direito privado*. Rio de Janeiro: Borsoi, 1954. t. XLVI, p. 228-230.
10. "Ação Cominatória. Separação. Doação. Promessa. A Seção, por maioria, entendeu que é exigível em ação cominatória o acordo homologado por sentença, em razão de desquite amigável, com promessa de doação de bens do casal aos filhos" (BRASIL, STJ, EREsp 125.859-RJ, Segunda Seção, Rel. Min. Ruy Rosado, julg. em 26.06.2002, *Informativo* n. 140, 24 jun. a 2 ago. 2002).
11. "Agravo regimental no recurso especial. Embargos à execução. Acordo celebrado em separação consensual. Homologação judicial. Doação. Única filha. Ausência de vícios de validade. Exigibilidade da obrigação. Precedentes. 1. A jurisprudência desta eg. Corte já se manifestou no sentido de considerar que não se caracteriza como ato de mera liberalidade ou simples promessa de doação, passível de revogação posterior, a doação feita pelos genitores aos seus filhos estabelecida como condição para a obtenção de acordo em separação judicial. 2. Agravo regimental a que se nega provimento" (BRASIL, STJ, AgRg no REsp 883.232/MT, Quarta Turma, Rel. Min. Raul Araújo, julg. em 19.02.2013, *DJe* 26.02.2013).

4. COMPROMISSO DE COMPRA E VENDA

4.1 Conceito e natureza jurídica

O compromisso de compra e venda de imóvel é um contrato em que os contratantes se obrigam a tornar efetiva a venda de um imóvel, mediante o cumprimento das obrigações futuras pactuadas.

Para Orlando Gomes,[12] trata-se de um "contrato típico pelo qual as partes se obrigam reciprocamente a tornar eficaz a compra e venda de um bem imóvel, mediante a reprodução do consentimento no título hábil".

O compromissário comprador obriga-se a pagar o preço e o compromitente a reproduzir o consentimento, outorgando a escritura dita definitiva. O conteúdo dessa modalidade contratual é alvo de intrincadas discussões na doutrina. O acerto parece estar no acatamento de que o objeto do compromisso consiste na *reprodução do consentimento* a fim de que se efetive a venda de um bem imóvel.

Normalmente, o que motiva as pessoas a realizarem tal pacto é a falta de dinheiro para pagamento à vista por parte do comprador. Daí que na prática da venda de unidade autônoma em condomínio edilício, na venda de lotes ou até mesmo nas relações jurídicas entre particulares, o compromisso de compra e venda funciona como uma verdadeira garantia para o vendedor, pois se o preço não for pago, pode ser resolvido o contrato judicialmente e o compromitente vendedor é reintegrado na posse do imóvel.

Essa função garantidora levou a que Darcy Bessone,[13] de modo isolado em nossa doutrina, defendesse que o instituto tinha natureza de garantia real, afirmação que não tem a nossa concordância, mas que auxilia, e muito, para entender o instituto. Diz o grande jurista mineiro que "os vendedores a crédito, ou a prestações, procuram garantir-se, nos dias que passam, principalmente através de dois expedientes técnicos: a *promessa de compra e venda* e *venda com reserva de domínio*, o primeiro aplicável aos imóveis e o segundo, aos móveis.

Ambos visam à garantia do vendedor, sem prejuízo da atribuição do uso e gozo da coisa, desde logo, ao comprador. Surpreende-se nesse paralelismo de objetivos, procurados por vias diversas, mecanismo assemelhado ao da hipoteca ou ao do penhor sem desapossamento (hipoteca mobiliária, segundo certas opiniões).

Notam-se, todavia, entre essas figuras afins, diferenças estruturais e funcionais. Na estrutura, diversificam-se, porque, se a hipoteca e o penhor pressupõem a propriedade do devedor, na *promessa de compra e venda* e na *compra e venda com reserva de domínio* o devedor somente se torna proprietário ao completar o pagamento da dívida. Do ponto de vista funcional, pretende-se garantia mais pronta e menos dis-

---

12. GOMES, Orlando. *Direitos reais*. 19. ed. Rio de Janeiro: Forense, 2007. p. 360.
13. ANDRADE, Darcy Bessone de Oliveira. *Da compra e venda*: promessa e reserva de domínio. São Paulo: Saraiva, 1960. p. 40-41.

pendiosa do que a dependente da execução hipotecária ou da excussão do penhor, isto é, procura-se uma solução que resulte imediatamente do inadimplemento do devedor, caracterizado pela impontualidade no pagamento das prestações".

Para Silvio Rodrigues[14] o compromisso de compra e venda se inclui entre os direitos reais de gozo ou fruição. Segundo o autor, o legislador não visou afetar a coisa "ao pagamento preferencial do credor, mas, sim, conferir ao promissário comprador uma prerrogativa sobre a coisa vendida: (a) de gozá-la e de fruí-la; (b) de impedir sua válida alienação a outrem; (c) de obter sua adjudicação compulsória, em caso de recusa do promitente em outorgar ao promissário a escritura definitiva de compra e venda".

A denominação *compromisso de compra e venda*, que também pode ser denominada de *promessa irretratável de compra e venda*, deve ser reservada à situação em que, por lei ou contrato, é vedada a retratação das partes, pois a nosso sentir a promessa de compra e venda de imóvel não registrada no cartório do registro de imóveis e com cláusula de arrependimento seria apenas uma espécie atípica de pré-contrato ou contrato preliminar da compra e venda. Isso porque, nesse caso, será exigida para a realização do contrato definitivo uma nova manifestação de vontade expressa, a qual não poderá, obviamente, ser substituída pela decisão judicial.

A possibilidade de adjudicação compulsória por sentença judicial somente pode ser compreendida tendo-se em conta que o compromisso de compra e venda é uma modalidade de compra e venda e não um simples contrato preliminar, conforme parece preconizar o artigo 463 do Código Civil.

Analisando a questão sob o prisma da função social, José Osório de Azevedo Junior[15] também adere à crítica, salientando que o contrato estudado é uma espécie do gênero compra e venda, posto que todos os poderes inerentes ao domínio – usar, fruir, dispor e reaver – são transferidos ao compromissário comprador, restando ao compromitente vendedor o direito de resolver o contrato em caso de inadimplemento. Em feliz síntese, o mestre paulista dá o tom correto para o entendimento da natureza desse contrato ao dizer que "à medida que o crédito vai sendo recebido, aquele pouco que restava do direito de propriedade junto ao compromitente vendedor, isto é, aquela pequena parcela do poder de dispor, como que vai desaparecendo até se apagar de todo. Uma vez quitado o compromisso, os poderes elementares do domínio estão – em substância – inteiramente consolidados no direito do compromissário comprador, nada mais restando ao compromitente vendedor do que a obrigação (inexorável) de assinar uma escritura".

E se o compromitente vendedor não cumprir a sua obrigação de outorgar a escritura definitiva? O compromissário tem o direito potestativo de ir a juízo exigir uma sentença que produza o mesmo efeito se a obrigação fosse devidamente cumprida (art. 501, CPC).

---

14. RODRIGUES, Silvio. *Direito civil: direito das coisas*. 27. ed. São Paulo: Saraiva, 2003. v. 5, p. 314.
15. AZEVEDO JUNIOR, José Osório de. *Compromisso de compra e venda*. 4. ed. São Paulo: Saraiva, 1998. p. 19-24.

Na esteira das lições acima, caminhamos para o reconhecimento da própria desnecessidade da ação de adjudicação compulsória quando houver a quitação integral do preço, o que já se encontra admitido para o caso de venda de lotes, a teor do artigo 26, § 6º, da Lei 6.766/79.[16] Contudo, é de se reconhecer que por ora a perspectiva legal continua reconhecendo a necessidade de confecção de nova escritura chamada de definitiva para as hipóteses que não se amoldem à lei de parcelamento do solo urbano, como na incorporação imobiliária ou no compromisso celebrado entre pessoas naturais. Essa exigência encarece e burocratiza a transferência da propriedade, além de muitas vezes exigir o ingresso de ação judicial em face do espólio ou requerimento de alvará no juízo do inventário, circunstâncias essas que são desnecessárias para o efeito de tornar definitiva a venda de um imóvel mediante compromisso de compra e venda. Ao estudarmos a tutela processual do compromissário comprador para a outorga da escritura definitiva no item 4.4 deste Capítulo, voltaremos a analisar esta delicada questão.

4.2 Forma do contrato

O compromisso de compra e venda de imóveis loteados pode ser feito por instrumento público ou particular, conforme autorização expressa do artigo 26 da Lei 6.766/79. Quanto aos imóveis não loteados, há divergência na doutrina e jurisprudência, entendendo Silvio Rodrigues[17] que, mesmo após a vigência do atual Código Civil, é imprescindível, para a produção dos regulares efeitos, que seja feito por instrumento público, pois se o compromisso com o registro no cartório do registro de imóveis cria direito real e se os atos que tenham por objeto a constituição de direitos reais sobre imóveis exigem a escritura pública, lógico reconhecer a necessidade do ato notarial, salvo quando o bem não tiver valor maior do que 30 vezes o salário-mínimo (art. 108, CC). Essa posição também era esposada por Darcy Bessone[18] em lições anteriores ao Código Civil de 2002.

Ousamos discordar desse ponto de vista, pois sendo o compromisso de compra e venda modalidade de contrato preliminar, como querem alguns, sendo modalidade especial de contrato típico de compra e venda, como nos parece, o fato é que deverá constar em seu bojo todos os requisitos do contrato definitivo, à exceção da forma que poderá ser por instrumento particular, *ex vi* do prescrito no artigo 462 do Código Civil: "o contrato preliminar, exceto quanto à forma, deve conter todos os requisitos essenciais ao contrato a ser celebrado". Mais enfático ainda é o artigo 1.418 do mesmo Código, que referencia expressamente a possibilidade de instrumento público ou particular.

---

16. "Art. 26. Os compromissos de compra e venda, as cessões ou promessas de cessão poderão ser feitos por escritura pública ou por instrumento particular, de acordo com o modelo depositado na forma do inciso VI do art. 18 e conterão, pelo menos, as seguintes indicações: ... § 6º *Os compromissos de compra e venda, as cessões e as promessas de cessão valerão como título para o registro da propriedade do lote adquirido, quando acompanhados da respectiva prova de quitação.* (Incluído pela Lei 9.785, de 1999)."
17. RODRIGUES. Op. cit. p. 324-325.
18. ANDRADE. Op. cit. p. 188.

Tais previsões legais vão ao encontro do posicionamento esposado anteriormente à vigência do Código Civil de 2002 por Arnaldo Rizzardo[19] ao afirmar que a substituição do vocábulo "escritura" por "contrato" no Decreto-lei 58/37, realizada pela Lei 649/49, que estendeu a proteção do compromissário comprador de um lote para os imóveis não loteados, já era o bastante para possibilitar em qualquer pacto dessa natureza a escritura particular, excepcionando a regra geral do artigo 134 do Código Civil de 1916 (atual art. 108). Defende o autor que "seja como for, a nada de substancial conduziam as interpretações literais, pois a jurisprudência, mais em consonância com a realidade, foi superando o impasse, tornando hoje matéria pacífica a questão. Veio a conquista, em favor das próprias partes, admitindo-se a forma livre e dando-se plena eficácia ao compromisso firmado por meio de instrumento particular".

Importante assinalar ainda que a liberdade relativa de forma do compromisso de compra e venda não dispensa que as partes estabeleçam, com rigor, todas as cláusulas do contrato futuro, como a descrição minuciosa do objeto da venda, preço, forma de pagamento e demais cláusulas necessárias para um válido e eficaz contrato de compra e venda. Isso é relevante, pois na eventualidade de se necessitar de outorga judicial para a escritura definitiva, a decisão judicial não poderá exercer o papel integrador da vontade que não foi devidamente manifestada.

4.3 A irretratabilidade da promessa

Para que a promessa de compra e venda produza os efeitos esperados pelo promitente comprador de um autêntico direito potestativo de exigir posteriormente a escritura definitiva, adjudicando para si a titularidade definitiva do bem alienado, mister que não se tenha pactuado o direito de arrependimento. Quando a promessa é irretratável é que podemos usar a nomenclatura compromisso *de compra e venda* ou *promessa irretratável de compra e venda*.

Nas promessas de compra e venda de bem imóvel, regidas pelo direito comum, é válida a cláusula de arrependimento que já se encontrava no artigo 22 do Decreto-lei 58/37 para imóveis não loteados, e hoje nos artigos 463 e 1.417 do Código Civil. Esta última regra é enfática quando diz que "mediante promessa de compra e venda, *em que se não pactuou arrependimento*, celebrada por instrumento público ou particular, e registrada no Cartório de Registro de Imóveis, adquire o promitente comprador direito real à aquisição do imóvel".

Mais condizente com a boa-fé objetiva e a função social dos contratos se o legislador fixasse as arras como único momento propício para o arrependimento, sendo elas, obviamente, penitenciais, na forma do disposto no artigo 420 do Código Civil: "Se no contrato for estipulado o direito de arrependimento para qualquer das

---

19. RIZZARDO, Arnaldo. *Promessa de compra e venda e parcelamento do solo urbano*. 5. ed. São Paulo: Ed. RT, 1998. p. 114.

partes, as arras ou sinal terão função unicamente indenizatória. Neste caso, quem as deu perdê-las-á em benefício da outra parte; e quem as recebeu devolvê-las-á, mais o equivalente. Em ambos os casos não haverá direito a indenização suplementar". Entretanto, esse não é o critério adotado pelo direito positivo que, como visto, permite aos contratantes a reserva do direito de arrepender-se da contratação definitiva. Nesse caso, não há ofensa à Constituição Federal, de modo que nos resta emprestar efetividade aos dispositivos legais acima referidos.

Criticam o exercício do direito de arrependimento após o início de pagamento das prestações os doutos professores Arnaldo Rizzardo[20] e José Osório de Azevedo Junior,[21] referenciando questões éticas e sociais. Dentre elas poderíamos exemplificar a falta de segurança jurídica e a frustração das legítimas expectativas do promitente comprador, incluindo aspectos de ordem patrimonial e moral. Concordamos com o último autor referido quando diz que "iniciada a execução com o pagamento de parcela restante, ou com a prática de qualquer outro ato inequívoco de cumprimento do contrato, entende-se que houve renúncia ao direito de arrependimento, as arras penitenciais convertem-se em princípio de pagamento e o contrato torna-se definitivo e irretratável". Essa orientação afina-se com o princípio da boa-fé objetiva por respeitar a legítima expectativa das partes contratantes e com a função social do contrato que resta assegurada com a ultimação do contrato. No mesmo sentido é a orientação do professor Ricardo Arcoverde Credie.[22]

Trata-se, na realidade, de exemplo de comportamento contraditório – *venire contra factum proprium* –, vedado pela Teoria dos Atos Próprios, que encontra fundamento no princípio da boa-fé objetiva e visa proteger as partes que legitimamente confiaram na estabilidade das relações jurídicas. Assim, não pode o promitente vendedor invocar o direito de arrependimento para voltar contra seus próprios atos, frustrando as expectativas despertadas no promitente comprador, que passou a ter motivos legítimos para confiar na manutenção do negócio jurídico celebrado.

Há consenso em admitir que se o imóvel já estiver quitado, não há mais espaço para o exercício do direito potestativo de arrependimento.[23]

Pontes de Miranda[24] parece encampar a tese de que o momento apto para o arrependimento se verifica entre a entrega do sinal ou arras e o início de pagamento das prestações, *verbis*: "O direito de arrependimento ou a) supõe pré-contrato, promessa de concluir contrato, cuja conclusão pode ser afastada com o exercício desse direito formativo gerador, perdidas as arras, ou, se o arrependido foi o que as recebeu, tornando-as em dobro; ou b) contrato que não houve começo de pagamento. Porque, tendo havido começo de pagamento, nenhum dos contratantes tem direito

---

20. RIZZARDO, Arnaldo. *Direito das coisas*. 3. ed. Rio de Janeiro: Forense, 2007. p. 999-1000.
21. AZEVEDO JUNIOR. Op. cit., p. 251.
22. CREDIE, Ricardo Arcoverde. *Adjudicação compulsória*. 9. ed. São Paulo: Malheiros, 2004. p. 77.
23. Por todos: VIANNA, Rui Geraldo Camargo. *O parcelamento do solo urbano*. Rio de Janeiro: Forense, 1985. p. 82.
24. MIRANDA, Pontes. *Tratado de direito privado*. 3. ed. Rio de Janeiro: Borsoi, 1971. t. XIII, p. 250-251.

de se arrepender, pela contradição que se estabeleceria entre firmeza e infirmeza do contrato. Não no tendo, ainda com a perda do sinal, não pode o contraente se afastar do contrato".

Segundo Carlos Roberto Gonçalves,[25] para o acatamento da irretratabilidade "não se reclama declaração expressa. Para a caracterização da irrevogabilidade basta a ausência de pactuação sobre o direito de arrependimento. No silêncio do compromisso, pois, quanto a esse direito, a regra é a irretratabilidade".

No regime especial de compromisso de compra e venda de lote é nula de pleno direito a cláusula de arrependimento ou retratação, *ex vi* do previsto no artigo 25 da Lei 6.766/79. No mesmo sentido é a previsão do artigo 32, § 2º, da Lei 4.591/64, com a redação dada pela Lei 10.931/2004.

4.4 Tutela judicial e extrajudicial do compromissário comprador para a outorga da escritura definitiva e a desnecessidade do registro no cartório imobiliário

Ressalvada a hipótese de venda de lotes urbanos em que o artigo 26, § 6º, da Lei 6.766/79, com a redação dada pela Lei 9.785/99, permite o registro da propriedade pelo cartório imobiliário mediante a prova de pagamento integral das prestações, em todas as outras hipóteses de compromisso de compra e venda será exigível a realização de uma nova escritura dita *definitiva*, e com o registro desta é que se terá um direito real igualmente *definitivo*. É assim no caso dos imóveis não loteados e na venda de unidades autônomas no regime da incorporação imobiliária.

Trata-se de direito potestativo do compromissário comprador que já quitou o preço e, por não existir prazo legal para o exercício desse direito, temos que essa ação é imprescritível ou perpétua.

Se o compromitente vendedor não cumprir essa obrigação básica, é cabível a propositura de ação judicial em que se requer ao juiz que supra a vontade do devedor, conferindo ao credor o mesmo resultado prático que teria se a obrigação fosse oportunamente desempenhada (arts. 464, CC e 501, CPC).

Fundamental, obviamente, será a apresentação de título que seja hábil para o futuro registro no cartório imobiliário (compromisso de compra e venda, cessão ou a promessa de cessão) e a prova da quitação.

Indispensável, outrossim, que o imóvel a ser adjudicado esteja devidamente matriculado no cartório do registro de imóveis, assim como que a cadeia dominial com relação aos transferentes não contenha solução de continuidade a fim de se adequar aos rigores do registro imobiliário.

---

25. GONÇALVES, Carlos Roberto. *Direito civil brasileiro: direito das coisas.* 8. ed. São Paulo: Saraiva, 2013. v. 5, p. 521.

Destarte, transcorrido o prazo conferido ao compromitente vendedor para outorgar voluntariamente a escritura definitiva, cabível será a imediata ação judicial que, julgada procedente, atribuirá ao compromissário comprador o reconhecimento do direito de propriedade definitivo. Essa medida judicial é tradicionalmente conhecida como ação de adjudicação compulsória.

Repise-se que se o objeto do contrato-promessa for um lote urbano, é dispensável a propositura de ação judicial para operar a adjudicação do imóvel, sendo autêntico caso de inépcia da inicial por falta de interesse de agir. Prescreve, nesse diapasão, o artigo 26, § 6º, da Lei 6.766/79 com a redação dada pela Lei 9.785/99: "Os compromissos de compra e venda e as promessas de cessão valerão como título para o registro da propriedade do lote adquirido, quando acompanhados da respectiva prova de quitação". Aguarda-se que essa perspectiva se estenda aos compromissos de compra e venda de unidades autônomas em regime de incorporação imobiliária, assim como aqueles disciplinados pelo direito comum.

A despeito de reconhecermos que a designação *lote* tem uma definição técnica diferente de *frações ideais* ou de *unidades autônomas* e que pelo princípio da especialidade da norma jurídica a lei regente da aquisição em condomínios é igualmente especial e não se destina a reger questões de parcelamento do solo urbano, tendemos a concordar com a instigante e vanguardista posição de Melhim Namem Chalhub[26] que pugna pela aplicação da analogia e pela incidência do artigo 6º, VIII, do Código de Proteção ao Consumidor no tocante ao direito básico de facilitação da defesa de seus direitos a fim de que o direito de adjudicação compulsória, sem a necessidade de propositura de ação judicial, seja estendido para os casos de compromisso de compra e venda submetido à incidência da Lei 4.591/64.

O referido autor defende a desnecessidade da outorga de um segundo contrato na medida em que, se o compromissário tem em suas mãos a prova de quitação e o instrumento de compromisso se encontra formal e substancialmente correto, não haverá razão para a confecção de um novo ato notarial, que se restringirá a reproduzir o teor do contrato anterior. Efetivamente, qual a diferença entre um compromisso de compra e venda de bem imóvel que, formulado à luz da Lei 4.591/64 é, por definição, irretratável (art. 32, § 4º) e quitado e uma escritura definitiva? Nenhuma. Estamos diante, apenas, de mais uma formalidade inútil e dispendiosa que o tempo há de suprimir, mormente nos tempos atuais de desjudicialização dos procedimentos, como aconteceu com a boa Lei 11.447/2007, que possibilita a realização de inventário, separação e divórcio no cartório extrajudicial de notas e se repete no CPC de 2015 quanto à usucapião extrajudicial.

Acrescentaríamos ainda em defesa dessa tese que o artigo 7º da lei consumerista contém a chamada *cláusula de abertura*, que permite expressamente a utilização da

---

26. CHALHUB, **Melhim Namem**. *Propriedade imobiliária: função social e outros aspectos*. Rio de Janeiro: Renovar, 2000. p. 119-132.

analogia quando a lei que se pretende transplantar para o caso concreto for mais favorável ao consumidor, reputado contratante vulnerável pela lei maior (arts. 5º, XXIII, e 170, III, da CF). Diz-nos Cláudia Lima Marques[27] sobre a referida cláusula de abertura contida no referido dispositivo que "em resumo, sempre que uma lei assegure algum 'direito' (não um dever!) para o consumidor, esta lei pode se somar ao CDC, ser incorporada na tutela especial, ser recebida pelo microssistema do CDC e ter a mesma preferência no trato das relações de consumo que o CDC".

Parece-nos que o Código Civil vigente incorre no mesmo equívoco de antigas decisões do Supremo Tribunal Federal que, interpretando literalmente o artigo 22 do Decreto-lei 58/37, entendiam que somente era possível exigir a adjudicação compulsória se o compromisso de compra e venda estivesse registrado no cartório imobiliário. O artigo 1.418 do Código Civil estabelece que "o promitente comprador, *titular de direito real*, pode exigir do promitente vendedor, ou de terceiros, a quem os direitos deste forem cedidos, a outorga da escritura definitiva de compra e venda, conforme o disposto no instrumento preliminar; e, se houver recusa, requerer ao juiz a *adjudicação do imóvel*". Como facilmente pode ser verificado, o Código Civil de 2002 retrata a posição doutrinária e jurisprudencial dos anos 1960 e início dos anos 1970, exatamente o período em que o projeto do atual Código fora gestado.

Assim é que, após vários trabalhos doutrinários e decisões judiciais espalhadas por todo o país, o Superior Tribunal de Justiça firmou o entendimento de que o registro do compromisso não é condicionante da procedência do pedido adjudicatório a teor do Verbete 239, *verbis*: "O direito à adjudicação compulsória não se condiciona ao registro do compromisso de compra e venda no cartório de imóveis".

Efetivamente, a relação entre promitente comprador e vendedor é obrigacional e não real. O registro e a sua inafastável oponibilidade *erga omnes* serve para que se crie o chamado direito real de aquisição exercido em face de terceiros, mas não pode ser condicionante do cumprimento de uma obrigação contratual em que ao comprador incumbe o pagamento do preço e ao vendedor, uma vez adimplida a obrigação, a outorga da escritura definitiva. Essas obrigações não podem estar condicionadas ao direito real criado pelo registro, sob pena de transformar o ônus do registro em obrigação propriamente dita.

Em que pese a infeliz redação do Código sugerir que o registro é requisito para a adjudicação compulsória, somos do entendimento de que continua em plena aplicabilidade a súmula de jurisprudência 239 do STJ e essa tem sido a orientação do colendo Superior Tribunal de Justiça. Registre-se que esse posicionamento se tornou predominante na mais alta corte do direito infraconstitucional quando já vigorava o artigo 25 da Lei 6.766/79, cujo texto, igualmente, parece sugerir que o registro é requisito para a outorga da escritura definitiva.

---

27. MARQUES, Claudia Lima; BENJAMIN, Antonio Herman V.; MIRAGEM, Bruno. *Comentários ao Código de Defesa do Consumidor*. 3. ed. São Paulo: Ed. RT, 2010. p. 311.

Nesse sentido, o eminente Desembargador José Osório de Azevedo Júnior conduziu a aprovação, por unanimidade, do Enunciado 95 na I Jornada de Direito Civil do Conselho da Justiça Federal/STJ, vazado nos seguintes termos: "O direito à adjudicação compulsória (art. 1.418 do novo CC), quando exercido em face do promitente vendedor, não se condiciona ao registro da promessa de compra e venda no cartório do registro imobiliário (Súmula no 239 do STJ)".

IV
DIREITO DE DANOS

14
DANOS EMERGENTES, LUCROS CESSANTES, PERDA DA CHANCE E LUCRO DA INTERVENÇÃO: EVOLUÇÃO DOUTRINÁRIA E JURISPRUDENCIAL DOS DANOS MATERIAIS

Paulo Maximilian

Mestre em Direito. Professor da Escola da Magistratura do Rio de Janeiro (EMERJ) e do Programa de Pós-graduação em Direito Privado da PUC-RJ. Sócio de Chalfin, Goldberg e Vainboim Advogados Associados. Autor de livros e artigos. paulomaximilian@gmail.com

Sumário: 1. Introdução – 2. A primeira grande classificação dos danos – 3. Os danos patrimoniais (materiais) em sua clássica distinção – 4. Uma primeira evolução: a diferença entre ganhar e lucrar – 5. Segunda evolução: o pedido de perdas e danos ganha novos contornos com a adoção da teoria da perda de uma chance – 6. Terceira evolução: como indenizar o ilícito que não gera dano (propriamente dito)? – 7. Conclusão.

1. INTRODUÇÃO

Busca-se com o presente estudo uma análise dos "danos materiais" nos (primeiros) vinte anos de vigência do Código Civil, apontando e explicando as principais alterações nos campos doutrinário e jurisprudencial.

Para tanto, em pesquisa preliminar sobre a evolução (somente com dados posteriores a Lei 10.406/02), encontrou-se com as palavras "*danos*" e "*indenizações*", nada menos do que 80 (oitenta) Enunciados das Jornadas de Direito Civil do Conselho da Justiça Federal[1] e 28 (vinte e oito) Súmulas do Superior Tribunal de Justiça[2].

Mas, para que se possa dimensionar a importância do assunto, qual seja, a clara compreensão dos danos materiais, com suas espécies e limitações, torna-se útil a repetição, em parte, da introdução utilizada em outro artigo[3], datado de 2009, quando se demonstrou que é bastante comum escutar de pessoas juridicamente leigas

---

1. JORNADA 1 – 5, 15, 27, 31, 37, 38, 44, 45, 46, 50, 92: JORNADA 3 – 140, 159, 162, 163, 164, 181, 189, 190, 192: JORNADA 4 – 275, 373, 377, 378, 379, 380: JORNADA 5 - 398, 399, 400, 404, 405, 411, 426, 437, 443, 444, 445, 446, 447, 448, 452, 453, 454, 455, 456, 457, 458, 459, 460: JORNADA 6 – 531, 532, 539, 540, 544, 546, 548, 550, 551, 552, 554, 555, 557, 558, 559, 560, 561, 562: JORNADA 7 – 576, 579, 580, 585, 587, 588, 589, 592: JORNADA 8 – 629, 630, 631
2. Súmulas do STJ: 326, 335, 362, 385, 402, 403, 420, 426, 463, 474, 475, 476, 479, 498, 537, 544, 572, 573, 595, 615, 616, 619, 620, 624, 632, 638, 642 e 647.
3. MAXIMILIAN, Paulo. A Teoria da Perda da Chance como solução para o "se" indenizável. *Revista da EMERJ*. v.12, n. 48, 2009. p. 87-101.

expressões e indagações (algumas como manifestação de perplexidade!) acerca da demora na resolução de ações indenizatórias com "pano de fundo" extremamente simples, como por exemplo, crimes confessos, negativações indevidas reincidentes, acidentes automobilísticos, descumprimento de contratos, erros médicos crassos etc.

Muitas das vezes o questionamento é direcionado à própria inércia do autor do fato: *"Se ele fez mesmo, porque não paga e resolve logo isso?"*

Resume-se a resposta a dois fatores principais: 1) a demora jurisdicional propriamente dita (excesso de recursos e medidas protelatórias) que seduz com a possibilidade de adiar o pagamento a um "futuro distante" e; 2) as sempre existentes discussões acerca do *quantum debeatur*, isto é, a liquidação do dano.

É, em parte, com esse segundo aspecto que o presente artigo se preocupará, pois a experiência prática demonstra que, por diversas vezes, os causadores dos danos até tentam a celebração de acordos, não alcançando justamente pela enorme diferença na percepção de *"o que compreende o dano? O que deve ser indenizado?"*

E, então, passados 20 (vinte) anos da entrada em vigor do Código Civil, será que houve alguma mudança?

2. A PRIMEIRA GRANDE CLASSIFICAÇÃO DOS DANOS

O dano, assim como a culpa e o nexo causal, é um elemento determinante da responsabilidade civil, assumindo um papel preponderante e indispensável ao surgimento da obrigação de indenizar. É possível a existência de indenização sem culpa (nos casos de responsabilidade objetiva), mas não de indenização sem dano, o que indicaria, sem dúvida, um enriquecimento sem causa para quem a recebesse[4].

Contudo nem sempre foi assim, pois, antes da plena aceitação da reparabilidade dos danos morais, adotava-se a *teoria da diferença* que conceituava o dano como resultado de uma operação de subtração entre o patrimônio da vítima antes e depois do fato gerador. Após décadas de polêmicas, aceitou-se a reparação moral, e com isso, a *teoria do interesse,* segundo a qual o dano passou a ser considerado a lesão de um interesse juridicamente protegido.[5]

Hodiernamente, considerando-se o efeito da lesão e o caráter de sua repercussão sobre o lesado, os danos podem ser divididos em duas espécies: danos patrimoniais (materiais) e danos extrapatrimoniais (morais).

Para os fins de acomodação programática da obra, repita-se, o conteúdo estará limitado aos danos patrimoniais.

---

4. "Dano é prejuízo. É diminuição de patrimônio ou detrimento a afeições legítimas. Todo ato que diminua ou cause menoscabo aos bens materiais ou imateriais, pode ser considerado dano. O dano é um mal, um desvalor ou contravalor, algo que se padece com dor, posto que nos diminui e reduz; tira de nós algo que era nosso, do qual gozávamos ou nos aproveitávamos, que era nossa integridade psíquica ou física, as possibilidades de acréscimos ou novas incorporações". ITURRASPE, Jorge Mosset. *Responsabilidad por daños*: parte general. Ediar, t. I. p. 21.
5. CAVALIERI FILHO, Sergio. *Programa de responsabilidade civil*. 2. ed. rev. atual e ampl. São Paulo: Malheiros, 1999. p. 71.

3. OS DANOS PATRIMONIAIS (MATERIAIS) EM SUA CLÁSSICA DISTINÇÃO

Os *danos materiais* – também chamados patrimoniais – são aqueles quantificados em dinheiro, pois refletem, por natureza, parte do patrimônio da vítima. Sua principal característica é a possibilidade de, com o ressarcimento, restaurar-se o *status quo ante*, isto é, após o pagamento da indenização o agente (violador de um direito) terá recomposto o patrimônio da vítima na exata proporção configurada anteriormente ao evento danoso.

Enquanto para a distinção entre materiais e morais se utiliza o critério de atingimento ao patrimônio (coisas) ou à pessoa (honra e sentimentos), para a separação e classificação dos danos materiais se utiliza do critério dano presente e dano futuro, encontrando duas (grandes) espécies com suas correspondentes subdivisões que, de acordo com Aguiar Dias, "podem coincidir, assim como podem ocorrer distinta e insuladamente, conforme o caso concreto"[6].

Os *danos emergentes* (também chamados prejuízos diretos) são os prejuízos efetivamente ocorridos, causando a diminuição no patrimônio. No tocante à mensuração e exemplificação, adota-se a preciosa lição de Sergio Cavalieri Filho: "A mensuração do dano emergente, como se vê, não enseja maiores dificuldades. Via de regra, importará no desfalque sofrido pelo patrimônio da vítima; será a diferença do valor do bem jurídico entre aquele que ele tinha antes e depois do ato ilícito. Assim, valendo-se de um exemplo singelo, num acidente de veículo com perda total, o dano emergente será o integral valor do veículo. Mas, tratando-se de perda parcial, o dano emergente será o valor do conserto, e assim por diante. Dano emergente é tudo aquilo que se perdeu, sendo certo que a indenização haverá de ser suficiente para a *restitutio in integrum*".[7]

Os *lucros cessantes* (também chamados prejuízos indiretos ou lucros frustrados) estão previstos no artigo 402 do Código Civil, o qual garante a indenização, não só do efetivamente perdido, como também do que razoavelmente se teria ganho, caso o dano não tivesse ocorrido. O lucro cessante, para ser indenizável, deve ser fundado em bases seguras, de modo a não compreender os lucros remotos, hipotéticos ou imaginários. Nesse sentido o ensinamento de Pontes de Miranda (Tratado de Direito Privado. t. XXV, p. 23): "Para que ocorra o direito aos lucros cessantes, a título de perdas e danos, deve-se comprovar haver, com certeza, algo a ganhar, uma vez que só se perde o que se deixa de ganhar".

É facilmente encontrada na doutrina[8] e jurisprudência[9] a distinção entre o chamado "dano indenizável" (que justifica o pagamento dos lucros cessantes) e o "dano

---

6. DIAS, José de Aguiar. *Repertório enciclopédico do direito brasileiro*. Rio de Janeiro: Borsói. v. 14, p. 221 apud STOCO, Rui. *Responsabilidade civil e sua interpretação jurisprudencial*. 4. ed. rev. atual. e ampl. São Paulo: Ed. RT, 1999. p. 654.
7. CAVALIERI FILHO, Sérgio. *Programa de responsabilidade civil*. 7. ed. rev. atual e ampl. São Paulo: Atlas, 2007. p. 72.
8. "O prejuízo deve ser certo. É a regra essencial da reparação. Com isso, se estabelece que o dano hipotético não justifica a reparação". DIAS. Op. cit. p. 221.
9. Agravo Interno. Agravo em Recurso Especial. (...) Lucros cessantes resultantes de cogitado empreendimento imobiliário frustrado. Danos hipotéticos. Arts. 402 e 403 do CC/2002. (...) 3. Os artigos 402 e 403 do Código Civil estabelecem que o cálculo dos lucros cessantes deve ser efetuado com razoabilidade, devendo

hipotético", sendo que este sempre foi afastado na fase de liquidação, pois a incerteza da sua ocorrência serve, *de per si*, para considerá-los indevidos. Como, então, distinguir um "dano hipotético" de um "lucro cessante"? A resposta de todos é a mesma: por lucros cessantes se entende o que a pessoa "*razoavelmente deixou de ganhar*".

4. UMA PRIMEIRA EVOLUÇÃO: A DIFERENÇA ENTRE GANHAR E LUCRAR

Seria, ainda hoje, correta a utilização do termo "ganhar"?

E nesse ponto se identifica um aprimoramento na aplicação dos conceitos pela jurisprudência, vez que se em momentos anteriores somente se falava em "ganhar", no sentido de faturar, hoje em dia já se tem bem clara a noção do que o certo não é ganhar/faturar, mas sim "lucrar".

Explica-se por meio daquele que talvez seja o exemplo mais comum nas salas de aula, o do motorista de táxi que teve seu veículo abalroado em acidente do qual não fora culpado e teve que deixar o bem na oficina por alguns dias para conserto. E, com a superficialidade que – via de regra – o assunto é tratado nas turmas de graduação, explica-se que se o taxista faturava R$ 200,00 (duzentos reais) por dia e ficou 5 (cinco) dias sem "rodar com o carro", teria direito a lucros cessantes de R$ 1.000,00 (mil reais). Tudo muito simples, ou melhor, simplista[10].

Isso porque, ainda que não haja absoluta certeza quanto aos valores[11], o entendimento correto não é no sentido de analisar e computar os ganhos, mas sim os lucros, ou seja, os ganhos com os descontos dos custos inerentes ao desempenho da atividade (combustível, impostos, seguro, depreciação etc.) e talvez, no caso dos motoristas de taxi, nada mais genuíno do que as declarações de imposto de renda e as pesquisas efetuadas junto às cooperativas e sindicatos para estimar qual seria o "lucro"[12].

---

corresponder à perda do lucro que resulte direta e imediatamente da inexecução do pacto. 4. *A jurisprudência do STJ não admite a indenização de lucros cessantes sem comprovação, rejeitando os lucros hipotéticos, remotos ou presumidos, incluídos nessa categoria os lucros que supostamente seriam gerados pela rentabilidade de atividade empresarial que sequer foi iniciada. Precedentes.* (...) 6. *Recurso especial provido para reformar o acórdão estadual, a fim de excluir do cálculo da indenização os lucros cessantes decorrentes do aventado empreendimento imobiliário, e para afastar a multa imposta pelo juízo singular nos embargos declaratórios*. STJ. 4ª Turma, AgInt no AREsp 964.233/SP, Rel. Min. Maria Isabel Gallotti, j. 04.04.2017, DJe 23.05.2017.

10. O *simplista* deixa de lado aspectos fundamentais para pensar, agir ou atingir objetivos, enquanto o *simples* tem a capacidade de filtrar aquilo que realmente importa daquilo que não acrescenta valor.

11. "A própria codificação admite, portanto, a intromissão de um juízo hipotético na delimitação dos prejuízos sofridos pela vítima. Em exemplo corriqueiro, o motorista de taxi que tem seu veículo danificado em uma colisão provocada culposamente por outro motorista faz jus à indenização não apenas pelo custo do reparo (dano emergente), mas também pelo que "razoavelmente deixou de lucrar" durante a semana que o carro ficou na oficina. A experiência pregressa permite demonstrar qual a média semana de ganhos com a circulação do taxi, de onde se extrai o valor da indenização pelos lucros cessantes. Trata-se de prejuízo certo? De modo algum. O taxista poderia se adoentar, o veículo poderia apresentar falha mecânica, o movimento de passageiros poderia naquela semana ser bem inferior à média. Aquele grau de probabilidade, contudo, é considerado suficiente para que o dano seja indenizado" (SCHREIBER, Anderson. *Direito Civil e Constituição*. São Paulo: Atlas, 2013. p. 195).

12. Apelação cível. Ação indenizatória de lucros cessantes, danos materiais e morais. Acidente de trânsito envolvendo veículo taxi e coletivo. (...) Lucros cessantes devidos (16.8.16 a 19.08.16) pelo período em que ficou sem atividade. Valor da diária calculada de acordo com valores informados na declaração de imposto

E, como dito, nesse ponto a jurisprudência evoluiu, sendo possível encontrar em rápida pesquisa, várias decisões diferenciando o "ganhar/faturar" do "lucrar":

> Processual civil e civil. Agravo Interno. Lucros cessantes e faturamento. Prejuízos de grande porte em razão de investigação policial. Responsabilização do estado. Súmula 7/STJ. 1. O Tribunal de origem acompanhou o entendimento do STJ no sentido de que *o faturamento não corresponde aos lucros cessantes, devendo considerar diversas variantes, dentre elas o custo para execução do contrato*. Precedentes: AgInt. no REsp. 1689883/PR, Rel. Ministro Ricardo Villas Bôas Cueva, Terceira Turma, DJe 14.06.2019, REsp. 1253909/ES, Rel. Ministra Maria Isabel Gallotti, Quarta Turma, DJe 29.08.2017, AgRg. no AREsp. 713.198/PR, Rel. Ministro Luis Felipe Salomão, Quarta Turma, DJe 11.12.2015. 2. Impossível afastar a incidência da Súmula 7/STJ uma vez que não compete ao STJ analisar as "variantes de mercado" e documentos juntados aos autos, conforme decidido pelo Tribunal de origem. 3. Agravo interno não provido (STJ – 2ª Turma, AgInt. no REsp. 1.730.398/PA, Rel. Min. Herman Benjamin, j. 20.08.2019, DJe 20.09.2019).

> Agravo Interno no Recurso Especial. Civil e Processual Civil. Indenização. Perdas e danos. (...) Valor da indenização. Razoabilidade. Súmula no 7/STJ. Lucros cessantes. Cabimento na hipótese. (...) 7. Hipótese em que os lucros cessantes decorrentes da extinção prematura da relação contratual por culpa da ré estão limitados ao período de vigência do último contrato celebrado entre as partes litigantes, *tendo o tribunal local tomado a devida cautela para que o valor dessa parcela correspondesse ao faturamento líquido da autora no período considerado, descontados os custos operacionais de sua atividade*. 8. Agravo interno não provido. (STJ – 3ª Turma, AgInt no REsp. 1.689.883/PR, Rel. Min. Ricardo Villas Bôas Cueva, DJe 14.06.2019)

> Recurso Especial. Trânsito. Acidente. Lucros cessantes. Artigo 1.059, do CC/16. Liquidação. Arbitramento. (...) Faturamento bruto do contrato. Custos da atividade econômica. Termo final. Vida útil do bem. Provimento. (...) 3. No cálculo dos lucros cessantes, não pode deixar de ser considerado que, para o exercício de qualquer atividade econômica, é necessário incorrer em custos. Assim, *o faturamento bruto do contrato não corresponde aos lucros cessantes, porque dele deve ser abatido o custo necessário para a execução do contrato*. 4. Recurso especial provido (STJ – 4ª Turma, REsp. 1.253.909/ES, Rel. Min. Maria Isabel Gallotti, DJe 29.08.2017).[13]

Mas, mesmo com tal análise (já aprimorada), havia uma lacuna a preencher nos casos em que ocorria um fato capaz de gerar danos, mas não se poderia classificar a possibilidade de lucro como certa, e nem como razoável, mas tão somente como

---

de renda. Mês de referência agosto/16. Diária apurada de R$240,00, totalizando R$720,000 (setecentos e vinte reais) pelos 03 dias. (...) Decisum que se reforma em parte. Precedentes do STJ e desta Corte de Justiça. Parcial provimento dos recursos. (TJRJ – 11ª Câm., Apel. 0043258-87.2016.8.19.0004, Rel. Des. Sergio Ricardo de Arruda Fernandes, j. 1º.12.2020); Apelação Cível. Acidente de trânsito. Colisão entre ônibus e táxi. (...) 4. Lucros cessantes calculados com base na renda mensal declarada no imposto de renda e o período em que o táxi ficou parado na oficina (TJRJ – 12ª Câm., Apel. 0038768-62.2015.8.19.0002, Rel. Des. Cherubin Helcias Schwartz Junior, j. 30.04.2019).

13. No mesmo sentido: Apelação cível. Responsabilidade civil. Colisão entre veículos. Dano moral bem arbitrado. Juros de mora. Termo inicial. Arbitramento. (...) 3. Lucros cessantes que "consistem naquilo que o lesado deixou razoavelmente de lucrar como consequência direta do evento danoso (Código Civil, art. 402)" (REsp. 1110417/MA, Rel. Ministra Maria Isabel Gallotti, Quarta Turma, julgado em 07/04/2011, DJe 28/04/2011), afigurando-se indispensável a demonstração da diminuição do lucro, sendo certo que *a referida verba (lucros cessantes) não se confunde com o faturamento da atividade empresarial desenvolvida*. Prova que não foi produzida nos autos, sendo certo que, embora demonstrada a interrupção da atuação, não há prova dos valores em média auferidos pela autora no desenvolvimento da atividade informal, resultando inviável a mensuração do alegado dano. (...) (TJRJ – 12ª Câm., Apel. 0015547-98.2016.8.19.0007, Rel. Des. José Acir Lessa Giordani, j. 23.02.2021).

possível, dependendo de algo incerto. Justamente nesse ponto, avançou a doutrina, trazendo e incorporando uma novidade ao cenário jurídico, a perda de uma chance.

5. SEGUNDA EVOLUÇÃO: O PEDIDO DE PERDAS E DANOS GANHA NOVOS CONTORNOS COM A ADOÇÃO DA TEORIA DA PERDA DE UMA CHANCE

Diante de situações incertas (será que isso ocorreria? Será que aquilo daria certo? Havia chance mesmo de ele se tornar um campeão?) caberá ao julgador (munido sempre do senso de razoabilidade), buscar nos conceitos de possibilidade, verossimilhança e probabilidade[14], a "resposta" – ou a melhor presunção – sobre o contexto fático alegado nos autos, pois, "aquilo que não aconteceu não pode nunca ser objeto de certeza absoluta"[15]. Entra em cena neste momento um fator essencial: a regra ordinária de experiência comum dos magistrados.

A perda de uma chance, segundo Philippe Le Tourneau[16], citado por Roberto de Abreu e Silva[17] se constitui "...por vezes um prejuízo indenizável enquanto que uma hipótese, uma pura hipótese, não seria causa de um dano, ou somente de uma eventualidade de dano não reparável. Define a perda de uma chance como a desaparição da probabilidade de um evento favorável quando esta chance aparece suficientemente séria".

Embora a referida teoria tenha tido seu estudo iniciado na Itália, em 1940, por intermédio do Professor Giovanni Pacchioni[18], da *Univestità de Milano*, o pioneirismo na aplicação jurisprudencial coube à França[19], nos idos de 1960[20], tendo sido

---

14. "Calamandrei, notando que é difícil estabelecer uma precisa diferença entre as noções de possibilidade, verossimilhança e probabilidade, esclarece que possível é o que pode ser verdadeiro, verossímil é o que tem aparência de ser verdadeiro e provável é o que se pode provar como verdadeiro. Pondera mais que, se se toma como termo de referência a comprovação da verdade, pode-se dizer que as três qualificações (possível, verossímil e provável), constituem, nessa ordem, uma gradual aproximação ao reconhecimento do que é verdadeiro. E, conclui: 'quem diz que um fato é verossímil, está mais próximo a reconhecê-lo verdadeiro do que quem se limita a dizer é possível; e quem diz que é provável, está mais avançado do que quem diz que é verossímil, já que vai mais além da aparência e começa a admitir que há argumento para fazer crer que a aparência corresponde à realidade" (WATANABE, Kazuo. *Da cognição no processo civil.* 2. ed. CEBEPEJ: São Paulo, 1999. p. 127).
15. BOCCHIOLA, Maurizio. Perdita di uma chance e certezza del danno. *Rivista Trimestrale di Diritto e Procedura Civile.* anno XXX, p. 60, 1976, apud SAVI, Sergio. *Responsabilidade civil por perda de uma chance.* São Paulo: Atlas, 2006. p. 1.
16. TOURNEAU, Philippe. *Droit de la responsabilité.* 669/676, Paris: Dalloz, 1998. p. 213-215.
17. SILVA, Roberto de abreu e. A teoria da perda de uma chance em sede de responsabilidade civil. *Revista da EMERJ*, v. 9, n. 36, p. 37, 2006.
18. PACCHIONI, Giovanni. *Diritto Civile Italiano*: Diritto delle obbligazioni. Parte seconda. Padova: Cedam, 1940. v. IV: Delitti e Quase Delitti, p. 109-115 apud SERGIO SAVI, SERGIO SAVI. Op. cit. p. 7.
19. "O julgado que inaugurou a jurisprudência francesa adveio da 1ª Câmara da Corte de Cassação, por ocasião da reapreciação de caso julgado pela Corte de Apelação de Paris, de 17/7/1964, sobre fato ocorrido no ano de 1957. Houve um erro de diagnóstico, que redundou em tratamento inadequado. Entendeu-se, logo em sede de 1ª instância, que entre o erro do médico e as graves consequências (invalidez) do menor não se podia estabelecer de modo preciso um nexo de causalidade. A Corte de Cassação assentou que: 'Presunções suficientemente graves, precisas e harmônicas podem conduzir à responsabilidade'. Tal entendimento foi acatado a partir da avaliação do fato de o médico haver perdido uma 'chance' de agir de modo diverso – e condenou-o a uma indenização de 65.000 francos" (KFOURI NETO, Miguel. *Responsabilidade civil do médico.* 4. ed. São Paulo: Ed. RT, 2001. p. 46).
20. Na Itália, o *leading case* somente ocorreu em 1983. "Uma empresa denominada Stefer convocou alguns trabalhadores para participar de um processo seletivo para a contratação de motorista que iam compor o seu

utilizada a teoria da *perte d´une chance* para os casos em que o ato ilícito retirava da vítima a possibilidade de obtenção de melhoria em sua situação futura.

No Brasil, mesmo tendo registro da utilização pelo Tribunal de Justiça do Rio de Janeiro, ainda em 2004, no caso do trágico acidente de ônibus envolvendo a delegação da seleção brasileira de ginástica olímpica[21], com certeza seu descobrimento restou impulsionado pela belíssima obra de Sergio Savi[22] que não só apresentou judiciosa pesquisa histórica, como também propagou a adoção da perda de uma chance pelo E. Superior Tribunal de Justiça, já em 2005, no famoso caso do Show do Milhão:

> Recurso especial. Indenização. Impropriedade de pergunta formulada em programa de televisão. Perda da oportunidade. 1. O questionamento, em programa de perguntas e respostas, pela televisão, sem viabilidade lógica, uma vez que a Constituição Federal não indica percentual relativo às terras reservadas aos índios, acarreta, como decidido pelas instâncias ordinárias, a impossibilidade da prestação por culpa do devedor, impondo o dever de ressarcir o participante pelo que razoavelmente haja deixado de lucrar, pela *perda da oportunidade*. 2. Recurso conhecido e, em parte, provido. (STJ – 4ª Turma, REsp. 788.459-BA, Rel. Min. Fernando Gonçalves, j. 08.11.2005)

E, com a "popularização" da teoria, logo surgiram muitos outros casos, com temáticas diversas, decididos sob a fundamentação da perda de uma chance[23], bem

---

quadro de funcionários. Após terem se submetido a diversos exames médicos, alguns candidatos ao emprego foram impedidos pela Stefer de participar das demais provas (de direção e de cultura elementar) que seriam necessárias à conclusão do processo de admissão. (...) A Corte di Cassazione cassou a decisão do apelo e confirmou a sentença de primeiro grau de jurisdição que havia reconhecido aos trabalhadores o dano da perda da chance, consistente na perda da possibilidade de conseguir o emprego em razão de não terem feito as demais provas necessárias à admissão" (PETRELLI, Patrizia. Causalità e Perdita di Chances. *I grandi Orientamenti della Giurisprudenza Civile e Comerciale*. Padova: CEDAM, 1999. p. 303 apud SAVI, Sergio. Op. cit. p. 25).

21. Responsabilidade civil. Contrato de transporte. Acidente de trânsito com coletivo. Natureza objetiva da responsabilidade. Fortuito interno. Dano e nexo causal comprovados. (...) 4 – Sobrevindo, em razão de ato ilícito, perturbação nas relações psíquicas, na tranquilidade, nos sentimentos de uma pessoa, configura-se o dano moral passível de indenização, hipótese que se faz presente nas angústias da autora em um hospital, o risco da morte a que fora submetida e *pela perda de uma chance promissora como atleta*. Negado provimento a ambos os recursos. (TJRJ – 16ª Câm., Apel. 2004.001.02939, Rel. Des. Antônio Saldanha Palheiro, j. 18.05.2004). Constou do v. Acórdão: "O dano futuro, considerado como perda da chance, é também certo e indenizável. Coloca-se a perda da chance na frustração de uma oportunidade em que seria obtido um benefício, caso não houvesse o corte abrupto em decorrência de um ato ilícito. A oportunidade que é frustrada não é o benefício aguardado, mas a simples probabilidade de que esse benefício surgiria. Na hipótese, a documentação anexada aos autos demonstra que a vítima tinha carreira promissora a lhe esperar, em especial pelo seu passado glorioso como ginasta e pelos depoimentos de especialistas em ginástica olímpica feminina".

22. SAVI, Sergio. *Responsabilidade civil por perda de uma chance*. São Paulo: Atlas, 2006.

23. Prescrição de remédio equivocado que retardou o início do tratamento adequado para a doença, diminuindo sua possibilidade de cura. (TJRJ – 17ª Câm., Apel. 2005.001.44557, Rel. Des. Edson Vasconcelos, j. 08/03/2006); Franquia. Descumprimento de contrato e cancelamento da concessão após realização de todo o estudo e projeto de viabilização do negócio. (TJRJ – 5ª Câm., Apel. 2007.001.47396, Rel. Des. Cristina Gaulia, j. 26.09.2007); Desídia em serviços de advogados que não interpuseram o recurso cabível em outra demanda. (TJRJ – 1ª Câm., Apel. 2008.001.03832, Rel. JDS. Des. Myriam Medeiros, j. 01/04/2008); Falha em contrato de transporte de integrantes de escola de samba em dia de desfile de carnaval. Atraso na chegada ao desfile que ocorreu com número reduzido de componentes, gerando perda de pontos e possivelmente tendo sido a causa do rebaixamento da agremiação. (TJRJ – 18ª Câm., Apel. 2007.001.64967, Rel. Des. Rogério Oliveira de Souza, j. 22/07/2008); Plano de Saúde. Falha em serviço de resgate. Redução na possibilidade de salvamento do segurado infartado que aguardou longo período de tempo até ser resgatado por ambulância do corpo de bombeiros. (TJRJ – 20ª Câm., Apel. 2008.001.27438,

como algumas controvérsias, pois, no que tange à natureza jurídica, restou dividida a melhor doutrina, vez que alguns defendem o enquadramento como espécie de danos emergentes[24], lucros cessantes (Aguiar Dias[25], Carvalho Santos[26], Sergio Cavalieri Filho[27]), outros ser modalidade de dano moral (Antônio Jeová dos Santos[28]) e, ainda, a posição do doutrinador argentino Carlos A. Ghersi, reproduzida por Silvio Venosa[29], colocando a teoria da perda da chance como algo intermediário entre os danos emergentes e os lucros cessantes.

Tratando dessa questão atinente a uma relação entre a probabilidade de ocorrer a situação e a possibilidade de se utilizar a teoria da perda da chance, surge uma interessante divergência doutrinária, pois, no entender de Anderson Schreiber "não é necessário que haja uma alta probabilidade de ganho, superior a 50% ou a qualquer outro patamar. Mesmo chances reduzidas de sucesso (25%, por exemplo) podem dar ensejo à indenização"[30], enquanto para Sergio Savi "as chances, para serem consideradas sérias, reais e, portanto, passíveis de indenização, precisarão ser superiores a 50% (cinquenta por cento)"[31].

E, já em novembro de 2011, foi realizada a 5ª Jornada de Direito Civil do Conselho da Justiça Federal[32], comemorando, então, os primeiros 10 anos de vigência no novo Código Civil, quando foi editado o Enunciado 444, com o seguinte teor:

> A responsabilidade civil pela perda de chance não se limita à categoria de danos extrapatrimoniais, pois, conforme as circunstâncias do caso concreto, a chance perdida pode apresentar também a natureza jurídica de dano patrimonial. A chance deve ser séria e real, não ficando adstrita a percentuais aprioristicos.

Entende-se, pois, como mencionado acima, sempre ter havido controvérsia acerca do que (e quanto) é devido pelo fato de a vítima pretender indenizações por ela consideradas como lucros cessantes (certas) que, na visão oposta do causador do

---

Rel. Des. Odete Knaack de Souza, j. 05.11.2008); Falha em diagnóstico da qual possivelmente adveio a perda de visão da parte Autora (TJRJ – 2ª Câm., Apel. 2009.001.01653, Rel. Des. Heleno Ribeiro P. Nunes, j. 04.02.2009).

24. "Na perda de uma chance o dano é tido como dano emergente e não como lucros cessantes, isso quer dizer que no momento do ato ilícito essa chance já se fazia presente no patrimônio do sujeito passivo desta relação jurídica, sendo algo que ela efetivamente perdeu no momento do ilícito e não algo que ela deixou de lucrar" (LOPES, Rosamaria Novaes Freire. *Responsabilidade civil pela perda de uma chance*. Texto colhido do site www.direitonet.com.br em julho de 2009).
25. DIAS, José de Aguiar. *Da responsabilidade civil*. 10. ed. Rio de Janeiro: Forense, v. 2, 1995. p. 721, nota 33 apud SAVI, Sergio. Op. cit., p. 39.
26. CARVALHO SANTOS, J. M. *Código Civil brasileiro interpretado*. Rio de Janeiro: Freitas Bastos, 1956. v. XXI, p. 321-322 apud SAVI, Sergio. Op. cit., p. 39.
27. CAVALIERI FILHO, Sergio. *Programa de responsabilidade civil*. 4. ed. São Paulo: Malheiros, 2003. p. 91-92 apud SAVI, Sergio. Op. cit., p. 39.
28. SANTOS, Antônio Jeová dos. *Dano moral indenizável*. 2. ed. São Paulo: Lejus, 1999. p. 110 apud SAVI, Sergio. Op. cit., p. 42.
29. SILVIO DE SALVO VENOSA. *Direito civil*: responsabilidade civil. 3. ed. São Paulo: Atlas, 2003. p. 198-200 *apud* SAVI, Sergio. Op. cit. p. 41.
30. SCHREIBER, Anderson. Op. cit. p. 197.
31. SAVI, Sergio. Op. cit., p. 80.
32. Enunciados publicados em Maio de 2012.

fato não seriam tão certas assim, configurando meros danos hipotéticos (incertas). Dentro desta nova ótica devem tais situações ser enquadradas como perda da chance, na exata lição de Gracia Cristina Moreira do Rosário[33]:

> A perda de uma oportunidade ou chance constitui uma zona limítrofe entre o certo e o incerto, o hipotético e o seguro; tratando-se de uma situação na qual se mede o comportamento antijurídico que interfere no curso normal dos acontecimentos de tal forma que já não se poderá saber se o afetado por si mesmo obteria ou não obteria os ganhos, ou se evitaria ou não certa vantagem, mas um fato de terceiro o impede de ter a oportunidade de participar na definição dessas probabilidades. A chance é a possibilidade de um benefício futuro provável (...) Deve-se realizar um balanço das perspectivas a favor e contra. Do saldo resultante, obter-se-á a proporção do ressarcimento. A indenização deverá ser da chance e não dos ganhos perdidos.

Com isso, o julgador que não podia se valer (isso é óbvio) de uma decisão de cunho alternativo (SE sim ou SE não) para, em exercício de futurologia, decidir a demanda, não mais analisará o contido nos autos sob o prisma das hipóteses para fundamentar indenizações por lucros cessantes. Em tais casos, estando o magistrado diante de uma possibilidade séria, concreta, real[34], concederá a indenização pela oportunidade, pela chance, tornando o SE indenizável e resolvendo esse tipo de problema.

Só que esse não foi o único grande avanço.

6. TERCEIRA EVOLUÇÃO: COMO INDENIZAR O ILÍCITO QUE NÃO GERA DANO (PROPRIAMENTE DITO)?

A pergunta que inicia esse tópico é daquelas que chega a causar algum desconforto, pois a resposta seria um tanto óbvia (não há indenização sem dano![35]) e, desse modo, fica aquela dúvida quanto a possibilidade de ser uma armadilha ou pegadinha, vez que durante séculos se conviveu com a máxima de que a indenização dependeria do dano como elemento determinante (vide item 1, *supra*)[36].

---

33. ROSÁRIO, Gracia Cristina Moreira do. *A perda da chance de cura na responsabilidade civil médica*. Rio de Janeiro: Lumen Juris, 2009. p. 133.
34. Transcreve-se exemplar ementa proveniente da 3ª Turma do STJ: "(...) Ocorre que, naturalmente, há possibilidades e probabilidades diversas e tal fato exige que a teoria seja vista com o devido cuidado. No mundo das probabilidades, há um oceano de diferenças entre uma única aposta em concurso nacional e prognósticos, em que há milhões de possibilidades, e um simples jogo de dados, onde só há seis alternativas possíveis. Assim, a adoção da teoria da perda da chance exige que o Poder Judiciário bem saiba diferenciar o improvável do quase certo, bem como a probabilidade de perda da chance de lucro, para atribuir a tais fatos as consequências adequadas(...)" (STJ – 3ª Turma, REsp. 965.758, Rel. Min. Nancy Andrighi, j. 19.08.2008).
35. CC – Art. 944. A indenização mede-se pela extensão do dano. Parágrafo único. Se houver excessiva desproporção entre a gravidade da culpa e o dano, poderá o juiz reduzir, equitativamente, a indenização.
36. "O dano é, sem dúvida, o grande vilão da responsabilidade civil. Não haveria que se falar em indenização, nem em ressarcimento, se não houvesse o dano. Pode haver responsabilidade sem culpa, mas não pode haver responsabilidade sem dano. Na responsabilidade objetiva, qualquer que seja a modalidade do risco que lhe sirva de fundamento – risco profissional, risco-proveito, risco criado etc. – o dano constitui o seu elemento preponderante. Tanto é assim que, sem dano, não haverá o que reparar, ainda que a conduta tenha sido culposa ou até dolosa" (CAVALIERI FILHO, Sérgio. *Programa de responsabilidade civil*. 7. ed. rev. atual e ampl. São Paulo: Atlas, 2007. p. 70-71).

Mas, com o passar do tempo, não só pelo estudo de doutrinas estrangeiras que já entendiam pela possibilidade de indenizar como forma de evitar o enriquecimento sem causa (justa)[37], como também para solucionar alguns casos[38], nos quais os exemplos não se enquadravam na noção de "somente há indenização quando houver danos", deu-se início a terceira evolução apontada nesse texto.

Sergio Savi escreveu em 2012 a obra pioneira no cenário nacional e apontou o caso Midler v. Ford Motor Co. (849 F.2d., 460[39]), ocorrido nos anos 80, como o primeiro a suscitar a discussão que ensejou a formação da teoria do *contractual bypass* (traduzido para o português como lucro da intervenção)[40].

E um pouco mais adiante, em dezembro de 2017, Carlos Nelson Konder escreveu um intrigante artigo[41] que, além explicar não ser "possível falar de um instituto do lucro da intervenção (...) o que existe é a situação do lucro da intervenção – o

---

37. SCHREIBER, Anderson e SILVA, Rodrigo da Guia (Aspectos relevantes para a sistematização do lucro da intervenção no direito brasileiro. *PENSAR – Revista de Ciências Jurídicas*, Fortaleza, v. 23, n. 4, p. 1-15, out./dez. 2018), apoiados em LEITÃO, Luís Manuel Teles de Menezes (*O enriquecimento sem causa no direito civil*: estudo dogmático sobre a viabilidade da configuração unitária do instituto, face à contraposição entre as diferentes categorias de enriquecimento sem causa. Lisboa: Centro de Estudos Fiscais, 1996) afirmam que os primeiros estudos sobre o tema teriam sido efetuados por SCHULZ, Fritz (*System der Rechte auf den Eingriffserwerb*. Archiv für die civilistische Praxis, Tübingen, 105. Bd., H. 1, p. 1-488), ainda em 1909. Também apontando a doutrina de Fritz Schulz como pioneira está a lição de KONDER, Carlos Nelson e SAAR, Patrick (A relativização do duplo limite e da subsidiariedade nas ações por enriquecimento sem causa. In: TEPEDINO, Gustavo; TEIXEIRA, Ana Carolina Brochado; ALMEIDA, Vitor (Coord.). *Da dogmática à efetividade do direito civil*. Belo Horizonte: Fórum, 2017. p. 147-156): "O problema do lucro da intervenção teve sua primeira exposição por Fritz Schulz e a solução dada por ele mostrou-se aquém do desejado; para ele, todo o lucro deveria ir ao locupletado, pois foi seu direito ou seu bem a gênese desse entrelaçamento patrimonial indesejado. Contudo, esta solução foi reputada como excessiva defesa do locupletado, de forma a gerar um novo enriquecimento sem causa a partir do saneamento de outro".
38. "...esforço doutrinário veio tentar resolver um problema técnico que passava despercebido até há pouco tempo no ordenamento brasileiro..." (FAJNGOLD, Leonardo e outros. Lucro da intervenção: a disciplina e os julgamentos pioneiros no Superior Tribunal de Justiça. In: *RBDCivil*. Belo Horizonte, v. 21, p. 164).
39. SAVI, Sergio. *Responsabilidade civil e enriquecimento sem causa*: o lucro da intervenção. São Paulo: Atlas, 2012. p. 79: Bette Midler havia sido contatada pela Ford Motors para estrelar uma campanha publicitária de determinado modelo de automóvel, mas, em razão de divergências acerca da remuneração, não aceitou participar. A empresa resolveu substitui-la por uma sósia, usando, dessa forma, mesmo que por via transversa, a imagem da atriz.
40. Tratando exatamente da análise de situações como essa, assim ponderaram Anderson Schreiber e Rodrigo da Guia Silva: "A hipótese ora descrita serve à enunciação de alguns questionamentos relevantes na presente matéria: quais serão (e em qual extensão) as obrigações impostas à empresa que interveio no direito à imagem do artista? A sua obrigação abrangerá apenas os lucros cessantes, limitando-se ao pagamento do cachê que o cantor teria auferido caso houvesse aceitado a proposta para ceder consensualmente (e onerosamente) a divulgação da sua imagem? Nesse caso, não se estaria, por via reversa, obrigando o artista a contratar? Seria possível impor à empresa, de alguma forma, a obrigação de restituir o lucro auferido a partir da campanha publicitária baseada na exploração não autorizada da imagem alheia? Em caso afirmativo, deveria ser restituído o lucro em toda a sua extensão ou apenas em alguma proporção? Eis algumas das questões que precisam ser enfrentadas no âmbito do tema do lucro de intervenção" (SCHREIBER, Anderson e SILVA, Rodrigo da Guia. Aspectos relevantes para a sistematização do lucro da intervenção no direito brasileiro. *PENSAR – Revista de ciências jurídicas*, Fortaleza, v. 23, n. 4, p. 1-15, out/dez 2018).
41. KONDER, Carlos Nelson. Dificuldades de uma abordagem unitária do lucro da intervenção. *Revista de direito civil contemporâneo*. v. 13, a. 14, p. 231-248. São Paulo: Ed. RT, out-dez 2017.

problema (...) ou sendo mais preciso, não é apenas um problema, mas um conjunto de problemas que podem ocorrer em circunstâncias bastantes distintas", destrinchou os quatro cenários possíveis de aplicação:

1° – Ilícito causador de dano maior do que o lucro:

"pode acontecer o lucro da intervenção numa situação em que uma pessoa cientemente viola o direito alheio, causando-lhe um dano, e retirando disso uma vantagem igual ou inferior ao dano. Imagine-se, a título de exemplo, um grupo que resolve se utilizar de um galpão alheio para realizar uma festa paga, sem autorização do proprietário. Ao final da festa, os interventores conseguem obter algum lucro, mas a deteriorização do imóvel em virtude da festa é tamanha, que o lucro não chega a cobrir o prejuízo gerado ao seu dono. Haveria aí um ilícito gerando lucro, mas inferior ao dano indenizável".

2° – Ilícito causador de lucro maior do que o dano

"...uma pessoa cientemente viola o direito alheio para retirar dele uma vantagem, que seja, contudo, superior ao dano causado. É possível aqui usar o exemplo inicial, ou ainda aquele que é considerado o *leading case* internacional do lucro da intervenção: o caso Bette Midler (...) em que o lucro (NR: pelo uso não autorizado da imagem em campanha publicitária) é tamanho que superaria tanto o dano material como o que seria quantificado normalmente como dano moral".

3° – Violação de direito causadora apenas de lucro

"...pode ainda ocorrer que o agente, embora saiba intervir indevidamente sobre direito alheio, disso retirando uma vantagem, não cause dano algum ao titular do direito. Imagine-se o exemplo do proprietário de um cavalo que recusa que ele participe de uma corrida com receio de que se lesione, mas o jóquei desrespeita a orientação do dono e corre com o cavalo mesmo assim, sem, contudo, lhe causar qualquer lesão e conquistando um prêmio pela corrida. O jóquei violou o direito do proprietário, obtendo lucro com isso, mas não lhe causou qualquer dano".

4° – Intervenção, de boa-fé, sobre direito alheio

"...outra possibilidade de lucro da intervenção estaria na intervenção sobre direito alheio, com obtenção de vantagem, mas de boa-fé, reputando o agente tratar-se de direito próprio ou de ninguém (e.g. res nullius). Pode-se adaptar um caso real[42] para usar como exemplo ilustrativo: o proprietário de um terreno que transforma uma caverna nele existente em verdadeira atração turística, instalando, inclusive um hotel no seu entorno mas, depois de muito lucrar com a exploração da caverna, se constata que parte significativa dela já se encontra no terreno do vizinho, que jamais autorizou a incursão dos turistas. No caso não houve ato ilícito, em sentido técnico, da parte do interventor, tampouco dano da parte do titular do direito, mas obteve-se vantagem a partir de direito alheio".

No que pese o início de profundos debates doutrinários sobre o correto enquadramento do lucro da intervenção[43/44] como questão de responsabilidade civil ou de

---

42. *Great Onyx Cave Cases* (Edwards v. Sims – 1929 e Edwards v. Lee's Administrator – 1936).
43. "É clara a distinção entre a responsabilidade civil e o enriquecimento sem causa: enquanto a primeira confere uma proteção dinâmica ao patrimônio a partir do princípio do neminem laedere e visa ao ressarcimento integral do dano sofrido pela vítima, o segundo oferece apenas uma proteção estática ao patrimônio que, posto menos intensa, abrange casos não cobertos pela responsabilidade civil, como quando não há ilicitude ou dano. Na aplicação do instituto do enriquecimento sem causa o objetivo não é reparar o dano, mas forçar o beneficiado a restituir o indevidamente locupletado" (TEPEDINO, Gustavo et al. *Código Civil interpretado conforme a Constituição da República*. Rio de Janeiro: Renovar, 2006. v. 2. p. 754-755).
44. "O enriquecimento sem causa difere da responsabilidade civil não apenas pela diversidade de suporte fático, mas, sobretudo, pela função que desempenha. Enquanto a responsabilidade civil visa reparar o

enriquecimento sem causa[45] – que não será tratado neste texto –, o Enunciado 620 da 8ª Jornada de Direito Civil foi bastante claro:

> A obrigação de restituir o lucro da intervenção, entendido como a vantagem patrimonial auferida a partir da exploração não autorizada de bem ou direito alheio, fundamenta-se na vedação do enriquecimento sem causa.

E, a verdade é que até a realização da mencionada Jornada, em abril de 2018, a maior parte dos operadores do direito sequer tinha escutado a expressão "lucro da intervenção", como (muito bem) explicam Leonardo Fajngold, Bernardo Salgado e Dan Guerchon:

> "Quem acompanhou com atenção a **VIII Jornada de Direito Civil**, promovida pelo **Conselho da Justiça Federal,** observou, no enunciado que ganhou o **número 620**, a menção a tema um tanto quanto desconhecido no ordenamento jurídico brasileiro: *o lucro da intervenção*. Se o assunto já é pouco abordado mesmo no repertório atual dos civilistas, a noção era, até então, praticamente ignorada por juristas em geral. Não à toa, em obra pioneira sobre a matéria, publicada em 2012, Sérgio Savi descreveu o estado da arte anunciando que, naqueles tempos, não se tinha "notícia de qualquer decisão no Brasil que faça referência expressa ao lucro da intervenção, assim como não se conhec[ia] qualquer trabalho acadêmico exclusivamente dedicado ao tema". 2 Precisamente por isso, pode-se dizer que a oportuna redação do Enunciado 620 do CJF tem como maior de seus méritos colocar holofotes sobre questão que, apesar de relevante, é ainda pouco explorada pela comunidade jurídica."[46]

Sendo que, no semestre seguinte à edição de tal enunciado, o E. Superior Tribunal de Justiça decidiu dois casos em que o lucro da intervenção foi utilizado como razão de decidir, chamando atenção da comunidade jurídica para a necessidade de melhor compreender e aplicar essa nova forma de "responsabilizar"[47].

O REsp. Repetitivo 1.552.434-GO foi julgado pela E. 2ª Seção em 13.06.2018 e, embora tivesse como teses analisadas "(a) cabimento ou não da incidência de juros remuneratórios na repetição de indébito apurado em favor do mutuário de contrato de mútuo feneratício;

---

dano sofrido pela vítima, os casos de enriquecimento sem causa se situam no âmbito da reprovabilidade perante os princípios do sistema, e sua função ontológica é remover o enriquecimento do patrimônio do enriquecido. Pouco importa, portanto, em sede de enriquecimento sem causa, a modificação do patrimônio daquele cuja situação jurídica fundamentou o locupletamento alheio, ou a existência, ou não, de dano, mas apenas o incremento do patrimônio do enriquecido" (TERRA, Aline de Miranda Valverde e GUEDES, Gisela Sampaio da Cruz. Revisitando o lucro da intervenção: novas reflexões para antigos problemas..., *RBDCivil*. Belo Horizonte, v. 29, p. 7).

45. "A questão que se coloca neste momento é a de se saber qual instituto jurídico seria suficiente para dar fundamento à pretensão do titular do bem de exigir o lucro da intervenção. Ocorre que a responsabilidade civil, entendida como geradora da obrigação de reparar um dano, nem sempre revela-se suficiente para justificar a restituição de um lucro, ainda que ilicitamente obtido, quando este é superior ao dano provocado" (KROETZ Maria Cândida do Amaral. *Enriquecimento sem causa no direito civil brasileiro contemporâneo e recomposição patrimonial*. Tese (Doutorado – Universidade Federal do Estado do Paraná, Faculdade de Direito, orientador Professor Luiz Edson Fachin, 2005, p. 160).

46. FAJNGOLD, Leonardo e outros. Lucro da intervenção: a disciplina e os julgamentos pioneiros no Superior Tribunal de Justiça. *RBDCivil*. Belo Horizonte, v. 21, p. 164.

47. "Daí se afirmar que, em cerca de seis meses, com os julgamentos realizados em junho e outubro de 2018 no Superior Tribunal de Justiça e, a partir da edição do Enunciado 620 na VIII Jornada de Direito Civil, o assunto deixou as sombras, saindo de um quase unânime desconhecimento entre os operadores de direito para se tornar objeto de debate no alto escalão doutrinário e jurisprudencial" (FAJNGOLD, Leonardo e outros. Op. cit. p. 165).

e (b) taxa de juros remuneratórios a ser aplicada na hipótese do item anterior", grande parte da fundamentação do v. acórdão se deu com base na análise do lucro da intervenção:

> "Apesar disso, é importante reconhecer, antes de se fixar uma tese pelo rito do repetitivos, que a preocupação manifestada nesses dois últimos julgados, acerca do enriquecimento ilícito da instituição financeira, tem despertado a atenção da doutrina civilista pátria, que vem estudando o problema sob a ótica do palpitante tema do "lucro da intervenção". (...) O lucro da intervenção também pode ser vislumbrado na hipótese da presente afetação, pois, como os bancos praticam taxas de juros bem mais altas do que a taxa legal, a instituição financeira acaba auferindo vantagem dessa diferença de taxas, mesmo restituindo o indébito à taxa legal. O problema se torna grave, do ponto de vista da equidade, quando o indébito decorre de má-fé do banco, pois este acaba auferindo lucro com base numa conduta deliberadamente ilícita. Em caso de má-fé e de juros a taxas elevadas (v.g., crédito rotativo), nem mesmo a sanção civil da repetição em dobro (art. 42, p. u., do CDC) seria suficiente para eliminar o lucro da intervenção. (...) Sob a ótica do lucro da intervenção, a instituição financeira teria que ser condenada não somente a reparar o dano causado ao mutuário, mas também a restituir o lucro que obteve com a cláusula abusiva. A partir desses exemplos e das considerações até aqui delineadas, pode-se perceber que, por um lado, o lucro da intervenção é um plus em relação à indenização, no sentido de que esta encontra limite na extensão dos danos experimentadas pela vítima (função indenitária do princípio da reparação integral), ao passo que o lucro da intervenção pode extrapolar esse limite. Por outro lado, o lucro da intervenção é um *minus* em relação ao *punitive damage*, uma vez que este, tendo simultaneamente funções punitiva e preventiva, não está limitado ao lucro ou ao dano. Sob outra ótica, pode-se perceber, também, que o lucro da intervenção é apenas um problema jurídico, não uma proposta de solução. (...) Ante esse cenário do lucro da intervenção, torna-se prudente, no presente recurso repetitivo, fixar uma tese que não impeça a evolução da jurisprudência. Nessa esteira, propõe-se uma tese menos abrangente, apenas para eliminar a possibilidade de se determinar a repetição com base nos mesmos encargos praticados pela instituição financeira, pois esses encargos, como já visto, não correspondem ao dano experimentado pela vítima, tampouco ao lucro auferido pelo ofensor. A tese proposta, então, teria o seguinte enunciado: *descabimento da repetição do indébito com os mesmos encargos praticados pela instituição financeira"*.

Passados quatro meses, outro caso foi julgado pela Corte Superior, que analisou a ação por meio da qual a famosa atriz Giovanna Antonelli pleiteava inclusão do lucro da intervenção na responsabilização de uma empresa de cosméticos em razão de violação (uso não autorizado) de sua imagem em campanha publicitária.

Na 1ª instância a ré fora condenada a se retratar publicamente e, também, a pagar danos morais e materiais no equivalente ao valor de seu cachê, caso houvesse sido contratada[48]. Como não era esse o pedido completo[49], houve recurso ao Tribunal de

---

48. "A consequência do ato vedado não pode ser a mesma do ato permitido" (STF – RE 56.904/SP, Rel. Min. Vitor Nunes Leal, DJ 05.10.1966).
49. "O valor total da restituição devida nesses casos é normalmente quantificado pelos tribunais como sendo o valor daquilo que o interventor-enriquecido deveria ter despendido para obter a autorização que tornaria a intervenção legítima (com causa). Essa forma de quantificação tem a vantagem de ser mais fácil de aferir em casos concretos. Em que pese essa vantagem, a jurisprudência não vai bem ao utilizar esse critério, uma vez que o enriquecimento sem causa não é uma forma de ressarcir lucros cessantes, mas sim uma forma de restituir ao dono da imagem os lucros que foram obtidos a partir da sua imagem. [...] a forma de quantificação do enriquecimento não deve tomar em conta aquilo que o 'empobrecido' deixou de ganhar, mas sim o que o enriquecido lucrou a partir da imagem de outrem" (MICHELON JR., Cláudio. *Direito restituitório*: enriquecimento sem causa, pagamento indevido, gestão de negócios. São Paulo: Ed. RT, 2007. p. 203-204).

Justiça do Rio de Janeiro que, por meio de sua E. 13ª Câmara Cível, assentada na ideia de que "a simples indenização dos danos sofridos se revela insuficiente quando o lucro obtido pelo ofensor a supera, justificando, com base na vedação ao enriquecimento sem causa, a condenação do ofensor a transferir também o lucro obtido a partir da intervenção sobre o direito alheio"[50], talvez tenha lançado – como bem apontado por Carlos Nelson Konder[51] – o primeiro precedente jurisprudencial relevante no direito pátrio a tratar especificamente do lucro pela intervenção:

> Apelação cível. Responsabilidade civil. Uso indevido de imagem em propaganda de comercializado pela ré. Materiais comprovados. *Cessantes e enriquecimento sem causa (lucro da intervenção) pela violação ao direito da imagem da parte autora*. Reforma da sentença para majorar a condenação a título de danos patrimoniais e extrapatrimoniais, considerando as particularidades do caso concreto, especialmente as condições da vítima e do ofensor. Recurso a que se dá provimento (TJRJ – 13ª Câm., Apel. 0008927-17.2014.8.19.0209, Rel. Des. Fernando Fernandy Fernandes, j. 26.10.2016).

Quando o feito chegou ao Superior Tribunal de Justiça, pela via do REsp. 1.698.701-RJ, a E. 3ª Turma julgou a questão[52] perpassando várias matérias importantes para, ao final, confirmar a aplicação do lucro da intervenção ao caso e, ainda, estabelecer critérios de fixação da indenização[53]. Tratando inicialmente do desloca-

---

50. KONDER, Carlos Nelson. Op. cit., p. 232.
51. Idem.
52. Recurso especial. Direito civil. Uso indevido de imagem. Fins comerciais. Enriquecimento sem causa. Art. 884 do Código Civil. Justa causa. Ausência. Dever de restituição. *Lucro da intervenção*. Forma de quantificação. 1. (...) 4. *De acordo com a maioria da doutrina, o dever de restituição do denominado lucro da intervenção encontra fundamento no instituto do enriquecimento sem causa, atualmente positivado no art. 884 do Código Civil*. 5. O dever de restituição daquilo que é auferido mediante indevida interferência nos direitos ou bens jurídicos de outra pessoa tem a função de preservar a livre disposição de direitos, nos quais estão inseridos os direitos da personalidade, e de inibir a prática de atos contrários ao ordenamento jurídico. 6. A subsidiariedade da ação de enriquecimento sem causa não impede que se promova a cumulação de ações, cada qual disciplinada por um instituto específico do Direito Civil, sendo perfeitamente plausível a formulação de pedido de reparação dos danos mediante a aplicação das regras próprias da responsabilidade civil, limitado ao efetivo prejuízo suportado pela vítima, cumulado com o pleito de restituição do indevidamente auferido, sem justa causa, às custas do demandante. 7. *Para a configuração do enriquecimento sem causa por intervenção, não se faz imprescindível a existência de deslocamento patrimonial, com o empobrecimento do titular do direito violado, bastando a demonstração de que houve enriquecimento do interventor*. 8. Necessidade, na hipótese, de remessa do feito à fase de liquidação de sentença para fins de quantificação do lucro da intervenção, observados os seguintes critérios: a) apuração do *quantum debeatur* com base no denominado lucro patrimonial; b) delimitação do cálculo ao período no qual se verificou a indevida intervenção no direito de imagem da autora; c) aferição do grau de contribuição de cada uma das partes e d) distribuição do lucro obtido com a intervenção proporcionalmente à contribuição de cada partícipe da relação jurídica. 9. Recurso especial provido (STJ – 3ª Turma, REsp. 1.698.701-RJ, Rel. Min. Ricardo Villas Bôas Cueva, DJe 08.10.2018).
53. A r. decisão foi muito bem analisada por Leonardo Fajngold, Bernardo Salgado e Dan Guerchon: "...o Superior Tribunal de Justiça, após apontar que o caso envolvia a inviolabilidade do direito à imagem e reclamava, por isso, a aplicação do seu Enunciado Sumular 403, iniciou adequada trajetória de análise dos pontos principais relativos à figura do lucro da intervenção. A uma, o acórdão lavrado pela Terceira Turma mencionou a insuficiência da responsabilidade civil para solucionar todas as controvérsias nesse particular e a relevância da incidência do instituto do enriquecimento sem causa, tal como referido no recém-aprovado Enunciado 620 da VIII Jornada de Direito Civil. A duas, nele também se destaca a perfeita compatibilidade do disposto no art. 886 do Código Civil com a lógica do lucro da intervenção, inclusive por meio da conjugação dos instrumentos da responsabilidade civil e do enriquecimento sem causa. A três, o julgado assentou que a caracterização do enriquecimento independe de correspondente empobrecimento. A partir de então – e esse é o principal traço distintivo em relação ao primeiro acórdão sobre o assunto –, a Corte passou a averiguar os critérios para a liquidação do *quantum* a ser restituído..." (FAJNGOLD, Leonardo. Op. cit., p. 186-187).

mento patrimonial, concluiu ser desnecessário o empobrecimento da parte "lesada" como se percebe de trecho do v. acórdão abaixo transcrito:

> Quanto aos demais pressupostos para aplicação do instituto do enriquecimento sem causa, importa consignar que na I Jornada de Direito Civil, realizada pelo Conselho da Justiça Federal, foi aprovado o Enunciado no 35 com o seguinte texto: 'A expressão 'se enriquecer à custa de outrem' do art. 886 do novo Código Civil não significa, necessariamente, que deverá haver empobrecimento'.
>
> Essa, a propósito, é a opinião de Giovanni Ettore Nanni: '(...) não se exige o empobrecimento como requisito indispensável para a caracterização do enriquecimento sem causa e, consequentemente, para o exercício da ação de enriquecimento. Em variadas vicissitudes, inclusive de vantagem obtida não patrimonial, o empobrecimento pode não ser configurado de forma concreta no patrimônio do empobrecido, mas, de qualquer forma, fica tipificado o enriquecimento sem causa. Nessas circunstâncias, negar a utilização da ação de enriquecimento pela ausência do requisito do empobrecimento significaria obnubilar a segurança jurídica que representa o acolhimento do enriquecimento sem causa na nova ordem civil' (Enriquecimento sem causa, 3. ed., São Paulo: Saraiva, 2012, p. 276).
>
> Para a configuração do enriquecimento sem causa por intervenção, portanto, não se faz imprescindível a existência de deslocamento patrimonial, com o empobrecimento do titular do direito violado, bastando a demonstração de que houve enriquecimento do interventor.

Já no que tange ao *quantum debeatur*, ponderou o i. Ministro Relator que "tarefa muito mais complexa do que reconhecer o dever de restituição dos lucros auferidos por meio da indevida intervenção no direito alheio é a quantificação do numerário a ser devolvido em cada caso submetido à apreciação judicial.", passando, então, na parte final do v. acórdão a explicar como seria efetuada a liquidação do julgado a partir da importante distinção entre lucro real (valor de mercado da exploração comercial da imagem) e o lucro patrimonial (incremento do ativo, diminuição do passivo ou economia de despesa)[54]:

> *Resta saber como se deve apurar o denominado lucro patrimonial.* (...)
>
> Todavia, não é razoável deixar ao arbítrio do julgador a fixação de um percentual aleatório a título de lucro da intervenção, mesmo porque tal providência, na espécie, escapa às regras de experiência comum do magistrado, exigindo, pois, conhecimentos técnicos específicos.
>
> Existem meios eficazes de se chegar a um valor mais justo e adequado aos propósitos do instituto do enriquecimento sem causa, de preservar a livre disposição de direitos e de inibir a prática de atos contrários ao ordenamento jurídico. Se a destinação de um percentual aleatório do volume de vendas do produto ao titular do direito violado ainda for economicamente interessante para o interventor, pouco ou nenhum efeito terá o provimento jurisdicional. (...)
>
> Diante da situação em apreço, a regra geral sugerida por Sérgio Savi serve de norte para que, na fase de liquidação de sentença, um profissional dotado de melhores condições técnicas chegue a um resultado mais próximo do verdadeiro acréscimo patrimonial auferido pela ré às custas da utilização não autorizada do direito de imagem da autora.

---

54. "Identificam-se duas formas de avaliação do enriquecimento: (i) o enriquecimento real, que se vincula ao objeto do enriquecimento e consiste na quantificação objetiva do valor de uso do bem ou direito, ou da vantagem adquirida; e (ii) o enriquecimento patrimonial, ligado ao sujeito enriquecido, e relativo à diferença entre a situação real e a hipotética, considerando-se hipotética a situação em que o agente se encontraria caso o fato gerador do enriquecimento não tivesse ocorrido. O parâmetro utilizado para fins de restituição é o enriquecimento patrimonial" (TERRA, Aline de Miranda Valverde; GUEDES, Gisela Sampaio da Cruz. Revisitando o lucro da intervenção: novas reflexões para antigos problemas... *RBDCivil*. Belo Horizonte, v. 29. p. 7).

Sem aqui pretender restringir o trabalho desse profissional, mais sensato seria que o perito, no caso em análise, tivesse a sua atenção voltada ao incremento das vendas do produto para, com base nele, aferir em que proporção a exploração desautorizada da imagem da autora influiu no lucro obtido pelo interventor.

De todo modo, diante das peculiaridades do caso em análise, caberá ao perito, na condição de auxiliar da Justiça, a tarefa de encontrar o melhor método de quantificação do que foi auferido, sem justa causa, às custas do uso não autorizado da imagem da autora em campanha publicitária, observados os seguintes critérios: a) apuração do *quantum debeatur* com base no denominado lucro patrimonial; b) delimitação do cálculo ao período no qual se verificou a indevida intervenção no direito de imagem da autora; c) aferição do grau de contribuição de cada uma das partes mediante abatimento dos valores correspondentes a outros fatores que contribuíram para a obtenção do lucro, tais como a experiência do interventor, suas qualidades pessoais e as despesas realizadas, e d) distribuição do lucro obtido com a intervenção proporcionalmente à contribuição de cada partícipe da relação jurídica."

Como se demonstrou, academicamente ocorreu um grande avanço, com a produção de excelentes livros, teses e artigos, além disso, dois casos relevantes foram julgados pela Corte Superior, mas, em pesquisa realizada nos sites dos Tribunais[55] restou constatado que são raríssimos ainda os casos discutindo especificamente a questão do lucro da intervenção.

O que se tem hoje em dia, portanto, é a semente plantada em ambos os campos (doutrina e jurisprudência) para que se possa começar a utilizar o lucro da intervenção como uma das legítimas formas para se evitar o enriquecimento ilícito[56].

7. CONCLUSÃO

Com certeza, a ocorrência de situações, acidentes, golpes e ilícitos diferentes a cada dia, somados a criatividade dos advogados e ao enorme talento dos doutrinadores e professores brasileiros, serve para explicar como um assunto (responsabilidade civil) que, desde o início, figurou em todas as codificações, segue evoluindo e se modificando.

Obviamente não se pretendeu esgotar o assunto nesse pequeno texto, cujo objetivo foi colaborar com a belíssima obra coordenada pelos Professores Thiago Ferreira Cardoso Neves e Guilherme Calmon Nogueira da Gama, demonstrando (por meio de indicação doutrinária e jurisprudencial) o panorama de algumas das principais evoluções ocorridas nesses primeiros 20 (vinte) anos do Código Civil.

---

55. Pesquisa realizada nos sites do STJ, TJRJ e TJSP para processos posteriores a 2018 somente localizou 2 casos no Tribunal do Rio de Janeiro e nenhum caso nos demais Tribunais.
56. "No direito brasileiro, não há uma única figura genérica, capaz de excluir o lucro ilícito do patrimônio do agente em toda e qualquer situação. Identificam-se, por outro lado, várias normas cuja finalidade reside precisamente em evitar que a conduta ilegítima se revele lucrativa para o ofensor. De todo modo, o instituto que melhor desempenha referida função de forma mais abrangente é o enriquecimento sem causa por lucro da intervenção, cujo escopo reside, precisamente, na retirada, do patrimônio do interventor, do lucro obtido a partir da intervenção injustificada em direitos ou bens alheios" (TERRA, Aline de Miranda Valverde e GUEDES, Gisela Sampaio da Cruz. Considerações acerca da exclusão do lucro ilícito do patrimônio do agente ofensor. *Revista da faculdade de direito-RFD-UERJ*. Rio de Janeiro. n. 28, dez. 2015, p. 21).

15
EVOLUÇÃO DA RESPONSABILIDADE CIVIL: DA CULPA AO RISCO INTEGRAL

Sergio Cavalieri Filho

Procurador Geral do Tribunal de Contas do Estado do Rio de Janeiro. Desembargador aposentado e ex-Presidente do Tribunal de Justiça do Estado do Rio de Janeiro. Professor.

Sumário: 1. Introdução – 2. Fatores da evolução – 3. A culpa presumida – 4. Transmudação da responsabilidade aquiliana em contratual – 5. A culpa anônima – 6. A responsabilidade objetiva – 7. Teorias sobre o risco; 7.1 O risco-proveito; 7.2 O risco profissional; 7.3 O risco excepcional; 7.4 O risco criado; 7.5 O risco integral – 8. O risco e o dever de segurança – 9. Campo de incidência da responsabilidade objetiva – 10. O futuro da responsabilidade.

1. INTRODUÇÃO

A responsabilidade civil passou por uma grande evolução ao longo do século XX. Foi sem dúvida a área do Direito que sofreu as maiores mudanças, maiores até que no Direito de Família. Talvez a palavra evolução não seja a mais adequada para caracterizar o fenômeno de que estamos tratando. Louis Josserand, em conferência proferida na Universidade de Coimbra em 1936, já observava que o termo correto seria revolução, "tão rápido, tão fulminante foi o movimento que levou a teoria da responsabilidade civil a novos destinos". Nessa matéria, afirmou o grande Mestre de Lion, "a verdade de ontem não é mais a de hoje, que deverá, por sua vez, ceder o lugar à de amanhã".[1]

Palavras proféticas porquanto, na realidade, a revolução iniciada na primeira metade do século XX prosseguiu na sua segunda parte ainda mais intensamente. Pode-se dizer, sem medo de errar, que os domínios da responsabilidade civil foram ampliados na mesma proporção em que se multiplicaram os inventos, as descobertas e outras conquistas da atividade humana. Prova disso é a enorme proliferação de normas legislativas que nessa área teve lugar, não só no plano da lei ordinária, mas até a nível constitucional; a vastíssima literatura jurídica produzida no mundo todo sobre o inesgotável tema da responsabilidade civil e a frequência com que a Justiça, em todas as suas instâncias, é chamada a decidir conflitos de interesses decorrentes de danos injustos. Acompanhando as estatísticas pode-se constatar que mais de cinquenta por cento dos casos que chegam aos Tribunais envolvem, de alguma forma, responsabilidade civil. Esse percentual é ainda superior nos Juizados Especiais, o que evidencia que o campo da responsabilidade civil se ampliou enormemente. Fala-se até numa indústria da res-

---

1. JOSSERAND, Louis. *Evolução da responsabilidade civil*. Trad. Raul Lima. *Revista Forense*, v. 86. n. 454, p. 548. Rio de Janeiro, 1941.

ponsabilidade civil, com o que não concordamos. Não há indústria sem matéria-prima, de sorte que se hoje os domínios da responsabilidade civil são assim tão abrangentes é porque os danos injustos se multiplicaram e se tornaram mais frequentes.

2. FATORES DA EVOLUÇÃO

Dois principais fatores deram causa à grande evolução da responsabilidade civil: a revolução industrial, notadamente a partir da segunda metade do século passado, e o estabelecimento do Estado de Direito Social, em que domina o sentimento de uma sociedade solidária de ampla justiça social.

Na verdade, a revolução industrial aumentou quase ao infinito a capacidade produtiva do ser humano. Se antes a produção era manual, artesanal, mecânica, circunscrita ao núcleo familiar ou a um pequeno número de pessoas, a partir dessa revolução a produção passou a ser em massa, em grande quantidade, até para fazer frente ao aumento da demanda decorrente da explosão demográfica. Houve também modificação no processo de distribuição, causando cisão entre a produção e a comercialização. Se antes era o próprio fabricante que se encarregava da distribuição dos seus produtos, pelo que tinha total domínio do processo produtivo – sabia o que fabricava, o que vendia e a quem vendia –, a partir de um determinado momento essa distribuição passou também a ser feita em massa, em cadeia, em grande quantidade pelos mega-atacadistas, de sorte que o comerciante e o consumidor passaram a receber os produtos fechados, lacrados, embalados, sem nenhuma condição de conhecer o seu real conteúdo.

Enfim, a massificação da produção e do fornecimento forjou o consumo massificado, uma sociedade massificada, que, por sua vez, deu causa àquilo que tem sido chamado de dano em massa, dano coletivo, cujo causador, muitas vezes, é anônimo, sem cara, sem nome, sem identidade.

Igualmente preponderante foi o papel do Estado de Direito Social nessa evolução da responsabilidade civil, por contraposição ao Estado de Direito Liberal. Esse novo Estado, principalmente após o segundo conflito mundial, passou a intervir na ordenação da sociedade e na economia de mercado, especialmente em setores socialmente débeis, para combater abusos, preservar a justiça social e o bem-estar. Passou de expectador a ator, impregnado de uma ideia de justiça e solidariedade social. Em consequência, o ideário do liberalismo clássico sofreu impacto acentuado, sobretudo a partir da década de 60, sendo substituído pelas novas concepções ético-sociais do Estado de Direito Social e da sociedade solidária.

Em última instância, observa João Calvão, "este sentimento de solidariedade é a contraface da insegurança em que vive o homem, dado o vertiginoso progresso técnico/científico que caracteriza a sociedade contemporânea. Se não há elevado grau de segurança, garante-se ao menos a reparação do dano pessoal decorrente dos acidentes".[2]

---

2. SILVA, João Calvão da. *Responsabilidade civil do produtor*. Coimbra: Almedina, 1990. p. 375.

3. A CULPA PRESUMIDA

O segundo estágio dessa evolução foi a admissão da culpa presumida, mecanismo encontrado para favorecer a posição da vítima diante da dificuldade por ela encontrada para provar a culpa do causador do dano em determinadas situações e a resistência dos subjetivistas em aceitar a responsabilidade objetiva. O fundamento da responsabilidade continuou o mesmo – a culpa; a diferença reside num aspecto meramente processual de distribuição do ônus da prova. Enquanto no sistema clássico (da culpa provada) cabe à vítima provar a culpa do causador do dano, no de inversão do ônus probatório atribui-se ao demandado o ônus de provar que não agiu com culpa.

Sem se abandonar, portanto, a teoria da culpa, conseguiu-se, por via de uma presunção, um efeito prático próximo ao da teoria objetiva. O causador do dano, até prova em contrário, presume-se culpado, mas, por se tratar de presunção relativa – *juris tantum* – pode elidir essa presunção provado que não teve culpa.

Autores e profissionais do direito referem-se constantemente à culpa presumida como se fosse caso de responsabilidade objetiva. Convém, então, enfatizar este ponto: a culpa presumida não se afastou do sistema da responsabilidade subjetiva pelo que admite discutir amplamente a culpa do causador do dano; cabe a este, todavia, elidir a presunção de culpa contra si existente para afastar o dever de indenizar. A lição do Mestre Alvino Lima esclarece qualquer dúvida a respeito do tema.

> As presunções de culpa consagradas na lei, invertendo o ônus da prova, vieram melhorar a situação da vítima, criando-se a seu favor uma posição privilegiada. Tratando-se, contudo, de presunção juris tantum, não nos afastamos do conceito de culpa da teoria clássica, mas apenas derrogamos um princípio dominante em matéria de prova. Tais presunções são, em geral, criadas nos casos de responsabilidades complexas, isto é, das que decorrem de fatos de outrem, ou fato das coisas inanimadas. Fixadas por lei as presunções juris tantum, o fato lesivo é considerado, em si mesmo, um fato culposo e como tal determinará a responsabilidade do autor, se este não provar a ausência de causa estranha causadora do dano, como a força maior, o caso fortuito, a culpa da própria vítima ou o fato de terceiro.[3]

4. TRANSMUDAÇÃO DA RESPONSABILIDADE AQUILIANA EM CONTRATUAL

O ressurgimento da responsabilidade contratual pode ser apontado como a terceira etapa na evolução da responsabilidade subjetiva para a objetiva. A revolução industrial obrigou operários, mal preparados, a trabalharem em máquinas perigosas e sem segurança, ensejando inúmeros acidentes; à medida em que foram surgindo os novos meios de transporte coletivos, como a locomotiva a vapor – a velha maria fumaça – multiplicaram-se também os acidentes de transporte. E em todos esses casos as vítimas ficavam ao desamparo porque a prova da culpa do empregador ou do transportador era praticamente impossível.

---

3. LIMA, Alvino. *Culpa e risco*. 2. ed. São Paulo: Ed. RT, 1998. p. 72.

Os juristas franceses, principalmente, em busca de uma situação jurídica mais favorável para as vítimas, que não aquela de terem que provar a culpa, engendraram a responsabilidade contratual, na qual, diferentemente da responsabilidade aquiliana, já existe entre as partes um vínculo jurídico preestabelecido, e o dever jurídico violado está perfeitamente configurado nessa relação jurídica. A norma convencional já define o comportamento dos contratantes, que ficam adstritos, em sua observância, a um dever específico. Imaginou-se, diz De Page, que no contrato de trabalho ocorre a *obrigação de seguridade*. Sobrevindo o acidente, o empregador tem o dever de indenizar, como efeito de uma obrigação contratual descumprida. No contrato de transporte os juristas vislumbraram a *cláusula de incolumidade*, que gera para o transportador a obrigação de levar o viajante são e salvo ao seu destino, de sorte que, uma vez descumprida essa obrigação, exsurge o dever de indenizar do transportador independentemente de culpa.

Gaston Morin, em sua notável obra – *La Revolte du Droit Contre le Code* –, citado por Caio Mário, fez precisa colocação da matéria. Antes o viajante vítima de um acidente devia provar a culpa da companhia para obter a reparação. Com o pressuposto de uma obrigação contratual de seguridade, a vítima passou a ser dispensada daquela prova, na consideração de que o acidente que a atingiu constitui em si mesmo uma falta contratual geradora da responsabilidade civil do transportador, a não ser que demonstre que a inexecução do contrato provém de uma causa estranha, a ele não imputável: caso fortuito, força maior, culpa da vítima.[4]

Dessa forma a responsabilidade contratual desenvolveu-se paralelamente à extracontratual ou delitual, em terreno definido e limitado, e consiste na violação de dever jurídico estabelecido no contrato, por isso decorrente de relação obrigacional preexistente.

5. A CULPA ANÔNIMA

À medida que se evoluiu na admissão da responsabilidade do Estado, a noção civilista da culpa – fato ético-psicológico e juízo de censura ou reprovação da conduta danosa do agente – revelou-se insuficiente para servir-lhe de embasamento. Como pessoa jurídica que é, o Estado não tem vontade nem ação, no sentido de manifestação psicológica e vida anímica própria. Estas, só os seres físicos as possuem. Não podendo agir diretamente, por não ser dotado de individualidade fisiopsíquica, a vontade e a ação do Estado são manifestadas pelos seus agentes, na medida em que se apresentem revestidos desta qualidade e atuem em seus órgãos. Em outras palavras, o Estado age através de seus agentes em lugar de ser por eles representados.

Por outro lado, a complexidade da estrutura administrativa do Estado, o gigantismo de sua máquina, a multiplicidade dos seus órgãos, o grande número de seus agentes, tudo isso dificulta sobremaneira o cidadão comum, não lhe permitindo

---

4. PEREIRA, Caio Mário da Silva. *Responsabilidade civil*. 9. ed. Rio de Janeiro: Forense, 2001. p. 266.

identificar quem é quem na Administração Pública, ou, pior ainda, quem fez o que. Então, ainda em busca de uma situação mais confortável para a vítima, evoluiu-se da culpa individual para a culpa anônima ou impessoal. De acordo com essa nova concepção, a culpa não está ligada necessariamente à ideia de falta de algum agente determinado, sendo dispensável a prova de que funcionários nominalmente especificados tenham incorrido em culpa. Basta que fique constatado um mau agenciador geral, anônimo, impessoal, na defeituosa condução do serviço, à qual o dano possa ser imputado.

Devemos, uma vez mais, à genealidade dos juristas franceses essa nova concepção de culpa, também chamada de culpa do serviço ou falta do serviço (*faute du service*), que ocorre quando o serviço não funciona, funciona mal ou funciona atrasado. Em síntese, basta a ausência do serviço devido ou o seu defeituoso funcionamento, inclusive pela demora, para configurar a culpa anônima.

Alguns autores não fazem distinção entre a culpa anônima e a responsabilidade objetiva, chegando, mesmo, a afirmar que são a mesma coisa. Estamos, neste ponto, com o professor Oswaldo Aranha Bandeira de Mello, ao advertir que a responsabilidade por *falta de serviço*, *falha do serviço* ou *culpa do serviço*, seja qual for a tradução que se dê à fórmula francesa *faute du service*, não é, de modo algum, modalidade de responsabilidade objetiva, mas subjetiva, porque baseada na culpa do serviço diluída na sua organização, assumindo feição anônima ou impessoal. Responsabilidade com base na culpa, enfatiza o Mestre, e culpa do próprio Estado, do serviço que lhe incumbe prestar, não individualizável em determinado agente público, insuscetível de ser atribuída a certo agente público, porém no funcionamento ou não funcionamento do serviço, por falta na sua organização. Cabe, neste caso, conclui o professor, à vítima comprovar a não prestação do serviço ou a sua prestação retardada ou má prestação, a fim de ficar configurada a culpa do serviço, e, consequentemente, a responsabilidade do Estado, a quem incumbe prestá-lo.[5]

6. A RESPONSABILIDADE OBJETIVA

Apesar da resistência dos defensores da teoria subjetiva, a culpa, como se viu, aos poucos deixou de ser a grande estrela da responsabilidade civil, perdeu cada vez mais espaço, até ser retirada do palco. A responsabilidade objetiva, plantada nas obras pioneiras de Raymond Saleilles, Louis Josserand, Georges Ripert e outros, acabou sendo admitida como exigência social e de justiça para determinados casos. É que a implantação da indústria, a expansão do maquinismo e a multiplicação dos acidentes deixaram exposta a insuficiência da culpa como fundamento único e exclusivo da responsabilidade civil. Pelo novo sistema, provados o dano e o nexo causal exsurge o dever de reparar, independentemente de culpa. O causador

---
5. MELLO, Oswaldo Aranha Bandeira de. *Princípios gerais de direito administrativo*. Rio de Janeiro: Forense, 1989. v. II, p. 482-483.

do dano só se exime do dever de indenizar se provar a ocorrência de alguma das causas de exclusão do nexo causal – caso fortuito, força maior, fato exclusivo da vítima ou de terceiro.

Na busca de um fundamento para a responsabilidade objetiva, os juristas conceberam a teoria do risco, que pode ser assim resumida: todo prejuízo deve ser atribuído ao seu autor e reparado por quem causou o risco, independentemente de ter ou não agido com culpa. Resolve-se o problema na relação de causalidade, dispensável qualquer juízo de valor sobre a culpa do responsável, que é aquele que materialmente causou o dano.

7. TEORIAS SOBRE O RISCO

Sempre que surge uma nova doutrina, logo se multiplicam os seus extremos. Isso também ocorreu no que respeita à responsabilidade objetiva, de sorte que, em torno da ideia central do risco, surgiram várias concepções, que se identificam como verdadeiras subespécies ou modalidades, dentre as quais podem ser destacadas as teorias do *risco-proveito*, do *risco profissional*, do *risco excepcional*, do *risco criado* e a do *risco integral*.

7.1 O risco-proveito

Pela teoria do *risco-proveito*, responsável é aquele que tira proveito da atividade danosa, com base no princípio de que, onde está o ganho, aí reside o encargo – *ubi emolumentum, ibi onus*.

O suporte doutrinário dessa teoria, como se vê, é a ideia de que o dano deve ser reparado por aquele que retira algum proveito ou vantagem do fato lesivo. Quem colhe os frutos da utilização de coisas ou atividades perigosas deve experimentar as consequências prejudiciais que dela decorrem. A grande dificuldade dessa teoria está na conceituação do proveito. Quando se pode dizer que uma pessoa tira proveito de uma atividade? Será necessário obter um proveito econômico, lucro, ou bastará qualquer tipo de proveito? Se proveito tem o sentido de lucro, vantagem econômica, a responsabilidade fundada no risco-proveito ficará restrita aos comerciantes e industriais, não sendo aplicável aos casos em que a coisa causadora do dano não é de fonte de ganho. Ademais, a vítima teria o ônus de provar a obtenção desse proveito, o que importaria o retorno ao complexo problema da prova.

7.2 O risco profissional

A teoria do risco profissional sustenta que o dever de indenizar tem lugar sempre que o fato prejudicial é uma decorrência da atividade ou profissão do lesado. Foi ela desenvolvida especificamente para justificar a reparação dos acidentes ocorridos com os empregados no trabalho ou por ocasião dele, independentemente de culpa do empregador.

A responsabilidade fundada na culpa levava, quase sempre, à improcedência da ação acidentária. A desigualdade econômica, a força de pressão do empregador, a dificuldade do empregado de produzir provas, sem se falar nos casos em que o acidente decorria das próprias condições físicas do trabalhador, quer pela sua exaustão, quer pela monotonia da atividade, tudo isso acabava por dar lugar a um grande número de acidentes não indenizados, de sorte que a teoria do risco profissional veio para afastar esses inconvenientes.

7.3 O risco excepcional

Para os adeptos da teoria do *risco excepcional*, a reparação é devida sempre que o dano é consequência de um risco excepcional, que escapa à atividade comum da vítima, ainda que estranho ao trabalho que normalmente exerça. A título de exemplo, podem ser lembrados os casos de rede elétrica de alta tensão, exploração de energia nuclear, materiais radioativos etc. Em razão dos riscos excepcionais a que essas atividades submetem os membros da coletividade de modo geral, resulta para aqueles que as exploram o dever de indenizar, independentemente de indagação de culpa.

7.4 O risco criado

A teoria do risco criado tem, entre nós, como seu mais ardoroso adepto, o insigne Professor Caio Mário, que assim a sintetiza: "aquele que, em razão de sua atividade ou profissão, cria um perigo, está sujeito à reparação do dano que causar, salvo prova de haver adotado todas as medidas idôneas a evitá-lo"[6]. No entendimento do ilustre Mestre, o conceito de risco que melhor se adapta às condições de vida social é o que se fixa no fato de que, se alguém põe em funcionamento uma qualquer atividade, responde pelos eventos danosos que esta atividade gera para os indivíduos, independentemente de determinar se em cada caso, isoladamente, o dano é devido a imprudência, a negligência, a um erro de conduta, e assim se configura a teoria do risco criado. Fazendo abstração da ideia de culpa, mas atentando apenas no fato danoso, responde civilmente aquele que, por sua atividade ou por sua profissão, expõe alguém ao risco de sofrer um dano.

Procura o Mestre estabelecer as distinções entre a teoria do risco-proveito e a do risco criado, enfatizando que nesta última não se cogita do fato de ser o dano correlativo de um proveito ou vantagem para o agente. É óbvio que se supõe que a atividade pode ser proveitosa para o responsável. Mas não se subordina o dever de reparar ao pressuposto da vantagem. O que se encara é a atividade em si mesma, independentemente do resultado bom ou mau que dela advenha para o agente. A teoria do risco criado, conclui o Mestre, importa ampliação do conceito do risco-proveito. Aumenta os encargos do agente; é, porém, mais equitativa para a vítima, que não tem

---

6. PEREIRA. Op. cit., p. 24.

que provar que o dano resultou de uma vantagem ou de um benefício obtido pelo causador do dano. Deve este assumir as consequências de sua atividade. [7]

7.5 O risco integral

A teoria do risco integral é uma modalidade extremada da doutrina do risco destinada a justificar o dever de indenizar até nos casos de inexistência do nexo causal ou em que este se mostra extremamente diluído. Mesmo na responsabilidade objetiva, como já enfatizado, embora dispensável o elemento culpa, a relação causal é indispensável. Na responsabilidade fundada no risco integral, todavia, o dever de indenizar é imputado àquele que cria o risco, ainda que a atividade por ele exercida não tenha sido a causa direta e imediata do evento. Bastará que a atividade de risco tenha sido a ocasião, mera causa mediata ou indireta do evento, mesmo que este tenha por causa direta e imediata fato irresistível ou inevitável, como a força maior e o caso fortuito.

Em outras palavras, o dano não é causado diretamente por uma atividade de risco, mas seu exercício é a ocasião para a ocorrência do evento. Um navio transportando petróleo, por exemplo, sofre avarias em decorrência de forte tempestade e faz derramamento de óleo no mar; terremoto, seguido de ondas gigantes (*tsunami*), que invadem usina nuclear e causam dano nuclear e ambiental. Embora a causa direta desses eventos tenha sido a força maior (fenômenos irresistíveis da natureza), o navio transportando petróleo foi a ocasião porque sem ele a tempestade não teria causado dano ambiental. De igual modo, se não existisse a usina nuclear, o terremoto e o *tsunami* não teriam causado um acidente nuclear. Nesses e noutros casos, a força maior, isoladamente considerada, não seria suficiente para causar o resultado lesivo, o que evidencia que o exercício da atividade de risco foi pelo menos a ocasião.

Em suma, pela teoria do risco integral todos os riscos, diretos e indiretos, que tenham relação com a atividade de risco, mesmo que não lhes sejam próprios, estarão sob a responsabilidade do agente. O dano não será causado direta e imediatamente pela atividade de risco desenvolvida, mas a sua realização concorrerá de alguma forma para o evento danoso. Bastará que o empreendimento tenha sido a **ocasião** para o acidente; que a atividade exercida, embora não tenha sido a causa determinante, tenha concorrido de alguma forma para a concretização do dano, ainda que pelo mero fato da atividade estiver sendo realizada naquele momento. Dado o seu extremo rigor, o nosso Direito só adotou a teoria do risco integral em casos excepcionais, v.g. nos casos de responsabilidade por dano nuclear, por dano ao meio ambiente, e outros mais.[8]

---

7. [7] PEREIRA. Op. cit., p. 284-285.
8. CF art. 21, inc. XXIII, letra c; art. 223, § 3º.

8. O RISCO E O DEVER DE SEGURANÇA

A teoria do risco recebeu sérias críticas dos defensores da doutrina subjetiva, ao argumento de que, em razão da demasiada atenção à vítima, acaba por negar o princípio da justiça social, impondo cegamente o dever de reparar, e levando-o a equiparar o comportamento jurídico e o injurídico do agente. Os irmãos Mazeaud podem ser apontados como os campeões na luta contra a doutrina do risco, ao sustentarem que a equidade quer que aquele que retira os proveitos suporte os riscos, mas ela quer, também, que aquele cuja conduta é irreprochável não possa ser inquietado.[9]

Mas as críticas não procedem. Embora proclamado que o risco é o fundamento da responsabilidade objetiva, não é o que ocorre na realidade. Essa é apenas a teoria que justifica a responsabilidade objetiva, uma forma de caracterizá-la. E assim é porque o risco, por si só, não é suficiente para gerar a obrigação de indenizar. Risco é perigo, é mera probabilidade de dano, e ninguém comete ato ilícito por exercer atividade perigosa, mormente quando legalmente permitida e socialmente necessária. Milhões fazem isso sem ter que responder por nada perante a ordem jurídica. Também em sede de responsabilidade objetiva, tal como na responsabilidade subjetiva, **a obrigação de indenizar só surge quando se viola dever jurídico e se causa dano a outrem**, conforme assentado nas primeiras considerações sobre responsabilidade civil. O fundamento da responsabilidade objetiva, portanto, é a violação de um dever jurídico, e não apenas o risco.

Qual seria o dever jurídico cuja violação pela atividade de risco gera o dever de indenizar? Ora, o contraposto do risco é a **segurança**. Quando se fala em risco pensa-se logo em segurança. Risco e segurança andam juntos, são fatores que atuam reciprocamente na vida moderna cuja atividade primordial é *driblar riscos. Por isso*, onde há risco tem que haver segurança; há íntima relação entre esses dois fatores, como vasos comunicantes. A vida moderna é cada vez mais arriscada; a cada novo invento, a cada novo avanço tecnológico novos riscos são gerados para a sociedade. E quanto mais a sociedade é exposta a perigo, maior se torna a necessidade de segurança. Logo, o dever jurídico que se contrapõe ao risco é o **dever de segurança** que a lei estabelece, implícita ou explicitamente, para quem cria risco para outrem.

Com efeito, se o causador do dano pode legitimamente exercer uma atividade perigosa, a vítima tem direito (subjetivo) à incolumidade física e patrimonial em face desses riscos. Decorre daí um direito subjetivo de segurança para quem fica exposto aos riscos criados pela atividade perigosa e o **dever de segurança** para quem a exerce, cuja violação justifica a obrigação de reparar sem nenhum exame psíquico ou mental, sem apreciação moral da conduta do autor do dano. A segurança material e moral constitui, portanto, um **direito subjetivo** do indivíduo, garantido pela ordem jurídica.

No ponto, é oportuno reproduzir a lição de Gustavo Binenbojm, eminente constitucionalista: "E, no contexto da sociedade de risco contemporânea, **a tutela da segurança**

---
9. Apud PEREIRA, Caio Mário da Silva. Op. cit. p. 266.

tem de abarcar também salvaguardas contra os efeitos das novas tecnologias, muitas vezes ainda imprevisíveis para a ciência de hoje, visando não só a proteção dos vivos, como também das futuras gerações. Surgem daí novos princípios jurídicos, como o princípio da precaução, de extrema relevância no campo do direito ambiental e do biodireito".[10]

A responsabilidade objetiva exsurge quando a atividade perigosa causa dano a outrem, o que evidencia ter sido ela exercida com violação do *dever de segurança*, que se contrapõe ao risco.

Em suma, quem se dispõe a exercer alguma atividade perigosa terá que fazê-lo com segurança, de modo a não causar dano a ninguém, sob pena de ter que por ele responder independentemente de culpa. Aí está, em nosso entender, a síntese da responsabilidade objetiva. Se, de um lado, a ordem jurídica garante a liberdade de ação, a livre iniciativa etc., de outro, garante também a plena e absoluta proteção do ser humano. Há um direito subjetivo à segurança cuja violação justifica a obrigação de reparar o dano sem nenhum exame psíquico ou mental da conduta do seu autor. Na responsabilidade objetiva, portanto, a obrigação de indenizar parte da ideia de violação do direito de segurança da vítima.

Toda teoria, como já ressaltado, assim que engendrada sofre da inevitável tendência de ser levada a extremos. Seus expositores, normalmente, costumam apresentá-la como panaceia para todos os males. Com o correr do tempo, entretanto, nos embates com a realidade, vai sendo reduzida aos seus verdadeiros limites, ficando expurgada de seus exageros. E foi o que aconteceu com a teoria do risco, que serve de fundamento para a responsabilidade objetiva ou sem culpa. Foi ela apresentada como substituta da teoria da culpa, que seria insatisfatória e superada.

Mas, na realidade, a teoria objetiva não substituiu plenamente a teoria da culpa, como veremos a seguir.

9. CAMPO DE INCIDÊNCIA DA RESPONSABILIDADE OBJETIVA

O Código Civil de 1916, ao erigir, em seu art. 159, a culpa como o fundamento da obrigação de indenizar, filiou-se fortemente à teoria subjetiva, de sorte que esta persistiu como regra geral durante toda sua vigência. A responsabilidade objetiva conviveu ao lado da subjetiva para atender a casos específicos, para os quais a teoria tradicional já se revelava insuficiente.

Invoca-se neste ponto, novamente, a autoridade de Caio Mário, que, ao tratar da convivência das duas teorias, assim afirma: "a culpa exprimiria a noção básica e o princípio geral definidor da responsabilidade, aplicando-se a doutrina do *risco* nos casos especialmente previstos, ou quando a lesão provém de situação criada por quem explora profissão ou atividade que expôs o lesado ao risco do dano que sofreu". E, mais adiante, conclui: "Não obstante o grande entusiasmo que a *teoria*

---

10. BINENBOJM, Gustavo. *Uma teoria do Direito Administrativo*. 2. ed. Renovar, 2008. p. 179.

do risco despertou nos meios doutrinários, o certo é que não chegou a substituir a da *culpa* nos sistemas jurídicos de maior expressão. O que se observa é a convivência de ambas: a *teoria da culpa* impera como direito comum ou a regra geral básica da responsabilidade civil e a *teoria do risco* ocupa os espaços excedentes, nos casos e situações que lhe são reservados."[11]

Essa posição, é forçoso reconhecer, ficou abalada com a vigência do Código do Consumidor. Trata-se de diploma legislativo que, ao fazer da responsabilidade objetiva regra para todas as relações de consumo, conquistou imenso território que antes pertencia à responsabilidade subjetiva. E como tudo ou quase tudo em nossos dias tem a ver com o consumo, não haverá nenhuma impropriedade em se afirmar que hoje a responsabilidade objetiva, que era exceção, passou a ter um campo de incidência mais vasto do que a própria responsabilidade subjetiva.

O Código Civil de 2002 ampliou ainda mais os domínios da responsabilidade objetiva. Embora tenha mantido a responsabilidade subjetiva, optou pela responsabilidade objetiva, tão extensas e profundas as cláusulas gerais que a consagram no parágrafo único do art. 927 e no art. 931.

Presentemente, a responsabilidade subjetiva se restringe às relações interindividuais, só para pessoas físicas e os profissionais liberais, enquanto a objetiva domina todas as relações entre o grupo e o indivíduo – Estado, empresas, fornecedores de produtos e serviços.

10. O FUTURO DA RESPONSABILIDADE

Para onde caminha a responsabilidade civil? Qual a sua tendência neste novo século? O movimento que se acentuou nas últimas décadas do século passado, no sentido da socialização dos riscos, deverá continuar cada vez mais forte, expandindo ainda mais o campo da responsabilidade civil objetiva. Se antes a regra era a irresponsabilidade e a responsabilidade a exceção, pois o grande contingente de atos danosos ficava protegido pelo manto da culpa, agora, e daqui para frente cada vez mais, a regra será a responsabilidade por exigência do solidarismo social. O legislador, a jurisprudência e a doutrina continuarão se esforçando, por meios variados e processos técnicos apropriados, para estarem sempre ao lado da vítima a fim de assegurar-lhe uma situação favorável. A vítima do dano, e não mais o autor do ato ilícito, será o enfoque central da responsabilidade civil. Em outras palavras, a responsabilidade, antes centrada no sujeito responsável, volta-se agora para a vítima e a reparação do dano por ela sofrido. O dano, por esse novo enfoque, deixa de ser apenas contra a vítima para ser contra a própria coletividade, passando a ser um problema de toda a sociedade.

Tendo em vista, porém, o montante elevado das indenizações e a insuficiência de patrimônio da parte que causou o dano, o seguro, convencional ou legal, será uma

---

11. PEREIRA. Op. cit., p. 266 e 271.

das técnicas cada vez mais utilizada, principalmente nos casos de responsabilidade fundada no risco integral, para se alcançar a socialização do dano e, dessa forma, garantir pelo menos uma indenização básica para qualquer tipo de dano – assalto a ônibus, sequestro de aeronaves, atos de terrorismo etc.

Na doutrina francesa, com adeptos no Brasil, chega-se, mesmo, a sustentar que, a curto prazo, a responsabilidade individual será substituída pelos seguros privados e sociais, com a criação de fundos coletivos de reparação, a serem financiados por contribuições dos criadores dos riscos – patrões, proprietário de veículos etc. Geneniève Viney, autora de grande destaque na França, escreveu alentado volume sobre o *Declínio da Responsabilidade Individual*, onde sustenta que a socialização na época contemporânea, impõe uma revisão do Direito e da responsabilidade civil.

Numa posição intermediária coloca-se o nosso insigne Montenegro – a nosso juízo, com absoluta razão –, ao preconizar que, a médio prazo, não obstante as vantagens do sistema de segurança social, uma combinação de sistemas de seguros privados e sociais com a responsabilidade individual afigura-se mais compatível com os países de economia liberal como o nosso. A acumulação da indenização social com a resultante da ação outorgada pela norma de responsabilidade civil corresponde melhor aos ideais de uma justiça comutativa, quando configurado fique o dolo do lesante ou quando aquela indenização se mostre insuficiente para cobrir todo o dano suportado pela vítima.[12]

Acreditamos também que a jurisprudência e o gênio criativo dos juristas continuarão a desempenhar um papel principal neste novo século, tal como aconteceu ao longo do século XX. Como vimos, a responsabilidade civil evoluiu sob uma legislação imóvel; o juiz foi a alma do progresso jurídico, o artífice laborioso do direito novo contra as fórmulas velhas do direito tradicional.

Neste novo século está posto o desafio diante de todos nós: o de nos empenharmos na perene tarefa de adequar o Direito à Justiça a fim de construirmos uma sociedade mais justa e solidária para os nossos descendentes. Sendo a Justiça um sistema aberto de valores em constante mutação, por melhor que seja a lei, por mais avançado que seja um Código, haverá sempre a necessidade de se engendrar novas fórmulas jurídicas para ajustá-los às constantes transformações sociais e aos novos ideais da Justiça. O legislador cria a lei, mas o Direito é muito maior que a lei; esta, por mais perfeita que seja, não passa de um capítulo do Direito. Quem dá vida à lei, quem a torna efetiva e eficaz são os operadores do direito, sem os quais o Direito não passará de uma estrutura formal e a Justiça de uma mera utopia.

Concluímos com a profética visão do grande Josserand: "A responsabilidade civil dominará todo o direito das obrigações, toda a vida em sociedade. É a grande sentinela do direito civil mundial... Sua história é a história do triunfo da jurisprudência e também da doutrina; e, mais geralmente, o triunfo do espírito e do senso jurídico".[13]

---

12. MONTENEGRO, Antonio Lindbergh C. *Ressarcimento de danos*. 4. ed. Âmbito Cultural, 1992. p. 367-368.
13. JOSSERAND. Op. cit., p. 559.

16
MERO ABORRECIMENTO, DOR, SOFRIMENTO E A REPARAÇÃO PELOS DANOS MORAIS: A EVOLUÇÃO DA TEORIA DOS DANOS À PESSOA HUMANA (NOTAS)

Nagib Slaibi Filho

Livre-Docente e Doutor em Direito pela Universidade Gama Filho. Professor titular da Universidade Salgado de Oliveira, *campi* de Niterói. Magistrado desde 1982 e hoje Desembargador da 6ª Câmara Cível do TJRJ. Autor de livros e artigos jurídicos.

Sumário: 1. Introdução – 2. Da patrimonialização à subjetivação dos direitos pessoais – 3. Da legalidade à equidade na reparação dos danos morais – 4. Conclusão.

1. INTRODUÇÃO

Vamos expor notas sobre o relevante tema da reparação dos danos decorrentes de elementos subjetivos como o mero aborrecimento, a dor, o sofrimento e a sua evolução na teoria dos danos à pessoa humana.

Desde logo, esclareça-se que as notas aqui resultantes decorrem menos da cognição decorrente do racionalismo, mas, principalmente, da experiência do autor em mais de meio século na vida forense, surpreendendo-se, durante esse longo período, com as transformações da vida social, alterando profundamente os costumes e a moral.

Utilizamos muito a transcrição de dispositivos legais, menos pela genuflexa compreensão da majestade da lei, o que predominava no século XIX, mas, principalmente, porque o dispositivo legal traz relevante valor histórico, a indicar como se modificou a conduta humana entre a sua edição e o da sua aplicação em cada caso.

2. DA PATRIMONIALIZAÇÃO À SUBJETIVAÇÃO DOS DIREITOS PESSOAIS

A reparação dos danos morais recebe evolução no Direito brasileiro com o impulso dado pelo disposto no art. 5º, X, da Constituição de 1988: *são invioláveis a intimidade, a vida privada, a honra e a imagem das pessoas, assegurado o direito a indenização pelo dano material ou moral decorrente de sua violação.*

Até então a ordem jurídica anterior admitia muito restritamente a reparação dos danos morais, geralmente em leis especiais para casos esparsos, bastando se ver, no Código Civil, de 1916, o quanto era o assunto tratado restritivamente:

Art. 76. Para propor, ou contestar uma ação, é necessário ter legitimo interesse econômico, ou moral.

Parágrafo único. O interesse moral só autoriza a ação quando toque diretamente ao autor, ou à sua família.

Art. 1.537. A indenização, no caso de homicídio, consiste:

I. No pagamento das despesas com o tratamento da vítima, seu funeral e o luto da família.

II. Na prestação de alimentos às pessoas a quem o defunto os devia.

Art. 1.538. No caso de ferimento ou outra ofensa à saúde, indenizará o ofensor ao ofendido as despesas do tratamento e os lucros cessantes até ao fim da convalescença, além de lhe pagar a importância da multa no grão médio da pena criminal correspondente.

§ 1º Esta soma será duplicada, se do ferimento resultar aleijão ou deformidade.

§ 2º Se o ofendido, aleijão ou deformado, for mulher solteira ou viúva ainda capaz de casar, a indenização consistirá em dotá-la, segundo as posses do ofensor, as circunstâncias do ofendido e a gravidade do defeito.

Art. 1.539. Se da ofensa resultar defeito, pelo qual o ofendido não possa exercer o seu ofício ou profissão, ou se lhe diminua o valor do trabalho, a indenização, além das despesas do tratamento e lucros cessantes até ao fim da convalescença, incluirá uma pensão correspondente à importância do trabalho, para que se inabilitou, ou da depreciação que ele sofreu.

Art. 1.540. As disposições precedentes se aplicam ainda ao caso em que a morte, ou lesão, resulte de ato considerado crime justificável, se não foi perpetrado pelo ofensor em repulsa de agressão do ofendido.

Art. 1.541. Havendo usurpação ou esbulho do alheio, a indenização consistirá em se restituir a coisa, mais o valor das suas deteriorações, ou, faltando ela, em se embolsar o seu equivalente ao prejudicado (art. 1.543).

Art. 1.542. Se a coisa estiver em poder de terceiro, este será obrigado a entrega-la, correndo a indenização pelos bens do delinquente.

Art. 1.543. Para se restituir o equivalente, quando não exista a própria coisa (art. 1.544), estimar-se-á ela pelo seu preço ordinário e pelo de afeição, contando que este não se avantaje àquele.

Veja-se o tratamento meramente patrimonial, convertido em pecúnia, do que hoje reconhecemos como dano moral.

Destaque-se o disposto no art. 1543, dizendo que a estimação do bem afetivo não pode ultrapassar o valor patrimonial, significando que o valor material ascende sobre o valor da afeição!

Foi árduo o longo caminho que trilhou a humanidade para o reconhecimento da pessoa natural como sujeito de direitos.

E não foi curto o caminho para se reconhecer que os direitos humanos sejam protegidos, ainda que não possam ser objeto de avaliação em pecúnia.

A subjetivação dos direitos foi a causa de se aceitar até mesmo demandas sobre aspectos nem sempre objetivos da lide, como se vê hoje na triunfante reparação dos danos morais.

De fato, até o século XVI, no Renascimento europeu, não se compreendia como sujeito de direitos a pessoa, o ser vivo nascido de mulher, como diziam os romanos, com a percepção de sujeito de direitos pelo simples fato de ser pessoa. A pessoa era vista por sua aparência no mundo, nobre, escravo, vilão, eclesiástico, militar, *pater famílias, alieni juris* etc.

Mesmo assim, até neste século XXI, ainda se vê negativas de direitos ou mesmo discriminações odiosas simplesmente pelo fato de sinais exteriores da diversidade que identifica a pessoa, assim compelida a ser tratada por características próprias, como a idade, condição sexual, cor, religião, etnia e tantas outras que ainda se esmeram a reprimir.

Quanto à mulher, somente a partir dos anos trinta do século XX passou a ter gradualmente reconhecida como sujeito de direitos, com a faculdade de eleger, ser eleita, desvincular-se da tutela marital, exercer cargos e funções sem a prévia autorização do marido. Aliás, foi o nosso Código Civil de 2002, já neste século XXI, que acabou com o privilégio do marido em fixar o domicílio da família, assim adotando tardiamente o mandamento da absoluta igualdade de direitos entre o homem e a mulher (Constituição, art. 5°, I).

Michelangelo Buonarroti, ao produzir genialmente o afresco da criação do mundo na Capela Sistina, no século XVI, percebeu a criação do homem como um dos mais belos momentos da História: Deus, com forma humana, másculo, rodeado de anjos, estendendo a mão para Adão no momento de sua criação, assim lembrando o que consta no Gênesis, de que o homem foi criado à imagem e semelhança de seu Criador.

A partir do século XVI, no Ocidente, veio a ideia da identidade própria da pessoa, como unidade autônoma da humanidade, seguindo ao reconhecimento de sua liberdade para, através dela, alcançar os bens necessários à sua existência e desenvolvimento.

A identidade pessoal exige que a liberdade faça a pessoa humana ser o sujeito de direitos, de sua História, não ser mais objeto da história de seus semelhantes.

O seu livre-arbítrio foi a causa da responsabilidade por suas decisões, colocando-o como responsável por suas próprias decisões, senhor de seu próprio destino.

Liberdade-responsabilidade foi o binômio que o levou a garantir o papel de produtor da própria História, pelas ideias do Iluminismo, do racionalismo ou da Era da Razão: o homem tem o poder de escolher seus caminhos e desse poder é que vem a sua responsabilidade, como consequência de suas próprias escolhas.

A Declaração dos Direitos do Homem e do Cidadão, pela Convenção nacional francesa, em 26 de agosto de 1789, proclamou fundamentos que ainda se mostram presentes nesta Era Digital e que são imprescindíveis para a cognição do tema ora em debate:

> Art. 1° Os homens nascem e são livres e iguais em direitos. As distinções sociais só podem fundamentar-se na utilidade comum.
>
> Art. 2° A finalidade de toda associação política é a conservação dos direitos naturais e imprescritíveis do homem. Esses direitos são a liberdade, a propriedade, a segurança e a resistência à opressão.
>
> Art. 3° O princípio de toda a soberania reside, essencialmente, na nação. Nenhuma operação, nenhum indivíduo podem exercer autoridade que dela não emane expressamente.

Art. 4º A liberdade consiste em poder fazer tudo que não prejudique o próximo. Assim, o exercício dos direitos naturais de cada homem não tem por limites senão aqueles que asseguram aos outros membros da sociedade o gozo dos mesmos direitos. Estes limites apenas podem ser determinados pela lei.

Art. 5º A lei não proíbe senão as ações nocivas à sociedade. Tudo que não é vedado pela lei não pode ser obstado e ninguém pode ser constrangido a fazer o que ela não ordene.

Art. 6º A lei é a expressão da vontade geral. Todos os cidadãos têm o direito de concorrer, pessoalmente ou através de mandatários, para a sua formação. Ela deve ser a mesma para todos, seja para proteger, seja para punir. Todos os cidadãos são iguais a seus olhos e igualmente admissíveis a todas as dignidades, lugares e empregos públicos, segundo a sua capacidade e sem outra distinção que não seja a das suas virtudes e dos seus talentos.

(...)

Art. 10º Ninguém pode ser molestado por suas opiniões, incluindo opiniões religiosas, desde que sua manifestação não perturbe a ordem pública estabelecida pela lei.

Art. 11º A livre comunicação das ideias e das opiniões é um dos mais preciosos direitos do homem. Todo cidadão pode, portanto, falar, escrever, imprimir livremente, respondendo, todavia, pelos abusos desta liberdade nos termos previstos na lei.

(...)

Art. 16.º A sociedade em que não esteja assegurada a garantia dos direitos nem estabelecida a separação dos poderes não tem Constituição.

Art. 17.º Como a propriedade é um direito inviolável e sagrado, ninguém dela pode ser privado, a não ser quando a necessidade pública legalmente comprovada o exigir e sob condição de justa e prévia indenização.

3. DA LEGALIDADE À EQUIDADE NA REPARAÇÃO DOS DANOS MORAIS

Do disposto no art. 6º, de que *a lei é a expressão da vontade geral*, veio o denominado princípio da legalidade, a ideia de que incumbe ao legislador o ônus de prever todas as hipóteses para a limitação da liberdade individual assim garantindo a generalidade, que não aproveita ao indivíduo.

Assim se pensou desde o século XVIII, quando surgiu a Constituição escrita, porque nesta se compreendia a impossibilidade de prever todas as situações para o futuro.

Aliás, hoje em quase todas as Constituições escritas, há um segmento denominado *Da Declaração de Direitos*, a *Bill of Rights*, em que os direitos e garantias são declarados. Tal declaração (de+claro, tornar claro) pressupõe que os direitos preexistem ao momento solene de sua declaração.

Tanto preexistem à Constituição e a sua declaração, que dispõe o art. 5º:

Art. 5º Todos são iguais perante a lei, sem distinção de qualquer natureza, garantindo-se aos brasileiros e aos estrangeiros residentes no País a inviolabilidade do direito à vida, à liberdade, à igualdade, à segurança e à propriedade, nos termos seguintes:

(...)

§ 1º As normas definidoras dos direitos e garantias fundamentais têm aplicação imediata.

§ 2° Os direitos e garantias expressos nesta Constituição não excluem outros decorrentes do regime e dos princípios por ela adotados, ou dos tratados internacionais em que a República Federativa do Brasil seja parte.

Sobre a legalidade, dizia o disposto no art. 126 do Código de Processo Civil de 1973, mais explícito o que ainda está nos arts. 3° e 4° da Lei de Introdução às Normas do Direito Brasileiro:

> Art. 126. O juiz não se exime de sentenciar ou despachar alegando lacuna ou obscuridade da lei. No julgamento da lide caber-lhe-á aplicar as normas legais; não as havendo, recorrerá à analogia, aos costumes e aos princípios gerais de direito.

Então não se aplica sempre a legalidade como único meio de solver os conflitos de interesse: se não houver conduta prevista em lei, recorrer-se-á à analogia, ou situação similar prevista em lei, aos costumes, as condutas usuais na sociedade e aos princípios gerais do Direito, como a antiga parêmia *neminem laedere*, não lesione.

O juiz, ainda que não haja lei sobre o tema em debate, não pode deixar de sentenciar ou despachar, não pode fazer como era costume na Administração Pública antes de 1988, lançar o despacho cruel: *Indefiro por falta de amparo legal*. Basta se ver no *caput* do art. 37 da Constituição os princípios da Administração Pública: legalidade, impessoalidade, moralidade, publicidade e eficiência, todos prevalentes e que dispensam a *interpositivo legislatoris* ou edição de portarias para valerem por si só.

Dispõe o art. 8° do Código de Processo Civil de 2015, substitui o critério único da previsão legal para os valores que regem os julgamentos:

> Art. 8° Ao aplicar o ordenamento jurídico, o juiz atenderá aos fins sociais e às exigências do bem comum, resguardando e promovendo a dignidade da pessoa humana e observando a proporcionalidade, a razoabilidade, a legalidade, a publicidade e a eficiência.

O Código de Processo Civil, de 2015, adotou orientação bem diversa do que somente adotar as condutas estritamente previstas pelo legislador infraconstitucional:

> Art. 1° O processo civil será ordenado, disciplinado e interpretado conforme os valores e as normas fundamentais[1] estabelecidos na Constituição da República Federativa do Brasil, observando-se as disposições deste Código.

No plano da aplicação das normas regentes do processo, havendo-se este como a relação entre partes e órgão jurisdicional, na busca de solução dos conflitos de interesses, o juiz aplicará as normas e valores constitucionais, quase todos eles a introduzir normas de conceito indeterminado, normas em branco ou normas que não são mais fechadas, que tentavam esgotar, nunca com sucesso, as possibilidades fáticas. Somente supletivamente vai aplicar no caso concreto as normas decorrentes de dispositivos do Código de Processo Civil.

---

1. Sobre texto ou dispositivo, norma e valor, ver, entre outros, SLAIBI FILHO, Nagib. *Direito constitucional*. 3. ed. Rio de Janeiro: Forense, 2009. Ver, notadamente, o capítulo III, sobre a norma constitucional.

Reza o art. 7º do Código processual de 2015: *É assegurada às partes paridade de tratamento em relação ao exercício de direitos e faculdades processuais, aos meios de defesa, aos ônus, aos deveres e à aplicação de sanções processuais, competindo ao juiz zelar pelo efetivo contraditório.*

Nem a mais descabelada interpretação poderá extrair do disposto no art. 7º a ideia de que o mesmo somente visa proteger o princípio da igualdade formal: a paridade de tratamento em relação ao exercício de direitos e faculdades processuais certamente só pode ser vista em cada situação concreta, em cada caso, nunca em olímpica aplicação do Direito que abstrai dos fatos em julgamento. A igualdade ou desigualdade não estão só na relação processual, mas na relação material em que se situam as partes.

Em cada processo, deve o juiz atentar para as condições das partes para lhes assegurar a igualdade de tratamento material.

Não mais é o juiz o frio e olímpico árbitro que esperava o resultado para proclamar o vencedor dos embates como se fossem aqueles entre os cavaleiros medievais, contratados para lutarem pelas partes nas ordálias ou nos juízos de Deus...

Mais à frente, dispõe o Código sobre os poderes, os deveres e a responsabilidade do Juiz, todos levando em conta o que denominou de tutela do direito material[2], principalmente o que se contém nos incisos I, II, IV e VI:

> Art. 139. O juiz dirigirá o processo conforme as disposições deste Código, incumbindo-lhe:
>
> I – assegurar às partes igualdade de tratamento;
>
> II – velar pela duração razoável do processo;
>
> III – prevenir ou reprimir qualquer ato contrário à dignidade da justiça e indeferir postulações meramente protelatórias;
>
> IV – determinar todas as medidas indutivas, coercitivas, mandamentais ou sub-rogatórias necessárias para assegurar o cumprimento de ordem judicial, inclusive nas ações que tenham por objeto prestação pecuniária;
>
> V – promover, a qualquer tempo, a auto composição, preferencialmente com auxílio de conciliadores e mediadores judiciais;
>
> VI – dilatar os prazos processuais e alterar a ordem de produção dos meios de prova, adequando-os às necessidades do conflito de modo a conferir maior efetividade à tutela do direito;
>
> VII – exercer o poder de polícia, requisitando, quando necessário, força policial, além da segurança interna dos fóruns e tribunais;
>
> VIII – determinar, a qualquer tempo, o comparecimento pessoal das partes, para inquiri-las sobre os fatos da causa, hipótese em que não incidirá a pena de confesso;
>
> IX – determinar o suprimento de pressupostos processuais e o saneamento de outros vícios processuais;
>
> X – quando se deparar com diversas demandas individuais repetitivas, oficiar o Ministério Público, a Defensoria Pública e, na medida do possível, outros legitimados a que se referem o art. 5º da

---

2. Sobre as relações de direito material e direito processual, ver GUTIERREZ, Cristina. *Dever judicial do julgamento do mérito*. Rio de Janeiro: GZ, 2012.

Lei 7.347, de 24 de julho de 1985, e o art. 82 da Lei no 8.078, de 11 de setembro de 1990, para, se for o caso, promover a propositura da ação coletiva respectiva.

Parágrafo único. A dilação de prazos prevista no inciso VI somente pode ser determinada antes de encerrado o prazo regular.

Art. 140. O juiz não se exime de decidir sob a alegação de lacuna ou obscuridade do ordenamento jurídico.

Parágrafo único. O juiz só decidirá por equidade nos casos previstos em lei.

Não existe mais a essencialidade da norma infraconstitucional na realização do Direito, pois o processo civil é ordenado, disciplinado e interpretado conforme os valores e as normas da Constituição, em atenção prioritária, e, secundariamente, conforme as disposições constantes do Código de Processo Civil.

É o comando que se vê no art. 1º quanto à aplicação das normas processuais.

E quanto à aplicação das normas materiais, de direito material, na resolução dos conflitos de interesse, não há dispositivo no Código de Processo Civil de 2015 similar ao do princípio da legalidade do anterior art. 126 da revogada Lei de Ritos, pois agora comanda de forma mais abrangente, como se vê no antes transcrito art. 8º.

A legalidade estrita é a aplicação da norma que resulta do processo de interpretação literal ou gramatical ou semiológica, critério hermenêutico que predominou até os meados do século passado a prestigiar o legislador.

Claro que se inexistir lei que disponha sobre o caso, deve o juiz, mesmo assim, julgar a causa, como decorre do disposto no art. 140 do Código de Processo Civil:

Art. 140. O juiz não se exime de decidir sob a alegação de lacuna ou obscuridade do ordenamento jurídico.

Parágrafo único. O juiz só decidirá por equidade nos casos previstos em lei.

A aplicação do critério da legalidade é objetivo, limitando o juiz a resolver o caso de acordo com a previsão do legislador.

Certamente o legislador não consegue prever a multidão dos casos ocorrentes, razão pela qual o ordenamento legal da família do Civil Law é obrigado a prever o que está no caput do art. 140, como válvula de escape de garantia do denominado Estado de Direito.

Já a aplicação de norma que resulta de processo de interpretação histórica, atualizando o sentido do texto legal, de conceitos jurídicos indeterminados, que dependem do caso para se concretizar, ou da interpretação axiológica, decorrente do interesse ou do valor, da objetividade jurídica da elaboração do texto, resultam, todos esses critérios de interpretação, no julgamento por equidade, isto é, dar ao caso a solução mais adequada.

Pode tomar o conceito de equidade do disposto no art. 723 do Código de Processo Civil de 2015, parágrafo único, em disposição nos mesmos termos do art. 1109 do Código de Processo Civil de 1973: O juiz não é obrigado a observar critério de legalidade estrita, *podendo adotar em cada caso a solução que considerar mais conveniente ou oportuna.*

Repita-se: equidade é adotar o juiz, em cada caso, a solução que considerar mais conveniente ou oportuna, desde que, evidentemente, o faça fundamentadamente, como lhe exige as normas decorrentes do disposto no art. 93, IX, da Constituição.

O art. 127 do Código anterior foi repetido no parágrafo único do art. 140 do NCPC, pois o juiz só decidirá por equidade nos casos previstos em lei.

Note-se que a lei autoriza o juiz a julgar por equidade tanto expressamente, como no art. 85, § 8º, do Código de Processo Civil, e art. 944, parágrafo único do Código Civil, ou implicitamente, como está na cabeça do citado art. 944:

> Art. 944. A indenização mede-se pela extensão do dano.
>
> Parágrafo único. Se houver excessiva desproporção entre a gravidade da culpa e o dano, poderá o juiz reduzir, equitativamente, a indenização.

Herdamos o julgamento pelo critério da legalidade estrita da Europa Continental e o julgamento por equidade da Grã-Bretanha.

Justiniano (482-565) tornou-se o Imperador do Sacro Império Românico-Germânico em 527 d. C. e pretendia governar centenas de povos em uma grande extensão do mundo então conhecido. Aliás, o título de imperador designa, justamente, o governante de vários povos, enquanto o título de rei é dado ao governante de um povo determinado.

Contudo, o governo de Justiniano dependia de meios rudimentares e lentos de comunicação como navios e cavalos e o seu vasto império compreendia reis, povos e costumes das mais diversas culturas, embora todos pudessem ser considerados como cidadãos iguais em direitos civis, como decorria do Édito de Caracala de 212 d.C, concedendo a condição de cidadãos romanos, buscando aumentar a receita fiscal, a todos os estrangeiros (peregrinos) livres.

Decorreu aí a necessidade de tentar impor uma legislação comum, que afastasse os direitos vigentes em cada região, garantisse o governo central, evitasse a dispersão do império e conferisse tanto quanto possível uma identidade comum em tanta diversidade cultural.

Daí o *Corpus Juris Civilis* (Corpo de Direito Civil) que Justiniano mandou organizar, composto por quatro partes: o *Codex*, que continha toda a legislação romana revisada desde o século II; o Digesto ou Pandectas, composto pelo ensinamento dos doutrinadores romanos; as Institutas, de conteúdo pedagógico com os princípios fundamentais do Direito, e as Novelas ou as Autênticas, as leis formuladas por Justiniano.

As leis escritas, postas pelas divindades ou pelos governantes em nome destas, e porque geralmente as pessoas eram iletradas, eram relativamente raras até então, como se vê em documentos esparsos como o Código de Hamurabi (1700 a.C), o

Código de Manu (de 1200 a.C), a legislação atribuída a Moisés (900 a.C), as leis de Sólon (594 a.C), a Lei das XII Tábuas (451 a.C) etc.

Evidentemente os textos legais antes citados, quase todos atribuídos à divindade, somente eram conhecidos por raros letrados, geralmente funcionários, inclusive clérigos, que podiam entender os símbolos gráficos e que mesmo assim nem sempre poderiam apreender o seu significado, o que dependeria de sua capacidade individual.

Por isso o Corpus Iuris Civilis foi divulgado em latim, a língua que foi usada como padrão universal até os séculos XV e XVI, depois substituída nessa função pelo francês e, desde os meados do século XIX, pelo inglês.

A criação dos grandes Estados nacionais, dos quais Portugal foi o primeiro no século XV, e a consequente institucionalização de línguas nacionais como o português, o espanhol, o inglês e o francês, ao lado da criação da imprensa no século XVI, permitiu a divulgação das leis escritas, de forma a chegar ao que o Código Civil francês de 1804 colocou como presunção adotada até hoje pelo nossa antiga Lei de Introdução ao Código Civil, e atual Lei de Introdução às normas do Direito Brasileiro, no art. 3º, de que *ninguém se escusa de cumprir a lei, alegando que não a conhece*.

Justiniano nos legou o sistema jurídico denominado de Direito Românico-Germânico, ou a família jurídica do Civil Law, sistema jurídico da Europa Continental, em que a fonte primeira da norma jurídica é o texto legislado, posto pelo poder, como ainda estava no art. 126 do anterior Código de Processo Civil: o juiz não se exime de sentenciar ou despachar alegando lacuna ou obscuridade da lei. No julgamento da lide caber-lhe-á aplicar as normas legais, não as havendo a analogia, os costumes e os princípios gerais do direito.

No sistema do Civil Law a grande fonte do Direito é o texto escrito, de onde se extrai a norma que regula a conduta em cada caso.

A norma decorre do símbolo gráfico, do artigo, do dispositivo, com fonte em poder acima da sociedade.

Inexistente a lei, aplica-se a analogia, isto é, a situação prevista em outro dispositivo legal como solução mais próxima para o caso em julgamento. Ainda se não couber a analogia, adota-se a norma decorrente do costume, ou seja, a regra de conduta adotada pelo grupo social e, finalmente, subsidiariamente, os princípios gerais do Direito.

O outro grande sistema jurídico é o *Common Law*, também denominado sistema anglo-americano, em que a grande fonte do Direito é o costume, buscando o juiz a conduta social como paradigma para o julgamento do caso concreto, ficando vinculado ao precedente não só o do próprio tribunal como os dos tribunais superiores.

No terreno constitucional os norte-americanos optaram pela Constituição escrita, embora tenham interpretado e atualizado os textos da Constituição, e de suas Emendas, pela hermenêutica dada pelos Juízes, principalmente os da Corte Suprema, que trouxeram para si o poder de controlar a constitucionalidade das leis desde o célebre caso *Marbury vs Madison*, de 1803.

A *Common Law* tem no precedente judicial (*case law*) a sua fonte principal. Caracteriza-se por reservar à lei papel secundário, provocada por situações excepcionais ou para solucionar conflito insuperável entre direitos jurisprudenciais, regionais ou estaduais (*statute law*). Por isso, nesse sistema é comum ser a lei interpretada restritivamente.

Esse sistema de Direito jurisprudencial surgiu na Inglaterra, no século XII, com a criação, por Henrique II, em 1154, de juízes visitantes do rei, cujas decisões, revistas pelas Cortes Reais, deram origem a um corpo de julgados uniformes (precedentes), que, a partir de 1800, tornaram-se obrigatórios para todos os juízes. Esse sistema domina na Inglaterra, no País de Gales, na Irlanda, no Canadá (menos Quebec), na Nova Zelândia, na Austrália e nos Estados Unidos (menos em alguns Estados, de colonização francesa ou espanhola).

Mas a diferença entre o Sistema Continental e o do Common Law é mais de forma, pois, enquanto no primeiro predominam a lei e o código, no segundo dominam o precedente judicial, os repertórios de jurisprudência e o costume; ambos os sistemas, no entanto, estão inspirados pelas instituições jurídicas desenvolvidas na Roma antiga.

A jurisdição contenciosa, no ensinamento de Giuseppe Chiovenda, é a atividade jurisdicional que se caracteriza pela substituição da vontade da parte, como se vê, por exemplo, na ação consignatória quando a sentença substitui o recibo negado pela parte, na ação condenatória em que a sentença substitui o título de crédito negado pelo devedor etc.

Já a jurisdição voluntária, também chamada de jurisdição graciosa, é a atividade em que o juiz complementa o que a vontade do interessado não pode por si mesma alcançar, como se vê, por exemplo, no alvará que se requer ao juiz para autorizar a venda de bem de pessoa incapaz, que não pode juridicamente manifestar a sua vontade.

Na jurisdição contenciosa, aplica-se, de regra, a legalidade estrita e somente se aplica a equidade quando esta for autorizada pela lei ao Juiz.

Já na jurisdição voluntária a regra é a equidade, como decorre dos antes transcritos arts. 1.109 do Código de Processo Civil de 1973 e art. 723 do Código de 2015:

> Art. 1.109. O juiz decidirá o pedido no prazo de 10 (dez) dias; não é, porém, obrigado a observar critério de legalidade estrita, podendo adotar em cada caso a solução que reputar mais conveniente ou oportuna.
>
> Art. 723. O juiz decidirá o pedido no prazo de 10 (dez) dias.
>
> Parágrafo único. O juiz não é obrigado a observar critério de legalidade estrita, podendo adotar em cada caso a solução que considerar mais conveniente ou oportuna.

Daí se vê que se mostram inglórias as tentativas do Código de Processo Civil de 2015 em regular, como se aplicável somente o princípio da legalidade estrita, a gratuidade dos serviços judiciários, a qual é apreciada e julgada, em todos os casos, pelo critério da equidade, a depender a solução de cada caso, mediante, é claro, a suficiente e densa fundamentação que exige a norma decorrente do disposto no art. 93, IX, da Constituição.

Em épocas anteriores, embora alguns o façam até hoje..., utilizavam os juízes, em decorrência de disposições da Lei 1060/50, o critério de somente conceder a gratuidade dos serviços judiciários se o requerente dispusesse de renda até dois salários mínimos (aproximadamente, dois mil reais), o que hoje estaria impossibilitado porque as despesas iniciais do processo geralmente chegam, em muitos Estados da Federação, a mais de mil reais.

Qualquer tabela para a concessão da gratuidade dos serviços judiciários se mostra, desde logo, injusta e inviável para o exercício do impostergável direito de acesso à jurisdição: ao juiz, e ao advogado, cabe, desde logo, apreciar a situação concreta da parte, inclusive as circunstâncias que podem, eventualmente, representar ônus financeiro sobre o salário que percebe.

4. CONCLUSÃO

A reparação dos danos morais somente é possível se houver um grau superior na cognição jurídica, pois decorrem da apreensão individual de valores essenciais à vida social, valores que nem sempre podem ser traduzidos objetivamente em pecúnia, em fator econômico que pudesse substituir a dor, o sofrimento e outros sentimentos imateriais.

Em casos tais de reparação, impossível buscar na lei, na norma genérica e abstrata, a orientação para o arbitramento no caso concreto. É a aplicação da equidade, em que o juiz está autorizado a julgar em caso, como se vê no disposto no art. 944 do Código Civil de 2002:

> Art. 944. A indenização mede-se pela extensão do dano.
>
> Parágrafo único. Se houver excessiva desproporção entre a gravidade da culpa e o dano, poderá o juiz reduzir, equitativamente, a indenização.

17
MEDIDAS ALTERNATIVAS DE REPARAÇÃO DO DANO MORAL

Patricia Ribeiro Serra Vieira

Doutora em Direito Civil pela Universidade do Estado do Rio de Janeiro (UERJ) e Mestre em Direito Constitucional e Teoria do Estado pela Pontifícia Universidade Católica do Rio de Janeiro (PUC-Rio). Professora titular da Universidade Federal do Estado do Rio de Janeiro (UNIRIO). Desembargadora do Tribunal de Justiça do Estado do Rio de Janeiro (TJ/RJ) e Presidente da Comissão Pedagógica e de Ensino (COPEN) da Escola da Magistratura do Estado do Rio de Janeiro (EMERJ). Membro-fundadora da Academia Brasileira de Direito Civil (ABDC) e honorário do Instituto dos Advogados do Brasil (IAB). Para a pesquisa realizada contei com a especial colaboração, inclusive, para a revisão de dados, das mestrandas Camila Prado dos Santos e Marcela Janeiro Schmidt, atuantes como estagiárias docentes, sob a minha supervisão, no Curso de Mestrado em Direito e Políticas Públicas da UNIRIO.

O que devemos uns aos outros? Dilemas de lealdade. *Pedir desculpas nunca é fácil. Mas desculpar-se em público, perante a nação, pode ser ainda mais difícil.*
(Sandel, 2018, p. 259, *grifos nossos*)

Sumário: 1. Introdução – 2. O dano moral no contexto da responsabilidade civil constitucional – 3. Alternativas reparatórias sinalizadas (em concreto) – 4. O sistema alternativo frente ao dano coletivo – 5. Considerações finais.

1. INTRODUÇÃO

O tema objeto deste artigo instiga a comunidade jurídica, em especial, por dois motivos, não só por calar a todos, em virtude de envolver a necessária preservação da dignidade humana, mas, também, pela inegável dificuldade de se mensurar a extensão do dano moral; ainda, na sua essência, dito inestimável, a despeito de a reparação civil dele oriunda estar sujeita, culturalmente, à pecuniarização ou monetarização, alhures.

Não há discordância quanto ao fato de que a parte do Direito Civil afeta ao Direito das Obrigações ter sido a que mais resistiu, no tempo, às contingências sociais e econômicas, sendo imprescindível, na atualidade, que se proceda a uma análise econômica das relações obrigacionais, em sua complexidade, prática que se nota reforçada com a pandemia do novo coronavírus. O instituto da responsabilidade civil, apesar de derivar do descumprimento da lei e/ou do inadimplemento contratual, ganhou autonomia, mas ainda se coloca no mesmo contexto reflexivo.

A funcionalização dos institutos obrigacionais fala mais alto no enfrentamento de questões econômicas relevantes, o que faz revelar, no trato do dano moral, que envidemos esforços para o atingimento de um interesse ou resultado útil, em celeumas que o envolve. Isso porque, tradicionalmente, tratando-se de responsabilidade civil, se concebia a indenização, em específico, pela restituição do equivalente em dinheiro ou pela recomposição da situação fática, com a finalidade de retorno ao estado anterior ao dano (restituição *in natura*).[1] Todavia, ainda hoje, a indenização em pecúnia é considerada mecanismo mais favorável à reparação civil.

O dano moral, portanto, implica em violação a direito subjetivo constitucional à dignidade, conceito esse retirado de sua ambientação na temática da responsabilidade civil constitucional, que tem como substrato o art. 1º, inc. III, da Constituição da República Federativa do Brasil (CRFB). Nesse sentido, tem-se que o sistema legal reparatório se vê reforçado e revisitado pela pessoa humana, em sua subjetividade, apesar da tradicional perspectiva patrimonialista.[2] Daí o alerta doutrinário:

> Presentes todos os requisitos legais, surge o dever de reparar o dano causado. O dever de reparar é tradicionalmente identificado com a indenização em dinheiro. Mesmo nas hipóteses de dano moral, entende a doutrina que a reparação do dano se dá por meio de uma compensação pecuniária. Todavia, tal dever pode e deve se exprimir por meios específicos, capazes de assegurar à vítima, tanto quanto possível, exatamente aquilo de que ela foi injustamente privada.[3]

A indenização por dano exclusivamente moral, colocando um ponto-final na acirrada controvérsia doutrinária até então reinante em torno desse tema[4], se vê, em

---

1. O dano representa, com a imputabilidade e o nexo causal, o terceiro elemento integrante da responsabilidade civil. E neste ponto muito se diferencia a responsabilidade civil da penal: é que esta pode concretizar-se sem que haja necessidade de prejuízo, como é disto exemplo frisante o fato da tentativa, punida no Direito Penal mas absolutamente neutral, em relação ao Direito Civil, se dela não decorrer um dano patrimonial. A noção legal do dano comporta dois elementos: 1º) elemento de fato – o prejuízo; 2º) elemento de direito – a violação ao direito, ou seja, a *lesão* jurídica. É preciso que haja *um prejuízo decorrente da lesão de um direito*. Por conseguinte, o prejuízo, vindo isoladamente, nada significa. A sua importância jurídica exige que ele seja defluente de uma *lesão jurídica*. (...) O dano, encarado como elemento da responsabilidade civil, oferece dois campos de apreciação: o dano, encarado como elemento constitutivo orgânico da aludida responsabilidade, visto de acordo com a sua natureza, suas formas e seus caracteres, e o dano visto sob o aspecto funcional de uma *reparação do prejuízo*, ou seja, o dano em si mesmo encarado, quanto à sua extensão e às diversas maneiras em que se irá produzir a sua reparação (LOPES, Miguel de Serpa. *Curso de direito civil*. 4. ed. Rio de Janeiro: Freitas Bastos, 1995. v. V, p. 222).
2. "Du préjudice moral: (...) La distinction du dommage materiel et du dommage moral correspond à cette grande division des droits. Le dommage materiel, c'est l'atteinte aux droits patrimoniaux; le dommage moral, c'est l'atteint aux droits extrapatrimoniaux" (V. Roger Nerson, *Les droits extrapatrimoniaux,* 1 vol. Paris, 1939, Librairie générale de droit). "Le droit à reparation du prejudice moral ou extrapatrimonial a été reconnu de tous temps. Le sujet est classique" [Sur l'histoire du droit à reparation du dommage moral, V.H. et L. Mazeaud, op. cit., 4. éd, T. Ier, n. 297 et suiv.]. Tradução livre: Do prejuízo moral: (...) A distinção entre dano material e dano moral corresponde a uma grande divisão dos direitos. O dano material é a violação dos direitos econômicos; dano imaterial é a violação de direitos extrapatrimoniais. O direito à indenização por preconceito moral ou extrapatrimonial sempre foi reconhecido. O assunto é clássico (LALOU, Henri. *Traité pratique de la responsabilité civile*. Paris: Librairie Dalloz. 1949. p.101).
3. TEPEDINO, Gustavo; SCHREIBER, Anderson. *Fundamentos do direito civil*: obrigações. Rio de Janeiro: Forense, 2020. v. 2, p. 373.
4. MORAES, Maria Celina Bodin de. *Danos à pessoa humana*: uma leitura civil-constitucional dos danos morais. Rio de Janeiro. São Paulo: Renovar, 2003. p. 244.

sede constitucional e infraconstitucional, exemplificada nos incisos V e X do art. 5º da CRFB, assim como no art. 186 do Código Civil (cláusula geral de responsabilidade subjetiva, que se alia à tratativa civil-constitucional). Entretanto, em razão do cunho pecuniário e punitivo, adotado pela doutrina e jurisprudência nacionais, ainda se sinaliza para o fenômeno da *indústria do dano moral*, no dito intento de frear à judicialização do caso, sem que se cultue outras vias que melhor a recomporia como pessoa.

Funcionaliza-se, então, ora pelo caráter compensatório, ora pelo punitivo[5], ou mesmo por ambos[6]. Há ainda a função pedagógica, que conscientiza quanto às suas consequências[7]. Não raro há o emprego do caráter punitivo como sinônimo de socioeducativo.

Portanto, se a legitimação da reparação civil se baseia no caráter punitivo ou socioeducativo, o montante arbitrado, a esse título, deveria verter e/ou alimentar fundos coletivos de responsabilidade civil. Afinal, se notabilizado o caráter de *pena*, a sociedade deve ser a beneficiada.

Com efeito, não se tem um juízo único ou mesmo a previsão literal da maneira de se viabilizar a reparação por dano moral, uma vez que, pela dicção do art. 944 do Código Civil brasileiro, a indenização mede-se pela extensão do dano, sem qualquer discriminação quanto à modalidade a que diz respeito, daí a sua oponibilidade sem ressalva. Isto pode gerar incertezas. Mas, ao mesmo tempo, contribui para uma mudança de perspectiva, na permissão de que sejam formulados requerimentos que visem a melhor individualização e adequação do modo de reparação ao dano mais efetivo à vítima, pela violação a um direito extrapatrimonial[8].

Nesse cenário, a retirada de um conteúdo ofensivo da internet, por exemplo, traduz primeiramente modalidade de preservação da dignidade da pessoa ofendida, mas não, é claro, como se vê, necessariamente exclusiva ou isolada. O movimento se dá, sobretudo, como um estímulo à atuação preventiva (o quanto antes) do direito no efetivo resguardo dos direitos da personalidade, preservada a sua essência, para que seja inibido o dano (ou a sua recorrência ou dimensionamento) pela busca de tutela específica.[9]

---

5. FAJNGOLD, Leonardo. Dano m*oral e reparação não pecuniária*: sistemática e parâmetros. São Paulo: Revista dos Tribunais, 2021. p. 25.
6. GONÇALVES, Carlos Roberto. *Responsabilidade civil*. 15. ed. São Paulo: Saraiva, 2014. p. 513.
7. GONÇALVES. Op. cit. p. 513; DE LIMA, Daniel Hamilton Fernandes. *A indenização punitiva por danos morais e o ativismo judicial nas relações privadas*. Dissertação de mestrado em Direito – Fundação Edson Queiroz. Universidade de Fortaleza, Programa de Pós-Graduação em Direito Constitucional. Professor Orientador: Antônio Jorge Pereira Júnior. Fortaleza: 2017, p. 48.
8. DANTAS BISNETO, Cícero. *Reparação não pecuniária de danos extrapatrimoniais e covid-19*. Migalhas, 2020. Disponível em: https://www.migalhas.com.br/coluna/migalhas-de-responsabilidade-civil/330385/reparacao-nao-pecuniaria-de-danos-extrapatrimoniais-e-covid-19. Acesso em: 22 jul. 2021; TURTELLI, Giovanna. *A reparação não pecuniária do dano extrapatrimonial*. Maia Sociedade de Advogados, 2019. Disponível em: https://www.lfmaia.com.br/pt_br/artigos/a-reparacao-nao-pecuniaria-do-dano-extrapatrimonial. Acesso em: 22 jul. 2021.
9. A proteção aos direitos da personalidade pode ser buscada por meio da propositura da ação inibitória, instrumento expressamente previsto no art. 497 do novo Código de Processo Civil: Art. 497. Na ação que tenha

Deve-se sempre ter em mente que um desígnio do Direito é a tutela de interesses humanos que se inter-relacionam. Tem-se, portanto, que *o que o Direito tutela, o dano vulnera*.[10]

2. O DANO MORAL NO CONTEXTO DA RESPONSABILIDADE CIVIL CONSTITUCIONAL

É evidente que o dano moral implica circunstância de trato civil-constitucional, conforme anunciado no apontamento introdutório. Mas, também, no reconhecimento de que garantias fundamentais são colocadas em xeque, inclusive, na seara do dano coletivo.

Além da resistência inicial ao reconhecimento da sua reparabilidade – celeuma superada, tendo em vista os enunciados de súmula e artigos doutrinários especializados sobre o tema, somado ao fato de todo o instituto ter-se voltado à pessoa humana[11] (reparação da vítima) –, o dano moral foi confundido com o próprio conceito de dano estético. Porém, esse entendimento já está ultrapassado, tanto na área civil como na seara trabalhista. Embora visem tutelas distintas, interna e externamente, é possível a cumulação de pleitos reparatórios por dano material, moral e estético, oriundos do mesmo fato lesivo – este último tem tamanha autonomia que até mesmo

---

por objeto a prestação de fazer ou de não fazer, o juiz, se procedente o pedido, concederá a tutela específica ou determinará providências que assegurem a obtenção de tutela pelo resultado prático equivalente. Parágrafo único. Para a concessão da tutela específica destinada a inibir a prática, a reiteração ou a continuação de um ilícito, ou a sua remoção, é irrelevante a demonstração da ocorrência de dano ou da existência de culpa ou dolo. A tutela inibitória constitui tutela específica, na medida em que tem por objetivo conservar a integridade do direito, e assume acentuada relevância na proteção de direitos da personalidade, não apenas porque alguns direitos não podem ser reparados e outros não podem ser adequadamente tutelados através da técnica ressarcitória, mas também porque é melhor prevenir do que ressarcir, o que equivale a dizer que no confronto entre a tutela preventiva e a tutela ressarcitória deve-se dar preferência à primeira (MARINONI, 2006, p.38). A fruição *in natura* do direito constitui o fundamento axiológico substancial do provimento inibitório, mediante a imposição de condutas positivas ou negativas ao autor do ilícito (XEREZ, Rafael Marcílio; CAPISTRANO, Márcio Anderson Silveira. A despecuniarização na responsabilidade civil a partir do filme *Aquarius*: tutela inibitória e compensação in natura de danos morais. In: *Revista da faculdade de direito – UFPR*, Curitiba, v. 63, n. 2, ago. 2018, p. 198. Disponível em: https://revistas.ufpr.br/direito/article/view/60047. Acesso em: 20 set. 2021).

10. Na adoção à corrente conceptiva do dano como lesão a um interesse jurídico, "*a unos intereses jurídicos patrimoniales o espirituales*, tem-se que "la finalidad del Derecho es a tutela de los intereses humanos inter-relacionados, por ello 'lo que el derecho tutela, el daño vulnera. De ali que el daño consista em la lesión a um interés o situación de provecho que el damnificado poseía sobre el mismo" (AGOGLIA, Maria Martha. *El daño jurídico*: enfoque actual. Buenos Aires: La Ley, 1999).

11. Vale lembrar: "Assentou-se esta tendência da proteção humana – que se deve, sobretudo, à iniciativa jurisprudencial – através da ampliação progressiva das hipóteses de dano moral e do entendimento de que os danos morais hão de se presumir, prescindindo da concreta verificação e avaliação de prejuízos causados. A mera violação de um direito extrapatrimonial, ou melhor, a lesão a qualquer dos aspectos antes mencionados, que servem a substanciar o princípio da dignidade da pessoa humana, é razão jurídica suficiente para fazer surgir o dever de indenizar. Aí está a enorme proficuidade da noção de dano injusto, a ideia de que, na ponderação dos interesses em jogo, sempre à luz dos princípios constitucionais, o interesse da vítima, desde que componente de sua dignidade, não pode ficar irressarcido" (MORAES. Op. cit. 2003. p. 324).

deformidades não aparentes o legitimam, conforme consolidado nos enunciados n°s 37 e 387 do Superior Tribunal de Justiça[12]. A propósito:

> Indenização. *"danos estéticos"* ou *"danos físicos"*. Indenizabilidade em separado. 1. A jurisprudência da 3ª Turma admite sejam indenizados, separadamente, os *danos* morais e os *danos estéticos* oriundos do mesmo fato. Ressalva do entendimento do relator. 2. As sequelas físicas decorrentes do ato ilícito, mesmo que não sejam visíveis de ordinário e, por isso, não causem repercussão negativa na aparência da vítima, certamente provocam intenso sofrimento. Desta forma, as lesões não precisam estar expostas a terceiros para que sejam indenizáveis, pois o que se considera para os *danos estéticos* é a degradação da integridade física da vítima, decorrente do ato ilícito (STJ, REsp 899869 / MG Recurso Especial 2006/0046442-3. Ministro Humberto Gomes De Barros- DJ 26.03.2007, p. 242).

Não há parâmetros claros e uniformes para a aferição e quantificação do dano moral[13]. Nesse caso a indenização civil fica comumente condicionada ao sistema jurisprudencial, e frente ao fato lesivo denotam-se valores díspares e critérios desmotivados (por vezes, indefinidos), naquele intento. Ressalta-se que a ideia de criar uma prefixação de valores é repudiada.

Nesse contexto, em virtude da vedação também do tão empregado, como limitante, princípio do *enriquecimento sem causa*, a despeito de muitas demandas envolverem direitos existenciais, logo, desprovendo-o da necessária proporcionalidade, deu-se visibilidade ao complexo e desafiador processo de quantificação do dano moral. Assim, legitima-se o debate sobre as medidas alternativas ofertadas àquele processo, no cenário atual brasileiro, tal como enunciado no CJF (n. 589) durante a VII Jornada de Direito Civil, em destaque: *a compensação pecuniária não é o único modo de reparar o dano extrapatrimonial, sendo admitida a reparação in natura, na forma de retratação pública ou outro meio.*

A premissa é de que os meios ditos naturais (e também alternativos) de reparação ao dano moral devem ser a via preferencial diante das dificuldades de composição de uma lesão, cuja natureza é extrapatrimonial; não é vedada, como se denota, sua utilização cumulada com as reparações pecuniárias, quando elas se mostrarem ainda justificadas e equitativas. Dessa maneira, embora seja consequência da essência do dano moral a sua não reparação integral, isto não impede que se chegue o mais próximo possível deste ideal, quando há medidas alternativas mais adequadas e eficazes que a condenação em pecúnia[14].

Como o dinamismo social impacta diretamente a definição do que é capaz de gerar o reconhecimento de um dano moral e os modos mais firmes à sua reparação, o Judiciário se vê como o *locus* ainda privilegiado nessa abordagem.

---

12. GONÇALVES. Op. cit. p. 510-513.
13. DE LIMA. Op. cit. p. 49; DE SOUZA, Fábio Gaspar. A reparação não pecuniária do dano extrapatrimonial – Racionalidade, efetividade e coerência. *Revista da faculdade de direito de São Bernardo Do Campo*, v. 2. n. 23, p. 1-21, 2017, p. 6. Disponível em: https://revistas.direitosbc.br/index.php/fdsbc/article/view/912. Acesso em: 22 jul. 2021.
14. DANTAS BISNETO. Op. cit.

São doutrinariamente apontadas como medidas alternativas à reparação do dano moral, sem prejuízo de outras: a cláusula penal; o direito de resposta; as retrações pública e privada (homologadas em juízo ou não); as medidas administrativas; e a imposição de tutelas/obrigações específicas de fazer, ou não fazer, acompanhadas, ou não, da obrigação de dar valor em pecúnia[15], ao que se agrega, ademais, a difusão pela mídia de decisão judicial.

A cláusula penal compensatória,[16] em especial, é vindicada como instrumento de garantia prévia e maior segurança jurídica, em contraposição ao posterior arbitramento da verba indenizatória, quando do ajuizamento de demanda no judiciário[17]. Contudo, deve-se considerar sua natureza de pré-avaliação de perdas e danos, o que restringe, de certa maneira, a tão debatida discricionariedade judicial. E, de outro viés, tem-se que, no âmbito da responsabilidade contratual, a reparação in natura é inegavelmente mais provável.

3. ALTERNATIVAS REPARATÓRIAS SINALIZADAS (EM CONCRETO)

É providencial a promoção de práticas que estimulem a (re)funcionalização do instituto da responsabilidade civil por meio da solução de conflitos in natura ou por medidas equivalentes e proporcionais às indenizações em dinheiro. Isso porque "a despatrimonialização da reparação possibilita, ainda, fazer frente ao já aludido processo de mercantilização das relações existenciais e à abordagem que pretende enxergar ao dano moral como uma questão interna ao próprio mercado. (...) Na agenda da tutela de interesses existenciais, vai ocupando espaço cada vez mais significativo a discussão acerca dos remédios aptos à sua efetiva proteção"[18]. Nessa perspectiva, procedeu-se a uma seleção, na doutrina e na jurisprudência nacionais, de algumas situações que falam por si.

Há um caso bastante conhecido envolvendo um famoso ator brasileiro e um grupo musical. Este último, sob o jugo de "homenageá-lo", levou a público por meio de uma canção situações conflituosas pelas quais o ator passara, em razão, à época, de sua assumida condição de dependente químico. Diante do sucesso e repercussão

---

15. DE SOUZA. Op. cit. p. 16-19; DE LIMA. Op. cit. p. 82-88; TURTELLI. Op. cit.
16. Art. 410, do CC: "Quando se estipular a cláusula penal para o caso de total inadimplemento da obrigação, esta converter-se-á em alternativa a benefício do credor". Nesse contexto, evidenciam-se teorias explicativas da natureza jurídica da cláusula compensatória, com vistas à sua funcionalidade, quais sejam: cláusula de reforço (no asseguramento do adimplemento da obrigação assumida); pré-avaliação (das perdas e danos presumíveis) ou "prefixação"; cláusula punitiva (pena); e a teoria eclética (levado em conta o caráter híbrido da cláusula como reforço da obrigação principal e de pré-avaliação dos danos). O mais relevante, no entanto, é estar-se na direção de que o que distingue a cláusula penal compensatória da moratória *"não é a utilidade da prestação", mas sim* a extensão do inadimplemento; na *cláusula penal compensatória, o inadimplemento é absoluto, ou seja, a prestação não foi cumprida (a inexecução foi total, completa)*" (SIMÃO, José Fernando. In: SCHREIBER, Anderson. et al. *Código Civil comentado*: doutrina e jurisprudência. Rio de Janeiro: Forense, 2019. p. 233).
17. DE LIMA. Op. cit. 83.
18. SCHREIBER, Anderson. *Novos paradigmas da responsabilidade civil*: da erosão dos filtros da reparação à diluição dos danos. 2 ed. São Paulo: Atlas, 2009. p. 190-191.

da música, as partes acordaram que, ao invés de judicializar a questão, a letra da música seria parcialmente mudada e os valores arrecadados, a título de direitos autorais, integralmente destinados a instituições acolhedoras de dependentes químicos. Trata-se de postura bastante propositiva e socialmente solidária por meio de uma parceria comercial de conscientização pública sobre o fato de a adicção ser assunto de saúde pública.[19]

Há outros casos em que se reatualiza a temática aqui referenciada, quanto ao estímulo e adoção de medidas alternativas e reparatórias do dano moral, por estudiosos de reponsabilidade civil, como se referenciará a seguir. Uma vez que

> A gradual abertura das cortes a outros remédios que se somem à indenização pecuniária do dano não patrimonial, como a retratação pública, vai reforçando o interesse da responsabilidade civil por meios despatromonalizados de reparação. E mesmo no campo necessariamente patrimonial, outros meios de tutela, como a reparação específica, vão sendo cada vez mais privilegiados, podendo-se falar, de modo geral, se não de despatrimonialização, de uma despecuniarização ou desmonetarização da reparação dos danos. O reconhecimento destes novos remédios aumenta a efetividade da reparação para a vítima e reduz o estímulo a ações mercenárias.[20]

Como medida também distinta do acolhimento exclusivo de pedido reparatório pelo dano moral, tem-se o julgamento do RExt. 580.252/MS, pelo Supremo Tribunal Federal. Este entendeu pelo cabimento e/ou legitimação do mecanismo de remição de pena a pessoas condenadas quando se constatar que estão sujeitas a pena degradante[21].

Em recente decisão judicial, o Estado do Rio de Janeiro foi condenado em virtude de uma troca de bebês ocorrida em uma maternidade sob a sua gestão. Tal equívoco foi descoberto após quatro meses de convívio da criança com a família não biológica. Dado isso, além da reparação em pecúnia, a título de dano moral, foi determinado o custeio de tratamento psicológico aos pais e irmãos das crianças, por conta das indisputáveis sequelas psicológicas infligidas pela troca[22].

Diversas ocorrências lesivas, se não a maioria, impactam psicologicamente as vítimas. Mas, apesar de se saber que o valor fixado, a título de reparação civil, possa vir a ser empregado pela pessoa vitimada como melhor lhe convier, quanto mais se legitimarem outras medidas, na perspectiva de estar a pessoa no centro de sua ressignificação, mais equânimes e eficientes elas serão. No entanto, deve-se considerar que "na responsabilidade civil extraobrigacional é mais raro, mas pode acontecer de uma pessoa ser atingida em sua honra por notícia mentirosa e infamante publicada

---

19. Veja também FAJNGOLD, Leonardo. *Dano moral e reparação não pecuniária*: sistemática e parâmetros. São Paulo: Ed. RT, 2021. p. 54-56.
20. SCHREIBER. Op. cit. 2009. p. 195-196.
21. Vide MAFFINI, Rafael. Responsabilidade civil do Estado por dano moral e a questão da prioridade da reparação *in natura*. *Revista de Direito Administrativo*. Rio de Janeiro, v. 274, p.2 09-34, jan./abr. 2017. p. 223. STF – RE: 580252 MS – Mato Grosso Do Sul, Relator: Min. Teori Zavascki, Data de Julgamento: 16.02.2017, Tribunal Pleno.
22. TJ/RJ – AP 00147829020138190021, Relator: Des. Murilo André Kieling Cardona Pereira, Data de Julgamento: 17.03.2021, Vigésima Terceira Câmara Cível, Data de Publicação: 19.03.2021.

em jornal de grande circulação e buscar a tutela jurisdicional para pleitear a compensação por dano moral e o direito de resposta ou retificação"[23].

Nessa reflexão, os casos concernentes a *porn revenges* merecem destaque. Em decisão de relatoria da Ministra Nancy Andrighi aplicou-se a tutela de urgência, mas unicamente relacionada à obrigação de fazer. Logo, o provedor de busca foi obrigado a remover o conteúdo infringente, com base na Lei nº 12.965/2014 e em se tratando *de caso específico de exposição pornográfica que não foi autorizada*[24].

Assim, De Souza e Turtelli[25] propõem que, em caso de reparação civil, com condenação homologada em juízo ou não, também se poderia cogitar a oferta conjunta de custeio para tratamentos médicos quando estes se fizerem necessários. Com isso buscar-se-ia atenuar as consequências psicológicas do ilícito moral perpetrado à vítima.

Em decisão recente, uma confeiteira, após contrair o vírus SARS-CoV-2 por ocasião de seu trabalho embarcada em um cruzeiro e não obter sua realocação no mercado em virtude da doença, sem prejuízo da reparação civil, beneficiou-se, em sede de tutela de urgência, do reembolso de gastos por ela efetivados e ainda daqueles em curso decorrentes do tratamento da doença, pela empregadora – tudo a desembocar, afinal, em acordo homologado em juízo[26].

No âmbito do direito de vizinhança, um centro educacional foi condenado à edificação de um muro em virtude de poluição sonora decorrente de suas atividades, em ação movida por moradora que residia próximo ao local. E ainda à reparação civil pelo dano moral infligido à moradora, na condição de vizinha do colégio, anteriormente à construção de barreira para fins de isolamento acústico do local[27].

Quando esboçava as minhas ideias sobre a reparação não pecuniária de danos extrapatrimoniais, desviada, como já dito, do seu caráter punitivo, deparei-me com uma retratação pública via rede social (*Instagram*). Nela uma customizadora, de forma clara e explicativa, pedia desculpas, publicamente, a designers/escultores, que vendem suas criações na internet, por ter personalizado (ou modificado) peça, por encomenda de uma cliente, utilizando-se de figuras por eles concebidas. As partes, via *stories*, postaram o texto de recuo, àquele título, como confissão do equívoco ou

---

23. E, em complemento, indica: "Acresça-se que toda condenação em que o ofensor é compelido a custear a colocação de prótese, sessões de fisioterapia, cirurgia plástica reparadora, sessões de terapia psiquiátrica constitui exemplos de reparação in natura para a ocorrência de dano estético e psíquico, respectivamente" (MELO, Marco Aurélio Bezerra de. *Curso de direito civil*: responsabilidade Civil. São Paulo: Atlas, 2015. v. IV, p. 69).
24. STJ – REsp: 1679465 SP 2016/0204216-5, Relator: Ministra Nancy Andrighi, Data de Julgamento: 13.03.2018, T3 – Terceira Turma, Data de Publicação: DJe 19.03.2018.
25. DE SOUZA. Op. cit. p. 18; TURTELLI. Op. cit.
26. Tribunal Regional do Trabalho da 3ª região – ATOrd: 0011101-17.2020.5.03.0069 MG 2021/11943a6, Relator: Graça Maria Borges de Freitas, Data do Julgamento: 7/1/2021, VT 1 – Primeira Vara do Trabalho de Ouro Preto. Data de Publicação: 08.01.2021.
27. TJ-PA – AC: 00259317820058140301 Belém, Relator: Constantino Augusto Guerreiro, Data de Julgamento: 1º.10.2018, 1ª Turma de Direito Privado, Data de Publicação: 03.10.2018.

do admitido uso (indevido), sem qualquer outra iniciativa, que não essa, de cunho reparatório, na satisfação dos envolvidos.

A retratação pública é cultuada como meio de desestímulo a novas práticas lesivas e, inegavelmente, se mostra bem civilizada, na possibilidade de oferecimento de retratação privada ou pública do ofensor[28]. Por esse motivo, "a conveniência de substituir-se o pagamento ou fazê-lo acompanhar-se de medidas de retratação e de publicidade da reparação, que efetivamente compensem o desvalor moral"[29]. Pedir desculpas, retratar-se, é, portanto, componente da vida cívica.

4. O SISTEMA ALTERNATIVO FRENTE AO DANO COLETIVO

Na abordagem das medidas alternativas à reparação do dano moral coletivo, há substantiva reflexão acerca da sua configuração e, mais ainda, quanto aos critérios adotados à sua quantificação. Por outro lado, pairam incertezas até mesmo sobre o seu reconhecimento na esfera jurídica.

Em instigante artigo, Rodrigo Ustárroz Cantali[30] chama atenção para a imprecisão dos *qualificadores* utilizados no trato de lides atinentes ao *dano moral coletivo*. Cantali coloca em xeque as considerações doutrinárias existentes sobre ilicitude, dano ressarcível, funções da responsabilidade civil e sobre a mais representativa, o fato de o conceito de dano moral estar intimamente atrelado à pessoa humana em sua dignidade. Como se transmuta ou se estende tal conceito à ordem social ou à *moral da coletividade*? Isso ainda é ambíguo.

As Cortes de Uniformização, no entanto, já assentaram entendimento de que é cabível a tutela jurídica frente ao dano moral coletivo, quando, de forma *intolerável* (*inadmissível agressão ao ordenamento jurídico e aos valores éticos fundamentais da coletividade*), abusiva e *repulsiva* (*alto grau de reprovabilidade*), configura-se lesão a valores ínsitos à *consciência coletiva*, em *ofensa à moralidade pública* e *tranquilidade social*, na *ordem extrapatrimonial coletiva* (*círculo primordial de valores sociais*).

Também há estímulo aos Termos de Ajustamento de Conduta (TAC), frente a situações lesivas, em que é sinalizada a busca de reparação com base no dito *dano moral coletivo*, não só a envolver categorias socialmente determinadas, mas, até mesmo, circunstâncias outras, em que chancelado de forma desmedida e imprecisa, como se verifica em controvérsias ligadas ao Direito Ambiental.

Nessa dinâmica, viu-se implicada uma rede mundialmente conhecida de lojas de roupas e acessórios, sob a acusação de que se utilizara de mão de obra infantil em sua cadeia produtiva. O TAC firmado, nesse contexto, reservou-se à feitura de

---

28. TURTELLI. Op. cit.; DE SOUZA. Op. cit. p. 16-18.
29. SCHREIBER. Op. cit. 2014. p. 194.
30. CANTALI, Rodrigo Ustárroz. *O STJ e o dano moral coletivo*: entre conduta e interesse tutelado. Migalhas de responsabilidade civil. 11 fev. 2021. Disponível em: https://www.migalhas.com.br. Acesso em: 22 ago. 2021.

investimentos e adoção de práticas, a título de responsabilização social da empresa, no enfrentamento do trabalho desumano no setor.[31]

Conforme também amplamente noticiado, em 2016, a Secretaria Nacional do Consumidor (Senacon) multou em R$ 3,645 milhões de reais uma instituição bancária devido à elevação abusiva (e sem motivação) de taxa de serviço em forma de Tarifa de Confecção de Cadastro (TCC). Todo o valor arrecadado com a multa foi destinado ao Fundo de Defesa de Direitos Difusos.

Em situação análoga, deu-se a imposição de multa a uma rede de alimentos, no valor de R$ 426 mil, por não informar, no rótulo de seus produtos, que estes consistiam em organismos geneticamente modificados (Senacon)[32]. Aqui vale lembrar ainda o art. 56 do Codecon, pois:

> A aplicação desse dispositivo permitiria a aplicação de sanções não só às grandes responsáveis pelas negativações indevidas, como também àqueles fornecedores de menor porte. Entre as sanções previstas na lei, está disposto o cabimento de multa, suspensão temporária de atividade, revogação de concessão ou permissão de uso, cassação de licença do estabelecimento ou de atividade, intervenção administrativa etc., que, em um diálogo de fontes, seriam também aplicáveis como forma de responsabilizar o ofensor.[33]

Em prática diversa, envolvendo ente público e de caráter omissivo, também afeita a trabalho infantil, tem-se quantia reparatória arbitrada por dano moral destinada diretamente ao Fundo de Amparo ao Trabalhador (FAT).[34] Na mesma linha, um bem-afamado parque de diversões se viu condenado, na Justiça do Trabalho, à época do ocorrido, a reparar em R$ 500 mil, revertidos ao FAT, por realizar revistas íntimas em seus funcionários, como também em armários e outros pertences pessoais, situação reputada significativamente vexatória. A despeito de firmado o TAC, em 2011, para que abolida tal prática, não se entendeu, no que pesquisado, por adoção de nenhuma medida alternativa, tampouco mais substantiva e inibidora.

Na esfera do direito ambiental, predominam soluções meramente compensatórias. O TAC é um notório instrumento alternativo e, por vezes, eficiente. Tal como se pontua:

> Termo de ajustamento de conduta que celebram o ministério público federal e a petróleo brasileiro s.a. – Petrobras, objetivando a reparação de impactos irrecuperáveis através de entrega de valor acordado a título de compensação ambiental revertida para ações de combate ao coronavírus (MPF, IC 1.34.012.000448/2018-98. Termo de Ajustamento de Conduta 05/2020).

---

31. Em referência ao caso, indica-se PYL, Bianca; SANTINI, Daniel. Acordo entre Zara e MPT descarta dano moral coletivo. Revista Repórter Brasil, 2011. Disponível em: https://reporterbrasil.org.br/2011/12/acordo-entre-zara-e-mpt-descarta-dano-moral-coletivo/. Acesso em: 22 jul. 2021.
32. DE LIMA. Op. cit.
33. E, sendo assim, a imposição de sanções não encontraria obstáculo na Súmula 385 do STJ, e as condenações dos ofensores podem resultar num efeito reparador-disciplinador muito mais eficaz, atendendo melhor ao interesse do consumidor (FIGUEIREDO, Silvia Bellandi Paes de. Eficácia dos precedentes judiciais. *Revista síntese direito civil e processual civil*. a. XII, n. 89, 2014. p.128).
34. TRT-6 – RO: 00010097920165060313, Relator: Jose Luciano Alexo da Silva, Data de Julgamento: 30.11.2017, Quarta Turma, Data de Publicação: 1º.12.2017.

A celebração do termo em referência visou à reparação dos impactos ambientais causados, no ano de 2013, pelo derramamento no mar de 750 quilos de soda cáustica durante operação de descarga/transferência de rebocador para um navio. Considerados danos irremediáveis e irrecuperáveis, não houve a possibilidade de qualquer outra medida a título de compensação ambiental. Determinou-se então que fosse destinado o valor de R$ 120 mil à Universidade Federal de São Paulo a ser empregado em ações no enfrentamento à pandemia de Covid-19 pelo hospital universitário da Unifesp.

A indenização pecuniária referente ao dano ambiental se sobreleva como meio subsidiário de responsabilização, sendo a recomposição do meio ambiente o fim único. Nesse objetivo:

> Deve-se abandonar a ideia de pagamento em dinheiro como forma principal de satisfação. A indenização em dinheiro deve ser subsidiária. Também não se pode entender que o pagamento, isto é, a reparação ou indenização, torna legítima a atividade lesiva, pois sua finalidade é a punição do poluidor, desestimulando condutas danosas, e a reparação do ambiente degradado para menor prejuízo da coletividade. Assim, não cabe a afirmação "poluo, mas pago", pois o caráter ilícito e reprovável permanece, devendo a sanção civil, a fim de evitar tal assertiva, estabelecer uma sensível punição, de forma a desestimular a conduta lesiva.[35]

Por fim, ante ocasionais danos ao meio ambiente em áreas de preservação ambiental permanente, a jurisprudência impõe a condenação em obrigação de fazer/não fazer (como medida recuperatória *in natura*) e em indenização em pecúnia, para reparação integral do prejuízo causado ao bioma, não configurando, tal cumulação, *bis in idem*[36].

5. CONSIDERAÇÕES FINAIS

A ampliação dos meios de reparação nos casos que envolvam dano de natureza extrapatrimonial é da essência do sistema legal, visto tal regência se funcionalizar na perspectiva primária de a vítima retornar à situação fática anterior à prática lesiva (*statu quo ante*), no seu desejado reequilíbrio.

A desmonetarização do dano (ou melhor, sua despatrimonialização) é premente no asseguramento da plena (ou quase assim) reparabilidade da vítima. E, sobretudo, na necessária preservação de seus interesses existenciais e anseios pessoais.

As vias reparatórias alternativas devem prevalecer ante a reparação pecuniária, seja pela maior proximidade com ideal de adequação e trato das especificidades do fato dito lesivo, seja como mecanismo inibitório de excessos e/ou desproporcionalidades, quando da mensuração do dano. De todo modo elas não substituem, tampouco

---

35. DELGADO, José Augusto. Responsabilidade civil por dano moral ambiental. Informativo Jurídico da Biblioteca Ministro Oscar Saraiva, v. 19, 2008. Disponível em: https://www.stj.jus.br/publicacaoinstitucional/index.php/informativo/article/viewFile/450/408. Acesso em: 26 jul. 2021.
36. STJ – REsp: 1.635.451 MG 2016/0213756-9, Relator: Ministro Herman Benjamin, Data de Julgamento: 13.12.2016, T2 – Segunda Turma, Data de Publicação: DJe 28.08.2020.

excluem, a compensação em pecúnia. Com certeza, compõem o sistema reparatório, tornando-o mais flexível.

Todavia, na seara de qualificação jurídica do dano moral coletivo, a incerteza é maior. Conclui-se assim que as tutelas específicas de cunho reparatório são de grande valia. Afinal, os meios alternativos à reparabilidade do dano moral notabilizam-se como via acertada de prevenção e composição de conflitos, e de embaraço à litigância de má-fé, no âmbito da responsabilidade civil. Tal medida se dá, acima de tudo, ante os fenômenos da sua objetivação, da massificação social e da coletivização de direitos, e principalmente em prol da solidariedade social.

V
DIREITOS REAIS

18
A POSSE DE BENS IMATERIAIS[1]

Pedro Marcos Nunes Barbosa

Estágio Pós-Doutoral (Direito Civil) e Doutorado (Direito Comercial) pela USP. Mestrado (Direito Civil) pela UERJ. Especialista (Propriedade Intelectual) pela PUC-Rio. Professor do Departamento de Direito da PUC-Rio. Sócio de Denis Borges Barbosa Advogados (pedromarcos@dbba.com.br).

Sumário: 1. Introdução – 2. Desfazendo algumas premissas implícitas – 3. A posse dos bens imateriais suscetíveis de propriedade – 4. A posse dos bens imateriais insuscetíveis de propriedade – 5. Conclusão.

1. INTRODUÇÃO

Com duas décadas de vigência de um Código Civil elaborado no século XX, mas que só passou a ter vigor no século seguinte, nota-se que algumas narrativas contemporâneas ao ambiente oitocentista restam firmes. Entre tantas óticas que recaem sobre a crítica ora feita, ressalta-se a situação de uma parcela dos atores jurídicos que se dedicam ao estudo do instituto da posse. Entre as narrativas – ultra cautelosas – mais comuns estão aquelas que se dedicam a hermenêutica *restritiva*, *limitativa* e/ou *excludente* do fato gerador de tal instituto.

A mencionada exegese *restritiva* é popular, pois ainda há um quantitativo expressivo de autores que entendem ser possível tratar de posse apenas sobre as coisas, ou seja, bens materiais[2]; e pela mesma razão a usucapião de tais tipos de bens incorpóreos seria impossível[3]. A citada interpretação *limitativa* diz respeito à ótica, relativamente comum, de que a posse serve, de maneira predominante, a um mero

---

1. Dedico este texto à memória do Professor Titular de Direito Civil da PUC-RS: o saudoso Ricardo Aronne. Tantas foram as vezes que debatemos sobre a usucapiabilidade de bens imateriais e, exatamente por termos visões discordantes sobre o tema, em cada uma delas passei a compreender melhor as fissuras e os pontos fortes de tal recorte teórico. Serei eternamente grato pela sua amizade. Agradeço ao Professor Doutor Marcos Alberto Gonçalves Rocha (PUC-PR) pela gentil revisão e críticas construtivas ao texto.
2. Em uma leitura predominantemente restritiva vide LISBOA, Roberto Senise. *Manual de Direito Civil*. 5. ed. São Paulo: Saraiva, 2011, v. 4, p. 73.
3. "Il modo d'acquisto a titolo originario del diritto sul bene immateriale risponde pertanto alla peculiare natura di questo e non sembra possa assimilarsi ai tradizionali modi di acquisto a titolo originario della proprietà di cose materiali, non potendo perciò identificarsi nè con l'occupazione ne con la specificazione, e non potendo d'altra parte ravvisarsi un acquisto per usucapione del diritto sul bene immateriale" ASCARELLI, Tullio. *Teoria della concorrenza e dei Beni immateriali*. 3. ed. Milão: Editore Dott A. Giuffré, 1960. p. 370. No mesmo sentido vide ROUBIER, Paul. *Droits Intellectuels ou Droits de Clientèle*. Paris: Siney, 1935. p. 34, ASCENSÃO, José de Oliveira. *Direito Autoral*. 2. ed. Rio de Janeiro: Renovar, 2007. p. 198 e CERQUEIRA, João da Gama. *Tratado da Propriedade Industrial*: da propriedade Industrial e do objeto dos direitos. 3. ed. Atualizada por Denis Borges Barbosa e Newton Silveira. Rio de Janeiro: Lumen Juris, 2012. v. I, p. 142.

agregado do direito das propriedades, uma espécie de *posto avançado* de um outro direito de maior importância[4]. Por fim, uma subsunção corriqueira da posse diz respeito à lógica *excludente* de sua incidência, posto que a *posse* de um serviria ao empecilho da *posse* de mesma natureza de um terceiro, a não ser nas hipóteses de composse[5].

Nenhuma de tais propostas, entretanto, sobrevive ao direito civil do século XXI[6] que tem na posse: (a) um *instituto* particularmente vasto sobre o ponto de vista dos bens sobre os quais incide[7]; (b) um direito autônomo[8], que pode coexistir com a situação proprietária ou independentemente dela[9]; e (c) uma forma *includente* do exercício do ter. Por sinal, muito além de estar restrita à análise setorial dos direitos reais, a doutrina contemporânea tem se dedicado ao estudo da posse sobre bens imateriais no ambiente do direito societário[10], no tocante à partilha e o direito de família, no ambiente do direito sucessório[11], e também no ambiente das propriedades intelectuais.

---

4. "A noção moderna começa a modificar a antiga. Ela tenderá para o exclusivismo: a propriedade aos poucos passará a ser a soma de todos os direitos anteriormente dispersos entre vários detentores. Em resumo, no regime medieval, a detenção, a posse, as diferentes rendas devidas e recebidas convivem lado a lado. Não lhes parece natural que um só senhor tenha todos estes direitos: cada um, desde o lavrador até o rei tem, sobre a mesma terra, direitos próprios, embora distintos. Assim como a soberania é uma constelação de poderes partilhada entre muitos, a propriedade era uma constelação de poderes partilhada entre vários titulares de direitos, privilégios, posses e detenções distintas" LOPES, José Reinaldo de Lima. *O Direito na história*. 4. ed. São Paulo: Atlas, 2012. p. 390.
5. "Consideramos existir *sobreposição de posses*, sempre que a mesma coisa seja possuída nos termos de direitos com âmbito distinto. Já a *comunhão de posses*, ou composse, ocorre se a coisa for possuída por vários titulares com base num direito ou num acordo comum. Finalmente, o *conflito de posses*, verifica-se sempre que existam duas posses em conflito sobre a mesma coisa, o qual terá que ser resolvido com a atribuição da posse a um dos litigantes". LEITÃO, Luís Manuel Teles de Menezes. 2. ed. Coimbra: Almedina, 2011. p. 125.
6. "Cada época tem o direito que merece" CAENEGEM, Raoul Charles Van. *Uma introdução histórica ao direito privado*. 2. ed. São Paulo: Martins Fontes, 1999. p. 37.
7. "E, realmente as relações de apropriação da pessoa humana no tocante aos bens da vida sofreram vertiginosas mudanças. A ideia de que somente bens corpóreos, ou coisas, podem ser objeto de posse, não se harmoniza com os bens imateriais, mas curiosamente tão reais, prodigiosamente produzidos pela sociedade pós-moderna. É demasiado estreita para as formas e manifestações da propriedade, sem embargo da sua conformação social, que assumiram um inegável caráter virtual" ASSIS, Araken de. Prefácio *in* ARONNE, Ricardo. *Propriedade e Domínio*. A Teoria Da Autonomia. Titularidades e Direitos Reais nos Fractais do Direito Civil-Constitucional. 2. ed. Porto Alegre: Livraria do Advogado, 2014.
8. LÔBO, Paulo Luiz Netto. *Direito Civil*: coisas. São Paulo: Saraiva, 2015. p. 51.
9. O exemplo constitucional da tutela da posse indígena, mesmo em bens de propriedade da União, vem a calhar. CRFB de 1998: Art. 231. São reconhecidos aos índios sua organização social, costumes, línguas, crenças e tradições, e os direitos originários sobre as terras que tradicionalmente ocupam, competindo à União demarcá-las, proteger e fazer respeitar todos os seus bens. § 1º São terras tradicionalmente ocupadas pelos índios as por eles habitadas em caráter permanente, as utilizadas para suas atividades produtivas, as imprescindíveis à preservação dos recursos ambientais necessários a seu bem-estar e as necessárias a sua reprodução física e cultural, segundo seus usos, costumes e tradições. § 2º As terras tradicionalmente ocupadas pelos índios destinam-se a sua posse permanente, cabendo-lhes o usufruto exclusivo das riquezas do solo, dos rios e dos lagos nelas existentes.
10. MARTINS-COSTA, Judith Hoffmeister. Usucapião de coisa incorpórea: breves notas sobre um velho tema novo. In: TEPEDINO, Gustavo; FACHIN, Luiz Edson. *O Direito e O Tempo*, Embates Jurídicos e utopias contemporâneas. Rio de Janeiro: Renovar, 2008.
11. MASTROBERARDINO, Francesco. *Il Patrimonio Digitale*. Parma: Edizioni Scientifiche Italiane, 2019. p. 169.

Neste sentido, o presente texto se dedica ao cotejo crítico da posse no nicho da propriedade intelectual, propondo-se, propedeuticamente, um recorte tríptico: (i) a posse de bem imaterial suscetível de direitos de propriedade; (ii) a posse de bem imaterial em objeto insuscetível de direito de propriedade; e, ainda, (iii) a posse simultânea de bens imateriais, dentro de uma lógica de *compartilhamento* como causa de riquezas[12].

2. DESFAZENDO ALGUMAS PREMISSAS IMPLÍCITAS

O estereótipo narrativo prevalente faz com que estudantes do direito contenham o rico instituto da posse em *embalagens* conservadoras e pobres, tal como a ideia de que, independentemente do tipo de bem (móvel ou imóvel), ela se restringe ao que é *palpável* e *tangível*: a *coisa*[13]. O direito penal, entretanto, traz uma ficção jurídica que auxilia no processo de desmitificação de tal premissa. Por exemplo: (a) o ilícito penal de interceptar sinal de televisão a cabo, utilizando o iter alheio sem remuneração[14]; e (b) o crime de furto de energia (art. 155, § 3º, do CP[15]). Ambas as *fattispecie* auxiliam o intérprete a compreender que a posse ilegítima advinda de apropriação ou uso de *bem imaterial* alheio, gera os mesmos efeitos sancionadores do que a subtração de uma bolsa ou carteira. O paralelismo de ambos os ilícitos com a alusão a uma figura *felina* se torna mais genuína se se cotejar o Gato de Cheshire, com sua imaterialidade, na renomada obra de Lewis Carrol (em Alice no País das Maravilhas).

Outro preconceito comum apto a afastar a compreensão da incidência da posse sobre bens não tangíveis cuida de uma súmula do Superior Tribunal de Justiça. O verbete de número 228 descreve: "*É inadmissível o interdito proibitório para a proteção do direito autoral*". A partir de tal moldura do texto normativo, não é incomum que alguns leitores creiam ser impossível a utilização das ações possessórias para a proteção dos bens imateriais. Contudo, tal advém (1) do ato de inobservar a *causa* do advento de tal verbete de súmula, (2) de uma falta de cuidado com a proteção dos bens imateriais em si, ou (3) da doutrina mais técnica[16]. Em primeiro lugar, tal texto sumular foi edificado pelo fato de que o Tribunal da Cidadania se deu conta dos riscos havidos em se legitimar o Escritório Central de Arrecadação e Distribuição a fazer uso das ações possessórias como *mecanismo* coercitivo de imposição, unilateral, dos valores que entende devidos

---

12. GUILHERMINO, Everilda Brandão. *A tutela das multititularidades*. Rio de Janeiro: Lumen Juris, 2018. p. 14.
13. "São dois, portanto, os elementos da posse: um elemento material, consistente na relação com a coisa que possibilita o exercício da senhoria, e que se costuma designar com o termo *corpus*; e um elemento psíquico que era, no direito clássico, a intenção de possuir ou de ter a coisa como se fosse próprio, intitulado animus possidente" CHAMOUN. Ebert. *Instituições de direito romano*. Rio de Janeiro: Editora Rio, 1977. p. 219.
14. Lei 8.977/95: "Art. 35. Constitui ilícito penal a interceptação ou a recepção não autorizada dos sinais de TV a Cabo".
15. CP: Art. 155. Subtrair, para si ou para outrem, coisa alheia móvel: § 3º Equipara-se à coisa móvel a energia elétrica ou qualquer outra que tenha valor econômico.
16. "Há turbações e há esbulhos da propriedade intelectual. As ações possessórias, quaisquer, são possíveis" PONTES DE MIRANDA, Francisco Cavalcanti. *Tratado de Direito Privado*. 4. ed. São Paulo: Ed. RT, 1983, t. XVI, p. 168.

pela execução pública de obras auditivas. Se de um lado o ECAD exerce uma forma branda de Poder de Polícia, a moderação e as delimitações de seu exercício devem, mesmo, ser o mote de sua atuação. Antes de tal súmula, visando arrefecer as resistências de eventuais devedores, não era incomum que o ECAD empenhasse pretensão fincada em interditos para *precatar* a ocorrência de festas, festivais, ou outras formas de aglomeração em que os organizadores não estivessem de acordo com o *quantum debeatur* por ele cobrado. Ou seja, ao invés de fazer uso regular das ações de cobrança, buscava-se um atalho ilegítimo, arrogando-se a *posse alheia* (do autor ou do titular dos direitos de autor) para conseguir tutelas de urgência menos complexas. Em outras palavras, mencionar tal súmula sem contextualizar sua *causa* formativa gera um juízo errôneo sobre a compatibilidade entre direitos de propriedade intelectual e a tutela da posse. Sem tal cuidado histórico com o advento desta súmula arrisca-se o processo de *supra inclusão* das hipóteses fáticas de incidência jurídica

Curiosamente, outra súmula do STJ acaba não sendo objeto de memória coletiva com idêntica intensidade, apesar de empregar funtor permissivo à lógica de posse de bens imateriais[17]. No verbete de súmula de número 193 do mesmo sodalício, a fonte normativa finca que: "*O direito de uso de linha telefônica pode ser adquirido por usucapião*". Veja-se, não se deva confundir o suporte físico-estrutural do cabeamento com a *linha telefônica* em si, que cuida de um bem imaterial, e que hoje goza de ampla *mobilidade* pela lógica de portabilidade, inclusive no ambiente da telefonia celular. Ou seja, o verbete de súmula não apenas legítima a posse de bens imateriais, como permite ao não *proprietário* que aceda à propriedade pelo *uso contínuo* de tal tipo de bem. Precedentes outros do mesmo sodalício[18] e do próprio Excelso Pretório[19] confirmam a retidão da lógica jurídica cristalizada na súmula 193 do STJ. Saliente-se, ao cabo, que a rara aplicação contemporânea do verbete de súmula é relevante a perda de valor econômico das linhas telefônicas, em comparação ao grau de escassez que elas representavam na década de 1990. Como hoje tais linhas são muito abundantes, poucos se preocupam em usucapi-las, já há mais oferta do que demanda.

Afora exemplos advindos do Direito Penal e dos mencionados precedentes das Cortes Superiores, a regulação do Código Civil de 2002 serve para *ratificar* o franco cabimento da posse dos bens imateriais. Ao legislar sobre a posse, factualmente, o Poder Legiferante manteve o cacoete de imiscuir tal instituto para com a propriedade, fazendo uma remissão no art. 1.196 aos poderes (*rectius*, faculdades pragmaticamente

---

17. Corroborando com o ora defendido vide MELO, Marco Aurélio Bezerra de. *Curso de direito civil*: direito das coisas. São Paulo: Atlas, 2015, v. V, p. 32.
18. "A doutrina e a jurisprudência assentaram entendimento segundo o qual a proteção do direito de propriedade, decorrente de patente industrial portanto, bem imaterial, no nosso direito, pode ser exercida através das ações possessórias" STJ, 3ª Turma, Min. Waldemar Zveiter, REsp 7196-RJ, J. 10.06.1991.
19. "Encontrava-se a recorrente, sem dúvida, ao postular o interdito proibitório, na situação do possuidor turbado em sua posse – e esta indubitavelmente, o do direito real, não pessoal, porquanto o direito do autor se equipara aos bens móveis (...) uma vez que o no exercício legítimo do direito de propriedade de composições musicais que as recorridas fizeram executar, sem consentimento, exigível, no caso, manifesta é a turbação à sua posse" STF, 1ª Turma, Min. Ribeiro da Costa, RE 14.144, J 20.06.1949.

exercidas) dispostos no art. 1.228 do mesmo Código. Em outras palavras, o Código Reale manteve a mesma *ratio* regulatório-dogmática do Código Beviláqua neste ponto[20]. Ou seja, se alguém *exerce* – ainda que sem plenitude – a faculdade de *usar, gozar* ou *fruir, dispor,* ou *reivindicar de quem quer que seja* um bem, será considerado possuidor.

Note-se que tais faculdades são corriqueiramente exercidas no ambiente da propriedade intelectual, visto que (a) é comum a utência de uma marca, sendo esta sua modalidade de posse[21] mais frequente. Como bem diz a doutrina clássica[22], é a *utilização econômica* do bem que denotaria o fenômeno da posse, (b) é corriqueiro o licenciamento tecnológico de modo que o proprietário da patente possa *fruir* de realezas, mesmo que não queira utilizar a tecnologia; (c) é plenamente lícita a disposição de um segredo industrial (seja por licença ou mesmo alienação, como sói ocorrer em um trespasse); ou (d) o verdadeiro titular[23] pode ajuizar um pedido de *adjudicação* do bem imaterial que consta como de titularidade, errônea ou ilegítima, de terceiros (art. 49 da LPI[24]).

Ainda, a própria Lei de Propriedade Industrial toma a posse de terceiros como algo apto a proteger sua esfera jurídica, ainda que a propriedade sobre o bem imaterial não lhe caiba. É a hipótese do *utente anterior* de uma tecnologia (art. 45 da LPI[25]) que

---

20. Para uma análise zetética sobre o tópico vide GONÇALVES, Marcos Alberto Rocha. *A posse como Direito Autônomo*. Teoria e prática no direito civil brasileiro. Rio de Janeiro: Renovar, 2015, p. 94.
21. "The tenant's possession is not "owner-like"; the adverse possessor's is. The root difference lies in the possessor's intent, which can often be inferred from such objective indicia as the existence of a lease, the behavior of the owner (whether itself "owner-like"), and the behavior of the possessor (for example, whether he makes permanent improvements to the property, implying that he thinks himself the owner). We shall see something akin to adverse possession at work in the trademark field; sellers are often dispossessed of their trademarks because a trademark has become in the public mind the name of something other than the particular seller's brand Adverse possession, understood as a method of shifting ownership without benefit of negotiation or a paper transfer, is one answer to the question when should property be deemed abandoned, that is, returned to the common pool of unowned resources. Economics teaches that this should happen when it is likely to promote the efficient use of valuable resources". LANDES, William M & POSNER, Richard Allen. *The Economic Structure of Intellectual Property Law*. EUA: Harvard University Press, 2003, p. 31.
22. Na transcrição literal do professor da FADUSP: "Dois elementos se contêm nessa definição: um, o interesse; outro, a proteção jurídica. Na posse, o primeiro está representado pela utilização econômica da cousa, utilização de que ella é, conforme dissemos, a condição essencial o segundo consiste na proteção jurídica contra o esbulho". RÁO, Vicente Francisco de Paula. *Posse de Direitos Pessoaes*. São Paulo: S. Paulo, 1948, p. 6.
23. "Assim, expedido pelo INPI o Certificado do Registro da Marca, estará seu titular armado para repelir a CD (art. 178), exercer a ação de reivindicação, típica do domínio de titular de marca não registrada, mas efetivamente em uso e usurpada por CD, ou as ações possessórias (de sinais distintivos), notadamente a de Interdito Proibitório" DUVAL, Hermano. *Concorrência desleal*. São Paulo: Saraiva, 1976. p. 115.
24. Lei 9.279/96: Art. 49. No caso de inobservância do disposto no art. 6º, o inventor poderá, alternativamente, reivindicar, em ação judicial, a adjudicação da patente.
25. Lei 9.279/96: Art. 45. À pessoa de boa-fé que, antes da data de depósito ou de prioridade de pedido de patente, explorava seu objeto no País, será assegurado o direito de continuar a exploração, sem ônus, na forma e condição anteriores. § 1º O direito conferido na forma deste artigo só poderá ser cedido juntamente com o negócio ou empresa, ou parte desta que tenha direta relação com a exploração do objeto da patente, por alienação ou arrendamento. § 2º O direito de que trata este artigo não será assegurado a pessoa que tenha tido conhecimento do objeto da patente através de divulgação na forma do art. 12, desde que o pedido tenha sido depositado no prazo de 1 (um) ano, contado da divulgação.

não busca a tempestiva proteção do INPI, ou que o faz de maneira serôdia a terceiro que, legitimamente, criara a mesma invenção. Aliás, a referida Lei também toma a posse do não proprietário como causa de *defesa e contra-ataque* quando regula o direito de precedência (art. 129, parágrafo primeiro da LPI[26]) para o contexto dos signos distintivos.

Neste Norte, verifica-se que a posse de bens imateriais não é matéria inédita ao sistema Constitucional vigente, e que a legislação ordinária não só não a precata, como expressamente a autoriza[27]. A posse cuida de uma situação jurídica[28] objetiva e patrimonial a qual recai sobre coisas ou bens imateriais, e tal como sói ocorrer com o direito de propriedade, está sujeita a incidência da função social.

3. A POSSE DOS BENS IMATERIAIS SUSCETÍVEIS DE PROPRIEDADE

A existência de modelos proprietários plúrimos sobre bens imateriais é matéria pacífica na ordenação corrente. A legislação abunda de situações jurídicas de tal sorte, ganhando destaque as hipóteses de: (a) patentes de invenção[29]; (b) marcas[30]; (c) nomes de empresa[31]; (d) direitos de autor[32]; (e) cultivares[33]; (f) topografias e circuitos-integrados[34]; (g) indicações geográficas[35]; (h) desenhos industriais[36]; (i)

---

26. Lei 9.279/96: Art. 129. A propriedade da marca adquire-se pelo registro validamente expedido, conforme as disposições desta Lei, sendo assegurado ao titular seu uso exclusivo em todo o território nacional, observado quanto às marcas coletivas e de certificação o disposto nos arts. 147 e 148. § 1º Toda pessoa que, de boa-fé, na data da prioridade ou depósito, usava no País, há pelo menos 6 (seis) meses, marca idêntica ou semelhante, para distinguir ou certificar produto ou serviço idêntico, semelhante ou afim, terá direito de precedência ao registro. § 2º O direito de precedência somente poderá ser cedido juntamente com o negócio da empresa, ou parte deste, que tenha direta relação com o uso da marca, por alienação ou arrendamento.
27. Em sentido contrário vide ZANINI, Leonardo Estevam de Assis. *Direito civil*: direito das coisas. 2. ed. Rio de Janeiro: Lumen Juris, 2020. p. 34; CHALHUB, Melhim Namem. *Curso de direito civil*: direitos reais. Rio de Janeiro: Forense, 2003. p. 16.
28. Neste sentido vide GALVANI, Leonardo. *Posse*: teoria pós-moderna, função social e direitos fundamentais. Curitiba: Juruá, 2015. p. 97.
29. Lei 9.279/96: Art. 6º Ao autor de invenção ou modelo de utilidade será assegurado o direito de obter a patente que lhe garanta a propriedade, nas condições estabelecidas nesta Lei.
30. Lei 9.279/96: Art. 129. A propriedade da marca adquire-se pelo registro validamente expedido, conforme as disposições desta Lei, sendo assegurado ao titular seu uso exclusivo em todo o território nacional, observado quanto às marcas coletivas e de certificação o disposto nos arts. 147 e 148.
31. Lei 8.934/94: Art. 33. A proteção ao nome empresarial decorre automaticamente do arquivamento dos atos constitutivos de firma individual e de sociedades, ou de suas alterações.
32. Lei 9.610/98: Art. 28. Cabe ao autor o direito exclusivo de utilizar, fruir e dispor da obra literária, artística ou científica.
33. Lei 9.456/97: Art. 5º À pessoa física ou jurídica que obtiver nova cultivar ou cultivar essencialmente derivada no País será assegurada a proteção que lhe garanta o direito de propriedade nas condições estabelecidas nesta Lei.
34. Lei 11.484/2007: Art. 30. A proteção depende do registro, que será efetuado pelo Instituto Nacional de Propriedade Industrial – INPI.
35. Lei 9.279/96: Art. 109. A propriedade do desenho industrial adquire-se pelo registro validamente concedido.
36. Lei 9.279/96: Art. 179. A proteção estender-se-á à representação gráfica ou figurativa da indicação geográfica, bem como à representação geográfica de país, cidade, região ou localidade de seu território cujo nome seja indicação geográfica.

programas de computador[37] etc. Plúrimos, sim, pois apesar de os institutos narrados serem formas proprietárias, todos eles são bastante distintos entre si estrutural e funcionalmente. Alguns de tais bens têm finalidade *utilitária*, outros dizem respeito ao ambiente *estético*, parte deles cuida de criações do ambiente *distintivo* e, por fim, certos direitos tratam de contributo *ornamental*. A função social de uma patente não coincidirá, jamais, com o grau qualitativo do que se exige de um múnus na titularidade de um nome de empresa, por exemplo.

Em comum, de outro lado, a tais direitos *intelectuais* está o fato de que todos são caracterizados pelo caractere constitutivo híbrido entre valores da personalidade (direitos existenciais) e valores patrimoniais (direitos de propriedade). Ou seja, há uma sobreposição classificatória entre facetas distintas do direito privado: a tutela à pessoa pelo mero fato dela *ser* humana (art. 1º, III, da CRFB), com a tutela do patrimônio privado como sói ocorrer em um sistema capitalista (art. 5º, *caput*, XXII, XXIX, e 170, II, da CRFB). Institutos híbridos, por sinal, não são incógnitos ao direito civil, a exemplo das obrigações *propter rem*[38] que consagram, simultaneamente, a incidência de regras e princípios típicos aos *direitos pessoais* (*rectius*, obrigacionais[39]) e aos *direitos reais* e à posse[40]. Em outras palavras, institutos de duas vertentes patrimoniais incidem para formar este híbrido, no que é distinto do caso da propriedade intelectual em que a quimera é formada pela coexistência de situação jurídica existencial e patrimonial. E a posse do bem imaterial integra o perfil estrutural do direito intelectual que cuida de uma forma do (híbrido[41]) direito subjetivo *stricto sensu*.

---

37. Lei 9.609/98: Art. 2º O regime de proteção à propriedade intelectual de programa de computador é o conferido às obras literárias pela legislação de direitos autorais e conexos vigentes no País, observado o disposto nesta Lei.
38. "As obrigações *propter rem* apresentam êsse efeito especial. Como a própria denominação o indica, são obrigações cuja fôrça vinculante se manifesta, tendo em vista a situação do devedor em face de uma determinada coisa, isto é, quem a ela se vincula o faz em razão da sua situação jurídica de titular do domínio ou de uma relação possessória sôbre uma determinada coisa, que é a base dêsse débito. Apresenta-se, em linhas gerais, com aquela mesma face que resulta do direito de retenção, sob êste aspecto, isto é, o direito de retenção tem por pressuposto um *debita cum re juncta*, embora, sob outros pontos de vista, radicais sejam as diferenças. Nas obrigações *propter rem*, o devedor é determinado de acôrdo com a relação que o mesmo possua em face de uma coisa (propriedade ou detenção), que é conexa com o débito. Tais obrigações nascem, assim, da posse da coisa, sendo transmissíveis ainda que a título particular, a quem quer que, mesmo *invito crediiore*, exerça a posse do imóvel, causa da obrigação". SERPA LOPES, Miguel Maria de. *Curso de direito civil*. 3. ed. Rio de Janeiro: Freitas Bastos, 1961. v. 2, p. 58.
39. Sobre a aproximação dos regimes dos direitos reais e do direito das obrigações vide MILAGRES, Marcelo de Oliveira. *Manual de direito das coisas*. Belo Horizonte: D'Plácido, 2020. p. 54.
40. RUGGIERO, Roberto de. *Instituições de Direito Civil*. 6. ed. São Paulo: Saraiva 1973. v. ., p. 54.
41. "A "posição híbrida" tipológica (...) que daqui resulta para o direito de posse fundado numa relação obrigacional explica-se precisamente pela função que este direito desempenha, de, através da exclusão da pretensão restitutória do proprietário, dar eficácia, também quanto à posição jurídico-real da parte, à regulamentação do direito de posse contida num contrato obrigacional. Deste modo, o direito relativo de posse afirma-se como uma ponte entre os campos, tão rigidamente separados no Código Civil, do Direito das obrigações e do Direito das coisas. A concessão, incluída num contrato de locação ou de arrendamento, de um direito limitado de posse, não tem apenas efeitos jurídicos obrigacionais, mas também, como resulta do § 986, efeitos jurídicos reais. O proprietário que loca ou arrenda a sua coisa não se obriga somente (como pareceria pela letra de lei), a deixar a posse ao locatário ou arrendatário e a respeitá-la durante prazo da locação ou do arrendamento: concede-lhe com isso – mais tardar com a transferência da posse – uma faculdade domínio

O exemplo supra mencionado da patente, aliás, auxilia o intérprete a dissociar[42] o conteúdo jurídico da posse daquele da propriedade. A posse não é, jamais, mera exteriorização da propriedade[43]. Logo, se o Instituto Nacional da Propriedade Industrial concluir o processo administrativo concessório concordando com o pleito do depositante, o titular da patente poderá *excluir* terceiros das clássicas faculdades proprietárias e, *a priori*, só isto lhe é garantido. Ou seja, mesmo sendo proprietário de um bem imaterial de produção sua posse poderá ser precatada. Três exemplos de mercados intensa e extensamente regulados auxiliam a compreensão deste raciocínio: (a) o agente econômico tem seu registro sanitário para a invenção farmacêutica de uso humano negado junto a ANVISA, (b) a indústria de agroquímicos não obtém a autorização de comercialização em ato do IBAMA ou do MAPA, (c) a indústria bélica não ganha a licença do Ministério da Defesa[44] para a exploração de sua tecnologia; apesar do INPI lhes conceder a patente nos casos narrados. São hipóteses proprietárias esvaziadas da posse em sua modalidade mais relevante: o uso.

Se nos três exemplos descritos um terceiro obtiver a autorização estatal, ele poderá exercer a *posse* desde que haja o consentimento do proprietário. Ou seja, posse e propriedade não estão reunidas, originalmente, no mesmo sujeito de direito e o proprietário, aliás, poderá nunca ser um possuidor. Uma pequena variação nos exemplos supra pode distinguir os sujeitos do *proprietário* e do *possuidor* independentemente do consentimento do primeiro. Imagine-se um caso (a) em que o produto farmacêutico seja de enorme necessidade pública, mas o dono da patente foi incompetente em obter o registro sanitário junto a agência reguladora pertinente. Deverá a população aguardar novas tentativas do proprietário junto a ANVISA se há terceiro habilitado a tanto? A legislação permite uma *licença obrigatória*[45] das faculdades proprietárias ao terceiro, no que se designa a licença compulsória.

---

sobre a coisa, ainda que limitada à relação entre ambos". LARENZ, Karl. *Metodologia da ciência do direito*. 2. ed. Lisboa: Fundação Calouste Gulbenkian, 1982. p. 567.
42. Sobre a dissociação de tais direitos vide: VIEIRA, José Alberto C. *Direitos reais*. Coimbra: Coimbra Editora, 2008. p. 520.
43. Em sentido contrário ao ora proposto vide: WALD, Arnoldo. *Direito civil*: direito das coisas. 14. ed. São Paulo: Saraiva, 2015. v. 4, p. 50.
44. Lei 9.279/96: Art. 75. O pedido de patente originário do Brasil cujo objeto interesse à defesa nacional será processado em caráter sigiloso e não estará sujeito às publicações previstas nesta Lei. (Regulamento) § 1º O INPI encaminhará o pedido, de imediato, ao órgão competente do Poder Executivo para, no prazo de 60 (sessenta) dias, manifestar-se sobre o caráter sigiloso. Decorrido o prazo sem a manifestação do órgão competente, o pedido será processado normalmente. § 2º É vedado o depósito no exterior de pedido de patente cujo objeto tenha sido considerado de interesse da defesa nacional, bem como qualquer divulgação do mesmo, salvo expressa autorização do órgão competente. § 3º A exploração e a cessão do pedido ou da patente de interesse da defesa nacional estão condicionadas à prévia autorização do órgão competente, assegurada indenização sempre que houver restrição dos direitos do depositante ou do titular.
45. Lei 9.279/96: Art. 71. Nos casos de emergência nacional ou internacional ou de interesse público declarados em lei ou em ato do Poder Executivo federal, ou de reconhecimento de estado de calamidade pública de âmbito nacional pelo Congresso Nacional, poderá ser concedida licença compulsória, de ofício, temporária e

É interessante notar, aliás, que se concedida a licença (voluntária ou compulsória) e o proprietário, incidentalmente, obtiver a autorização estatal, o titular também poderá explorar a tecnologia e exercitar posse *concomitante* do mesmo bem imaterial. Ou seja, é possível que haja *posses* simultâneas do *iter imaterial* por sujeitos distintos, pela natureza não rival[46], não excludente, das criações intelectuais. Logo, afora hipóteses de licenças munidas de exclusividade é vantajoso, concorrencialmente, contar com uma plêiade de fornecedores que podem *disputar* mercados com o mesmo bem. Tal é o que ocorre com as franquias, *verbi grantia*, e pode ser uma forma de cumprimento múltiplo da função social de tais bens. Aqui a posse de bens imateriais expõe sua natureza includente, o que é inviável em diversas hipóteses de posse sobre coisas.

Veja-se que hipótese símile de inclusão pode ocorrer no seio de uma relação consumerista. Imagine-se que em um mesmo condomínio edilício diversos moradores sejam *assinantes* de um serviço de *streaming*. A utência da licença da obra audiovisual apreciada pelos vizinhos lhes outorgará uma espécie de posse, sem delimitação intrínseca de quantos sujeitos destinatários gozarão de tal produto estético. Se o consumidor, por sua vez, for mais tradicional e avesso a serviços contemporâneos, ao adquirir um *long play* do conjunto musical Secos e Molhados, ele terá adquirido via compra e venda o *corpus mechanicum* da bolacha, e a licença de uso para o conteúdo musical (*corpus mysticum*) daquele suporte. Quanto ao LP, o consumidor será proprietário, enquanto no tocante ao teor musical, o mesmo consumidor será apenas possuidor.

A posse na propriedade intelectual, por sinal, pode ser bem protegida pelas ações possessórias clássicas. Por exemplo, o proprietário observa que um concorrente malicioso se prepara para *infringir* seus direitos de exclusividade, no que estará bem amparado pelo sistema normativo que lhe faculta uma tutela *preventiva* típica aos interditos proibitórios. Ou seja, diante da mera *ameaça* (art. 5º, XXV, da CRFB) a sua esfera jurídica, a ordenação fortifica o titular contra alguma atitude que seja *tendente a lhe prejudicar*[47]. Aqui a proteção é munida da nomenclatura típica da ação

---

não exclusiva, para a exploração da patente ou do pedido de patente, sem prejuízo dos direitos do respectivo titular, desde que seu titular ou seu licenciado não atenda a essa necessidade.

46. "A propriedade industrial e os direitos dela decorrentes distinguem-se da propriedade material principalmente pelo fato de que as tentativas de restrição de uso dos bens imateriais são, muitas vezes, ineficientes, o que se deve em grande medida pela ausência da corporificação do bem protegido, além do fato de não haver custos adicionais pelo seu uso simultâneo por diversas pessoas". STF, Pleno, Min. Luiz Edson Fachin, voto vista na ADI 5529, DJ 01.09.2021.
47. Lei 9.279/96: Art. 209. Fica ressalvado ao prejudicado o direito de haver perdas e danos em ressarcimento de prejuízos causados por atos de violação de direitos de propriedade industrial e atos de concorrência desleal não previstos nesta Lei, tendentes a prejudicar a reputação ou os negócios alheios, a criar confusão entre estabelecimentos comerciais, industriais ou prestadores de serviço, ou entre os produtos e serviços postos no comércio.

*inibitória*⁴⁸, e bastará um risco concreto⁴⁹, uma probabilidade objetiva⁵⁰, de vilipêndio à esfera jurídica do proprietário para se maximizar as chances de obtenção de uma tutela de urgência⁵¹.

Ainda, imagine-se uma disputa entre o titular de um direito de propriedade intelectual e seu licenciado. Se o proprietário falsamente alegar que o licenciado estaria a lhe dever *royalties*, pois desejava arrecadar mais do que o avençado, e buscasse encerrar o pacto de "locação" como técnica coercitiva; provado o seu direito o licenciado poderia ajuizar uma demanda de *manutenção da posse*. A repressão aos atos de turbação do proprietário contra o legítimo possuidor é medida prevista em Lei, tal como na hipótese da ação renovatória que serve a tutela do *fundo de comércio* (ativos intangíveis) do locatário contra o locador em contextos de locações empresariais⁵². Mais uma vez denota-se como a *posse de bens imateriais* é instituto independente à *propriedade*, e não um mero acessório ou agregado à última.

Por fim, é bastante comum a utilização de ações possessórias aptas a banir o esbulho possessório, e reintegrar o legítimo proprietário e/ou possuidor. Coteje-se um caso em que proprietário (possuidor indireto) e licenciado exclusivo (possuidor direto) desenvolvem suas funções sociais regularmente até que um terceiro, contrafator, pratique atos de inculcamento⁵³. O primeiro, o segundo ou – quiçá – ambos poderão ajuizar demanda de *cessação* dos atos contrafaccionais do terceiro, inclusive com pedido específico de sanções por astreintes para o estímulo devido contra o

---

48. "O meio fundamental de reacção preventiva contra a prática iminente consiste no recurso à acção de abstenção, hoje mais frequentemente chamada inibitória. Notemos, porém, desde já que defrontamos aqui dificuldades terminológicas, porque outros chamam acção inibitória à acção de cessação. A diferença entre a acção de abstenção e a acção de cessação está em que a primeira se suscita perante o perigo de violação iminente, e a segunda perante a violação já acontecida". ASCENSÃO, José de Oliveira. *Concorrência desleal*. Coimbra: Almedina, 2002. p. 252.
49. "No caso em apreço, as marcas 'Metro', 'Metrô News' e 'Jornal do Metrô' possuem semelhança gráfica, atuam no mesmo segmento mercadológico, utilizam o mesmo meio de distribuição e visam o mesmo público, o que evidencia a possibilidade de confusão ou associação entre as marcas". STJ, 3ª Turma, Min. Villas Boas Cueva, REsp 1911946/SP, DJ 09.03.2021.
50. "O risco é o perigo eventual mais ou menos previsível, diferentemente da álea (imprevisível) e do perigo (real). O risco é abstrato. A ele se aplica o princípio da precaução". LOPEZ, Tereza Ancona. *Princípio da precaução e evolução da responsabilidade civil*. São Paulo: Quartier Latin, 2010. p. 25.
51. CPC de 2015: Art. 300. A tutela de urgência será concedida quando houver elementos que evidenciem a probabilidade do direito e o perigo de dano ou o risco ao resultado útil do processo.
52. Lei 8.245/91: Art. 51. Nas locações de imóveis destinados ao comércio, o locatário terá direito a renovação do contrato, por igual prazo, desde que, cumulativamente: I – o contrato a renovar tenha sido celebrado por escrito e com prazo determinado; II – o prazo mínimo do contrato a renovar ou a soma dos prazos ininterruptos dos contratos escritos seja de cinco anos; III – o locatário esteja explorando seu comércio, no mesmo ramo, pelo prazo mínimo e ininterrupto de três anos.
53. "Tange o Código no ponto alto da teoria e do sistema das marcas de indústria ou de comércio que podia e pode conter-se nas seis palavras deste mandamento: – Não cobiçarás a marca do próximo! Se, com efeito, as marcas se destinam a distinguir produtos ou mercadorias idênticos ou semelhantes de produtos ou mercadorias de procedência diversa, têm, necessariamente, que ser distintas, inteiramente diferentes. Para que o sejam, nenhum comerciante ou industrial pode reproduzir, no todo ou em parte, marca anteriormente registrada para artigos ou produtos semelhantes ou pertencentes a gênero de comércio ou indústria idêntico ou afim". FERREIRA, Waldemar. *Tratado de direito comercial*: o estatuto do estabelecimento e a empresa mercantil. São Paulo: Saraiva, 1962. v. 6, p. 307.

praticante do ato ilícito. Uma segunda hipótese – no contexto da utência dos direitos intelectuais na internet também – pode auxiliar a compreensão da relevância da ação de reintegração da posse de bens imateriais. Imagine-se que um artista plástico digitalize sua obra, ou um músico disponibilize sua canção em uma rede social. Contudo, algum sujeito invejoso realiza uma denúncia falsa (alguma forma de censura pós-moderna) à sociedade empresária, funcionando como provedor de conteúdo acerca de atos ilícitos que, preventivamente, suspenda[54] a disponibilidade pública do iter intelectual. A vítima poderá fazer uso de pretensão judicial ou extrajudicial para ser reintegrado nos seus atos de posse (uso, gozo e fruição – quiçá via compartilhamento ao grande público) do bem imaterial.

Vistos tais perfis da posse sobre bens imateriais, é possível manejar algumas conclusões provisórias: (1) na hipótese de licenciamento exclusivo, o proprietário do bem imaterial não exercerá sua posse direta, sendo tal cabível, apenas, aprioristicamente, ao licenciado; (2) a posse do licenciado muito se assemelha a tal situação jurídica subjetiva típica ao ambiente das locações de coisas, podendo até gerar tutela do possuidor em desfavor do proprietário; (3) a posse injusta do contrafator (via violência, clandestinidade ou precária) não é apta a lhe tangenciar tutela, podendo o titular ou seu licenciado empregar o manejo das ações possessórias cabíveis. Aliás, (4) a depender do contexto, se um terceiro realizar posse *justa*, ainda que sem autorização do proprietário ou de outro possuidor, apta a destinar função social ao bem imaterial, é possível, até, cotejar a *fattispecie* da usucapião do bem imaterial[55].

4. A POSSE DOS BENS IMATERIAIS INSUSCETÍVEIS DE PROPRIEDADE

Outro resquício oitocentista extremamente limitador da riqueza do instituto *sob análise*, inclusive no contexto dos bens imateriais, é derivado da leitura de Ihering[56] no sentido da posse como algo dependente do direito de propriedade. Segundo a leitura helvética renomada, quando a propriedade é impossível, a posse não poderia existir. Nada, contudo, poderia ser menos verdadeiro ao direito do século XXI.

No ambiente dos direitos intelectuais, aliás, muitos bens economicamente relevantes são insuscetíveis de propriedade por opção política. Por exemplo: (a) as

---

54. Lei 12.965/2014: Art. 12. Sem prejuízo das demais sanções cíveis, criminais ou administrativas, as infrações às normas previstas nos arts. 10 e 11 ficam sujeitas, conforme o caso, às seguintes sanções, aplicadas de forma isolada ou cumulativa: I – advertência, com indicação de prazo para adoção de medidas corretivas; II – multa de até 10% (dez por cento) do faturamento do grupo econômico no Brasil no seu último exercício, excluídos os tributos, considerados a condição econômica do infrator e o princípio da proporcionalidade entre a gravidade da falta e a intensidade da sanção; III – suspensão temporária das atividades que envolvam os atos previstos no art. 11.
55. Para uma discussão sobre tal polêmico instituto toma-se a liberdade de indicar a leitura de BARBOSA, Pedro Marcos Nunes. *Direito civil da propriedade intelectual*. 3. ed. Rio de Janeiro: Lumen Juris, 2016.
56. "As coisas sobre as quais um direito de propriedade não é possível, não podem ser objeto de posse no sentido jurídico, sendo preciso aplicar-se a mesma regra aos que não podem ser proprietários (em Roma, os escravos e os filhos-família). *Onde a propriedade não é possível, objetiva ou subjetivamente, a posse também não o é*" JHERING, Rudolf Von. *Teoria simplificada da posse*. Campinas: Russell, 2009. p. 27.

expressões de publicidade são um tipo de signo distintivo que até 1996, eram passíveis de direitos de exclusividade, mas desde o advento da Lei de Propriedade Industrial não mais o são[57]; (b) os conjunto-imagens são ativos intangíveis magníficos ao emprego de distintividade aos produtos ou ao estabelecimento, mas não angariam tutela proprietária; (c) o segredo de negócio pode ser de enorme relevância patrimonial ao seu titular, mas a restrição a publicidade, em geral, é incompatível com o sistema da propriedade intelectual; e (d) uma sentença originalíssima da lavra do Supremo Tribunal Federal é publicada no Diário Oficial e revoluciona o sistema normativo Brasileiro, mas ainda assim não é protegida pelo Direito de Autor[58].

Todas as hipóteses acima descritas são incompatíveis com o direito real máximo, mas ainda facultam ao sujeito de direito a utência, a fruição ou gozo do bem imaterial. Na última hipótese (d), inclusive, é possível imaginar um terceiro que não seja autor do texto, mas que lucre com ele fazendo comentários em livros para concurseiros que só consigam compreender informação *esquematizada*, quiçá com fluxogramas. Nas três primeiras hipóteses (a), (b) e (c), a situação jurídica subjetiva do titular é a de posse do bem imaterial, e ele será devidamente protegido através do instituto da tutela contra atos de concorrência desleal. Não haverá tutela petitória, mas a proteção possessória poderá incidir nas mesmas possibilidades destacadas no capítulo anterior: (1) pedido de interdito proibitório/ação inibitória, precatando a concorrência desleal; e/ou (2) pedido de cessação de conduta e compensação pelos danos praticados, servindo de lenitivo aos atos de abrasão competitiva ilegítima.

Um exemplo concreto pode auxiliar a percepção da completa autonomia da posse dos bens imateriais à proteção proprietária. Em uma franquia é relativamente comum que o ato de licença recaia sobre bens suscetíveis de propriedade (marca, nome de domínio, patente, desenhos industriais) e outros ativos insuscetíveis de tal exclusividade. No último montante, o segredo quanto ao preparo da guloseima (temperos, tempo de forno, quantidade de açúcares na composição líquida), a expressão de publicidade, e o *arranjo* de distintividade das embalagens podem, até mesmo, sobrepujar a pertinência atrativa ao consumidor em comparação às propriedades licenciadas. O *bloco* de licenças outorga a posse de uma universalidade de bens afetada ao mister empresarial do estabelecimento comercial pertinente.

Quanto ao segredo, ao conjunto-imagem, a marca de fato, a criação estética despida de originalidade ou de tutela por direito de autor, todos esses bens são suscetíveis de proteção possessória e, ao mesmo tempo, estão adstritos à lógica de função social. Se, por sua vez, o *originador* não buscar licenciar tais bens e quiser, ele mesmo, explorar tais criações imateriais, o exercício de sua posse será *autônoma* e jamais se transformará em direito de propriedade, não importando por quanto tempo

---

57. Lei 9.279/96: Art. 124. Não são registráveis como marca: VII – sinal ou expressão empregada apenas como meio de propaganda.
58. Lei 9.610/98: Art. 8º Não são objeto de proteção como direitos autorais de que trata esta Lei: IV – os textos de tratados ou convenções, leis, decretos, regulamentos, decisões judiciais e demais atos oficiais.

outorgue plena e legítima utência. Por sinal, a autonomia patrimonial da posse de tais bens imateriais é tão destacada, que nada obsta a penhorabilidade[59] de tais bens como forma de garantia de créditos inadimplidos de terceiros perante o possuidor imaterial.

Levando-se em conta que muito dos ativos intangíveis suscetíveis de propriedade estarão limitados no tempo[60], como propriedade resolúvel[61] que são, por vezes o direito de posse sobre bem imaterial não-exclusivo poderá gerar rentabilidades muito maiores e duradouras. Pense-se em uma receita diferenciada da *Sachertorte* que persiste gerando milhões de euros para estabelecimentos em Viena, apesar de ser um bem intelectual do século XIX. Se tal *técnica* fosse objeto de uma patente, ela estaria em domínio público há séculos e todo técnico no assunto (chef-pâtisserie) poderia reproduzir, sem limitação, tal produto da arte gastronômica. Para além da marca, é bem possível que o domínio deste *saber-fazer* seja o grande ativo imaterial dos estabelecimentos comerciais pertinentes, denotando o denso poder-econômico da posse.

5. CONCLUSÃO

A posse de bens incorpóreos é resultante de um direito privado que se desmaterializou, e que se mostra vívido na internet e nas relações empresariais e civis. Quando se coteja a posse de um iter intelectual, *verbi gratia*, tal geralmente ocorre através da faculdade do *uso, gozo e fruição* de determinado *corpus mysticum*. O controle do titular, assim, não se dá pela lógica ultrapassada de *domínio*[62], mas pela escassez artificial assegurada em Lei que ora concede a tutela petitória + possessória, ora assegura ao titular uma tutela meramente *possessória* em que se restringem atos de terceiros típicos à concorrência desleal, sendo esta a sua causa protetiva[63].

---

59. No ambiente dos bens imateriais suscetíveis de propriedade, o próprio STJ tem reconhecido a penhorabilidade de tais titularidades: "No particular, a pretensão que constitui o objeto do presente recurso especial – cancelamento de anotação de levantamento de penhora – somente foi deduzida quando do retorno dos autos ao juízo de origem, após o julgamento do REsp 1.761.023/SP, onde se reconheceu a possibilidade de constrição da marca. Desse modo, tal cancelamento não pode ser considerado efeito automático decorrente do julgamento do recurso precitado" STJ, 3ª Turma, Min. Nancy Andrighi, REsp 1913033/SP, DJ 25.06.2021.
60. "Mas os direitos patentários precisam ser provisórios, justamente porque a nota da exclusividade, tão apropriada num primeiro momento, tornar-se-ia maléfica caso pudesse se perpetuar. As invenções, passado algum tempo, precisam tornar-se de domínio público, para que todos delas possam usufruir a preços módicos, é verdade, mas principalmente a fim de que sirvam como ponto de partida para aperfeiçoamentos e novas descobertas". STF, Pleno, Min. Nunes Marques, voto vista na ADI 5529, DJ 01.09.2021.
61. "Consequentemente, ao declarar por meio da patente o direito do inventor, que preexiste a essa concessão, fundamenta-se um direito de propriedade temporário e resolúvel, que tem por objeto um direito imaterial". PIERANGELI, José Henrique. *Crimes contra a propriedade industrial*: crimes de concorrência desleal. São Paulo: Ed. RT, 2003. p. 83.
62. FRAGA, Álvaro Moreira Carlos. *Direitos reais*. Coimbra: Almedina, 2010. p. 181: menciona que o critério *corpus* da posse deva ser visto como um poder de fato, independentemente do contato físico.
63. NERY, Rosa Maria de Andrade & MERY JUNIOR, Nelson. *Instituições de direito civil*: Direitos patrimoniais e reais. São Paulo: Ed. RT, 2016. v. IV, p. 183: explicitam que o que determina o caráter possessório não é o mero pedido da demanda, mas sua *causa* de pedir.

Desta sorte, verifica-se quatro modalidades de *posse* no ambiente dos direitos intelectuais: (a) a posse exercida pelo proprietário, a exemplo do titular de registro de marca que exerce, pessoalmente, o empenho da distintividade em seus produtos e serviços; (b) a posse de bem imaterial suscetível de propriedade que é explorada pelo não proprietário, a exemplo do beneficiário de uma licença compulsória ou voluntária do ativo intangível; (c) a posse de bem imaterial exercido pelo contrafator que, sendo ilegítima, jamais se convolará em proteção a sua esfera jurídica; mas que sendo legítima e continuada, poderá se tornar posse *ad usucapionem*. Fato é que a Ordenação tutela, mais intensamente, o possuidor que destina função social versus o proprietário que não exerce sua titularidade com tal observância arquetípica[64]. Não que tal indique uma subsunção prévia, mas tal resultado é possível diante de uma suprassunção cautelosa e meticolosa; e (d) a posse *autônoma* sobre ativos intangíveis que são insuscetíveis de propriedade, o que sendo passível de tutela proprietária não é objeto de tal *faculdade* pelo titular (v.g. conteúdo tecnológico que poderia ser patenteado, mas cujo dono preferiu resguardar como sigilo industrial). Nesta última hipótese, é possível a posse direta do *originador* criativo ou mesmo do terceiro licenciado.

Outrossim, é necessário sepultar uma leitura oitocentista da posse que enxerga em tal situação jurídica subjetiva patrimonial como algo meramente auxiliar da propriedade. A tutela da posse angaria gigantesca relevância social e econômica, traduzindo a possibilidade de prestígio às criações imateriais que são dinâmicas e aptas a atração do resguardo via ações possessórias; merecedoras de proteção como formas de acesso ao crédito barato (direitos de garantia); ou mesmo de realização do crédito do terceiro contra o titular (excutibilidade do bem imaterial).

---

64. TORRES, Marcos Alcino de Azevedo. *A propriedade e a posse*: um confronto em torno da função social. 2. ed. Rio de Janeiro: Lumen Juris, 2010. p. 354.

19
USUCAPIÃO FAMILIAR

Claudio Luiz Bueno de Godoy

Livre-Docente e Professor do Departamento de Direito Civil da Faculdade de Direito da Universidade de São Paulo. Desembargador do Tribunal de Justiça do Estado de São Paulo.

Sumário: 1. A proposição do tema – 2. Origem legislativa e a finalidade do instituto – 3. Os requisitos da usucapião familiar – 4. O abandono do lar – 5. Algumas questões processuais – 6. Nota conclusiva.

1. A PROPOSIÇÃO DO TEMA

A usucapião familiar – anotada a assunção desta terminologia, dentre as várias adotadas (usucapião pró-família, conjugal, por abandono do lar conjugal), todas ligadas, seja como for, à sua finalidade própria, conforme se verá – é modalidade mais recente de usucapião especial. Introduzida pela Lei 12.424, de 16 de junho de 2011, acrescendo o artigo 1.240-A no Código Civil de 2002, logo atraiu questionamentos sobre sua própria constitucionalidade formal, já de pronto dado justamente o mecanismo utilizado à sua edição. Além disso, e agora em razão de seu conteúdo, recebeu críticas severas – inclusive também de ordem constitucional, desta feita sob viés material –, de um lado porquanto subverteria o objetivo próprio do instituto e o vincularia a vicissitudes da vida íntima, familiar das pessoas; de outro, ante a potencial represtinação da discussão de culpa em meio à relação matrimonial e, sobretudo, conforme a exata compreensão do requisito específico do abandono do lar conjugal, alvitrando-se real propósito sancionatório a reconhecer na possibilidade da aquisição originária pelo cônjuge usucapiente que permaneceu no imóvel.

Outros requisitos próprios se estabeleceram, malgrado os comuns da usucapião não se afastem. Porém, o intento que se reputa mais adequado ao espaço presente, assim aos limites do estudo, é bem o de concentrar o exame da matéria nestes problemas particulares que sobre a usucapião familiar se vêm levantando: de ordem ontológica, que diz mesmo com a própria discussão acerca da instituição desta modalidade de aquisição, de sua positivação no texto do Código Civil e da precisa teleologia que o anima; de ordem mais dogmática, sobre a intepretação devida dos pressupostos de configuração da modalidade em tela de aquisição originária, naquilo então que se previu, ao mesmo tempo discutindo-se o quanto acaso não se previu e poderia ter sido previsto na disciplina da usucapião familiar.

A tanto se prestam, então, os itens seguintes, acerca da origem (assim, a forma com que instituído) e finalidade do instituto, de seus requisitos, embora separadamente analisado o do abandono, dada a sua centralidade, para ao final, ainda referidas algumas questões processuais, concluir sobre o que se considera ter sido a escolha legislativa da instituição da usucapião familiar no direito brasileiro.

2. ORIGEM LEGISLATIVA E A FINALIDADE DO INSTITUTO

A usucapião familiar veio ao sistema positivo brasileiro mercê da edição, como já se disse, da Lei 12.424/2011, mas que – note-se – se prestou a modificar a Lei 11.977, de 07 de julho de 2009. Trata-se da lei que instituiu o *Programa Minha Casa, Minha Vida*, voltado à implementação de mecanismos de *"incentivo à produção e aquisição de novas unidades habitacionais"* para população de baixa renda (art. 1º). Isto além de igualmente se instrumentalizarem medidas de regularização fundiária.

Pois o que a respeito logo se levantou foi questão de pertinência temática da usucapião familiar com o conjunto da lei que o instituiu[1]. A asserção foi da prática do que se vem chamando de *"contrabando legislativo"*, assim a de inserir no corpo normativo disposição que trata de assunto estranho ao seu objeto[2]. Mas não foi só. Ainda se apontou a desconformidade com a finalidade constitucional do instituto, tanto quanto a vinculação da propriedade a questões personalíssimas cuja reserva se assegura pelo inciso X do art. 5º da CF/88[3].

Antes de tudo, porém, impende ter presente o que se considera ter sido a finalidade própria com que criado o instituto e, por isso, vindo a lume na legislação citada. Cuidou-se, com efeito, de real política pública voltada à regularização da aquisição imobiliária por casais de baixa renda, com financiamento normalmente ligado a programa de acesso à moradia popular, em que um dos cônjuges ou companheiros abandona o lar familiar. Desconhecido o próprio paradeiro deste que deixa o imóvel, dificulta-se a regularização mediante a outorga de título, uma vez quitado o mútuo e resolvida questão de partilha dos direitos aquisitivos, com a dissolução do vínculo,

---

1. Neste sentido, por todos: ROSENVALD, Nelson; NETTO, Felipe Braga. *Código Civil comentado*. Salvador: Ed. JusPodium, 2020. p. 1191.
2. Conforme já se assentou no âmbito da Suprema Corte, o *"contrabando legislativo"*, chamado também de *"jabuti"*, ocorre quando se insere em corpo normativo certa disposição com diversa pertinência temática, cuja *"finalidade é tratada em um outro assunto que não foi levantado, para 'aproveitar carona'."* (ADI, n. 5855/DF, Tribunal Pleno, rel. Min. Alexandre de Moraes, j. 10.04.2019). Desrespeita-se o figurino constitucional do *devido processo legislativo*, também conforme decidido pelo STF: "evidencia violação do direito fundamental ao devido processo legislativo – o direito que têm todos os cidadãos de não sofrer interferência, na sua esfera privada de interesses, senão mediante normas jurídicas produzidas em conformidade com o procedimento constitucionalmente determinado"; ainda, "subtrai do debate público e do ambiente deliberativo próprios ao rito ordinário dos trabalhos legislativos a discussão sobre as normas que irão regular a vida em sociedade" (ADI 5012/DF, Tribunal Pleno, rel. Min. Rosa Weber, 16.03.2017). Não sem motivo, a própria Lei Complementar 95/98 ressalvou que a lei deva indicar logo no primeiro artigo o seu objeto e âmbito de aplicação, dentre outros princípios observando que "a lei não conterá matéria estranha a seu objeto ou a este não vinculada por afinidade, pertinência ou conexão".
3. V, a respeito, o escorço a que procedem; GAMA, Guilherme Calmon Nogueira da; MARÇAL, Thaís Boia. Aspectos polêmicos da "usucapião conjugal": questões afetas ao art. 1240-A do Código Civil brasileiro. In: NERY JR., Nelson e NERY, Rosa Maria de Andrade (Coord.). *Revista de Direito Privado*. a. 14, v. 54, p. 272-275. abr-jun. 2013.

razão de se ter pretendido superar o impasse com a possibilidade, justamente, da aquisição pela usucapião familiar.

Como com acerto realça Francisco Eduardo Loureiro, "não é nova a preocupação com as sérias dificuldades que ocorrem quando um casal de baixa renda financia um imóvel popular a longo prazo, mediante hipoteca, alienação fiduciária, ou mesmo compromisso de compra e venda, e, no curso do financiamento, se separa de fato ou se divorcia. Como a situação de um dos cônjuges permanecer no imóvel e desconhecer o paradeiro do outro, o que impossibilita a outorga da escritura de venda e compra e consequente obtenção do domínio sem prévia partilha entre o casal. Essa a razão pela qual passou a se admitir, em situações especiais, que o financiamento contratado por um casal desemboque em aquisição de domínio por um só dos cônjuges"[4]. Ainda segundo o autor, do mesmo modo que já o artigo 1.240, parágrafo primeiro, permitia – na esteira do artigo 183, da CF/88 – a aquisição por usucapião especial urbana em nome só do homem ou da mulher, posto decorrido o prazo quinquenal durante a união, então a ambos beneficiando, sobreveio a nova regra do art. 1.240-A, que foi além e, em prazo mais curto, permitiu a aquisição originária por um cônjuge ou companheiro diante do outro, mas persistindo o "escopo de propiciar a regularização de imóveis populares financiados para população de baixa renda"[5]. E embora discutível – aí sim – a sua extensão geral, ou seja, ao direito comum, a rigor a questão então mais se poria na conveniência do que na inconstitucionalidade formal.

Depois, igualmente de se lembrar aqui do efeito saneador que também se reconhece à usucapião[6], na espécie, tal qual se acentuou, o de permitir a regularização dominial de imóvel adquirido pelo casal, tornada de difícil consumação pelo abandono de um dos cônjuges ou companheiros.

Por outro lado, objetiva-se com o instituto, ou com a política pública que ele instrumentaliza, ainda o favorecimento do próprio direito à moradia, sua efetivação em favor do cônjuge ou companheiro que permanece no imóvel, especialmente considerada a situação da mulher, que se lembra inclusive sujeito de particular atenção em outras disposições da mesma Lei 11.977/09, como por exemplo do artigo 48, inciso V, e artigo 58, § 2º, em sua redação originária[7]. Lembra-se ainda da tutela da própria família e consequente necessidade de regularização da situação do cônjuge

---

4. LOUREIRO, Francisco Eduardo. A polêmica usucapião familiar do art. 1.240-A do Código Civil. In: LOTUFO, Renan; NANNI, Giovanni Ettore; MARTINS, Fernando Rodrigues (Coord.). *Temas relevantes do direito civil contemporâneo*. São Paulo: Atlas, 2012. p. 765.
5. Idem, p. 766.
6. Conforme já se decidiu, remetendo à lição de Lenine Nequete e a aresto do Superior Tribunal de Justiça (Resp. 292.356-SP), "desde as fontes romanas, a usucapião é modo não só de adquirir a propriedade, mas também de sanar os vícios de propriedade ou outros direitos reais adquiridos a título derivado. Em termos diversos, constitui eficaz instrumento de consertar o domínio derivado imperfeito" (TJSP, Ap. civ. n. 0003035-77.2012.8.26.0347, 1ª Câmara de Direito Privado, rel. Des. Francisco Loureiro, j. 01.03.2016).
7. Cf.: CARMONA, Paulo Afonso Cavichioli; CARDOSO, Maria Lúcia Guimarães. Usucapião familiar; uma forma de efetivação do direito à moradia. *Revista nacional de direito de família e sucessões*. n. 13, jul./ago. de 2016. p. 78-82. p. 401.

ou companheiro que permanece na residência, muito costumeiramente a mulher e não raro com a incumbência de sustento da prole[8].

Portanto, neste contexto de entrevisão dos originários propósitos da usucapião familiar, também não se haveria de tomar o instituto como uma forma indevida de sancionar, e de modo desproporcional, o descumprimento de dever conjugal de vida em comum e, com isso, a subverter a natureza e finalidade do instituto da usucapião, menos ainda por meio da repristinação da culpa em meio ao vínculo conjugal, estendida à união estável. Não se considera havido intuito propriamente sancionatório na instituição da usucapião especial[9]. Matéria, de qualquer maneira, ao quanto adiante se tornará, quando se analisar a exata compreensão do requisito do abandono.

De igual forma, não se compreenderia, então, qualquer indevida exposição de aspectos privados da vida familiar, senão mesmo o propósito de assegurar a preservação da moradia e a regularização de imóvel em que ela se desenvolve e se mantém, pelo cônjuge ou companheiro que ali permanece, observados todos os requisitos a tanto impostos.

3. OS REQUISITOS DA USUCAPIÃO FAMILIAR

De pronto se ressalva que ao requisito do *abandono do lar*, necessário à usucapião familiar, se dedicará item próprio – o seguinte –, em que então se o examinará bem por se tratar daquele que, conforme se considera, maior atenção reclama. Isto mesmo que outros problemas atinentes aos pressupostos da usucapião familiar também se apresentem, e que desde logo aqui se enfrentam.

Em primeiro lugar, do ponto de vista pessoal, subjetivo, esta modalidade de usucapião se reserva, como está expresso no artigo 1.240-A do CC/02, ao ex-cônjuge e ao ex-companheiro que permanece no imóvel comum, de residência do casal, pelo outro abandonado, ainda de acordo com o texto da lei. É dizer então que a usucapião familiar se assegura a quem tenha mantido união estável ou se tenha casado com o cotitular do bem. Destarte, neste passo (não em geral) a questão é, antes que de direito real, mas de direito de família, sobre o que se compreende por entidade familiar. Por isso que, de um lado, e diante do quanto assentado pela Suprema Corte[10], inexiste impedimento a que, em caso de união homoafetiva, e havido o abandono, se possa

---

8. ARAÚJO, Fabio Caldas de. *Usucapião*. 3. ed. São Paulo; Malheiros, 2015. p. 402-403. No mesmo sentido, e remetendo às palavras de Mário Luiz Delgado, também na jurisprudência já se reconheceu que "a usucapião familiar tem dois objetivos: salvaguardar o direito à moradia daquele cônjuge ou companheiro que permaneceu no imóvel e também proteger a família que foi abandonada. 'Na gênese, o instituto foi pensado para amparar mulheres de baixa renda, beneficiárias do Programa Minha Casa Minha Vida, abandonadas pelos respectivos parceiros conjugais, propiciando a aquisição da propriedade exclusiva do imóvel residencial por meio do instituto da usucapião'" (TJSP, Ap. Civ. n. 0017277-09.2012.8.26.0099, Rel. Des. Miguel Brandi, 7ª Câmara de Direito Privado, j. 07.05.2018).
9. Por todos: GAMA, Guilherme Calmon Nogueira da; MARÇAL, Thaís Boia. Aspectos polêmicos da "usucapião conjugal": questões afetas ao art. 1240-A do Código Civil brasileiro. cit. p. 272.
10. STF, ADIN 4.277 e ADPF 132, rel. Min. Ayres Britto, j. 05.05.2011.

consumar a usucapião familiar[11]. De outro, em relação às uniões plúrimas, do mesmo modo impende verificar se se lhe reconhece a natureza de entidade familiar, aqui anotando-se o julgamento do Tema 529 no STF[12].

Não há necessidade, para a usucapião familiar, e consoante também se referirá no item seguinte – sobre o abandono –, que haja qualquer formalização do fim do casamento ou da união estável. Como igualmente não se exige que desta união tenha havido prole, ou que também resida no imóvel. Insista-se em que se tem questão da regularização de imóvel entre ex-cônjuges e ex-companheiros que viveram entidade familiar e a que não se vincula forçosamente a existência de filhos. Note-se, de resto, que o próprio texto do artigo 1.240-A do CC refere a utilização do imóvel pelo ex--cônjuge ou ex-companheiro como moradia para si *ou* para a família.

A prerrogativa do reconhecimento desta forma de aquisição originária é, porém, personalíssima, exclusiva do ex-cônjuge e ex-companheiro, como próprio de uma usucapião especial e de prazo reduzido, voltada a situação específica envolvendo pessoas que viveram relação matrimonial ou de união estável, e que traduz já uma excepcionalidade, como por exemplo a do art. 9º, parágrafo 3º, do Estatuto da Cidade (Lei 10.257/2001)[13]. Destarte, não há a possibilidade de que o seu exercício se dê por terceiro, seja em razão da *accessio possessionis*, seja da *successio possessionis* (cf. arts. 1.207 e 1.243 do CC). Mais, defende-se do mesmo modo que a aquisição se dê apenas em face do outro cônjuge ou companheiro, diante de quem se deve contar integralmente o prazo de dois anos. É dizer, a perda – pela aquisição do ex-cônjuge ou ex-companheiro – não se pode impor aos sucessores do outro, que abandonou o lar[14].

A usucapião familiar em favor do ex-cônjuge ou ex-companheiro não lhe pode ser reconhecida mais de uma única vez (§ 1º do art. 1.240-A do CC), embora não se impedindo tenha já havido outra aquisição originária antes, de diversa modalidade,

---

11. Neste sentido o Enunciado 500, da V Jornada de Direito Civil, realizada pelo Centro de Estudos Judiciários do Conselho da Justiça Federal (CEJ), no Superior Tribunal de Justiça: "A modalidade de usucapião prevista no art. 1.240-A do Código Civil pressupõe a propriedade comum do casal e compreende todas as formas de família ou entidades familiares, inclusive homoafetivas".
12. STF, Tema 529: "A preexistência de casamento ou de união estável de um dos conviventes, ressalvada a exceção do artigo 1.723, § 1º, do Código Civil, impede o reconhecimento de novo vínculo referente ao mesmo período, inclusive para fins previdenciários, em virtude da consagração do dever de fidelidade e da monogamia pelo ordenamento jurídico-constitucional brasileiro". Tratou-se do julgamento do RE 1045273, rel. o Min. Alexandre de Moraes (19.12.2020), pelo qual se substituiu o ARE 656298, para fixação de rema de repercussão geral.
13. Sobre a pessoalidade das usucapiões especiais, em regra, ver: RIBEIRO. Benedito Silvério. *Tratado de usucapião*. v. 2. 5. ed. São Paulo: Saraiva, 2007. p. 951; Enunciado 317 da IV Jornada de Direito Civil, realizada pelo Centro de Estudos Judiciários do Conselho da Justiça Federal (CEJ), no Superior Tribunal de Justiça: "A accessio possessionis, de que trata o art. 1.243, primeira parte, do Código Civil, não encontra aplicabilidade relativamente aos arts. 1.239 e 1.240 do mesmo diploma legal, em face da normatividade do usucapião constitucional urbano e rural, arts. 183 e 191, respectivamente".
14. A respeito, ver: LOUREIRO, Francisco Eduardo. A polêmica usucapião familiar do art. 1.240-A do Código Civil. *Temas relevantes do direito civil contemporâneo*. cit. p. 771.

exigindo-se apenas que ausente titularidade atual, assim no momento do pedido[15]. Neste sentido, pois, o usucapiente não pode ser titular de outro imóvel, como o impõe o texto da lei, mas no momento em que requer a usucapião. E, ainda mais, acede-se à ponderação de que, mesmo se houver eventual cotitularidade atual do usucapiente em outro imóvel, mas que por suas condições impeça o uso como moradia, de idêntica forma não se deve impedir o reconhecimento da usucapião familiar[16].

Do ponto de vista objetivo, ou quanto ao requisito dito real, porquanto atinente ao objeto da usucapião, também aqui acodem as observações próprias, relativas à usucapião em geral. É a *res habilis* com suas próprias vicissitudes, assim no que toca ao que se sujeita e, ao revés, ao que excepcionalmente não se mostra passível de usucapião imobiliário.

Nesta linha, não pode ser usucapido o bem público. Aqui se acentua a questão dos imóveis ligados a programas oficiais de acesso à moradia popular, não exatamente diante da natureza em si das entidades a tanto voltadas[17], mas em função da destinação pública das unidades. Vinculam-se a política governamental, com recursos oriundos do erário, empregados para subsidiar o preço da alienação e seu financiamento, assegurando-se acesso e o direito à moradia de população de baixa renda, por isso discutindo-se a possibilidade de se sujeitarem à aquisição originária[18]. De toda sorte, na usucapião familiar, de um lado, a aquisição se dá em relação ao direito do cônjuge coadquirente; de outro, tem-se na espécie justamente a regularização de situação a permitir a outorga de título pela entidade titular, antes que a aquisição originária diante dela.

Depois, também não se impede a usucapião familiar, como não se obsta em si a aquisição originária em geral, de imóveis inferiores ao módulo mínimo, orientação que se veio a sedimentar no âmbito do Superior Tribunal de Justiça[19].

---

15. LOUREIRO, Francisco Eduardo. A polêmica usucapião familiar do art. 1.240-A do Código Civil. *Temas relevantes do direito civil contemporâneo.* cit. p. 776.
16. LOUREIRO, Francisco Eduardo. A polêmica usucapião familiar do art. 1.240-A do Código Civil. *Temas relevantes do direito civil contemporâneo.* cit. p. 776.
17. A propósito, o Superior Tribunal de Justiça já admitiu usucapião, em geral, de bens integrantes do patrimônio de sociedades de economia mista, como são – não raro – as entidades cujo objeto social é o de promover programas oficiais de acesso à moradia popular, malgrado sem se deter no exame desta específica situação, como ainda, nos mesmo precedentes, da afetação de bens específicos ao desempenho da atividade pública de que incumbida. V.g.: REsp 932.972/RS, Quarta Turma, Rel. Min. Luis Felipe Salomão, j. em 27 de setembro de 2011; REsp 120.702/DF, Rel. Min. Ruy Rosado de Aguiar j. em 23 de junho de 2011; REsp 647.357/MG, Terceira Turma, Rel. Min Castro Filho, j. em 19 de setembro de 2006
18. Negando, nestes casos, a possibilidade de usucapião: TJSP, Ap. Civ. 0120350-27.2008.8.26.0005, Rel. Salles Rossi, j. 16.10.2013; Ap. Civ. 0004072-14.2012.8.26.0615, Rel. Des. Paulo Eduardo Razuk, j. 10.12.2013; Ap. Civ. 0011365-84.2010.8.26.0007, Rel. Des. Ana Lucia Romanhole Martucci, j. 14.11.2013. Ou, ainda, condicionando a possibilidade da aquisição originária à existência de quitação do preço: TJSP, Embargos Infringentes. 0001312-06.2009.8.26.0128/50001, Rel. Des. Eduardo Sá Pinto Sandeville, j. 28.11.2013; Ap. Civ. 0322479-02.2009.8.26.0000, Rel. Des. Alcides Leopoldo e Silva Júnior, j. 26.11.2013. Finalmente, admitindo a usucapião: TJSP, Ap. Civ. 990.10.053539-0, Rel. Des. Grava Brazil, j. 14.12.2010; Ap. Civ. 9102244-49.2003.8.26.0000, Rel. Des. José Joaquim dos Santos, j. 05.04.2011.
19. STF, RE 422.349, rel. Min. Dias Toffoli, j. 29.04.2015, com fixação de tese de repercussão geral, segundo a qual, "preenchidos os requisitos do art. 183 da Constituição Federal, o reconhecimento do direito à

De maneira particular, contudo, a usucapião familiar é modo de aquisição originária apenas de imóveis urbanos, o que se conecta à própria origem da positivação do instituto no direito brasileiro, como se viu no item anterior. A referência, de resto, é expressa no artigo 1.240-A do CC. Mas o que não passa imune a críticas[20], realmente porque o intuito de regularização imobiliária da situação de cônjuge e companheiro residente no local, que vem a ser abandonado pelo outro, teoricamente não se passaria de maneira diversa em relação à pequena propriedade rural, razão mesmo a que a Constituição Federal de 1.988 tivesse concebido não apenas a usucapião especial urbana, de prazo reduzido (art. 183), como também a rural (art. 191). Neste ponto, não acudiria então a justificativa de que para os imóveis rurais já se garante por si – concreta ou potencialmente – o sustento do cônjuge ou companheiro que ali permaneceu[21].

A condição de imóvel urbano, para a usucapião familiar, discute-se se se deve definir de acordo com critério, assim objetivo, da localização[22] – que é o da tributação respectiva, inclusive –, e como se supõe melhor, ou da destinação[23]. A dimensão máxima de 250,00m², conforme exigido pelo art. 1.240-A (e não extensível para ocupações de área maior com recorte do quanto se pretenda, no limite legal, usucapir[24]), se deve tomar em função do terreno, pouco importando a metragem da construção[25]. Possível ainda que se trate de unidade autônoma, então quando a metragem máxima, tal qual na usucapião especial urbana do art. 183 da CF/88 e do art. 1.240 do CC, se entende deva ser contada em função da área útil, e não da área total, aí computada a fração ideal no todo[26]. Certo que a fração ideal nas áreas comuns se incorpore à titularidade dominial do usucapiente. Porém, aos fins próprios destas modalidades de usucapião especial urbana, em que se exige imóvel de menor porte, parece mais

---

usucapião especial urbana não pode ser obstado por legislação infraconstitucional que estabeleça módulos urbanos na respectiva área em que situado o imóvel (dimensão do lote)". No âmbito do STJ, v. Tema 985: "O reconhecimento da usucapião extraordinária, mediante o preenchimento dos requisitos específicos, não pode ser obstado em razão de a área usucapienda ser inferior ao módulo estabelecido em lei municipal".
20. Por todos: SOUZA, Adriano Stanley Rocha de; THEBALDI, Isabela Maria Marques. Usucapião familiar: uma análise crítica do novo instituto sob o ponto de vista do direito civil. *Revista de direito civil contemporâneo*. n. 2, v. 2, p. 211. São Paulo: Ed. RT, jan.-mar. 2015; ROSENVALD, Nelson; NETTO, Felipe Braga. *Código Civil comentado* cit. p. 1193.
21. Ver, a propósito: CARMONA, Paulo Afonso Cavichioli; CARDOSO, Maria Lúcia Guimarães. *Usucapião familiar*; uma forma de efetivação do direito à moradia. p. 84-85.
22. V.g.: LOUREIRO, Francisco Eduardo. A polêmica usucapião familiar do art. 1.240-A do Código Civil. *Temas relevantes do direito civil contemporâneo*. cit. p. 775.
23. Neste sentido, para a usucapião especial urbana e rural: RIBEIRO. Benedito Silvério. *Tratado de Usucapião*. cit. v. 2. p. 877.
24. Para a mesma questão atinente às usucapiões especiais urbana e rural, ver o Enunciado 313, da IV Jornada de Direito Civil, realizada pelo Centro de Estudos Judiciários do Conselho da Justiça Federal (CEJ), no Superior Tribunal de Justiça: "Quando a posse ocorre sobre área superior aos limites legais, não é possível a aquisição pela via da usucapião especial, ainda que o pedido restrinja a dimensão do que se quer usucapir".
25. Cf.: LOUREIRO, Francisco Eduardo. A polêmica usucapião familiar do art. 1.240-A do Código Civil. *Temas relevantes do direito civil contemporâneo*. cit. p. 775.
26. Neste sentido o Enunciado 314, da IV Jornada de Direito Civil, realizada pelo Centro de Estudos Judiciários do Conselho da Justiça Federal (CEJ), no Superior Tribunal de Justiça: "Para os efeitos do art. 1.240, não se deve computar, para fins de limite de metragem máxima, a extensão compreendida pela fração ideal correspondente à área comum".

consentâneo tomar a área útil das unidades autônomas como referência, não raro inclusive situadas em conjuntos habitacionais nos quais, mesmo pelo número de moradores, de unidades, afinal, as áreas comuns são mais extensas.

O artigo 1.240-A ainda exige, textualmente, que o imóvel a usucapir, na modalidade presente, seja do casal[27]. É dizer, caso especial em que afinal se adquire o que então é comum, de regra um óbice à aquisição originária – a aquisição diante do coproprietário, ressalvados casos de posse exclusiva[28]. Mas isto porque se previu bem uma forma especial de aquisição exatamente em face do cônjuge ou companheiro, de sua cotitularidade e de modo a regularizar a situação dominial diante do abandono da residência do casal. De fato, refere-se, no dispositivo, imóvel – ocupado como moradia – cuja propriedade o usucapiente *"divida"* com o ex-cônjuge ou ex-companheiro que abandonou o lar, e ainda que não falte crítica a esta opção[29], porém explícita, como se viu. De qualquer maneira, nada impede que o imóvel seja comum por causa anterior que indique frações ideais distintas, em casos, por exemplo, de sub-rogação de parte do preço ou aquisição em nome de um dos cônjuges ou companheiros antes da união, mas com pagamento de parte das parcelas do preço depois dela, quando então só a parte em comum se sujeita à usucapião[30].

Outro ponto relevante que esta mesma redação do artigo 1.240-A do CC suscita, quando menciona a *"propriedade"* que o casal *"divida"*, está em que se tem exigido à usucapião familiar que o imóvel esteja registrado em nome dos cônjuges e dos companheiros, portanto do usucapiente[31]. Ou seja, não bastaria – como é comum – o compromisso de venda e compra firmado pelo casal[32]. Mas aqui cabe lembrar, primeiro, que o compromisso irretratável de venda e compra de imóvel, que se tenha levado a registro, constitui direito real, assim direito real de aquisição, conforme a

---

27. Nesta esteira, ainda, a primeira parte do Enunciado 500, da V Jornada de Direito Civil, realizada pelo Centro de Estudos Judiciários do Conselho da Justiça Federal (CEJ), no Superior Tribunal de Justiça: "A modalidade de usucapião prevista no art. 1.240-A do Código Civil pressupõe a propriedade comum do casal e compreende todas as formas de família ou entidades familiares, inclusive homoafetivas".
28. Por todos: NUNES, Pedro. *Do usucapião*. 3. ed. São Paulo: Freitas Bastos, 1964. p. 80.
29. Na visão de Guilherme Calmon Nogueira de Gama e Thaís Boia Marçal, "[A] limitação imposta pela literalidade do dispositivo excluiria da proteção legal os casos em que o regime de bens impedisse a caracterização do imóvel como bem comum, prejudicando ainda mais o ex-cônjuge ou ex-companheiro que não teria direito à meação. Além disso, a aquisição do direito de propriedade pela usucapião exige tão somente o exercício da posse qualificada em função da presença de alguns requisitos estabelecidos da Lei, não se incluindo, em qualquer das hipóteses de usucapião amparadas no Direito pátrio, a exigência da titularidade do domínio sobre parte do imóvel usucapiendo" (*Aspectos polêmicos da "usucapião conjugal"*: questões afetas ao art. 1240-A do Código Civil brasileiro. cit. p. 271).
30. Cf.: LOUREIRO, Francisco Eduardo. A polêmica usucapião familiar do art. 1.240-A do Código Civil. *Temas relevantes do direito civil contemporâneo*, cit. p. 774.
31. V.g.: TJSP, Apelação 1002015-62.2016.8.26.0066, rel. Des. Rosangela Telles, j. 20.10.2016; Apelação Cível 1001974-72.2017.8.26.0224, rel. Des. Ana Maria Baldy, j. 27.09.2019; Apelação 1006026-82.2015.8.26.0127, rel. Des. Clara Maria Araújo Xavier, j. 28.06.2018.
32. TJSP, Apelação 0005548-22.2012.8.26.0572, rel. Des. Alexandre Coelho, j. 29.07.2016. Deste último aresto se colhe: "[D]esta feita, como as partes são meras titulares de direitos pessoais aquisitivos decorrentes de cessão de direitos, não há como se reconhecer o direito a usucapião de imóvel de que não seja de propriedade comum dos ex-companheiros, de modo que de rigor era a improcedência do pedido de usucapião formulado na defesa".

regra expressa do artigo 1.417 do CC. E, como é sabido, possível em tese a aquisição originária de direitos reais sobre imóvel alheio. Tome-se o exemplo do usufruto (art. 1.391 do CC), da servidão aparente (art. 1.379 do CC), ademais do quanto em doutrina, e em geral, se colhe a propósito[33].

Restaria a questão, portanto, do compromisso de venda e compra sem registro, a gerar direito pessoal, apenas, e habitualmente o que se considera ser óbice à usucapião porque impassível de posse. Sucede que, no caso, a usucapião familiar foi pensada em especial para resolver estes problemas de impossibilidade da regularização da aquisição em virtude do abandono por um dos cônjuges e companheiros, ainda se tenha referido no texto legal a propriedade comum do casal. Quer-se a regularização com a assunção da situação jurídica, de cotitular dos direitos em relação à coisa, do cônjuge ou companheiro que abandona, ainda que seja para posterior regularização diante do titular tabular, e mesmo que eventualmente por meio de usucapião outra, conforme o caso, se já não pela adjudicação compulsória. Neste sentido, inclusive, defende Francisco Eduardo Loureiro o litisconsórcio passivo, até, com o titular tabular e, diante dele, devendo ser provados os requisitos próprios da outra modalidade de usucapião de que se vale o usucapiente[34]. E isto mesmo de toda sorte a regularização completa pressuponha no mínimo o prazo de cinco anos da usucapião especial urbana (art. 183 da CF e art. 1.240 do CC). Porém, não se impediria prévia usucapião familiar de sorte a permitir que o uscuapiente depois agisse como único titular dos direitos aquisitivos diante do proprietário, da forma que entendesse melhor. Por fim, de se lembrar já se ter alvitrado solução própria, pela via da usucapião, para situações específicas de direitos pessoais[35], com a diferença agora de que se tem hipótese legal de particular modalidade de aquisição originária. Talvez, destarte, a atrair também uma solução, de novo, própria acerca deste requisito específico da usucapião.

Por fim, do ponto de vista dos requisitos formais, impende referir a posse e o tempo de seu exercício para a usucapião familiar. E desde logo salientando-se que não se trata aqui de compreender a posse direta, assim mencionada no artigo 1.240-A do CC, como aquela do artigo 1.197 da mesma normatização, resultante do seu desdobramento e a pressupor a manutenção de posse indireta por outrem, destarte como se se tratasse de admitir a aquisição originária sem *animus domini*, quando se reconhece direito alheio sobre a coisa[36]. A ideia se considera tenha sido justamente

---

33. Por todos: NUNES, Pedro. *Do usucapião*. cit. p. 52-63 (ainda citando, além do usufruto e da servidão, o uso, a enfiteuse, a habitação, o penhor, a hipoteca e a anticrese, lembrando-se então ainda ausente a previsão do art. 1.417 do CC atual); RIBEIRO. Benedito Silvério. *Tratado de Usucapião*. 2. ed. São Paulo: Saraiva, 1998. v. 1. p. 408-410 (mencionando os direitos reais sobre coisa alheia em geral, inclusive os de garantia) e p. 405-408 (aqui aludindo especificamente ao compromisso de venda e compra).
34. LOUREIRO, Francisco Eduardo. A polêmica usucapião familiar do art. 1.240-A do Código Civil. *Temas relevantes do direito civil contemporâneo*. cit. p. 773.
35. STJ, Súmula 193: "O direito de uso de linha telefônica pode ser adquirido por usucapião".
36. A respeito o Enunciado 502, da V Jornada de Direito Civil, realizada pelo Centro de Estudos Judiciários do Conselho da Justiça Federal (CEJ), no Superior Tribunal de Justiça: "O conceito de posse direta referido no art. 1.240-A do Código Civil não coincide com a acepção empregada no art. 1.197 do mesmo Código".

a de indicar a necessidade de efetiva ocupação do imóvel, e como moradia, de modo contínuo durante os dois anos exigidos pela lei para a aquisição originária (no item seguinte se tornará ao tema, referindo-se a questão da volta do cônjuge ou companheiro). Depois, esta ocupação como moradia, mas ao mesmo tempo também com fins não residenciais, desde que não prevalente, não impede a usucapião. A rigor, tem-se igual discussão à da locação residencial, quando o locatário utiliza a coisa também para diversa finalidade, mas sem desvirtuar o fim precípuo de moradia. Não é indispensável a boa-fé, mas a pacificidade da posse, sem oposição do ex-cônjuge ou companheiro[37], e exercida com *animus domini*, que se preserva, como se vem de afirmar. E ele faltará se a ocupação decorre de ajuste que tenha feito o casal, assim para utilização exclusiva por um dos cônjuges ou companheiros[38]. Isto ressalvada sempre a inversão do título da posse, com seus próprios requisitos, ou seja, evidenciados fatos os quais "devem ser tais que não deixem dúvida quanto à vontade do possuidor de transmudar a sua posse precária em posse a título de proprietário e quanto à ciência que dessa inversão tenha tido o proprietário: pois que a mera falta de pagamento de locativos, ou outras circunstâncias semelhantes das quais o proprietário não possa concluir claramente a intenção de se inverter o título, não constituem atos de contradição eficazes".[39]

De outro lado, o tempo mais curto desta modalidade de usucapião, de dois anos, inferior inclusive ao prazo da usucapião ordinária de móveis (art. 1.260 do CC), tanto quanto ao prazo da usucapião especial urbana, inclusive quando a requer o casal[40], se deve tomar na consideração de que a rigor já se tratava de imóvel ocupado pelos cônjuges ou companheiros, como o de sua moradia, que segue com o usucapiente quando o abandona o outro cônjuge ou companheiro. O termo inicial de contagem do prazo bienal se dá com a separação de fato[41] – se bem que com a configuração do abandono, conforme o que se verá no item seguinte, destinado ao exame deste requisito –, mas no que então não se quebra, a bem dizer, a regra do artigo 197, I, do CPC, sabido que nestas situações já não se produzem os efeitos próprios de uma relação que, no caso do matrimônio, remanesce apenas enquanto vínculo formal, discricionariamente dissolúvel pelo divórcio, já carente de seu conteúdo material. Por fim, cuidando-se de modalidade nova de usucapião, não se conta o prazo anterior à sua instituição, com a Lei 12.424/2011[42].

---

37. MADALENO, Rolf. *Direito de família*. 7. ed. Rio de Janeiro: Forense, 2016. p. 876-877.
38. A respeito: ARAÚJO, Fábio Caldas de. *Usucapião*. cit. p. 404.
39. NEQUETE, Lenine. *Da prescrição aquisitiva*. 3. ed. Porto Alegre: Coleção Ajuris/17, 1981. p. 123.
40. Tal a obtemperação de: SOUZA, Adriano Stanley Rocha de; THEBALDI, Isabela Maria Marques. Usucapião familiar: uma análise crítica do novo instituto sob o ponto de vista do direito civil. *Revista de direito civil contemporâneo*. cit. p. 212.
41. GAMA, Guilherme Calmon Nogueira da; MARÇAL, Thaís Boia. Aspectos polêmicos da "usucapião conjugal": questões afetas ao art. 1240-A do Código Civil brasileiro. *Revista de direito privado*. p. 262.
42. V, nesta esteira o Enunciado 498 da V Jornada de Direito Civil, realizada pelo Centro de Estudos Judiciários do Conselho da Justiça Federal (CEJ), no Superior Tribunal de Justiça.

4. O ABANDONO DO LAR

Requisito muito próprio desta modalidade especial de aquisição originária, à usucapião familiar exige a lei que o cônjuge ou companheiro do usucapiente, como quem divida o imóvel (consoante o que se examinou do item antecedente), tenha abandonado o lar. Ou seja, pressupõe-se que o imóvel de residência da família, na dicção do artigo 1.240-A do CC/02, tenha sido *abandonado* pelo cônjuge ou companheiro.

Pois, a respeito, considera-se seja de rigor logo afastar a ideia de que a avaliação deste abandono envolva a análise da culpa daquele que abandona o lar, deixando no imóvel utilizado como moradia da família o usucapiente. Não se trata de discutir em si a causa do abandono, senão objetivamente a sua ocorrência. Menos ainda se trata de ver reconhecida em demanda judicial de divórcio ou de dissolução de união estável – já por si dispensáveis à configuração do abandono[43] – uma (repristinada) consideração da causa culposa pelo rompimento da vida em comum[44].

Mas, em contrapartida, não é apenas a separação de fato que marca, por si, a ocorrência do abandono para fins de preenchimento do requisito à usucapião familiar. Certo haver este dado fático e que, inclusive, se deve mostrar estabilizado, no que então não se compreendem como tal a saída episódica do lar, por desacerto eventual, sem rompimento propriamente da vida em comum. Idas e vindas do cônjuge ou companheiro sequer separação de fato, com os efeitos que se lhe reconhecem, tipificam. Não pode haver provisoriedade do afastamento[45]. Todavia, além disso, é preciso que a separação de fato se veja acompanhada pelo total desamparo do que abandona em relação à família que permaneceu no imóvel, ela própria então, e afinal, abandonada.

Com efeito, o abandono aqui se erige quando o rompimento, havido com a separação de fato, se marque ainda pelo que já se disse ser real irresponsabilidade em relação à família que permanece na residência, assim a completa falta de atendimento ao dever de assistência material e moral por parte do ex-cônjuge ou companheiro[46]. É a interrupção da vida comum, qualificada pela ausência de assistência material e moral, "renegado o dever de solidariedade" para com o núcleo familiar, para com o cônjuge ou companheiro[47]. Ou ainda, como se levou ao texto do Enunciado 595, da VII Jornada de Direito Civil, "[O] requisito 'abandono do lar' deve ser interpretado

---

43. Neste sentido o Enunciado 501 da V Jornada de Direito Civil, realizada pelo Centro de Estudos Judiciários do Conselho da Justiça Federal (CEJ), no Superior Tribunal de Justiça: "As expressões 'ex-cônjuge' e 'ex-companheiro', contidas no art. 1.240-A do CC, correspondem à situação fática da separação, independentemente de divórcio".
44. Por todos: GAMA, Guilherme Calmon Nogueira da; MARÇAL, Thaís Boia. Aspectos polêmicos da "usucapião conjugal": questões afetas ao art. 1240-A do Código Civil brasileiro. I: *Revista de direito privado*. cit. p. 269.
45. A respeito: ARAÚJO, Fabio Caldas de. *Usucapião*. cit. p. 402.
46. AMARAL, Sandro Gaspar. Usucapião de bens imóveis no ordenamento jurídico brasileiro atual. In: AZEVEDO, Fábio de Oliveira e MELO, Marco Aurélio Bezerra de (Coord.). *Direito imobiliário*: estudos em homenagem ao Professor Ricardo Pereira Lira. São Paulo: Atlas, 2015. p. 388.
47. Cf., remetendo ainda à lição de Luiz Edson Fachin: MADALENO, Rolf. *Direito de Família*. cit. p. 876.

na ótica do instituto da usucapião familiar como abandono voluntário da posse do imóvel somado à ausência da tutela da família, não importando em averiguação da culpa pelo fim do casamento ou união estável". Este enunciado substituiu o de n. 499, o qual já previa que "[O] requisito 'abandono do lar' deve ser interpretado de maneira cautelosa, mediante a verificação de que o afastamento do lar conjugal representa descumprimento simultâneo de outros deveres conjugais, tais como assistência material e sustento do lar, onerando desigualmente aquele que se manteve na residência familiar e que se responsabiliza unilateralmente pelas despesas oriundas da manutenção da família e do próprio imóvel, o que justifica a perda da propriedade e a alteração do regime de bens quanto ao imóvel objeto de usucapião." A substituição veio bem na esteira do propósito de dissociar a noção do abandono, requisito da usucapião familiar, da consideração da culpa pelo rompimento[48], muito embora sem se perder a ideia básica da desassistência ou desatenção completa ao cônjuge, companheiro ou, enfim, à família que permaneceu no lar. É a ausência de tutela material e moral da família; o desligamento da posse direta qualificada pela falta de atenção básica, da prestação de alimentos, da convivência com os filhos, do contato com a família, enfim[49].

Exatamente por isso, destarte, não se deve admitir a assunção de que ocorrido o abandono quando o ex-cônjuge ou ex-companheiro, por exemplo, e mesmo separado de fato, continua se responsabilizando pelo pagamento de prestações do financiamento do próprio imóvel que continua ocupado pela família[50].

Ínsita ainda à configuração do quadro de abandono do lar a voluntariedade com que ele se dê. É dizer que o abandono apenas se evidencia, de sorte a autorizar a usucapião familiar, se ele é voluntário. Daí que afastada a sua tipificação se o cônjuge ou companheiro deixa o imóvel por ordem judicial, mesmo que por medida protetiva da Lei 11.340/2006, conforme seu art. 22, inciso I[51].

Igualmente se deve aferir se a saída do lar conjugal é ou não justificada. Por exemplo, na mesma hipótese acima, não haverá abandono da vítima das agressões que deixa o imóvel para evitá-las[52]. Já se referiram também, na mesma linha, os imperativos do artigo 1.569 do CC/02 para a ausência do lar conjugal, de modo a

---

48. ROSENVALD, Nelson; NETTO, Felipe Braga. *Código Civil comentado*. cit. p. 1192.
49. Já se decidiu, nesta linha: "[A] expressão 'abandono do lar', na verdade, significa falta de tutela da família, depois do divórcio ou da separação de fato do casal. É o caso do cônjuge ou companheiro que não presta alimentos, nem visita a prole e se desliga totalmente não apenas da posse direta, mas também do contato com seus familiares. Isso porque a expressão abandono do lar deve ser entendida não em seu aspecto meramente físico, de alguém deixar de morar com o seu consorte sob o mesmo teto. A leitura que se faz da expressão abandono do lar, com os olhos postos na CF, somente pode ser interpretada como abandono da família, deixando-lhe de prestar assistência material e moral" (TJSP, 1ª Câmara de Direito Privado, Ap. civ. n. 1014124-62.2014.8.26.0007, rel. Des. Francisco Loureiro, j. 15.12.2015).
50. V., nesta senda, acórdão que tive ocasião de relatar: TJSP, Ap. civ. n. 1009815-40.2018.8.26.0077, j. 30.11.2020.
51. Por todos: ARAÚJO, Fabio Caldas de. *Usucapião*. cit. p. 404-405.
52. Cf.: LOUREIRO, Francisco Eduardo. A polêmica usucapião familiar do art. 1.240-A do Código Civil. *Temas relevantes do direito civil contemporâneo*. cit. p. 777.

reforçar que o abandono, além de voluntário, deve ser injustificado[53]. E reitere-se que não o será, decerto, se se ajusta a ocupação exclusiva por um dos cônjuges ou companheiros[54].

Por fim, anote-se que, evidentemente, se o cônjuge ou companheiro que o abandonou torna ao lar, e porque assim cessada a condição do abandono, impede-se desde então siga correndo o prazo da prescrição aquisitiva. Porém, se já consumada, tal o que não se infirma pela volta[55]. Mas não se entende deva ser tomada por volta, forçosa e automaticamente, o retorno muito episódico do ex-cônjuge ou ex-companheiro que, todavia, persiste na situação de desassistência. Seria como que admitir – o que não parece soar razoável – que o ex-cônjuge ou companheiro pudesse controlar a configuração do abandono por meio de reaparecimento passageiro, de dia ou menos, às vezes, ou deste mesmo modo a cada período, bem de sorte evitar a usucapião e frustrar a sua finalidade, segundo o quanto se examinou no item 2. Do mesmo modo que o reencontro fugaz não induz a interrupção da separação de fato, retorno com esta mesma característica não deve afastar necessariamente a contagem do prazo da usucapião, pela quebra do requisito do abandono, desde que permaneça a desassistência e desde que, portanto, não se configure exatamente uma volta[56].

5. ALGUMAS QUESTÕES PROCESSUAIS

Em primeiro lugar, do ponto de vista processual, impende referir a questão da competência para conhecer e julgar a ação de usucapião familiar. E isto particularmente em relação àquelas Comarcas em que se separem as Varas Cíveis (ou de Registros Públicos, onde houver) e de Família.

Na defesa da competência da Vara de Família, argumenta-se que se tem na usucapião familiar "efeito jurídico derivado da relação de casamento ou da de união estável que se prorroga em razão da matéria, exigindo justamente o art. 1.240-A do Código Civil que o imóvel a ser usucapido seja aquele utilizado pelo ex-casal como moradia familiar ou conjugal"[57]. Também se pondera que a usucapião familiar pode mesmo interferir na questão da partilha e, por isso, não apenas cabe a deliberação respectiva ao Juízo de Família como, ainda, na própria ação de divórcio[58].

---

53. ARAÚJO, Fabio Caldas de. *Usucapião*. cit. p. 406.
54. LOUREIRO, Francisco Eduardo. A polêmica usucapião familiar do art. 1.240-A do Código Civil. *Temas relevantes do direito civil contemporâneo*. cit. p. 776-777.
55. GAMA, Guilherme Calmon Nogueira da; MARÇAL, Thaís Boia. Aspectos polêmicos da "usucapião conjugal": questões afetas ao art. 1240-A do Código Civil brasileiro. *Revista de Direito Privado*. cit., p. 272.
56. Em sentido contrário, sustentando que nesses casos se quebra o próprio requisito da posse contínua, ver: MADALENO, Rolf. *Direito de família* cit., p. 876; CARMONA, Paulo Afonso Cavichioli; CARDOSO, Maria Lúcia Guimarães. Usucapião familiar: uma forma de efetivação do direito à moradia. p. 90.
57. MADALENO, Rolf. *Direito de família*. cit. p. 879.
58. TJSP, Ap. civ. n. 1007026-44.2020.8.26.0224, 4ª Câmara de Direito Privado, rel. Des. Enio Zuliani, j. 03.08.2021.

Considera-se, porém, que a discussão da usucapião envolva todos os demais requisitos próprios desta modalidade de aquisição de direito real proprietário, e não ligados, inclusive, a questões familiares. O que há é um requisito específico relacionado à ocupação como moradia da família, com o abandono do cônjuge ou do companheiro, mas o que não se entende bastante para transformar a demanda em ação de família. Pense-se, por exemplo, no debate sobre a penhorabilidade do bem de família, em que esta condição não transmuda a natureza própria da ação em que a questão se põe. Ou, ainda como também se lembra, há outras hipóteses em que se debate o patrimônio do ex-casal, como a extinção de condomínio, sem por isso se alvitrar processamento pela Vara de Família[59]. Enfim, tem-se competência que se reputa da Vara Cível, ou dos Registros Públicos, onde houver[60].

Bem por isso, de outro lado não se compreende então, e menos ainda, que a usucapião familiar se possa alegar na ação de divórcio, ou de dissolução de união estável, mesmo em função da partilha que se haja de fazer (conforme defendido em precedente colacionado acima[61]). Já não fosse de todo modo a possibilidade de ação própria, no Juízo Cível competente, que se reflita na partilha, acode antes de tudo a constatação de que se tem debate acerca da aquisição originária de direito real proprietário, com requisitos próprios, que vão além de questão que se queira familiar. Ou seja, em que se erige caso de incompetência absoluta do Juízo especializado (que não o de Registros Públicos, insista-se, onde houver)[62]. Algo diverso, aí sim, é em ação de usucapião familiar discutir incidentalmente a existência de união estável, por exemplo, de resto como e enquanto pressuposto a esta forma especial de aquisição originária, afinal entre ex-cônjuges ou, exatamente, ex-companheiros[63]

6. NOTA CONCLUSIVA

Como se viu ao longo deste estudo (neste ponto, em particular, no item 2), a usucapião familiar foi pensada, originalmente, para solucionar problema de regularização de imóvel urbano de família de baixa renda, utilizado como moradia e que

---

59. LOUREIRO, Francisco Eduardo. A polêmica usucapião familiar do art. 1.240-A do Código Civil. *Temas relevantes do direito civil contemporâneo*. cit. p. 779.
60. Tal a orientação assentada, no âmbito do Tribunal de Justiça do Estado de São Paulo, pela sua Câmara Especial, à qual afeto justamente o julgamento de conflitos de competência. V.g.: CC n. 0039763-23.2014.8.26.0000; rel. Des. Pinheiro Franco, j. 01.06.2015; CC n. 0180277-60.2013.8.26.0000, Câmara Especial, rel. Des. Cláudia Grieco Tabosa Pessoa, j. 09.12.2013. Ver ainda, em geral: TJSP, Ap. civ. n. 1020898-41.2019.8.26.0005, 8ª Câmara de Direito Privado, j. 26.07.2021; Ap. civ. n. 1007388-44.2020.8.26.0451, rel. Des. Donegá Morandini, j. 09.08.2021; Ap. civ. n. 1003647-53.2018.8.26.0002, 8ª Câmara de Direito Privado, rel. Des. Theodureto Camargo, j. 31.08.2021.
61. TJSP, Ap. civ. n. 1007026-44.2020.8.26.0224, 4ª Câmara de Direito Privado, rel. Des. Enio Zuliani, j. 03.08.2021.
62. Tal o que a 1ª Câmara de Direito Privado do Tribunal de Justiça do Estado de São Paulo teve ocasião de, em acórdão de minha relatoria (designado), assentar: AI n. 2062510-64.2013.8.26.0000, j. 11.03.2014.
63. GAMA, Guilherme Calmon Nogueira da; MARÇAL, Thaís Boia. Aspectos polêmicos da "usucapião conjugal": questões afetas ao art. 1240-A do Código Civil brasileiro. *Revista de Direito Privado*. cit. p. 260.

assim permanece com um só dos cônjuges ou companheiros – muito frequentemente a mulher –, desassistido pelo outro, que abandona o lar.

Antes então que uma sanção de natureza familiar, e como que a retomar a discussão da culpa para o fim do vínculo conjugal ou de união estável, instituiu-se mecanismo de real política pública, voltada àquela finalidade social de regularização da moradia da família.

A extensão, porém, da previsão para o texto do Código Civil por disposição que, justamente, na origem se conteve em legislação de acesso à moradia popular, o *Programa Minha Casa, Minha Vida*, assim alargando o alcance da usucapião familiar, representou opção do legislador, que se pode teoricamente criticar enquanto tal, mas sem por isso – ou mesmo por causa diversa (de novo, remete-se ao item 2) – desbordar de limites constitucionais[64].

Ao revés, trata-se de providência conformada pelo propósito de assegurar que o imóvel da residência familiar continue atendendo esta sua específica função social, em mãos do cônjuge ou companheiro cotitular que ali permanece. Se se quer cogitar de alguma sanção, ela seria ao outro proprietário, não no âmbito (consequencial) do direito matrimonial ou de união estável, propriamente, mas, acima de tudo "por não dar cumprimento à função social da propriedade"[65], tencionando-se assim assegurar que o imóvel tenha destino reservado e regularizado em favor de quem segue, e desassistido, na moradia local. Relevante a lembrança de que "o instituto da usucapião possui um importante papel dentro desse novo paradigma de valorização da pessoa e da exigência que a propriedade cumpra sua função social. A usucapião objetiva viabilizar que realmente seja considerado dono aquele que de fato faz com que a propriedade exerça a sua função."[66] Contudo, e de todo modo, quisesse-se ainda ver no caso regra primária do direito de família, e a tisná-la com indevido retrocesso, valeria mesmo assim a constatação do relevante papel de efetivação de direito social fundamental a se reconhecer na usucapião familiar[67].

Depois, se se argumenta com a indevida expansão do instituto, é bem de ver que ainda se trata de modalidade de usucapião restrita a pequenos imóveis urbanos, de utilização para moradia, por cônjuge ou companheiro desassistido pelo outro, que abandona o lar e assim se mantém por dois anos. Ou seja, já se cuida de circunstância bem própria, que reduz naturalmente o âmbito de incidência da previsão, posto que levada de lei especial de acesso à moradia popular para o Código Civil.

---

64. V. Item 2, supra.
65. NERY, Rosa Maria de Andrade; NERY JR, Nelson. *Instituições de direito civil*: direitos patrimoniais e reais. São Paulo: Revista dos Tribunais, 2016. v. IV. p. 373.
66. SOUZA, Adriano Stanley Rocha de; THEBALDI, Isabela Maria Marques. Usucapião familiar: uma análise crítica do novo instituto sob o ponto de vista do direito civil cit., p. 202-203.
67. CARMONA, Paulo Afonso Cavichioli; CARDOSO, Maria Lúcia Guimarães. Usucapião familiar: uma forma de efetivação do direito à moradia. p. 92-94.

Mais, se se pondera com a possibilidade de que se agrave a situação do patrimônio mínimo de quem abandona o lar, e quando o mesmo resultado se poderia atingir com a garantia de posse ao cônjuge ou companheiro que ficou no imóvel[68], de se ver que a perda proprietária apenas se dá mediante requisito muito específico (além de todos os demais, examinados no item 3), que é o do abandono, com sua configuração igualmente muito particular (agora conforme analisado no item 4).

Não se enxergam no instituto, destarte, os reflexos negativos que se temiam, agora passados já alguns anos de vigência do artigo 1.240-A do CC, seja pelo seu ocasional desvirtuamento, para estender em demasia a compreensão de seus próprios requisitos, seja pela excessiva prodigalização não só das hipóteses em que alegado, mas especialmente daquelas em que acolhido.

---

68. ROSENVALD, Nelson; NETTO, Felipe Braga. *Código Civil comentado*. Salvador: JusPodium, 2020. p. 1193.

20
PROPRIEDADE FIDUCIÁRIA NO CÓDIGO CIVIL DE 2002: NORMAS CORRELATAS E NECESSIDADE DE SISTEMATIZAÇÃO[1]

Melhim Namem Chalhub

Especialista em Direito Privado pela Universidade Federal Fluminense. Membro da Academia Brasileira de Direito Civil, do Instituto dos Advogados Brasileiros, da Academia Brasileira de Direito Registral Imobiliário. Cofundador e conselheiro do Instituto Brasileiro de Direito Imobiliário – IBRADIM. Autor das obras *Alienação Fiduciária* – Negócio fiduciário, Incorporação Imobiliária, Propriedade imobiliária: função social e outros aspectos, entre outras, e da monografia Negócio Fiduciário, apresentada na Universidade Federal Fluminense, que deu origem aos anteprojetos de lei de regulamentação de Alienação fiduciária de bens imóveis, cessão fiduciária de direitos creditórios e regime fiduciário na securitização de créditos imobiliários (Lei 9.514/1997) e patrimônio de afetação das incorporações imobiliárias (arts. 31A a 31F da Lei 4.591/1964, com a redação dada pelo art. 53 da Lei 10.931/2001), este último debatido e aprovado no Instituto dos Advogados Brasileiros.

Sumário: 1. Nota introdutória – 2. Propriedade fiduciária. Caracterização geral; 2.1 Aplicação – 3. A propriedade fiduciária regulamentada no código civil; 3.1 Caracterização da propriedade fiduciária em garantia; 3.2 Objeto; 3.3 Sujeitos do contrato; 3.4 Forma, requisitos e modo de constituição da propriedade fiduciária; 3.5 Natureza jurídica do direito do fiduciário e do fiduciante; 3.6 Direitos e obrigações das partes; 3.7 Extinção da propriedade fiduciária – 4. Evolução do sistema legislativo e seu atual estágio; 4.1 Projeto de Lei da Câmara 4.758/2020; 4.2 Anteprojeto de reforma do direito das garantias – 5. Conclusão.

1. NOTA INTRODUTÓRIA

A propriedade fiduciária foi introduzida no direito positivo brasileiro para fins de garantia de financiamento da compra de bens móveis de consumo duráveis, de aplicação restrita ao mercado financeiro e de capitais, nos termos do art. 66 da Lei 4.728, de 1965, regulamentado pelo Decreto-lei 911/1969. Pouco mais tarde, o Projeto de Lei 634/1975 propôs sua regulamentação no corpo do Código Civil, no qual veio a ser incorporada nos termos dos seus arts. 1.361 e ss., que dispõem sobre a propriedade fiduciária em garantia, tendo por objeto bens móveis infungíveis, admitida sua constituição em favor de qualquer pessoa, sem restrição.

Enquanto tramitava o Projeto formulado na década de 1970, novas leis especiais foram incorporadas ao direito positivo brasileiro, tendo por objeto a regulamentação

---
1. Estudo específico sobre a matéria encontra-se em nosso *Alienação fiduciária:* negócio fiduciário. 7. ed. Rio de Janeiro: Forense, 2021.

da alienação fiduciária de ações de sociedades anônimas (Lei 6.404/1976), de aeronaves (Lei 7.565/1986, arts. 148 e ss.), de garantia cedular (CPR, Lei 8.929/1994), de bens imóveis (Lei 9.514/1997), e, ainda, a propriedade fiduciária para fins de administração, mediante constituição de fundos de investimento imobiliário (Lei 8.668/1993).

Em razão da expansão dessa base legal e do interesse pelos negócios de natureza fiduciária no direito comparado, nos dedicamos ao estudo do tema na década de 1990, expresso na obra *Negócio Fiduciário*, editada enquanto tramitava o Projeto, em 1998, chamando a atenção para os inconvenientes do seu tratamento legal dispersivo, errático e tímido e propondo sua sistematização de um *regime jurídico geral da fidúcia*, que, afinal, por indicação do Instituto dos Advogados Brasileiros, foi convertido em Projeto de Lei da Câmara 4.758/2020.[2]

Independente dessa proposta de sistematização, as disposições do Código Civil sobre a propriedade fiduciária vieram a ser objeto de intervenções legislativas que as converteram em normas gerais sobre a garantia fiduciária, abrangendo bens móveis ou imóveis, ressalvada a prevalência das leis especiais no que têm de peculiar.[3]

A extraordinária ampliação do campo de aplicação desse direito real desde que proposta sua regulamentação para fins de garantia pelo Projeto de Lei 634/1975 desperta a atenção para sua diversificada utilidade, recomendando breve registro sobre os fundamentos de sua caracterização geral e do seu vasto campo de aplicação.

2. PROPRIEDADE FIDUCIÁRIA. CARACTERIZAÇÃO GERAL

Considera-se fiduciária a propriedade resolúvel dotada de características peculiares, limitada pelas restrições que sofre em seu conteúdo em virtude da finalidade para a qual é constituída, tendo duração limitada e subordinada a durar até a realização da função a que é destinada por lei ou pelo título constitutivo ou até o vencimento de um termo.

Os fundamentos desse direito real podem ser vislumbrados a partir dos conceitos de domínio *perfeito*, que confere ao titular a totalidade do feixe dos direitos

---

[2]. Trata-se de monografia pela qual me foi conferido o título de Especialista em Direito Privado em Curso de Pós-Graduação, *lato sensu*, pela Universidade Federal Fluminense, na qual formulei proposta de anteprojeto de lei que, acolhido pelo plenário do Instituto dos Advogados Brasileiros, veio a ser convertido nos Projetos de Lei 4.809/1998 e 4.758/2020, este último ainda em tramitação na Câmara dos Deputados quando da elaboração do texto deste Capítulo.

[3]. Código Civil: "Art. 1.367. A propriedade fiduciária em garantia de bens móveis ou imóveis sujeita-se às disposições do Capítulo I do Título X do Livro III da Parte Especial deste Código e, no que for específico, à legislação especial pertinente, não se equiparando, para quaisquer efeitos, à propriedade plena de que trata o art. 1.231".
Código Civil: "Art. 1.368-A. As demais espécies de propriedade fiduciária ou de titularidade fiduciária submetem-se à disciplina específica das respectivas leis especiais, somente se aplicando as disposições deste Código naquilo que não for incompatível com a legislação especial".

subjetivos inerentes à propriedade plena[4] e de domínio *imperfeito*,[5] que é atribuído ao fiduciário desfalcado de uma ou mais das faculdades de uso, fruição e disposição, inerentes ao domínio *perfeito*.

O elemento definidor da propriedade fiduciária é a *causa da transmissão*, pois, como define Lafayette, ela é qualificada como uma espécie de domínio "que, por virtude do título de sua constituição, é revogável ou resolúvel, fenômeno que ocorre quando a *causa* da aquisição do domínio encerra em si um princípio ou condição resolutiva do mesmo domínio, expressa ou tácita".[6]

De fato, enquanto na *compra e venda pura a causa é a troca de bens por dinheiro em valor equivalente*, da qual resulta a atribuição do domínio pleno, exclusivo e perpétuo (perfeito) ao adquirente, na transmissão fiduciária não se troca bens por dinheiro, pois é a *"execução da afetação* que constitui a causa da fidúcia,"[7] (grifamos) e é para assegurar essa execução que os poderes do titular do *domínio imperfeito* são limitados, mediante inserção de um pacto adjeto no título de transmissão.

Assim, a despeito de se transmitir a propriedade, a limitação de poderes estabelecida pelo *pactum fiduciae* anula parcialmente o efeito real dessa transmissão, como observa Tullio Ascarelli, para que se restrinja os poderes do adquirente (fiduciário) "apenas para o fim especial visado pelas partes, sendo obrigado a devolvê-la desde que aquele fim seja preenchido (...); é assim possível o uso da transferência da propriedade para finalidades indiretas (ou seja, para fins de garantia, de mandato, de depósito)."[8]

Pontes de Miranda esclarece a distinção entre a forma e o conteúdo jurídico-econômico da transmissão pura e da transmissão fiduciária: "sempre que a transmissão tem um fim que não é a transmissão mesma, de modo que ela serve a negócio jurídico que não é o de alienação àquele a que se transmite, diz-se que há fidúcia ou negócio fiduciário. (...). A transmite a C, para que C transmita a B; A transmite a B, para que B administre; A cede a C crédito contra B, para que cobre a B. O outro fim é, aí, heterotópico; está fora do negócio jurídico da transmissão. (...). Ao fiduciário transmite-se o bem da vida, posto que, em virtude da natureza do negócio jurídico fiduciário, só lhe caiba proceder de acordo com a lei, se essa previu a figura jurídica, ou de acordo com as declarações ou manifestações de vontade que lhe confiaram o outro fim. (...)."[9]

---

4. Código Civil, art. 1.228.
5. POTHIER, Robert Joseph, Traité du droit de domaine de la propriété, in Oeuvres de Pothier, contenant les traités du droit français, apud BARRIÈRE, François, La *réception du trust au travers de la fiducie*. Paris: LITEC, 2004, p. 315. FREITAS, Augusto Teixeira de. Código Civil: esboço (arts. 4.072 e 4.314) cujo teor é reproduzido nos arts. 2.507, 2.661 e 2.662 do Código Civil argentino.
6. PEREIRA, Lafayette Rodrigues. *Direito das coisas*. Rio de Janeiro: Editora Rio, 1977. v. I, p. 113.
7. BARRIÈRRE, François. La *réception du trust au travers de la fiducie*. Paris: Litec, 2004. p. 331 e 357.
8. ASCARELLI, Tullio. *Problemas das sociedades anônimas e direito comparado*. 2. ed. São Paulo: Saraiva, 1969. p. 96.
9. PONTES DE MIRANDA, Francisco Cavalcanti. *Tratado de direito privado*. Rio de Janeiro: Borsoi, 1954. v. III, p. 115-117.

Por esse modo, a atribuição fiduciária encerra simultaneamente um ato translativo, uma afetação e uma relação obrigacional, pelas quais o fiduciário, embora investido temporariamente na propriedade, tem seu exercício condicionado pelo dever de "executar a afetação que constitui a causa da fidúcia".[10]

Como forma de assegurar a efetiva realização da função para a qual é constituída a propriedade fiduciária, esse direito não ingressa no patrimônio próprio do proprietário fiduciário, mas é alocado num patrimônio de afetação, no qual permanece segregado, incomunicável com os demais bens, direitos e obrigações do patrimônio do fiduciário.

Dada essa caracterização, a transmissão da propriedade fiduciária não incrementa o ativo do patrimônio do fiduciário e, por isso, os direitos a ela correspondentes são objeto de tratamento peculiar pelo qual fica evidenciado que não integram a relação de bens que constituem a garantia patrimonial genérica dos credores do fiduciário, como que "subtraídos" do acervo que constitui a garantia geral dos credores do fiduciário", como observa Maurizio Lupoi.[11]

2.1 Aplicação

É com base nessa caracterização e a partir da matriz da propriedade resolúvel que a propriedade fiduciária tem merecido especial atenção do direito positivo, tendo larga aplicação, seja com função de garantia, por meio da qual facilita e incrementa o acesso ao crédito e a circulação da riqueza, seja mediante atribuição da propriedade a terceiro, administrador profissional, para investimento, visando o melhor aproveitamento do potencial dos bens, caso em que os poderes do proprietário fiduciário, enquanto administrador, restringem-se àqueles necessários para que os administre em proveito exclusivo dos beneficiários.

É o caso dos fundos de investimento, em que são beneficiários os investidores, que subscrevem as quotas do fundo, cuja tutela deve ser reforçada para que os bens integrantes da carteira de investimento não se confundam com os do administrador em uma única massa, observando Antonio Gambaro que para esse fim "a modalidade mais efetiva de tutela é obviamente constituída pela separação entre o patrimônio pessoal do fiduciário [companhia administradora] e os bens administrados fiduciariamente."[12]

3. A PROPRIEDADE FIDUCIÁRIA REGULAMENTADA NO CÓDIGO CIVIL

Como vimos, originalmente o Código Civil limitava-se a regulamentar a propriedade fiduciária com função de garantia incidente sobre bens móveis infungíveis, mas com as alterações introduzidas pelas Leis 10.931/2004 e 13.043/2014 suas disposições

---

10. BARRIÈRRE, François. Op. cit., p. 331.
11. LUPOI, Maurizio, *Istituzioni del Diritto dei Trust e degli affidamenti fiduciari*. Milão: CEDAM, 2008. p. 234.
12. *Trattato di Diritto Privato*: la proprietà. Milão: Dott. A. Giuffrè Editore, S. p. A. 1990. p. 244.

lhe conferiram configuração mais abrangente e passaram a constituir normas gerais aplicáveis a qualquer espécie de garantia fiduciária, prevalecendo, entretanto, as leis especiais naquilo que têm de peculiar (CC, art. 1.368-A).

Assim, de acordo com as disposições do Código Civil, a propriedade fiduciária pode ser constituída em garantia de quaisquer dívidas ou obrigações e pode incidir sobre quaisquer bens, sejam imóveis ou móveis, infungíveis ou fungíveis, incluindo direitos creditórios e títulos de crédito.

Estão legalmente habilitadas a contratar alienação fiduciária sobre bens móveis ou imóveis quaisquer pessoas, físicas ou jurídicas, sem qualquer restrição, desde que capazes e dotadas do poder de disposição de seus bens, observado o tratamento peculiar estabelecido por normas especiais sobre a propriedade fiduciária em garantia de obrigações contraídas no âmbito dos mercados financeiro e de capitais, bem como do fisco e da previdência social (Lei 4.728/1965, art. 66-B), além de outras leis esparsas, entre as quais ressalta a Lei 9.514/1997, que dispõe sobre a alienação fiduciária de bens imóveis em garantia, a cessão fiduciária de créditos imobiliários e a titularidade fiduciária de créditos em garantia de títulos emitidos em processo de securitização.

3.1 Caracterização da propriedade fiduciária em garantia

O art. 1.361 do Código Civil caracteriza a propriedade fiduciária como propriedade resolúvel "que o devedor, com escopo de garantia, transfere ao credor".

Constitui-se mediante registro, no Serviço de Registro competente,[13] do contrato de alienação fiduciária, caracterizado como negócio jurídico pelo qual uma pessoa, denominada *fiduciante*, com escopo de garantia, transfere ao credor, denominado *fiduciário*, a propriedade resolúvel de determinado bem.

Pode ser contratada em garantia de obrigações em geral, e não apenas em garantia de obrigação pecuniária, podendo ser prestada por terceiros (Lei 10.931/2004, art. 51).

Como qualquer negócio jurídico, a alienação fiduciária pressupõe agente capaz, objeto lícito e forma prescrita ou não defesa em lei. Tratando-se de transmissão da propriedade, o fiduciante deve ser dotado de capacidade para dispor de seus bens.

A propriedade fiduciária em garantia se distingue do penhor, da hipoteca e da anticrese, substancialmente, porque nestas o devedor, embora onere o bem, conserva-o em seu patrimônio, enquanto na transmissão fiduciária o domínio do bem objeto da garantia é excluído do patrimônio do devedor.

Tal distinção implica importantes consequências, sendo a mais relevante a exclusão do bem objeto da propriedade fiduciária dos efeitos de eventual insolvência do devedor ou do credor e, portanto, não integra a massa falida de um ou do outro.

---

13. Registro de Imóveis, Registro de Títulos e Documentos ou Repartição pública competente para licenciamento de veículos, a par de outras Entidades de registro previstas em lei.

3.2 Objeto

O contrato de alienação fiduciária pode ter como objeto a transmissão de quaisquer bens em garantia, móveis ou imóveis, desde que suscetíveis de alienação, inclusive terrenos, com ou sem acessões (e não apenas edificações cuja construção já esteja averbada no Registro de Imóveis), o domínio útil de imóveis ou a propriedade superficiária, bem como o direito de uso especial para fins de moradia e o direito real de uso, ressalvado que a propriedade fiduciária sobre o direito real de uso e sobre a propriedade superficiária tem duração limitada ao prazo da respectiva concessão (art. 22 da Lei 9.514/1997, § 1º, incisos I a IV, e § 2º, com a redação dada pela Lei 11.481/2007).

Não é admitida a constituição simultânea de "propriedades fiduciárias em diferentes graus", como se admite em relação à hipoteca, na medida em que, tendo se demitido da propriedade ao contratar a alienação fiduciária, a partir desse momento e enquanto pendente a condição resolutiva o fiduciante não tem mais poder de disposição sobre a propriedade do bem. Pode, contudo, alienar fiduciariamente a propriedade superveniente, que vier a adquirir por efeito do cumprimento da obrigação garantida (CC, § 3º do art. 1.361 e § 1º do art. 1.420), somente se tornando eficaz esse contrato quando da investidura do devedor fiduciante no domínio pleno do bem, decorrente do cancelamento da propriedade fiduciária em curso; contudo, seu registro é admitido desde a data em que celebrado o contrato, de modo a que fique definido o grau de prioridade desse direito real pelo momento do ingresso do título no protocolo do registro competente, conforme interpretação adotada pela V Jornada de Direito Civil do CEJ do CJF no Enunciado 506.[14]

3.3 Sujeitos do contrato

O devedor fiduciante pode ser o proprietário de qualquer bem suscetível de alienação, capaz de contrair obrigação, dado que a alienação fiduciária é negócio jurídico de transmissão da propriedade, em caráter resolúvel, em garantia de obrigações.

Credor fiduciário é o titular de crédito contra o fiduciante, que, com escopo de garantia, recebe a propriedade resolúvel de certo bem.

A alienação fiduciária é empregada em larga escala em garantia de financiamento tomado para aquisição de bens de consumo duráveis (Lei 4.728/1965, art. 66) e para aquisição de imóveis no mercado imobiliário, sobretudo integrantes de incorporações imobiliárias (Lei 9.514/1997).

---

14. V Jornada de Direito Civil. Enunciado 506: "Estando em curso contrato de alienação fiduciária, é possível a constituição concomitante de nova garantia fiduciária sobre o mesmo imóvel, que, entretanto, incidirá sobre a respectiva propriedade superveniente que o fiduciante vier a readquirir quando do implemento da condição a que estiver subordinada a primeira garantia fiduciária; a nova garantia poderá ser registrada na data em que convencionada e será eficaz desde a data do registro, produzindo efeito *ex tunc*".

Nesses casos, o pretendente à aquisição, não dispondo de recursos para pagamento do preço, obtém crédito para esse fim no mercado financeiro em operação na qual articulam-se basicamente três contratos, em regra em um único instrumento, compreendendo, (i) o contrato de concessão de crédito, (ii) o de compra do bem, cujo preço é pago com os recursos tomados do banco ou do vendedor, e (iii) o de alienação fiduciária do bem ao credor, para garantia do crédito recebido para a compra.

3.4 Forma, requisitos e modo de constituição da propriedade fiduciária

A alienação fiduciária é contratada por escrito. Se o objeto for a transmissão de bem imóvel, a escritura pública é essencial para sua validade nos termos do art. 108 do Código Civil,[15] sendo essa regra, entretanto, excepcionada pelo art. 38 da Lei 9.514/1997, com a redação dada pela Lei 11.076/2004,[16] que permite a celebração de alienação fiduciária de bens imóveis por instrumento particular, admitida essa forma contratual para quaisquer pessoas, físicas ou jurídicas, mesmo que não integrem o sistema de financiamento imobiliário, nos termos do § 1º do art. 22 dessa mesma lei.

O contrato deve conter, entre outros elementos, (a) valor do principal da dívida; (b) prazo e condições de reposição do empréstimo ou do crédito do fiduciário; (c) taxa de juros e encargos incidentes; (d) cláusula de constituição da propriedade fiduciária, com a descrição do imóvel objeto da alienação fiduciária e indicação do título e modo de aquisição, entre outros.

Pelo registro do contrato considera-se constituída a propriedade fiduciária do credor fiduciário e o direito real de aquisição do fiduciante, bem como desdobrada a posse, permanecendo o fiduciante com a posse direta do bem e atribuindo-se ao fiduciário a posse indireta, salvo nas hipóteses de alienação fiduciária de coisa fungível, de direitos creditórios e de títulos de crédito, nas quais a posse é atribuída ao credor fiduciário.

3.5 Natureza jurídica do direito do fiduciário e do fiduciante

A natureza jurídica dos direitos do fiduciário e do fiduciante resultam, respectivamente, do art. 1.367[17], que qualifica a propriedade fiduciária como direito real de

---

15. Código Civil: "Art. 108. Não dispondo a lei em contrário, a escritura pública é essencial à validade dos negócios jurídicos que visem à constituição, transferência, modificação ou renúncia de direitos reais sobre imóveis de valor superior a trinta vezes o maior salário mínimo vigente no País".
16. Lei 9.514/1997, com a redação dada pela Lei 11.076/2004: "Art. 38. Os atos e contratos referidos nesta Lei ou resultantes da sua aplicação, mesmo aqueles que visem à constituição, transferência, modificação ou renúncia de direitos reais sobre imóveis, poderão ser celebrados por escritura pública ou por instrumento particular com efeitos de escritura pública".
17. Código Civil: "Art. 1.367. A propriedade fiduciária em garantia de bens móveis ou imóveis sujeita-se às disposições do Capítulo I do Título X do Livro III da Parte Especial deste Código e, no que for específico, à legislação especial pertinente, não se equiparando, para quaisquer efeitos, à propriedade plena de que trata o art. 1.231".

garantia, sujeitando-a ao regime jurídico correspondente a essa categoria de direitos, e do art. 1.368-B do Código Civil,[18] que lhe atribui direito real de aquisição.

A qualificação estabelecida pelo art. 1.367 do Código Civil afasta controvérsias que a presença do vocábulo *propriedade* na denominação dessa garantia fiduciária pudesse suscitar quanto à sua qualificação como direito real de garantia, ao realçar a distinção entre o direito real de propriedade plena, que vincula o bem à pessoa do seu titular e lhe confere todo o feixe de direitos subjetivos que a caracterizam – usar, gozar e dele dispor (Código Civil, art. 1.228, *caput*) –, e o direito real propriedade fiduciária em garantia, que vincula um bem ao cumprimento de uma obrigação (Código Civil, art. 1.419)[19], e não à pessoa do credor.

Caracterizada, assim, como direito real de garantia, a propriedade fiduciária tem como elementos essenciais a existência de um direito de crédito e a vinculação de determinado bem à satisfação desse direito.

Disso resulta que o conteúdo do direito do proprietário fiduciário se restringe à apropriação do produto obtido com a venda forçada do bem, em caso de inadimplemento da obrigação garantida, devendo entregar ao devedor a quantia que exceder o valor do seu crédito (Código Civil, arts. 1.361 e 1.364),[20] pois, como observa Lafayette, "a essência de ditos direitos [de garantia] consiste em sujeitar a coisa precipuamente, por via dum laço real, ao pagamento da dívida"[21]

No que tange à posição jurídica do devedor fiduciante, em contrato de compra e venda de bem móvel com financiamento e pacto adjeto de alienação fiduciária, José Carlos Moreira Alves vê pontos de contato entre a alienação fiduciária e a compra e venda com reserva de domínio, na qual "o comprador, antes de pagar integralmente o preço, tem, como titular que é de propriedade sob condição suspensiva, direito expectativo, em cujo conteúdo se encontram os *iura possidendi, utendi e fruendi*".[22]

Ressalva, entretanto, que na alienação fiduciária "a resolução decorre da verificação de *condicio iuris* (a extinção da obrigação, ainda que posteriormente ao vencimento, a venda, pelo credor, da coisa alienada fiduciariamente, ou a renúncia dessa modalidade de propriedade), e não de *condicio facti* (que é condição em sentido técnico), porquanto a existência de *condicio iuris* não depende da vontade das partes".[23]

Efetivamente, os eventos que ensejam a reversão da propriedade do bem ao patrimônio do devedor fiduciante, ou sua consolidação no do fiduciário, são elemen-

---

18. Código Civil: "Art. 1.368-B. A alienação fiduciária em garantia de bem móvel ou imóvel confere direito real de aquisição ao fiduciante, seu cessionário ou sucessor".
19. Código Civil: "Art. 1.419. Nas dívidas garantidas por penhor, anticrese ou hipoteca, o bem dado em garantia fica sujeito, por vínculo real, ao cumprimento da obrigação".
20. Código Civil: "Art. 1.364. Vencida a dívida, e não paga, fica o credor obrigado a vender, judicial ou extrajudicialmente, a coisa a terceiros, a aplicar o preço no pagamento de seu crédito e das despesas de cobrança, e a entregar o saldo, se houver, ao devedor".
21. PEREIRA, Lafayette Rodrigues. Op. cit. p. 5.
22. ALVES, José Carlos Moreira, *Alienação fiduciária em garantia*. 2. ed. Rio de Janeiro: Forense, 1999. p. 132.
23. ALVES. Op. cit., p. 140.

tos da tipificação desse negócio jurídico, não tendo as partes autonomia para criar condições diversas da condição resolutiva e suspensiva estabelecidas na lei, que não o são em sentido próprio, mas caracterizam-se como requisitos, condições legais ou condições *impróprias*, pois "enquanto as condições, em sentido próprio, são postas pelo manifestante ou pelos manifestantes, as *condiciones iuris* são-no pela lei".[24]

Assim, a condição suspensiva que a doutrina, majoritariamente,[25] identifica na posição do devedor fiduciante deve ser tomada na acepção de *condicio iuris*, que opera independentemente da vontade das partes e "é, por definição, suspensiva, no sentido de que, antes da sua verificação, ou não há contrato, ou o mesmo não é eficaz".[26]

A condição produz seus efeitos de forma automática, tão logo ocorrido o evento correspondente: na alienação fiduciária, do ponto de vista do devedor fiduciante, o evento é o pagamento, de modo que tão logo este seja efetuado dá-se a automática extinção da propriedade do fiduciário e sua consequente reversão ao patrimônio do fiduciante.

3.6 Direitos e obrigações das partes

Os direitos e as obrigações das partes contratantes (fiduciante e fiduciário) decorrem de lei e das estipulações do contrato.

Por efeito da constituição dessa garantia, o proprietário fiduciário é investido no domínio resolúvel e na posse indireta do bem, enquanto o devedor fiduciante se torna titular de direito real de aquisição desse mesmo bem, sob condição suspensiva, e conserva consigo a posse direta com direito de plena fruição, salvo nas hipóteses de alienação fiduciária de coisa fungível, de direitos creditórios e de títulos de crédito, nas quais a posse é atribuída ao credor fiduciário.

De outra parte, o fiduciário deve respeitar a posse direta do fiduciante, abstendo-se de prejudicar o uso e a fruição normal do imóvel. Além disso, caso promova a

---

24. PONTES DE MIRANDA, Francisco Cavalcanti. *Tratado de direito privado*. São Paulo: Ed. RT, 2012. v. V, § 541: "o adimplemento e o inadimplemento regem-se pelas normas jurídicas da execução dos atos jurídicos. O que há de comum entre as *condiciones iuris* e as condições em sentido próprio é que todas elas se ligam à eficácia, podendo acontecer que a *condicio iuris* se ligue à existência". A propósito, anota Bevilacqua que "algumas destas condições são chamadas impróprias, porque apresentam a forma, sem ter a essência das condições. Tais são as necessárias, as condiciones juris..." (BEVILACQUA, Clóvis. *Teoria geral do direito civil*. 2. ed. Rio de Janeiro: Livraria Francisco Alves, 1929, p. 21997).
25. Registrem-se, nesse sentido, GOMES, Orlando: "o fiduciário adquire uma propriedade limitada, *sub conditionis*, a denominada propriedade resolúvel. Ele passa a ser proprietário sob condição resolutiva e o fiduciante, que a transmitiu, proprietário sob condição suspensiva" (*Alienação fiduciária em garantia*. São Paulo: Ed. RT, 1975. p. 38); VIANA, Marco Aurélio S.: "temos, então, na pessoa do credor a propriedade sob condição resolutiva, enquanto no devedor a propriedade é sob condição suspensiva." In: TEIXEIRA, Sálvio de Figueiredo (Coord.). *Comentários ao novo Código Civil*: dos direitos reais. 2. ed. Rio de Janeiro: Forense, 2004. v. XVI, p. 533) e RESTIFFE NETTO, Paulo: "Esse direito expectativo está submerso na eventualidade da reaquisição do domínio do bem, agora sob condição suspensiva da integralização do pagamento da dívida" (*Garantia fiduciária*. São Paulo: Ed. RT, 1976. p. 325).
26. MESSINEO, Francesco, apud GONÇALVES, Aderbal da Cunha. *Da propriedade resolúvel*. São Paulo: Ed. RT, 119979, cit., p. 91.

venda do bem em razão de inadimplemento do fiduciante, tem a obrigação de entregar a este o saldo que restar, após satisfeito o crédito e deduzidos os encargos e as despesas.

Em razão da atribuição da posse direta dos bens móveis infungíveis e imóveis ao devedor fiduciante, o Código Civil lhe impõe o dever de "empregar na guarda da coisa a diligência exigida por sua natureza" (CC, art. 1.363, II),[27] responsabilizando-o pelos respectivos atos conservatórios, pela manutenção e, por consequência lógica, pelos correspondentes encargos, inclusive tributários.

Tanto o credor fiduciário pode ceder seu crédito, acompanhado da garantia, como o devedor-fiduciante pode transferir sua posição contratual, que corresponde ao direito real de aquisição e à obrigação de pagar a dívida e acessórios. Em ambas as hipóteses, o cessionário ficará sub-rogado nos direitos e nas obrigações do contrato de alienação fiduciária. Assim, o cessionário do fiduciante passará a ser o novo devedor fiduciante, com todos os direitos e todas as obrigações de que era titular o cedente.

O fiduciante tem a obrigação de pagar a dívida e os respectivos encargos financeiros, enquanto o fiduciário tem a obrigação de liberar o gravame fiduciário tão logo cumpridas as obrigações do fiduciante garantidas pela propriedade fiduciária.

Nas ações que tenham por objeto obrigação decorrente de empréstimo ou financiamento, o autor deverá discriminar, na inicial, as obrigações que pretende controverter, quantificando o valor do incontroverso, sob pena de inépcia da inicial (CPC, art. 330, §§ 2º e 3º, e Lei 10.931/2004, art. 50). O valor do incontroverso deverá continuar sendo pago normalmente em todo o curso da ação, mas o valor controvertido deverá ser depositado em instituição oficial ou no próprio credor; neste último caso, o credor deverá assegurar ao devedor a mesma remuneração que dele cobrar no contrato em questão.

3.7 Extinção da propriedade fiduciária

Na medida em que a propriedade fiduciária é atribuída temporariamente e/ou apenas para realização de um escopo específico, sua extinção se dá por efeito do cumprimento da função definida no título constitutivo ou pelo advento do termo, quando reverterá ao fiduciante ou será transmitida aos beneficiários indicados por este.

Como vimos, pela atribuição fiduciária o fiduciário se torna titular de propriedade sob condição resolutiva e o fiduciante de uma propriedade sob condição suspensiva, que são "direitos opostos e complementares, e o acontecimento que aniquila o direito de um consolidará, fatalmente, o do outro (...); isso decorre da feição complementar atribuída às duas condições, de maneira que a todo proprietário sob condição suspensiva corresponde um proprietário sob condição resolutiva, e reciprocamente."[28]

---

27. Código Civil: "Art. 1.363. Antes de vencida a dívida, o devedor, a suas expensas e risco, pode usar a coisa segundo sua destinação, sendo obrigado, como depositário: I – a empregar na guarda da coisa a diligência exigida por sua natureza".
28. GONÇALVES, Aderbal da Cunha. *Da propriedde resolúvel*. São Paulo: Ed. RT, 1979. p. 67.

Tome-se a propriedade fiduciária constituída mediante registro do contrato de alienação fiduciária, que, sendo acessório, acompanha o curso do contrato principal e, portanto, extingue-se ordinariamente por efeito do adimplemento da obrigação garantida ou extraordinariamente por força do inadimplemento dessa obrigação.

Na medida em que, em geral, o contrato principal encerra operação de crédito, o contrato de alienação fiduciária e a propriedade fiduciária se extinguem por efeito do reembolso voluntário da quantia correspondente ao crédito garantido ou, em caso de inadimplemento, mediante execução do crédito e excussão do bem.

Considerando que é vedado o pacto comissório (CC, art. 1.365)[29], a despeito de a propriedade se consolidar em nome do credor fiduciário, a lei lhe impõe o dever de promover a venda do bem, judicial ou extrajudicialmente, para satisfação do crédito em dinheiro, entregando ao devedor o saldo, se houver, "com a devida prestação de contas" CC, art. 1.364, e Decreto-lei 911/1969, art. 2º)[30], admitida a dação do direito eventual do fiduciante em pagamento da dívida.[31]

Nas operações de crédito com garantia fiduciária de bem imóvel, a consolidação da propriedade e a excussão são objeto de procedimento especial instituído pela Lei 9.514/1997, pelo qual o imóvel deve ser ofertado para venda em dois leilões, o primeiro pelo maior entre o valor definido pelas partes no contrato e o da avaliação da Prefeitura para cálculo do ITBI, assegurada ao devedor fiduciante preferência para reaquisição pelo valor do saldo devedor, encargos e despesas até o momento do segundo leilão,[32] devendo o credor comunica-lo das datas do leilão por correspondência dirigida aos endereços constantes do contrato.[33]

---

29. Código Civil: "Art. 1.365. É nula a cláusula que autoriza o proprietário fiduciário a ficar com a coisa alienada em garantia, se a dívida não for paga no vencimento".
30. Código Civil: "Art. 1.364. Vencida a dívida, e não paga, fica o credor obrigado a vender, judicial ou extrajudicialmente, a coisa a terceiros, a aplicar o preço no pagamento de seu crédito e das despesas de cobrança, e a entregar o saldo, se houver, ao devedor".
    Decreto-lei 911/1969: "Art. 2º No caso de inadimplemento ou mora nas obrigações contratuais garantidas mediante alienação fiduciária, o proprietário fiduciário ou credor poderá vender a coisa a terceiros, independentemente de leilão, hasta pública, avaliação prévia ou qualquer outra medida judicial ou extrajudicial, salvo disposição expressa em contrário prevista no contrato, devendo aplicar o preço da venda no pagamento de seu crédito e das despesas decorrentes e entregar ao devedor o saldo apurado, se houver, com a devida prestação de contas. (Redação dada pela Lei 13.043, de 2014)".
31. "Art. 1.364. (...). Parágrafo único. O devedor pode, com a anuência do credor, dar seu direito eventual à coisa em pagamento da dívida, após o vencimento desta".
32. Lei 9.514/1997, com a redação dada pela Lei 13.465/2017: "Art. 27. (...). § 2º-B Após a averbação da consolidação da propriedade fiduciária no patrimônio do credor fiduciário e até a data da realização do segundo leilão, é assegurado ao devedor fiduciante o direito de preferência para adquirir o imóvel por preço correspondente ao valor da dívida, somado aos encargos e despesas de que trata o § 2º deste artigo, aos valores correspondentes ao imposto sobre transmissão *inter vivos* e ao laudêmio, se for o caso, pagos para efeito de consolidação da propriedade fiduciária no patrimônio do credor fiduciário, e às despesas inerentes ao procedimento de cobrança e leilão, incumbindo, também, ao devedor fiduciante o pagamento dos encargos tributários e despesas exigíveis para a nova aquisição do imóvel, de que trata este parágrafo, inclusive custas e emolumentos".
33. Lei 9.514/1997, com a redação dada pela Lei 13.465/2017: "Art. 27. (...). § 2º-A Para os fins dos §§ 1º e 2º, as datas, horários e locais dos leilões serão comunicados ao devedor mediante correspondência dirigida aos endereços constantes do contrato, inclusive ao endereço eletrônico".

4. EVOLUÇÃO DO SISTEMA LEGISLATIVO E SEU ATUAL ESTÁGIO

Como vimos, enquanto tramitava o Projeto do Código Civil, elaborado na década de 1970, e no curso dos vinte anos de sua vigência, o direito positivo ampliou o campo de aplicação da propriedade fiduciária e da afetação patrimonial em relação a inúmeros negócios típicos da sociedade contemporânea.

Esse importante acervo legislativo, a despeito da sua construção dispersiva e casuística, e os precedentes judiciais relacionados à sua aplicação prática demonstram a efetividade da atribuição fiduciária e da afetação patrimonial como fatores de dinamização da atividade econômica e de realização da função econômica e social dos contratos nos quais são empregadas.[34]

Os resultados positivos assim obtidos e a experiência extraída do direito comparado evidenciam a conveniência e oportunidade de sistematização da matéria mediante instituição das normas gerais do regime jurídico da fidúcia, a exemplo da regulamentação da fidúcia no Código Civil francês[35] e do fideicomisso no Código Civil argentino.[36]

A partir desses pressupostos, despontam duas importantes iniciativas, representadas pelo Projeto de Lei 4.758/2020, que propõe a instituição do regime jurídico geral da fidúcia, e o anteprojeto de reforma do regime jurídico dos direitos reais de garantia, Título X do Livro III da Parte Especial do Código Civil (arts. 1.419 a 1.510).

4.1 Projeto de Lei da Câmara 4.758/2020

O Projeto de Lei 4.758/2020 reproduz anteprojeto do Instituto dos Advogados Brasileiros, objeto da Indicação 246/2011, que propõe a definição do "contrato de fidúcia" como negócio jurídico pelo qual uma pessoa, denominada fiduciante, transmite a outra, denominada fiduciário, certos bens ou direitos para que este, o fiduciário, os administre em proveito de uma terceira pessoa ou do próprio fiduciante, de acordo com o estabelecido no ato de constituição da fidúcia.

A partir dessa concepção, o Projeto preconiza a instituição de um regime geral de fidúcia, contemplando os requisitos e elementos do contrato, entre eles a individualização e a destinação dos bens, a condição ou o prazo a que estiver subordinada a

---

34. Em relação à garantia fiduciária, dados do Banco Central do Brasil e da Associação Brasileira das Entidades de Crédito Imobiliário e Poupança – ABECIP dão conta de que seu emprego no financiamento imobiliário, preponderantemente habitacional, nos últimos 20 anos elevou-se de 1,9% para 9,8% do PIB.
Em relação à afetação patrimonial, sua aplicação na atividade da incorporação imobiliária tem propiciado a preservação dos recursos de cada empreendimento e sua continuidade, mesmo em casos de falência ou recuperação judicial da empresa incorporadora, vedado seu redirecionamento a fins estranhos a esse escopo. (TJSP, 2ª Câmara de Direito Privado, Agravo de Instrumento 2023264-85.2018.8.26.0000, rel. Des. Cláudio Godoy, DJe 12.09.2018, e TJRJ, 7ª Câmara Cível, Agravo de Instrumento 0032240-42.2020.8.19.0000, rel. Des. Luciano Rinaldi, j. 30.09.2020).
35. Lei 211/2007 reintroduziu o regime fiduciário nos arts. 2.011 e ss. do Código Civil.
36. Contrato de fideicomisso, arts. 1.666 e ss. do Código Civil de 2014.

relação fiduciária, a caracterização da natureza fiduciária da propriedade transmitida, com a indicação das limitações impostas pelo regime fiduciário no caso específico, os direitos e as obrigações das partes e dos beneficiários, a definição da extensão e dos limites dos poderes do fiduciário, com indicação dos requisitos a serem observados na transmissão dos bens ao fiduciante ou a terceiros e na consolidação da propriedade e as normas sobre a prestação de contas, entre outros requisitos.

Os bens e direitos objeto de propriedade fiduciária são segregados em um patrimônio de afetação, destinado ao cumprimento da finalidade da fidúcia, serão administrados pelo fiduciário de acordo com o disposto no respectivo contrato e só respondem pelas dívidas e obrigações vinculadas à destinação do bem objeto da fidúcia.

Dentre os deveres do fiduciário ressaltam a segregação dos bens recebidos em fidúcia e sua manutenção em um patrimônio separado integrado pelos direitos e obrigações correspondentes especificamente à operação de fidúcia instituída, a prestação de contas periodicamente e a entrega dos bens, ao final do prazo ou mediante implemento da condição.

Pode ser fiduciário qualquer pessoa física ou jurídica capaz de direitos e obrigações na ordem civil e comercial, salvo quando a implementação da fidúcia implicar captação de recursos do público, hipótese em que a atividade de fiduciário é privativa das instituições financeiras ou de entidades especialmente autorizadas pelo Conselho Monetário Nacional ou pelo Banco Central e deve ser exercida conforme as normas editadas por esses órgãos.

Coerentemente com o Enunciado 628 da VII Jornada de Direito Civil do Conselho da Justiça Federal, o Projeto de Lei 4.758/2020 prevê que os bens e direitos objeto de atribuição fiduciária não se submetem aos efeitos de falência ou recuperação de empresa e prosseguirão sua atividade de acordo com o regime jurídico a que estiverem subordinados, permanecendo separados do falido ou da empresa em recuperação até o advento do respectivo termo ou até o cumprimento da sua finalidade, ocasião em que o administrador judicial arrecadará o saldo a favor da massa falida ou da empresa em recuperação, ou inscreverá na classe própria o crédito que contra ela remanescer.

4.2 Anteprojeto de reforma do direito das garantias

No que tange à reforma do sistema de garantias do Código Civil, a Secretaria da Advocacia da Concorrência e Competitividade do Ministério da Economia nomeou um Grupo de Estudo Temático – GET, por meio da Portaria SEPEC n. 826, publicada em 19 de janeiro de 2021[37], que elaborou anteprojeto de reforma dos artigos

---

37. O GET foi composto por membros da Procuradoria-Geral da Fazenda Nacional e da Secretaria de Política Econômica, do Ministério da Economia, além de juristas integrantes do Banco Central do Brasil, da Universidade de São Paulo, Universidade do Estado do Rio de Janeiro, Universidade Federal do Paraná, Comissão de Valores Mobiliários, Instituto de Registro Imobiliário do Brasil, Associação dos Registradores de São Paulo, Conselho Nacional do Ministério Público, Colégio de Registro de Imóveis do Brasil, Associação Brasileira

que integram o Título X do Livro III da Parte Especial do Código Civil (arts. 1.419 a 1.510), além de outras disposições do Código Civil (privilégios, propriedade fiduciária, cessão de créditos), bem como promoveu a revisão e proposta de revogação de diversas normas especiais correlacionadas, sempre com a atenção voltada para a harmonização no novo texto proposto para o Código.

O anteprojeto foi amplamente divulgado à consulta pública entre agosto e setembro de 2021 e submetido a audiência pública em 18 de agosto de 2021, tendo recebido ao longo desse período diversos comentários, inclusive formulados por membros de entidades representativas de importantes segmentos da atividade econômica, que foram consideradas pelos membros do GET na elaboração da redação final do Anteprojeto.

No que tange especificamente à propriedade fiduciária, considerando a necessidade de sistematização do seu tratamento legal, em conformidade com a evolução normativa sobre dessa espécie de direito real, tanto no direito nacional como no direito comparado, a proposição contempla a instituição de normas que comporão um regime jurídico geral da propriedade fiduciária a serem enunciadas no Capítulo IX do Título III do Livro III (arts. 1.361 a 1.368-B), que reuniria as normas gerais sobre a propriedade fiduciária com função de administração, conhecida como *Trust* ou *Fidúcia*.

As normas que compõem o atual Capítulo IX, que tratam da propriedade fiduciária em garantia, passariam a integrar um dos Capítulos do Título dedicado às diversas espécies de direitos reais de garantia, isto é, o Título X desse mesmo Livro III, que passaria a ser denominado "Título X – Das garantias reais".

5. CONCLUSÃO

O Código Civil de 2002 representou importante avanço do direito positivo brasileiro no rumo da regulamentação da propriedade fiduciária, mas no curso de quase meio século desde a formulação do Projeto de Lei 634/1975, que lhe deu origem, as transformações econômicas e sociais ampliaram e diversificaram de tal maneira a aplicação desse direito real que torna necessária a adequação das normas codificadas, seja mediante instituição de um regime jurídico geral da fidúcia, seja mediante realocação das normas sobre a propriedade fiduciária no contexto do direito da propriedade e dos direitos reais de garantia.

---

das Entidades de Crédito Imobiliário e Poupança, Tribunal de Justiça de São Paulo e Instituto de Registro de Títulos e Documentos e Pessoas Jurídicas do Brasil, sendo relator o Professor Doutor Fábio Rocha Pinto e Silva, membro da delegação brasileira perante o Grupo de Trabalho VI da Comissão das Nações Unidas para Direito Comercial Internacional (UNCITRAL) no período de elaboração da Lei Modelo da ONU sobre Garantias Mobiliárias, entre 2015 e 2018, e presidente da Comissão de Crédito Imobiliário e Garantias do IBRADIM – Instituto Brasileiro de Direito Imobiliário.

21
O CÓDIGO CIVIL E OS FUNDOS DE INVESTIMENTO: UMA DISCUSSÃO ANTIGA E UMA HISTÓRIA RECENTE

Frederico Calmon Nogueira da Gama

Bacharel em Direito pela Pontifícia Universidade Católica do Rio de Janeiro – PUC-Rio. Advogado em Stocche Forbes Advogados.

Sumário: 1. Introdução – 2. O surgimento das estruturas de investimento coletivo ao redor do mundo – 3. A origem dos veículos de investimento coletivo brasileiros – 4. Evolução da indústria em bases regulamentares – 5. Discussão antiga: a natureza jurídica dos fundos de investimento – 6. História recente: como os fundos de investimento foram incorporados ao Código Civil de 2002 – 7. Críticas comuns às escolhas legislativas da lei da liberdade econômica – 8. Conclusão.

1. INTRODUÇÃO

A Lei 13.874, de 20 de setembro de 2019 – mais comumente conhecida como a Lei da Liberdade Econômica, por instituir a Declaração de Direitos de Liberdade Econômica – promoveu também uma série de reformas pontuais na Lei 10.406, de 10 de janeiro de 2002 (Código Civil de 2002).

Para fins do presente trabalho, será analisada especificamente a nova disciplina dos fundos de investimento, introduzida no Título III – Da Propriedade, Capítulo X, entre os artigos 1.368-C e a 1.368-E do Código Civil. Trata-se de marco legal de caráter totalmente inédito no ordenamento jurídico brasileiro, que pela primeira vez introduziu disposições gerais sobre a natureza e funcionamento dos fundos de investimento em uma legislação ordinária, em contraposição ao histórico infralegal em que tradicionalmente estavam estabelecidas a grande maioria das normas sobre o assunto.

A partir dessa constatação inicial, o leitor pode estar se perguntando qual a relevância de dispositivos de história tão recente no Código Civil para uma obra que busca celebrar os 20 anos de sua existência.

Além de apresentar o caráter evolutivo do tão festejado Código Civil, que em diversos aspectos segue se transformando para acompanhar as mudanças experimentadas pela sociedade brasileira e pelas relações privadas em geral, ao longo desta singela contribuição acadêmica o autor buscará demonstrar como a história dos fundos de investimento esteve intimamente ligada a alguns institutos tradicionais do Direito Civil e como a transformação do nosso ordenamento jurídico ajudou a fomentar uma antiga discussão doutrinária sobre o tratamento de instituto juridicamente tão complexo quanto importante para a economia nacional.

Conforme ensinamentos de Mário Tavernard Martins de Carvalho:

> "Os fundos de investimento são espécies de mecanismos de investimento coletivo que, mediante a diversificação da carteira de investimentos e a administração especializada, objetivam diminuir o risco e propiciar aos investidores um retorno superior se comparado aos investimentos individualmente realizados[1]".

Nas palavras de Fernando Schwarz Gaggini, os fundos de investimento viabilizam um "processo de substituição de títulos", segundo o qual os ativos integrantes da carteira do fundo são, na ótica do investidor, substituídos por cotas, correspondentes a frações ideais do patrimônio do fundo[2].

Entre os principais benefícios/atrativos normalmente atribuídos aos fundos de investimento estão: (i) a diversificação de investimentos permitida pela reunião de recursos de uma coletividade em uma única carteira, diluindo riscos e permitindo a exposição indireta a operações complexas ou inacessíveis com o patrimônio individual de cada investidor; (ii) a gestão profissional dos recursos realizada por administradores de recursos de terceiros devidamente certificados e autorizados, nos termos da regulamentação em vigor, permitindo a tomada de decisões informadas e refletidas por profissionais com expertise nas modalidades de investimento definidas pela política do fundo; (iii) a relativa simplicidade do processo de realização e manutenção do investimento em fundos, cada vez mais facilitada pelo processo de digitalização e automatização de etapas desenvolvidos por corretoras e distribuidoras de valores mobiliários, bancos de investimentos e outros integrantes do sistema de distribuição;(iv) vantagens tributárias oferecidas a determinadas classes de fundos de investimento, além da maior facilidade na declaração de recursos na maioria dos tipos de fundos de investimento, quando comparados a outras modalidades de ativos financeiros; e (v) mecanismos de liquidez dos investimentos, que facilitam o processo de conversão das cotas em dinheiro, em especial nos fundos estruturadas na forma "aberta" ou em fundos com cotas negociadas em mercado organizado de bolsa, cada vez mais comuns no mercado brasileiro[3].

Ao longo dos anos, os fundos de investimento foram tomando relevância exponencial como forma de aplicação de recursos da poupança popular brasileira e de acesso ao mercado de capitais, assumindo papel de protagonismo na canalização desses recursos e aplicação, direta e indireta, nos mais diferentes setores da economia

---

1. CARVALHO, Mário Tavernard Martins de. Fundos de investimento: aspectos polêmicos. In. FREITAS, Bernardo Vianna; VERSIANI, Fernanda Valle. (Coord.). *Fundo de investimento*: aspectos jurídicos, regulamentares e tributários. São Paulo: Quartier Latin, 2015. p. 18.
2. Sobre os atrativos dos fundos de investimento ao investidor/cotista, vide: GAGGINI, Fernando Schwarz. A trajetória dos fundos de investimento no Brasil e a respectiva evolução regulamentar. In: HANSZMANN, Felipe. HERMETO, LUCAS (Org.). *Atualidades em direito societário e mercado de capitais*. Rio de Janeiro: Lumen Juris, 2021. v. V, p. 4 e 5.
3. Ibidem, p. 3 e 4.

real. Segundo dados históricos reunidos pela Associação Brasileira das Entidades dos Mercados Financeiros e de Capitais – ANBIMA –, os mais de 14 mil fundos de investimento brasileiros[4] reuniam, no mês de agosto de 2021, um patrimônio líquido total de mais de 6.8 trilhões de reais[5].

Os movimentos políticos e econômicos recentes, com uma expectativa de manutenção de níveis relativamente baixos de juros (quando comparados ao histórico brasileiro) e dificuldades impostas nos mais variados setores da economia mundial em razão da crise da Covid-19, despertaram nos investidores brasileiros uma procura cada vez maior por produtos financeiros diversificados e descorrelacionados entre si, em busca de retornos potenciais elevados, sem perder de vista a proteção de seu capital. Esse interesse tem culminado em um processo de migração de recursos para plataformas abertas e digitais de investimento, em contraposição à cultura brasileira de investimento em bancos tradicionais, e uma procura por fundos de investimento com políticas voltadas à aplicação em ativos financeiros de economias fortes e mais desenvolvidas, teoricamente mais resistentes a momentos de crise.

Como será detalhado ao longo do presente artigo, o advento da Lei da Liberdade Econômica serviu para consolidar a segurança jurídica em torno desse importante instituto, mas também para aproximar a estrutura de tais veículos de alguns dos mais importantes mercados internacionais. O desafio de respeitar o histórico de desenvolvimento da indústria de fundos de investimento brasileira – que, conforme já mencionado, se deu quase que exclusivamente à margem da legislação ordinária – e promover esses ajustes pontuais com o objetivo de fomentar o crescimento do produto no Brasil acabou gerando decisões legislativas que vêm sendo objeto de debate e discussão entre a doutrina especializada.

O tema principal objeto de tais discussões, essencialmente a respeito da natureza jurídica dos fundos de investimento, não é novidade entre a doutrina brasileira, sendo debatido desde que os primeiros exemplos de tal estrutura chegaram ao nosso país.

2. O SURGIMENTO DAS ESTRUTURAS DE INVESTIMENTO COLETIVO AO REDOR DO MUNDO

Os principais autores que estudaram a origem do que hoje conhecemos como "fundos de investimento" apontam que a inspiração para tais veículos veio dos chamados *investment trusts*, na Inglaterra e nos Estados Unidos da América[6].

---

4. Desconsiderados os fundos de investimento em cotas de fundos de investimento.
5. Dados extraídos do Consolidado Histórico de Fundos de Investimento – Agosto/2021 da Anbima. Disponível em: https://www.anbima.com.br/pt_br/informar/estatisticas/fundos-de-investimento/fi-consolidado-historico.htm. Acesso em: 26 set. 2021.
6. A esse respeito, vide: ROCHA. Tatiana Nogueira da. *Fundos de investimento e o papel do administrador*: a indústria de fundos no mercado brasileiro e a liberdade para agir, os poderes e obrigações dos seus administradores. São Paulo: Textonovo, 2003. p. 23. e FREITAS, Ricardo de Santos. *Natureza jurídica dos fundos de investimento*. São Paulo: Quartier Latin, 2005. p. 63. Apud PAVIA, Eduardo Cherez. *Fundos de investimento*: estrutura jurídica e agentes de mercado como proteção do investimento. São Paulo: Quartier Latin, 2016. p. 21.

Preliminarmente, vale ressaltar que em tais países a menção à expressão "*investment trust*" é feita de forma ampla, abarcando desde estruturas meramente contratuais, sem personalidade jurídica, até estruturas societárias personalizadas. Para fins do presente trabalho, trataremos as estruturas contratuais simplesmente como "*trusts*" e as estruturas societárias como "*companhias de investimento*".

Conforme ensinamentos de Eduardo Salomão Neto, diante de especulações e abusos verificados no início do século XVIII, em 1720 foi editado na Inglaterra o *Bubble Act*, que restringia a concessão de personalidade jurídica a associações reconhecidas por carta real ou ato do Parlamento (Charter), extremamente difíceis de serem obtidas à época[7]. Para contornar essa dificuldade, passou-se a utilizar o instituto do *trust* com a seguinte organização:

> Várias pessoas físicas interessadas em se associar comercialmente transferiram os bens que afetariam a atividade comercial a um trustee. O trustee, nos termos do documento instituidor do trust, ficava obrigado a gerir os bens com vistas ao desempenho da atividade almejada, para o que contava com ajuda de administradores do empreendimento, e a distribuir os seus frutos aos sócios.[8]

Até esse momento, os *trusts* tinham objetivos diversos que não a reunião de recursos com objetivo exclusivo de investimento, como os fundos de investimento objeto do presente trabalho.

A doutrina diverge sobre a origem exata dos primeiros veículos de investimento, ou *investment trusts* propriamente ditos.

Segundo Pajiste, a primeira companhia conhecida com objetivo de investimento teria sido a Companhia Geral da Holanda, criada em 1822 e transformada na Sociedade Geral da Bélgica após a separação entre a Bélgica e os Países Baixos[9]. Entretanto, considerando que referida companhia não teria sido mantida exclusivamente no domínio da aplicação, Pajiste também esclarece que certos autores consideram que a primeira companhia de investimentos teria sido uma sociedade suíça, fundada por banqueiros genebrinos em 1849, e denominada *Omnium*[10].

Já para Ricardo Freitas, a pesquisa histórica ainda não teria evoluído no sentido da identificação precisa da origem dos *investment trusts*, sendo que as primeiras estruturas provavelmente teriam surgido na Escócia[11]. Para Peter Walter Ashton, apesar de terem sido identificadas estruturas mais antigas nos Países Baixos e na França, as

---

7. SALOMÃO NETO, Eduardo. *O trust e o direito brasileiro*. São Paulo: LTr, 1996. p. 11. apud PAVIA, Eduardo Cherez. Op. cit., p. 22.
8. SALOMÃO NETO, Eduardo. Op. cit., p. 99.
9. PAJISTE, Bernard. *Investimentos*. Rio de Janeiro: Edições Financeiras S.A., 1958. p.169. Apud PAVIA, Eduardo Cherez. Op. cit. p. 25.
10. Ibidem, p. 170.
11. FREITAS, Ricardo de Santos. *Natureza jurídica dos fundos de investimento*. São Paulo: Quartier Latin, 2005. p. 64. In: PAVIA, Eduardo Cherez. Op. cit., p. 25.

companhias de investimento de fato só teriam tido seus primeiros desenvolvimentos importantes na Grã-Bretanha, no início da sétima década do século XIX[12].

A edição do *Companies Act* na Inglaterra, em 1862, teria sido o marco legal necessário para o pleno desenvolvimento das companhias de investimento. Segundo Ricardo Freitas, teria sido o reconhecimento da responsabilidade limitada da referida lei o que propiciou o surgimento dos referidos primeiros *investment trusts* indicados acima[13]. Como veremos mais adiante, o reconhecimento da possibilidade de responsabilidade limitada é um dos pontos centrais trazidos pela Lei da Liberdade Econômica para os fundos de investimento brasileiros, evolução esta alcançada apenas mais recentemente no ano de 2020.

Ao menos até 1930, a figura societária das companhias de investimento foi a que prevaleceu, em detrimento das figuras dos *trusts*[14]. A partir da edição de uma nova regulamentação sobre esses veículos, em 1986, chamada de *Financial Services Act*, os *trusts* teriam recebido maior privilégio, uma vez que apenas seriam denominados veículos de investimento coletivo as estruturas organizadas sob a forma de *unit trusts*, ficando as companhias de investimento, organizadas sob a forma societária, sujeitas ao *Companies Act*, de 1985, o qual não admitia forma aberta (*open-ended*)[15].

No ano 2000 o *Financial Services Act* acabou revogado pelo *Financial Services and Markets Act*, que permitia a utilização da forma societária como uma *open-ended investment company*, desde que previamente autorizadas como *Investment Companies with Variable Capital* (ICVC)[16].

Já com relação aos países cujo Direito é baseado no Direito romano, Eduardo Cherez Pavia afirma que a concepção de indivisibilidade da propriedade fez com que o desenvolvimento dos *investment trusts* em tais localidades se desse de forma diferente dos países de *common law*[17].

Países como a França, Holanda e Bélgica adotavam a forma de sociedade anônima para reunião de recursos com o objetivo de investimento. Entretanto, dois motivos principais tornavam-se entraves para o pleno desenvolvimento de tais veículos: (i) exigências de subscrição integral do capital ou invariabilidade do capital social; e (ii) arcabouço fiscal que não beneficiava nem neutralizava os efeitos tributários dos investimentos de tais empresas, gerando dupla tributação.

A solução encontrada foi similar aos *trusts* originalmente constituídos na Inglaterra, com a adoção de uma estrutura denominada fundo comum de investimentos

---
12. ASHTON, Peter Walter. *Companhias de investimento*. Rio de Janeiro: Edições Financeiras S.A., 1963, p. 152. Apud PAVIA, Eduardo Cherez. Op. cit., p. 25.
13. FREITAS, Ricardo de Santos. Op. cit., p. 66.
14. PAVIA, Eduardo Cherez. Op. cit., p. 27.
15. Ibidem.
16. PAVIA, Eduardo Cherez. Op. cit., p. 27-28.
17. PAVIA, Eduardo Cherez. Op. cit., p. 30.

(*fond commun de placement*), regulamentadas na França e na Bélgica em 1957, e na Holanda em 1960. Ricardo Freitas assim explica o funcionamento dessa estrutura:

> Nos três países, o sistema estruturado foi essencialmente o mesmo. Os investidores que queriam aderir a um fundo de investimento, concediam a uma instituição profissional designada *gérant* (administrador), poderes de agrupar os recursos e aplicá-los em uma carteira diversificada de valores mobiliários por conta deles mas em seu próprio nome. Essa carteira é propriedade indivisa dos participantes que confiam sua guarda a uma outra instituição denominada *depositaire* (custodiante). As cotas representando direito de propriedade indivisa são entregues aos investidores. O custodiante executa as ordens de compra e venda dos títulos integrantes da carteira, formalizadas pelo administrador, que, por sua vez, obedece a um *régement de gestion* (regulamento de gestão). Em alguns casos, o custodiante se obriga a conferir se as ordens que lhe são requisitadas pelo administrador estão em conformidade com o regulamento e gestão aplicável.[18]

Anos mais tarde, a primeira tentativa da União Europeia de uniformização dos instrumentos de investimento coletivo se deu em 1985, por meio da Diretiva 85/611/CEE, posteriormente revogada e substituída pela Diretiva 2009/65. Quanto à forma de funcionamento, a Diretiva não faria qualquer restrição, permitindo a adoção de estruturas contratuais (geridos por sociedade gestora), *trust* clássico ou forma societária[19].

3. A ORIGEM DOS VEÍCULOS DE INVESTIMENTO COLETIVO BRASILEIROS

No Brasil, os autores especializados afirmam que a origem dos veículos de investimento coletivo se deu por volta de 1940 e utilizando-se da estrutura societária, organizados sob a forma de sociedades de investimentos e sociedades em conta de participação[20].

Naquela época vigoravam, concomitantemente, as disposições constantes do Código Comercial de 1850 para as sociedades que se revestissem de alguma das formas nele especificadas (como as sociedades em conta de participação) e as regras gerais do Código Civil de 1916, para as sociedades que não se revestissem de nenhuma das formas específicas da lei comercial.

Apesar dos exemplos práticos anteriores, a primeira norma a tratar expressamente sobre modalidades de veículo de investimento coletivo foi o Decreto-Lei 7.583, de 25 de maio de 1945, que sucintamente tratava sobre as sociedades de crédito, financiamento ou investimentos, sujeitando-as às normas especiais que forem expedidas pelo Ministro da Fazenda, por proposta da Caixa de Mobilização e Fiscalização Bancária. No mesmo ano, o Decreto-Lei 7.583 transferiria as atribuições do Ministério da Fazenda à Superintendência da Moeda e do Crédito (Sumoc), que passaria a fiscalizar as sociedades de investimento.

Em 1957, a despeito da existência exclusiva de previsão legal a respeito dos veículos de investimento coletivos organizados sob a forma societária, foi constituído aquele que

---

18. FREITAS, Ricardo de Santos. Op. cit., p. 77.
19. PAVIA, Eduardo Cherez. Op. cit., p. 32.
20. FREITAS, Ricardo de Santos. Op. cit., p. 79.

é considerado o primeiro fundo de investimento brasileiro, denominado Crescinco. O Crescinco foi constituído e era administrado pela Companhia de Empreendimento e Administração IBEC, subsidiária da norte-americana *International Basic Economy Coporation*[21]. Segundo Peter Walter Ashton, em consulta realizada ao organizador do fundo Crescinco e um dos dirigentes da IBEC norte-americana, a empresa estaria desenvolvendo veículos de investimento em diferentes países sul-americanos, sendo que em cada país teria sido necessário realizar uma estrutura diferente para organizar um fundo do tipo "aberto" (*open-ended*) à luz das restrições comuns de capital fixo das sociedades e para evitar a dupla tributação sobre a venda do fundo[22].

Como se vê, os problemas enfrentados pela IBEC na estruturação de veículos na América do Sul eram os mesmos enfrentados pelos países da União Europeia durante a mesma década de 1950.

Inspirado pela estrutura dos *open-ended management diversified investment companies* americanas, também chamadas de *mutual funds*, o Crescinco foi instituído através de negócio jurídico realizado por escritura pública, sob a forma de condomínio aberto, inaugurando uma estrutura que não guardava qualquer relação com a legislação em vigor. Segundo Peter Walter Ashton, a estrutura do Crescinco apresentava uma série de incompatibilidades com o regime condominial do Código Civil de 1916, em vigor à época, como, por exemplo: (i) a possibilidade de se exigir a divisão da coisa comum a qualquer momento (art. 629 do Código Civil de 1916); (ii) a vedação do condômino de dar uso e gozo a estranhos, sem consenso dos demais condôminos (art. 633 do Código Civil de 1916), entre outros[23].

Em 1958, acompanhando a inovação trazida pelo fundo Crescinco e visando conferir tratamento tributário a essa nova figura criada, foi editada a Lei 3.470, que determinava, em seu art. 82, não serem consideradas pessoas jurídicas, para fins da tributação do importo de renda, os

> fundos constituídos em condomínio e administrados por sociedades de investimentos fiscalizadas pela Superintendência da Moeda e do Crédito, desde que não seja aplicada em uma só empresa importância superior a 10% (dez por cento) do valor do fundo e haja distribuição anual, pelos condôminos, dos resultados auferidos.

A primeira legislação tributária a tratar expressamente dos fundos de investimento, portanto, fez questão de conferir tratamento tributário mais benéfico aos veículos constituídos na forma de condomínio do que às formas societárias tradicionais organizadas como pessoas jurídicas.

Interessante notar, também, como a própria origem do instituto no Brasil denota uma antecipação da realidade prática ao ordenamento jurídico, com o primeiro exemplo de um fundo de investimento sendo constituído à revelia de qualquer pre-

---

21. PAVIA, Eduardo Cherez. Op. cit., p. 34.
22. ASHTON, Peter Walter. Op. cit., p. 57.
23. Ibidem.

visão legal a respeito do tema. Como veremos mais à frente, essa tônica se repetiria no Brasil até a edição da Lei da Liberdade Econômica, quando o ordenamento jurídico brasileiro enfim inaugurou um tratamento jurídico minimamente prescritivo a respeito do funcionamento dos fundos de investimento, mais de 60 anos após o seu primeiro exemplo prático.

Apenas em 30 de novembro de 1959 foram regulamentadas as sociedades de investimento, por meio da Portaria 309 do Ministério da Fazenda. A sua redação seguia mantendo a previsão expressa da estrutura condominial, referindo-se sempre aos "fundos em conta de participação ou em condomínio".

4. EVOLUÇÃO DA INDÚSTRIA EM BASES REGULAMENTARES

O advento da Lei 4.728/65, que inaugurou disciplina expressa sobre o mercado de capitais brasileiro, seguiu tratando os fundos de investimento como "fundos em condomínio", delegando competência ao Banco Central do Brasil para regulamentar tais estruturas. A regra ainda previa mecanismos de incentivo à conversão dos chamados "fundos em condomínios" em sociedades anônimas, isentando os encargos fiscais dos atos relativos à transformação e permitindo que sociedades anônimas fossem constituídas com capital subscrito inferior ao capital autorizado.

Em 1976 é criada, por meio da Lei 6.385/76, a Comissão de Valores Mobiliários, inaugurando regime compartilhado de regulação a respeito dos fundos de investimento, naquilo que, por opção legislativa, não estivesse sob competência do Banco Central do Brasil. Enquanto a CVM fiscalizava e regulava essencialmente os fundos de investimento em ações (FMIA), o Banco Central se incumbia da regulação dos fundos de investimento em renda fixa[24]-[25].

Mesmo diante dessa situação de regulação compartilhada e da ausência de regramento legal específico definindo a organização dos fundos de investimento, a década de 1990 mostrou-se bastante relevante para a indústria de fundos de investimento brasileira. Após a criação do Plano Real, em 1994, o temor inflacionário que marcava a população brasileira foi se reduzindo gradativamente, levando a uma tendência de busca por novas modalidades de investimento. Nesse sentido, nos cinco anos subsequentes após a edição do Plano Real, os fundos de investimento brasileiros saíram de um patrimônio total de quarenta e oito bilhões, em 1994, para mais de cento e setenta e cinco bilhões de reais em 1999.

Apenas a partir da Lei 10.303/01, que alterou dispositivos da Lei 6.385/76, os fundos passaram a se sujeitar à disciplina de um regulador único, a CVM[26]. Com o

---

24. BERNARDO, Daniel Walter Maeda. SANTOS, Alexandre Pinheiro dos. Notas sobre os fundos de investimento à luz da Lei da Liberdade Econômica. In: HANSZMANN, Felipe. HERMETO, LUCAS (Org.). *Atualidades em direito societário e mercado de capitais*. Rio de Janeiro: Lumen Juris, 2021. v. V, p. 33.
25. GAGGINI, Fernando Schwarz. Op. cit., p. 9.
26. A respeito do regime de transição para a regulação única, vide: BERNARDO, Daniel Walter Maeda. SANTOS, Alexandre Pinheiro dos. Op. cit., p. 34.

advento do Código Civil de 2002, o legislador mais uma vez optou por não conferir regramento expresso a respeito da natureza jurídica, organização e funcionamento dos fundos de investimento, mantendo a estrutura do ordenamento jurídico brasileiro de menções esparsas sobre o instituto em leis ordinárias distintas que remetiam à natureza condominial e deixando os regramentos específicos para a regulamentação infralegal.

Já sob a égide do poder regulamentar concentrado da CVM, as normas aplicáveis aos fundos de investimento passaram por evoluções consideráveis, como a edição da Instrução CVM 409/04 – primeira norma considerada como "regra geral" dos fundos de investimento, englobando as diversas modalidades dos chamados "fundos líquidos"[27] – e, posteriormente e em substituição a esta, a Instrução CVM 555/14, atualmente vigente. Em todos os exemplos de normas acima mencionados, a regulamentação da CVM se referia aos fundos de investimento como uma "comunhão de recursos, constituída sob a forma de condomínio".

Apesar de passar por algumas crises econômicas mundiais ao longo da história, como a crise americana do *subprime*, em 2008, e a crise gerada pelo coronavírus, no ano de 2020, a indústria de fundos de investimento brasileira se mostrou resiliente, confirmando a qualidade da regulamentação e supervisão exercidas pela CVM. Também nos últimos anos, a indústria de fundos brasileira vivenciou expansão abrupta, reflexo dos movimentos governamentais de redução da taxa de juros e do desenvolvimento de plataformas abertas de investimento, expressão direta de um processo de desbancarização dos investimentos de parte dos brasileiros. Segundo dados da IIFA (Associação Internacional de Fundos de Investimento), o Brasil ocupava, no início do ano de 2021, o 11º lugar entre as maiores indústrias de fundos do mundo[28].

Diante desse movimento histórico e evolução da indústria, não se pode aceitar o argumento de que a ausência de previsão legal mais prescritiva acerca da natureza jurídica, organização e funcionamento dos fundos de investimento tenha sido um entrave relevante para a adoção desse instituto como veículo de investimento no Brasil. Muito pelo contrário.

5. DISCUSSÃO ANTIGA: A NATUREZA JURÍDICA DOS FUNDOS DE INVESTIMENTO

A leitura da evolução histórica explorada acima demonstra que os veículos de investimento no Brasil passaram por fases de desenvolvimento distintas. Da constituição do primeiro fundo de investimento brasileiro, ainda sem previsão legal, à

---

27. À época classificados como Fundos de Curto Prazo, Fundos Referenciados, Fundos de Renda Fixa, Fundos de Ações, Fundos Cambiais, Fundos de Dívida Externa e Fundos Multimercados (Art. 92 da Instrução CVM 409/04).
28. Fonte: "Indústria de fundos de investimentos chega a R$ 6 trilhões de patrimônio líquido". Disponível em: https://valorinveste.globo.com/produtos/fundos/noticia/2021/01/06/industria-de-fundos-de-investimentos-chega-a-r-6-trilhoes-de-patrimonio-liquido.ghtml. Acesso em: 30 dez. 2021.

tentativa de se incentivar a migração para um modelo de sociedade, com a edição da Lei 4.728/65, a prática da indústria adotou a forma condominial como a que mais se encaixava com a realidade brasileira.

Não obstante, a doutrina especializada passou anos discutindo teorias acerca da correta natureza jurídica dos fundos de investimento.

Em especial nos países europeus que adotaram releituras da estrutura original de *trusts*, a discussão acerca da natureza jurídica desses veículos de investimento fez surgir uma série de teorias entre os juristas e autores de diferentes localidades, passando desde a teoria da comunidade de bens não condominial, atribuída a autores portugueses, pela teoria da propriedade em mão comum, de origem germânica, até a teoria da propriedade fiduciária, defendida por autores italianos[29].

Entretanto, a principal discussão entre os autores brasileiros ficou restrita àqueles que defendiam a natureza condominial dos fundos de investimento e aqueles que defendiam a natureza societária (ou associativa).

Entre os que defenderam a natureza condominial dos fundos podem ser mencionados os ensinamentos de Arnoldo Wald, que defendia que a natureza seria a de um condomínio *sui generis*, diferente daquele previsto no Código Civil, sendo um patrimônio afetado à finalidade específica, sem personalidade, mas com capacidade[30]. Seguindo raciocínio parecido, Fernando Schwarz Gaggini defendeu que o fundo seria uma forma de condomínio de natureza especial, com regras próprias e específicas, distintas das descritas no Código Civil[31].

Entretanto, principalmente após a edição do Código Civil de 2002, o que se verificou foi uma defesa cada vez maior da tese societária (ou associativa). Para Eduardo Cherez Pavia, a explicação para essa convergência de opiniões dos autores pode estar nas alterações promovidas pela reformulação do Código, em contraposição ao ordenamento anterior em vigor, por dois principais motivos[32].

O primeiro seria o da unificação do direito comercial ao direito das obrigações, promovida pelo Código Civil de 2002, que revogou grande parte do longínquo Código Comercial de 1850, que ainda mantém disposições em vigor até os dias atuais. Para Félix Ruiz Alonso, os fundos de investimento sempre foram vistos como um instituto de direito comercial, sendo que as regras associativas presentes no Código Comercial pré-2002 não se adequavam aos conceitos dos fundos de investimento, especialmente em virtude da teoria dos atos de comércio lá consagradas[33].

A segunda – e mais explorada teoria – seria a da evolução do conceito de sociedade entre o Código Civil de 1916 e o Código Civil de 2002. O primeiro definia, em

---

29. Para maiores detalhes acerca de cada uma dessas teorias, vide: PAVIA, Eduardo Cherez. Op. cit., p. 43 e 44.
30. WALD, Arnoldo. Da natureza jurídica do fundo imobiliário. *Revista forense*. v. 309, jan.-fev.-mar. 1990. p. 11. apud PAVIA, Eduardo Cherez. Op. cit. p. 41.
31. GAGGINI, Fernando Schwarz. *Fundos de investimento no direito brasileiro*. São Paulo: Leud, 2001. p. 53.
32. PAVIA, Eduardo Cherez. Op. cit., p. 46.
33. Ibidem, p. 47.

seu art. 1363, que "celebram contrato de sociedade as pessoas que *mutuamente* se obrigam a combinar seus esforços ou recursos, *para lograr um fim comum*".

A interpretação seria de que o requisito de "obrigação mútua de combinar esforços ou recursos para lograr um fim comum", ao referir-se aos sócios, gerava a expectativa de existência de um *affectio societatis*, pessoal e indispensável, o que não estaria verificado em fundos de investimento[34]. Entre os cotistas não haveria relação pessoal e indispensável entre si, mas sim dos cotistas, individualmente, com o gestor ou administrador do veículo em questão. A obrigação dos cotistas seria, portanto, apenas de contribuição em bens ou serviços, e não de atingimento de um fim econômico mútuo[35]. Nesse sentido, aos fundos de investimento faltariam um dos pressupostos de sociedade, conforme previstas no Código de 1916.

Já no Código Civil de 2002 o conceito de sociedade foi ligeiramente modificado. Nos termos do art. 981 do diploma legal, "celebram contrato de sociedade as pessoas que reciprocamente se obrigam a contribuir, com bens ou serviços, para o exercício de atividade econômica e a partilha, entre si, dos resultados". Para os defensores da teoria associativa, os fundos de investimento preencheriam todos os elementos essenciais da sociedade, quais sejam (i) obrigação recíproca de contribuir, em bens ou serviços; (ii) exercício de atividade econômica; e (iii) partilha de resultados[36].

Para Ricardo Freitas, um dos defensores da corrente associativa, as sociedades possuiriam um regime tipológico parcialmente aberto, sendo permitida a sua constituição nas formas previstas no Código Civil ou em leis especiais[37]-[38]. Na sua opinião, por lei especial poder-se-ia entender qualquer ato normativo que não o Código Civil, incluindo a regulamentação da CVM, opinião rejeitada por outros defensores da teoria associativa, como Mario Tavernard Martins de Carvalho[39].

Este último autor, inclusive, se alia a outros doutrinadores[40] na defesa de que os fundos de investimento teriam natureza de sociedade comum, não personificada[41].

Por fim, as principais críticas dos defensores da teoria associativa com relação à teoria condominial dizem respeito à incompatibilidade das características gerais dos fundos de investimento com as regras dispostas no Código Civil a respeito do

---

34. Ibidem.
35. Ibidem.
36. Ibidem.
37. FREITAS, Ricardo de Santos. Op. cit., p. 196.
38. À exceção das sociedades empresárias, que deveriam se constituir sob uma das formas típicas elencadas no mesmo Código Civil (NERY JUNIOR, Nelson. *Novo código civil e legislação extravagante anotados*. São Paulo: Ed. RT, 2002. p. 348).
39. CARVALHO, Mário Tavernard Martins de. *Regime jurídico dos fundos de investimento*. São Paulo: Quartier Latin, 2012. p. 199.
40. Assim como Erasmo Valladão de Azevedo e Novaes França, que defendeu que o fundo seria uma sociedade não personificada, sendo aplicáveis as normas sobre as sociedades em comum e sobre a sociedade simples e, analogicamente, as disposições da Lei das S.A. (FRAÇA, Erasmo Valladão Azevedo e Novaes. *Temas de direito societário, falimentar e teoria da empresa*. São Paulo: Malheiros, 2009. p. 212).
41. CARVALHO, Mário Tavernard Martins de. Op. cit., p. 199.

condomínio voluntário. A uma, em razão do fundo poder não ser de caráter transitório, como os fundos abertos de prazo indeterminado. A duas, pois sendo o fundo uma massa de títulos e valores mobiliários, os cotistas não poderiam usar e gozar, tornando-o incompatível com o regime condominial do Código Civil[42].

Como se vê, a despeito da prática consolidada considerar os fundos de investimento como de natureza condominial, nunca existiu, no Brasil, consenso doutrinário a respeito dessa caracterização, com a maior parte da doutrina recente defendendo o modelo de natureza jurídica associativa.

6. HISTÓRIA RECENTE: COMO OS FUNDOS DE INVESTIMENTO FORAM INCORPORADOS AO CÓDIGO CIVIL DE 2002

A ausência de definição legal clara a respeito da natureza jurídica dos fundos de investimento – ainda que a legislação esparsa a respeito do tema sempre tenha feito referência à natureza condominial – era tratada, por muitos, como elemento de insegurança jurídica para a indústria.

Entretanto, como vimos até o momento neste trabalho, a evolução e o estágio de desenvolvimento alcançados pela indústria de fundos de investimento brasileira nos permitem concluir que essa insegurança jurídica, se existente, jamais foi capaz de impedir a utilização do fundo de investimento como a principal forma de veículo de investimento coletivo no Brasil.

Por outro lado, um dos entraves causados pelo privilégio regulamentar à natureza condominial dos fundos de investimento foi o afastamento do veículo brasileiro de algumas importantes características presentes em veículos de investimento coletivo mundo afora, sendo a principal delas a limitação de responsabilidade do cotista.

Conforme analisado anteriormente, o instituto da limitação de responsabilidade é, desde a edição do *Companies Act* na Inglaterra, em 1862, um dos pontos nevrálgicos para o desenvolvimento das companhias de investimento. Não obstante, diante da ausência de legislação prescritiva a respeito do tema no Brasil, a utilização da natureza condominial dos fundos de investimento pela regulamentação brasileira era, naturalmente, acompanhada de um regime de responsabilidade dos cotistas por eventual patrimônio líquido negativo do fundo.

A Instrução CVM 555/14, por exemplo, prevê essa responsabilidade dos cotistas expressamente, certamente inspirada na disposição legal do Código Civil que dispõe sobre a obrigação do condômino, na proporção de sua parte, a concorrer para as despesas de conservação ou divisão da coisa, e a suportar os ônus a que estiver sujeita[43].

A falta de limitação de responsabilidade sempre foi objetivo de dúvidas e estranhamento pelos investidores, em especial os chamados "investidores não

---

42. PAVIA, Eduardo Cherez. Op. cit., p. 50.
43. Art. 1.315 do Código Civil.

residentes", que estavam acostumados a aplicar em veículos de investimento com limitação de responsabilidade nas jurisdições que abrigam os mercados de capitais mais desenvolvidos ao redor do mundo. A solução para esse problema, entretanto, necessariamente dependeria de uma disposição legal capaz de esclarecer a natureza jurídica dos fundos de investimento de uma vez por todas e afastar as regras gerais dos condomínios para que se tornasse possível do ponto de vista sistemático do nosso ordenamento jurídico.

Ao se discutir a proposta de Declaração de Direitos de Liberdade Econômica, que seria instituída no formato de uma Medida Provisória, verificou-se a oportunidade de promover diversas medidas com o objetivo de "aproximar o Brasil do mesmo ambiente de negócios de países desenvolvidos"[44].

Como bem se sabe, por disposição constitucional a edição de medidas provisórias depende do preenchimento de requisitos de relevância e urgência[45], não podendo tratar sobre temas cotidianos, que devem estar sujeitos ao processo legislativo tradicional. Nesse sentido, as mudanças propostas em conjunto com a Declaração de Direitos da Liberdade Econômica precisavam preencher os requisitos de relevância e urgência para atenderem ao comando constitucional.

Especificamente com relação à indústria de fundos de investimento, entendeu-se que a correção do regime de limitação de responsabilidade dos cotistas seria uma das mudanças mais relevantes e urgentes para o fomento do ambiente de negócios desse setor[46], em especial no que tange à atratividade do mercado de capitais brasileiro a investidores de mercados internacionais desenvolvidos, conforme abordado acima.

Um dos principais e desafios enfrentados para endereçar o tema era justamente definir a natureza jurídica dos fundos de investimento, considerando os prós e contras de cada uma das opções disponíveis. De um lado, o regime condominial de fato apresentava inconsistências com as regras gerais dos condomínios voluntários que impediam a definição de um regime de limitação de responsabilidade, objetivo principal da Medida Provisória em discussão. De outro, a mudança para um regime de natureza societária modificava por completo uma prática de décadas de uma indústria que se mostrou tão relevante mesmo sem a existência de um marco legal específico, trazendo os riscos inerentes à uma necessidade de reforma completa da legislação tributária em vigor sobre os fundos de investimento.

---

44. Trecho da exposição de Motivos da Medida Provisória 881, de 30 de abril de 2019. Disponível em: http://www.planalto.gov.br/ccivil_03/_ato2019-2022/2019/Exm/Exm-MP-881-19.pdf. Acesso em: 1º out. 2021.
45. Art. 62 da Constituição da República Federativa do Brasil de 1988.
46. Nesse sentido, vide: ACCIOLY, João C. de Andrade Uzêda; FRANCO, Julia Damazio; GAMA, Frederico Calmon Nogueira da. Lei da Liberdade Econômica e os reflexos na disciplina dos fundos de investimento. Apud OLIVEIRA, Amanda Flávio de (Org.). *Lei da liberdade econômica e o ordenamento jurídico brasileiro*. Belo Horizonte, São Paulo: D'Plácido, 2020. p. 325.

Ao analisar a história dos fundos de investimento no Brasil, é possível encontrar exemplos práticos de como mudanças conceituais na sua forma de organização ou funcionamento podem afetar negativamente a indústria como um todo.

No ano de 2002, uma decisão conjunta dos órgãos reguladores da indústria determinou que os fundos de investimento passassem a precificar seus ativos a preço justo, chamado de "marcação a mercado"[47]. Apesar de tecnicamente irretocável e com objetivos claros de aprimoramento da transparência – representação mais fiel do preço atual dos ativos – e redução de risco sistêmico da indústria, a mudança na precificação dos ativos acarretou em mudanças abruptas no preço das cotas, criando um movimento de retirada de recursos pelos investidores, que optavam por aplicá-los em ativos concorrentes, como CDBs[48].

Principalmente diante desses riscos, a Medida Provisória 881/19 foi editada mantendo a natureza condominial dos fundos de investimento, porém optando por estabelecer, de forma expressa, a possibilidade do regulamento do fundo de investimento estabelecer a limitação de responsabilidade de cotistas ao valor de suas cotas e dos prestadores de serviços, perante o condomínio e entre si.

A respeito da opção feita pela definição da natureza jurídica condominial dos fundos, faz-se referência a outra obra do autor, em conjunto com João Accioly e Julia Franco:

> Dentre elas, o reconhecimento da peculiar forma jurídica pela qual os fundos de investimento são constituídos no país, como um condomínio de natureza especial, *sui generis*. Não apenas porque seria contraditório, por meio de uma medida provisória de cunho genuinamente liberal, negar por ato legislativo o que a prática local consolidou em décadas de lenta evolução progressiva, mas mais que isso, porque alterar a forma jurídica dos fundos poderia provocar insegurança jurídica (especialmente na esfera tributária), o que iria na contramão dos objetivos almejados pela medida provisória.[49]

A conversão da Medida Provisória 881/19 em lei, resultando na edição da Lei da Liberdade Econômica, manteve o mesmo conceito, detalhando e expandindo outras questões relevantes – apesar de talvez não tão urgentes quanto à limitação de responsabilidade para constar de uma medida provisória –, como o fortalecimento do papel regulador da CVM, a possibilidade de criação de classes distintas de cotas e patrimônio segregado por classe, esclarecimento a respeito do regime de insolvência dos fundos que adotem o regime de responsabilidade limitada dos cotistas, entre outras questões.

A Lei da Liberdade Econômica ainda foi além no esclarecimento da escolha pela natureza jurídica de condomínio de natureza especial, expressamente afastando a incidência, aos fundos de investimento, das disposições constantes dos arts. 1.314 a 1.358-A do Código Civil, que tratam sobre o condomínio geral.

---

47. GAGGINI, Fernando Schwarz. A trajetória dos fundos de investimento no Brasil e a respectiva evolução regulamentar. In: HANSZMANN, Felipe. HERMETO, Lucas (org.). Op. cit., p. 8 e 9.
48. Ibidem, p. 9.
49. ACCIOLY, João C. de Andrade Uzêda. FRANCO, Julia Damazio. GAMA, Frederico Calmon Nogueira da. Op. cit., p. 325-326.

7. CRÍTICAS COMUNS ÀS ESCOLHAS LEGISLATIVAS DA LEI DA LIBERDADE ECONÔMICA

Após a edição da Lei da Liberdade Econômica, a reação de parte da doutrina foi elogiar a opção pela definição de uma natureza jurídica para os fundos de investimento, reconhecendo a importância de se conferir segurança jurídica para o instituto. Rememorando as teses existentes no Brasil, a opção do legislador foi a de seguir uma das principais teses existentes antes da vigência do Código Civil de 2002, de que o fundo de investimento teria uma natureza condominial *sui generis*, não sendo a ele aplicáveis as disposições sobre o condomínio geral.

Entretanto, parte da doutrina lamentou a suposta falta de tecnicidade na escolha do instituto, que manteve o fundo de investimento com natureza condominial mas afastou todas as regras do condomínio voluntário do Código Civil, criando uma nova categoria de condomínio que não preencheria os requisitos básicos do instituto.

A título exemplificativo, Milena Donato e Pablo Renteria afirmam que, com a redação trazida pela Lei da Liberdade Econômica, criou-se uma situação paradoxal de um "condomínio que não se sujeita a nenhuma regra típica da copropriedade", de forma que se mostra mais significativa a referência à expressão "comunhão de recursos", expressão que remete ao conceito de patrimônio separado de titularidade dos cotistas[50]. Na visão dos autores, portanto, o fundo seria uma universalidade de direito, isto é, objeto de direito em si mesmo, independente dos elementos que o compõem[51].

Já para Carlos Martins Neto, a Lei da Liberdade Econômica criou o que parece ser uma hipótese rara de limitação de responsabilidade sem a existência de personalidade jurídica distinta da do cotista[52]. Por isso, o ideal teria sido o reconhecimento dos fundos de investimento como pessoa jurídica com natureza própria, com a sua inclusão no rol das pessoas jurídicas do art. 44 do Código Civil[53].

8. CONCLUSÃO

Como se viu ao longo do presente artigo, a discussão a respeito da natureza jurídica dos fundos de investimento desperta paixões e posições bastante díspares entre a doutrina especializada, e a edição da Lei da Liberdade Econômica, apesar de esclarecer um posicionamento específico de reconhecimento da natureza condominial dos fundos, não parece colocar um fim à discussão tão antiga quanto à criação desse instituto.

---

50. OLIVA, Milena Donato. RENTERIA, Pablo. Notas sobre o regime jurídico dos fundos de investimento. In: HANSZMANN, Felipe. HERMETO, LUCAS (Org.). Op. cit., p. 17.
51. Ibidem.
52. NETO, Carlos Martins. Natureza jurídica dos fundos de investimento e responsabilidade de seus cotistas à luz da lei da liberdade econômica: como ficou e como poderia ter ficado. In. HANSZMANN, Felipe. HERMETO, Lucas (Org.). Op. cit., p. 67.
53. Ibidem, p. 68.

Fato é que não se pode deixar de reconhecer que a opção do legislador foi a de seguir o caminho mais seguro do ponto de vista prático, ainda que sujeito a questionamentos doutrinários e teóricos.

Se é certo que o reconhecimento de um condomínio de natureza especial que não se sujeita a nenhuma regra típica da copropriedade cria uma situação paradoxal com relação ao próprio instituto civil em si, ou que a limitação de responsabilidade para um ente que não distingue personalidade jurídica própria com relação aos seus detentores confunde os conceitos construídos ao longo de toda a existência do instituto de limitação de responsabilidade, também é certo que a opção legislativa apenas reconheceu aquilo que já é prática consolidada de um indústria cada vez mais desenvolvida e que congrega um dos maiores mercados de veículos de investimento mundiais.

É preciso reconhecer que as peculiaridades da indústria de fundos de investimento brasileiras têm origem histórica, na própria gênese dos primeiros exemplos de veículos desse tipo constituídos no Brasil, ainda à margem de qualquer legislação em vigor. A escolha da Lei da Liberdade Econômica por privilegiar a prática em detrimento de mudanças radicais impostas por lei apenas repete o que os legisladores brasileiros e a regulamentação brasileira vêm fazendo ao longo das décadas, privilegiando a liberdade dos participantes de mercado e reconhecendo, nos diplomas legais, realidades práticas já inauguradas ou há tempos solicitadas pela indústria[54].

Nesse árduo esforço de implementação de inovações há tempos solicitadas pela indústria, o legislador foi feliz em reforçar o papel regulatório da CVM, que será tão importante para definir, junto com o mercado, balizas e procedimentos que permitam a melhor utilização de institutos como os de limitação de responsabilidade de cotistas e prestadores de serviços e a criação de classes de cotas com direitos e obrigações distintos e constituídas em patrimônio separado. Esse processo, apesar de ter recebido reclamações da indústria em razão do atraso para regulamentação dos dispositivos da Lei da Liberdade Econômica, já se encontra em andamento por meio da Audiência Pública SDM 08/20 da CVM, que inaugurará o novo regime aplicável aos fundos de investimento em substituição à atual Instrução CVM 555/14.

Apenas o tempo poderá mostrar qual será o verdadeiro impacto da Lei da Liberdade Econômica sobre indústria de fundos de investimento brasileira, se atenderá aos objetivos de desenvolvimento do ambiente de negócios e aproximação com a realidade de outros mercados mais desenvolvidos, ou se terá sido incapaz de eliminar as discussões acerca da segurança jurídica do instituto.

---

54. Relembre-se: quando buscou incentivar a transformação dos fundos de investimento em sociedades de investimento, a Lei 4.728/65 acabou não sendo feliz nesse objetivo e viu a manutenção dos fundos de investimento como instrumento de reunião de poupança coletiva para aplicação em títulos e valores mobiliários.

22
NOTAS SOBRE O DIREITO DE SUPERFÍCIE E O DIREITO DE LAJE

Ricardo Pereira Lira

Doutor em Direito pela Universidade do Estado do Rio de Janeiro – UERJ. Professor Emérito da Universidade do Estado do Rio de Janeiro – UERJ. Ex-Diretor da Faculdade de Direito da Universidade do Estado do Rio de Janeiro – UERJ. Presidente Científico da Academia Brasileira de Direito Civil – ABDC.

Sumário: 1. O direito de superfície; 1.1 Autonomia do direito real de superfície; 1.2 Estrutura do direito de superfície; 1.3 Aspectos subjetivos, objetivo da relação superficiária e os dados terminológicos; 1.4 Espécies de superfície; 1.5 Formas de constituição da superfície; 1.6 Exercício da superfície; 1.7 Os direitos e as obrigações do superficiário e do concedente; 1.8 Usos e vantagens do direito de superfície; 1.9 O desenvolvimento do direito de superfície no direito brasileiro – 2. O direito de laje.

1. O DIREITO DE SUPERFÍCIE

Por ocasião do vigésimo natalício do Código Civil de 2002, muito me honra tecer estes comentários acerca dos institutos jurídicos do direito de superfície e do direito de laje, os quais dediquei longos anos de minha vida ao seu estudo.

Alcançadas duas décadas de vigência do atual Código Civil, a relevância não apenas jurídica, mas especialmente social de ambos justifica revisitá-los, particularmente com os avanços da doutrina e da jurisprudência.

Iniciarei, pois, a análise a partir do direito de superfície. Mas para chegarmos aos contornos conceptuais do direito de superfície, devemos partir da noção de acessão.

Acessão é a união física entre duas coisas, formando, de maneira indissolúvel, um conjunto em que uma das partes, embora possa ser reconhecível, não guarda autonomia, sendo subordinada, dependente do todo, seguindo-lhe o destino jurídico.

A acessão pode ser discreta ou contínua. Discreta é a que resulta endogenamente de um desenvolvimento natural da própria coisa, como acontece com os frutos das árvores e com a crias dos animais. Contínua é a acessão caracterizada por uma união exógena das coisas, fim de um processo de fora para dentro, como ocorre na construção ou plantação. A rigor a plantação talvez constitua um caso de acessão mista, em que há uma fusão orgânica, resultante de uma ação mecânica (*seminatio*).

O fenômeno da edificação (*inaedificatio*) e da plantação (*plantatio*) é dominado pelo princípio *superficies solo cedit*, por força do qual tudo que se planta ou constrói em solo alheio é da propriedade do dono do solo (*dominus soli*). Esse é o princípio que prevalece em nosso ordenamento.

Pode ocorrer, contudo, a suspensão dos efeitos da acessão, quando se terá a superfície temporânea, ou a interrupção dos efeitos da acessão, quando se consubstanciará caso de superfície perpétua.[1] Não incidirá, nesses casos, o princípio *superficies solo cedit*, pois a propriedade do incremento (construção ou plantação) é de quem o realizou, continuando o terreno do domínio do dono do solo. Essa suspensão ou interrupção resulta do direito de superfície.[2]

O direito de superfície suspende ou interrompe os efeitos da acessão, de forma que alguém constrói ou planta sobre solo alheio, ficando com a propriedade (superficiária) da construção ou plantação, distinta da propriedade do dono do solo.

Em face dessas noções preambulares, já podemos fixar o conceito do direito de superfície: é o direito real sobre a coisa alheia, autônomo, temporário ou perpétuo, de fazer uma construção ou plantação sobre ou sob o solo alheio, ficando a construção ou plantação da propriedade de quem constrói ou planta, bem como é o direito de manter essa propriedade sobre o solo alheio.

É direito real sobre a coisa alheia porque, na sua forma inicial, se revela em princípio por uma concessão *ad aedificandum* ou *ad plantandum*, sendo que o instrumento que contém essa concessão (contrato superficiário), levado ao Registro de Imóveis, já dá nascimento a um direito real sobre o lote ou gleba alheia. Concretizando-se a concessão, pela construção ou plantação, o direito que era incorpóreo se corporifica, com a materialização do incremento, gerando o direito real de mantê-lo sobre ou sob a propriedade de outrem.

1.1 Autonomia do direito real de superfície

Esse direito real é autônomo. Autônomo porque o direito de superfície guarda características que o distinguem dos demais direitos reais sobre a coisa alheia.

Senão vejamos.

É diverso da enfiteuse, que é a maneira mais profunda de desdobramento da propriedade, por isso que o enfiteuticador entrega ao enfiteuta o uso, o gozo e até

---

1. Cumpre-nos destacar que na regulamentação do art. 1.369 do Código Civil, o direito de superfície institui-se tão somente por tempo determinado e, logo, de modo temporário. Nesse sentido, explicita Carlos Roberto Gonçalves que "Embora várias legislações, como o Código Civil português, o italiano, o suíço e o de Quebec, permitam seja a superfície constituída por tempo indeterminado, o Código Civil brasileiro de 2002 só admite a sua contratação *por tempo determinado*. Não se justifica, realmente, a permissão para que seja indefinida a duração dos direitos reais imobiliários de uso e gozo que implicam desmembramento do domínio. Deve fica a critério dos contratantes a estipulação de prazo que atenda aos seus interesses" (GONÇALVES, Carlos Roberto. *Direito civil brasileiro*: direito das coisas. 16. ed. São Paulo: Saraiva, 2021. v. 5, p. 176). Sem prejuízo, o Estatuto da Cidade, não revogado pelas disposições do Código Civil, o admite expressamente por prazo indeterminado, como se infere da disciplina legal do art. 21 da Lei 10.257/2001: "O proprietário urbano poderá conceder a outrem o direito de superfície do seu terreno, por tempo determinado ou indeterminado, mediante escritura pública registrada no cartório de registro de imóveis".
2. Afasta-se, portanto, a aplicação do princípio da *gravitação jurídica*, segundo o qual o acessório segue a sorte do principal, como observa Álvaro Villaça Azevedo (AZEVEDO, Álvaro Villaça. *Curso de direito civil*: direito das coisas. 2. ed. São Paulo: Saraiva, 2019. v. V, p. 158).

mesmo a possibilidade de transferir a terceiros essa gama de direitos elementares, mediante o pagamento do laudêmio. No direito de superfície não se encontra esse desdobramento e a transferência dos direitos a terceiro pelo superficiário se dá sem o pagamento de qualquer laudêmio.

No usufruto, o nu-proprietário defere ao usufrutuário o uso e gozo da coisa, desdobramento que igualmente inocorre no direito de superfície.

Na servidão há indeclinavelmente a necessidade de identificação de um imóvel dominante e de um imóvel serviente, o que não se verifica no direito de superfície, embora no direito suíço se explique o direito de superfície recorrendo-se à categoria das servidões.

A concessão do direito real de uso, prevista no artigo 7º, do Decreto-Lei 271, de 28.02.1967, em momento algum enseja a suspensão ou interrupção dos efeitos da acessão, como se depreende do referido art. 7º, § 2º, do mencionado decreto-lei, tornando essa modalidade de concessão substancialmente diversa do direito de superfície.

Não há que cogitar sequer da locação, bastando considerar que a superfície é um direito real e a locação está nos domínios dos direitos pessoais.

1.2 Estrutura do direito de superfície

A estrutura do direito é compósita e, com uma certa liberdade de expressão, podemos afirmar que ela é plástica.

O que desejamos exprimir é que, em princípio, ela pode nascer como concessão *ad aedificandum* ou *ad plantandum* (bem incorpóreo) para, em seguida, pelo exercício da concessão, assumir a concretude do bem superficiário (corpóreo), consubstanciado na construção ou plantação realizadas. Considerados esses momentos, há sempre direito real sobre a coisa alheia, visto o instituto como relação entre concedente e concessionário, seja como concessão, seja como direito de o superficiário manter o bem materializado sobre o lote ou gleba de outrem. Do outro lado, se visto o vínculo entre o superficiário e o bem superficiário, o direito é de propriedade sobre a própria coisa.

1.3 Aspectos subjetivos, objetivo da relação superficiária e os dados terminológicos

O concedente é o *dominus soli*, dono do lote ou gleba que outorga a concessão para construir ou plantar.

O concessionário, também denominado superficiário, é o beneficiário da concessão, que, com o exercício desta, adquire a propriedade do bem superficiário.

A relação superficiária é o vínculo estabelecido entre o concedente e o concessionário.

O *solarium* ou *canon* superficiário é a importância paga periodicamente, ou de uma só vez, pelo concessionário ao concedente, na superfície remunerada. Nada impede seja a superfície gratuita.

1.4 Espécies de superfície

No que concerne às espécies de superfície, ela pode ser edilícia, quando tem por objeto construção, ou vegetal, quando tem por objeto plantação. Em alguns ordenamentos, como se verá, e isso se verifica no Código Civil italiano de 1942, a superfície vegetal é proibida.

A superfície pode ser perpétua, quando ocorre a interrupção – e não a simples suspensão – dos efeitos da acessão, como existe em Portugal, inexistindo na Itália, e pode ser temporária, quando acontece a mera suspensão dos efeitos da acessão.

A superfície se apresenta ainda como podendo ser remunerada, quando há a previsão de *canon* a ser pago, ou pode ser gratuita. Na não previsão de pagamento presente na concessão, ela é gratuita.

1.5 Formas de constituição da superfície

A primeira delas é a concessão para construir ou plantar, que, em sistemas como o nosso, deve formalizar-se por escritura pública, já que necessariamente o valor do imóvel será superior à taxa legal, devidamente registrada no Registro de Imóveis.[3]

A segunda delas é a constituição por cisão.

Essa modalidade parte de um imóvel construído ou plantado, no qual já se tenham operado os efeitos da acessão. O dono do imóvel retém em seu domínio o terreno e transfere a outrem, que passa a ser superficiário, a propriedade da construção ou plantação. A nós nos parece inexistir obstáculo no sentido de que a operação se desenvolva inversamente: o dono do imóvel transfere a outrem a propriedade do

---

[3]. Extrai-se, da doutrina, a possibilidade de constituição do direito de superfície também por testamento (GONÇALVES. Op. cit. p. 177; AZEVEDO. Op. cit. p. 159), o que encontra resistência em parcela da jurisprudência, como se infere da seguinte decisão do Tribunal de Justiça do Estado de Minas Gerais: Apelação cível – Agravo retido – Prova testemunhal – Indeferimento – Fato incontroverso – Desnecessidade – Recurso não provido – Ação anulatória – ITCD – Base de cálculo – Valor venal do imóvel – Benfeitoria realizada por terceiro – Acessão – Direito à indenização – Irrelevância para fins de cálculo do imposto – Direito de superfície – ato "inter vivos" – Caráter perpétuo – Vedação – Sentença mantida. 1. O indeferimento de prova testemunhal que tem por finalidade comprovar fato incontroverso não traduz cerceamento ao direito de defesa. 2. A construção edificada no imóvel de propriedade de terceiro caracteriza-se como acessão e não como transferência dominial, sendo, portanto, incabível a exclusão da referida edificação da base de cálculo do ITCD, a qual, conforme dicção do artigo 38 do CTN, deve corresponder ao valor venal dos bens ou direitos transmitidos. 3. A referência testamentária no sentido de que a construção existente no lote de propriedade da "de cujus" foi custeada exclusividade pelo seu filho, não retrata transferência da propriedade, nem mesmo pode ser considerada como constituição do direito de superfície, o qual, seja à luz do Estatuto das Cidades ou do Código Civil vigente, somente é passível de ser instituído por ato "inter vivos", vedada a contratação em caráter perpétuo. Apelação Cível 1.0024.13.022290-4/003 (0222904-67.2013.8.13.0024). Relator Des. Afrânio Vilela. 2ª Câmara Cível. DJ 06.09.2016.

terreno e retém o domínio da construção ou plantação, passando, assim, a assumir a condição de superficiário.

A derradeira forma a considerar é a da possibilidade da constituição da superfície por usucapião. Lavram controvérsias sobre o tema. Juristas há que dão pela impossibilidade dessa modalidade de constituição, uma vez que se determinada pessoa exerce a posse de certa edificação com o *animus rem sibi habendi*, desde que satisfeitos os demais requisitos da usucapião, adquirirá necessariamente o domínio do trato de terra sobre o qual assenta dita edificação, tornando-se, dessa maneira, proprietário do todo, não se caracterizando logicamente uma propriedade separada superficiária mantida sobre o solo de outrem.

Outros há que se manifestam pela possibilidade, como, por exemplo, se, no caso de uma edificação relativamente à qual se tenham operado os efeitos da acessão, o possuidor da edificação, com animus domini passa a pagar, pelo prazo suficiente à consumação da usucapião, ao proprietário um solário, que implica evidentemente no reconhecimento do domínio do trato de terra sobre o qual está a edificação, aperfeiçoando-se, assim, a aquisição, pelo usucapiente, da edificação, pousada sobre o solo de outrem. Quod plerumque accidit, afigura-se-nos que a primeira hipótese será de ocorrência mais frequente, e a segunda de ocorrência significativamente bem mais remota.

1.6 Exercício da superfície

O primeiro deles se refere ao exercício da superfície no subsolo, matéria expressamente contemplada no Código Civil italiano[4].

O segundo é o direito de sobrelevação, previsto no Código Civil suíço, que nada mais é que um direito de superfície em segundo grau, quando o superficiário concede a terceiro o direito de construir sobre a sua propriedade superficiária. Relevante considerar que esta categoria nada tem a ver com a propriedade horizontal, como o condomínio em edifício de apartamentos, pois nessa situação o solo é partido em frações ideais correspondentes a cada uma das propriedades exclusivas existentes superiormente, quando na sobrelevação, a propriedade do solo é inteiramente do primeiro concedente, que faz a concessão ao primeiro superficiário, que, de sua vez, faz outra concessão ao segundo superficiário.

---

4. Destacamos a opinião de Carlos Roberto Gonçalves, fundada no disposto no parágrafo único do art. 1.369 de nosso Código Civil, no sentido da impossibilidade de instituição do direito de superfície no subsolo: "O parágrafo único do art. 1.369 retrotranscrito não autoriza obra no *subsolo*, salvo se for ela pertinente ao objeto da concessão. Exige-se, portanto, que a utilização do subsolo seja inerente à obra superficiária" (GONÇALVES. Op. cit., p. 175). Nada obstante, o Estatuto da Cidade, cujas disposições entendemos não terem sido revogadas pelo Código Civil, expressamente admite a instituição do direito de superfície no subsolo, como se infere do disposto no § 1º de seu art. 21: "O direito de superfície abrange o direito de utilizar o solo, o subsolo, ou o espaço aéreo relativo ao terreno, na forma estabelecida no contrato respectivo, atendida a legislação urbanística".

É interessante observar a criatividade dos moradores de formações favelares, por exemplo, na favela da Rocinha, no Rio de Janeiro, onde é ocorrente o chamado "direito de laje", por força do qual o morador concede a outrem o direito de construir sobre a sua laje, criando o direito informal situação análoga àquela que o direito suíço regula como hipótese de sobrelevação.

1.7 Os direitos e as obrigações do superficiário e do concedente

Respinguemos os direitos do superficiário: a) tem ele, no caso da concessão *ad aedificandum* ou *ad plantandum*, o direito de imitir-se na posse do terreno para construir ou plantar; b) tem ele a posse direta da área objeto da concessão, incluindo o acesso ao entorno necessário ao exercício do direito de construir ou plantar; c) se prevista no título, tem o superficiário direito a indenização do valor do bem superficiário, quando da extinção da superfície, quando dito bem ingressa no patrimônio do concedente (o que se chama impropriamente de reversão, e dizemos impropriamente porque o bem jamais esteve no patrimônio do concedente); d) domínio sobre o bem superficiário; e) instituir direitos reais de uso, gozo e garantia sobre o bem superficiário; f) reconstruir ou replantar se ocorrer a perda do bem superficiário dentro do prazo da concessão, salvo disposição contrária.

Indiquemos as obrigações do superficiário: a) realizar a construção ou plantação, dentro do prazo assinado no título, sob pena de caducidade do direito; b) pagar o *solarium*, na superfície remunerada; c) pagar os tributos incidentes sobre o bem superficiário, na forma da legislação fiscal aplicável; d) conceder preferência ao concedente no caso de alienação da superfície.

Os direitos e obrigações do concedente são os logicamente resultantes dos acima enumerados e a eles correspondentes.

1.8 Usos e vantagens do direito de superfície

O direito de superfície aumenta o leque de possibilidade de utilização da propriedade por parte do titular do terreno. Se tivermos, por exemplo, o proprietário de um trato de terra que não tem recursos para utilizá-lo, ele poderá concedê-lo a alguém em superfície para na referida gleba construir e explorar um hotel.

Sob a modalidade urbanística, poderá o direito de superfície apresentar-se como valioso instrumento. Em uma praça, o município poderá conceder o subsolo para instalação de um estacionamento público, concedendo, por sua vez, na surface sobre o solo o direito a outrem de nele construir, por exemplo, um hospital.

Não se deve descartar a eventualidade de utilizar-se o direito de superfície como instrumento útil em uma política habitacional de assentamento de população carente, concedendo-se a área em que está assentada dita população em superfície, com uma cláusula de opção de compra pelos moradores ao final do prazo.

A questão da dominialidade da construção ou plantação, no nosso direito, está fora do âmbito de incidência do Art. 545, definindo-se claramente no Art. 547, onde se institui o princípio de que "quem semeia, planta ou edifica em terreno alheio perde, em proveito do proprietário, as sementes, plantas e construções...".

Contrariamente ao que fazem alguns estudiosos, não há como, em face do Art. 545, do Código Civil brasileiro, pretender praticar a mesma ilação que os juristas franceses tiraram do Art. 553 do Código Civil francês, para, com essa operação, afirmar a existência, no direito brasileiro, antes do advento do Estatuto da Cidade e da vigência do novo Código Civil, em vigência a partir de janeiro de 2003, do direito de superfície.

1.9 O desenvolvimento do direito de superfície no direito brasileiro

Depois de termos debuxado a teoria geral do direito de superfície, afigura-se-nos oportuno referi-lo à luz do movimento de reforma do nosso Código Civil de 1916.

Como é sabido, no primeiro movimento de reforma do nosso Código Civil, desenvolvido ao longo dos anos 60, sob a coordenação de Caio Mário da Silva Pereira, a orientação foi no sentido de adotar-se um Código Civil, e ao lado dele um Código de Obrigações, fazendo-se no bojo deste último a unificação do direito obrigacional em tudo aquilo que ele seja redutível à disciplina em um único código, a exemplo do modelo suíço, onde se tem um Código Civil e um Código Federal de Obrigações.

Nos termos dessa formulação, coube a Caio Mário da Silva Pereira a elaboração do Anteprojeto do Código de Obrigações e a Orlando Gomes a formulação do Anteprojeto de Direito Civil.

Orlando Gomes era favorável ao restabelecimento do direito de superfície em nosso ordenamento jurídico. Foi assim que o anteprojeto de Código Civil apresentado ao Ministro da Justiça em 31 de março de 1963 contemplava o instituto nos seguintes termos:

> Art. 513. Enumeração dos Direitos Reais Limitados - São direitos reais limitados:
>
> I (...);
>
> II. a superfície;
>
> (...)
>
> Art. 524. Constituição do Direito de Superfície. O proprietário pode conceder a outra pessoa o direito de construir ou plantar no seu terreno, por tempo determinado, mediante escritura pública devidamente inscrita no registro imobiliário.
>
> Art. 525. Transferência do Direito de Superfície. O titular do direito de superfície pode transferi-lo por negócio entre vivos, a título oneroso ou gratuito, bem como por disposição de última vontade.
>
> Art. 526. Objeto do Direito de Superfície. O direito de superfície pode recair sobre qualquer construção, ou plantação, suscetível de ser adquirida por acessão, pelo dono do solo.
>
> Art. 572. Concessão Gratuita ou Onerosa. A concessão do direito de superfície será gratuita ou onerosa.

§ 1º A remuneração do concedente pode ser estipulada para ser paga de uma só vez, ou em prestações periódicas.

§ 2º Na falta de pagamento, o concedente não tem outro direito, ainda que o estipule, senão o de haver as prestações devidas e juros de mora.

Art. 528. Reversão ao Concedente. Se for estipulado que a construção passará ao domínio do concedente após o decurso de certo prazo, não inferior a vinte e cinco anos, nenhuma indenização ou compensação lhe poderá ser exigida pelo superficiário, salvo disposições em contrário.

Art. 529. Tributos e Encargos. O titular do direito de superfície responde pelos encargos e tributos que recaírem sobre o prédio.

Art. 530. Direito de Preferência. Se o concedente quiser alienar o imóvel o superficiário tem direito de preferência em igualdade de condições; o mesmo direito é assegurado ao concedente, na hipótese inversa.

Parágrafo único. Se a construção ou plantação for penhorada, o concedente, sob pena de nulidade, deverá ser intimado para exercer o seu direito de preferência na hasta pública.

Art. 531. Proibição de cobrar taxa de transferência. Não poderá ser estipulado, a nenhum título, o pagamento de qualquer quantia pela transferência da acessão.

(...)

Art. 685. Hipoteca do Direito de Superfície. Se a hipoteca tiver por objeto o direito de superfície, não sobreviverá à sua extinção, a menos que o superficiário tenha adquirido a propriedade do solo, hipótese em que a este se estenderá.

A sugestão formulada por Orlando Gomes terminou por não vingar, ficando vencido o anteprojeto pelos opinamentos de Orozimbo Nonato e Caio Mário da Silva Pereira, membros da comissão revisora, contrários ao direito de superfície, bastando para tanto conferir o texto do artigo 499 do projeto.

Como se sabe essa tentativa de reforma do Código Civil, embora o projeto tenha sido remetido ao Poder Legislativo pela Mensagem 804, de 12.10.1965, terminou por não ser levada adiante.

No segundo movimento de reforma do Código Civil, iniciado com a constituição de uma Comissão Elaboradora e Revisora do Código Civil por ato ministerial de 23 de maio de 1969, o anteprojeto inicial do relator incumbido da parte referente ao direito das cousas, Ebert Vianna Chamoun, não previa o direito de superfície.

Já o anteprojeto inicial, versão da Comissão, o contemplou (art. 1418, II, e 1556/1563).

O supervisor da reforma, Miguel Reale, na exposição datada de 23.05.1972, aludindo ao Decreto-Lei 271, de 28.02.1967, referente à concessão do direito real de uso de terrenos públicos e particulares (art. 7º), registrava que "consoante justa ponderação de José Carlos Moreira Alves, a migração desse modelo jurídico, que passou da esfera do Direito Administrativo para a do Direito Privado, veio estabelecer, sob novo enfoque o antigo instituto da superfície...".

A versão 1973 do anteprojeto manteve o direito de superfície entre os direitos reais (art. 1263, II) e propôs concretamente a sua disciplina nos artigos 1401 a 1408.

O texto foi afinal enviado ao Congresso Nacional, onde passou a constituir o Projeto de Lei 634, de 1975, assim concebido, no tocante ao direito de superfície:

> Art. 1263. São direitos reais:
> I – a propriedade.
> II– a superfície.
> III (...)
> DA SUPERFÍCIE
> Art. 1401. O proprietário pode conceder a outrem o direito de construir ou plantar em seu terreno, por tempo determinado, mediante escritura pública devidamente inscrita no Registro de Imóveis.
> Art. 1402. A concessão da superfície será gratuita ou onerosa; se onerosa estipularão as partes se o pagamento será feito de uma só vez, ou parceladamente.
> Art. 1403. O superficiário responderá pelos encargos e tributos que incidirem sobre o imóvel.
> Art. 1404. A superfície pode transferir-se a terceiro, e, por morte do superficiário, se transmite a seus herdeiros.
> Parágrafo único. Não poderá ser estipulado, a nenhum título, o pagamento de qualquer quantia pela transferência da superfície.
> Art. 1405. Em caso de alienação do imóvel ou da superfície, o superficiário ou o proprietário têm direito de preferência em igualdade de condições.
> Art. 1406. Antes do advento do termo, resolver-se-á a superfície se o superficiário der ao terreno destinação diversa daquela para a qual lhe foi concedida.
> Art. 1407. Extinta a superfície, o proprietário passará a ter o domínio pleno sobre o terreno, construção ou plantação, independentemente de indenização, se as partes não houverem estipulado o contrário.
> Art. 1408. O direito de superfície, constituído por pessoa jurídica de direito público interno rege-se por esse Código, no que não for diversamente disciplinado em lei especial.

Na Câmara dos Deputados foram apresentadas duas emendas, que, por desarrazoadas, foram rejeitadas. No restante de sua tramitação, o direito de superfície, tal como contemplado na formulação remetida ao Congresso, não sofreu alterações de substância senão as que vão adiante indicadas, constando do texto do novo Código Civil (Lei 10.406, de 10 de janeiro de 2002), e pequenas modificações de forma.

No corpo do novo Código Civil, a superfície ficou disciplinada nos artigos 1369 a 1377.

As duas mudanças de substância sofridas pelo texto inicialmente remetido à Câmara dos Deputados (Projeto 634/75) e refletidas no texto do novo Código são as seguintes.

No artigo 1369 do novo Código (correspondente ao Art. 1401 do Projeto 634/75), acrescentou-se um parágrafo único, vedando obras no subsolo, salvo quando inerentes ao objeto da concessão, estando o aludido parágrafo único assim concebido:

> Art. 1369. (...)
> Parágrafo único. O direito de superfície não autoriza obra no subsolo, salvo se for inerente ao objeto da concessão.

Esse dispositivo não prima pela clareza. Parece proibir a concessão da superfície no subsolo, mas na realidade ele interdita a realização de obras no subsolo, se elas não são o objeto da própria concessão.

A outra disposição que não constava do Projeto 634/1975, da Câmara dos Deputados, é a matéria que se contém no artigo 1.376, do novo Código, onde se estipula que "No caso de extinção do direito de superfície em consequência de desapropriação, a indenização cabe ao proprietário e ao superficiário, no valor correspondente ao direito real de cada um".

No novo Código Civil, a inclusão do direito de superfície no rol dos direitos reais está no art. 1.225, II, sendo que no Projeto 634/75 estava no art. 1263, II.

Estaríamos pecando gravemente se não nos referíssemos no presente estudo ao direito de superfície urbanístico, tal como está previsto na Lei Federal 10.257, de 10.07.2001, que se autodenomina Estatuto da Cidade.

A primeira tentativa para o estabelecimento de princípios federais regulando o desenvolvimento urbano e prevendo instrumentos vários, inclusive jurídicos, procurando organizar de maneira justa e regular os assentamentos urbanos, esteve no Projeto de Lei Federal 775/83, de iniciativa do Poder Executivo, e remetido ao Congresso Nacional pela Mensagem 155/83.

Há muito que essa matéria vinha sendo objeto da preocupação do Ministério do Interior, através do então existente Conselho Nacional do Desenvolvimento Urbano (CNDU), tanto assim que, em 1977, houve um vazamento jornalístico, através da Folha de São Paulo, que, em 1977, publicou o texto de um anteprojeto, que estava sendo elaborado naquelas câmaras governamentais, relativamente à questão da propriedade urbanística.

É interessante observar que àquela época estávamos sob a égide da Emenda Constitucional 1, de outubro de 1969, que não previa expressamente competência da União Federal para estabelecer diretrizes federais sobre o desenvolvimento urbano, o que levou o Executivo Federal a fazer a sua proposta legislativa acompanhada de pareceres de dois juristas demonstrando a competência implícita da União Federal para tomar a providência preconizada. Ditos pareceres são de autoria do Professor Miguel Reale e do hoje falecido Hely Lopes Meirelles, e estão publicados na Revista de Direito Público 75/42 e 75/95. Aliás, nenhuma das Constituições brasileiras anteriores a 1988 outorgara expressamente essa competência à União Federal, sendo certo que a iniciativa do Deputado Marchesan, do Rio Grande do Sul, que propusera emenda constitucional nesse sentido, terminou arquivada.

O aludido Projeto de Lei Federal 775/83, entre os vários instrumentos novos que alvitrava para o estabelecimento de centros urbanos organizados e socialmente justos, previa o direito de superfície, nos seguintes termos:

> Art. 21. O proprietário urbano pode conceder a outrem o direito de construir em seu terreno, por tempo determinado ou indeterminado, mediante escritura pública devidamente inscrita no Registro de Imóveis.

Art. 22. A concessão do direito de superfície poderá ser gratuita ou onerosa, se onerosa, estipularão as partes a forma de pagamento.

Art. 23. O superficiário responderá pelos encargos e tributos que incidirem sobre o imóvel.

Art. 24. A superfície pode transferir-se a terceiro e, por meio do superficiário, se transmite a seus herdeiros.

Parágrafo único. Não poderá ser estipulado, a nenhum título, o pagamento de qualquer quantia pela transferência da superfície.

Art. 25. Em caso de alienação do imóvel ou da superfície, o superficiário ou o proprietário tem direito de preferência em igualdade de condições.

Art. 26. Antes do advento do termo, resolver-se-á a superfície se o superficiário der ao terreno destinação diversa para a qual foi concedida.

Art. 27. Extinta a superfície, o proprietário passará a ter o domínio pleno sobre o terreno, construção e benfeitorias, independentemente de indenização, se as partes não houverem estipulado o contrário.

Art. 28. O direito de superfície constituído por pessoa jurídica de direito público rege-se por esta lei, no que não for diversamente disciplinado em lei especial.

Este projeto terminou sendo retirado, em julho de 1995, pelo Governo Federal, sem qualquer deliberação do Congresso.

O Senador Pompeu de Souza apresentou projeto de lei, que tomou o n. 5788/1990 e se autodenominava Estatuto da Cidade. Aprovado no Senado, o projeto desceu à Câmara dos Deputados; o projeto foi apensado a dezessete outras iniciativas que ali existiam.

Já a esta altura, o art. 21, inciso XX, da Constituição da República de 1988, conferia à União Federal competência para instituir diretrizes para o desenvolvimento urbano, inclusive habitação, saneamento público e transportes.

Depois de demorada tramitação, veio a ser aprovada a proposição que se transformou na Lei Federal 10.257, de 10 de julho de 2001, que "regulamentou" os artigos 182 e 183 da Constituição Federal, estabelecendo diretrizes gerais da política urbana e autodenominando-se Estatuto da Cidade. Em seu artigo 58 ficou estabelecida uma *vacatio* de 90 (noventa) dias, tendo sido a lei publicada, com vetos, no Diário Oficial da União de 11.07.2001.

Nos artigos 21 a 24, o Estatuto da Cidade regula o direito de superfície, na conformidade das disposições que seguem:

Art. 21. O proprietário urbano poderá conceder a outrem o direito de superfície do seu terreno, por tempo determinado ou indeterminado, mediante escritura pública registrada no cartório de registro de imóveis.

§ 1º O direito de superfície abrange o direito de utilizar o solo, o subsolo ou o espaço aéreo relativo ao terreno, na forma estabelecida no contrato respectivo, atendida a legislação urbanística.

§ 2º A concessão do direito de superfície poderá ser gratuita ou onerosa.

§ 3º O superficiário responderá integralmente pelos encargos e tributos que incidirem sobre a propriedade superficiária, arcando, ainda, proporcionalmente à sua parcela de ocupação efetiva, com os encargos e tributos sobre a área objeto da concessão do direito de superfície, salvo disposição em contrário do contrato respectivo.

§ 4º O direito de superfície pode ser transferido a terceiros, obedecidos os termos do contrato respectivo.

§ 5º Por morte do superficiário, os seus direitos transmitem-se a seus herdeiros.

Art. 22. Em caso de alienação do terreno, ou do direito de superfície, o superficiário e o proprietário, respectivamente, terão direito de preferência, em igualdade de condições à oferta de terceiros.

Art. 23. Extingue-se o direito de superfície:

I – pelo advento do termo;

II – pelo descumprimento das obrigações contratuais assumidas pelo superficiário.

Art. 24. Extinto o direito de superfície, o proprietário recuperará o pleno domínio do terreno, bem como das acessões e benfeitorias introduzidas no imóvel, independentemente de indenização, se as partes não houverem estipulado o contrário no respectivo contrato.

§ 1º Antes do termo final do contrato, extinguir-se-á o direito de superfície se o superficiário der ao terreno destinação diversa daquela para a qual foi concedida.

§ 2º A extinção do direito de superfície será averbada no cartório de registro de imóveis".

Importa salientar que, com a entrada em vigor do novo Código Civil em 11 de janeiro de 2003, as disposições nele constantes relativas ao direito de superfície não revogaram aquelas já em vigor e que foram editadas com o Estatuto da Cidade.

Não incide no caso a regra da Lei de Introdução segundo a qual a lei posterior, que regula inteiramente a matéria tratada na lei anterior, a revoga. Isso porque, o direito de superfície contemplado no Estatuto da Cidade é um instituto de vocação diversa daquele previsto no novo Código Civil, voltado aquele para as necessidades do desenvolvimento urbano, editado como categoria necessária à organização regular e equânime dos assentamentos urbanos, como fator de institucionalização eventual da função social da Cidade. No novo Código Civil, o direito de superfície será um instrumento destinado a atender interesses e necessidades privadas.[5]

Se uma municipalidade, por exemplo, desafeta o espaço público correspondente a uma praça, convolando-o em bem patrimonial, e concede a terceiro, a título de superfície, o subsolo, para instituição de um estacionamento, concedendo o solo a outrem, também a título de superfície, para construção e exploração de um estádio poliesportivo, estará utilizando o direito de superfície urbanístico, previsto no Estatuto da Cidade.

---

5. Compartilhando da mesma opinião, Francisco Eduardo Loureiro, ao comentar o disposto no art. 1.377 do Código Civil: "O artigo tem imediata conexão com os arts. 21 a 24 da Lei 10.257/2001 (Estatuto da Cidade), que também disciplinam o direito superfície. As regras do Estatuto da Cidade não foram revogadas pelo CC/2002, mas incidem apenas nos casos em que a superfície seja constituída por pessoas jurídicas de direito público interno. Há, portanto, dois regimes jurídicos distintos. Um para os casos nos quais a superfície é constituída por pessoas jurídicas de direito público interno, regulada de modo primário pelos arts. 21 a 24 do Estatuto da Cidade e de modo supletivo, no preenchimento de lacunas, pelo atual CC. Outro regime jurídico para os casos nos quais a superfície é constituída entre pessoas naturais ou jurídicas de direito privado, regulada de modo primário pelo CC/2002 e de modo supletivo, no preenchimento de lacunas, pelo Estatuto da Cidade". LOUREIRO, Francisco Eduardo. Direito de superfície. In: PELUSO, Cezar (Coord.). *Código Civil comentado*: doutrina e jurisprudência. 8. ed. Barueri: Manole. 2014. p. 1.326-1.327.

Se um particular, dono de um imóvel residencial, pretende estabelecer no lote contíguo, de propriedade de outrem, um campo de futebol, nele construindo uma pequena sede desportiva, com vestiário, sauna etc.., para tanto contratando com seu vizinho o direito de construir, a título de superfície, sobre o lote dele, estará constituindo um direito de superfície que será regulado pelo novo Código Civil, pois o negócio jurídico em tela estará penetrado inteiramente pelo interesse particular, sem qualquer viés urbanístico.

Por outro lado, a tese que admite a revogação dos instrumentos do Estatuto da Cidade, como, por exemplo, o instituto da edificação, do parcelamento e da utilização compulsórios ou o direito de preempção urbanística, pelo fato de o novo Código Civil ter regulado o direito de propriedade sem tê-los contemplado, consubstancia uma grave erronia, por isso que torna *tabula rasa*, pretendendo implodir pela ab-rogação equivocada, institutos fundamentais na repressão à desabalada especulação imobiliária que marca a retenção abusiva de lotes em mãos de particulares, que não utilizam ou subutilizam a propriedade que detêm, com a finalidade da obtenção de lucros indevidos, em vários centros urbanos em nosso país.

Os textos do Estatuto da Cidade, já vigentes, e do novo Código Civil que entrou em vigor em 11 de janeiro de 2003, em matéria de direito de superfície, se revelam a nosso ver demasiadamente singelos, sem aproveitar, em toda a sua extensão, sugestões que nos são oferecidas pelos ordenamentos alienígenas.

É assim que: a) não preveem a possibilidade da constituição do direito de superfície por cisão; b) a formulação do novo Código Civil não contempla com a clareza desejável a viabilidade da superfície no subsolo; c) não contemplam a possibilidade da sobrelevação ou da superfície em segundo grau; d) não explicitam as regras para o exercício do direito de preferência, seja pelo dono do solo, no caso de alienação da superfície, seja pelo superficiário, no caso de alienação do solo, nem explicitam as consequências da não afronta do titular para o eventual exercício da prelação: perdas e danos ou nulidade do negócio jurídico praticado sem a abertura da oportunidade da prática da preferência; e) não enfatizam a existência de uma propriedade superficiária, a sua hipotecabilidade e a possibilidade de constituição de outros direitos reais de gozo relativamente à área objeto da concessão, e o destino desses direitos quando da extinção da superfície; f) não prescrevem a possibilidade, no caso de transferência da superfície, de as obrigações constantes do título superficiário serem oponíveis ao novo superficiário (caracterização legal como obrigações *propter rem,* o que seria utilíssimo na superfície urbanística, se em determinada hipótese fosse aconselhável a sua adoção como instrumento de regularização fundiária); g) não contêm norma excluindo a possibilidade de rescisão do contrato superficiário pelo não pagamento do *solarium;* h) não estabelecem prazo dentro do qual o direito de superfície é de ser concretizado, sob pena de extinção pelo não-uso; i) as normas do Estatuto da Cidade não preveem expressamente a possibilidade da superfície vegetal, quando nada parece impedir se façam concessões *ad plantandum* no perímetro urbano, sobretudo quando a agricultura doméstica se apresenta como recurso válido para as populações de baixa renda.

Entendemos que o direito de superfície como está previsto nos dois diplomas legais, no novo Código Civil e no Estatuto da Cidade, deve sofrer o impacto da experiência vivida, deve receber as achegas do direito aplicado, mas, no entanto, não excluímos a possibilidade de que, dentro de algum tempo, nova formulação seja adotada, tanto no novo Código Civil, como no Estatuto da Cidade, na linha da sugestão que agora passamos a deduzir:

"Art. A". O proprietário pode conceder a outrem, temporariamente, o direito de construir ou plantar, mediante escritura pública devidamente registrada no Registro de Imóveis, adquirindo o concessionário a propriedade da construção ou plantação.

Parágrafo único. No caso de construção ou plantação já existentes e relativamente às quais já se tenham operado os efeitos da acessão, o proprietário pode alienar a construção, plantação ou o solo separadamente, constituindo, assim, a superfície por cisão.

"Art. B". O direito de superfície pode recair sobre qualquer construção ou plantação suscetível de ser adquirida por acessão pelo dono do solo.

"Art. C". A concessão do direito de superfície será gratuita ou onerosa. Quando onerosa, estipularão as partes se o pagamento será feito de uma só vez ou periodicamente.

"Art. D". O superficiário responderá pelos encargos e tributos que incidirem sobre o imóvel superficiário, podendo estender-se a responsabilidade fiscal à totalidade do objeto da concessão, conforme a lei fiscal aplicável.

"Art. E". A superfície pode transferir-se a terceiros, e, por morte do superficiário, se transmite a seus sucessores ou legatários.

Parágrafo único. Salvo disposição em contrário, as obrigações constantes do título superficiário são exigíveis do adquirente do direito de superfície.

"Art. F". Não poderá ser estipulado, a nenhum título, pagamento pela transferência da superfície feito em favor do dono do solo.

"Art. G". Em caso de venda ou dação em pagamento, do solo ou da superfície, o superficiário ou dono do solo tem direito de preferência em igualdade de condições.

§1º O direito de preferência caducará quando não exercido nos dois meses subsequentes ao dia em que o superficiário ou o dono do solo tenha sido afrontado com as condições da alienação.

§2º Responderá por perdas e danos aquele que alienar seu direito sem observância do disposto neste artigo, obrigado solidariamente o adquirente de má-fé.

"Art. H". Resolver-se-á a superfície se o superficiário der ao terreno destinação diversa da prevista no título superficiário, ou incorrer em infração grave de obrigação constante do mesmo título.

"Art. I". Na falta de pagamento da pensão superficiária avençada, o concedente não tem outro direito, ainda que estipulado, senão o de haver as prestações devidas, corrigidas monetariamente pelos índices legais, e juros de mora.

"Art. J." Extinta a superfície, o dono do solo passa a ter o domínio pleno sobre o terreno, e sobre a construção ou plantação, independentemente de indenização se as partes não houverem acordado em contrário, observadas as disposições seguintes.

"Art. K". A extinção do direito de superfície pelo advento do termo implica na extinção dos direitos reais incidentes sobre a coisa superficiária; quando o superficiário tenha adquirido a propriedade do solo, a este se estendem ditos direitos reais. Aquela extinção implicará, por outro lado, na extensão à coisa superficiária dos direitos reais que gravam o solo, observado o adiante disposto quanto à hipoteca.

"Art. L". Na hipótese de extinção do direito de superfície pelo advento do termo a hipoteca da coisa superficiária igualmente se extingue, sub-rogando-se a garantia na indenização de que trate o Art. , se houver; a hipoteca do solo não se estende à coisa superficiária.

"Art. M". Se por outra causa se extingue a superfície, a hipoteca da coisa superficiária ou do solo continua a gravar separadamente cada um desses bens.

"Art. N". O direito de superfície se extingue no caso de o superficiário não concluir a obra ou realizar a plantação no prazo fixado no título superficiário, ou, na falta de fixação, dentro do prazo de 5 (cinco) anos contados da constituição do direito de superfície, ou se destruída a construção ou plantação, o superficiário não a refizer no mesmo prazo contado de sua notificação para tanto.

"Art. O". As disposições precedentes se aplicam à concessão para construir em subsolo alheio, bem como à constituição do direito de superfície sobre a propriedade superficiária.

"Art. P". Apenas o dono do solo ou da coisa superficiária pode constituir o direito de superfície.

"Art. Q". O direito de superfície constituído por pessoa jurídica de direito público rege-se pelo disposto nesta seção, ressalvadas as regras constantes de lei especial.

Essas as observações que, no presente ensaio, temos a fazer sobre o direito de superfície tal como está disciplinado no novo Código Civil e no Estatuto da Cidade, bem como as sugestões que nos ocorrem para o aperfeiçoamento do instituto.

2. O DIREITO DE LAJE

Cabe-nos, agora, tecer algumas considerações sobre o direito de laje.

Nas favelas registra-se um hábito, de alguma forma generalizado, de o ocupante ceder a utilização da laje de sua moradia a um terceiro, permitindo que esse terceiro construa para si uma nova moradia. A laje é o espaço plano situado na parte superior da habitação. Cria-se dessa maneira informalmente um direito de laje. Vale observar que esse direito de laje corresponde ao que no direito suíço se chama de sobrelevação, que resulta da faculdade que, no direito de superfície, o concessionário tem de construir sobre a sua propriedade superficiária. Vê-se a criatividade dos nossos favelados, concebendo uma forma de moradia, que no direito suíço já estava positivado.

Da mesma forma que a moradia inicial, a nova habitação construída na laje pode ser transferida a outrem. Todas essas operações, nas áreas favelizadas, se processam informalmente.

Nessas operações ganha importância a associação de moradores. O Poder Público, nesses espaços, não tem capacidade de impor suas regras, não tem capacidade de fazer prevalecer o direito por ele criado.

Entendem alguns especialistas ocorrer uma *suspensão jurídica* do direito formal. Não nos parece que assim seja, pois na realidade o direito formal jamais incidiu nessas áreas. As regras comportamentais vinculantes, obrigatórias, nessas áreas nascem espontaneamente, surgem da capacidade criadora dos seres a elas submetidos. É a força do velho brocardo *ubi societas, ibi jus*, onde há sociedade, existe indeclinavelmente o direito.

Recentemente. o direito de laje, que anteriormente estava presente apenas no direito informal, foi introduzido no nosso ordenamento jurídico, por meio da Medida Provisória 759, de 2016, que se converteu na Lei Federal 13.465, de 11 de julho de 2017.

A referida lei trouxe alguns aperfeiçoamentos, se comparada com a Medida Provisória. Pode destacar-se, por exemplo, o fato de que na Medida Provisória só se admitia uma sobrelevação, enquanto que na mencionada lei foram admitidas sobrelevações sucessivas, até o limite do gabarito previsto na legislação municipal de determinada localidade.

O direito de laje está previsto no artigo 55, da Lei Federal 13.465, de 11 de julho de 2017, por meio de alterações realizadas no Código Civil de 2002.

Assim, no artigo 1.225, inciso XIII, do Código Civil, foi acrescentada a laje, entre os direitos reais enumerados no ordenamento.

Criou-se o artigo 1.510-A, no Código Civil, estabelecendo que o proprietário de uma construção-base poderá ceder a superfície superior ou inferior de sua construção a fim de que o titular da laje mantenha unidade distinta daquela originalmente construída sobre o solo.

No § 1°, do artigo 1.510-A, se enuncia que o direito real de laje contempla o espaço aéreo ou o subsolo de terrenos públicos ou privados, tomados em projeção vertical, como unidade imobiliária autônoma, não contemplando as demais áreas edificadas ou não pertencentes ao proprietário da construção-base.

Passamos a transcrever os demais dispositivos pertinentes:

> § 2° O titular do direito real de laje responderá pelos encargos e tributos que incidirem sobre a sua unidade.
>
> § 3° Os titulares da laje, unidade imobiliária autônoma constituída em matrícula própria, poderão dela usar, gozar e dispor.
>
> § 4° A instituição do direito real de laje não implica a atribuição de fração ideal de terreno ao titular da laje ou a participação proporcional em áreas já edificadas.
>
> § 5° Os Municípios e o Distrito Federal poderão dispor sobre posturas edilícias e urbanísticas associadas ao direito de laje.
>
> § 6° O titular da laje poderá ceder a superfície de sua construção para a instituição de um sucessivo direito real de laje, desde que haja autorização expressa dos titulares da construção-base e da demais lajes, respeitadas as posturas edilícias e urbanísticas vigentes.

O artigo 1510-B do Código Civil estatui que é expressamente vedado ao titular da laje prejudicar com obras novas ou com falta de reparação a segurança, a linha arquitetônica ou o arranjo estético do edifício, observadas as posturas previstas em legislação local.

O artigo 1510-C preceitua que, sem prejuízo, no que couber, das normas aplicáveis aos condomínios edilícios, para fins do direito real de laje, as despesas necessárias à conservação e fruição das partes que sirvam a todo o edifício e ao pagamento de serviços de interesse comum serão partilhadas entre o proprietário da construção-base e o titular da laje, na proporção que venha a ser estipulada em contrato.

O § 1º deste artigo estabelece que são partes que servem a todo o edifício: I – os alicerces, colunas, pilares, paredes-mestras e todas as partes restantes que constituam a estrutura do prédio; II – o telhado ou os terraços de cobertura, ainda que destinados ao uso exclusivo do titular da laje; III – as instalações gerais de água, esgoto, eletricidade, aquecimento, ar-condicionado; IV – em geral, as coisas que sejam afetadas ao uso de todo o edifício.

O § 2º declara que é assegurado, em qualquer caso, o direito de qualquer interessado em promover reparações urgentes na construção na forma do parágrafo único do artigo 249 deste Código.

O artigo 1510-D diz que em caso de alienação de qualquer das unidades sobrepostas, terão direito de preferência, em igualdade de condições com terceiros, os titulares da construção-base e da laje, nessa ordem, que serão cientificados por escrito para que se manifestem no prazo de trinta dias, salvo se o contrato dispuser de modo diverso.

O § 1º deste artigo reza que se o titular da construção-base ou da laje a quem não se der conhecimento da alienação poderá, mediante depósito do respectivo preço, haver para si a parte alienada a terceiros, se o requerer no prazo de cento e oitenta dias, contado da data de alienação.

O § 2º declara que se houver mais de uma laje, terá preferência, sucessivamente, o titular das lajes ascendentes e o titular das lajes descendentes, assegurada a prioridade para laje mais próxima à unidade sobreposta a ser alienada.

O artigo 1510-E estatui que a ruína da construção-base implica extinção do direito real de laje, salvo se:

I – se este tiver sido instituído sobre o subsolo;

II – se a construção-base não for reconstruída no prazo de cinco anos.

Parágrafo único. O disposto neste artigo não afasta o direito a eventual reparação civil contra o culpado pela ruína.

Essas as considerações que me ocorrem sobre o tema relativo ao Direito de Superfície e o Direito de Laje.

23
"NOVOS CONDOMÍNIOS" E A MULTIPROPRIEDADE IMOBILIÁRIA: DA COMUNHÃO DO SOLO À PARTILHA DA UNIDADE NO TEMPO

Guilherme Cinti Allevato

Mestrando em Direito Civil na UERJ. Bacharel em Direito na UERJ. Advogado associado e consultor jurídico.

Sumário: 1. Introdução – 2. Os condomínios antes do CC/2002: modelo inicial simplista, o desenvolvimento das propriedades horizontais e experiências embrionárias da multipropriedade – 3. O advento do CC/2002: derrogação da Lei 4.591/64, novidades no condomínio edilício e enunciado doutrinário sobre novos arranjos condominiais – 4. Lei da reurb e condomínio de lotes no CC/2002: uma tentativa de retirar o véu da informalidade fundiária – 5. Lei 13.777/2018 e a consagração de "condomínios temporais": a positivação da multipropriedade imobiliária no Brasil – 6. Conclusão.

1. INTRODUÇÃO

Vivemos na Era do Compartilhamento[1]. Espaços, sentimentos, momentos, experiências. Tudo é mais bem aproveitado se colocado à disposição do maior número possível de pessoas. Até mesmo um intervalo de tempo como dono de uma unidade imobiliária. Algo inimaginável para nossos pais, assim como os prédios com vários apartamentos e áreas comuns eram impensáveis para nossos avós. De uma geração a outra[2], embora em graus e contextos distintos, nota-se crescente necessidade de

---

1. "A cada dia surgem novas formas de compartilhamento, as quais rapidamente são incorporadas ao nosso cotidiano. Quando nos damos conta já não lembramos como era viver sem elas alguns anos atrás. [...]. Você já se deu conta de como o compartilhamento é um caminho sem volta? Seja por questões econômicas, ambientais, logísticas ou por praticidade. Alguns anos atrás, era impensável para muitos dividir por algumas horas o balcão de um bar ou restaurante com estranhos que dirá compartilhar uma viagem no seu veículo". (MAZZARIOL, Juliana de Oliveira. *A era do compartilhamento:* novas (?) formas de ocupação e convívio. Migalhas. Disponível em: https://www.migalhas.com.br/depeso/319419/a-era-do-compartilhamento---novas-----formas-de-ocupacao-e-convivio.
2. "Na década de 70 um jovem de 17 anos ansiava pela maioridade para ganhar um carro e assim poder exercer sua liberdade dirigindo para qualquer lugar. O patrimônio exclusivo era o seu reconhecimento social de autonomia, status e poder. Em 2019, o jovem de 17 anos, filho do anterior, impacta o seu pai quando em um jantar de família afirma "eu não terei carro, vou de UBER". Mas o que aconteceu entre uma geração e outra para fazer esvair a ideia de patrimônio exclusivo e de acumulação de bens como desejo primordial de uma pessoa?" (GUILHERMINO, Everilda Brandão. *Acesso e compartilhamento:* a nova base econômica e jurídica dos contratos e da propriedade. Disponível: https://www.migalhas.com.br/coluna/migalhas-contratuais/311569/acesso-e-compartilhamento--a-nova-base-economica-e-juridica-dos-contratos-e-da-propriedade).

partilhar a propriedade. Isso porque os anos passam e a exclusividade cabe menos no bolso dos brasileiros. É o que se observa na trajetória do direito real de domínio sobre imóveis, desde a antiga Lei 3.071, de 1º de janeiro de 1916 ("CC/1916"), até a vigente Lei 10.406, de 10 de janeiro de 2002 ("CC/2002"), com recentes alterações em 2017 e 2018.

Nos anos 20 do século passado, o Brasil ainda fazia a transição do modelo econômico agrário para o industrial. Começavam a surgir e aumentar as construções e ocupações nas áreas que viriam a se tornar o que, hoje, denominamos grandes cidades. Havia, assim, oferta de espaços para uma procura fisicamente compatível. Cada um, portanto, poderia, a um valor digamos razoável, obter seu "pedaço de chão".

Já na década de 60, após os governos desenvolvimentistas de Getúlio Vargas e Juscelino Kubitschek, a demanda seguia crescente, porém as principais urbes estavam saturadas. Terrenos livres viraram artigo de luxo. Como consequência das ditas leis do mercado, os preços dispararam e o imóvel a título singular passou a ser um sonho inalcançável até para classes médias da população. Ganhou força, então, uma nova mentalidade. Ora, se nenhum dos interessados, sozinho, tinha condições financeiras de comprar um terreno e nele mandar levantar moradia, fábrica ou estabelecimento, talvez várias pessoas, com aportes medianos, conseguiriam adquirir o solo e viabilizar o prédio. Entretanto, a cada indivíduo caberia um recanto só seu no conjunto, agrupado a outros módulos, por meio de espaços de convivência e uso de todos. Desta feita, os condomínios edilícios proliferaram nas zonas urbanas do país, ensejando a edição de diploma próprio, a Lei 4.591/64, que passou a vigorar paralelamente ao CC/1916. Tal normativa foi aproveitada pelo CC/2002, com rearranjos e alguns ajustes pontuais.

O avanço do século XXI, de um lado, consolidou a estrutura condominial, mas não sem trazer à tona outros desafios para o tema, quais fossem: (i) as ocupações imobiliárias irregulares; e (ii) a crescente onerosidade, sob perspectiva custo-benefício, da aquisição e manutenção de uma segunda unidade imobiliária. Indo de encontro ao primeiro ponto, o legislador positivou os condomínios de lotes, urbano simples e os loteamentos controlados, mediante edição da Lei 13.465/2017 ("Lei da REURB"). Na sequência, promulgou a Lei 13.777/2018, consagrando o condomínio em multipropriedade. Se, no passado, os preços fizeram com que os terrenos fossem divididos em módulos individuais, agora, a segmentação atinge as unidades autônomas, gerando frações de tempo de uso e fruição exclusivos em relação ao imóvel como um todo. Ambas as leis acresceram dispositivos (arts. 1.358-A a 1.358-U) e novos arranjos condominiais ao CC/2002, sendo estes o objeto de investigação deste trabalho.

No que tange à metodologia, o artigo está pautado na técnica de análise cronológica do instituto dos condomínios (inclusive o multiproprietário), através de uma linha do tempo iniciada com a entrada em vigor do CC/1916 e que desemboca no cenário atual, com as adições feitas ao CC/2002 em 2017 e 2018. Durante o percurso, serão tecidos comentários acerca das principais características e normas aplicáveis em cada recorte temporal, incluindo reflexões sobre alguns aspectos controvertidos.

2. OS CONDOMÍNIOS ANTES DO CC/2002: MODELO INICIAL SIMPLISTA, O DESENVOLVIMENTO DAS PROPRIEDADES HORIZONTAIS E EXPERIÊNCIAS EMBRIONÁRIAS DA MULTIPROPRIEDADE

Haja vista ter sido concebido em um ambiente de economia e ocupação do solo de perfil extremamente ruralista – no seio de uma sociedade dominada por grandes cafeicultores, que ainda nutria muito apego a uma concepção liberal de propriedade como direito absoluto, exclusivista e individual –, o fato de o CC/1916 já abordar, no seu texto original, a figura dos condomínios pode ser tida como uma surpresa positiva.

Contudo, nessa conjuntura histórica, o tratamento dispensado à matéria pelo Código Beviláqua repousou somente no condomínio geral, cuja estrutura não goza de maiores requintes jurídicos. Para terceiros, dono do terreno é o conjunto formado pelos cotitulares dominiais, que, entre si, performam seu direito de propriedade sobre frações de área proporcionais à sua participação na aquisição e na manutenção do imóvel[3].

Dentro de tal categoria condominial simplista, eram contempladas duas espécies: (i) condomínio voluntário[4] (arts. 623 a 641 do CC/1916); e (ii) o condomínio necessário (arts. 642 a 646 do CC/1916 – paredes, cercas, muros, valas e compáscuo[5]), que, para alguns autores, ainda dividiria espaço com o condomínio fortuito, ambos na esfera dos arranjos condominiais de natureza legal[6]. Ambas as formas permanecem no CC/2002[7].

---

3. "A cada condômino é assegurada uma quota ou fração ideal da coisa, e não uma parcela material desta. Cada cota ou fração não significa que a cada um dos comproprietários se reconhece a plenitude dominial sobre um fragmento físico do bem, mas que todos os comunheiros têm direitos qualitativamente iguais sobre a totalidade dele, limitados contudo na proporção quantitativa em que concorre com os outros comproprietários na titularidade sobre o conjunto". (PEREIRA, Caio Mário da Silva. *Instituições de Direito Civil:* direitos reais. 27. ed. rev., atual. e ampl. por Carlos Edison do Rêgo Monteiro Filho. Rio de Janeiro: Forense, 2019. p.190-191).
4. "A comunhão voluntária deriva de negócio jurídico, tal como na aquisição, doação ou destinação em comum de bem para que duas ou mais pessoas possam usá-lo e usufruí-lo". (FARIAS, Cristiano Chaves de; ROSENVALD, Nelson. *Curso de direito civil:* direitos reais. 13. ed. rev., ampl. e atual. Salvador: JusPodivm, 2017. v. 5, p. 671).
5. "[...] é o que se verifica quando diversas pessoas têm direito a usar o mesmo pasto. Tanto se dá em terrenos baldios e públicos como em terrenos particulares. Quando se verifica nos primeiros, rege-se, entre nós, por posturas municipais. Exercendo-se nos segundos, regula-se pelas regras do condomínio, se não houver estipulação diversa entre os interessados". (GOMES, Orlando. Orlando. *Direitos Reais.* 21. ed. rev. e atual. por Luiz Edson Fachin. Rio de Janeiro: Forense, 2012. p. 233).
6. "O condomínio legal, por sua vez, forma-se *ex vi legis* e se subdivide em: (i) condomínio forçado ou necessário (de que se consideram hipóteses a comunhão de paredes, cercas, muros e valas; o compáscuo; e a comunhão resultante da formação de ilhas, da comistão, da confusão, da adjunção e do achado de tesouro); e (ii) condomínio incidental ou fortuito, que ocorre, v.g., quando, por sucessão hereditária legítima, certo bem acabe por ingressar no patrimônio de mais de um herdeiro". (TEPEDINO, Gustavo; BARBOZA, Heloisa Helena; MORAES, Maria Celina Bodin de. *Código Civil interpretado conforme a Constituição da República.* 2. ed. rev., atual. Rio de Janeiro: Renovar, 2014, v. III, p. 667).
7. "Pelo anterior Código Civil (1916), só tínhamos o condomínio geral voluntário (divisível e indivisível), conforme os artigos 623 a 641, e o condomínio necessário, na forma dos artigos 642 a 645. Essas formas de condomínio foram repetidas no Código Civil de 2002, respectivamente, nos artigos 1.314 a 1.326 (voluntário) e 1.327 a 1.330 (necessário)" (CÂMARA, Hamilton Quirino. As várias formas de condomínio e o rateio de despesas. *Condomínio Edilício.* 5. ed. Rio de Janeiro: Lumen Iuris (prelo). Disponível em: http://www.hamiltonquirino.com.br/asvariasformas.pdf).

A modalidade edilícia, de caráter especial, cuja estrutura comporta não apenas áreas comuns, mas também unidades de domínio integral exclusivo de cada condômino, não foi positivada no CC/1916. A explicação para tal ausência é bem franca. Na gênese do antigo diploma cível, os edifícios de apartamentos e salas ainda não constituíam um fenômeno marcante da realidade social das urbes brasileiras[8]. À época, a lei alcançava somente as divisões verticais da propriedade ("casas de parede meia").

Os domínios horizontais[9] receberam suas primeiras linhas legislativas com a edição do Decreto-Lei 5.481, de 25 de junho de 1928, que representou iniciativa pioneira sobre o tema na América Latina. Posteriormente, através do Decreto-Lei 5.234/43, a norma evoluiu, pois houve extirpação das regras que impunham limite máximo de cinco andares aos edifícios, além de condicionarem as construções dessa espécie arquitetônica ao emprego de certos materiais e a determinadas localidades. Mais tarde, a Lei 285/48 reforçou a regulamentação da matéria, destacando que os prédios poderiam ter unidades residenciais e/ou comerciais[10].

Veio então a década de 1960, trazendo consigo o crescimento das aglomerações urbanas e a intensificação do desenvolvimento vertical das cidades, de modo que a aquisição da propriedade exclusiva de arranha-céus se transformou em caso excepcional no cenário das metrópoles (para não dizer verdadeira raridade)[11]. O comportamento das pessoas em relação ao jeito de habitar e trabalhar não era mais acomodado na singeleza das normas dos anos 50, pelo que a elaboração de novo regime jurídico mais robusto e específico se mostrava necessária. Então, deu-se a promulgação da

---

8. "O Código Civil Brasileiro de 1916, nascido do brilhantismo de Beviláqua, não contemplou o denominado condomínio edilício. Tal omissão explica-se e compreende-se facilmente já que os fenômenos da ocupação e valorização do espaço urbano deram-se anos mais tarde. O Código Civil de 1916 foi elaborado para um Brasil essencialmente agrário, cuja urbanização ainda caminhava a passos lentos. Neste diapasão, não havia necessidade de se regulamentar um instituto ainda sem os reclamos da vida social" (FRANCESCHET, Júlio. *O condomínio edilício sob a perspectiva civil-constitucional*. In: *Revista Eletrônica da Faculdade Metodista Granbery*. n. 3, jul./dez. 2007. Disponível em: http://re.granbery.edu.br/artigos/MjA5.pdf).
9. Malgrado soe esquisito aos ouvidos denominar de "horizontal" uma propriedade que deriva de obras realizadas "para o alto", entendemos que a expressão guarda suas motivações históricas. A primeira delas repousa na ideia de criar um contraste dentro do direito romano com o regime dominical anterior, já batizado de "propriedade vertical". Adicionalmente, o termo escolhe um critério de observação do fenômeno, qual seja a disposição das unidades uma ao lado da outra, dentro do mesmo andar, a despeito de ser plausível também uma mudança de referencial para mostrar que, simultaneamente, os módulos também são organizados uns em cima dos outros. Sobre essa natural estranheza terminológica e em defesa da designação tradicional, permita-nos remeter a PEREIRA, Caio Mário da Silva. *Condomínio e Incorporações*. 11. ed. rev., atual. e ampl. Rio de Janeiro: Forense, 2014, p.50-51.
10. Cf. SPIMPOLO, Márcio Luís. *A história dos condomínios*. Portal do Instituto Brasileiro de Direito Imobiliário (IBRADIM). Disponível em: https://ibradim.org.br/a-historia-dos-condominios/#_ftnref60.
11. Cf. PEREIRA, Caio Mário da Silva. *Condomínio e incorporações*. 11. ed. rev., atual. e ampl. Rio de Janeiro: Forense, 2014. p. 49. No mesmo sentido: "O regime jurídico decorrente da situação dos edifícios procurou acompanhar a urbanização e o inchaço populacional urbano, processos históricos, sociais e econômicos ausentes ao tempo da anterior codificação e presentes no Brasil, com maior intensidade, a partir da década de 60 do século pretérito" (GOMES, Orlando. *Direitos reais*. 21. ed. rev. e atual. Rio de Janeiro: Forense, 2012. p. 234).

Lei 4.591/64[12], diploma especial regulador de dois institutos que emergiram a partir do fenômeno de engrandecimento urbano nacional, quais sejam: (i) o condomínio edilício (disciplinado no Título I – arts. 1º a 27); e (ii) as incorporações imobiliárias (tratadas no Título II – arts. 28 a 66). A lei instruiu por completo os dois assuntos, porém, conforme será visto no Capítulo seguinte, em foro condominial, o diploma perdeu assento com a edição do CC/2002[13], porquanto permaneça integralmente em vigor nas incorporações de imóveis.

Outrossim, é preciso enaltecer que, àquele tempo, a Lei 4.591/64 cumpriu importante papel no sentido de fornecer alicerces jurídicos em prol da legalidade e regularização fundiária dos condomínios de lotes. Para bem compreender o racional argumentativo que será brevemente exposto, é preciso ter em mente que lotes correspondem a áreas de terra destinadas a edificação (portanto, ainda sem uma estrutura de base completamente construída). Desse modo, haja vista que o art. 8º, em seu *caput*, utiliza a expressão "terreno onde não houver edificação", para, nas suas alíneas "c" e "d", mencionar demarcações sobre "partes do total do terreno" e "áreas", muitos proprietários de lotes tentaram se valer da aludida norma para retirar suas terras ainda não construídas da marginalidade registral. Tanto que a entrada em vigor do CC/2002 e a consequente polêmica da revogação das regras condominiais da Lei 4.591/64 (inclusive o art. 8º) foi notícia muito lamentada nos loteamentos Brasil afora[14].

Noutro giro, cabe enaltecer que, mesmo antes da troca de diplomas cíveis, a doutrina voltava o olhar atento para uma prática que começava a apresentar seus preliminares (embora ainda tímidos) episódios no país, durante os idos de 1980. Tratava-se de formação nascida na França em 1967 (uma experiência que contrapôs a glória de seu modelo societário/obrigacional com o fiasco da vertente imobiliária[15]) e que se difundiu largamente por outros centros da Europa (Itália

---

12. Lei cujo Anteprojeto foi elaborado pelo saudoso Prof. Caio Mário da Silva Pereira, com aprovação pelo Congresso Nacional sem qualquer emenda parlamentar. (TEPEDINO, Gustavo. *A multipropriedade e a retomada do mercado imobiliário*. Conjur. Publicado em: 30.01.2019. Disponível em: https://www.conjur.com.br/2019-jan-30/tepedino-multipropriedade-retomada-mercado-imobiliario).
13. "Até 1928, não havia entre nós qualquer lei que regulamentasse essa espécie de condomínio. O Código Civil anterior, de 1916, não tratava do assunto. A primeira norma que regulamentou o condomínio edilício ou em edificações foi o Decreto-Lei 5.481/1928. Até a entrada em vigor do Código Civil de 2002, o que ocorreu no dia 12 de janeiro de 2003, o assunto vinha completamente tratado na Lei 4.591/1964" (SCAVONE JUNIOR, Luiz Antonio. *Direito imobiliário: teoria e prática*. 9. ed. rev., atual. e ampl. Rio de Janeiro: Forense, 2015. p. 1447).
14. "Por outro lado, em casos de efetivo loteamento, não raramente se tentava invocar a disciplina da Lei n. 4.591 para possibilitar o reconhecimento da copropriedade da área entre os lotes. A insegurança jurídica foi agravada com a entrada em vigor do Código Civil de 2002, que inaugurou intensa discussão sobre a revogação ou não do art. 8º da Lei n. 4.591/64" (SCHREIBER, Anderson. *Manual de direito civil contemporâneo*. 3. ed. São Paulo: Saraiva, 2020. p. 1116).
15. "Diante da afirmação espontânea do fenômeno multiproprietário nos anos setenta, pendente entre o delineamento de um direito real, a partir da cotitularidade de situações proprietárias, e o esquema societário, como manifestação de situações subjetivas relativas, derivadas da qualidade de sócio, o sistema jurídico francês acabou por consagrar a fórmula societária, em detrimento da modalidade imobiliária". (TEPEDINO, Gustavo. *Multipropriedade imobiliária*. São Paulo: Saraiva, 1993. p. 22).

e Espanha), bem como nos Estados Unidos, com ênfase nos negócios dos setores turístico e de hospedagens.

É a multipropriedade – que, entre nós, firmou-se como direito imobiliário –, cujo estudo foi protagonizado em tese de doutorado defendida por Gustavo Tepedino e publicada no ano de 1993. O autor definia a figura, sob prisma geral, como "a relação jurídica de aproveitamento econômico de uma coisa móvel[16] ou imóvel, repartida em unidades fixas de tempo, de modo que diversos titulares possam, cada qual a seu turno, utilizar-se da coisa com exclusividade e de maneira perpétua"[17].

Nesse período de investigações prévio ao Código Reale, destacamos algumas questões enfrentadas na obra de Tepedino. A primeira delas diz respeito a duas formas de estruturação da multipropriedade detectadas em *cases* negociais do mercado nacional[18]: (i) aquisição, por um conjunto de pessoas, da integral propriedade de imóvel pertencente a um hotel, com sua posterior divisão em frações ideais de uso exclusivo de unidade em prédio que, na totalidade, era titularizado sob regime de compropriedade; e (ii) compra de apartamentos, que já integram um condomínio especial, com repartição de períodos anuais de utilização relativos a uma unidade. O segundo ponto dialoga com o inicial, pois, em ambos os exemplos, os respectivos contratos estabeleceram que a relação entre os multiproprietários era regulada por meio das regras do condomínio geral. Após esse relato, sustenta o autor que, por sua natureza e composição, a qualificação jurídica mais adequada para o instituto seria de condomínio especial horizontal[19]. Nesta senda, defende a regulação da multipropriedade por meio das normas condominiais dispostas na Lei 4.591/64, com base na existência de uma conjugação entre a unidade de domínio exclusivo e fração ideal sobre terreno e coisas comuns, bem como na presença do fator individuação dos módulos sobre os quais se exerce a propriedade *uti singuli*, sem prejuízo da possibilidade de se estabelecer como seria disciplinado o relacionamento dos dominantes, através de um instrumento de convenção condominial (tal como sói acontecer no clássico prédio de apartamentos)[20].

---

16. "Nos países europeus e nos Estados Unidos, aliás, o sistema se expandiu para o mercado de bens móveis, sendo praticado o *time sharing* sobre aviões, helicópteros e barcos, por exemplo" (TEPEDINO, Gustavo. *A multipropriedade e a retomada do mercado imobiliário*. Conjur. Disponível em: https://www.conjur.com.br/2019-jan-30/tepedino-multipropriedade-retomada-mercado-imobiliario).
17. TEPEDINO, Gustavo. *Multipropriedade Imobiliária*. São Paulo: Saraiva, 1993, p. 1.
18. Para maiores detalhes sobre os contratos de aquisição paradigmáticos, cf. TEPEDINO, Gustavo. *Multipropriedade imobiliária*. São Paulo: Saraiva, 1993. p. 43-50.
19. "Diante da reconstrução da propriedade como espécie dominical, identificando-se seu objeto através dos elementos espaço e tempo, constituindo direito exclusivo necessariamente vinculado à co-titularidade dos multiproprietários sobre o solo e a construção comuns, parece acertado o seu enquadramento no regime da propriedade horizontal, [...]" (TEPEDINO. Op. cit. 1993, p.109-110).
20. "Tendo-se em conta a vinculação necessária do direito do multiproprietário a uma correspondente fração ideal, há que se admitir, por outro ângulo, que em nenhum momento dos citados dispositivos pretendeu o legislador de 1964 reduzir o regime dualista às hipóteses de unidades apenas espacialmente definidas" (TEPEDINO. Op. cit. 1993, p.113).

3. O ADVENTO DO CC/2002: DERROGAÇÃO DA LEI 4.591/64, NOVIDADES NO CONDOMÍNIO EDILÍCIO E ENUNCIADO DOUTRINÁRIO SOBRE NOVOS ARRANJOS CONDOMINIAIS

Com a chegada do dia 12.01.2003[21], teve início a vigência do CC/2002, que passava a regular integralmente as matérias insculpidas no CC/1916, não restando ao Código Beviláqua outro caminho a trilhar senão o da retirada de cena, em obediência ao comando emanado do art. 2º, § 1º, parte final, do Decreto-Lei 4.657/42 ("LINDB")[22], ressalvados os direitos adquiridos, coisas julgadas, atos jurídicos perfeitos e as situações pretéritas e transitórias alcançadas pelas normas intertemporais dispostas no Livro Complementar do recém-inaugurado *Codex* (arts. 2.028 a 2.046).

Nesse diapasão, observa-se que o novel diploma cível também incorporou, com alguns poucos ajustes pontuais que não interferiram, em medida alguma, na essência do instituto, as mesmas regras de condomínios edilícios constantes do Título I da Lei 4.591/64, promovendo a derrogação dessa parcela do ato normativo, que continua a produzir efeitos regulamentadores no tocante à sua outra parte temática (relativa às incorporações imobiliárias). Inobstante algumas contestações, a doutrina majoritária[23]-[24] pacificou compreensão no sentido da revogação parcial da aludida lei, consoante se depreende de manifestação anotada por Flávio Tartuce, *in verbis*:

> O Código Civil de 2002 consolidou o tratamento que constava da primeira parte da Lei 4.591/1964 (arts. 1º a 27). Sendo assim, filia-se à corrente doutrinária majoritária que sustenta a revogação tácita de tais comandos, nos termos do art. 2º, § 1º, da Lei de Introdução, eis que a codificação regulou inteiramente a matéria (nesse sentido: MALUF, Carlos Alberto Dabus; MARQUES, Márcio Antero Motta Ramos. Condomínio..., 2009, p. 12; FARIAS, Cristiano Chaves; ROSENVALD, Nelson. Direitos..., 2006, p. 509; VENOSA, Sílvio de Salvo. Código..., 2010, p. 1.198; MELO, Marco Aurélio Bezerra de. Direito..., 2007, p. 231). Por tal caminho, daquela Lei específica subsiste apenas o tratamento referente às incorporações imobiliárias, a partir do seu art. 28. De qualquer modo, a questão não é pacífica, pois juristas como Maria Helena Diniz entendem pela coexistência da lei específica com o Código Civil, analisando as regras de ambas as legislações[25].

---

21. Sobre o prazo de *vacatio legis* de 1 ano e sua correta contagem, veja KÜMPEL, Vitor F. *A entrada em vigor do novo código civil*. Portal SEDEP. Disponível em: http://www.sedep.com.br/artigos/a-entrada-em-vigor-do--novo-codigo-civil/.
22. Art. 2º Não se destinando à vigência temporária, a lei terá vigor até que outra a modifique ou revogue. § 1º A lei posterior revoga a anterior quando expressamente o declare, quando seja com ela incompatível ou quando regule inteiramente a matéria de que tratava a lei anterior.
23. "No nosso entendimento, resta derrogada a primeira parte da Lei 4.591/1964 na parte conflitante com o Código Civil, que tratou da matéria nos arts. 1.331 a 1.356. É o que determina o art. 2º da Lei de Introdução às Normas do Direito Brasileiro" (SCAVONE JUNIOR, Luiz Antonio. *Direito imobiliário*: teoria e prática. 9. ed. rev., atual. e ampl. Rio de Janeiro: Forense, 2015. p. 1447).
24. Em igual direção: "As novas disposições do mais recente Código Civil procuraram preencher essas lacunas. O novo Código Civil passa a disciplinar integralmente o condomínio edilício, revogando essa matéria na Lei 4.591/64, a qual trata também das incorporações, cujos dispositivos continuarão em vigor" (VENOSA, Silvio de Salvo. *O condomínio edilício no novo código civil*. Migalhas. Publicado em 06.01.2003. Disponível em: https://www.migalhas.com.br/depeso/912/o-condominio-edilicio-no-novo-codigo-civil).
25. TARTUCE, Flávio. *Direito Civil*: direito das coisas. 11. ed. Rio de Janeiro: Forense, 2019. v. 4. p. 510-511.

Esse movimento de aproveitamento do núcleo substancial da disciplina ocorreu em relação ao tema condominial como um todo, já que o CC/2002 preservou a estrutura trinomial do regime antecessor, formada pelos condomínios edilício, geral (voluntário) e necessário. Não se percebem significativas alterações na *ratio* material dos institutos, tanto que, em 2015, a Quarta Turma do Superior Tribunal de Justiça (STJ) exarou julgado no qual reconheceu o direito de preferência, dentro de condomínio geral, na hipótese em que um dos consortes desejava alienar sua cota-parte sobre imóvel indiviso a terceiro, com base em precedente firmado pela Segunda Seção da própria Corte ainda sob a égide do CC/1916[26]. No acórdão, restou sublinhado o fato de que o art. 504 do CC/2002 ostenta redação materialmente idêntica à do art. 1.139 do CC/1916, com sutil alteração no prazo decadencial de que dispõe o condômino preterido na sua prioridade, para pagar o preço e haver para si a fração especial vendida (ao invés de seis meses, passou a ter cento e oitenta dias, o que gera resultado diverso no final da contagem)[27].

De volta ao tema dos condomínios em edificações, apesar de o legislador haver claramente optado por dar continuidade ao racional jurídico instituído pelos comandos da Lei 4.591/64, mediante reprodução da quase totalidade do seu conteúdo normativo nos arts. 1.331 a 1.358 do CC/2002, isso não significa que novidades deixaram de surgir na matéria. Algumas delas voltadas ao tratamento de questões que tinham sido deixadas no éter durante o regime antecedente ao Código Reale.

As atenções se voltam, em primeiro plano, às regras sobre locação e alienação de vagas de garagem. Na hipótese em que o proprietário de unidade autônoma resolve alugar o seu "abrigo de veículos", o art. 1.338 do CC/2002 determina que, ante ofertas de iguais condições, sejam preferidos os condôminos aos estranhos. E, mesmo entre os membros do condomínio, a preempção contempla quem já tenha a posse do espaço. A seu turno, o § 1º do art. 1.331 repete a vedação geral às alienações ou locações das vagas retratada no art. 2º, § 2º, da Lei 4.591/64, porém, no trecho final de sua dicção, o novel dispositivo inclui ressalva em favor da liberdade de transferência para adquirentes externos ao condomínio, desde que conste autorização expressa na convenção. Logo, uma proibição que detinha caráter absoluto no regime legal anterior passou a admitir flexibilização, devendo a exceção constar do estatuto condominial. Tem-se, assim, um regramento que prestigia a autonomia privada.

Pari passu, o CC/2002 trouxe previsões que inovam ao preencher omissões da Lei 4.591/64. Nesse rumo, o § 5º do art. 1.331 do novel diploma definiu que o terraço de cobertura representa área comum a ser partilhada entre os condôminos, permitindo-se, contudo, que se lhe atribua tratamento dominical distinto (*e.g.* reconhecendo-o como espaço de uso exclusivo do titular da unidade imediatamente

---

26. STJ, REsp 1.207.129/MG, Quarta Turma, Relator: Min. Luis Felipe Salomão, julgado em 16.06.2015.
27. Para visão global acerca da manutenção, no atual regime cível, da regra do art. 1.139 e de outros comandos do CC/1916 relativos a condomínios, remetemos a BRASIL. *Código Civil* – Quadro Comparativo 1916/2002. Brasília: Senado Federal, Subsecretaria de Ed. Técnicas, 2003. Disponível: https://www2.senado.leg.br/bdsf/handle/id/70309.

subjacente) na escritura de constituição do condomínio. Outra lacuna da lei sessentista enfrentada pelo *Codex* diz respeito às "partes comuns de uso exclusivo de um ou alguns condôminos", cujas despesas competirão tão somente ao(s) consorte(s) que delas se sirva(m), nos termos do art. 1.340 do CC/2002. Acertou o legislador. Se todos dentro do condomínio rateiam os custos de certa área comunitária do prédio, mas apenas um ou alguns deles utilizam tal espaço, resta configurado um enriquecimento sem causa sobre parcela da área comum por aqueles que exercem o *utendi*. Em suma, a intervenção legislativa se fez necessária para evitar que uns arquem com os ônus financeiros da exclusividade de outros.

No campo das penalizações, de um lado, reduziu-se de 20% para 2% a multa por atraso no pagamento das contribuições condominiais[28]. Do outro, fixou-se teto de cinco vezes o valor mensal das cotas condominiais nas sanções *in pecúnia* pelas faltas graves elencadas nos incisos II a IV do art. 1.336 do CC/2002[29]. Caso a sanção esteja prevista em convenção ou ato instituidor do condomínio, incide automaticamente. Do contrário, depende de aprovação de dois terços dos outros condôminos (sem voto do infrator), em assembleia. Havendo descumprimento reiterado de deveres ou cometimento de conduta gravosa não prevista no rol do art. 1.336 do *Codex*, o limite punitivo é o mesmo, porém requer *quórum* de três quartos (descontada manifestação do condômino inadimplente). O protagonismo, em sede de punições, fica a cargo do art. 1.337 do CC/2002, que, a um só tempo, inaugura a polêmica figura do "condômino antissocial" e permite que se lhe aplique multa de até dez vezes o valor mensal da contribuição condominial.

Urge notar ainda que o art. 1.345 do CC/2002 atribuiu aos débitos condominiais natureza de obrigações *propter rem* (ambulatórias), de modo que tais dívidas gravam e acompanham a unidade autônoma do condômino inadimplente, sendo transferidas (com multas e juros) ao adquirente no caso de venda/compra da propriedade.

Por fim, cabe citar o art. 1.348, § 2º, do CC/2002, que autoriza os síndicos a transferirem, para quaisquer terceiros, poderes de administração e de representação do condomínio, desde que haja prévia concordância assemblear. Sob a égide da anterior legislação, somente os poderes administrativos podiam ser outorgados (art. 22, § 2º, da Lei 4.591/64). Além disso, em contraste com o diploma predecessor, o atual código

---

28. Caio Mário da Silva Pereira desaprova essa mudança tão brusca de alíquotas: "Houve sensível e injustificada redução da multa a ser aplicada ao condômino moroso, agora fixada no limite máximo de 2% (dois por cento). Já tivemos oportunidade de criticar, severamente, esta mudança, que coloca em risco a administração dos condomínios. Não era por simples acaso que a Lei 4.591/1964 admitia que a multa moratória poderia chegar ao limite de 20% sobre o débito. A cominação, aparentemente draconiana, justificava-se pelo fato de a mora do condômino trazer grande sacrifício para os demais, que tinham que cobrir o déficit orçamentário por ele provocado" (PEREIRA, Caio Mário da Silva. *Condomínio e incorporações*. 11. ed. rev., atual. e ampl. Rio de Janeiro: Forense, 2014. p. 56).
29. Art. 1.336. São deveres do condômino: [...]; II – não realizar obras que comprometam a segurança da edificação; III – não alterar a forma e a cor da fachada, das partes e esquadrias externas; IV – dar às suas partes a mesma destinação que tem a edificação, e não as utilizar de maneira prejudicial ao sossego, salubridade e segurança dos possuidores, ou aos bons costumes.

eliminou a obrigatoriedade de serem criados Conselhos Consultivo e Fiscal. Comente-se da razoabilidade dessa providência, à vista da quantidade relevante de condomínios com reduzido número de condôminos e/ou de unidades autônomas, que, por isso, não detêm um mínimo de pessoas necessário para formação desses dois colegiados.

Durante esse período, que vai da entrada em vigor do CC/2002 até a edição da Lei 13.465/2017, o condomínio de lotes e a multipropriedade imobiliária se tornaram bandeira de luta nas esferas doutrinária e jurisprudencial. Marco importante dessa fase de desenvolvimento e defesa dos dois institutos fora da arena legislativa deu-se com a publicação do Enunciado 89 da I Jornada de Direito Civil, promovida pelo Conselho da Justiça Federal (CJF) entre os dias 12 e 13 de setembro de 2002 (*i.e.* quando o CC/2002, embora já editado, ainda aguardava o decurso de sua *vacatio legis*), ementado nos seguintes termos: "O disposto nos arts. 1.331 a 1.358 do novo Código Civil aplica-se, no que couber, aos condomínios assemelhados, tais como loteamentos fechados, multipropriedade imobiliária e clubes de campo". Em outras palavras, asseverou a doutrina que organizações coletivas em lotes e multipropriedade constituem arranjos similares aos condomínios edilícios, posição esta que representou avanço significativo na regulamentação das duas figuras.

Primeiramente, urge salientar o importante papel que o ato interpretativo acima transcrito exerceu no sentido de fornecer um suporte jurídico ao reconhecimento e à regularização dos condomínios em loteamentos, cuja fundamentação sofreu duro golpe com os polêmicos debates acerca da revogação parcial da Lei 4.591/64 pelas normas condominiais do CC/2002 (que alcançaria o art. 8º do diploma especial sessentista, em razão da posição ocupada no Título I). Ainda que sem o peso normativo de uma lei ou decreto, o enunciado mantinha acesa uma esperança de que tal formação imobiliária, cada vez mais presente nas urbes, não seria esquecida às sombras da informalidade. Mesmo fora do *Codex*, a doutrina sinalizou que o tema estaria na pauta do direito civil.

Decerto, o assunto até hoje mais efervescente e polêmico sobre os loteamentos reside na cobrança, pela associação de moradores, de taxa administrativa para custeio de despesas com manutenção e serviços nas áreas comuns do empreendimento. Residentes que não haviam aderido à entidade afirmavam não ter obrigação de pagar o contributo. Do contrário, a exigência seria uma forma de lhes compelir a estar em associação, pois teriam ônus igual ao de quem deliberadamente escolheu se tornar um associado. Em 2011, o Supremo Tribunal Federal (STF) declarou ser inconstitucional a imposição de mensalidades aos habitantes não aderentes de loteamentos, por violação às garantias da legalidade e da livre associação (incisos II e XX do art. 5º da Constituição Federal)[30].

A matéria ainda oscilou na jurisprudência dos Tribunais Estaduais e também do STJ, não sendo raros acórdãos que admitiam a cobrança pecuniária pela associação,

---

30. STF, RE 432106/RJ, Primeira Turma, Relator: Min. Marco Aurélio, julgado em 20.09.2011.

sob pena de se configurar enriquecimento sem causa de moradores que, apesar de não terem aderido à entidade, se aproveitavam, em certa medida, dos serviços nas áreas comuns (especialmente os de segurança e vigilância do loteamento), mas não concorriam para o seu custeio, auferindo vantagem sobre o sacrifício financeiro de seus vizinhos[31]. Nada obstante, em 2015, o STJ firmou tese alinhada à posição do STF, afastando a cobrança de encargos de manutenção, pela associação, dos donos de lotes que não a integravam.[32]

Demonstrado o estado da arte dos condomínios de fato e loteamentos antes das grandes mudanças sofridas pelo *Codex* em 2017, é hora de analisar, no fecho deste Capítulo, os principais eventos relativos à multipropriedade imobiliária, já sob a égide do Código Reale, mas antes da consagração que viria por meio da Lei 13.777/2018. No recorte cronológico ora proposto, trazemos ao leitor dois momentos significativos do desenvolvimento jurídico da matéria, ambos sob a forma de precedentes judiciais.

O primeiro deles ilustra um choque de realidades jurídicas, porquanto os fatos e a distribuição da ação judicial ocorreram antes de iniciada a vigência do CC/2002, contudo, o acórdão do extinto 2º Tribunal de Alçada Cível do Estado de São Paulo fora proferido durante o regime do Código Reale[33]. Em sua manifestação, o juízo *ad quem* paulista reconheceu que a multipropriedade sobre um imóvel poderia ser regulada segundo os comandos da Lei 4.591/64, o que implica admitir que o arranjo pluridominical tem natureza de condomínio edilício e, assim, reforçar a compreensão ditada no Enunciado 89 do CJF, bem como nas lições ditadas por Gustavo Tepedino na década de 90. As pontas começavam a se atar entre os operadores do direito, o que conferia maior robustez técnica ao instituto.

A seu turno, o segundo julgado em exame constitui o mais emblemático *case* da disciplina multiproprietária até o presente. A causa versava sobre penhora total de um imóvel situado em Búzios, balneário no Estado do Rio de Janeiro, em razão de dívida condominial de uma incorporadora, que, segundo os registros imobiliários, ostentava a qualidade de única proprietária do bem em comento. Ao tomar ciência da execução, uma sociedade de consultoria empresarial ajuizou embargos de terceiro, arguindo ter legitimidade para afastar a constrição por ser proprietária exclusiva da Casa 34 (que integrava o conjunto imobiliário) na fração de tempo 2/52 de cada ano calendário. O domínio alegado se fundava em contrato preliminar de cessão de direitos, que previa, inclusive, outorga de escritura de fração ideal sobre a tal Casa 34.

---

31. Dentre os julgados a favor da cobrança condominial pela associação de moradores dos loteamentos, é digna de nota o precedente STJ, REsp 302.538/SP, rel. Ministro Luis Felipe Salomão, Quarta Turma, julgado em 05.08.2008. No acórdão, a Corte sustentou que a entidade poderia sim obrigar o não membro a pagar contribuição mensal de despesas comuns do conjunto de lotes, desde que conseguisse comprovar, no caso concreto, que o proprietário se beneficiou dos serviços prestados nas áreas comuns.
32. STJ, Tema Repetitivo 882, Segunda Seção: "As taxas de manutenção criadas por associações de moradores não obrigam os não associados ou que a elas não anuíram".
33. 2º TACSP, Ap. Cível 753.574-0/7, 2ª Câmara, Rel. Des. Gilberto dos Santos, julgado em 20.10.2003.

O juízo *a quo* rejeitou a ação da embargante, que interpôs apelação ao Tribunal paulista. No entanto, a Corte Estadual julgou o mérito nos mesmos termos da sentença de primeiro grau, afirmando que a apelante não detinha qualquer propriedade sobre o imóvel, mas sim um direito obrigacional de uso a prazo certo, definido em contrato. Insatisfeita, a sociedade levou a questão ao STJ[34]. No seu voto, o relator, Ministro Ricardo Villas Bôas Cueva, concordou com o acórdão recorrido, ressaltando que: (i) a taxatividade dos direitos reais (**numerus clausus**) não comportaria a criação de novos gravames dessa natureza, por convenções privadas; e (ii) o empreendimento estava registrado somente no nome da incorporadora (executada na penhora). Todavia, essa posição restou vencida pelo divergente voto do Ministro João Otávio de Noronha.

Em 2016, a Quarta Turma do STJ expediu acórdão no qual reconheceu não só a existência de multipropriedade no imóvel, mas também que dita situação configurava um direito real (e não obrigacional), atribuindo legitimidade *ad causam* à sociedade consultora para requerer o afastamento de penhora sobre a totalidade do bem, a fim de remover constrição da fração temporal de 1/52 de sua titularidade. Segundo a Corte, a execução deve se ater à parcela do imóvel que pertence à devedora.

Em que pese o STJ tenha atingido o resultado tecnicamente mais adequado, ao fim do julgamento, entendemos que uma das linhas argumentativas adotadas para tanto mostra-se bastante questionável. Trata-se da afirmação de que o CC/2002 não veda, nem inviabiliza a consagração de novos direitos reais, a colocar em xeque os clássicos aspectos da taxatividade e tipicidade dessa categoria jurídica. Os Ministros vencedores chegam a comentar sobre uma tendência contemporânea de rol exemplificativo para os direitos reais, com o que, *data vênia*, não concordamos. Particularmente, em virtude da inegável imprescindibilidade que o regime de **numerus clausus** tem para a segurança e estabilidade de todo o sistema registral dos bens imóveis.

Ademais, tomando por base um outro argumento chancelado pelo colegiado (a concentração das prerrogativas de uso, fruição e disposição, embora com exercício exclusivo das duas primeiras limitado a fração de tempo), visualizamos que o cenário de multipropriedade constitui uma forma de expressão da propriedade, sendo esta direito real por excelência, contemplado logo no inciso I do art. 1.225 do CC/2002. Caso seja admitida como uma modalidade de condomínio, na esteira do Enunciado 89 do CJF, chega-se ao mesmo desfecho[35]. Em suma, a multipropriedade tem encaixe no elenco dos direitos reais, ainda que sob o regime de **numerus**

---

34. STJ, REsp 1.546.165/SP, Terceira Turma, Relator: Min. Ricardo Villas Bôas Cueva, Rel. p/Acórdão: Min. João Otávio de Noronha, julgado em 26.04.2016.
35. Sobre a taxatividade do condomínio: "À guisa de conclusão, relembre-se, ainda uma vez, a preciosa lição de Ebert Chamoun, segundo a qual o condomínio possui "a mesma natureza jurídica do domínio, da propriedade. É um instituto de Direito das Coisas" (TEPEDINO, Gustavo; BARBOZA, Heloisa Helena; MORAES, Maria Celina Bodin de. *Código Civil interpretado conforme a Constituição da República*. 2. ed. rev., atual. Rio de Janeiro: Renovar, 2014. v. III, p. 667).

apertus, tornando desnecessária toda a proposta de subversão do sistema clássico ventilada pela Corte Superior[36].

4. LEI DA REURB E CONDOMÍNIO DE LOTES NO CC/2002: UMA TENTATIVA DE RETIRAR O VÉU DA INFORMALIDADE FUNDIÁRIA

Dando continuidade às missões de ordenar o pleno desenvolvimento das funções sociais das cidades e de garantir o bem-estar de seus habitantes, insculpidas no art. 182 da Constituição Federal, em 08.09.2017, o então Presidente da República Michel Temer publicou o texto consolidado da Lei 13.465/2017, que instituiu uma espécie de novo procedimento de "Regularização Fundiária Urbana" (conhecido pela sigla "REURB"[37]) e alterou dispositivos de várias leis, com inserção de comandos inéditos no CC/2002.

O intuito da Lei da REURB é bem claro: retirar da informalidade composições de estrutura fundiária que, a despeito de serem presenças marcantes nas paisagens das mais diversas urbes do país, contam ainda com tutela precária ou, em muitos casos, nenhuma guarita por parte do direito. Formações urbanas que, na sua imensa maioria, são o *lócus* das populações de baixa renda das cidades, cujo direito social à moradia (de suma importância à realização de sua dignidade existencial enquanto pessoas humanas) fica comprometido por carência de regulamentação. Trata-se, portanto, de um diploma com elevado viés social, dedicado a reparar, ao menos na arena imobiliário-urbanística, algumas das distorções de acesso a recursos materiais, que necessitam ser superadas na construção da sociedade justa e solidária projetada no art. 3º, inciso I, da Carta Magna.

Todo o contexto acima ilustrado evidencia a situação de urgência dos chamados núcleos urbanos informais[38] e explicam o porquê de as figuras condominiais da REURB terem "passado à frente" da multipropriedade na fila de medidas de atualizações pedidas pela legislação de direitos reais. Apesar de o conteúdo da disciplina multiproprietária ter apresentado maior maturação ao longo do tempo (na verdade, quiçá até justamente por causa disso), a motivação social dos institutos da REURB

---

36. Em igual direção, a *opinio* de Gilberto Fachetti Silvestre: "Disso se extrai que o STJ não precisava criar um direito real de multipropriedade ou mesmo se afastar dos princípios da taxatividade e da tipicidade. Bastava vislumbrar a multipropriedade como uma nova modalidade condominial edilícia, derivada de um negócio jurídico celebrado entre as diversas partes. A pesquisa revelou que, no Brasil, a multipropriedade é uma nova maneira de exercício do direito de propriedade, que considera outra variável: a temporal" (SILVESTRE, Gilberto Fachetti; CASTELLO, João Victor Pereira; NASCIMENTO, Barbara Randow Santana. Multipropriedade imobiliária e sua natureza jurídica no Brasil: análise dos fundamentos do Recurso Especial 1.546.165/SP e da Lei 13.777/2018. *Revista de Derecho y Cambio Social*. n. 63, mar. 2021, p. 119. Disponível em: https://www.derechoycambiosocial.com/revista063/471.pdf).
37. Segundo o art. 9º da Lei 13.465/2017, a REURB "abrange medidas jurídicas, urbanísticas, ambientais e sociais destinadas à incorporação dos núcleos urbanos informais ao ordenamento territorial urbano e à titulação de seus ocupantes".
38. Na dicção do art. 11, II, da Lei 13.465/2017, o núcleo urbano informal é "aquele clandestino, irregular ou no qual não foi possível realizar, por qualquer modo, a titulação de seus ocupantes, ainda que atendida a legislação vigente à época de sua implantação ou regularização".

exigiu que sua colocação no mundo jurídico acontecesse primeiro. Afinal, não há como negar que a regularização da casa própria deve ter, na pauta do Estado legiferante, prioridade em relação à disciplina dedicada a tratar da rotatividade em hotéis, escritórios, *flats* e nos tão sonhados recantos de veraneio. É uma questão de ordenar temas, sem jamais desmerecer a relevância da positivação da multipropriedade imobiliária, a ser abordada no próximo Capítulo.

Para dar concretude a tão nobres aspirações, a Lei da REURB enfim tornou expressas três espécies condominiais que já existiam no "direito vivo" das metrópoles brasileiras: (i) o condomínio de lotes; (ii) o loteamento de acesso controlado; e (iii) o condomínio urbano simples. Deles, somente o primeiro ganhou as páginas do CC/2002, mediante introdução do art. 1.358-A. Noutro giro, o popular "loteamento fechado" foi endereçado com a inclusão do § 8º ao art. 2º da Lei 6.766/79 ("Lei de Parcelamento do Solo Urbano"). Já o dito condomínio simples, talvez por sua singeleza, ficou adstrito ao texto da própria Lei 13.465/2017.

À guisa da explicação fornecida no parágrafo anterior, voltamos nosso foco ao condomínio de lotes, cuja disciplina no CC/2002, apesar da brevidade, tem como maior virtude o expresso reconhecimento de que se trata de tipo condominial edilício. Tanto que o art. 1.358-A foi alocado em Seção dentro do Capítulo VII do *Codex* (dedicado aos condomínios edilícios). A dicção do *caput* e do § 2º do novel dispositivo é igualmente cristalina nesse sentido, pois: (i) o primeiro revela ser a estrutura do instituto formada pela conjugação entre partes de propriedade exclusiva do titular e áreas cujo domínio é partilhado com os outros condôminos; e (ii) o segundo diz, com todas as letras, que ao condomínio de lotes se aplicam, no que couber, as regras do tipo edilício (o que, ante a escassez de regras próprias, é o mesmo que afirmar "incidem todas as normas edilícias, com ajustes conforme peculiaridades do caso concreto")[39].

Sem embargos de tamanha aproximação, vale esclarecer que as figuras clássica e contemporânea guardam uma diferença básica significativa quanto ao objeto. Enquanto a unidade autônoma do condomínio edilício tradicional equivale a um módulo pronto e acabado, o lote, por definição legal (art. 2º, §§ 1º a 4º, da Lei 6.766/79), corresponde a um terreno destinado a edificação, *i.e.*, uma área que pode ou não conter construções (inclusive inacabadas) nas suas dependências.

O § 1º do art. 1.358-A do CC/2002 informa que a atribuição de frações ideais do solo obedecerá a proporção de propriedade representada por cada lote na gleba

---

39. "O surgimento dessa nova Seção IV (art. 1.358-A), que trouxe o título "condomínio de lotes", pode dar aos distraídos a perigosa impressão de que estamos diante de uma nova modalidade de condomínio. Nada disso. [...]. O condomínio de lotes sempre foi edilício, e com a entrada em vigor do art. 1.358-A, edilício continua a ser. A única diferença em relação a um prédio de apartamentos é que todas as unidades imobiliárias são lotes. Como poderiam ser apartamentos, ou lojas, ou casas, ou misto, e nada disso alteraria a natureza jurídica desse direito real". (ABELHA, André. *A nova lei 13.465/2017 (Parte I)*: o condomínio de lotes e o reconhecimento de um filho bastardo. Migalhas. Disponível em: https://www.migalhas.com.br/depeso/263420/a-nova-lei-13-465-2017--parte-i---o-condominio-de-lotes-e-o-reconhecimento-de-um-filho-bastardo).

que lhes deu origem. Para fazer essa medição, o legislador forneceu duas opções de critérios: (i) a área do solo de cada unidade autônoma loteada; ou (ii) o potencial construtivo dos lotes. Ao fim, concedeu autonomia às partes para, querendo, estipular qualquer outro parâmetro, desde que o indique no ato de instituição do condomínio loteado. Quanto ao § 3º, compatível com os lotes "adquiridos na planta", entendemos que a melhor leitura do dispositivo é a de Carlos Eduardo Elias de Oliveira, *in verbis*:

> Ao nosso sentir, o dispositivo deve ser interpretado restritivamente, de modo a entender que, na realidade, ele se destina apenas a proteger o interesse público de que o condomínio de lotes não crie uma área desértica e sem o suporte adequado. Daí decorre que esse dispositivo não impede o incorporador de repassar os custos ou a obrigação de fazer essas obras aos compradores dos lotes. Esse repasse, porém, não exonerará o incorporador de responder perante a Administração Pública por omissões na realização dessas obras, ressalvado – se for o caso – o direito de regresso contra os compradores dos lotes[40].

Com a entrada do condomínio de lotes no direito positivo, o conturbado caso das cobranças de taxas mensais de contribuições pelas associações de moradores junto aos loteados que não aderiram à entidade, nem ao regulamento do conjunto imobiliário, precisou ser revisitado. Segundo Flávio Tartuce, o legislador, ao determinar, no § 2º do art. 1.358-A do CC/2002, a incidência das normas edilícias sobre o condomínio de lotes, resolveu a questão, visto que a obrigação de arcar proporcionalmente com as despesas das áreas comuns se tornou *ex lege*, em virtude da incidência do art. 1.336, I, do *Codex*[41]. No acórdão proferido em 2011, o STF adotou a premissa de que arranjo de lotes não constitui condomínio, pelo que não havia base legal para impor esse custeio a quem não anuísse com sua cobrança, nem aderisse à associação de moradores. Ocorre que a alteração promovida pela Lei da REURB jogou terra sobre esse racional.

No dia 18.12.2020, o STF reformou sua posição anterior, através de tese firmada em tema com repercussão geral. Na reapreciação da matéria, a Corte decidiu que a Lei 13.465/2017 funcionaria como marco divisório da questão. Dessa forma, cobranças a proprietário de lote não associado até a data de vigência da Lei da REURB permanecem inconstitucionais. Da norma em diante (*ex nunc*), a exigência de contribuir na proporção da fração ideal titularizada tornou-se possível, desde que: (i) aquele que já detinha lote adira ao ato constitutivo da entidade administradora do complexo imobiliário; ou (ii) em se tratando de novo adquirente de lote, o ato constitutivo do

---

40. OLIVEIRA, Carlos Eduardo Elias de. *Novidades da Lei 13.465, de 2017*: o condomínio de lotes, o condomínio urbano simples e o loteamento de acesso controlado. Brasília: Núcleo de Estudos e Pesquisas/CONLEG/Senado, julho/ 2017 (Texto para Discussão 239), p. 10. Disponível em: www.senado.leg.br/estudos.
41. "Em complemento, como visto, o que representa um notável avanço, preceitua o novo § 2º do art. 1.358-A do CC/2002 que "aplica-se, no que couber, ao condomínio de lotes o disposto sobre condomínio edilício neste Capítulo, respeitada a legislação urbanística". Assim, resolve-se o problema anterior a respeito da obrigatoriedade do pagamento das contribuições no condomínio de lotes. Com a aplicação das regras gerais do condomínio edilício, cada condômino do loteamento estará sujeito aos deveres previstos no art. 1.336 do Código Civil, aqui antes estudados, e às penalidades ali consagradas, inclusive para os casos de condômino nocivo ou antissocial" (TARTUCE, Flávio. *Direito civil*: direito das coisas. 11. ed. Rio de Janeiro: Forense, 2019. v. 4, p. 582).

empreendimento, prevendo o dever de arcar com a taxa contributiva, esteja registrado no Registro de Imóveis[42].

Urge anotar que a aludida controvérsia também encontra foro nos loteamentos de acesso controlado, que podem coexistir com os condomínios de lotes, mas com estes não se confundem. Os primeiros demandam abertura de novas vias de circulação e de logradouros públicos, que, a contar do registro do loteamento, são bens do patrimônio do Município (conforme art. 22, *caput*, da Lei 6.766/79), afetados ao uso especial dos moradores do conjunto, através de contrato administrativo de concessão firmado com a associação representativa. Logo, no "espaço comum" dos loteamentos fechados, estão presentes tantos bens públicos quanto de regime privado implementados às expensas dos próprios loteadores. Por sua vez, no condomínio de lotes, tudo que esteja instalado, quer nas áreas exclusivas, quer nas comunheiras, constitui artigo de domínio privado[43].

Malgrado não tenha gerado novos dispositivos ao CC/2002, ficando aprisionada nos arts. 61 a 63 da Lei 13.465/2017, ora dedicamos algumas linhas a comentar sobre o importante (porém confuso) condomínio urbano simples. Por meio do referido arranjo, é possível redesenhar os contornos de um único imóvel, primeiramente, discriminando, sua matrícula, em três partes estruturais: (i) a área ocupada por construções de casas ou cômodos; (ii) a zona de uso exclusivo; e (iii) o setor que comporta trechos de passagem para vias públicas ou entre as unidades internamente identificadas. Após, no registro dessa reorganizada configuração, abrem-se matrículas autônomas para cada uma das casas ou cômodos, atribuindo-lhes proporcionais frações ideais no solo e nas partes comuns, nos termos do § 1º do art. 62 da Lei da REURB. Ora, dúvida não há de que se trata de mais uma variante do condomínio edilício (com criação de unidades autônomas às quais se vinculam frações ideais de terreno e das áreas comunheiras), porém destinado a regularizar composições imobiliárias singelas e de pequena dimensão.

Justamente em razão desse louvável propósito, o diferencial da figura em tela é a dispensa de formalidades, com destaque para a desnecessidade de apresentar convenção condominial, podendo os consortes acordar as regras por instrumento particular (cuja averbação no Registro Imobiliário é facultativa) ou pelas vias oral e tácita. Por óbvio, permanecem os riscos de se contar com um regulamento *inter partes* (que obriga tão somente seus signatários) ou com pacto não escrito. Contudo, em que pese altamente recomendável a convenção averbada no fólio real, com oponibilidade a quaisquer terceiros, a sua ausência não apaga o fato de que existe e se encontra em funcionamento um condomínio entre aquelas pessoas e coisas.

Sem embargos, o aspecto mais confuso do instituto certamente repousa no uso da expressão "cômodos", já que leva a uma equivocada compreensão de que se esta-

---

42. STF, Tema 492. Cobrança, por parte de associação, de taxas de manutenção e conservação de loteamento imobiliário urbano de proprietário não associado. RE 695911/SP, Pleno, rel.: Min. Dias Toffoli, j. 15.12.2020.
43. Cf. SCHREIBER, Anderson. *Manual de direito civil contemporâneo*. 3. ed. São Paulo: Saraiva, 2020. p. 1120.

ria a permitir que uma residência com três quartos viesse a se tornar quatro imóveis (abrindo-se uma matrícula para cada aposento e uma para o restante da estrutura da morada). Não é nada disso. Os "cômodos" só devem ser tidos por passíveis de individuação dominial quando gozarem de autonomia na sua função e acessibilidade. Havendo dependência funcional e indissociável conexão espacial, devem continuar como partes internas de um imóvel[44]. Dentre os exemplos aptos a acomodar o condomínio urbano simples, citamos aposentos como o cômodo da governanta, as moradas do caseiro e do porteiro-chefe[45].

O trabalho de criação do condomínio urbano simples é digno de aplausos[46] pela missão social que se propõe a concretizar, qual seja simplificar e desburocratizar os caminhos da regularização fundiária em um país de considerável contingente de pessoas que vivem em condições humildes de vida, sem devido conhecimento e acesso ao direito. Inclusive, o legislador chega a ousar com a proposta de registro via mera notícia para imóveis enquadrados na categoria REURB-S[47] (art. 63 da Lei 13.465/2017), cuja implementação prática é um enorme desafio diante dos mecanismos tradicionais do sistema cartorário brasileiro. Apesar da aclamação, entendemos que houve um excesso na dispensa de "habite-se", porquanto a expedição de tal documento perpassa também pela avaliação das condições estruturais e de ocupação do imóvel[48], de modo que a sua exoneração tem o condão de colocar pessoas sob situação de grave perigo de vida. Nesse ponto, ao invés de enfrentar a informalidade, a lei acabou por legitimá-la.

Por derradeiro, outro valioso contributo à realidade social trazido pela Lei 13.465/2017 consiste no direito real de laje, reproduzido nos arts. 1.510-A a 1.510-E do CC/2002[49]. No que cumpre aos fins deste artigo, importa esclarecer que, a despeito da expressa referência contida no art. 1.510-C do *Codex*, as lajes jamais poderão formar condomínio edilício. Primeiro, porque, na estrutura lajeária, não existem os "espaços em comum", apesar do termo "áreas que servem a todo o edifício" nos

---

44. É o que leciona OLIVEIRA, Carlos Eduardo Elias de. *Novidades da Lei 13.465, de 2017*: o condomínio de lotes, o condomínio urbano simples e o loteamento de acesso controlado. Brasília: Núcleo de Estudos e Pesquisas/CONLEG/Senado, jul./2017 (Texto para Discussão 239), p. 16. Disponível: www.senado.leg.br/estudos.
45. "A figura do condomínio urbano simples merece aplausos, porque é sensível a uma realidade bastante comum de terrenos em que, por exemplo, os pais constroem duas casas "nos fundos" para recepcionar os seus filhos. Nesses casos, os pais poderiam transformar a propriedade unitária em um condomínio urbano simples, abrindo matrícula para cada uma das unidades correspondentes às construções". (OLIVEIRA, Carlos Eduardo Elias de. *Novidades da Lei 13.465, de 2017*: o condomínio de lotes, o condomínio urbano simples e o loteamento de acesso controlado. Op. cit., p.16).
46. Os elogios à figura não são unânimes. Em ferrenha crítica: ABELHA, André. *Nova Lei 13.465/17 (Parte V)*: o condomínio urbano simples(mente absurdo). Disponível em: https://www.migalhas.com.br/depeso/263359/nova-lei-13-465-17--parte-v---o-condominio-urbano-simples-mente-absurdo.
47. Pelo art. 13, I, da Lei 13.465/2017, consiste em regularização fundiária aplicável aos núcleos urbanos informais ocupados predominantemente por população de baixa renda, assim declarados em ato do Poder Executivo Municipal.
48. TARTUCE, Flávio. *Direito civil*: direito das coisas. 11. ed. Rio de Janeiro: Forense, 2019. v. 4, p. 588.
49. Cf. GAMA, Guilherme Calmon Nogueira da; AFFONSO, Filipe José Medon. *Direito real de laje*: evolução histórica e topografia no sistema. Civilistica.com. https://civilistica.emnuvens.com.br/redc/article/view/404.

iludir a pensar o contrário. O fato de terem utilidade para diversos possuidores (lajeados e dono da construção-base) não os torna domínio comum, mantendo a qualidade de propriedade particular de alguém[50]. E, principalmente, devido ao fato de que a instituição da laje não confere fração ideal do solo ao seu titular, conforme art. 1.510-C, § 4º, do CC/2002[51].

Todavia, não há óbice a que, dentro de uma mesma laje, existam cotas-partes espaciais intituladas com exclusividade por pessoas distintas, sem áreas comuns, nem frações ideais, o que representaria um condomínio geral, regulado pelas disposições dos arts. 1.314 a 1.326 do CC/2002. Igualmente viável é o condomínio necessário entre várias lajes e destas com a construção-base, haja vista que o arranjo estrutural desse tipo de formação dá azo ao compartilhamento de paredes-mestras, alicerces, muros, cercas e outras divisórias. Basta pensar que uma mesma camada superficial, na sua face inferior, é teto do imóvel basilar, e, na "outra folha", constitui assoalho da laje sobrejacente.

5. LEI 13.777/2018 E A CONSAGRAÇÃO DE "CONDOMÍNIOS TEMPORAIS": A POSITIVAÇÃO DA MULTIPROPRIEDADE IMOBILIÁRIA NO BRASIL

Cumprida a tarefa prioritária de legalizar ferramentas aptas a tutelar situações escondidas das vistas do direito pelo véu da informalidade, o legislador redirecionou seu foco à questão do aproveitamento econômico dos imóveis (em geral, regularizados e formalizados) destinados ao lazer e às atividades profissionais. Era chegada a hora de oficializar a multipropriedade imobiliária. Assim, em 21.12.2018, fora publicada a Lei 13.777/2018, que disciplinou o instituto, mediante acréscimo dos arts. 1.358-B a 1.358-U ao Código Real e inserções feitas nos arts. 176 e 178 da Lei 6.015/73.

Essa atualização sofrida pelo *Codex* santifica a multipropriedade como direito real no ordenamento jurídico brasileiro, o que torna superado o debate enfrentado pelo STJ no já comentado e não unânime julgamento do Recurso Especial 1.546.165/SP, e simboliza também a positivação dos anseios de compartilhamento que são a marca da fase vivida pela sociedade contemporânea. Distribuir o domínio exclusivo de um imóvel ao longo dos dias e meses do ano calendário significa mais do que

---

50. "O edifício em laje, composto pelas construções do lajeado e dos lajeários, não possui, como mencionado, áreas comuns ou propriedades em comum. Há, contudo, a teor do art. 1.510-C, áreas que servem a todo o edifício (apesar de serem objeto de propriedades individuais), [...]". (FARIAS, Cristiano Chaves de; EL DEBS, Martha; DIAS, Wagner Inácio. *Direito de laje*: do puxadinho à digna moradia. JusPodivm: Salvador, 2018. p. 71).
51. Ao lado das razões técnicas, não se admite o condomínio edilício nas lajes por uma questão funcional. "Não resta dúvida que o novo direito real de laje tem a função de regularizar situações de fato, voltado à população de baixa renda, que levantou construções sobre construções, com titularidades distintas. Não pode e não deve o instituto ser usado por empreendedores imobiliários como válvula de escape das rigorosas regras do condomínio edilício (art. 1.331 e ss.) ou do negócio complexo de incorporação imobiliária (L. 4.591/64), muito menos do parcelamento do solo urbano (L. 6.766/79)" (LOUREIRO, Francisco Eduardo. *Direito de laje e superfície*. Disponível em: https://www.colegioregistralrs.org.br/doutrinas/direito-de-laje-e-superficie-por-des-francisco-eduardo-loureiro/).

modismo. É uma forma nova de enxergar a economia, cujo ativo principal (papel já ocupado pela quantidade de bens corpóreos acumulada, posse das informações e capital especulativo), hoje, consiste no tempo de qualidade. Novo rico é quem faz bom uso do seu tempo.

Com o fito de atribuir melhor organização didática à nossa exposição, faremos a segmentação do presente Capítulo em três Seções, sinalizadas pelas letras (a), (b) e (c). A separação ocorrerá de acordo com a própria estruturação adotada na confecção do Capítulo VII-A do CC/2002, cujas normas, a nosso ver, podem ser reunidas nos grupos temáticos a seguir: (i) aspectos gerais e conceituais do instituto (arts. 1.358-B a 1.358-E); (ii) normas da relação entre multiproprietários (arts. 1.358-F a 1.358-N); e (iii) regras especiais para o relacionamento da unidade sob comunhão temporal com outras unidades autônomas dentro de um mesmo edifício (arts. 1.358-O a 1.358-U). Trata-se de uma escala regulamentadora, já que a multipropriedade pode ser instituída tanto em construções isoladas, quanto nos compartimentos individuais de qualquer arranha-céu[52]. A disposição dos artigos é ilustrativa, de modo que um comando da parte de relações condominiais, por exemplo, poderá ser abordado na explicação de tema sobre aspectos gerais. A pretensa classificação é um guia, não uma prisão às sinapses do leitor[53].

(a) Disposições Gerais: natureza jurídica, objeto e características essenciais

Na dicção do art. 1.358-C do CC/2002, cuidou o legislador de espancar qualquer dúvida quanto ao enquadramento jurídico da multipropriedade de imóveis. Trata-se de um condomínio. A par da omissão quanto ao tipo condominial, outras passagens do inédito Capítulo VII-A do *Codex* revelam que estamos diante de modalidade edilícia. A primeira é o art. 1.358-L, que autoriza a livre transmissão do direito de multipropriedade a terceiros, independentemente de anuência dos outros titulares de frações temporais do imóvel, além de não obrigar, em seu § 1º, que se conceda preferência aos consortes na venda a pessoa estranha. Exatamente como ocorre nos complexos de apartamentos e não se verifica nos condomínios ordinários, onde a preferência não constitui faculdade contratual, mas sim dever

---

52. "Interessante notar que o regime de condomínio em multipropriedade poderá ser utilizado para o condomínio geral, como na hipótese de uma casa de veraneio compartilhada no tempo por diversos multiproprietários. É possível, ainda, que a multipropriedade seja estipulada para condomínio edilício, como por exemplo nas hipóteses de *pool* hoteleiros, em que várias pessoas adquirem uma unidade do condomínio edilício em regime de *time sharing*" (ANDERSON SCHREIBER. *Manual de direito civil contemporâneo*. 3. ed. São Paulo: Saraiva, 2020. p. 1122).
53. "O estudo de modalidades de situações jurídicas não deve ser entendido como uma atividade classificatória, dirigida à memorização. Num plano científico, ela procura uma aproximação ao conteúdo das diversas situações, esquema idôneo na busca do seu regime [...]. Num plano pedagógico, ela visa ainda ministrar elementos doutrinários mínimos que, a nível de simples linguagem como no domínio substantivo, sejam necessários para apreender a matéria do Direito civil". (MENEZES CORDEIRO, António. *Tratado de direito civil*. Coimbra: Almedina, 2012. v. I, p. 864 apud SOUZA, Eduardo Nunes de. *Situações jurídicas subjetivas*: aspectos controversos. Civilistica.com. a. 4. n. 1., 2015. p. 8. Disponível em: https://civilistica.emnuvens.com.br/redc/article/view/207).

ex vi legis contido nos arts. 504 (venda de coisa *pro indiviso*) e 1.323, parte final (locação), do CC/2002.

Essa distinção técnica encontra sustentação nos perfis funcionais[54] das situações edilícia e ordinária. Enquanto os prédios de apartamentos e salas são vocacionados a congregar o maior número possível e diversificado de pessoas, o condomínio geral fora projetado para disciplinar uma situação excepcional, transitória, cujo ponto ótimo ao qual deve, cedo ou tarde, retornar consiste na concentração, unificação da propriedade nas mãos do menor *quantum* de titulares (uma espécie de "progressão tendente a um").

Ademais, retornando à Seção inicial das normas multiproprietárias, note que, tal qual no condomínio edilício, a regra é a indivisão – tanto do imóvel (art. 1.358-D, inciso I, do CC/2002), quanto de cada fração de tempo (art. 1.358-E, *caput*, do CC/2002). Não é permitido a ninguém ser cotitular de um mesmo fragmento temporal sobre o bem. Para cada titular, uma parcela individual de tempo será atribuída. Seria um contrassenso admitir que um direito já particionado na própria essência fosse ainda mais repartido. Já o condomínio geral admite, no art. 1.320, *caput*, do CC/2002, que os integrantes peçam, a qualquer tempo, a cisão da coisa comum, salvo se for previamente ajustada indivisão por cinco anos, nos termos do § 1º da norma citada. Uma terceira característica em comum é que os arts. 1.332, *caput* e 1.358-F prescrevem exatamente o mesmo rito para instituição, respectivamente, do condomínio edilício e da multipropriedade: ato *inter vivos* ou testamento, registrado no competente Cartório de Registro de Imóveis.

Em que pese as normas não sejam explícitas quanto ao aspecto da aquisição de frações ideais do solo e das áreas comuns, tal característica se faz presente também na multipropriedade, porém com contornos muito próprios. Cada multiproprietário tem a fração de cem por cento do terreno e são considerados espaços comuns todas as coisas e dependências que guarnecem o imóvel. Todavia, essa exclusividade tem dia e hora para começar, acabar e recomeçar, através de rodízios promovidos anualmente. Todo mundo, no momento sob sua titularidade, é dono de todo o solo e senhor de toda a mobília, os acessos e as estruturas do imóvel. Logo, não fazem sentido delongas sobre fração ideal em multipropriedade, mas isso não significa que ela inexista. Para que não reste a menor incerteza quanto à natureza edilícia da figura temporal, veja transcrição de manifestação recente de Gustavo Tepedino, expoente no assunto desde os idos de 1990:

> À míngua da intervenção legislativa, a prática brasileira pregressa utilizou-se da instituição de condomínio ordinário entre os titulares de cada apartamento inserido em condomínio edilício.

---

54. "As situações subjetivas podem ser consideradas ainda sob dois aspectos: aquele funcional e aquele normativo ou regulamentar. O primeiro é particularmente importante para a individuação da relevância, para a qualificação da situação, isto é, para a determinação da sua função no âmbito das relações sociojurídicas" (PERLINGIERI, Pietro. *Perfis do Direito Civil*: introdução ao direito civil constitucional. Trad. Maria Cristina De Cicco. 3. ed. rev. e ampl. Rio de Janeiro: Renovar, 2007. p. 106-107).

[...]. Inúmeros inconvenientes decorriam dessa fórmula, que, dentre outros problemas, implicava o direito de preferência dos condôminos no caso de venda por qualquer titular e a divisibilidade do condomínio a qualquer momento, a pedido de um único condômino, após o prazo de cinco anos da indivisibilidade do condomínio ordinário prevista pelo Código Civil (artigo 1.320, 2º). [...]. Todas essas incertezas foram resolvidas com o reconhecimento, pelo legislador brasileiro, da autonomia de cada unidade, individualizada no espaço (apartamento 101, por exemplo) e no tempo (primeira semana de agosto de cada ano, por exemplo) com sua respectiva matrícula no registro de imóvel, inserida em regime de condomínio edilício[55].

No que concerne ao objeto, vale elucidar que a propriedade recai sobre o imóvel integralmente considerado, ostentando o titular poderes de uso, fruição e disposição em relação à totalidade da *res*. Todavia, o desempenho dessas faculdades ocorre em caráter temporário. Nas hipóteses de usar e fruir, existem dia certo para começo e fim, sendo que a permissão se repete, ano após ano. Quanto à disposição, é certo que o titular pode, a qualquer momento do calendário, transferir a outrem sua fração dominial sobre o bem. Entretanto, não se pode esquecer da clássica máxima, segundo a qual "ninguém pode transmitir mais direitos do que detém". Então, pode ele dispor, a qualquer tempo, mas só conseguirá alienar um período temporal de aproveitamento, ainda que este permita se valer do imóvel na sua totalidade e de forma exclusiva[56]. Inobstante complexa, essa é a interpretação mais apropriada que se deve aferir do art. 1.358-C do CC/2002, cujo parágrafo único destaca que a concentração de todas as frações temporâneas nas mãos de um único titular não é causa extintiva da estrutura multiproprietária.

De volta ao topo da novel disciplina normativa, nota-se que o art. 1.358-B do CC/2002 inicia a abordagem do tema com referência à aplicação supletiva e subsidiária da Lei 4.591/64 e do Código de Defesa do Consumidor ("CDC"). A nosso ver, a finalidade do comando reside em destacar que, na maioria dos casos concretos, arranjos multiproprietários, típicos de redes hoteleiras, *resorts*, SPAs, *flats* empresariais, serão materializados via operação de incorporação imobiliária, cujas condições hão de ser reguladas de acordo com os ditames do Título II da Lei 4.591/64. Não se trata, em medida alguma, de uma tentativa de retomada das regras condominiais revogadas do Título I. No mais, visto que, dentro do sistema da incorporação, criam-se relações consumeristas entre os adquirentes (antes de unidades em construção, agora, de frações de tempo sobre estas) e as incorporadoras, cuja atuação junto ao público representa prestação de serviços no mercado, inolvidável a incidência do CDC.

---

55. TEPEDINO, Gustavo. *A multipropriedade e a retomada do mercado imobiliário*. Publicado em: 30.01.2019. Disponível em: https://www.conjur.com.br/2019-jan-30/tepedino-multipropriedade-retomada-mercado-imobiliario.
56. "Mas isso não quer dizer que os multiproprietários só serão proprietários no lapso temporal que lhes cabe; isso indica que é somente nesse período que poderão exercer sozinhos as prerrogativas de usar e fruir, oriundas do direito real de propriedade. Isto é, a multipropriedade é um modo de exercer a propriedade" (SILVESTRE, Gilberto Fachetti; CASTELLO, João Victor Pereira; NASCIMENTO, Barbara Randow Santana. Multipropriedade imobiliária e sua natureza jurídica no Brasil: análise dos fundamentos do Recurso Especial 1.546.165/SP e da Lei 13.777/2018. *Revista de Derecho y Cambio Social*. n. 63, p. 113. https://www.derechoycambiosocial.com/revista063/471.pdf).

Curioso notar que nenhum dos dispositivos introduzidos no CC/2002 pela Lei 13.777/2018 faz direta referência à abertura de matrículas autônomas para cada fração temporal, embora seja possível aferir tal individuação do conteúdo material das normas. Nada obstante, a criação de matrículas próprias é garantida pelo §10 do art. 176 da Lei 6.015/73, *in verbis*: "Quando o imóvel se destinar ao regime da multipropriedade, além da matrícula do imóvel, haverá uma matrícula para cada fração de tempo, na qual se registrarão e averbarão os atos referentes à respectiva fração de tempo".

Ao fim dessa parte mais geral do estudo da multipropriedade, insta mencionar o § 1º do art. 1.358-E do CC/2002, que determina ser de 7 (sete) dias, seguidos ou intercalados, a duração mínima permitida para cada fração temporal imobiliária. A definição do *quantum* de dias e meses pertencentes a cada titular, assim como a sua distribuição pelo calendário, poderão seguir um dentre três tipos de critério: (i) fixo, em que os intervalos são certos, fechados e se repetem exatamente nas mesmas condições a cada ciclo anual; (ii) flutuante, no qual a alocação das frações dos titulares oscilam a cada ano calendário, *i.e.*, considerando-se uma unidade de *resort* em paradisíaca praia da Bahia, um proprietário poderá exercer seu domínio exclusivo de quinze dias em pleno verão no ano de 2022, porém, para 2023, seu direito será deslocado para o mês de junho (inverno e, portanto, baixa temporada na região). A lei exige que o procedimento elaborado seja previamente divulgado, objetivo e isonômico; e (iii) misto, no qual parte das frações de cada titular fica sujeita ao regime fixo, sendo alocadas, por exemplo, em época de menor movimento na região do imóvel, enquanto outra parcela das suas cotas temporais será acomodada de forma variável ao longo do ano, na alta estação.

(b) Regulação das relações internas entre multiproprietários

Além da liberdade de alienação das frações temporais autônomas já explicitada quando da investigação da natureza jurídica do condomínio em multipropriedade, a esfera do relacionamento entre os titulares temporais é marcada, no CC/2002, por um conjunto de normas definidoras de direitos e deveres atribuídos a cada consorte. Em uma fotografia panorâmica, as regras refletem as ordinárias expectativas que se podia nutrir com relação ao instituto, pois nada mais são do que aproveitamento de comandos da parte regulamentadora dos condomínios edilícios, com algumas adaptações técnicas.

De nossa parte, chamam atenção as ressalvas feitas acerca dos direitos de usar e gozar, acompanhados da obrigação legal de cuidar, das instalações, equipamentos e mobiliários do imóvel pluridominical. Não era costumeiro nos depararmos com normas imobiliárias tão preocupadas assim em relação à proteção dos móveis que guarnecem um local, cuja tutela ficava tão somente a cargo das disciplinas de responsabilidade civil, contrato de depósito, teoria geral das obrigações. Mais uma peculiaridade se observa no art. 1.358-G, II, que impõe aos estatutos condominiais a fixação de número máximo de pessoas que podem ocupar simultaneamente o imóvel no período de cada fração de tempo. Talvez seja um floreio legislativo, haja vista que a capacidade máxima permitida em imóveis já recebe atenção, há anos, das normas públicas de segurança, posturas municipais e atos administrativos regulamentadores.

No âmbito sancionatório, a dinâmica acompanha a que conhecemos nos edifícios tradicionais, em que pese não tenha o legislador estipulado pisos ou tetos pecuniários (quíntuplo, décuplo). Os valores foram deixados ao arbítrio da convenção condominial. Tal como no modelo clássico, o multiproprietário que descumpre suas obrigações fica sujeito, primeiro, a uma multa. Se o comportamento for reiterado, adota-se progressão de valor. Sendo insuficiente, apela-se à perda temporária do direito de usar o imóvel na fração de tempo. No tocante ao delicado ponto do condômino antissocial, o problema parece se dissolver naturalmente na rotatividade da ocupação inerente ao arranjo multiproprietário. Contudo, o instituto requer pluralidade de frações temporais sobre a coisa, e não de titulares, pelo que é possível termos um condomínio especial desse tipo com a esmagadora maioria das cotas temporâneas no poder de uma só pessoa, sendo ela a incorrer nos comportamentos abusivos para com os outros consortes. Nesse cenário, o inconveniente se mantém, cabendo aos prejudicados se valer dos remédios das normas de vizinhança, da vedação aos atos emulativos, traduzidos em indenizações, penalidades ao infrator e obstruções temporárias de uso, devendo-se evitar o excesso de se retirar o formal direito de propriedade das mãos do mau elemento.

Outra regra repetida (cujo reforço, entretanto, se faz sempre salutar) é a que trata da imposição de dever ao condômino de pagar as contribuições condominiais, redigida no inciso I dos arts. 1.358-G e 1.358-J do CC/2002. O trauma com as discussões dos condomínios de fato e loteamentos foi tamanho que o legislador resolveu não deixar "pedra sobre pedra". Inclusive, realçou que, nas hipóteses de multipropriedade dentro de unidade autônoma de condomínio edilício, o condômino precisa pagar pontualmente ambas as taxas (a da multipropriedade e a do prédio).

Finalmente, chegamos ao dispositivo que merece mais detida atenção nessa parte do nosso estudo, qual seja o art. 1.358-H do CC/2002, cujo *caput* concede liberdade às partes para estipular limite máximo de frações que a mesma pessoa física e/ou jurídica poderá titularizar no imóvel. Essa contagem, todavia, não se aplica a frações instituídas para venda a terceiros enquanto não consumada a alienação, segundo ressalva do parágrafo único. Visualizamos a regra como potencialmente problemática, já que não parece ter captado a dimensão adequada da hipótese de venda frustrada. Se a venda não ocorrer (*e.g.* por desistência do comprador), o que acontece com a fração? Poderia o titular dela se utilizar até que consiga repassá-la a outrem? Mas, admitindo-se que assim proceda, não estaria a usufruir e se aproveitar além do limite que a convenção ou ato institutivo permitem? Quiçá a solução isonômica perpasse por manter a fração sob sua titularidade, porém com bloqueio de uso até que seja vendida a alguém. Contudo, isso não seria relegar o imóvel a desuso em determinado período do ano, na contramão do que reclama a função social da propriedade? Na seara de tantas interrogações, registre-se ainda uma crítica ao emprego da palavra "venda", dado o seu significado restrito a uma única espécie de negócio jurídico translativo de domínio. O termo apropriado aqui seria "alienação", pois assim seria facultado ao titular, após o não fechamento de uma venda, fazer circular a propriedade das frações de tempo excedentes, através de outras formas de transação, tais como doação, permuta etc.

Outra provocação a se pensar consistiria em convenção condominial que fixasse o uso integral da fração de tempo objeto de venda frustrada para realização de reparos, nos termos do art. 1.358-N do CC/2002. Seria uma maneira de "acertar dois coelhos com uma só cajadada", visto que a fração afetada ficaria sem uso até que surgisse firme comprador. Mas, o que aconteceria se, no meio da execução dos serviços reparatórios, aparecesse um proponente interessado em adquirir a cota temporal do imóvel para uso imediato e o titular perdesse a oportunidade de aliená-la por conta de consertos em andamento? Caberia indenização por perda de uma chance? Entendemos que não, por dois motivos. O primeiro consiste no fato de que os reparos do imóvel representam obrigação indispensável do condômino, não sendo razoável admitir que tenha sofrido danos, quando, na verdade, suportou risco atinente ao cumprimento de seu dever legal. Inclusive, a depender do tipo de reforma, ela seria *conditio sine qua non* para a venda segura da fração de tempo sobre o imóvel. Ademais, no tocante ao excesso temporal não fruível, inexiste exagero em se considerar a situação do titular análoga à do instituidor da multipropriedade, cujas cotas podem servir à realização de reparos, consoante art. 1.358-N, inciso I, CC/2002. Aqui, falamos de frações criadas sob afetação, destinadas exclusivamente à venda, tal como o são as detidas pelo instituidor do empreendimento. E, em nenhum momento, cogita-se que o instituidor deverá ser indenizado por vendas que deixem de ocorrer em virtude de obras realizadas nas suas cotas temporais. Trata-se de risco empresarial, ao qual também se submete o titular, mesmo pessoa física, quando cria frações para venda e acima do limite de aproveitamento permitido nos estatutos.

Nada obstante, resta ao titular o reembolso proporcional por parte dos demais consortes, já que todos se beneficiam das obras que teriam sido integralmente feitas dentro de frações de tempo de apenas um multiproprietário. Não ratear essa conta seria chancelar o enriquecimento sem causa. Outrossim, urgência não é sinônimo de serviço ininterrupto. Logo, ante a comunicação de recebimento de proposta de venda firme pelo titular das frações em análise, poder-se-ia cogitar da cessação dos serviços e seu remanejamento para outro período. Por óbvio, desde que a interrupção não coloque em risco a incolumidade da construção e dos proprietários (incluindo o recém-adquirente).

(c) Regime das relações externas da multipropriedade com o condomínio edilício

Por derradeiro, serão abordadas disposições especiais voltadas ao fenômeno a que denominamos "condomínio ao quadrado". Trata-se da multipropriedade dentro de condomínio edilício, situação que, alegoricamente, muito se assemelha às Matrióskas, aquelas simpáticas bonequinhas russas de porcelana, com tamanhos variados, que são colocadas umas dentro das outras[57]. Assim funciona com a unidade dividida em frações de tempo, que se situa no interior de um prédio de apartamentos, quartos ou salas.

De acordo com o art. 1.358-O do CC/2002, há duas vias para que um edifício comporte unidades em multipropriedade: (i) previsão expressa no ato constitutivo do condomínio edilício; ou (ii) a qualquer tempo, por deliberação da maioria absoluta dos condôminos. Esclareça-se que a base de contabilização do referido *quórum* repousa no número total de unidades do empreendimento (considerando, para os módulos divididos em multipropriedade, a relação de proporção entre sua cota temporal e o poder político atribuído à unidade dividida dentro da convenção condominial, conforme art. 1.358-I, IV, alínea "b", do CC/2002), e não apenas sobre o *quantum* de proprietários presente ao conclave em que seja deliberada a matéria.

Na sequência, os arts. 1.358-P e 1.358-Q do CC/2002 elencam regras que devem constar, respectivamente, da convenção e do regimento interno do condomínio edilício dentro do qual existam multipropriedades. Em meio a comandos já esperados diante da natureza do instituto pluridominical, destaca-se o uso da expressão "empreendimentos mistos", voltada a designar os complexos edilícios em que convivam unidades sujeitas ao regime de domínio simples (*uti singuli* ou em condomínio geral) e outras gravadas sob a disciplina da multipropriedade. Sejam os empreendimentos mistos ou uniformes, é certo que existirão dois códigos de conduta simultaneamente em vigor: um para regular as relações dentro da unidade e outro voltado à normatização do convívio dos membros de uma unidade com os integrantes das demais. Logicamente, os dois estatutos precisam conversar entre si, a despeito de suas peculiaridades.

Igualmente interessante é a referência, no inciso VI do art. 1.358-P do *Codex*, ao "sistema de administração de intercâmbio", figura típica dos empreendimentos do ramo de hotelaria, cuja definição consta do sublinhado art. 23, § 2º, da Lei 11.771/2008[58]. A modalidade consiste em contemporâneo esquema de hospedagem que permite ao multiproprietário permutar a estadia no imóvel sob seu domínio pela oportunidade de passar o tempo em unidade de outro multiproprietário, em localidade distinta, desde que ambos sejam vinculados à mesma rede de hotéis. A menção dessa ferramenta não é fruto do acaso, pois revela a vocação turística presente desde o nascedouro da multipropriedade, conforme se extrai de passagem dos estudos feitos por Gustavo Tepedino, ainda sob a égide do CC/1916:

---

57. SORÔKINA, Anna. *7 curiosidades sobre a icônica boneca russa 'matriôchka'*. Portal Russia Beyond. Disponível em: https://br.rbth.com/cultura/84373-curiosidades-sobre-matriochka-historia.
58. Art. 23. [...]. § 2º Considera-se prestação de serviços de hospedagem em tempo compartilhado a administração de intercâmbio, entendida como organização e permuta de períodos de ocupação entre cessionários de unidades habitacionais de distintos meios de hospedagem.

A entrega da gestão multiproprietária a redes de hotelaria, em geral empresas multinacionais, estimula a prática de intercâmbio entre multiproprietários, visando à permuta anual das respectivas frações de que são titulares, em lugares e países diversos, formando-se um chamado "banco de trocas", altamente diversificado e interessante para os que gostam de viajar. Dessa forma, um multiproprietário titular de uma quinzena anual em Cannes, por exemplo, troca a utilização do seu apartamento, em certo ano, com titular de direito em imóvel situado em Búzios ou nas distantes Ilhas Mauricius[59].

Vale salientar ainda a hipótese de adjudicação, ao condomínio edilício, da fração de tempo pertencente a multiproprietário inadimplente com suas obrigações de custeio das contribuições condominiais, descrita no art. 1.358-S do CC/2002. A norma há de ser lida mediante complementação do art. 1.358-P, cujos incisos VIII e IX, estabelecem a obrigatoriedade de a convenção edilícia fixar *quóruns* para aprovar, respectivamente, a adjudicação da cota temporal ao condomínio e a sua alienação como forma de quitar o saldo devedor deixado em aberto pelo titular. A medida nos remete, em parte, aos §§ 1º e 5º do art. 63 da Lei 4.591/64, que permite à Comissão de Representantes, formada na incorporação imobiliária, tomar para si e submeter a leilão judicial a quota de terreno e as construções pertencentes ao promitente adquirente em situação de inadimplência. O parágrafo único da nova norma do diploma cível institui o que Gustavo Tepedino apelidou "anticrese legal"[60], dando sobrevida a um direito real de garantia há muito esquecido na *práxis* brasileira. Nas hipóteses elencadas, sendo a unidade destinada a locação, admite-se ao condomínio edilício que a tome para si e recolha os rendimentos locatícios até a integral quitação do débito condominial do titular, restituindo-lhe, ao final da fruição, o domínio pleno da cota temporal. A lei sugere que o procedimento ocorra por um de dois caminhos: (i) mediante incorporação da fração no *pool* da administradora do empreendimento; ou (ii) através de compensação dos alugueres colhidos com o valor da dívida. Embora o gravame seja menos intenso do que a alienação da cota, deve igualmente gozar de assento na convenção do edifício.

Mais um ponto de atenção consta do art. 1.358-R do CC/2002, que substitui, nos empreendimentos sob total ou parcial regime de multipropriedade, a figura do síndico por uma administração profissional (que pode ser exercida por prestador de serviços de hospedagem). Tal administrador concentrará consigo a gestão de todos os condomínios multiproprietários que existam dentro do mesmo complexo imobiliário. Já o art. 1.358-T do CC/2002 prevê a renúncia translativa de fração temporal em favor do condomínio edilício, condicionada à obrigação de estar o renunciante quite com todos os encargos condominiais e tributários proporcionais à sua cota de tempo no imóvel. Afinal, trata-se de obrigação *propter rem*, consoante § 2º do art. 1.358-L do CC/2002, que, por isso, grava o direito real e se transmite, junto com

---

59. TEPEDINO, Gustavo. *Multipropriedade imobiliária*. São Paulo: Saraiva, 1993. p. 19.
60. TEPEDINO, Gustavo. *A multipropriedade e a retomada do mercado imobiliário*. Publicado em: 30.01.2019. Disponível em: https://www.conjur.com.br/2019-jan-30/tepedino-multipropriedade-retomada-mercado--imobiliario).

a *res*, ao seu adquirente. Andou bem o legislador, pois impediu que a abdicação se tornasse válvula de evasão de dívidas pelos condôminos, com o agravante de repassar o ônus ao condomínio e impor aos titulares das outras unidades o sacrifício de pagar as contas de sua responsabilidade.

O último alvo de nossas investigações é o art. 1.358-U do CC/2002, a permitir que convenções de condomínios edilícios, memoriais de incorporação e instrumentos de venda de lotes limitem ou proíbam a instituição de multipropriedade em suas unidades. A restrição ou vedação pode ser alterada pela maioria absoluta dos condôminos. É o mesmo *quórum* fixado para admissão da multipropriedade (art. 1.358-O, II, CC/2002). Todavia, identificamos silêncio do legislador com relação ao número de votos exigível para se estipular proibição ou limitação à multipropriedade dentro de empreendimento que admite o uso da figura. Preliminarmente, urge elucidar que a proibição ou restrição *a posteriori* não poderia afetar as unidades que já se encontrem fracionadas quando da definição da nova regra, pois, abertas as matrículas das frações de tempo, configura-se ato jurídico perfeito a ser protegido, conforme art. 5º, XXXVI, da Constituição Federal. Seria a mesma *ratio* adotada para a disciplina das enfiteuses, nos termos do art. 2.038, *caput*, do Código Reale[61], cuja eficácia tem caráter *ex nunc*.

A pandemia da Covid-19 foi um exemplo ilustrativo de como circunstâncias excepcionais podem demandar mudanças nas normas de um condomínio. Focando nosso olhar na multipropriedade, verifica-se que a rotatividade e o intenso fluxo de pessoas são inerentes ao instituto. Do outro lado, temos normas de restrições sanitárias, que prezam pelo isolamento, distanciamento e redução na circulação de cidadãos. Nesse cenário, é bem razoável imaginar um condomínio cujo ato institutivo permite a criação de multipropriedades, mas que, diante da conjuntura pandêmica, seus membros decidam votar pela inclusão de nova cláusula nos estatutos, proibindo a adoção essa forma de organização nas unidades. Embora a Covid-19 tenha sido um evento mais presente nos anos de 2020 e 2021, nada impede que nova crise sanitária, em moldes semelhantes, volte a acontecer. Enfim, o legislador nos colocou em uma "aporia Drummondiana", já que nos perguntamos: "E agora, José"?[62]

Ante o princípio da paridade das formas, considerando que o *quórum* para criar permissivo à multipropriedade e para derrubar eventual vedação é de maioria absoluta dos condôminos, entendemos que referido *quantum* de aprovação deve ser igualmente aplicado sempre que os consortes resolverem estipular uma cláusula que proíba ou fixe limitações a um regime pluridominical outrora admitido de maneira livre.

---

61. Art. 2.038. Fica proibida a constituição de enfiteuses e subenfiteuses, subordinando-se as existentes, até sua extinção, às disposições do Código Civil anterior, Lei 3.071, de 1º de janeiro de 1916, e leis posteriores.
62. ANDRADE, Carlos Drummond de. *E agora, José?*, 1942 In: *José & Outros*. Rio de Janeiro: Record, 2003.

6. CONCLUSÃO

Em face de todo o exposto, cumpre dizer que os "novos arranjos condominiais" positivados com as Leis 13.465/2017 e 13.777/2018, conquanto sejam novidades nas páginas do CC/2002, representam situações presentes na realidade das urbes brasileiras desde quando ainda vigia o extinto CC/1916. Malgrado a falta de ineditismo, isso não diminui nem ofusca a relevância do trabalho levado a efeito pelo legislador.

Por meio das atualizações promovidas no texto do Código Reale, estabeleceu-se uma aproximação dos direitos reais com o dinamismo de uma sociedade contemporânea alicerçada sobre as bases de uma economia de compartilhamento. Mais do que só ter e empilhar, as pessoas buscam usufruir. Mesmo que, para tanto, precisem, senão abrir mão, ao menos reduzir a sua exclusividade sobre os bens.

Além da filosofia de comportamento de consumo, é claro que o movimento da legislação dialoga também com o aspecto material de nossa economia. Há décadas, todos esperam o "grande estouro da bolha" no mercado imobiliário. Todavia, ela tem ganhado mais volume, à medida que a moeda desvaloriza, o desemprego atinge níveis alarmantes e, por conseguinte, o poder aquisitivo médio da população decai. Se o sonho da casa própria se tornou muito dificultado, o do recanto de lazer simplesmente esvaiu das mentes dos brasileiros. E, claro, isso prejudica também as economias e o turismo das cidades, cujos empreendimentos passam muitos meses do ano esvaziados.

Isto posto, com acerto, cuidou o legislador de, primeiro, regular o condomínio de lotes e outras composições trazidas na Lei da REURB, à guisa de toda a urgência social relativa às regularizações de formações fundiárias criadas, muito mais "a torto" do que "a direito", nas metrópoles do país, em especial envolvendo populações carentes. Fixou a prioridade em dar acesso à propriedade regular para quem necessitava dela em prol da própria existência digna, como preconiza a Carta Magna.

Na sequência, voltou suas atenções às demandas do turismo, hotelaria e ao lazer das classes altas e médias, ditando o extenso catálogo de regras do condomínio em multipropriedade. Como visto, o grande mérito do instituto repousa em diluir custos de aquisição e manutenção[63] das "casas de veraneio", imóveis que, a título exclusivo, já não cabem mais nos bolsos de tantos brasileiros quanto outrora. Além dessa carga financeira ser impossível para muitos, a outros ela não vale mais à pena. Nem para as cidades, que, com frações de usufruto distribuídas ao longo de todo o ano, deixam de viver a "montanha-russa" das altas e baixas estações turísticas. Em que pese seja essa a principal destinação pensada, hoje, para a multipropriedade imobiliária, certamente, a sociedade do século XXI – plural,

---

63. VIEGAS, Cláudia Mara de Almeida Rabelo; PAMPLONA FILHO, Rodolfo. A Multipropriedade imobiliária à luz da Lei 13.777/2018. *Revista da Faculdade de Direito UFMG*. n. 75, jul./dez. 2019. p. 92. Belo Horizonte. Disponível em: https://revista.direito.ufmg.br/index.php/revista/article/view/2029.

multifacetada, conectada, globalizada e voltada à partilha (senão por generosidade, devido a necessidades e visão de mundo) – encontrará muitas outras aplicações criativas para a ferramenta.

Em síntese, os chamados "novos condomínios" e a multipropriedade emergem no texto do CC/2002 como decorrência de um olhar mais funcional e relativista sobre o domínio imobiliário, expressado, com maestria, na seguinte afirmação de Paulo Lôbo: "Torna-se imprescindível a convivência entre liberdade e poder sobre as coisas, de um lado, e solidariedade social e funcionalização do direito, do outro, como indicação da propriedade contemporânea no Brasil"[64]. Assim, continuamos. Caminhando e dividindo.

---

64. LÔBO, Paulo Luiz Neto. *Coisas*. Saraiva: São Paulo, 2017. p. 32.

24
O REGIME JURÍDICO DO CONDO-HOTEL

Filipe Medon

Doutorando e Mestre em Direito Civil pela Universidade do Estado do Rio de Janeiro (UERJ). Professor Substituto de Direito Civil na Universidade Federal do Rio de Janeiro (UFRJ) e de cursos de Pós-Graduação e Extensão da PUC-Rio, ESA/OAB Nacional, ESA/OAB-RJ, ITS-Rio, PUC-PR, Fundação Escola Superior do Ministério Público do Rio Grande do Sul, CERS, IERBB/MP-RJ, Instituto New Law, CEPED-UERJ, EMERJ, CEDIN e do Curso Trevo. Membro da Comissão de Proteção de Dados e Privacidade da OAB-RJ, do Instituto Brasileiro de Estudos de Responsabilidade Civil (IBERC) e do Instituto Brasileiro de Direito de Família. Pesquisador em Gustavo Tepedino Advogados. Advogado. Instagram: @filipe.medon.[1]

Sumário: 1. Notas introdutórias: vinte anos entre avanços e retrocessos – 2. A reforma dos direitos reais – 3. Aspectos gerais sobre o condo-hotel – 4. Conclusão.

1. NOTAS INTRODUTÓRIAS: VINTE ANOS ENTRE AVANÇOS E RETROCESSOS

O Direito Civil é um prédio inacabado. Ainda que suas fundações clássicas permaneçam de pé, fortificadas pela influência do fenômeno da constitucionalização, seus pavimentos são, a todo instante, reconstruídos e expandidos, como um organismo vivo que busca se adequar ao tempo presente. Assim também é o Código Civil, cuja centralidade foi perdida no ordenamento face à necessária hierarquização da Constituição, passando por um longo processo de avanços e retrocessos, que culminam agora na celebração do seu aniversário de vinte anos.

Seria impossível traçar nessas breves linhas uma retrospectiva histórica que refletisse de forma completa e exaustiva as mudanças da civilística brasileira das duas últimas décadas. O advento de novas tecnologias da informação dinamizou e revolucionou o Direito como um todo, notadamente o Direito Civil, que foi obrigado a modificar estruturas que remontavam aos alfarrábios romanistas. Embora os efeitos de tal fenômeno de revolução tecnológica possam ser mais facilmente sentidos em campos como a responsabilidade civil e os direitos da personalidade, campos tradicionalmente mais dogmáticos como os direitos reais também foram, em alguma medida, influenciados. Basta pensar na aplicação de tecnologias de Inteligência Artificial para a qualificação registral[2], ou, ainda, na eventual possibilidade de se

---

1. O autor agradece à acadêmica de Direito da Universidade Federal do Rio de Janeiro Mariana Scofano Martins pelo rico trabalho de pesquisa bibliográfica empreendido para a confecção do presente artigo.
2. ABELHA, André; BLASCO, Fernando. Inteligência artificial e qualificação registral: possibilidades e perigos. In: TEPEDINO, Gustavo; SILVA, Rodrigo da Guia (Coord.). *O Direito civil na era da inteligência artificial*. São Paulo: Thomson Reuters Brasil, 2020. p. 703-720.

valer de mecanismos peculiares de tutela da posse e da propriedade para a proteção de dados pessoais.[3]

Especificamente no estudo dos direitos reais, que são o objeto central da presente investigação, observou-se ao longo dos últimos vinte anos o surgimento e a incorporação de diversos institutos no Código Civil, notadamente no que se refere à concretização do direito fundamental à moradia. Cita-se, dentre outros, diplomas como a Lei 13.465/2017, que instituiu, por exemplo, normas gerais e procedimentos aplicáveis à Regularização Fundiária Urbana (Reurb), além de incluir o direito de laje no rol dos direitos reais do artigo 1.225 do Código. Outras, como a Lei 12.424/2011, trouxeram novas modalidades de usucapião, como a chamada usucapião familiar. Importante mencionar, ainda, a inclusão, pela Lei 13.777/2018, do condomínio em multipropriedade, além do condomínio em lotes, instituído pela Lei 13.465/2017.

É precisamente nesse contexto de novas formas condominiais que se insere o chamado condo-hotel, cuja regulação é objeto do presente estudo, que se propõe a analisar os principais contornos do instituto a partir de contribuições da doutrina e também da jurisprudência que já se forma a respeito deste tema que ainda tem contornos tímidos. Nada obstante, antes de proceder ao exame de sua disciplina, faz-se necessário compreender aquilo que se convencionou designar como "a reforma dos direitos reais", que se revela como pressuposto lógico para entender o panorama desses direitos no Código Civil após duas décadas de sua promulgação.

2. A REFORMA DOS DIREITOS REAIS

Em apertada síntese, a metodologia do Direito Civil Constitucional se baseia na unidade, sistematicidade e complexidade do ordenamento para sustentar a constitucionalização do direito privado e, em especial, do Direito Civil, que deve ser relido com as lentes da Constituição da República.[4] Assim, a todo momento busca-se aferir o merecimento de tutela de institutos e situações jurídicas, tendo-se como postulado essencial a funcionalização dos institutos em detrimento de uma visão meramente estrutural.[5]

Nessa direção, considera-se a importância de buscar, à luz das especificidades fáticas, a construção da normativa aplicável, considerando-se que o processo interpretativo se dá em concreto. Além disso, defende-se a reunificação do Direito Privado, superando-se a *summa divisio*, já que a Constituição atua como elemento harmonizador, rejeitando-se, também, a noção de microssistemas.[6]

---

3. MAIA, Roberta Mauro Medina. A titularidade de dados pessoais prevista no art. 17 da LGPD: direito real ou pessoal? In: TEPEDINO; Gustavo; FRAZÃO, Ana; OLIVA, Milena Donato. *Lei geral de proteção de dados e suas repercussões no direito brasileiro*. São Paulo: Thomson Reuters Brasil, 2019. p. 131-156.
4. KONDER, Carlos Nelson; SCHREIBER, Anderson. Uma agenda para o Direito Civil-Constitucional. *Revista brasileira de direito civil*, v. 10, out./dez. 2016.
5. TEPEDINO, Gustavo. Normas constitucionais e direito civil na construção unitária do ordenamento. *Temas de direito civil*. Rio de Janeiro: Renovar, 2009. t. III.
6. KONDER, Carlos Nelson; SCHREIBER, Anderson. Uma agenda para o Direito Civil-Constitucional. *Revista brasileira de direito civil*, v. 10. out./dez. 2016.

Os primeiros campos do Direito Civil a sofrerem essa influência da constitucionalização foram, sobretudo, o "direito dos contratos, em particular com o desenvolvimento dos denominados princípios contratuais contemporâneos, e no âmbito da responsabilidade civil, em especial com o alargamento de suas funções."[7] Isso não significa, no entanto, que os direitos reais foram esquecidos nesse contexto de transformação.

Como esclarece Carlos Edison do Rêgo Monteiro Filho:

> Supôs-se, a princípio, que o ramo dos direitos das coisas restaria infenso às ondas de mudança, como se o papel das titularidades, associadas de algum modo à concepção milenar de propriedade, estivesse contida numa ilha de estabilidade em meio ao turbilhão revolucionário que redefinia os institutos dos contratos e da responsabilidade civil. Nada mais falso (...). Embora com algum atraso, já não se pode negar os influxos dessas transformações também nas relações ditas reais, principalmente a partir da superação da dicotomia que as estremava das relações obrigacionais. Promove-se, assim, certa unificação do regime jurídico das relações patrimoniais e, por consequência, a extensão da eficácia da boa-fé objetiva e do equilíbrio econômico às situações subjetivas reais.[8]

Tal processo de transformação nas relações reais pode ser percebido, com efeito, por meio da superação da dicotomia que tradicionalmente afastava as relações obrigacionais das relações reais. Exemplo disso são as obrigações *propter rem* ou ambulatoriais, que revelam a cada dia a dificuldade em se estremar tais relações, já que seus efeitos acabam se aproximando na prática. Essa discussão acaba se mostrando como uma porta de entrada para se afirmar a unificação do regime jurídico das relações patrimoniais, que abrangeriam tanto as reais quanto as obrigacionais ou de crédito. Uma das consequências seria a extensão da aplicação dos princípios da boa-fé objetiva e do equilíbrio econômico às situações subjetivas reais e não mais apenas às obrigacionais ou de crédito.[9]

E é precisamente tal construção, que, em perspectiva ampla, autores como Carlos Edison têm denominado de "reforma dos direitos reais". Segundo o autor, este processo se associaria "à criação de novas manifestações dominiais, como a laje e a multipropriedade, e de novos modos de aquisição imobiliária via usucapião, como a tabular e a familiar".[10] Além disso, pode ser caracterizado "pela força expansiva

---

7. MONTEIRO FILHO, Carlos Edison do Rêgo. A hipoteca na agenda de reforma dos direitos reais. In: ANDRADE, André Gustavo; GAULIA, Cristina Tereza; NEVES, José Roberto de Castro; MELO, Marco Aurélio Bezerra de (Org.). *Lições de direito imobiliário*: homenagem a Sylvio Capanema de Souza. Rio de Janeiro: GZ Editora, 2021. p. 564.
8. MONTEIRO FILHO, Carlos Edison do Rêgo. A hipoteca na agenda de reforma dos direitos reais. In: ANDRADE, André Gustavo; GAULIA, Cristina Tereza; NEVES, José Roberto de Castro; MELO, Marco Aurélio Bezerra de (Org.). *Lições de direito imobiliário*: homenagem a Sylvio Capanema de Souza. Rio de Janeiro: GZ Editora, 2021. p. 564-565.
9. MONTEIRO FILHO, Carlos Edison do Rêgo. A hipoteca na agenda de reforma dos direitos reais. In: ANDRADE, André Gustavo; GAULIA, Cristina Tereza; NEVES, José Roberto de Castro; MELO, Marco Aurélio Bezerra de (Org.). *Lições de direito imobiliário*: homenagem a Sylvio Capanema de Souza. Rio de Janeiro: GZ Editora, 2021. p. 564-565.
10. MONTEIRO FILHO, Carlos Edison do Rêgo. A hipoteca na agenda de reforma dos direitos reais. In: ANDRADE, André Gustavo; GAULIA, Cristina Tereza; NEVES, José Roberto de Castro; MELO, Marco Aurélio Bezerra de (Org.). *Lições de direito imobiliário*: homenagem a Sylvio Capanema de Souza. Rio de Janeiro: GZ Editora, 2021. p. 565.

da autonomia privada que encontra amplos espaços de desenvolvimento nos redesenhados tipos reais, como o conteúdo das servidões prediais e das convenções de condomínio"[11] assentando-se, finalmente, "também no impacto dos novos princípios, ditos contratuais, como a boa-fé objetiva e o equilíbrio econômico imbricados à tutela da confiança, à teoria da aparência, e à efetividade da atuação do sistema de garantias."[12]

Exemplo disso é a hipoteca, que, embora já tenha sido referida por San Tiago Dantas[13] como "o instrumento de garantia mais perfeito, elaborado pela ciência civil" e de ter perdido centralidade, "na prática, para a alienação fiduciária em garantia – não passou ao largo dessas transformações, afigurando-se notáveis alguns desses influxos em sua normativa, conformando-a aos novos valores constitucionais".[14]

É por essa razão que, mesmo características tradicionais como a acessoriedade[15], sequela, ambulatoriedade e preferência,[16] não podem ser concebidas como absolutas, uma vez que "[c]ada garantia hipotecária pactuada submete-se a controle de licitude (estrutural) e, à luz dos princípios e valores do ordenamento jurídico, a juízo de merecimento de tutela naquela relação jurídica em concreto (funcional).[17]

Aplicação notória dessa exegese pode ser encontrada na jurisprudência do Superior Tribunal de Justiça, que tem flexibilizado a eficácia real da hipoteca,[18] a tal ponto que Carlos Edison chega a afirmar que a edição do Enunciado 308 da Súmula

---

11. MONTEIRO FILHO, Carlos Edison do Rêgo. A hipoteca na agenda de reforma dos direitos reais. In: ANDRADE, André Gustavo; GAULIA, Cristina Tereza; NEVES, José Roberto de Castro; MELO, Marco Aurélio Bezerra de (Org.). *Lições de direito imobiliário*: homenagem a Sylvio Capanema de Souza. Rio de Janeiro: GZ Editora, 2021. p. 565.
12. MONTEIRO FILHO, Carlos Edison do Rêgo. A hipoteca na agenda de reforma dos direitos reais. In: ANDRADE, André Gustavo; GAULIA, Cristina Tereza; NEVES, José Roberto de Castro; MELO, Marco Aurélio Bezerra de (Org.). *Lições de direito imobiliário*: homenagem a Sylvio Capanema de Souza. Rio de Janeiro: GZ Editora, 2021. p. 565.
13. DANTAS, San Tiago. *Programa de Direito Civil*. Rio de Janeiro: Ed. Rio, 1979, p. 423. v. III.
14. MONTEIRO FILHO, Carlos Edison do Rêgo. A hipoteca na agenda de reforma dos direitos reais. In: ANDRADE, André Gustavo; GAULIA, Cristina Tereza; NEVES, José Roberto de Castro; MELO, Marco Aurélio Bezerra de (Org.). *Lições de direito imobiliário*: homenagem a Sylvio Capanema de Souza. Rio de Janeiro: GZ Editora, 2021. p. 566.
15. PEREIRA, Caio Mário da Silva. *Instituições de direito civil*. 27. ed. Atualizado por Carlos Edison do Rêgo Monteiro Filho. Rio de Janeiro: Forense, 2019. v. IV, p. 332.
16. MONTEIRO FILHO, Carlos Edison do Rêgo. A hipoteca na agenda de reforma dos direitos reais. In: ANDRADE, André Gustavo; GAULIA, Cristina Tereza; NEVES, José Roberto de Castro; MELO, Marco Aurélio Bezerra de (Org.). *Lições de direito imobiliário*: homenagem a Sylvio Capanema de Souza. Rio de Janeiro: GZ Editora, 2021. p. 567.
17. MONTEIRO FILHO, Carlos Edison do Rêgo. A hipoteca na agenda de reforma dos direitos reais. In: ANDRADE, André Gustavo; GAULIA, Cristina Tereza; NEVES, José Roberto de Castro; MELO, Marco Aurélio Bezerra de (Org.). *Lições de direito imobiliário*: homenagem a Sylvio Capanema de Souza. Rio de Janeiro: GZ Editora, 2021. p. 568.
18. OLIVA, Milena Donato; RENTERIA, Pablo. Tutela do consumidor na perspectiva civil-constitucional: a cláusula geral da boa-fé objetiva nas situações jurídicas obrigacionais e reais e os Enunciados 302 e 308 da Súmula da Jurisprudência Predominante do Superior Tribunal de Justiça. *Revista de direito do consumidor*. v. 101, a. 24, São Paulo: Ed. RT, set.-out. 2015.

do Superior Tribunal de Justiça,[19] "talvez seja a construção jurisprudencial que melhor revele os influxos dos valores constitucionais no direito das coisas e a superação da dicotomia entre relações jurídicas obrigacionais e reais."[20]

Na prática, a consequência do entendimento sumulado foi a relativização da eficácia da característica da sequela, uma vez que a garantia hipotecária "não atingiria os interesses do terceiro adquirente de boa-fé e só produziria efeitos se o bem ainda estivesse no patrimônio da incorporadora quando da sua expropriação. Ademais, demonstra a insuficiência da análise das práticas contratuais sob perspectiva estática, limitada à licitude, muito especialmente no bojo de relações de consumo".[21] Essa releitura demonstra como a rigidez comumente atribuída aos direitos reais pode acabar perdendo espaço no caso concreto quando diante de valores igualmente tutelados pelo ordenamento, como é o caso da boa-fé dos consumidores, tidos aqui como vulneráveis. Isso porque, "como toda situação subjetiva, o direito real de garantia também é relativo, admitindo-se o seu exercício perante terceiros apenas quando se revelar digno de tutela à luz dos valores inscritos no ápice do ordenamento."[22]

Como se pode notar, os direitos reais não são infensos ao controle axiológico, cedendo à aplicação de princípios como a boa-fé objetiva. E, como visto, além dessa maior permeabilidade a tais valores e princípios, a reforma dos direitos reais também se relaciona à criação de novas manifestações dominiais e à força expansiva da autonomia privada no redesenho de tipos reais.

É assim que pode ser compreendido o surgimento da figura que se convencionou designar de condo-hotel.

3. ASPECTOS GERAIS SOBRE O CONDO-HOTEL

Ainda é tímido o desenvolvimento doutrinário acerca do condo-hotel no Direito Civil brasileiro, o que se comprova pela escassez de textos acadêmicos sobre o tema, que é, por outro lado, bastante conhecido no âmbito da prática comercial do mercado de investimentos associado ao setor hoteleiro. Especialmente em razão da realização de grandes eventos internacionais nas duas últimas décadas, este campo

---

19. Súmula 308 do STJ: "A hipoteca firmada entre a construtora e o agente financeiro, anterior ou posterior à celebração da promessa de compra e venda, não tem eficácia perante os adquirentes do imóvel".
20. MONTEIRO FILHO, Carlos Edison do Rêgo. A hipoteca na agenda de reforma dos direitos reais. In: ANDRADE, André Gustavo; GAULIA, Cristina Tereza; NEVES, José Roberto de Castro; MELO, Marco Aurélio Bezerra de (Org.). *Lições de direito imobiliário*: homenagem a Sylvio Capanema de Souza. Rio de Janeiro: GZ Editora, 2021. p. 569. Ver mais em: MARQUES, Beatriz Pereira de Samuel; MARQUES, Luiz Henrique de Oliveira; MARQUES, José de Samuel. Os rumos da hipoteca diante do advento da Súmula 308 do Superior Tribunal de Justiça. *Revista de direito imobiliário*, n. 63, a. 30, jul./dez. 2007, p. 13-14.
21. MONTEIRO FILHO, Carlos Edison do Rêgo. A hipoteca na agenda de reforma dos direitos reais. In: ANDRADE, André Gustavo; GAULIA, Cristina Tereza; NEVES, José Roberto de Castro; MELO, Marco Aurélio Bezerra de (Org.). *Lições de direito imobiliário*: homenagem a Sylvio Capanema de Souza. Rio de Janeiro: GZ Editora, 2021. p. 570.
22. TEPEDINO, Gustavo; MONTEIRO FILHO, Carlos Edison do Rêgo; RENTERIA, Pablo. *Fundamentos do direito civil*, v. 5. Rio de Janeiro: Forense, 2020. p. 494-496.

empresarial passou por grande desenvolvimento no país, que precisou se adequar a novas modalidades e arranjos que contemplassem os interesses dos investidores.

O silêncio da doutrina civilista torna difícil até mesmo a missão de conceituar o instituto, que costuma ser explicado pelos poucos doutrinadores que sobre ele se debruçaram a partir do Manual de Melhores Práticas para Hotéis de Investidores Imobiliários Pulverizados, também designado Manual de Condo-hotel, e que foi lançado no ano de 2012 pelo Sindicato de Habitação de São Paulo.[23] O referido documento, que traz um pequeno contributo sobre a história do instituto, explica que o condo-hotel "representa a terceira geração de flats do mercado brasileiro, com foco no setor hoteleiro, muito influenciado por eventos nacionais como a Copa do Mundo de 2014 e as Olimpíadas de 2016".[24]

A primeira geração datava do período compreendido entre o final da década de 1970 e o início da década de 1980, sendo marcada pelo oferecimento de um produto que atendia tanto aos moradores quanto aos hóspedes. No entanto, os conflitos de interesses ente os moradores e aqueles que investiam no *pool* de locação acabaram revelando a necessidade de se aperfeiçoar este produto híbrido. Foi assim que, de meados da década de 1990 até o início dos anos 2000, vigorou a chamada segunda geração dos flats, que apresentava projetos para segmentos específicos e corrigia alguns dos problemas do modelo anterior.[25]

Nada obstante, em razão da dificuldade na obtenção de financiamento para a construção de hotéis e da grande demanda no país, acabou-se chegando a uma terceira geração de flats, que, embora obedecesse ao modelo adotado na segunda, agora contava com novas denominações: os empreendimentos hoteleiros passaram a ser designados de "condo-hotéis", enquanto os empreendimentos residenciais com serviços hoteleiros se tornaram os "apart-hotéis".[26] Diferença marcante entre essas duas figuras residiria no fato de que, no caso do apart-hotel, o adquirente pode optar por permanecer no imóvel ou por colocá-lo no *pool* de locação. Trata-se, em suma, da capacidade de autogestão.[27]

---

23. Sindicato de Habitação de São Paulo. Manual de Melhores Práticas para Hotéis de Investidores Imobiliários Pulverizados. p. 1-57. 2012. Disponível em: http://old.secovi.com.br/files/Downloads/manual-hotelariapdf.pdf. Acesso em: 22 out. 2021.
24. ABELHA, André; ISSAKA, Leandro. Separando o joio do trigo: fractional não é condo-hotel, nem pode ser, automaticamente, considerado um CIC. *Migalhas*, 23 ago. 2018. Disponível em: https://www.migalhas.com.br/depeso/286113/separando-o-joio-do-trigo--fractional-nao-e-condo-hotel--nem-pode-ser--automaticamente--considerado-um-cic. Acesso em: 22 out. 2021.
25. Sindicato de Habitação de São Paulo. Manual de Melhores Práticas para Hotéis de Investidores Imobiliários Pulverizados. p. 5. 2012. Disponível em: http://old.secovi.com.br/files/Downloads/manual-hotelariapdf.pdf. Acesso em: 22 out. 2021.
26. Sindicato de Habitação de São Paulo. Manual de Melhores Práticas para Hotéis de Investidores Imobiliários Pulverizados. P. 5. 2012. Disponível em: http://old.secovi.com.br/files/Downloads/manual-hotelariapdf.pdf. Acesso em: 22 out. 2021.
27. LIMA, Marcelo Machado Costa. Condo-hotéis, Assimetrias Informacionais e o Papel da omissão de Valores Mobiliários *Revista da EMERJ*, v. 23, n. 1, p. 213-245, Jan.-Mar de 2021, p. 216.

Os empreendimentos do condo-hotel são, assim, "realizados por um construtor ou incorporador, que realiza a oferta pública do hotel ainda na planta, sob o compromisso de que ele será explorado por determinada bandeira, cujo reconhecimento no mercado tende a influenciar no número de adquirentes."[28]

Como explicam André Abelha e Leandro Issaka:

> Oriundo da necessidade de aumento da capacidade hoteleira no Brasil, e sofrendo com a dificuldade de crédito para o setor, o arcabouço contratual dos condo-hotéis visava a obter financiamento por meio da comercialização das unidades imobiliárias ou frações de unidades, mas com uma característica intrínseca: a proibição de o adquirente utilizar diretamente a unidade, cuja aquisição destinava-se unicamente à obtenção de renda decorrente da exploração do negócio por uma empresa especializada em administração hoteleira.[29]

Nessa direção, em relação aos poderes dominiais, observa-se que "[o]s adquirentes, por não serem donos de uma unidade em particular do hotel, detendo apenas uma fração da totalidade do empreendimento, não exercem o *ius utendi et fruendi*, típicos do Código Civil. Assim ocorre por não terem a posse".[30] Veda-se, portanto, que os adquirentes usem as unidades como se donos fossem ou permitam eventualmente "que terceiros o façam, já que todas devem integrar o *pool* hoteleiro, a ser administrado por uma bandeira específica."[31-32] Não podem, assim, locar ou dar o bem em comodato.

Com efeito, o que se tem, no fundo, "é o direito de participação nos resultados do empreendimento, sendo-lhes ainda assegurado o *ius abutendi*, vale dizer, o direito de alienar a fração a terceiros".[33]

Tal cenário não sofre alterações significativas mesmo nas modalidades em que cada unidade do hotel venha a ser alienada individualmente. Como explica Marcelo Machado Costa Lima a esse respeito:

---

28. LIMA, Marcelo Machado Costa. Condo-hotéis, Assimetrias Informacionais e o Papel da omissão de Valores Mobiliários *Revista da EMERJ*, v. 23, n. 1, p. 213-245, Jan.-Mar de 2021, p. 215.
29. ABELHA, André; ISSAKA, Leandro. Separando o joio do trigo: fractional não é condo-hotel, nem pode ser, automaticamente, considerado um CIC. *Migalhas*, 23 ago. 2018. Disponível em: https://www.migalhas.com.br/depeso/286113/separando-o-joio-do-trigo--fractional-nao-e-condo-hotel--nem-pode-ser--automaticamente--considerado-um-cic. Acesso em: 22 out. 2021.
30. LIMA, Marcelo Machado Costa. Condo-hotéis, assimetrias informacionais e o papel da comissão de valores mobiliários. *Revista da EMERJ*, v. 23, n. 1, p. 213-245, Jan.-Mar de 2021, p. 215.
31. LIMA, Marcelo Machado Costa. Condo-hotéis, assimetrias informacionais e o papel da comissão de valores mobiliários. *Revista da EMERJ*, v. 23, n. 1, p. 213-245, Jan.-Mar de 2021, p. 215.
32. "(...) as unidades autônomas hoteleiras do empreendimento estruturado como Condo-Hotel são destinadas exclusivamente para a operação de hotel. Dessa forma, o adquirente, na qualidade de futuro condômino do empreendimento, deve aceitar, no ato da compra da unidade, que a sua unidade autônoma seja destinada em caráter permanente e exclusivo para o uso de hóspedes do empreendimento, na forma definida pela operadora. (...) Caso queira utilizar qualquer unidade autônoma hoteleira do empreendimento, o adquirente será tratado como um cliente convencional, ficando sujeito às normas e preços de utilização estabelecidos pela operadora hoteleira para seus clientes, sendo alocada à unidade autônoma que estiver disponível para utilização" (DZIK, Andrea Bovino. A natureza sui generis do contrato de investimento coletivo hoteleiro e a competência da CVM sobre a matéria. *Revista de direito bancário e do mercado de capitais*. v. 84, abr.-jun. de 2019. p. 70).
33. LIMA, Marcelo Machado Costa. Condo-hotéis, assimetrias informacionais e o papel da comissão de valores mobiliários. *Revista da EMERJ*, v. 23, n. 1, p. 213-245, Jan.-Mar de 2021, p. 215.

Apesar de o adquirente ser proprietário de uma unidade em particular e condômino das áreas comuns, não titular de uma fração ideal, continua sem poder utilizar a sua unidade, que deve ser necessariamente administrada pelo hoteleiro, o que é da essência dos condo-hotéis. Nesse modelo, o custo de manutenção da unidade pode vir a ser suportado pelo respectivo proprietário, o qual será eventualmente afastado dos lucros do empreendimento caso a unidade, por falta de condições de uso, seja momentaneamente retirada do *pool*.[34]

É preciso compreender, portanto, que a figura do adquirente, vista sob o ângulo funcional, mostra-se, em realidade, como verdadeiramente a de um investidor, já que se não é possível utilizar a propriedade, dela só se pode retirar um aproveitamento estritamente econômico, que se dá pela obtenção de lucro oriundo da exploração do empreendimento hoteleiro, que é objeto de partilha entre os adquirentes/investidores. Tal vedação, em essência, consagra "a intenção de oferecer aos adquirentes a segurança jurídica da propriedade imobiliária e, de outro lado, garantir a todos aqueles que aderirem ao negócio certeza jurídica de que o uso será exclusivamente hoteleiro".[35]

Pode-se, nessa direção, enxergar os condo-hotéis sob dois primas diferentes. Isso porque, sob a perspectiva dos empreendedores, isto é, de quem planeja e de quem irá administrá-lo, o condo-hotel se torna "uma modalidade de financiamento do projeto. Quem constrói e administra o hotel tem o objetivo de ser remunerado pelos seus serviços, mas precisa encontrar alguém para financiá-lo. Nesse sentido, os condo-hotéis surgem como uma alternativa para viabilizar o projeto".[36]

Por outro lado, examinados pela perspectiva de quem financia o empreendimento, os condo-hotéis se apresentam como verdadeira modalidade de investimento, uma vez que, a propriedade das unidades é, em geral, "restrita a fins econômicos. Portanto, quem decide aplicar seu dinheiro nesse tipo de projeto imobiliário o faz com o objetivo principal de rentabilizar o seu dinheiro".[37]

Além disso, como destacam Ricardo Negrão e Vinicius Franco, do ponto de vista estrutural, o condo-hotel é concebido,

> desde a sua origem, para ser um hotel, e, portanto, assim, é levado à aprovação perante órgãos públicos competentes. Porém, de outro lado, é desenvolvido (do ponto de vista da estrutura imobiliária), a partir de uma incorporação imobiliária, para venda de unidades autônomas a serem

---

34. LIMA, Marcelo Machado Costa. Condo-hotéis, assimetrias informacionais e o papel da comissão de valores mobiliários. *Revista da EMERJ*, v. 23, n. 1, p. 213-245, Jan.-Mar de 2021, p. 216.
35. NEGRÃO, Ricardo; FRANCO, Vinicius Nogueira. Os condo-hotéis e o mercado de capitais. In: CASTRO, Leonardo Freitas de Moraes; e FARIA, Renato Vilela (Coord.). *Operações imobiliárias*: estruturação e tributação. São Paulo: Saraiva, 2016. p. 408-409. Disponível em: https://integrada.minhabiblioteca.com.br/#/books/9788547202606/. Acesso em: 22 out. 2021.
36. Comissão De Valores Mobiliários; Secretaria Nacional do Consumidor do Ministério da Justiça. 8º Boletim de Proteção do Consumidor/Investidor CVM/Senacon: O investimento em Condo-hotéis. p. 1-20. 2017. p. 2. Disponível em: https://www.investidor.gov.br/portaldoinvestidor/export/sites/portaldoinvestidor/publicacao/Boletim/BoletimCVMSENACON-8.pdf. Acesso em: 22 out. 2021.
37. Comissão De Valores Mobiliários; Secretaria Nacional do Consumidor do Ministério da Justiça. 8º Boletim de Proteção do Consumidor/Investidor CVM/Senacon: O investimento em Condo-hotéis. p. 1-20. 2017. p. 2. Disponível em: https://www.investidor.gov.br/portaldoinvestidor/export/sites/portaldoinvestidor/publicacao/Boletim/BoletimCVMSENACON-8.pdf. Acesso em: 22 out. 2021.

construídas (ou venda de frações, como a seguir destacado). Assim, ao final da obra, o edifício será submetido ao regime de condomínio edilício com identificação de unidades autônomas.[38]

Importante ainda destacar que, conforme apontado por Fernando Goulart Rocha, os condo-hotéis estariam inseridos no contexto do desenvolvimento de condomínios em multipropriedade no setor do mercado hoteleiro brasileiro:

> Na hotelaria, o comércio de imóveis em regime de tempo compartilhado tem adotado predominantemente o sistema de cotas, em que o consumidor adquire frações de um investidor imobiliário para usufruir do imóvel em determinado período do ano. O sistema, que opera com pelo menos três modelos de negócios, diferencia-se em: fracionado com venda de ativos (multipropriedade típica), condo-hotel sem venda de ativos (multipropriedade atípica), e fracionado com venda de ativos e opção de reversão em condo-hotel (multipropriedade típica/atípica)".[39]

No que tange ao seu funcionamento, os condo-hotéis são concebidos como "contratos de investimento coletivo" ou CIC. Como esclarece Modesto Carvalhosa, eles poderiam ser configurados como um CIC hoteleiro, que se apresentaria sob dois modelos principais: um "CIC hoteleiro que incorpora a edificação composta de unidades autônomas" e um "CIC hoteleiro relativo à venda de frações ideais do condomínio voluntário (pro indiviso)".[40] O autor ainda rejeita a categorização de que estes seriam contratos de locação sob administração de uma rede hoteleira. Segundo Carvalhosa, o fato de que o investidor deve realizar aportes adicionais no caso de dificuldades financeiras da rede hoteleira faria com que este não fosse mais mero contrato de locação, mas, sim, verdadeiro investimento coletivo.[41]

Nessa mesma direção, o 8º Boletim de Proteção do Consumidor/Investidor CVM/Senacon, que analisa o investimento em condo-hotéis, esclarece didaticamente que, "[p]ara participar de um condo-hotel, os investidores assinam um conjunto de contratos que, juntos, definem o modelo do investimento. No mercado financeiro, esse conjunto de contratos recebe o nome de contratos de investimento coletivo (CICs) em condo-hotéis".[42]

---

38. NEGRÃO, Ricardo; FRANCO, Vinicius Nogueira. Os condo-hotéis e o mercado de capitais. In: CASTRO, Leonardo Freitas de Moraes; e FARIA, Renato Vilela (Coord.). *Operações imobiliárias*: estruturação e tributação. São Paulo: Saraiva, 2016. p. 408. Disponível em: https://integrada.minhabiblioteca.com.br/#/books/9788547202606/. Acesso em: 22 out. 2021.
39. ROCHA, Fernando Goulart. Multipropriedade hoteleira. *Revista brasileira de direito civil – RBDCivil*. Belo Horizonte, v. 22, p. 55-72, out./dez. 2019. p. 57. Sobre o tema da multipropriedade, remete-se a: TEPEDINO, Gustavo. *Multipropriedade imobiliária*, São Paulo: Saraiva, 1993; TEPEDINO, Gustavo. Aspectos atuais da multipropriedade imobiliária. In: AZEVEDO, Fábio de Oliveira; MELO, Marco Aurélio Bezerra de (Coord.). *Direito imobiliário*. São Paulo: Atlas, 2015; TEPEDINO, Gustavo. A multipropriedade e a retomada do mercado imobiliário. Conjur, 30 jan. 2019. Disponível em: https://www.conjur.com.br/2019-jan-30/tepedino-multipropriedade-retomada-mercado-imobiliario. Acesso em 20 out. 2021.
40. CARVALHOSA, Modesto. *Tratado de direito empresarial*: mercado de capitais, v. 6, São Paulo: Ed. RT, 2018, 2. ed., p. 262-265.
41. CARVALHOSA, Modesto. *Tratado de direito empresarial*: mercado de capitais. 2. ed. São Paulo: Ed. RT, 2018, v. 6, p. 262-265.
42. Comissão De Valores Mobiliários; Secretaria Nacional do Consumidor do Ministério da Justiça. 8º Boletim de Proteção do Consumidor/Investidor CVM/Senacon: O investimento em Condo-hotéis. p. 1-20. 2017. p. 4. Disponível em: https://www.investidor.gov.br/portaldoinvestidor/export/sites/portaldoinvestidor/publicacao/Boletim/BoletimCVMSENACON-8.pdf. Acesso em: 22 out. 2021.

Tais contratos poderiam assumir diferentes características, sendo que, o modelo mais comum, tende a ser o de unidades imobiliárias autônomas, estruturadas na forma tradicional de um condomínio edilício. Nessa direção, os investidores/adquirentes se tornariam proprietários de tais unidades autônomas, que possuem registro e matrículas individualizadas no Registro Geral de Imóveis. Seria esta, portanto, uma aquisição "muito semelhante a de qualquer imóvel, como uma casa, um apartamento ou uma loja, regida pela Lei 4.591, de 16 de dezembro de 1964, e alterações (Lei de Condomínio e Incorporações)".[43]

Nada obstante, tem-se uma espécie de conexidade contratual,[44] na medida em que "o contrato de compra e venda das unidades autônomas é vinculado a um conjunto de contratos, que formam os CICs, aos quais o investidor deve expressamente aderir ao adquirir a sua unidade".[45]

Especialmente em relação a tal fenômeno de conexão, afigura-se importante recordar a necessidade de se proceder a uma interpretação unitária e funcional dos tipos contratuais. Como esclarecem Gustavo Tepedino e Carlos Nelson Konder:

> a interpretação, a qualificação, a validade e a eficácia de um contrato depende da sua coligação a outros contratos. Isto é, as vicissitudes de um, como a invalidade ou ineficácia por causa superveniente, podem acabar por também tornar o outro ineficaz, conforme o aforismo latino, *simul stabunt, simul cadent*, a depender da avaliação funcional dos contratos em questão e também da ligação entre eles. Por exemplo, a redibição de um contrato de compra e venda por defeito do produto pode ensejar a extinção do contrato de assistência técnica a ele vinculado, a nulidade de uma locação torna ineficaz a sublocação a ela ligada, ou ainda, pode uma parte se recusar a cumprir sua obrigação em um contrato se provar que a outra parte inadimpliu a dela, ainda que esta esteja inserida em outro contrato, se coligado ao contrato em questão.[46]

Prosseguindo na análise das feições do condo-hotel, o 8º Boletim de Proteção do Consumidor/Investidor CVM/Senacon ainda aponta que:

> Por meio dos CICs, as unidades adquiridas são cedidas à Operadora Hoteleira, que irá explorar comercialmente o empreendimento pelo prazo determinado em contrato. Durante esse período, o investidor não pode exercer seus direitos de uso e fruto sobre a unidade adquirida. Na prática isso

---

43. Comissão De Valores Mobiliários; Secretaria Nacional do Consumidor do Ministério da Justiça. 8º Boletim de Proteção do Consumidor/Investidor CVM/Senacon: O investimento em Condo-hotéis. p. 1-20. 2017. p. 5. Disponível em: https://www.investidor.gov.br/portaldoinvestidor/export/sites/portaldoinvestidor/publicacao/Boletim/BoletimCVMSENACON-8.pdf. Acesso em: 22 out. 2021. Sobre o tema de Incorporações, remete-se a: CHALHUB, Melhim Namem. *Incorporação Imobiliária*. 5. ed. Rio de Janeiro: Forense, 2019; PEREIRA, Caio Mário da Silva. *Condomínio e incorporações*. 14. ed. Atualizado por Sylvio Capanema de Souza e Melhim Namem Chalub. Rio de Janeiro: Forense, 2021.
44. Sobre o tema da conexão contratual, remete-se a: KONDER, Carlos Nelson. *Contratos conexos*: grupos de contratos, redes contratuais e contratos coligados. Rio de Janeiro: Renovar, 2006.
45. Comissão De Valores Mobiliários; Secretaria Nacional do Consumidor do Ministério da Justiça. 8º Boletim de Proteção do Consumidor/Investidor CVM/Senacon: O investimento em Condo-hotéis. p. 1-20. 2017. p. 5. Disponível em: https://www.investidor.gov.br/portaldoinvestidor/export/sites/portaldoinvestidor/publicacao/Boletim/BoletimCVMSENACON-8.pdf. Acesso em: 22 out. 2021.
46. TEPEDINO, Gustavo; KONDER, Carlos Nelson; BANDEIRA, Paula Greco. *Fundamentos do direito civil*: contratos. v. 3. Rio de Janeiro: Forense, 2020. p. 84.

significa dizer que o investidor não tem a liberdade de morar, emprestar ou mesmo alugar a sua unidade de forma isolada, como em geral é possível no investimento tradicional em imóveis. No caso dos CICs em condo-hotéis, a unidade adquirida entra no "pool" de unidades administradas pela empresa hoteleira contratada.[47]

A fim de viabilizar esse modelo, um dos contratos comumente utilizados pelo setor "é o de Constituição de Sociedade em Conta de Participação (SCP), em que a operadora hoteleira figura como sócia-ostensiva, e os investidores-adquirentes das unidades, como sócios-ocultos".[48] O investidor receberá, assim, "a sua participação nos resultados do empreendimento hoteleiro na proporção que lhe couber, que em geral é fixa e é proporcional à fração ideal da sua unidade em relação ao empreendimento".[49]

A adoção desse modelo de Sociedade em Conta de Participação aos empreendimentos condo-hoteleiros teria, no entendimento de André Abelha e Leandro Issaka, se amoldado perfeitamente ao "conceito mais moderno do inciso IX do art. 2º da Lei 6.385/76, que considera como valores mobiliários, quando ofertados publicamente, quaisquer"[50] "títulos ou contratos de investimento coletivo que gerem direito de participação, de parceria ou de remuneração, inclusive resultante de prestação de serviços, cujos rendimentos advêm do esforço do empreendedor ou de terceiros".

Em relação à constituição sob o regime de incorporação imobiliária, os autores destacam que a hipótese da venda de unidades de condo-hotel, "nos termos da lei 4.591/64, se encaixaria no conceito do referido art. 2º, IX, afinal, a lei de Incorporações já cria regra de venda de unidades ao público em geral, e protege com seu arcabouço legal o adquirente respectivos."[51] Não teria sido outra a razão que levou a Comissão de Valores Mobiliários (CVM) a criar "uma regra mais branda para o CIC de condo-hotel desenvolvido por meio dessa estrutura se comparado ao CIC

---

47. Comissão De Valores Mobiliários; Secretaria Nacional do Consumidor do Ministério da Justiça. 8º Boletim de Proteção do Consumidor/Investidor CVM/Senacon: O investimento em Condo-hotéis. p. 1-20. 2017. p. 5. Disponível em: https://www.investidor.gov.br/portaldoinvestidor/export/sites/portaldoinvestidor/publicacao/Boletim/BoletimCVMSENACON-8.pdf. Acesso em: 22 out. 2021.
48. Comissão De Valores Mobiliários; Secretaria Nacional do Consumidor do Ministério da Justiça. 8º Boletim de Proteção do Consumidor/Investidor CVM/Senacon: O investimento em Condo-hotéis. p. 1-20. 2017. p. 5. Disponível em: https://www.investidor.gov.br/portaldoinvestidor/export/sites/portaldoinvestidor/publicacao/Boletim/BoletimCVMSENACON-8.pdf. Acesso em: 22 out. 2021.
49. Comissão De Valores Mobiliários; Secretaria Nacional do Consumidor do Ministério da Justiça. 8º Boletim de Proteção do Consumidor/Investidor CVM/Senacon: O investimento em Condo-hotéis. p. 1-20. 2017. p. 5. Disponível em: https://www.investidor.gov.br/portaldoinvestidor/export/sites/portaldoinvestidor/publicacao/Boletim/BoletimCVMSENACON-8.pdf. Acesso em: 22 out. 2021.
50. ABELHA, André; ISSAKA, Leandro. Separando o joio do trigo: fractional não é condo-hotel, nem pode ser, automaticamente, considerado um CIC. *Migalhas*, 23 ago. 2018. Disponível em: https://www.migalhas.com.br/depeso/286113/separando-o-joio-do-trigo--fractional-nao-e-condo-hotel--nem-pode-ser--automaticamente--considerado-um-cic. Acesso em: 22 out. 2021.
51. ABELHA, André; ISSAKA, Leandro. Separando o joio do trigo: fractional não é condo-hotel, nem pode ser, automaticamente, considerado um CIC. *Migalhas*, 23 ago. 2018. Disponível em: https://www.migalhas.com.br/depeso/286113/separando-o-joio-do-trigo--fractional-nao-e-condo-hotel--nem-pode-ser--automaticamente--considerado-um-cic. Acesso em 22 out. 2021.

representativo de uma mera quota de participação, entendimento este consolidado na Deliberação 734".[52]

Como destacam Abelha e Issaka:

> De fato, em operações de condo-hotéis em que o empreendimento não é desenvolvido por meio de incorporação imobiliária, e que o CIC ofertado corresponde a uma cota de participação, não há dúvidas sobre o enquadramento no conceito de valor mobiliário, e, portanto, passível de registro ou dispensa de registro na CVM. Mas no caso de incorporação ainda há certa resistência pelo empreendedor imobiliário em aceitar mais um grau de fiscalização e principalmente de necessidade de aprovação em um órgão regulador, tendo em vista a complexidade e rigidez da Lei 4.591/64 e seu cunho protetor do adquirente da unidade.[53]

Especificamente quanto à regulamentação feita pela Comissão de Valores Mobiliários, é importante trazer a crítica de Marcelo Machado Costa Lima de que, tanto a Deliberação CVM 734/2015 como a Instrução CVM 602/2018 teriam consolidado o entendimento da autarquia no sentido de que a oferta pública de condo-hotéis seria direcionada a investidores experientes, o que acabaria por afastar a aplicação do Código de Defesa do Consumidor. Critica, assim, o autor que:

> Ao lançarmos os olhos na Deliberação CVM 734/2015 e na Instrução CVM 602/2018, nítido fica que a CVM visualiza a oferta pública dos condo-hotéis como direcionada aos investidores experientes com plena compreensão dos aspectos circunstanciais do empreendimento e capazes de realizar a avaliação do risco envolvido a partir das informações que os atos regulamentares exigem que sejam fornecidas. O adquirente, aliás, deve firmar declaração nesse sentido. A este, por certo, não é direcionado o Código de Defesa do Consumidor. Mas seria razoável que a solução fosse a mesma em se tratando de oferta pública desses valores mobiliários sem registro ou dispensa da CVM e, pior, em total afronta às suas deliberações. Não vemos como alcançar uma resposta positiva ao questionamento acima apresentado. A oferta irregular de condo-hotéis à generalidade das pessoas, escamoteando informações relevantes, omitindo a viabilidade econômica e construindo perspectivas fantasiosas de rendimentos, deve ser enquadrada nos ditames do Código de Defesa do Consumidor por estarem presentes os requisitos legais exigidos.[54]

Nesse contexto, a discussão em torno da aplicação do Código de Defesa de Consumidor em benefício dos adquirentes do condo-hotel tem sido levada com frequência à apreciação judicial. A depender do Tribunal, pode-se observar maior ou menor controvérsia, especialmente em relação à invocação da teoria do finalismo mitigado ou aprofundado, que teria o condão de atrair a tutela consumerista para fins de proteção dos adquirentes.

---

52. ABELHA, André; ISSAKA, Leandro. Separando o joio do trigo: fractional não é condo-hotel, nem pode ser, automaticamente, considerado um CIC. *Migalhas*, 23 ago. 2018. Disponível em: https://www.migalhas.com.br/depeso/286113/separando-o-joio-do-trigo--fractional-nao-e-condo-hotel--nem-pode-ser--automaticamente--considerado-um-cic. Acesso em: 22 out. 2021.
53. ABELHA, André; ISSAKA, Leandro. Separando o joio do trigo: fractional não é condo-hotel, nem pode ser, automaticamente, considerado um CIC. *Migalhas*, 23 ago. 2018. Disponível em: https://www.migalhas.com.br/depeso/286113/separando-o-joio-do-trigo--fractional-nao-e-condo-hotel--nem-pode-ser--automaticamente--considerado-um-cic. Acesso em: 22 out. 2021.
54. LIMA, Marcelo Machado Costa. Condo-hotéis, assimetrias informacionais e o papel da comissão de valores mobiliários *Revista da EMERJ*, v. 23, n. 1, p. 213-245, jan.-mar de 2021. p. 241.

Veja-se, nessa direção, a seguinte ementa de caso julgado pelo Tribunal de Justiça de São Paulo no ano de 2020:

> Apelação. Compromisso de compra e venda. Rescisão contratual. Aquisição de unidade imobiliária para exploração da atividade hoteleira. Ilegitimidade passiva da administradora. Não ocorrência. Participação na cadeia de consumo. Existência de vínculo entre as pessoas jurídicas. Em eventual violação contratual interna há de se buscar o regresso em ação própria. Descabe declinar da responsabilidade em prejuízo dos adquirentes. Código de defesa do Consumidor. Adoção da teoria finalista mitigada e teoria da aparência. Os apelados são hipossuficientes no que diz respeito ao conhecimento da área imobiliária e hoteleira; dois dos apelados são médicos e não há melhor demonstração de plena expertise no desenvolvimento econômico em questão. Danos morais. Ocorrência. Contrato celebrado em 2012. As obras sequer foram iniciadas. Sucumbência. Manutenção. Fixada no máximo. Recurso improvido.[55]

Por outro lado, não é raro encontrar decisões que entendem pela inaplicabilidade do Código de Defesa do Consumidor, sob o fundamento principal de que os adquirentes não se enquadrariam no conceito de consumidor por não serem destinatários finais do bem. Isso porque o interesse dos adquirentes seria precipuamente a aquisição do imóvel para fins de exploração econômica e investimento.

A seguinte ementa de acórdão relativo a conflito negativo de competência julgado pelo Tribunal de Justiça do Estado do Rio de Janeiro em 2017 mostra-se bastante ilustrativa:

> Conflito negativo de competência. Questão envolvendo contrato particular de promessa de compra e venda de imóvel em construção, tendo por objeto uma unidade imobiliária (apart hotel) no empreendimento empresarial denominado Supreme Resende Hotels & Business, em Resende/RJ. Câmara suscitada que alega não se cuidar de relação de consumo, porquanto a empresa autora não figuraria como destinatária final, nos termos previstos pelo Código de Defesa do Consumidor, por se referir o mérito recursal a contrato de construção e entrega de uma unidade de apart hotel, o que acarreta a transferência da lide para o campo do direito civil. Conjunto probatório dos autos do qual se extrai ser a autora uma microempresa individual, que atua no ramo de consultoria em gestão empresarial, a qual celebrou um contrato particular de promessa de compra e venda de imóvel em construção com os réus, tendo por objeto uma unidade imobiliária (apart hotel) em empreendimento empresarial, visando investir e obter lucro com tal imóvel, por meio de exploração econômica do bem, na modalidade de pool hoteleiro. Empresa promitente compradora que não se qualifica como destinatária final e sim como investidora de empreendimento imobiliário, e portanto, como sua sócia, não havendo se falar em relação de consumo. No mesmo diapasão a jurisprudência tranquila deste E. Órgão Especial, consubstanciada, inclusive, no Enunciado 84 do Aviso 15/2015 do TJRJ: "Compete às Câmaras Cíveis não especializadas o julgamento de demandas, que versem sobre compromisso de compra e venda firmado entre particular e incorporadora para aquisição de unidade hoteleira em empreendimento destinado à exploração de atividade

---

55. TJSP, Apelação 1019587-78.2016.8.26.0309, 2ª Câmara de Direito Privado, Rel. Des. Rosangela Telles, julg. em 01/06/2020. Nesse sentido, veja-se os seguintes acórdãos: TJRJ, Apelação 0004419-27.2017.8.19.0046, 5ª Câmara Cível, Rel. Des. Cristina Tereza Gaulia, julgado em 16.04.2019; TJSP, Apelação 1001436-31.2016.8.26.0514, 1ª Câmara de Direito Privado, Rel. Des. Augusto Rezende, julg. em 30.04.2019; e TJSP, Apelação 0322567-40.2009.8.26.0000, 4ª Câmara de Direito Privado, Rel. Des. Marcia Dalla Déa Barone, julg. em 20.02.2020.

empresarial de hotelaria.". Improcedência do Conflito, declarada a competência do suscitante (Egrégia 21ª Câmara Cível do Tribunal de Justiça do Estado do Rio de Janeiro).[56]

Veja-se, que, como destaca o acórdão, o entendimento já foi consolidado no Tribunal por meio do Enunciado 84 do Aviso 15/2015 do TJRJ, que tem a seguinte redação: "Compete às Câmaras Cíveis não especializadas o julgamento de demandas, que versem sobre compromisso de compra e venda firmado entre particular e incorporadora para aquisição de unidade hoteleira em empreendimento destinado à exploração de atividade empresarial de hotelaria".[57]

Na mesma direção:

> Conflito de competência. Câmara cível. Câmara especializada. Ação de rescisão contratual cumulada com indenizatória. Compra e venda de imóvel. Pool hoteleiro. Enunciado 84 do aviso TJ 15/2015. Competência do órgão suscitante. 1. Conflito negativo de competência entre a E. 20ª Câmara Cível (suscitante) e a E. 25ª Câmara Cível (suscitada) do TJERJ. Recurso de apelação cível interposto em ação de rescisão contratual cumulada com indenizatória, referente à compra e venda de imóvel em pool de hotelaria. 2. Imóvel destinado à atividade empresarial hoteleira, com fins de exploração econômica. Autores que não se enquadram no conceito de consumidor do Código de Defesa do Consumidor, já que não são destinatários finais do bem. Enunciado 84 do Aviso TJ 15/2015, de observância obrigatória. Competência da Câmara Cível não Especializada. Decisão monocrática. improcedência do conflito.[58]

Finalmente, cumpre mencionar recente julgado do Superior Tribunal de Justiça (Recurso Especial 1.785.802/SP) que, analisando ações de resolução de promessa de compra e venda de imóvel não destinado à moradia do adquirente (finalidade de investimento), entendeu pela eventual aplicação da legislação consumerista na excepcional hipótese de reconhecimento de vulnerabilidade por parte do adquirente.

O acórdão, de relatoria do Ministro Ricardo Villas Bôas Cueva, foi assim ementado:

> Recurso especial. Civil. Promessa de compra e venda de unidade de apart-hotel. Paralisação das obras. Ação resolutória. Código de defesa do consumidor. Aplicabilidade. Consumidor final. Afastamento. Investidor. Teoria finalista mitigada. Vulnerabilidade. Aferição. Necessidade. Futura administradora de serviços hoteleiros.
>
> Legitimidade passiva ad causam. Cadeia de fornecimento. Descaracterização. Oferta e publicidade. Responsabilidade solidária. Inexistência. Informação clara. Atuação especificada. Adquirente. Ciência efetiva. Pool de locação. Sociedade em conta de participação. Contratação.
>
> 1. Recurso especial interposto contra acórdão publicado na vigência do Código de Processo Civil de 2015 (Enunciados Administrativos 2 e 3/STJ).

---

56. TJRJ, Conflito de Competência 0057759-24.2017.8.19.0000, Órgão Especial, Rel. Des. Maria Inês da Penha Gaspar, julg. em 30.10.2017.
57. Disponível em: http://www4.tjrj.jus.br/atosoficiais/avisotj/avisotj-15-2015-TEXTOINTEGRAL.pdf. Acesso em: 22 out. 2021.
58. TJRJ, Conflito de competência 0051735-14.2016.8.19.0000, Órgão Especial, Rel. Des. Carlos Santos de Oliveira, julg. em 06.10.2016.

2. As questões controvertidas na presente via recursal são: a) definir se o Código de Defesa do Consumidor se aplica às ações de resolução de promessa de compra e venda de imóvel não destinado à moradia do adquirente (finalidade de investimento) e b) delinear se a futura administradora de empreendimento hoteleiro, cujas obras foram paralisadas, possui legitimidade passiva *ad causam*, juntamente com a promitente vendedora, a intermediadora e a incorporadora, em demanda resolutória e reparatória de contrato de aquisição de unidades de apart-hotel.

3. O adquirente de unidade imobiliária, mesmo não sendo o destinatário final do bem e apenas possuindo o intuito de investir ou auferir lucro, poderá encontrar abrigo da legislação consumerista com base na teoria finalista mitigada se tiver agido de boa-fé e não detiver conhecimentos de mercado imobiliário nem expertise em incorporação, construção e venda de imóveis, sendo evidente a sua vulnerabilidade. Em outras palavras, o CDC poderá ser utilizado para amparar concretamente o investidor ocasional (figura do consumidor investidor), não abrangendo em seu âmbito de proteção aquele que desenvolve a atividade de investimento de maneira reiterada e profissional.

4. O apart-hotel (flat services ou flats) é um prédio de apartamentos com serviços de hotelaria. No caso, é incontroverso que o empreendimento se destina a aluguéis temporários. Como não é permitido aos condomínios praticarem atividade comercial, e para haver a exploração da locação hoteleira, os proprietários das unidades devem se juntar em uma nova entidade, constituída comumente na forma de sociedade em conta de participação, apta a ratear as receitas e as despesas das operações, formando um pool hoteleiro, sob a coordenação de uma empresa de administração hoteleira. 5. Na hipótese, é inegável que a promissária compradora era investidora, pois tinha ciência de que as unidades habitacionais não seriam destinadas ao próprio uso, já que as entregou ao pool hoteleiro ao anuir ao Termo de Adesão e ao contratar a constituição da sociedade em conta de participação para exploração apart-hoteleira, em que integraria os sócios participantes (sócios ocultos), sendo a Blue Tree Hotels a sócia ostensiva. Pela teoria finalista mitigada, a Corte local deveria ao menos aferir a sua vulnerabilidade para fins de aplicação do CDC.

6. Na espécie, não há falar em deficiência de informação ou em publicidade enganosa, porquanto sempre foi divulgada claramente a posição da BTH no empreendimento, tendo se obrigado, nos termos da oferta ao público e dos contratos pactuados, de que seria tão somente a futura administradora dos serviços hoteleiros após a conclusão do edifício, sem ingerência na comercialização das unidades ou na sua construção. Reconhecimento da ilegitimidade passiva ad causam.

7. Deve ser afastada qualquer responsabilização solidária da recorrente pelo não adimplemento do contrato de promessa de compra e venda das unidades do apart-hotel, seja por não integrar a cadeia de fornecimento relativa à incorporação imobiliária, seja por não compor o mesmo grupo econômico das empresas inadimplentes, seja por também ter sido prejudicada, visto que sua pretensão de explorar o ramo hoteleiro na localidade foi tão frustrada quanto a pretensão da autora de ganhar rentabilidade com a aquisição e a locação das unidades imobiliárias.

8. Recurso especial provido.[59]

Como se pode facilmente perceber, o tema ainda não navega em mares pacíficos, mas o Superior Tribunal de Justiça ressalta o entendimento de que a verificação de vulnerabilidade no caso concreto pode acabar atraindo a incidência de normas consumeristas para a proteção dos adquirentes/investidores. Daí a importância de se proceder a uma análise funcional dos institutos em detrimento de uma abordagem meramente estrutural.

---

59. STJ, Recurso Especial 1.785.802/SP, Rel. Ministro Ricardo Villas Bôas Cueva, 3ª T., julg. em 12.09.2019.

4. CONCLUSÃO

Sem a pretensão de apresentar respostas conclusivas, o presente artigo se lançou ao desafio de investigar, em breves linhas, os principais contornos da figura que se convencionou designar de condo-hotel. Inserida no contexto de reforma dos direitos reais, esta nova modalidade pode, como visto, acabar assumindo diferentes estruturas.

Importa, contudo, analisar sempre o aspecto funcional, o que se revela como pressuposto lógico para a determinação da normativa aplicável ao caso concreto, como se pode observar a partir da controvérsia inaugurada em relação à incidência das normas consumeristas à peculiar situação do investidor que adquire sua unidade autônoma já sabendo, de antemão, que não poderá exercer seus poderes dominiais de uso e fruição, limitando-se a extrair da coisa os lucros da sua exploração, que são repartidos por quem administra o *pool* hoteleiro.

A figura do condo-hotel é exemplificativa do processo de evolução do Direito e, especialmente, do Código Civil: primeiro, o mercado e a sociedade apresentam novos arranjos, para, depois, o Direito trazer a regulação necessária, a fim de garantir segurança e previsibilidade. Foi assim com a disciplina da multipropriedade, do direito de laje e de algumas formas de usucapião. É de se esperar que, em algum momento, caso os condo-hotéis se mantenham relevantes no mercado, surja regulamentação específica que os contemple.

Não se pretende, com isso, afirmar que é preciso legislar a cada novidade da realidade social. O importante é que o intérprete, atento ao seu tempo, saiba receber o novo, adaptando as exegeses sem, no entanto, temer a reconstrução de velhas normas quando elas não mais se amoldarem à realidade. Como organismo vivo e em constante evolução, o Código Civil celebra seus primeiros vinte anos, assombrado, por um lado, pela revolução tecnológica e seus impactos, mas fortalecido, cada vez mais, pela aplicação das normas constitucionais, que se projetam sobre todo o ordenamento em busca de uma unificação ancorada na promoção dos valores fundamentais.

VI
DIREITO DE FAMÍLIA

IV
DIREITO DE FAMÍLIA

25
NOVOS MODELOS DE ENTIDADES FAMILIARES

Guilherme Calmon Nogueira da Gama

Professor Titular de Direito Civil da Faculdade de Direito da Universidade do Estado do Rio de Janeiro (UERJ) e do Instituto Brasileiro de Mercado de Capitais (IBMEC/RJ). Professor Permanente do PPGD da Universidade Estácio de Sá (UNESA/RJ). Desembargador e Vice-Presidente do Tribunal Regional Federal da 2ª Região (TRF2).

Sumário: 1. Introdução – 2. Famílias jurídicas no direito brasileiro – 3. Famílias fundadas na conjugalidade; 3.1 Casamento; 3.2 União estável (ou companheirismo); 3.3 Casamento e união estável de pessoas do mesmo sexo (casamento e união estável homoafetivas); 3.4 Uniões simultâneas e uniões poliafetivas – 4. Famílias fundadas no parentesco; 4.1 Biparentalidade; 4.2 Monoparentalidade; 4.3 Pluriparentalidade (ou multiparentalidade) – 5. Famílias recompostas (ou reconstituídas) – 6. Conclusão.

1. INTRODUÇÃO

O período atual de vigência do Código Civil de 2002 em nada se assemelha ao tempo em que foi editado o Código Civil de 1916 baseado na filosofia da construção de um sistema jurídico completo, hermético e total contido nas normas jurídicas codificadas.

As transformações operadas na sociedade brasileira durante o século XX repercutiram enormemente nas relações familiares e apresentam, neste início de século XXI, inovações fundamentais nas famílias jurídicas – ou novas entidades familiares – na perspectiva do Constituinte responsável pelo texto da Constituição de 1988. De um período extremamente conservador e autoritário no que se refere à família tradicional, elitizada, hierarquizada e matrimonializada – datada do final do século XIX e início do século XX no caso brasileiro – até o estágio contemporâneo da família plural, democrática, humanizada e funcionalizada ao atendimento e à promoção da dignidade das pessoas dos seus integrantes, foram inúmeros os acontecimentos que motivaram alterações jurídicas no quadro das relações familiares. Houve profundas mudanças de função, de natureza, de composição e de concepção das famílias, especialmente após o advento do Estado Social e Democrático de Direito, sendo marcante a progressiva tutela constitucional das entidades familiares.

Este artigo apresenta pesquisa a respeito do estágio atual das famílias na percepção do Direito brasileiro, contemplando os avanços e as polêmicas ainda presentes na realidade social e política brasileira devido à historicidade da concepção de família, atualmente impregnada de valores democráticos. Duas décadas passadas após a edição de qualquer lei no sistema jurídico representa o momento adequado para se realizar o diagnóstico acerca dos pontos positivos e negativos dos preceitos contidos nas normas jurídicas, além de verificar a viabilidade do seu aperfeiçoamento seja no plano legislativo (de possível alteração da lei), seja no plano jurisdicional – e até mesmo doutrinário – do esforço de interpretação e de aplicação dos preceitos normativos. Com muito mais razão tal tarefa se revela bastante pertinente acerca da análise do conteúdo do Livro IV (Direito de Família) da Parte Especial do Código Civil – Lei 10.406, de 10 de janeiro de 2002 –, no segmento das entidades familiares, cuja importância no cotidiano das pessoas é inconteste.

Este é o objetivo do presente trabalho doutrinário acerca dos novos modelos de entidades familiares, tal como regulado no Código Civil e em algumas leis especiais (inclusive as Lei 6.515/77, 8.069/90 8.560/92, 8.971/94, 9.278/96). Sem a pretensão de realizar uma exposição completa das novas famílias, a finalidade deste trabalho é proceder à análise das questões de maior importância e que têm suscitado maiores polêmicas no âmbito das famílias jurídicas e, simultaneamente, apresentar sugestões que possam viabilizar o tratamento mais adequado dos novos modelos de família no Direito brasileiro. Para tanto, algumas noções precisarão ser destacadas até para permitir o desenvolvimento de raciocínio que viabilize demonstrar os motivos para as polêmicas e os caminhos possíveis para sua solução.

2. FAMÍLIAS JURÍDICAS NO DIREITO BRASILEIRO

Quais são os modelos contemporâneos de famílias reconhecidas no Brasil? A constitucionalização do Direito de Família brasileiro proporcionou a abertura do sistema jurídico para vários arranjos sociais que até 1988 não eram compreendidos como entidades familiares. Houve inúmeras mudanças quanto à função, natureza, composição e concepção da família, em especial com o advento do Estado Social e Democrático de Direito, sendo clara a progressiva tutela constitucional da família.

O Código Civil de 2002 ainda apresenta maior preocupação com as situações jurídicas patrimoniais[1] e, por isso, não se revela tão próximo da realidade atual das famílias brasileiras, o que remete à necessidade de edição de novo texto legislativo em substituição às normas de Direito de Família contidas no Código Civil até em razão da sua defasagem. Contudo, em razão do fundamento da mudança de eixo axiológico, no qual as situações jurídicas existenciais são prioritárias quando comparadas com as de natureza patrimonial, o estágio atual do Direito de Família brasileiro serve como paradigma para outros sistemas jurídicos de outros países.

Alguns acontecimentos e movimentos sociais vêm impactando as relações familiares. A progressiva emancipação econômica, social e jurídica da mulher, a significativa redução do número médio de filhos das uniões conjugais, a maior complexidade da vida contemporânea, o reconhecimento da fundamentalidade de proteção das pessoas integrantes de grupos minoritários, a massificação das relações

---

1. GAMA, Guilherme Calmon Nogueira da. *Princípios constitucionais de Direito de Família*. Rio de Janeiro: Renovar, 2008, p. 23.

econômicas (especialmente de consumo), a urbanização desenfreada, os avanços científicos no campo das técnicas conceptivas e contraceptivas, os medicamentos e práticas médicas mais avançadas, o rápido desenvolvimento tecnológico em termos de comunicação e informação, entre outros acontecimentos, foram decisivos para as mudanças nas relações familiares atuais. Houve a valorização das funções afetivas das famílias, tornando-as espaços mais democráticos de vida em comum.

3. FAMÍLIAS FUNDADAS NA CONJUGALIDADE

Mesmo no período anterior à Constituição Federal de 1988, sob a perspectiva de outras áreas do conhecimento científico – no âmbito da Sociologia, da Psicologia, da Antropologia, da Psicanálise, do Serviço Social –, a família brasileira não se resumia àquela formada pelo vínculo do casamento. Os dados estatísticos da Pesquisa Nacional por Amostragem de Domicílios do Instituto Brasileiro de Geografia e Estatística (IBGE) já demonstravam um perfil de relações familiares para muito além do modelo monolítico do casamento[2]. Na pesquisa estatística houve identificação de casais heterossexuais casados com filhos biológicos, outros com filhos adotivos, outros com filhos biológicos e adotivos (famílias fundadas no casamento); casais heterossexuais não formalmente casados com filhos biológicos, outros com filhos adotivos, outros com filhos biológicos e adotivos (famílias fundadas na união estável); pais ou mães com filhos biológicos, outros com filhos adotivos, outros com filhos biológicos e adotivos (famílias monoparentais); irmãos adultos convivendo sob o mesmo teto, sem pai e mãe que vivesse com eles (famílias fundadas no parentesco na linha colateral); uniões homossexuais de caráter afetivo (famílias fundadas nas uniões de pessoas do mesmo sexo); uniões entre pessoas que não podiam formalizar o vínculo do casamento (devido à proibição do divórcio antes de 1977), entre outras "unidades de vivência" encontradas nas residências brasileiras.

Contudo, a realidade concreta de algumas uniões não recebia o reconhecimento da legislação a respeito das famílias consideradas pelo Direito brasileiro. A CF/88, além de expressamente reconhecer o casamento como modo de constituição de família (art. 226, §§ 1º e 2º), também identificou a união estável entre o homem e a mulher (art. 226, § 3º) e a família monoparental (art. 226, § 4º), admitindo expressamente o vínculo familiar constituído pela adoção de criança ou adolescente (art. 227, § 5º).

A CF/88 prevê expressamente algumas espécies de família, ora formadas por pessoas que até então não tinham vínculo no Direito de Família (casamento, união estável e adoção), ora formadas por pessoas que já apresentavam vínculo original no Direito de Família (parentesco natural entre pais e filhos, em razão da consanguinidade). Não cabe ao legislador constituinte elencar de modo taxativo o rol de

---

2. LÔBO, Paulo Luiz Netto. A repersonalização das relações de família. *Direito de Família na Constituição de 1988*. São Paulo: Saraiva, 1988, p. 53.

entidades familiares merecedoras de proteção pelo Direito, pois as famílias não são "células" do Estado, e sim da sociedade civil[3].

De modo a que sejam identificados os elementos para o reconhecimento de família jurídica, faz-se necessário, como regra, a presença da afetividade entre os integrantes da entidade, da ostensibilidade da relação familiar, da continuidade e estabilidade das relações, além de um certo grau de seu reconhecimento da sociedade civil. Duas questões já se consolidaram no âmbito do Direito de Família brasileiro atual: i) não há hierarquia entre as entidades familiares, mas sim modos distintos de constituição, desenvolvimento e extinção das relações familiares, principalmente as famílias fundadas na conjugalidade; ii) as normas constitucionais que preveem expressamente as entidades familiares não constituem rol taxativo ou exaustivo de famílias jurídicas[4].

3.1 Casamento

O casamento é, até os dias atuais, o modelo de união constituída entre duas pessoas o mais frequente no contexto da civilização humana e desperta a atenção dos sistemas jurídicos e de outros setores do conhecimento humano. A noção conceitual de casamento não pode ser imutável[5]. Diversamente do que fez o Código Civil português[6], no Direito brasileiro nenhum dos dois Códigos Civis – de 1916 e de 2002 – ofereceu conceituação do casamento, a despeito da importância de tal espécie de família.

De acordo com CC/16 (art. 229), o casamento era o vínculo jurídico entre o homem e a mulher para a constituição de uma família "legítima". Diante de tal regra, o casamento "legitimava" os filhos do casal, nascidos ou concebidos antes da celebração do casamento, além de atribuir a qualificação de "legítimos" aos filhos concebidos e nascidos na constância do casamento[7]. Tal regra não foi recepcionada pela Constituição Federal de 1988 quanto à formação de uma "família legítima". O casamento é reputado como um dos vínculos jurídicos que permite a formação e a manutenção de uma família, entre as várias espécies reconhecidas no Direito de Família brasileiro.

---

3. GAMA, Guilherme Calmon Nogueira da. Uniões de pessoas do mesmo sexo e requisitos para sua configuração. *Diversidade sexual e Direito Homoafetivo*. São Paulo: Ed. RT, 2017, p. 171.
4. LÔBO, Paulo Luiz Netto., Entidades familiares constitucionalizadas. *Temas atuais de Direito de Família*. Rio de Janeiro: Lumen Juris Editora, 2004, p. 18.
5. PEREIRA, Caio Mário da Silva. *Instituições de direito civil*. Rio de Janeiro: Forense, 2005, v. V, p. 52.
6. Portugal, Código Civil, art. 1.577: "Casamento é o contrato celebrado entre duas pessoas de sexo diferente que pretendem constituir família mediante uma plena comunhão de vida, nos termos das disposições deste Código".
7. Também no direito inglês, a predominância do casamento era explícita: "This concentration on marriage as fundamental to family law for long reflected social realities. Of course, it is true that families were created outside marriage and the legal system made special (and discriminatory) provision to secure support for illegitimate children; but such families were statiscally not numerous, and a law which appeared to regard them as deviant may well reflected popular attitudes" (CRETNEY, S. M.; MASSON, J. M. *Principles of Family Law*. London: Sweet & Maxwell, 1997, p. 2).

Atualmente o casamento não apresenta como um dos seus fins o da procriação do casal. No projeto familiar desenvolvido pelos cônjuges há o estímulo à união fundada no casamento sirva como espaço de afetividade e de comunhão de vidas, sem qualquer conotação religiosa, patrimonial ou reprodutiva. O casamento "é um ato jurídico negocial, solene, público e complexo, mediante o qual um homem e uma mulher constituem família, pela livre manifestação de vontade e pelo reconhecimento do Estado"[8].

O termo "casamento" apresenta dois sentidos jurídicos: a) casamento como ato (ou negócio) criador da família, que se confirma com sua celebração; b) casamento como estado proveniente do negócio praticado na conformidade da lei, ao qual correspondem várias situações jurídicas (existenciais e patrimoniais, ativas e passivas). Ou, em outras palavras, casamento-negócio jurídico e casamento-relação jurídica que deriva do negócio jurídico matrimonial.

Sob o ponto de vista de vínculo jurídico, *conceitua-se o casamento como a união formal entre duas pessoas desimpedidas, como vínculo formador e mantenedor de família, constituída mediante negócio solene e complexo, em conformidade com a ordem jurídica, estabelecendo comunhão plena de vida, além de efeitos pessoais e patrimoniais entre os cônjuges com reflexos em outras pessoas.*

O casamento é instituto que permite a constituição de uma família. A referência à "união formal" é importante para identificar a principal diferença entre o casamento e a união estável, a saber, a própria formalidade nas uniões fundadas no casamento que se inicia com todo o procedimento de habilitação matrimonial, passa pela celebração e culmina com o registro civil de casamento.

A expressão "duas pessoas desimpedidas" tem o intuito de remarcar a coerência com a teoria dos impedimentos no casamento, que não admite o casamento entre duas pessoas em razão de certos motivos, como no exemplo do vínculo próximo de parentesco entre os noivos. A referência a negócio solene e complexo envolve o tema da natureza jurídica do casamento que exige para sua constituição da efetiva atuação do juiz de paz.

No Direito de Família contemporâneo, associa-se à ideia de comunhão plena de vida a noção de projeto familiar que envolve todas as famílias contemporâneas e não apenas a matrimonial. O art. 1.511, do CC/02, ao preceituar que "o casamento estabelece comunhão plena de vida, com base na igualdade de direitos e deveres dos cônjuges", deve ser interpretado ampliativamente para o fim de ser aplicado a todas as famílias, e não se restringir apenas à família fundada no casamento. Os companheiros na união estável, o pai e seu filho na entidade monoparental, por exemplo, em relação às famílias fundadas na conjugalidade e na monoparentalidade, devem desenvolver o projeto familiar por eles concebido, com base na noção de comunhão plena de vida que pressupõe a afetividade real ou implícita.

---

8. LÔBO, Paulo. *Direito civil*: famílias. São Paulo: Saraiva, 2007, p. 76.

A liberdade de se casar corresponde a um direito fundamental da pessoa humana, já que tutela interesse fundamental do homem (art. 16, da Declaração Universal dos Direitos do Homem; art. 12, da Convenção Europeia dos Direitos do Homem). "A liberdade nupcial é um princípio fundamental e de ordem pública"[9], daí se considerar inadmissível qualquer tipo de restrição à liberdade pessoal de casar, como por exemplo cláusula de celibato ou viuvez em determinados contratos ou testamentos.

A qualificação do casamento como negócio jurídico reside na circunstância de se tratar de efeito decorrente do exercício da autonomia privada, presente na liberdade de casar, de escolher o cônjuge, bem como na própria liberdade de não casar. O vínculo conjugal (ou matrimonial) decorre do exercício da autonomia privada que logicamente se relaciona à liberdade que sempre se associa, por óbvio, à noção de responsabilidade.

No que tange à acepção do termo casamento não associado ao momento da celebração, o casamento é compreendido como instituto que congrega um conjunto de situações jurídicas existenciais e patrimoniais, regidas por normas de Direito de Família. Atualmente a autonomia privada dos cônjuges é prestigiada para uma série de efeitos jurídicos, inclusive no campo do planejamento familiar, na administração e na comunicação dos bens adquiridos durante a vida de cada um dos cônjuges, entre outros tantos exemplos.

A expressão "comunhão plena de vida" deve ser considerada uma cláusula geral, conceito operativo não inteiramente determinado, que deverá ser objeto de concreção através da atividade jurisdicional. Tal noção tem como função a de "sintetizar e enriquecer os deveres mútuos dos cônjuges, que de modo algum se esgotam na enumeração do Código Civil"[10].

No contexto da comunhão plena de vida, para a efetiva tutela da dignidade da pessoa humana, além da luz da esfera pública, exige-se "a proteção das sombras que permitem a transparência dos sentimentos da vida íntima". O princípio da exclusividade deve reger tal especial esfera da vida privada das pessoas humanas, em relação à qual deve ser proibida a interferência alheia. Considerado limite da esfera da atuação pública, o princípio da exclusividade mantém na decisão da família a sua intimidade, o seu "modo de ser" privado, particular[11]. Assim, é o casal que tomará a decisão a respeito do exercício do planejamento familiar, devidamente informado e com as condições materiais fornecidas pelo Poder Público, sendo proibido a qualquer pessoa, seja de Direito Público ou de Direito Privado, que promova interferência na comunhão de vida instituída pela família (CC/02, art. 1.513). Verifica-se a imunidade da comunhão de vida dos cônjuges a interferências estranhas, salvo na hipótese

---

9. OLIVEIRA, José Lamartine Corrêa de; MUNIZ, Francisco José Ferreira. *Curso de direito de família*. Curitiba: Editora Juruá, 2002, p. 127.
10. SILVA, Clóvis do Couto e. Princípios para a reforma do direito de família. *Arquivos do Ministério da Justiça*. Rio de Janeiro, 1975, p. 159.
11. MARTINS-COSTA, Judith. *Diretrizes teóricas do novo Código Civil brasileiro*. São Paulo: Saraiva, 2002, p. 142.

de violação a direitos fundamentais (CF/88, art. 226, § 8º). A família matrimonial substitui "o unilateral pelo bilateral negociado"[12]. Desse modo, no que tange à educação dos filhos, é reconhecido aos pais o poder de exigir a ciência dos processos pedagógicos e de participar das propostas educacionais.

O ponto distintivo, em relação ao projeto de família no casamento quanto a outras entidades familiares, se refere à segurança jurídica que decorre do conjunto de formalidades e de solenidades exigidas antes e durante a constituição da entidade familiar através da celebração do casamento. A segurança jurídica atua não apenas nas relações jurídicas mantidas entre os cônjuges – tanto no campo pessoal, quanto no patrimonial –, mas também nas relações que podem se estabelecer com a prole comum (ou mesmo exclusiva de um deles) e com terceiros que venham a manter contato com os cônjuges ou com um deles. Tal circunstância justifica a presunção de paternidade do marido em relação ao filho concebido e nascido de sua esposa durante a constância do casamento (CC, art. 1.597), a necessidade da outorga do cônjuge (CC, art. 1.647) para a prática de determinados atos e negócios jurídicos (dependendo do regime de bens do casal), entre outros efeitos.

Um tema relativamente recente no casamento é o da "infidelidade virtual", especialmente diante da difusão das comunicações e contatos à distância no denominado espaço virtual. A *internet* rompeu as fronteiras nacionais, entrando nas residências e outros espaços de privacidade das pessoas humanas, permitindo comunicação em momento real. Alguns fenômenos vêm se verificando com base nos avanços tecnológicos envolvendo a cibernética e, ao que interessa no Direito de Família, houve um significativo aumento de "encontros", contatos, correspondências e comunicações via *internet*, inclusive para pessoas solitárias, de certa maneira resguardadas pela privacidade e pelo anonimato. "No campo dos relacionamentos afetivos, o uso do computador possibilitou a utilização do véu virtual, rompendo com a necessidade antes inafastável do contato físico"[13]. Conversas em tempo real, acessos a determinadas *chats* e *sites* da rede mundial de computadores, trocas de *emails*, uso das redes sociais de comunicação e de informação (tais como *facebook, instagram tinder, whatsapp*) entre outros acontecimentos, têm sido comuns em matéria de relacionamentos afetivos, o que foi potencializado no período da pandemia da Covid-19[14]. Há registro de episódios envolvendo pessoas casadas no espaço virtual no sentido de manter relacionamento afetivo e de índole sexual com outras pessoas que não seus cônjuges.

Tais relacionamentos virtuais podem (ou não) configurar casos de violação ao dever de fidelidade no casamento? Há orientação da doutrina no sentido de que tais contatos e comunicações devem se enquadrar na noção de "infidelidade virtual", mas não propriamente prática de adultério. Haveria infidelidade moral que é repre-

---

12. TEIXEIRA, Ana Carolina Brochado; RIBEIRO, Gustavo Pereira Leite. *Manual de Direito das Famílias e das Sucessões*. Belo Horizonte: Editora Del Rey, 2009, p. 59.
13. DIAS, Maria Berenice. *Manual de direito das famílias*. São Paulo: Ed. RT, 2007, p. 240.
14. GAMA, Guilherme Calmon Nogueira da; NEVES, Thiago Ferreira Cardoso, *Direito Privado Emergencial*. Indaiatuba (SP): Editora Foco, 2020, p. 147.

sentativa de afronta ao dever de respeito e consideração de cada cônjuge em relação ao outro. Há, no entanto, ponderada observação doutrinária no sentido de não se poder qualificar tal contato virtual (ainda que com conotação erótico-afetiva) como violador ao dever de respeito, não sendo possível confundir o ciúme do cônjuge, que se considera preterido pelo outro em razão dos momentos prazerosos que ele desfrutou na *internet*, com infidelidade ou adultério[15].

O casamento ainda produz efeitos jurídicos de ordem patrimonial, como no caso do regime de bens, dos alimentos, do bem de família, do usufruto dos bens dos filhos menores, das doações recíprocas, entre outros. O regime de bens é fundamental no campo das relações negociais mantidas entre um dos cônjuges e terceiro. No caso do exercício da empresa, há regras específicas relacionadas aos cônjuges, como a que admite a constituição de sociedade empresária ou simples entre marido e esposa nos regimes da comunhão parcial e separação de bens (CC/02, art. 977), e a que prevê a dispensa da autorização do cônjuge na alienação dos bens vinculados ao exercício da empresa (CC/02, art. 978).

Ambos os cônjuges são obrigados a concorrer, na proporção de seus bens e rendimentos do trabalho individual, para o sustento da família e a educação dos filhos, independentemente do regime de bens (CC/02, art. 1.568). Tal regra concretiza o princípio da solidariedade que impõe o compartilhamento e a repartição de encargos da família em atenção às possibilidades de cada um dos cônjuges. Aplica-se o critério da igualdade material (da proporção) e não da igualdade formal, em consonância com o princípio da justiça distributiva[16].

O casamento faz nascer uma família que, durante sua constância, se desenvolverá em torno do projeto familiar e, inevitavelmente, terminará em algum momento, daí seu caráter temporário, e não perpétuo. Logo, outro tema intimamente relacionado às transformações do Direito de Família brasileiro no casamento é aquele relacionado à dissolução da união conjugal e aos seus efeitos. Houve também alterações fundamentais no casamento no período concomitante e posterior à ruptura da família anteriormente existente. Enquanto no CC/16 havia preocupação excessiva com as relações patrimoniais, inclusive no âmbito da família, atualmente, diante das mudanças detectadas na sociedade e nas famílias, devem ser destacados os interesses afetivos e existenciais dos familiares, pois somente desse modo, suas potencialidades poderão se desenvolver e, em última análise, toda a sociedade engrandecerá existencialmente e, por via reflexa, materialmente.

Desde a promulgação da Lei 11.441/2007, que introduziu importantes alterações na dissolução do casamento, há a possibilidade de a separação e o divórcio consensuais serem realizados por escritura pública por meio de acordo, desde que observados os requisitos legais quanto aos prazos e não havendo filhos menores ou

---

15. DIAS, Maria Berenice. *Manual de direito das famílias*, cit., 241.
16. LÔBO, Paulo, *Direito civil*: famílias, cit., p. 115.

incapazes do casal. Tal possibilidade vem sendo cada vez mais estimulada, inclusive pelo Código de Processo Civil em vigor (art. 733).

Atualmente, a dissolução do vínculo do casamento pelo divórcio pode ser obtida a qualquer tempo, sem necessidade de imputação de culpa ou responsabilidade a qualquer um dos cônjuges (CF/88, art. 226, § 6º, na redação dada pela EC 66/10), o que reforça a liberdade individual de não pretender permanecer casado. A circunstância de o divórcio ter sido facilitado no Direito de Família brasileiro não ocasionou a extinção do instituto da separação formal (judicial ou extrajudicial).

A separação de fato entre os cônjuges ganhou extrema importância na CF/88. O ordenamento jurídico brasileiro deixou de considerá-la como mero requisito para autorizar a antiga separação judicial ou o divórcio direto. Enquanto a separação de fato permite a desconstituição de uma família fundada no casamento, a união estável representa a formação de uma nova família. Há questões de relevo tanto no âmbito das relações pessoais, quanto nas patrimoniais, que recebem repercussão da separação de fato. Os tribunais brasileiros reconhecem a produção de determinados efeitos decorrentes da separação de fato de pessoa casada – negativos em relação à família fundada no casamento, e positivos no que pertine às outras relações, inclusive fundadas na união estável.

No âmbito do Direito das Sucessões, por exemplo, o art. 1.830, do CC/02, inova na sucessão legítima. A regra exclui da herança o cônjuge que esteja separado de fato do falecido há pelo menos 2 (dois) anos. Relativamente à união estável, o art. 1.723, § 1º, do CC/02, admite expressamente que pessoa casada, mas separada de fato, possa ser companheira de outra pessoa que não seu cônjuge, não havendo qualquer referência a prazo de separação de fato no dispositivo legal.

A partir do texto constitucional de 1988, mormente da priorização dos interesses existenciais em detrimento dos interesses patrimoniais, principalmente em matéria de Direito de Família, os bens adquiridos individualmente, a título oneroso ou gratuito, por um dos cônjuges, não mais são compartilhados com o outro cônjuge, sob condição suspensiva da dissolução da sociedade conjugal (por morte, separação, divórcio ou mesmo invalidação do casamento). Caso não haja mais a coabitação de fato, não há motivo para se presumir a conjugação de esforços e recursos na aquisição patrimonial, seja a que título for. Para evitar soluções injustas, prevenindo o enriquecimento sem causa, não estão sujeitos à partilha os bens adquiridos durante o período de separação de fato do casal.

3.2 União estável (ou companheirismo)

No Direito brasileiro, deve ser enfatizada a atuação dos tribunais a respeito da união estável. À falta de regulamentação legal a respeito da união estável no passado, as soluções das ações judiciais instauradas somente foram encontradas devido à sensibilidade dos julgadores, reconhecedores da realidade fática existente na sociedade.

Contudo, o papel da jurisprudência ainda não se ultimou, principalmente no que diz respeito aos diversos efeitos decorrentes das relações pessoais e patrimoniais entre os companheiros.

Somente uma atuação consentânea com a realidade, sensível às modificações já realizadas e em via de realização no Direito de Família, possibilitará aos juízes e aos tribunais solucionar os litígios instaurados diariamente, envolvendo as relações familiares, dentre as quais as fundadas na união estável. A CF/88 expressamente enunciou a união estável entre o homem e a mulher como entidade familiar (art. 226, § 3º).

Questionou-se a conveniência ou não da edição de legislação sobre a união estável, realçando seus contornos, estabelecendo os efeitos jurídicos, instituindo direitos, impondo deveres, enfim, a existência de tratamento legislativo sobre a união fundada na espécie de relação familiar constituída e mantida por um homem e uma mulher, sem que se funde no casamento. O legislador brasileiro fez a opção de normatizar o tema, ao editar as Leis 8.971/94 e 9.278/96 e, posteriormente, inserir a matéria no Código Civil de 2002.

A experiência brasileira é ilustrativa sobre o tema: as causas fundadas em litígios envolvendo companheiros datam de várias décadas no século XX. A autonomia privada, durante a convivência informal, cedia ao sentimento de afeto, ao desejo de permanecer no convívio com a pessoa escolhida. O tratamento legislativo a respeito da união estável era uma reivindicação social. Contudo, a suposta equiparação com o casamento nunca existiu, nem mesmo com o advento da CF/88. Caso assim não fosse, ficaria sem sentido a regra da facilitação da conversão da "união estável" em casamento, contida na cláusula constitucional.

São as seguintes as características da união estável: a) finalidade de constituição de família (o objetivo de os companheiros compartilharem a mesma vida), desenvolvendo o projeto de família; b) estabilidade (tratar-se de união sólida, duradoura, não sendo união efêmera, passageira, constituída a título experimental); c) unicidade de vínculo (haver apenas um vínculo existente entre os companheiros, fundado na monogamia); d) notoriedade (união reconhecida socialmente, ainda que por um grupo restrito, e não uma união clandestina, oculta); e) continuidade (união ininterrupta, permanente); f) informalismo (ou ausência de formalidades; ausência de ato solene necessário para a constituição e mesmo dissolução do vínculo familiar).

O art. 226, § 3º, CF/88, além de reconhecer juridicamente a união estável como espécie de família, prevê a regra da possibilidade da sua conversão em casamento. A norma constitucional deixou o tema para a legislação infraconstitucional. Contudo, a norma deve facilitar a transformação da união estável em casamento e, portanto, qualquer norma que possa criar maiores formalidades ou exigências, do que aquelas previstas para a celebração do casamento, será reputada inconstitucional.

Nos termos do art. 1.723, § 1º, do CC/02, a união estável não se constituirá se houver alguns dos impedimentos matrimoniais entre os possíveis companheiros (CC/02, art. 1.521), o que vem a reforçar a necessidade da observância, no Direito de

Família brasileiro, dos parâmetros e balizas do casamento para a formação da entidade familiar fundada na conjugalidade. A única ressalva, em matéria de impedimentos matrimoniais, diz respeito à pessoa casada que, apesar de ser formalmente vinculada ao seu cônjuge, dele está separado de fato e, assim, pode constituir união estável.

Quanto aos efeitos pessoais entre os companheiros, atualmente, o CC/02 (art. 1.724), enuncia os seguintes: i) dever de lealdade, decorrente do respeito, da consideração que ambos devem ter mutuamente, associado aos requisitos da unicidade de vínculo, da comunhão de vida, e da *affectio maritalis*; ii) dever de coabitação, como reflexo dos requisitos de comunhão de vida *more uxorio* e da característica da continuidade, abrangendo a vida sob o mesmo teto, a prosperidade do casal em termos materiais e existenciais, enfim, vida em comum fundada no afeto e bem estar da companhia recíproca; iii) dever de assistência moral, representando o elemento ético que rege e mantém o vínculo familiar, ou seja, o compromisso familiar, associado ao dever de socorro, qual seja, a assistência material; iv) dever de guarda, de sustento e de educação dos filhos, que independe da união extramatrimonial.

Desde 1996 (Lei 9.278/96, art. 5º; CC/02, art. 1.725), a pactuação de alguns aspectos relacionados ao regime de bens na união estável pode ser feita. O contrato (ou pacto) de convivência se espelha bastante no pacto antenupcial existente no casamento. Os companheiros têm aptidão para convencionarem aquilo que melhor lhes convier em matéria de regime de bens[17]. Na ausência de manifestação expressa de vontade dos companheiros a respeito do regime de bens, vigora o regime da comunhão parcial de bens, no que couber. O contrato de convivência apresenta a vantagem de estabilizar os efeitos patrimoniais inerentes ao companheirismo, mas não é obrigatório para produção de efeitos quanto ao regime de bens[18].

O contrato de convivência é o acordo negocial celebrado entre os companheiros para promover a autorregulamentação de seus interesses patrimoniais no âmbito da família constituída entre eles. O contrato de convivência pode conter, ainda, disposições sobre a administração dos bens, mas não é possível a inserção de cláusulas referentes aos alimentos ou à possibilidade de mitigação de qualquer um dos deveres pessoais (CC/02, art. 1.724)[19]. É possível que haja disposições acerca dos bens adquiridos, podendo ser formalizadas em conjunto num único contrato de convivência, ou separadamente em alguns negócios jurídicos, desde que haja consenso entre os companheiros. Não é o contrato de convivência que constitui a união estável.

Outro tema correlato ao contrato de convivência consiste no denominado contrato de namoro. Diante de certa instabilidade e insegurança no que pertine à configuração da união estável, parcela da doutrina cogitou acerca da possibilidade

---

17. "Realizado pacto de convivência entre os companheiros, a partilha por ocasião da dissolução da união estável deve obedecer ao que foi estipulado" (Rio Grande do Sul, A.C. 70019890282, relator Desembargador Rui Portanova, 8ª CC do Tribunal de Justiça, julgado em 11.10.2007).
18. IVANOV, Simone Orodeschi Ivanov. *União estável*. São Paulo: Editora Atlas, 2007, p. 80.
19. DIAS, Maria Berenice Dias. *Manual de direito das famílias*, cit., p. 171.

de casais de namorados firmarem contrato de namoro. Tal contrato consistiria no acordo no qual fica expresso que não havia compromisso de ambos a constituir uma família e, consequentemente, a impossibilidade de se cogitar de eventual comunicação de bens de um ao outro.

"Desde a regulamentação da união estável, levianas afirmativas de que simples namoro ou relacionamento fugaz podem gerar obrigações de ordem patrimonial difundiram certo pânico"[20]. Tal aspecto ensejou a busca pela segurança jurídica mediante contrato em que ambos declaram que são apenas namorados, sem qualquer compromisso oficial ou informal, bem como ausente qualquer efeito patrimonial dos bens atuais e futuros. O contrato de namoro não tem qualquer relevância jurídica, eis que o importante é a verificação de que houve (ou não) a presença dos requisitos objetivos e subjetivos para a configuração do companheirismo[21].

Em determinados casos de união estável pode haver interesse de um dos companheiros (por questões patrimoniais) de formalizar o contrato de namoro. Incumbirá ao magistrado observar, logicamente, o disposto no art. 1.723, do Código Civil, independentemente de ter sido celebrado o contrato de namoro, para aferir se houve a constituição da união estável entre os "contratantes" e, assim, afastar a incidência dos efeitos do contrato celebrado. Em certos casos, o referido contrato pode ser feito em fraude à lei, além de exceder manifestamente os limites impostos pelo seu fim econômico ou social, pela boa-fé ou pelos bons costumes (CC/02, art. 187).

A CF/88 expressamente incluiu a união estável como família para o Direito e, em período recente, o STF editou tese jurídica a respeito dos efeitos da união estável em relação à sucessão hereditária por morte de um dos companheiros. Devido à previsão da sucessão do companheiro em situação equiparada à do cônjuge à luz das Leis 8.971/94 e 9.278/96, o STF editou a seguinte tese jurídica: "No sistema constitucional vigente é inconstitucional a diferenciação do regime sucessório entre cônjuges e companheiros devendo ser aplicado em ambos os casos o regime estabelecido no artigo 1.829 do Código Civil".

A definição da tese jurídica pelo STF não corresponde à noção de equiparação de todos os efeitos do casamento para a união estável, mas apenas naquilo que a legislação anterior (ou mesmo atual) já havia feito. O princípio da não equiparação entre casamento e união estável decorre do próprio texto constitucional a respeito da regra da possibilidade da conversão da união estável em casamento, se assim for escolhido pelos companheiros.

---

20. DIAS, Maria Berenice Dias. *Manual de direito das famílias*, cit., p. 171.
21. "Na época atual, de manifesta liberalidade nos costumes, a prova da união estável deve ser contundente, para que se possa diferenciá-la do namoro ou dos relacionamentos extraconjugais" (RIO DE JANEIRO, A.C. 2008.001.03235, relator Desembargador Horácio Ribeiro Neto, 4ª CC do Tribunal de Justiça, julgado em 01.04.2008).

3.3 Casamento e união estável de pessoas do mesmo sexo (casamento e união estável homoafetivas)

A CF/88 reconheceu expressamente como entidade familiar a união estável entre homem e mulher (art. 226, § 3º), o que motivou inicialmente que parcela da doutrina não admitisse as uniões fáticas de pessoas do mesmo sexo como famílias jurídicas. Maria Berenice Dias, no entanto, defendeu o referencial da afetividade para identificar as estruturas interpessoais que podem ser qualificadas juridicamente como famílias e, consequentemente, sustentou outros arranjos que poderiam ser assim considerados. Mesmo antes do julgamento realizado pelo STF em maio de 2011, a autora qualificava como família a união entre pessoas do mesmo sexo (por ela designada de união homoafetiva), sob o fundamento de que, com base no respeito à dignidade da pessoa humana, não se pode negar o *status* de família a qualquer união que se baseie no afeto[22].

O Tribunal Superior Eleitoral (TSE), no ano de 2004, julgou recurso em que o tema da inelegibilidade de candidato a cargo eletivo envolvia um caso de união homoafetiva. O caso envolvia uma candidata ao cargo de Prefeito Municipal de Viseu, no Estado do Pará, que vivia com a então Prefeita numa relação contínua, notória e com objetivo de constituição de família fundada entre pessoas do mesmo sexo[23].

O tema referente às uniões entre pessoas do mesmo sexo e seus reflexos no Direito de Família e em outros segmentos do Direito envolve a discussão e o debate acerca do ativismo judicial. O ativismo judicial "é uma atitude, a escolha de um modo específico e proativo de interpretar a Constituição, expandindo o seu sentido e alcance"[24].

Em maio de 2011, o STF julgou o tema referente à união de pessoas do mesmo sexo no âmbito do Direito de Família. A questão foi apreciada no julgamento da Ação Direta de Inconstitucionalidade (ADIn) n. 4.277/DF e da Arguição de Descumprimento de Preceito Fundamental (ADPF) 132/RJ, com votação unânime pelos Ministros do STF. Em maio de 2013, devido à dúvida existente em algumas unidades da Federação quanto à viabilidade jurídica do casamento civil seguido ao procedimento de habilitação no Cartório de Registro Civil, foi editada a Resolução 175/13, do Conselho Nacional de Justiça, que reafirmou a impossibilidade de se excluir a união entre pessoas do mesmo sexo quanto à constituição e manutenção de famílias fundadas no casamento.

A conclusão a que o STF alcançou se deu com base na técnica da interpretação conforme à Constituição. Na interpretação do art. 1.723, do CC/02, deve-se excluir

---

22. DIAS, Maria Berenice. *Direito das famílias*, cit., p. 45.
23. GAMA, Guilherme Calmon Nogueira da Gama. Uniões de pessoas do mesmo sexo e requisitos para sua configuração. Diversidade sexual e Direito Homoafetivo. São Paulo: Ed. RT, 2017, p. 171.
24. BARROSO, Luís Roberto. Judicialização, ativismo judicial e legitimidade democrática, Revista Atualidades Jurídicas (Brasília: Revista Eletrônica do Conselho Federal da OAB, 2009). Disponível em: http://www.oab.org.br/oabeditora/users/revista/1235066670174218181901.pdf. Acesso em: 17.12.2019.

qualquer significado que impeça o reconhecimento da união contínua, pública e duradoura entre pessoas do mesmo sexo como entidade familiar.

O relator das duas ações constitucionais proferiu voto no qual destaca a abordagem multidisciplinar do tema para concluir pela existência de amparo jurídico das uniões entre pessoas do mesmo sexo como entidade familiar. Na Constituição Federal se encontram as "decisivas respostas para o tratamento jurídico a ser conferido às uniões homoafetivas que se caracterizam por sua durabilidade, conhecimento do público (não clandestinidade, portanto) e continuidade, além do propósito ou verdadeiro anseio de constituição de uma família"[25]. O relator se referiu à noção do constitucionalismo fraternal que se volta para "a integração comunitária das pessoas (não exatamente para a inclusão social), a se viabilizar pela imperiosa adoção de políticas públicas afirmativas da fundamental igualdade civil-moral (mais do que simplesmente econômico-social) dos extratos sociais historicamente desfavorecidos e até vilipendiados"[26] (os negros, os índios, as mulheres, os portadores de deficiência física e as pessoas unidas do mesmo sexo). As medidas de combate ao preconceito representam a aceitação e a experimentação do pluralismo sócio-político-cultural que serve de elemento conceitual da democracia substancialista com a respeitosa convivência dos contrários.

Ainda, o relator observou que normas constantes de ordenamentos jurídicos da Comunidade Europeia – tais como a Resolução do Parlamento Europeu de 08.02.1994 e a Resolução sobre o Respeito pelos Direitos do Homem na União Europeia de 16.03.2000 –, bem como de Constituições de alguns Estados da Federação brasileira, vedam o preconceito contra a "orientação" sexual alheia. Nada mais íntimo e privado para a pessoa do que a prática da sua própria sexualidade (CF/88, art. 5º, X). A livre disposição da sexualidade do indivíduo como autêntico bem da personalidade e, simultaneamente, direito fundamental da pessoa humana, decorre do princípio da dignidade da pessoa humana. Logo, homens e mulheres gozam "de fundamental liberdade de dispor sobre o respectivo potencial de sexualidade, fazendo-o como expressão do direito à intimidade, ou então à privacidade"[27].

O relator concluiu que a proposição de que "a isonomia entre casais heteroafetivos e pares homoafetivos somente ganha plenitude de sentido se desembocar no igual direito subjetivo à formação de uma autonomizada família"[28]. Assim, reconheceu-se o direito dos homoafetivos a tratamento isonômico com os heteroafetivos para fins de constituição e manutenção da família entre pessoas do mesmo sexo. A Constituição é enunciativa quanto às entidades familiares, e não taxativa, a confirmar a possibilidade do reconhecimento de outras entidades familiares além daquelas expressamente previstas e elencadas no texto constitucional.

---

25. BRASIL, STF, ADI n. 4.277 e ADPF n. 132, voto do Ministro Ayres Brito, p. 7.
26. BRASIL, STF, ADI n. 4.277 e ADPF n. 132, voto do Ministro Ayres Brito, p. 11.
27. BRASIL, STF, ADI n. 4.277 e ADPF n. 132, voto do Ministro Ayres Brito, p. 28.
28. BRASIL, STF, ADI n. 4.277 e ADPF n. 132, voto do Ministro Ayres Brito, p. 38.

Ao cuidar do tema objeto do julgamento, outro Ministro do STF registrou que a questão gira em torno da possível violação de direitos fundamentais referentes à personalidade das pessoas humanas que vivem sob orientação sexual minoritária. A homossexualidade é um fato da vida, havendo pessoas que constituem relações afetivas e de assistência recíproca em convívio contínuo e duradouro com outras do mesmo sexo. Além disso, a homossexualidade é uma orientação (e não uma opção sexual), não constituindo uma doença, desvio ou distúrbio mental, mas sim uma característica da personalidade do indivíduo. Afirma, também, que a homossexualidade não é uma ideologia (ou uma crença). Fincado na premissa de que os homossexuais constituem entre si relações contínuas e duradouras de afeto e assistência recíprocos, com o propósito de compartilhar meios e projetos de vida, consigna a existência de mais de sessenta mil uniões homoafetivas declaradas no Brasil conforme dados levantados pelo *Censo 2010* do IBGE.

O ministro Luiz Fux afirmou não ser possível se considerar inconstitucional ou ilegal o estabelecimento de uniões de pessoas do mesmo sexo, eis que não há vedação às uniões homoafetivas no Brasil (CF/88, art. 5º, II). Recordando-se do clássico exemplo de "ato jurídico inexistente" como casamento entre pessoas do mesmo sexo, oriundo do Direito francês, o ministro Luiz Fux classifica tal visão de "vetusta e míope categorização, felizmente há muito abandonada", já que o Direito segue a evolução social e, como se sabe, o ato de constituição de família entre pessoas do mesmo sexo "existe, ocorre e gera efeitos juridicamente relevantes, que, portanto, merecem tratamento pelo direito"[29]. Em parte do voto que centraliza a discussão a respeito do valor máximo do ordenamento jurídico, o ministro Luiz Fux ressalta a questão da autonomia privada dos indivíduos como centro da dignidade da pessoa humana. A previsão da dignidade da pessoa humana (CF/88, art. 1º, III), traduz-se na previsão de que a pessoa humana mereça do Estado e dos demais particulares o tratamento de sujeito e não de objeto de direito, razão pela qual deve ser respeitada sua autonomia pela sua simples condição de ser humano.

Um aspecto prático que merece ser destacado do voto do Ministro Luiz Fux diz com a questão da prova das uniões "homoafetivas", ou uniões de pessoas do mesmo sexo. "O reconhecimento, em cada caso concreto, de uma *união estável homoafetiva* jamais prescindirá da *comprovação* – pelos meios legal e moralmente admitidos – da existência de *convivência contínua, duradoura* e estabelecida com o *propósito de constituição de entidade familiar*"[30]. E, ao se referir à notoriedade da união, o ministro Luiz Fux registra que a prova do requisito da publicidade é relevante, mas merece algum temperamento, eis que é compreensível que muitas uniões homossexuais tenham sido mantidas em segredo diante da necessidade de preservação dos envolvidos na relação em razão do preconceito e da intolerância.

---

29. BRASIL, STF, ADI n. 4.277 e ADPF n. 132, voto do Ministro Luiz Fux, p. 10.
30. BRASIL, STF, ADI n. 4.277 e ADPF n. 132, voto do Ministro Luiz Fux, p. 23.

Outro voto importante no julgamento foi o do ministro Celso de Mello. Houve a constatação de que o tratamento dado pelo Poder Público às relações entre pessoas do mesmo sexo era eivado de preconceito e discriminação, o que era demonstrado quanto à prática de relações homossexuais no âmbito das organizações militares como crime militar (CPM, art. 235). No voto, o ministro Celso de Mello registra que incumbe ao Supremo Tribunal Federal velar pela integridade da proclamação segundo a qual não se pode permitir a exclusão jurídica de grupos, minoritários ou não, que integrem a comunhão nacional. O STF deve viabilizar a plena realização dos valores da liberdade, da igualdade e da não discriminação, que representam fundamentos essenciais à configuração de uma sociedade verdadeiramente democrática.

Em outro trecho do voto, o ministro Celso de Mello considera a importância e o significado do reconhecimento do direito personalíssimo à orientação sexual e a proclamação da legitimidade ético-jurídica da união entre pessoas do mesmo sexo como entidade familiar. Ao cuidar da questão referente ao tratamento constitucional acerca das uniões "homoafetivas", o ministro Celso de Mello comentou que não houve lacuna voluntária ou consciente na Constituição Federal sobre o tema. A extensão, às uniões entre pessoas do mesmo sexo, do mesmo regime jurídico aplicável à união estável, é justificada pela direta incidência dos princípios constitucionais da igualdade, da liberdade, da dignidade, da segurança jurídica e do postulado constitucional implícito que consagra o direito à busca da felicidade[31].

Em fundamento inovador no seu voto, o ministro Celso de Mello invoca o postulado constitucional da busca da felicidade que, na sua formulação, assume papel de extremo relevo no processo de afirmação, gozo e expansão dos direitos fundamentais, qualificando-se, em função de sua própria teleologia, como fator de neutralização de práticas ou de omissões lesivas cuja ocorrência possa comprometer, afetar ou esterilizar direitos individuais. "O direito à busca da felicidade representa derivação do princípio da dignidade da pessoa humana, qualificando-se como um dos mais significativos postulados constitucionais implícitos cujas raízes mergulham, historicamente, na própria Declaração de Independência dos Estados Unidos da América, de 04 de julho de 1776"[32].

Em outro trecho do voto, o ministro Celso de Mello reconhece o afeto como valor jurídico, sendo que o reconhecimento das uniões entre pessoas do mesmo sexo se fundamenta nos vínculos de solidariedade, de amor e de projetos de vida em comum. "O novo paradigma, no plano das relações familiares, após o advento da Constituição Federal de 1988, para efeito de estabelecimento de direitos/deveres decorrentes do vínculo familiar, consolidou-se na existência e no reconhecimento do afeto"[33]. Na conclusão de seu voto, o ministro Celso de Mello reconhece a ocorrência de ativismo judicial do Supremo Tribunal Federal para fazer prevalecer a primazia

---

31. BRASIL, STF, ADI n. 4.277 e ADPF n. 132, voto do Ministro Celso de Mello, p. 22.
32. BRASIL, STF, ADI n. 4.277 e ADPF n. 132, voto do Ministro Celso de Mello, p. 35.
33. BRASIL, STF, ADI n. 4.277 e ADPF n. 132, voto do Ministro Celso de Mello, p. 40.

da Constituição da República. Quando houver omissão do Estado, considerada da maior gravidade, cabe à Suprema Corte atuar positivamente em momentos excepcionais, para corrigir a omissão ou o retardamento injustificável do Poder Público no cumprimento de obrigações a que estão sujeitos.

A evolução da sociedade, da cultura e dos costumes permite a identificação do dinamismo que o Direito apresenta no tratamento das questões e problemas que precisam ser equacionados. A quadra atual do Direito de Família é emblemática a respeito dos impactos gerados pelas novas estruturas familiares que produzem consequências jurídicas também no campo das situações jurídicas. No segmento da conjugalidade, atualmente há não apenas as uniões fundadas no casamento, na união estável, mas também aquelas constituídas entre pessoas do mesmo sexo (ou "uniões homoafetivas"). No âmbito de outros vínculos familiares, é importante a percepção do traço de comunhão plena de vida que também pode ensejar o reconhecimento de estruturas familiares que impactam o Direito das Famílias como segmento do Direito Civil.

No segmento das uniões entre pessoas do mesmo sexo que tem como acontecimento jurídico marcante o julgamento da ADIn n. 4.227 e da ADPF n. 132 pelo STF, houve inequívoco reconhecimento jurídico de tais uniões como espécies de entidades familiares no âmbito do Direito brasileiro. O Conselho Nacional de Justiça (CNJ), em maio de 2013, editou a Resolução n. 175, para deixar clara a orientação segundo a qual também não há qualquer obstáculo ao casamento civil entre pessoas do mesmo sexo. Logo, não apenas para o procedimento de habilitação para o casamento civil, como também para os casos de conversão de união estável em casamento, duas pessoas do mesmo sexo podem constituir família jurídica no Direito brasileiro. Aplicam-se às uniões entre pessoas do mesmo sexo o mesmo regime jurídico do Direito de Família das famílias heterossexuais, seja quanto ao casamento, seja relativamente à união estável.

3.4 Uniões simultâneas e uniões poliafetivas

Na civilização ocidental a monogamia sempre foi reputada característica essencial e de longa duração das famílias fundadas na conjugalidade. A história da monogamia não é linear, e sim caracterizada por várias rupturas, especialmente nas experiências de "poligamia exógena" – casos de conjugalidades externas a certa entidade familiar anteriormente constituída[34].

Na doutrina brasileira há orientação segundo a qual a monogamia não tem *status* de princípio jurídico, mas sim de regra jurídica que impede o reconhecimento de múltiplas relações simultâneas por força da proibição da bigamia[35]. A bigamia corresponde à prática de crime tipificado na legislação penal (CP, art. 235), além de fundamentar um dos impedimentos para o casamento (CC/02, art. 1.521, VI).

---

34. RUZYK, Carlos Eduardo Pianovski. *Famílias simultâneas*. Rio de Janeiro: Renovar, 2005, p. 98.
35. RUZYK, Carlos Eduardo Pianovski. *Famílias simultâneas*, cit., p. 198.

Contudo, caso o segundo casamento seja putativo relativamente ao cônjuge que não casado anteriormente com outra pessoa (CC/02, art. 1.561), há quem sustente a ausência de fundamento jurídico para invalidar o segundo casamento, em se comprovando que o primeiro casamento já não existia de fato (devido à separação de fato do primeiro casal)[36]. Tal consideração conduz à seguinte questão:

> "Por que o direito deve, em homenagem à regra da monogamia, reconhecer vigência e efetividade a um casamento que, no mundo dos fatos, não mais existe e, por outro lado, desconstituir, pela decretação da nulidade, o segundo casamento que, de fato, expressa a comunhão plena de vida própria da conjugalidade?"[37]

No plano das uniões fundadas na conjugalidade, há ainda o tema da união estável e, se também em relação à esta entidade familiar, deve ser observada a monogamia. No caso de uma pessoa solteira que, já vivendo em união estável com outra também desimpedida, após algum tempo constitua simultaneamente nova união estável com terceira pessoa. É possível o reconhecimento da união estável putativa neste caso, desde que a última pessoa não saiba da existência do anterior relacionamento do seu companheiro[38]. A boa fé subjetiva do companheiro da segunda união estável permite a incidência das regras jurídicas sobre a união estável, em clara hipótese de união estável putativa (com base na analogia com o casamento – CC/02, art. 1.561).

Contudo, a maior polêmica consiste na hipótese da existência de duas uniões estáveis simultâneas quando o companheiro da segunda união constituída tem pleno conhecimento da existência da primeira união ainda mantida pelo outro. À luz da legislação infraconstitucional em vigor, a hipótese seria de mero concubinato (CC/02, art. 1.527), o que tem gerado algumas discussões na doutrina e nos tribunais brasileiros. A hipótese é mais emblemática a respeito quando a primeira relação se baseia no casamento que ainda se mantém de fato e, concomitantemente, um dos cônjuges passa a ter relação fora do casamento baseada na afetividade, ostensibilidade e continuidade.

> "A questão (...) diz respeito à circunstância em que o companheiro conhece o fato de que o outro já vive em união estável ou é casado, e mesmo conhecedor da conjugalidade anterior, estabelece com ele vida em comum, com todos os requisitos de estabilidade, durabilidade, ostensibilidade e intuito de constituir família. Nesses casos, aplicar-se-ia a boa-fé objetiva, isto é, um dever de conduta?"[39]

Parcela da doutrina considera que a desconsideração das famílias simultâneas significaria a objetivação de pessoas que integram tais famílias, especialmente a mulher devido à relação de "dominação – sujeição" que ainda existe em vários exemplos concretos na realidade brasileira[40]. Com base nessa noção, se ainda a monogamia

---

36. SILVA, Marcos Alves da. *Da monogamia*. Curitiba: Editora Juruá, 2013, p. 191.
37. SILVA, Marcos Alves da. *Da monogamia*, cit., p. 192.
38. GAMA, Guilherme Calmon Nogueira da. *Direito Civil*: família. São Paulo: Atlas, 2008, p. 138.
39. SILVA, Marcos Alves da. *Da monogamia*. Curitiba: Editora Juruá, 2013, p. 195.
40. SILVA, Marcos Alves da. *Da monogamia*, cit., p. 197.

subsiste como regra jurídica, ela deve apenas resultar do exercício da autonomia privada da pessoa que estabeleça relação coexistencial, e não mais uma imposição decorrente da regulação estatal da conjugalidade[41].

O STF reconheceu o tema como sendo de repercussão geral no caso concreto envolvendo o Recursos Extraordinário 1.045.273/SE e, recentemente, decidiu pela impossibilidade de reconhecimento de relações simultâneas no âmbito das relações de família como união estável[42]. A tese ficou assim redigida: "A preexistência de casamento ou de união estável de um dos conviventes, ressalvada a exceção do artigo 1.723, § 1º, do Código Civil, impede o reconhecimento de novo vínculo referente ao mesmo período, inclusive para fins previdenciários, em virtude da consagração do dever de fidelidade e da monogamia pelo ordenamento jurídico-constitucional brasileiro". O merecimento de tutela das famílias simultâneas deve ser aferido na medida do cumprimento (ou não) da sua função[43], a saber, servir de espaço privilegiado para concretização dos valores contidos na CF/88.

Outra polêmica também sobre as famílias fundadas na conjugalidade diz respeito às uniões "poliafetivas" (casos de poligamia endógena). Tais casos envolvem o relacionamento afetivo, ostensivo, contínuo e duradouro entre três ou mais pessoas baseado numa união estável plúrima, e não duas uniões estáveis simultâneas. Em 2018, o Conselho Nacional de Justiça (CNJ) apreciou o tema sob o ângulo da inadmissibilidade de realização de escrituras públicas de uniões poliafetivas pelos Cartórios de Notas no Brasil.

> "As relações 'poliamorosas' diferem-se da poligamia e configuram-se pela união múltipla e simultânea de três ou mais pessoas. Apesar de não se apresentar bem sistematizada, é possível encontrar, em páginas da internet voltadas para os interessados em 'poliamorismo', algumas formas desse tipo de relacionamento. Existe a 'relação em grupo', quando todos os membros relacionam-se entre si; há uma 'rede de relacionamentos interconectados', quando cada um dos membros tem relacionamentos 'poliamorosos' distintos dos parceiros; existem 'relações em T', quando três pessoas namoram, mas duas têm relação mais sólida; por exemplo: um casal que namora terceira pessoa; e há relações em que um dos parceiros é adepto do 'poliamor' e o outro opta pela monogamia"[44].

Das quatro hipóteses acima referidas, apenas a primeira poderia preencher os requisitos para o reconhecimento como entidade familiar, pois presentes a afetividade, a ostensibilidade, a continuidade e o objetivo de constituição de família. Contudo, o CNJ considerou que "a diversidade de experiências e a falta de amadurecimento no

---

41. SILVA, Marcos Alves da. *Da monogamia*, cit., 339.
42. GAMA, Guilherme Calmon Nogueira da; BRANDÃO, Marcella Araújo da Nova. Efeitos da tese fixada pelo STF acerca das relações simultâneas, em especial sobre o regime previdenciário das pensões. http://genjuridico.com.br/2020/12/23/tese-stf-acerca-relacoes-simultaneas/. Acesso em: 26 set. 2021.
43. Renata Vilela Multedo, *Liberdade e família* (Rio de Janeiro: Editora Processo, 2017), 87.
44. NORONHA, João Otávio de. Voto no Pedido de Providências n. 1459-08.2016.2.00.0000 (Brasília: Conselho Nacional de Justiça, 2018). Disponível em: https://www.cnj.jus.br:443/pjecnj/Processo/ConsultaDocumento/lisView.seam?x. Acesso em: 29 jun. 2018.

debate inabilita o 'poliafeto' como instituidor de entidade familiar no atual estágio da sociedade e da compreensão jurisprudencial"[45].

No julgamento do pedido de providências, o CNJ considerou a necessidade de a sociedade civil passar a considerar, no plano cultural e nos costumes sociais, as uniões poliafetivas como entidades familiares, como ocorreu no passado com as uniões estáveis heterossexuais e, mais recentemente, com as uniões homoafetivas (ou uniões de pessoas do mesmo sexo). Há dois outros aspectos que foram considerados no julgamento do CNJ: a) a falta de adequação das normas jurídicas atuais que regulam as relações monogâmicas para se estenderem às uniões poliafetivas; b) a produção de efeitos jurídicos de uniões fundadas na conjugalidade às pessoas estranhas à conjugalidade, "transcendendo o subjetivismo amoroso e a vontade dos envolvidos"[46]. Assim, a conclusão foi no sentido de que as uniões poliafetivas, ainda que existentes na prática de alguns relacionamentos, não configuram entidades familiares no Direito brasileiro. Houve a determinação de proibição de lavratura de escrituras públicas de uniões poliafetivas pelos Cartórios de Notas no território brasileiro.

O Direito não existe isolado do meio social e, por isso, há a proibição das uniões conjugais baseadas em práticas consideradas incestuosas, como no exemplo do relacionamento de dois irmãos como companheiros ou cônjuges. A legislação civil proíbe o casamento entre parentes muito próximos – mesmo que o vínculo familiar não seja fundado na consanguinidade. Logo, o reconhecimento das uniões poliafetivas como entidades familiares ainda demandará algumas transformações culturais e sociais para que possa ser obtido e, neste ponto, a solução dada pelo CNJ a respeito da proibição da lavratura das escrituras públicas declaratórias de uniões poliafetivas é correta.

Contudo, na relação mantida consensualmente entre as três pessoas que convivem com a presença das características e requisitos de uma sociedade entre pessoas, não há como negar a produção de efeitos jurídicos. Há uma sociedade de fato entre tais pessoas e, por isso, é necessário reconhecer efeitos jurídicos de natureza patrimonial, tal como no passado ocorreu com as uniões estáveis heterossexuais.

Ainda que sem se qualificarem como entidades familiares, ao menos no estágio atual do Direito de Família brasileiro, as uniões poliafetivas podem – e devem – ser consideradas sociedades de fato e, assim, receberem a proteção jurídica no campo patrimonial, baseada na orientação contida na Súmula 380, do STF[47]. Logo, a relação poliafetiva entre os seus integrantes pode ser regulada em instrumento particular ou escritura pública, mas sem a conotação de ser entidade familiar e, por isso, não produzir os efeitos típicos que são próprios das famílias jurídicas. Com o passar do

---

45. NORONHA, João Otávio de. Voto no Pedido de Providências n. 1459-08.2016.2.00.0000, cit.

46. NORONHA, João Otávio de. Voto no Pedido de Providências n. 1459-08.2016.2.00.0000, cit.

47. Súmula 380, STF: "Comprovada a existência da sociedade de fato entre concubinos, é cabível sua dissolução judicial, com a partilha do patrimônio adquirido pelo esforço comum".

tempo e, provavelmente, a evolução dos costumes e da cultura, as uniões poliafetivas receberão seu reconhecimento pelo Direito brasileiro, mas com as devidas adaptações, pois o modelo normativo atual ainda se baseia na monogamia como característica de família baseada na conjugalidade.

O estágio atual do Direito de Família se baseia na maior rapidez com que são modificados os dados da realidade. O mundo contemporâneo se caracteriza pelo pluralismo e pela tolerância (com o respeito à diferença). Novos paradigmas passam a fundamentar a forma de expressão dos relacionamentos familiares[48].

4. FAMÍLIAS FUNDADAS NO PARENTESCO

A vinculação do parentesco à consanguinidade remonta aos primórdios da civilização humana. A adoção é também instituto antigo que permitiu a constituição de relações de parentesco dissociadas do vínculo sanguíneo. Devido aos avanços biotecnológicos relacionados à reprodução humana, nova fonte de parentesco deve ser reconhecida[49], o que infelizmente não foi objeto de preocupação pelo legislador brasileiro na elaboração, na discussão e na aprovação do Código Civil de 2002. Em matéria de parentesco, é inconstitucional qualquer distinção com base na existência de casamento ou de outro instituto. Atualmente, no Brasil não é mais possível distinguir parentesco legítimo e parentesco ilegítimo, numa evidente alusão ao estigma que pairou sobre a descendência resultante de relações extramatrimoniais.

A natureza jurídica da paternidade, da maternidade e da filiação nos dias atuais não decorre exclusivamente de informações biológicas ou genéticas. "A disciplina jurídica das relações de parentesco entre pai e filhos não atende, exclusivamente, quer a valores biológicos, quer a juízos sociológicos; é uma moldura a ser preenchida, não com meros conceitos jurídicos ou abstrações, mas com vida, na qual pessoas espelham sentimentos".[50] Há um conceito plural de paternidade e de maternidade e, consequentemente, de parentesco em sentido amplo, no qual a vontade, o consentimento, a afetividade e a responsabilidade jurídica terão missões relevantes.

A desbiologização da paternidade-maternidade-filiação e, consequentemente, do parentesco em geral precisa ser apreendida pelo legislador, sob pena da ineficiência e, mesmo, de ineficácia da ordem legal inaugurada em 2002, dissociada da realidade

---

48. CALDERÓN, Ricardo Lucas. *Princípio da afetividade no Direito de Família*. Rio de Janeiro: Renovar, 2013, p. 42.
49. Durante a "I Jornada de Direito Civil", promovida pelo Centro de Estudos Judiciários, do Conselho da Justiça Federal, foi aprovado o seguinte enunciado interpretativo: "O Código Civil reconhece, no art. 1.593, outras espécies de parentesco civil além daquele decorrente da adoção, acolhendo, assim, a noção de que há também parentesco civil no vínculo parental decorrente quer das técnicas de reprodução assistida heteróloga relativamente ao pai (ou mãe) que não contribuiu com seu material fecundante, quer da paternidade socioafetiva, fundada na posse de estado de filho" (Evento realizado no período de 11 a 13 de setembro de 2002, no auditório do STJ, em Brasília). Posteriormente, na "III Jornada", foi aprovado outro enunciado (de n. 256): "A posse do estado de filho (parentalidade socioafetiva) constitui modalidade de parentesco civil".
50. FACHIN, Luiz Edson. *Da paternidade*. Belo Horizonte, Editora Del Rey, 1996, p. 29.

da vida. A repersonalização do Direito de Família reflete a circunstância de que as alterações têm por finalidade fazer com que as relações familiares sejam fundadas na esfera afetiva, espiritual e psicológica de pessoas envolvidas, e não de elementos de natureza predominantemente patrimonial.

A família brasileira do início do século XX representava o modelo aristocrático estruturado no patriarcalismo, na exclusão, na matrimonialização, no patrimonialismo[51] e na legitimidade dos filhos, merecendo ser tutelada transpessoalmente ainda que em detrimento de seus integrantes. A estruturação da família jurídica do CC/16 representava o reconhecimento legal de apenas uma família sociológica: a família matrimonializada. Ainda que o casamento se encontrasse desfeito na prática por separação de corpos dos cônjuges[52], ou que um dos cônjuges tivesse procriado fora do casamento, era proibido o ingresso da pessoa resultante de tal procriação na entidade familiar, nos termos dos artigos 358[53] e 364[54], CC/16.

A proibição do reconhecimento de filho ilegítimo sob a modalidade de filho espúrio adulterino era absoluta no início do século XX. O Direito exerce importantes funções na sociedade, não apenas a de regular o convívio entre as pessoas, atuando ora preventivamente, ora repressivamente, mas também uma função promocional ao servir como "instrumento de justiça e inclusão social, de proteção a determinados grupos e pessoas na sociedade, aí incluindo os filhos, a família monoparental, a família fora do casamento e outras novas uniões"[55].

Diante do reconhecimento da inadequação do tratamento legal a respeito do tema envolvendo o estabelecimento e os efeitos da filiação, o Direito brasileiro promoveu mudanças – a princípio parciais e pontuais –, até o advento da Constituição de 1988, que estabeleceu a plena igualdade dos filhos, independentemente do tipo de vínculo existente entre seus pais e da origem da parentalidade. A exclusão histórica dos filhos então denominados ilegítimos – sob as modalidades de filhos espúrios adulterinos e incestuosos – foi reparada diante do disposto no artigo 227, § 6º, da CF/88. Contudo, até o advento da norma constitucional reconhecedora e garantidora da igualdade entre os filhos, houve um longo percurso que é testemunhado pela história do Direito brasileiro no século XX.

---

51. CAMBI, Eduardo. Premissas teóricas das uniões extramatrimoniais no contexto da tendência da personificação do Direito de Família, *Direito de família*: aspectos constitucionais, civis e processuais. São Paulo: Ed. RT, 1999, v. 4, p. 127.
52. Para uma análise histórica das fontes que influenciaram a formação do Direito brasileiro nesses moldes, desde a estrutura familiar patriarcal do direito romano clássico, posteriormente influenciada pelos Direitos canônico e germânico, até, mais recentemente, os sistemas jurídicos português e francês, seja consentido remeter a Guilherme Calmon Nogueira da Gama, *A nova filiação*: o biodireito e as relações parentais. Rio de Janeiro: Editora Renovar, 2003, p. 354-369.
53. Art. 358, CC/16: "Os filhos incestuosos e os adulterinos não podem ser reconhecidos".
54. Art. 364, CC/16: "A investigação da maternidade só se não permite, quando tenha por fim atribuir prole ilegítima à mulher casada, ou incestuosa à solteira".
55. MARQUES, Claudia Lima, CACHAPUZ, Maria Cláudia e VITÓRIA, Ana Paula da Silva. Igualdade entre Filhos no Direito Brasileiro atual – Direito pós-moderno? *Revista da Faculdade de Direito da UFRS*. Porto Alegre: Editora Síntese, 1999, p. 23.

Somente os filhos legítimos (no casamento) e os filhos ilegítimos naturais reconhecidos voluntária ou judicialmente (fora do casamento, mas sem impedimentos para os pais se casarem) poderiam ter reconhecido o *status familiae* de filhos. Os filhos espúrios – adulterinos ou incestuosos – se encontravam excluídos de qualquer tutela, já que nem mesmo a investigação da paternidade ou da maternidade lhes era possível. Vários eram os argumentos apresentados para justificar a exclusão dos filhos havidos fora do casamento: a necessidade de proteção da paz doméstica[56]; a estabilidade dos casamentos; a tradição e a fama das famílias; a repressão aos escândalos que poderiam advir do estabelecimento dos vínculos jurídicos de paternidade-maternidade-filiação[57]. Quanto aos filhos adulterinos, no entanto, a partir da década de 40 do século XX, a legislação passou a mitigar a proibição do estabelecimento da filiação, inserindo algumas exceções à regra da vedação do reconhecimento.

Apesar de o fundamento principal da presunção de paternidade do homem casado – *pater is est* – se fundamentar no interesse de resguardo à *paz familiar*, também havia proteção ao interesse da criança que era incluída na família matrimonial ainda que biologicamente ela não fosse filha do marido de sua mãe. A presunção de paternidade relativa ao marido ainda subsiste no Direito brasileiro, mas com perfil bastante modificado a partir do seu fundamento que hoje é o resguardo e a proteção do interesse da criança.

Na esteira da constitucionalização do Direito de Família brasileiro, é fundamental o exame do tema sob a perspectiva civil-constitucional, especialmente no que se refere aos princípios e às regras que passaram a prevalecer a partir de 1988 na parte do Direito de Família conhecido como Direito Parental na subdivisão do parentesco na linha reta em primeiro grau envolvendo o descendente com seus ascendentes – filho e pais.

Inúmeros são os aspectos relacionados aos vínculos de paternidade-filiação e de maternidade-filiação que foram alterados com o texto constitucional de 1988, conforme tem reconhecido a doutrina e a jurisprudência no Brasil. A título exemplificativo, podem ser elencados os seguintes aspectos: a inclusão jurídica nas famílias de várias pessoas que antes estavam excluídas até então; a repercussão no modelo clássico de paternidade, de maternidade e de filiação; a pluralidade de entidades familiares multifacetadas; as origens dos vínculos jurídicos relacionados aos parentes; a igualdade de direitos e de qualificações dos filhos[58]; o casamento e a filiação; o sistema de presunções e de verossimilhanças.

Vê-se quão revolucionária pode ser uma norma jurídica como é a constante do art. 227, § 6º, da CF/88. Devido à retração das famílias – formadas em núcleos

---

56. TEPEDINO, Gustavo. A disciplina civil-constitucional das relações familiares. *A nova família:* problemas e perspectivas. Rio de Janeiro: Editora Renovar, 1997, p. 49.
57. GAMA, Guilherme Calmon Nogueira da. *Direito de família brasileiro.* São Paulo: Editora Juarez de Oliveira, 2001, p. 73.
58. VELOSO, Zeno. *Direito brasileiro de filiação e paternidade.* Belo Horizonte: Editora Del Rey, 1997, p. 8.

integrados pelas pessoas do pai, da mãe e dos filhos menores – destaca-se o vínculo mais estreito da família nuclear que consiste no vínculo jurídico paterno-materno--filial que, visto sob o ângulo do ascendente da linha masculina é conhecido pelo termo paternidade, sob o prisma do ascendente da linha feminina é denominado de maternidade, ou encarado sob a ótica do descendente – independentemente do sexo – é chamado de filiação.

Tradicionalmente conceitua-se a filiação como "a relação de parentesco consanguíneo, em primeiro grau e em linha reta, que liga uma pessoa àquelas que a geraram"[59]. Tal conceito é muito restrito no Direito brasileiro, porquanto a adoção, a posse de estado de filho no exemplo do "filho de criação" (como base da filiação socioafetiva), o acesso à técnica de reprodução heteróloga[60], entre outros, têm demonstrado a insuficiência de tal conceito. Outro dado relevante é o advento da legislação posterior à CF/88, como as Leis 8.069/90 (ECA), 8.560/92, 8.971/94, 9.263/96, 9.278/96, entre outras, que se refletem, direta ou indiretamente, no campo dos vínculos de paternidade, de maternidade e de filiação.

Nesta parte do artigo serão analisadas apenas as famílias fundadas no parentesco entre pais e filhos. A normativa jurídica entre os parentes em linha reta ascendente, em linha reta descendente e em linha colateral diversos dos vínculos entre pais e filhos, não será propositadamente abordada, principalmente devido à maior importância atual dos vínculos de paternidade, maternidade e filiação.

4.1 Biparentalidade

Devido ao reconhecimento da diversidade de fontes ou de fundamentos, um dos critérios doutrinários sobre a filiação distingue: i) filiação legal (jurídica) – relacionada à ficção jurídica criada na lei; ii) filiação biológica – vinculada à *verdade biológica*; e iii) filiação socioafetiva – atinente à *verdade socioafetiva* que prevalece, em determinados casos, sobre as duas anteriores, como na adoção, por exemplo.

A filiação legal (ou jurídica) é aquela tratada no CC/02 no âmbito da filiação matrimonial do lado paterno, com a priorização da base única do casamento. No CC/16, a filiação jurídica se vinculava obrigatoriamente ao casamento como valor absoluto, impondo o estabelecimento da relação de paternidade-filiação independentemente do fator biológico. Era presumivelmente impossível que o filho de mulher casada tivesse outro pai que não o marido dela. Ainda que se constatasse a falta de pertinência biológica entre o homem casado e a criança, a lei civil impunha a filiação jurídica, somente permitindo a desconstituição de tal vínculo nos casos e nos prazos limitados, e no resguardo dos interesses do homem/marido, sem qualquer atenção à criança gerada e nascida. O fundamento jurídico para a filiação legal era o resguardo

---
59. RODRIGUES, Sílvio. *Direito civil*: direito de família. São Paulo: Editora Saraiva, 1997, p. 281.
60. BARBOZA, Heloisa Helena. *A filiação em face da inseminação artificial e da fertilização 'in vitro'*. Rio de Janeiro: Editora Renovar, 1993, p. 12.

à paz doméstica que de nenhum modo poderia ser abalada pelo ingresso de um bastardo, o que levava o marido a muitas vezes receber como seu, independentemente da certeza biológica.

Na vigência do CC/16, por força dos valores culturais e jurídicos prevalentes à época, caso a mulher casada que teve a criança – diante do parto – não a registrasse em seu nome – no caso dos partos em casa, sem notificação a respeito do nascimento –, o CC/16 proibia a investigação de maternidade, nos termos do artigo 364, como também à atribuição de filiação *incestuosa* à mulher solteira.

Atualmente, a filiação legal ou jurídica consiste nos casos previstos na lei civil a respeito da presunção de paternidade do homem casado (CC/02, art. 1.597), nem todos considerados a partir da perspectiva da coincidência biológica. A técnica heteróloga na reprodução humana assistida também fundamenta a paternidade (ou mesmo a maternidade) da pessoa casada, bastando o consentimento informado exteriorizado e o êxito da técnica reprodutiva. Neste caso o fundamento da paternidade ou da maternidade é o jurídico (ou legal), e não o critério biológico. O mesmo ocorrerá na união estável envolvendo o companheiro que manifestou seu consentimento para sua companheira ter acesso à técnica heteróloga "a patre", eis que sua paternidade é definida não pelo fundamento da consanguinidade, e sim pelo fundamento legal (ou jurídico)[61].

A filiação biológica passou a ter novos contornos com a CF/88. Houve a exclusão de qualquer restrição ou limitação para o estabelecimento da filiação quanto às pessoas que não tinham filiação definida por lei. A CF/88 também permitiu que os filhos matrimoniais pudessem impugnar a matrimonialidade de sua filiação e, desse modo, apurar a sua filiação biológica.

A filiação afetiva, fundamentalmente, somente era concebida no âmbito da adoção e, em alguns casos limitados, da posse de estado de filho. Trata-se do vínculo que decorre da relação socioafetiva constatada entre filho e pais – ou entre o filho e apenas um deles –, tendo como fundamento a afetividade[62], o sentimento existente entre eles: "melhor pai ou mãe nem sempre é aquele que biologicamente ocupa tal lugar, mas a pessoa que exerce tal função, substituindo o vínculo biológico pelo afetivo"[63]. A "verdadeira" paternidade – e filiação – somente é possível em razão *de um ato de vontade ou de um desejo*[64], podendo ou não decorrer do fator biológico. A afetividade assumiu papel decisivo em vários vínculos de parentesco no Direito de

---

61. GAMA, Guilherme Calmon Nogueira da. *Direito Civil*: família. São Paulo: Editora Atlas, 2008, p. 405.
62. "O afeto não é fruto da biologia. Os laços de afeto e de solidariedade derivam da convivência e não do sangue" (LÔBO, Paulo Luiz Netto. Princípio jurídico da afetividade na filiação. *A família na travessia do milênio*. Belo Horizonte: Editora Del Rey, 2000, p. 252).
63. BARBOZA, Heloisa Helena. Novas relações de filiação e paternidade. *Repensando o Direito de* Família. Belo Horizonte: Editora Del Rey, 1999, p. 140.
64. PEREIRA, Rodrigo da Cunha. *Direito de família*: uma abordagem psicanalítica. Belo Horizonte: Editora Del Rey, 1997, p. 134.

Família[65]. Tal orientação vem merecendo atenção por parte de vários sistemas jurídicos que reformaram suas legislações em matéria de filiação, com a introdução, por exemplo, da noção da posse de estado de filho, como é o caso do Direito francês[66].

No Direito brasileiro, com base na noção do melhor interesse da criança, tem-se considerado a prevalência do critério socioafetivo para fins de se assegurar a primazia da tutela à pessoa dos filhos, no resguardo dos seus direitos fundamentais, notadamente o direito à convivência familiar.

Trata-se de espécie de filiação socioafetiva. Costuma-se conceituar a posse de estado de filho como a paternidade encarada como relação psicoafetiva existente na convivência duradoura e presente no ambiente social, capaz de assegurar ao filho não só um nome de família, mas sobretudo afeto, dedicação, cuidado e abrigo assistencial. "A posse de estado de filiação refere à situação fática na qual uma pessoa desfruta do *status* de filho em relação a outra pessoa, independentemente dessa situação corresponder à realidade legal"[67]. Trata-se de hipótese específica de aplicação da teoria da aparência no Direito de Família, eis que "os vínculos de parentalidade fornecem grandes exemplos à teoria da aparência: a paternidade se faz, o vínculo de paternidade não é apenas um dado, tem a natureza de se deixar construir"[68].

O estado de filiação alberga um conjunto de fatores e circunstâncias que reforçam a ideia de relação entre os pais e o filho, capaz de suprir a ausência do registro civil de nascimento. No Direito brasileiro, não houve expressa disposição normativa que cuide da posse de estado de filho, mas a noção de parentalidade e de filiação socioafetiva se fundamenta em princípios constitucionais, notadamente o da afetividade, a permitir o reconhecimento da posse de estado de filho implicitamente nos arts. 1.593, 1.605 e 1.606, CC/02.

Como situação de fato, faz-se necessária a formalização da relação jurídica através do registro civil, conferindo-se certeza quanto às relações de parentesco. A aparência do estado de filiação é revelada pela convivência em família, caracterizado pela afetividade, pelo efetivo cumprimento dos deveres de guarda, de educação e de sustento da criança e do adolescente, enfim, pelo comportamento que os aparentes pais e filhos passam a ter na comunidade em que vivem[69]. São apontados os três elementos da posse de estado de filho para identificar a paternidade, a maternidade e a filiação daí decorrentes: a) *nomen* – a criança ou o adolescente usa o sobrenome dos pais; b) *fama* – a reputação da pessoa como filha não apenas pela família de seus

---

65. CALDERÓN, Ricardo Lucas. *Princípio da afetividade...*, cit., p. 211.
66. A reforma do Código Civil francês em 1972 – Lei 72-3, de 03 de janeiro de 1972 – deu a seguinte redação para o artigo 311-1: "La possession d'état s'établit par une réunion suffisante de faits qui indiquent le rapport de filiation et de parenté entre un individu et la famille à laquelle il est dit appartenir. La possession d'état doit être continue".
67. LÔBO, Paulo Luiz Netto. Princípio jurídico da afetividade na filiação. *A família na travessia do milênio*. Belo Horizonte: Editora Del Rey, 2000, p. 211.
68. DIAS, Maria Berenice Dias. *Manual de direito das famílias*, cit., p. 333.
69. LÔBO, Paulo Luiz Netto. Princípio jurídico da afetividade na filiação, cit., p. 212.

pais como pela comunidade onde se encontra inserida; c) *tractatus* – tratamento ou comportamento como parentes, eis que a criança é tratada e cuidada ostensivamente como filha, bem como trata daqueles que cuidam dela como seus pais.

A proteção da posse do estado de filho, em regra, envolve os casos conhecidos como "filhos de criação" que, a despeito da ausência do vínculo de natureza biológica, se definem como autênticas hipóteses de parentalidade socioafetiva. A posse de estado de filho consolida vínculos socioafetivos que não se fundamentam no dado biológico, o que impede a investigação de paternidade baseada em prova genética. A filiação socioafetiva se baseia na constância social da relação entre pais e filhos, caracterizando uma paternidade que existe não pelo dado biológico ou em razão de presunção legal, mas em decorrência de uma convivência afetiva no bojo do projeto parental do casal.

Tema polêmico no âmbito da posse de estado de filiação envolve a denominada "adoção à brasileira", ou seja, a atribuição voluntária, consciente e falsa de paternidade e de maternidade da criança havida por outras pessoas, sem observância dos requisitos materiais e formais para a adoção. Em alguns casos, o intuito que move o adulto é nobre, ao fazer integrar a criança à família de modo a aparentar que o casal procriou naturalmente, e, assim, o fundamento seria a verdade biológica. No entanto, não se pode reconhecer tal motivo quando houver retirada dolosa da criança de seus pais (biológicos e jurídicos), eis que, neste caso, o móvel não é a solidariedade e a afetividade, e sim a satisfação egoística com resultado maléfico para a criança e seus verdadeiros pais. A "adoção à brasileira", associada à convivência familiar duradoura e baseada na socioafetividade, se transforma na posse de estado de filho e, assim, será irrelevante a falsidade da declaração original quanto à paternidade, à maternidade e à filiação. A posse de estado de filho convalida, pois, a declaração e o respectivo registro civil de nascimento, que não mais poderá, desse modo, ser cancelado[70].

Atualmente não há qualquer obstáculo ao reconhecimento da biparentalidade em relação aos casais homossexuais, seja em decorrência da adoção, do acesso às técnicas de reprodução medicamente assistida ou mesmo do critério socioafetivo. Devido ao reconhecimento das uniões homoafetivas como entidades familiares, não existe qualquer restrição ao reconhecimento da dupla paternidade ou da dupla maternidade relativamente aos casais que desenvolvem em comum o projeto parental[71].

O Direito brasileiro prevê o direito de vindicar o estado de filiação, não havendo limitação quanto à origem e à espécie de entidade familiar, diversamente do que ocorreu no CC/16. A ação de estado de filiação não se sujeita a prazo decadencial ou extintivo, podendo ser ajuizada a qualquer tempo[72]. Não se deve confundir a ação

---

70. LÔBO, Paulo Luiz Netto. *Princípio jurídico da afetividade na filiação*, cit., p. 226.
71. "Esta Corte tem entendimento no sentido de ser possível o duplo registro na certidão de nascimento do filho nos casos de adoção por homoafetivos" (STJ, REsp. 1.333.086/RO, 3ª Turma, relator Ministro Ricardo Villas Bôas Cueva, julgado em 06.10.2015).
72. "Não se extingue o direito de o filho investigar a paternidade e pleitear a alteração de registro, mesmo quando vencido integralmente, depois da maioridade, o prazo de quatro anos" (STJ, REsp 485.511/MG,

de prova de filiação com a ação de investigação (de paternidade ou de maternidade). Enquanto a ação de prova de filiação objetiva a comprovação da situação de fato, como na posse de estado de filho, cuja aparência decorre de presunção veemente ou de início de prova escrita de pais ausentes ou falecidos[73], a investigação de paternidade visa ao reconhecimento judicial da filiação em razão de omissão ou recusa do investigado, independentemente da existência (ou não) de convivência em família.

4.2 Monoparentalidade

Entre as famílias fundadas no parentesco, encontra-se a família monoparental (ou unilinear), constituída entre um dos pais e sua prole. No entanto, no modelo tradicional de família, a família monoparental era colocada à margem do Direito. No Direito brasileiro, revela-se nítida a evolução acerca do tratamento jurídico-normativo do tema filiação até a CF/88 (arts. 226, § 4°, e 227, § 6°)[74]. Na defesa da família aristocrática, o CC/16 negava qualquer proteção ao filho adulterino, sendo que, paulatinamente, houve a ampliação das hipóteses de reconhecimento e de investigação da parentalidade. Finalmente, já sob a égide da nova tábua de valores da CF/88, não há qualquer restrição ao reconhecimento do vínculo jurídico entre aqueles que mantêm, de fato, liame de parentalidade.

O CC/02 ainda se ressente de tratamento normativo mais adequado em relação à família monoparental. O filho reconhecido, enquanto menor de idade, ficará sob a guarda do genitor que o reconheceu (CC/02, art. 1.612), o que representa o reconhecimento implícito da família monoparental nos casos em que a criança somente é reconhecida voluntariamente por um dos seus genitores.

A monoparentalidade pode decorrer não apenas da vontade unilateral da pessoa no sentido de assumir sozinha a paternidade ou maternidade de seu filho, mas também pode resultar de circunstâncias alheias à vontade humana, como nos casos de morte de um dos pais, separação de fato ou judicial, dissolução de união estável ou divórcio. "Família monoparental é a tradução mantida para *lone parental family*, que designa o mesmo fenômeno nos países anglo-saxões"[75]. Gérard Cornu se refere à família unilinear como sendo aquela na qual a criança só descende de uma linha por opção do genitor – normalmente da mãe –, como no caso do filho natural cuja dupla filiação não foi juridicamente estabelecida, a adoção feita por apenas uma pessoa ou o caso de reprodução medicamente assistida de mulher solteira.

---

relator Ministro Barros Monteiro, 4ª Turma, julgado em 05.05.2005, DJ em 13.06.2005).
73. LÔBO, Paulo Luiz Netto. Princípio jurídico da afetividade na filiação, cit., p. 213.
74. A proteção à família monoparental é, assim, inegável, espraiando-se pela legislação infraconstitucional, como no caso da impenhorabilidade do bem de família (MINAS GERAIS, A.C. 000.315.403-6/00, relator Desembargador Caetano Levi Lopes, 3ª CC do TJ, julgado em 12.06.2003).
75. LEITE, Eduardo de Oliveira. A família monoparental como entidade familiar. *Direito de família* – aspectos constitucionais, civis e processuais. São Paulo: Ed. RT, 1995, p. 53.

Famílias monoparentais são, em regra, aquelas em que um pai (ou mãe) convive e é exclusivamente responsável por seus filhos biológicos ou adotivos. "Tecnicamente são mencionados os núcleos monoparentais formados pelo pai ou pela mãe e seus filhos, mesmo que o outro genitor esteja vivo, ou tenha falecido, ou que seja desconhecido porque a prole provenha de uma mãe solteira"[76]. As causas que fundamentam a monoparentalidade normalmente são associadas à natalidade de mães sozinhas (solteiras, viúvas, separadas ou divorciadas, e até mesmo casadas mas separadas de fato), inclusive por técnicas de inseminação artificial.

"Tudo indica que a monoparentalidade ('comunidade formada por qualquer dos pais e seus descendentes') prevista no art. 226, § 4º, é gênero que admite duas estruturas (ou espécies), a saber: a unilinearidade e a biparentalidade."[77] Dentro do contexto da família monoparental, o direito à convivência familiar é exercitável contra o próprio genitor, em primeiro plano, e a sociedade e o Estado, subsidiariamente, observando sempre o melhor interesse do titular da posição jurídica ativa, ou seja, a criança ou o adolescente. "Cabe ao Estado garantir um nível de vida suficiente às pessoas, assegurando-lhes uma vida decente e um desenvolvimento intelectual, cultural e efetivo, suficiente, o que explica, em grande parte, a inserção inédita do art. 226, § 4º na nova Constituição brasileira"[78].

No caso da unilinearidade, a tutela constitucional somente incidirá se e enquanto for atendido o princípio da paternidade responsável (CF/88, art. 226, § 7º), perfeitamente aplicável à família monoparental. Eduardo Leite menciona o exemplo envolvendo mãe solteira que há anos vive com seu companheiro, que não é o pai biológico do filho dela, mas que sempre o tratou e cuidou, como se fosse seu próprio filho, com ternura, carinho e verdadeira dedicação. Após alguns anos de convívio entre o filho e o companheiro da sua mãe, o pai biológico intenta uma ação de reconhecimento do vínculo parental, sem possuir qualquer vínculo afetivo com o menor: "A pretensão, além de injusta (embora legal) é imoral e vai de encontro ao interesse maior do menor. Caso vingasse a pretensão deste pai biológico estar-se-ia cometendo uma injustiça quer em relação à mãe, mas sobretudo, em relação ao filho"[79]. Nessa mesma linha deve ser o tratamento jurídico à família adotiva, quando a adoção é realizada apenas por uma pessoa, e não por um casal.

Os filhos matrimoniais e extramatrimoniais têm os mesmos direitos e qualificações, sendo completamente irrelevante o tipo de relacionamento mantido entre os seus pais. Logo, mesmo os filhos concebidos e nascidos fora do casamento têm assegurado os mesmos direitos e qualificações dos filhos concebidos e nascidos na vigência do casamento dos seus pais. Em se tratando de filho extramatrimonial, o reconhecimento voluntário ou judicial da parentalidade se fará necessário, pois

---

76. MADALENO, Rolf. *Direito de Família* (e-book). Rio de Janeiro: Editora Forense, 2020, visitado em 18.02.2020.
77. LEITE, Eduardo de Oliveira. *A família monoparental como entidade familiar*, cit., p. 53.
78. LEITE, Eduardo de Oliveira. *A família monoparental como entidade familiar*, cit., p. 68.
79. LEITE, Eduardo de Oliveira. *A família monoparental como entidade familiar*, cit., p. 54, 55.

mesmo as pessoas casadas podem reconhecer os filhos havidos fora do casamento, inexistindo restrição à investigação da parentalidade.

A CF/88 permite o ingresso da parcela de crianças e de adolescentes que antigamente era excluída das situações jurídicas existenciais e patrimoniais decorrentes do vínculo familiar. Eventualmente, ambos os pais da mesma criança podem ser casados com outras pessoas, nos casos de um relacionamento esporádico de cunho simplesmente sexual. Tal criança poderá obter o reconhecimento da biparentalidade, independentemente do estado civil e da situação fática relacionados aos seus pais, ficando assegurados todos os direitos relativos à condição de filho. O mesmo se diga da constituição do vínculo de parentalidade por força da adoção. As pessoas adotadas titularizam os mesmos direitos e qualificações dos outros filhos dos seus pais.

A CF/88 prevê a especial proteção do Estado também às famílias monoparentais (art. 226, *caput* e § 4º). Na prática, as famílias monoparentais apresentam estrutura familiar mais vulnerável e frágil[80]. A pessoa adulta que vive sozinha com seus filhos passa por muito mais dificuldades do que um casal de cônjuges ou companheiros no que tange aos deveres parentais e familiares, eis que não há qualquer possibilidade de colaboração ou compartilhamento das atribuições parentais com outra pessoa. Além dos afazeres domésticos, o pai solteiro (ou mãe solteira) precisa exercer atividade profissional ou laboral para prover os meios de subsistência dos filhos. Não há como negar a maior carga e cúmulo de atribuições familiares em favor dos filhos no âmbito das famílias monoparentais.

As famílias monoparentais são, na realidade concreta, muitas vezes transitórias, pois depois da separação, da dissolução da união estável, do divórcio ou mesmo da morte de um dos cônjuges ou companheiros, a pessoa sozinha reconstitui sua vida conjugal por meio de novo casamento ou união estável. Assim, surge a família reconstituída, ou seja, a entidade familiar formada após o casamento, a união estável (heteroafetiva ou homoafetiva) do pai ou da mãe que até então havia formado família monoparental com seu filho do relacionamento anterior[81].

O Poder Público deve estar atento a tais especificidades no âmbito do modelo plural das famílias brasileiras, de modo a tratar de maneira especialíssima tais núcleos familiares. A implantação de políticas públicas, tais como a atribuição de preferência nos assentamentos urbanos, a consideração mais favorável quanto à concessão de financiamento para aquisição de imóvel próprio (especialmente por haver apenas uma fonte de rendimento), eventuais isenções diferenciadas de acordo com o número de dependentes econômicos na condição de filhos quanto ao abatimento do imposto de renda de pessoa física, se mostra fundamental no contexto atual da realidade brasileira.

---

80. DIAS, Maria Berenice. *Manual de direito das famílias*, cit., p. 197.
81. VALADARES, Maria Goreth Marcelo. As famílias reconstituídas. *Manual de Direito das Famílias e das Sucessões*. Belo Horizonte: Editora Del Rey, 2009, p. 146.

Além disso, há a possibilidade de se propiciar o acesso da pessoa sozinha às técnicas de reprodução medicamente assistida, tal como existe em favor de casais e, para tanto, há o tratamento do tema no âmbito da Lei 9.263/96 (art. 3º). A Resolução 1.358/92, do Conselho Federal de Medicina (CFM) admitiu, implicitamente, tal possibilidade ao prever que qualquer mulher capaz poderia ter acesso às técnicas de reprodução assistida, ressalvando apenas que, em sendo casada ou companheira, necessitaria do consentimento do seu marido ou companheiro.

A Resolução 2.294/21, do CFM (item II, ns. 1 e 2), que está em vigor, prevê que todas as pessoas capazes têm acesso às técnicas, e incluiu expressamente os casais do mesmo sexo e as pessoas transgêneros, admitindo também que pessoas sozinhas também o tenham. Há quem critique tal previsão sob o fundamento de que toda criança tem direito à biparentalidade como direito fundamental[82]. No entanto, tal orientação doutrinária não tem prevalecido em razão da previsão da monoparentalidade como entidade familiar no texto constitucional (CF/88, art. 226, § 4º), bem como da viabilidade de serem cumpridos os princípios constitucionais que regem o planejamento familiar (CF/88, art. 226, § 7º). A lei brasileira prevê que o planejamento familiar é parte integrante das ações em prol da mulher, do homem e do casal, não sendo inconstitucional quando se destina exclusivamente à pessoa sozinha independentemente do seu gênero[83].

4.3 Pluriparentalidade (ou multiparentalidade)

Em 2016 o STF aprovou a seguinte tese: "A paternidade socioafetiva, declarada ou não em registro público, não impede o reconhecimento do vínculo de filiação concomitante baseado na origem biológica, com os efeitos jurídicos próprios"[84]. Alguns fundamentos do julgado que culminou com a aprovação da referida tese podem ser destacados:

> "10. A compreensão jurídica cosmopolita das famílias exige a ampliação da tutela normativa a todas as formas pelas quais a parentalidade pode se manifestar, a saber: (i) pela presunção decorrente do casamento ou outras hipóteses legais; (ii) pela descendência biológica ou (iii) pela afetividade. (...) 13. A paternidade responsável, enunciada expressamente no art. 226, § 7º, da Constituição, na perspectiva da dignidade humana e da busca pela felicidade, impõe o acolhimento, no espectro legal, tanto dos vínculos de filiação construídos pela relação afetiva entre os envolvidos, quanto daqueles originados da ascendência biológica, sem que seja necessário decidir entre um ou outro vínculo quando o melhor interesse do descendente for o reconhecimento jurídico de ambos"[85].

A aprovação da tese no âmbito do regime de repercussão geral representa a obrigatoriedade de sua observância devido à relevância da questão decidida para todo o

---

82. Eduardo de Oliveira Leite, *Procriações artificiais e o Direito*. São Paulo: Ed. RT, 1995, p. 336.
83. GAMA, Guilherme Calmon Nogueira da. *Herança legítima 'ad tempus'*. São Paulo: Ed. RT, 2018, p. 32.
84. Brasil, STF, Tribunal Pleno, Tema n. 622, RE 898060, relator Ministro Luiz Fux, julgado em 21.09.2016, www.stf.jus.br, visitado em 31.01.2020.
85. Brasil, STF, Tribunal Pleno, Tema n. 622, RE 898060, relator Ministro Luiz Fux, trecho da ementa, julgado em 21.09.2016, www.stf.jus.br, visitado em 31.01.2020.

sistema jurídico brasileiro. Na prática o STF reconheceu a multiparentalidade (ou pluriparentalidade) no Direito de Família, com base em critérios jurídicos distintos, como no exemplo da paternidade socioafetiva e da paternidade biológica.

Houve caso concreto que envolvia um adulto que, após o falecimento do seu pai socioafetivo, descobriu que seu pai biológico era outro homem e, assim, ingressou com ação de investigação de paternidade baseada no critério genético (ou biológico). O pedido consistia na declaração judicial de sua paternidade biológica, sem haver desconstituição da paternidade socioafetiva. Nestes casos o desafio é não permitir o estímulo a interesses escusos – normalmente de índole patrimonial ou econômica – para que a pessoa possa escolher um "novo pai", titular de patrimônio vasto, apenas sob o argumento de que haveria uma relação biológica de ascendência e descendência. "Não se desfruta de uma parentalidade socioafetiva para, por conveniência, se procurar outra, só pela consanguinidade e mesmo que antes desconhecida"[86].

Não há que se confundir a multiparentalidade com a biparentalidade de casais de pessoas do mesmo sexo, como ocorre nos casos envolvendo dois homens que se casam e têm acesso às técnicas reprodutivas para se tornarem pais da mesma criança. Nestas hipóteses há biparentalidade – dois pais –, e não multiparentalidade. A multiparentalidade existe quando houver dois pais e uma mãe, duas mães e um pai ou dois pais e duas mães para o mesmo filho. No assento de registro civil de nascimento da pessoa os espaços antigamente reservados aos nomes do pai e da mãe foram substituídos por "filiação", e os espaços antigos para os nomes dos avós paternos e avós maternos foram substituídos por "avós" sem qualquer outra qualificação.

Uma das hipóteses de multiparentalidade pode consistir no exemplo das famílias recompostas (ou reconstituídas). Nestas famílias, os filhos de casamento ou união estável anterior passam a conviver com a nova esposa (ou companheira) ou o novo marido (ou companheiro) do seu pai ou de sua mãe. De acordo com a legislação civil (CC/02, art. 1595), o novo marido (ou companheiro) da mãe se torna padrasto da criança ou do adolescente, com base no vínculo jurídico da afinidade. Contudo, os laços de afetividade entre o padrasto e o enteado, por exemplo, podem se consolidar, a gerar a formação de paternidade socioafetiva, sem excluir a paternidade biológica já existente entre a criança e o ex-marido ou companheiro de sua mãe, por exemplo. A lei brasileira passou a admitir expressamente que o enteado possa requerer a averbação do acréscimo do sobrenome do seu padrasto ou madrasta ao seu sobrenome, desde que com a concordância deste último (Lei n. 6.015/73, art. 57, § 8º).

Outra hipótese de multiparentalidade é aquela que, dissociada da recomposição da família, envolve a concorrência dos critérios socioafetivo e biológico. O STF apreciou exatamente um caso concreto deste tipo, quando reconheceu a "dupla paternidade", além da maternidade não controvertida sobre a mesma pessoa. A

---

86. GODOY, Cláudio Luiz Bueno. Atualidades sobre a parentalidade socioafetiva e a multiparentalidade, *Direito Civil*: diálogos entre a doutrina e a jurisprudência. São Paulo: Editora Atlas, 2018, p. 620.

doutrina tem demonstrado certa preocupação em não admitir a multiparentalidade como efeito automático de situações originais que sejam identificadas como de parentalidade socioafetiva e, após algum tempo, com base na prova pericial do DNA, seja incluído o nome do pai biológico ou da mãe biológica no registro civil de nascimento da pessoa[87].

5. FAMÍLIAS RECOMPOSTAS (OU RECONSTITUÍDAS)

No Direito brasileiro, finalmente há o reconhecimento das famílias recompostas (ou reconstituídas) como famílias jurídicas. No último quarto do século XX e início do século XXI o Direito de Família brasileiro tem recebido influxos das transformações verificadas no casamento e na união estável, especialmente em razão das dissoluções de famílias conjugais.

A dissolução da união estável e o divórcio dos cônjuges no casamento são realidades cada vez mais frequentes nas rupturas de famílias fundadas na conjugalidade que tiveram filhos durante sua existência. Em razão da continuidade da vida e do desejo de reconstruir vínculos de afetividade, adultos passam a ter novos vínculos conjugais com outras pessoas, mas não têm como se dissociar dos vínculos parentais com seus filhos do relacionamento anterior.

Diante de tais realidades reconhece-se atualmente as famílias recompostas (ou reconstituídas), formadas pelo novo casal (vinculado pelo casamento ou pela união estável) com os filhos do marido (ou companheiro) e/ou da esposa (ou companheira) e, não raro, com os filhos comuns que o novo casal venha a ter. As famílias reconstituídas têm como característica fundamental a existência de filhos anteriores ao novo vínculo, seja de um dos cônjuges ou companheiros, seja dos dois em razão de casamento ou união estável prévia[88].

Com a separação (de fato) ou formal, ou mesmo após o divórcio, nas relações fundadas no casamento, a família monoparental é identificada devido ao reconhecimento da entidade familiar entre a mãe e seu filho (ou o pai e seu filho). Na prática, há uma "estadia pelas famílias monoparentais"[89] para se passar, em seguida, para uma família reconstituída. Não mais sujeita ao princípio da indissolubilidade do casamento (devido à introdução do divórcio em 1977 no Brasil), a pessoa se casa novamente ou estabelece uma união estável e, assim, constitui uma nova família, chamada de família reconstituída, mosaica ou recomposta. "A família reconstituída é a estrutura familiar originada em um casamento ou uma união estável de um par afetivo, onde um deles ou ambos os integrantes têm filhos provenientes de um casamento ou de uma relação precedente"[90].

---

87. GODOY, Cláudio Luiz Bueno Godoy, *Atualidades sobre a parentalidade socioafetiva ...*, cit., p. 624.
88. VALADARES, Maria Goreth Macedo. *As famílias reconstituídas*, cit., p. 146.
89. VALADARES, Maria Goreth Macedo. As famílias reconstituídas, cit., p. 146.
90. MADALENO, Rolf. *Direito de Família* (e-book), cit.

Na realidade, é comum que, no início das famílias recompostas, seja evitada a coabitação permanente para impedir os conflitos e desinteligências entre o novo marido (ou companheiro) e os filhos da primeira relação, ou mesmo entre os filhos de ambos os novos cônjuges (ou companheiros) que reconstruíram suas vidas afetivas depois da separação de uma família anterior. Contudo, ainda nesta fase as novas relações já produzem vários intercâmbios e atividades comuns, inclusive formas de apoio econômico e financeiro, porém sem o difícil compromisso de uma convivência estável entre todos[91].

A legislação civil trata dos vínculos entre os filhos da relação anterior e o novo marido (ou esposa) como vínculos de afinidade (CC/02, art. 1.595), surgindo as expressões padrastos, madrastas, enteados. Ocorre que, em vários casos, de fato passa a existir paulatinamente uma convivência familiar mais estreita com as funções parentais sendo exercidas pelos novos parceiros dos pais da criança ou do adolescente.

O CC/02 ainda se ressente de desatualização no tratamento normativo sobre as famílias recompostas (ou reconstituídas), notadamente quando trata da autoridade parental (ou poder familiar) pois há uma distância entre o que vem normatizado e o que, de fato, ocorre na realidade das famílias reconstituídas. Na prática, pode haver mais de uma pessoa no exercício da autoridade parental, "tal como ocorre com relação ao padrasto ou à madrasta que têm um dever de zelar pelo hígido desenvolvimento da formação moral e psíquica do enteado que está sob sua vigilância direta"[92].

Nas famílias reconstituídas, a criação e a educação das crianças se tornam mais relevantes do que em outras famílias, pois haverá a presença do pai, da mãe, do novo cônjuge (ou companheiro) do pai e da mãe, dos vários avós, meio-irmãos etc., o que gera vários conflitos. As regras internas e as funções são construídas ao longo do tempo de convivência nas famílias reconstituídas. Em regra, as decisões que forem tomadas nas famílias reconstituídas devem ter como referencial o melhor interesse da criança e do adolescente e sua dignidade pessoal[93].

Há inúmeros casos de vínculos dos padrastos e das madrastas nas famílias reconstituídas, que decorrem da socioafetividade em razão do convívio permanente e estável com seus enteados. O vínculo de afinidade pode gerar a afetividade para fundamentar a relação de pai (ou mãe) e filho socioafetivo entre o novo marido (ou companheiro) e a criança filha da sua esposa (ou companheira). Não há regra jurídica na legislação civil a respeito da figura da autoridade parental do padrasto ou da madrasta e "tampouco de seu eventual dever de alimentar o filho que criou da relação desfeita, a quem forneceu por mera liberalidade condições materiais compatíveis ou incompatíveis com os rendimentos do genitor biológico"[94].

---

91. MADALENO, Rolf. *Direito de Família* (e-book), cit.
92. MADALENO, Rolf. *Direito de Família* (e-book), cit.
93. VALADARES, Maria Goreth Macedo. As famílias reconstituídas, cit., p. 166.
94. MADALENO, Rolf. *Direito de Família* (e-book), cit.

A realidade é bem mais complexa e elástica do que o legislador brasileiro pôde imaginar nas relações familiares, daí a importância da atividade da doutrina e da jurisprudência brasileiras no trabalho hermenêutico de modo a reinterpretar as normas jurídicas à luz dos novos fatos e atividades, seguindo as diretrizes previstas na CF/88 a partir da sua principiologia.

As relações familiares estão em constante mutação e seguem o desenvolvimento das sociedades nas quais elas estão inseridas, sendo claramente influenciadas pelo espectro cultural que as envolve[95]. A pós-modernidade no Direito se caracteriza pela pluralidade de sujeitos e de normas aplicáveis, pelo reconhecimento da efetividade dos direitos humanos e dos direitos fundamentais pelo método narrativo na elaboração das normas, pelo respeito e tolerância às diferenças.

Com a globalização, a revolução dos meios tecnológicos (de comunicação, de informação), as pessoas influenciam e, também são influenciadas pelo meio social nas quais estão inseridas. Daí a razão pela qual os paradigmas sociais e culturais se refletem também na forma de convivência em família. As convivências se caracterizam pela liberdade (que fundamenta a autonomia privada), maior igualdade material entre as pessoas (inclusive nas famílias), ocasionando a democratização da vida privada[96]. Tais características se potencializam nas famílias reconstituídas.

O grau de maior estabilidade e durabilidade dessas famílias está em clara dependência da efetividade dos princípios constitucionais que se aplicam nas relações familiares. Quanto maior for o cumprimento dos princípios constitucionais, maior será a duração e melhor será a qualidade das relações nas famílias reconstituídas. Ao revés: quanto menor for o cumprimento dos princípios constitucionais, menor tempo de duração haverá e as relações serão fundadas no constante conflito e litígio entre os seus integrantes.

6. CONCLUSÃO

"A família democrática no Direito brasileiro" é a mais adequada expressão dos modelos e dos regimes atuais nas relações jurídicas de Direito de Família no Brasil. O movimento ainda segue em "alta velocidade", pois as famílias antecedem ao Direito como entidades da sociedade civil e, por isso, se modificam com o dinamismo da vida. A família brasileira deixou de ser regida por uma "rígida organização autoritária"[97] para se transformar em um grupo de convivência solidária e afetiva no qual se desenvolve, com liberdade e responsabilidade, a personalidade civil de cada familiar. "Conviver e escolher permanecer juntos, em expressão da liberdade, origina a solidariedade, pois faz do outro alguém especial a ser cuidado"[98].

---

95. CALDERÓN, Ricardo Lucas. *Princípio da afetividade no Direito de Família*, cit., p. 25.
96. CALDERÓN, Ricardo Lucas. *Princípio da afetividade no Direito de Família*, cit., p. 36.
97. MULTEDO, Renata Vilela. *Liberdade e família*. Rio de Janeiro: Editora Processo, 2017, p. 197.
98. MULTEDO, Renata Vilela. *Liberdade e família*, cit., p. 198.

A constitucionalização do Direito de Família corresponde à uma metodologia seguida no Brasil, cujo início se deu em 1988 e até hoje demonstra sua atualidade e prestígio. Não se trata do acaso que a democratização das famílias no Brasil veio em sequência à democratização do país. Na história há vários exemplos que demonstram a íntima conexão entre a Política, a Sociologia e o Direito, a exigir sempre uma abordagem multidisciplinar para temas tão relevantes como são os relacionados às famílias brasileiras na contemporaneidade.

O mundo real demonstra quão importantes e variadas são as transformações ocorridas na vida das pessoas, na sociedade civil, no Estado e na comunidade internacional. A questão central sobre o estágio atual da civilização humana remete à questão central: qual será o futuro da espécie humana no universo? As crises mundiais e setoriais, a crescente intolerância de certos grupos e de pessoas, o excesso do individualismo e do egocentrismo, o descaso com o meio ambiente, a globalização da economia, o aumento da exclusão social e regional apontam para um futuro sombrio.

A realidade é que, independentemente das alterações que possam ainda ocorrer a respeito destes temas, as famílias sempre permanecerão como referencial central e mais importante para cada pessoa e, logicamente, para a sociedade civil. As famílias cumprem a função de servirem para o desenvolvimento das potencialidades e das personalidades dos seus integrantes e, por isso, quanto mais democrática elas forem, maiores chances a civilização terá de construir um futuro favorável à consolidação dos valores que devem reger a vida humana em todas as suas vertentes. Mesmo nas relações fundadas no casamento, a dimensão afetiva passou a ser reconhecida e obteve reconhecimento jurídico[99].

A pessoa humana é o ponto de confluência de uma diversidade e pluralidade de culturas, nela concentrando a sua referência de valores. E, ao mesmo tempo, a pessoa humana não vive isolada e sozinha, o que remete à noção de solidariedade. "Ter cuidado com o outro faz parte do conceito de pessoa"[100]. Dignidade, liberdade, igualdade, solidariedade, afetividade, vulnerabilidade são expressões que atualmente servem de referências seguras para fundamentar as relações familiares no Direito brasileiro.

Apesar de haver completado pouco mais de quinhentos anos desde o seu Descobrimento, a República brasileira é composta por uma população bastante plural e diversificada, influenciada por uma cultura da civilização ocidental (mais propriamente do continente europeu, em razão da colonização portuguesa), mas que foi se conformando à realidade e às peculiaridades da formação do povo. Apesar de sua pouca idade, se comparada a várias nações existentes no mundo contemporâneo, a sociedade brasileira revela a riqueza de compreensões das estruturas familiares.

---

99. CALDERÓN, Ricardo Lucas. *Princípio da afetividade no Direito de Família*, cit., p. 207.
100. PERLINGIERI, Pietro. *Perfis de direito civil*. Rio de Janeiro: Editora Renovar, 1997, p. 461.

A CF/88 recepcionou a pluralidade das entidades familiares. E, simultaneamente, a CF/88 vem contribuindo para a consolidação dos valores democráticos nas relações familiares. Tal contribuição somente se revelou possível diante das condições sociais, políticas, econômicas e culturais que permitiram a assimilação dos princípios constitucionais de modo a tornar as famílias espaços sociais mais democráticos. Se a família estiver estruturada e funcionalizada ao bem estar dos seus integrantes, transmitindo os valores superiores de convívio afetivo, "um passo formidável terá sido dado no escopo de constituir uma sociedade mais justa, fraterna e solidária"[101].

No trabalho de interpretação e aplicação das normas constitucionais, o STF vem desenvolvendo importante atuação, como foi possível identificar nos julgamentos das ações referentes às uniões homoafetivas e à multiparentalidade no Direito de Família e ao não reconhecimento das uniões simultâneas como entidades familiares.

Há tendência atual de considerar que determinadas regras supletivas para as pessoas que pretendam se vincular em compromisso numa relação de Direito de Família devam se basear na proteção das pessoas mais vulneráveis, buscando preservar a liberdade de escolha ao máximo[102].

Esta é a marca da família brasileira atual: a da família democrática. Neste contexto são prioritários os interesses das pessoas mais vulneráveis nas relações familiares, tais como as crianças, os adolescentes, os idosos e as pessoas com deficiência. Há vários desafios a enfrentar, mas todos poderão ser equacionados se e na medida em que sejam concretamente efetivados os princípios constitucionais aplicáveis às relações familiares e, simultaneamente, seja construído um ambiente social e cultural baseado na autêntica democracia. A afetividade resgata o que melhor representa a pessoa humana na sua dimensão existencial, e ela somente é autêntica quando as famílias também forem essencialmente democráticas.

Baseado na análise acima realizada, percebe-se claramente a necessidade de edição de um Código de Direito de Família ou, ao menos, a consolidação das leis que tratam dos temas de Direito de Família, inclusive com a incorporação das declarações feitas pelo Supremo Tribunal Federal sobre os reconhecimentos dos novos modelos de entidades familiares. É clara a omissão do Código Civil a respeito das famílias baseadas na conjugalidade entre pessoas do mesmo sexo – pelo casamento ou pela união estável –, bem como sobre as famílias monoparentais e multiparentais. Ademais, mesmo no que se refere ao casamento e à união estável formadas por pessoas de sexos distintos, há necessidade de atualização de muitas normas que se tornaram defasadas ou mesmo foram extirpadas do ordenamento jurídico pela sua inconstitucionalidade (CC, art. 1.790).

---

101. PEREIRA, Sérgio Gischkow. Tendências modernas do Direito de Família. *Revista dos Tribunais RT* v. 628. São Paulo: Ed. RT, 1988, p. 203.
102. MULTEDO, Renata Vilela Multedo. *Liberdade e família*, cit., p. 68.

Qual deve ser a melhor opção após vinte anos da edição do Código Civil? Sob os influxos da Constituição Federal de 1988, o ideal seria a elaboração e a aprovação de um autêntico Estatuto das Famílias, congregando as regras de direito material, de direito processual, de direito penal, de direito administrativo cujo tema central seja os modelos de entidades familiares na sociedade brasileira. Quiçá não seja necessário aguardar mais vinte anos de vigência do Código Civil de 2002 para que tenhamos a legislação sobre os modelos de famílias devidamente atualizada.

26
AUTONOMIA PRIVADA E RELAÇÕES FAMILIARES

Renata Vilela Multedo

Doutora e mestre em Direito Civil pela Universidade do Estado do Rio de Janeiro. MBA em Administração de Empresas pela PUC-Rio. Professora Titular de Direito Civil do Centro Universitário IBMEC. Professora dos cursos de pós-graduação *lato sensu* da PUC-Rio. Advogada e Mediadora de conflitos. Membro efetivo do IAB, IBDFAM, IBDCivil, IBERC, IBPC e IACP (International Academy of collaborative professionals).

Aquilo que não é necessariamente uma escolha não pode ser considerado como mérito ou como fracasso.
– Milan Kundera

Sumário: 1. Introdução – 2. A privatização das relações familiares – 3. Limites à intervenção estatal e o paternalismo libertário – 4. A potencialidade dos pactos conjugais e convivenciais e a transação de direitos indisponíveis – 5. Limites da intervenção do Estado na autoridade parental – 6. Considerações finais.

1. INTRODUÇÃO

Na seara do direito civil, a noção de autonomia privada sofreu uma profunda transformação à medida que sua incidência ocorre no âmbito de uma relação patrimonial ou de uma relação existencial. Enquanto a autonomia privada nas situações patrimoniais só é merecedora de tutela se e enquanto realizar interesses socialmente relevantes nem sempre coincidentes com os do titular, a autonomia privada nas relações existenciais ou nas mistas com função predominantemente existencial visa à concretização da dignidade humana.

Por isso, no que tange às situações existenciais, como aquelas que se referem à vida privada, há uma proteção constitucional reforçada, porque, sob o prisma da Constituição, esses direitos são indispensáveis para uma vida humana com dignidade. Hoje, questiona-se até que ponto delegar ao Estado a incumbência de regular e dirimir as divergências no âmbito das relações familiares é a melhor alternativa.

Nesse contexto, o presente artigo se propõe a realizar uma reflexão crítica sobre o exercício da autonomia existencial nas relações familiares, considerando a contextualização e a compatibilização entre a liberdade de escolha para a constituição e dissolução do projeto familiar e as justificativas para a intervenção estatal.

Partindo-se do contraponto entre liberdade e solidariedade – que, traduzidas no plano da regulamentação, exigem o reconhecimento de garantias e de tutelas diferenciadas, o estudo buscou ainda investigar os limites da heteronomia estatal no âmbito das relações conjugais e parentais, bem como a necessária reflexão sobre o poder de transação acerca de direitos indisponíveis nos pactos na seara do direito das famílias.

Por fim, destacou-se a priorização dos métodos consensuais de resolução de conflitos, instaurado como política pública no Brasil desde 2010 com a Resolução 125 do Conselho Nacional de Justiça, semeada desde o preâmbulo da Constituição Federal de 1988, e consolidada em diversos diplomas legais.[1]

2. A PRIVATIZAÇÃO DAS RELAÇÕES FAMILIARES

A privacidade hoje é vista como o direito de autodeterminar-se, de traçar os rumos da própria existência.[2] O problema não mais se limita a tutelar a pessoa diante de interferências externas, mas também a não atribuir a outros um poder de construção da personalidade, do projeto de vida e da gestão de suas informações. Em consequência, o próprio princípio da liberdade pessoal passa a se consubstanciar em uma perspectiva de privacidade, de intimidade, de modo a garantir o exercício das próprias escolhas individuais, que englobam o planejamento familiar e parental.

Torna-se, assim, necessário reconhecer espaços de autodeterminação reservados às pessoas sem que haja interferência estatal, tendo em vista o sistema de direitos

---

1. CF/88, Preâmbulo: Nós, representantes do povo brasileiro, reunidos em Assembleia Nacional Constituinte para instituir um Estado Democrático, destinado a assegurar o exercício dos direitos sociais e individuais, a liberdade, a segurança, o bem-estar, o desenvolvimento, a igualdade e a justiça como valores supremos de uma sociedade fraterna, pluralista e sem preconceitos, fundada na harmonia social e comprometida, na ordem interna e internacional, com a *solução pacífica das controvérsias*, promulgamos, sob a proteção de Deus, a seguinte Constituição da República Federativa do Brasil.
   CC, art. 1.513. É defeso a qualquer pessoa, de direito público ou privado, interferir na comunhão de vida instituída pela família.
   CPC, 2015: Art. 168. As partes podem escolher, de comum acordo, o conciliador, o mediador ou a câmara privada de conciliação e de mediação. § 1º O conciliador ou mediador escolhido pelas partes poderá ou não estar cadastrado no tribunal.
   Art. 190. Versando o processo sobre direitos que admitam autocomposição, é lícito às partes plenamente capazes estipular mudanças no procedimento para ajustá-lo às especificidades da causa e convencionar sobre os seus ônus, poderes, faculdades e deveres processuais, antes ou durante o processo.
   Parágrafo único. De ofício ou a requerimento, o juiz controlará a validade das convenções previstas neste artigo, recusando-lhes aplicação somente nos casos de nulidade ou de inserção abusiva em contrato de adesão ou em que alguma parte se encontre em manifesta situação de vulnerabilidade.
   Art. 694. Nas ações de família, todos os esforços serão empreendidos para a solução consensual da controvérsia, devendo o juiz dispor do auxílio de profissionais de outras áreas de conhecimento para a mediação e conciliação. Parágrafo único.
   Art. 784. São títulos executivos extrajudiciais:
   III – o documento particular assinado pelo devedor e por 2 (duas) testemunhas;
   Art. 910. Na execução fundada em título extrajudicial, a Fazenda Pública será citada para opor embargos em 30 (trinta) dias. ... § 2º Nos embargos, a Fazenda Pública poderá alegar qualquer matéria que lhe seria lícito deduzir como defesa no processo de conhecimento.
2. MORAES, Maria Celina Bodin. *Na medida da pessoa humana*: estudos de direito civil-constitucional. Rio de Janeiro: Renovar, 2010 p. 141.

fundamentais concebido pela ordem constitucional. Trata-se, na denominação de Stefano Rodotà, de espaços em que o legislador não pode deliberar, pois remetidas às decisões individuais cujos valores considerados são inegociáveis.[3]

Assim, no âmbito do Estado Democrático de Direito – em que se renova o conceito de ordem pública, de modo a atrelá-lo à realização da dignidade humana –, vem sendo afirmada a viabilidade de cada pessoa construir sua própria ordem familiar. Isso se dá também diante da possibilidade de os cônjuges ou companheiros pactuarem, recombinarem no curso do casamento e da união estável e, ainda, acordarem quais regras irão reger a construção, a manutenção e a dissolução de seus projetos familiares, independentemente de essas disposições coincidirem com as disposições legais.[4]

O Código Civil, aliás, prevê no seu art. 1.513[5] o que se poderia denominar de cláusula geral de reserva de intimidade,[6] que tem como norte as diretivas gerais constitucionais, com o objetivo de implementar condições para o desenvolvimento das personalidades e da dignidade de cada um dos cônjuges e conviventes no espaço relacional.[7] A grande mudança de paradigma se encontra na "diminuição do coeficiente de direito – leia-se: de autoridade, invasão e arbítrio – para elevar o de família – leia-se: de liberdade e criação".[8]

Em doutrina, já se alude aspectos que reforçam a base da principiologia minimalista do direito de família e a excessiva judicialização dos conflitos existentes nessa seara, já que cabe ao Estado cumprir seu papel promocional por meio de uma tutela que não implique, necessariamente, em heterodeterminação.

Por outo lado, vale ressaltar que não se busca defender a completa ausência do Estado; buscam-se, sim, as intervenções que sejam garantidoras dos espaços de autodeterminação, de modo a que a autonomia existencial se realize plenamente. Para tanto, parece fundamental aceitar que as relações conjugais e conviveniciais não estejam sob o jugo de normas cogentes, salvaguardando-se sempre as especiais situações de vulnerabilidade e desigualdade material[9] que, diante dos princípios da solidariedade e da dignidade da pessoa humana, requeiram a ação positiva do Estado.[10]

---

3. RODOTÀ, Stefano. *Politici, liberateci dalla vostra coscienza*. Disponível em: http://daleggere.wordpress.com/2008/01/13/stefano-rodota-%C2%ABpolitici-liberateci-dalla-vostra-coscienza%C2%BB/. Acesso em: 19 set. 2021.
4. MULTEDO, Renata Vilela. *Liberdade e família*: limites para a intervenção do Estado nas relações conjugais e parentais. Rio de Janeiro: Processo, 2017. p. 208.
5. CC, art. 1.513. É defeso a qualquer pessoa, de direito público ou privado, interferir na comunhão de vida instituída pela família.
6. CARBONERA, Silvana Maria. *Reserva de intimidade*: uma possível tutela da dignidade no espaço relacional da conjugalidade. Rio de Janeiro: Renovar, 2008. p. 268-269.
7. Ibdem.
8. VILLELA, João Baptista. *Repensando o direito de família*. p. 12. Disponível em: https://www.direitodefamilia.adv.br/2020/wp-content/uploads/2020/07/repensandodireito.pdf.
9. TEIXEIRA, Ana Carolina Brochado; RODRIGUES, Renata de Lima. *O direito das famílias entre a norma e a realidade*. São Paulo: Atlas, 2010. p. 91.
10. Como destaca Luiz Edson Fachin: "(...) ao mesmo tempo em que é necessária a configuração de um 'Estado ausente', permitindo que as pessoas constituam suas relações segundo uma *liberdade vivida*, é igualmente

É importante também frisar que nem sempre a liberdade de escolha deve prevalecer; como na hipótese de leis protetivas em favor de vulneráveis ou em situações de agressão, como nos casos de violência no âmbito familiar.[11] As normas da Lei Maria da Penha, por exemplo, não são meras regras padrão que possam ser afastadas pelas partes. Para essas hipóteses, tão importante quanto o papel do legislador é o papel do Judiciário, ator essencial na manutenção da compatibilidade do direito de família com a realidade social.

Reconhecida a família como um instrumento para realização da personalidade de seus membros, mostra-se inquestionável que os cônjuges e conviventes sejam livres para planejar, deliberar, constituir e desconstituir a forma de se relacionarem e de estruturarem suas relações familiares, conjugais e parentais com suas aspirações em relação ao que anseiam como família; tanto na sua constituição como dissolução.

Para tanto, propõe-se a análise da legitimidade das intervenções estatais de acordo legalidade constitucional, uma vez que esta passa, necessariamente, por considerações acerca do caráter paternalista que uma restrição à autonomia pode apresentar.[12]

3. LIMITES À INTERVENÇÃO ESTATAL E O PATERNALISMO LIBERTÁRIO

O paternalismo[13] é exercido não só em relação a um indivíduo que dele necessite, mas também em relação às circunstâncias objetivas da situação em que um indivíduo pode se colocar, e que podem ser prejudiciais a si mesmo, caso não seja feita a intervenção. A depender das esferas jurídicas envolvidas no exercício da autonomia, as intervenções jurídicas nos espaços de liberdade existencial poderão ser consideradas como paternalistas ou não paternalistas e classificadas em variados tipos e graus de

---

necessário que determinados direitos sejam tutelados pela *presente* intervenção do ente estatal, mormente em face daqueles que se encontram mais vulneráveis e desamparados" (FACHIN, Luiz Edson. Famílias: entre o Público e o Privado. In: PEREIRA, Rodrigo da Cunha (Org.). *Família*: entre o Público e o Privado. Porto Alegre: Magister/IBDFAM, 2012. p.164).

11. Como é o caso da Lei da Lei Maria da Penha ou dos estatutos protetivos como o Estatuto da Criança e do Adolescente e o Estatuto do Idoso.
12. DALSENTER, Thamis. *Autonomia existencial na legalidade constitucional*: critérios para interpretação da cláusula geral de bons costumes no Código Civil brasileiro. 2015. Tese (Doutorado) – Universidade do Estado do Rio de Janeiro, UERJ, Rio de Janeiro, 2015. p.64-65.
13. Macario Alemany define que haverá uma intervenção paternalista quando dois requisitos estiverem presentes: (i) A exerce poder sobre B; (ii) esse poder de A é exercido com o propósito de evitar que B pratique ações (ou deixe de praticar) que causem danos a si mesmo ou representem um aumento de risco de dano. Por esse raciocínio, seria possível afirmar a intervenção como decorrente do paternalismo jurídico se o exercício de poder de A sobre B for respaldado pelo direito, ou seja, se A tem poderes jurídicos para determinar, por si, modificações na situação jurídica de B (mesmo que B não queira). (ALEMANY, Macario Garcia. *El paternalismo jurídico*. Madrid: Iustel, 2006). Nesse sentido, ver também SILVA, Denis Franco. *O princípio da autonomia*: da invenção à reconstrução. In: MORAES, Maria Celina Bodin de (Coord.). *Princípios do direito civil contemporâneo*. Rio de Janeiro: Renovar, 2006. p.152.

intensidade.[14] Para análise da heteronomia estatal na família, interessante proposta é encontrada na corrente doutrinária denominada *paternalismo libertário*.

Os libertários[15] advogam que o exercício da liberdade se faz quando não há qualquer interferência estatal em suas escolhas. Já os paternalistas encaram a suposta liberdade de escolhas irrestrita com ceticismo, isto é, entendem que, em maior ou menor grau, sempre haverá algum tipo de intervenção heterônoma nas escolhas individuais.

Em meio a esse debate é que surge na doutrina americana o referido paternalismo libertário, o qual pode, à primeira vista, parecer uma contradição terminológica,[16] porque paternalistas e libertários sempre se apresentaram como opostos. No entanto, a corrente encerra uma forma singular de paternalismo, que afirma ser possível e legítimo que instituições públicas e/ou privadas afetem o comportamento das pessoas ao mesmo tempo em que respeitam sua liberdade de escolha. O paternalismo libertário é paternalista na medida em que tenta influenciar os indivíduos a optar pelo arranjo que os interventores julgam ser a melhor opção do ponto de vista do bem-estar, e é libertário porque concede a esses mesmos indivíduos a possibilidade de recusa ao arranjo se assim desejarem, preservando assim a liberdade de escolha.

Essa doutrina pretendeu demonstrar que a presença de alguma espécie de paternalismo é inevitável quando o legislador (ou qualquer outro planejador de regras) cria normas padronizadas dispositivas e (ou) supletivas, denominadas "regras padrão" (*default rules*). Isso porque a própria forma de apresentação das regras jurídicas já tem o condão de influenciar as escolhas feitas pelos indivíduos.

Uma das razões dessa influência é o fato das pessoas, em muitas hipóteses, não terem preferências definidas sobre determinados assuntos. Outras vezes, tendem a ficar inertes, postergando a tomada de decisões que possam ter efeitos muito sérios.[17] Assim, defende-se que, uma vez inafastável a influência dessas regras sobre o comportamento das pessoas, elas devem ser escolhidas com o objetivo explícito de

---

14. Os conceitos de "*soft paternalism*" e de "*hard paternalism*" foram desenvolvidos pelo filósofo Joel Feinberg no livro Harm to Self (FEINBERG, Joel. *Harm to Self*. Oxford: Oxford University Press, 1986). Para uma didática classificação das modalidades de paternalismo, v. Schramm, Fermim. A autonomia difícil. *Bioética*, Brasília, v. 6, n. 1, p.27- 37. Gerald Dworkin classifica o paternalismo em "pure" and "impure": "In 'pure' paternalism the class of persons whose freedom is restricted is identical with the class of persons whose benefit is intended to be promoted by such restrictions. In the case of 'impure' paternalism in trying to protect the welfare of a class of persons we find that the only way to do so will involve restricting the freedom of other persons besides those who are benefited" (DWORKIN, Gerald. Paternalism. In: SARTORIUS, Rolf. *Paternalism*. Minneapolis: University of Minnesota Press, 1983. p.22).
15. A concepção de John Stuart Mill sobre a liberdade estabelece que é legítimo instituir obrigatoriedade de comportamentos somente para a proteção de terceiros, nunca para a proteção do próprio indivíduo. V. Mill, John Stuart. *A liberdade*: utilitarismo. São Paulo: Martins Fontes, 2000. p.17-18.
16. Ver por todos SUNSTEIN, Cass R.; THALER, Richard H. Libertarian Paternalism Is Not an Oxymoron. *Civilistica.com – Revista eletrônica de direito civil*. Rio de Janeiro, v.4, n.2, 2015. Disponível em: http://civilistica.com/libertarian-paternalism-is-not-an-oxymoron. Acesso em: 05 jan. 2020.
17. SUNSTEIN, Cass R.; THALER, Richard H. Libertarian paternalism is not an oxymoron. *Civilistica.com – Revista eletrônica de direito civil*. Rio de Janeiro, v. 4, n. 2, p. 21-22, 2015. Disponível em: http://civilistica.com/libertarian-paternalism-is-not-an-oxymoron. Acesso em: 05 jan. 2016.

melhorar o bem-estar dos seus destinatários.[18] Contudo, o aspecto libertário é assegurado, pois há a possibilidade de não adesão a essas "regras padrão" pré-estipuladas (o que a doutrina norte-americana chama de "*opt-out*"), garantindo-se, portanto, o exercício da liberdade.[19]

Essa proposta se torna ainda mais atraente quando se nota que nem sempre as pessoas tomam boas decisões para si mesmas. Isso ocorre por diversos motivos, sendo um deles o fato de que muitas são inexperientes em relação à tomada de decisões. De fato, as pessoas escolhem melhor em contextos em que dominam o assunto, porém, suas decisões tendem a ser falhas quando tomadas com pouca frequência naquela seara. Assim, parece uma boa alternativa que exista um direcionamento por parte de 'planejadores' que, em tese, dominem melhor o assunto e que já se debruçaram sobre ele.[20]

Note-se que grande parte das decisões no direito de família se enquadram perfeitamente nesse contexto, especialmente no começo da vida, quando as pessoas são inexperientes em relação tanto a conjugalidade como com a parentalidade. É por esse motivo que a determinação de "regras padrão" pelo Estado pode ser bem-vinda em diversos momentos, contanto que tais *standards* de conduta sejam contornáveis sem excessivo ônus para as pessoas que deles desejarem se desviar.

Os momentos em que o Estado deveria direcionar as pessoas em decisões visando seu bem-estar, por meio de "regras padrão" e de outros mecanismos, quando estas optem por não decidir, são bem identificados pelos autores Sunstein e Thaler.[21] Um dos pontos mais interessantes dessa proposta refere-se à privatização do casamento, que abrange uma reflexão interessante acerca da tutela da autonomia existencial nas relações conjugais e convivenciais.[22] Neste ponto, sustenta-se que as uniões deveriam ser completamente privatizadas, não cabendo ao Estado distribuir licenças de casamento, validando as pessoas casadas em detrimento daquelas que optam por outro tipo de projeto de vida familiar.[23] Desta forma, afirma-se que o Estado deveria sair de cena, garantindo apenas uniões civis, cujas regras e normas seriam muito mais flexíveis e em maior parte supletivas.

---

18. Ibidem, p. 3-4.
19. Por meio de um sistema denominado *opt-out*, através do qual se presume que todas as pessoas estão incluídas naquela regra, a não ser que se manifestem expressamente em contrário (Sunstein, Cass R.; THALER, Richard H. Libertarian Paternalism is not an Oxymoron. *Civilistica.com – Revista eletrônica de direito civil*. Rio de Janeiro, v. 4, n. 2, p. 4, 2015. Disponível em: http://civilistica.com/libertarian-paternalism-is-not-an-oxymoron. Acesso em: 05 jan. 2020).
20. SUNSTEIN, Cass R.; THALER, Richard H. Libertarian paternalism is not an oxymoron. *Civilistica.com – Revista eletrônica de direito civil*. Rio de Janeiro, v. 4, n. 2, p. 5, 2015. Disponível em: http://civilistica.com/libertarian-paternalism-is-not-an-oxymoron. Acesso em: 05 jan. 2020.
21. Ibidem, p. 14-15.
22. "Em suma: quando as pessoas se casam, elas recebem não apenas benefícios materiais, mas também uma espécie de legitimidade oficial, um selo de aprovação por parte do Estado". (SUNSTEIN, Cass R.; THALER. *Nudge: improving decisions about health, wealth and happiness*. New Haven, CT: Yale University Press, New Haven, 2008. p. 220).
23. Ibidem, p. 215-224.

É inegável a redução da legitimidade da intervenção do Estado nos espaços de autodeterminação - na construção do projeto pessoal e familiar de cada pessoa –, já que o que as interferências estatais devem, justificadas pontuais e em menor grau.

4. A POTENCIALIDADE DOS PACTOS CONJUGAIS E CONVIVENCIAIS E A TRANSAÇÃO DE DIREITOS INDISPONÍVEIS

Nas relações conjugais e convivenciais, a possibilidade de uma maior liberdade de escolhas em razão do reconhecimento das várias formas de entidades familiares, inclusive as homoafetivas, vem concretizando a opção pela estrutura familiar mais conveniente para cada indivíduo.[24]

Os pactos antenupciais celebrados antes do casamento ou, no caso da união estável, os contratos de convivência, visam, no direito brasileiro, a regular as relações entre cônjuges ou companheiros, da forma coerente com seu projeto de vida. Assim, "não obstante estejamos a falar de questões de natureza prioritariamente patrimoniais, não se pode descurar que elas servem a um projeto existencial, de construção de uma família".[25]

Da mesma forma, o legislador brasileiro, quanto à opção pelo regime de bens, prestigiou a autonomia conjugal, não sendo os regimes constantes no Código Civil opções *numerus clausus*. Os direitos de livre pactuação e alteração são coerentes com as diretrizes de um direito de família constitucionalizado, que tem como premissa a união conjugal como uma comunhão plena de vida. Para que isso ocorra, nada melhor do que os próprios envolvidos escolherem as regras que regerão sua relação.

Já no que tange os pactos realizados no fim da conjugalidade, percebe-se que o aumento da judicialização dos conflitos familiares ocasionou um aumento proporcional da insatisfação com as soluções judiciais. Questões exógenas ao direito podem representar um grande desvio da prestação jurisdicional. Como elucida o psiquiatra Jurandir Freire Costa, "judicializar a vida familiar pode ser uma bengala para dias difíceis, mas, se dependermos disso para existir como indivíduos sociais, ou muda a justiça ou muda a família, tanto quanto entendo as duas instituições não podem atropelar uma a outra [...]".[26]

A lide põe fim ao processo, mas raramente põe fim ao conflito. É preciso também tratar do conflito doloroso, é preciso minimizar a dor. No Brasil, a adoção de uma política judiciária nacional de tratamento adequado dos conflitos pelo qual se criou um sistema de Justiça multiportas, tal como ocorrido nos Estados Unidos na década

---

24. MORAES, Maria Celina Bodin de. A nova família, de novo: estruturas e funções das famílias contemporâneas. *Revista Pensar*, Fortaleza, v. 18, n. 2, p. 587-628, mai./ago. 2013.
25. TEIXEIRA, Ana Carolina Brochado; KONDER, Carlos Nelson. Situações jurídicas dúplices: controvérsias na nebulosa fronteira entre patrimonialidade e extrapatrimonialidade. In: TEPEDINO, Gustavo; FACHIN, Luiz Edson (Org.). *Diálogos sobre direito civil*. Rio de Janeiro: Renovar, 2012. v.3. p.15.
26. COSTA, Jurandir Freire. O nome que fica. In: *Boletim Oficial do IBDFAM*, n. 73, mar./abr. 2012. Entrevista.

de 1970, veio a concretizar essa preocupação com a mudança de cultura, promovendo a cultura da paz em substituição à cultura do litígio.[27]

Comparando-se o direito material ao desenrolar dos processos judiciais, o que se verifica é justamente a insuficiência destes e a demora na resolução dos litígios. Fala-se, ao término de um processo, em vencedores e perdedores; mas, no fundo, só há tempo gasto, energia consumida, amargor gerado no íntimo de cada um dos envolvidos, perdas sem ganhos.[28]

Essa insatisfação com a abordagem judicial dos conflitos familiares tem identificado os métodos consensuais como a melhor saída para "a transformação dos conflitos de forma pacífica, para que se resolvam os problemas com menor custo emocional, econômico e social".[29] Na busca da melhor solução para o caso concreto, à luz do diálogo e das recíprocas concessões, em vez da substituição da vontade das partes pela imposição do Estado-juiz, os métodos consensuais mostram-se, na grande maioria das vezes, uma escolha muito mais vantajosa. Ao contrário da lógica do ganhar e perder, ínsita aos processos judiciais, busca-se que as partes em conflito identifiquem por si mesmas, e com o auxílio de profissionais capacitados, opções de benefício mútuo.[30]

Percebe-se que acesso à justiça não é sinônimo de acesso ao judiciário e a própria lei de mediação brasileira alude o cabimento do procedimento mediatório para a resolução de conflitos que envolvam direitos indisponíveis passíveis de transação.

Essa é uma questão tormentosa na medida em que a adjudicação pública de todo e qualquer conflito envolvendo direitos indisponíveis sempre foi a tônica do sistema de Justiça brasileiro. Entretanto, destaca-se o momento histórico em que o Brasil vive hoje, com a adoção de diferentes métodos não adversariais utilizáveis em procedimentos resolutórios consensuais (que podem corresponder a negócios jurídicos tanto processuais como materiais).[31] Além da mediação; a conciliação, a negociação e as práticas colaborativas, como métodos que objetivam conquistar soluções consensuais para questões familiares, podem assumir as mais variadas formas,

---

27. AWAD, Dora Rocha; TELLES, Marília Campos Oliveira e. Mediação após o Novo Código de Processo Civil e a Lei de Mediação – avanço ou retrocesso? *Revista de arbitragem e mediação*, v. 57/2018. p. 355-372. abr./jun, 2018.
28. LAGO, Pablo Antonio. O princípio da solidariedade familiar: importância e eficácia. In: TEPEDINO, Gustavo; FACHIN, Luiz Edson (Orgs.). *Diálogos sobre direito civil*. Rio de Janeiro: Renovar, 2012, v. 3, p. 281.
29. DIAS, Maria Berenice; GROENINGA, Giselle Câmara. *A mediação no confronto entre direitos e deveres*. Disponível em: http://www.ibdfam.org.br/?artigos&artigo=42. Acesso em: 08 nov. 2014.
30. Segundo Águida Arruda Barbosa, "no Brasil, a mudança de comportamento, visando a uma nova ética no trato dos conflitos familiares, depende do primeiro profissional que recebe o sujeito do conflito. Culturalmente, recorre-se ao advogado que pode agir como incentivador do litígio, ou pela ética da inclusão, promovendo o encontro dos sujeitos do conflito, ou indicando um mediador" (BARBOSA, Águida Arruda. *Educação para mediar; não mais para litigar*. Disponível em: http://www.ibdfam.org.br/?boletim&artigo=293. Acesso em: 10 nov. 2015).
31. VENTURI, Elton. Transação de direitos indisponíveis? *Revista de Processo*, v. 251 [RT on line].

incidindo sobre as próprias pretensões materiais em disputa ou tão somente sobre as pretensões processuais.[32]

Nesse sentido, vale assinalar que o mero fato de um interesse ou direito ser considerado indisponível não pode implicar em sua automática inegociabilidade. Ressalta-se que, embora não se desconsidere "as razões de interesse público fundantes da noção de indisponibilidade dos direitos, muito menos os supremos e humanistas valores que conduziram à teoria constitucional da proteção estatal dos direitos fundamentais essenciais, até mesmo contra ou apesar da vontade dos seus titulares",[33] não se pode olvidar a especial dinâmica destes temas, que impõe constantes reavaliações sob contextos históricos e os interesses individuais, sociais e espaciais em jogo.

Assim, destaca Elton Venturi:

> admitindo-se não apenas a validade e legitimidade da teoria liberal dos direitos fundamentais, mas sobretudo as relevantes pragmáticas perspectivas que abre para a resolução de conflitos sociais, então a indisponibilidade – mesmo que idealizada como decorrência da inalienabilidade e da irrenunciabilidade dos direitos assim qualificados –, não pode implicar presunção de inegociabilidade, ao menos por três motivos: A transação não importa necessariamente renúncia ou alienação dos direitos. Há diferentes modelos negociais que redundam, evidentemente, consequências distintas relativamente à cessão de direito material que caracteriza os processos de transação. Ao contrário do que se poderia pensar, a titularidade dos direitos indisponíveis não é afastada – senão reafirmada – por conta do respeito à autonomia das vontades direcionadas à realização de eventuais transações sobre os mesmos. Ainda que assim não fosse, não parece mais razoável que o Estado simplesmente restrinja ou impeça o pleno exercício das titularidades sobre os direitos indisponíveis – e, portanto, de eventualmente se negociá-los – sob abstratas presunções de que estaria tutelando toda a sociedade ou os seus titulares contra si mesmos, na medida da sua incapacidade de livre manifestação de vontades.

É nesse contexto que se descortina uma série de oportunidades a serem exploradas, como a combinação da mediação com as práticas colaborativas; como o mediador indicando advogados colaborativos aos mediandos para aconselhamento, ou advogados trazendo um mediador para atuar pontualmente em seus casos. Explorando-se a potencialidade de métodos e dos pactos no âmbito do direito de família, que podem ser pré-nupciais ou pré-convivenciais, durante a própria união, após o nascimento dos filhos ou no momento da dissolução ou divórcio.[34]

Pode-se exemplificar o campo de incidência da autonomia privada na área dos interesses familiares com um rol de possibilidades em progressiva construção: i) residência conjunta ou separada de um casal; ii) deveres conjugais e convivenciais; iii) acordos preventivos de divórcio e dissolução da união estável, incluindo a escolha por métodos autocompositivos como mediação ou práticas colaborativas, ainda que

---

32. Ibidem.
33. Ibidem.
34. Nessa esteira, foi aprovado o seguinte enunciado no âmbito da VIII Jornada de Direito Civil, realizada em abril de 2018 no Conselho da Justiça Federal, em Brasília: "O pacto antenupcial e o contrato de convivência podem conter cláusulas existenciais, desde que estas não violem os princípios da dignidade da pessoa humana, da igualdade entre os cônjuges e da solidariedade familiar".

de modo escalonado, antes do judicial; iv) aspectos dos direitos da personalidade, como o uso do nome do outro ou composição do nome dos filhos; v) pactos parentais inerentes à manutenção, sustento, educação e futuro dos filhos; vi) definição do modelo de guarda e convivência no caso de um dos genitores constituir nova família; vii) pactos de liberdade sexual, de modo a considerar irrelevante a fidelidade; viii) suspensão da atividade profissional e futuro pagamento de alimentos compensatórios e/ou transitórios, até a reinserção no mercado de trabalho; iv) uso de material genético em reprodução humana assistida após o rompimento ou morte, dentre outros.

A eficácia preceptiva desses pactos poderá variar conforme a situação concreta. Um acordo que estabeleça que cada companheiro continuará a residir no seu próprio imóvel, por exemplo, terá o efeito impeditivo sobre a eventual alegação de ausência de união estável por inexistir coabitação. Já o acordo que autoriza o uso do material genético do casal depois do divórcio não tem a mesma força impositiva do *pacta sunt servanda* típico dos negócios contratuais, por se tratar de disposição de situação existencial, portanto, revogável a qualquer tempo.[35]

Os pactos que se referem a questões atinentes ao fim da conjugalidade ou da dissolução da união estável também se mostram de extrema relevância porque refletem com neutralidade – livres dos ressentimentos comuns ao rompimento – o que realmente se almeja no momento de uma reconstrução familiar.[36]

A utilização dos métodos não adversariais nesse contexto, como já assinalado, também se mostrado a mais vantajosa na medida em que prioriza a transformação do conflito em prol da salvaguarda do vínculo entre as partes, bem como a construção de uma responsabilização mútua pelo sucesso da solução, viabilizando parâmetros que tornem possível ajustes em negociações futuras. Nesse novo olhar para o conflito como algo inerente à condição humana, busca-se a desconstrução do conflito, a reconstrução de uma nova relação e coconstrução de uma solução.[37] Isso porque, em um ambiente não adversarial, o exercício autônomo de escolha das próprias condutas exige alteridade, isto é, somente pode ser feito diante do outro e em consideração ao outro.[38]

Essa necessária e justificada mudança do paradigma da indisponibilidade para a disponibilidade de interesses existenciais no âmbito das relações conjugais e conviveciais, a fim de se garantir o exercício da liberdade, da igualdade e da solidariedade na diversidade das diferentes formas de família. Para tanto, não se pode descurar da

---

35. Sobre a revogabilidade das disposições existenciais, consulte-se MEIRELES, Rose Melo Venceslau. *Autonomia privada e dignidade humana*. Rio de Janeiro: Renovar, 2009. p. 246 e ss.
36. MULTEDO, Renata Vilela; MEIRELES, Rose Melo Venceslau. Autonomia privada nas relações familiares: direito de estado e estados de direito. In: EHRHARDT JÚNIOR, Marcos; CORTIANO JUNIOR, Eroulths (Coord.). *Transformações no direito privado nos 30 anos da constituição*: estudos em homenagem a Luiz Edson Fachin. Belo Horizonte: Fórum, 2019. p.629 e ss.
37. CALCATERRA, Rubén A. *Mediación estratégica*. Barcelona: Gedisa, 2002.
38. POMPEU, Renata Guimarães. A mediação nos conflitos familiares: convite ao exercício dialógico da autonomia privada. In: TEIXEIRA, Ana Carolina Brochado; RIBEIRO, Gustavo Pereira Leite (Org.). *Problemas da família no direito*. Belo Horizonte: Del Rey, 2012. p. 109.

distinção tanto estrutural como funcional dos diferentes planos da relação familiar: o conjugal e o parental. No primeiro, percebe-se que a dinâmica conjugal aponta para a ampliação da autonomia do casal, com a consequente diminuição de normas cogentes; já no segundo, ao contrário, verifica-se o aumento da responsabilidade no exercício conjunto da parentalidade, como se tratará a seguir.

5. LIMITES DA INTERVENÇÃO DO ESTADO NA AUTORIDADE PARENTAL

Sob o prisma da heteronomia estatal, outro questionamento que se faz necessário nesse contexto refere-se à delegação ao Estado de certas escolhas em relação à heteronomia estatal no exercício da autoridade parental.[39] Indaga-se até que ponto delegar ao Poder Judiciário a incumbência de dirimir as divergências entre os pais em relação à administração do cotidiano dos filhos, quando estes estão sob a sua guarda, é uma alternativa possível ou a melhor alternativa, de acordo com o parágrafo único do art. 1.631.[40]

A título de exemplo verifica-se a necessidade do estabelecimento de parâmetros com o objetivo de nortear os operadores do direito no momento da fixação da guarda conjunta, a fim de compatibilizar o efetivo compartilhamento da guarda de acordo com o caso concreto, levando-se em conta as necessidades e as vicissitudes de cada contexto familiar, evitando-se assim futuros litígios desnecessários.

Nesse sentido, é importante que se observe:

a) que se evite mudanças na convivência dos pais com os filhos, salvo comprovada situação excepcional que verdadeiramente coloque em risco a vida dos filhos e dos adultos que o cercam;

b) a necessidade de manter e viabilizar a participação ampla e efetiva dos responsáveis na vida dos filhos priorizando a manutenção dos acordos de convivência;

c) que se afaste iniciativas de abuso do exercício da autoridade parental;

d) que se coíba movimentos alienatórios valendo-se das circunstâncias;

e) que se resguarde o sustento e a manutenção dos filhos;

f) que seja promovido o amplo convívio dos pais com seus filhos, ainda que não mais haja relação conjugal ou convivencial entre eles.

Para a justificada intervenção judicial e a fim de se garantir uma prestação jurisdicional de forma mais assertiva, é necessário que o magistrado intervenha somente quando perceber que a autoridade parental está sendo exercida de forma prejudicial ou abusiva. Hipóteses que podem justificar, na análise do caso concreto, a mudança

---

39. O tema foi objeto de discussão no IX Encontro dos Núcleos de Pesquisa em Direito Civil das Faculdades de Direito da UERJ e UFPR e, seguindo a tradição do evento, produziu-se ao final a carta-relatório com as principais conclusões dentre as quais se destaca sobre o tema: "A regulação das instituições familiares deve pressupor da prévia análise e reserva de espaços de autonomia, uma vez que a intervenção estatal pode colocar em crise a percepção do privado como espaço de liberdade" (TEPEDINO, Gustavo. Editorial. *Revista trimestral de direito civil – RTDC*, v. 47. Rio de Janeiro, Padma, 2011).

40. "Art. 1.631. [...] Parágrafo único. Divergindo os pais quanto ao exercício do poder familiar, é assegurado a qualquer deles recorrer ao juiz para solução do desacordo".

da forma de convivência, a inversão da guarda ou até mesmo suspensão ou destituição dos pais da autoridade parental.

No entanto, como regra geral, espera-se que o julgador haja de forma mais rápida e eficaz, com coragem e desapego devolvendo aos pais, sempre que possível, o poder/dever de decidirem o que é melhor para seus filhos, para que exerçam plenamente a autoridade que lhes foi conferida.

Não obstante haver um interesse público nas formas de exercício da autoridade parental, tal interesse não pode extrapolar uma esfera de eleição que diga respeito somente aos pais, não só pela singularidade dos vínculos ali formados, mas também pela proximidade e pelo conhecimento dos aspectos personalíssimos dos filhos e da realidade daquela família. São os pais que estão, ou devem encontrar uma forma de estar, em melhores condições de compreender o que é necessário à efetiva preparação para a promoção da emancipação de seus filhos, bem como avaliar seu grau de discernimento.[41]

Observa-se que no que se refere à guarda e convivência de responsáveis com filhos comuns, o que se verificou nos últimos anos foram movimentos ousados, mas propositais e extremamente necessários à evolução do papel social dos genitores em prol da convivência equilibrada e da corresponsabilidade parental e, consequentemente, favoráveis ao saudável desenvolvimento dos filhos.

Com efeito, ao dividir a autoridade parental, ampliou-se o poder decisório materno em detrimento da outrora irrestrita autoridade do pai. Ao mesmo tempo, retirou da mãe o papel quase exclusivo de cuidados e entregou ao pai a oportunidade de assumir e participar igualmente de inúmeras tarefas do dia a dia de seus filhos. Com isso, todos saíram de suas zonas de conforto e passaram a se ver não só assumindo novas responsabilidades e papéis, como também desapegando de antigas atitudes, que já não fazem sentido na sociedade atual.

Tantas novidades têm sido objeto de frequentes demandas judiciais, pois a mudança de cultura costuma provocar alvoroço até que as perdas e os ganhos sejam assimilados. Evidentemente, a reformulação dos papéis sociais trouxe, e ainda traz, inquietude, aprendizados, erros e acertos, no exercício pleno da autoridade parental, mas fato é que as diretrizes são claras no sentido de delegar aos pais a assunção de seus papéis como par parental e, mormente como parceiros parentais.

As transformações impostas reduzem intencionalmente a ingerência do Estado na vida privada das famílias, ao passo que encorajam o exercício da autoridade parental, reservando-se ao direito de agir tão somente quando verificado seu mau uso. Nesse novo contexto, conta-se hoje com vasta gama de opções alternativas ao Judici-

---

41. Sobre o tema MULTEDO, Renata Vilela; POPPE, Diana. Os limites da intervenção do Estado na responsabilidade parental em tempos de pandemia. In: NEVARES, Ana Luiza; XAVIER, Marília Pedroso; MARZAGÃO, Silvia Felipe. *Coronavírus:* impactos no Direito de Família e Sucessões. São Paulo: Editora Foco, 2020. p. 213-223.

ário para enfrentamento e solução de impasses no exercício da autoridade parental, promovendo-se também os métodos consensuais de resolução de conflitos para o planejamento e a resolução no âmbito da parentalidade: tais como a mediação, as práticas colaborativas, pactos de não litigância, a utilização de acordos extrajudiciais, ainda que temporários e parciais, e o *Parenting Plan* (Plano Parental), adotados com sucesso em outras nações.[42]

6. CONSIDERAÇÕES FINAIS

O presente artigo buscou investigar os limites da intervenção estatal no âmbito das relações familiares, bem como a potencialidade dos pactos realizados na seara do direito das famílias.

Verificou-se que os movimentos intrafamiliares que podem ser identificados são, de um lado, a forte expansão da autonomia conjugal; e, de outro, a crescente responsabilização nas relações parentais.

No cenário que se desenha sobre um século já sedimentado na prevalência dos interesses existenciais sobre os patrimoniais, as situações jurídicas subjetivas devem ser individuadas em relação às circunstâncias concretas e devem, ainda, considerar a historicidade e a relatividade do que é a família.[43]

Ao analisar a presença do Estado, buscou-se, ainda, invocar as ideias propostas pelo paternalismo libertário norte-americano, sem se descurar de sua compatibilização com a principiologia constitucional brasileira.

Demonstrou-se também que a escolha da forma adequada para prevenção e resolução de conflitos familiares assume grande importância e demanda empenho para que se implemente uma efetiva mudança cultural, não só dos intérpretes e dos aplicadores do direito, mas da sociedade como um todo. A promoção do protagonis-

---

42. Em alguns países, como a Inglaterra, já existem políticas públicas efetivas para a formação dos profissionais que atuam na área do direito de família, tais como advogados, mediadores e juízes, além de cartilhas distribuídas a fim de orientar e conscientizar os pais da prioridade que a criança ocupa no seio familiar, mesmo após a separação do casal. Dessa forma, o programa denominado Planos Parentais: colocando as crianças em primeiro lugar. Um guia para pais em separação (*Parenting Plans: putting your children first. A guide for separating parents*) incentiva os pais a realizarem – com a ajuda de profissionais e agentes do governo – um Plano Parental, mesmo em hipóteses de divórcios consensuais. O objetivo do Plano Parental, por exemplo, é evitar futuros litígios que possam vir a afetar o bem estar dos filhos menores e a própria relação saudável dos ex-cônjuges ou conviventes. Nestes planos não só são pactuadas as grandes escolhas em relação à vida dos filhos (como o programa geral de educação, que envolve a escolha do estabelecimento de ensino, programa de orientação vocacional, decisão pelo estudo de uma língua estrangeira, intercâmbio, educação religiosa, artística, esportiva, lazer, organização de férias e viagens), como também os atos cotidianos (como transporte para a escola e atividades extracurriculares, horários de retorno de festas, alimentação, opção pelos profissionais da área de saúde, dentre outros), garantindo-se, assim, o exercício conjunto da autoridade parental da mesma forma como era antes da ruptura e com um baixíssimo desgaste emocional tanto para os filhos como para os pais.(*Parenting Plans. Putting your children first*: a guide for separating parents. Disponível em http://www.cafcass.gov.uk/PDF/FINAL%20web%20version%2020251108.pdf. Acesso em: 08 nov. 2020).
43. PERLINGIERI, Pietro. *O direito civil na legalidade constitucional*. Rio de Janeiro: Renovar, 2008. p. 1002.

mo, autonomia e responsabilidade dos envolvidos numa relação familiar é essencial para a construção de um modelo de justiça cooperativa, colaborativa e democrática.

Vale lembrar que a desejada redução da intervenção estatal não significa recusar hipóteses excepcionais em que o Estado deva desempenhar um papel ativo de ingerência na seara da família. São os casos previstos em lei que envolvem sujeitos vulneráveis, como idosos e crianças, violência doméstica no âmbito familiar, entre outros. Nessas hipóteses, justifica-se que a liberdade consubstanciada na autonomia privada ceda espaço à incidência da solidariedade familiar.

Somente com uma atuação não interventora, mas vigilante, é que se possibilita a implementação de um sistema jurídico com respeito à dignidade da pessoa humana na dimensão familiar, na medida em que reconhece aos sujeitos liberdade e autonomia, não intervindo em aspectos existenciais que impliquem restrição injustificada, sem respaldo constitucional.

27
DANO AFETIVO COMO DANO MORAL: ADULTÉRIO COMO OBJETO DA RESPONSABILIDADE CIVIL RESULTANTE DO DIREITO CIVIL-CONSTITUCIONAL

João Victor Rozatti Longhi

Doutor em Direito pela Universidade de São Paulo (USP). Mestre em Direito pela Universidade do Estado do Rio de Janeiro (UERJ). Bacharel em Direito pela Universidade Estadual Paulista "Júlio de Mesquita Filho" (Unesp); Professor Substituto da Universidade Estadual do Oeste do Paraná (Unioeste). Defensor Público do estado do Paraná. E-mail: joaovrlonghi@yahoo.com.br.

Matthäus Marçal Pavanini Cardoso

Mestrando em Direito pela Universidade Estadual Paulista "Júlio de Mesquita Filho" (Unesp). Bacharel em Direito pela Universidade Federal de Uberlândia. Professor de Direito Constitucional no Estratégia Carreira Jurídica. Advogado. E-mail: mmp.cardoso@unesp.br.

Sumário: 1. Introdução – 2. Mudanças no panorama do Direito Civil: neoconstitucionalismo e o Direito Civil-Constitucional – 3. A fidelidade como um dever do casamento; 3.1 Monogamia e fidelidade como pressupostos do casamento cristão; 3.2 Discurso da monogamia como defesa contra a confusão patrimonial – 4. Responsabilidade civil-afetiva; 4.1 Dano afetivo como dano moral – 5. Conclusões.

1. INTRODUÇÃO

A responsabilidade civil é o instituto do Direito Civil que determina a necessidade de reparação de danos pela prática de ilícitos, nesse sentido, é possível pensar em responsabilidade civil decorrente dos mais diversos atos e fatos.

O direito de família, assim como os demais ramos do Direito Civil, evoluiu nas últimas décadas de modo a caminhar para a integral proteção dos indivíduos que formam as relações fáticas e jurídicas, tendo como base a ideia da dignidade da pessoa humana, tal movimento foi possível a partir do desenvolvimento do neoconstitucionalismo, que mudou a face do Direito Civil, criando a figura do Direito Civil-Constitucional.

Este capítulo tem como objetivo compreender a possibilidade de aplicação do instituto da responsabilidade civil – e a consequente indenização – dentro das relações familiares, sobretudo naquilo que diz respeito ao adultério.

Tendo como fundamento a evolução do Direito Civil buscamos, por meio do método hipotético-dedutivo, responder alguns questionamentos.

Na primeira seção, buscamos compreender se o neoconstitucionalismo foi responsável pela mudança paradigmática do Direito Civil, a segunda seção se dedica a entender como a monogamia – e o adultério – são vistos de maneira social e jurídica, fazendo uma análise moral-religiosa e jurídica, por fim, a terceira seção do capítulo tem como objetivo responder se há a possibilidade de configuração do dano pela quebra do dever de fidelidade, em especial quando decorrente da quebra da confiança, e o enquadramento do dano afetivo como dano moral.

A pesquisa desenvolvida para o capítulo é bibliográfica e transdisciplinar, de modo que utiliza doutrina jurídica, histórica e filosófica, dando enfoque ao Direito Civil-Constitucional sob os prismas do Direito de Família e das Obrigações.

2. MUDANÇAS NO PANORAMA DO DIREITO CIVIL: NEOCONSTITUCIONALISMO E O DIREITO CIVIL-CONSTITUCIONAL

A partir dos últimos anos da primeira metade do Século XX, em consequência às mudanças sociais provocadas pela Segunda Guerra Mundial, as relações entre Estados e cidadãos mais uma vez precisaram passar por uma transformação, tendo sido essa iniciada nos países da Europa continental.

Com a consciência de que não poderia se permitir um abuso do Estado em face das pessoas – assim como ocorreu, sobretudo, na Alemanha e na Itália – o modelo de proteção jurídica dos indivíduos e de sua dignidade foi aperfeiçoado, de modo que se fez necessária uma transfiguração paradigmática da própria estrutura estatal.

Foi nesse contexto que se firmaram as bases do Estado Democrático de Direito.

Essa inovação em âmbito sociojurídico se dá com a ampla adoção da dignidade da pessoa humana – dentre outras características – como sendo ponto central do novo modelo constitucional vigente que, segundo parte da doutrina, se é chamado de neoconstitucionalismo.[1]

O Brasil experienciou a modificação nas bases estruturais do Estado – consequentes ao neoconstitucionalismo – de maneira tardia, uma vez que apenas com a construção e promulgação da Constituição Federal de 1988 esse constitucionalismo contemporâneo trouxe a dignidade da pessoa humana ao centro do ordenamento brasileiro.[2]

A dignidade da pessoa humana pode então ser considerada núcleo central da nova ordem constitucional-normativa brasileira, dado seu destaque no texto constitucional.

---
1. NOVELINO, Marcelo. *Curso de direito constitucional*. 16. ed. rev. e atual. Salvador: JusPodivm, 2021. p. 56.
2. BARROSO, Luis Roberto. Neoconstitucionalismo e constitucionalização do direito (o triunfo tardio do direito constitucional no Brasil). *Revista Quaestio Iuris*. v. 2, n. 01, p. 3. Rio de Janeiro, 2006.

Ao se apresentar no artigo 1º, inciso III, da Constituição Federal de 1988[3], ela se firma como uma espécie de força estrutural e estruturante do próprio Estado brasileiro, tendo em vista que está disposta como princípio fundamental da própria república brasileira, isto é, a dignidade

> [se] inscreve como fundamento do Estado, significa não só um reconhecimento do valor do homem em sua dimensão de liberdade, como também de que o próprio Estado se constrói com base nesse princípio. O termo dignidade designa o respeito que merece qualquer pessoa.[4]

A dignidade da pessoa é a imposição de que a pessoa seja um fim em si mesmo, é um meio de garantir que as pessoas – como seres racionais – sejam capazes de tomar decisões para suas vidas, garantindo que a autonomia seja fundamento para a concretização da liberdade[5].

Dworkin, ao desenvolver sua teoria ética, entende que a ética decorre da própria noção de autonomia, uma vez que as escolhas humanas serão éticas se pautadas no exercício da melhor vida possível do indivíduo, isto é, "viver bem [,que] significa esforçar-se para criar uma boa vida, mas somente dentro de certos limites essenciais para a dignidade humana"[6], de modo que inexiste ética – ou bem estar real – sem o exercício de uma ideia de liberdade, ainda que limitada pelos contornos da dignidade humana.

Dada a necessidade de uma ampla proteção da dignidade humana – e de todas as garantias e direitos constitucionais fundamentais –, o neoconstitucionalismo permitiu e favoreceu a expansão dos preceitos e valores constitucionais sobre os demais ramos do direito, ao mesmo tempo que a própria Constituição engoliu temas que lhe eram alheios de proteção massiva, sendo um deles a família, deste modo, "a constituição não ficou limitada a esses aspectos [questões fundamentais da vida do Estado, influindo] até mesmo no âmbito do Direito Civil, que antes parecia rigorosamente isolado"[7].

A mudança paradigmática no ordenamento, na prática, significou a adoção da eficácia horizontal dos direitos fundamentais, isto é, a oponibilidade das garantias constitucionalmente reconhecidas em face de particulares, e não somente às relações entre o particular e o Estado (eficácia vertical).[8]

Este transbordamento dos preceitos constitucionais é entendido por parte da doutrina como consequência da aplicabilidade da norma constitucional a todas as situações jurígenas, compreendida por Perlingieri como aplicação indireta da nor-

---

3. BRASIL. Constituição (1988). Constituição da República Federativa do Brasil. Capítulo I: Dos princípios fundamentais. Brasília: Senado Federal, 1988.
4. CARVALHO, Kildare Gonçalves. *Direito constitucional positivo*. 21. ed. Belo Horizonte: Del Rey, 2015. p. 30.
5. Ibidem.
6. DWORKIN, Ronald. *A raposa e o porco espinho*: justiça e valor. São Paulo: Editora WMF Martins Fontes, 2014, p. 298.
7. HESSE, Konrad. *A força normativa da constituição*. Porto Alegre: Sergio Antonio Fabris Editor, 1991. p. 28.
8. NOVELINO. Op. cit., p. 57.

mativa constitucional, isto é, por meio de uma legislação ordinária que reflete os mandamentos da Constituição[9].

Ainda segundo Pietro Perlingieri, para que haja a plena imposição dos fundamentos constitucionais nas relações privadas, é importante uma especial atenção à interpretação aplicada no caso concreto, tendo como base a noção abstrata do ordenamento para que seja possível a

> realização de objetivos qualificados: individuar um sistema do direito civil mais harmonizado com os princípios fundamentais e, em particular, com as necessidades existenciais da pessoa; redefinir o fundamento e a extensão dos institutos jurídicos, especialmente civilísticos, destacando os seus perfis funcionais, em uma tentativa de revitalização de cada normativa à luz da um renovado juízo de valor; verificar e adequar as técnicas e noções tradicionais (dação etc.), em um esforço de modernização do instrumentário e, especialmente, da teoria da interpretação. Muitas das investigações já realizadas nesse sentido indicam que a estrada traçada é rica de resultados, destinados, na sua totalidade, a dar uma nova feição ao direito civil, contribuindo à criação do direito civil constitucional.[10]

O Direito Civil brasileiro vigente à época da promulgação da Constituição de 1988 ainda era regulado pelo Código Civil de 1916, e de tal modo, era influenciado pelos ideais liberais do Código Napoleônico.

O Código de 1916 era profundamente marcado pela exaltação das pelas noções individualistas e patrimonialistas das relações privadas – reflexas ao pensamento da elite burguesa do século XIX –, a personalidade do indivíduo era tão prestigiada quanto sua capacidade de produzir e circular riqueza.[11]

Mais de vinte anos após a promulgação da Constituição Federal de 1988, se fazia ainda necessária a compatibilização, no plano nacional, das diretrizes do Direito Civil ao novo constitucionalismo, e suas garantias fundamentais. Nesse sentido, em 2002 foi promulgado o novo Código Civil, mais alinhado à realidade contemporânea, sendo o novo padrão adotado pelo ordenamento impositivo de uma ampla liberdade limitada pelos interesses sociais, tirando do Código Civil o enfoque no indivíduo, e levando para suas relações e consequências no âmbito social.[12]

Naquilo que diz respeito ao direito de família – às estruturas características dos núcleos familiares sob o Código de 1916 –, a família se colocava como "célula básica do Estado"[13], isto é, um núcleo político.

Com o advento da Constituição de 1988, a família deixou sua função política, passando a ocupar papel de destaque como ente fundamentalmente social, sendo protegido pelo Estado[14], e não parte dele.

---

9. PERLINGIERI, Pietro. *O direito civil na legalidade constitucional*. Rio de Janeiro: Renovar, 2008. p. 590.
10. Ibidem. p. 591.
11. TEPEDINO, Gustavo. Premissas metodológicas para a constitucionalização do direito civil. *Revista de Direito do Estado*. a. 01, n. 02, p. 38, abr./jun. p. 37-53. Rio de Janeiro: Editora Renovar, 2011.
12. TEPEDINO. Op. cit., p. 41.
13. LÔBO, Paulo Luiz Neto. Constitucionalização do direito civil. *Revista de informação legislativa*. ano 36 n. 141. p. 99-109. Brasília, jan./mar. 1999.
14. BRASIL. Op. cit. Capítulo VII: Da Família, da Criança, do Adolescente, do Jovem e do Idoso.

Contudo, ainda que tenha havido toda essa modificação no âmbito do direito familiarista, algumas características do antigo ordenamento foram mantidas, como veremos na próxima seção, o dever de fidelidade ainda ocupa papel central no casamento, entretanto, conforme vamos verificar na terceira seção, a mudança paradigmática nas estruturas do Direito Civil permitiram uma expansão da responsabilidade civil, assumindo o afeto (uma das faces da dignidade humana) um fundamento e objeto de responsabilidade jurídica.

3. A FIDELIDADE COMO UM DEVER DO CASAMENTO

O primeiro dos deveres entre os cônjuges trazido pelo Código Civil é a fidelidade: "Art. 1.566. São deveres de ambos os cônjuges: I – fidelidade recíproca;"[15].

A fidelidade é reminiscente dos valores propagados pelo Código Civil de 1916, tendo como principal justificativa o dever moral de monogamia, uma vez que para a concretização do matrimônio – e da família – deve-se limitar a expressão de desejo que não esteja enquadrada e adequada aos costumes histórica e culturalmente aceitos[16].

Muito do que se entende como princípio da monogamia, deve-se à imposição de um padrão comportamental heterossexual, que está intimamente ligada à divisão binária e dicotômica de gêneros, isto é, a ideia de que masculino e feminino são campos fixos e diametralmente opostos. Esta separação entre homens e mulheres se baseia na valoração sociocultural dos indivíduos durante sua formação enquanto sujeitos a partir de uma justificação biológica que não se sustenta sozinha, tendo em vista que o próprio reconhecimento do sexo biológico e sua significação são produtos de comportamento e interpretação culturais[17], e tem como fundamento o exercício de controle sobre um dos gêneros, normalmente o feminino[18].

3.1 Monogamia e fidelidade como pressupostos do casamento cristão

A monogamia, e a consequente noção de fidelidade como manutenção do modelo monogâmico, são reflexos da influência cultural judaico-cristã no direito das famílias, nesse sentido é importante uma contextualização das razões pelas quais os valores religiosos estão tão presentes na sociedade brasileira.

---

15. BRASIL. Código Civil (2002). Lei 10.406 de 10 de janeiro de 2002. Parte Especial, Livro IV: Do Direito de Família, Título I: Do Direito Pessoal, Subtítulo I: Do Casamento, Capítulo IX: Da Eficácia do Casamento. Brasília: Presidência da República, 2002.
16. DIAS, Maria Berenice. *Manual de direito das famílias*. 11. ed. rev., atual. e ampl. São Paulo: Ed. RT, 2016. p. 175.
17. BUTLER, Judith P. *Problemas de gênero*: feminismo e subversão da identidade. 20. ed. Rio de Janeiro: Civilização Brasileira, 2020. p. 31.
18. A ideia deste capítulo não é se aprofundar nas questões pertinentes ao controle a partir da perspectiva de gênero, contudo cabe fazer este apontamento, que por si só, é suficiente para o desenvolvimento de uma outra pesquisa.

Posteriormente ao descobrimento, por volta de 1549, a Companhia de Jesus enviou ao Brasil padres que seriam responsáveis pela catequese dos índios brasileiros. Dos agrupamentos catequéticos dos nativos surgem vilas, e cidades, como São Paulo, uma das maiores cidades do mundo, com população aproximada de 12 milhões de habitantes.

Com a chegada da família real portuguesa no Brasil em 1808 houve um ainda maior estreitamento de laços entre governo e Igreja como era extremamente comum na Europa naquela época.

A imigração italiana em meados do século XIX também colaborou para a avigorar este liame, sendo a população italiana e brasileira as mais católicas do mundo em percentual e número de fiéis respectivamente.

Tanto na Itália quanto no Brasil era a Igreja quem exercia as funções cartoriais de registro civil, dentre eles os casamentos. Esse laço entre cúria e Estado este apenas foi dissolvido com a proclamação da República em 1889. Nesse sentido, ensina o historiador Tales Pinto:

> As relações entre Igreja Católica e Estado foram estreitas no Brasil tanto na colônia quanto no Império, pois, além de garantir a disciplina social dentro de certos limites, a igreja também executava tarefas administrativas que hoje são atribuições do Estado, como o registro de nascimentos, mortes e casamentos. Contribuiu ainda a Igreja com a manutenção de hospitais, principalmente as Santas Casas. Em contrapartida, o Estado nomeava bispos e párocos, além de conceder licenças à construção de novas igrejas. O cenário mudou com a nomeação do Marquês de Pombal, que afastou a influência da Igreja Católica da administração do Estado. Após sua morte, os laços voltaram a se estreitar, perpassando por todo o período imperial brasileiro no século XIX. Com a proclamação da República em 1889, houve a separação formal entre Estado e Igreja Católica, mas sua presença continuou ainda viva, como comprova a existência de várias festas e feriados nacionais, como as festas juninas e o feriado de 12 de outubro, dia de Nossa Senhora Aparecida, padroeira do país.[19]

Por ter tido um papel de tamanha relevância na sociedade brasileira através dos séculos, a Igreja Católica introjetou seus costumes e crenças a nível geral na população, de forma que eles passaram a ser o padrão comportamental aceito na sociedade brasileira.

O direito não está isento da influência religiosa, principalmente naquilo que tange a esfera familiar, uma vez que – como já vimos – a celebração do casamento era de competência exclusiva da Igreja, que definia seus requisitos, e consequências:

> Até o advento da República, em 1889, só existia o casamento religioso. Ou seja, os não católicos não tinham acesso ao matrimônio. O casamento civil só surgiu em 1891. Ainda assim o caráter sagrado do matrimônio foi absorvido pelo direito, tanto que o conceito de família, identificado como o casamento indissolúvel mereceu consagração em todas as Constituições Federais do Brasil.[20]

---

19. PINTO, Tales dos Santos. *A igreja católica no Brasil*. Brasil Escola. Disponível em: https://brasilescola.uol.com.br/historiab/igreja-catolica-no-brasil.htm. Acesso em: 29 ago. 2021.
20. DIAS. Op. cit., p. 150.

O principal norteador da moral católica é a bíblia e este livro, desde o princípio, prega um modelo familiar heterossexual monogâmico – ainda que em algumas passagens haja menções à poligamia:

> O Senhor Deus disse: 'Não é bom que o homem esteja só; vou dar-lhe uma ajuda que lhe seja adequada'. [...] O homem pôs nomes a todos os animais, a todas as aves dos céus e a todos os animais dos campos; mas não se achava para ele uma ajuda que lhe fosse adequada. Então o Senhor Deus mandou ao homem um profundo sono; e enquanto ele dormia, tomou-lhe uma costela e fechou com carne o seu lugar. E da costela que tinha tomado do homem fez uma mulher e levou-a para junto do homem. 'Eis agora aqui, disse o homem, o osso de meus ossos e a carne de minha carne; ela se chamará mulher, porque foi tomada do homem'. Por isso o homem deixa o seu pai e sua mão para se unir à sua mulher; e já não são mais que uma só carne.[21]

Percebe-se então que o modelo base para o cristianismo é aquele apresentado na bíblia, homem e mulher em uma relação monogâmica indissolúvel, e por toda a trajetória histórica do governo aliado à Igreja, estes valores presentes no direito canônico foram transferidos para o direito positivo brasileiro, e para a sociedade como um todo.

O comportamento desviante passa a ser um erro, uma anomalia social, e no caso do adultério, aquele que é traído – a vítima – é quem acaba por carregar o estigma social decorrente de um comportamento de terceiro.

3.2 Discurso da monogamia como defesa contra a confusão patrimonial

Outra explicação para a imposição de monogamia – sobretudo feminina –sob uma ótica estritamente positivista, o casamento, é apenas um contrato firmados pelas partes interessadas e que podem ser dissolvidos mediante declaração de vontade dos mesmos.

Sendo então os as uniões civis contratos privados, mas que vinculam os companheiros em uma série de atos, podemos aduzir que existe um grande interesse patrimonial a qual se cercam estes institutos de direito, estando o casamento no limiar entre o privado e o público.

Na constância do casamento, os noivos têm liberdade de escolher o regime de bens por meio de um pacto antenupcial, e na hipótese de silêncio há automática adoção do regime de comunhão parcial de bens em ambos os casos.

Neste regime, todos os bens serão considerados como frutos do trabalho comum e serão de posse de ambos os cônjuges, sendo dever de ambos protegê-los, assim sendo, apesar de não deixar clara a necessidade de anuência de ambos os companheiros para a realização de atos que atinjam os bens comuns, como penhora, compra de bens por financiamento, e concessão de fiança ou aval, como aduz Maria Berenice:

---

21. BÍBLIA SAGRADA. *O paraíso*. Tradução por Monges Maredsous. Revisada por Frei João José Pedreira de Castro. 60 ed. São Paulo: Ave-Maria, 2005, p. 50-51.

Todavia, como a limitação é imposta pela lei a todo e qualquer regime de bens (exceto ao regime de separação absoluta), não há como afastar a mesma exigência em sede de união estável em que vigora o regime da comunhão parcial. Reconhecida a união estável como entidade familiar, é necessário impor as mesmas limitações, para salvaguardar o patrimônio do casal e proteger terceiros de boa-fé. Assim também cabe aplicar a Súmula 332 do STJ que proclama a ineficácia total da fiança prestada por somente um do par.[22]

Alguns artigos do Código Civil exemplificam os esforços do legislador em evitar a confusão patrimonial entre os pares, sendo o primeiro deles o art. 1.523 e seus incisos, no qual não se recomenda o casamento de pessoas viúvas e divorciadas que não tenham finalizado a partilha dos bens, também da viúva ou mulher cujo casamento tenha sido desfeito até dez meses após a viuvez ter iniciado ou então o casamento tenha sido desfeito, o que nos leva ao segundo artigo de relevância, o 1.597 do mesmo código, por tal artigo trazer em si a presunção de paternidade dos filhos havidos na constância da união e em até trezentos dias após finda a mesma.

É tão séria a questão patrimonial no casamento, que nas hipóteses dos incisos do art. 1.523, estas configuram causa suspensiva ao casamento, e caso haja a hipótese de confusão patrimonial, aplica-se o regime da separação obrigatória de bens para o casal.

Nesse sentido, compreende-se que a quebra da monogamia, e o adultério, seriam, no limite, hipóteses de possível confusão patrimonial, não sendo seu fim tão somente moral, nesse sentido Samir Namur explica que

> O casamento monogâmico como modelo jurídico de constituição da família tema a conhecida função de proteção econômica da propriedade privada. Aproveita-se o monopólio da constituição familiar criado pela Igreja para que exerça essa função no direito. A partir da modernidade, inicialmente com o Código Civil francês, todo o direito de família se estrutura dessa forma.[23]

4. RESPONSABILIDADE CIVIL-AFETIVA

A ideia de responsabilidade civil está intimamente ligada à prática reparatória em relação aos atos praticados e que venham a lesar o direito de outrem, isto é,

> está fundada no princípio do *neminem ledere*, ou seja, a fórmula, de elaboração romana, que nos recomenda agir de forma a não lesar os direitos de outrem. Quando o dano ocorre – seja moral, material ou estético – busca-se compensar, ainda que parcialmente o equilíbrio perdido.[24]

A partir do reconhecimento jurídico da dignidade da pessoa humana – como vimos na primeira seção deste capítulo – houve a necessidade de se expandir também os objetos passíveis de dano e, consequentemente, abarcados pelo instituto da responsabilidade civil.

---

22. DIAS. Op. cit., p. 253-254.
23. NAMUR, Samir. *Autonomia privada para a constituição da família*. Rio de Janeiro: Lumen Juris, 2014. p. 143.
24. FARIAS, Cristiano Chaves de; NETTO, Felipe Braga; ROSENVALD; Nelson. *Manual de Direito Civil*. 6. ed. rev., ampl. e atual. Salvador: JusPodivm, 2021. p. 642.

Uma importante diferença da responsabilidade civil – sobretudo naquilo que diz respeito ao dano moral, como veremos – em relação aos demais institutos do Direito, é sua capacidade de mudança constante e adequação à realidade, uma vez que acompanha as mudanças no perfil social e nos princípios que regem o ordenamento daquele meio em questão.[25]

O Código Civil – em seu artigo 186 – determina que "Aquele que, por ação ou omissão voluntária, negligência ou imprudência, violar direito e causar dano a outrem, ainda que exclusivamente moral, comete ato ilícito"[26] e ainda que "Aquele que, por ato ilícito (arts. 186 e 187), causar dano a outrem, fica obrigado a repará-lo"[27] (artigo 927).

Nesse sentido, é necessário um aprofundamento na compreensão da configuração do dano decorrente da quebra do dever de fidelidade, consubstanciado na forma da prática do adultério.

A dignidade da pessoa humana, ao prever que todo ser humano é digno de respeito, entende e determina que há a necessidade da preservação do bem-estar psicossocial do indivíduo, e desta maneira, como princípio normativo que é, deverá ser levado em observação dentro das relações afetivas, uma vez que o afeto também constitui objeto jurídico legitimador da família no Direito Civil-Constitucional.

Ainda que haja algumas críticas à imposição de um modelo familiar monogâmico – assim como nos debruçamos na segunda seção – fato é que não se pode compreender o dever de fidelidade como algo puramente ligado à monogamia, segundo Maria Berenice Dias "o dever de fidelidade recíproca e de mantença de vida em comum entre os cônjuges, bem como o dever de lealdade imposto aos companheiros, não significa obrigação de natureza sexual"[28], de tal forma, entende-se que, em realidade, os deveres a serem observados são voltados à não violação da confiança do outro – o que muitas vezes está ligado à monogamia e à fidelidade *stricto sensu*.

O texto legal do artigo 186 define que aquele que causar dano a outrem comete ato ilícito, não havendo, necessariamente, – no caso do adultério – a necessidade de existência de um ente familiar constituído, de modo que a chave para a compreensão da aplicação do instituto, assim como dito no parágrafo anterior, está ligada à quebra da confiança recíproca materializada na ideia de monogamia.

---

25. Ibidem. p. 641.
26. BRASIL. Código Civil (2002). Lei 10.406 de 10 de janeiro de 2002. Parte Geral, Livro III: Dos Fatos Jurídicos, Título III: Dos Atos Ilícitos. Brasília: Presidência da República, 2002.
27. BRASIL. Código Civil (2002). Lei 10.406 de 10 de janeiro de 2002. Parte Especial, Livro I: Do Direito das Obrigações, Título IX: Da Responsabilidade Civil, Capítulo I: Da Obrigação de indenizar. Brasília: Presidência da República, 2002.
28. DIAS. Op. cit., p. 96.

4.1 Dano afetivo como dano moral

O dano moral (dano extrapatrimonial), se caracteriza pela depreciação a interesses não patrimoniais de uma determinada pessoa, estando também muito ligado à dignidade da pessoa humana.

A maior dificuldade que se encontra quando se fala em dano moral é a subjetividade, não sendo sua identificação uma tarefa fácil,

> Nesse sentido, o dano extrapatrimonial, como espécie de dano indenizável, passa a ser configurado, essencialmente como um dano jurídico, uma vez que suas consequências, como a dor, as frustrações e os sentimentos [...] decorrem da violação de um direito da vítima.[29]

Nesse mesmo sentido podemos extrair a desnecessidade de aferição de dor e sofrimento para a configuração de dano moral do Enunciado n° 445 das Jornadas de Direito Civil "O dano moral indenizável não pressupõe necessariamente a verificação de sentimentos humanos desagradáveis como dor ou sofrimento".[30]

Ainda que não seja necessária a verificação dos sentimentos desagradáveis, uma das características centrais dos danos morais são sua face protetiva à integridade e estabilidade psíquica do ser humano, uma vez que

> Entre os danos extrapatrimoniais mais destacados estão os danos anímicos ou morais, decorrentes da afetação da integridade e estabilidade psíquica da pessoa. Trata-se de um atributo intangível da personalidade, cuja violação presume o dano. Ou seja, qualifica-se o fato da vida e a conduta antijurídica daquele que se considera como sendo o ofensor, e questiona-se se das consequências do fato resulta ou não uma afetação da integridade e estabilidade psíquica da pessoa. A integridade psíquica diz respeito à paz e ao sossego pessoal, cuja violação gera o dano extrapatrimonial.
>
> A integridade psíquica do indivíduo é atributo da personalidade, que se protege diante de duas premissas básicas [...] b) toda a ofensa a atributos da personalidade que dê causa a sofrimento, humilhação ou menosprezo da pessoa apta a causar dano, ainda que provisórios, à integridade psíquica e emocional do ofendido.[31]

Desta forma, a quebra do dever de fidelidade, consubstanciado no dever de responsabilidade afetiva por meio da manutenção dos laços de confiança, é suficiente para que seja possível a verificação de dano, o que não significa que o adultério – quando vinculado à quebra dos deveres decorrentes do matrimônio – não cause sofrimento psíquico, de modo a ser ainda mais forçoso que haja a integral proteção contra o dano, e sua consequente responsabilização, a fim de solidificar e proteger a dignidade da pessoa humana em última instância.

---

29. MIRAGEM, Bruno Rubens Barbosa. *Direito civil*: responsabilidade civil. São Paulo: Saraiva, 2015. p. 174.
30. V Jornada de Direito Civil. Enunciado 445. Disponível em: https://www.cjf.jus.br/enunciados/enunciado/366. Acesso em: 01 out. 2021.
31. MIRAGEM. Op. cit., p. 187.

5. CONCLUSÕES

A mudança nos paradigmas do direito a partir da segunda metade do século XX são fundamentais para a compreensão dos rumos que o instituto da responsabilidade civil tomou.

Os pressupostos do neoconstitucionalismo, sobretudo naquilo que diz respeito ao reconhecimento da dignidade da pessoa humana em todos os âmbitos e áreas das relações jurídicas – sejam públicas ou privadas.

Em relação ao direito das famílias, com a transmutação dos preceitos do direito, houve uma expansão dos fundamentos das relações familiares, onde o afeto passou a nortear a formação dos núcleos das famílias.

A monogamia – que pressupõe a inexistência de adultério – é reforçada social e juridicamente no Brasil pela forte influência das religiões de matriz judaico-cristã, sobretudo do catolicismo, o que acarreta em grande estigma social para aquele que é vítima da traição.

Partindo da ideia de que a responsabilidade evoluiu com o restante do Direito Civil, absorvendo os fundamentos garantidores da dignidade humana, compreende-se que há necessidade de proteção do indivíduo em todas as frentes possíveis, dentre elas a proteção à estabilidade e integridade psíquica.

Como dito acima, o estigma da traição persegue aquele que foi traído, e nesse sentido, em grande maioria das vezes acaba por causar graves danos à ordem emocional e psicológica da pessoa, e ainda que esta dor e sofrimento não sejam pressupostos fundamentais à reparação do dano – como entendido pelo STJ – são provas da necessidade de consideração do dano afetivo por quebra da confiança como danos morais.

Assim sendo, se a função primordial da responsabilidade civil – e da indenização – é a reparação do dano, e sendo o dano afetivo (por adultério) decorrente tanto da dor quanto da quebra do dever de fidelidade (sobretudo da confiança), fica evidente que o Direito Civil, em especial o Direito das Famílias e o Direito das Obrigações devem construir mecanismos cada vez mais fortes e eficazes para a integral proteção da dignidade dos indivíduos envolvidos na situação fática do adultério, havendo a necessidade de – se possível – reparar o dano de alguma forma.

28
CONVIVÊNCIA ENTRE PAIS E FILHOS E FAMÍLIAS RECONSTITUÍDAS

Mário Luiz Delgado

Doutor em Direito Civil pela USP e Mestre em Direito Civil Comparado pela PUC-SP. Especialista em Direito Processual Civil pela Universidade Federal de Pernambuco. Professor de Direito Civil na Escola Paulista de Direito – EPD. Diretor do Instituto dos Advogados de São Paulo – IASP e Presidente da Comissão de Assuntos Legislativos do IBDFAM. Membro da Academia Brasileira de Direito Civil – ABDC.

Flávia Brandão Maia Perez

Especialista em Direito Constitucional pela Universidade Federal do Espírito Santo e em Direito das Famílias e Sucessões pela Damásio. Presidente do IBDFAM/ES. Advogada.

"...o pior é que ainda tem gente que acredita na receita da família perfeita. Bobagem. Tudo ilusão. Não existe "família Oswaldo Aranha", "Família à Rossini", Família À Belle Meuniere" ou "Família ao Molho Pardo" – em que o sangue é fundamental para o preparo da iguaria. Família é afinidade, é "à Moda da Casa". E cada casa gosta de preparar a família a seu jeito" (Francisco Azevedo. O arroz de palma)

Sumário: 1. Notas introdutórias – 2. Família e famílias: a evolução da instituição nos vinte anos do CC/2002 – 3. As famílias reconstituídas: a nova cara da família brasileira? – 4. Guarda e poder familiar – 5. O exercício do poder familiar nas famílias reconstituídas; 5.1 Poder familiar nas relações de padrastio; 5.2 O poder familiar nas famílias reconstituídas multiparentais – 6. Convivência paterno/materno-filial: dever moral ou dever jurídico? – 7. O regime de convivência nas famílias reconstituídas multiparentais – 8. Alienação e autoalienação parental nas famílias reconstituídas pluriparentais – 9. Notas conclusivas.

1. NOTAS INTRODUTÓRIAS

O tempo das leis não é o tempo dos homens. A Constituição Cidadã já completou 33 anos de promulgação e muitos de seus dispositivos sequer foram regulamentados. Novos princípios constitucionais são descobertos a cada dia. Sem falar na força normativa dos princípios, a imantar de normatividade searas antes inalcançáveis pelo direito positivo de matriz kelseniana. O direito positivo de hoje (para alguns direito pós-positivo ou pós-positivista) encontra-se impregnado de princípios e de valores, plenos de normatividade.

Essa digressão inicial tem por escopo apenas ressaltar que, ao completar 20 anos, o CC/2002 mal começa a dar os primeiros passos no *playground* da cidadania. E não somente porque infante, mas também porque foi concebido para não envelhecer, ou pelo menos não envelhecer no mesmo ritmo de outros códigos ou estatutos.

Mas qual seria esse elixir da juventude do CC/2002? A sua principiologia. É um código principiológico e valorativo, que incorporou elementos antes considerados fora do Direito, a exemplo da moral e dos valores. É um código repleto de cláusulas gerais e de conceitos jurídicos indeterminados, a permitir a incessante apreensão das novas realidades.

Um código que está sendo construído a cada dia. Escrito e reescrito pelas penas da doutrina e da jurisprudência. E quanta coisa já foi escrita nas últimas duas décadas. Basta citar as oito jornadas de Direito de Civil promovidas pelo CEJ-CJF que aprovaram mais de 600 enunciados de interpretação do Código Civil. A leitura desses enunciados é quanto basta para que se compreenda o que significa a construção diária do CC/2002.

Especificamente no Direito de Família situam-se as maiores transformações verificadas ao longo desses 20 anos. São tantos os temas, a começar pelas novas famílias, com a tutela das entidades familiares atípicas, pelas novas formas de filiação e de parentalidade, incluindo a multiparentalidade, o compartilhamento da guarda e das responsabilidades parentais, o reconhecimento do "afeto" como valor jurídico, o fim da culpa na separação e no divórcio, a coparentalidade como forma de exercício da parentalidade responsável, e tantas outras "revoluções" somente possíveis em razão da textura aberta do CC/2002.

Partindo desse novo cenário, pretendemos analisar as modificações verificadas no exercício do poder familiar nos últimos 20 anos, com o olhar voltado para as famílias reconstituídas e, especialmente, para o regime de convivência entre pais e filhos nas famílias multiparentais.

2. FAMÍLIA E FAMÍLIAS: A EVOLUÇÃO DA INSTITUIÇÃO NOS VINTE ANOS DO CC/2002

A família, base de toda a sociedade desde os primórdios, é a instituição cujo conceito mais se alterou no tempo. Com um breve passar de olhos na história, verifica-se que nos idos mais remotos, era normal a prática da poligamia, pelos homens, e da poliandria, pelas mulheres. Com a evolução do estado primitivo de promiscuidade, formaram-se, gradativamente, as famílias punaluana, sindiásmica e monogâmica.

A partir da obra de Engels e do conceito de cada uma dessas formações familiares, vemos a passagem do matriarcalismo ao patriarcalismo, relacionada sempre ao início da propriedade privada e do Estado. Assim, para Engels, família punaluana, cuja palavra quer dizer associação, referia-se aos casamentos em grupos de irmãos e irmãs, carnais e colaterais, presentes em comunidades tribais e mesmo em determinadas castas sociais em estados organizados, como ocorria na realeza egípcia. A família sindiásmica surge após a proibição do incesto e é marcada pelas uniões por casal, por um tempo mais ou menos longo e sob o regime do casamento. Nesse momento o homem tinha uma mulher principal, entre um certo número das suas mulheres e o mesmo se verificava com a mulher, com o esposo principal entre outros. E por fim a família monogâmica, onde a família é mais sólida e, para se garantir a legitimidade dos filhos por razões exclusivamente econômicas, o homem possui total poder sobre a mulher, que de forma alguma poderia se relacionar com outro homem[1]. A partir desse momento, leciona Silvo de Salvo Venosa, "o homem marcha para relações individuais, com caráter de exclusividade, embora algumas civilizações mantivessem concomitantemente situações de poligamia, como ocorre até o presente. Desse modo, atinge-se a organização atual de inspiração monogâmica"[2].

No Brasil, com o advento da Constituição Federal de 1988, o conceito jurídico de família deixou de ser taxativo e restrito ao casamento, tornando-se mais aberto, de modo a abranger variadas formas de agrupamento. Ante o avanço da sociedade, o conceito jurídico de família precisou ser ampliado, passando a abranger as mais diversas composições. Assim, a Constituição Federal equiparou as famílias oriundas do casamento e da união estável, facilitando sua conversão, em face dos princípios da igualdade, da ausência de hierarquia entre as entidades familiares e da dignidade da pessoa humana (art. 226, § 3º), albergando novas molduras familiares, como a das famílias anaparentais, constituídas sem os pais, por meio de parentes colaterais, em sua maioria, irmãos biológicos ou socioafetivos ou das famílias monoparentais (ou maternidade/paternidade *solo*), formadas por um dos ascendentes e os filhos.

Enfim, podemos afirmar que pluralidade e complexidade são características que marcam hoje a família brasileira, com evidentes e imprevisíveis repercussões no Direito de Família. O princípio constitucional do pluralismo das instituições familiares comporta indefinidas formas de constituição de família, todas elas reconhecidas e protegidas pelo Estado.

O ponto em comum a todas, especialmente no que toca às famílias não tipificadas, é a afetividade, pois se muitas são as famílias em seus diversos arranjos familiares próprios, inegável que qualquer uma delas terá a sua formação pressuposta pelo afeto, como elo que as une e reúne.

Jean Carbonnier celebrizou a frase "*À chacun sa famille, à chacun son droit*", que podemos traduzir por: a cada um a sua família e a cada um o seu direito, ou melhor, *a cada família o seu Direito de Família*. Em que pese a força dos determinismos sociais e das aspirações ideológicas, as famílias permanecem de fato diferenciadas e é oportuno que possam, uma a uma, encontrar, dentro da legislação, o seu modelo adequado.

A propósito, o conceito legal de família que melhor traduz esse pluralismo foi posto na Lei 11.340/2006 (Lei Maria da Penha), que define a família como sendo a

---

1. Cf. ENGELS, Frederich. *A origem da família, da propriedade privada e do Estado*, 1884. Obra em domínio público na rede mundial de internet.
2. VENOSA, Silvio de Salvo. *Direito Civil*: direito de família. 3. ed. São Paulo: Atlas, 2003. p. 17.

comunidade formada, em face da parentalidade legal ou admitida, *por afinidade, ou por vontade expressa* (art. 5º, II). Em outras palavras, "a família hodierna é construída por aqueles que se sentem e se tratam como família, desde que haja vínculos de afeto e limitada às noções de parentesco e conjugalidade. Familiares são pessoas que manifestam a vontade (juridicamente reconhecida) de integrar a mesma família, de onde podemos concluir que família é, acima de tudo, *locus* da autonomia privada (assim como o é o direito privado) que se manifesta pela afetividade. E todas essas famílias merecem a proteção e o reconhecimento do Estado, mas não necessariamente de forma igualitária. Se existe pluralidade na constituição da família, por óbvio, também deve haver pluralidade na forma e na extensão da tutela estatal"[3].

A diversificação dos formatos de família decorre da multiplicidade de arranjos conjugais, da diversidade de formas de filiação e das plúrimas possibilidades de divisão do exercício da autoridade e dos deveres parentais.

3. AS FAMÍLIAS RECONSTITUÍDAS: A NOVA CARA DA FAMÍLIA BRASILEIRA?

Certamente grande parte das formações familiares atuais se amoldam no conceito de famílias reconstituídas, em face do crescente número de rompimentos de uniões, sejam casamentos ou uniões estáveis, permitindo-se, assim, que se formem outras entidades familiares, com novas denominações, como é caso da família agrupada, família recomposta, família mosaico, família mista, família agregada, família combinada, família transformada, família em rede, *step family* e famílias *ensambladas*, compreendidas, todas elas, como "a estrutura familiar originada do casamento ou da união estável de um casal, na qual um ou ambos de seus membros tem filho ou filhos de um vínculo anterior"[4].

A doutrina construiu esse conceito a partir de obras como a de Waldyr Grisard Filho, que define a família reconstituída como sendo "a família em que exista ao menos um filho de uma união anterior de um dos pais"[5]. Rodrigo da Cunha Pereira alude à família "que se constitui de pessoas que dissolveram o vínculo conjugal pretérito e constituíram uma nova entidade familiar"[6], enquanto Rolf Madaleno fala em "estrutura familiar originada em um casamento ou uma união estável de um par afetivo, onde um deles ou ambos os integrantes têm filhos provenientes de um casamento ou de uma relação precedente."[7] Maria Berenice Dias, por sua vez, se refere a "estrutura familiar originada no matrimonio ou união de fato de um casal, no qual um ou ambos de seus integrantes têm filhos provenientes de um casamento

---

3. Tenho manifestado essa posição em outros textos publicados. Cf. DELGADO, Mário Luiz; SIMÃO, José Fernando. *Famílias conjugais e famílias (co)parentais*. Disponível em: https://www.conjur.com.br/2020-mar-08/processo-familiar-familias-conjugais-familias-coparentais. Acesso em: 07 out. 2021.
4. TEIXEIRA, Ana Carolina. *Família, guarda e autoridade parental*. Rio de Janeiro: Renovar, 2005. p. 118-119.
5. GRISARD FILHO, Waldyr. *Famílias reconstituídas*: novas uniões depois da separação. 2. ed. rev. e atual. São Paulo. Ed. RT, 2010. p. 85.
6. PEREIRA, Rodrigo da Cunha. *Direito das famílias*. Rio de Janeiro. Forense, 2020. p. 32.
7. MADALENO, Rolf. *Curso de direito de família*. 10. ed. Rio de Janeiro: Forense, 2020. p. 11.

ou relação prévia."[8] Conrado Paulino da Rosa reitera essas definições, destacando que "a própria nomenclatura utilizada para a designação desta nova estrutura familiar – 'família reconstituída' – já nos orienta no sentido de que 'reconstituir' significa 'construir de novo'. O novo grupo familiar criará novos vínculos afetivos, sociais e jurídicos".[9]

Chantal Cutsem descreve a família recomposta nos seguintes termos:

> (...) após uma experiência interrompida de família nuclear vivida por, pelo menos, um dos cônjuges, é escolhido um novo parceiro e é criado um novo casal, casado ou não, com crianças que fizeram parte de um ou diversos núcleos familiares anteriores. Desta família podem igualmente fazer parte os filhos biológicos do novo casal. O lar recomposto representará uma das unidades da família, que incluirá os diversos sistemas e a rede das respectivas relações, que evolui no tempo. A entrada de um novo parceiro numa família monoparental cria, igualmente, uma família recomposta. Se tornarmos esta definição abrangente, podemos falar de família recomposta sempre que um parceiro entra numa família em que um dos cônjuges faleceu.[10]

Outros autores, no mesmo escopo, aludem a "família mosaico", no sentido de conjugalidade entre pessoas que já fizeram parte de outras famílias em momento anterior e, justamente por isso, ao reconstruírem a suas vidas afetivas, trazem consigo um "passado conjugal" e um "passado parental", ou seja, carregam para a nova família ex cônjuges, ex companheiros e filhos das relações anteriores.

Essa espécie de família, ensina Ana Carolina Brochado Teixeira, pode se apresentar das seguintes formas: "a) o genitor, seu filho e o novo companheiro ou cônjuge, sem prole comum; b) o genitor, seu filho e o novo companheiro ou cônjuge, com prole comum; c) os genitores de famílias originárias distintas e seus respectivos filhos, inexistindo prole comum; d) os genitores de famílias originárias distintas e seus respectivos filhos, com prole comum".[11]

As diversas formas de reconstituição da família repercutem diretamente no exercício do poder familiar e no regime de convivência entre pais e filhos. A partir do novo casamento ou nova união estável dos pais, é preciso investigar o vínculo jurídico a ser estabelecido entre os parceiros atuais e seus respectivos "passados". Vale dizer, qual a relação de cada um com os filhos do outro? Ou a relação destes (filhos unilaterais) com os filhos comuns que venham a surgir? Existe uma nova dinâmica entre os integrantes da família recomposta, que se distingue de outras entidades fa-

---

8. DIAS, Maria Berenice. *Manual de direito das famílias*. 14. ed. rev. atual e ampl, São Paulo: Ed. RT, 2021. 457.
9. ROSA, Conrado Paulino da. *Direito de família contemporâneo*. 8. ed. Salvador: JusPodivm, 2021. p. 185. No mesmo sentido, Débora Consoni Gouveia leciona que "A família reconstituída aqui tratada deve ser identificada como a estrutura familiar originada de um nosso casamento ou de uma nova união estável, depois de uma ruptura familiar, quando um dos integrantes do novo casal, ou ambos, possuem filhos de uma relação precedente. A família reconstruída faz nascer uma estrutura complexa, que a família original não é capaz de explicar". GOUVEIA, Débora Consoni. *Autoridade parental nas famílias reconstituídas*. Dissertação de mestrado FDUSP, São Paulo, 2010. p. 44.
10. VAN CUTSEM, Chantal. *A família recomposta*: entre o desafio e a incerteza. Trad. Cristina Reis. Lisboa: Instituto Piaget. 2001. p. 15.
11. TEIXEIRA, Ana Carolina. *Família, guarda e autoridade parental*. Rio de Janeiro: Renovar, 2005. p. 119.

miliares, pois os papeis parentais também podem ser desempenhados por padrastos e madrastas, dando origem à paternidade ou maternidade socioafetiva.

E se houver um segundo rompimento da conjugalidade, seguido de nova reconstituição, como se estabelecerá o regime de convivência dos ex parceiros com os filhos de cada e os filhos comuns (*os meus, os teus e os nossos*)? São questões a serem respondidas nos tópicos que se sequenciam.

O que importa esclarecer neste momento é que a reconstituição da família nem sempre dará ensejo ao nascimento de um vínculo paterno-filial entre os novos cônjuges/companheiros e os filhos do outro. Três situações podem decorrer da reconstituição conjugal: o padrastio, a paternidade socioafetiva (com ou sem multiparentalidade) e a adoção unilateral.

A partir do passado parental de cada um dos pares conjugais nas famílias recompostas, ou seja, se os novos parceiros afetivos trouxeram filhos de relacionamentos anteriores, surgem as figuras do padrasto e da madrasta, que é aquele/a que passa a ter responsabilidade com os filhos do outro, gerados de vínculo anterior, no momento em que se inicia a nova família. Os vínculos formados entre os descendentes unilaterais e o novo cônjuge ou companheiro decorrerão da afinidade, sabendo-se que "haverá parentesco por afinidade na linha reta descendente em relação ao enteado, ao filho do enteado, ao neto do enteado etc. Aqui estão presentes os impedimentos matrimoniais como visto, nos termos do art. 1521, II, do CC, eis que não se extingue o vínculo, mesmo que com a dissolução da sociedade conjugal ou da união estável[12]".

Não obstante inexista vínculo biológico, há, sempre, o dever (ético) de contribuir para a boa formação dos enteados, ao lado dos pais biológicos[13]. Na relação entre padrastos e enteados, formam-se laços de afeto sem que se estabeleça, necessariamente, uma relação paterno/filial[14]. Essa construção de afeto pode gerar direitos/deveres recíprocos, independentemente dos vínculos de filiação, possibilitando, por exemplo, desde a edição da lei 11.924/2009[15], aos enteados(as) acrescer o sobrenome

---

12. TARTUCE, Flávio Tartuce. In: SCHREIBER, Anderson; TARTUCE, Flávio; SIMÃO, José Fernando; BEZERRA DE MELO; Marco Aurélio; DELGADO, Mário Luiz. *Código Civil comentado*. 3. ed. Rio de Janeiro: Forense, 2021. p. 1275.
13. O rompimento da relação conjugal anterior não exclui a relação parental e nem há perda do poder familiar para o progenitor biológico.
14. Há que se estabelecer a diferença entre pai/mãe e padrasto/madrasta. Pai/mãe são os progenitores, os que geram os filhos e os criam e educam, mesmo que não vivendo na mesma casa, motivados por fatores externos, mas cuja participação é efetiva, com vínculo biológico e afetivo preservados assim como o poder familiar. Nesse sentido muito importante o conceito de Belmiro Pedro Marx Welter, sobre pai, quando afirma que "é pai quem exerce a função de pai, seja homem ou mulher, ser referido como entidade e apoio no encontro e no descobrimento do filho como sujeito" (WELTER, Belmiro Marx Pedro. *Teoria tridimensional do direito de família*. Porto Alegre: Livraria do Advogado, 2009, p. 122). Já o/a padrasto/madrasta é o homem ou a mulher que se casa ou convive em união estável com um dos genitores, que já tem prole de relacionamento anterior, não sendo, portanto, o pai biológico, para que os direitos e deveres advindos de cada relação não se confundam. Padrasto/Madrasta não são detentores, portanto, do poder familiar, pois exclusivo dos pais/mães, mas outros direitos e deveres, como já antecipado, podem ser estabelecidos.
15. Altera o art. 57 da Lei 6.015, de 31 de dezembro de 1973, para autorizar o enteado ou a enteada a adotar o nome de família do padrasto ou da madrasta, em todo território nacional.

dos padrastos/madrastas, com concordância dos genitores. Em caso de novo rompimento do vínculo de conjugalidade, igualmente é possível a fixação de regime de convivência entre enteados/as e padrasto/madrasta, como forma de manutenção do vínculo afetivo construído[16].

Segunda eventual decorrência da família reconstituída é possibilidade de ser estabelecida a paternidade socioafetiva, concebida a partir de célebre expressão cunhada por João Batista Villela (*Desbiologização da Paternidade*) e que tem como base, não a consanguinidade, mas, sim, a afetividade[17]. Chistiano Cassettari conceitua a "parentalidade socioafetiva como o vínculo de parentesco civil entre pessoas que não possuem entre si vínculo biológico, mas que vivem como se parentes fossem, em decorrência do forte vínculo afetivo existente entre elas".[18] Em 2016, o STF, no julgamento do RE 898.060, firmou o entendimento de que "a paternidade responsável, enunciada expressamente no art. 226, § 7º, da Constituição, na perspectiva da dignidade humana e da busca pela felicidade, impõe *o acolhimento, no espectro legal, tanto dos vínculos de filiação construídos pela relação afetiva entre os envolvidos, quanto daqueles originados da ascendência biológica,* sem que seja necessário decidir entre um ou outro vínculo quando o melhor interesse do descendente for o reconhecimento

---

16. Apelação cível. Preliminar de nulidade por ausência de citação do estado. Rejeição. *Autorização judicial para menor visitar padrasto recolhido em estabelecimento prisional. Presença de afeto entre os envolvidos. Direito de visita como forma de garantir a convivência familiar e a ressocialização do preso.* Aplicação do artigo 41, X, da lei 7.210/84. Princípio do melhor interesse da criança. Ausência de elementos capazes de caracterizar o alegado risco à segurança e à integridade física do menor. Manutenção da decisão. 1. O direito de visitas previsto no art. 41, X, da Lei 7.210/84 configura importante instrumento para garantir a convivência familiar e o processo de ressocialização do reeducando, somente podendo ser restringido em hipóteses excepcionais, devidamente fundamentadas em fatos capazes de indicar a inconveniência do exercício da faculdade legal e que evidenciem riscos à integridade física e moral do visitante. 2. Para deferimento da autorização judicial para os filhos menores visitar o pai recolhido em estabelecimento prisional deve-se levar em conta o princípio constitucional do melhor interesse da criança, que decorre do princípio da dignidade humana, centro do nosso ordenamento jurídico atual. 3. Não evidenciado, em concreto, motivo suficiente a caracterizar risco à segurança e à integridade física do menor, a autorização para o filho visitar seu genitor no estabelecimento prisional deve ser concedida, em razão da proteção constitucional da entidade familiar através do afeto e da garantia de convivência, ainda que no ambiente carcerário. V.V: *A autorização para a visita de criança a padrasto recolhido em estabelecimento prisional deve ser alicerçada em laudos técnicos aptos a evidenciar a existência de vínculo afetivo equivalente à paternidade* e a ausência de dano à formação do infante. Desde que não provada a impossibilidade de realização material do ato, é necessária a oitiva do pai biológico da criança, em pedido de autorização para a visita a padrasto em estabelecimento prisional. Sentença cassada de ofício. (TJMG; APCV 1.0024.16.092478-3/001; Rel. Des. Sandra Fonseca; Julg. 20.06.2017; DJEMG 30.06.2017).
17. Publicação de 1979, na Revista de Direito da Faculdade de Minas Gerais, de domínio público: "A paternidade em si mesma não é um fato da natureza, mas um fato cultural. Embora a coabitação sexual, de que possa resultar gravidez, seja fonte de responsabilidade civil, a paternidade, enquanto tal, só nasce de uma decisão espontânea. Tanto no registro histórico, como no tendencial, a paternidade reside antes no serviço e no amor que na procriação. As transformações mais recentes por que passou a família, deixando de ser unidade de caráter econômico, social e religioso para se afirmar fundamentalmente como grupo de afetividade e companheirismo, imprimiram considerável reforço ao esvaziamento biológico da paternidade. Na adoção, pelo seu conteúdo eletivo, tem-se a prefigura da paternidade do futuro, que radica essencialmente na ideia de liberdade".
18. CASSETTARI, Christiano. *Multiparentalidade e parentalidade socioafetiva*: efeitos jurídicos. 2. ed. São Paulo: Atlas, 2015. p. 16.

jurídico de ambos". A partir dessa decisão, a filiação socioafetiva, como forma de vínculo paterno-filial, foi equiparada à biológica, com todos os direitos e deveres inerentes a relação de parentesco em linha reta descendente.

Por fim, também pode decorrer da reconstituição da família conjugal, a adoção unilateral dos enteados/as, outra forma de se estabelecer vínculo de parentalidade nas famílias reconstituídas. A adoção unilateral está prevista no ECA, que permite a um dos cônjuges ou companheiros adotar o filho do outro, através de processo judicial junto a vara especializada da Infância de Juventude[19]. Essa modalidade de adoção se distingue das demais, pois não há a destituição do poder familiar de todos os genitores, que se mantém em favor de um deles, sendo o adotante apenas o cônjuge ou companheiro.[20]

A depender da natureza dos vínculos estabelecidos, diversas serão as consequências jurídicas no que diz respeito ao exercício da autoridade parental e ao regime de convivência.

4. GUARDA E PODER FAMILIAR

O CC/2002 promoveu uma importante atualização gramatical consentânea com o princípio constitucional da isonomia, ao substituir a expressão pátrio poder por poder familiar. Entretanto, manteve um anacronismo consistente na distinção entre poder familiar e guarda, fonte de infindáveis controvérsias, especialmente após o advento da Lei da Guarda compartilhada.

Poder familiar "é acima de tudo uma obrigação dos pais com os seus filhos, um dever assumido com o nascimento da prole para garantir todos os meios necessários ao pleno desenvolvimento dos sucessores",[21] não deriva do casamento ou da união estável, ele é inerente ao estado de filiação e surge desde o nascimento do filho e decorre da paternidade natural, sendo um atributo irrenunciável, inalienável e imprescritível."[22] Ou nos dizeres de Pablo Stolze Gagliano e Rodolfo Pamplona "o plexo de direitos e obrigações reconhecidos aos pais, em razão e nos limites da

---

19. Art. 41. A adoção atribui a condição de filho ao adotado, com os mesmos direitos e deveres, inclusive sucessórios, desligando-o de qualquer vínculo com pais e parentes, salvo os impedimentos matrimoniais.

    § 1º Se um dos cônjuges ou concubinos adota o filho do outro, mantém-se os vínculos de filiação entre o adotado e o cônjuge ou concubino do adotante e os respectivos parentes.

20. Essa distinção foi bem pontuada pelo STJ, quando do julgamento do Resp 1.545.959/SC: "A adoção unilateral, ou adoção por cônjuge, é espécie do gênero adoção que se distingue das demais, principalmente pela ausência de ruptura total entre ao dotado e os pais biológicos, porquanto um deles permanece exercendo o Poder Familiar sobre o menor, que será, após a doção, compartilhado com o cônjuge adotante. Nesse tipo de adoção, que ocorre quando um dos ascendentes biológicos faleceu, foi destituído do Poder Familiar, ou é desconhecido, não há consulta ao grupo familiar estendido do ascendente ausente, cabendo tão só ao cônjuge supérstite decidir sobre a conveniência, ou não, da adoção do filho pelo novo cônjuge/companheiro" (REsp 1545959/SC, Rel. Ministro Ricardo Villas Bôas Cueva, rel. p/ acórdão Ministra Nancy Andrighi, Terceira Turma, julgado em 06.06.2017, DJe 01.08.2017).

21. MADALENO, Rolf, MADALENO, Rolf. MADALENO, Rafael. *Guarda compartilhada*: física e jurídica. São Paulo: Ed. RT, 2016. p. 24.

22. Ibidem. p. 25.

autoridade parental que exercem em face dos filhos, enquanto menores e capazes[23]". Da mesma forma, Flávio Tartuce assegura que o poder familiar "é uma decorrência do vínculo jurídico de filiação, constituindo o poder exercido pelos pais em relação aos filhos, dentro da ideia de família democrática, do regime de colaboração familiar e de relações baseadas, sobretudo, no afeto".[24]

O termo foi introduzido pelo Código Civil/2002 em substituição ao antigo "pátrio poder", expressão icônica de uma antiga sociedade patriarcal, que deixava claro que o poder da família estava no homem, no pai, que detinha a condução dos assuntos domésticos e familiares. A partir de então, esse "poder" sai da mão do homem e ambos os genitores passam a partilhar, em igualdade, a responsabilidade sobre os filhos.

De acordo com o art. 1.634 do Código Civil, o exercício do poder familiar inclui, entre outras atribuições, dirigir a criação e a educação dos filhos menores, tê-los em sua companhia e guarda, conceder ou negar consentimento para casar, representá-los nos atos da vida civil (como por exemplo, assinar documentos e autorizações) e reclamá-los de quem os estiver detendo ilegalmente. Como o poder familiar surge automaticamente no momento em que o filho nasce ou é reconhecida a relação paterno-filial, não há como haver a sua extinção com o fim do casamento ou da união estável. A única alteração que se verifica, nesse momento, diz respeito a uma das atribuições do poder familiar: a guarda dos filhos.

A disciplina da guarda sofreu importantes modificações nesses últimos 20 anos, especialmente a partir da edição da Lei 11.698/2008[25], com a instituição da guarda compartilhada e posteriormente com a Lei 13.058/2014[26]. Atualmente o Código Civil faz alusão a duas modalidades de guarda: a guarda unilateral, caracterizada pelo exercício exclusivo ou prioritário das responsabilidades parentais; e a guarda compartilhada, por meio da qual aquelas responsabilidades são repartidas conjuntamente por ambos os genitores.

Além da guarda unilateral e da guarda compartilhada, existe, ainda, a guarda de nidação ou "aninhamento", que não encontra previsão no ordenamento jurídico pátrio e é caracterizada pela permanência dos filhos na mesma residência em que vivia o casal antes do divórcio. Os pais se retiram de casa e retornam em períodos fixos pré-estabelecidos, de modo que a criança não tem qualquer alteração em sua rotina espacial. Apesar de não regulada, não existe vedação legal a que essa modalidade de guarda seja adotada no Brasil, desde que haja consenso entre os genitores,

---

23. GAGLIANO, Pablo Stolze; PAMPLONA FILHO, Rodolfo. *Manual de direito civil*. São Paulo: Saraiva, 2017. p. 1329.
24. TARTUCE, Flávio. *Manual de direito civil*. 2. ed. São Paulo: Método, 2012. p. 1191.
25. Altera os arts. 1.583 e 1.584 da Lei 10.406, de 10 de janeiro de 2002 – Código Civil, para instituir e disciplinar a guarda compartilhada.
26. Altera os arts. 1.583, 1.584, 1.585 e 1.634 da Lei 10.406, de 10 de janeiro de 2002 (Código Civil), para estabelecer o significado da expressão "guarda compartilhada" e dispor sobre sua aplicação.

especialmente em razão dos altos custos financeiros, uma vez que os pais estarão envolvidos no custeio de três residências[27].

Também não foi prevista no direito positivo brasileiro a chamada "guarda alternada": nela os genitores se sucedem, de forma alternada, no exercício exclusivo das responsabilidades parentais. Em outras palavras, na guarda alternada tem-se sucessivas guardas unilaterais ou exclusivas, exercidas pelo genitor que estiver com a custódia física naquele período. Afora a inexistência de previsão legal, esse tipo de guarda não atende ao princípio do melhor interesse da criança, pois além da mudança constante de residência, deixa a criança confusa, sem saber a que autoridade parental deve respeito, o que interfere nos seus hábitos, valores e padrões de vida. O que é bem diferente da guarda compartilhada com duas residências, onde o compartilhamento efetivo da autoridade parental incute na criança o sentimento de pertencimento a dois lares, afastando o paradigma do filho "mochileiro", que passa a vida a transitar entre a "casa do pai" e a "casa da mãe".

Impende esclarecer que "guarda alternada" e "residência alternada" são situações completamente distintas, não obstante a "guarda alternada" sempre pressuponha a alternância de residências. A expressão "residência alternada" tem sido utilizada para caracterizar um regime de distribuição igualitária do tempo de convivência "doméstica" dos filhos com os genitores, nos termos previstos no art. 1.583, § 2º do CCB, de forma consistente e estável, quer seja semanalmente, no sistema quatro dias vs. três dias alternativamente, quer seja mensalmente, no modelo "mês com o pai"/"mês com a mãe", ou ainda por qualquer outro período de rodízio previamente estabelecido e cumprido com rigor, mantendo-se, em qualquer hipótese, a estabilidade dos períodos de convivência.

Essa divisão da convivência entre duas residências não se vincula, necessariamente, à modalidade de guarda. Até mesmo na guarda unilateral, que normalmente abrange a custódia física exclusiva, é possível, em caráter excepcional, tanto aos pais acordarem pela alternância de residências, como ao juiz impor uma repartição mais isonômica do tempo de convivência. Na guarda compartilhada, da mesma forma, é possível a divisão do tempo seguindo o *standard* tradicional de fixação de uma residência exclusiva e, por consequência, maior tempo de convivência com o genitor residente[28]; ou a fixação de duas residências, ou residências alternadas, com divisão isonômica do tempo de convivência.

---

27. Também já escrevi sobre as modalidades de guarda e sobre a distinção entre guarda alternada e guarda compartilhada com duas residências. Cf. DELGADO, Mário Luiz. *Guarda alternada ou guarda compartilhada com duas residências?* Disponível em: https://ibdfam.org.br/index.php/artigos/1313/Guarda+Alternada+ou++Guarda+Compartilhada+com+duas+resid%C3%AAncias? Acesso em: 07 out. 2021.
28. Esse formato, na prática, faz com que a guarda compartilhada se esvazie e se equipare à guarda unilateral. Infelizmente, grande parte das sentenças judiciais, apesar da alteração do art. 1.583, § 2º, do CC pela Lei 13.058/2014, ainda continua a adotar esse formato de residência única, mantendo um dos genitores na incômoda posição de "visitante", tal como se dá na guarda unilateral.

Desta feita pode-se com clareza entender que poder familiar e guarda não são a mesma coisa nem mesmo sinônimos do mesmo fato, sendo o poder familiar muito mais amplo e inerente à condição da paternidade/maternidade, independente da forma de guarda física dos filhos, pois a guarda nada mais é que o ato de resguardar o filho enquanto menor e submetido ao poder familiar.

O exercício do poder familiar no âmbito das famílias reconstituídas vai depender, repita-se, da natureza jurídica das relações entre os pares conjugais e os respectivos filhos, e se nelas houve o reconhecimento jurídico de vínculos paterno-filiais.

5. O EXERCÍCIO DO PODER FAMILIAR NAS FAMÍLIAS RECONSTITUÍDAS

5.1 Poder familiar nas relações de padrastio

Na hipótese de reconhecimento da parentalidade socioafetiva, não há qualquer óbice para a atribuição dos *munus* oriundo do poder familiar, consistente no "conjunto de direitos e obrigações, quanto à pessoa e bens do filho menor não emancipado, exercido, em igualdade de condições, por ambos os pais, para que possam desempenhar os encargos que a norma jurídica lhes impõe, tendo em vista o interesse e a proteção do filho[29]".

Entretanto, não existe qualquer dispositivo legal que seja capaz de elucidar se a parentalidade por afinidade também comporta esse ônus, inclusive em face do dever de sustento, educação, guarda etc. (art. 1.634, do Código Civil), uma vez que o vínculo originário não será extinto pelo novo casamento ou união estável de um dos genitores.

Apesar de a parte final do art. 1.636, do Código Civil mencionar que o poder familiar dos pais deverá ser exercido "sem qualquer interferência do novo cônjuge ou companheiro", pensamos ser inevitável atribuir aos padrastos/madrastas, nas famílias reconstituídas, o exercício de algumas das atribuições do poder familiar.

Isso porque, o desenvolvimento do menor, seja ele criança ou adolescente, reflete o ambiente familiar em que ele está inserido, assim como os exemplos assimilados no dia a dia. Afinal, "é por meio da identificação com os pais como modelos e da vivência afetiva com eles (...) que desenvolvemos a nossa identidade[30]". Com isso, quer na omissão dos genitores, quer pelo exercício concomitante, é defensável que esse papel seja igualmente desempenhado pelo(a) atual companheiro(a) ou cônjuge, que poderá exercer a autoridade parental, de forma voluntária.

Concordamos com Ana Carolina Brocado Teixeira, quando afirma não haver dúvida "quanto à possibilidade de exercício da autoridade parental pelo genitor afim,

---
29. DINIZ, Maria Helena. *Curso de direito civil brasileiro.* 33. ed. São Paulo: Saraiva, 2019. p. 641.
30. GROENINGA, Giselle Câmara. Afetos, sexualidade e violência: a família desmistificada. In: DIAS, Maria Berenice; BASTOS, Eliene Ferreira. *Família além dos mitos.* Belo Horizonte: Belo Horizonte: Del Rey, 2008. p. 72.

mediante autorização do titular. Essa, muitas vezes, é feita de forma inconsciente e tácita, através de permissões sucessivas, ou mesmo em pequenos pedidos de auxílio com a educação do filho, que pode se dar nas mínimas tarefas do quotidiano, ou nas grandes decisões acerca da educação, da escolha da escolha mais adequada, ou mesmo da disciplina do filho. Entretanto, se houver algum problema com essa delegação, o responsável deve ser o genitor biológico, desde que o afim tenha agido de boa-fé. Não há fórmulas predeterminas para o êxito desses novos arranjos, pois criar filhos é um verdadeiro desafio, seja pelo pai afetivo, biológico ou adotivo. Não se tem garantia do resultado, apenas das tentativas de acerto, que são feitas permeadas pela afetividade que medeia a relação parental, seja biológica ou não[31]".

Para Débora Consoni Gouveia "a posição ocupada pelos pais afins é relevante dentro da família e que os menores, neles enxergam uma figura que representa autoridade dentro do ambiente familiar. Motivo pelo qual, sua conduta deve ser legitimada, em prol não só do interesse do grupo familiar, mas, especialmente do menor[32]"

Uma diferenciação, entretanto, deve ser realizada, pois se o exercício da autoridade parental pelo afim for em face de genitores ativos e cumpridores dos seus deveres, a sua atuação será subsidiária, exigindo, para tanto, conciliação, diálogo e imposição de limites entre os envolvidos acerca das decisões que poderão ser adotadas por cada um, a fim de que o melhor interesse da criança seja tutelado.

Todavia, em havendo genitores omissos, os pais afins assumirão integralmente as atribuições do poder familiar, uma vez que as decisões serão tomadas pelo casal, inclusive, com assunção dos deveres de ordem material, sem que haja interferência externa de pessoas alheias à família, dando-se início, muitas vezes, à construção da paternidade socioafetiva, a partir da posse do estado de filho.

Desta forma, embora não haja regulamentação específica acerca do assunto, denota-se que o exercício da autoridade parental se mostra orgânico à dinâmica da família reconstituída. Para tanto, importante que a atuação esteja em consonância com os pais biológicos e, inclusive, haja autorização para tanto e que haja a edição de normas específicas sobre o assunto, com a delimitação dos comportamentos que poderão ser adotados pelos pais afins, em garantia ao melhor interesse da criança e à dignidade da pessoa humana[33].

---

31. TEIXEIRA, Ana Carolina. *Família, guarda e autoridade parental*. Rio de Janeiro: Renovar, 2005. p. 120.
32. GOUVEIA, Débora Consoni. *Autoridade parental nas famílias reconstituídas*. Dissertação de mestrado FDUSP, São Paulo, 2010, p. 154.
33. GRISARD FILHO comunga dessa opinião ao mencionar que "as concordâncias interpessoais podem deixar desguarnecidos os direitos de seus membros, principalmente das crianças e dos adolescentes, que não podem defender por si só seus interesses pessoais. Então, estas famílias reclamam do corpo social uma atitude mais comprometida, que estimule e valorize comportamentos responsáveis de seus integrantes adultos, criando o lugar e espaço próprios ao pai ou a mãe afim no âmbito familiar. Neste sentido, a lei não pode permanecer alheia, fixando regras mínimas que afirmem o compromisso e as obrigações dos que vivem em companhia de menores e assume cotidianamente seus cuidados, sejam ou não se pais biológicos. A finalidade da lei seria fixar pautas claras de funcionamento, onde, porém, o espaço do 'não direito' e o poder da autonomia da vontade devem ser mais amplos, em razão da variedade existencial. A demanda social exige, à estabilidade

5.2   O poder familiar nas famílias reconstituídas multiparentais

O exercício do poder familiar ou da autoridade parental nas famílias reconstituídas biparentais não traz de início uma problemática, vez que o poder familiar surge no momento em que nasce o vínculo de filiação. Os problemas surgem em havendo mais de dois genitores, biológicos ou afetivos, pois todos deverão responder pelos direitos e deveres que lhe são inerentes, ou seja, todos serão titulares de poder familiar, de onde emanam, por consequência, a guarda e o direito/dever de convivência.

O poder familiar quando de sua instituição foi pensado para uma família binuclear. Com a modificação na forma de relacionamento familiar e a aclamação dos vínculos paterno-filiais formados pelo afeto com mais de dois genitores, daí decorrendo a multiparentalidade, é certo que novas situações poderão surgir, emergentes da administração do poder familiar, e não havendo consenso entre os envolvidos, crianças e adolescentes ficarão expostos às mais variadas formas de constrangimento emocional nas disputas por guarda entre todos os genitores.

Sobre o tema, Cristiano Chaves[34], comenta que:

> Em sendo assim, impõe-se uma adaptação da guarda compartilhada em tais hipóteses, com uma regulamentação da convivência entre todos os envolvidos, de modo a garantir efetivamente um modelo de coparticipação de relação paterno-filial.

Estando os múltiplos genitores em consenso, nenhum problema surgirá na relação paterno/filial. Contudo demandam intrigantes começam a emergir quando se tem três genitores ou mais e esses não possuem o mesmo entendimento sobre temas relacionados à vida dos filhos, tais como a emancipação e autorização de viagem, administração de eventual patrimônio dos filhos, autorização para casar, bem como tudo o que for inerente ao exercício do poder familiar.

No primeiro exemplo, a emancipação está prevista no art. 5º do Código Civil que em seu parágrafo primeiro, inciso I prevê que cessa a incapacidade pela emancipação por concessão dos pais. Significa dizer que a emancipação é voluntária e todos os genitores devem concordar. Havendo discordância de um, não há maioria e somente a justiça poderá decidir, pois ou todos concedem a emancipação ou ela não é possível. O mesmo ocorrerá com cada um dos demais exemplos citados. Para casar o filho que não menor dependerá de autorização de todos os genitores. E em assim não sendo, seguir-se-á a regra do art. 1.519 do Código Civil[35]. O exercício do poder familiar não se fraciona entre os pais.

---

de seu conjunto, a criação de referências institucionais, que ordenem os direitos e deveres de pais e mães afins durante a união e depois de sua ruptura" (GRISARD FILHO, Waldyr. *Famílias reconstituídas*: novas uniões depois da separação. São Paulo: Ed. RT, 2007. p. 101).

34. FARIAS, Cristiano Chaves de; ROSENVALD, Nelson. Curso de direito civil: famílias. 12. ed. ampl. Salvador: JusPodivm, 2020. v. 6, p. 700.
35. Art. 1.519. A denegação do consentimento, quando injusta, pode ser suprida pelo juiz.

A autorização de viagem para menores ao exterior está prevista no ECA e de maneira complementar, pela Resolução 131/2011 do CNJ. Em ambos os diplomas, há um ponto em comum, a autorização para que menores viagem com um dos seus genitores ou com terceiros, deverá ser concedida por ambos os genitores, o que implica dizer que, na multiparentalidade, sê-lo-á por todos os genitores. Havendo negativa de um, necessário será o suprimento judicial de outorga parental.

6. CONVIVÊNCIA PATERNO/MATERNO-FILIAL: DEVER MORAL OU DEVER JURÍDICO?

Como decorrência do poder familiar, cabe aos pais, zelarem pela educação dos filhos em todos os seus níveis, estando ao seu lado durante todo o seu desenvolvimento, fortalecendo laços afetivos e morais. Em função da desestrutura familiar em momento de ruptura da união, nem sempre os genitores conseguem manterem-se fiéis no exercício de seus deveres.

A convivência dos filhos com os genitores, mesmo após a ruptura da conjugalidade, é direito fundamental do filho, imprescindível ao seu desenvolvimento saudável.[36]

Waldyr Grisard afirma que o direito à convivência familiar há de ser priorizado pela sociedade, poder público, mas, essencialmente, pelos pais, pois suas responsabilidades não se resumem a dar vida a um ser humano. É indispensável que esse ser, tenha uma criação implementada com afeto e aconchego[37]. Rodrigo da Cunha Pereira destaca que a ausência das funções paternas já se apresenta, hoje, como um fenômeno social alarmante que tem gerado péssimas consequências conhecidas por todos nós, como o aumento da delinquência juvenil. Essa ausência paterna e o declínio do pater-viril está acima da questão da estratificação social[38]. É consequência das transformações sociais iniciadas na revolução feminista, a partir da redivisão sexual do trabalho e a consequente queda do patriarcalismo.

Na mesma linha de pensamento, Maria Berenice Dias[39] enfatiza que "o exercício do encargo familiar não é inerente à convivência dos cônjuges companheiros. É plena a desvinculação legal da proteção conferida aos filhos à espécie de relação dos genitores. Todas as prerrogativas decorrentes do poder familiar persistem mesmo quando da separação ou do divórcio dos genitores o que não modifica os direitos

---

36. Rolf Madaleno ressalta a importância do papel de cada um dos genitores no desenvolvimento dos menores: "A importância e o papel de cada um dos progenitores na formação e criação dos seus filhos são únicos e completamente insubstituíveis, tanto o pai quanto a mãe são igualmente responsáveis pela sua prole, e o exercício da parentalidade, este vínculo jurídico que existe entre um progenitor e o seu filho, constitui um direito fundamental e absoluto" (MADALENO, Rolf. MADALENO, Rafael. *Guarda compartilhada*: física e jurídica. São Paulo: Ed. RT, 2016. p. 25).
37. GRISARD, Filho, Waldyr. *Guarda compartilhada*: um novo modelo de responsabilidade parental. São Paulo: Ed. RT, 2010. p.94.
38. PEREIRA, Rodrigo da Cunha. Pai Porque me abandonaste? In: PEREIRA, Tânia da Silva (Coord.). *O melhor Interesse da Criança: um debate Interdisciplinar*. Rio de Janeiro: Renovar, 1999. p. 582.
39. DIAS, Maria Berenice. *Manual de direito das famílias*. 4. ed. rev. e atual. Porto Alegre: Livraria do Advogado, 2007. p. 380-1.

e deveres dos pais em relação aos filhos (CC, 1.579). [...] a guarda absorve apenas alguns aspectos do poder familiar. A falta de convivência sob o mesmo teto não limita nem exclui o poder-dever dos pais, que permanece íntegro, exceto quanto ao direito de terem os filhos em sua companhia".

Nem a Constituição, nem o Código Civil preveem punição para violação das atribuições inerentes ao poder familiar, especialmente para o descumprimento do dever de convivência, máxime quando o genitor deixa o filho em abandono[40]. Apenas o Estatuto da Criança e do Adolescente, no seu art. 249, tipifica, como infração administrativa, o descumprimento dos deveres inerentes ao poder familiar, com pena de multa de três a vinte salários de referência.[41]

A questão que se coloca, e em torno da qual ainda grassam controvérsias, é se, em sendo um direito/dever, é possível obrigar um pai a cumpri-lo? Ora, se a convivência, antes vista como um privilégio do genitor não guardião (também chamado visitante), sem qualquer responsabilização pelo não exercício, evoluiu para ser considerada muito mais um direito do filho, e não do genitor, não vemos como negar a sua obrigatoriedade, mediante uso dos instrumentos de coercibilidade postos à disposição pelo sistema jurídico.

A ideia de que a obrigação de convivência não possui natureza jurídica, mas apenas moral, amparada no equívoco de se confundirem sentimentos com imposições da ordem jurídica, caminha a passos largos para o esquecimento. O regime de convivência configura, sim, um dever jurídico dos pais e um direito da criança[42].

O dever de convívio é *jurídico* e *moral* (e não apenas moral), como bem coloca Dimas Messias de Carvalho:

---

40. Nessas situações, a jurisprudência brasileira tem se valido dos instrumentos da responsabilidade civil para coibir o descumprimento do dever de convivência. No julgamento do Recurso Especial 1.887.697/RJ, o Superior Tribunal de Justiça esclareceu que o "dever jurídico de exercer a parentalidade de modo responsável compreende a obrigação de conferir ao filho uma firme referência parental, de modo a propiciar o seu adequado desenvolvimento mental, psíquico e de personalidade, sempre com vistas a não apenas observar, mas efetivamente concretizar os princípios do melhor interesse da criança e do adolescente e da dignidade da pessoa humana, de modo que, se de sua inobservância, resultarem traumas, lesões ou prejuízos perceptíveis na criança ou adolescente, não haverá óbice para que os pais sejam condenados a reparar os danos experimentados pelo filho". E exatamente por isso, é juridicamente possível os pais serem condenados a reparar os danos morais causados pelo abandono afetivo do filho, não podendo essa espécie de condenação "ser afastada pela obrigação de prestar alimentos e nem tampouco pela perda do poder familiar, na medida em que essa reparação possui fundamento jurídico próprio, bem como causa específica e autônoma, que é o descumprimento, pelos pais, do dever jurídico de exercer a parentalidade de maneira responsável" (REsp 1887697/RJ, Rel. Ministra Nancy Andrighi, Terceira Turma, julgado em 21.09.2021, DJe 23.09.2021).
41. Carla Matuck Borba Seraphim complementa que "o direito fundamento à convivência familiar impõe à família, à sociedade e ao Estado o dever de cuidado; ao mesmo tempo coloca a criança e o adolescente como sujeito ativo de direitos fundamentais, como o direito fundamental à convivência familiar a comunitária" (SERAPHIM, Carla Matuck Borba. In: CAVALCANTI, Ana Elizabeth Lapa Wanderley; LEITE, Flavia Piva Almeida; LISBOA, Roberto Senise (Coord.). *Direito da infância, juventude, idoso e pessoas com deficiência*. E-book, São Paulo: Atlas, 2014).
42. Maria Berenice Dias reforça que "o direito de convivência não é assegurado somente ao pai ou à mãe, é direito do próprio filho de com eles conviver, o que reforça os vínculos paterno e materno-filial" (DIAS, Maria Berenice. *Manual de direito das famílias*. 14. ed. rev. atual e ampl, São Paulo: Ed. RT, 2021, p. 393).

O genitor não guardião possui, portanto, o dever de conviver e cuidar do filho, sendo que o descumprimento injustificado do dever jurídico de convivência importa em abandono afetivo, ocasionando danos morais, suscetível de reparação civil.[43]

Descumprir o dever de convivência viola o art. 1.589[44] do Código Civil; os arts. 4º[45] e 19[46] do ECA e o art. 227[47] da Carta Magna, que determinam que é dever da família assegurar com *absoluta prioridade* a convivência familiar. A juridicização desse direito/dever é amplamente reconhecida pela jurisprudência[48], inclusive como uma *obrigação de fazer* do genitor não residente, sendo factível, nas situações em que o regime de convivência foi fixado judicialmente, o manejo do competente incidente de cumprimento para que o convívio seja respeitado[49].

Também se mostra viável, e mesmo aconselhável, a estipulação de multa caso o regime de convivência não seja respeitado, consoante defende importante parcela da doutrina. Nesse sentido escreve Fernanda Tartuce:

---

43. CARVALHO, Dimas Messias de. *Direito das famílias.* 7. ed. *E-book,* São Paulo: Saraiva, 2019.
44. Art. 1.589. O pai ou a mãe, em cuja guarda não estejam os filhos, poderá visitá-los e tê-los em sua companhia, segundo o que acordar com o outro cônjuge, ou for fixado pelo juiz, bem como fiscalizar sua manutenção e educação.
45. Art. 4º É dever da família, da comunidade, da sociedade em geral e do poder público assegurar, com absoluta prioridade, a efetivação dos direitos referentes à vida, à saúde, à alimentação, à educação, ao esporte, ao lazer, à profissionalização, à cultura, à dignidade, ao respeito, à liberdade e à convivência familiar e comunitária.
46. Art. 19. É direito da criança e do adolescente ser criado e educado no seio de sua família e, excepcionalmente, em família substituta, assegurada a convivência familiar e comunitária, em ambiente que garanta seu desenvolvimento integral.
47. Art. 227. É dever da família, da sociedade e do Estado assegurar à criança, ao adolescente e ao jovem, com absoluta prioridade, o direito à vida, à saúde, à alimentação, à educação, ao lazer, à profissionalização, à cultura, à dignidade, ao respeito, à liberdade e à convivência familiar e comunitária, além de colocá-los a salvo de toda forma de negligência, discriminação, exploração, violência, crueldade e opressão.
48. Agravo de instrumento cumprimento de sentença direito de visitas inteligência art. 1.589 do código civil direito da criança assegurado no caput do art. 227 da Constituição Federal e no art. 19 do Estatuto da Criança e do Adolescente fixação mantida. *01. O art. 1.589 do Código Civil assegura ao pai, em cuja guarda não estejam os filhos, o direito de visita, bem como a criança tem o direito à convivência familiar conforme caput do art. 227 da Constituição Federal e caput do art. 19 do Estatuto da Criança e do Adolescente.* 02. A fixação de visitas deve atender à preservação do direito da criança e também ao interesse paterno de estreitar laços de afetividade com o filho, conforme as peculiaridades do caso concreto. Recurso conhecido e não provido (TJMS; AI 4000357-67.2020.8.12.9000; Segunda Câmara Cível; Rel. Des. Vilson Bertelli; DJMS 26.10.2020; p. 151).
49. Agravo de instrumento. *Ação de guarda c.c visitas. Cumprimento de decisão que fixou regime de visitas provisório.* Insurgência de genitor/exequente contra decisão que indeferiu pedido de majoração de multa em caso de descumprimento e negou busca e apreensão de menor. Majoração de multa por descumprimento. Decisão posterior suspendeu a cobrança de multa anteriormente interposta. Reconhecimento de ausência de intimação regular para cumprimento da decisão. Perda superveniente do objeto recursal quanto a este pedido. Questão rediscutida em agravo de instrumento interposto posteriormente. Busca e apreensão de menor. Medida desnecessária. *Regularmente intimada para cumprimento da decisão exequenda, a parte executada indicou a realização da visita. Situação confirmada pelo genitor.* Pedido realizado para efetivar o contato entre pai e filho. Circunstância alcançada por outros meios. Má-fé. Pedido de condenação do agravante às penas por litigância de má-fé formulado em contrarrazões. Má-fé não configurada. Mera defesa de direito que entende legítimo. Presunção inadmissível. Resultado. Agravo não provido, na parte conhecida (TJSP; AI 2143550-24.2020.8.26.0000; Ac. 14014606; São Paulo; Nona Câmara de Direito Privado; Rel. Des. Edson Luiz de Queiroz; Julg. 30.09.2020; DJESP 05.10.2020; p. 1868).

Espera-se que, a partir do diálogo, os pais possam encontrar caminhos pacíficos de convivência e respeito aos interesses de seus filhos.

Caso, contudo, seja necessário se valer da autoridade judicial, é pertinente a aplicação do Código de Processo Civil para implementar medidas que assegurem o resultado prático equivalente ao adimplemento. Dentre as possibilidades, destacam-se, por sua utilidade para atender a situações de convivência impedida, a imposição de multa por tempo de atraso e a busca e apreensão.[50]

Também Dimas Messias, sustentando ser dever do genitor não guardião respeitar o direito de convivência com o menor, conclui pela possibilidade da fixação de multa em caso de violação:

> Da mesma forma, tratando de um dever jurídico de assistir e cuidar, importa em obrigação de fazer no direito de família, autorizando ao juiz exigir o cumprimento da obrigação e adotar todas as medidas para a obtenção e efetivação da tutela específica consistente no cumprimento do dever de visitar e conviver com o filho. O descumprimento do dever, da obrigação jurídica e moral do pai não guardião, autoriza o juiz, de ofício ou a requerimento da parte, a imposição de multa, da mesma forma em que se aplica ao genitor guardião que dificulta ou impede as visitas.[51]

Frise-se que a fixação de multa também assume viés educativo e sendo a convivência familiar, além de dever jurídico, ínsita à relação parental, não se pode escusar o seu descumprimento por parte de quaisquer dos genitores.

É fato incontroverso que afeto, amor e carinho não podem ser impostos, mas devem ser inerentes ao convívio parental. O dever de convivência, no entanto, deriva do poder familiar e o seu descumprimento não é escusável sob qualquer pretexto, sob pena da fixação de multa diária.

7. O REGIME DE CONVIVÊNCIA NAS FAMÍLIAS RECONSTITUÍDAS MULTIPARENTAIS

A cada dia observa-se um crescente aumento no número de famílias reconstituídas após o rompimento de uniões anteriores, seguidas de novos arranjos conjugais, trazendo consigo filhos dos relacionamentos anteriores, havendo, assim, uma junção "dos meus, dos seus e dos nossos", onde os vínculos afetivos passam a ser construídos a partir do convívio de todos. Quando a natureza da relação ultrapassa o convívio afetivo decorrente da afinidade, e os sujeitos da relação passam a se considerar pai e filho, nasce a filiação afetiva.

Da mesma forma, com a evolução da medicina reprodutiva, surge a possibilidade do nascimento de filhos de casais homoafetivos com a utilização de material genético de terceiro não anônimo, que passará a integrar o registro de nascimento do filho, formando-se família com múltiplos genitores.

---

50. TARTUCE, Fernanda. *Processo civil no direito de família*: teoria e prática. *E-book*, São Paulo: Método, 2017.
51. DE CARVALHO, Dimas Messias. *Direito das famílias*. 7. ed. *E-book*, São Paulo: Saraiva, 2019.

Dá-se assim a multiparentalidade ou pluriparentalidade que é o termo utilizado para o reconhecimento jurídico da coexistência de mais de um vínculo materno ou paterno em relação ao mesmo filho, ou seja, é o reconhecimento de que uma pessoa possui "dois pais" ou "duas mães", formalizada em seu assento de nascimento.

Nos termos do art. 1.593 do Código Civil, o parentesco é o vínculo jurídico estabelecido entre pessoas que têm a mesma origem biológica; entre um cônjuge ou companheiro e os parentes do outro, chamada de parentesco por afinidade; e entre as pessoas que têm entre si um vínculo civil, aquele decorrente de outra origem, que não seja a consanguinidade ou afinidade. Com base exatamente no vínculo que "decorre de outra origem", doutrina e jurisprudência passaram a reconhecer a paternidade afetiva com base, especialmente, na posse do estado de filho, como por exemplo os padrastos e madrastas que assim se colocam perante os filhos de seus cônjuges ou companheiros.

O primeiro efeito do reconhecimento da socioafetividade (com ou sem multiparentalidade) se dá na própria relação de parentesco/filiação, uma vez que, reconhecidos os vínculos, estes se estendem na linha de parentesco, passando a produzir todos os efeitos patrimoniais e jurídicos pertinentes.

A partir da edição, pelo CNJ, do Provimento 63/2017, o reconhecimento voluntário de paternidade perante o Oficial de Registro Civil, na forma do art. 1.609 do Código Civil, foi estendido às hipóteses de reconhecimento voluntário de paternidade socioafetiva, até porque a Carta Magna assegura, como princípio, a igualdade da filiação, não se admitindo qualquer forma discriminatória entre filhos[52].

Por outro lado, o reconhecimento multiparental, sem consentimento, é possível pela via judicial desde 2016, com o julgamento pelo STF do Resp. 898.060/SC, em sede de repercussão geral: "A paternidade socioafetiva, declarada ou não em registro público, não impede o reconhecimento do vínculo de filiação concomitante baseado na origem biológica, com todas as suas consequências patrimoniais e extrapatrimoniais", trazendo, como consequência, o reconhecimento da multiparentalidade mesmo que contra a vontade do pai biológico e a coexistência e concomitância dos vínculos socioafetivo e biológico (tema 622). Ou seja, admite-se a coexistência de mais de um vínculo materno ou paterno em relação ao mesmo filho, formalizada em seu assento de nascimento[53].

---

52. Após muita discussão em torno desse Provimento, o CNJ editou o Provimento 83, em 14 de agosto de 2019, modificando dispositivos do Provimento 63, com mudanças significativas nos procedimentos extrajudiciais para reconhecimento da filiação socioafetivo A partir do provimento 83, somente os filhos acima de 12 anos poderão se valer do registro da filiação socioafetiva pela via extrajudicial, restando aos menores desta idade apenas a via judicial.

53. Belmiro Pedro Welter construiu a Teoria Tridimensional do Direito de Família sustentando que "compreensão do ser humano não é efetiva somente pelo comportamento com o mundo das coisas (mundo genérico), como até agora tem sido sustentado na cultura jurídica do mundo ocidental, mas também pelo modo de ser-em-família e em sociedade (mundo afetivo) e pelo próprio modo de relacionar consigo mesmo (mundo ontológico). No século XXI, é preciso reconhecer que a família não é formada como outrora, com a finalidade de procriação, mas, a essencialidade, com a liberdade de constituição democrática, afastando-se conceitos

É certo que a multiparentalidade não é assunto afeto a todas as famílias e que o convívio afetivo entre padrastos e madrastas não gera obrigatoriamente a multiparentalidade. Essa é construída ao longo da vida, com o autorreconhecimento daquele pai para aquele filho e daquele filho para aquele pai. O sentimento nasce e cresce na espontaneidade da convivência e do afeto[54].

Neste cenário, como não há hierarquia entre os pais ou as mães, todos serão titulares do poder familiar de seus filhos e, com isso, a guarda e a convivência com os filhos, respeitando-se os interesses dos menores.

Em havendo ruptura da convivência entre os genitores e onde o consenso não for possível, o regime de convivência entre os múltiplos pais deve ser regulamentado de modo a evitar uma possível exaustão emocional para filhos, com trocas constantes de domicilio, decorrentes dos impasses no relacionamento entre os genitores.

8. ALIENAÇÃO E AUTOALIENAÇÃO PARENTAL NAS FAMÍLIAS RECONSTITUÍDAS PLURIPARENTAIS

Outra problemática que poderá surgir em torno da multiparentalidade, a partir do rompimento da conjugalidade e ficando resquícios dos afetos mal resolvidos, são os atos de alienação parental praticados no âmbito dessa relação múltipla e que podem comprometer a salutar convivência de todos os genitores com os filhos.

A alienação parental, como se sabe, ocorre quando aquele que possui autoridade sobre o menor, seja criança ou adolescente, através de uma campanha de desqualificação da conduta do outro no exercício da paternidade ou maternidade, consegue, por atos reiterados, desfazer a sua real imagem.

A Lei 12.318 considera ato de alienação a interferência na formação psicológica da criança ou do adolescente promovida ou induzida por um dos genitores, pelos avós ou pelos que tenham a criança ou adolescente sob a sua autoridade, guarda ou vigilância para que repudie genitor ou que cause prejuízo ao estabelecimento ou à manutenção de vínculos com este.

Essa interferência pode ser identificada por diversas atitudes adotadas, na família multiparental, muitas vezes por mais de um genitor simultaneamente, como por exemplo, desvalorizar qualquer conduta do outro que naquele momento não possua a convivência mais frequente, impedindo que tenha acesso ao filho de forma equilibrada em tempo, atrapalhando de todas as formas o contato.

---

prévios, principalmente religiosos, na medida em que a família é linguagem, diálogo, conversação infinita e moldes de ser-no-mundo-genético, de ser-no-mundo-(des)afetivo e de ser-no-mundo-ontológico." (FARIAS, Cristiano Chaves de; ROSENVALD, Nelson. *Curso de direito civil*: famílias. 12. ed. ampl. Salvador: JusPodivm, 2020. v. 6, p. 617).

54. A possibilidade de se estabelecer a concomitância das parentalidades socioafetiva e biológica não é uma regra, sendo possível a sua rejeição nas hipóteses em que as circunstâncias fáticas demonstrem que o seu deferimento não atende ao que melhor para o filho, especialmente se menor.

O rol de condutas classificadas como abuso da autoridade parental é tão extenso, que a própria lei deixa claro trazer um rol exemplificativo e não taxativo, pois são inúmeras as manobras pelas quais se pode induzir a desqualificação de outro genitor, de modo consciente ou até mesmo inconsciente. A alienação parental é, acima de tudo, um processo de programação psicológica de uma criança ou adolescente e que pode começar por atos sutis que raras vezes conseguem ser medidos e acreditados como forma de se evitar o fim pretendido.

Já a autoalienação, ou alienação auto infligida, acontece quando o genitor na ânsia de atingir o outro genitor, ou genitores, que detém a guarda ou que reside com os filhos, passa a se colocar no lugar de vítima, forçando emocionalmente os filhos a repudiarem o outro ou outros genitores, causando, com isso, um afastamento dos filhos que se sentem abusados emocionalmente, ao ponto de não desejarem mais uma convivência harmoniosa com aquele genitor. E com isso o genitor repudiado pelos filhos imputa ao outro a prática dos atos de alienação parental.

Rolf Madaleno e Ana Carolina Carpes Madaleno tratam do tema afirmando que "pais podem estar tão obcecados interpretando como ato de deslealdade do outro genitor o fato de as coisas não estarem funcionando da forma por ele desejada, mas sendo incapaz de observar que sua prole está passando por situações por eles mesmos insidiosamente provocadas, mediante a alienação de si próprios e autoalienação, causando o afastamento dos seus filhos".[55]

Neste contexto, é certo afirmar que ocorrendo alienação parental nas famílias reconstituídas, a intervenção estatal deverá ser imediata, uma vez que ainda mais danosos os resultados em desfavor da criança ou adolescente. A única forma de se evitar tais efeitos é mantendo-se o mesmo afeto que fez gerar uma parentalidade afetiva juntamente com a biológica, onde todos os genitores se unam em prol de uma múltipla filiação em benefício do filho, com um compartilhamento de guarda e respeito ao poder familiar individual, almejando, sobretudo, uma verdadeira atitude de proteção dos filhos.

9. NOTAS CONCLUSIVAS

O Código Civil já conta com quase 20 anos de vigência e necessita manter a atualidade dos seus dispositivos, a fim de que as relações de direito privado continuem regulamentadas e consentâneas com o avanço e as transformações da sociedade.

Nesse cenário de transformações, instala-se uma nova realidade no Direito de Família, um formato contemporâneo de entidade familiar, que se convencionou chamar de "famílias reconstituídas", por decorrerem de relações conjugais anteriormente rompidas, normalmente com o advento de prole. São pessoas que reconstroem as suas vidas afetivas, carregando para o bojo das relações entrantes um passado conjugal

---

55. CARPES MADALENO, Ana Carolina; MADALENO, Rolf. *Síndrome da Alienação Parental*: importância da detecção. 5. ed. rev. atual e ampl. Rio de Janeiro: Forense, 2018. p. 162.

e também um passado parental, de onde se popularizou o uso da expressão, nessa modalidade de família, dos "meus, os seus e (eventualmente) os nossos", para aludir ao passado parental de cada um e a um futuro parental comum, em concretização do planejamento familiar conjunto. Essa moldura de entidade familiar vem ganhando cada vez mais destaque nos últimos 20 anos, em face do crescente número de divórcios/ separações/dissoluções de união estável, a que se seguem outras relações, no intuito dos ex-cônjuges ou companheiros formarem novos vínculos familiares.

Contudo, diante da existência de prole anterior, unilateral, há que se enfrentar os aspectos jurídicos das relações entre os enteados e os padrastos, já que nem todas as situações resultarão no reconhecimento da parentalidade socioafetiva ou na adoção unilateral. Em havendo o estabelecimento (por ato voluntário extrajudicial ou decisão judicial) do vínculo de filiação (adotiva ou socioafetiva), daí decorrerá a titularidade do poder familiar, com todos os seus atributos, deveres e prerrogativas, a favor daquele, ou daqueles, reconhecidos como pais. Nos casos de multiparentalidade, todos os pais terão iguais direitos e deveres.

Entretanto, mesmo sem vínculos paterno-filiais, os padrastos ligam-se aos enteados por elos de afinidade, em face da previsão do art. 1.593 do Código Civil, e em decorrência do princípio da afetividade e do melhor interesse da criança, àqueles também se é de assegurar o direito convivencial, assim como o exercício da autoridade parental, notadamente ante à omissão dos pais biológicos ou, alternativamente, de forma complementar, subsidiária e compartilhada entre todos eles, por meio do diálogo e da conciliação.

29
A IMPOSSIBILIDADE DA COMUNHÃO DE VIDA

Antônio Carlos Mathias Coltro

Mestre em Direito das Relações Sociais (PUC-SP). Especialista em Direito Civil na UNAERP (Ribeirão Preto). Presidente do Instituto Brasileiro de Direito Constitucional. Integrante do IBDFAM-SP, o qual presidiu e da Academia Paulista de Magistrados. Desembargador do Tribunal de Justiça de São Paulo.

Sumário: 1. Introdução – 2. Adultério – 3. Tentativa de morte praticada por um cônjuge contra o outro – 4. Sevícia ou injúria grave – 5. Abandono voluntário do lar conjugal – 6. Condenação por crime infamante – 7. Conduta desonrosa.

1. INTRODUÇÃO

Para a aferição sobre a impossibilidade da comunhão de vida, não se contenta a legislação unicamente com a prática de qualquer ato que caracterize grave violação dos deveres do casamento, sendo necessário que de sua prática por um ou os dois cônjuges resulte a insuportabilidade da vida em comum, sem o que não será possível deferir-se a separação.

É conveniente, aqui e desde logo, mencionar o escrito por Artur Alves da Motta, em rumo a que "O direito é dever-ser, ou seja, dispõe para que a sociedade seja conforme os seus ditames. Dentro do sistema jurídico, a maneira pela qual esse dever-ser se mostra é que varia: ora prepondera a oficialidade na elaboração do direito – quando passa a ser emanação estatal – ora a atuação dos indivíduos na formação do sistema jurídico ganha maior relevância. No direito privado, em contraposição ao direito público, sobressai o papel dos indivíduos: o papel da autonomia da vontade, respeitada pelo ordenamento jurídico, torna-se elemento primordial a reger as relações jurídicas entre as pessoas e, por via de consequência, integra e conforma esse ramo jurídico.

A despeito disso, no direito de família – parte importante do direito privado –, a vontade não tem papel assim tão relevante. As normas jurídicas de origem estatal afirmam-se sobre a vontade de seus destinatários em razão de seu caráter cogente. Essa legislação normatizadora do direito de família, além do mais, ainda é informada fortemente por valores sensivelmente diferentes do restante do sistema jurídico e configura a ordenação mínima das relações familiares"[1].

Em acréscimo, é adequado aludir ao mencionado por Arnaldo Rizzardo e dirigido a que, "[...] desde que não afetados princípios de direito ou o ordenamento legal, à

---
1. O casamento e a comunhão plena de vida. Disponível em: https://www.academia.edu/8982509/O_casamento_e_a_comunh%C3%A3o_plena_de_vida.

família reconhece-se a autonomia ou liberdade na sua organização e opções de modo de vida, de trabalho, de escolha de domicílio, de decisões quanto à conduta e costumes internos. Não se tolera a ingerência de estranhos – quer de pessoas privadas ou do Estado –, para decidir ou impor no modo de vida, nas atividades, no tipo de trabalho e de cultura que decidiu adotar a família. Repugna admitir interferências externas nas posturas, nos hábitos, no trabalho, no modo de ser ou de ser portar, desde que não atingidos interesses e direitos de terceiros"[2].

Assim já ocorria no sistema da Lei do Divórcio (Lei 6.515/77), não se contentando o legislador com a mera impossibilidade de manutenção da vida em comum, referindo o Código Civil em vigor, no art. 1.573[3], as razões que caracterizadoras de tal circunstância, afora permitir ao juiz, no parágrafo único da mesma disposição legal e em cláusula aberta, "considerar outros fatos, que tornem evidente a impossibilidade da vida em comum" e devem, juntamente com os incisos I a V do referido artigo, ser acrescentados aos aspectos caracterizadores de grave violação aos deveres do casamento, já citados.

Na orientação de Luis Felipe Brasil Santos, em artigo sob o título A separação judicial e o divórcio no novo código civil brasileiro,

> Após prolongada tramitação legislativa, veio a lume o novo Código Civil Brasileiro (NCCB), anunciado como um diploma legislativo da modernidade. No âmbito do Direito de Família, não é o que se constata, entretanto. A menos que se tenha como inovação simples incorporação em lei ordinária de regras já consagradas há mais de 13 anos, na Constituição Federal de 1988, como a igualdade entre os gêneros, a igualdade entre os filhos independentemente da origem da filiação (inclusive adotivos) e a consagração das uniões fáticas como entidades familiares! Especificamente no que diz com a temática da separação judicial e do divórcio nenhum avanço significativo ocorreu com o novo Código. Ao contrário: retrocessos houve, para desalento da comunidade jurídica especializada. Estas despretensiosas anotações pretendem apenas – em uma abordagem preliminar e, portanto, arrostando todos os riscos inerentes a tal empreitada – pôr em relevo alguns aspectos mais relevantes do novo tratamento dado ao tema da dissolução da sociedade conjugal e do casamento, que, com o tempo, serão, sem dúvida, com muito maior proficiência, versados pelos doutos. 2. A dissolução da sociedade conjugal e do casamento está tratada na novel codificação a partir do art. 1.571 (Capítulo X, Subtítulo I, Título I, Livro IV). 3. Desperdiçou o legislador excelente oportunidade de extinguir o já anacrônico instituto da separação judicial, cuja manutenção em nosso ordenamento jurídico não mais se justifica. Primeiro, porque é uma "meia solução" para o matrimônio falido, uma vez que não põe fim ao casamento e, por consequência, inviabiliza novo consórcio enquanto não formalizado o divórcio. Segundo, porque as razões que levaram à sua manutenção quando da edição da lei 6.515/77 não mais subsistem, considerando que a sociedade brasileira já amadureceu o suficiente para perceber que o divórcio não significou o fim da família, mas, sim, uma solução para as uniões onde pereceu o afeto, condição de subsistência do relacionamento conjugal. 4. Além de manter a figura da separação

---

2. RIZZARDO, Arnaldo. Direito de família. 10. ed. Rio de Janeiro: Forense, 2019. p. 15.
3. Art. 1.573. Podem caracterizar a impossibilidade da comunhão de vida a ocorrência de algum dos seguintes motivos: I – adultério; II – tentativa de morte; III – sevícia ou injúria grave; IV – abandono voluntário do lar conjugal, durante um ano contínuo; V – condenação por crime infamante; VI – conduta desonrosa. Parágrafo único. O juiz poderá considerar outros fatos, que tornem evidente a impossibilidade da vida em comum. Direito anterior: Sem correspondente no CC/1916.

judicial, o NCCB ainda preservou o princípio da culpa como um de seus fundamentos, quando, a exemplo do que já ocorre com o divórcio, poderia ter se limitado a amparar o pleito separatório apenas na circunstância fática da ruptura da convivência (princípio da ruptura)"[4].

Quanto à impossibilidade da comunhão de vida, refere Rolf Madaleno tratar-se de um "[...] conceito ético, embora seu conteúdo não esteja totalmente definido", advertindo: "Como cláusula geral aberta de comportamento conjugal, Clóvis do Couto e Silva via na comunhão de vida a mesma importância do princípio que tem a boa-fé, particularmente para o direito das obrigações", acrescentando, à frente, que, "Segundo Eduardo Silva, esta cláusula geral da comunhão plena de vida, inserida pelo art. 1.511, adiciona ao Código Civil uma nova leitura do direito familista, ainda que de natureza vaga, porque ninguém poderá estabelecer pormenorizadamente os desdobramentos e repercussões deste conceito de comunhão pela de vida"[5].

No tocante à comunhão de vida e consoante assinala o referido Artur Alves da Mota, "[...] não parece ter motivado muito os doutrinadores no direito brasileiro, dada a falta de escritos que se ocupem do tema com a profundidade e interesse que ele merece. Talvez se possam desculpar os eventuais responsáveis por essa omissão em razão do pouco tempo de positivação legislativa do assunto – o tema comunhão plena de vida foi introduzido com o Código Civil de 2002, em seu art. 1511"[6].

De se mencionar, neste passo, o escrito por Espínola e a que se refere Silvio Rodrigues, por oportuno: "O casamento é um contrato que se constitui pelo consentimento livre dos esposos, os quais, por efeito de sua vontade, estabelecem uma sociedade conjugal que, além de determinar o estado civil das pessoas, dá origem às relações de família reguladas, nos pontos essenciais, por normas de ordem pública"[7], constando nas notas ao citado dispositivo, agora na coleção coordenada por Sálvio de Figueiredo Teixeira, que "A família contemporânea se expressa pela característica da comunhão de vida, seja por meio do casamento, seja por meio da união de fato, seja pelos vínculos de parentesco, o que bem se compreende diante da inegável evolução da família e da valorização do aspecto afetivo sobre o apenas formal. A tendência de se reconhecer na comunhão de vida a finalidade mais importante do casamento se apresenta com tal relevância que o seu desaparecimento, através da chamada separação de fato, é requisito para a dissolução do vínculo conjugal (divórcio direto)"[8].

Voltando a Rolf Madaleno, "[...] inimaginável haja casamento sem comunhão de vida dos cônjuges, sinônimo da felicidade e pressuposto fundante da união, não

---

4. Disponível em: www.direitodefamilia.adv.br%2F2020%2Fwp-content%2Fuploads%2F2020%2F07%2Fluiz-felipe-a-separacao-e-o-divorcio-no-ncc.pdf&clen=105142&chunk=true.
5. MADALENO, Rolf. *Curso de direito de família*. 6. ed. Rio de Janeiro: Forense, 2015. p. 110.
6. MOTA, Artur Alves da. O casamento..., cit., item 4. Comunhão de vida.
7. RODRIGUES, Silvio. In: AZEVEDO, Antônio Junqueira de (Coord.). *Comentários ao código civil*: parte especial. Do direito de família. São Paulo: Saraiva, 2003. v. 17, p. 5.
8. COLTRO, Antonio Carlos Mathias. In: TEIXEIRA, Sálvio de Figueiredo. (Coord.). *Comentários ao novo código civil*. 2. ed. Rio de Janeiro: Forense, 2005. v. XVII, p. 112.

fazendo qualquer sentido manter unido um casal que confessa não estar feliz, por não mais encontra, ou talvez porque nunca tenha encontrado em seu relacionamento a imprescindível comunhão plena de vida"[9].

Anote-se, quanto ao sentido da citada plena comunhão que o casamento estabelece, haver o STJ, em julgamento de que foi relator o Min. Ricardo Villas Bôas Cuevas, adequadamente asseverado que "O casamento estabelece uma plena comunhão, cujo consectário não é apenas o entrelaçamento de vidas, mas também de patrimônios, que deve ser entendido com base na igualdade de direitos e deveres dos cônjuges (art. 1.511 do CC), com o fim da vida em comum pela ausência do ânimo socioafetivo, real motivação da comunicação patrimonial, há a cessação do regime de bens" (REsp n. 1.287.579, 3ª. T., j. 11.06.2013).

Posto isto, passa-se à consideração do referido na disposição legal, no tocante às hipóteses nela enunciadas e concernentes às situações fundantes da possibilidade de se concluir sobre a impossibilidade da comunhão de vida entre os cônjuges.

2. ADULTÉRIO

Na lição de Edgard de Moura Bittencourt, "O adultério integra duplamente a causa legal da separação judicial, quer como conduta desonrosa, quer como violação conjugal de fidelidade. O cônjuge poderá invocá-lo, alegando a insuportabilidade da vida em comum"[10].

Como primeira razão da impossibilidade da vida em comum, indica o art. 1.573, no inciso I, a prática do adultério, e que é considerado, de maneira geral, inclusive em outros sistemas legislativos[11], por conta de sua gravidade, como motivo absoluto da dissolução do casamento, sem que se olvide, como advertido por Edgard de Moura Bittencourt, que "O perdão e a conivência do outro cônjuge são fatores a darem ao adultério inconsistência para dissolver a vida conjugal"[12], mesmo não tendo o Código

---

9. MADALENO. Op. cit. p. 112.
10. BITTENCOURT, Edgard de Moura. *Família*. 4. ed. São Paulo: LEUD, 1987. p. 81.
11. Cf., a respeito, CAHALI, Yussef Said. *Divórcio e separação*. 10. ed. São Paulo: Ed. RT. 2002, p. 324. Quanto á separação de fato, pode-se referir acórdão do Tribunal da Relação de Lisboa, em que constou o seguinte: "II – A separação de facto (causa objectiva do divórcio), verifica-se quando não existe comunhão de vida entre os cônjuges, ou seja, quando v.g. existe separação do leito, mesa e habitação, acrescendo ao referido elemento objectivo um outro, subjectivo, e traduzido na intenção de ambos os cônjuges, ou de um deles, de romper com a vida em comum. III – Sendo inquestionável que o facto de dois cônjuges viverem na mesma casa tal não quer dizer, obrigatoriamente, que partilhem o mesmo leito e mesa (os muros, ainda que invisíveis, podem construir-se e passar a separar – de facto –os cônjuges a residir numa mesma casa, deixando entre ambos de existir efectiva comunhão de vida, ainda que vivendo debaixo do mesmo tecto), do mesmo modo a circunstância de dois cônjuges habitarem uma mesma localidade, mas em casas diferentes, não equivale outrossim, necessariamente, que tenham deixado de manter entre os dois uma comunhão de vida (v.g. de amizade, convívio, partilha, mesa e leito – ainda que de quando em vez)" Tribunal de Justiça da Relação de Lisboa. Processo 1522/07. Relator António Santos.
12. BITTENCOURT, Edgard de Moura. *Família*. 5. ed. rev., atual. e ampl. por Joaquim Macedo Bittencourt Neto e Antônio Carlos Mathias Coltro. Campinas: Millenium, 2002. p. 80.

atual norma consoante a do art. 319 do Código de 1916[13], excluindo expressamente a possibilidade da separação em casos tais. Aliás, se o adultério é considerado como causa peremptória de dissolução do casamento, Carvalho Santos já mencionara que também "O perdão reconciliativo é exceção peremptória e de ordem pública, podendo ser alegada em qualquer tempo e instância e ser decretada *ex officio* (Labori, cit., n. 152; Aubry et Rau, cit., § 492, nota 13)"[14].

No tocante à conivência do cônjuge com a prática do adultério pelo outro e como referido uma vez mais por Moura Bittencourt, "Em regra, a conivência precisa ser voluntária, mas pode decorrer também de clima criado pelo outro cônjuge. Inaceitavelmente, algumas opiniões se conduzem no sentido de que o concurso que prejudica a arguição é o direto e doloso. Razão nenhuma – prossegue semelhante corrente – destrói a arguição de adultério, provinda, por exemplo, do cônjuge que abandona voluntariamente o lar. O abandono do lar por um dos cônjuges não livra o outro do dever de fidelidade; serve simplesmente de eventual fundamento para o pedido de divórcio"[15].

Por sua vez, salienta Yussef Cahali, "(...) a doutrina de modo algum divisa na infração dos deveres conjugais por um dos esposos a concorrência para que o outro venha a cometer o adultério"[16]. Confirmando o entendimento doutrinário, induvidosamente o correto, nos objetivos termos em que manifestada, decidiu o Tribunal de Justiça de São Paulo que, "O fato de o marido haver abandonado sua esposa não implica a afirmação de que teria ele concorrido para que a mulher cometesse adultério"[17]. Pese tal orientação encontrar ressalva em outro julgamento, onde se asseverou, que, "Se a esposa se esquece da sua qualidade de companheira, abandonando o lar, privando-o de suas relações normais, não pode exigir do esposo dever de fidelidade, pois essa pressupõe vida em comum. A exigência de fidelidade em tais hipóteses de abandono do lar atenta contra a inteligência, o consenso geral do nosso povo e as leis biológicas. A rigidez da interpretação do texto legal, adotada para a solução da demanda, leva a extremo de exigir-se a mais estrita castidade de pessoas separadas de fato, virtude só alcançada pelos que seguem este princípio moral"[18].

Mesmo assim e respeitado tal posicionamento, tem-se como de solução melhor, seja sob o aspecto legal, como o moral, a orientação antes referida e em sentido a não ser possível ao cônjuge abandonado, valendo-se da desculpa do abandono, furtar-se

---

13. Art. 319. O adultério deixará de ser motivo para o desquite: I. Se o autor houver concorrido para que o réu o cometa. II. Se o cônjuge inocente lho houver perdoado. Parágrafo único. Presume-se perdoado o adultério, quando o cônjuge inocente, conhecendo-o, coabitar com o culpado.
14. CARVALHO SANTOS, J. M. *Código civil brasileiro interpretado*. 5. ed. Rio de Janeiro: Freitas Bastos, 1956. v. 5, p. 279.
15. BITTENCOURT, Edgard de Moura. *Família*. 5. ed. rev., atual. e ampl. por Joaquim Macedo Bittencourt Neto e Antônio Carlos Mathias Coltro. Campinas: Millenium, 2002. p. 80-81.
16. CAHALI, Yussef Said. *Divórcio e separação*. 10. ed. São Paulo: Ed. RT, 2002. p. 332.
17. *Revista dos Tribunais*, v. 513/136.
18. PEREIRA, Rodrigo da Cunha. *A sexualidade vista pelos tribunais*. 2. ed. Belo Horizonte: Del Rey, 2001. p. 74.

ao dever de fidelidade, uma vez que este lhe possibilita ajuizar a ação de separação com fundamento no abandono.

Relaciona Maria Helena Diniz, não caracterizarem adultério, todavia, por ausente o fim da consumação carnal, o seguinte: "(...) correspondência epistolar, cópula onanística, coito vestibular, aberrações sexuais, cópula frustrada, inseminação artificial (RT, 328:142), que podem dar origem a uma infidelidade moral, equivalente à injúria grave (RT, 470:88, 499:119, 381:157, 453:93), ao outro cônjuge"[19].

3. TENTATIVA DE MORTE PRATICADA POR UM CÔNJUGE CONTRA O OUTRO

A segunda circunstância tida pelo Código como caracterizadora da não possibilidade de manutenção da vida em comum consiste na tentativa de morte (art. 1.573, inciso II) por um dos cônjuges contra o outro, fato objetivo e, que, sem dúvida, afasta, como reconhecido pelo legislador, o interesse da vítima em seguir vivendo com o agressor, habilitando-a a propor contra ele a ação de separação judicial litigiosa, porquanto e de acordo com Clóvis Bevilaqua, "Não é possível continuar a vida em comum, quando o ódio ou a perversidade de um dos cônjuges chegou ao extremo de o levar à eliminação do outro. Ainda que não se trate de um perverso, no sentido rigoroso da expressão, mas de um violento impulsivo, correrá sempre o risco a vida do outro cônjuge, e a lei deve facultar-lhe o direito de afastar-se desse perigo"[20], acrescentando o civilista[21], sem divergência de Carvalho Santos[22], não ter sido prevista no Código de 1916, como inocorre também não no hoje vigente, a necessidade de condenação criminal prévia do autor da tentativa, sendo possível a quem for o(a) ofendido(a) ingressar com a ação de separação desde logo, como orienta, ainda, Arnaldo Rizzardo[23], acrescendo caracterizar-se a hipótese em comentário, ademais, "(...) por omissão ou abstenção de tomar atitudes de cuidado e proteção em certas circunstâncias da vida, também é ensejado o pedido de separação" , por equivalente a situação à tentativa de morte propriamente dita.

4. SEVÍCIA OU INJÚRIA GRAVE

A sevícia ou injúria grave estão contidas no inciso seguinte (III), considerada a primeira como os maus-tratos, a prática de agressões de natureza física por um cônjuge contra o outro, a grosseria material continuada, de forma dolosa e até mesmo a prática de sadismo, sadomasoquismo e deformações de personalidade, mesmo que

---

19. DINIZ, Maria Helena. *Curso de direito civil*: direito de família. 17. ed. São Paulo: Saraiva, 2002. p. 255.
20. BEVILAQUA, Clóvis. *Código Civil dos Estados Unidos do Brasil*. Rio de Janeiro: Rio, 1976. v. 1, p. 751.
21. Idem.
22. CARVALHO SANTOS, J. M. *Código civil brasileiro interpretado*. 5. ed. Rio de Janeiro: Freitas Bastos, 1956, v. IV, p. 224.
23. RIZZARDO, Arnaldo. Separação e divórcio. In: *Direito de família contemporâneo*. Belo Horizonte: Del Rey, 1997. p. 371-372.

não pertinentes ao aspecto sexual, como cita Arnaldo Rizzardo[24], apoiado em Alípio Silveira e que servem, inclusive, à própria invalidade do matrimônio, enquanto a segunda (injúria), na menção de Moura Bittencourt[25], encontrou, na doutrina e na jurisprudência, quanto a seu conceito, generalizações das quais resultaram ficar ao prudente critério do julgador, mediante o exame de cada caso, a aferição sobre ter ou não ocorrido a afronta à honra do cônjuge, concluindo o mesmo doutrinador: "O que, todavia, se pode admitir, sem delimitar a área ampla traçada pela lei no tocante à injúria grave, é que alguns elementos deverão existir na má conduta do cônjuge, em relação ao outro, de modo a ferir-lhe a suscetibilidade, em descumprimento ao normal respeito recíproco. Entre tais elementos, ressaltam-se o material e o moral, este envolvendo o intencional".

Ainda que a Lei do Divórcio tenha, no art. 5º, *caput*, conceituado a injúria como "qualquer ato que importe em grave violação dos deveres do casamento", não especificou, objetivamente, de forma objetiva no que ela se constitui, relegando ao critério judicial o exame sobre caracterizar-se ou não tal infração, a teor do caso concreto, ressaltando Yussef Said Cahali: "(...) os juízes apreciarão livremente a gravidade, estando autorizados a repelir a demanda, se convencidos de que o teor da gravidade não se revela bastante; investem-se, pois, aqueles de um poder discricionário de valoração, cumprindo-lhes examinar as várias circunstâncias, hábeis tanto para incriminar o ato praticado como para esvaziar o conteúdo reprovável do gravame"[26], até porque e como colocado por Moura Bittencourt, nesse juízo, "(...) não se dispensam as condições personalíssimas das partes, em relação com o grau de razoável suscetibilidade, em face do ato material da ofensa moral, dirigida com intenção"[27], acrescentando Cahali: "O que não é injúria para um casal de agrestes lidadores, poderá sê-lo para pessoas de fino trato. De outro prisma, certas palavras e gestos que seriam profundamente agressivos, em tempos de mútuo respeito do casal, deixam de sê-lo em tempos de conduta desabrida do outro cônjuge"[28].

Afirma, ainda, que, em se tratando de matéria de fato, cabe no exame do caso concreto a consideração dos standards adotados pela sociedade, integrada esta pelas partes e pelo próprio juiz, "(...) tendo sempre presente que as faltas são variáveis e diversas, como todos os incidentes da vida social"[29], não sendo possível, portanto, estabelecer-se conceito único e expresso a respeito dos fatos caracterizadores da injúria, que, de qualquer forma, deve ser grave para ensejar a impossibilidade de vida

---

24. Idem.
25. BITTENCOURT, Edgard de Moura. *Família*. 5. ed. rev., atual. e ampl. por Joaquim Macedo Bittencourt Neto e Antônio Carlos Mathias Coltro. Campinas: Millenium, 2002. p. 93.
26. CAHALI, Yussef Said. *Divórcio e separação*. 10. ed. São Paulo: Ed. RT, 2002. p. 354.
27. BITTENCOURT, Edgard de Moura. *Família*. 5. ed. rev., atual. e ampl. por Joaquim Macedo Bittencourt Neto e Antônio Carlos Mathias Coltro. Campinas: Millenium, 2002. p. 95.
28. CAHALI, Yussef Said. *Divórcio e separação*. 10. ed. São Paulo: Ed. RT, 2002. p. 355.
29. Idem.

em comum dos cônjuges[30], acrescentando Moura Bittencourt: "É pacífico que, no trato dessa matéria, está nas mãos do juiz grande critério de apreciação, integrando talvez uma das mais amplas áreas de seu poder discricionário. No exercício deste, cumpre ao magistrado avaliar o alcance da ofensa moral, não objetivamente pelos termos com que foi irrogada, mas tendo em vista o nível educacional das partes, o mesmo em que se encontram e os antecedentes da vida em comum. A respeito, não divergem julgados e recomendações dos doutrinadores. Mas, no exame dos antecedentes da vida em comum, é que precisa ser posta em ação a argúcia do juiz. Não pode ser desprezado o elemento subjetivo, psicológico ou moral, relacionado com o sentido de honra, mas sem os requintados escrúpulos desta, que reside na obrigação (insisto na força desse vocábulo) de o cônjuge suportar os ímpetos do outro, quando tem este, em seu crédito, satisfatório lastro de qualidades positivas. Isso me parece imprescindível, como decorrência da compreensão (tão necessária quanto o amor), cuja exigência tem raízes no dever legal de assistência recíproca"[31].

Demais disso e como referido por Benjamin Nathan Cardozo em A natureza do processo e a evolução do direito, na tradução de Leda Boechat Rodrigues[32], "A análise dos interesses sociais e de sua importância relativa é, pois, um dos fios condutores que o jurista e o juiz deverão utilizar na solução de sus problemas", afora o fato de que e ainda segundo o mesmo autor e magistrado da Suprema Corte Americana, "O juiz interpreta a consciência social e lhe dá efeito jurídico, mas. Ao fazê-lo, auxilia a formação e modificação da consciência que interpreta. A descoberta e a criação reagem uma sobre a outra"[33].

A mostrar como o assunto pode ser variado, aliás, cita Edgard de Moura Bittencourt caso examinado pelo Tribunal de Justiça do antigo Estado da Guanabara, afirmando culpado o marido que despediu a empregada doméstica e considerando o autor "(...) inadmissível, nos justos limites do comportamento conjugal, que o marido se envolva arbitrariamente em assunto concernente à autoridade da mulher, despedindo a empregada, contra a vontade da esposa e até a desacatando na presença da serviçal"[34].

Pode também caracterizar a injúria grave, ainda, o ciúme, segundo a forma como manifestado, existindo em nossa jurisprudência caso no qual, havendo uma mulher

---

30. Sobre a casuística da injúria grave, consulte-se Yussef Said Cahali (CAHALI, Yussef Said. *Divórcio e separação*. 10. ed. São Paulo: Ed. RT, 2002. p. 358 e ss.); Edgard de Moura Bittencourt (BITTENCOURT, Edgard de Moura. *Família*. 5. ed. rev., atual. e ampl. por Joaquim Macedo Bittencourt Neto e Antônio Carlos Mathias Coltro. Campinas: Millenium, 2002. p. 94-95) e Maria Helena Diniz (DINIZ, Maria Helena. *Curso de direito civil*: direito de família. 17. ed. São Paulo: Saraiva, 2002. p. 256-257).
31. BITTENCOURT, Edgard de Moura. *Família*. 5. ed. rev., atual. e ampl. por Joaquim Macedo Bittencourt Neto e Antônio Carlos Mathias Coltro. Campinas: Millenium, 2002. p. 96.
32. CARDOZO, Benjamin Nathan. *A natureza do processo e a evolução do direito*. Porto Alegra: Ajuris, 1978. p. 222.
33. Op. cit., p. 224.
34. BITTENCOURT, Edgard de Moura. *Família*. 5. ed. rev., atual. e ampl. por Joaquim Macedo Bittencourt Neto e Antônio Carlos Mathias Coltro. Campinas: Millenium, 2002. p. 96.

telefonado para várias outras das relações do casal, tendo-as como supostas amantes do marido, entendeu-se sua conduta como injuriosa em relação a ele[35].

Desnecessária é, por fim, a prática de mais que um ato de injúria ou sevícia, citando o próprio Código no singular, o vocábulo, para que o cônjuge vitimado possa propor a ação, sendo preciso, somente, que se apure a real caracterização de uma ou outra, mesmo que por única vez, para tanto. Entretanto, enquanto em relação à primeira[36] é possível o decurso de prazo longo até que se promova a ação, que não será por tal fato prejudicada, no tocante à alegação que a fundamenta, relativamente à segunda[37] não se deverá permitir o transcurso de longo prazo para o ajuizamento do pedido.

5. ABANDONO VOLUNTÁRIO DO LAR CONJUGAL

Na sequência, incluiu o Código, no cenário sobre os casos considerados como não possibilitadores da vida em comum do casal, o abandono voluntário do lar conjugal (que afronta o próprio art. 1.566, inciso II), durante um ano contínuo, por um dos cônjuges (inciso IV), observando-se, que, "Se o cônjuge deixa o lar, forçado por necessidade imperiosa e justa, não o abandona. Dele se afasta sem se desligar da família, pela qual continua a velar. Também não abandona, voluntariamente, o lar a mulher que é dele expulsa por um marido violento, ou o cônjuge que foge ao perigo certo, que o ameaça no teto conjugal", como advertido por Clóvis Beviláqua[38], acrescentando o Des. Yussef Said Cahali: "Na perquirição do requisito da voluntariedade, devem ser examinadas inicialmente as condições pessoais do cônjuge contra o qual é feita a acusação de abandono"[39], não se tratando, assim, de assunto que comporte exame meramente objetivo e segundo a escrita do Código, cabendo ao julgador perquirir tudo o que possa ter ocorrido e levado o cônjuge a tal conduta, seja sob a circunstância da voluntariedade com que agiu, quanto a da eventual incapacidade para aferir sobre a própria conduta.

Não se haverá pretender ocorrido o abandono, assim, no caso em que um dos cônjuges se afasta do lar conjugal sem a intenção de deixá-lo[40], devendo-se tê-lo como caracterizado, entretanto, na hipótese em que, assinado pelos cônjuges o termo de

---

35. *Revista dos Tribunais*, v. 231, p. 161.
36. "O simples fato de continuarem os cônjuges convivendo não representa indulgência do lesado, pois é de se admitir que a vítima suporte a amargura escudada em valores mais importantes que sua liberação conjugal, como o interesse dos filhos, o respeito à família ou até mesmo a expectativa do melhor ensejo para a ação separatória", como afirmado por Ney de Mello Almada (ALMADA, Ney de Mello. *Direito de família*. São Paulo: Brasiliense. v. 2, p. 18).
37. "Parece natural que a sevícia deverá ter ocorrido em momento próximo ao pedido de separação. Se intermediar razoável espaço de tempo, a presunção é de que houve perdão, embora se notem decisões que não põem qualquer limite de tempo entre a ofensa e a ação (...)", segundo Arnaldo Rizzardo. RIZZARDO, Arnaldo. Separação e divórcio. *Direito de família contemporâneo*. Belo Horizonte: Del Rey, 1997. p. 275-511.
38. BEVILAQUA, Clóvis. *Código Civil dos Estados Unidos do Brasil*. Rio de Janeiro: Rio, 1976. v. 1, p. 752.
39. CAHALI, Yussef Said. *Divórcio e separação*. 10. ed. São Paulo: Ed. RT, 2002. p. 373.
40. STF, *Revista dos Tribunais*, v. 253/619.

separação amigável e não homologado judicialmente, desapareça um dos cônjuges[41], cumprindo atentar-se para que "O dever de coabitação é recíproco; tanto o infringe a mulher que se recusa a acompanhar o marido, como o marido que a abandona ainda na própria residência da família", segundo o Prof. Cahali[42].

Além disso, também não será admitido afirmar-se ocorrido o abandono quando não exista discordância do outro cônjuge em relação a ele, pois isto afastaria a injúria pertinente ao fato[43], não sendo possível pensar-se em mesma solução para a hipótese em que um dos cônjuges não permita a entrada do outro no lar conjugal[44], culminando Silvio Rodrigues por citar, que, "Em acórdão relatado pelo eminente Mário Mazagão, o Tribunal de Justiça de São Paulo proclamou constituir injúria grave 'o fato de o marido receber dinheiro que sabe ter sido conseguido por sua mulher em razão de contatos ilícitos com outros homens' (*RT*, 178/148)"[45].

A variedade de casos em que pode ou não se caracterizar a injúria grave é imensa, como se percebe da pequena referência feita neste tópico, servindo a moldura em que a vida se encerra a apresentá-los em plenitude que não é possível estimar.

6. CONDENAÇÃO POR CRIME INFAMANTE

Considera o Código como indicativa da insuportabilidade da vida em comum, também, a condenação que o cônjuge sofra por crime infamante (inciso V) e que se presta a indicar, na lição de Maria Helena Diniz, não só o seu péssimo caráter, como o mau comportamento social com que agiu[46], ao que se acrescenta a vergonha que sua conduta possa causar ao consorte, no meio social em que o casal vive, a justificar a separação, pois e ainda conforme o Prof. Washington de Barros Monteiro" (...) pelo matrimônio, o casal passa a construir uma só unidade moral, de sorte que o desvio de um dos cônjuges inevitavelmente no outro repercute, afetando-o na sua dignidade"[47].

Afinal e como enuncia Arnoldo Wald, "Ainda quanto às obrigações do casamento, entende-se por dever de respeito e consideração mútuos a observância aos direitos da personalidade e dignidade humanas do outro consorte. Nesse sentido, os cônjuges devem abster-se de realizar qualquer ato atentatório à integridade física, psíquica e moral (v.g., à liberdade, à imagem, à privacidade etc.) do outro parceiro.

---

41. CAHALI, Yussef Said. *Divórcio e separação*. 10. ed. São Paulo: Ed. RT, 2002. p. 374.
42. CAHALI, Yussef Said. *Divórcio e separação*. 10. ed. São Paulo: Ed. RT, 2002. p. 375.
43. Cf. RODRIGUES, Silvio. In: AZEVEDO. Antônio Junqueira de. (Coord.). *Comentários ao código civil*: parte especial. Do direito de família. São Paulo: Saraiva, 2003. v. 17, p. 169.
44. *Revista dos Tribunais*, v. 288, p. 257.
45. RODRIGUES, Silvio. In: Antônio Junqueira de. (Coord.). *Comentários ao código civil*: parte especial. Do direito de família. São Paulo: Saraiva, 2003. v. 17, p. 168.
46. DINIZ, Maria Helena. *Código Civil anotado*. 8. ed. São Paulo: Saraiva, 2002. p. 1.011.
47. MONTEIRO, Washington de Barros. *Curso de direito civil*: direito de família. 2. ed. São Paulo: Saraiva, 1992, p. 201.

A enumeração dos haveres conjugais é corolário da sistemática de aferição da culpa para o decreto de separação do casal ('separação-sanção')"[48].

7. CONDUTA DESONROSA

No sexto inciso aponta o art. 1.573 a prática de conduta desonrosa como outra causa da insuportabilidade de vida conjunta, e ainda que em relação à Lei do Divórcio, mas com exata aplicação ao Código de 2002, anotara o Prof. Washington de Barros Monteiro faltar objetividade à causa em referência, censurando o próprio uso da expressão conduta, "(...) que, no sentido de proceder, constitui, segundo Cândido de Figueiredo, inútil galicismo. Preferível teria sido o vocábulo comportamento ou procedimento, de incensurável vernaculidade"[49], criticando, ademais e com razão, o haver-se adjetivado como desonrosa a conduta, acerca do que ressalta: "(...) o conceito de honra é vago, não sendo fácil fixá-lo com precisão, tanto no domínio da ética como da consciência. De modo geral, a honra pode ser definida como um vivo sentimento da nossa dignidade moral, que nos leva a não nos desmerecermos, não só perante nós mesmos, como perante os demais. Ela pode ser ultrajada de várias formas"[50], mencionando o sempre referido professor, em seguida, hipóteses em que se pode ter como afetada a honra pessoal, dentro dos fatos e circunstâncias que a vida apresenta e que devem, como aqui se observa, ser considerados segundo o tempo que se vive e os hábitos que a sociedade tem e observando, que, "Como escreveu Boileau, a honra é como uma ilha escarpada e sem margens, a que não mais se pode regressar, desde que dela se tenha ausentado"[51].

Cumpre ponderar, no entanto e novamente com Moura Bittencourt, que, "Essas suscetibilidades que destroem todo um lar, onde o complexo de direitos e deveres é imposto pela natureza e pela moral antes da lei, não devem ser apadrinhadas pela Justiça. Os melindres justificam a renúncia de direitos, mas não eximem no cumprimento do dever"[52], do que se percebe, como anteriormente visto, caber ao juiz estabelecer, conforme o adequado critério e segundo o bom senso necessário, o que pode ou não ser considerado como conduta desonrosa, levando-se em conta tanto a situação em que praticado o ato tido como ofensivo, quanto a condição das partes e o meio em que vivem[53].

---

48. WALD, Arnoldo. *O novo direito de família*. 16. ed. São Paulo: Saraiva, 2005. p. 121.
49. MONTEIRO, Washington de Barros. *Curso de direito civil*: direito de família. 2. ed. São Paulo: Saraiva, 1992, p. 201.
50. Idem.
51. Idem.
52. BITTENCOURT, Edgard de Moura. *Família*. 5. ed. rev., atual. e ampl. por Joaquim Macedo Bittencourt Neto e Antônio Carlos Mathias Coltro. Campinas: Millenium, 2002. p. 97.
53. Vicente Miranda, juiz do 1º Tribunal de Alçada Civil de São Paulo, pondera, a respeito, que a fórmula de que se valeu o legislador, "(...) vaga e genérica, embora de conceituação difícil e passível de controvérsias, teve o condão de ampliar o arbítrio do juiz que, valendo-se do bom senso e da moderação e das peculiaridades de cada caso concreto, poderá dar soluções a todos os casos que forem levados aos Tribunais" (MIRANDA, Vicente. Breve análise do "caput" do artigo 5º da Lei do Divórcio. *Revista de jurisprudência do tribunal de justiça de São Paulo*, v. 108, p. 34-39.

Assinala Yussef Cahali, ainda, que o envolvimento em atividade delituosa por um dos cônjuges indica "(...) a mais frequente e expressiva conduta desonrosa"[54], advertindo esse autor, que, quanto a isso, haver-se-á considerar tanto o crime doloso como o culposo e a própria infração contravencional, independente, por outro lado, do tipo de punição que a lei imponha, ressaltando, ademais e da mesma maneira que na tentativa de morte, como já visto, não ser necessária a condenação para que se possa concluir pela caracterização da prática de conduta desonrosa (e não a prática do crime), hábil a permitir o pedido de separação judicial pelo outro cônjuge.

Atente-se, por fim, para que, enquanto o Código afirma a conduta desonrosa como uma das hipóteses caracterizadoras da insuportabilidade da vida em comum, a Lei do Divórcio (Lei 6.515/77) a ela se referia como um dos motivos em que se podia fundar o pedido de separação judicial, se demonstrada a não ser possível a reconstituição da vida conjugal.

Encerrando, o parágrafo único do art. 1.573 autoriza ao juiz "considerar outros fatos que tornem evidente a impossibilidade da vida em comum", podendo ele, caso a caso e segundo seja ou não adequado, ter em conta outros aspectos da vida a dois, além dos antes enumerados, e sirvam a indicar sobre não ser possível a manutenção da vida conjugal, considerando o legislador, assim, os vários papéis destinados a cada um e as cenas em que são colocados ou se colocam e que servem a emoldurar uma das Máximas do Marquês de Maricá: "A vida humana é uma intriga perene e os homens são recíproca e simultaneamente intrigados e intrigantes".

Esse dispositivo, inclusive, levou Yussef Said Cahali a com toda razão adotar-se a orientação de Francisco José Cahali, em rumo a que, "Há causa, mas não há culpa. E assim, acolhida a ação, subsistem íntegros tanto a obrigação alimentar recíproca, a ser fixada com os seus requisitos próprios (art. 1.704), como o direito ao patronímico conjugal".

Oportuno, neste instante, referir que em julgado não recente do STJ, do qual foi relator o Min. Sálvio de Figueiredo e mediante a invocação justamente do art. 1.573 do CC atual e ainda que não evidenciado o quanto se imputou ao cônjuge varão, constou o seguinte:

> Direito civil. Direito de família. Separação por conduta desonrosa do marido. Prova não realizada. Irrelevância. Insuportabilidade da vida em comum manifestada por ambos os cônjuges. Possibilidade da decretação da separação. Nova orientação. Código Civil de 2002 (art. 1.573). Recurso desacolhido. – Na linha de entendimento mais recente e em atenção às diretrizes do novo Código Civil, evidenciado o desejo de ambos os em extinguir a sociedade conjugal, a separação deve ser decretada, mesmo que a pretensão posta em juízo tenha como causa de pedir a existência de conduta desonrosa (Acórdão: Recurso Especial n. 433.206-DF (2002/0053539-3). Relator: Ministro Sálvio de Figueiredo Teixeira. DJ 06.03.2003.

---

54. CAHALI, Yussef Said. *Divórcio e separação*. 10. ed. São Paulo: Ed. RT, 2002. p. 394.

Tem-se como adequado, neste instante e ainda com referência à norma do art. 1.573 do CC, a invocação do art. 5º da LINDB[55], mencionando André de Carvalho Ramos e Erik Frederico Gramstrup, que, "O século X consagrou a noção de função social, que retornaria ainda embrionária na Constituição de 1946, e finalmente seria positiva nas Cartas de 1967, na Ementa Constitucional 01, de 1969, e na Constituição de 1988.

Referindo-se à socialidade como característica do Direito Civil contemporâneo (se bem que é possível extrapolar a lição para todos os ramos do Direito, Judith Martins Costa e Gerson Luiz Carlos Branco ensinam: 'O quadro que hoje se apresenta ao Direito Civil é o da reação ao excessivo individualismo característico da Era codificatória oitocentista que tantos e tão fundos reflexos ainda nos lega. Se às Constituições cabe proclamar o princípio da função social – o que vem sendo regra desde Weimar – é ao Direito Civil que incumbe transformá-lo em instrumento concreto de ação. Mediante ao recurso à função social e também à boa fé – que tem uma face marcadamente ética e outra solidarista – instrumentaliza o Código agora aprovado a diretriz constitucional da solidariedade social, posta como um dos ´objetivos fundamentais da República`"[56].

Advirta-se, aliás e em coerência com o art. 5º da LINDB, o atual CPC dispõe em seu art. 8º, "Ao aplicar o ordenamento jurídico, o juiz atenderá aos fins sociais e às exigências do bem comum, resguardando e promovendo a dignidade da pessoa humana e observando a proporcionalidade, a razoabilidade, a legalidade, a publicidade e a eficiência".

Quanto à alusão à dignidade da pessoa humana e na esteira do mencionado por Arruda Alvim, "Trata-se de reconhecer a dimensão humanizada aplicação do direito, em detrimento da utilização mecanizada e técnica do ordenamento ", enquanto no tocante "[...] aos ´fins sociais`, deve-se compreender a norma a partir de uma interpretação calcada nos valores do Estado Social, desprezando-se uma visão exclusivamente individualista, típica do liberalismo"[57].

Também Alvim refere que, "Já os julgadores, ao promoverem e resguardarem a dignidade da pessoa humana, devem atentar para as particularidades de cada caso, justificando a forma de aplicação da lei para atender para atender a esse princípio constitucional de dignidade"[58].

Prosseguindo e como acenado por Fernanda Antunes Tofani Lopes, Júlia Márcia Napoleão Gonçalves e Juliana Lima Mafia, "Devido ao conteúdo do referido artigo, o julgador ganha a função de intérprete, não podendo mais ser apenas aplicador da lei e mero expectador do processo. Ele deverá, pois, avaliar qual a finalidade da norma, visando, sempre, o bem comum, respeitando o indivíduo e a coletividade. Toda norma possui uma finalidade a qual, em última instância, se equipara à noção de

---

55. Art. 5º Na aplicação da lei, o juiz atenderá aos fins sociais a que ela se dirige e às exigências do bem comum.
56. RAMOS, André de Carvalho; GRAMSTRUP, Erik Frederico. *Comentários à lei de introdução às normas do direito brasileiro – LINDB*. São Paulo: Saraiva. 2016, p. 97-98.
57. ALVIM, José Manuel de Arruda. *Novo contencioso cível no CPC/2015*. São Paulo: Ed. RT, 2016. p. 71
58. Idem.

bem comum. No momento da interpretação, o intérprete-aplicador da norma deve avaliar se esta atende à sua finalidade social, que varia no tempo e no espaço. Em seguida, poderá concluir que o caso concreto que se enquadra na lei não poderá ser regido por ela, haja vista que não se atendeu à sua finalidade social. Poderá, ainda, aplicar determinada norma a casos que ela não contempla, mas que se 20 incluem nela, por atender a seus fins. Dessa maneira, percebe-se que o comando legal deve ser adaptado às necessidades sociais existentes no momento de sua aplicação, uma vez que a lei continua a mesma, mas o espaço em que ela se insere foi alterado pelo tempo. Pode-se dizer que o art. 5º, LICC autoriza a flexibilidade interpretativa, propiciando uma adequação das normas à sua aplicação. Dessa forma, ao ser aplicada, a norma deve estar inserida no momento histórico corrente"[59].

Em verdade e como observado em julgamento do TJSP, rel. o Des. Percival de Oliveira, "Os juízes não estão mais escravizados ao sentido gramatical dos textos legais, devendo, ao contrário, interpretar-lhes a finalidade e preencher-lhes as lacunas"[60].

Ainda na esteira do referido por Lopes, Gonçalves e Mafia, antes referidos, "Toda norma possui uma finalidade a qual, em última instância, se equipara à noção de bem comum. No momento da interpretação, o intérprete-aplicador da norma deve avaliar se esta atende à sua finalidade social, que varia no tempo e no espaço. Em seguida, poderá concluir que o caso concreto que se enquadra na lei não poderá ser regido por ela, haja vista que não se atendeu à sua finalidade social. Poderá, ainda, aplicar determinada norma a casos que ela não contempla, mas que se 20 incluem nela, por atender a seus fins. Dessa maneira, percebe-se que o comando legal deve ser adaptado às necessidades sociais existentes no momento de sua aplicação, uma vez que a lei continua a mesma, mas o espaço em que ela se insere foi alterado pelo tempo. Pode-se dizer que o art. 5º, LICC autoriza a flexibilidade interpretativa, propiciando uma adequação das normas à sua aplicação. Dessa forma, ao ser aplicada, a norma deve estar inserida no momento histórico corrente"[61].

Ainda com referência aos fins sociais da Lei, é oportuno citar, como feito por René Dellagnezze, que "[...] na aplicação da lei, o juiz atenderá aos fins sociais a que ela se dirige e às exigências do bem comum. Assim, ao invés de subordinar-se à letra fria do texto, o juiz deve fixar-se claramente no objetivo da lei e da justiça, de manter a paz social. Hoje em dia, diante dos objetivos fundamentais da República Federativa do Brasil, entre os quais consta a erradicação da pobreza e da marginalização (artigo 3º, III da Constituição Federal), pode-se dizer que os "fins sociais" a que alude o texto

---

59. LOPES, Fernanda Antunes Tofani; GONÇALVES, Júlia Márcia Napoleão; MAFIA, Juliana Lima. *Interpretação e a lei de introdução ao Código Civil*. Disponível em: http://uniesp.edu.br/sites/_biblioteca/revistas/20170728105206.pdf.
60. Ac. M. v., na 2ª. câmara do TJSP, de 13/11/46, na Ap. Cív. 27.221. *Repertório de jurisprudência do Código Civil*. v. 1. n. 73, 1955, Max Limonad.
61. LOPES, Fernanda Antunes Tofani; GONÇALVES, Júlia Márcia Napoleão; MAFIA, Juliana Lima. *Interpretação e a lei de introdução ao Código Civil*. Disponível em: http://uniesp.edu.br/sites/_biblioteca/revistas/20170728105206.pdf..

da LICC, estão estreitamente vinculados à busca de maior igualdade material entre os cidadãos brasileiros e à modificação do caráter do direito de propriedade (artigo 5º, XXIII, da Constituição Federal), que deixa de ser absoluto e incontrastável, para tornar-se, a um só tempo, um instrumento de descentralização econômica (função clássica) e de bem-estar e igualdade social (função moderna)".[62]

Em função do manifestado e considerando o disposto no art. 1.573 do CC, não se pode negar deva sua interpretação ser feita conforme o contido no art. 5º da LINDB, de sorte a extrair-se a solução que melhor se enquadre no *caput* da norma por primeiro citada neste parágrafo, quanto ao exame dos casos que a ela se submetam e tenham a ver com a impossibilidade da vida em comum relativamente aos cônjuges.

Em verdade e do quanto referido, infere-se, como lecionado por Paulo Nader, não se constituir o direito de família em um sistema simplesmente sancionador, "[...] pois contém institutos que contribuem para a solidariedade e o afeto entre as pessoas, como o da adoção, que favorece o mútuo amparo, a educação, cultura e encaminhamento dos jovens, além da proteção à velhice.

A efetivação da comunhão de vida, que o instituto do casamento pretende instaurar, é um processo complexo, que envolve múltiplos interesses espirituais e econômicos. Encera uma sociedade em que seus membros assumem responsabilidades entre si e ambos em face da prole. E, como toda sociedade, a do casamento requer uma gestão profícua, voltada para os seus fins últimos, que se consubstanciam na construção de uma vida conjunta e na assistência integral aos filhos. Os recursos financeiros se destinam à causa comum, são meios que dão suporte material à sociedade conjugal"[63].

Demais disso e conforme o art. 1.513 do CC, [é] defeso a qualquer pessoa, de direito público ou privado, interferir na comunhão de vida instituída pela família, indicando a legislação, assim, a importância que possui a comunhão de vida resultante da constituição da família, referindo Arnaldo Rizzardo: "[...] desde que não afetados princípios de direito ou o ordenamento legal, à família reconhece-se a autonomia ou liberdade na sua organização e opções de modo de vida, de trabalho, de subsistência, de formação moral, de credo religioso, de educação dos filhos, de escolha de domicílio, de decisões quanto à conduta e costumes internos. Não se tolera a ingerência de estranhos – quer de pessoas privadas ou do Estado –, para decidir ou impor no modo de vida, nas atividades, no tipo de trabalho e de cultura que decidiu adotar a família"[64].

Afinal e conforme Soren Kierkgaard, "O casamento feliz é e continuará a ser a viagem de descoberta mais importante que o homem jamais poderá empreender"[65].

---

62. DELLAGNEZZE, René. *A hermenêutica jurídica*. Parte 2. Breve análise da lei de introdução às normas do direito brasileiro – LINDB. Disponível em https://jus.com.br/artigos/72784/a-hermeneutica-juridica-parte-2-breve-analise-da-lei-de-introducao-as-normas-do-direito-brasileiro-lindb.
63. NADER, Paulo. *Curso de direito civil*: direito de família. Rio de Janeiro: Forense, 2006. v. 5, p. 218.
64. RIZZARDO, Arnaldo. *Direito de família*. 10. ed. Rio de Janeiro: Forense, 2018. p. 15.
65. Disponível em: https://citador.pt/frases/citacoes/t/casamento.

VII
DIREITO DAS SUCESSÕES

30
CONCORRÊNCIA SUCESSÓRIA NA HERANÇA LEGÍTIMA

Giselda Maria Fernandes Novaes Hironaka

Doutora e Livre-Docente pela mesma Faculdade de Direito da USP. Professora Titular do Departamento de Direito Civil da Faculdade de Direito da USP. Ex-Procuradora Federal. Advogada, consultora e parecerista jurídica. Fundadora e Diretora Nacional (região Sudeste) do Instituto Brasileiro de Direito de Família e Sucessões – IBDFAM. Diretora Nacional (região Sudeste) do Instituto Brasileiro de Direito Civil. Membro do Instituto Brasileiro de Estudos da Responsabilidade Civil.

Mário Gamaliel Guazzeli de Freitas

Mestre em Direito Civil e Bacharel em Direito pela Universidade de São Paulo (USP). Professor universitário. Advogado em São Paulo. Membro do Instituto de Direito Privado (IDiP) e da Comissão Especial de Direito Civil da OAB/SP.

Sumário: 1. Introdução: um código anacrônico para o seu tempo – 2. Histórico da concorrência sucessória; 2.1 Concorrência sucessória do cônjuge: Código Civil de 1916 e leis posteriores; 2.2 Concorrência sucessória do companheiro: as Leis 8.971/94 e 9.278/96 – 3. O Código Civil de 2002: disciplina e retrocesso; 3.1 O regime de bens e a natureza legitimária do cônjuge; 3.2 Concorrência com descendência híbrida; 3.3 A posição do companheiro na vocação hereditária e a concorrência com outros herdeiros; 3.3.1 A inconstitucionalidade do art. 1.790, CC; 3.3.2 Companheiro como herdeiro necessário – 4. Um olhar para o futuro: seria o caso de revogar a concorrência sucessória do cônjuge/companheiro? – 5. Notas conclusivas.

1. INTRODUÇÃO: UM CÓDIGO ANACRÔNICO PARA O SEU TEMPO

Ao comemorar seus vinte anos de vigência, não se pode deixar de lembrar que o Código Civil festejado, em verdade, é um quase cinquentenário. A despeito da eloquente defesa que Miguel Reale empreendeu ao rebater as críticas que diziam que o Código já nascia ultrapassado, fato é que o processo de adaptação da lei dos anos 1970 à realidade dos anos 2000 não foi de todo exitoso.

Especificamente no que tange ao seu Livro V, o cotejo entre as conquistas e os retrocessos pode trazer substancial amparo a essa afirmação. De um lado, verifica-se a ausência de uma maior correspondência entre as disposições relativas à sucessão do cônjuge e à do companheiro, como resultado de certo menoscabo das conquistas logradas pelos conviventes ao longo da década de 1990 em matéria sucessória; a manutenção da culpa mortuária no art. 1.830; o acanhamento na previsão do fideicomisso, limitado à hipótese de substituição em favor, exclusivamente, de prole eventual; a desconsideração dos novos modelos de família e das dinâmicas familiares ao não regular a concorrência entre descendentes híbridos e cônjuge ou companheiro supérstite, ou ao ignorar eventual concorrência entre cônjuge supérstite e companheiro; a previsão de uma legítima estática que não leva em conta nem a origem do bem, nem as particularidades dos herdeiros.

Por outro lado, o novo Código inovou ao içar o cônjuge ao posto de herdeiro necessário e possibilitar sua concorrência com sucessíveis das classes anteriores; avançou ao exigir a demonstração de justa causa para a clausulação da legítima; manteve, além disso, importantes conquistas legadas pelo século anterior, como a igualdade entre filhos na sucessão legítima e a preocupação em harmonizar a eficácia das disposições de última vontade com o aparecimento de herdeiros necessários, não prevendo a ruptura do testamento indistintamente ou desprezando a garantia da porção indisponível.

Entretanto, o que a evolução da técnica carreada pelas mudanças econômico-culturais e a sofisticação das ideias demonstram é que mesmo tais inovações e vantagens têm-se desgastado e corroborado a fatídica constatação de que, por melhores que fossem as intenções, a Lei está em débito com a historicidade que informa o Direito.

Neste artigo, limitar-nos-emos a tratar da concorrência sucessória quando da sucessão legítima. Esta foi uma das principais inovações que o legislador de 2002 trouxe em matéria sucessória, mas a forma como previu o instituto, com a redação truncada do art. 1.829, especialmente, de seu inciso I, suscitou debates que poderiam ter sido evitados. Também na extensão e no conteúdo a "inovação" titubeou: de forma inconstitucional, disciplinou a sucessão do companheiro, muito menos benfazeja que a do cônjuge e quase que retrocedendo à forma como este era vocacionado antes da Lei Feliciano Pena. Não se anteviu, ademais, a possibilidade de concorrerem cônjuge e companheiro, nem se cuidou da concorrência com descendentes híbridos, como já assinalado.

Nos tópicos seguintes, desenvolveremos a história da concorrência sucessória e aprofundaremos a análise crítica dos problemas de forma, extensão e conteúdo referidos no parágrafo anterior para, por fim, atribuir o justo reconhecimento à jurisprudência, que tem capitaneado importantes giros interpretativos na matéria, de modo a que um Direito já tão engessado não caduque, ainda que, em teoria, devesse ser o legislador o responsável por captar as novas demandas da sociedade.

2. HISTÓRICO DA CONCORRÊNCIA SUCESSÓRIA

A previsão da concorrência sucessória em propriedade plena seja do cônjuge, seja do companheiro com herdeiros das classes anteriores foi uma inovação trazida pelo legislador do Código Civil vigente, ainda que sua regulação tenha obedecido a critérios diversos e partido de perspectivas destoantes, hoje consideradas inconstitucionais, como declarado pelo Supremo Tribunal Federal, nos autos do RE 878.694/MG, de relatoria do Ministro Luís Roberto Barroso.

Neste parágrafo, incumbe-nos estudar como a disciplina do cônjuge e do companheiro evoluiu e como a previsão de concorrência, em um primeiro momento, do cônjuge com os herdeiros das classes anteriores não era propriamente uma novidade entre nós.

2.1 Concorrência sucessória do cônjuge: Código Civil de 1916 e leis posteriores

Sob os auspícios do sistema normativo estabelecido pelo Código anterior, não havia qualquer preocupação com a tutela sucessória do companheiro, na medida em que apenas a família matrimonial era considerada entidade familiar[1]. No que toca ao cônjuge, em específico, o legislador de 1916 manteve a conquista propiciada pela Lei Feliciano Pena e preservou sua vocação na terceira classe, apenas atrás de descendentes e ascendentes, mas à frente dos colaterais, recebendo, em caso de sucessão legítima e na falta daqueles, a totalidade da herança, ainda que o considerasse como simples herdeiro facultativo.

Em um movimento gradual de seu direito sucessório, o cônjuge fixara sua posição na terceira classe da ordem de vocação, mas sua posição permanecia estática – ele herdava tão somente se não houvesse descendentes ou ascendentes sucessíveis. Tal engessamento destoava daquilo que tinha sido alvitrado por Clóvis Beviláqua.

Constava dos arts. 1.774 e 1.775 de seu Projeto original a possibilidade de o cônjuge supérstite, casado em regime matrimonial que conservasse bens particulares – o que excluía a comunhão universal –, concorrer sobre eles com quota igual à de descendentes ou ascendentes[2]. Ambos os dispositivos foram, contudo, suprimidos durante a tramitação do Projeto na Comissão Especial da Câmara dos Deputados, por ser considerado, nas palavras do relator Alfredo Pinto, "que a concorrência do cônjuge com os ascendentes ou descendentes, no momento da partilha, podia trazer grandes embaraços na pratica"[3].

Derrotada na época, a concorrência em propriedade plena com descendentes e ascendentes tornou-se direito posto com a entrada em vigor do Código Civil de 2002, como corolário de um movimento, já antevisto por Beviláqua, que reconhecia o papel central e agregador dos cônjuges na constituição da família[4]. Essa nova concepção

---

1. "O casamento, fundamento legítimo da família. [...] O casamento é o acto solemne pelo qual duas pessoas de sexo differente se unem para sempre, sob a promessa reciproca de fidelidade no amor e da mais estreita communhão da vida" (PEREIRA, Lafayette Rodrigues. *Direitos de família*. Rio de Janeiro: Editores Virgilio Maia e Comp., 1918. p. 21, 29).
2. Art. 1774 – "Si o fallecido deixar conjuge, do qual não se ache divorciado, terá este direito a uma porção de bens egual á de um filho, sempre que o regimen matrimonial não lhe der direito á meação de todos os bens ou sómente dos adquiridos". Art. 1775 – "Não havendo herdeiros da classe dos descendentes, são chamados á sucessão os ascendentes e o conjuge superstite não divorciado, quando o regimen matrimonial não lhe der direito á meação de todos os bens ou sómente dos adquiridos".
3. BRASIL. *Projecto do Codigo Civil Brazileiro*: trabalhos da Comissão Especial da Camara dos Deputados. V. VI. Rio de Janeiro: Imprensa Nacional, 1902. p. 238.
4. "[A] organisação dos grupos de successiveis por força da lei, que nos veio do codigo wisigothico e se acha exarada nas ordenações philippinas, si tem o merito da simplicidade, pecca, visivelmente, por não dar a

de família, a propósito, talhada ao longo dos anos, foi sendo enriquecida em termos de tutela sucessória à medida que a sociedade ia evoluindo e arbitrários infortúnios, que atingiam em especial a viúva, iam sendo reconhecidos e enfrentados.

Foi imbuído desse ideal que, na Constituição de 1934, previu-se, quando da sucessão de bens de estrangeiros situados no Brasil, a possibilidade de se aplicar, se mais favorável, a lei estrangeira ao cônjuge brasileiro e a seus filhos. Assim, se a previsão alienígena considerasse o supérstite herdeiro necessário ou se disciplinasse a concorrência com as classes anteriores, tal lei seria aplicável em substituição à lei brasileira.

A Lei 883/49 promoveu nova ampliação da tutela sucessória do cônjuge ao dispor, no seu art. 3º, que na falta de testamento o viúvo casado no regime da separação de bens teria direito à metade dos bens deixados pelo morto se concorresse unicamente com filhos ilegítimos. Mauro Antonini pontua que, embora de difícil verificação concreta, a hipótese admitia, de forma pioneira, a "concorrência sucessória em propriedade plena entre herdeiros de classes diferentes, cônjuge e filho"[5]. Esta lei não foi recepcionada pela Constituição de 1988, na medida em que o art. 227, § 6º, proibiu o tratamento desigual e discriminatório dos filhos.

Por fim, o Estatuto da Mulher Casada (Lei 4.121/62), ao acrescentar os §§ 1º e 2º ao art. 1.611 do Código, propiciou a concorrência sucessória, ao prever, respectivamente, o usufruto vidual, nos casos em que os cônjuges não tinham se casado pelo regime da comunhão universal, e o direito real de habitação, quando o tinham. Ainda que a concorrência não fosse em propriedade plena, a inovação representou mais uma tentativa de fortalecer a posição do cônjuge.

2.2 Concorrência sucessória do companheiro: as Leis 8.971/94 e 9.278/96

Diferentemente do cônjuge, o companheiro sequer foi mencionado no Código de 1916 em matéria sucessória, o que não impediu que a jurisprudência lhe reconhecesse certos direitos, como a dependência previdenciária em relação ao falecido, a indenização por acidente de trabalho ou de transporte que resultasse morte (Súmula STF 35), ou ainda a existência de uma pretensa sociedade de fato a permitir partilhar o patrimônio adquirido por esforço comum (Súmula STF 380)[6].

O advento da Constituição Federal de 1988 representou um ganho tremendo na defesa dos direitos dos companheiros, o que inclui seus direitos sucessórios, na

---

collocação devida ao conjuge sobrevivente. Os conjuges devem achar-se numa situação tal que pela força vinculadora dos sentimentos affectivos e pela harmonia dos interesses possam apresentar-se como uma individualidade biológica, embora composta. A *Biblia* chamou-os a formar um só corpo, — *caro una*; a sciencia não trepida cm consideral-os a individualidade biológica primaria, sob a responsabilidade de um Jaeger. Não pódem ser preferidos na successão por qualquer categoria de parentes, e só devem deparar concorrentes na linha recta descendente o ascendente" (BEVILÁQUA, Clovis. *Direitos das sucessões*. Bahia: Livraria Magalhães, 1899. p. 99-100).

5. ANTONINI, Mauro. *Sucessão necessária*. 2013. Dissertação (Mestrado em Direito Civil) – Faculdade de Direito, Universidade de São Paulo, São Paulo, 2013. p. 93.
6. ANTONINI, Mauro. *Sucessão necessária*. Op. cit. p. 148.

medida em que reconheceu que a união estável se tratava de uma entidade familiar tão digna de proteção quanto aquela decorrente do casamento[7]. A mudança de orientação jurídica foi fundamental para se alinhar os conceitos jurídicos à realidade social operante, que há tempos testemunhava a fragmentação das entidades familiares, não mais limitadas aos rígidos limites da família matrimonial.

A previsão que, em alguns momentos, suscitou questionamentos sobre a autoaplicabilidade de normas constitucionais e a possibilidade de se aplicar, de forma analógica, preceitos relativos à sucessão do cônjuge ao companheiro foi, posteriormente, regulamentada pelas Leis 8.971/94 e 9.278/96. Para Zeno Veloso, era evidente a "tentativa de equiparação da sucessão do companheiro à do cônjuge"[8].

A Lei 8.971/94, além de possibilitar o pleito de alimentos, reconheceu ao companheiro sobrevivente o direito de usufruto sobre porção do patrimônio do morto, variável conforme concorresse com descendentes ou ascendentes. Na falta destes ele recolheria, sozinho, a totalidade da herança. A Lei 9.278/96 avançou ainda mais na proteção ao companheiro, ao retirar a exigência dos cinco anos ou existência de prole para reconhecer a união estável, que passou a ser condicionada à existência de convivência duradoura, pública e contínua, com objetivo de constituição de família. Não se repetiu a menção ao estado civil do supérstite, que agora podia ter sua união reconhecida como entidade familiar, mesmo se um dos companheiros, quando de sua constituição, estivesse separado de fato.

Uma das maiores inovações da Lei 9.278/96 foi a concessão ao companheiro sobrevivente de um direito real de habitação (art. 7°, parágrafo único), sem as exigências relativas ao regime de bens e à sua exclusividade no monte partível, como o § 2° do art. 1.611 do Código de 1916 fazia. Estabeleceu-se, assim, mais uma hipótese de concorrência sucessória, ao lado do usufruto, desta vez em favor do companheiro, agregando-lhe posições jurídicas sucessórias mais vantajosas e em condições bem mais favoráveis que as previstas para o cônjuge[9].

---

7. NEVARES, Ana Luiza Maia. A igualdade de direitos sucessórios entre o cônjuge e o companheiro: o julgamento do Recurso Extraordinário 878.694-MG. *Revista IBDFAM*: família e sucessões. Belo Horizonte, v. 21, maio/jun. 2017. p. 131. "A Constituição dá preferência ao casamento pela segurança jurídica muito mais qualificada dele advinda, em comparação com a união estável. No casamento, há registro público confirmatório do enlace; sabe-se perfeitamente a data de sua constituição, seu regime de bens; confere-se maior segurança jurídica a terceiros em suas relações negociais com um dos cônjuges, pela facilidade de apurar seu estado civil etc. O que não significa que, em termos valorativos, nos referidos aspectos de afeto, solidariedade e respeito, seja qualitativamente melhor do que a união estável" (ANTONINI, Mauro. *Sucessão necessária*. Op. cit., p. 150).
8. VELOSO, Zeno. In: SILVA, Regina Beatriz Tavares da (Coord.). *Código Civil comentado*. 8. ed. São Paulo: Saraiva, 2012. p. 2008.
9. "O regime da Lei 9.278/96 era mais benevolente do que o estabelecido pelo Estatuto da Mulher Casada, pelo qual o cônjuge sobrevivente tinha direito real de habitação, se casado por comunhão universal, ou usufruto vidual, quando o regime fosse outro. Não havia possibilidade de cumulação de ambos os direitos. Tendo em vista que a posição do cônjuge não podia estar desprestigiada em relação à situação do companheiro, a doutrina se manifestou em vários sentidos, dentre os quais o que prevaleceu na jurisprudência foi o defendido, dentre outros, por João Baptista Villela, que sustentava que todas as vantagens da união

3. O CÓDIGO CIVIL DE 2002: DISCIPLINA E RETROCESSO

O Código Civil de 2002 inverteu o equilíbrio da balança e, em vez de igualar, atribuiu mais direitos sucessórios aos casados do que aos que viviam em união estável[10]. O intervalo temporal entre o Projeto de 1975 e o Diploma de 2002, contudo, ainda que responsável pela ausência de maior sistematização entre as normas positivadas, não pode ser invocado como o único responsável para justificar tal assimetria, condenada pela nova ordem constitucional instalada desde 1988, que equiparou axiológica e funcionalmente todas as entidades familiares.

Ao abrir o rol das manifestações sociais reconhecidas como família[11] e lhes atribuir o mesmo valor jurídico, o constituinte simplesmente acompanhou uma evolução que se desenrolava gradualmente e que, alçando a pessoa humana a centro da ordem jurídica[12], consubstanciava-se na fragmentação das entidades familiares, não mais limitadas aos rígidos limites da família matrimonial, e na ampliação da tutela a situações fáticas que se encontravam à margem de qualquer proteção mais substancial do direito familista.

O legislador de 2002, no entanto, ignorou o comando constitucional e elevou o cônjuge "à centralidade da ordem de vocação hereditária, concorrendo em propriedade plena com descendentes e ascendentes, sendo-lhe, ainda, preservada a quarta parte da herança se [fosse] ascendente de todos os herdeiros com quem concorre[s-se]"[13]. O cônjuge foi ainda inscrito no rol dos herdeiros necessários e galardoado com um direito real de habitação vitalício, independentemente de sua participação na herança e sem qualquer restrição quanto ao regime de bens.

O companheiro, por outro lado, relegado pelo legislador, recebeu direitos muito aquém daqueles que lhe tinham sido conferidos pelas Leis 8.971/94 e 9.278/96, e não foi reconhecido como herdeiro necessário. No Projeto da década de 1970, anterior, portanto, à Constituição em vigor, não se previa a figura da união estável como entidade familiar, nem havia regra alguma tratando da sucessão do companheiro. Durante o tempo em que tramitou no Congresso, o tema também não foi apreciado com o cuidado necessário, como mencionaremos na sequência.

---

estável deveriam ser estendidas ao casamento" (NEVARES, Ana Luiza Maia. *A tutela sucessória do cônjuge e do companheiro na legalidade constitucional*. Rio de Janeiro: Renovar, 2004. p. 185-214).

10. NEVARES, Ana Luiza Maia. *A tutela sucessória do cônjuge e do companheiro na legalidade constitucional*. Op. cit., p. 182.
11. LÔBO, Paulo Luiz Netto. Entidades familiares constitucionalizadas: para além do *numerus clausus*. Disponível em: http://www.ibdfam.org.br/_img/congressos/anais/193.pdf. Acesso em: 24 abr. 2021.
12. "A família, ao converter-se em espaço de realização da afetividade humana, marca o deslocamento de suas antigas funções para o espaço preferencial de realização dos projetos existenciais das pessoas. Essas linhas de tendências enquadram-se no fenômeno jurídico-social denominado *repersonalização das relações civis*, que valoriza o interesse da pessoa humana mais do que suas relações patrimoniais. É a recusa da coisificação ou reificação da pessoa, para ressaltar sua dignidade. A família é o *locus* por excelência da repersonalização do direito civil" (LÔBO, Paulo. *Direito civil*: famílias. 6. ed. São Paulo: Saraiva, 2015. p. 19).
13. NEVARES, Ana Luiza Maia. *A igualdade de direitos sucessórios entre o cônjuge e o companheiro*. Op. cit., p. 130.

A previsão desses dois regimes sucessórios diversos, um para o cônjuge e outro para o companheiro, não significou, todavia, uma absoluta preterição do segundo em comparação ao primeiro. Em algumas situações, como quando só existissem bens comuns havidos onerosamente durante a convivência, sua posição jurídica foi favorecida em relação ao cônjuge, uma vez que cumularia direitos de meação e de herança, sem qualquer ressalva em relação ao regime de bens[14].

3.1 O regime de bens e a natureza legitimária do cônjuge

Entre as grandes conquistas sucessórias do cônjuge, no Código de 2002, está, em primeiro lugar, sua promoção ao *status* de herdeiro necessário em propriedade plena (art. 1.845), em contraposição ao regime anterior, que apenas reconhecia um legado legal necessário, inafastável por testamento, sobre o direito real de habitação e sobre o usufruto vidual[15]. Em segundo lugar, mantido na terceira classe na ordem da vocação hereditária, foi-lhe permitido concorrer com as duas classes antecedentes. O cônjuge, assim, passou a herdar tanto concorrentemente quanto de modo isolado, e cada uma dessas formas de herdar traz consigo a previsão de certos requisitos.

Se herdeiro único, o legislador manteve a única exigência de que o vínculo com o falecido não tivesse sido desfeito, em algum momento anterior à morte, seja por divórcio, anulação, separação judicial ou de fato[16]. A ausência de dissolução da sociedade conjugal, a propósito, sempre foi mencionada como uma condição de sucessividade do supérstite[17].

Quanto à concorrência sucessória com descendentes, o Código Civil em vigor mandou observar, além da manutenção da sociedade conjugal, o regime matrimonial de bens, como enfatizado por Silvio Rodrigues[18]. O art. 1.829, I prevê que

---

14. MALUF, Carlos Alberto Dabus; MALUF, Adriana Caldas do Rego Freitas Dabus. *Curso de direito das sucessões*. 2. ed. São Paulo: Saraiva, 2018. p. 215.
15. ANTONINI, Mauro. Apontamentos sobre a evolução e o perfil contemporâneo do Direito das Sucessões brasileiro. *In*: GUERRA, Alexandre Dartanhan de Mello (Coord.). *Estudos em homenagem a Clóvis Beviláqua por ocasião do centenário do direito civil codificado no Brasil*. São Paulo: Escola Paulista da Magistratura, 2018. p. 992-993.
16. A aptidão da separação de fato para afastar o cônjuge da sucessão é matéria polêmica. De um lado, os clássicos Walter Moraes (MORAES, Walter. *Programa de direito das sucessões*: teoria geral e sucessão legítima. São Paulo: Editora Revista dos Tribunais, 1980) e Itabaiana de Oliveira (OLIVEIRA, Arthur Vasco Itabaiana de. *Tratado de direito das sucessões*. 5. ed. Rio de Janeiro: Freitas Bastos, 1986) dizem que a separação de fato, por mais longa que fosse, não romperia a constância da sociedade conjugal, nem excluiria o sobrevivente. De outro lado, a doutrina mais moderna defende que, para afastar a sucessão, basta que os cônjuges não estejam mais juntos, independentemente da observância de qualquer requisito temporal (MADALENO, Rolf. *Sucessão legítima*. 2. ed. Rio de Janeiro: Forense, 2020; NEVARES, Ana Luiza Maia. *A tutela sucessória do cônjuge e do companheiro na legalidade constitucional*, Op. cit.).
17. MORAES, Walter. *Programa de direito das sucessões*. Op. cit. p. 139.
18. "[A] concorrência do cônjuge sobrevivente com os descendentes do *de cujus* vai depender do regime matrimonial de bens" (RODRIGUES, Silvio. *Direito civil*: direito das sucessões. 25. ed. São Paulo: Saraiva, 2002. v. 7, p. 98). Pode-se ainda acrescentar que essa previsão é nova, na medida em que, na legislação anterior, o regime de bens só interessava na definição dos direitos complementares do usufruto e de habitação, mas jamais para efeito de herdar (MADALENO, Rolf. *Sucessão legítima*. Op. cit.).

a concorrência sucessória só será admitida se o regime de bens do casamento for a comunhão parcial, desde que haja bens particulares do autor da herança[19], ou a separação convencional[20].

Essa peculiaridade da sucessão do cônjuge conduziu a doutrina a diferenciar seu *status* de herdeiro necessário daquele ostentado por descendentes e ascendentes, pois, enquanto estes possuem essa qualidade *ad infinitum*, o cônjuge, quando concorre com descendentes, o faz circunstancialmente, ou seja, sob dependência do regime de bens que escolhera para reger seu matrimônio[21].

Segundo Wilson Comel:

> O direito de herdeiro concorrente e o de herdeiro necessário são distintos quanto a sua natureza jurídica e às consequências patrimoniais. Herdeiro necessário ou legítimo é o que "não pode, sem justa causa, ser afastado" da sucessão. Segundo Zeno Veloso, "trata-se de uma ordem de preferência, que tem de ser rigidamente obedecida, não admitindo desvios ou saltos"; enquanto, concorrentemente, o cônjuge sobrevivente só o é em determinadas circunstâncias, na estrita previsão legal. Os descendentes e ascendentes são e devem ser chamados à sucessão, salvo se excluídos com fincas na lei. Não, assim, o cônjuge sobrevivente, que somente é admitido quando factível seu direito subjetivo à sucessão perante o estado do acervo e ao regime de bens do casamento[22].

Em suma, quando chamado, isoladamente, na terceira classe ou a concorrer com ascendentes a recolher bens deixados pelo morto, o cônjuge não poderia ser afastado, a menos que incorresse em alguma causa que determinasse sua ilegitimidade passiva, como a indignidade. Importante destacar que, ao prever a concorrência com ascendentes, o Código não fez nenhuma menção ao regime de bens, de modo que a mera subsistência da sociedade conjugal seria suficiente para legitimá-lo.

Por outro lado, em caso de concorrência com descendentes, a vocação do cônjuge dependeria do regime de bens do casamento. Esse simples condicionamento que ora

---

19. Interpretação *a contrario sensu* do art. 1.829, I, CC – "A sucessão legítima defere-se na ordem seguinte: I – aos descendentes, em concorrência com o cônjuge sobrevivente, salvo se casado este com o falecido no regime da comunhão universal, ou no da separação obrigatória de bens (art. 1.640, parágrafo único); ou se, no regime da comunhão parcial, o autor da herança não houver deixado bens particulares".
20. Muito embora entendimento capitaneado, inicialmente, por Miguel Reale ainda defenda que o art. 1.829, I, CC deve ser lido de forma sistemática e coesa com a totalidade da lei (LEITE, Eduardo de Oliveira. O art. 1.829, I do Código Civil e o regime de separação convencional de bens. *Revista dos tribunais*. São Paulo. v. 96, n. 863, p. 99-111, set. 2007), prevaleceu nos Tribunais que a exceção do inciso I relativa à separação legal de bens deverá ser interpretada restritivamente, privilegiando a gramática legal.
21. O inciso I do art. 1.829 "faz depender a vocação do cônjuge supérstite do regime de bens escolhido pelo casal, quando de sua união, uma vez que o legislador enxerga nessa escolha uma demonstração prévia dos cônjuges, no sentido de permitir ou não a confusão patrimonial e em que profundidade querem ver operada tal confusão" (HIRONAKA, Giselda Maria Fernandes Novaes. Concorrência do companheiro e do cônjuge na sucessão dos descendentes: destaque para dois pontos de irrealização da experiência jurídica à face da previsão contida na regra estampada na nova Legislação Civil Pátria, o Código Civil de 2002. *Revista Esmape*, Recife, v. 9, n. 20, p. 295-339, jul./dez. 2004). Nesse sentido, também anota Rolf Madaleno: "[c]ônjuge e convivente não são herdeiros necessários quando concorrem com descendentes ou ascendentes, mas herdeiros eventuais, irregulares, eis que no concurso com descendentes dependem do regime de bens e da existência de bens particulares do sucedido" (MADALENO, Rolf. *Sucessão legítima*. Op. cit.).
22. COMEL, Wilson J. Cônjuge sobrevivente, herdeiro concorrente. *Revista dos tribunais*. São Paulo, v. 93, n. 820, p. 50-60, fev. 2004.

garantia a legítima ora o afastava dela constituiu um sistema peculiar em que, se o regime de bens admitisse, o cônjuge seria herdeiro necessário como qualquer outro da classe dos descendentes ou dos ascendentes, podendo exigir o respeito da porção indisponível. Já se o regime de bens se enquadrasse em um dos mencionados no art. 1.829, I, o cônjuge não seria nem mesmo vocacionado com os descendentes, não importando se exclusivos ou comuns. Sua situação sucessória era, assim, circunstancial: ora herdeiro necessário, ora facultativo, o que não macula o que a previsão da concorrência significou em termos evolutivos.

3.2 Concorrência com descendência híbrida

Um dos fenômenos sociais sumariamente descuidados pelo legislador foi o da concorrência híbrida – o Código não previu nenhuma regra para resolver os casos em que concorressem, simultaneamente, cônjuge ou companheiro sobrevivente com descendentes comuns e exclusivos do falecido. O oblívio não é escusável, uma vez que tal fenômeno não é algo recente na história da família. Pelo contrário, não era incomum que pessoas que tivessem se casado em primeiras núpcias ou mantido uma união estável precedente se separassem, divorciassem ou enviuvassem, resolvendo reconstruir sua trajetória afetiva com terceiro, advindo prole de ambos os relacionamentos.

Segundo o disposto no art. 1.832, concorrendo com descendentes comuns, ao cônjuge sobrevivente seria reservada, no mínimo, a quarta parte da herança. Quando a concorrência fosse com descendentes exclusivos do morto, não se exigiria a reserva da quarta parte. Do cotejo de ambas as regras, suscitou-se a ponderação acerca do imbróglio envolvendo concorrência híbrida, princípio da igualdade formal entre filhos na sucessão legítima e garantia da reserva hereditária do cônjuge.

Também no malfadado art. 1.790, o legislador previu regra específica para a sucessão do companheiro em concorrência com filhos comuns, quando recebia a mesma porção designada a estes, e outra, distinta, para a sucessão com filhos exclusivos do autor da herança, quando recebia metade da quota destinada aos descendentes, dando ao companheiro tratamento preferencial quando concorresse com aqueles[23].

No silêncio do legislador, coube à doutrina buscar soluções. Muitas foram as abordagens suscitadas e, dentre as propostas para dirimir o conflito envolvendo o cônjuge, que é o modelo que nos interessa tendo em vista a declaração de inconstitucionalidade do art. 1.790[24], prevaleceu a que estendia para a concorrência híbrida

---

23. HIRONAKA, Giselda Maria Fernandes Novaes. *Concorrência do companheiro e do cônjuge, na sucessão dos descendentes*. Op. cit.
24. Com relação ao conflito envolvendo a concorrência do companheiro com descendência híbrida, escreveu-se que haveria quatro saídas interpretativas possíveis: o companheiro poderia concorrer com os descendentes como se fossem todos descendentes comuns; em uma segunda hipótese, poderia concorrer como se os descendentes fossem todos exclusivos do autor da herança; uma terceira corrente atribuía uma quota e meia ao companheiro sobrevivente, equivalente à soma das quotas que a ele seriam deferidas na hipótese de concorrer com filhos comuns e filhos exclusivos; e, por fim, segundo uma quarta corrente, a herança

as regras acerca da concorrência com descendentes exclusivos. Este posicionamento fora objeto de enunciado aprovado na V Jornada de Direito Civil, promovida pelo Conselho da Justiça Federal[25]. Além disso, recentemente, foi analisado nos autos do REsp 1.617.650/RS, sob a relatoria do Ministro Paulo de Tarso Sanseverino[26], que endossou aquilo que já vinha sendo defendido pela maioria.

3.3 A posição do companheiro na vocação hereditária e a concorrência com outros herdeiros

Em relação ao companheiro, notadamente no que se refere a sua posição na ordem de vocação hereditária e à forma como foi disciplinada sua concorrência com outros herdeiros, a previsão do Código foi veemente criticada por importantes setores da doutrina, tendo em vista, de um lado, a desatenção ao texto constitucional, que alçara a união estável a entidade igualmente apta a constituir família, e de outro o menoscabo das conquistas do companheiro ao longo da década de 1990.

3.3.1 A inconstitucionalidade do art. 1.790, CC

O contexto moral e social do período em que foi gestado o Anteprojeto que deu origem ao Código Civil em vigor pesou bastante sobre sua conformação[27]. Os relacionamentos concubinários entre pessoas desimpedidas de casar não eram novidade, mesmo assim houve certo silêncio da Comissão de Juristas que o elaborou[28].

A eloquente omissão de regras referentes à hoje denominada união estável, tentativa de superar o preconceito e estigma que o termo "concubinato" carrega[29], não

---

seria dividida proporcionalmente em duas sub-heranças (HIRONAKA, Giselda Maria Fernandes Novaes. *Concorrência do companheiro e do cônjuge, na sucessão dos descendentes*. Op. cit.).
25. Enunciado 527, V Jornada de Direito Civil de CJF, 2011: "Na concorrência entre o cônjuge e os herdeiros do *de cujus*, não será reservada a quarta parte da herança para o sobrevivente no caso de filiação híbrida".
26. Considerando o decidido no RE 878.694/MG, no acórdão do Recurso Especial em comento, assentou-se que o entendimento cristalizado no Enunciado 527 se aplicaria tanto a cônjuges como a companheiros. "Em resumo, conclui-se que a reserva de no mínimo 1/4 da herança em favor do consorte falecido ocorrerá apenas quando concorra com seus próprios descendentes (e eles superem o número de 3). Em qualquer outra hipótese de concurso com filhos exclusivos, ou comuns e exclusivos, não haverá a reserva de 1/4 da herança ao *cônjuge ou companheiro* sobrevivente" (REsp 1.617.650/RS, STJ, relator Ministro Paulo de Tarso Sanseverino, Terceira Turma, DJ 11.06.2019, grifos nossos).
27. NEVARES, Ana Luiza Maia. *A igualdade de direitos sucessórios entre o cônjuge e o companheiro*. Op. cit. p. 129-130.
28. O que a Comissão apresentou como justificativa para esse silêncio, na "Exposição de Motivos" do Código, foi que seria mais conveniente a "[t]ransferência para lei especial da disciplina das relações patrimoniais entre concubinos, a fim de que [pudessem] ser considerados outros aspectos da questão, inclusive em termos de sociedade de fato, consoante o que [vinha] sendo elaborado pela jurisprudência" (PASSOS, Edilenice; LIMA, João Alberto de Oliveira. *Memória legislativa do Código Civil*: tramitação na Câmara dos Deputados: segundo turno. Brasília: Senado Federal, 2012. v. 4. p. 116. Disponível em: https://www2.senado.leg.br/bdsf/handle/id/242712. Acesso em: 20 jul. 2020). Em que pese soar desanimadora tal justificativa, ela parece se conformar bem aos princípios reitores da nova codificação estabelecidos por Miguel Reale, que pretendia cristalizar no Código apenas o que estava sedimentado no ambiente jurídico nacional (REALE, Miguel. *História do novo Código Civil*. São Paulo: RT, 2005), e, de fato, as discussões acerca da união estável eram ainda muito incipientes em inícios da década de 1970.
29. MADALENO, Rolf. *Sucessão legítima*. Op. cit.

passou despercebida durante a tramitação do Projeto no Congresso Nacional. Não só sua tutela enquanto entidade familiar, mas os reflexos patrimoniais e sucessórios decorrentes dela foram objeto de diversas emendas, dentre as quais a que nos importa destacar é a Emenda 358[30], proposta pelo Senador Nelson Carneiro.

Tal emenda, fortemente influenciada pelo art. 784 do Anteprojeto de Código Civil de Orlando Gomes[31], propunha fosse incluído um parágrafo único no então art. 1.852 do PLC 118/84, atual art. 1.829 do Código Civil, que previa a ordem de vocação hereditária. A previsão do parágrafo único era, basicamente, aquela que, mais tarde, seria disciplinada no, hoje, inconstitucional art. 1.790 do Título I, "Da Sucessão em Geral", por sugestão do senador Josaphat Marinho.

Antes do julgamento da constitucionalidade de referido artigo, nos autos do RE 878.694/MG[32], havia um sistema sucessório dúplice, que se, por um lado, conferia concorrência sucessória a cônjuges e companheiros indistintamente, por outro, previa diferentes repercussões jurídicas no campo sucessório[33]. No que diz respeito à ordem de vocação hereditária, três situações chamavam, particularmente, a atenção.

---

30. "A companheira do homem solteira (sic), separado judicialmente, divorciado ou viúvo, que em sua companhia tem estado nos cinco anos precedentes à sua morte ou de quem tenha prole, participará de sua sucessão nas condições seguintes: I – Se concorrer com filhos comuns terá direito a uma cota equivalente a que por lei é atribuída ao filho. II – Se concorrer com descendentes do autor da herança dos quais não seja ascendente tocar-lhe-á somente a metade do que couber a cada um daqueles. III – Se concorrer com outros parentes sucessíveis terá direito à metade da herança. IV – Não havendo parentes sucessíveis terá direito a dois terços da herança" (PASSOS, Edilenice; LIMA, João Alberto de Oliveira. *Memória legislativa do Código Civil*. Op. cit. p. 236).
31. "A companheira do homem solteiro, desquitado ou viúvo que em sua companhia tenha estado nos cinco anos precedentes à sua morte, ou de quem tenha prole, participará de sua sucessão, nas condições seguintes: I – Se concorrer com filhos comuns, terá direito a uma cota equivalente à que por lei é atribuída ao filho; II – Se concorrer com descendentes do autor da herança, dos quais não seja ascendente, tocar-lhe-á sòmente a metade do que couber a cada um daqueles; III – Se concorrer com outros parentes sucessíveis, terá direito à metade da herança; IV – Não havendo parentes sucessíveis, terá direito a dois terços da herança" (BRASIL. *Anteprojeto de Código Civil*. Apresentado ao Exmo. Sr. João Mangabeira, Ministro da Justiça e Negócios Interiores, em 31 de março de 1963, pelo prof. Orlando Gomes. Rio de Janeiro, 1963. p. 94. Disponível em: https://bd.camara.leg.br/bd/handle/bdcamara/12916. Acesso em: 02 ago. 2020).
32. O RE 878.694/MG consiste em reclamo tirado contra decisão do TJMG que, na linha do quanto estabelecido pela Corte Superior daquele Tribunal, reformou a sentença que julgou o caso em primeiro grau de jurisdição, limitando, nos termos do art. 1.790 do Código Civil, a um terço dos bens adquiridos, onerosamente, durante a união estável, o direito sucessório de companheira, que litigava contra os irmãos do autor da herança. No recurso extraordinário interposto pela companheira, analisou-se a validade de referido artigo de lei, buscando responder se a distinção, para fins sucessórios, entre a família proveniente do casamento e a proveniente de união estável era legítima. Prevaleceu a posição defendida pelo relator, Ministro Luís Roberto Barroso, segundo a qual, tendo em conta que o art. 1.790 do Código Civil ordena regime sucessório distinto e desfavorável ao companheiro, em face daquele que é conferido ao cônjuge pelo art. 1.829 do Código Civil, restaria evidenciada uma inconstitucional hierarquia entre as diferentes entidades familiares, a recomendar fosse dado provimento ao recurso.
33. A sucessão do cônjuge e a do companheiro se diferenciavam, em primeiro lugar, pela posição topográfica dos artigos que regulavam a matéria e pela posição que conferiam ao cônjuge ou companheiro na ordem de vocação hereditária. Depois, a disciplina da sucessão do companheiro sobrevivente não fazia qualquer menção ao regime de bens da união estável e ainda previa um quadro bastante desfavorável e desigual quando de sua concorrência com descendentes unilaterais. Quanto aos descendentes comuns, não encontrava melhor sorte, uma vez que não lhe era garantida a reserva da quarta parte do acervo patrimonial, que, a propósito, também variava conforme se tratasse de concorrência sucessória do cônjuge ou do companheiro, sendo-lhe

Primeiramente, a base de cálculo sobre a qual se calculava a porção hereditária do companheiro era formada pelos bens comuns, adquiridos onerosamente durante a união estável[34]. Por outro lado, em se tratando do cônjuge casado pelo regime da comunhão parcial, havia a possibilidade de receber, simultaneamente, a meação sobre os bens comuns e porção da herança calculada sobre o montante dos bens particulares[35].

Em segundo lugar, o art. 1.790 do Código Civil, em seus incisos I e II, previa diferente participação do companheiro sobre a herança líquida, conforme concorresse com descendentes comuns ou unilaterais, como mencionamos no tópico anterior. A isso se somava a ausência de garantia de uma quota mínima, como ocorre com o cônjuge quando sucede com descendentes comuns (art. 1.832, CC).

Por fim, a posição do companheiro como herdeiro exclusivo dos bens do *de cujus* após os colaterais era constrangedora. O paralelo com a situação do cônjuge na ordem do art. 1.829 era inevitável, uma vez que desde a Lei Feliciano Pena este gozava, isolado, do terceiro lugar na ordem legal[36]. A indignação ainda era alimentada pelo fato de a posição sucessória do companheiro ter sido, praticamente, equiparada à do cônjuge com as Leis 8.971/94 e 9.278/96. O fato de o companheiro, segundo a redação do art. 1.790, III, na ausência de descendentes e ascendentes do autor da herança, precisar concorrer, na terceira classe, com colaterais do falecido motivou severa crítica de Zeno Veloso, conforme se transcreve:

> A lei não está imitando a vida, nem está em consonância com a realidade social, quando decide que uma pessoa que manteve a mais íntima e completa relação com o falecido, que sustentou com ele uma convivência séria, sólida, qualificada pelo *animus* de constituição de família, que com o autor da herança protagonizou, até a morte deste, um grande projeto de vida, fique atrás de parentes colaterais dele, na vocação hereditária[37].

---

concedida a possibilidade de herdar apenas sobre os bens adquiridos onerosamente durante a união estável e sobre os quais, como regra, ele já tinha a meação (HIRONAKA, Giselda Maria Fernandes Novaes. Viver e morrer com dignidade: no que diferem e no que se assemelham a sucessão do cônjuge e a do companheiro à luz da doutrina e dos pronunciamentos dos tribunais? *Pensar – Revista de ciências jurídicas*. Fortaleza, v. 21, n. 1, p. 200-212, jan./abr. 2016).

34. MALUF, Carlos Alberto Dabus; MALUF, Adriana Caldas do Rego Freitas Dabus. *Curso de direito das sucessões*. Op. cit., p. 214-125.
35. "O legislador, ao regulamentar a sucessão na união estável, adotou um critério diferente do utilizado para o casamento: neste, o propósito foi não deixar o cônjuge desamparado, quando não tivesse direito à meação, naquela, foi permitir que o companheiro herdasse apenas do patrimônio para cuja aquisição tenha contribuído" (LIGIERA, Wilson Ricardo. A incompreendida constitucionalidade da sucessão na união estável no Código Civil brasileiro. *Revista de direito de família e das sucessões*. v. 2, n. 3, p. 147-170. São Paulo, jan./mar. 2015).
36. "Do quarto lugar na ordem de vocação hereditária, atrás dos colaterais até o décimo grau nas Ordenações Filipinas, o cônjuge foi deslocado para o terceiro lugar na aludida ordem legal com a Lei Feliciano Pena em 1907, mantendo-se assim no Código Civil de 1916, que foi complementado pela Lei 4.121/62, que instituiu para o cônjuge sobrevivente o usufruto vidual e o direito real de habitação, conforme o regime de bens do casamento" (NEVARES, Ana Luiza Maia. *A igualdade de direitos sucessórios entre o cônjuge e o companheiro*, Op. cit. p. 128).
37. VELOSO, Zeno. *Direito sucessório dos companheiros*. Palestra proferida no III Congresso Brasileiro de Direito de Família. Ouro Preto, outubro de 2001. p. 21. Disponível em: https://www.ibdfam.org.br/assets/upload/

Diante desta constatação, Zeno vaticinou que seria o próprio tempo quem se incumbiria de desfazer toda obra legislativa que não tinha sido erigida segundo as expectativas do momento de sua elaboração. Na falta de uma reforma legislativa, coube ao Supremo reconhecer a inconstitucionalidade da diferenciação dos regimes sucessórios do cônjuge e do companheiro[38].

3.3.2 Companheiro como herdeiro necessário

O RE 878.694/MG, em boa hora, ao declarar a inconstitucionalidade do art. 1.790, reconheceu a equiparação das entidades familiares em matéria sucessória, mas não disse se a distensão subjetiva que se verifica com referência ao art. 1.829 do Código Civil, em virtude da inclusão do companheiro ao lado do cônjuge, existe também quanto ao art. 1.845, também do Código Civil[39]. A matéria, objeto de firme controvérsia desde a entrada em vigor do Código, ainda não foi superada[40], embora pareça prevalecer a tese de que o companheiro seria também herdeiro necessário[41].

Segundo a regra prevista no art. 1.845, herdeiros necessários seriam apenas descendentes, ascendentes e cônjuge. Por outro lado, não há qualquer norma que, a exemplo do que faz o art. 1.850 com relação aos colaterais, permita que o compa-

---

anais/188.pdf. Acesso em: 30 jul. 2020.

38. O acerto da decisão do Supremo também foi reconhecido em acórdão do STJ que bem discutiu a imperatividade de a lei responder às necessidades de seu tempo. Conforme o voto do Ministro Luis Felipe Salomão, no REsp 1.337.420/RS, DJ 22.08.2017, "a escancarada dessemelhança entre as regras ditadas para o casamento e a união estável não possui razões que a justifique e, portanto, não se sustenta diante da realidade. Como se sabe, o direito é fato, norma e valor, na clássica *teoria tridimensional* de Miguel Reale, razão pela qual a alteração substancial do fato deve necessariamente conduzir a uma releitura do fenômeno jurídico à luz dos novos valores. O que se deve ter presente, portanto, é o fato de que viver em união estável hoje, depois da Constituição de 88, significa algo totalmente diverso do que era em tempos passados" (fl. 12).
39. Antes do trânsito em julgado do RE 878.694/MG, o IBDFAM, na qualidade de *amicus curiae*, opôs embargos de declaração, alegando que o acórdão padecia de omissão, porque a tese de repercussão geral se limitava a dizer que, no lugar do art. 1.790, CC, deveria ser aplicado o art. 1.829, CC, porém este último artigo não esgota a disciplina da sucessão hereditária do cônjuge. Sob esse pano de fundo, o IBDFAM provocou a Corte a suprir a lacuna apontada, indicando como a sucessão do companheiro deveria se dar em relação aos demais dispositivos legais que regulam o tema. Em outros termos, a questão levantada era se todos os artigos relacionados ao direito sucessório no casamento seriam aplicados ao companheiro automaticamente. A decisão unânime dos Ministros foi pela rejeição dos embargos de declaração, aduzindo que "[n]ão há que se falar em omissão do acórdão embargado por ausência de manifestação com relação ao art. 1.845 ou qualquer outro dispositivo do Código Civil, pois o objeto da repercussão geral reconhecida não os abrangeu. Não houve discussão a respeito da integração do companheiro ao rol de herdeiros necessários, de forma que inexiste omissão a ser sanada" (EDcl. no RE 878.694/MG, STF, relator Ministro Roberto Barroso, DJ 23.10.2018).
40. XAVIER, Luciana Pedroso; XAVIER, Marília Pedroso. O planejamento sucessório colocado em xeque: afinal, o companheiro é herdeiro necessário? In: TEIXEIRA, Daniele Chaves (Coord.). *Arquitetura do planejamento sucessório*. Belo Horizonte: Fórum, 2019.
41. DELGADO, Mário Luiz. O cônjuge e o companheiro como herdeiros necessários. *Revista Jurídica Luso-Brasileira* – RJLB, Lisboa, v. 4, n. 5, p. 1253-1283, 2018; DELGADO, Mário Luiz. A sucessão na união estável após o julgamento dos embargos de declaração pelo STF: o companheiro não se tornou herdeiro necessário. *Migalhas*, 14 nov. 2018. Disponível em: https://www.migalhas.com.br/depeso/291015/a-sucessao-na-uniao--estavel-apos-o-julgamento-dos-embargos-de-declaracao-pelo-stf-o-companheiro-nao-se-tornou-herdei-ro-necessario. Acesso em: 25 maio 2021.

nheiro seja afastado por testamento[42]. O companheiro deveria ter sido incluído ou no rol dos herdeiros necessários do art. 1.845 ou no rol do art. 1.850, que cuida dos herdeiros legítimos facultativos[43].

Diante da omissão, alguns setores da doutrina afirmavam que "parece[ria] mais razoável a posição que protege o companheiro, inclusive por ser a única que guarda coerência com as hipóteses nas quais concorre com descendentes e ascendentes necessariamente"[44].

Wilson Ricardo Ligiera, sustentando essa mesma ideia, defendia que o hoje declarado inconstitucional art. 1.790 atribuía ao companheiro a legítima e, ao fazê-lo, conferia-lhe a qualidade de herdeiro necessário. Conforme argumenta, "[i]sso ocorr[ia] porque primeiramente o legislador atribu[íra] ao companheiro o direito de concorrer à herança junto com os descendentes e ascendentes do falecido, recebendo, por conseguinte, uma parcela da legítima"[45]. Nesse sentido, a inclusão do companheiro no rol dos herdeiros necessários era decorrência lógica e inevitável de sua concorrência com outros herdeiros necessários, uma vez que não se pode admitir concorrência sucessória entre herdeiros necessários e facultativos, sob pena de se reduzir a legítima em favor de herdeiro não legitimário[46].

---

42. HIRONAKA, Giselda Maria Fernandes Novaes. Direito sucessório e Constituição: controvérsias e tendências. In: HIRONAKA, Giselda Maria Fernandes Novaes; TARTUCE, Flávio; SIMÃO, José Fernando (Coord.). *Direito de família e das sucessões*: temas atuais. Rio de Janeiro: Forense; São Paulo: Método, 2009. p. 460.
43. "Os dispositivos correspondentes aos dois primeiros artigos [arts. 1.721 e 1.725 do Código Civil de 1916], no Código de 2002, são, respectivamente, o 1.845, que aponta como herdeiros necessários os descendentes, os ascendentes e o cônjuge, e o artigo 1.850, que menciona quem pode ser excluído da sucessão legítima: os colaterais. Juntos, ambos os dispositivos deveriam abranger todos os herdeiros legítimos, relacionados na ordem de vocação hereditária, a fim de, como ocorria no diploma anterior, também deixar claro quem poderia ou não ser afastado por testamento. Entretanto, ocorre que, no atual Código Civil, há dois artigos que estabelecem a ordem de vocação dos herdeiros legítimos: o artigo 1.829 (que inclui o cônjuge) e o artigo 1.790 (que inclui o companheiro). O legislador de 2002, porém, parece ter considerado apenas o conteúdo do artigo 1.829, esquecendo-se do artigo 1.790" (LIGIERA, Wilson Ricardo. *O companheiro na qualidade de herdeiro necessário e seu direito à legítima*. 2013. Tese (Doutorado em Direito Civil) – Faculdade de Direito, Universidade de São Paulo, São Paulo, 2013. p. 390).
44. ANTONINI, Mauro. Sucessão necessária, cit., p. 166.
45. LIGIERA, Wilson Ricardo. *O companheiro na qualidade de herdeiro necessário e seu direito à legítima*, cit., p. 407. Segundo o autor, o raciocínio silogístico que conduz à conclusão de que o companheiro é herdeiro necessário é invertido em relação àquele realizado em cônjuge. Ambos partilham a mesma premissa maior: "a legítima pertence aos herdeiros necessários" (art. 1.846, CC). Todavia, enquanto a premissa menor na estrutura envolvendo o cônjuge é expressa na proposição "os descendentes, os ascendentes e o cônjuge são herdeiros necessários" (art. 1.845, CC), a premissa menor na sucessão do companheiro é expressa na fórmula "a legítima pertence ao companheiro e aos filhos" (art. 1.790, CC). Assim, tal qual os filhos, o companheiro também seria herdeiro necessário (LIGIERA, Wilson Ricardo. *O companheiro na qualidade de herdeiro necessário e seu direito à legítima*, cit., p. 407-409).
46. A propósito da concorrência sucessória na união estável, José Luiz Gavião de Almeida escreveu que o companheiro tinha situação curiosa no novo Código Civil, uma vez que "parece incluído entre os herdeiros necessários, tanto que concorre com estes à sucessão (art. 1.790), mas também concorre com colaterais, e apenas na inexistência destes é que recolher[ia] a totalidade da herança (art. 1.790, III e IV)" (ALMEIDA, José Luiz Gavião de. Direito das Sucessões. Sucessão em geral. Sucessão legítima. Artigos 1.784 a 1.856. In: AZEVEDO, Álvaro Villaça. *Código Civil comentado*. São Paulo: Atlas, 2003. v. XVIII, p. 251). Essa peculiaridade, contudo, não desabonaria a tese de o companheiro ser também herdeiro necessário. Afastando qualquer eventual aproximação com as especificidades do direito estrangeiro, Wilson Ligiera defende

Ponderando a configuração atual da matéria, além do próprio decurso lógico da tese firmada pelo Supremo[47], o cenário resultante do julgamento do RE 878.694/MG parece confirmar o entendimento de ser o companheiro herdeiro necessário, o que fica patente quando analisamos a jurisprudência dos tribunais brasileiros a partir de junho de 2017[48].

Além disso, a unidade do ordenamento e a coerência interpretativa também parecem conduzir à plena equiparação sucessória entre cônjuge e companheiro[49]. A própria doutrina já demonstrou que a sistemática legal, da forma como disciplinada originalmente, incluía o companheiro como herdeiro necessário:

> Apesar de o art. 1.845 do novo Código Civil não fazer referência textual ao companheiro, o art. 1.850 do mesmo diploma legal só permite a exclusão dos colaterais da sucessão. Dessa maneira, a partir da interpretação do art. 1.850, juntamente com a determinação imperativa do *caput* do art. 1.790 [o companheiro ou a companheira *participará da sucessão do outro*], à luz da especial proteção dispensada à união estável pela Carta Magna (CF/88, art. 226, *caput* c/c 226, § 3º), conclui-se ser o companheiro herdeiro forçado no sistema do novo Código Civil[50].

Nesse sentido, a equiparação sucessória das diferentes entidades familiares só reforça a *mens legis*, conduzindo à inafastável conclusão de que o companheiro também é herdeiro necessário, apesar da ausência de norma expressa nesse sentido. Uma condição legitimária circunstancial, como dito a respeito do cônjuge, mas igualmente legitimário.

---

que "a má redação dos incisos III e IV não é suficiente para anular o que é estabelecido pelos incisos I e II. Se o companheiro concorre com os descendentes, recebendo parte da legítima que cabe tão somente aos herdeiros necessários, não há como, factivelmente, tratá-lo de outro modo" (LIGIERA, Wilson Ricardo. *O companheiro na qualidade de herdeiro necessário e seu direito à legítima*. Op. cit., p. 414).

47. Flávio Tartuce, observando aspectos não enfrentados no julgamento do RE 878.694/MG, anota que o primeiro deles "diz respeito à inclusão ou não do companheiro como herdeiro necessário no art. 1.845 do Código Civil, outra tormentosa questão relativa ao Direito das Sucessões e que tem numerosas consequências. O julgamento nada expressa a respeito da dúvida. Todavia, lendo os votos prevalecentes, especialmente o do relator, a conclusão parece ser positiva, sendo essa a posição deste autor" (TARTUCE, Flávio. *Manual de direito civil*: volume único. 8. ed. São Paulo: Forense, 2018. p. 1688).

48. Os Tribunais estaduais se manifestam, com alguma frequência, no sentido de reconhecer o companheiro como herdeiro necessário. O STJ, contudo, mesmo que já tenha se manifestado algumas vezes no sentido aqui defendido, ainda não delineou uma justificativa circunstanciada. Isso porque, quando asseverou que o companheiro seria herdeiro necessário, simplesmente lastreou sua decisão na verificação de que, se o cônjuge era herdeiro necessário, de forma automática, o companheiro também o seria (*vide* o AgInt no REsp 1.318.249/GO e o REsp 1.446.278/RJ). Os precedentes não abordam o fato de a disciplina sucessória do cônjuge extravasar o art. 1.829, CC, nem enfrentam, por outro lado, a crítica de que o art. 1.845, CC é norma restritiva de direitos, que, enquanto tal, não pode ser interpretada de forma ampliativa (DELGADO, Mário Luiz. A sucessão na união estável após o julgamento dos embargos de declaração pelo STF. Op. cit.).

49. A despeito de certas opiniões contrárias, como a de Maria Berenice Dias (A união estável. p. 4. Disponível em: http://www.mariaberenice.com.br/manager/arq/(cod2_791)3__a_uniao_estavel.pdf. Acesso em: 2 ago. 2021), a equiparação constitucional das entidades familiares, devidamente reconhecida pelo STF, não significa sua equalização. Caso contrário, não seria necessário prever diferentes tipos de famílias. O que tal equiparação representa é a concreção do princípio da isonomia, a partir do qual as várias formas familiares devem ser igualmente tuteladas no que têm de comum, sem que isso implique sua redução apenas a esse aspecto.

50. NEVARES, Ana Luiza Maia. *A tutela sucessória do cônjuge e do companheiro na legalidade constitucional*. Op. cit., p. 223-224.

4. UM OLHAR PARA O FUTURO: SERIA O CASO DE REVOGAR A CONCORRÊNCIA SUCESSÓRIA DO CÔNJUGE/COMPANHEIRO?

Delineada a matéria sob a perspectiva da ordem jurídica vigente, talvez fosse o caso de prognosticar o que se reserva para a concorrência sucessória do cônjuge e do companheiro, com base em especulações que cada vez mais têm destacado o anacronismo do Código[51] e seu descolamento de uma realidade familiar, em que os sentimentos são líquidos e os relacionamentos efêmeros.

Dentro desse contexto, de criticada neutralidade do Direito das Sucessões, suscitou-se, em sede doutrinária, crítica à manutenção de um regramento da legítima indiferente aos bens transmitidos e aos sucessores, que violaria, sob os auspícios da ordem normativa, a igualdade substancial[52]. No que se refere, especificamente, ao cônjuge e ao companheiro, desde o julgamento do RE 878.694/MG, não se ignora que, em relações afetivas duradouras, nas quais o patrimônio familiar foi construído pelo esforço comum do casal, existe uma preocupação legítima de reforçar a posição do viúvo[53]. É de se questionar, todavia, se proteção na mesma intensidade e extensão seria devida àqueles que se uniram sem ter contribuído, reciprocamente, para a formação do patrimônio que o falecido deixa a seus herdeiros legítimos.

Não parece que uma devolução patrimonial como é prevista hoje, no nosso ordenamento, quando diante desta segunda situação seja justa – no sentido aristotélico de justeza, de dar a cada um o que é seu –, porque, se uma das justificativas para limitar o poder de disposição do autor da herança é proteger seu núcleo familiar[54], em um primeiro momento, pode soar controvertido reservar parcela a alguém que não necessariamente coere os membros mais evidentes desse grupo, como são os descendentes.

---

51. O art. 1.845 do CC, ao arrolar, em sua literalidade, o cônjuge ao lado de descendentes e ascendentes, não faz qualquer restrição ao tempo de união entre o falecido e o supérstite, não considera o fenômeno das famílias recompostas, não faz diferenciação entre a origem dos bens que compõem o monte, não elenca, enfim, o companheiro ao seu lado, em explícita violação à equiparação constitucional das famílias.
52. "Ainda hoje, o que se percebe é que a legítima representa, entre nós, instituto ancorado em uma concepção familiar eminentemente abstrata e estrutural, cujas bases de sustentação parecem não subsistir no Direito Civil contemporâneo. A reserva dos bens aos familiares sem qualquer distinção que não a das classes de herdeiros e graus de parentesco – com o rateio em proporções guiadas por critérios abstratos e indiferentes às necessidades reais das pessoas que integram a família – afigura-se totalmente deslocada do paradigma civil-constitucional, na medida em que privilegia a estrutura sobre a função, partindo da concepção da família como entidade merecedora de proteção em si mesma ou, ainda, em fatiamentos abstratos de parentesco, resultando em transmissão patrimonial que desconsidera a pessoa de seus membros. Ao mesmo tempo, como ressaltado, a relação de herdeiros necessários prevista pela lei revela descompasso com a realidade contemporânea das famílias, caracterizada pela heterogeneidade e fluidez dos vínculos, o que, em última análise, põe em xeque a concepção corrente de que 'a família, no seu núcleo mais significativo pela maior proximidade dos vínculos, só fica devidamente resguardada ou acautelada por meio da sucessão necessária'" (SCHREIBER, Anderson; VIÉGAS, Francisco de Assis. Por uma releitura funcional da legítima no direito brasileiro. *Revista de Direito Civil Contemporâneo*, São Paulo, v. 6, n. 19, p. 211-250, abr./jun. 2019).
53. MADALENO, Rolf. *Sucessão legítima*. Op. cit.
54. AZEVEDO, Antonio Junqueira de. O espírito de compromisso do Direito das Sucessões perante as exigências individualistas de autonomia da vontade e as supraindividualistas da família. Herdeiro e legatário. *Revista da Faculdade de Direito da Universidade de São Paulo*, [s. l.], v. 95, p. 273-281, 2000.

Uma interessante proposta para ajustar as disposições sucessórias do Código em vigor ao tempo presente tramita no Senado Federal. Trata-se do Projeto de Lei 3.799/2019, de iniciativa do IBDFAM. Uma das mudanças sugeridas foi excluir o cônjuge e o companheiro do rol de herdeiros necessários, permitindo seu afastamento por disposição de última vontade do falecido. Paradoxalmente, porém, mantém-se seu direito concorrencial de herdar ao lado de descendentes e ascendentes, outorgando a herdeiros facultativos a possibilidade de participar da porção indisponível reservada a legitimários.

O Projeto ainda oferta duas modificações especificamente sobre o art. 1.829: retira a menção aos regimes de bens no inciso I e acrescenta um parágrafo único, no qual indica que a concorrência sucessória seja com descendentes, seja com ascendentes independerá do regime de bens, mas se restringirá a bens auferidos na constância do casamento ou da união estável. A despeito da crítica feita anteriormente à paradoxal divisão da legítima com herdeiros facultativos, essa limitação objetiva parece se coadunar com a preocupação aqui expressa com respeito à neutralidade do sistema sucessório e à justeza na distribuição dos bens.

5. NOTAS CONCLUSIVAS

A evolução sucessória do cônjuge ascendeu em um contínuo, passando, no início do século passado, à terceira posição na ordem de vocação na sucessão legítima. Não se admitia, contudo, a despeito da proposta original de Clóvis Beviláqua, um direito concorrencial do cônjuge a permitir que ele herdasse ao lado dos herdeiros das classes anteriores. Essa conquista só foi possível com o advento do Código Civil de 2002, que, avançado em relação ao que tinha sido regulamentado até então, previu a concorrência em propriedade plena.

Tal desprendimento não se verificou em relação ao companheiro. Muito pelo contrário, se considerados os direitos afirmados a partir da Constituição de 1988, ao entrar em vigor, o Código conduziu a uma involução na posição jurídica do companheiro, que, apesar de ter conseguido acesso aos institutos do direito familista, não foi arrolado como herdeiro necessário, perdeu o direito real de habitação que lhe tinha sido conferido pela legislação anterior, viu-se preterido pelos colaterais na ordem de vocação hereditária, teve limitada a base de cálculo do patrimônio que poderia herdar e ainda ficou sem a garantia da quarta parte da herança concedida ao cônjuge que concorresse com herdeiros comuns.

O RE 878.694/MG tentou corrigir essa distorção, declarando que as entidades familiares teriam o mesmo peso axiológico, defeririam iguais direitos sucessórios e que a forma como o companheiro era vocacionado pelo art. 1.790 do Código Civil era inconstitucional. Nada disse a respeito do *status* de herdeiro necessário do companheiro, mas parece-nos se tratar de uma conclusão lógica que, se quando da entrada em vigor do Código já estava implícita, muito mais agora, quando houve o reconhecimento da equiparação sucessória das entidades familiares.

Em que pese os avanços, a realidade social que serviu de paradigma para que as normas do Código de 2002 fossem elaboradas mudou deveras em relação ao tempo de sua entrada em vigor, há 20 anos, e, radicalmente, se considerado o momento em que o Projeto foi elaborado e apresentado ao Congresso Nacional, há quase 50 anos. Talvez por isso sejam mais que necessárias reformas que adéquem a legislação aos novos tempos, em especial, aos novos paradigmas de relacionamento, sob pena de se insistir em um modelo anacrônico "desde o seu nascimento".

31
DIREITOS SUCESSÓRIOS DO CÔNJUGE E DO COMPANHEIRO NO REGIME DA SEPARAÇÃO DE BENS: BREVES ANOTAÇÕES

Luiz Paulo Vieira de Carvalho

Mestrado e Pós-graduação em Ciências Jurídicas pela Faculdade de Direito da Universidade Clássica de Lisboa (Portugal). Professor e Conferencista Emérito da Escola da Magistratura do Estado do Rio de Janeiro – EMERJ. Presidente da Comissão de Direito de Família e Sucessões do Instituto dos Advogados Brasileiros-IAB; Vice-Presidente da Comissão Nacional de Direito das Sucessões do Instituto Brasileiro de Direito de Família – IBDFAM; Membro do Fórum Permanente de Direito de Família da Escola da Magistratura do Estado do Rio de Janeiro-EMERJ; Membro do Fórum Permanente de Direito Civil da Escola da Magistratura do Estado do Rio de Janeiro-EMERJ. Professor Coordenador dos Cursos de Extensão de Direito de Família e de Direito das Sucessões da Escola da Magistratura do Estado do Rio de Janeiro-EMERJ. Ex-Defensor Público Geral do Estado do Rio de Janeiro. Autor das obras: Direito civil – Questões fundamentais e controvérsias na Parte Geral, no Direito de Família e no Direito das Sucessões, 4. ed.: Impetus e Direito das Sucessões, 4. ed.: Gen/Atlas, além de inúmeros ensaios. Advogado no escritório Vieira de Carvalho, Advocacia & Consultoria Jurídica, consultor jurídico, parecerista e árbitro.

Sumário: 1. Introdução – 2. Cônjuge e companheiro consorciados pelo regime da separação legal ou obrigatória – 3. Quanto ao cônjuge ou companheiro sobrevivente consorciados pelo regime da separação convencional (Art. 1.687 e 1.725 do CC) – 4. Do Artigo 1.830 do CC. Interpretação constitucional atual.

1. INTRODUÇÃO

Ab initio, é de se pontuar, inicialmente, que o direito à herança é *cláusula pétrea* (art. 5º, XXX da CRFB/88), sendo considerado como bem imóvel para efeitos legais (80, II do CC), independentemente da natureza jurídica dos bens contidos no monte hereditário, como também uma universalidade de direito (art. 91 do mesmo diploma), nascendo no momento do decesso da pessoa física ou natural, quando então a herança se transfere imediatamente aos herdeiros legais e testamentários do hereditando como um bloco *unitário*, sem necessidade de quaisquer formalidades (*saisina*, art. 1.874[1] e art. 1.791, parágrafo único,[2] do CC/202).

---

1. Art. 1.784 do CC: "Aberta a sucessão, a herança transmite-se, desde logo, aos herdeiros legítimos e testamentários". A saisina (em latim) foi introduzida entre nós pelo Alvará Régio de 1754, *verbis*: "Comentando o alvará de 9 de novembro de 1754, diz a autora que a sua importância é extremamente acentuada pelos autores brasileiros, sendo ele a fonte do artigo 1.572 do nosso Código Civil; e que é o responsável pela adoção da "saisine" no direito brasileiro. A origem do alvará, que introduziu a "saisine" no direito portu-

Destarte, o legislador do Código Civil de 2002, no art. 1.829 e incisos,[3] determinou a ordem *preferencial* da *vocação hereditária* a favor dos herdeiros legítimos ou legais, familiares mais próximos do hereditando (no CC/16, art. 1.603 e incisos), porém, introduziu importantes alterações.

A primeira delas está expressa nos incisos I e II do art. 1.829. Pelo inciso I desse artigo, como regra, passou o cônjuge sobrevivente e agora, sem mais discussões, ao companheiro sobrevivente,[4] a concorrer com os descendentes do autor da herança, a depender, porém, do *regime patrimonial de bens* adotado pelo ex-casal ou imposto pelo legislador. No inciso II na falta de descendentes, *independentemente* do regime de bens, passou a concorrer com os ascendentes daquele, figurando, por fim, solitariamente no inciso III, recolhendo a herança *legítima* como único titular na falta de tais descendentes e ascendentes. Já no inciso IV restou determinado que, na falta de descendentes, ascendentes ou cônjuge sobrevivente em não havendo testamento válido em sentido contrário (arts. 1.850 e 1.857 do CC), a herança defere-se aos colaterais até o 4º grau (herdeiros facultativos). Inexistindo colaterais até o quarto grau, e testamento válido, os bens hereditários são devolvidos ao Poder Público (art. 1.819 e ss. do CC).

Com a abertura da sucessão *causa mortis*, a herança, o monte, o acervo hereditário, o espólio (sob o ponto de vista processual), representados por todo o conjunto de bens, direitos e obrigações transmissíveis do falecido, mediante uma *ficta iuris* denominada de *droit de saisine*, em francês, derivada *gewere* do direito alemão, é por esse transferida imediatamente aos seus herdeiros legais e testamentários, sem necessidade de qualquer formalidade (*le mort saisit le vif*).

Esta universalidade de direito (art. 91 do CC), como já dito, considerada bem imóvel para efeitos legais, independentemente do tipo de bens que a compõem, se móveis ou imóveis, e coisa indivisa até a partilha (arts. 80, inciso II, e 1.791, pará-

---

guês é obscura, mas, segundo a autora, teve funções práticas, para coibir a posse de terceiros nos bens da sucessão. Como grande parte dos bens não entrava na comunhão, apesar de caber ao cônjuge sobrevivente a função de cabeça de casal, com a posse e administração do acervo comum, os bens excluídos poderiam entrar na posse de intrusos, o que levou o legislador a adotar a "saisine", para que os herdeiros entrassem, imediatamente, na posse dos mesmos, obviando àquele inconveniente". Análise crítica efetuadas pelas alunas Angela Silva e Maura Pereira dos Santos, durante o Curso de Doutorado da Faculdade de Direito da UFMG sob a orientação do Professor Albertino Daniel de Melo, acerca da "la transmission d'héredité en droit français et en droit brésilien" de Ana Maria Villela, 1975, https://revista.direito.ufmg.br/index.php/revista/article/view/785/732, pesquisa em 26.08.2021
2. Art. 1.791 do CC: "A herança defere-se como um todo unitário, ainda que vários sejam os herdeiros. Parágrafo único. Até a partilha, o direito dos coerdeiros, quanto à propriedade e posse da herança, será indivisível, e regular-se-á pelas normas relativas ao condomínio".
3. Art. 1.829 do CC: "A sucessão legítima defere-se na ordem seguinte: (Vide Recurso Extraordinário 646.721) (Vide Recurso Extraordinário 878.694) I – aos descendentes, em concorrência com o cônjuge sobrevivente, salvo se casado este com o falecido no regime da comunhão universal, ou no da separação obrigatória de bens (art. 1.640, parágrafo único); ou se, no regime da comunhão parcial, o autor da herança não houver deixado bens particulares; II – aos ascendentes, em concorrência com o cônjuge; III – ao cônjuge sobrevivente; IV – aos colaterais.
4. RE's 878.694 e 646.721, mais adiante pontuados.

grafo único, do CC), é recebida como um todo unitário e instantaneamente pelos herdeiros, que são os continuadores das relações patrimoniais do falecido, numa aquisição derivada translativa, isto é, o direito do sucessor é medido pelo direito do seu antecessor. Havendo mais de um herdeiro forma-se um condomínio hereditário e também uma composse até a partilha (art. 1.119 e 1314 e ss. do CC).

Sendo considerada coisa indivisa até a partilha, o que se distribui, na realidade, não é a herança bruta: é a herança líquida, isto é, os bens, direitos e créditos deixados pelo falecido menos suas obrigações, pois sendo o herdeiro substituto do falecido, seu primeiro dever é pagar os débitos do espólio, a ser realizado em ação própria ou nos autos do inventário judicial ou extrajudicial (arts. 1.792 e 1.997 do CC).

Na antiga Roma não era admitida a renúncia à herança e cabia ao herdeiro cultuar o *de cuius*, com cultos e celebrações, às suas próprias custas, sendo certo que, conforme as circunstâncias, muitas vezes seu patrimônio restava comprometido no pagamento de dívidas do antecessor.

Na atualidade, entre nós, a aceitação da herança se faz em *benefício* de *inventário*, ou seja, o herdeiro tem o dever de honrar as dívidas do falecido tão somente nos limites do que foi recebido (*intra vires hereditares*, arts. 1.792 e 1.997, §§ 1º e 2º, do CC), sem comprometer o seu próprio patrimônio amealhado anteriormente à abertura da sucessão, salvo se, expressamente, renunciar a tal benefício.

E mais: após a morte, por ocasião da situação jurídica transitória doutrinariamente denominada de *devolução* ou *delação sucessória*, os herdeiros, ou devem aceitar a herança, confirmando seu direito sucessório em definitivo, ou renunciá-la e, nessa hipótese, a eficácia da renúncia é *retroativa*, como se nunca tivessem sido chamados a suceder (arts. 1.804, parágrafo único, e 1.806 do CC).

Sob a influência do Direito Romano, o ordenamento brasileiro, em nosso sentir, ainda tem maior inclinação pela sucessão testamentária, pela qual o autor da herança decide em vida, de acordo com o princípio da liberdade de testar, e desde que não ofenda regras de ordem pública, a quem caberá recolher, no todo ou em parte, a herança ou o bem individualizado, singularizado, denominado de legado (res certa, arts. 1.912 e ss., e 1.857, do CC), a par da inversão redacional ocorrida em relação ao art. 1.573 do Código Civil de 1916 comparado ao art. 1.786 do Código Civil, embora saibamos que o brasileiro, ao contrário dos europeus e até por superstição, temendo atrair a sombra da morte, não tem o hábito de fazer testamento.

Já a sucessão *legal* ou *legítima* é supletiva, prevista em lei e se dá de acordo com a vontade presumida do falecido, sendo chamados os herdeiros relacionados, na conformidade da ordem preferencial de vocação hereditária estabelecida na atualidade consoante os arts. 1.829, incisos I a IV, e 1.790, incisos I a IV, do Código Civil, ou então, fora dos ditames dessa ordem preferencial, na denominada sucessão *anômala* ou *irregular*.

Houve época, em Roma, em que o hereditando podia, *imotivadamente*, mediante testamento, afastar da sua sucessão as pessoas que lhe eram próximas. Com o passar do tempo, esse costume foi condenado, pois o cidadão romano passou a entender que o falecido tinha dever de afeição em relação aos que lhe eram próximos (*officium pietatis*), principalmente os ascendentes e descendentes, no sentido de que, como ocorria na sucessão intestada, deveria garantir um percentual da herança para esses parentes próximos.

Assim, tais pessoas passaram a ingressar com a ação denominada de *querela inofficiosi testamenti* que, se procedente, desconstituía o testamento a seu favor, com eficácia retroativa.

Tal sucessão, então, passava a ser somente legítima, assegurando-se aos descendentes e aos ascendentes, um percentual sobre os bens transmissíveis.

Sob o império do imperador Justiniano Magno, pelas famosas Novellaes XVIII e CXV, Caps. 3, 4, 5, restou estabelecido que os descendentes e os ascendentes seriam herdeiros necessários e, nessa qualidade como tal, deveriam figurar obrigatoriamente na sucessão, além de recolher sua quota legítima, também conhecida como quota legitimária (*portio debita*), só podendo ocorrer a deserdação, se presentes as causas expressamente mencionadas em norma pertinente.

Herdeiro *necessário* ou *legitimário*, repisamos, em nossos dias, é, portanto, aquele sucessor universal *privilegiado* a quem é garantido o ofício de piedade, sob a denominação de quota *legítima* (ou legitimária), a qual, *ab initio* e no *mínimo*, se constitui pela metade dos bens do falecido, verificados no momento da abertura da sucessão, ao se aplicar literalmente os arts. 1.845 e 1.846 do Código Civil atual.

Em nosso sentir, embora entre nós somente constem expressamente como herdeiros *necessários* no aludido art. 1.845 do CC, os descendentes, ascendentes e o cônjuge sobrevivente do autor da herança, também deve ser incluído nesse rol o *companheiro sobrevivente*, mormente face a equiparação de direitos sucessórios entre cônjuges e companheiros reconhecida pelo Supremo Tribunal Federal nos RE's 878.694 e 646.721, por força da declaração da inconstitucionalidade do art. 1.790 e incisos do CC, como adiante restará melhor explicitado.

Determina, outrossim, o art. 1.789 do Código Civil: "Havendo herdeiros necessários, o testador só poderá dispor da metade da herança". Então, a contemplação da quota garantida pelo ofício de piedade (*officium pietatis* acima mencionado, isto é, dever de piedade que o autor da herança deve ter no sentido de amparar seus sucessores mais próximos), traduz regra de ordem pública que não pode ser afastada pela vontade do testador.

Já os herdeiros *facultativos*, aqueles que, na falta de herdeiros necessários, podem ser afastados inteiramente da sucessão legítima por vontade expressada pelo autor da herança mediante testamento, são, na dicção do art. 1.850 do CC, os colaterais sucessíveis.

Nesses termos, quando alguém morre *parcialmente* intestado (dispondo apenas de parte de sua herança), ou sem testamento (intestado), ou com testamento inteiramente revogado, ou então testado, todavia com testamento reconhecido como *ineficaz* em sentido amplo, após a abertura da sucessão do testador, isto é, judicialmente declarado inexistente (p. ex., por virtude de falsificação), nulo (art. 1.859 do CC), anulado (art. 1.909 do CC), reconhecida sua caducidade por cessação de seus efeitos por motivos supervenientes à sua feitura, como, p. ex., a morte do herdeiro testamentário antes da morte do autor da herança sem que haja previsão de substituto (art. 1.947 do CC), ou então rompido (testamento roto, arts. 1.973 a 1.975 do CC), incidirá a *sucessão legítima*, como regra, em consonância com a ordem preferencial de vocação hereditária antes mencionada e mais adiante pormenorizada, *ex vi* do art. 1.788 do Código Civil: "Morrendo a pessoa sem testamento, transmite a herança aos herdeiros legítimos; o mesmo ocorrerá quanto aos bens que não forem compreendidos no testamento; e subsiste a sucessão legítima se o testamento caducar ou for julgado nulo".

Destarte, em tais termos a sucessão legítima ou *ab intestado* ocorre na inexistência total ou parcial de testamento, ou, em sendo o mesmo considerado ineficaz em sentido amplo (inexistente, nulo, anulável, revogado, rompido ou caduco), igualmente em relação aos bens não compreendidos na disposição de última vontade.

A ordem de preferência em questão, que é *sequencial* e *preferencial*, – e temos uma nova ordem de vocação hereditária trazida pelo Código Civil de 2002 – é aquela que o legislador estipula, de acordo com a vontade presumida do autor da herança (por força da afeição presumida em relação aos componentes do seu núcleo familiar), obedecendo ao princípio de que os herdeiros mais próximos ao hereditando em classe e grau excluem os herdeiros mais remotos (*proximior excludit remotiorem*), salvo o direito de representação (art. 1.851 e ss. do CC), admitida, porém, no atual diploma substantivo civil, a concorrência de classes sucessíveis, sendo que tais classes sucessórias são preenchidas com membros da família do hereditando (art. 1.890, I e II do CC).

Assim, é perfeitamente possível a coexistência da sucessão legal e da sucessão testamentária (sucessão mista quanto à origem) e, em havendo herdeiros necessários, o testador só pode deliberar sobre a parte disponível do acervo (arts. 1.789 e 1.846 do CC).

Vale lembrar sempre que o fato de existirem herdeiros necessários não significa que, realmente, eles tenham que recolher a herança. E isso por dois motivos. Contemporaneamente, vigora o princípio segundo o qual ninguém é obrigado a aceitar a herança, podendo renunciá-la (art. 1.804, parágrafo único, do CC). E ainda, pode ocorrer que o herdeiro necessário seja excluído da sucessão, em caso de indignidade, bem como na hipótese de deserdação (arts. 1.814, 1.961, 1.962 e 1.963 do CC).

Desse modo, assentes os princípios da *saisina* e da liberdade de testar, contrapostos ao princípio da obediência à ordem pública, encontramos outro princípio fundamental sucessório estampado no art. 1.787 do Código Civil (art. 1.577 do CC/1916): "Regula a sucessão e a legitimação para suceder a lei vigente ao tempo da abertura daquela".

A mencionada regra tem toda lógica, pois o momento em que o direito hereditário se transfere em bloco aos sucessores do hereditando é o momento do falecimento e não o momento da abertura do inventário e/ou partilha.

É de se destacar que, lei *material* que rege a sucessão legal ou testamentária é a lei em vigor no *momento* da *morte* do *hereditando*, como consequência lógica da imediata transmissão do direito à herança, nesse momento, aos seus sucessores (arts. 1.784, 1.786 e 1.923 do CC).

A segunda modificação, em atenção ao que já ocorria na maioria das legislações mundiais e, também atendendo a antigo reclamo doutrinário, situa-se no art. 1.845 do Código Civil, que passou expressamente a considerar o cônjuge sobrevivente como herdeiro *necessário* ou privilegiado (vide arts. 1.789 e 1.857, § 1º), ao lado dos descendentes e ascendentes do falecido ou solitariamente, na falta destes, ao inverso do diploma civil anterior, onde figurava meramente como herdeiro *facultativo* (art. 1.603, inciso III c/c os arts. 1.721 e 1.725, a *contrario sensu*, do CC/1916).

Pelo exposto supra, verifica-se que, se o inciso I do referido art. 1.829 do CC atual (repisamos, atual ordem preferencial da vocação hereditária aplicável, como regra, na sucessão legítima), atribuiu ao cônjuge supérstite concorrência sucessória com os descendentes do falecido, ao mesmo tempo, excepcionou tal concorrência ao subordiná-la ao regime de bens escolhido ou imposto legalmente ao ex-casal, em princípio, segundo os especialistas, com base na afirmação de que "quem meia não herda, quem herda não meia," ou seja, aquele que já se encontrava amparado economicamente pela meação obtida em vida advinda do regime matrimonial de bens, não deve concorrer à herança com os descendentes do morto, geralmente forças mais novas, presumidamente mais necessitadas de proteção patrimonial.

Quanto ao *companheiro sobrevivente*, não mencionado expressamente no aludido art. 1.845 do CC, nem no art. 1.850, por força das decisões exaradas nos RE's 878.694 e 646.721 em Repercussão Geral (10.05.2017, atas publicadas em 12.05.2017-Tema 809), igualmente, sem mais discussões, agora está *reequiparado*, para melhor, ao cônjuge sobrevivente, porém, nos moldes do explicitado na ementa do REsp 1.337.420 de 21.09.2017, que trazemos à baila:

> Recurso especial. Direito civil. Ação de anulação de adoção. Ilegitimidade ativa. Sucessão. Casamento e união estável. Regimes jurídicos diferentes. Arts. 1790 do CC/2002. Inconstitucionalidade declarada pelo STF. Equiparação. CF/1988. Nova fase do direito de família. Variedade de tipos interpessoais de constituição de família. Art. 1829, CC/2002. Incidência ao casamento e à união estável. Marco temporal. Sentença com trânsito em julgado. 1. A diferenciação entre os regimes sucessórios do casamento e da união estável, promovida pelo art. 1.790 do Código Civil de 2002 é inconstitucional, por violar o princípio da dignidade da pessoa humana, tanto na dimensão do valor intrínseco, quanto na dimensão da autonomia. Ao outorgar ao companheiro direitos sucessórios distintos daqueles conferidos ao cônjuge pelo artigo 1.829, CC/2002, produz-se lesão ao princípio da proporcionalidade como proibição de proteção deficiente. Decisão proferida pelo Plenário do STF, em julgamento havido em 10/5/2017, nos RE's 878.694/MG e RE 646.721/RS (...) 6. Nessa linha, considerando que não há espaço legítimo para o estabelecimento de regimes sucessórios distintos entre cônjuges e companheiros, a lacuna criada com

a declaração de inconstitucionalidade do art. 1.790 do CC/2002 deve ser preenchida com a aplicação do regramento previsto no art. 1.829 do CC/2002. Logo, tanto a sucessão de cônjuges como a sucessão de companheiros devem seguir, a partir da decisão desta Corte, o regime atualmente traçado no art. 1.829 do CC/2002 (RE 878.694/MG, relator Ministro Luis Roberto Barroso).7. A partir do reconhecimento de inconstitucionalidade, as regras a serem observadas, postas pelo Supremo Tribunal Federal, são as seguintes: a) em primeiro lugar, ressalte-se que, para que o estatuto sucessório do casamento valha para a união estável, impõe-se o respeito à regra de transição prevista no art. 2.041 do CC/2002, valendo o regramento desde que a sucessão tenha sido aberta a partir de 11 de janeiro de 2003; b) tendo sido aberta a sucessão a partir de 11 de janeiro de 2003, aplicar-se-ão as normas do 1.829 do CC/2002 para os casos de união estável, mas aos processos judiciais em que ainda não tenha havido trânsito em julgado da sentença de partilha, assim como às partilhas extrajudiciais em que ainda não tenha sido lavrada escritura pública, na data de publicação do julgamento do RE n. 878.694/MG; c) aos processos judiciais com sentença transitada em julgado, assim como às partilhas extrajudiciais em que tenha sido lavrada escritura pública, na data daquela publicação, valerão as regras dispostas no art. 1.790 do CC/2002. 8. Recurso Especial provido" (STJ, 4ª Turma, relator Ministro Luis Felipe Salomão).[5]

---

5. A propósito, quanto à extensão da modulação, trazemos: "Inocorrência. Questões decididas pelo acórdão recorrido. Questão constitucional que deve ser examinada em recurso extraordinário. Declaração de inconstitucionalidade. Efeito *ex tunc* como regra. Modulação temporal de efeitos e eficácia ex nunc como exceção. Interpretação restritiva da modulação de efeitos. Necessidade. Tema 809/STF. Aplicabilidade aos processos em que não tenha havido trânsito em julgado da sentença de partilha. Tutela da confiança e previsibilidade das relações processuais finalizadas sob a égide do art. 1.790 do CC/2002. Pré-existência de decisão excluindo herdeiro da sucessão à luz do dispositivo posteriormente declarado inconstitucional. Irrelevância. Ação de inventário sem sentença de partilha e sem trânsito em julgado. Equiparação com decisão proferida no curso do inventário. Impossibilidade. Inconstitucionalidade. Possibilidade de arguição em impugnação ao cumprimento de sentença que implica na possibilidade de seu exame na fase de conhecimento. 1 – Ação proposta em 03.02.2004. Recurso especial interposto em 25.11.2019 e atribuído à Relatora em 07.10.2020. 2 – Os propósitos recursais consistem em definir: (i) se o acórdão recorrido possui omissões relevantes; (ii) se a tese fixada pelo Supremo Tribunal Federal por ocasião do julgamento do tema 809, segundo a qual "é inconstitucional a distinção de regimes sucessórios entre cônjuges e companheiros prevista no art. 1.790 do CC/2002, devendo ser aplicado, tanto nas hipóteses de casamento quanto nas de união estável, o regime do art. 1.829 do CC/2002", deve ser aplicada ao inventário em que a exclusão da concorrência entre herdeiros ocorreu em decisão anterior à tese. 3 – Inexiste omissão quando o acórdão recorrido enfrenta amplamente a questão controvertida, ainda que contrariamente aos interesses da parte recorrente, bem como inexiste omissão quando a questão que se alega deveria ter sido enfrentada possui natureza constitucional e não houve a interposição de recurso extraordinário pela parte. 4 – Considerando que a lei incompatível com o texto constitucional padece do vício de nulidade, a declaração de sua inconstitucionalidade, de regra, produz efeito *ex tunc*, ressalvadas as hipóteses em que, no julgamento pelo Supremo Tribunal Federal, houver a modulação temporal dos efeitos, que é excepcional. 5 – Da excepcionalidade da modulação decorre a necessidade de que o intérprete seja restritivo, a fim de evitar inadequado acréscimo de conteúdo sobre aquilo que o intérprete autêntico pretendeu proteger e salvaguardar. 6 – Ao declarar a inconstitucionalidade do art. 1.790 do CC/2002 (tema 809), o Supremo Tribunal Federal modulou temporalmente a aplicação da tese para apenas "os processos judiciais em que ainda não tenha havido trânsito em julgado da sentença de partilha", de modo a tutelar a confiança e a conferir previsibilidade às relações finalizadas sob as regras antigas (ou seja, às ações de inventário concluídas nas quais foi aplicado o art. 1.790 do CC/2002). 7 – Aplica-se a tese fixada no tema 809/STF às ações de inventário em que ainda não foi proferida a sentença de partilha, ainda que tenha havido, no curso do processo, a prolação de decisão que, aplicando o art. 1.790 do CC/2002, excluiu herdeiro da sucessão e que a ela deverá retornar após a declaração de inconstitucionalidade e a consequente aplicação do art. 1.829 do CC/2002. 8 – Não são equiparáveis, para os fins da aplicação do tema 809/STF, as sentenças de partilha transitadas em julgado e as decisões que, incidentalmente, versam sobre bens pertencentes ao espólio, uma vez que a inconstitucionalidade de lei, enquanto questão de ordem pública, é matéria suscetível de arguição em impugnação ao cumprimento de sentença e que, com muito mais razão, pode ser examinada na fase de conhecimento. 9 – Recurso especial conhecido e desprovido" (STJ., REsp 1.904.374, decisão unânime, relatora Ministra Nancy Andrighi, julgado em 13.04.2021).

Assim, em outras palavras, a partir dos julgamentos do STF acima referidos, nas sucessões abertas a partir de 11 de janeiro de 2003, cujos respectivos processos ou procedimentos não havia partilha ou adjudicação, onde se lê a palavra *cônjuge*, é de se ler, igualmente, *companheiro*. Quanto ao *companheiro* ser herdeiro *necessário* ou *não*, a par de opiniões respeitáveis em contrário, de muito opinamos, com convicção, que pertence a categoria de herdeiros privilegiados (arts. 1.845, do CC). Na mesma direção, vide REsp's 1.357.117 (STJ, 3ª Turma, em 13.03.2018) e 1.337.420 (STJ, 4ª Turma, julgado em 22.08.2017), onde restou foi *expressamente* declarado, a seu favor, tal qualidade.[6]

2. CÔNJUGE E COMPANHEIRO CONSORCIADOS PELO REGIME DA SEPARAÇÃO LEGAL OU OBRIGATÓRIA

Adentrando ao tema do presente ensaio, em relação ao *cônjuge e companheiro* sobrevivente consorciados pelo *regime da separação legal* ou *obrigatória* (2ª parte do art. 1.829, inciso I, do CC c/c art. 1.641, incisos I a III,[7] do mesmo diploma, bem como parágrafo único e incisos do art. 258 do CC/1916), *a uma*, estes, literalmente, *não* concorrem a herança em havendo descendentes sobreviventes do falecido (filhos, netos, bisnetos etc.)

O objetivo inicial do legislador com tal restrição sucessória, foi evitar a ocorrência de fraude a esse regime ou, então, simplesmente, não se favorecer economicamente os cônjuges, nem em vida, nem após a morte do seu consorte, a pretexto de proteger os que tenham se unido em determinadas situações jurídicas, seja por motivo de idade avançada – na tentativa de se evitar o famoso "golpe do baú" (inciso II do art. 1.641 do CC), ou por motivo de menoridade (inciso III do art. 1.641 do CC) ou então, por motivo de presença de causa suspensiva do casamento não afastada por ocasião da habilitação (inciso I art. 1.641 do CC).

Antes, no CC/2002, a idade trazida para o regime da separação legal obrigatória era, para ambos os parceiros, a de 60 (sessenta) anos, vindo a ser modificada pelo

---

6. De muito pensamos também ser o companheiro sobrevivente herdeiro necessário embora, a época, em posição minoritária. No âmbito do Poder Judiciário, os RE's 646.721 e 878.694 (Repercussão Geral com as respectivas atas publicadas em 12.05.2017 e Embargos de Declaração rejeitados em 23.11.2018 a 29.11.2018), arestos que realizaram a reequiparação dos direitos sucessórios do companheiro em relação ao cônjuge, não restou assim expressamente apontado. Contudo, p.ex., nos REsp's 1.357.117 (STJ, 3ª Turma, em 13.03.2018) e 1.337.420 (STJ, 4ª Turma, julgado em 22.08.2017), foi expressamente afirmado, a seu favor, tal qualidade. Aliás, nessa seara, estamos muito bem acompanhados com a conclusão a que chegaram os magistrados paulistas no I Encontro Estadual de Magistrados de Varas da Família e das Sucessões do Estado de São Paulo (10.11.2017, TJSP e EPM): "Enunciado n. 31: Ante a decisão do STF no RE 878.694, declarando inconstitucional o art. 1.790 do Código Civil, assentando que, à luz da Constituição, não é cabível distinção nos regimes sucessórios derivados do casamento e da união estável, o companheiro figura em igualdade de condições com o cônjuge: 1) na ordem da vocação hereditária; 2) *como herdeiro necessário*; 3) como titular de direito real de habitação; 4) no direito à quarta parte da herança na concorrência com os descendentes; 5) e na obrigação de trazer doações à colação (Código Civil, arts. 1.829, 1.845,1.831, 1.832 e 2002/2003, respectivamente)." (destaques nossos)
7. Art. 1.641 do CC: "É obrigatório o regime da separação de bens no casamento: I – das pessoas que o contraírem com inobservância das causas suspensivas da celebração do casamento; II – da pessoa maior de 70 (setenta) anos; (Redação dada pela Lei 12.344, de 2010) III – de todos os que dependerem, para casar, de suprimento judicial".

advento da Lei 12.344/2010, que alterou o inciso II do art. 1.641 do CC, passando para 70 anos. É de se mencionar, também o escorreito raciocínio no sentido de que se houve união estável anterior entre os mesmos consortes e esta se deu antes do casamento do casal, obviamente poderão escolher livremente o regime de bens, por força da *não* necessidade de proteção legal.

No caminho acima, paira o Enunciado no 261 da III Jornada de Direito Civil: "Art. 1.641: A obrigatoriedade do regime da separação de bens não se aplica a pessoa maior de sessenta anos, quando o casamento for precedido de união estável iniciada antes dessa idade", interpretação calcada no art. 45 da Lei do Divórcio (Lei 6.015/1977).

É de se trazer à baila igualmente que a jurisprudência do Egrégio Superior Tribunal de Justiça vem decidindo, na esteira da equiparação de tratamento entre os dois tipos de entidade familiar matrimonializada *lato sensu* que, quando a união estável tiver sido iniciada quando qualquer dos parceiros já havia atingido a idade limite, impõe-se ao casal o regime da separação legal ou obrigatória:

> Embargos de divergência no recurso especial. Direito de família. União estável. *Companheiro sexagenário. Separação obrigatória de bens* (CC/1916, art. 258, II; CC/2002, art. 1.641, II). Dissolução. Bens adquiridos onerosamente. Partilha. Necessidade de prova do esforço comum. Pressuposto da pretensão. Embargos de divergência providos. 1. Nos moldes do art. 258, II, do Código Civil de 1916, vigente à época dos fatos (matéria atualmente regida pelo art. 1.641, II, do Código Civil de 2002), à *união estável* de sexagenário, se homem, ou cinquentenária, se mulher, impõe-se o regime da *separação obrigatória* de bens. 2. Nessa hipótese, apenas os bens adquiridos onerosamente na constância da união estável, e desde que comprovado o esforço comum na sua aquisição, devem ser objeto de partilha. 3. Embargos de divergência conhecidos e providos para negar seguimento ao recurso especial" (STJ, EREsp 1171820, 2ª Seção, relator Ministro Raul Araújo, julgado em 26.08.2015). (destacamos)

Contudo, particularmente nos tempos atuais, larga corrente doutrinária afirma que a imposição legislativa do regime de bens em razão da idade, quando qualquer dos cônjuges vier a casar-se com mais de 70 anos (inciso II do art. 1.641 do CC, anteriormente, já o dissemos, 60 anos-Lei 12.344/2010), asseveram que a determinação do regime patrimonial do casamento em função da idade, estampada inicialmente no art. 258, inciso II, do Código Civil de 1916, fere de morte os princípios constitucionais da igualdade substancial (art. 5º, *caput*, da CRFB),[8] da proibição de qualquer discriminação por força de idade (art. 3º, inciso IV, da CRFB[9]), bem como o valor maior da dignidade da pessoa humana (art. 1º, inciso III da CRFB).

---

8. Art. 5º da CRFB/88: "Todos são iguais perante a lei, sem distinção de qualquer natureza, garantindo-se aos brasileiros e aos estrangeiros residentes no País a inviolabilidade do direito à vida, à liberdade, à igualdade, à segurança e à propriedade, nos termos seguintes (...)"
9. Art. 3º da CRFB/88: "Constituem objetivos fundamentais da República Federativa do Brasil: (...) IV – promover o bem de todos, sem preconceitos de origem, raça, sexo, cor, *idade* e quaisquer outras formas de discriminação. Igualmente o Estatuto do Idoso (Lei 10.741/2003) dispõe em seu art. 4º: "Nenhum idoso será objeto de qualquer tipo de negligência, *discriminação*, violência, crueldade ou opressão, e todo atentado aos seus direitos, por ação ou omissão, será punido na forma da lei" (destaques nossos)

Ainda a esse respeito, trazemos a lúcida lição do inexcedível, inesquecível e sempre lembrado amigo e mestre de todos nós, Zeno Veloso: "Hoje – acompanhando muitos civilistas, especialmente os que estão irmanados nessa grande instituição jurídica nacional, que é o IBDFAM –, integro a corrente dos que não abonam a imposição do regime de separação no casamento de pessoas maiores de setenta anos (aliás, é uma faixa etária na qual se encontra o autor destas linhas...!). No mundo em que vivemos, no estágio em que se encontra nossa sociedade, o art. 1.641, inc. II, do Código Civil deve sair de nossa legislação. A disposição precisa ser revogada. É despropositada, desarrazoada. Está maculada com a eiva da inconstitucionalidade."[10-11-12]

---

10. *Direito civil*: temas. ANOREG/PA, 2018, p. 244.
11. Na doutrina, encontramos ainda: "A alegação de que a separação patrimonial entre pessoas que convolarem núpcias acima dos 70 anos teria o intuito de proteger o idoso das investidas de quem pretenda aplicar o golpe do baú não convence. E, se assim o fosse, esta risível justificativa resguardaria, em uma elitista perspectiva legal, uma pequena parcela de pessoas abastadas, apenando, em contrapartida, um número muito maior de brasileiros. Não podemos extrair dessa norma uma interpretação conforme à Constituição. Muito pelo contrário. O que notamos é uma violência escancarada ao princípio da isonomia, por conta do estabelecimento de uma velada forma de interdição parcial do idoso. Avançada idade, por si só, como se sabe, não é causa de incapacidade!" GAGLIANO, Pablo Stolze; PAMPLONA FILHO, Rodolfo. *Novo curso de direito civil*: sucessões. 2. ed. São Paulo: Saraiva, 2015. p. 208-209. "No tocante à imposição do regime obrigatório da separação de bens pela inconstitucional discriminação de idade, Caramuru Afonso Francisco refere ser deplorável a mantença da separação obrigatória de bens por questão de idade dos nubentes, unificada para setenta anos pela paridade constitucional e pela Lei n. 12.344, de 9 de dezembro de 2010, constituindo-se uma afronta ao princípio extremo de respeito à dignidade da pessoa humana, cujo postulado está consagrado no art. 1º, inciso III, da Constituição da República. MADALENO, Rolf. *Curso de direito de família*. 6. ed. Rio de Janeiro: Forense, 2015. p. 781. Também navegando no sentido do texto, temos, por exemplo, GONÇALVES, Carlos Roberto. *Direito civil brasileiro*: direito de família. 11. ed. São Paulo: Saraiva, 2014. v. 6, p. 471; TARTUCE, Flávio. *Direito civil*: direito de família. 5. ed. São Paulo: Forense. p.143; DIAS, Maria Berenice. *Manual de direito das famílias*. 4. ed. São Paulo: Ed. RT, 2007. p. 229; CHINELATO, Silmara Juny. In: AZEVEDO, Antonio Junqueira de. (Coord.). *Comentários ao Código Civil*. São Paulo: Saraiva, 2004. v. 1, p. 289; FARIAS, Cristiano Chaves; ROSENVALD, Nelson. *Direito das famílias*. Rio de Janeiro: Lumen Juris, 2008. p. 218; LÔBO, Paulo Luiz Netto. *Famílias*. São Paulo: Saraiva, 2009. p. 302; TEPEDINO, Gustavo. Controvérsias sobre regime de bens no novo Código Civil. *Revista brasileira de direito das famílias e sucessões*, v. 2, p. 12-13, Porto Alegre, fev./mar. 2008.
12. Na jurisprudência, p.ex., trazemos: "Apelação cível – Procedimento de Jurisdição Voluntária – Modificação do regime matrimonial de bens – Sentença que declarou extinto o processo por ausência das condições da ação – Legitimidade e interesse para pleitear a respectiva alteração, que encontraria respaldo no art. 1.639, § 2º, do CC – matrimônio contraído quando os insurgentes possuíam mais de 60 (sessenta) anos de idade – Separação obrigatória de bens – Pretendida modificação para o regime de comunhão universal – Interpretação sistemática do Código Civil e da Constituição Federal – Conclusão de que a imposição de regime de bens aos idosos se revela inconstitucional – Afronta ao princípio da dignidade da pessoa humana – legislação que, conquanto revestida de alegado caráter protecionista, mostra-se discriminatória – tratamento diferenciado em razão de idade – maturidade que, per se, não acarreta presunção da ausência de discernimento para a prática dos atos da vida civil – nubentes plenamente capazes para dispor de seu patrimônio comum e particular, assim como para eleger o regime de bens que melhor atender aos interesses postos – necessidade de interpretar a lei de modo mais justo e humano, de acordo com os anseios da moderna sociedade, que não mais se identifica com o arcaico rigorismo que prevalecia por ocasião da vigência do CC/1916, que automaticamente limitava a vontade dos nubentes sexagenários e das noivas quinquagenárias – Enunciado 261, aprovado na III Jornada de Direito Civil, que estabelece que a obrigatoriedade do regime de separação de bens não se aplica quando o casamento é precedido de união estável iniciada antes de os cônjuges completarem 60 (sessenta) anos de idade – hipótese dos autos – apelantes que conviveram como se casados fossem no período compreendido entre 1964 e 2006, quando contraíram matrimônio – consortes mentalmente sadios – parecer da procuradoria-geral de justiça no sentido de se admitir a pretendida alteração – sentença objurgada que, além de denegar indevidamente a prestação juris-

De todo modo, a par disso, tal restrição legal sucessória contida no aludido art. 1.829, I do CC (proibição de concorrência sucessória do cônjuge sobrevivo consorciado pelo regime da separação obrigatória com os descendentes do falecido, pensamos ser socialmente indevida,[13] pois, além de ferir o princípio basilar do sistema sucessório de *proteger* os familiares próximos do falecido, só terá sentido se aceitarmos a subsistência em nosso ordenamento da Súmula 377 do Supremo Tribunal Federal: "No regime da separação legal ou obrigatória comunicam-se os bens adquiridos na constância do casamento," sob pena de deixar ao desamparo, *in concreto*, o parceiro supérstite, especialmente o do lar que, em regra, não amealhou nem dispõe de patrimônio próprio, ainda uma triste realidade de um grande percentual das viúvas brasileiras, além de colidir frontalmente com o princípio que teria sido adotado pelo novel legislador antes destacado, "quem meia não herda, quem herda não meia".

---

dicional, revela-se impeditiva do direito de acesso à justiça – decisum cassado – regime de bens modificado para o de comunhão universal – recurso conhecido e provido. deduzir, com pretensão de valor irrefutável e aplicação geral, homens e mulheres, considerados no ápice teórico do ciclo biológico e na plenitude das energias interiores, à condição de adolescentes desvairados, ou de neuróticos obsessivos, que não sabem guiar-se senão pelos critérios irracionais das emoções primárias, sem dúvida constitui juízo que afronta e amesquinha a realidade humana, sobretudo quando a evolução das condições materiais e espirituais da sociedade, repercutindo no grau de expectativa e qualidade de vida, garante que a idade madura não tende a corromper, mas a atualizar as virtualidades da pessoa, as quais constituem o substrato sociológico da noção da capacidade jurídica. [...] Não é tudo. A eficácia restritiva da norma estaria, ainda, a legitimar e perpetuar verdadeira degradação, a qual, retirando-lhe o poder de dispor do patrimônio nos limites do casamento, atinge o cerne mesmo da dignidade da pessoa humana, que é um dos fundamentos da República (art. 1º, inc. III, da Constituição Federal), não só porque a decepa e castra no seu núcleo constitutivo de razão e vontade, na sua capacidade de entender e querer, a qual, numa perspectiva transcendente, é vista como expressão substantiva do próprio Ser, como porque não disfarça, sob as vestes grosseiras de paternalismo insultuoso, todo o peso de uma intromissão estatal indevida em matéria que respeita, fundamentalmente, à consciência, intimidade e autonomia do cônjuge" (TJSP. Apelação Cível 007512-4/2-00, Relator: Desembargador Cezar Peluso, São José do Rio Preto, j. 18.08.1998)" (TJSC, Apelação Cível n. 2011.057535-0, de Criciúma, rel. Des. Luiz Fernando Boller, Quarta Câmara de Direito Civil, j. 1º.12.2011).

"Alteração do regime de bens. Nubente maior de 60 anos. Princípio da isonomia. Não recepção do art. 258, parágrafo único, II, do CC de 1916 pela CR/88. Inconstitucionalidade do art. 1.641, II, do CC. Cláusula de reserva de plenário. Inteligência do art. 97 da CR/88. 1. É necessário que a Corte Superior se pronuncie sobre a não recepção do art. 258, parágrafo único, inciso II, do Código Civil de 1916 pela CR/88, bem como sobre a inconstitucionalidade do art. 1.641, II, do CC, de forma que somente após este precedente o órgão fracionário possa declará-la, diante da cláusula de reserva de plenário prevista no art. 97 da Constituição da República. 2. Suscitar relevância da questão" (Tribunal de Justiça de Minas Gerais, 8ª Câmara Cível, Apelação Cível 1.0702.09.649733-5/001, relator Desembargador Vieira de Brito, julgamento em 12.08.2010, publicação da súmula em 18.11.2010). E ainda, Tribunal de Justiça do Estado do Rio Grande do Sul. 7ª CC, AC 70004348769, Rel. Des. Maria Berenice Dias, julgada em 27.08.2003.

13. Indevida, porém legal, na esteira de legislação alienígena, porquanto, embora o Direito à Herança seja considerado cláusula pétrea, suas limitações são impostas pelo legislador, *verbis*: "Art. 14 da Constituição Alemã (Grundgesetz, Lei Básica da República Federal da Alemanha, 1949): "Artikel 14 (1) Das Eigentum und das Erbrecht werden gewährleistet. Inhalt und Schranken werden durch die Gesetze bestimmt" (1) Os direitos de propriedade e *herança* são garantidos. O *conteúdo* e as *limitações* são determinados pela lei" (destaques nossos). Em especial, cabe ao intérprete observar com maior atenção, quando as limitações advierem de regras de ordem pública, isto é de conteúdo e alcance social, por consequência, imperativas em sua essência, que encontram campo fértil, tanto no Direito de Família, quanto no Direito das Sucessões, ambos, em sua grande maioria, recheados de tais disposições.

Destarte, de molde a se evitar tal inconsistência, no tocante ao regime de bens legal ou obrigatório, é de se observar que há muito tempo vem gravitando em nossos tribunais a referida Súmula 377 do Supremo Tribunal Federal, segundo a qual os bens adquiridos onerosamente – ou equiparados a tal circunstância – em conjunto ou separadamente, por qualquer dos cônjuges na constância da sociedade conjugal (isto é, os bens aquestos, aqueles que formam patrimônio comum no regime da comunhão parcial, presente no art. 1660, incisos I a V, do CC), comunicam-se igualmente ao nubente não adquirente.

Sob tal perspectiva, para parte da doutrina e da jurisprudência, a comunicação advinda da citada Súmula 377 é *automática*, não implicando na *prova* do esforço comum para a sua aquisição, por analogia ao art. 259 do Código Civil de 1916, regra que, no entanto, não foi reproduzido no Código Civil atual.

O aludido art. 259 rezava: "Embora o regime não seja o da comunhão de bens, prevalecerão, no silêncio do contrato, os princípios dela, quanto à comunicação dos adquiridos na constância do casamento". Esse é, em nosso sentir, mesmo até nos dias atuais, importante posicionamento, mesmo porque é cediço que a comunicação dos bens aquestos, ao se aplicar os princípios do regime da *comunhão parcial* ao *caso concreto*, ocorre por meio de *presunção absoluta*, *iure et de iure* (incabível, portanto, prova em contrário), de que houve colaboração *direta* (em trabalho ou dinheiro) ou mesmo da colaboração *indireta* da por parte do consorte não adquirente (por meio do apoio diuturno, solidariedade, incentivo, afeição etc. prestado ao outro consorte, adquirente do bem a título oneroso).

Não obstante, outros prestigiosos pronunciamentos em contrário, afirmam ser *indispensável* seja produzida a prova do *esforço comum* na aquisição de bem aquesto (adquirido na constância da sociedade conjugal à título oneroso) por parte do consorte não adquirente, para que ocorra a aludida comunicação, sob pena de enriquecimento indevido (art. 884 do CC).

Nessa direção encontramos os Embargos de Divergência no REsp 1.171.820, na relatoria do Ministro Raul Araújo, julgado em 26.08.2015, em que, por maioria, a 2ª Seção do Egrégio Superior Tribunal de Justiça afirmou ser imprescindível, na separação legal ou obrigatória, que o parceiro não adquirente comprove o esforço comum para efeitos de obter a partilha do bem havido pelo outro parceiro:

"Embargos de divergência no recurso especial. Direito de família. União estável. Companheiro sexagenário. Separação obrigatória de bens (CC/1916, art. 258, II; CC/2002, art. 1.641, II). Dissolução. Bens adquiridos onerosamente. Partilha. Necessidade de prova do esforço comum. Pressuposto da pretensão. Embargos de divergência providos. 1. Nos moldes do art. 258, II, do Código Civil de 1916, vigente à época dos fatos (matéria atualmente regida pelo art. 1.641, II, do Código Civil de 2002), à união estável de sexagenário, se homem, ou cinquentenária, se mulher, impõe-se o regime da separação obrigatória de bens. 2. Nessa hipótese, apenas os bens adquiridos onerosamente na constância da união estável, e desde que comprovado o esforço comum na sua aquisição, devem ser objeto de partilha. 3. Embargos de divergência conhecidos e providos para negar seguimento ao recurso especial".

Na mesma direção temos as decisões monocráticas exaradas no REsp 1.626.929 (13.10.2016), da lavra do Ministro Marco Aurélio Bellizze, no REsp 1.341.784 (09.08.2016), da lavra do Ministro Luis Felipe Salomão, no AgRg no AREsp 818.459 (02.06.2016), da lavra do Ministro Moura Ribeiro e no EREsp 1.623.858, também da 2ª Seção, relator Ministro Lázaro Guimarães, julgado em 23.05.2018, estando aduzido no corpo deste último acórdão que a prova da colaboração pode ser direta (dinheiro ou trabalho), ou então, indireta (incentivo, carinho, estímulo constante realizado pelo não adquirente a favor do adquirente):

> (...) "Por sua vez, o entendimento de que a comunhão dos bens adquiridos pode ocorrer, desde que comprovado o esforço comum, parece mais consentânea com o sistema legal de regime de bens do casamento, recentemente adotado no Código Civil de 2002, pois prestigia a eficácia do regime de separação legal de bens. Caberá ao interessado comprovar que teve *efetiva* e *relevante* (ainda que *não financeira*) participação no *esforço para aquisição onerosa de determinado bem a ser partilhado com a dissolução da união* (prova positiva).(...) [14]

Em resumo, nos termos do Código Civil de 2002 e o balizado nos RE's 878.694/MG e RE 646.721/RS, se o hereditando consorciado pelo regime da separação obrigatória de bens deixar descendentes e cônjuge ou então, descendentes e companheiro sobrevivente, *não* haverá a concorrência sucessória (o parceiro sobrevivente não será herdeiro na sucessão legítima). Não obstante, ambos poderão ser considerados *meeiros* se existirem bens aquestos no acervo inventariado, consoante os termos da Súmula 377 do Supremo Tribunal Federal, a depender, porém, do entendimento do órgão julgador a respeito da necessidade ou não de esforço comum para a sua concretude, em divergência jurisprudencial que já conta, temporalmente, com mais de 50 (cinquenta) anos, isto é, desde a edição do referido verbete (03.04.1964).

Importante acentuar que, *não* havendo o autor da herança deixado descendentes e somente ascendentes, haverá a concorrência sucessória entre eles, independentemente do regime de bens (art. 1.829, II c/c art. 1.837 do CC).

---

14. "Agravo interno nos embargos de declaração no agravo interno no agravo em recurso especial. Competência dos órgãos fracionários do STJ. Relativa. Partilha. Exclusão da viúva. Regime de separação obrigatória. Súmula 377/STF. Necessidade de prova do esforço comum. Aplicação da atual jurisprudência desta corte superior. Possibilidade de abertura de prazo para a verificação desse direito. Agravo interno desprovido.
1. Esta Corte Superior possui o entendimento segundo o qual "as normas do Regimento Interno que conferem atribuição aos seus órgãos fracionários tratam de competência relativa, e, portanto, prorrogável, razão pela qual eventual questionamento a esse respeito deve ser suscitado antes do julgamento (logo após a distribuição do feito), sob pena de preclusão" (AgInt no AREsp 178.237/GO, Rel. Ministro Marco Buzzi, Quarta Turma, julgado em 1º.12.2020, DJe 12.03.2021).
2. No regime de separação legal de bens, comunicam-se os adquiridos na constância do casamento, desde que comprovado o esforço comum para sua aquisição. Precedente.
3. Por observar que a ex-companheira não teve oportunidade de comprovar o esforço comum, deverá ser assegurado a ela tal direito, para que demonstre a participação na aquisição de eventuais bens passíveis de serem compartilhados.
4. Agravo interno desprovido" (AgInt nos EDcl no AgInt no AREsp 1084439, 3ª Turma, relator Ministro Marco Aurélio Bellizze, julgado em 03.05.2021).

Finalmente se o hereditando deixou, tão só, cônjuge (ou companheiro supérstite), o *intérprete não terá que levar em conta o regime de bens do casal*. Em tal hipótese, aplicar-se-á o disposto no inciso III do aludido art. 1.829 do CC que reza: "Art. 1.829. A sucessão legítima defere-se na ordem seguinte: (...) III – ao cônjuge sobrevivente".

Nessa esteira, trazemos:

> Agravo interno no recurso especial. Ação ordinária objetivando anular adjudicação em processo de inventário. Falta de observância da ordem hereditária. Prejuízo do cônjuge sobrevivente. Nulidade verificada. Decisão mantida. Recurso desprovido.
>
> 1. Hipótese em que o cônjuge sobrevivente, casado sob o regime de separação convencional de bens, foi preterido no inventário dos bens deixados por sua esposa, o qual foi aberto pela irmã da falecida, tendo sido adjudicada a ela a totalidade dos bens deixados pela autora da herança, em prejuízo do viúvo e em desrespeito à ordem de vocação hereditária.
>
> 2. No julgamento do REsp 1.382.170/SP, Rel. p/ acórdão Ministro João Otávio De Noronha, DJe de 26.05.2015, prevaleceu na Segunda Seção o entendimento de que o cônjuge sobrevivente será sempre herdeiro necessário, independentemente do regime de bens adotado pelo casal.
>
> 3. A norma contida no art. 1.829, I, do Código Civil de 2002 não altera essa realidade. O que ali está definido são as situações em que o herdeiro necessário cônjuge concorre com o herdeiro necessário descendente. Nesse caso, a lei estabelece que, a depender do regime de bens adotado, tais herdeiros necessários concorrem ou não entre si aos bens da herança.
>
> 4. Nesse contexto, o artigo 1.829 do Código Civil de 2002, ao disciplinar a ordem de vocação hereditária, elege a pessoa do cônjuge sobrevivente em posição anterior aos colaterais para o recebimento de direitos sucessórios. Desse modo, na *ausência de descendentes e ascendentes* (caso dos autos), ao *cônjuge viúvo* cabe a *totalidade* da *herança, independentemente do regime de bens adotado no casamento*.
>
> 5. Agravo interno não provido. (AgInt no REsp 1.354.742/MG, Rel. Ministro Raul Araújo, Quarta Turma, DJe de 06.03.2017) (destaques do signatário)

3. QUANTO AO CÔNJUGE OU COMPANHEIRO SOBREVIVENTE CONSORCIADOS PELO REGIME DA SEPARAÇÃO CONVENCIONAL (ART. 1.687 E 1.725 DO CC)

Declamamos, do mesmo modo como também se posiciona atualmente substancial parte da doutrina e da jurisprudência, que haverá *concorrência sucessória* entre o cônjuge sobrevivente casado sob o regime da *separação convencional* com os descendentes do falecido, mesmo porque, de maneira expressa, o legislador só exclui da concorrência sucessória o cônjuge que fora casado pelo regime da separação legal ou obrigatória e não pela separação volitiva (inciso I do art. 1.829 do CC), nas linhas do antiquíssimo brocardo "o que o legislador não exclui, não cabe ao intérprete excluir".

Em termos de interpretação e aplicação inicial, de vez que o legislador do Código Civil de 2002 quedou-se silente quanto a possibilidade de concorrência sucessória dos consorciados em *separação convencional* de bens, acolhendo o posicionamento do saudoso professor Miguel Reale Jr., *ab initio*, a Egrégia 3ª Turma do Superior Tribunal de Justiça, no julgamento do REsp 992.749, em 01 de dezembro de 2009, declarou que o cônjuge casado sob o regime da separação convencional não seria herdeiro concorrente com os descendentes do falecido, porquanto o legislador ao se utilizar da expressão "separação obrigatória de bens" no inciso I do art. 1.829 do Código Civil, estaria também se referindo à separação convencional de bens.

Contudo, nunca estivemos concordes, *data maxima venia*, com tal conclusão (*ultratividade do regime de bens*, cujos efeitos, contudo, se enceram por morte de qualquer dos parceiros, art. 1.571, I, do CC).

Nos moldes do nosso posicionamento, a mesma Egrégia 3ª Turma do Superior Tribunal de Justiça, posteriormente, veio assim a decidir:

"Recurso especial. Direito das sucessões. Inventário e partilha. Regime de bens. Separação convencional. Pacto antenupcial por escritura pública. Cônjuge sobrevivente. Concorrência na sucessão hereditária com descendentes. Condição de herdeiro. Reconhecimento. Exegese do art. 1.829, I, do CC/02. Avanço no campo sucessório do código civil de 2002. Princípio da vedação ao retrocesso social" (...) 4. O fato gerador no direito sucessório é a morte de um dos cônjuges e não, como cediço no direito de família, a vida em comum. As situações, porquanto distintas, não comportam tratamento homogêneo, à luz do princípio da especificidade, motivo pelo qual a intransmissibilidade patrimonial não se perpetua post mortem. 5. O concurso hereditário na separação convencional impõe-se como norma de ordem pública, sendo nula qualquer convenção em sentido contrário, especialmente porque o referido regime não foi arrolado como exceção à regra da concorrência posta no art. 1.829, I, do Código Civil. 6. O regime da separação convencional de bens escolhido livremente pelos nubentes à luz do princípio da autonomia de vontade (por meio do pacto antenupcial), não se confunde com o regime da separação legal ou obrigatória de bens, que é imposto de forma cogente pela legislação (art. 1.641 do Código Civil), e no qual efetivamente não há concorrência do cônjuge com o descendente (...)" (REsp 1.472.945, 3ª Turma, Rel. Min. Ricardo Villas Bôas Cueva, julgado em 23.10.2014).

Na mesma direção o REsp 1.430.763, 3ª Turma, relator para o acórdão Ministro João Otávio de Noronha, julgado em 19.08.2014).

E mais. Pondo uma pá de cal na vexata *quaestio de facto et iuris* ora em exposição, a 2ª Seção do Egrégio Superior Tribunal de Justiça (reunião das 3ª e 4ª Turmas, cuja função é a análise e a direção de nosso Direito privado), no REsp 1.382.170, julgado em 22.04.2015, decidiu a favor de tal posicionamento, qual seja, de que há concorrência sucessória entre os descendentes do falecido e o cônjuge sobrevivente, quando o casamento fora regido patrimonialmente pelo regime da separação convencional. Precedentes citados: REsp 1.430.763-SP, Terceira Turma, DJe 02.12.2014; e REsp 1.346.324-SP, Terceira Turma, DJe 02.12.2014 (STJ, 2ª Seção, REsp 1.382.170, relator Ministro Moura Ribeiro, relator para acórdão Ministro João Otávio de Noronha, julgado em 22.04.2015, DJe 26.05.2015). (Destacamos)

A propósito, manifestou-se parte da doutrina na III Jornada de Direito Civil (CEJ/STJ, 03.11.2004) na seguinte direção: "Enunciado 270: 'O art. 1.829, inc. I, só assegura ao cônjuge sobrevivente o *direito de concorrência* com os *descendentes* do autor da herança quando casados no regime da separação *convencional* de bens ou, se casados nos regimes da comunhão parcial ou participação final nos aquestos, o falecido possuísse bens particulares, hipóteses em que a concorrência se restringe a tais bens, devendo os bens comuns (meação) ser partilhados exclusivamente entre os descendentes" (itálicos nossos).

Por fim, é de se acentuar que, presentemente o STJ vem entendendo que, se no pacto antenupcial realizado entre companheiros na vigência da união estável restar estipulado que o regime matrimonial futuro será a separação convencional de bens, mesmo que esse casamento futuro entre os pactuantes não venha a ocorrer, a par do disposto no art. 1.653 do CC,[15] a escolha do regime de bens terá eficácia imediata para efeitos sucessórios, *verbis*:

> Direito civil. Família. Convivência em união estável no período entre casamentos. Comunhão parcial de bens. Pacto antenupcial, durante a união, prévio ao segundo casamento pelo regime de separação total de bens. Vigência imediata. Artigos 1.725, do Código Civil, e 5º, da Lei 9.278/96. Dissídio jurisprudencial não comprovado. Alimentos. Reexame de provas. Impossibilidade. Óbice da súmula 7, do STJ.
>
> 1. O regime de bens vigente na constância da união estável durante o período entre os dois casamentos dos litigantes é o da comunhão parcial, caso não haja contrato escrito estabelecendo de forma diversa (art. 1.725 do Código Civil e 5º da Lei 9.278/96).
>
> 2. O contrato pode ser celebrado a qualquer momento da união estável, tendo como único requisito a forma escrita. Assim, *o pacto antenupcial prévio ao segundo casamento, adotando o regime da separação total de bens ainda durante a convivência em união estável, possui o efeito imediato de regular os atos a ele posteriores havidos na relação patrimonial entre os conviventes, uma vez que não houve estipulação diversa.*
>
> 3. Inviável a análise do recurso especial quando dependente de reexame de matéria fática da lide (Súmula 7 do STJ).
>
> 4. Recurso especial a que se nega provimento, na parte conhecida " (STJ, 4ª Turma, REsp 1483863, relatora Ministra Maria Isabel Gallotti, julgado em 10.05.2016.[16]

4. DO ARTIGO 1.830 DO CC. INTERPRETAÇÃO CONSTITUCIONAL ATUAL

De todo modo, o exposto nos itens 3 e 4 do presente ensaio só pode ser levado em consideração em conjunto com o art. 1.830 do CC, adiante reproduzido.

O Código Civil de 1916, em seu art. 1.611, *caput*, determinava que se a pessoa, no momento da morte do seu cônjuge, falecido sem descendentes ou ascendentes, estivesse separada judicialmente (com a Lei do Divórcio – Lei 6.515/1977, também a pessoa divorciada), embora constando da ordem de vocação hereditária em vigor na época não recolheria o direito sucessório legal respectivo.

Como sabemos, a sociedade conjugal se dissolve, quando o casamento é válido, pela separação judicial e, nesse caso, o vínculo matrimonial permanece, encerrando-se apenas a sociedade conjugal; pela morte, pelo divórcio direto ou pela sentença que declara aberta a sucessão definitiva do ausente patrimonial, em que é presumida a

---

15. Art. 1.653 do CC: "É nulo o pacto antenupcial se não for feito por escritura pública, e *ineficaz* se não lhe seguir o casamento". (destacamos)
16. Na mesma direção, p.ex., vide o AgInt nos EDcl nos EDcl nos EDcl no REsp 1318249, 4ª Turma, relator Ministro Luis Felipe Salomão, julgado em 24.09.2019.

morte desse último, hipóteses extintivas do vínculo matrimonial e, por consequência, da sociedade conjugal (art. 5º da Lei do Divórcio e art. 1.571, incisos I, III e IV e seu § 1º, art. 6º, segunda parte; e art. 39, do CC/2002).

Se o casamento for inválido tal extinção é provocada igualmente por sentença irrecorrível de invalidade do casamento – nulo ou anulável (art. 1.571, inciso II, do CC/2002).

A melhor jurisprudência, entretanto, já vinha entendendo que, estando o casal *separado de fato* há longos anos, isto é, *inequivocamente*, a partir daí, até mesmo pela falta da *affectio maritalis* (afeição) entre os cônjuges, em situação jurídica doutrinariamente denominada de Divórcio de Fato, não haveria mais o direito de meação de um para o outro, por virtude do rompimento fático do regime de bens, muito menos o direito de herança entre ambos.

É de se esclarecer, no entanto, que em algumas decisões judiciais pretéritas, seguidoras da letra fria da lei, a separação de fato não afastaria o direito à meação nem o direito sucessório, ex vi os arts. 1.603, inciso III, e 1.611, *caput*, do Código Civil de 1916.

Discordamos de tal posicionamento, *data venia*, pois o que justifica o direito sucessório e também a meação no Direito de Família é, repisamos, a *affectio maritalis*, ou seja, o amor, a afeição que deve haver entre eles e a intenção de permanência (convivência) como marido e mulher (*honor matrimonii*), dentro do espírito de solidariedade que deve reger as relações familiares.

O Excelso Superior Tribunal de Justiça, ao examinar situações semelhantes, já vinha decidindo que a *separação de fato*, por longos anos (ou mesmo *sem* lapso temporal significativo, desde que inequívoca, especialmente amparada por Medida cautelar de Separação de Corpos), romperia o regime matrimonial de bens, bem como, pensamos, o direito à herança do cônjuge falecido (sabendo-se ser o herdeiro o continuador das relações patrimoniais do *de cuius*), uma vez *não* presentes, repetimos, os requisitos da *afetividade* e da *convivência*.

Em 05.05.2009, essa diretriz foi reafirmada por esse Tribunal Superior, através da sua 4ª Turma, no julgamento do REsp 555.771, na relatoria do Ministro Luis Felipe Salomão, bem como na decisão proferida no REsp 1.065.209, pela mesma Turma, em 16.06.2010, relatada pelo eminente Ministro João Otávio de Noronha.

O Código Civil de 2002, já o dissemos, além de alçar o cônjuge sobrevivente à categoria de herdeiro necessário (art. 1.845), ao enunciar a nova ordem da vocação hereditária dispôs:

> Art. 1.829: A sucessão legítima defere-se na ordem seguinte: I – aos descendentes, em concorrência com o cônjuge sobrevivente, salvo se casado este com o falecido no regime da comunhão universal, ou no da separação obrigatória de bens (art. 1.640, parágrafo único); ou se, no regime da comunhão parcial, o autor da herança não houver deixado bens particulares; II – aos ascendentes, em concorrência com o cônjuge; III – ao cônjuge sobrevivente; IV – aos colaterais.

O mesmo diploma, contudo, introduziu um dispositivo presente nas Ordenações Filipinas, bem como no Código Civil alemão (BGB/1896), em seu art. 1.830, *verbis*:

"Somente é reconhecido direito sucessório ao cônjuge sobrevivente se, ao tempo da morte do outro, não estavam separados judicialmente, nem separados de fato há mais de 2 (dois) anos, salvo prova, neste caso, de que essa convivência se tornara impossível sem culpa do sobrevivente".

Destarte, o diploma civil atual, em relação à *sucessio mortis causa*, estatui em seu art. 1.830 do Código Civil que o cônjuge sobrevivente *perde* seus direitos sucessórios legais se ao tempo da morte do autor da herança estiver dele separado *judicialmente* – por sentença transitada em julgado (ou também, administrativamente, nos termos do art. 733 do CPC/2015) ou, então, *separado de fato* há mais de 02 (dois) anos (se estiver separado de fato há *menos* de dois anos, a *contrario sensu* da literalidade da norma em comento, não perderá tal direito), salvo se não for considerado culpado pela separação de fato do casal.

Nos moldes dos termos expressados pelo legislador sucessório ordinário (cuja redação atual é objeto de crítica mais adiante), vale observar que, mesmo havendo a *separação de fato* pelo período mínimo de 02 (dois) anos, não tendo sido a culpa pela separação de fato do cônjuge sobrevivente (art. 1.572, *caput*, do CC), por exemplo, este sendo forçado a se afastar ou indevidamente afastado do lar conjugal em virtude de infidelidade, maus-tratos físicos, injúria etc., o cônjuge supérstite concorrerá à herança com os descendentes ou com os ascendentes do falecido, ou então, na falta desses, recolherá a totalidade do acervo hereditário.

A doutrina, face aos termos legais, *ab initio*, passou então a debater a quem cabe fazer a prova da culpa contida no dispositivo, a par das severas críticas ao hodierno legislador pelo fato de trazer ao direito sucessório, discussão ultrapassada no âmbito familiar (*culpa* conjugal, isto é, a conduta reprovável ou desonrosa na violação grave dos deveres do casamento, arts. 1.566, incisos I a V; 1.573, incisos I a VI, do CC).

Para parte dela, caberia aos demais interessados na sucessão a comprovação de que o cônjuge sobrevivente do falecido foi o culpado pela separação de fato do casal, porquanto a culpa desse não se presume e, além disso, não poderia o mesmo produzir prova negativa.

Para outros, cuja opinião ao entrar em vigor o novel diploma substantivo legal acatamos, se o legislador expressamente impôs a perda do direito sucessório legal ao cônjuge separado de fato há mais de 2 (dois) anos por presumir a inexistência de *affectio maritalis* entre esse e o falecido no momento da abertura da sucessão – até mesmo porque o herdeiro é um continuador das relações patrimoniais do hereditando –, é cabível somente àquele que, na tentativa de recuperar o direito perdido, comprovar objetivamente que a conduta reprovável do falecido foi a causadora da separação de fato do casal, ou que não teve qualquer culpa pelo desfazimento da sociedade conjugal, não havendo de se falar aqui, portanto, s.m.j, de realização de prova negativa.

Aliás, esse tipo de prova (da culpa conjugal) por muito tempo foi comum nos juízos de família, sendo um dos pré-requisitos legais para a decretação da denominada separação-sanção (prefalado art. 1.572, *caput*, do CC), embora saibamos que, nos tempos atuais, e com total acerto, grande parte dos nossos juristas e da nossa melhor jurisprudência vem abominando-a e dispensando-a, seja no direito de família e, como já dito, no campo do direito sucessório, sob a alegação de ferir os princípios constitucionais da intimidade, da privacidade e da dignidade humana (arts. 1º, inciso III, e 5º, inciso X), sendo cabível, hodiernamente, no máximo, dar realce apenas à insuportabilidade da vida em comum.

Somando-se a isso, estamos com aqueles que afirmavam não ser mais possível no direito brasileiro, após a entrada em vigor da Emenda Constitucional 66/2010 que alterou a redação do § 6º do art. 226 da Constituição federal, aceitar a separação judicial em qualquer das suas modalidades como modo de cessação da sociedade conjugal, contudo o CPC/2015, reafirmou expressamente tal possibilidade em seu art. Art. 693: "As normas deste Capítulo aplicam-se aos processos contenciosos de divórcio, separação, reconhecimento e extinção de união estável, guarda, visitação e filiação."

De qualquer modo, a par do antes referido, frente aos termos do art. 1.830 do novel Código Civil, o debate da questão ora em comento reveste-se de suma importância sucessória, nos parecendo, nessa linha, que a delicada *quaestio iuris et factis* é de ser enfrentada pelo juízo orfanológico, em autos apartados dos autos do inventário do falecido, por se tratar de questão, ao menos em princípio, a demandar dilação probatória fora da prova meramente documental (art. 612 do CPC/2015), com reserva da parte eventualmente cabível ao cônjuge sobrevivente, salvo se houver acordo entre os todos interessados na sucessão.

Repisamos que, entretanto, ao ser editada a EC 66/2010, alterando a redação do § 6º do art. 226 da Carta Magna, restou suprimido o prazo de 02 (dois) anos de separação de fato para a propositura do divórcio direto, *verbis*: "*O casamento poderá ser dissolvido pelo Divórcio*". (destacamos)

Assim, sob o ponto de vista dessa nova proposta, colocando uma pá de cal sobre a discussão da *culpa* de qualquer dos nubentes no cenário da dissolução da sociedade conjugal e do casamento, é de se indagar: será que o prazo de 02 (anos) mencionado no supracitado art. 1.830 do Código Civil, ainda subsiste no ordenamento infraconstitucional brasileiro?

À primeira vista poder-se-á argumentar que sim, pois embora o lapso temporal para os efeitos do denominado *Divórcio de Fato* não mais encontra guarida no texto constitucional, a parte final da regra ora em questão não teria sido revogada de modo textual pela aludida Emenda Constitucional.

Por outra via, entretanto, pensamos ser devido afirmar que, na atualidade, por incompatibilidade constitucional do referido texto com a redação do art. 1.830 do Código Civil, é possível ler-se a regra em questão do seguinte modo: "somente é reconhecido direito sucessório ao cônjuge sobrevivente se, ao tempo da morte do outro, não estavam separados judicialmente, nem separados de fato de modo inequívoco", tudo a ser apurado, todavia, levando-se em consideração a hipótese concreta levada ao juízo orfanológico.

Tal ponto de vista, segundo as bem lançadas palavras de Bárbara Valério Machado, se reafirma quando cotejado com a decisão proferida pelo Supremo Tribunal Federal no RE 878.694 (como já dito, reequiparação sucessória dos direitos do cônjuge em relação aos companheiros, reafirmada no RE 646721):

> Destarte, denota-se uma enorme diferença quando se fala em análise da legitimidade de cônjuges e companheiros para ocupar o posto de herdeiro, quando da abertura da sucessão. Cumpre analisar, então, se tal distinção é válida e deve ser levada adiante, considerando a decisão do STF no RE 878.694/MG (...) Entende-se, assim, que finalizada a vida em comum no âmbito do matrimônio, extinguem-se também os direitos sucessórios. Desse modo, constituindo o falecido nova união – uma união estável – e preservada a meação do ex-cônjuge, nos termos da lei, a sucessão deverá ser deferida integralmente ao atual companheiro. Isso porque o próprio objetivo do direito sucessório é a proteção das pessoas mais próximas do falecido, de sua família afetiva (...) Havendo a *separação de fato*, rompe-se a *affectio maritalis*, ou seja, a *afeição* e o *objetivo* de permanência do casal, sendo incabível se falar em concessão de direitos sucessórios após o rompimento fático. O mesmo raciocínio é aplicado para a hipótese trazida pela parte final do art. 1.830 do CC/2002, que confere direitos sucessórios ao cônjuge separado de fato há mais de dois anos, caso comprovado que a culpa da separação não foi do consorte sobrevivo. Além de não exigir qualquer período temporal para a separação de fato, tornando ainda mais absurda a concessão do direito hereditário ao cônjuge sobrevivente, já que ele efetivamente não fazia mais parte do conjunto familiar do de cujus, a lei exige a comprovação do ultrapassado instituto da culpa no direito de família. Além da Emenda Constitucional 66 de 2010 ter extinguido a figura da separação judicial, esvaindo, do mesmo modo, as discussões acerca da culpa imputada aos consortes ressalta-se que a produção de prova para imputar a culpa da separação de fato ao cônjuge falecido mostra-se avessa aos princípios do contraditório e da ampla defesa (...) Constata-se, assim, que muito além de conferir um tratamento desigual para cônjuge se companheiros sobreviventes, o art. 1.830 do CC/2002 mostra-se obsoleto quando inserido em uma visão constitucional do direito de família, considerando os princípios da afetividade, da isonomia entre os formatos familiares e da instituição do divórcio. Assim, no intuito de perseguir a igualdade entre os direitos sucessórios dos cônjuges e dos companheiros, afirmada pela decisão do Supremo Tribunal Federal, e sopesando que não há como aplicar o art. 1.830 do CC/2002 para aqueles que vivem em união estável, devido a sua obsolescência, propõe-se uma diferente leitura do dispositivo. Desse modo, quando se fala em legitimidade para participar da sucessão, sugere-se a aplicação do tratamento conferido ao companheiro também para o cônjuge, conforme aconselha Luiz Paulo Vieira de Carvalho quando propõe uma modificação no teor do disposto no art. 1.830 do CC/2002 para fazer constar que "somente é reconhecido direito sucessório ao cônjuge sobrevivente se, ao tempo da morte do outro, não estavam separados judicialmente, ou separados de fato de modo inequívoco.

Destarte, por exemplo, se os cônjuges, por ocasião da abertura da sucessão estiverem separados de fato há menos de 02 (dois) anos, porém em situação permanente de rompimento da sociedade conjugal, por exemplo, amparado por deferimento judicial de separação de corpos, uma vez restando evidente a insubsistência da *affectio maritalis* entre os cônjuges, nada justifica a possibilidade de que um possa recolher direito sucessório legal advindo do outro.

Ratificando tal caminho, trazemos, p. ex., relevante decisão do Egrégio Tribunal de Justiça de São Paulo:

Agravo de instrumento. Habilitação da viúva como única herdeira. Casamento no regime da separação de bens. Circunstância que não a impediria de herdar, precedendo colaterais. Porém, o casal já se achava separado de fato. Convívio por pouco mais de dois meses, não reatado até a morte do marido, cerca de quase um ano depois. Ausência de condição de sucessor, mesmo diante da regra do art. 1.830 do CC. Interpretação sistemática. Decisão mantida. Recurso desprovido" (TJSP, 1ª Câmara de Direito Privado do Tribunal de justiça de São Paulo, Agravo de Instrumento 2228909-49.2014.8.26.0000, relator Desembargador Claudio Godoy, julgado em 09.06.2015) (destaques nossos).

Do corpo do v. aresto colhe-se o seguinte raciocínio:

"Mas justamente em razão dessas circunstâncias todas é que, com a *separação de fato,* uma vez *consolidada e provada, cessam os efeitos próprios do casamento*. Não há mais dever de fidelidade, tanto que os separados podem constituir união estável. E mesmo para seu divórcio, nada mais se discutirá senão a vontade de um só pelo menos dos cônjuges. Do mesmo modo, cessa o regime de bens. Como já decidiu o Superior Tribunal de Justiça, 'o conjunto de bens adquiridos por um dos cônjuges, após a separação de fato, não se comunica ao outro, não podendo, por isso, ser partilhado' (AgRg no Ag 682.230/SP, Rel. Ministro Vasco Della Giustina (Desembargador convocado do TJ/RS), Terceira Turma, julgado em 16.06.2009, DJe 24/06/2009; AgRg no Ag 961.871/GO, Rel. Ministro ARI Pargendler, Terceira Turma, julgado em 11.03.2008, DJe 15.08.2008). Insista-se, porque a separação de fato determina o real esgotamento da relação conjugal, evanescendo-se seu conteúdo material de afeto, os bens que nesse entretempo se adquiram não se comunicam ao cônjuge (v.g. STJ, Resp. no 202.278/SP, 40.785, 86.302, 67.678 RSTJ 189/383, RT 783/237, 749/251). Ora, pois *rigorosamente* a mesma deve ser a *solução* para a *vocação hereditária* do *cônjuge supérstite*. E sem que o impeça o prazo estabelecido no artigo 1.830 do CC. Menos ainda, não decorrido o biênio lá previsto, a necessidade de verificação da culpa pela impossibilidade de manutenção da vida em comum (...) E isto tudo mais ainda quando se tratava de divórcio, ao que, desde a Constituição Federal de 88, apenas se exigia tempo de separação de fato, sem discussão de culpa, portanto em face da objetiva insuportabilidade da vida em comum, destarte da falência da relação conjugal. Depois, sobrevinda a Emenda 66, nem mesmo do tempo de consolidação da separação de fato se passou a cogitar. Portanto, vale o acréscimo, tal como da culpa, igualmente não se sustenta a exigência de tempo em si de separação de fato para que cesse a condição de herdeiro do cônjuge que nesta situação se encontre. Insista-se, tem-se dado que nem mesmo ao divórcio se exige mais. O que se põe em realce é a exata compreensão da conformação constitucional do casamento e mesmo a necessidade de uma interpretação infraconstitucional, assim da legislação comum, que além de conforme à Constituição seja inteligente, isto é, que leve a resultado coerente porque preserva a racionalidade do sistema, a lógica de suas interconexões. A interpretação, no campo do direito, deve preservar a unidade do sistema como um todo (princípio da unidade da ordem jurídica), evitando resultado que leve a uma incoerência interna em suas múltiplas conexões (ENGISH, Karl. Introdução ao pensamento sistemático, 7. ed., Calouste Gulbenkian, p. 123; MAXIMILIANO, Carlos. Hermenêutica e aplicação do direito. Rio de Janeiro: Forense, 16. ed., p. 134). Mesmo no âmbito codificado, cabe não olvidar ainda importante consideração que se põe na própria compreensão do Código Civil, e de sua disciplina sobre a matéria, como um sistema dotado, justamente, de uma racionalidade própria, de uma unidade que tem de ser preservada. Diferente de outras formas de condensação normativa, como a consolidação ou a compilação, um Código se caracteriza pela sua natureza constitutiva do direito (cria direito), mas baseando-se em uma racionalidade intrínseca (por todos: LORENZEWTTI, Ricardo Luis. Fundamentos do direito privado. Trad. FRADERA, Vera Maria Jacob de. São Paulo: RT, 1998. p. 42). Tem-se um sistema que, como lhe é próprio, vem dotado de uma ordem e unidade que precisam ser preservadas. Desnuda-se, a rigor, a noção kantiana do conjunto de conhecimentos ordenado e a compreensão do sistema como um conjunto de elementos inter-relacionados, ligados entre si por conexões lógicas, que formam um todo coerente. *Daí sustentar-se que as normas do sistema devam ser interpretadas de modo a evitar incoerências.* Convenha-se, nada do que se daria ao se admitir que, apenas para configuração da situação sucessória do cônjuge, fosse preciso contar prazo para a separação de fato ou verificar a culpa pela sua ocorrência, mas irrelevantes, no sistema, para a própria dissolução do casamento ou para a constituição de entidade de igual dignidade, assim tomadas a união estável e a previsão do art. 1.723, § 1º, do CC. Pior, com ela a união estável já se erigindo nova situação sucessória do companheiro, que não se pode, sem quebra de coerência, justapor à anterior, oriunda do casamento, porém, já exaurido. De novo, calha a observação de Mauro Antonini: "há incoerência na fixação do prazo de dois anos, pois, no regime anterior à EC 66/2010, o decurso do prazo de um ano de separação de fato era suficiente para se postular separação judicial litigiosa, sem perquirição de culpa, no pressuposto de que, transcorrido esse prazo, não havia mais a comunhão plena da vida, efeito do casamento (art. 1.511). A incongruência se acentua a partir da EC 66/2010, ante a interpretação de que o divórcio se tornou admissível sem necessidade de transcurso de prazo mínimo e sem discussão de culpa, podendo ser postulado, por exemplo, no dia seguinte ao casamento. Também há contradição entre a fixação de dois anos de separação de fato para perda do direito sucessório quando a lei autoriza que o cônjuge separado de fato possa, logo após a separação de fato, constituir união estável (art. 1.723, § 1º). A prevalecer a interpretação literal do art. 1.830, será possível a subsistência do direito sucessório do cônjuge durante dois anos e, antes de findo esse prazo, estar caracterizada união estável do autor da herança, o que resultará na concorrência à sucessão entre cônjuge e companheiro sobrevivente". PELUSO, Cezar (Coord.). Código Civil comentado. 6. ed. São Paulo: Manole, p. 2211)". (destaques nossos)

E não é só, mantendo a mesma coerência, vejamos outra decisão do mesmo importante Pretório:

Inventário. Insurgência contra interlocutória que reconheceu a *ausência* da qualidade de *herdeira* de cônjuge sobrevivente, determinando sua remoção da inventariança. Decisão acertada. Própria agravante afirmou que se encontrava *separada* de *fato* do falecido por ocasião do óbito. Interpretação sistemática do artigo 1.830 do Código Civil. Condição de *sucessora não configurada.* Irrelevância do período de separação e de eventual inexistência de culpa do cônjuge sobrevivente. Agravo desprovido (TJSP, 4ª Câmara de Direito Privado, agravo de instrumento n. 2.053.923-77.2018.8.26.0000, relator Desembargador Natam Zelinschi de Arruda, julgado em 19.04.2018). (destacamos)

Vejamos agora argumentos formulados no bojo da v. decisão supra:

"A própria agravante afirmou no inventário, págs. 126/131 dos autos na origem, que se encontrava separada de fato do falecido desde 22 de março de 2015, ou seja, é fato incontroverso a separação do casal por ocasião do falecimento do autor da herança. O artigo 1.830 do Código Civil dispõe que 'somente é reconhecido direito sucessório ao cônjuge sobrevivente se, ao tempo da morte do outro, não estavam separados judicialmente, nem separados de fato há mais de dois anos, salvo prova, neste caso, de que essa convivência se tornara impossível sem culpa do sobrevivente.' Ocorre que, com o advento da Emenda Constitucional 66/2010, o divórcio se tornou admissível sem necessidade de transcurso de prazo mínimo e sem discussão de culpa, além do que, o cônjuge separado pode, logo após a separação de fato, constituir união estável. Com efeito, a interpretação do artigo 1.830 do Código Civil deve ser feita à luz das disposições constitucionais, levando em consideração que a separação de fato entre as partes cessa os deveres matrimoniais e encerra a relação de natureza patrimonial, logo, por consequência lógica, não há razão para a manutenção da qualidade de herdeiro do cônjuge sobrevivente que se encontrava separado de fato quando do óbito".

Em idêntica senda, trazemos:

Agravo de instrumento. Inventário. Decisão que excluiu a agravante da condição de herdeira e afastou o direito real de habitação. Inconformismo. Não acolhimento. *Recorrente confessou que estava separada de fato do "de cujus" há oito meses por ocasião do óbito. Aplicação da interpretação sistemática do artigo 1830 do Código Civil,* consideradas as *modificações implementadas pela Emenda Constitucional 66/2010.* Verificada, em sumária cognição, a inexistência de direito sucessório do cônjuge, ante a inequívoca *separação de fato,* sendo irrelevante o fato desta ser inferior a dois anos. Direito real de habitação que, à primeira vista, deve ser afastado. Imóvel não mais funcionava como residência da família, ante a *irrefutável separação de fato.* Existência de prova no sentido de que, por ocasião do óbito, o 'de cujus' já mantinha domicílio em outro local. Decisão mantida. Recurso desprovido (TJSP, 6ª Câmara de Direito Privado, Agravo de Instrumento n. 2094953-24.2020.8.26.0000, relator Desembargador Paulo Alcides, julgado em 02.09.2020).[17]

Do corpo do v. aresto, pinçamos:

"(...) ao ser editada a EC 66/2010, alterando a redação do § 6º do art. 226 da Carta Magna restou suprimido o prazo de 2 (dois) anos de separação de fato para a propositura do divórcio direto, *verbis*: 'O casamento poderá ser dissolvido pelo Divórcio'. Assim, sob o ponto de vista dessa nova proposta, colocando uma pá de cal sobre a discussão da culpa dos cônjuges no cenário de dissolução da sociedade conjugal e do casamento, é de se indagar: será que o prazo de 2 (dois) anos mencionado no supracitado artigo 1830 do Código Civil ainda subsiste no ordenamento infraconstitucional brasileiro? À primeira vista poder-se-á argumentar que sim, pois, embora o lapso temporal para os efeitos do denominado Divórcio de Fato não mais encontre guarida no texto constitucional, a parte final da regra ora em questão não teria sido revogada de modo textual pela aludida Emenda Constitucional. Por outra via, entretanto, pensamos ser devido afirmar que, na atualidade, por incompatibilidade do referido texto com a redação do art. 1830 do Código Civil, é possível ler a regra em questão do seguinte modo: 'somente é reconhecido o direito sucessório ao

---

17. Em sentido contrário, trazemos: "Agravo interno no recurso especial. Inventário. Direito real de habitação da viúva em relação à residência do casal. Decisão monocrática. Art. 557 do CPC/1973. Julgamento colegiado posterior. Superação de eventual irregularidade. Separação de corpos. Impugnação de herdeiro. Alegação de adultério. Separação há menos de dois anos da morte do marido. Exame de eventual culpa do cônjuge sobrevivente. Descabimento. Arts. 1.831 e 1.832 do CC/2002. Agravo não provido. 1. Nos termos do Enunciado n. 2 do Plenário do STJ, aos recursos interpostos com fundamento no CPC/1973 (relativos a decisões publicadas até 17 de março de 2016) devem ser exigidos os requisitos de admissibilidade na forma nele prevista, com as interpretações dadas, até então, pela jurisprudência do Superior Tribunal de Justiça. 2. A teor da jurisprudência do Superior Tribunal de Justiça, eventual mácula da decisão monocrática do relator fica superada com o julgamento do recurso pelo órgão colegiado competente. Inexistência de violação do art. 557 do CPC/1973. 3. "O cônjuge herdeiro necessário é aquele que, quando da morte do autor da herança, mantinha o vínculo de casamento, não estava separado judicialmente ou não estava separado de fato há mais de 2 (dois) anos, salvo, nesta última hipótese, se comprovar que a separação de fato se deu por impossibilidade de convivência, sem culpa do cônjuge sobrevivente", sendo certo, outrossim, que "O fato gerador no direito sucessório é a morte de um dos cônjuges e não, como cediço no direito de família, a vida em comum" (REsp 1.294.404/RS, Rel. Min. Ricardo Villas Bôas Cueva, Terceira Turma, DJe de 29.10.2015). 4. Hipótese em que, conforme consignado pelas instâncias ordinárias, a separação do casal decorre de decisão concessiva de separação de corpos, há menos de dois anos anteriores à data do falecimento do marido, determinando o afastamento temporário da esposa da residência familiar. Não se tratando, portanto, de separação judicial, tampouco de separação de fato, exclui-se a possibilidade de exame da culpa pela separação, assegurando-se o direito hereditário, e, por consequência, o direito real de habitação relativamente ao imóvel que servira de residência da família. 5. Agravo interno desprovido" (STJ, 4ª Turma, AgInt no REsp 1.281.438, relator Ministro Lázaro Guimarães, julgado em 05.06.2018). Igualmente, na mesma linha, a decisão da 3ª Turma da mesma Excelsa Corte contida no AgInt no REsp 1.882.664/2020.

cônjuge sobrevivente se, ao tempo da morte do outro, não estavam separados judicialmente, nem separados de fato de modo inequívoco', tudo a ser apurado, todavia, levando-se em consideração a hipótese concreta levada ao juízo orfanológico. (...) Por fim, e em resumo, cabível na atualidade a releitura civil constitucional quando à correta aplicação do art. 1.830 do CC' (Luiz Paulo Vieira Carvalho. Direito das sucessões. 4. ed. rev., atual. e ampl. Editora Atlas. 2019. p. 422 e 429)".

Por fim, ainda exemplificamos, veja-se no Egrégio Tribunal de Justiça do Estado do Paraná:

> Agravo de instrumento. Inventário. Decisão agravada que determina a retificação das primeiras declarações para incluir o agravado como herdeiro. Necessidade de reforma. Separação de fato do cônjuge supérstite que, inclusive, já convivia com outra companheira há menos de dois anos da abertura da sucessão. Perda da qualidade de herdeiro. Interpretação do art. 1.830 do código civil à luz da emenda constitucional 66/2010. Separação de fato que põe fim à qualidade de herdeiro (...)" (Tribunal de Justiça do Estado do Paraná, 12ª Câmara Cível, Agravo de Instrumento n. 0048708-65.2020.8.16.0000, relator Desembargador Luis Cesar de Paula Espindola, julgado em 31.05.2021).

Por sua vez, em âmbito doutrinário, p.ex., declama Paulo Lôbo:

> Admitida a incompatibilidade com a Constituição, o art. 1.830, decotado dos requisitos extravagantes, deve ser interpretado no sentido de não ser investido em direito sucessório o ex-cônjuge que se encontrava separado de fato na data da abertura da sucessão do outro, independente de tempo de separação ou de verificação de culpa do falecido [...] Considera-se separada de fato o cônjuge que venha a falecer antes de transitada em julgado a sentença do divórcio judicial (STJ, REsp 239.195).[18]

Discorre, outrossim, com propriedade, Maria Berenice Dias:

> "Para o cônjuge preservar a qualidade de herdeiro, é preciso que a sociedade conjugal tenha persistido até o falecimento do outro. A separação de fato subtrai do viúvo a condição de herdeiro. Admitir possibilidade de o cônjuge herdar quando o casal já estava separado de fato, é perpetuar os efeitos do casamento para depois do seu fim. Não há como assegurar direito hereditário a quem nem mais cônjuge era. Tal afronta aos princípios éticos mais elementares, além de gerar enriquecimento sem causa, pois o ex-cônjuge herdaria o patrimônio amealhado depois da separação [...] Estes absurdos consagrados na lei (CC art. 1.830) perderam significado a partir do momento em que a jurisprudência passou a considerar rompido o casamento quando cessa a convivência. De outro lado, a EC 66/2010, ao acabar com a separação, pôs um ponto final na culpa. Não mais persistindo os deveres do casamento nem o regime de bens, tal subtrai a possibilidade de o sobrevivente ser reconhecido como herdeiro. Nem concorre com os sucessores nem preserva a qualidade de herdeiro."[19]

Aliás, não é despiciendo trazer à luz que, de muito, mesmo antes do advento da Emenda Constitucional 66/2010, a melhor doutrina já propunha não ser considerado sucessor do hereditando o cônjuge que, por ocasião do decesso daquele, já se encontrava separado de fato, independentemente do prazo dessa separação.

---

18. LÔBO, Paulo Luiz Netto. *Direito civil*: sucessões. São Paulo: Saraiva, 2013. p. 125.
19. DIAS, Maria Berenice. *Manual das Sucessões*. 4. ed. São Paulo: Ed. RT, 2016. p. 150-151.

Como fecho, e em resumo, cabível na atualidade a releitura civil constitucional quanto a correta aplicação do art. 1.830 do CC, observando-se que, tal regra, mesmo antes da equiparação de direitos sucessórios entre cônjuge companheiro sobrevivente realizada pelo Supremo Tribunal Federal através dos aludidos RE's 878694 e 646721, nunca foi destinada a ser aplicada à união estável, porquanto a dissolução da família assim formatada, jamais foi revestida de formalidades iniciais e finais, tal como ocorre com o matrimônio, bastando ser encontrado o termo final da união fática para desaparecer o direito sucessório anteriormente atribuído aos ex-conviventes.[20]

---

20. "Ação de anulação de partilha cumulada com petição de herança. Ex-companheira. Improcedência. Extinção da união estável anterior ao falecimento, reconhecida por sentença transitada em julgado. Ausência de direito sucessório, já que não mais persistia a entidade familiar com o de cujus à época da morte. Subsistência do direito sucessório por dois anos após a separação de fato, nos termos do art. 1.830 do Código Civil. *Inaplicabilidade* a casos de *união estável* e de *duvidosa constitucionalidade* em casos de casamento. Recurso não provido" (TJSP, Primeira Câmara de Direito Privado, Apelação 0017003-29.2007.8.26.0161, relator Desembargador Francisco Loureiro, julgamento em 24.11.2015). (destacamos)

32
A SUCESSÃO DO COMPANHEIRO (NO VIGÉSIMO ANIVERSÁRIO DO CÓDIGO CIVIL DE 2002): NOTAS SOBRE SUA EVOLUÇÃO NO ORDENAMENTO JURÍDICO BRASILEIRO

Carlos Roberto Barbosa Moreira

Professor Auxiliar (concursado) de Direito Civil da Pontifícia Universidade Católica do Rio de Janeiro. Membro Fundador da Academia Brasileira de Direito Civil.

Historicamente, o estudo da sucessão aberta em favor do companheiro, no direito brasileiro, pode ser dividido em cinco fases distintas:

Sumário: 1. Até o advento da Lei 8.971/94 – 2. A partir da Lei 8.971/94 – 3. A partir da Lei 9.278/96 – 4. A partir do CC de 2002 – 5. A partir do julgamento, pelo STF, do Re 878.694-MG.

1. ATÉ O ADVENTO DA LEI 8.971/94

O CC de 1916 não disciplinava o fenômeno a que atual CF, muitas décadas após, atribuiu o nome de "união estável" (art. 226, § 3º). Vigente aquele diploma, e até o advento da Lei 8.971/94, não se poderia cogitar de sucessão em favor de "concubinos" (segundo a terminologia então largamente empregada),[1] exceto se houvesse testamento; mas o ato de última vontade não poderia beneficiar "a concubina do testador casado" (art. 1.719, n. III), reputando-se nulas as disposições em seu favor, feitas diretamente ou "por interposta pessoa" (art. 1.720, *caput*).[2]

---

1. A partir do CC de 2002, a expressão passou a designar, restritivamente, "as relações não eventuais entre o homem e a mulher, impedidos de casar" (art. 1.727). É certo, porém, que, anteriormente à CF de 1988, o termo era polissêmico, porque abrangia tanto as relações (ilícitas) entre pessoas impedidas de se casar (concubinatos *impuros*), quanto aquelas travadas entre pessoas desimpedidas (concubinatos *puros*). A noção de concubinato *impuro* também abarcava a situação de quem pretendesse constituir novo concubinato, simultaneamente a outro, já em curso. Cf., acerca dessa terminologia, GAMA, Guilherme Calmon Nogueira da. *O Companheirismo:* uma espécie de família. 2ª ed. São Paulo: Ed. RT, 2001, p. 141-144; TEPEDINO, Gustavo. "Novas formas de entidades familiares: efeitos do casamento e da família não fundada no matrimônio". *Temas de direito civil*. Rio de Janeiro: Renovar, 1999, p. 328.
2. A segunda parte do dispositivo presumia a interposição se o testamento beneficiasse "o pai, a mãe, os descendentes e o cônjuge do incapaz". Porém, em 1964, o STF editou o verbete 447 de sua *Súmula*, com o seguinte enunciado: "É válida a disposição testamentária em favor de filho adulterino do testador com sua concubina". Com o advento da CF de 1988 e a consagração dos princípios da igualdade dos cônjuges (art. 226, § 5º) e dos filhos (art. 227, § 3º), o verbete passou a constituir hipótese de *interpretação conforme*

Para as relações iniciadas *e encerradas*, por morte de um dos "concubinos", antes da entrada em vigor da atual Constituição, não havia direitos *sucessórios* reconhecidos ao sobrevivente. A propósito, em julgado de 1998, o STF decidiu que "tendo o concubinato em causa terminado antes da promulgação da atual Carta Magna, não poderia ele ser alcançado pelo preceito – ainda que se pretendesse ser ele autoaplicável – do § 3º do art. 226 desta, que criou um instituto novo e que não dispôs fosse aplicado aos concubinatos já findos".[3] O acórdão destaca que "os dispositivos constitucionais, quando autoaplicáveis, exceto se expressamente determinarem que as suas normas alcançam os fatos consumados no passado (retroatividade máxima), só se aplicam para o futuro (...)". A rigor, não foi a Constituição que atribuiu, diretamente, direitos sucessórios aos partícipes de união estável, mas sim a legislação infraconstitucional que se lhe seguiu.[4]

À falta de regulamentação legal, abrangente e sistemática, daquele tipo de relação, e para remediar situações de gritante iniquidade, a jurisprudência concebeu mecanismos de proteção às pessoas que mantinham vínculos daquela natureza, inspirada em princípios como o da proibição ao enriquecimento sem causa.[5] Para alcançar semelhante finalidade, os tribunais equipararam os "concubinos", para certos efeitos, aos sócios de uma *sociedade de fato*, cujo patrimônio comum, formado por esforços ou recursos de um e de outro, devesse ser entre eles partilhado, quando cessada a união, por qualquer causa. O verbete 380 da *Súmula* do STF (de 1964) cristalizou esse entendimento: "Comprovada a existência da sociedade de fato entre os concubinos, é cabível a sua dissolução judicial, com a partilha do patrimônio adquirido pelo esforço comum".

O enunciado deixava muito claro que o "concubinato" (isto é, a relação fática, entre homem e mulher, com a aparência de casamento) representava pressuposto necessário, *mas não suficiente*, à invocação daquela jurisprudência: era igualmente imprescindível que os "concubinos", tal como os sócios de uma sociedade, tivessem *efetivamente colaborado*, com recursos ou esforços, para a formação do patrimônio alegadamente comum – exatamente como exigido pelo art. 1.363 do CC então em vigor, que definia o contrato de sociedade. Daí porque

---

à *Constituição*: haveria ofensa ao princípio da igualdade entre os filhos se a lei reconhecesse ao pai (ou à mãe) o direito de testar em favor de certo(s) filho(s), mas o negasse quanto a outro(s) pelo fato de ser(em) também filho(s) de sua concubina (ou de seu concubino). O CC de 2002, à luz da orientação constitucional, reescreveu o art. 1.720 do diploma anterior e excluiu a legitimação sucessória do "concubino do testador casado".

3. RE 161.320-RJ, 1ª Turma, j. 25.08.98, *Revista dos Tribunais* 761/167.
4. GAMA, Guilherme Calmon Nogueira da. *O companheirismo*: uma espécie de família. 2. ed. São Paulo: Ed. RT, 2001. p. 421-422 e 424-425. Vejam-se, na jurisprudência do STJ, REsp 100.194-SP, 4ª Turma, j. 22.10.1996; REsp 153.028-RS, 4ª Turma, j. 02.12.1997 (com citação de outros precedentes).
5. "(...) As relações concubinárias foram, ao revés, reconhecidas com base no direito obrigacional, protegendo-se o esforço que, despendido no curso da vida em comum por parte de um companheiro em favor do outro – tanto contribuindo para o acréscimo patrimonial deste, quanto em forma de auxílio ao seu bem-estar pessoal –, não poderia deixar de gerar efeitos patrimoniais, sob pena de se consagrar o enriquecimento sem causa" (TEPEDINO, Gustavo. Novas formas de entidades familiares: efeitos do casamento e da família não fundada no matrimônio. *Temas de direito civil*. Rio de Janeiro: Renovar, 1999. p. 329-330).

o STF afirmou, em acórdão de 1976: "Não discrepa da Súmula 380, o acórdão que proclama: 'A concubina não pode reclamar meação dos bens do amante, após a separação se o patrimônio deste foi adquirido com os frutos do seu trabalho e economia. O concubinato não gera direitos entre os parceiros e dura o tempo que a vontade de cada um quiser. (...)'".[6]

Como bem sintetizou Gustavo Tepedino, o STF "sublinhava que tais efeitos patrimoniais decorriam das relações obrigacionais criadas pelo enlace, tanto na formação de uma sociedade de fato quanto na hipótese de simples prestação de serviços domésticos, rechaçando qualquer fundamento próprio do direito de família em tais decisões".[7] Era possível, então, afirmar que "não se confunde a união estável com a sociedade de fato que dela pode eventualmente decorrer", pois "pode existir sociedade de fato sem a existência de união estável, assim como pode esta ocorrer sem a presença daquela".[8]

Como consequência direta da adoção do entendimento consolidado no verbete 380 da *Súmula* do STF, as frações do patrimônio a ser partilhado poderiam ser *desiguais*, porque *proporcionais* à efetiva contribuição de cada um dos parceiros (exatamente como no contrato de sociedade, modelo em que se buscou inspiração para tutelar os interesses patrimoniais dos concubinos).[9]

Insista-se, porém, em que o universo do verbete sumular *não era o do direito sucessório*: ele não cuidava de herança aberta em favor do "concubino", e sim dos efeitos patrimoniais decorrentes da conjugação de esforços ou recursos, durante a vida de ambos os parceiros (ainda que seu reconhecimento se desse apenas após o óbito de um deles). De sucessão hereditária somente viriam a cuidar duas leis editadas nos anos 1990, as quais "em nenhum momento exigiram esforço comum para que [os companheiros] herdassem: (...) assim como ao cônjuge, o direito sucessório foi reconhecido ao companheiro independentemente de ter ele participado efetivamente na aquisição do patrimônio, ao contrário do que ocorria com a meação".[10]

---

6. RE 83.155-RJ, 2ª Turma, j. 25.05.76.
7. "TEPEDINO, Gustavo. Novas formas de entidades familiares: efeitos do casamento e da família não fundada no matrimônio. *Temas de direito civil*. Rio de Janeiro: Renovar, 1999. p. 330.
8. TEPEDINO, Gustavo. Novas formas de entidades familiares: efeitos do casamento e da família não fundada no matrimônio. *Temas de direito civil*. Rio de Janeiro: Renovar, 1999. p. 344-345.
9. STF, AgRg Ag 108.313-RJ, 2ª Turma, j. 18.02.1986. Consta da ementa: "Confessada pelos herdeiros do amásio a existência da sociedade, deve-se julgar procedente a ação. A procedência, porém, não implica, necessariamente, em atribuir à autora 50% dos bens. Se os fatos e circunstâncias da causa evidenciam uma participação societária menor, deve-se atribuir um percentual condizente com a contribuição". Do voto do Ministro Aldir Passarinho, colhe-se a seguinte passagem: "Numa sociedade de fato, se ficar provado que a concubina contribuiu efetivamente para a formação do patrimônio, sem dúvida que tem ela direito à percepção de uma parte proporcional à sua contribuição". Na posterior jurisprudência do STJ: REsp. 1.412-RJ, 4ª Turma, j. 07.11.89; REsp. 9.592-SP, 3ª Turma, j. 28.06.91; REsp. 61.363-RJ, 4ª Turma, j. 14.08.95.
10. CARVALHO NETO, Inacio de. *Direito sucessório do cônjuge e do companheiro*. 2. ed. São Paulo: Método, 2015. p. 180.

2. A PARTIR DA LEI 8.971/94

Primeiro diploma a disciplinar, em nível infraconstitucional, a figura da união estável, a Lei 8.971/94 cuidou da sucessão do companheiro supérstite, a quem atribuiu o direito de *usufruto* sobre fração variável do acervo hereditário: um quarto, se houvesse "filhos" (*rectius*, descendentes)[11] do *de cujus*; ou metade, se houvesse ascendentes. Apenas na falta de uns e de outros, caberia ao companheiro a "totalidade da herança" (art. 2º).[12]

Observou-se, a propósito de semelhante regime, que "o legislador ordinário buscou introduzir direito sucessório idêntico àquele existente em favor dos cônjuges, quanto à transmissão da propriedade dos bens que integram à herança".[13] A disciplina da sucessão do companheiro, tal como introduzida pela Lei 8.971/94, certamente *se assemelhava* àquela então prevista, no CC, para o cônjuge; mas, a rigor, o direito reconhecido ao primeiro não era "idêntico" ao do segundo. O usufruto, sem dúvida, era atribuído em termos iguais: mais restrito (sobre a "quarta parte dos bens"), na concorrência com descendentes do autor da herança; mais extenso (sobre metade), na concorrência com ascendentes. E, tanto para o cônjuge quanto para o companheiro sobrevivente, o usufruto resolvia-se por novo casamento ou nova união. Mas o diploma de 1994 não cogitou, em nenhuma hipótese, de concessão ao companheiro de direito real de habitação, instituído, em favor do cônjuge, pela Lei 4.121/63 (a qual introduzira os §§ 1º e 2º do CC de 1916, o último dos quais dedicado àquele direito sucessório). Além disso, o regime de bens não tinha influência na atribuição do usufruto ao companheiro sobrevivente (diversamente do que se dava, na época, em relação ao cônjuge).

---

11. Cuidava-se de um "equívoco evidente" a menção, aparentemente restritiva, a "filhos", como tive a oportunidade de anotar, no trabalho de atualização da obra de PEREIRA, Caio Mário da Silva. *Instituições de direito civil*. 27. ed. Rio de Janeiro: Forense, 2020. v. VI, p. 142 (observação formulada desde a 15. ed., de 2004, p. 152). O equívoco se repetiu, tempos depois, no art. 1.790, n. I, do vigente CC, objeto do enunciado 266 da III Jornada de Direito Civil, promovida pelo Conselho da Justiça Federal: "Aplica-se o inc. I do art. 1.790 também na hipótese de concorrência do companheiro sobrevivente com outros descendentes comuns, e não apenas na concorrência com filhos comuns". No mesmo sentido, entre outros: DELGADO, Mário Luiz. Controvérsias na sucessão do cônjuge e do convivente. Uma proposta de harmonização do sistema. In: DELGADO, Mário Luiz; ALVES, Jones Figueiredo (coord.). *Questões controvertidas no direito de família e de sucessões*. São Paulo: Método, 2005, v. 3, p. 440-441 e 445.
12. Não exatamente da "totalidade da herança", mas da parte *não testada*. Pode-se aqui repetir a crítica de um notável civilista português à idêntica expressão usada em dispositivo do Código de seu país: "(...) trata-se evidentemente de uma infelicidade da lei. O que está em causa é a parte atribuída a título de sucessão legítima, que só eventualmente abrangerá a totalidade da herança" (ASCENSÃO, José de Oliveira. *Direito civil*: sucessões. 5. ed. Coimbra: Coimbra, 2000, p. 343). Veja-se, na doutrina brasileira, GAMA, Guilherme Calmon Nogueira da. *O companheirismo*: uma espécie de família. 2. ed. São Paulo: Ed. RT, 2001. p. 483 (onde se sustenta a adoção de uma "interpretação sistemática com o sistema legal em matéria de sucessão, e tendo como *limites* os benefícios e vantagens reconhecidos aos cônjuges, na relação matrimonial" – com destaque meu). Aliás, o STJ, em julgamento realizado em 20.08.2001, entendeu que a Lei 8.971/94 *não* incluíra o companheiro entre os herdeiros *necessários* e que, por conseguinte, era lícito ao testador excluí-lo de sua herança, mediante testamento no qual dispusesse de todo o seu patrimônio (REsp 191.393, 3ª Turma).
13. GAMA, Guilherme Calmon Nogueira da. *O companheirismo*: uma espécie de família. 2. ed. São Paulo: Ed. RT, 2001. p. 426.

3. A PARTIR DA LEI 9.278/96

Prova inequívoca da caótica produção legislativa no Brasil, a Lei 9.278/96, menos de dois anos após a Lei 8.971/94, pretendeu "regular" o art. 226, § 3º, da CF, mas acabou por suscitar mais incertezas do que soluções claras. Ela reconheceu "como entidade familiar a convivência duradoura, pública e contínua, de um homem e uma mulher, estabelecida com objetivo de constituição de família" (art. 1º) e enumerou os direitos e deveres dos "conviventes" (segundo sua própria terminologia: art. 2º). Abandonou, porém, o requisito temporal do diploma anterior (convivência "há mais de cinco anos") e, desastradamente, se limitou a declarar revogadas "as disposições em contrário" (art. 11), sem nenhuma referência ao diploma anterior.

Em matéria sucessória, a Lei 9.278/96 não foi além de dispor que: " Dissolvida a união estável por morte de um dos conviventes, o sobrevivente terá direito real de habitação, enquanto viver ou não constituir nova união ou casamento, relativamente ao imóvel destinado à residência da família" (art. 7º, parágrafo único). Nada se falou sobre o usufruto criado pela lei anterior, nem tampouco sobre a possibilidade de o "convivente" tornar-se herdeiro único do *de cujus*.

Suscitada a questão da subsistência da Lei 8.971/94, após a entrada em vigor da Lei 9.278/96, as opiniões inicialmente se dividiram, mas veio a prevalecer o entendimento de que as disposições de uma e de outra, ao menos em matéria sucessória, eram compatíveis e que, portanto, os direitos previstos na mais antiga *somavam-se* ao direito de habitação instituído pela mais nova.[14] Admitida a premissa, dela decorria, no entanto, inusitada conclusão: a soma de todos aqueles direitos sucessórios (o usufruto da Lei 8.971/94 e o direito de habitação da Lei 9.278/96) acabava por situar o companheiro em posição *mais favorável* que a do próprio cônjuge, a quem, pelo sistema então em vigor, não se permitia cumular o usufruto vidual (CC de 1916, art. 1.611, § 1º) com o direito de habitação (art. 1.611, § 2º): para o primeiro, constituía requisito o fato de o regime de bens *não* ser o da comunhão *universal*; para o segundo, exigia-se, ao contrário, que o regime *fosse precisamente aquele*. Procurou-se, então, corrigir semelhante resultado (de favorecimento ao companheiro) mediante raciocínio segundo o qual, diante da precedência, na Constituição, do casamento sobre a união estável, as vantagens asseguradas ao companheiro deveriam ser estendidas ao cônjuge: assim, *independentemente do regime de bens*, o cônjuge sobrevivente faria jus ao direito real de habitação.[15]

---

14. GAMA, Guilherme Calmon Nogueira da. *O companheirismo*: uma espécie de família. 2. ed. São Paulo: Ed. RT, 2001. p. 498-499; SOUZA, Sylvio Capanema de. A sucessão do companheiro: questões controvertidas. *Revista da EMERJ*, v. 13, n. 52. p. 20; NEVARES, Ana Luiza Maia. *A sucessão do cônjuge e do companheiro na perspectiva do direito civil-constitucional*. 2. ed. São Paulo: Atlas, 2015. p. 79; TARTUCE, Flávio. *Direito civil*. 14. ed. Rio de Janeiro: Forense, 2021. v. 6, p. 283 ("as duas leis conviviam"). Ao julgar (em 17.03.2011) o REsp 704.637-RJ, o STJ reputou aplicável a uma sucessão aberta no ano de 2000 (já na vigência da Lei 9.278/96, portanto) a regra do art. 2º, n. III, da Lei 8.971/94, assegurando à companheira supérstite a totalidade da herança, em detrimento de colaterais do *de cujus*.

15. Tolere o leitor que, com ligeiras alterações, se reproduza, no texto, o que escrevi, como atualizador, em PEREIRA, Caio Mário da Silva. *Instituições de direito civil*. 27. ed. Rio de Janeiro: Forense, 2020. v. VI, p.

4. A PARTIR DO CC DE 2002

O atual CC, por disciplinar inteiramente a matéria de que cuidavam as Leis 8.971/94 e 9.278/96, implicitamente as revogou (LINDB, art. 2º, § 1º, parte final).[16] Convém observar, porém, que, sendo a vocação sucessória disciplinada pela *lei vigente ao tempo da abertura da sucessão* (CC de 1916, art. 1.577; CC de 2002, arts. 1.787 e 2.041), os direitos sucessórios dos companheiros (expressão agora novamente adotada) correspondem aos que resultavam dos diplomas legais da década de 1990, sempre que o óbito houver ocorrido na vigência de qualquer deles.[17]

Não foi feliz o CC em tema de sucessão do companheiro. O dispositivo que dela cuidava (art. 1.790), declarado inconstitucional pelo STF, em julgamento concluído em maio de 2017, era ruim, muito ruim,[18] não apenas porque impropriamente situado nas "Disposições gerais",[19] mas também porque lacunoso, contraditório e reacionário. Em resumo: o "finado" art. 1.790 pecava por sua localização, por sua redação e por sua inspiração. A declaração de sua inconstitucionalidade tornou irrelevantes as não poucas dúvidas que seu texto deficiente suscitava,[20] exceto naquelas hipóteses

---

142-143 (com indicações doutrinárias). Adotou a solução preconizada pela doutrina o acórdão da 3ª Turma do STJ no REsp 821.660-DF, j. 14.06.2011.

16. Em relação à Lei 9.278/96, é possível cogitar da sobrevivência de seu art. 9º, que cuida de matéria *processual*. Quanto ao mais, a revogação sempre me pareceu inegável, como reconhecido, por exemplo, por VELOSO, Zeno. Direito real de habitação na união estável. In: DELGADO, Mario Luiz; ALVES, Jones Figueirêdo (coord.). *Questões controvertidas no novo código civil*. São Paulo, Método, 2003. p. 413-414; CARVALHO NETO, Inacio de. *Direito sucessório do cônjuge e do companheiro*. 2. ed. São Paulo: Método, 2015. p. 192. O STJ, porém, se orientou em sentido diverso: veja-se, na jurisprudência mais recente, REsp 1.846.167-SP, 3ª Turma, j. 09.02.2021 (com citação de precedentes). Mas também se registram, no próprio STJ, decisões que afirmaram a revogação *total* da Lei 9.278/96 pelo CC de 2002: REsp 1.329.993-RS, 4ª Turma, j. 17.12.2013 (a despeito do reconhecimento da revogação, o acórdão atribuiu à companheira o direito real de habitação, por "aplicação analógica" do art. 1.831 do CC).
17. NEVARES, Ana Luiza Maia. *A sucessão do cônjuge e do companheiro na perspectiva do direito civil-constitucional*. 2. ed. São Paulo: Atlas, 2015. p. 2; SOUZA, Sylvio Capanema de. A sucessão do companheiro: questões controvertidas. *Revista da EMERJ*, v. 13, n. 52. p. 26. Veja-se, na jurisprudência do STJ, o acórdão (de 17.03.2011) da 4ª Turma no REsp 704.637-RJ, no qual se reconheceu que, aberta a sucessão em 28.02.2000, a ordem de sucessão hereditária era aquela da Lei 8.971/94, e não a do CC de 2002, *posterior* ao óbito.
18. Ao "tenebroso art. 1.790" aludiu o saudosíssimo VELOSO, Zeno. Direito real de habitação na união estável. In: DELGADO, Mario Luiz; ALVES, Jones Figueirêdo (coord.). *Novo código civil: questões controvertidas*. São Paulo, Método, 2003. p. 415. Em palestra proferida em 25.09.2006, referi-me ao dispositivo como "calamitoso": MOREIRA, Carlos Roberto Barbosa. Princípios constitucionais e o Direito das Sucessões. *Estudos e pareceres: processo civil, direito civil e direito do consumidor*. Rio de Janeiro: Forense, 2013. p. 123.
19. "Não é preciso ser um Savigny ressuscitado para se perceber que a sucessão do companheiro não é uma 'disposição geral' e, ao revés, um tema especial, umbilicalmente ligado à ordem de vocação hereditária" (SOUZA, Sylvio Capanema de. A sucessão do companheiro: questões controvertidas. *Revista da EMERJ*, v. 13, n. 52. p. 21). Em sentido análogo (embora sem a mesma ironia...), HIRONAKA, Giselda Maria Fernandes Novaes. *Comentários ao código civil*. Saraiva: São Paulo 2003. v. 20, p. 53; LEITE, Eduardo de Oliveira. *Comentários ao novo código civil*. 4. ed. Rio de Janeiro: Forense, 2004. v. XXI, p. 53-54; CARVALHO NETO, Inacio de. *Direito sucessório do cônjuge e do companheiro*. 2. ed. São Paulo: Método, 2015. p. 181-182; TARTUCE, Flávio. *Direito civil*. 14. ed. Rio de Janeiro: Forense, 2021. v. 6, p. 285; TEPEDINO, Gustavo; NEVARES, Ana Luiza; MEIRELES, Rose Melo Vencelau. *Direito das sucessões*. Rio de Janeiro: Forense, 2020. p. 106.
20. Veja-se a análise (por mim realizada) do texto do art. 1.790 em PEREIRA, Caio Mário da Silva. *Instituições de direito civil*. 27. ed. Rio de Janeiro: Forense, 2020. v. VI, p. 144-151; ou aquela (extremamente minuciosa) de TARTUCE, Flávio. *Direito civil*. 14. ed. Rio de Janeiro: Forense, 2021. v. 6, p. 285 e ss.

(que o tempo se encarregará de paulatinamente extinguir) de processos referentes a sucessões abertas na vigência do CC de 2002 e abrangidas na *modulação* dos efeitos do acórdão do STF (infra, número 5).

Convém anotar, ainda, que, no sistema do vigente CC, não mais se confundem as figuras da *união estável* – entendida como aquela "entre o homem e a mulher, configurada na convivência pública, contínua e duradoura e estabelecida com o objetivo de constituição de família" (art. 1.723) – e do *concubinato*, traduzido em "relações não eventuais entre o homem e a mulher, impedidos de casar" (art. 1.727).[21] No campo da sucessão legítima, concubinos não sucedem; pessoas em união estável, sim.[22]

Deve-se observar, porém, que não mais subsiste, para caracterizar a união estável, o requisito segundo o qual a relação deva necessariamente estabelecer-se "entre o homem e a mulher". Isso porque, ao julgar (em 05.05.2011) a ADPF 132, o Pleno do STF declarou que os direitos e deveres dos companheiros, nas uniões estáveis entre pessoas de sexos distintos, se estendem aos companheiros de uniões estáveis homoafetivas, dando ao art. 1.723 "interpretação conforme à Constituição", "para excluir do dispositivo em causa qualquer significado que impeça o reconhecimento da união contínua, pública e duradoura entre pessoas do mesmo sexo como família". Esse reconhecimento, portanto, "é feito *segundo as mesmas regras e com as mesmas consequências* da união estável heteroafetiva".[23] Lamenta-se, apenas, que não tenha sido possível, em nosso país, reconhecer direitos aos parceiros homoafetivos pela via legislativa, como, antes do julgamento do STF, ocorrera, por exemplo, na Alemanha (*Lebenspartnerschaftgesetz*, de 2001)[24], em Portugal (Lei 7/2001)[25] e na Suíça (*Loi fédérale sur le partenariat enregistré entre personnes du même sexe*, de 2004).[26]

---

21. Sobre o tema, veja-se o acórdão da 1ª Turma do STF no RE 397.762-BA, j. 03.06.2008.
22. No mesmo sentido, CARVALHO NETO, Inacio de. *Direito sucessório do cônjuge e do companheiro*. 2. ed. São Paulo: Método, 2015. p. 182-183 e nota 70.
23. Entre aspas, excertos da ementa do acórdão (com destaques meus). Veja-se, na doutrina, BARROSO, Luís Roberto. "Diferentes, mas iguais: o reconhecimento jurídico das relações homoafetivas no Brasil". *In Revista do Ministério Público do Estado do Rio de Janeiro*, n. 47, p. 143 e ss.
24. A partir de 30.09.2017, as *Lebenspartnerschaften* não mais puderam ser constituídas, tendo em vista a admissão do casamento entre pessoas do mesmo sexo. Vale o registro de que a lei de 2001 teve sua constitucionalidade (contestada em face do dispositivo da Lei Fundamental que assegura ao casamento a "especial proteção do ordenamento estatal": art. 6, 1) devidamente *reconhecida* pela Corte Constitucional alemã, em (apertada) decisão majoritária de 17.07.2002 (cf. FRANK, Rainer. HELMS, Tobias. *Erbrecht*. 6. ed. Munique: C.H. Beck, 2013, p. 35).
25. A Lei 7/2001 revogou expressamente a Lei 135/99, a qual anteriormente regulava "a situação jurídica das pessoas *de sexo diferente* que vivem em união de facto há mais de dois anos" (art. 1º, 1, com meu destaque). O diploma de 2001 passou a regular "a situação jurídica de duas pessoas, *independentemente do sexo*, que vivam em união de facto há mais de dois anos" (art. 1º, 1, com me destaque). Sobrevieram alterações de seu texto, em leis posteriores, mas o conceito de "união de facto" continua a englobar as parcerias entre pessoas do mesmo sexo.
26. A mencionada lei suíça, de 18.06.2004, alterou a redação dos arts. 462, 470 e 471 do CC daquele país, reconhecendo ao *"partenaire enregistré"* os mesmos direitos sucessórios do cônjuge, inclusive o direito a uma quota necessária (*"réserve"*, *"porzione legittima"* ou *"[der] Pflichtteil"*, conforme a versão do CC adotada). Cf. STEINAUER, Paul-Henri. *Le droit des successions*. Berna: Stämpfli, 2006, p. 81: "... l'art. 462 confère à la personne liée par um partenariat enregistré le statut d'héritier legal, avec des droits identiques à ceux du conjoint survivant".

Em qualquer de suas modalidades (uniões estáveis heteroafetivas ou homoafetivas), subsiste o requisito, para a vocação sucessória do companheiro, da existência da união estável na data da abertura da sucessão.[27]

5. A PARTIR DO JULGAMENTO, PELO STF, DO RE 878.694-MG

O julgamento, pelo STF, do RE 878.694-MG, iniciado em 31.08.2016 e encerrado em 10.05.2017, não constituiu a primeira oportunidade em que o tema da constitucionalidade do art. 1.790 do CC de 2002 foi suscitado perante um dos tribunais superiores. Cabendo naturalmente ao STF a palavra definitiva sobre a questão, foi, todavia, perante o STJ que ocorreu a primeira iniciativa de seu exame incidental.

Em 24.05.2011, no julgamento do REsp 1.135.354-PB, a 4ª Turma do STJ suscitou, perante a Corte Especial, incidente de inconstitucionalidade dos incisos III e IV do art. 1.790. Iniciado o julgamento do incidente na sessão de 17.08.2011, a Corte Especial, em 03.10.2012, por maioria, decidiu dele "não conhecer", adotando o entendimento de que, na espécie, "o manifesto descabimento do recurso especial – que busca afastar a aplicação de lei federal sob o argumento de sua incompatibilidade com a Constituição Federal –, contamina também o correspondente incidente de inconstitucionalidade (...)".[28] A despeito de semelhante conclusão, registraram-se, no curso do julgamento, votos sobre o mérito da questão (o Relator, Ministro Luís Felipe Salomão, manifestou-se *favoravelmente* à declaração de inconstitucionalidade das normas apontadas; os Ministros Cesa Asfor Rocha e Teori Zavascki, ao contrário, reputaram-nas *constitucionais*).

Em 11.06.2013, o assunto voltou à pauta do STJ, na sessão da 4ª Turma, durante o julgamento dos REsp's 1.291.636-DF e 1.318.249-GO. Mas as arguições de inconstitucionalidade, neles suscitadas, não chegaram a ser julgadas pela Corte Especial, restando afinal prejudicadas.[29]

Sobreveio, então, o julgamento do STF, que, curiosamente, não se deu no âmbito do controle abstrato. Reconhecida a repercussão geral em 16.04.2015, o exame do mérito do RE 878.694-MG apenas se iniciou na sessão de 31.08.2016, oportunidade em que foram colhidos sete votos no sentido da *inconstitucionalidade* do art. 1.790, seguidos de pedido de vista do Ministro Dias Toffoli. Reiniciado o julgamento na sessão de 03.03.2017, com a apresentação de voto divergente, seguiu-se novo pedido de vista,

---

27. GAMA, Guilherme Calmon Nogueira da. *O companheirismo:* uma espécie de família. 2. ed. São Paulo: Ed. RT, 2001. p. 437 (com citação de outros autores em nota de n. 206). Expressei o mesmo entendimento no trabalho de atualização de PEREIRA, Caio Mário da Silva. *Instituições de direito civil*. 27. ed. Rio de Janeiro: Forense, 2020. v. VI, p. 147. No direito suíço, exige-se, para fins sucessórios, a subsistência da parceria até a data do óbito: cf. STEINAUER, Paul-Henri. *Le droit des successions*. Berna: Stämpfli, 2006, p. 87.
28. Entre aspas, excerto da ementa. Como o julgamento do mérito do REsp 1.135.354-PB somente foi concluído *após* o do RE 878.694-MG, o Ministro Relator, em decisão monocrática de 06.09.2017, deu-lhe provimento, aplicando ao caso concreto o art. 1.829 do CC e, em consequência, reconhecendo a vocação da companheira do *de cujus*, em detrimento de qualquer direito sucessório dos parentes colaterais (com os quais, pela regra do art. 1.790, n. III, declarado inconstitucional, ela deveria concorrer).
29. Ambos os recursos viriam a ser julgados após o pronunciamento do STF no RE 878.694-MG.

formulado pelo Ministro Marco Aurélio. Concluiu-se o julgamento em 10.05.2017, mediante decisão majoritária de declaração da inconstitucionalidade do dispositivo, vencidos os Ministros Dias Toffoli, Marco Aurélio e Ricardo Lewandowski.

Os efeitos dessa declaração de inconstitucionalidade foram, porém, *modulados* pela Corte: a solução por ela adotada, consistente em aplicar, em lugar do dispositivo declarado inconstitucional, "o regime estabelecido no art. 1.829",[30] "deve ser aplicada apenas aos processos judiciais em que não tenha havido trânsito em julgado da sentença de partilha, assim como às partilhas extrajudiciais em que não tenha sido lavrada escritura pública".[31] Portanto, em virtude do acórdão do STF, apenas se pode cogitar de aplicação do art. 1.790 aos casos em que, cumulativamente: (*a*) a abertura da sucessão se deu na vigência do CC de 2002 (cf. seu art. 2.041); (*b*) as respectivas partilhas, na data do julgamento do STF, já haviam sido definitivamente julgadas (partilhas judiciais) *ou* celebradas por escrituras públicas (partilhas extrajudiciais).

A decisão do STF se reveste de enorme importância social e jurídica. Quanto ao primeiro aspecto, dados compilados pelo Colégio Notarial do Brasil mostram que, entre 2011 e 2015 (antes, pois, daquele julgamento), o número de atos de formalização de uniões estáveis aumentara 57%, enquanto o de casamentos, no mesmo período, aumentara somente 10%.[32] Mais recentemente, apurou-se, entre maio e agosto de 2020 (durante a pandemia de Covid-19), um aumento de 32% do número de escrituras lavradas.[33] Sem falar, é claro, nas uniões "sem papel passado", não contabilizadas nessas estatísticas.[34]

No plano jurídico, a decisão é extremamente relevante por mais de um motivo.

Em primeiro lugar, a Corte reconheceu, com todas as letras, que casamento e união estável são "organizações familiares distintas", pois, "[c]aso não o fossem, não haveria sentido tratá-las em trechos distintos da Constituição, nem se afirmar que a lei deve facilitar a conversão da união estável em casamento".[35] Como natural consequência do reconhecimento daquela distinção, admitiu-se que, em princípio, "o legislador pode atribuir regimes jurídicos diversos ao casamento e à união estável".[36]

Em segundo lugar, a Corte entendeu que, a despeito das diferenças entre os dois institutos e da hipotética possibilidade de a legislação infraconstitucional dispensar-lhes tratamento distinto, essa desigualdade apenas deve ser considerada legítima

---

30. Ementa do acórdão, item 5.
31. Item 69 do voto do Ministro Relator.
32. Disponível em: https://portaldori.com.br/2017/02/20/numero-de-unioes-estaveis-cresce-cinco-vezes-mais--rapido-do-que-o-de-casamentos. Acesso em: 26 set. 2021.
33. Disponível em: https://www.cnbsp.org.br/noticias/20144/unioes-estaveis-crescem-no-pais-durante-a-pandemia Acesso em: 26 set. 2021.
34. Há alguns anos, o IBGE apurou que as uniões informais eram mais frequentes nas classes mais baixas: https://arpen-sp.jusbrasil.com.br/noticias/127239479/unioes-consensuais-superam-casamento-civil-e-religioso. Aceso em: 26 set. 2021.
35. Item 35 do voto do Ministro Relator.
36. Item 41 do voto do Ministro Relator. A afirmação foi repetida, com ligeiras alterações redacionais, na parte final do item 43 do mesmo voto.

"se não implicar hierarquização de uma entidade familiar em relação à outra, desigualando o nível de proteção estatal conferido aos indivíduos".[37]

Em terceiro lugar, contrariando anteriores pronunciamentos,[38] o STF entendeu que o art. 226, § 3º, da CF, ao dispor que "a lei deverá facilitar" a conversão da união estável em casamento, "não reflete suposta preferência hierarquizada" do segundo em relação à primeira, mas representa apenas "o desejo estatal de garantir maior segurança jurídica nas relações sociais".[39]

Em quarto lugar, o STF proclamou que a autonomia privada, como desdobramento do princípio da dignidade da pessoa humana, não pode ser indevidamente cerceada pelo legislador infraconstitucional, a tal ponto que este induza o indivíduo a fazer uma escolha (dentre as admitidas) pelo receio de se submeter, na hipótese de escolha diversa, a um regime jurídico desvantajoso. Assim, ao dar ao companheiro menos direitos sucessórios que ao cônjuge, "acaba-se induzindo quem deseja viver em união estável a adotar o modelo do casamento, por receio de que seus parceiros não venham a fazer jus ao regime sucessório devido".[40]

Em quinto lugar, a Corte consagrou o entendimento de que, sendo a proteção da família um dos fundamentos do direito sucessório no Brasil, "é incompatível com a ordem de valores consagrada pela Constituição de 1988 definir que cônjuges e companheiros podem receber maior ou menor proteção do Estado simplesmente porque adotaram um ou outro tipo familiar".[41]

Em sexto lugar, o caso abriu ao STF a possibilidade de aplicação prática do *princípio da vedação do retrocesso*, ao argumento de que, na espécie, "o regime sucessório dos companheiros estabelecido pelo novo Código Civil representou uma involução desproporcional na proteção dos direitos fundamentais dos indivíduos que vivem em uniões estáveis".[42] Isso porque, ao ver da Corte, o CC de 2002 "aprovou regulamentação alternativa que simplesmente anulou boa parte da proteção sucessória conferida pelas Leis 8.971/1994 e 9.278/1996 aos companheiros" – aqui, um excesso retórico, se considerarmos que, a despeito das inegáveis imperfeições do famigerado art. 1.790, as duas mencionadas leis extravagantes não atribuíam ao companheiro sobrevivente, quando concorresse com descendentes ou ascendentes, a *propriedade* sobre bens da herança, limitando-se a conceder-lhe direitos reais limitados (usufruto e habitação); e que, portanto, ao menos em algumas situações (aliás, corriqueiras), a aplicação do regime sucessório do CC de 2002 seria mais vantajosa ao companheiro.[43] Esse último

---

37. Item 41 do voto do Ministro Relator.
38. V.g., MS 21.449-SP, Pleno, j. 27.09.1995: "... [o § 3º do art. 226] coloca, em plano inferior ao do casamento, a chamada união estável, tanto que deve a lei facilitar a conversão desta naquele". Como destaquei em passagem anterior do texto (*supra*, item 3), o argumento segundo o qual a CF teria dado primazia ao casamento foi invocado para justificar a *dispensa* do requisito referente ao regime de bens na aplicação do art. 1611, § 2º, do CC de 1916.
39. Item 48 do voto do Ministro Relator.
40. Item 52 do voto do Ministro Relator.
41. Item 51 do voto do Ministro Relator.
42. Item 60 do voto do Ministro Relator.
43. Por exemplo, se, formado o patrimônio do *de cujus* apenas por "bens adquiridos onerosamente na vigência da união estável", o companheiro sobrevivente devesse concorrer com um filho comum – caso em que, por

comentário obviamente não infirma a constatação de que, em muitas outras hipóteses, a aplicação daqueles diplomas (em especial, se admitida a *soma* dos direitos sucessórios que, em conjunto, instituíam) traria mais benefícios ao companheiro, especialmente naquelas em que não houvesse descendentes com os quais concorrer.

Quais os resultados práticos do acórdão do STF? A tese enunciada ao final de seu voto condutor é a de que, na sucessão a que for chamado o companheiro, aplica-se "o regime estabelecido no art. 1.829". Como semelhante tese se assenta na premissa de ser "inconstitucional a distinção de regimes sucessórios entre cônjuges e companheiros", é forçoso concluir, então, que à sucessão do companheiro não será aplicado apenas o art. 1.829, *mas todos aqueles que incidem como decorrência da vocação do cônjuge* – em outras palavras, deve-se dar à expressão "regime estabelecido no art. 1.829" o sentido (algo mais amplo) de "regime sucessório do cônjuge". A aplicação de qualquer outra regra que aí não caiba criará uma disparidade de tratamento – exatamente o resultado que a decisão do STF pretendeu eliminar. A equiparação, para efeitos sucessórios, é *total*.

Sem ter a pretensão de identificar *todas* as consequências práticas de semelhante equiparação, enuncio algumas: a concorrência do companheiro com descendentes do *de cujus* dependerá do *regime de bens* adotado na união (art. 1.829, n. I);[44] o companheiro fará jus à *quota mínima* do art. 1.832, em idênticas condições com o cônjuge; o companheiro poderá beneficiar-se do *direito de acrescer*, se houver renúncia de coerdeiro (art. 1.810);[45] acima de qualquer dúvida, ao companheiro caberá o *direito real de habitação* do art. 1.831.[46]

---

sucessão, ao primeiro tocaria metade dos bens (em propriedade!), e não apenas o usufruto (*resolúvel*, se constituída nova união) de um quarto do acervo (Lei 8.971/94, art. 2°, n. I).

44. O regime de bens adotado pelos companheiros será, todavia, irrelevante (como é na sucessão do cônjuge) nas hipóteses dos incisos II e III do art. 1.829, conforme doutrina e jurisprudência pacíficas: ALMEIDA, José Luiz Gavião de. *Código civil comentado*. São Paulo: Atlas, 2003. p. 213; HIRONAKA, Giselda Maria Fernandes Novaes. *Comentários ao código civil*. São Paulo: Saraiva, 2003. v. 20, p. 238; DELGADO, Mário Luiz. Controvérsias na sucessão do cônjuge e do convivente. Uma proposta de harmonização do sistema. In: DELGADO, Mário Luiz; ALVES, Jones Figueiredo (coord.). *Questões controvertidas no direito de família e de sucessões*. São Paulo: Método, 2005. v. 3, p. 431; TEPEDINO, Gustavo; NEVARES, Ana Luiza; MEIRELES, Rose Melo Vencelau. *Direito das sucessões*. Rio de Janeiro: Forense, 2020. p. 102-103; TARTUCE, Flávio. *Direito Civil*. 14. ed. Rio de Janeiro: Forense, 2021. v. 6, p. 242 e 246; SIMÃO, José Fernando. Comentário ao art. 1829. In: SCHREIBER, Anderson (et. al.). *Código civil comentado*. 3. ed. Rio de Janeiro: Forense, 2021. p. 1.578-1.579 (já com menção expressa ao companheiro). Na jurisprudência do STJ, entre outros: AgInt EAREsp 1.248.601-MG, 2ª Seção, j. 27.02.2019; AgInt REsp 1.354.742-MG, 4ª Turma, j. 16.02.2017; REsp 954.567-PE, 3ª Turma, j. 10.05.2011.

45. A rigor, mesmo antes da declaração de inconstitucionalidade do art. 1.790, o direito de acrescer, previsto no art. 1.810, já favoreceria o companheiro; mas a equiparação de seus direitos aos do cônjuge produz consequências no tocante à *fração* (extraída da parte do renunciante) que se acrescerá ao seu quinhão, adotado o critério (que sempre me pareceu o adequado) da *proporcionalidade* entre os quinhões dos coerdeiros simultaneamente chamados: sobre o tópico, vejam-se as observações que formulei (como atualizador) em PEREIRA, Caio Mário da Silva. *Instituições de Direito Civil*. 27. ed. Rio de Janeiro: Forense, 2020. v. VI, p. 115-117). É preciso enfatizar que o cônjuge – como, a partir da decisão do STF, o companheiro – se situa numa "1ª classe móvel", na feliz expressão usada por um autor português para descrever o sistema do CC de seu país (que, no particular, serviu de modelo ao nosso): CORTE-REAL, Carlos Pamplona. *Direito da família e das sucessões*. Lisboa: Lex, 1993. v. II, p. 71.

46. O direito real de habitação não estará mais, logicamente, sujeito à cláusula restritiva do art. 7°, parágrafo único, da Lei 9.278/96 ("enquanto (...) não constituir nova união ou casamento"), ainda que se entenda (a meu ver, sem razão) que o diploma teria sobrevivido ao advento do CC de 2002 (veja-se, supra, nota 16).

Resta, porém, uma questão, de capital importância, não enfrentada pelo STF, nem mesmo no julgamento de embargos declaração opostos ao acórdão que declarou a inconstitucionalidade do art. 1.790.[47] Refiro-me, por óbvio, à seguinte dúvida: a equiparação afirmada pelo STF, no plano sucessório, tem como consequência o reconhecimento de que, assim como o cônjuge, também o companheiro é herdeiro necessário?

A resposta há de ser positiva. Negar ao companheiro a qualidade de herdeiro necessário é contrariar os fundamentos do acórdão do STF, a começar pela afirmação, nele contida, de que "existe um dever estatal de proteger não apenas as famílias constituídas pelo casamento, mas qualquer entidade familiar que seja apta a contribuir para o desenvolvimento de seus integrantes, pelo amor, pelo afeto e pela vontade de viver junto".[48] Mais adiante, diz o julgado: "Todos os indivíduos, sejam eles cônjuges ou companheiros, *têm direito a igual proteção legal*".[49] Se, em relação ao cônjuge, essa proteção vai ao ponto de reservar-lhe uma participação *obrigatória* na herança, deve-se, então, como inevitável consequência, reconhecer que também o companheiro desfruta de idêntico benefício: caso contrário, não haverá "igual proteção legal".

O acórdão, aqui comentado, observa, com inteira razão, que, "em sua literalidade", o CC não permitiria ao testador a exclusão de seu cônjuge (art. 1.845), sem, no entanto, impor a mesma restrição no tocante ao companheiro.[50] Mas semelhante conclusão evidentemente não se harmoniza com a *equiparação*, "para fins sucessórios",[51] que o STF extrai de normas e princípios constitucionais. Bem-vistas as coisas, seria uma equiparação *manca* aquela que, por força de um testamento, pudesse ser totalmente aniquilada.

Noutra passagem de seu voto condutor, o acórdão do STF afirma que, "se o legislador civil entendeu que o regime previsto no art. 1.829 do CC/2002 é aquele

---

47. Ao julgar os embargos, a Corte se limitou a afirmar que, não tendo sido abrangidos, na repercussão geral, outros dispositivos do CC, não havia omissão a ser suprida ("não houve discussão a respeito da integração do companheiro ao rol dos herdeiros necessários").
48. Item 19 do voto do Ministro Relator.
49. Item 38 do voto do Ministro Relator (com meu destaque).
50. Item 24 do voto do Ministro Relator. A interpretação literal, como se sabe, raramente é a melhor. Convém aqui sublinhar que a ausência do companheiro no art. 1.845 nunca pôde, a rigor, ser tomada como argumento decisivo na solução do problema, pois ao intérprete cabe examinar o *sistema*, para dele extrair as conclusões cabíveis. Recorde-se, a propósito, que, na vigência do CC de 1916, o cônjuge não era (e nunca viria a ser) mencionado em seu art. 1.721, que enumerava os herdeiros necessários (apenas os descendentes e os ascendentes). Isso, porém, não inibiu a doutrina de considerar que, após o advento do Estatuto da Mulher Casada, o usufruto vidual do (então novo) § 1º do art. 1.611 configurava hipótese de herança *necessária* (TEPEDINO, Gustavo. *Usufruto legal do cônjuge viúvo*. Rio de Janeiro: Forense, 1990. p. 77 e ss.). Ou seja: a regra do art. 1.721 passou a conviver, no sistema daquele Código, com outra, introduzida por lei extravagante, que, de certo modo, ampliou o elenco da primeira, não se podendo identificar o exato alcance da mais antiga sem a leitura da mais recente. Portanto, a observação da própria evolução do direito sucessório brasileiro confirma a ideia de que o intérprete não pode limitar-se à enumeração contida num dispositivo isolado, competindo-lhe, ao contrário, investigar se ali realmente se arrolam todos os herdeiros necessários, ou se do sistema resultam outras hipóteses.
51. A expressão entre aspas consta, desde logo, do item 2 da ementa do acórdão.

que melhor permite ao cônjuge viver sua vida de forma digna após o óbito de seu parceiro, *não poderia, de forma alguma, estabelecer regime diverso e menos protetivo para o companheiro*".[52] Ora, reconhecer ao cônjuge, mas não ao companheiro, a qualidade de herdeiro necessário significa, inevitavelmente, "estabelecer regime diverso e menos protetivo": apenas a um deles seria garantido participar da herança, mesmo contra a vontade do parceiro; ao outro, não.

Várias outras passagens do acórdão poderiam ser aqui invocadas na demonstração da manifesta incompatibilidade entre, de um lado, a afirmação de que "não há espaço legítimo para que o legislador infraconstitucional estabeleça regimes sucessórios distintos entre cônjuges e companheiros",[53] e, de outro, a *negação* de que aos segundos caiba uma prerrogativa assegurada aos primeiros.

Em resumo, embora o STF não tenha apreciado o ponto, ao intérprete de seu acórdão não se permite outra conclusão diferente desta: o companheiro (ao menos a partir daquela histórica decisão) é herdeiro necessário.[54]

De semelhante conclusão, a seu turno, decorrem consequências relevantes: as doações feitas por um companheiro ao outro se sujeitam à colação, como ocorre entre pessoas casadas (CC, art. 544);[55] simetricamente, o companheiro pode pleitear que o descendente, com quem deva concorrer, traga à colação bens a este doados pelo *de cujus* (art. 2.003); o companheiro pode ser deserdado (art. 1.961), embora, como o cônjuge,[56] apenas pelas causas previstas no art. 1.814; o companheiro pode

---

52. Item 49 do voto do Ministro Relator (com destaque meu).
53. Item 67 do voto do Ministro Relator.
54. Chegam à mesma conclusão: NEVARES, Ana Luiza Maia. A condição de herdeiro necessário do companheiro sobrevivente. *Revista Brasileira de Direito Civil*, v. 23, p. 17-37 (em especial, p. 20-27); CARVALHO, Luiz Paulo Vieira de. *Direito das sucessões*. 3. ed. São Paulo: Atlas, 2017. p. 432-433; TARTUCE, Flávio. Companheiros são herdeiros necessários? In: PEREIRA, Rodrigo da Cunha; DIAS, Maria Berenice. *Família e sucessões*: polêmicas, tendências e inovações. Belo Horizonte: IBDFAM, 2018. p. 27 e ss.; SIMÃO, José Fernando. Comentário ao art. 1.845. In: SCHREIBER, Anderson (et. al.). *Código civil comentado*. 3ª ed. Rio de Janeiro: Forense, 2021. p. 1.598.
55. No sentido de que, no sistema do CC de 2002, o cônjuge está sujeito à colação: LEITE, Eduardo de Oliveira. *Comentários ao novo código civil*. 4. ed. Rio de Janeiro: Forense, 2004. v. XXI, p. 759-760; VELOSO, Zeno. *Comentários ao código civil*. São Paulo: Saraiva, 2003. p. 416-417; OLIVEIRA, Euclides Benedito de. Colação e sonegados. In: HIRONAKA, Giselda Maria Fernandes Novaes; PEREIRA, Rodrigo da Cunha (coord.). *Direito das sucessões e o novo Código Civil*. Belo Horizonte: Del Rey, 2004. p. 375; FACHIN, Luiz Edson; PIANOVSKI, Carlos Eduardo. Uma contribuição crítica que se traz à colação. In: DELGADO, Mário Luiz; ALVES, Jones Figueiredo (coord.). *Questões controvertidas no direito de família e de sucessões*. São Paulo: Método, 2005, v. 3, p. 451; CARVALHO, Luiz Paulo Vieira de. *Direito das Sucessões*. 3. ed. São Paulo: Atlas, 2017. p. 969; TEPEDINO, Gustavo; NEVARES, Ana Luiza; MEIRELES, Rose Melo Vencelau. *Direito das sucessões*. Rio de Janeiro: Forense, 2020. p. 257 e 259; SIMÃO, José Fernando. Comentário ao art. 2.003. In: SCHREIBER, Anderson (et. al.). *Código civil comentado*. 3. ed. Rio de Janeiro: Forense, 2021. p. 1.687-1688. As duas últimas obras aqui indicadas aludem também ao companheiro, em harmonia com a equiparação dos regimes sucessórios, afirmada no julgamento do RE 878.694-MG.
56. HIRONAKA, Giselda Maria Fernandes Novaes. Deserdação e exclusão da sucessão. In: HIRONAKA, Giselda Maria Fernandes Novaes; PEREIRA, Rodrigo da Cunha (Coord.). *Direito das sucessões e o novo código civil*. Belo Horizonte: Del Rey, 2004. p. 366: "Assim, na atual sistemática, para que o cônjuge supérstite seja deserdado mister se faz que o testador invoque uma das causas elencadas no art. 1.814 do Código Civil de 2002". Em igual sentido, DELGADO, Mário Luiz. Controvérsias na sucessão do cônjuge e do convivente. Uma proposta de harmonização do sistema. In: DELGADO, Mário Luiz; ALVES, Jones Figueiredo (Coord.).

eventualmente ser beneficiado pela ruptura do testamento, na hipótese (algo improvável) do art. 1.974.

Não se pode omitir, por fim, o registro de que, em julgamento posterior ao do RE 878.694-MG, o STF voltou a se debruçar sobre o tema da união estável,[57] tendo enunciado a seguinte tese: "A preexistência de casamento ou de união estável de um dos conviventes, ressalvada a exceção do artigo 1.723, § 1º, do Código Civil, impede o reconhecimento de novo vínculo referente ao mesmo período, inclusive para fins previdenciários, em virtude da consagração do dever de fidelidade e da monogamia pelo ordenamento jurídico-constitucional brasileiro". Excluída a possibilidade de uma pessoa integrar uniões estáveis *simultâneas*, a questão sucessória se resolve segundo as noções já expostas, que convém aqui sumariar: (*a*) o concubino não é herdeiro legítimo em nenhuma hipótese e, portanto, não sucede àquele que, ao falecer, estava em união estável; (*b*) se anterior união já se encontrava desfeita, e nova foi constituída, apenas o *último* companheiro será chamado a suceder, se o regime de bens o permitir, em concorrência ou não com as pessoas indicadas nos dois primeiros incisos do art. 1.829.

Questões controvertidas no direito de família e de sucessões. São Paulo: Método, 2005. v. 3, p. 424; TARTUCE, Flávio. *Direito civil*. 14. ed. Rio de Janeiro: Forense, 2021. v. 6, p. 120-122; SIMÃO, José Fernando. Comentário ao art. 1961. In: SCHREIBER, Anderson et. al. *Código civil comentado*. 3. ed. Rio de Janeiro: Forense, 2021. p. 1.660. As duas últimas obras aqui citadas mencionam também o companheiro, em virtude da equiparação dos regimes sucessórios, proclamada na decisão do STF.

57. RE 1.045.273-SE, Pleno, j. 21.12.2020.

33
A SUCESSÃO TESTAMENTÁRIA E SUAS PRINCIPAIS POLÊMICAS DIANTE DAS PREVISÕES DO CÓDIGO CIVIL

Ana Luiza Maia Nevares

Doutora e Mestre em Direito Civil pela UERJ. Professora de Direito Civil da PUC-Rio. Vice-Presidente da Comissão de Estudos Constitucionais da Família do IBDFAM. Diretora Acadêmica do IBDFAM-RJ. Membro do IBDCivil e do IAB. Advogada.

Sumário: 1. A sucessão testamentária no Brasil – 2. As principais inovações do Código Civil de 2002 na sucessão testamentária; 2.1 A simplificação das formalidades testamentárias; 2.2 O convalescimento do testamento nulo; 2.3 A exigência de justa causa para gravar os bens da legítima com as cláusulas restritivas da propriedade; 2.4 A modificação da disciplina do fideicomisso – 3. Conclusão.

1. A SUCESSÃO TESTAMENTÁRIA NO BRASIL

No Brasil, o direito de herança está previsto como uma das garantias fundamentais do cidadão brasileiro, consoante inciso XXX do art. 5º da Constituição da República. Por força da referida disposição legal, o patrimônio de uma pessoa falecida segue uma sucessão hereditária privada, em corolário à garantia da propriedade privada funcionalizada (CR/88, art. 5º, incisos XXII e XXIII), não podendo ser apropriado pelo Estado.

O legislador prevê aos indivíduos instrumento através do qual podem estabelecer o destino de seus bens após sua morte. Trata-se do testamento.

O Código Civil de 1916 definia o testamento como o ato revogável pelo qual alguém, de conformidade com a lei, dispõe no todo ou em parte, de seu patrimônio, para depois da sua morte (CC16, art. 1.626). Tal conceito era considerado muito restrito, já que se limitava ao aspecto patrimonial do ato de última vontade, quando o testamento pode conter outras disposições de cunho não patrimonial, como o reconhecimento de filhos, a nomeação de tutor, o destino ao corpo do falecido ou uma disposição que simplesmente revogue o testamento anterior.

Na esteira da aludida crítica, o Código Civil não fornece conceito de testamento, estabelecendo apenas a sua função no ordenamento jurídico, qual seja, ato através do qual são instituídas disposições de última vontade, quer de cunho patrimonial, quer de cunho não patrimonial. Realmente, o testamento serve a diversos objetivos do testador, de natureza patrimonial ou não, tendo como elemento comum de suas disposições a eficácia *post mortem*.

Lavrar um testamento é uma faculdade. Em sua ausência, convocam-se os sucessores conforme estabelecido pela lei. Como prevê o artigo 1.786 do Código Civil, a sucessão hereditária dá-se por lei ou por disposição de última vontade, sendo no primeiro caso conforme a ordem de vocação hereditária (CC, art. 1.829) e no segundo conforme a manifestação de vontade do testador expressa a partir das disposições testamentárias.

Cabe ao legislador designar os herdeiros legais de uma pessoa e, para tanto, inspira-se nas relações mais próximas e de interdependência entre os indivíduos, a saber, as relações familiares. De fato, é a família que fornece ao legislador os critérios para o estabelecimento daqueles que devem ser chamados a suceder.

Na regulamentação da sucessão hereditária, o legislador depara-se com dois grandes centros de interesse, que são a proteção da família, base da sociedade, que tem especial proteção do Estado, e a autonomia do titular dos bens de dispor como bem lhe aprouver sobre o seu destino *post mortem*. A conciliação desses dois centros de interesses é encontrada na legítima dos herdeiros necessários, na medida em que o legislador prevê uma proteção patrimonial cogente para os descendentes, ascendentes, cônjuge e companheiro, conforme a ordem prevista no artigo 1.829 do Código Civil, fixada em 50% (cinquenta por cento) dos bens da herança (CC, art. 1.789).

O Direito Sucessório, portanto, gravita em torno do princípio da intangibilidade da legítima[1], sendo este o principal limite da sucessão testamentária, já que a reserva dos herdeiros necessários não pode ser reduzida em quantidade e substância por força das disposições testamentárias.

No regime do Código Civil, as disposições de bens para depois da morte só podem ocorrer pelo testamento ou codicilo. Isso porque, o Código Civil, ao contrário de outros ordenamentos jurídicos, não permite que seja objeto de contrato herança de pessoa viva, vedando de uma forma genérica os pactos sucessórios (CC, art. 426), ainda que existam previsões legais que os admitam (CC, art. 1.028). Além disso, as doações *mortis causa*, admitidas no direito anterior em uma única hipótese, qual seja, quando feitas nos contratos antenupciais em benefício do cônjuge e de sua prole (CC16, art. 314), não foram previstas na vigente codificação.

Em seu artigo 1.858, o Código Civil estabeleceu alguns caracteres do ato testamentário. Trata-se de ato personalíssimo, pois só pode emanar da vontade individual e única do testador, que deve ser declarada por ele próprio, não sendo admitido que a última vontade seja manifestada através de representantes, convencionais ou legais. Além disso, determina, ainda, o citado art. 1.858 que o testamento pode ser mudado a qualquer tempo. Com efeito, o ato testamentário contém disposições de última vontade, só produzindo efeitos após a morte do testador, sendo certo que não importa o tempo decorrido entre o testamento e o óbito do disponente. Até tal

---

1. Nesta sede, não serão abordadas as polêmicas sobre a legítima. Sobre o tema, seja consentido remeter o leitor para NEVARES, Ana Luiza Maia. A crise da legítima no Direito Brasileiro. In: TEIXEIRA, Ana Carolina Brochado; RODRIGUES, Renata de Lima (Coord.). *Contratos, família e sucessões*. 2. ed. Indaiatuba: Foco, 2021. p. 331-345.

evento, a vontade pode ser alterada e, por esta razão, o testamento é na sua essência um ato revogável[2].

Para a constituição do testamento, é preciso uma única manifestação de vontade, sendo por isso mesmo negócio jurídico unilateral, não se admitindo os testamentos conjuntivos (CC, art. 1.863). O testamento revela-se ainda negócio jurídico gratuito, configurando uma liberalidade.

Além disso, é ato formal, já que sua validade depende da forma prescrita na lei. Trata-se de forma *ad solemnitatem*, acarretando a nulidade do ato em caso de inobservância ou omissão de uma das solenidades estabelecidas na legislação civil para a cédula testamentária, sendo certo que as formas testamentárias são aquelas expressamente previstas na lei e cada modelo tem um conjunto de solenidades que o integra. Não é possível combinar as formalidades de cada espécie testamentária, criando um novo tipo de testamento. Uma vez escolhida a forma testamentária, devem ser observadas as solenidades próprias para aquele tipo de testamento, sob pena de nulidade do ato.

Dividem-se as formas testamentárias em ordinárias e especiais. As primeiras são aquelas que podem ser utilizadas por qualquer pessoa capaz. São testamentos ordinários o testamento público, o cerrado e o particular. Já os testamentos especiais são aqueles utilizados por pessoas capazes que estejam em determinadas situações excepcionais, estando impossibilitadas de testar por uma das formas ordinárias, compreendendo o testamento marítimo, o aeronáutico e o militar. Não se admitem outros testamentos especiais senão aqueles previstos na lei (CC, art. 1.887). De fato, em virtude das circunstâncias extraordinárias em que são elaborados, os testamentos especiais são caracterizados pela simplificação de suas formalidades, bem como pela sua caducidade após 90 (noventa) dias da cessação das circunstâncias excepcionais que o ensejaram (CC, arts. 1.891 e 1.895).

Vale ponderar que não há hierarquia entre as formas testamentárias. Qualquer testamento tem o mesmo valor, podendo o testamento particular revogar o público, ou o marítimo revogar o cerrado[3].

---

2. Por força de expressa disposição legal, a declaração, inserida em cláusula testamentária, contendo o reconhecimento de filho é irrevogável (CC, art. 1.610). Dessa forma, mesmo revogado o testamento, a declaração se mostra insuscetível de revogabilidade, preservando-se a sua eficácia jurídica. Sobre a questão, vale referir, ainda, entendimento aprovado nas VIII Jornadas de Direito Civil quanto à ineficácia do rompimento do testamento em face de disposições de caráter extrapatrimonial, *in verbis*: "Enunciado 643 – Art. 1.973: O rompimento do testamento (art. 1.973 do Código Civil) se refere exclusivamente às disposições de caráter patrimonial, mantendo-se válidas e eficazes as de caráter extrapatrimonial, como o reconhecimento de filho e o perdão ao indigno". Os exemplos citados no enunciado indicam disposições testamentárias irrevogáveis. No entanto, não se pode aplicar o referido entendimento para toda e qualquer disposição de natureza existencial. Aliás, o entendimento explicitado no enunciado merece ser revisto, uma vez que o exercício da autonomia privada na seara existencial é, em regra, revogável. De fato, contendo o testamento disposições, por exemplo, sobre aquele a quem caberá gerenciar uma conta de rede social ou sobre quem deve ser o tutor de seu filho, será este indubitavelmente revogável, podendo o testador a qualquer tempo mudar a sua vontade sobre as mencionadas deixas testamentárias.

3. BEVILAQUA, Clovis. *Código civil dos Estados Unidos do Brasil comentado*. 5. ed. Rio de Janeiro: Livraria Francisco Alves, 1944. v. VI, p. 228.

Nesta sede, pretende-se abordar as principais polêmicas que norteiam a sucessão testamentária a partir das modificações introduzidas nessa seara pela codificação civil de 2002. Em relação à sucessão hereditária, o Código Civil incrementou os direitos sucessórios do cônjuge e, por conseguinte, do companheiro[4], prevendo sua proteção sucessória a partir de uma cota da herança em propriedade plena. Já na sucessão testamentária, a vigente codificação reduziu as formalidades testamentárias e decotou a autonomia do testador em relação a determinadas previsões testamentárias, que em cotejo com outros interesses merecedores de tutela no ordenamento jurídico brasileiro precisavam ser repensadas.

2. AS PRINCIPAIS INOVAÇÕES DO CÓDIGO CIVIL DE 2002 NA SUCESSÃO TESTAMENTÁRIA

A vigente codificação introduziu importantes modificações na disciplina da sucessão testamentária. Dentre elas, merecem destaque a simplificação das formalidades testamentárias, o convalescimento do testamento nulo, a exigência de justa causa para gravar os bens da legítima com as cláusulas restritivas da propriedade, bem como a modificação da disciplina do fideicomisso.

2.1 A simplificação das formalidades testamentárias

Como já afirmado, o testamento é negócio jurídico solene, pois sua validade depende da observância da forma estabelecida na lei para a exteriorização do ato (CC, art. 166, IV e V). Segundo tradicionalmente registrado em doutrina, as formalidades testamentárias têm tríplice função. A primeira delas é a função preventiva, pois pretende evitar que o testador seja vítima de captações, dolo, fraude ou violências. Já a segunda é a função probante, uma vez que pela forma assegura-se a demonstração da última vontade do testador. A forma do testamento desempenha, ainda, função executiva, eis que fornece aos beneficiários do testamento um instrumento para o exercício dos respectivos direitos[5].

Qualquer omissão ou imprecisão nas formalidades previstas na lei para o testamento acarretará a sua nulidade. Tal aspecto suscita verdadeiro conflito entre interesses juridicamente relevantes: as formalidades testamentárias são instituídas para garantir a vontade do testador, que por vezes resta prejudicada justamente por não se terem observado algumas das solenidades previstas para a validade do testamento.

Nessa direção, foi preocupação do legislador do Código Civil reduzir as formalidades testamentárias e assim o fez, em especial, pela redução do número de testemunhas instrumentárias necessárias ao testamento. De fato, enquanto no vetusto Código exigiam-se cinco testemunhas para o testamento público, cerrado

---

4. Recursos Extraordinários 646.721 e 878.694.
5. GONÇALVES, Luiz da Cunha. *Tratado de direito civil*. 2. ed. São Paulo: Max Limonad, 1955. v. IX. t. II, p. 595.

e particular, o atual Código Civil reduziu esse número para duas testemunhas nos casos de testamentos públicos e cerrados e para três, sendo o testamento particular.

Admitiu-se, ainda, de forma expressa que o testamento público seja escrito manualmente ou mecanicamente, bem como que seja feito pela inserção da declaração de vontade em partes impressas de livro de notas, desde que rubricadas todas as páginas pelo testador, se mais de uma (CC, art. 1.864, parágrafo único), o que já vinha sendo realizado antes da entrada em vigor do Código. Na mesma linha, previu o legislador de 2002 que o testamento cerrado pode ser escrito mecanicamente, desde que seu subscritor numere e autentique, com a sua assinatura, todas as páginas (CC, art. 1.868, parágrafo único), bem como que o testamento particular seja escrito por processo mecânico e, nesse caso, não poderá conter rasuras ou espaços em branco, devendo ser assinado pelo testador, depois de o ter lido na presença de pelo menos três testemunhas, que o subscreverão (CC, art. 1.876, § 2º).

Importante inovação foi introduzida no capítulo do testamento particular, quando o legislador previu, no artigo 1.879 que, em circunstâncias excepcionais declaradas na cédula, o testamento particular de próprio punho e assinado pelo testador, sem testemunhas, poderá ser confirmado, a critério do juiz. A partir dessa disposição, contemplou-se um testamento simplificado, sendo certo que sua condição é o ato de testar ocorrer em circunstâncias excepcionais, que devem ser indicadas na cédula testamentária. O legislador não definiu o que seriam ditas circunstâncias excepcionais, mas pode-se dizer que estas devem ser hipóteses que não permitam o ato de testar por uma das formas ordinárias.

Antes da pandemia de Covid-19, já vinha ocorrendo na jurisprudência uma flexibilização do rigor das formalidades testamentárias, na esteira do movimento de simplificação da forma do ato de última vontade, operado pelas disposições do Código Civil, que em comparação com o Diploma de 1916, diminuiu as solenidades de cada tipo testamentário, prevendo, ainda, o citado artigo 1.879, que instituiu um testamento sem testemunhas em circunstâncias excepcionais. Nesta direção, o Superior Tribunal de Justiça manifesta-se reiteradamente no sentido de que "todas essas formalidades não podem ser consideradas de modo exacerbado, pois a sua exigibilidade deve ser acentuada ou minorada, em razão da preservação dos dois valores a que elas se destinam – razão mesma de ser do testamento –, na seguinte ordem de importância: o primeiro, para assegurar a vontade do testador, que já não poderá mais, após o seu falecimento, por óbvio, confirmar a sua vontade ou corrigir distorções, nem explicitar o seu querer que possa ter sido expresso de forma obscura ou confusa; o segundo, para proteger o direito dos herdeiros do testador, sobretudo dos seus filhos"[6].

Uma vez que as solenidades do testamento pressupõem o contato do testador com outras pessoas, quer sejam as testemunhas, quer seja o Tabelião, a pandemia de

---

6. STJ, 4ª T, REsp. 302767/PR, Rel. Min. Cesar Asfor Rocha, DJ 24.09.2001.

Covid-19 sem dúvida constitui-se em circunstância excepcional a autorizar o testamento simplificado na forma do citado artigo 1.879 do Código Civil[7]. Apesar do citado remédio jurídico, a necessidade de se repensar o rigor formal do ato testamentário restou ainda mais evidente diante da pandemia, resultando no mencionado Provimento 100, editado pelo Conselho Nacional de Justiça, que instituiu a possibilidade de o testamento público ser lavrado em ambiente virtual, através da plataforma do e-notariado, a partir da utilização de certificados digitais.

2.2 O convalescimento do testamento nulo

Segundo dispõe o artigo 169 do Código Civil, o negócio jurídico nulo não convalesce pelo decurso do tempo. Trata-se de previsão constante na Parte Geral do Diploma Civil, aplicável genericamente aos negócios jurídicos.

Não obstante o exposto, encontra-se na sucessão testamentária previsão legal que excepciona a previsão do citado artigo 169. De fato, o artigo 1.859 do Código Civil fixa o prazo decadencial de cinco anos para que seja impugnada a validade do testamento, contado dito prazo da data do seu registro. Assim, uma vez transitada em julgado a decisão que determinou o cumprimento, a abertura e o registro do testamento, inicia-se a contagem do prazo em comento.

O dispositivo em exame não diferencia as causas de nulidade ou de anulabilidade, referindo-se de forma genérica à *validade*. Para alguns autores, "como a lei não distingue, não cabe ao intérprete distinguir: o aludido prazo de caducidade se aplica tanto ao caso de nulidade como ao de anulabilidade"[8].

No entanto, deve-se interpretar o citado art. 1.859 à luz de todo o sistema jurídico. Com efeito, as causas de anulabilidade estão consignadas no artigo 171 do Código Civil, sendo elas a incapacidade relativa do agente, bem como os vícios do negócio decorrentes de erro, dolo, coação, estado de perigo, lesão ou fraude contra credores.

Quanto à primeira hipótese de anulabilidade, a saber, a incapacidade relativa do agente, verifica-se que esta não se aplica ao ato testamentário. Isso porque o testamento é ato personalíssimo, que não admite representação, quer seja a legal ou a convencional, nem a assistência. O artigo 1.860 do Código Civil prevê que,

---

7. Vale registrar que apesar de o art. 1.879 do Código Civil nada dispor sobre a caducidade do testamento em virtude da cessação das circunstâncias excepcionais que o ensejaram, boa doutrina considera que se aplica ao caso o aludido prazo de 90 (noventa) dias previsto nos artigos 1.891 e 1.895 do Código Civil, relativos, respectivamente, aos testamentos marítimos e aeronáuticos e militares. Nesse sentido, foi aprovado o n. 611 nas VII Jornadas de Direito Civil, ocorridas no âmbito do Conselho Nacional de Justiça, assim ementado: "O testamento hológrafo simplificado, previsto no art. 1.879 do Código Civil, perderá sua eficácia se, nos 90 dias subsequentes ao fim das circunstâncias excepcionais que autorizaram a sua confecção, o disponente, podendo fazê-lo, não testar por uma das formas testamentárias ordinárias".
8. VELOSO, Zeno. *Comentários ao Código Civil:* parte especial (do direito das sucessões). São Paulo: Saraiva, 2003. v. 21, p. 21.

além dos incapazes[9], não podem testar os que, no ato de fazê-lo não tiverem pleno discernimento, determinando o seu parágrafo único que podem testar os maiores de dezesseis anos. Dessa forma, ou se tem ou não se tem capacidade testamentária ativa, não havendo meios para supri-la.

Quanto aos vícios do consentimento, verifica-se na lei disposição específica em relação ao prazo para impugnar a validade de disposições testamentárias, prevendo o legislador que são anuláveis as disposições testamentárias inquinadas de erro, dolo ou coação, extinguindo-se em quatro anos o direito de anular a disposição, contados de quando o interessado tiver conhecimento do vício. Dessa forma, verifica-se que o artigo 1.859 não pode fazer referência ao erro, ao dolo e à coação que podem viciar a manifestação de vontade testamentária, uma vez que há dispositivo que prevê prazo expresso para sua impugnação, não se podendo confundir no presente caso.

Dessa forma, uma vez afastada do art. 1.859 a incapacidade relativa do agente, o erro, o dolo e a coação, resta analisar as demais causas de anulabilidade previstas no artigo 171, a saber, a lesão, o estado de perigo e a fraude contra credores.

---

9. Conforme dispõem os artigos 3º e 4º do Código Civil, a incapacidade pode ser absoluta ou relativa, não havendo distinção entre as duas espécies de incapacidade no citado art. 1.860. Os absolutamente incapazes, que conforme o citado art. 3º são apenas os menores de dezesseis anos, não podem testar. Quanto à incapacidade relativa, regulada no art. 4º do Código Civil, é preciso ponderar. A promoção da plena capacidade é objetivo do Direito Brasileiro e nessa esteira foi editada a Lei 13.146/15, que estabelece o Estatuto da Pessoa com Deficiência. Esta, em seu art. 84, garante a plena capacidade e igualdade das pessoas com deficiência. Apenas quando necessário o deficiente será submetido a curatela, que não alcançará o direito ao próprio corpo, à sexualidade, ao matrimônio, à privacidade, à educação, à saúde, ao trabalho e ao voto, restringindo apenas o exercício de atos de natureza patrimonial e negocial (Lei 13.146/15, arts. 84 e 85). Aos ébrios habituais e aos viciados em tóxico (CC, art. 4º, II), em interpretação literal do art. 1.860 do Código Civil, seria negada a capacidade testamentária ativa. No entanto, é preciso interpretar de forma promocional o art. 1.860 do Código Civil, uma vez que a capacidade é sempre a regra, sendo assegurada pela lei. Além disso, ainda que a pessoa seja ébria habitual ou viciada em tóxico, não tendo capacidade para realizar determinados atos da vida civil, poderá ter discernimento para testar. Com efeito, o ato de testar pressupõe que a cognição afetiva da pessoa esteja preservada e hígida e, assim sendo, terá a plena compreensão para realizar o ato de última vontade. Observe-se que ao regular a escolha do curador, o parágrafo único do art. 1.772 determina que o juiz deve levar em conta a vontade e as preferências do curatelando, demonstrando a valorização do afeto e da confiança que o relativamente incapaz nutre por determinada pessoa. Além disso, a regra geral é que a curatela seja parcial e relativa, circunscrevendo-se aos atos de emprestar, transigir, dar quitação, alienar, hipotecar, demandar ou ser demandado, e praticar, em geral, os atos que não sejam de mera administração (CC, art. 1.772 c/c art. 1.782). O ato de testar não está incluído naqueles vedados e, apesar de sua natureza negocial, a capacidade testamentária ativa deve ser interpretada como fora do horizonte da limitação da curatela estabelecida no *caput* do art. 85 da Lei 13.146/15. Afinal, o ato de testar não se coaduna com aqueles indicados no art. 1.782 do Código Civil, por ser ato *causa mortis* que não ocasiona prejuízo ao curatelado, pressupondo a higidez da cognição afetiva e a compreensão de sua natureza. A rigor, o discernimento para testar tem dimensão diversa daquela necessária para alienar, hipotecar ou contratar, por sua diferente repercussão na vida dos agentes. Apesar de aparente contradição com o citado *caput* do art. 85 da Lei 13.146/15, a interpretação ora exposta privilegia o objetivo da lei de inclusão da pessoa com deficiência. Em relação aos pródigos, estes possuem plena capacidade para fazer testamento. Em que pese a não distinção do art. 1.860 entre a incapacidade absoluta e relativa, o testamento só vai produzir efeitos após a morte do testador, não lhe acarretando, portanto, prejuízos. Além disso, a família do pródigo se encontra protegida pela reserva hereditária. TEPEDINO, Gustavo; NEVARES, Ana Luiza Maia; MEIRELES, Rose Melo Vencelau. *Fundamentos do direito civil*. Rio de Janeiro: Forense. 2020, v. 7, p. 126-127.

Os dois primeiros – a lesão e o estado de perigo – pressupõem um negócio jurídico bilateral, no qual uma das partes assume perante a outra prestação excessivamente onerosa. Essa dinâmica não se coaduna ao testamento, que é negócio jurídico unilateral, onde não existem prestações recíprocas.

Já a fraude contra credores, também esta não se encaixa no ato testamentário, uma vez que, ainda que o testador tenha pretendido lesar seus credores a partir das disposições testamentárias, sabe-se que antes de qualquer divisão da herança entre os sucessores devem ser satisfeitas as dívidas do autor da herança, não havendo espaço para concretizar a fraude, nesses casos, no âmbito da sucessão hereditária.

A partir do acima exposto, verifica-se que o artigo 1.859 não se aplica para as hipóteses de anulabilidades do testamento, sendo direcionado para as causas de nulidade do ato de disposição de última vontade, conforme dispõe o artigo 166 do Código Civil. Assim, na esfera do testamento, todas as invalidades convalescem pelo decurso do tempo, mesmo as formais, sendo esta uma especificidade do testamento, justificada pelo interesse maior da segurança na ultimação da sucessão hereditária[10].

2.3 A exigência de justa causa para gravar os bens da legítima com as cláusulas restritivas da propriedade

As cláusulas restritivas da propriedade são gravames apostos às liberalidades pelo testador ou doador. Consistem nas cláusulas de inalienabilidade, impenhorabilidade e incomunicabilidade (CC, arts. 1.848 e 1.911), sendo vedadas nos negócios onerosos segundo a doutrina majoritária[11].

A cláusula de inalienabilidade é uma restrição aposta ao direito de propriedade do herdeiro, legatário ou donatário, proibindo a alienação da coisa a título gratuito ou oneroso, aniquilando-se assim o poder de disposição do bem, temporariamente ou por toda a vida do beneficiário. O efeito substancial decorrente da cláusula de inalienabilidade, portanto, é a proibição de alienar. O titular do domínio não poderá voluntariamente vender, doar ou permutar o bem clausulado, sendo certo que a proibição também abrange os atos que objetivam a alienação eventual ou futura, como a hipoteca e o penhor. Nessa direção, a impenhorabilidade é efeito da inalienabilidade (CC, art. 1.911, *caput*). A sanção à violação do efeito substancial do

---

10. Vale pontuar que o dispositivo em comento, ao prever um prazo para impugnar a invalidade decorrente de vícios formais, suscita dúvidas quanto à absoluta e infalível inderrogabilidade das normas que estabelecem formalidades necessárias à validade e eficácia do testamento, já que a opção do legislador, diante do dispositivo mencionado, foi o convalescimento do testamento nulo pelo decurso do tempo em prol da segurança das relações jurídicas. PERLINGIERI, Pietro. *Forma dei negozi e formalismo degli interpreti*. Napoli: ESI, 1990. p. 18-19.
11. Alguns autores, como Álvaro Villaça de Azevedo, em posição minoritária, entendem ser possível estipular os gravames em contratos onerosos, uma vez que, apesar de não haver autorização expressa, a lei não condena o ato. AZEVEDO, Álvaro Villaça de. Cláusula de Impenhorabilidade, Inalienabilidade e Incomunicabilidade. In: *Enciclopédia Saraiva do direito*, v. 15, 1978. p. 47-48.

gravame é a nulidade do ato de alienação, viciado pela impossibilidade jurídica de seu objeto (CC, art. 166, II).

A lei prevê apenas duas possibilidades específicas de alienação de bem gravado com a cláusula de inalienabilidade, no caso de desapropriação ou de necessidade econômica do donatário ou herdeiro. Além dessas hipóteses, expressamente mencionadas por lei, admite-se a execução do bem gravado para pagamento de obrigações relativas ao próprio bem (obrigações *propter rem*), tais como impostos (CTN, art. 184) e cotas condominiais.

Para a alienação do bem inalienável, é preciso que ocorra a sub-rogação do gravame, substituindo-se a coisa gravada por outra de propriedade do interessado ou de terceiro, para a qual será deslocada a cláusula de inalienabilidade, liberando a primeira. Assim, quando ocorrer a desapropriação, a indenização recebida se converterá em outros bens nos quais ficarão sub-rogados os gravames. No caso de execução por dívidas provenientes de obrigações relativas ao próprio bem, o saldo ficará sub-rogado nas cláusulas apostas pelo testador ou doador.

Se houver a alienação em virtude da real necessidade ou manifesta conveniência do interessado, as cláusulas restritivas recairão nos bens adquiridos com o produto da venda do bem inicialmente gravado. Neste caso, no procedimento de sub-rogação, haverá a avaliação do bem gravado, bem como a avaliação do bem para o qual será deslocada a cláusula de inalienabilidade, de vez que a equivalência ou superioridade de valores é da essência do procedimento. Se o bem para o qual será transferido o ônus for de valor superior ao gravado, somente até o valor deste incidirá o gravame. O Código de Processo Civil disciplina a sub-rogação nos procedimentos especiais de jurisdição voluntária (CPC, art. 725, II), dispondo em seu art. 723, parágrafo único, que o juiz não se encontra obrigado a observar o critério de legalidade estrita, podendo adotar em cada caso a solução que reputar mais conveniente ou oportuna, consagrando o juízo de equidade.

A cláusula de impenhorabilidade torna o bem gravado insuscetível de penhora por dívidas, contraídas por seu titular ou por terceiros. Trata-se de desmembramento da cláusula de inalienabilidade e, assim, poderá ser estipulada isoladamente, sendo certo que, neste caso, terá efeito próprio e de menor abrangência do que aquele decorrente da cláusula de inalienabilidade. Os bens impenhoráveis poderão ser alienados livremente, embora não respondam por dívidas para a satisfação de credores.

Já a cláusula de incomunicabilidade, de espectro ainda mais reduzido, circunscreve-se a impedir a comunicação do bem gravado ao patrimônio comum, no caso de casamento ou união estável. Pressupõe, portanto, a existência de regime de bens compatível com a comunhão, da qual é excluído o bem gravado por conta da sua incomunicabilidade.

Na vigência do CC 1916, discutia-se se a cláusula de inalienabilidade importava na incomunicabilidade dos bens gravados. A maior parte da doutrina posicionava-se em sentido afirmativo. Com efeito, a comunicação de bens em virtude do regime do casamento é espécie de alienação, pois, com o casamento pelo regime da comunhão universal, o bem, que antes era exclusivo de um dos cônjuges, passa a integrar o patrimônio da sociedade conjugal. Se esta se extingue pela separação judicial, divórcio ou morte, o bem volta ao patrimônio do cônjuge pela metade, pois a outra metade será integrante da meação do outro cônjuge. Há, assim, transferência do direito de propriedade de um patrimônio para outro. Com a comunicação, ocorre aumento da meação ideal de cada cônjuge durante o casamento. A questão foi consagrada na Súmula do Supremo Tribunal Federal, a partir do verbete 49, *in verbis*, "A cláusula de inalienabilidade inclui a incomunicabilidade dos bens", sendo certo que o Código Civil encerrou a discussão, determinando expressamente que a cláusula de inalienabilidade implica incomunicabilidade (CC, art. 1.911).

Assim como a impenhorabilidade, a incomunicabilidade pode ser estipulada de forma autônoma e, dessa forma, tem abrangência menor do que a inalienabilidade, impedindo, assim, uma única espécie de alienação, ou seja, a comunicação dos bens entre os cônjuges. Por esse motivo, o bem incomunicável poderá ser objeto de garantia de créditos e conseguintemente ser penhorado. Vale observar que o beneficiado não precisa estar casado para a validade do gravame e, não obstante ter como efeito a constituição de bens exclusivos de um dos cônjuges, a cláusula de incomunicabilidade não exclui a necessidade de outorga conjugal para a prática dos atos previstos no art. 1.647 do Código Civil.

As oposições às cláusulas restritivas da propriedade datam de longa data, à luz da defesa de que a mera vontade individual não deveria ser suficiente para retirar um bem de circulação. Argumenta-se que ditos ônus atendem aos interesses privados e não àqueles gerais, estimulando o capricho, o egoísmo e sobrepondo a vontade daquele que se desfaz do bem àquela de quem será o seu novo titular. Contundentes objeções à inalienabilidade ocorrem em relação à possibilidade de gravar a reserva hereditária, pois esta pertence *ex lege* aos herdeiros necessários.

O Código Civil de 1916, em seu art. 1.676, determinava expressamente que a cláusula de inalienabilidade não podia ser dispensada por atos judiciais de qualquer espécie, sob pena de nulidade. No entanto, a jurisprudência, atenta aos inconvenientes que o referido gravame origina para o proprietário, passou a interpretar aquele dispositivo com menos rigor, dispensando as cláusulas restritivas quando a finalidade expressa de sua aposição, determinada pelo testador ou doador, não se fazia mais presente, ou quando as cláusulas passavam a prejudicar o instituído, contrariando sua pretensa finalidade, que é a de "proteger e beneficiar" o herdeiro, legatário ou donatário.

Na esteira das contestações às cláusulas restritivas, algumas decisões judiciais passaram a considerar inconstitucional a cláusula de inalienabilidade. Isto porque a inalienabilidade convencional constitui restrição a direito fundamental constitucionalmente garantido, a saber, o direito de propriedade (CR/88, art. 5º, XXII), informado pela função social (CR/88, art. 5º, XXXIII). Além disso, haveria violação à dignidade da pessoa humana (CR/88, art. 1º, III) sempre que a justificativa do gravame recaísse em suposta prodigalidade do sucessor, na medida em que, dessa forma, o gravame geraria para o herdeiro onerado espécie de incapacidade criada pelo testador e não pelo ordenamento jurídico. Com efeito, constituindo a propriedade privada, assim como sua função social, princípios gerais da atividade econômica, norteadores da Ordem Econômica (CR/88, art. 170, II e III), as restrições impostas pela lei a tais princípios deveriam estar fundadas na própria Constituição, ou então nas concepções aceitas sobre o poder de polícia[12]. Em regra, a inalienabilidade estabelecida pelo testador não está fundada no poder de polícia, nem mesmo nas exigências relativas à função social da propriedade. Assim, a propriedade, sendo um instrumento para a realização de valores fundamentais estabelecidos na Constituição da República, através do cumprimento de sua função social, não poderia restar violada pela mera vontade individual.

Diante de tais críticas, o Código Civil limitou a possibilidade de o testador instituir tais gravames à legítima à *justa causa* declarada no testamento (CC, art. 1848), deixando livre a aposição de ditos ônus à cota disponível (CC, art. 1.911). Importante registrar que, apesar de o Código Civil exigir a justa causa apenas nas liberalidades oriundas dos testamentos, por princípio, também nas doações que constituírem adiantamento de legítima deverá ser declarada justa causa para gravar os bens doados com a inalienabilidade, impenhorabilidade e incomunicabilidade.

Apesar da referida limitação à autonomia testamentária, o legislador não estabeleceu critérios interpretativos para alcançar o que deve ser considerado como *justa causa* para gravar a legítima dos herdeiros necessários e, diante disso, cabe a doutrina e a jurisprudência a busca pelo sentido da determinação. Segundo Luiz Paulo Vieira de Carvalho, "caberá ao juiz, com base em valores éticos, morais, sociais, econômicos e jurídicos, verificar se os motivos alegados pelo testador para clausular os bens são justos"[13]. Em direção similar, manifesta-se Paulo Lôbo, aduzindo que a justificativa deve convencer o juiz de que foi imposta no interesse do herdeiro necessário e nunca para satisfazer valores ou idiossincrasias do testador. Para o referido autor, clausular a reserva hereditária atenta à legítima expectativa convertida em direito adquirido quando da abertura da sucessão, argumentando que a proteção visada pelo testador transforma-se, frequentemente, em estorvo, antes prejudicando do que beneficiando o herdeiro, razão pela qual se deve interpretar de forma exigente e restrita a justa causa imposta pela lei atual[14]. Em busca de um conceito mais determinado, Marcelo Truzzi Otero expõe que "justa causa, no direito sucessório, é o motivo lícito, sério e concreto apontado pessoalmente pelo autor da liberalidade no instrumento de doação ou no testamento que, se persistentes ao tempo da abertura da sucessão, justificam

---

12. BASTOS, Celso Ribeiro; MARTINS, Ives Gandra. *Comentários à Constituição do Brasil*. São Paulo: Saraiva, 1989. v. II, p. 119-120.
13. CARVALHO, Luiz Paulo Vieira de. *Direito das sucessões*. 3. ed. São Paulo: Atlas, 2017. p. 520.
14. LÔBO, Paulo. *Direito civil:* sucessões. São Paulo: Saraiva, 2016. p. 251.

a inalienabilidade, a impenhorabilidade e a incomunicabilidade impostas sobre a legítima do herdeiro necessário, a bem de seus próprios interesses"[15].

Verifica-se na jurisprudência decisões que afastam a inalienabilidade quando presentes causas consideradas genéricas, meramente subjetivas, que não se refiram a singularidades do herdeiro ou fatos em concreto que justifiquem o gravame, como aquelas que se referem genericamente à "proteção do herdeiro" ou "à garantia quanto a incertezas futuras e má administração", "para evitar que o patrimônio seja dilapidado", sem uma definição específica da motivação[16].

Diante do que foi exposto, a autonomia privada que estabelece a inalienabilidade pelo testamento deverá prevalecer, por exemplo, quando o testador grava um imóvel, de pequeno valor dentre os bens da herança[17], para garantir a moradia de

---

15. OTERO, Marcelo Truzzi. *Justa causa testamentária*: inalienabilidade, impenhorabilidade e incomunicabilidade sobre a legítima do herdeiro necessário. Porto Alegre: Livraria do Advogado, 2012. p. 167-168.
16. "Arrolamento – Doação – Imposição de cláusula de impenhorabilidade – Retificação da doação, a fim de constar a justa causa da restrição a ser imposta – Necessidade – Não aceitação de cláusula genérica de justificação – Aplicação do art. 1.848 do Código Civil – Decisão mantida – Recurso desprovido". TJSP, 5ª C.D.Priv., A.I. 990100019244, julg. 2.6.2010 e "Apelação Cível. Sucessão Testamentária. Cláusula de Impenhorabilidade, Inalienabilidade e Incomunicabilidade. Bens da Legítima. Necessidade de Justo Motivo. Art. 1.848, do Código Civil – Motivo Genérico – Insubsistência da Cláusula. Em relação aos bens da legítima, a estipulação de cláusulas restritivas não é livre e exige justo motivo que a respalde, sob pena de cancelamento dessa cláusula, nos termos do art. 1848, do Código Civil. A motivação genérica e não fundamentada não é capaz de preencher a justa motivação exigida pelo referido dispositivo". TJMG, 1ª C.C., Ap. Cív. 1.0694.14.000244-5/0010002445-21.2014.8.13.0694 (1), julg. 15.12.2015, publ. DJ. 22.11.2016. No julgamento da Apelação Cível 0040817-63.2011.8.26.0506, a justa causa mencionada foi considerada insubsistente. Em seu voto, o Relator do acórdão confirmou a sentença de primeiro grau nesse sentido e reproduziu seus trechos, conforme a seguir: "Essa justa causa, que passou a ser exigida no atual Código Civil, para se impor tais cláusulas restritivas sobre a legítima em testamento, não poderia ser assim genérica, de caráter extremamente subjetivo, refletindo mera opinião do testador. Não complementou ele sua manifestação de vontade, dizendo concretamente porque entendia que a genitora da filha menor dele não detinha condições de gerir o patrimônio que herdasse, na parte da legítima. Nada referiu sobre a qualificação pessoal ou profissional de Elta, nada disse sobre algum eventual problema de saúde que diminuísse ou mesmo restringisse a capacidade dela administrar os bens da filha, nada disse sobre eventual prodigalidade dessa genitora da herdeira, muito menos se referiu a qualquer fato concreto que houvesse ocorrido, para ele externar tal opinião. O testamento traduziu então uma manifestação de vontade que não pode prevalecer, por não atender a exigência legal, de verdadeiramente expor a 'justa causa' que podia ter, para clausular os bens com tamanhas restrições". TJSP, 3ª C. Dir. Priv, Ap. Cív. 0040817-63.2011.8.26.0506, julg. 01.04.2014, publ. DJ 02.04.2014.
17. A indicação de imóvel de pequeno valor está em consonância com a tendência atual de não se proteger patrimônios suntuosos, mesmo quando estes estariam, em tese, protegidos pelo benefício da Lei 8.009/90. Nessa linha, podem ser citadas decisões judiciais que flexibilizam o conceito de imóvel disposto na Lei 8.009/90, de forma a evitar a proteção de bens suntuosos e de valor altíssimo, que muitas vezes superam em muito aquele da dívida: "Agravo interno. Tentativa de rediscutir matéria que foi devidamente analisada quando do exame do agravo de instrumento com base em conhecida orientação do STJ. Bem de família. Desmembramento. Circunstâncias do caso concreto. Prova pericial. Razoabilidade. Tratando-se de imóvel de área considerável, com matrículas distintas decorrentes dos diversos lotes que o compõem, apontando a prova pericial perfeita possibilidade de desmembramento, não há porque ensejar ao devedor que possa manter-se no luxo, em detrimento do credor". TJRS, 20ª C.C., Agravo 70008940439, Rel. Des. Armínio José Abreu Lima da Rosa, julg. 16.06.2004. "Imóvel residencial. Impenhorabilidade. E impenhorável o imóvel residencial do devedor e a lei abre espaço para que se permita a penhora de parte desse imóvel, mormente se o terreno não permite divisão cômoda, eis que a parte objeto da construção é absolutamente encravada". TJRS, 1ª C.C., A.I. 196129894, Rel. Des. Heitor Assis Remonti, julg. 10.09.1996. E no Superior Tribunal

filho insolvente, que não é proprietário de bem imóvel, ou quando grava quotas sociais ou imóvel, no qual o herdeiro explore a sua atividade profissional, para que lhe seja garantida a continuidade do exercício de sua profissão, mesmo após a morte do titular do bem. Com efeito, a inalienabilidade convencional pode desempenhar, em determinados casos, a função de garantia do que se denomina de *patrimônio mínimo da pessoa*[18], a partir da indisponibilidade de um bem essencial ao beneficiário da liberalidade, destinado à sua moradia ou ao desenvolvimento de seu trabalho (CR/88, art. 6º, *caput*). Nestas hipóteses, não haverá violação à propriedade funcionalizada, devendo prevalecer a autonomia privada do testador[19].

---

de Justiça: "Embargos de terceiro. Penhora. Lei n. 8.009/90. Bem de família. Imóvel residencial. Quatro imóveis contíguos. Matrículas diferentes. Possibilidade do desmembramento. Pelas peculiaridades da espécie, preservada a parte principal da residência em terreno com área superior a 2.200 m2, com piscina, churrasqueira, gramados, não viola a Lei 8.009/90 a decisão que permite a divisão da propriedade e a penhora sobre as áreas sobejantes. Recurso especial não conhecido". STJ, 4ª T., REsp 139010/SP, Rel. Ministro Cesar Asfor Rocha, julg. 21.02.2002, publ. DJ 20.05.2002 p. 143. "Processual civil. Lei 8.009/90. Bem de família. Imóvel residencial. Desmembramento. Circunstâncias de cada caso. Doutrina. Recurso provido. I – Como residência do casal, para fins de incidência da lei n. 8.009/90, não se deve levar em conta somente o espaço físico ocupado pelo prédio ou casa, mas também suas adjacências, como jardim, horta, pomar, instalações acessórias etc., dado que a lei, em sua finalidade social, procura preservar o imóvel residencial como um todo. II – Admite-se a penhora de parte do bem de família quando possível o seu desmembramento sem descaracterizar o imóvel, levando em consideração, com razoabilidade, as circunstâncias e peculiaridades de cada caso". STJ, 4ª T., REsp 188706/MG, Rel. Ministro Sálvio de Figueiredo Teixeira, julg. 05.08.1999, publ. DJ 13.09.1999, p. 70.

18. A eficácia jurídica do princípio da dignidade da pessoa humana clama necessariamente pela garantia de condições materiais mínimas à pessoa, preocupação do constituinte em diversas passagens da Constituição da República, a saber, em seu preâmbulo a partir do objetivo de assegurar o exercício dos direitos sociais e individuais e em seus dispositivos a partir dos art. 1º, III, art. 170, *caput* (Ordem econômica tem por fim assegurar a todos existência digna), art. 226, § 7º, art. 3º, III, art. 23, X, art. 6º, art. 23, V, art. 30, VI, art. 34, VII, e, art. 35, III, art. 205, art. 208, I, II, IV, V, VI, VII, § § 1º e 2º, art. 212, *caput* e § 3º, art. 213, § § 1º e 2º, art. 23, II e IX, art. 30, VII, art. 34, VII, e, art. 35, III, art. 196, art. 198, II e § 2º, art. 200, II e IV, art. 227, I, I, art. 7º, II, XXIV, XXV, art. 23, II e IX, art. 201, I a V, art. 203, art. 229, art. 230, art. 245. BARCELLOS, Ana Paula de. *A eficácia jurídica dos princípios constitucionais*: o princípio da dignidade da pessoa humana. Rio de Janeiro: Renovar, 2008. p. 155-162. A autora agrupou os dispositivos referidos em ordem progressiva de determinação, partindo do princípio mais genérico, passando por princípios em que os fins já estão mais bem delineados, até chegar a subprincípios e regras. Segundo a Autora: "o mínimo existencial corresponde ao conjunto de situações materiais indispensáveis à existência humana digna; existência aí considerada não apenas como experiência física – a sobrevivência e a manutenção do corpo – mas também espiritual e intelectual, aspectos fundamentais em um Estado que se pretende, de um lado, democrático, demandando a participação dos indivíduos nas deliberações públicas e, de outro, liberal, deixando a cargo de cada um seu próprio desenvolvimento" (BARCELLOS, Ana Paula de *A eficácia jurídica dos princípios constitucionais: o princípio da dignidade da pessoa humana*, Rio de Janeiro: Renovar, 2008. p. 197-198. No âmbito do Direito Privado, podemos traduzir o mínimo existencial no que Luiz Edson Fachin denominou de patrimônio mínimo da pessoa humana, podendo ser identificado em diversas normas como aquela que determina a incapacidade relativa do pródigo (CC, art. 4º, IV), aquela que determina a nulidade da doação de todos os bens sem reserva de parte ou renda suficiente para subsistência do doador (CC, art. 548), bem como aquelas que estabelecem a impenhorabilidade de bens essenciais (Lei 8.009/90 e CPC, art. 833). FACHIN, Luiz Edson. *Estatuto jurídico do patrimônio mínimo*. 2. ed. Rio de Janeiro: Renovar, 2006. passim.

19. Na jurisprudência, vale citar: "Apelação cível. Registro de imóveis. Ação de cancelamento de cláusulas restritivas na matrícula de imóvel recebido em doação. Preliminar. Nulidade da sentença. Inocorrência. Rejeita-se a prefacial, visto que inexistente qualquer vício ou nulidade que contamine o decisum e enseje a sua desconstituição. Não há nulidade a ser declarada em sentença devidamente fundamentada, que observou o disposto nos arts. 165 e 458 do CPC e 93, IX, da Constituição Federal, embora adote tese diversa daquela invocada pela parte recorrente. Cancelamento de cláusula de inalienabilidade. Inviabilidade no caso

De igual forma, quando o testador demonstrar fatos concretos ligados à saúde ou especificidades do beneficiário a justificar o gravame, este deverá prevalecer quando não se resumirem a mera subjetividade do autor da herança, o mesmo se passando quando o testador motivar o ônus pela natureza do bem gravado, como pode se dar com quotas de sociedades que se constituem em empresas familiares, das quais depende o sustento de toda a família.

A validade da cláusula restritiva estará sempre submetida à análise da permanência dos motivos que a justificaram. Se, nos exemplos anteriores, o herdeiro passa a ganhar muito dinheiro, ou compra outro imóvel, ou, ainda, passa a desenvolver o seu trabalho de outra maneira, não haverá mais razão para a manutenção do gravame.

Vale registrar o disposto no art. 2.042 do Código Civil, que estabeleceu prazo de 01 (um) ano da entrada em vigor do Código para que os testadores aditassem o seu testamento realizado na vigência da lei anterior com cláusulas restritivas da propriedade apostas à legítima sem justificativa. Findo dito prazo e não tendo o testador aditado seu ato de última vontade, ou seja, realizado um novo testamento para justificar o gravame, a cláusula restritiva não subsistirá.

2.4 A modificação da disciplina do fideicomisso

Faculta-se ao testador determinar que, na falta de herdeiro ou legatário instituído no ato de última vontade seja chamado a suceder em seu lugar outra pessoa. Trata-se de hipóteses de substituições testamentárias, sendo a mais comum aquela vulgar, quando o autor da herança nomeia mais de uma pessoa para recolher o benefício testamentário, um na falta do outro. Dito de outro modo, o substituto só é chamado se o substituído não aceitar o benefício testamentário, por renúncia ou impossibilidade de assim fazer.

A substituição poderá, ainda, ser fideicomissária, quando o herdeiro ou legatário recebe a herança ou o legado, para transmitir por sua morte, ou em outro tempo, o benefício recebido ao seu substituto, havendo, assim, beneficiários sucessivos. Dessa forma, o fideicomisso consiste em atribuir a propriedade dos bens objeto da deixa testamentária a uma pessoa, designada por fiduciário, para que esta, por sua morte, passado certo tempo ou uma vez realizada determinada condição, transmita ditos bens pessoa já indicada pelo autor da liberalidade, designada por fideicomissário. Há,

---

concreto. É entendimento corrente na doutrina e jurisprudência que a indisponibilidade gravada sobre bens imóveis não é absoluta, havendo possibilidade da relativização quando se tornarem óbice à própria fruição da coisa pelo proprietário. Atende-se, com essa exegese, a função social da propriedade. Entretanto, no caso inexistem elementos que configurem justa causa ao cancelamento do gravame, já que o próprio donatário alegou que sua pretensão apenas tem por escopo tornar plena a propriedade do bem. Outrossim, as razões apresentadas pela doadora e pelos demais filhos do autor apresentam-se razoáveis à manutenção da cláusula de inalienabilidade, porquanto visam proteger o genitor, pessoa de idade avançada, que reside sozinho, de eventual influência de terceiros. Preliminar rejeitada. Recurso de apelação desprovido. Unânime". TJRS, 18ª C.C., Ap. Cív. 70012329959, Rel. Des. Pedro Celso Dal Pra, julg. 12.04.2007.

assim, dois beneficiários sucessivos: primeiro o fiduciário e depois o fideicomissário. Aquele que institui o fideicomisso é o fideicomitente.

A doutrina é unânime em determinar que o testador não precisa usar palavras sacramentais para instituir o fideicomisso, bastando que seja possível inferir tal vontade da disposição testamentária. Além disso, não é possível instituir o fideicomisso sobre os bens da legítima, sendo certo que dita cota da herança não pode ser diminuída na sua quantidade e substância.

O fiduciário, como primeiro beneficiário, tem a propriedade da herança, mas restrita e resolúvel (CC, art. 1.953), razão pela qual, o parágrafo único do artigo 1.953 do Código Civil determina que o fiduciário é obrigado a proceder ao inventário dos bens recebidos e se o fideicomissário exigir, a prestar caução de restituir tais bens. De fato, ao fiduciário, não é vedado alienar os bens objeto do fideicomisso. O fiduciário é proprietário enquanto perdura o seu direito, administrando o patrimônio a seu critério, com a mais ampla liberdade, sem a interferência do outro beneficiário.

No entanto, porque a sua propriedade está subordinada a uma condição resolutiva, todas as alienações que fizer aderem necessariamente à cláusula resolutória, porque ninguém pode transferir mais direitos do que tem. Assim, se o gravado alienar ou hipotecar o bem que recebeu em fideicomisso, o direito do adquirente ou do credor hipotecário extingue-se quando se abre a substituição[20].

Podem constituir objeto do fideicomisso os bens móveis e imóveis. Os imóveis, assim como os demais bens passíveis de registro, como veículos e ações de companhias abertas, não apresentam maiores dificuldades em relação à sua restituição, porque no registro constará a restrição e, assim, aquele que adquiriu a propriedade ou algum outro direito real em relação ao bem fideicomitido terá plena ciência da necessidade de restituição. O mesmo não ocorre com os bens móveis e, assim, a garantia da entrega do bem ao fideicomissário reside na obrigação de o fiduciário prestar caução e realizar o inventário dos bens recebidos, como disposto no citado parágrafo único do art. 1.953 do Código Civil[21].

Diante da responsabilidade do fiduciário de restituir o bem fideicomitido deve indenizar o fideicomissário por deteriorações culposas, sendo certo que as modificações e os estragos produzidos pelo uso não acarretam responsabilidade, porque resultam do exercício normal do direito[22]. Segundo Clovis Bevilaqua, pode acontecer de o testador conceder ao fiduciário o direito de dispor dos bens deixados, recaindo o fideicomisso apenas sobre o resíduo, ou seja, sobre o que restar quando se abrir a substituição, sendo certo que neste caso não será exigido do fiduciário o inventário dos bens fideicometidos, nem caução para garantir a restituição[23].

---

20. O fiduciário poderá constituir toda a forma de direito real sobre os bens fideicomitidos – usufruto, servidão, habitação, que desaparecem no momento em que se abre a substituição.
21. BEVILAQUA, Clovis. *Código civil dos estados unidos do Brasil comentado*. v. VI, cit. p. 213.
22. BEVILAQUA. Op. cit., p. 214.
23. Ibidem.

Por ser um possuidor de boa-fé, o fiduciário terá direito de ser indenizado pelas benfeitorias úteis e necessárias que aumentarem o valor dos bens fideicomitidos, podendo exercer, pelo valor delas, o direito de retenção, bem como levantar as benfeitorias voluptuárias quando não deteriorarem o bem. Sem dúvida, se assim não fosse estaria chancelado o enriquecimento sem causa do fideicomissário.

Assim como a possibilidade de gravar os bens da herança com as cláusulas restritivas da propriedade, também o fideicomisso sempre foi alvo de críticas, por constituir-se em um *longa manus* do testador, permitindo-lhe estabelecer o destino de determinado patrimônio por mais de uma geração, apesar da limitação do fideicomisso ao segundo grau (CC, art. 1959), o que já era previsto no vetusto Código (CC/16, art. 1.739). De acordo com Caio Mário da Silva Pereira:

> No plano puramente teórico, subsiste acesa a polêmica em torno deste instituto. Podem-se indicar três posições doutrinárias: *a)* uns se mostram totalmente adversos ao instituto; *b)* outros aceitam-no; *c)* e outros, embora não o repudiem integralmente, impõem-lhe restrições mais ou menos severas. (...) A tendência do direito moderno é, no entanto, pela extinção de privilégios diretos ou disfarçados. O que cada vez mais predomina é a passagem dos bens aos herdeiros, sem peias nem restrições. Demais disso, a imobilização consequente é um mal, porque retira valores econômicos do giro negocial, e a experiência ensina que a vinculação por tempo prolongado costuma causar o desinteresse do fiduciário até pela conservação da coisa, empenhado que fica em lhe tirar os proveitos.[24]

Já Orlando Gomes ponderava que a proibição absoluta do fideicomisso era injustificável e que dito instituto deveria ser admitido com restrições, para alcançar resultados que fossem dignos de proteção jurídica, devendo ser permitido "exclusivamente para ensejar a sucessão de pessoa inexistente no momento de sua abertura". Segundo o Autor, "se o testador quer instituir herdeiros futuros netos, não tem outro meio. (...) Nos outros casos, não. Se existem as pessoas às quais deseja o testador beneficiar, o propósito pode alcançar-se com o *usufruto*, que tem, sob o ponto de vista prático, as mesmas consequências".[25]

Na mesma direção, encontrava-se Silvio Rodrigues que destacava a possibilidade de gratificar pessoas não nascidas como a maior vantagem do fideicomisso e o ponto de maior diferença entre este instituto e o usufruto[26].

Diante das críticas aqui narradas, o Código Civil alterou a disciplina do fideicomisso, só o permitindo para os não concebidos ao tempo da morte do testador. Mais: previu, ainda, que se ao tempo da morte do testador já houver nascido o fideicomissário, adquirirá este a propriedade dos bens fideicometidos, convertendo-se em usufruto o direito do fiduciário.

Importante registrar que quanto à referida mudança de disciplina do fideicomisso, o legislador não previu regra transitória como aquela citada acima em relação à

---

24. PEREIRA, Caio Mário da Silva. *Instituições de direito civil*. 27. ed. Rio de Janeiro: Forense, 2020. v. VI, p. 284-285.
25. GOMES, Orlando. *Sucessões*. 12. ed. Rio de Janeiro: Forense, 2004. p. 209-210.
26. RODRIGUES, Silvio. *Direito civil*. 25. ed. São Paulo: Saraiva, 2002. v. VII, p. 247.

justa causa, prevista no artigo 2.042 do Código Civil. Dessa maneira, considerando que a legitimação para suceder rege-se pela lei em vigor na data da abertura da sucessão (CC, art. 1.787), tendo sido o testamento celebrado na vigência da lei anterior, uma vez aberta a sucessão na vigência do atual diploma civil, diverge a doutrina.

Segundo Luiz Paulo Vieira de Carvalho, considerando que a regra do art. 1.952 do Código Civil é de ordem pública, não constando o concepturo como fideicomissário, a disposição testamentária será considerada nula por ilicitude do objeto, sendo os bens nela contemplados destinados aos sucessores legítimos. Pondera o Autor que é possível aproveitar-se o negócio nulo, através de sua conversão em cláusula testamentária simples a favor do indicado como fiduciário, preservando-se a vontade do testador parcialmente[27].

De fato, esta é uma questão controvertida e parece mais conforme a nova perspectiva do fideicomisso que, em não havendo a prole eventual, seja a deixa testamentária convertida em usufruto, salvo se houver alguma previsão no testamento que autorize uma interpretação diversa, na direção da ineficácia da disposição.

Vale registrar que vozes têm se insurgido a favor da retomada do fideicomisso. Segundo Mario Delgado, "não seria despropositado refletir sobre a inconstitucionalidade do artigo 1.952 quando oposto, não apenas ao princípio da liberdade testamentária, mas também ao próprio direito fundamental garantido no inciso XXX da CF/88", já que "o texto constitucional é expresso ao assegurar, entre os direitos e garantias fundamentais, o direito de herança e não o direito à herança". Na visão do Autor, "a lei infraconstitucional limita, sem justificativa razoável, o direito de disposição do testador" e, assim, "infringe, diretamente, o direito de herança do instituidor do fideicomisso, não se podendo invocar, *a contrario sensu*, a justificativa da proibição na proteção do direito de herança de qualquer herdeiro"[28].

3. CONCLUSÃO

O testamento é negócio jurídico de extrema importância, chamado a produzir efeitos quando aquele que o lavrou não mais estiver presente para explicitar seus desejos. Diante disso, justifica-se uma forma prevista na lei para a elaboração do ato, bem como uma disciplina adequada às suas peculiaridades.

Resta evidente que o legislador de 2002 preocupou-se não só com o ato de testar, como com suas consequências na esfera jurídica dos terceiros.

Sem dúvida, por ser um projeto da década de 1970, o Código Civil já nasceu velho e vem passando pelo desafio de ser aplicado em uma sociedade cada vez mais digital e imediatista.

---

27. CARVALHO, Luiz Paulo Vieira. *Direito das sucessões*. 3. ed. São Paulo: Atlas, 2017. p. 753.
28. DELGADO, Mario. A (in)constitucional limitação do fideicomisso pelo CC/2002. Disponível em: https://www.conjur.com.br/2020-nov-22/processo-familiar-inconstitucional-limitacao-fideicomisso-cc2002. Acesso em: 02 out. 2021.

34
A EVOLUÇÃO DO PLANEJAMENTO SUCESSÓRIO NA VIGÊNCIA DO CÓDIGO CIVIL DE 2002

Camila Ferrão dos Santos

Mestranda em Direito Civil pela Universidade do Estado do Rio de Janeiro (UERJ). Membro da Comissão de Direito Civil da OAB/RJ. Advogada. E-mail: camilafdsantos@gmail.com.

Sumário: 1. Introdução – 2. O planejamento sucessório no Código Civil de 1916 – 3. O planejamento sucessório na vigência do Código Civil de 2002: mais do mesmo? – 4. Desafios e próximos passos para o planejamento sucessório: o que ainda precisa evoluir? – 5. Considerações finais.

1. INTRODUÇÃO

Em matéria de Direito das Sucessões, poucas foram as inovações e mudanças normativas introduzidas pelo Código Civil de 2002, quando comparado ao regramento do Código de 1916. Em razão disso, afirma-se que "o direito sucessório atualmente codificado permanece basicamente oitocentista: patrimonialista, individualista, voluntarista, conservador em matéria familiar e, além disso, apegado a formalismos e abstrações"[1]. Nesse contexto, destaca-se que "o escrutínio das raízes históricas e sociológicas do Código Civil de 1916, em larga medida retumbantes também no Código de 2002, denuncia especial ranço conservador na disciplina jurídica formal das relações familiares, fortemente timbradas pelo privatismo doméstico"[2].

A ausência de inovação trazida pelo diploma de 2002 é alvo de constantes críticas doutrinárias desde então, sendo comum a afirmação de que o legislador "perdeu a oportunidade" de modernizar o regime de sucessões e torná-lo mais compatível com os anseios da sociedade atual, garantindo-se uma maior liberdade ao titular do patrimônio e livrando-o de algumas das amarras que lhe eram impostas desde o regimento anterior[3]. André Luiz Arnt Ramos e Marcos Jorge Catalan, referindo-se às mudanças

---

1. RIBEIRO, Raphael Rego Borges. O fracasso da constitucionalização do direito sucessório no Código Civil de 2002 e a necessidade de uma teoria crítica do direito das sucessões. *Civilistica.com*. Rio de Janeiro, a. 10, n. 1, 2021. Disponível em: http://civilistica.com/o-fracasso-da-constitucionalizacao-do-direito-sucessorio/. Acesso em: 15 set. 2021.
2. RAMOS, André Luiz Arnt; CATALAN, Marcos Jorge. O eterno retorno: a que(m) serve o modelo brasileiro de direito sucessório? *Civilistica.com*. Rio de Janeiro, a. 8, n. 2, 2019. Disponível em: http://civilistica.com/o-eterno-retorno/. Acesso em: 19 set. 2021. Os autores prosseguem destacando que: "É curioso perceber que, paradoxalmente, muito embora o Direito de Família tenha perpassado viragens substantivas que importaram sua transfiguração em Direito das Famílias, as Sucessões tardam em romper as amarras patriarcais legadas pelo Código de 1916".
3. "A preocupação pela estabilidade do grupo familiar ostenta-se em traços berrantes. Para facilitar a conservação do patrimônio formado pelo chefe da família e atender à preocupação, muito difundida, de garantir o

experimentadas pela sociedade contemporânea, aduzem que "o Direito – sobretudo o Direito Civil – esmera-se para acompanhar tais mudanças; as Sucessões, ao que parece, teimam em se refugiar em uma espécie de espelho invertido da Terra do Nunca"[4], fazendo menção à "tendência do Direito Sucessório Brasileiro em se manter velho".

A promulgação de diploma legal que praticamente não inovou e que, por conseguinte, manteve um excessivo número de formalismos em matéria sucessória (o que se percebe é a reprodução praticamente literal de todos os dispositivos do livro das sucessões, sem muitas mudanças substanciais), fez com que crescesse a busca por maneiras alternativas de se conduzir a sucessão, principalmente para simplificar, agilizar e tornar mais efetivo o procedimento de transmissão *causa mortis* dos bens e direitos deixados pelo *de cujus*, de forma, ainda, a torná-lo o mais personalizado possível.

Foi nesse contexto que se verificou um exponencial aumento na procura pelo planejamento sucessório, que "desabrochou" e começou a se popularizar entre os particulares, como alternativa capaz de atender aos objetivos supracitados. Desde então, o que se verifica é que o instituto ocupa, a cada dia mais, posição de protagonismo em matéria de sucessão, despontando como forma de se desvencilhar, em alguns aspectos, do engessado procedimento previsto na legislação pátria[5-6].

---

futuro dos filhos, preservando-os da adversidade ou prevenindo-lhes a estroinice, [...] [o Código] opõe-se [...] ao princípio da livre circulação dos bens, um dos postulados básicos da ordem econômica e social que disciplina no plano das relações privadas. Do mesmo teor é o princípio consagrado da limitação à liberdade de testar, pelo qual metade do acervo hereditário deve pertencer, de pleno direito, aos herdeiros necessários." (GOMES, Orlando. *Raízes históricas e sociológicas do código civil brasileiro*. São Paulo: Marins Fontes, 2006. p. 14).

4. RAMOS, André Luiz Arnt; CATALAN, Marcos Jorge. O eterno retorno: a que(m) serve o modelo brasileiro de direito sucessório? *Civilistica.com*. Rio de Janeiro, a. 8, n. 2, 2019. Disponível em: http://civilistica.com/o-eterno-retorno/. Acesso em: 19 set. 2021.
5. O aumento na utilização do planejamento sucessório foi ainda mais intensificado recentemente, a partir da chegada avassaladora da pandemia da Covid-19 no Brasil, que fez com que o instituto passasse a figurar entre as grandes preocupações das famílias brasileiras, avivadas e intensificadas pelo "caos" ocasionado a partir do alastramento do vírus. Prova dessa preocupação geral pode ser extraída do levantamento feito pela Associação dos Notários e Registradores do Estado do Paraná, cujos dados levantados indicam um aumento de 70% na procura de cartórios extrajudiciais para a lavratura de testamentos já nas primeiras semanas de pandemia, isto é, ainda em março de 2020. Disponível em: https://www.gazetadopovo.com.br/parana/cartorios-aumento-testamentos-coronavirus/. Acesso em: 15 set. 2021. O mesmo se verificou em São Paulo: "Segundo dados do Colégio Notarial do Brasil – Seção São Paulo (CNB/SP), foram lavrados no estado de São Paulo, 9.967 testamentos no ano de 2019, já no ano de 2020, esse número subiu para 10.640, representando um aumento de 6,75%, o que à primeira vista pode parecer um aumento inexpressivo, todavia, há de se considerar que durante o ano 2020 o estado passou um longe período de quarentena, no qual os cartórios permaneceram fechados. Ainda segundo os dados do Colégio Notarial do Brasil – Seção São Paulo (CNB/SP), é possível comparar a quantidade de testamentos lavrados no primeiro semestre dos anos de 2020 e 2021. De janeiro a junho de 2020 foram lavrados 3.935, enquanto no mesmo período de 2021 foram lavrados 5.384. Ou seja, o estado de São Paulo registrou um aumento em torno de 36,82% na elaboração de testamentos, quando comparado com os atos realizados no mesmo período do ano de 2020. Diante disso, é possível constatar uma mudança de comportamento em relação à sucessão patrimonial. Esse fato pode ser apenas o início de uma mudança cultural, podendo vir a ascender a partir do momento que for visto como um meio de gestão patrimonial." Disponível em: https://www.uscs.edu.br/boletim/689. Acesso em: 15 set. 2021.
6. Para um estudo específico sobre os impactos da pandemia no planejamento sucessório, seja consentido remeter a: SANTOS, Camila Ferrão. Impactos da pandemia da Covid-19 no planejamento sucessório: lições

Isso porque, como é notório, o Código Civil elege uma solução única para todo e qualquer caso de sucessão *causa mortis*, sem qualquer variável e sem levar em consideração qualquer peculiaridade do patrimônio ou das pessoas envolvidas (como suas aptidões, interesses e necessidades). Trata-se, em suma, de uma solução única para todo e qualquer caso de sucessão aberta sob a jurisdição brasileira. Tal circunstância, por si só, denota a simplicidade (*rectius*, insuficiência) da solução para atender a todos os tipos de patrimônios e composições familiares existentes (que, como se sabe, podem assumir formatos extremamente complexos[7]). Essa conclusão decorre de simples raciocínio lógico segundo o qual é impossível que solução genérica – estipulada aprioristicamente para todo e qualquer caso existente – seja melhor que solução personalizada, que leve em consideração as peculiaridades do caso concreto, como a composição do patrimônio e da família envolvida na sucessão.

Partindo-se dessas premissas, conclui-se que há, hoje, um "descompasso entre a sociedade contemporânea e o direito das sucessões", havendo "falta de liberdade do ordenamento" que é exatamente o que "provoca uma demanda pelo planejamento sucessório"[8]. Assim, tem-se que as características da sociedade brasileira atual exigem uma melhor estruturação patrimonial para o pós-morte, haja vista que "um adequado planejamento democratizaria e internalizaria a vontade do autor da herança"[9].

2. O PLANEJAMENTO SUCESSÓRIO NO CÓDIGO CIVIL DE 1916

Durante a vigência do Código Civil de 1916, o planejamento sucessório era pouco difundido e se concentrava entre indivíduos com expressivas riquezas, movidos especialmente pela finalidade fiscal e tributária (hoje, como se verá melhor a frente, o instituto vai muito além e pode desempenhar as mais variadas funções, de forma a atender diferentes objetivos do titular do patrimônio). Além disso, tratava-se de um planejamento que pouco explorava os diversos mecanismos oferecidos pelo

---

para o futuro pós-pandêmico. In: GAMA, Guilherme Calmon Nogueira da; MEIRELES, Rose Melo Vencelau (Org.). *Direito privado emergencial*: das coisas, das famílias e das sucessões. Rio de Janeiro: Processo, 2021, v. 1, p. 283-309.

7. "Apesar da complexidade inerente às relações familiares, é importante ressaltar que o planejamento sucessório não precisa ser complexo. Os instrumentos hoje disponíveis podem resolver diversas situações de forma simples e com custos bastante razoáveis, atendendo a uma grande camada de famílias empresárias, inclusive aquelas que entendem não possuir patrimônio suficiente para a execução de um planejamento" (FIGUEIREDO, André Luiz Marquete. Instrumentos de Planejamento Sucessório para Famílias Empresárias. *Migalhas*. Disponível em: https://migalhas.uol.com.br/depeso/330141/instrumentos-de-planejamento-sucessorio-para-familias-empresarias. Acesso em: 09 nov. 2020).
8. TEIXEIRA, Daniele Chaves. A relevância do planejamento sucessório no atual ordenamento brasileiro. In: TEPEDINO, Gustavo; TEIXEIRA, Ana Carolina Brochado; ALMEIDA, Vitor (Coord.). *Da dogmática à efetividade do Direito Civil*: Anais do Congresso Internacional de Direito Civil Constitucional – IV Congresso do IBDCivil. 2. ed. rev., ampl. e atual. Belo Horizonte: Fórum, 2019, p. 265.
9. TEIXEIRA, Daniele Chaves. A relevância do planejamento sucessório no atual ordenamento brasileiro. In: TEPEDINO, Gustavo; TEIXEIRA, Ana Carolina Brochado; ALMEIDA, Vitor (Coord.). *Da dogmática à efetividade do Direito Civil*: Anais do Congresso Internacional de Direito Civil Constitucional – IV Congresso do IBDCivil. 2. ed. rev., ampl. e atual. Belo Horizonte: Fórum, 2019, p. 265.

ordenamento jurídico, eis que na maioria dos casos ficava adstrito à utilização de dois únicos instrumentos: o testamento e a doação.

Tinha-se, pois, um planejamento sucessório simplório e pouco criativo, que, diferente do que se verifica hoje, oferecia limitadas possibilidades aos particulares. Na doutrina nacional produzida na constância do Código Civil de 1916, pouco se encontrava a respeito do planejamento sucessório, sendo a produção científica sobre o tema escassa. A negligência no trato da matéria à época pode ser atribuída à reduzida aplicabilidade prática do instituto, que era pouco difundido entre particulares.

A própria denominação "planejamento sucessório" só passa a ser identificada nas produções doutrinárias mais recentes[10], sendo certo que os estudos realizados na vigência do Código Civil de 1916 muitas vezes acabavam por tratar apenas da figura da "partilha em vida" prevista no então art. 1.776[11], que, contudo, não se confunde com o planejamento sucessório em sua conotação atual[12]. Tal dispositivo é reproduzido à risca no atual art. 2.018 do Código Civil de 2002, com a substituição, contudo, do termo "partilha feita pelo pai" por "partilha feita por ascendente"[13], de forma a suprimir expressão de conotação patriarcal e que, portanto, demandava urgente alteração[14].

Tratando do tema, Arthur Vasco Itabaiana de Oliveira leciona que a origem do instituto "perde-se na noite dos tempos, encontrando-se seus traços jurídicos no antigo Egito, na Índia, entre os hebreus, e no direito romano essa tradição foi

---

10. O mesmo se verifica em relação à jurisprudência: tomando-se como exemplo o Superior Tribunal de Justiça, a busca por julgados que citem o termo "planejamento sucessório" revela a total inexistência de acórdãos que contenham tal expressão enquanto o Código Civil de 1916 estava em vigor, sobrevindo os primeiros resultados apenas quando o Código Civil de 2002 já havia o substituído.
11. Código Civil de 1916, Art. 1.776. É válida a partilha feita pelo pai, por ato entre vivos ou de última vontade, contanto que não prejudique a legítima dos herdeiros necessários.
12. "Não é essa partilha em vida nem doação, nem testamento, embora o autor da herança possa utilizar-se dessas formas para exteriorizar a sua vontade, o que de nenhum modo influirá na natureza do ato, que, como é sabido e ressabido, identifica-se pelo conteúdo, não pela sua aparência; pelo que é, não pelo nome que a parte lhe atribui. [...] A doutrina ainda enfatiza a peculiaridade da partilha em vida, que alguns autores chamam de "doação-partilha", salientando que não se identifica, totalmente, nem com a doação, nem com a partilha, conceituando-se como ato sui generis ou complexo, no qual se encontram elementos de ambos os institutos. A analogia com a doação deflui do fato de se tratar de ato inter vivos, enquanto as regras técnicas são as da partilha. [...] A intenção, no caso, é de uma partilha definitiva, [...], não constituindo um adiantamento de legítima pelo fato de, em tese, abranger todos os bens a serem distribuídos, excluindo qualquer outra partilha na qual a matéria viesse a ser discutida. Sendo a partilha em vida exaustiva, descabem qualquer outra e a própria abertura do inventário. As eventuais lesões de direito deverão ser apreciadas em ações próprias de redução, anulação ou nulidade." (WALD, Arnoldo. O regime jurídico da partilha em vida. Revista dos Tribunais, 622, jul/1987. In: CAHALI, Yussef Said; CAHALI, Francisco José (Org.). Doutrinas essenciais: família e sucessões. São Paulo: Ed. RT, 2011, p. 1.198 e 1.202).
13. Código Civil de 2002, Art. 2.018. É válida a partilha feita por ascendente, por ato entre vivos ou de última vontade, contanto que não prejudique a legítima dos herdeiros necessários.
14. "Antiga era essa reivindicação, pois de há muito se entendia absurda a restrição da possibilidade de partilha em vida ao pai, nada impedindo que a mãe ou qualquer outro ascendente o fizesse, desde que não prejudicasse a legítima" (BARBOZA, Heloisa Helena. A disciplina jurídica da partilha em vida: validade e efeitos. Civilistica.com. Rio de Janeiro, a. 5, n. 1, 2016, p. 8. Disponível em: http://civilistica.com/a-disciplinajuridica-da-partilha-em-vida/. Acesso em: 17 set. 2021).

consagrada nas fórmulas e nos costumes", aduzindo, ainda, que os textos do direito romano referiam-se a duas espécies de partilha efetuada em vida "a) uma, sob a forma de doação (*divisio parentum inter líberos*) – que constitui a partilha-doação; b) outra, sob a forma de testamentária (*testamentum parentum inter líberos*) – que constitui a partilha-testamento"[15]. O autor destaca, na sequência, que o instituto já era previsto na legislação anterior, mas tinha "pouco uso na prática"[16].

De fato, o testamento e a doação sempre foram os instrumentos mais tradicionais para a confecção de um planejamento sucessório. O testamento é, por excelência, o instrumento escolhido pelo legislador (de ambos os Códigos, aliás) para determinar a delação sucessória *causa mortis* e tem como principais características o formalismo e o fato de produzir efeitos apenas a morte do testador. Afirma-se que o instrumento "parece ser um dos poucos atos de autonomia privada a permanecer estranho ao processo de funcionalização e socialização por que atravessaram todas as tradicionais e fundamentais categorias do Direito Privado"[17]. De igual forma, também a doação se ressente da falta de uma abordagem mais sensível às transformações sociais e ao seu aspecto funcional[18].

Por serem instrumentos tradicionais, são aqueles em que se revela mais nítido o conflito entre a liberdade de dispor do patrimônio para depois da morte e as normas de ordem pública que protegem o direito à herança e, mais especificamente, a legítima – regra de intangibilidade de 50% do patrimônio hereditário que se aplica de forma neutra e universal a toda e qualquer sucessão, independentemente das circunstâncias concretas, no que vem se chamando de "sucessão forçada"[19]. Tal restrição não se circunscreve à liberdade de dispor *mortis causa*, por testamento, atingindo também a liberdade de dispor a título gratuito em vida, como nas doações[20]. Trata-se, pois, de limitação à autonomia que se apoia nos princípios da solidariedade e da dignidade

---

15. OLIVEIRA, Arthur Vasco Itabaiana de. *Tratado de direito das sucessões*. 5. ed. rev. e atualizada pelos Desembargadores Décio Itabaiana Gomes da Silva, Paulo Dourado de Gusmão e Paulo Pinto. Rio de Janeiro: Freitas Bastos, 1986, p. 446.
16. OLIVEIRA, Arthur Vasco Itabaiana de. *Tratado de direito das sucessões*. 5. ed. rev. e atualizada pelos Desembargadores Décio Itabaiana Gomes da Silva, Paulo Dourado de Gusmão e Paulo Pinto. Rio de Janeiro: Freitas Bastos, 1986, p. 447.
17. NEVARES, Ana Luiza Maia. *A função promocional do testamento*: tendências do direito sucessório. Rio de Janeiro: Renovar, 2009, p. 9.
18. Sobre o tema, seja consentido remeter a: SANTOS, Camila Ferrão dos; e KONDER, Carlos Nelson. A doação como instrumento do planejamento sucessório. In: TEIXEIRA, Daniele Chaves (Coord.). *Arquitetura do planejamento sucessório*. Belo Horizonte: Fórum, 2021, t. II, p. 491-510.
19. RIBEIRO, Raphael Rego Borges. A extensão do direito à sucessão forçada. *Revista Brasileira de Direito Civil – RBDCivil*, Belo Horizonte, v. 28, p. 123-155, abr./jun. 2021.
20. Nesse sentido, "tutela-se a legítima não somente contra excessivas liberalidades testamentárias, mas, igualmente, contra as liberdades excedentes que se efetuam por negócio *inter vivos*, a doação direta, a indireta, a simulada e o *negotio mixtum cum donatione*. Ademais, importa menos considerar essa proteção ao legitimário como uma restrição ao poder de dispor a título gratuito do que como situação lesiva da legítima." (GOMES, Orlando. *Sucessões*. 15. ed. rev. e atual. por Mario Roberto Carvalho de Faria. Rio de Janeiro: Forense, 2012, p. 81). Por isso, "Se a liberalidade inoficiosa ocorreu em vida, o excesso tem de ser apreciado no momento da doação, como se o doador falecesse nesse mesmo dia" (BEVILAQUA, Clóvis. *Código Civil dos Estados Unidos do Brasil*. 7. tir. Rio de Janeiro: Editora Rio, 1958, v. IV, p. 341).

da pessoa humana, e que visa a garantir a proteção aos familiares próximos do titular e respeitar o direito constitucional à herança (CF, art. 5º, XXX).

Sobre a legítima, há acirrada discussão doutrinária destinada a verificar se, hoje, ainda se justifica a proteção à legítima (verdadeira "limitação inderrogável – ao menos pela vontade da pessoa que sofre a restrição – quanto à disposição gratuita dos próprios bens"[21]). Muitos autores argumentam que tais normas deveriam ser revisitadas[22] e que, por isso, perdeu o legislador de 2002 uma oportunidade de tornar o sistema sucessório menos engessado, priorizando-se a autonomia do titular do patrimônio. De fato, muitas são as vozes que pretendem revisitar a legítima, mostrando-se crescente a posição doutrinária que defende a desnecessidade do instituto na estrutura familiar moderna, pelo que deveria ter sido abolido ou, ao menos, restringido, ante seu caráter "inoportuno". Nesse contexto, defende-se a necessidade de superação da "neutralidade da quota reservada aos herdeiros necessários, de molde a destinar especial proteção aos incapazes e àqueles que dependem economicamente do autor da herança"[23].

Não obstante as críticas, a reserva da legítima mantem-se incólume no ordenamento brasileiro até os dias de hoje, não tendo sofrido qualquer alteração legislativa com a promulgação do Código Civil de 2002. Em assim sendo, deve ser observada à risca em qualquer planejamento sucessório que se pretenda realizar, sob pena de não poder produzir seus efeitos. Com efeito, a regra apenas poderá ser afastada mediante alteração legislativa expressa no art. 1.846 do Código Civil, pelo que se conclui que

---

21. SCHREIBER, Anderson; VIEGAS, Francisco. Por uma releitura funcional da legítima no direito brasileiro. *Revista de direito civil contemporâneo*, n. 6, v. 19, abr-jun 2019, p. 211-250.
22. TEIXEIRA, Daniele Chaves. *Planejamento sucessório:* pressupostos e limites. Belo Horizonte: Forum, 2017, p. 75.
23. Seguindo essa linha de entendimento, Anderson Schreiber e Francisco Viegas afirmam que "em atenção à importância de se adotar sistema que preze igualmente pela segurança jurídica do sistema sucessório, afigura-se indispensável lançar mão de critérios objetivos para a identificação daqueles que devem merecer a proteção da legítima. (...) Ter-se-ia, em suma, o seguinte rol de herdeiros necessários: (a) filhos menores; (b) filhos maiores incapazes ou com deficiência; (c) ascendentes idosos; (d) cônjuge ou companheiro que não tenha condições econômicas de manter seu padrão de vida e não tenha sido contemplado com meação. Registre-se que tais personagens teriam direito sobre a legítima, mas não um direito absoluto, cabendo a qualquer outro herdeiro a faculdade de contestar sua pretensão, demonstrando a ausência de necessidade econômica, ou seja, desconstituindo a presunção legal de natureza relativa. As proporções de recebimento da legítima em casos de exclusividade ou concorrência de herdeiros necessários seriam objeto de normas próprias, semelhantes às atualmente existentes em nosso Código Civil" (Por uma releitura funcional da legítima no direito brasileiro. In: *Revista de direito civil contemporâneo*. n. 6, v. 19, abr./jun. 2019. p. 220-221). Fazendo coro à necessidade de revisitar o instituto da legítima, Pablo Stolze Gagliano e Rodolfo Pamplona Filho sustentam que "De nossa parte, temos sinceras dúvidas a respeito da eficácia social e justiça desta norma (preservadora da legítima), a qual, na grande maioria das vezes, acaba por incentivar intermináveis brigas judiciais, quando não a própria discórdia ou até mesmo a indolência. Poderia, talvez, o legislador resguardar a necessidade da preservação da legítima apenas enquanto os herdeiros fossem menores, ou caso padecessem de alguma causa de incapacidade, situações que justificariam a restrição à faculdade de disposição do autor da herança. Mas, estender a proteção patrimonial a pessoas maiores e capazes, em nosso sentir, é demais!" (GAGLIANO, Pablo Stolze; PAMPLONA FILHO, Rodolfo. *Novo curso de direito civil*: contratos. 2. ed. unificada. São Paulo: Saraiva Educação, 2019, v. 4, p. 402).

o planejamento não é inteiramente livre – há obstáculos intransponíveis impostos pelo ordenamento que guardam raízes até mesmo antes do Código Civil de 1916.

A pouca atenção conferida ao planejamento sucessório quando da vigência do Código Civil de 1916 pode ser extraída, inclusive, dos estudos voltados a indicar as vantagens que o instituto poderia ocasionar na prática, sendo certo que muitas das destacadas hoje não eram sequer vislumbradas à época. A título de exemplo, veja-se a lista elencada por doutrina especializada à luz do Código Civil de 1916: "a) evita discórdias, delongas e dispêndios; b) atende às aptidões ou condições pessoais de cada herdeiro; c) impede o retalhamento desvalorizador de propriedades agrícolas; d) tira, de si, o pai, o encargo de uma gestão de que já se não sente capaz"[24].

Hoje, os benefícios proporcionados pelo planejamento sucessório vão muito além, servindo para as mais diversas finalidade e motivações. Para citar alguns exemplos, menciona-se: a proteção empresarial de eventuais sociedades ou *holdings* familiares, priorizando-se a continuidade dos negócios familiares; garantia de rápida mobilidade dos bens e manutenção do poder de disposição; confidencialidade; redução da intervenção estatal; menor impacto econômico da carga tributária incidente sobre a transmissão dos bens; viabilização de decisões acerca de aspectos existenciais (e não meramente patrimoniais); segurança jurídica; respeito à autonomia privada e vontade do titular do patrimônio; entre outras. Como se verá a seguir, essa definitivamente não é a única diferença entre os dois sistemas.

3. O PLANEJAMENTO SUCESSÓRIO NA VIGÊNCIA DO CÓDIGO CIVIL DE 2002: MAIS DO MESMO?

Analisando-se o livro V do Código Civil atualmente vigente, é fácil perceber que se trata de diploma legal, no que se refere à matéria sucessória, ainda preso ao paradigma da família matrimonial e restrito à perspectiva puramente estrutural, pelo que se mostra "insuficiente para atender às exigências da constitucionalização do Direito Civil"[25]. Sob esse mesmo viés, afirma-se que "o vigente Código Civil brasileiro, na parte do livro do direito das sucessões, pouco avançou", haja vista que "[a]inda reflete institutos que não se coadunam com a sociedade contemporânea, com todas as complexidades sociais, porque, em geral, o sistema atual das sucessões não atende aos anseios finais dos indivíduos" e "ainda se baseia em um modelo de família que não corresponde ao perfil das famílias da atual sociedade brasileira"[26].

---

24. OLIVEIRA, Arthur Vasco Itabaiana de. *Tratado de direito das sucessões*. 5. ed. rev. e atual. pelos Desembargadores Décio Itabaiana Gomes da Silva, Paulo Dourado de Gusmão e Paulo Pinto. Rio de Janeiro: Freitas Bastos, 1986. p. 447.
25. RIBEIRO, Raphael Rego Borges. O fracasso da constitucionalização do direito sucessório no Código Civil de 2002 e a necessidade de uma teoria crítica do direito das sucessões. *Civilistica.com*. Rio de Janeiro, a. 10, n. 1, 2021. Disponível em: http://civilistica.com/o-fracasso-da-constitucionalizacao-do-direito-sucessorio/. Acesso em: 15 set. 2021.
26. TEIXEIRA, Daniele Chaves. A relevância do planejamento sucessório no atual ordenamento brasileiro. In: TEPEDINO, Gustavo; TEIXEIRA, Ana Carolina Brochado; ALMEIDA, Vitor (Coord.). *Da dogmática à*

Nesse contexto, afirma-se que o Direito das Sucessões brasileiro foi construído sobre "duplo fundamento": o direito de propriedade e a proteção à família. Assim, "do ponto de vista patrimonial, tem status de direito fundamental, conforme art. 5º, XXX, da Constituição Federal" e, por seu turno, "a proteção à família, como causa justificadora do direito à herança, encontra base na norma ordinária que estipula o rol de herdeiros com base nas relações de parentesco e conjugalidade"[27]. Com a promulgação do Código Civil de 2002, essa realidade se manteve, "mesmo diante da manifesta constitucionalização do Direito Civil e de transformações sensíveis que tocam a realidade socioeconômica das pessoas em geral"[28].

Ante a insuficiência do sistema sucessório brasileiro para atender às demandas atuais da sociedade, a doutrina vem se esforçando por disponibilizar aos particulares diversos expedientes para que possam se adaptar às plurais organizações familiares em que se encontram e consigam, assim, perseguir seus interesses com mais efetividade no que concerne à distribuição de seu patrimônio depois de sua morte.

Amparando-se em instrumentos jurídicos já existentes, mas voltados agora a efetivar o planejamento sucessório, estes resguardam a possibilidade de exercício legítimo da autonomia patrimonial, muitas vezes com fins existenciais, já que atendem "à procura por organização e propicia[m] que as pessoas enfrentem a dificuldade humana de lidar com a morte"[29].

Veja-se que não foram criados, pelo legislador, novos institutos voltados à concretização do planejamento sucessório. Na verdade, apenas passou-se a fazer uso de ferramentas que já existiam no ordenamento (muitas desde antes de 1916, diga-se), mas que até então não eram aproveitadas para a finalidade específica do planejamento sucessório. Nesse contexto, o desenvolvimento de novas técnicas de planejamento não é mérito do legislador, mas sim dos próprios doutrinadores e agentes jurídicos (como advogados e operadores do direito em geral), que passaram a enxergar, em cada um desses institutos preexistentes, potencial para o desenvolvimento de um planejamento mais eficaz e útil aos envolvidos.

De fato, com a difusão de um planejamento não mais restrito ao testamento e às doações, abre-se para o titular do patrimônio um leque de possibilidades que, até então, eram incogitáveis. Dentre essa variedade de instrumentos, destacam-se a constituição de sociedades familiares (as chamadas *holdings* familiares), a provisão de seguros, a instituição de direitos reais – tal como usufrutos vitalícios –, a partilha em

---

efetividade do Direito Civil: Anais do Congresso Internacional de Direito Civil Constitucional – IV Congresso do IBDCivil. 2. ed. rev., ampl. e atual. Belo Horizonte: Fórum, 2019, p. 266.

27. BORGES, Roxana Cardoso Brasileiro Borges; DANTAS, Renata Marques Lima. Direito das sucessões e a proteção dos vulneráveis econômicos. *RBDCivil*. v. 11, p. 73-91, jan./mar. 2017. p. 74.
28. RAMOS, André Luiz Arnt; CATALAN, Marcos Jorge. O eterno retorno: a que(m) serve o modelo brasileiro de direito sucessório? *Civilistica.com*. Rio de Janeiro, a. 8, n. 2, 2019. Disponível em:http://civilistica.com/o-eterno-retorno/. Acesso em: 19 set. 2021.
29. TEIXEIRA, Daniele Chaves. *Planejamento sucessório*: pressupostos e limites. Belo Horizonte: Forum, 2017, p. 57.

vida, o fideicomisso e diversos outros, cada qual com diferentes potenciais e adaptáveis a diferentes objetivos, daí a crucial importância na escolha dos mecanismos a serem utilizados em cada planejamento, no que é denominado de "delicado xadrez"[30]. Para a construção deste, demanda-se uma forte interação entre os envolvidos e o profissional encarregado por estruturar esse planejamento, haja vista que o planejamento ideal deve ser intimamente associado às intenções de quem o procura e à realidade jurídica patrimonial do interessado[31].

A busca por novos mecanismos não para por aí, destacando-se os estudos acerca da viabilidade de mecanismos que, embora ainda não aceitos no Brasil por ausência de autorização e regulamentação em lei, poderiam trazer significativas vantagens àqueles que pretendem se planejar em termos sucessórios, como é o caso do *trust*[32].

Sob esse enfoque, é correto afirmar que, para um planejamento adequado, devem ser levados em consideração: (i) as intenções e preocupações do titular do patrimônio; (ii) a natureza e magnitude dos bens que compõem seu patrimônio; (iii) o estilo de vida e as necessidades de cada um dos herdeiros (considerando, em especial, eventuais vulnerabilidades que esses possam ter); (iv) a estrutura familiar do planejador[33]; (v) as relações interpessoais mantidas entre os herdeiros; e, ainda, (vi) o vínculo dos herdeiros com os bens que compõem o monte hereditário.

Apenas com esses seis fatores em mente é que se poderá escolher, de forma eficaz, os instrumentos mais adequados para atender as necessidades e objetivos dos indivíduos envolvidos e que se adequem à composição do patrimônio a ser partilhado, sendo não apenas possível, mas também recomendável que haja a combinação de contratos e instrumentos diversificados (doação, testamento, planos de previdência, seguros etc.). Independentemente da roupagem que o planejamento sucessório apresente ao final, o essencial é que seja feito de forma personalizada e

---

30. TEIXEIRA, Daniele Chaves; BUCAR, Daniel. As armadilhas do planejamento sucessório. *Conjur*. Disponível em: https://www.conjur.com.br/2020-jul-17/bucar=-teixeira-armadilhas-planejamento-sucessorio#:~:text-Ac%C3%BAmulo%20de%20patrim%C3%B4nio%2C%20variadas%20configura%C3%A7%C3%B5es,fronteira%20do%20direito%20das%20sucess%C3%B5es. Acesso em: 07 nov. 2020.
31. "O planejamento patrimonial para após a morte é a única forma de o autor da herança (e não a lei) decidir sobre o destino dos próprios bens. Entretanto, a despeito da autonomia que é conferida ao titular do patrimônio, uma lembrança é necessária. As normas do ramo não estão centradas unicamente na proteção de interesses do falecido, mas também de seus herdeiros. É nesse contexto que surgem os dois principais obstáculos para o planejamento sucessório" (Idem).
32. Sobre o tema, v. OLIVA, Milena Donato. *Patrimônio separado*. Rio de Janeiro: Renovar, 2009.
33. "O planejamento sucessório eficiente depende, não há dúvidas, do levantamento prévio da realidade jurídico-familiar do planejador. Questionar se o planejador é casado ou se vive em união estável, se já teve outras entidades familiares no passado, se regularizou os términos dessas relações, quantos filhos possui e se seus atuais parceiros possuem filhos com quem ele nutre relação de afeto são alguns dos questionamentos basilares para o entendimento do caso em toda a sua extensão e, por consequência, para a idealização das providencias que podem ser tomadas para que os objetivos sucessórios do planejador sejam atendidos. As respostas para as citadas indagações, diante da diversidade e complexidade das realidades familiares, hoje, são as mais diversas" (MATTOS, Eleonora G. Saltão de Q.; MARZAGÃO, Silvia Felipe. A imprescindível análise jurídica das relações familiares e as providências correlatas ao direito de família como pressupostos de um planejamento sucessório eficiente. In: TEIXEIRA, Daniele Chaves (Coord.). *Arquitetura do planejamento sucessório*. Belo Horizonte: Fórum, 2021. t. II, p. 131).

atentando-se para as peculiaridades e singularidades do caso concreto, de forma a efetivar as intenções do titular do patrimônio.

Tendo essa característica em vista é que o planejamento sucessório é definido como "o conjunto de atos e negócios jurídicos" efetuados por pessoas que mantêm entre si alguma relação jurídica familiar ou sucessória, "com o intuito de idealizar a divisão do patrimônio de alguém, evitando conflitos desnecessários e procurando concretizar a última vontade da pessoa cujos bens formam o seu objeto"[34]. A estratégia que permeia cada planejamento vai depender, portanto, exatamente da escolha dos instrumentos para a efetivação da transferência do patrimônio no caso concreto.

Nesse contexto, importante ressaltar que o Código Civil de 2002 (tal qual o diploma que o precedeu) não possui nenhum dispositivo que regulamente ou trate especificamente do planejamento sucessório, estando a base normativa do instituto situada nos artigos que dispõem sobre atos, contratos e instrumentos em geral que, sob uma perspectiva sucessória, passaram a ser utilizados para a finalidade de organizar, ainda em vida, a destinação que será conferida aos bens do titular do patrimônio (como testamento, doação, usufruto, formação de sociedades, *holdings* etc.).

Assim, por mais que todos esses modos de se planejar a sucessão estejam consubstanciados em instrumentos autônomos que, por sua vez, são previstos em lei há décadas (muitos inclusive antes do advento do Código Civil de 1916), fato é que muitas dessas ferramentas começaram a ser utilizadas apenas recentemente para fins de planejamento sucessório. Por conseguinte, a evolução do instituto do planejamento sucessório não se deve a uma alteração legislativa promovida pelo Código Civil de 2002, eis que (i) não há qualquer dispositivo que trate especificamente sobre o tema do planejamento, mas apenas e tão somente dos instrumentos que são utilizados para a sua concretização e, ainda no que diz respeito a estes, (ii) nenhuma alteração substancial, que pudesse impactar as técnicas de planejamento, foi promovida pelo legislador.

Diga-se, a esse respeito, que não se critica o fato de o Código Civil não ter tratado de regular o planejamento sucessório, muito pelo contrário, tendo em vista que regulamentação específica do tema (com criação de balizas indesejadas) não seria bem-vinda. O instituto, como se extrai da sua própria lógica de funcionamento e razão de ser, não deve se pautar em um procedimento apriorístico ou modelo padrão a ser seguido por todos os interessados em se planejar sucessoriamente, sob pena de até mesmo se desnaturar o instituto, tendo em vista que restariam comprometidas a dinamicidade e liberdade em se encontrar, para cada caso concreto, a solução mais eficaz e os instrumentos que melhor se compatibilizam com o objetivo de cada indivíduo.

Isso porque, conforme já destacado, o planejamento sucessório se pauta justamente no que se denomina de "customização" da transmissão de bens, de forma

---

34. HIRONAKA, Giselda Maria Fernandes Novaes; TARTUCE, Flávio. Planejamento sucessório: conceito, mecanismos e limitações. *Revista brasileira de direito civil – RBDCivil*, Belo Horizonte, v. 21, jul./set. 2019. p. 87-109.

a torná-lo o mais personalizado possível para atender às particularidades do caso concreto. Em consequência, a estipulação de amarras ou entraves que impedissem essa "livre" organização poderia acabar por aniquilar a importante função que é hoje desempenhada pelo instituto, daí a conclusão de que eventual regulamentação não seria recomendável. O objetivo deve ser a simplificação.

Tendo em vista a ausência de alterações materiais na legislação civil, o que explicaria, então, a difusão e intensificação na procura pelo planejamento sucessório nos últimos anos? Seria mera coincidência ou haveria, de fato, algum impacto relacionado à promulgação do Código Civil de 2002? Considerando as circunstâncias expostas acima, é possível se cogitar que, com a promulgação de Código que "já nasceu velho" (e que, como se viu, manteve praticamente intacto o sistema de sucessões que vigorava há, pelo menos, 100 anos), chegou-se à espécie de "gota d'água" que tornou intolerável a manutenção do engessado sistema de sucessões positivado em lei, tornando não mais apenas urgente – mas também imprescindível – a necessidade de se buscar por novos caminhos e métodos alternativos para a organização da sucessão, que garantissem efeitos minimamente personalizados e desburocratizados aos envolvidos.

As mudanças provocadas no âmbito do planejamento sucessório nos últimos tempos, portanto, não decorreram de atuação do legislador do Código de 2002, estando, na verdade, intimamente ligadas a transformações ocorridas no âmbito da própria sociedade, que demandava por alterações no sistema de sucessões então vigente. A esse respeito, afirma-se que "o direito das sucessões – entendido como parte do direito civil no qual a estrutura da sociedade se reflete – não pode desconhecer as particularidades e as exigências dessa sociedade, sob pena de não atingir o fim a que se propõe", daí concluindo-se que, "[c]om o evoluir das condições sociais, o direito deve também evoluir"[35].

Assim, ainda que não tenha sido uma novidade do Código Civil de 2002, fato é que a promulgação do referido diploma legal, aliada aos novos anseios da sociedade, fez com que as técnicas de planejamento ganhassem força a partir de uma crescente demanda pela sociedade, o que, consequentemente, acelerou o processo de diversificação das formas e métodos de realização desse planejamento.

4. DESAFIOS E PRÓXIMOS PASSOS PARA O PLANEJAMENTO SUCESSÓRIO: O QUE AINDA PRECISA EVOLUIR?

Hoje, pode-se dizer que o planejamento sucessório é prática consolidada no ordenamento jurídico, não havendo dúvidas quanto a sua validade e pertinência, desde

---

35. TEIXEIRA, Daniele Chaves. A relevância do planejamento sucessório no atual ordenamento brasileiro. In: TEPEDINO, Gustavo; TEIXEIRA, Ana Carolina Brochado; ALMEIDA, Vitor (Coord.). *Da dogmática à efetividade do Direito Civil*: Anais do Congresso Internacional de Direito Civil Constitucional – IV Congresso do IBDCivil. 2. ed. rev., ampl. e atual. Belo Horizonte: Fórum, 2019, p. 265.

que não afronte as "regras de ouro"[36] do direito das sucessões, tais como a proteção à legítima e a vedação aos pactos sucessórios. Em que pese a consolidação da prática, também é verdade que o instituto ainda carrega estigma de que sua utilidade estaria restrita aos detentores de grandes fortunas e riquezas. Tal entendimento, no todo equivocado, vem, aos poucos, sendo desconstruído para difundir a ideia de que o planejamento é capaz de atender aos mais variados interesses do titular do patrimônio, independentemente da existência de grandes fortunas.

Ocorre que, as mesmas transformações sociais supramencionadas - que, outrora, ajudaram a desenvolver e popularizar o planejamento sucessório em seus primeiros passos –, hoje assumiram novas facetas que, assim como ocorreu há duas décadas, também demandam pela atualização do planejamento sucessório na forma que o conhecemos hoje, de modo a adequá-lo às recentes transformações sociais e econômicas. Tais transformações se verificam não apenas na configuração das entidades familiares[37] e na composição do patrimônio, que estão cada vez mais complexos, mas também na própria natureza dos bens que devem ser alvo do planejamento, por exemplo.

Dentre os atuais desafios a serem enfrentados em matéria de planejamento, portanto, destaca-se o surgimento dos novos bens, entendidos como bens digitais, não corpóreos, que escapam a tradicional concepção de bens móveis e imóveis. Isso porque, ao morrer atualmente, a pessoa não deixa mais apenas bens materiais, eis que a tecnologia, de forma geral, provocou verdadeira "digitalização" da vida, que multiplicou a existência de cada pessoa em "fotografias próprias e alheias, imagens, depoimentos, e-mails, vídeos, comentários e postagens espalhadas em perfis em redes sociais, contas de acesso à internet, pen drives, HD, celulares, câmeras digitais"[38].

Nesse mesmo sentido, se, antes, os bens que geravam maior interesse eram aqueles que permitiam a apropriação física (como fazendas, máquinas, automóveis e imóveis em geral), hoje a riqueza também "está refletida em perfis digitais, número de seguidores, milhas, criptomoedas, pontos em games", bem como em acervos digi-

---

36. TARTUCE, Flávio. Planejamento sucessório: O que é isso? – Parte I. Migalhas.com. Disponível em: https://www.migalhas.com.br/coluna/familia-e-sucessoes/290190/planejamento-sucessorio--o-que-e-isso----parte-i. Acesso em: 13 set. 2021.
37. "Outra questão que muito repercute no interesse pelo planejamento sucessório é o fenômeno cada vez mais comum da recomposição das famílias. Nas últimas três décadas (de 1984 a 2014), o número de divórcios cresceu de 30,8 mil para 341,1 mil, com a taxa geral de divórcios passando de 0,44 por mil habitantes na faixa das pessoas com 20 anos ou mais de idade, em 1984, para 2,41 por mil habitantes em 2014.1 Com efeito, o divórcio é uma das causas da recomposição das famílias, quando as pessoas constituem novos relacionamentos, com filhos anteriores exclusivos ou comuns, não sendo raro que na sucessão hereditária tenham que ser conjugados diversos interesses que não caminham numa mesma direção, a saber, aquele do cônjuge e do companheiro do de cujus, de seus filhos em comum com o consorte sobrevivente e de seus filhos exclusivos". NEVARES, Ana Luiza Maia. Resenha à obra de Daniele Chaves Teixeira. Planejamento sucessório: pressupostos e limites. Belo Horizonte: Fórum, 2017. *Revista brasileira de direito civil – RBDCivil*, Belo Horizonte, v. 16, p. 201-203, abr./jun. 2018.
38. BRANCO, Sérgio. *Memória e esquecimento na internet*. Porto Alegre: Arquipélago Editorial, 2017. p. 31.

tais de músicas ou e-books, obras armazenadas na nuvem, visualizações no *Youtube* (que geram receitas significativas e contínuas aos proprietários da conta[39]), acessos em plataformas como *Spotify* ou *Deezer* (igualmente rentáveis para os artistas), exploração de vídeo aula e cursos online, dentre inúmeros outros exemplos que, acompanhando a evolução constante da tecnologia, não param de se multiplicar. Tendo os bens supracitados em vista é que Everilda Brandão afirma que "ainda não estamos prontos legislativamente para promover a sucessão dessas riquezas"[40].

Portanto, é cada vez maior a preocupação da doutrina com o tratamento (inclusive sucessório) dos novos bens. Conforme se destaca, "a sociedade tem apresentado interesse por novas coisas, impensáveis para o sujeito proprietário projetado pelo Código Civil desde o texto napoleônico", que, por ser uma lei "feita para o patrimônio e em um tempo histórico em que a acumulação era a marca da apropriação, encontra enormes dificuldades para solucionar demandas em uma sociedade em que os bens estão se descorporificando em um ritmo acelerado"[41].

Para solução desses novos desafios, também o planejamento sucessório desponta como relevante alternativa para solucionar a questão, representando inegável auxílio para o indivíduo que tenha o desejo de administrar minimamente seu conteúdo digital para após a morte, especialmente diante da inércia do Poder Legislativo. Assim, caso não seja positivada regulamentação específica sobre o tema ou na hipótese de, ainda que editada lei, ela mantenha-se vinculada ao modelo engessado das sucessões que se tem desde o Código Civil de 1916, o planejamento sucessório, mais uma vez, surgirá como relevante alternativa para o atendimento dessas novas demandas sociais.

Baseando-se no atual sistema sucessório, portanto, pode um particular planejar sua sucessão digital com apoio no art. 1.857, § 2º, do Código Civil, que define serem "válidas as disposições testamentárias de caráter não patrimonial, ainda que o testador somente a elas se tenha limitado". Nesse contexto, revela-se possível registrar em testamento (ou codicilo) o destino que deverá ser dado ao conteúdo digital. O instrumento, vale dizer, não precisa se limitar a definir a transmissão da propriedade, sendo cabível a inclusão de determinações como a escolha de um administrador para gerir o conteúdo digital; comandos para exclusão de perfis e contas digitais; impedimentos de uso de imagem, dados, avatares e outros meios de exploração econômica[42].

---

39. Os criadores de conteúdo que trabalham com o *Youtube* recebem pagamento em dólares baseado na regra de CPM (custo por mil). Os valores variam, mas, em média, 100 mil visualizações podem render de US$ 500 a US$ 2,5 mil, enquanto 1 milhão de visualizações pode gerar lucro entre US$ 2 mil a US$ 4 mil dólares. Disponível em: https://www.tecmundo.com.br/mercado/152208-youtube-paga-mil-100-mil-1-milhao-visualizacoes.htm. Acesso em: 29 set. 2021.
40. GUILHERMINO, Everilda Brandão. Para novos bens, um novo direito sucessório. In: TEIXEIRA, Daniele Chaves (Coord.). *Arquitetura do planejamento sucessório*. Belo Horizonte: Fórum, 2021, t. II, p. 161-162.
41. GUILHERMINO, Everilda Brandão. Para novos bens, um novo direito sucessório. In: TEIXEIRA, Daniele Chaves (Coord.). *Arquitetura do planejamento sucessório*. Belo Horizonte: Fórum, 2021, t. II, p. 161.
42. GUILHERMINO, Everilda Brandão. Para novos bens, um novo direito sucessório. In: TEIXEIRA, Daniele Chaves (Coord.). *Arquitetura do planejamento sucessório*. Belo Horizonte: Fórum, 2021, t. II, p. 170.

Os novos bens são apenas um exemplo dos desafios que, com a intensificação da vida digital e da presença da tecnologia em grande parte da vida cotidiana do homem médio, deverão ser enfrentados em matéria de sucessões[43]. O que se verifica no caso dos bens digitais provavelmente servirá de exemplo e também será válido para grande parte dos desafios que ainda irão surgir nos próximos tempos, isto é: diante de uma legislação sucessória engessada e pautada em valores oitocentistas, o planejamento sucessório se apresentará como a alternativa mais eficaz para garantir que a vontade de cada pessoa, em relação aos seus bens digitais, seja garantida, funcionando como verdadeiro "colete salva-vidas" para momentos como o que vivemos hoje em relação aos novos bens – de ausência de legislação específica e insuficiência do sistema sucessório atual para lidar com a referida situação.

5. CONSIDERAÇÕES FINAIS

O planejamento sucessório, em razão de seu caráter de livre organização (sem as amarras de um procedimento preestabelecido em lei), tem a capacidade de se adequar às transformações e anseios da sociedade de forma dinâmica, ostentando importante dinamicidade que faz com que o instituto esteja em constante evolução, na busca contínua por atender aos objetivos e demandas dos particulares.

Assim, em um mundo em que, "pela influência do desenvolvimento da comunicação eletrônica global instantânea, as circunstâncias se alteraram de forma radical" e em que "as tradições preexistentes não podem evitar o contato com outros modos de vida diferentes"[44], o planejamento desponta como valiosa ferramenta à disposição dos particulares que desejam se desvencilhar de um sistema excessivamente burocrático e engessado, distante das atuais necessidades das famílias contemporâneas e das funções patrimoniais que devem ser atendidas à luz dos princípios constitucionais[45].

---

43. Outra novidade digna de nota diz respeito às *Death Techs* (ou *end-of-life startups*), que se propõem a "cuidar do final da vida" das pessoas, a partir de variados mecanismos voltados a "ajudar a honrar a memória de quem partiu e acolher o luto dos que ficam": nos Estados Unidos, por exemplo, a *Eterneva* transforma cinzas em um diamante que pode ser usado como acessório. A também estadunidense *Recompose* transforma corpos humanos em adubo por meio de processo de decomposição. A My YOV, em fase beta, vai além: usa *machine learning* e análise de personalidade para desenvolver uma "persona" virtual, permitindo recriar interações em mensagens, voz e vídeo com alguém que já não está mais vivo. No Reino Unido, a *QR Memories* criou uma placa de aço com um *QR code* para ser aplicado em túmulos. Por meio da leitura do código com o celular, o visitante é redirecionado para uma página com fotos, informações e até as músicas preferidas da pessoa homenageada. Outra startup britânica, a *Vinily*, prensa cinzas humanas em um vinil personalizado. Disponível em: https://www.projetodraft.com/o-fim-da-vida-pode-ser-mais-leve-saiba-como-as-deathtechs-querem-ajudar-voce-a-garantir-hoje-uma-morte-tranquila-la-na-frente/. Acesso em: 18 set. 2021.
44. TEIXEIRA, Daniele Chaves. A relevância do planejamento sucessório no atual ordenamento brasileiro. In: TEPEDINO, Gustavo; TEIXEIRA, Ana Carolina Brochado; ALMEIDA, Vitor (Coord.). *Da dogmática à efetividade do Direito Civil*: Anais do Congresso Internacional de Direito Civil Constitucional – IV Congresso do IBDCivil. 2. ed. rev., ampl. e atual. Belo Horizonte: Fórum, 2019. p. 265.
45. Idem.

Portanto, muito embora o Código Civil de 2002 tenha mantido praticamente inalterado o já muito criticado sistema sucessório previsto pelo Código de 1916, o planejamento sucessório derrubou diversas fronteiras formais impostas pela legislação e, em o fazendo, ganhou força e se popularizou em variadas camadas da sociedade, fazendo-se presente, hoje, em significativo número de seios familiares, desempenhando imprescindível função no ordenamento atual: a de facilitar, tornar mais eficaz e personalizar a transmissão de bens *causa mortis*.